핵심 조직행동론 제15판

Essentials of Organizational Behavior

제15판

핵심 조직행동론

Stephen P. Robbins · Timothy A. Judge 지음
김광점 · 김상준 · 박노윤 · 설현도 · 신호철 옮김

Pearson

한빛아카데미 Hanbit Academy, Inc.

Pearson Education South Asia Pte Ltd
63 Chulia St
#15-01
Singapore 049514

Pearson Education offices in Asia: *Bangkok, Beijing, Ho Chi Minh City, Hong Kong, Jakarta, Kuala Lumpur, Manila, Seoul, Singapore, Taipei, Tokyo*

3 2 1
25 24 23

Cover photo: Mongkolp/Shutterstock

발행일: 2023년 9월 25일
공급처: 한빛아카데미㈜(02-336-7112/question@hanbit.co.kr)
ISBN: 978-981-3350-72-4(93320)
가격: 30,000원

http://pearson.com/asia

역자 서문

오늘날 조직은 우리 삶의 거의 모든 측면에 영향을 미치며, 우리는 대부분 어떤 형태로든 조직 안에서 살아간다. 이 책은 조직의 안팎에서 벌어지는 사람들의 행동과 태도에 대한 연구인 조직행동론의 핵심 내용을 담고 있다.

'조직행동론'이라는 제목으로 국내에 소개된 책은 수십 권에 달하고 그 내용도 방대하다. 이처럼 방대한 이론을 모두 다루면 책이 너무 두꺼워지고 한 학기 동안 강의하기도 어렵다. 이에 중요한 내용을 모두 다루면서도 적당한 분량의 《Essentials of Organizational Behavior》를 번역하게 되었다.

이 책은 최근까지 이루어진 조직행동론의 연구 결과와 최신 사례를 담고 있으면서도 핵심 내용만을 선별하여 부담 없는 분량이고, 복잡한 이론을 쉽게 설명하여 기업 실무자도 쉽게 읽을 수 있다. 이러한 장점 때문에 이 책은 전 세계의 많은 대학에서 교재로 사용되고 있다. 특히 낮에 일하고 밤에 공부하는 학생을 위한 교재로서 더할 나위 없다.

외국의 상황에 맞게 저술된 내용을 우리나라 학생이 쉽게 이해할 수 있도록 옮기기 위해 노력했지만 어색한 부분, 때로는 오류를 범한 부분도 있을 수 있다. 이는 모두 지식과 경험이 일천한 번역진의 책임이며, 지적과 조언을 겸허히 수용하여 반영할 것이다.

이 책이 나오기까지 피어슨에듀케이션 편집팀의 수고가 컸다. 훨씬 더 읽기 쉽고 짜임새 있는 책으로 다듬어준 데 깊이 감사드린다.

조직 안팎에서 조직과 관련을 맺으면서 살아가야 하는 우리의 현실을 고려할 때 조직을 바람직한 모습으로 만드는 것은 매우 값지고 보람찬 일이다. 독자가 더 나은 조직을 만들고 더 나은 조직 생활을 하는 데 이 책이 도움이 되기를 기대한다.

2023년 8월

역자 일동

저자 서문

이 책은 600~700쪽 분량 조직행동론 교재의 대안으로 저술된 것으로, 독자에게 유익하고 흥미로우면서도 조직행동론의 내용을 구성하는 모든 핵심 요소를 균형적으로 제공한다. 이 책은 경험, 기술 개발, 사례, 독서 자료와 함께 사용되며, 정규 과정뿐만 아니라 단기 과정 및 경영자 교육 프로그램에서 폭넓은 지지를 받고 있다. 또한 이 책은 스페인어, 포르투갈어, 일본어, 중국어, 네덜란드어, 폴란드어, 터키어, 덴마크어, 인도네시아어로 번역되었으며, 전 세계 수백 개 대학에서 교재로 쓰이고 있다.

학습 및 교육 문제 해결

학생과 강사 모두 간결하고 명확하며 핵심 내용에 초점을 맞춘 조직행동론 교재가 필요하다고 입을 모았다. 이러한 요구에 부응하기 위해 1984년 초판이 출간된 이래로 325~450쪽 분량을 유지하기 위해 부단히 노력했다.

이 책은 조직행동론의 핵심 개념과 이론에 대한 간략한 개요를 제공한다. 이 책을 교재로 사용하면 조직행동론 과정에 다른 종류의 학습 경험과 콘텐츠를 포함할 수 있는 유연성이 생긴다. 따라서 이 책은 현재 커뮤니티 대학부터 대학원에 이르기까지 다양한 과정과 프로그램, 대면 및 온라인 과정에서 사용되고 있다.

이 책에는 검토 질문, 사례, 연습문제 등이 포함되지 않았다. 그 결과 기본적인 조직행동론 지식을 제공하면서도, 강사가 최대한 유연하게 교육과정을 설계 및 구성할 수 있다. 또한 이 책은 최신 조직행동론 이론과 연구를 경영 현장에 적용할 수 있도록 돕는 데 중점을 두고 있다(각 장 끝의 '경영자를 위한 시사점' 참조). 직장에서 조직행동론이 중요한 이유에 초점을 맞추었기 때문에 독자는 자신의 전공 분야와 상관없이 학습 내용을 직무 경험에 적용할 수 있다.

고용 가능성 스킬

15판의 새로운 특징은 고용주가 구직자에게서 찾는 중요한 역량으로서 연구를 통해 확인된 스킬을 집중 조명한 것이다. 이 다섯 가지 스킬인 '비판적 사고, 의사소통, 협력, 지식 적용 및 분석, 사회적 책임'은 결합되어 '고용 가능성 스킬'이 된다. 1장에서 고용 가능성 스킬을 소개하고, 각 장의 어떤 내용이 고용 가능성 스킬과 연결되는지 보여주는 매트릭스를 제시했다. 조직행동론이 마케팅, 영업 등 세부적인 비즈니스 기능 및 결과와 어떤 관련이 있는지는 본문에서 설명했다.

15판의 새로운 내용

최신 연구 및 사례 1,000개에 가까운 새로운 사례, 연구 조사, 기타 형식의 콘텐츠를 추가했다. 업데이트된 연구 및 논의, 조직행동의 모든 측면과 관련된 현재 문제의 예를 포함했다.

위기 상황의 조직행동 전 세계에 걸쳐 COVID-19 팬데믹이 조직행동에 미친 전례 없는 영향을 고려하여 '위기 상황의 조직행동'이라는 주제를 추가했다. 의사결정, 팀, 의사소통, 리더십을 다루는 장에 위기에 관한 절을 추가하고 이를 깊이 있게 다루었다. 또한 COVID-19와 재택근무에 미치는 영향을 8장에 포함했다.

기업 윤리 BP의 딥워터 허라이즌 기름 유출, 웰스파고의 사기 스캔들, 현재 악명 높은 엔론의 스캔들과 같은 사건으로 인해 조직행동론 연구에서 기업 윤리가 매우 중요한 주제로 떠올랐다. 이에 7장에서 조직의 정의를 독립적으로 다루고, 일탈과 같은 (비)윤리적 행동에 관한 새로운 내용을 포함하는 등 기업 윤리와 관련된 주제(조직, 행동 윤리, 기업의 사회적 책임, 비생산적 직무행동, 도덕적 감정, 어둠의 세 가지 성격, 윤리적 리더십, 편견 및 차별, 윤리적 문화와 분위기 등)의 범위를 광범하게 늘렸다.

인공지능과 머신러닝 인공지능, 머신러닝과 같은 응용 프로그램은 조직행동론 분야를 완전히 혁신했다. 조직에서의 인공지능 응용 프로그램 보급과 조직행동론의 최첨단 방법으로서의 위상을 고려하여 인공지능 연구 및 응용 프로그램의 새로운 예를 포함했다. 총 40개의 인공지능 및 머신러닝 응용 프로그램이 각 장에 담겨 있다.

다양성과 세계화에 관한 범위 확대 다양성과 세계화는 조직행동론 연구에서 늘 주목하는 주제이다. 이에 오늘날의 증가된 통합과 다양성 문제를 다루었으며, 조직행동론이 조직의 다양성에 미치는 영향에 대한 129개의 예와 글로벌 문제, 문화 차이, 세계화와 관련된 97개의 예를 추가했다.

저자 소개

스티븐 P. 로빈스Stephen P. Robbins

셸오일컴퍼니(Shell Oil Company), 레이놀즈메탈스컴퍼니(Reynolds Metals Company)에 몸담았고, 네브래스카대학교·컨커디어대학교·볼티모어대학교·서던일리노이대학교·샌디에이고주립대학교 교수를 거쳐 현재 샌디에이고주립대학교 경영학 명예교수로 있다. 전체 약력은 stephenprobbins.com에서 확인할 수 있다. 로빈스의 연구는 조직의 갈등·권력·정치, 행동적 의사결정, 효과적인 대인관계 기술의 개발에 초점을 두고 있으며, *Business Horizons*, *California Management Review*, *Business and Economic Perspectives*, *International Management*, *Management Review*, *Canadian Personnel and Industrial Relations*, *The Journal of Management Education* 등에 논문이 실렸다. 로빈스가 저술한 경영 및 조직행동 분야 베스트셀러는 1,200만 부 이상이 판매되었고, 20개 언어로 번역되어 전 세계 수많은 대학교에서 교재로 사용되고 있다.

또한 로빈스는 마스터스 트랙 대회에 참가하고 있다. 1993년에 50세가 된 이후로 전국 스프린트 챔피언십에서 23번 우승하고 세계 스프린트 타이틀을 14개나 획득한 그는 2005년에 미국 마스터스 육상 명예의 전당에 올랐다.

티머시 A. 저지Timothy A. Judge

오하이오주립대학교의 Joseph A. Alutto 리더십 효과성 학장이자 피셔경영대학 피셔 리더십 이니셔티브 총장이다. 케임브리지대학교 케임브리지저지경영대학의 펠로우, 유니버시티칼리지런던의 심리학·언어과학과 객원교수, 노터데임대학교·플로리다대학교·아이오와대학교·코넬대학교 및 체코의 카를로바대학교 교수를 역임했다. 저지의 주요 연구 관심사는 성격·기분·감정, 직무 태도, 리더십, 경력이며, 다양한 학술지에 155편 이상의 논문을 게재했다. 또한 저지는 미국심리학회, 미국경영학회, 국제응용심리학회 등의 펠로우이고, 미국경영학회의 인적자원분과에서 수여하는 Heneman Career Achievement Award, Mahoney Doctoral Mentoring Award, Scholarly Achievement Award를 수상했다. 2017년에는 응용심리학 분야의 8,000명 이상 학자 중 가장 많이 인용된 학자로 확인되었으며, 스티븐 P. 로빈스와 *Organizational Behavior*를 공동 저술하고, 존 카메이어 뮬러(John Kammeyer-Mueller)와 *Staffing Organizations*를 공동 저술했다.

또한 저지는 암벽 등반과 등산을 즐긴다. 영국에서 가장 높은 세 봉우리를 정복하고 48개 주의 가장 높은 봉우리를 절반 정도 등반했다.

차례

자신과 타인 이해하기

1 조직행동론이란 무엇인가

관리와 조직행동 5
효과적인 관리 활동과 성공적인 관리 활동 5 | 조직행동론의 정의 6
직관을 보완하는 체계적 연구 7
빅데이터와 인공지능 활용 8
조직행동론의 발전에 기여한 학문 분야 10
심리학 10 | 사회심리학 11 | 사회학 11 | 인류학 11
절대적인 법칙이 거의 존재하지 않는 조직행동론 11
조직행동을 둘러싼 도전 과제와 기회 12
세계화 12 | 노동 인구의 인구통계적 특징 14 | 노동 인구의 다양성 15 | 소셜미디어 15
직장에서 직원의 삶의 질 16 | 긍정적인 업무 환경 16 | 윤리적 행동 17
조직행동론 모델의 개발 17
개요 17 | 투입물 18 | 변환 과정 18 | 산출물 19
고용 가능성 스킬 21
전공의 경계를 넘어 적용할 수 있는 고용 가능성 스킬 21
요약 23
경영자를 위한 시사점 23

2 조직 내 다양성

다양성 24
인구통계적 특성 25 | 다양성의 수준 25
차별과 고정관념 26
고정관념 압박 26 | 일터에서의 차별 27
생물학적 특징 28
연령 28 | 성 30 | 인종과 민족 31 | 장애 31 | 숨겨진 장애 32
심층적 차원의 특성 33
종교 33 | 성적 지향성과 성 정체성 34 | 문화적 정체성 35
능력 35
지적 능력 36 | 신체적 능력 37

다양성 관리 전략의 실행 38
다양한 조직 구성원의 모집과 선발 39 | 집단 내 다양성 39 | 다양성 프로그램 40
요약 41
경영자를 위한 시사점 41

3 태도와 직무 만족

태도 43
태도와 행동 45
직무 태도 46
직무 만족과 직무 몰입 46 | 조직 헌신 47 | 조직 지원 인식 47 | 종업원 관여 47
직무 만족 48
직무 만족을 어떻게 측정하는가 48 | 사람들은 직무에 얼마나 만족하는가 49
직무 만족에 영향을 주는 요소 50
직무 조건 50 | 성격 51 | 급여 51 | 기업의 사회적 책임 51
직무 만족의 결과물 52
직무 성과 52 | 조직시민행동 52 | 고객 만족 52 | 삶의 만족 52
불만족의 영향 53
반생산적 직무행동 53 | 경영자는 원하는 것을 얻지 못한다 54
요약 55
경영자를 위한 시사점 55

4 감정과 기분

감정과 기분은 무엇인가 56
긍정적 정서와 부정적 정서 57 | 기본적 감정 57 | 도덕적 감정 58
기분과 감정의 경험 59 | 감정의 기능 59
감정과 기분의 원천 60
성격 60 | 하루 중 시간대 60 | 일주일 중 요일 62 | 날씨 62 | 스트레스 62
수면 62 | 운동 63 | 성 63
감정노동 63
감정 표현의 통제 64
정서사건 이론 64
감성지능 65
감정 조절 67
감정 조절과 성과 67 | 감정 조절 기법 68
감정과 기분에 대한 지식의 활용 69
선발 69 | 의사결정 69 | 창의성 70 | 동기부여 70 | 리더십 70 | 고객 만족 71
일과 삶의 만족 71 | 반항적 직무행동 71 | 일터의 안전과 상해 72
요약 72
경영자를 위한 시사점 73

5 성격과 가치관

개인과 직장의 연결 74
개인-직무 적합성 75 | 개인-조직 적합성 76 | 다른 차원의 적합성 76
성격 76
성격은 무엇인가 77
성격의 유형화 78
마이어스-브리그스 성격 유형 78 | 빅파이브 성격 모델 79
빅파이브 모델과 직장에서의 행동 80 | 어둠의 세 가지 성격 82
조직행동론에서 중요한 기타 성격 특성 84
심층적 자기평가 84 | 자기감시 85 | 적극성 85
성격과 상황 86
상황의 힘 이론 86 | 특성 활성화 이론 88
가치관 89
궁극적 가치와 수단적 가치 90 | 세대별 가치관 90
문화적 가치 91
호프스테더의 모델 91 | GLOBE 모델 94
요약 95
경영자를 위한 시사점 95

의사결정과 실행

6 지각과 개인 의사결정

지각은 무엇인가 99
지각에 영향을 미치는 요인 100
대인 지각: 다른 사람에 대한 판단 101
귀인 이론 101 | 타인을 판단할 때 흔히 사용되는 지름길 103
지각과 개인 의사결정의 연관성 104
조직 내 의사결정 105
합리적 의사결정 모델, 제한된 합리성, 직관 105
의사결정 과정에서 자주 나타나는 편견과 오류 107
의사결정에 영향을 미치는 요인: 개인차와 조직적 제약 110
개인차 110 | 조직적 제약 112
의사결정의 윤리 113
윤리적 의사결정의 세 가지 기준 113 | 적절한 기준 선택 114 | 행동 윤리 115
거짓말 115
조직 내 창의성과 혁신 116
창의적 행동 116 | 창의적 행동의 원인 117 | 창의적 결과(혁신) 119

요약 119
경영자를 위한 시사점 120

7 동기부여의 개념

동기부여 121
동기부여의 초기 이론 122
욕구 단계 이론 122 | 2요인 이론 123 | 매클렐런드의 욕구 이론 124
동기부여의 현대 이론 125
자기결정 이론 125 | 목표 설정 이론 127
동기부여의 기타 현대 이론 130
자기효능 이론 130 | 강화 이론 132 | 기대 이론 133
조직 공정성 134
공정성 이론 134 | 분배 공정성 136 | 절차 공정성 136
상호작용 공정성 137 | 공정성 결과 138 | 문화와 공정성 138
직무 몰입 139
동기부여의 현대 이론 통합 140
요약 141
경영자를 위한 시사점 142

8 동기부여 이론의 응용

직무 설계를 통한 동기부여: 직무 특성 모델 143
직무 특성 모델의 구성 요소 144 | 직무 특성 모델의 효능 145
동기부여 잠재력 점수 145
직무 재설계 146
직무 순환과 직무 충실화 146 | 관계적 직무 설계 148
대안적 근무 형태를 통한 동기부여 148
유연근무제 148 | 직무 공유 150 | 재택근무 151
종업원 참여 프로그램을 활용한 동기부여 152
문화적 EIP 152 | EIP 프로그램의 방식 153
외적 보상을 활용한 동기부여 154
무엇을 지급하는가: 급여 체계의 설계 154
어떻게 지급하는가: 직원 개인에 대한 변동급 프로그램 155
복리후생을 활용한 동기부여 159
내적 보상을 활용한 동기부여 159
종업원 인정 프로그램 159
요약 161
경영자를 위한 시사점 161

집단과 팀의 의사소통

9 집단행동의 이해

집단의 정의와 유형 165
사회정체성 166 | 내집단과 외집단 167
집단 발달 단계 167
집단 속성 1: 역할 169
역할 지각 169 | 역할 기대 169 | 역할 갈등 170
집단 속성 2: 규범 171
규범과 감정 171 | 규범과 순응 171 | 규범과 행동 172 | 긍정적 규범과 집단 결과 173
부정적 규범과 집단 결과 174 | 규범과 문화 175
집단 속성 3: 지위, 집단 속성 4: 규모와 집단역학 175
집단 속성 3: 지위 175 | 집단 속성 4: 규모와 집단역학 177
집단 속성 5: 응집성, 집단 속성 6: 다양성 178
집단 속성 5: 응집성 178 | 집단 속성 6: 다양성 179
집단 의사결정 182
집단 의사결정 대 개인 의사결정 182 | 집단사고와 집단 이동적 사고 183
집단 의사결정 기법 184
요약 185
경영자를 위한 시사점 186

10 작업팀의 이해

집단과 팀의 차이 188
팀의 유형 189
문제해결팀 189 | 자기관리팀 189 | 기능횡단팀 190 | 가상팀 191 | 멀티팀 시스템 192
효과적인 팀 창출 192
상황 요인 193 | 팀 구성 요인 196 | 팀 프로세스와 상태 요인 199
팀 플레이어로의 전환 202
선발: 팀 플레이어 고용 203 | 훈련: 팀 플레이어 양성 203
보상: 우수 팀 플레이어에게 인센티브 제공 203
유의점: 팀이 꼭 정답은 아니다 204
요약 204
경영자를 위한 시사점 205

11 의사소통

의사소통의 기능 207

의사소통 과정 208

의사소통의 방향 209

하향적 의사소통 209 | 상향적 의사소통 209 | 수평적 의사소통 210

공식적인 소집단 네트워크 210 | 그레이프바인 211

의사소통 방식 212

구두 의사소통 212 | 서면 의사소통 213 | 비언어 의사소통 214

의사소통 경로의 선택 214

경로 풍부성 214 | 의사소통 방법의 선택 215 | 정보 보안 216

설득적 의사소통 216

자동처리와 통제처리 216 | 메시지 선택 218

효과적인 의사소통 장애 요인 218

여과 218 | 선택적 지각 219 | 정보 과중 219 | 감정 219 | 언어 220 | 침묵 220

의사소통에 대한 불안 220 | 거짓말 221 | 위기 상황에서의 의사소통 221

문화적 요인 222

문화적 장벽 222 | 문화적 맥락 223 | 문화적 지침 224

요약 225

경영자를 위한 시사점 225

협상력과 정치

12 리더십

리더십 특성 이론 229

리더십의 성격 특성 230 | 감성지능과 리더십 231

행동 이론 232

구조 주도 232 | 배려 232 | 문화적 차이 232

상황 이론 233

피들러 상황 모델 234 | 상황적 리더십 이론 235 | 경로-목표 이론 236

리더-참여 모델 236

현대 리더십 이론 237

리더-구성원 교환 이론 237 | 카리스마적, 변혁적, 거래적 리더십 스타일 238

거래적 리더십과 변혁적 리더십 241

책임감 있는 리더십 245

진성 리더십 245 | (비)윤리적 리더십 246 | 섬기는 리더십 247

긍정적 리더십 247

신뢰 248 | 멘토링 250 | 위기 시기의 리더십 251

리더십 이해에 대한 도전 252
귀인으로서의 리더십 252 | 리더십 대체 요인과 중화 요인 253
요약 254
경영자를 위한 시사점 254

13 권력과 정치

권력과 리더십 255
권력의 원천 256
공식적 권력 256 | 개인적 권력 257 | 가장 효과적인 권력의 원천은 무엇인가 258
의존성: 권력의 핵심 258
일반적 의존 원칙 258 | 무엇이 의존성을 창출하는가 259
사회적 관계망 분석: 자원 평가 도구 259
권력 획득 방법 261
권력 획득 방법의 사용 261 | 권력 획득 방법에 대한 문화적 선호 263
권력 획득 방법의 적용 263
권력이 사람들에게 미치는 영향 264
어떻게 권력에 대응하는가 265 | 성희롱: 직장 내 불평등한 권력 266
정치: 권력 사용 267
정치적 행동 267 | 사내 정치의 실재 267
정치적 행동의 원인과 결과 268
정치적 행동을 유발하는 요인 268 | 조직 정치에 대한 대응 방법 270 | 인상 관리 272
정치적 행동의 윤리 274 | 정치적 경력의 도식화 274
요약 275
경영자를 위한 시사점 276

14 갈등과 협상

갈등의 정의 277
갈등의 유형 279 | 갈등의 소재 280
갈등 과정 281
1단계: 잠재적 대립 또는 상충 281 | 2단계: 인지와 개인화 282 | 3단계: 의도 283
4단계: 행동 284 | 5단계: 결과 285
협상 287
협상 전략 288
협상 과정 290
협상 효과성의 개인차 292
사회적 맥락에서의 협상 296
평판 296 | 관계 297
제삼자 협상 297
요약 298
경영자를 위한 시사점 298

제5부 조직 시스템의 방향, 이해, 변화

15 조직 구조의 기초

조직 구조는 무엇인가 301

작업 전문화 302 | 부서화 302 | 명령 체계 304 | 통제 범위 305
집권화와 분권화 306 | 공식화 307 | 경계 확장 308

일반적인 조직 구조 설계 308

단순 구조 308 | 관료제 309 | 매트릭스 구조 309

조직 구조의 새로운 선택 대안 311

가상 구조 311 | 팀 구조 312 | 원형 구조 313

날씬한 조직: 다운사이징 313

조직 구조는 왜 다른가 314

조직 전략 314 | 조직 규모 317 | 기술 317 | 환경 317 | 제도 318

조직 설계와 직원의 행동 319

통제 범위 320 | 집권화 320 | 예측 가능성과 자율성 320 | 국가 문화 320

요약 321

경영자를 위한 시사점 321

16 조직 문화

조직 문화는 무엇인가 322

조직 문화의 정의 323 | 조직은 단일 문화를 가지고 있는가 325
강한 문화와 약한 문화 326

직원은 문화를 어떻게 배우는가 326

일화 326 | 의식 327 | 상징물 327 | 언어 328

문화의 형성과 유지 328

문화의 형성 328 | 문화의 생생한 유지 329

문화의 역할 333

문화의 기능 333 | 분위기를 만드는 문화 333 | 문화의 윤리적 차원 335
문화와 지속가능성 335 | 문화와 혁신 336 | 자산으로서의 문화 337
부채로서의 문화 338

조직 문화에 미치는 영향 340

윤리적 문화 340 | 긍정적 문화 341 | 영성적 문화 342

글로벌 맥락 344

요약 345

경영자를 위한 시사점 346

17 조직 변화와 스트레스 관리

변화 347

변화의 힘 348 | 반응적 변화와 계획된 변화 349

변화에 대한 저항 349

변화에 대한 저항 극복 351 | 변화의 정치 353

조직 변화 관리에 대한 접근 353

레빈의 3단계 모델 353 | 코터의 8단계 계획 354 | 행동 연구 355 | 조직 개발 355

변화 촉진 358

역설 관리 358 | 혁신 자극 358 | 학습조직 만들기 360 | 조직 변화와 스트레스 361

직장에서의 스트레스 361

스트레스는 무엇인가 362 | 직장 스트레스의 잠재적 원천 364

스트레스의 개인차 366 | 문화적 차이 367

스트레스의 결과 368

스트레스 관리 369

개인적 접근 369 | 조직적 접근 370

요약 372

경영자를 위한 시사점 372

에필로그 373

미주 374

용어 해설 452

찾아보기 465

자신과 타인 이해하기

제1장 조직행동론이란 무엇인가

제2장 조직 내 다양성

제3장 태도와 직무 만족

제4장 감정과 기분

제5장 성격과 가치관

1

조직행동론이란 무엇인가

학습목표

- 조직행동론을 정의할 수 있다.
- 조직행동론에 대한 체계적인 학습의 가치를 보여줄 수 있다.
- 조직행동론에 기여한 주요 행동과학 분야를 식별할 수 있다.
- 조직행동론에는 절대적인 내용이 존재할 수 없는 이유를 설명할 수 있다.
- 관리자가 조직행동론의 개념을 적용할 때 겪는 어려움과 기회를 파악할 수 있다.
- 이 책에서 제시한 조직행동 모델의 세 가지 분석 수준을 비교하여 설명할 수 있다.
- 조직행동론을 배움으로써 습득하여 다른 전공이나 미래 직업에 적용할 수 있는 주요 고용 가능성 스킬을 설명할 수 있다.

독자는 '조직행동론이 무엇인지, 그것이 나에게 왜 중요한지' 궁금할 것이다. 조직행동론을 정의 내리기 전에 조직행동론이 중요한 이유와 조직행동 연구를 통해 얻을 수 있는 이점을 먼저 살펴보자.

비즈니스 스쿨 과정에서는 조직 내 인간 행동에 관한 내용이 상대적으로 주목을 받지 못했다. 이 사실에 놀라는 독자도 있을 것이다. "사람이 자리를 만든다"[1]라는 말이나 조직은 조직을 구성하는 사람만큼만 효과적이라는 말을 흔히 들어보았을 테니 말이다. 직장에 있는 사람들을 이해하고, 의사결정을 내리고, 의사소통을 하고, 상호작용을 하는 방법을 이해하기 위해 노력하는 것은 마땅한 일이지 않은가? 지난 수십 년 동안 비즈니스 스쿨과 조직은 관리자의 성과를 결정하는 데 대인관계 기술이 중요하다는 사실을 깨닫게 되었다. 조직행동을 이해하는 것이 그 어느 때보다 중요해졌다. 우리는 해마다 관심을 끌고 있는 일종의 조직행동 혁명의 한가운데에 있다. 2016년 딜로이트 글로벌 비즈니스 트렌드 보고서는 "사람들이 조직에 참여하여 업무를 잘 수행하고 조직에 머무르게 만드는 요소가 무엇인지, 조직 안에서 누가 성공하는지, 누가 최고의 리더가 될 가능성이 높은지, 최고 품질의 고객 서비스와 혁신을 제공하려면 무엇이 필요한지"[2]를 잘 이해하는 것이 점점 더 중요해지고 있다고 밝혔다.

조직행동과 대인관계 기술에 관한 지식은 현대 직장에서의 성공과 발전에 매우 중요하다. 링크드인(LinkedIn) CEO인 제프 와이너(Jeff Weiner)에 따르면 "미국의 주요 도시에서 의사소통은 기술 격차가 가장 크다."[3] 또한 대인관계 기술에 관한 지식은 거의 모든 직업과 관련이 있다. 글로벌 고용 기업인 몬스터(Monster)는 회사가 지원자에게 가장 빈번하게 요구하는 기술을 알아보기 위해 100만 개에 육박하는 시장 전반에 걸친 채용 공고를 조사했다.[4] 그 결과 의사소통 기술이 최상위 목록을 차지했고, 이어서 문제 해결, 영향력 행사와 같은 기타 조직행동 기술이 중요한 것으로 나타났다. 게다가 이러한 기술은 경력 개발과 승진에도 필요한 것으로 밝혀졌다. 20개 산업에 걸쳐 2,100명 이상의 재무 책임자를 대상으로 한 조사에서 근로자가 승진하지 못하는 가장 주된 이유는 대인관계 기술의 부족이었다.[5] 궁극적으로 조직행동론은 직장에서의 성공과 발전에 중요한 도구를 제공할 수 있다. 이 책에서는 조직행동론의 지식과 실천이 ① 분석적·비판적으로 생각하고, ② 더 나은 결정을 내리고, ③ 다른 사람들과 더 효과적으로 소통하고 협력하며, ④ 직장에서 사회적 책임감을 가지고 행동하는 데 어떻게 도움이 되는지에 대해 특별히 주의를 기울일 것이다. 연구에 따르면 이러한 유형의 '고용 가능성 스킬'은 고용주가 높이 평가하는 것이자 요구하는 것이며, 대인관계 기술이 부족하면 직장에서 어려움을 겪기 쉽다.[6]

첫째, 조직의 관점에서 볼 때 조직행동 원칙을 통합하면 직장을 좋은 곳에서 위대한 곳으로 변화시킬 수 있고 수익성 향상에도 긍정적인 효과를 거둘 수 있다. 룰루레몬(Lululemon), 링크드인, 줌비디오(Zoom Video), 사우스웨스트항공(Southwest Airlines), 베인앤드컴퍼니(Bain & Company), 구글(Google), 보스턴컨설팅그룹(Boston Consulting Group), 페이스북(Facebook)[7] 등 일하기 좋은 회사로 알려진 곳들은 모두 조직행동에 관심을 기울인 결과 우수한 재무적 성과를 창출하는 것으로 나타났다.[8] 둘째, 관리자의 대인관계 기술 개발은 우수한 직원을 유치하고 유지하는 데 도움이 된다. 뛰어난 직원은 항상 부족하고 교체하는 데 비용이 많이 들기 때문에 이러한 사실은 매우 중요하다. 셋째, 직장 내 관계의 질은 직원의 직무 만족도, 스트레스, 이직률과 밀접한 관련이 있다. 수백 개의 작업장 및 20만 개 이상의 작업장에 대한 한 연구에서 응답자들은 동료와 감독자 사이의 긍정적인 사회적 관계가 전반적인 업무 만족도, 직장에서의 낮은 스트레스, 낮은 이직 의향과 밀접한 관련이 있다고 밝혔다.[9] 긍정적인 업무 관계는 직원들이 활약하게 하고 일과 삶의 만족도, 직장에서의 긍정적인 감정, 자신의 일이 의미 있다는 인식을 향상한다.[10] 넷째, 조직 안에서 조직행동을 강조하는 것은 사회적 책임감의 인식을 높이는 효과가 있다. 대학들은 미래의 지도자가 조직 안에서 다룰 사회적 문제에 잘 대처하도록 훈련하기 위해 사회적 기업가 정신 교육을 커리큘럼에 포함하기 시작했다.[11] 기업의 사회적 책임(corporate social responsibility, CSR) 관

련 방법과 결과에 대한 이해의 필요성이 점점 더 커지고 있기 때문에 이는 매우 중요하다.[12]

경쟁이 치열하고 요구 사항이 많은 오늘날의 직장에서는 직원과 관리자 모두 기술 능력만으로 성공할 수 없으며, 좋은 대인관계 기술을 지녀야 한다. 이 책은 조직의 사람들이 인간 행동을 이해하는 데 필요한 지식을 제공하는 한편, 그러한 기술을 개발하는 데 도움을 주기 위해 집필되었다. 독자는 이 책을 통해 자신과 타인에 대한 지속적인 기술과 통찰력을 얻을 수 있을 것이다.

관리와 조직행동

오늘날 충분한 훈련이나 사전 경험 없이 관리직을 맡는 사람이 늘고 있다. 미국 노동통계국의 자료에 따르면 100~500인 규모 사업장에서 제공하는 평균 경영 훈련 시간이 6개월에 1시간도 채 되지 않는다.[13] 또한 대규모 조사 연구에 따르면 관리자의 58%가 아무런 훈련을 받지 못했으며, 25%는 자신이 다른 사람들을 이끌 만한 준비가 되지 못한 상태에서 그 자리에 앉게 되었다고 고백했다.[14] 이에 더하여 관리직에 요구하는 것이 점점 더 많아지고 있다. 관리자가 책임져야 하는 보고의 수가 평균 5개에서 7개로 늘어났지만, 거기에 쏟아부을 수 있는 시간은 과거보다 줄어들었다.[15] 조직에서 관리자 후보를 찾는 데 82%의 시간을 허비한다는 갤럽의 조사[16]를 통해 볼 때, 사람들을 더 잘 이해하고 그들을 어떻게 관리해야 하는지를 더 많이 알수록 적절한 관리자 후보가 될 수 있다. 조직행동론은 그 길로 우리를 안내할 것이다.

효과적인 관리 활동과 성공적인 관리 활동

어떻게 하면 더 효과적인 관리자가 될 수 있을까? 그 답을 찾기 위해 저명한 조직행동 연구자인 프레드 루선스(Fred Luthans)와 동료들은 독창적인 방법을 사용했다.[17] 이들은 다음과 같은 질문을 던졌다. "조직에서 빨리 승진하는 관리자와 일을 잘하는 관리자는 동일한 종류의 활동을 동일한 비중으로 수행하는가?" 그럴 것이라고 생각하는 독자도 있겠지만 꼭 그렇지만은 않다.

450명 이상의 관리자를 대상으로 한 루선스 등의 연구에 따르면 모든 관리자는 다음 네 가지 활동을 수행했다.

- **전통적 관리**: 의사결정, 계획 수립, 통제
- **의사소통**: 일상적 정보 교환, 문서 작업
- **인적자원 관리**: 동기부여, 기강 유지, 갈등 관리, 인력 배치, 훈련
- **네트워킹**: 사회화 활동, 정치, 다른 사람들과의 상호작용

'평균적으로' 관리자는 전통적 관리 활동에 32%, 의사소통에 29%, 인적자원(human

resource, HR) 관리 활동에 20%, 네트워킹에 19%의 시간을 사용했다. 그런데 루선스 등의 연구에서 개인별로 분석한 내용을 보면, 개인마다 중점을 둔 활동의 내용과 비중에 큰 차이가 있었다. 승진이 성공의 척도인 경우, 빠른 속도로 승진한 성공적인 관리자들은 네트워킹을 가장 중요하게 생각했고 인적자원 관리의 비중이 상대적으로 높지 않았다. 오스트레일리아, 이스라엘, 이탈리아, 일본, 미국 등에서 이루어진 다른 연구들도 이와 유사한 결과를 보고했다.[18] 또한 루선스 등은 (성과의 양과 질, 부하의 만족, 부하에 대한 헌신과 같은 측면에서) 효과적인 관리자들의 경우 의사소통의 비중이 가장 높고 네트워킹의 비중이 가장 낮다는 것을 발견했다. 의사소통과 효과적인 관리 사이의 긍정적인 관계는 매우 분명하다. 자신의 결정에 대해 설명하고 동료와 부하에게 정보를 구하는 관리자는 그렇게 얻은 정보의 정확성이 떨어지는 경우에도 훨씬 효과적이었다.[19]

조직행동론의 정의

지금까지 조직에서 관리자가 무슨 활동을 하는지, 조직행동에 대한 이해가 관리자에게 왜 중요한지 살펴보았다. 이제 논의의 초점을 넓혀 조직에서 사람들이 하는 행동에 대해 알아보자.

조직행동론 조직 안에 있는 개인, (소)집단, 조직 구조가 조직의 성과를 높이기 위해 조직 구성원의 행동에 미치는 영향을 연구하는 학문 분야

조직행동론(organizational behavior, OB)은 조직 안에 있는 개인, (소)집단, 조직 구조가 조직의 성과를 높이기 위해 조직 구성원의 행동에 미치는 영향을 연구하는 학문 분야이다. 이러한 정의를 한 번에 소화하기는 어려우니 세분하여 살펴보자.

조직행동론이 학문의 한 분야라는 것은 공통의 지식 기반이 있는 전문 분야임을 의미한다. 이 분야에서는 조직 내 사람들의 행동에 세 수준, 즉 개인, 집단, 구조 수준의 요소가 있다고 알려져 있다. 그리고 개인, 집단, 구조 수준의 요소가 조직 내 사람들의 행동에 미치는 영향을 연구하여 조직이 더욱 효과적으로 움직이도록 만드는 데 기여하고자 한다.

정의를 요약하자면, 조직행동론은 조직 내 사람들이 하는 행동 및 그들의 행동이 조직의 성과에 미치는 영향을 연구하는 학문 분야이다. 조직행동론은 사람들이 조직에 고용된 상황을 전제로 하기 때문에 직무 만족, 결근, 이직, 생산성, 성과, 관리 등의 주제에 관심을 갖는다. 이러한 주제의 상대적인 중요성에 대해서는 논란이 있지만, 조직행동론에서 공통적으로 다루는 주제는 다음과 같다.[20]

- 동기부여
- 리더의 행동과 권력
- 대인 의사소통
- 집단의 구조와 과정
- 태도 개발과 지각
- 변화 과정

- 갈등과 협상
- 직무 설계

직관을 보완하는 체계적 연구

삶 속에서 우리는 의식하든 그렇지 않든 다른 사람들의 행동을 보고 의도를 해석하며, 그것을 바탕으로 그들이 다른 상황에서 어떻게 행동할지 예측을 한다. 체계적인 관찰 없이 이루어진 이 활동에는 많은 오류가 포함되어 있을 수밖에 없으나, 만약 체계적인 접근을 동원한다면 이 활동의 정확성이 훨씬 높아질 수 있다.

체계적인 관찰을 할 수 있다는 주장은 사람들의 행동이 무작위적이지 않다는 것을 전제로 한다. 사람들의 행동에는 일관성이 있다. 그렇기에 우리는 사람들의 차이를 조정하여 체계적인 주장을 할 수 있다.

기본적으로 사람들의 행동에는 일관성이 있다는 전제는 매우 중요하다. 만약 그렇지 않다면 예측이 불가능한 데다 쓸모없어질 것이다. 사람들의 행동은 어느 정도 예측이 가능하며, 따라서 행동에 대해 **체계적 연구**(systematic study)를 수행하면 예측의 정확성을 더 높일 수 있다. 체계적 연구는 관계를 관찰하고, 원인과 결과를 구분하며, 과학적 증거를 기반으로 결론을 내린다는 것을 의미한다. 즉 통제된 상황에서 자료를 수집하고 측정하며 해석하는 과정을 엄밀히 수행하는 것이다.

체계적 연구 관계를 관찰하고, 원인과 결과를 구분하며, 과학적 증거를 기반으로 결론을 내린다는 것

근거 기반 경영(evidence-based management, EBM)은 과학적 연구 결과를 바탕으로 경영 의사결정을 하는 관행을 말한다. 의사가 환자의 치료를 결정할 때 최신 과학적 증거를 바탕으로 하기를 바라듯이, 경영자도 경영 문제에 대해 의사결정을 할 때 동일한 기준을 따르기를 바라는 것이다. 경영자가 근거 없는 결정을 내리는 일이 있을까 싶겠지만, 과학적 탐구를 통한 증거 없이 육감으로 경영 의사결정을 내리는 경우가 아직도 허다하다.[21]

근거 기반 경영 과학적 연구 결과를 바탕으로 경영 의사결정을 하는 관행

체계적 연구 또는 EBM은 **직관**(intuition), 즉 왠지 그럴 것 같은 느낌 또는 육감을 보완해준다. 물론 비체계적인 과정을 통해 확신을 갖게 된 것이 반드시 틀렸다고는 할 수 없다. 그러나 100개 이상의 연구를 종합한 결과에 따르면 데이터에 기반을 둔 판단, 즉 알고리즘을 적용한 판단이 직관을 따른 경우보다 약 10% 더 정확한 것으로 밝혀졌다.[22] 또 다른 연구에서는 통상적인 생각과 달리 일반적인 사람들은 전문가의 의사결정이나 자기 자신이 내린 결정보다 데이터에 기반을 둔 결정을 더 선호하는 것으로 나타났다.[23] 제너럴일렉트릭(General Electric)의 전 CEO인 잭 웰치(Jack Welch)는 "언제 직관을 따라야 할지를 아는 것이 핵심"이라고 말했다.[24] 그러나 만약 직관이나 막연한 느낌에 따라 모든 의사결정을 내린다면, 이는 잠재적인 보상과 위험을 충분히 고려하지 않은 채 투자 의사결정을 내리는 것과 마찬가지로 불완전한 정보를 활용하는 셈이다.

직관 과학적 연구에 기반을 둔 것이 아닌 본능적인 느낌

빅데이터와 인공지능 활용

'현재 상태 기술(description of the state)'이라는 의미로 '통계(statistic)'라는 말이 생겨난 1749년 이래 행동 결정에 데이터가 사용되기 시작했다.[25] 이후 통계학이 통치 수단으로 사용되었는데, 데이터 수집 방법이 조잡하고 너무 단순하여 그것을 활용한 결론도 조잡하기 짝이 없었다. 광범위한 통계를 수집 및 분석하는 빅데이터(big data)의 활용은 컴퓨터의 성능이 대량 정보를 모으고 분석할 수 있을 정도로 정교해진 이후에야 비로소 가능해졌다.[26] 최근 빅데이터가 기업 경영에 활용되는 모습을 좀 더 살펴보자. 그러한 활용은 온라인 유통업자의 마케팅 부서에서 시작되었다.

현재 상태 오늘날 도서 구매와 우주복의 오작동 등 어떤 일의 발생을 예측하는 데 활용하기 위해, 화재 발생과 대출 불이행 등 위험의 크기를 파악하기 위해, 비행기 추락과 재고의 과다 누적 등 크고 작은 재앙을 예방하기 위해 테라바이트 규모의 데이터를 다양한 원천으로부터 수집하여 분석하고 있다.[27] 빅데이터 분석을 통해 미국 국방성의 BAE 시스템은 사이버 공격으로부터 자신을 방어하고, 샌프란시스코의 뱅크오브더웨스트(Bank of the West)는 고객별 차등 가격 시스템을 적용하며, 영국의 그레이즈(Graze)는 주문 고객의 기호를 분석하여 함께 보낼 스낵의 샘플을 선택한다.[28] 최근에는 의사결정을 하는 데 실시간으로 사용할 수 있는 연속적 데이터 수집을 강화하는 방향으로 노력이 이루어지고 있다.[29]

새로운 트렌드 빅데이터를 인간의 이해, 지원, 관리에 활용한다는 생각은 비교적 최근에 출현했다. 연구자와 미디어, 기업의 리더들이 데이터 기반 관리와 의사결정의 가능성을 발견한 것은 기업의 미래에 희소식이다. 이제 경영자는 데이터를 활용하여 목표를 정의하고, 인과관계 논리를 개발하며, 그러한 논리를 점검하여 어떤 목적을 달성하려면 조직 구성원이 무엇을 어떻게 해야 하는지를 결정할 수 있다.[30] 효과적인 의사결정에 빅데이터를 활용하고(6장 참조) 조직 변화의 관리에 빅데이터를 활용하려는(17장 참조) 움직임이 점점 더 활발해지고 있다. 빅데이터로 인해 조직은 어마어마한 데이터와 정보를 습득하고 관리할 수 있게 되었다. 게다가 최근에는 이 모든 정보를 처리 및 분석하는 절차가 발전하고 있다.[31] 조직이 엄청난 양의 데이터를 매우 빠른 속도로 처리할 수 있게 해주는 대표적인 도구는 인간처럼 사고하고 작업하고 반응할 수 있는 프로그램, 즉 인공지능(artificial intelligence, AI)이다.[32] 인공지능이라는 말을 들으면 대개 로봇을 떠올릴 것이다. 밤에 병원에서 로봇이 원격으로 환자를 모니터링하여 야간 근무 간호사를 지원하는 등 작업장에서 점점 더 로봇이 사용되고 있다.[33]

그러나 최근에는 머신러닝(machine learning)이 관심을 모으고 있다. 이는 특정 과업을 수행하도록 훈련된 소프트웨어로, 데이터 수집과 피드백 과정을 통해 '학습'과 '개선'을 동시에 하는 인공지능의 일종이다.[34] 인공지능에 투입되는 수십억 달러 중 60% 이상이 머신러닝에 할당되고 있다.[35] 머신러닝은 특히 전자상거래 산업에서 많은 기업의 성공에 크게 기여했다. 아마존(Amazon)의 거래 중 거의 1/3이 인공지능을 통한 추천 제품의 거래라는 보고가 있을 정도이다.[36] 이어지는 장에서는 로봇공학과 머신러닝을 비롯한 인공지능이 조직행동의 연구와 실천에 얼마나 그리고 어떤 방식으로 반영되고 있는지를 다룰 것이다.

한계 빅데이터와 인공지능의 기술적 능력이 커지면서 개인 정보 보호와 적절한 응용에 대한 우려가 커지고 있다.[37] 데이터 수집이 감시 목적인 경우에 이는 더욱 심각한 문제이다. 예를 들면 지역 주민의 삶의 질을 개선하기 위해 뉴욕시 브루클린에서 이루어진 한 실험의 경우, 연구자들이 적외선 카메라, 센서, 스마트폰 와이파이 신호 등으로부터 사생활을 침해하는 데이터를 수집할 수 있었다.[38] 텍사스주 댈러스의 브레드위너스카페(Bread Winners Café)에서는 감시 장치로 레스토랑 안에 있는 모든 직원을 계속 모니터링하고, 그 자료를 직원 훈련과 승진에 활용했다.[39] 이러한 빅데이터 활용은 효과적일 수도 있다. 감시를 하면 업무 성과 및 다른 동료를 돕는 시민행동이 적어도 단기간 동안에는 증가한다는 연구 결과도 있다.[40] 그러나 비판하는 입장에서는 프레더릭 테일러(Frederick Taylor)가 1911년에 생산성 향상을 위해 감시 체계를 동원한 이후 앨프리드 슬론(Alfred Sloan)이 근로자들에게 의미 있는 업무 경험을 제공함으로써 더 큰 성공을 거둔 것을 지적한다.[41]

인공지능의 활용 또한 개인 정보 보호와 적절한 응용에 대한 문제를 안고 있다.[42] 로봇과 자동화로 인해 안전 및 직업의 안정성이 침해받을지도 모른다는 우려가 그간 제기되었다.[43] 여기서 드러난 가장 단순한 한계는 인간이 자명하게 보는 '전체 모습'을 기계가 파악하지 못하고 자신의 한계를 무시할 수 있다는 것이다.[44] 예를 들어 어떤 직원이 직장에서 절도할 가능성이 높은지를 예측할 때 알고리즘이 실수로 피자 토핑 선호도를 포함할 수도 있다. 따라서 비논리적인 예측과 의사결정을 피할 수 있도록 머신러닝을 감독하는 것이 중요하다. 또한 인공지능은 일터에서 비윤리적인 행동에 관여하는 데 사용될 수도 있다. 예를 들어 페이스북은 영국의 한 대형 보험사가 사용자의 SNS 정보를 탐색하여 사용자의 성격 특성을 파악하고 (성격 특성에 따라 운전 습관이 다를 것이라는 전제하에) 보험료를 차등 부과하려는 것을 금지했다.[45]

우리는 직관을 완전히 무시하라고 권고하려는 것이 아니다. 모든 의사결정을 머신러닝 알고리즘에 맡겨두라고 권고하려는 것도 아니다. 사람들을 다룰 때 리더는 종종 직관을 따르고 탁월한 성과를 거두기도 한다. 하지만 때로는 인간적인 성향이 방해가 되기도 한다. 우리가 권고하려는 것은 직관과 경험에 가능한 한 많은 증거를 제공하라는 것이다. 인간적인 행동 경향을 따르되 빅데이터와 인공지능을 지혜롭게 사용할 수만 있다면 바람직한 의사결정을 내리고 편견을 극복하는 데 도움이 될 것이다. 이것이 바로 조직행동론이 하는 약속이다.

조직행동론의 발전에 기여한 학문 분야

조직행동론은 주로 심리학, 사회심리학, 사회학, 인류학 등 여러 행동과학 분야의 업적을 바탕으로 구축된 응용 행동과학이다. 심리학은 주로 개인 또는 미시적 수준의 분석에 기여하고, 그 밖의 분야는 그룹 프로세스, 조직과 같은 거시적 개념을 이해하는 데 기여했다. 도표 1-1은 조직행동 연구에 대한 주요 기여를 개략적으로 나타낸 것이다.

심리학 인간과 동물의 행동을 측정하고 설명하며, 때로는 변화시키려는 과학

심리학

심리학(psychology)은 인간과 동물의 행동을 측정하고 설명하며, 때로는 변화시키려

도표 1-1
조직행동론에 기여한 학문

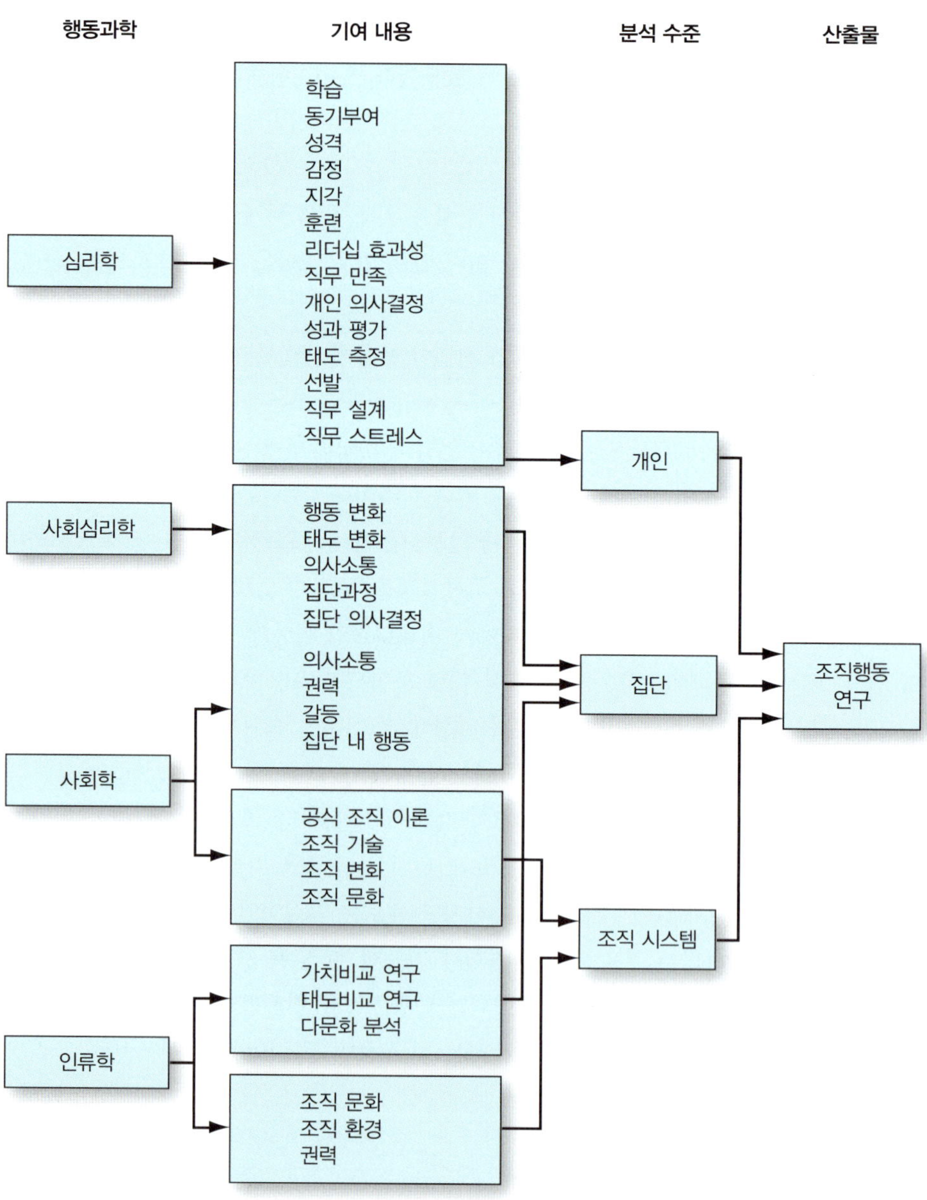

한다. 조직행동론의 지식 구축에 도움을 준 심리학 분야는 학습 이론, 성격 이론, 상담심리 등이고, 특히 산업 및 조직심리학의 기여도가 크다.

초기 산업 및 조직심리학자들은 피로, 지루함 그리고 효율적인 작업 수행을 방해할 수 있는 기타 작업 조건의 문제를 연구했다. 최근에는 학습, 인식, 성격, 감정, 훈련, 리더십 효율성, 욕구와 동기부여, 직업 만족도, 의사결정 프로세스, 성과 평가, 태도 측정, 직원 선택 기술, 업무 설계, 직무 스트레스 등으로 범위가 확대되었다.

사회심리학

일반적으로 심리학의 한 분야로 간주되는 **사회심리학**(social psychology)은 심리학과 사회학의 개념을 혼합하여 사람들이 서로에게 미치는 영향에 초점을 맞춘다. 주요 연구 영역 중 하나는 **변화**를 구현하는 방법, 즉 수용에 대한 장벽을 줄이는 방법이다. 사회심리학자들은 태도 측정·이해·변화, 의사소통 패턴 식별, 신뢰 구축에 관한 이론의 발전에 기여하고 집단행동, 권력, 갈등에 대한 연구에도 중요한 공헌을 했다.

사회심리학 심리학과 사회학의 개념을 혼합하여 사람들이 서로에게 미치는 영향에 초점을 맞추는 분야

사회학

심리학은 개인에 초점을 맞추는 반면, **사회학**(sociology)은 사람들의 사회적 환경이나 문화와 관련하여 사람들을 연구한다. 사회학자들은 조직, 특히 공식적이고 복잡한 조직의 집단행동을 연구함으로써 조직행동론에 기여했다. 사회학자들이 조직 문화, 공식적인 조직 이론 및 구조, 조직 기술, 의사소통, 권력, 갈등을 연구했다는 것을 중요하게 꼽을 수 있다.

사회학 사람들의 사회적 환경이나 문화와 관련하여 사람들을 연구하는 학문

인류학

인류학(anthropology)은 인간 및 인간의 활동에 대해 배우기 위해 사회를 연구하는 학문이다. 문화와 환경에 대한 인류학자의 연구는 다양한 국가 및 다양한 조직 내 사람들 사이의 근본적인 가치, 태도, 행동의 차이를 이해하는 데 도움이 되었다. 조직 문화, 조직 분위기, 국가 문화 간의 차이에 대해 오늘날 우리가 알고 있는 것은 대부분 인류학자 또는 그들의 방법을 사용하는 사람들이 노력하여 얻은 결과이다.

인류학 인간 및 인간의 활동에 대해 배우기 위해 사회를 연구하는 학문

절대적인 법칙이 거의 존재하지 않는 조직행동론

화학, 천문학, 물리학 등 물리 과학의 법칙은 일관성이 있고 다양한 상황에 적용된다. 과학자는 일관성 있는 법칙을 활용하여 중력의 당김을 일반화하거나, 우주 비행사를 우주로 보내 위성을 수리하는 것에 대해 확신을 가질 수 있다. 그러나 인간은 복잡하며, 인간의 행동을 설명하는 단순한 원리는 거의 없다. 어느 누구도 똑같지 않기 때문에 인간에 대해 일반화하는 능력은 제한적이다. 같은 상황이라도 두 사람이 아주 다르게 행동하는

경우가 흔하고, 같은 사람이라도 상황에 따라서 행동이 달라진다. 모든 사람이 돈을 최고로 여기는 것은 아니며, 토요일 아침에 친구들과 어울릴 때의 행동과 취업 면접에서의 행동은 전혀 다를 것이다.

물론 이것이 인간 행동에 대해 합리적으로 정확히 설명할 수 없음을 의미하는 것은 아니다. 조직행동론의 개념은 상황적 또는 우발적 조건을 반영해야 한다. 즉 x가 y로 이어지지만 z에 지정된 조건인 **상황 변수**(contingency variable)에서만 그렇다는 식으로 말할 수 있다.

상황 변수 둘 이상의 변수 간 관계를 조정하는 상황 요인 또는 변수

조직행동론은 일반적인 개념을 특정 상황, 사람 또는 집단에 적용하면서 개발되었다. 예를 들어 조직행동 실무자는 모든 사람이 복잡하고 도전적인 작업을 좋아한다고 말하는 것, 즉 일반화를 피한다. 모든 사람이 도전적인 직업을 원하는 것은 아니기 때문이다. 어떤 사람은 다양한 작업보다 일상적인 작업 또는 복잡한 작업보다 단순한 작업을 선호한다. 어떤 사람에게는 매력적인 직업이 다른 사람에게는 그렇지 않을 수도 있다. 어떤 것에 매력을 느끼는지는 사람에 따라 다르다. 돈이 우리 대부분에게 동기를 부여한다는 식의 일반적인 효과도 있고, 어떤 사람은 유독 돈에 좌지우지되지만 또 어떤 사람은 그렇지 않다는 식의 상황성도 있다. 우리는 일반적인 효과와 이에 영향을 미치는 상황 요인이 행동을 유발하는 방법을 깨달을 때 조직행동을 가장 잘 이해하게 된다.

조직행동을 둘러싼 도전 과제와 기회

관리자가 조직행동을 이해하는 것이 그 어느 때보다 중요해졌다. 조직에서 나타나는 극적인 변화를 간단히 살펴보라. 노동력이 점점 더 다양해지고 있으며, 글로벌 경쟁으로 인해 직원들은 더욱 유연해지고 급격한 변화에 대처해야 한다.

그 결과로 근로자를 위한 새로운 기회가 고용 옵션에 포함되도록 조정되고 있다. 도표 1-2는 조직이 제공하거나 협상하고자 하는 옵션의 일부 유형을 자세히 보여준다. 각 항목 아래에 선택하거나 결합할 수 있는 옵션이 있다. 예를 들어 경력의 어느 시점에는 급여 및 보너스 보상 패키지가 있는 현지의 비노조적 환경에서 정규직으로 일할 수도 있고, 또 어느 시점에는 유연한 가상 직위를 협상하고 급여와 추가 유급 휴가의 조합으로 해외에서 일하는 것을 선택할 수도 있다.

요컨대 오늘날의 도전 과제는 관리자가 조직행동론의 개념을 사용할 수 있는 기회를 제공한다. 이 장에서는 조직행동론이 솔루션을 주거나, 아니면 적어도 솔루션에 대한 의미 있는 통찰력을 주는, 관리자와 직원이 직면한 중요한 도전 과제 중 일부를 살펴본다.

세계화

세계화 전 세계적인 통합과 상호 의존이 국경을 넘어 촉진되는 과정

세계화(globalization)는 조직과 리더, 직원들이 전 세계적으로 점점 더 연결되게 이끌었다.[46] 한국의 다국적 기업인 삼성(Samsung)은 대부분의 제품을 외국에 판매하고,

고용 범주	고용 유형	고용 장소	고용 조건	보상 방식
정규 고용	전일 근로	고정	현지 근무	정기 급여
부분 고용	부분 근로	이동(공유)	해외 근무	시간급
재고용	유연근무	가상	단기 임무 수행	초과시간급
무직/실직	직무 공유	신축적	신축적 귀국 허용부 해외 근무	상여금
자영	부정기적 근무	재택근무	국제 비즈니스 여행	계약
퇴직	자발적 계약직		전 지역 근무	유급 휴가
구직	임시직		노조/비노조 근로자	복리후생
무급 휴가	단축 근로			
일시 해고	인턴			

도표 1-2 고용 선택지

출처: J. R. Anderson Jr., et al., "Action Items: 42 Trends Affecting Benefits, Compensation, Training, Staffing and Technology," *HR Magazine* (January 2013) p. 33; M. Dewhurst, B. Hancock, and D. Ellsworth, "Redesigning Knowledge Work," *Harvard Business Review* (January-February 2013), 58-64; E. Frauenheim, "Creating a New Contingent Culture," *Workforce Management* (August 2012), 34-9; N. Koeppen, "State Job Aid Takes Pressure off Germany," *The Wall Street Journal* (February 1, 2013), p. A8; M. A. Shaffer, M. L. Kraimer, Y.-P. Chen, and M.C. Bolino, "Choices, Challenges, and Career Consequences of Global Work Experiences: A Review and Future Agenda," *Journal of Management* (July 2012), 1282-327.

버거킹(Burger King)은 브라질 기업 소유이며, 맥도날드(McDonald's)는 육대주의 101개국에서 햄버거를 팔고 있다. 제2차 세계대전 이후 세계화는 국제사회의 단합을 가져왔지만, 글로벌 금융 위기의 회복이 지연됨으로써 세계의 인구가 고통을 겪고 있다.[47] 지금 세계는 개방 경제를 계속 유지할 것인지, 폐쇄적인 경제로 전환할 것인지 두 가지 선택지 사이에서 긴장을 겪고 있는데, 이는 세계화로 인해 다양한 지역 공동체의 고용 환경이 급변하여 경제적 불평등이 커지고 빈곤을 초래할 수 있기 때문이다.[48] 한편 우리는 수많은 산업을 와해하고 일자리를 잃게 만드는 새로운 산업혁명을 겪고 있다.[49] 이러한 세계화 추세가 제기하는 새로운 과제 중 하나는 지구적 차원에서 대중과 그 구성원 사이의 협력 그리고 조직과 그 구성원 사이의 협력을 이끌어내는 것, 즉 사회적 책임을 염두에 두고 공동선을 추구하는 것이다.

결과적으로 세계화는 경영자의 직무를 변화시켰다. 직장에서 효과적으로 일하기 위해서는 다음과 같은 글로벌 이슈를 예측하고 그에 맞게 적용하기 위해 노력해야 한다.

다양한 문화권 사람들과 함께 일하기 자국에서 일하든 외국에서 일하든 이제는 다른 문화권 출신의 상사나 동료 등과 함께 일하게 될 가능성이 크다. 내가 좋아하는 것을 그들은 전혀 좋아하지 않을 수도 있고, 내가 편하게 여기는 개방적이고 솔직한 의사소통 방식을 그들은 불편해하거나 위협처럼 느낄 수도 있다. 다른 문화권 출신의 사람들과 효과

적으로 일하기 위해서는 그들이 자라온 문화와 배경을 어떻게 이해하고 그 차이를 고려하여 경영관리 방식을 조정해야 한다.

다른 문화와 규제 규범에 적응하기 효과적으로 경영하려면 경영자는 자신이 일하고 사업을 수행하는 국가의 문화적 규범을 잘 이해해야 한다. 어떤 나라에서는 다수의 근로자가 긴 휴가를 즐긴다. 국가적 또는 지역적으로 존중해야 할 규제도 많다. 해외로 파견근무를 나간 경우에는 해당 국가에서 외국 기업에 적용하는 고유한 재무적 또는 법률적 규제를 잘 이해하고 어기지 않도록 주의해야 한다. 법률 위반은 해당 국가에서의 사업 수행을 어렵게 하는 데 그치지 않고 국가 간의 정치적 관계 문제로 비화될 수도 있다. 또한 해당 국가에서의 기업 간 경쟁을 규율하는 방식에 차이가 있을 수도 있다는 것을 주의해야 한다. 법률을 제대로 이해하는지, 그렇지 못한지가 사업의 성패를 가를 수 있다. 한 예로 소재 지역의 금융 관련 법률을 잘 이해한 중국은행(Bank of China)은 런던에 있는 유명한 빌딩인 그로브너하우스를 인도의 호텔 그룹 사하라(Sahara)로부터 빼앗았다. 사하라 경영진은 압류로 이어진 대출 상환 실패가 뉴욕 소재 부동산과 관련된 혼동에서 비롯되었다고 주장했다.[50] 이처럼 세계화는 복잡한 결과를 낳기도 한다.

노동 인구의 인구통계적 특징

노동 인구는 경제 상황, 수명, 출생률, 사회경제적 조건, 광범위한 영향을 미치는 기타 요인의 변화에 적응해왔다. 인간은 생존하기 위해 적응해야 하고, 조직행동 연구는 그러한 노력이 어떻게 인간의 행동으로 나타나는지를 연구한다. 2008년의 글로벌 불황이 이미 끝났지만 그 시절의 트렌드가 아직까지 이어져 상당수가 여전히 실업 상태이고,[51] 시간제 직무를 전전하거나[52] 그때그때 필요에 따라 작업하는 온디맨드(on-demand) 방식의 일을 하고 있다.[53] 고등교육을 받은 젊은이들은 대학 졸업 후 특수 산업 분야에 필요한 훈련을 더 받거나,[54] 낮은 임금의 정규직에 취업하거나,[55] 스스로 창업하는 길로 들어서고 있다.[56]

기대수명과 출생률도 조직에 큰 변화를 가져왔다. 2000년 이래 짧은 기간 동안 기대수명이 전 세계적으로 평균 6년 증가했는데, 이는 1960년대 이후 가장 빠른 속도이다.[57] 반면에 많은 선진국의 출생률이 낮아졌으며, 이러한 추세는 전체 노동 인구의 고령화를 여실히 보여준다. 조직행동론은 이러한 현상이 조직 구성원의 태도, 조직 문화, 리더십, 구조, 의사소통에 어떤 의미가 있는지를 설명하는 데 도움을 줄 수 있다. 그리고 사회경제적 변화는 노동 인구의 다양성에 근본적인 영향을 미쳤다. 예를 들어 UN 인권 선언 이후 성 정체성이나 성적 지향에 관계없이 직업과 교육의 기회에 대한 접근성이 동등해야 한다는 인식이 확대되었다.[58] 노동 인구의 다양성 수준이 개선되고 있다고는 하지만, 성 정체성이나 성적 지향과 같은 다양한 인구통계적 배경의 사람들은 여전히 불평등, 편견, 심지어 폭력을 경험하고, 관리자 자리에까지 오른 소수자가 상대적으로 적다.[59] 조직행

동 연구자들은 다양한 배경을 지닌 사람들이 직장에서 어떻게 대우받고 있는지, 그들이 겪는 독특한 어려움이 무엇인지, 어떻게 하면 상황을 개선할 수 있는지를 연구한다. 이것은 문화적·사회경제적 변화가 일터에 어떤 영향을 미치는지를 보여주는 하나의 예일 뿐이다. 조직행동론이 어떻게 노동 인구와 관련된 문제를 이해하고 통찰력을 줄 수 있는지를 이 책 전반에 걸쳐 다룰 것이다.

노동 인구의 다양성

오늘날 조직이 당면한 중요한 과제 중 하나는 성별, 연령, 인종, 민족, 성적 지향 등의 요소가 점점 더 다양해지고 있는 추세, 즉 **노동 인구의 다양성**(workforce diversity)을 관리하는 것이다. 개인차는 다음 장에서 자세히 다루고, 여기서는 노동 인구의 다양성이 경영자와 직원에게 굉장한 가능성과 함께 어려운 문제를 안겨준다는 것을 나타내는 몇 가지 질문을 던지려 한다. 어떻게 하면 다양성의 잠재적 강점이 충분히 드러나게 할 수 있는가? 우리는 모든 직원을 똑같이 대우해야 하는가, 아니면 개인차에 따라 다르게 대우해야 하는가? 직장에서의 편견, 차별, 불평등에 대처하는 각국의 법과 제도는 어떻게 다른가? 노동 인구의 다양성은 조직과 직원에게 긍정적인 결과를 가져오는가? 이러한 질문의 답을 구하는 것은 오늘날의 조직에 매우 중요하다.

노동 인구의 다양성 조직에서 성별, 연령, 인종, 민족, 성적 지향 등의 요소가 점점 더 다양해지고 있다는 개념

소셜미디어

11장에서 다루겠지만, 기업계에서 소셜미디어는 이미 대세가 되었다. 그럼에도 불구하고 많은 조직은 일터에서 직원이 소셜미디어를 사용하는 것에 어떻게 대처해야 할지 갈피를 잡지 못하고 있다. 2015년 2월 텍사스의 한 피자 가게는 뽑으려고 했던 사람이 맡게 된 일에 대해 부정적인 내용을 트위터에 올리자 첫 출근을 하기도 전에 그를 해고했다. 2014년 12월 노드스트롬(Nordstrom)은 백인 경찰의 폭력을 옹호하는 댓글을 페이스북에 남긴 오리건 출신 직원을 해고했다.[60] 이러한 사례는 오늘날 경영자가 소셜미디어를 다루는 것이 쉽지 않은 문제임을 보여주며, 그렇기에 소셜미디어는 조직행동론에도 기회이자 도전 과제이다. 인적자원 관리 부서는 지원자의 소셜미디어를 어디까지 조사해야 할까? 채용 담당자는 후보자의 트위터를 살펴봐야 할까? 아니면 페이스북 프로필을 가볍게 훑어보는 것으로 충분할까? 지원자와 고객을 더 많이 확보하려는 경영자는 자신의 소셜미디어를 어떻게 활용할 수 있을까?[61] 경영자는 확실한 근거를 가지고 직원과 조직을 보호하기 위해 균형 있는 정책을 개발해야 한다.

많은 조직은 직장에 출근한 후 언제, 어디서, 어떤 목적으로 소셜미디어에 접속할 수 있는지 규정해두고 있다. 그렇다면 소셜미디어가 근로자의 복지에 미치는 영향은 어떠한가? 한 연구에 따르면 아침에 기분 좋게 깨어났더라도 낮 동안 페이스북에 자주 접속할수록 기분이 처지는 것으로 나타났다. 2주 동안 페이스북을 자주 확인한 사람들은 전반적으로 삶의 만족도가 낮아졌다고 밝혔다.[62] 경영자는 조직 구성원의 만족도를 높이고

긍정적인 조직 성과를 개선 및 향상하고자 한다. 조직행동론도 마찬가지이다. 태도와 직무 만족, 감정과 기분을 다룰 때 이에 대해 좀 더 살펴볼 것이다.

직장에서 직원의 삶의 질

오늘날 직원의 삶의 질을 위협하는 가장 큰 문제는 가상 업무 공간을 벗어날 수 없다는 것이다. 정보통신 기술의 발전으로 많은 기술자와 전문가는 집과 자동차, 심지어 휴양지에서 업무를 수행하고 있으며, 이들은 함께 일하는 동료들 사이에서 소속감을 느끼기 어렵다. 캐플런대학의 엘런 라이네리(Ellen Raineri)는 "사이버 공간에서 고독하게 존재하는 가상 공간의 근로자가 소속감을 갖기는 매우 어렵다"고 말한다.[63] 또 다른 문제는 조직이 직원들에게 더 긴 노동 시간을 요구하고 있다는 것이다. 최근 한 연구에 따르면 직원 4명 중 1명이 소진 증세를 보이고, 3명 중 2명이 높은 수준의 스트레스와 피로를 호소하는 것으로 나타났다.[64] 직원은 이메일과 문자 메시지를 통해 상사와 '항상 연결되어 있다'고 생각하기 때문에 이는 과소 추정된 결과일 수 있다. 또한 직장 밖에서 요구받는 헌신이 직원의 삶의 질에 영향을 미치기도 한다. 예를 들어 부모님을 돌보아야 하는 수많은 독신 근로자는 직장 생활과 가족 돌봄 책임의 균형을 유지하는 데 큰 어려움을 겪고 있다.

이어지는 장에서 살펴보겠지만, 조직행동론의 주제는 일과 생활의 균형을 유지하도록 돕기 위해 직장의 일을 어떻게 설계할 수 있는지에 대해 훌륭한 지침을 제시한다. 또한 조직 구성원 스스로 스트레스를 관리하고 소진을 예방하는 데 사용할 수 있는 방법을 제안한다.

긍정적인 업무 환경

긍정적 조직 탐구 어떻게 하면 조직이 인간의 강점을 개발하고, 활력과 복원력을 증진하며, 잠재력을 드러내도록 도울 수 있는지를 연구하는 조직행동론 분야

최근 **긍정적 조직 탐구**(positive organizational scholarship, POS)(또는 **긍정적 조직행동**)라는 조직행동 연구 영역이 발전하고 있다. 이 연구 영역은 어떻게 하면 조직이 인간의 강점을 개발하고, 활력과 복원력을 증진하며, 잠재력을 드러내도록 도울 수 있는지를 연구한다. 이 분야의 연구자들은 그동안의 조직행동 연구가 조직과 구성원들에게 어떤 문제가 있는지를 밝히는 데에만 힘을 기울여왔다고 비판하며, 조직과 구성원의 좋은 부분이 무엇인지를 연구하려고 한다.[65] 긍정적 조직행동 연구자들이 관심을 갖는 주제는 헌신, 희망, 낙관주의, 힘든 상황에서의 복원력 등이다.

긍정적 조직 탐구는 비판적 피드백과 같은 부정적인 것의 가치를 부인하지는 않으며, 새로운 시각으로 조직행동을 바라보려고 노력하면서 조직 구성원들의 한계가 아니라 그들이 지닌 강점과 잠재력을 최대한 활용하기 위한 방법을 찾도록 촉구한다. 긍정적 업무 환경의 대표적인 요소는 조직 문화로, 이는 한 장을 할애하여 다룰 것이다. 조직 문화는 조직 구성원의 행동에 큰 영향을 미치기 때문에 조직은 기업의 성격을 규정하고 보존하기 위해 '문화 경영자'를 고용하기도 한다.[66]

윤리적 행동

구조조정, 생산성 향상 압력, 치열한 경쟁이 일상화된 조직 세계에서 많은 조직 구성원이 법률과 규칙을 어기고 문제가 될 소지가 있는 관행을 따라야 한다는 압박감을 느끼는 것은 놀라운 일이 아니다. 조직 구성원이 옳고 그른 행동을 구분하고 선택해야 하는 **윤리적 딜레마**(ethical dilemma)와 **윤리적 선택**(ethical choice)에 직면하는 상황이 점점 더 잦아지게 되었다. 회사 안에서 불법적인 일이 벌어지는 것을 알게 되었을 때 고발해야 할까? 개인적으로 동의할 수 없는 일을 요구받을 때 순응해야 할까? 경력을 관리하기 위해 정치적 행동을 해도 될까?

윤리적 딜레마, 윤리적 선택 개인이 옳고 그른 행동을 정의해야 하는 상황

바람직한 윤리적 행동이 무엇인지 명확히 정의하려는 시도는 성공하지 못했고, 조직 현장에서는 옳고 그름의 경계가 희미하다. 우리 주변에는 비윤리적인 관행에 연관된 사람이 흔히 있다. 선출된 공직자는 비용을 부풀리고 뇌물을 받으며, 기업 경영자는 스톡옵션을 많이 받기 위해 이익을 부풀리고, 대학에서는 스포츠 선수로 활동하는 학생이 쉽게 학점을 받거나 최근 노스캐롤라이나대학 채플힐 캠퍼스에서 벌어진 일처럼 아예 허위 학점을 부여하기도 한다.[67] 발각되고 나면 사람들은 "누구나 그렇게 한다"거나 "모든 기회를 유리하게 활용하려는 것은 당연하다"는 식의 변명을 한다.

오늘날의 경영자는 조직 구성원이 옳고 그름에 대해 모호함 없이 생산적으로 일할 수 있도록 윤리적으로 건강한 조직 분위기를 조성하기 위해 노력해야 한다. 윤리적 사명을 강력하게 천명하고, 조직 구성원의 도덕적 행동을 장려하며, 강력한 리더십을 발휘함으로써 조직 구성원의 윤리적 결정과 행동을 지원할 수 있다.[68] 또한 수업 시간의 훈련 세션을 지속적으로 제공하면 도움이 되는 것으로 밝혀졌다.[69] 이어지는 장에서는 윤리적으로 건강한 분위기를 조성하고 근로자가 모호한 상황을 헤쳐나갈 수 있도록 돕기 위해 경영자가 무엇을 어떻게 해야 하는지를 다룰 것이다.

조직행동론 모델의 개발

조직행동론의 분야를 정의하고 기본 변수, 개념, 변수 간 관계를 요약하여 나타낸 일반적 모델을 제시하면서 이 장을 마무리하겠다. 이 모델은 이 책에서 제시되는 주제가 경영 현장의 과제와 기회에 다가가는 데 어떻게 활용될 수 있는지 그 전모를 파악하는 데 도움이 될 것이다.

개요

모델(model)은 현실을 추상화한 것으로, 실제 세계의 현상을 단순화하여 나타낸다. 도표 1-3은 조직행동론 모델의 뼈대를 보여준다. 이 모델은 개인, 집단, 조직이라는 세 가지 분석 수준에서 나타나는 세 가지 유형의 변수, 즉 투입물, 변환 과정, 산출물을 제시하고 있다. 이 책에서는 개인 수준(2~8장 참조)에서 시작하여 집단 수준의 행동(9~14

모델 현실을 추상화한 것으로, 실제 세계의 현상을 단순화하여 나타냄

도표 1-3
조직행동의 기본 모델

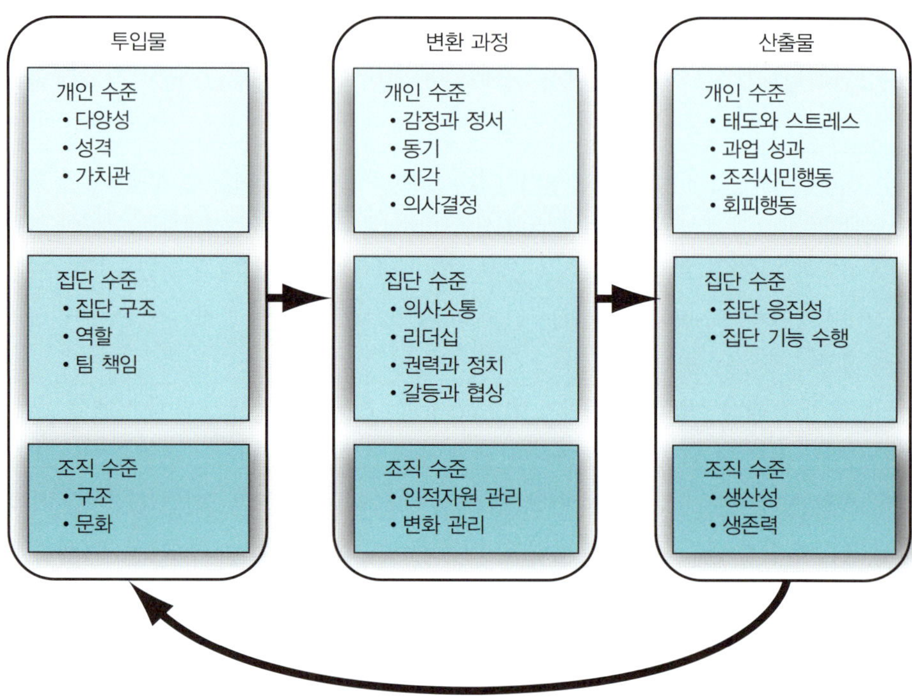

장 참조)을 거쳐 조직 시스템(15~17장)을 다룰 것이다. 조직행동론 모델은 투입물에서 변환 과정, 산출물로 이어지는 과정을 보여주는데, 각 분석 수준에서 이 전환의 흐름을 살펴볼 것이다. 산출물에서 투입물로 이어지는 피드백이 있다는 점에 주의해야 하며, 이는 조직에서 현재 진행되고 있는 활동이 조직의 미래에 영향을 미친다는 사실을 드러낸다.

투입물

투입물 성격, 집단 구조, 조직 문화 등 변환 과정에 투입되는 변수

변환 과정에 투입되는 변수인 **투입물**(input)에는 성격, 집단 구조, 조직 문화 등이 포함한다. 이러한 변수는 미래에 조직에서 벌어질 일의 밑거름이 된다. 고용 관계가 시작되기 전에 많은 것이 결정되는데, 가령 개인적 다양성 변수, 성격, 가치관은 개인의 유전적 소인과 성장 환경의 상호 영향에 의해 형성된다. 또한 집단 구조, 역할, 팀 책임은 집단이 형성되기 전 또는 형성된 직후에 결정되고, 조직 구조와 문화는 오랜 세월에 걸쳐서 환경에 적응하는 도중에 만들어진 관습과 규범을 바탕으로 개발 및 변화되어온 결과물이다.

변환 과정

변환 과정 개인, 집단, 조직 수준의 투입물이 관여하여 특정 산출물을 만들어내는 활동

조직행동론에서 투입물이 명사 역할을 한다면, **변환 과정**(process)은 동사 역할을 담당한다. 변환 과정은 개인, 집단, 조직 수준의 투입물이 관여하여 특정 산출물을 만들어내는 활동을 의미한다. 개인 수준의 변환 과정에는 감정과 정서, 동기, 지각, 의사결정이

포함되고, 집단 수준에서는 의사소통, 리더십, 권력과 정치, 갈등과 협상이 포함된다. 그리고 조직 수준에서는 인적자원 관리와 변화 관리가 포함된다.

산출물

연구자가 설명하거나 예측하고자 하는 핵심 변수인 **산출물**(outcome)은 다른 변수의 영향을 받는다. 조직행동론에서 중요하게 여겨지는 결과 변수는 무엇일까? 개인 수준에서는 태도와 스트레스, 과업 성과, 조직시민행동, 회피행동 등이 강조된다. 또한 집단 수준에서는 응집성과 기능 수행이 중요한 종속 변수이고, 조직 수준에서는 전반적인 생산성과 생존력이 중요하다. 이러한 산출물은 이 책 전반에 걸쳐 언급되므로, 조직행동론의 목표를 이해하는 데 도움이 되도록 각각에 대해 간략히 알아보자.

산출물 다른 변수의 영향을 받는 핵심 변수

태도와 스트레스 조직 구성원의 **태도**(attitude)는 조직 구성원이 어떤 대상, 사람, 사건에 대한 긍정적 또는 부정적 평가를 의미한다. 예를 들어 "내 일이 아주 좋아!"라고 말하는 것은 긍정적 직무 태도이고, "지루하고 싫증 나!"라고 말하는 것은 부정적 직무 태도이다. 그리고 **스트레스**(stress)는 환경의 압력에 대한 반응으로 나타나는 심리적 과정이다.

태도 조직 구성원이 어떤 대상, 사람, 사건에 대한 긍정적 또는 부정적 평가

스트레스 개인이 원하는 것과 관련된 기회, 요구 또는 자원에 직면하고 그 결과가 불확실하면서도 중요하다고 인식되는 심리적 과정

태도와 스트레스의 영향이 크지 않다고 생각하는 사람도 있겠지만, 태도야말로 누군가의 과업 성과와 직접적으로 연관되는 행동을 낳는 핵심 요소이다. 공정한 대우를 받아 만족도가 높은 조직 구성원이 오늘날의 사업 현장에서 매우 중요한 조직시민행동을 발휘한다는 것이 여러 연구를 통해 밝혀지기도 했다.

과업 성과 **과업 성과**(task performance)는 핵심 직무를 구성하는 과업을 수행할 때 효과성과 효율성의 결합으로 나타난다. 예컨대 공장 근로자의 과업 성과는 시간당 생산한 제품의 수량과 질로 측정할 수 있고, 교사의 과업 성과는 학생이 습득한 교육의 수준으로 측정할 수 있다. 또한 컨설턴트는 고객에게 제공한 제안의 적시성과 품질로 과업 성과를 평가할 수 있을 것이다. 이러한 유형의 성과에는 모두 해당 직무에 부여된 핵심적인 책임과 역할이 반영되며, 공식적인 직무 기술서에 담긴 기능과도 직접 연관된다.

과업 성과 핵심 직무를 구성하는 과업을 수행할 때 효과성과 효율성의 결합

조직시민행동 조직 구성원의 공식적인 직무에는 포함되지 않고, 자유로운 재량에 따라 일터의 사회적·심리적 환경 조성에 크게 기여하는 행동을 **조직시민행동**(organizational citizenship behavior, OCB) 또는 간단히 시민행동이라고 한다. 조직이 잘 운영되려면 구성원이 자신의 직무 책임을 넘어서는 행동, 즉 기대 이상의 성과를 보여야 한다. 조직은 자신의 직무 범위가 아니지만 조직 운영에 긍정적인 행동을 하는 구성원을 원하고, 또 필요로 한다. 그러한 직원을 보유한 조직은 그렇지 못한 조직보다 더 좋은 성과를 내기 때문에 조직행동론에서는 산출물의 한 변수로 조직시민행동에 관심을 갖는다.

조직시민행동 자유로운 재량에 따라 일터의 사회적·심리적 환경 조성에 크게 기여하는 행동

회피행동 앞에서는 과업 범위를 넘어서는 행동에 대해 언급했는데, 그렇다면 반대로

회피행동 조직 구성원이 조직과 자신을 분리하는 일련의 행동

과업 요구에 미치지 못하는 행동은 어떨까? **회피행동**(withdrawal behavior)은 조직 구성원이 조직과 자신을 분리하는 일련의 행동을 말한다. 회피행동에는 여러 가지 유형이 있으며 대표적으로 지각, 회의 불참, 결근, 이직을 꼽을 수 있다. 조직 구성원의 회피행동은 조직에 매우 부정적인 영향을 미칠 수 있다.

집단 응집성 집단 구성원들이 서로 지지하고 인정하는 것

집단 응집성 앞서 제시한 모델의 산출물은 개인 수준의 현상으로 개념화할 수 있는 것이 많지만 몇 가지는 집단의 운영 방식과 관련이 있다. **집단 응집성**(group cohesion)은 한 집단에 속한 구성원이 다른 구성원을 지지하고 인정하는 것과 관련이 있다. 달리 말해 응집성이 있는 집단의 구성원들은 똘똘 뭉쳐 움직인다. 구성원들이 서로 신뢰하고, 공동의 목표를 추구하며, 공동의 목표를 달성하기 위해 협동하는 집단은 응집성이 높다. 반대로 구성원들이 원하는 바가 제각각이고 서로 충실하지 않은 집단은 응집성이 낮다.

집단 기능 수행 집단이 산출하는 업무의 양과 질

집단 기능 수행 긍정적인 직무 태도가 높은 수준의 과업 성과로 연결되는 것과 마찬가지로 집단 수준에서 집단 응집성은 **집단 기능 수행**(group functioning)을 향상한다. 집단 기능 수행은 집단이 산출하는 업무의 양과 질을 말한다. 스포츠 팀의 성적이 각 선수의 성과를 합친 것을 넘어서듯이, 일터에서의 집단 기능 수행은 개인의 과업 성과를 합친 것을 넘어선다.

생산성 조직의 효과성과 효율성의 결합

효과성 조직이 고객의 요구를 충족하는 정도

효율성 조직이 적은 비용으로 목적을 달성할 수 있는 정도

생산성 조직행동론에서 가장 높은 분석 수준은 조직을 전체로 취급하는 것이다. 어떤 조직이 낮은 비용을 들여서 투입물을 산출물로 변환함으로써 목표를 달성한다면 그 조직은 **생산성**(productivity)이 높다. 즉 생산성에는 **효과성**(effectiveness)과 **효율성**(efficiency)이 필요하다.

어떤 기업이 판매 또는 시장점유율 목표를 달성한다면 효과적이라고 할 수 있다. 그러나 생산성은 그 목표를 얼마나 효율적으로 달성했는지에 달려 있다. 흔히 사용되는 효율성 측정치는 투자수익률(ROI), 매출 단위당 이익률, 노동시간당 생산량 등이다.

서비스 산업의 조직은 효과성을 평가할 때 고객의 필요와 요구를 반드시 반영해야 한다. 조직 구성원의 행동과 고객의 태도, 수익성 사이에 뚜렷한 인과관계가 있기 때문이다. 최근의 한 연구에서는 트립어드바이저(TripAdvisor)의 관리자가 온라인 리뷰 5만 건에 대해 응대한 8,000건을 분석했는데, 관리자가 개인적으로 응답했을 때 재무적 성과(예: 객실당 수익)가 증가하는 것으로 나타났다.[70]

생존력 조직이 장기적으로 존속 및 성장할 수 있는지를 보여주는 지표

생존력 마지막으로 살펴볼 산출물은 조직의 **생존력**(organizational survival)으로, 이는 조직이 장기적으로 존속 및 성장할 수 있는지를 보여주는 지표이다. 조직의 생존은 조직이 얼마나 생산적인가, 그리고 환경에 얼마나 잘 적응하는가에 달려 있다. 시장에서 가치가 별로 없는 상품과 서비스의 경우, 이를 아무리 높은 생산성으로 만들어내더라도 그 조직은 오래 살아남지 못할 것이다. 따라서 조직의 생존은 시장의 변화를 제대로 읽고 그 기회에 맞게 적절한 의사결정을 내리느냐에 달려 있다. 즉 경영 여건의 변화에 성

공적으로 적응해야 한다.

고용 가능성 스킬

조직행동론과 관련된 도전 과제는 재무, 회계, 경영관리, 마케팅에 이르기까지 기업 경영의 모든 영역에서 찾아볼 수 있다. 직장 경력 중 어디에선가는 조직 내 사람들의 행동과 관련된 문제에 직면할 수밖에 없다. 대부분의 기업이 겪는 가장 힘든 문제를 살펴보면 조직행동론과 관련된 주제는 많은 문제 해결의 필수적인 요소이다. 도덕성과 사회적 책임 관리, 자원 관리, 경쟁 전략 수립 및 실행, 고객과 종업원 충성심 제고, 불확실성 감소, 정부 규제 준수, 위험 관리, 적절한 직원 선발 등 모든 영역의 수익 및 이익 증대를 추구하는 모든 활동에서 조직행동론과 관련된 요소는 핵심적인 자리를 차지하고 있다.[71]

조직행동론은 경영학 전공자에게만 필요한 것이 아니다. 조직행동론은 전공에 상관없이 모든 학생에게 중요하다. 예를 들어 미생물학을 전공하는 학생에게는 조직행동론 수업이 필요 없을 것 같지만, 이 학생이 졸업하고 나면 어떤 일이 벌어질까? 조직행동론의 원리와 개념이 바텔(Battelle)의 생물학 기사 직무에 지원하는 데 도움이 되지 않겠는가? 메이오클리닉(Mayo Clinic)에서 일하고 싶은 간호사에게는 어떨까? 시스코(Cisco)에서 일하고 싶은 컴퓨터과학 전공자도 마찬가지이다. 조직행동론의 원리는 전공에 상관없이 모든 학생의 고용 가능성을 높이고 직장에서 필요한 대인관계 능력을 계발하는 데 도움이 된다. 대학에서의 수업 중에 다른 학생이나 교수와 관계를 맺는 데에도 도움이 된다. 스트레스 관리, 변화, 태도, 감정, 동기부여와 같은 조직행동론의 지식은 수업 시간에 다른 학생들과 상호작용을 하고 학습해나가는 데 분명히 도움이 된다.

사람들의 행동과 개인차, 태도, 감정, 정서, 성격, 가치관, 의도, 사고, 동기 등의 요소는 직장에서의 삶과 얽히고설켜 있다. 이 장의 앞부분에서 살펴보았듯이 "사람들이 장소를 만든다."[72] 사람들은 다양한 업무 집단, 팀, 부서, 조직 내부에서 또는 그 경계를 넘어서 상호작용과 의사소통을 하면서 조직의 목표를 달성하기 위해 서로 협력한다. 이러한 조직의 경영자는 (또한 조직 구성원 스스로) 조직의 문화를 변화시키거나 정착시키고 정책과 업무 프로세스를 설정하려고 하는데, 이 과정에는 리더십, 정치, 갈등, 협상이 따르게 마련이다. 조직행동론은 조직 생활의 모든 영역에 걸친 것이기 때문에 신입 직원이든 전문가든 모두 의사소통, 협력, 비판적 사고, 문제 해결, 사회적 책임, 지식의 응용과 분석 같은 조직행동론 기술의 도움을 받을 수 있다.

자신의 전공이 무엇이든 상관없이 조직행동론 학습을 통해 도움을 받을 수 있는 고용 가능성 스킬이 무엇인지 알아보자.

전공의 경계를 넘어 적용할 수 있는 고용 가능성 스킬

이 책 전체에 걸쳐 독자는 중소기업과 대기업, 비영리 조직, 공공 서비스 영역 등 다양한 조직의 채용 담당 관리자가 중요하게 생각하는 기술이 무엇인지 확인하고 배우게 될 것이다. 그러한 기술은 스스로 창업을 할 때에도 중요한데, 몇 가지 예를 살펴보자.

- **비판적 사고**는 의도적이고 목표 지향적인 사고로, 특정한 상황에서 문제를 정의하고 해결하며 의사결정을 하고 판단을 내리는 것과 관련이 있다. 이 기술에는 구체적인 맥락에 따라 다르게 적용될 수 있는 인지적 요소, 메타인지적 요소, 기질적 요소가 포함된다.
- **의사소통**은 다양한 상황에서 구두, 문서, 비언어적 의사소통 스킬을 다양한 목적(정보 전달, 지시, 동기부여, 설득, 아이디어 공유 등)에 맞게 효과적으로 사용하는 것, 효과적 경청, 통신 기술의 적절한 사용, 의사소통 활동의 효과성 평가 능력 등으로 정의된다.
- **협력**은 어떤 과업을 다른 사람들과 함께 수행하고, 집단에서 대화와 협상을 통해 의미와 지식을 구성하여 상호 의존적으로 최종 제품에 반영하는 기술이다.
- **지식의 적용과 분석**은 새로운 개념을 습득하고 그 지식을 다른 상황에 적절히 적용하여 더 고차원적인 수준의 이해를 성취하는 능력이다.
- **사회적 책임**은 윤리적 경영, 기업의 사회적 책임과 관련이 있는 기술이다. 윤리적 경영에는 개인과 조직이 사회에서 행동하는 방식에 영향을 미치는 일련의 원칙이 포함된다. 기업의 사회적 책임은 조직이 비윤리적인 경제적·환경적·사회적 행동을 이해하고 발견하여 제거하는 윤리적 행동의 한 형태이다.

다음의 고용 가능성 스킬 매트릭스(employability skill matrix, ESM)는 앞서 제시된 다섯 가지 고용 가능성 스킬이 이 책의 각 부분과 어떻게 연결되는지를 보여준다. 독자

고용 가능성 스킬 매트릭스(ESM)

	1부	2부	3부	4부	5부
비판적 사고				✔	✔
의사소통	✔	✔	✔		✔
협력	✔	✔			✔
지식의 적용과 분석		✔		✔	✔
사회적 책임			✔		✔

는 구체적인 개념과 사례에 대해 비판적으로 사고하고 지식을 적용하기 위해 노력해야 할 것이다. 또한 주어진 상황에서 긍정적·효과적으로 일하기 위해 무엇을 하고 무슨 말을 해야 할지 학습하면서 협력 능력과 의사소통 스킬을 향상할 수 있을 것이다. 직장에 들어가면 윤리적인 행동을 놓고 고민하는 다양한 윤리적 딜레마 상황에 처하게 될 것이다. 각 장을 읽기 전에 고용 가능성 스킬 매트릭스를 살펴보면 각 부분에서 습득해야 할 스킬을 이해하는 데 도움이 된다. 다섯 가지 스킬은 전공과 상관없이 조직행동론 지식이 필요한 모든 영역에서 성공하는 데 매우 중요하다. 다음 장부터 수많은 사례를 통해 이러한 스킬을 배양할 수 있을 것이다.

요약

조직 구성원과 경영자는 모두 직무를 효과적으로 수행하기 위해 대인관계 능력, 즉 사람과 관계된 기술을 습득하고 배양해야 한다. 조직행동론은 개인, 소집단, 조직 전체와 관련된 요소가 조직 내 사람들의 행동에 미치는 영향을 탐구하고, 그 지식을 실제로 적용할 수 있는 방법을 학습함으로써 더 효과적인 조직이 되도록 돕는다.

경영자를 위한 시사점

- 일반화하려는 경향에 저항하라. 어떤 원리는 사람의 행동에 대해 통찰력을 줄지도 모르지만 대부분은 잘못된 것이다. 현장의 그 사람을 파악하고 그가 처한 맥락을 이해하라.
- 인과관계를 설명할 때는 막연한 표현 대신 구체적인 측정치를 제시하라.
- 리더십 잠재력을 증진하고 싶다면 대인관계 기술을 발전시켜라.
- 빅데이터, 실시간 데이터, 머신러닝 등 최신 조직행동론 트렌드를 학습하여 기술적 능력과 개념적 능력을 발전시켜라.
- 조직 구성원의 업무의 질과 생산성을 높이고 싶다면 권한을 위임하고, 변화 프로그램을 설계 및 실행하며, 고객 서비스를 개선하고, 일과 생활의 갈등을 해소할 수 있도록 도움을 주어라.

2

조직 내 다양성

학습목표

- 일터에서의 차별이 조직의 효과성을 어떻게 저해하는지 설명할 수 있다.
- 조직 환경에서 고정관념이 어떤 기능을 하는지 설명할 수 있다.
- 조직행동론에서 특정한 인구통계적 특성이 어떤 의미가 있는지 설명할 수 있다.
- 조직행동론에서 고려해야 하는 구별 요소가 무엇인지 설명할 수 있다.
- 조직행동론에서 지적 능력과 신체적 능력이 어떤 의미가 있는지 설명할 수 있다.
- 조직이 다양성을 효과적으로 관리하기 위한 방법을 설명할 수 있다.

다양성

오늘날의 세계는 점점 더 작아지고 있다. 앞 장에서 살펴본 글로벌화의 흐름과 동시에, 사람은 누구나 각각을 독특하게 만드는 많은 타일로 구성된 모자이크와 비슷하다는 사실이 그 어느 때보다 분명해졌다.[1] 각각의 사람이 독특한 존재임은 분명하지만, 일터에서는 흔히 생산성을 높인다는 이유로 개인차를 인식하지 못하거나 중요하게 여기지 않고 제대로 관리하지도 못한다. '궁전의 제왕' 타지마할을 설계하고 건축하기 위해 전 세계에서 2만 2,000명의 장인을 불러 모았던 무굴 제국의 황제 샤 자한을 생각해보라. 타지마할은 오늘날에도 이슬람, 페르시아, 오스만 제국, 인도 등에 수많은 영향을 미치고 있다.[2] 이 장에서는 연령, 성, 인종, 자아 정체성, 성적 지향성, 민족, 능력과 같은 개인 특성이 일터에서의 상호작용과 업무 성과에 어떤 영향을 미치는지를 다룰 것이다. 또한 관리자가 이러한 특성을 이해하고 조직 구성원의 다양성을 효과적으로 관리하려면 무엇을 어떻게 해야 하는지를 알아볼 것이다. 먼저 일터에서 나타나는 인적 구성 측면의 변화 양상을 살펴보자.

인구통계적 특성

얼마 전까지만 해도 백인 남성이 관리직을 차지했지만 이제는 성별 균형이 이루어진 다인종에 자리를 내주었다. 1950년에는 미국 근로자 중 여성 근로자의 비중이 29.6%에 불과했으나[3] 2016년에는 46.8%로 증가했다.[4] 미국뿐 아니라 전 세계적으로 여성 정규직 근로자의 비중이 커지고 있으며, 앞으로 이는 그 밖의 다양성 요소와 함께 더 증가되어야 한다.[5] 한편 미국에서는 백인과 다른 인종 집단의 소득 역차가 소수 집단 출신 근로자가 증가하는 경향에 발맞추어 빠르게 줄어들고 있다. 히스패닉의 비중은 2014년에 13%에서 2044년에 25.1%로, 흑인은 12%에서 12.7%로, 아시아계는 5%에서 7.9%로 증가할 것으로 전망된다.[6] 그리고 미국과 전 세계에 걸쳐 55세 이상 근로자의 비중이 증가하고 있다. 미국에서는 55세 이상 근로자가 2014년에 21.7%에서 2024년에 25%로 예상되어 다른 연령 계층의 증가율을 상회한다.[7] 이러한 변화는 관리 직무와 전문 직무의 증가를 반영하며, 또한 조직에서 다양성 관리가 점점 더 중요해지고 있다는 것을 보여준다.

다양성의 수준

연령, 민족, 인종, 종교, 장애와 같은 다양성 요소에 대해 수많은 논의가 있었으나, 이제 전문가들은 이러한 인구통계적 특성이 다양성이라는 빙산의 일각에 불과하다는 것을 인식하고 있다.[8] 인구통계적 특성은 **표면적 다양성**(surface-level diversity)을 보여줄 뿐, 생각이나 정서의 다양성을 반영하지는 못하기 때문이다. 표면적 수준의 다양성은 특정한 인구통계적 특성을 지닌 집단에 대해 선입견과 고정관념을 갖게 만드는 문제가 있다. 그런데 사람들의 성격과 가치관 등 **심층적 다양성**(deep-level diversity)을 나타내는 요소에서 공통점을 발견하는 경우에는 인구통계적 특성의 차이를 크게 고려하지 않는 것으로 드러났다.[9]

표면적 다양성 사람들이 생각하거나 느끼는 방식을 반드시 반영하지는 않지만 특정 고정관념을 갖게 만들 수 있는 성별, 인종, 민족, 연령, 장애 등 쉽게 알아채는 특성의 차이

심층적 다양성 사람들이 서로를 더 잘 알아감으로써 공통점을 밝히는 데 점점 더 중요해지는 가치관, 성격, 업무 선호도의 차이

표면적 다양성과 심층적 다양성 사이의 차이를 이해하기 위해 예를 살펴보자. 고급 레스토랑의 주방 또는 홀에서 일하는 팀의 경우, 바쁜 시간대의 주방과 홀은 매우 높은 스트레스의 조건이 된다.[10] 특히나 고객에게 최상의 경험을 안겨주기 위해 상호작용을 해야만 하는 사람이 너무 많다.

여러 곳에서 일하는 사람은 누구나 자신만의 독특성을 '테이블 위로' 가져온다. 주방에서 일하는 벨러미는 젊은 성전환자로, 오스틴의 흑인 가정에서 성장했으며 회계 분야에서 일하는 것을 목표로 삼고 있다. 한편 레스토랑 관리자인 헥터는 젊었을 때 온두라스에서 이민 온 시스젠더 남성으로, 시애틀에서 자라고 20대 후반에 이슬람교로 개종했다. 표면적으로 이 두 사람은 교육, 인종, 출신 지역, 성 정체성이 서로 다르다. 하지만 이들은 함께 일하면서 문제 해결이나 시간 사용 등의 측면에서 서로 매우 비슷하다는 것을 알게 되었다. 이와 같은 심층적 측면의 유사성은 둘 사이의 표면적 차이를 넘어서게 할 수 있으며, 연구에 따르면 업무 스타일의 공통적인 부분을 공유하는 것이 함께 일하는

데 큰 도움이 되는 것으로 나타났다.[11] 벨러미와 헥터는 미리 준비하고 정시에 일을 시작하는 등 시간 관리 방식이 유사하다면 갈등 없이 함께 일을 해나갈 가능성이 높다.

이 책 전반에 걸쳐 다양한 맥락에서 심층적 다양성과 표면적 다양성의 차이를 마주하게 될 것이다. 개인차는 선호하는 보상 방식, 소통 방식, 리더에 대한 반응, 협상 스타일 등 조직 내 다양한 측면의 행동에 영향을 미치기 때문에 조직행동론에서 중요한 문제일 수밖에 없다. 다양성이 커지는 것은 차별적 관행을 초래할 수도 있는데, 이에 대해 자세히 살펴보자.

차별과 고정관념

차별 사물의 차이에 주목하는 것. 불공평한 차별을 흔히 언급하는데, 이는 인구통계적 집단에 대한 고정관념에 따라 사람을 판단하는 것을 의미함

고정관념 어떤 사람이 속한 집단에 대한 인식에 따라 그 사람을 판단하는 것

다양성은 조직에 많은 가능성을 안겨주는 한편, 공정하지 않은 **차별**(discrimination)의 원인이 되기도 하므로 다양성 관리에는 이 문제에 대한 대응이 포함된다. 차별은 사물의 차이에 주목하는 것을 의미하며, 그 자체가 꼭 나쁘다고는 할 수 없다. 누가 더 적절한지 구별하지 않으면 고용 의사결정을 할 수 없지 않겠는가! 그런데 우리가 차별에 대해 이야기하는 이유는, 누군가가 어떤 집단에 속했는지에 따라서 선입견을 가지고 판단하는 경향이 있기 때문이다. 이처럼 어떤 사람이 속한 집단에 대한 인식에 따라 그 사람을 판단하는 것을 **고정관념**(streotyping)이라고 한다. 2018년 US 오픈 결승전에서 세리나 윌리엄스(Serena Williams)는 심판과 언쟁을 벌이다가 몇 차례 경고를 받았다.[12] 세리나는 자신이 받은 경고가 남자 선수들이 유사한 행동을 했을 때보다 훨씬 엄격했다고 말했다.[13] 훠턴스쿨의 조직심리학자인 애덤 그랜트(Adam Grant)는 이 상황을 다음과 같이 묘사했다. "남자 선수가 심판과 언쟁을 벌이면 열정적인 행동으로 받아들인다. 그러나 여자 선수가 그렇게 하면 이성을 상실한 것이고, 흑인 여자 선수라면 경고감이다."[14]

고정관념 압박

동료가 소개해준 사람을 레스토랑에 앉아서 기다리고 있다고 상상해보자(벨러미와 헥터가 일하는 곳일 수도 있겠다). 그 사람에게 당신을 어떻게 설명해주면 당신을 찾을 수 있을 것이라고 생각하는가? 붐비는 레스토랑에서 당신을 찾아낼 수 있는 당신만의 특징은 무엇인가?

당신이 입고 있는 옷, 헤어스타일, 키가 큰지, 작은지를 언급할 수도 있을 것이다. 분명히 남과 구별되는 당신의 독특한 무언가를 특징으로 언급할 것이다. 그런데 그러한 표면적 특성은 부정적인 판단의 근거로 사용될 위험이 있다.

고정관념 압박 특정한 고정관념에 의해 부정적으로 판단받거나 대우받을 수 있는 위험의 정도

특정한 고정관념에 의해 부정적으로 판단받거나 대우받을 수 있는 위험의 정도를 **고정관념 압박**(streotype threat)이라고 한다.[15] 밀레니얼 세대가 포진한 일자리에 지원하는 나이 든 지원자는 최신 트렌드를 따라가지 못하는 사람으로 비쳐질까 걱정을 하게 된다. 이와 같은 고정관념 압박을 만들어내는 것은 그 지원자가 실제로 최신 트렌드를 따라

가는지 여부가 아니라, 면접관이 그러한 고정관념을 가지고 있는지, 그렇지 않은지이다.

고정관념 압박은 일터에서 심각한 문제를 야기하기도 한다. 고정관념 압박은 입사 지원 전 테스트와 평정, 성과 평가, 일상적 업무 수행 중에 나타날 수 있다. 테스트 성적과 성과 평가 결과가 낮아지고, 교육훈련과 협상의 성과, 일상적인 업무 상호작용에 문제가 발생할 수 있으며, 직무 태도가 나빠지고 피드백을 구하지 않음으로써 결과적으로 전반적인 업무 성과가 저하될 위험이 있다.[16] 고정관념 압박을 완전히 막을 수는 없으며 테스트 환경에서는 고정관념 압박이 나타날 수밖에 없지만, 최대한 그 사람이 속한 집단의 차이가 아니라 개인의 특성이 드러나게 함으로써 고정관념 압박의 위험을 낮출 수는 있다.[17] 구체적으로는 고정관념 압박이 고착화되는 방식에 대한 자각을 키우기, 객관적 평가 기준을 사용하여 차별적이거나 편애적인 대우를 줄이기, 소수 집단에 대한 적대적 발언 금지하기, 모든 직원의 고유한 가치를 존중하는 투명한 관행 시행하기 등과 같은 조직 변화의 시도는 고정관념 압박을 줄이는 데 도움이 된다.[18]

일터에서의 차별

부당한 차별은 개개인의 특성을 보는 대신 특정 집단에 속한 사람들은 모두 동일하다는 선입견을 갖는 데에서 비롯된다. 부당한 차별은 조직 구성원에게 매우 해롭고 조직에도 악영향을 미친다.

도표 2-1은 조직에서 발생하는 차별적 행태의 사례를 보여준다. 부당한 차별은 법으로 금지하고 있기 때문에 조직이 공식적으로 그러한 정책을 천명하지는 않지만 여전히 악습이 남아 있다. 부당한 차별 사건이 매년 수만 건 보고되고 있으며, 보고조차 되지 않은 경우는 그보다 더 많을 것이다. 차별에 대한 법적 제재가 강화되고 사회적 인식이 개선되면서 공개적인 차별이 줄어들고 있지만, 무시나 배척과 같은 은밀한 차별이 오히려 늘어났을 수도 있으며, 이는 더욱 위험하고 치명적이다.[19]

차별이 일어나는 양태는 매우 다양하고, 그 영향은 조직의 맥락과 해당 근로자의 개인적 성향에 따라 다르게 나타난다. 고정관념 압박과 마찬가지로 차별도 조직 구성원에게 부정적인 영향을 미쳐서 생산성과 조직시민행동의 수준을 떨어뜨리고, 갈등과 이직률을 높이며, 위험 추구 행동을 증가시킨다.[20] 부당한 차별로 인해 유능한 직무 후보자가 초기 채용이나 승진 과정에서 누락되기도 한다. 따라서 차별과 관련된 법적 부담이 전혀 없는 경우라 하더라도 불공정한 차별로 인해 경영상 문제를 겪을 가능성이 매우 높다.

은밀하게 이루어지든 공개적으로 이루어지든, 의도적이든 비의도적이든 차별은 다양성을 저해하는 가장 큰 장애물이다. 효과적 다양성 프로그램을 통해 다양성의 긍정적 측면을 부각할 수 있다면 조직에 큰 도움이 된다. **다양성**은 다양한 의미를 지닌 개념이고, **일터에서의 다양성**은 직원들의 각기 다른 특성을 드러내게 만드는 것을 의미한다. 다음 절에서는 직원들 간의 몇 가지 표면적 차이에 대해 좀 더 자세히 살펴보자.

알디

다국적 독일 슈퍼마켓 할인 체인인 알디(ALDI)의 영국 지사는 평등한 기회와 일터에서의 차별 방지가 중요하다는 것을 인식하고 있다. 영구 정부의 성별 임금 격차 보고 규정에 따라 최근 알디(영국)는 2018년 성별 임금 격차 중간값을 4.8%로 보고했으며, 이는 영국의 성별 임금 격차 중간값인 18.4%보다 훨씬 낮은 수치이다. 또한 동일 임금에 대한 약속의 일환으로 알디 경영진은 'Women in Aldi Forum'을 설립하여 향후 성별 임금 격차를 해결하고 더욱 줄이기 위해 다양성 문제를 검토할 것이다.[21]

차별 유형	정의	사례
차별적인 정책 또는 관행	조직을 대표하는 결정 기구의 행동이 기회의 평등을 부정하거나 성과에 대한 균형 있는 보상을 부정하는 것	근속 연수가 높은 직원의 급여와 복지 혜택이 많다는 이유로 일시 해고의 대상으로 고려하는 것
성희롱	상대방이 원하지 않는 성적인 행동과 말로 공격적이거나 적대적인 직장 분위기를 조성하는 것	영업사원이 공금으로 스트립클럽에 가거나 스트리퍼를 불러서 판촉행사를 여는 것, 성적 소문을 퍼뜨리는 것
위협	특정 근로자 집단의 구성원에게 직접적인 위협을 가하는 것	일부 미국 기업에서 발생하는 흑인 근로자 교살 시도
조롱과 모욕	농담의 정도가 지나쳐서 부정적인 고정관념의 농담을 건네는 것	아랍계 근로자에게 폭발물을 가지고 다니느냐, 테러 조직에 가담했느냐와 같은 질문을 던지는 것
배척(따돌림)	직무 기회나 사교 행사, 토론, 비공식적 조언 등에 특정인을 포함하지 않는 것. 비의도적인 형태로 발생하기도 함	금융 기관에 종사하는 여성 근로자가 지엽적인 역할이나 업무 부담이 적은 직무에 배치되어 승진 기회를 얻기 어려운 것
무시	공격적인 행동, 말 자르기, 의견 무시하기 등 상대방을 존중하지 않는 행동	남성 법률가가 여성 법률가의 말을 자르거나 내용을 신중하게 듣지 않는 것

도표 2-1 차별 형태

출처: J. Levitz and P. Shishkin, "More Workers Cite Age Bias after Layoffs," *The Wall Street Journal*, March 11, 2009, D1-D2; W. M. Bulkeley, "A Data-storage Titan Confronts Bias Claims," *The Wall Street Journal*, September 12, 2007, A1, A16; D. Walker, "Incident with Noose Stirs Old Memories," *McClatchy-Tribune Business News*, June 29, 2008; D. Solis, "Racial Horror Stories Keep EEOC Busy," *Knight-Ridder Tribune Business News*, July 30, 2005, 1; H. Ibish and A. Stewart, *Report on Hate Crimes and Discrimination against Arab Americans: The Post-September 11 Backlash, September 11, 2001-October 11, 2001* (Washington, DC: American-Arab Anti-Discrimination Committee, 2003); A. Raghavan, "Wall Street's Disappearing Women," *Forbes*, March 16, 2009, 72-78; L. M. Cortina, "Unseen Injustice: Incivility as Modern Discrimination in Organizations," *Academy of Management Review* 33, no. 1 (2008): 55-75.

생물학적 특징

생물학적 특징 연령, 성, 민족, 인종, 장애와 같은 개인적 특성으로, 객관적이고 인사 기록에서 쉽게 얻을 수 있으며 표면적 수준의 다양성을 나타냄

연령, 성, 민족, 인종, 장애 등과 같은 **생물학적 특징**(biographical characteristic)은 조직 구성원들을 다르게 보이게 만드는 요소이다. 가장 쉽게 정의할 수 있고 조직의 인사관리 파일에서 자료를 쉽게 확보할 수 있는 요소를 먼저 살펴보자. 이러한 요소는 표면적 수준의 다양성을 보여준다. 표면적 수준에서 드러나는 차이는 조직에서 부당한 차별을 억제하는 데 기초가 된다.

연령

앞으로 10여 년에 걸쳐서 조직 구성원의 연령 문제는 몇 가지 이유로 중요한 문제로 부상할 것이다. 우선 대부분 선진국에서는 근로자의 고령화가 진행되고 있다.[22] 미국의 경우 55세 이상 근로자의 비율이 2024년에는 24.8%에 육박할 것으로 전망된다.[23] 아무리 좋은 의도로도 강제 퇴직을 할 수 없도록 법으로 정해져 있다. 글로벌 트렌드에 의하면 모든 대륙에 걸친 40개국 이상에서 연령에 따른 차별을 금지하고 있다.[24] 이제 근로자는

70세에 은퇴하지 않아도 되며, 60세 이상 근로자 중 53%는 은퇴를 늦춤으로써 누릴 수 있는 큰 재무적 혜택에 끌려 은퇴를 미루려고 한다.[25] 그러나 네덜란드의 택시 기사를 대상으로 한 조사에 따르면 노인 택시 기사에 대한 동료나 고객의 부정적 인식이 고정관념 압박으로 작용하여 이직하고자 하는 의도가 커지는 것으로 나타났다.[26]

나이 든 근로자에 대한 고정관념, 즉 시대에 뒤처지고 심술궂으며 고집스럽다는 인식이 변화하고 있다. 경영자는 나이 든 직원의 긍정적인 요소를 발견하곤 하는데, 그 예로 경험, 판단력, 높은 근로 윤리, 품질에 대한 헌신 등을 들 수 있다. 싱가포르의 물 관리 조직(Public Utilities Board)은 근로자의 27% 이상을 55세 이상으로 고용하여 안정성을 유지하고 있다.[27] 보건의료 산업, 교육, 정부, 비영리 서비스 조직은 나이 든 근로자를 환영한다.[28] 그러나 나이가 들수록 새로운 기술을 습득하는 데 어려움을 겪을 것이라는 생각이 여전히 존재한다.[29] 훈련과 변화를 받아들이는 근로자를 원하는 조직은 연령이 높을수록 채용을 꺼리고, 구조조정을 할 때 연령이 높은 근로자를 우선적으로 내보내는 경향이 있다.

그렇다면 연령이 대표적인 성과 변수인 직무 성과, 직무 만족과 어떤 관계가 있는지 자세히 살펴보자.

연령과 직무 성과 생애주기 개발 및 노화 연구소(Institute for Life-Span Development and Gerontology)의 책임자인 하비 스턴스(Harvey Sterns)가 밝혔듯이 "연령과 직무 성과 사이에는 유의한 상관관계가 없다"는 것이 대부분의 연구가 내린 결론이다.[30] 오히려 어떤 연구는 나이 든 근로자의 성과가 더 좋다고 보고했다. 뮌헨에서 메르세데스-벤츠(Mercedes-Benz)의 근로자 3,800명을 대상으로 4년 동안 수행된 연구의 책임자인 마티아스 바이스(Matthias Weiss)는 "나이 든 근로자가 심각한 에러를 더 잘 피한다"고 말했다.[31] 성과와 관련된 한 측면에서는 나이가 들수록 창의성이 저하된다는 인식이 있다. 연령과 창의성의 관계를 조사한 데이비드 갈렌슨(David Galenson)은 실험을 통해 창의성을 발휘한 사람들을 살펴보고 이렇게 말했다. "그들은 40대, 50대, 60대에 최고의 성취를 이루었는데, 이는 나이가 들수록 지혜의 수준이 높아지기 때문이다."[32] 또한 동일 연령대로 구성된 경우보다 연령대가 다양한 팀이나 조직의 성과가 더 뛰어났는데, 이는 나이 든 근로자와 젊은 근로자가 지식, 기술, 능력 면에서 서로 보완해주기 때문이다.[33]

연령과 직무 만족 다음 장의 핵심 주제인 직무 만족에 대해 800개 이상의 연구를 검토한 결과, 나이 든 근로자는 자신의 일, 동료와의 관계에 대한 만족이 더 높은 것으로 나타났다.[34] 한편 40년에 걸쳐서 2만 명을 추적 조사한 연구는 한 조직에서 오래 근무할수록 직무 만족도가 낮아지지만, 근무 기간에 따라 급여와 복리 혜택이 좋아지기 때문에 전반적인 직무 만족도가 높다고 밝혔다.[35] 즉 나이가 들수록 일을 더 좋아하게 된다!

성

성과 직무 성과 사이에 관련성이 있는지는 성에 대한 논의의 시작점으로 가장 좋을 것이다.[36] 직무 성과와 평가에 관한 수백 개의 논문을 살펴본 바에 따르면 성과 직무 성과는 거의 아무런 관계가 없지만, 급여, 복리후생, 보상의 차이가 매우 커서 직무 성과 차이의 14배에 달할 정도이다.[37]

성에 대한 편견과 고정관념은 매우 강하다. 특정 직위의 지원자를 선발할 때는 성에 대한 편견이 매우 강력하게 작용한다.[38] 예컨대 남성이 대부분을 차지하고 있는 직위의 채용을 결정할 때는 남성을 선호하는 경향이 매우 강하다. 채용 결정자가 남성이라면 더욱 그렇다.[39] 어떤 직무를 수행하고 있는 사람에게 주어지는 교육훈련 기회는 남녀에게 공평하게 제공되지만 더 도전적인 직위의 경우에는 대부분 남성이 선택되며, 결과적으로 고위직 승진이 남성에게 훨씬 유리하다.[40] 이처럼 남성과 여성이 동일하게 리더십 역할을 수행할 것이라고 보는 상황에서 남성을 선호하는 현상을 '유리 천장(glass ceiling)'이라고 한다. 이러한 경향은 기타 소수자 집단의 경우에도 마찬가지이다.[41] 2020년 4월을 기준으로 S&P 500대 기업의 CEO 중 여성은 6%에 불과하다.[42] 또한 스페인에서 20개 조직을 대상으로 한 연구에 따르면 최고경영진에 여성이 선발되어 담당하는 직무는 주로 조직의 위기 대응이었는데, 이러한 종류의 일은 성공할 가능성이 매우 낮기 때문에 흔히 유리 절벽(glass cliff)이라고 일컫는다.[43] 채용 지원 회사인 콘페리(Korn Ferry)에서 다양성 책임을 맡고 있는 나오미 서덜랜드(Naomi Sutherland)는 이렇게 말한다. "의식적으로든 무의식적으로든 기업은 표준적인 리더십 프로파일과 차이를 보이는 후보자 뽑기를 꺼리는 경향이 있다."[44]

다시 말해 '유리 천장', '유리 절벽'과 같은 현상이 나타나는 것은 이상적인 리더로 백인 남성이 적절하다는 고정관념이 작동하기 때문이고, 그 결과 백인 남성의 지배적 위치가 더욱 견고해지는 것이다.[45] 또한 여성은 사람들을 돌보거나 관계를 맺는 일에 적절하고, 일과 가정 사이에서 갈등을 겪는 '형벌'을 받는다는 고정관념이 있다.[46] 그 결과 여성은 '모성' 편견을 경험하며, 그로 인해 승진에서 차별받고 성과 평가와 급여에서도 불이익을 받을 수 있다. 이러한 편견은 임신한 여성이 직장을 그만두게 만드는 압력으로 작용하기도 한다.[47]

이와 같은 고정관념은 여성이 효과적인 리더가 될 수 있다는 수많은 연구 결과와 배치되는 것이다. 수백 건의 연구 결과에 의하면 여성은 조직에서 효과적인 리더가 될 수 있을 뿐 아니라, 여성이 리더십에 참여할 때 재무적 성과가 좋아지는 것으로 나타났다.[48] 지금까지 살펴본 바와 같이 여성과 남성 근로자에 대해 많은 오해와 잘못된 신념이 존재한다. 오스트레일리아, 영국, 미국 등에서는 성에 따른 차별을 법으로 금지하고 있다. 벨기에, 프랑스, 노르웨이, 스페인 등은 성적인 다양성 증가를 장려하는 입법을 통해 경영진의 여성 비율을 높이고 있다.[49] 성에 대한 편견과 차별은 아직도 심각한 문제이지만 상

황이 조금씩 개선되고 있는 것으로 보인다.

인종과 민족

1900년 런던에서 윌리엄 에드워드 버가트 듀보이스(William Edward Burghardt Du Bois)는 '세계의 국가에 대한 연설'에서 20세기의 문제는 "피부색에 따른 구분, 즉 피부색으로 선명하게 드러나는 인종의 차이 때문에 … 세계의 절반 이상에 대해 현대 문명의 기회와 특권을 공유하지 않는 것"이라고 지적했다.[50] 앞에서 확인한 편견과 차별의 문제는 여전히 중요한 사회적 문제이다. 오스트레일리아, 영국, 미국 등 많은 국가에서는 인종과 민족에 따른 차별을 금지하는 법이 제정되어 있다.[51]

인종은 사람들이 자신의 정체성을 인식하게 하는 전통을 의미하고, **민족**은 인종과 중첩되는 부가적인 문화적 특성을 말한다. 흔히 인종은 생물학적 특성, 민족은 문화적 특성으로 여기지만, 두 분류 기준은 각각 자신의 정체성을 정의하는 역사를 지니고 있다. 어떤 산업은 다른 산업에 비해 인종적 다양성이 낮다. 예를 들어 미국의 광고 미디어 조직은 고객 기업에 비해 경영관리층의 인종적 다양성이 매우 부족하다.[52] 인종과 민족이 채용, 성과 평가, 급여, 직장 내 차별에 미치는 영향에 대해 많은 연구가 이루어졌다.[53]

소수 민족 또는 인종에 속하는 사람들은 직장에서 많은 차별을 겪는 것으로 나타났다.[54] 미국 밖에서는 그렇지 않을 수도 있지만, 일반적으로 흑인은 백인보다 취업하는 데 매우 불리하다. 흑인은 취업 면접에서 더 낮은 평가를 받고, 인사 평가 결과도 낮으며, 급여가 낮고, 승진도 잘되지 않는다.[55] 통제하에 이루어진 실험에서도 흑인은 차별을 받는 것으로 드러났다. 예컨대 낮은 임금의 직무에서 범죄 경력이 없는 흑인이 범죄 경력이 있는 백인보다 덜 채용되는 것으로 조사되었다.[56] 통제된 대규모 실험에서는 흑인처럼 보이는 이름의 지원자는 백인처럼 보이는 이름의 지원자보다 50% 정도 낮은 수준의 면접 기회를 얻은 것으로 나타났다.[57]

장애

신체적 또는 정신적 장애를 가지고 있는 사람에 대한 직장의 공식적·비공식적 정책은 나라마다 다르다. 오스트레일리아, 미국, 영국, 일본 등에는 장애인을 보호하는 구체적인 법규가 있다.[58] 이러한 법규로 인해 신체적 또는 정신적 장애를 지닌 사람들을 받아들여 일자리를 제공하는 사례가 증가했다. 미국의 경우 1990년에 장애인법(Americans with Disabilities Act, ADA)이 제정된 이후 장애인의 취업 비율이 빠른 속도로 높아졌다.[59] 미국 장애인법은 고용주에게 신체적 또는 정신적 장애를 지닌 사람들이 접근할 수 있는 직장 환경을 조성하도록 요구하고 있다.

장애의 범주 고용과 관련된 차별에 관한 법 집행을 담당하는 미국의 EEOC(Equal Employment Opportunity Commission)는 일상생활을 저해하는 하나 이상의 신체적 또는 정신적 제한을 장애로 본다. 미국 장애인법에서 가장 논란이 되는 부분은 심리적 장애가 있는 사람을 위한 편의(예: 반려동물 동반)를 고용주가 제공해야 한다는 것이다.[60] 인정되는 장애의 종류에는 사지 상실, 발작, 다운증후군, 청각 장애, 조현병, 알코올 중독, 비만, 우울증, 만성 요통 등이 포함된다. 이러한 증상은 공통된 요소가 거의 없기 때문에 각 조건에 따라 조직이 어떻게 해야 하는지에 대한 구체적인 지침도 없다.

장애와 성과 장애인 고용의 성과를 다양한 시각에서 탐구해왔다. 가상 상황에서 장애인의 위치를 무작위로 조절했을 때 장애를 지닌 사람들의 신뢰성 수준이 높은 것으로 나타났다.[61] 그러나 많은 연구를 종합한 결과에 따르면 장애를 지닌 사람들에 대한 업무 성과 기대 수준이 상대적으로 낮고, 그들이 고용될 가능성도 낮았다.[62] 또한 장애를 지닌 관리자나 감독자는 직장에서 적극적인 포용 정책을 펴지 않는 한 부하 직원들과 좋은 관계를 맺기가 어려웠다.[63] 정신적 장애는 신체적 장애보다 성과를 더욱 저해하는 것으로 나타났는데, 우울증이나 불안과 같은 정신적 건강 문제가 있는 사람은 결근할 가능성이 훨씬 더 높다.[64]

장애인에 대한 차별의 철폐는 아직 갈 길이 멀다. 유럽에서는 장애인의 고용 비율을 높이려는 시도가 실패했고 독일, 프랑스, 폴란드 등에서도 장애인 의무 고용 비율의 도입이 기대한 성과를 거두지 못했다. 다만 캘리포니아에서는 일정 수준의 성과를 거두었다.[65] 그러나 장애인이 지닌 재능과 능력을 인정하는 경우에는 상황이 달랐다. 기술과 업무 환경의 변화는 모든 종류의 장애인이 수행할 수 있는 직무의 범위를 넓혀주었다. 경영자는 각 직무에 필요한 실제 요구가 무엇인지 파악하고, 장애인과 직무를 잘 조화시킬 수 있는 방법을 모색해야 한다. 그런데 장애를 지닌 직원이 자신의 장애를 감추는 경우에는 어떻게 해야 할까?

숨겨진 장애

팔다리가 없거나 휠체어를 사용해야 하는 장애, 시각 장애 등은 밖으로 드러나는 장애이다. 그러나 발견하기가 쉽지 않은 장애도 있다. 장애를 가진 사람이 그것을 드러내지 않으면 모른 채 지나갈 수도 있다. 이러한 장애를 드러낼 것인가, 말 것인가는 전적으로 그 사람의 재량에 달려 있다. 이처럼 **숨겨진 장애**(hidden disabilities)에는 (청각 장애와 같은) 감각 장애, (류머티즘성 관절염과 같은) 자가면역 장애, (손목터널증후군과 같은) 만성 질병 또는 통증, (ADHD와 같은) 인지 및 학습 장애, (불면증과 같은) 수면 장애, (외상 후 스트레스와 같은) 심리적 장애가 있다.[66]

미국에서는 2008년에 장애인법 개정법(Americans with Disabilities Act Amendments Act, ADAAA)이 제정된 이후 기업이 상당히 넓은 범위의 장애 친화적 일터 환경을 조성할 것을 요구받고 있다. 그런데 이러한 편의를 제공받고자 하는 직원은 자신의 상태를 고용주에게 알려야 한다. 하지만 많은 사람이 숨겨진 장애를 드러내지 않으려 하며, 결과적으로 성공적인 직무 수행에 필요한 배려를 받지 못하고 있다. 숨겨진 장애를 지닌 사람들이 직장에서 장애를 공개할 때 직무 수행에 적합하지 않다는 선입견을 갖게 만들어 불이익을 받을까 두려워하기 때문이다.[67] 이전에 받은 진단에 장애가 추가되는 경우에는 젊은 시절에 진단을 받은 경우보다 두려움이 훨씬 더 심하다.[68]

숨겨진 장애를 완전히 숨길 수 있는 것도 아니다. 자폐증을 숨기고 있는 사람이라면 그로 인한 언어적 의사소통 및 적응 문제를 완전히 감출 수 없다.[69] 숨겨진 장애가 있다는 것을 다른 사람들이 알아챌 수도 있다. 이때 그러한 행동의 원인을 알코올 문제 등으로 잘못 판단하게 될 위험이 있다.

장애를 공개하는 것은 그 사람과 다른 사람들, 그리고 조직에도 도움이 된다. 장애를 공개함으로써 직무 만족과 개인의 안녕에 도움이 되고, 다른 사람들이 이해하고 도움을 줄 수도 있으며, 조직의 성과 개선에도 도움이 될 수 있다.[70]

심층적 차원의 특성

마지막으로 살펴볼 특성은 종교, 성적 지향성, 성 정체성, 문화적 정체성이다. 이러한 특성은 심층적 차원의 차이에 대한 것으로, 이를 극복할 수만 있다면 다양성을 활용하는 기회가 확대된다.

종교

종교를 가진 사람과 그렇지 않은 사람은 서로의 신앙 체계에 대해 의문을 품기 쉽고, 종교가 다른 사람들 사이에는 갈등이 발생하곤 한다. 종교적 신념은 특정한 행동을 장려하거나 금지하기 때문에 고용 측면에서도 이는 중요한 문제이다. 일터에서 종교가 문제가 되지 않는 나라는 거의 없다. 그래서 오스트레일리아, 영국, 미국을 비롯한 많은 나라에서는 종교를 이유로 차별하는 것을 법으로 금지하고 있다.[71] 미국에서는 장애인법에 규정된 것과 같은 편의 제공 의무를 종교적인 이유로도 준수해야 한다. 예를 들어 마이애미의 한 호텔에서 접시닦이로 근무하던 마리 피에르(Marie Pierre)가 종교적인 이유로 일요일 휴무를 요청한 건이 거절된 것에 대해 한 배심원은 100만 달러를 부과했다.[72]

미국에서는 종교에 따른 차별이 점점 큰 문제로 부상하는 데다 매우 복잡한 양상을 띠고 있다. 최근에 히잡을 썼다는 이유로 채용되지 못한 서맨사 엘라우프(Samantha Elauf)는 종교적 차별을 받았다고 소송을 제기했다. 그녀는 "히잡을 썼다는 것 때문에 애버크롬비(Abercrombie)의 채용에서 탈락했는데, 히잡은 내가 이슬람교를 믿는다는 표시일 뿐"이라고 말했다.[73] 이러한 차별은 연구 결과를 통해서도 밝혀졌다. 한 연구에서는 가상의 소매업에 지원한 무슬림 복장의 지원자가 그러한 복장이 아닌 지원자에 비해 더 짧고 부정적인 내용의 면접을 본 것으로 나타났다.[74]

성적 지향성과 성 정체성

많은 변화가 있었지만 직장에서 레즈비언, 게이, 양성애자, 성전환자, 그 밖의 성적 정체성을 지닌 사람들(LGBT+)을 수용하는 것은 여전히 미흡하다.[75] 하버드대학의 연구진은 미국 기업에 1,700개의 가상 지원서를 보냈다. 지원서의 절반에는 대학 재학 중 동성애자 조직에 관여한 적이 있다고 쓰고 나머지 절반에는 그러한 언급을 하지 않았으며, 그 밖의 내용은 동일했다. 그 결과 동성애자 조직에 관여한 적이 있다는 언급이 포함되지 않은 지원서에 대한 받은 회신이 60% 더 많았다.[76]

많은 LGBT+는 차별받을 것을 우려하여 조직에서 자신의 성향을 감추고 있다. 1980년대 후반에 스토퍼스(Stouffers)에서 일했던 베크 베일리(Beck Bailey)는 직장에서 레즈비언으로 밝혀질까 두려워 가짜 남자 친구의 사진을 책상 위에 올려두었다고 한다.[77] 그녀는 지금 인권 캠페인 직장 평등 프로그램(Human Rights Campaign Workplace Equality Program)의 책임자로 일하고 있다. 그러나 최근의 연구는 성적 지향성을 공개하는 것이 일과 가정 사이의 갈등을 줄이고, 파트너와의 만족도를 높이며, 신체적·정신적 건강과 직무 만족에도 긍정적인 영향을 준다고 밝혔다.[78]

성적 지향성 관련 법률 2019년 12월 현재 전 세계의 145개국에 성적 지향성과 성 정체성에 따른 차별을 금지하는 법규가 마련되어 있는데, 이는 성적 지향성과 성 정체성을 범죄시하는 나라의 두 배가 넘는다.[79] 미국 연방정부는 성적 지향성과 성 정체성을 이유로 직장에서 차별하는 것을 금지하고 있다. 2020년 6월, 미국 대법원은 성적 지향성과 성 정체성을 근거로 개인을 차별하는 것이 1964년 미국 민권법(Civil Rights Act)의 Title VII에 의해 금지된 성차별에 해당한다고 판결했다.[80] 이러한 움직임은 주정부와 지방정부에서도 나타나 34개 주와 수백 개의 지방정부도 공적·사적 영역에서 성적 지향성 또는 성 정체성에 따른 차별을 금지하고 있다. 성적 선호, 성적 지향성, 성 정체성에 따른 차별을 금지하는 움직임은 전 세계적으로 나타나는 추세이다.[81]

성적 지향에 대한 조직의 정책 조직의 관리자는 다양성을 포용하는 정책을 사용하는 것이 윤리적으로뿐 아니라 재무적으로도 이익이 된다는 사실을 조금씩 이해하기 시작했다. LGBT+ 소비계층의 구매력이 거의 1조 달러에 달하기 때문이다.[82] 애플(Apple)은 성적 지향성과 성 정체성의 다양성에 우호적인 정책을 가장 먼저 채택한 기업이다. 2020년 기업 평등성 지수(Corporate Equality Index)에서 100점 만점을 받은 애플은 이미 수십 년 전부터 동성 파트너에게도 건강보험 혜택을 제공해왔고, 동성 배우자를 포함한 부모에게 6주간의 육아 휴직을 제공하고 있다.[83]

연방정부의 입법이 이루어지기 전부터 상당수의 조직이 성적 지향성을 보호하는 정책과 관행을 채택했다. 《포천(Fortune)》의 설문조사에 따르면 500대 기업의 90% 이상이 성적 지향성을 보호하는 정책을 두고 있으며, 성 정체성의 경우도 마찬가지이다. 2001년에는 《포천》 500대 기업 중 8개 기업만이 성 정체성 관련 정책을 가지고 있었다. 일부

기업은 종교적인 이유를 들어 LGBT+에게 혜택을 제공하지 않는다고 선언했다. 또한 포용적이라고 주장한 일부 조직은 실질적인 움직임을 보이지 않았다.[84] 예를 들어 이탈리아의 사회적 협동조합 다섯 곳을 조사한 연구에 따르면 소위 포용적인 조직이라도 직원이 성 정체성을 감추고 있기를 바라는 것으로 나타났다.[85] 시대가 확실히 변했지만 성적 지향성과 성 정체성은 조직이 차별을 없애고 다양성을 증진해야 하는 문제로 남아 있다.

문화적 정체성

사람들은 종종 자신의 정체성을 인종과 민족을 통해 정의한다. 그런데 강력한 **문화적 정체성**을 지닌 사람들도 있다. 이들은 세계 어디에서 살든 조상으로부터 전해져 온 문화와 끈끈하게 연결된 강력한 문화적 정체성을 가지고 평생을 살아간다. 문화적 규범은 직장 생활에도 영향을 미쳐 때로는 다른 사람들과 충돌하고 문화적 소수자를 소외하는 문제가 되기도 한다. 예를 들어 베스트셀러 소설인 《영원한 이방인(Native Speaker)》에서 헨리 박은 한국계 미국인인 산업 스파이로, 대립하는 문화적 정체성 속에서 갈등한다. 수많은 사람과 만나야 하는 일의 특성상 때로는 미국인으로, 때로는 한국인으로 살아가야 하기 때문이다.[86]

지구적 차원의 통합이 진행됨에 따라 오늘날의 조직 및 거기서 일하는 경영자와 직원들은 집단적으로나 개인적으로 조직 구성원의 문화적 다양성을 이해하고 존중하며 서로 맞춰나가야 한다.[87] 남미에서 사업을 수행하려는 미국 기업은 긴 여름휴가를 기대하는 문화적 관습을 이해할 필요가 있다. 문화 속에 자리 잡은 이 기간에 직원에게 일을 시키는 기업은 강력한 저항에 부딪히게 될 것이다. 직원의 문화적 정체성에 예민하게 대응하고자 하는 기업은 다수 집단의 문화를 수용하는 한편, 가능한 한 개별 직원의 특성을 고려하는 규범과 관행을 개발할 필요가 있다. 경영자는 조직의 목표와 개인의 필요 사이에서 세련된 균형을 유지할 수 있어야 한다. 또한 직원과 경영자는 **문화적 지능**(cultural intelligence, CQ), 즉 서로 다른 문화적 배경의 사람들과 함께 지내는 능력을 계발해야 한다. 문화적 지능이 높은 사람은 조직에서 다른 문화적 배경을 지닌 사람들과 효과적으로 일할 수 있을 것이기 때문이다.[88]

능력

아무리 의욕이 높다 하더라도 세라 폴슨(Sarah Paulson)처럼 연기하거나, 르브론 제임스(LeBron James)처럼 농구하거나, J. K. 롤링(J. K. Rowling)처럼 글을 쓰기는 어려울 것이다. 물론 사람은 누구나 다른 사람보다 더 잘하는 강점, 부족한 약점을 가지고 있다. 경영자 입장에서는 직원이 직무를 잘 수행할 가능성을 높이기 위해 각 사람의 차이를 이해해야 한다. 그리고 지원자와 직원은 업무를 성공적으로 수행할 수 있는 기술을 계발하고 자신의 능력을 드러내야 한다.

능력 직무가 요구하는 다양한 과업을 수행할 수 있는 현재의 잠재력

능력(ability)은 직무가 요구하는 다양한 과업을 수행할 수 있는 현재의 잠재력이다. 사람의 능력은 두 가지 요소, 즉 지적 능력과 신체적 능력의 결합으로 구성된다.

지적 능력

지적 능력 정신적 활동인 사고, 논리 전개, 문제 해결 등을 수행하는 데 필요한 능력

지적 능력(intellectual ability)은 정신적 활동인 사고, 논리 전개, 문제 해결 등을 수행하는 데 필요한 능력이다. 대부분의 사회에서 지능을 중요하게 여기는 데에는 타당한 근거가 있다. 일반적으로 똑똑한 사람은 일을 더 잘하고, 돈을 더 많이 벌고, 더 빨리 승진하고, 더 높은 수준의 직무를 담당한다.[89] 그러나 인지적 능력을 지속적으로 정확하게 유지하기가 어렵기 때문에 지적 능력을 평가하고 측정하는 것은 단순하지 않다.[90] 사람의 지적 능력을 측정하기 위해 설계된 IQ(intelligence quotient) 검사가 있지만, 측정의 토대와 영향 요소, 측정 과정에 대해 논란이 많다.[91] 대학 입시에 사용되는 SAT와 ACT, 경영대학원 입학시험인 GMAT, 법학대학원 입학시험인 LSAT, 의학대학원 입학시험인 MCAT 등도 비슷한 논란이 있기는 마찬가지이다. 이러한 시험을 사용하는 조직은 지능을 평가한다고 주장하지 않지만 전문가들은 사실상 그렇다고 말한다.[92] 많은 조직은 지능 검사를 채용 결정에 활용한다. 가령 NFL에서 뛰는 프로 풋볼 선수가 되려면 지적 능력 테스트를 받아야 할 것이다.[93]

지적 능력의 차원 도표 2-2에서 보듯이 지적 능력을 구성하는 일곱 가지 차원은 수리 능력, 언어 이해력, 인지 속도, 연역적 사고력, 귀납적 사고력, 공간 지각력, 기억력이다.[94] 일곱 가지 차원은 서로 연결되어 있기 때문에 언어 이해력에서 높은 점수를 받는다면 공간 지각력 점수도 높을 가능성이 크다. 이러한 차원 간의 상관관계가 매우 높아서 연구자들은 지능을 하나의 공통적 요소인 **정신적 일반 능력**(general mental ability, GMA)으로 부르기도 한다. 지적 능력을 구성하는 차원의 구조와 측정은 여러 문화권에 걸쳐 일반화할 수 있다. 여러 국가에서 추출된 5만 명을 대상으로 한 연구에서는 GMA가 73.2% 수준으로 나타났다.[95] 예를 들어 베네수엘라인이나 수단인은 미국인이나 체코인과 다른 차원의 지적 능력을 가지고 있는 것이 아니다. 문화권에 따라서 IQ 점수에 차이가 있다는 증거가 있지만 그 차이가 해마다 줄어들고 있다. 특히 교육 수준과 경제력의 차이를 보정하면 지적 능력의 차이가 거의 없다.[96]

정신적 일반 능력 특정 지적 능력 차원 간의 긍정적인 상관관계에 따른 전반적인 지적 요소

원덜릭 능력 검사 채용 결정에 가장 널리 사용되는 지능 검사인 원덜릭 능력 검사(Wonderlic Ability Test)를 진행하는 데에는 12분밖에 걸리지 않는다. 다양한 형태의 시험이 있으며, 각 시험은 50개 문항으로 구성되어 있다. 다음은 문항의 예이다.

1. 1cm의 줄이 0.1달러에 팔리고 있다면 0.6달러로는 얼마나 긴 줄을 구입할 수 있는가?
2. 앞의 두 문장이 참이라고 하자. 그렇다면 마지막 문장은 참인가, 거짓인가?

차원	설명	직무의 예
수리 능력	계산을 신속 정확하게 하는 능력	회계사: 특정 물품의 부가가치세를 계산함
언어 이해력	읽거나 들은 내용을 이해하고 단어 사이의 관계를 이해하는 능력	공장 관리자: 기업의 고용 정책을 준수함
인지 속도	시각적 유사성과 차이를 신속 정확하게 발견하는 능력	소방 감시관: 발화 가능성이 있는 단서를 발견함
연역적 사고력	문제의 논리적 연관관계를 이해하여 해결하는 능력	시장 조사원: 미래의 제품 수요를 예측함
귀납적 사고력	특정 주장의 의미를 논리적으로 평가하는 능력	감독자: 조직 구성원이 주장하는 두 가지 대안 중에서 선택함
공간 지각력	공간에서 사물의 위치가 변경될 때 어떤 모습일지를 상상하는 능력	실내장식가: 사무실을 재배치함
기억력	과거의 경험을 기억하고 떠올리는 능력	영업사원: 고객의 이름을 기억함

도표 2-2 지적 능력의 차원

a. 참
b. 거짓
c. 알 수 없다.

"소년이 야구를 하고 있다. 모든 야구 선수는 모자를 쓰고 있다. 그 소년은 모자를 쓰고 있다." 원덜릭 검사는 속도와 능력을 동시에 측정한다. 주어진 시간 내에 모든 문제를 풀 수 있는 사람은 없고, 뒤로 갈수록 문제가 어려워진다. 평균 성적이 매우 낮아서 50개 문항 중 21개를 맞히는 정도이다. 원덜릭 검사는 신뢰할 만한 정보를 저렴하게 제공하는 방법이므로 퍼블릭스슈퍼마켓(Publix Super Markets), 맨파워(Manpower), BP, 위성방송사 디시(Dish) 등 많은 조직이 이를 채용 결정에 활용하고 있다.[97] 그렇다고 해서 이 회사들이 지원 서류나 면접과 같은 다른 채용 도구를 없앤 것은 아니며, 지원자의 지적 능력에 대해 신뢰할 만한 자료로 원덜릭 검사를 활용하고 있다.

지적 능력과 직무 만족 지적 능력은 직무를 잘 수행하는 데 큰 도움이 되지만 행복해지거나 직무에 만족하는 데에는 별 소용이 없다.[98] 높은 수준의 인지 능력을 가지고 높은 성과를 내고 있는 직원의 경우 동료들이 시기하고 사회적 비교의 대상이 되어 따돌림과 괴롭힘을 당한다는 연구 결과가 있다.[99]

신체적 능력

일의 성격이 바뀌면서 수많은 직무에서 지적 능력의 중요성이 커지고 있지만 **신체적 능력**(physical ability)도 여전히 중요하고 앞으로도 그럴 것이다. 수백 개의 직무를 분석한 결과 도표 2-3에 제시된 아홉 가지 기본 능력이 중요한 것으로 나타났다.[100] 직무

신체적 능력 체력, 손재주, 힘 등을 요구하는 작업을 수행할 수 있는 능력

도표 2-3
아홉 가지 기본 신체적 능력

힘	
1. 동적 강도	근육의 힘을 반복적으로 또는 계속해서 쓰는 능력
2. 동체(근육) 강도	동체(특히 복부) 근육을 사용하는 힘을 쓰는 능력
3. 정적 강도	외부의 물체를 견디는 힘을 쓰는 능력
4. 순발력	단번에 또는 반복해서 순간적으로 최대의 힘을 발휘하는 능력
유연성	
5. 유연성	몸통의 근육을 최대한 움직이는 능력
6. 동적 유연성	재빠르고 반복적으로 몸을 구부리는 활동을 수행하는 능력
기타 요소	
7. 동작의 조정력	여러 부분의 신체 활동을 동시에 조정하는 능력
8. 균형	균형을 무너뜨리려는 힘에 대항하여 균형을 유지하는 능력
9. 지구력	오랫동안 최대의 힘을 지속하는 능력

가 요구하는 능력과 직원이 가지고 있는 능력이 일치할 때 업무 수행 성과가 더 높다.[101] 예를 들어 소방관의 경우 다른 직업보다 강한 힘을 필요로 하는데, 신체적 능력을 측정한 결과는 미래에 소방관으로서 성공할지를 잘 예측했다.[102] 그런데 신체적 능력을 측정했을 때 남성이 여성보다 뛰어난 경향이 있기 때문에 신체적 능력 측정은 성 차별이라는 논란에 휩싸일 위험이 있다. 하지만 여성이라 하더라도 신체적 훈련을 통해 최소한의 요건을 충족할 수 있을 만큼 신체적 능력을 높이는 것이 가능하다.[103] 따라서 자신이 원하는 직업이 힘, 유연성, 그 밖의 신체적 능력을 요구한다면 거기에 맞게 충분히 준비해야 한다.

요컨대 조직의 다양한 직무를 수행하는 데에는 광범위한 범주의 능력을 갖춘 인력이 필요하다. 예를 들어 독일, 인도, 아일랜드에서 소프트웨어를 개발하는 SAP는 파일럿 프로그램을 시도해보고 자폐 성향을 지닌 직원들이 소프트웨어의 결함을 바로잡는 것과 같이 정교한 직무를 아주 잘 수행한다는 것을 발견했다.[104] 전향적 사고를 하는 관리자에게는 다양성의 잠재적 유익이 매우 크다. 물론 다양한 사람들을 하나로 모아 성과를 내려면 세밀한 관리 스킬이 필요한데, 다음 절에서 이에 대해 살펴보자.

다양성 관리 전략의 실행

다양성 관리 조직의 모든 사람이 다른 사람의 필요와 차이를 더 잘 인식하고 민감하게 만드는 것

지금까지 살펴본 수많은 차이를 어떻게 관리해야 할까? **다양성 관리**(diversity management)는 조직의 모든 사람이 다른 사람의 필요와 차이를 더 잘 인식하고 민감하게 만드는 것이다.[105] 다양성 관리에는 조직의 모든 사람이 포함되고 다양성 관리는 모든 조직 구성원에게 중요하다. 즉 다양성 관리는 특정한 유형의 사람에 대한 것이 아니라 조직 구성원 모두에 대한 것이다.

다양한 조직 구성원의 모집과 선발

다양성 관리를 위한 한 가지 방법은 조직이 인구통계적 측면에서 부족한 집단을 대상으로 채용 공고를 내보내는 것이다. 마이크로소프트(Microsoft)가 여성의 기술 분야 전공 선택을 장려하듯이 대학 동창이나 다른 연고를 동원하여 해당 집단에 메시지를 보내는 것이다.[106] 한편 마이크로소프트는 SWE(Society of Women Engineers), NMSDC (National Minority Supplier Development Council) 등의 단체와 협력하기도 했다.

연구 결과에 의하면 여성과 소수 집단은 채용 공고에서 적극적으로 다양성 정책을 표방하는 회사에 더 많은 관심을 보인다. 채용 공고에 여성과 소수 집단이 최고경영진에 포함되어 있다는 내용이 없으면 다양성에 대해 부정적인 조직으로 비치는 경향이 있다.[107]

채용 과정은 다양성에 대한 노력을 보여줄 수 있는 가장 중요한 기회이다. 채용 책임자는 지원자를 객관적으로 공정하게 대우하고, 신입 직원의 잠재적 능력에 주의를 기울여야 한다. 채용 책임자가 지원자의 능력을 측정하는 정확한 도구를 사용하고 조직이 비차별 정책을 명확히 우선시하는 경우, 인구통계적 특성이 아니라 자질과 능력을 보고 채용을 결정했다는 증거가 될 수 있다.[108]

집단 내 다양성

앞에서 살펴본 바와 같이 직장에서의 근무에는 매우 다양한 사람들과의 상호작용이 포함된다. 한 팀의 구성원들은 주요한 과업을 수행할 때 공통의 시각과 방법을 사용하고 자주 의사소통을 해야 한다. 만약 팀에 대한 소속감, 한 팀이라는 느낌을 가질 수 없다면 그 팀의 성과는 좋지 않을 것이다.

팀 내부의 다양성은 팀의 성과를 향상할 수도 있고 저해할 수도 있다.[109] 이질적인 팀이 효과적인지, 동질적인 팀이 효과적인지는 관심사의 특성에 따라 갈린다. 일반적으로는 성, 인종, 민족 등의 인구통계적 다양성이 팀의 성과에 영향을 미치지 않지만, 적절한 조건이 주어진 경우 경영층의 인종적 다양성이 성과 향상에 도움이 된다는 보고도 있다.[110] 매우 지적이고 신중하며 팀으로 일하는 것을 중요하게 여기는 사람들이 참여했을 때는 팀의 효과성이 매우 높아진다.[111] 따라서 이러한 변수의 다양성은 바람직하지 않다. 다시 말해 지적이지 않고 신중하지 못하며 팀으로 일하는 것을 좋아하지 않는 사람들로 팀을 구성하는 것은 바보 같은 짓이다. 그 밖의 경우라면 다양성이 강점을 발휘한다. 전문성과 교육 배경이 서로 다른 사람들로 구성된 팀은 동질적인 사람들로 구성된 팀보다 효과적이다.[112]

팀의 구성과 관계없이 차이를 활용하여 우수한 팀 성과를 달성할 수 있다. 팀의 리더는 팀 내에 존재하는 **단층선**(fault line), 즉 구성원들을 서로 분리시키는 차이 요소를 관리해야 하는데, 팀이 압박을 받고 있는 상황에서는 더욱 그렇게 해야 한다.[113] 이때 구성원들이 가지고 있는 공통적인 요소와 보완 요소를 부각하고 공통의 목표와 비전을 강조하는 방법을 사용할 수 있다.[114] 앞서 살펴본 레스토랑 사례에서는 직원들 사이에 표면

단층선 성, 인종, 연령, 업무경험, 언어, 교육과 같은 개인차에 따라 집단 2개 이상의 하위 집단으로 나누는 것

적으로나 심층적으로 차이가 있을 수 있는데, 공통의 가치와 목표, 한 팀으로 묶을 수 있는 요소를 부각함으로써 응집성을 유지하고 단합을 이룰 수 있다. 라이베리아와 아이티에서 활동한 7개 UN 평화 건설 팀을 대상으로 진행된 연구는 팀이 성장하고 발전할수록 공통의 정체성을 정립할 수 있다는 것을 밝혔다.[115] 차이가 많은 경우에도 팀으로 활동하는 기간이 길어질수록 정체성을 공유하는 정도가 증가했다.

집단 내 다양성에 대한 논의는 팀을 이루는 사람에만 관심을 두는 것이 아니다. 중요한 것은 다양성이 구성원들의 상호작용에 어떤 영향을 미치는가이다.[116] 집단 내 다양성이 중요한 이유는, 특히 심층적 측면의 다양성이 중요한 이유는, 구성원 각자가 지닌 다양한 정보와 경험이 팀에 필요한 부분을 채워줄 수 있기 때문이다.[117] 고객 서비스, 바텐딩 기술, 창의성 등에서 각기 다른 기술과 경험을 가진 레스토랑 직원들은 부족한 기술을 서로 보완함으로써 팀으로서 성과를 개선할 수 있다. 즉 가치와 목표 측면에서 공통적으로 중요하게 여기는 것, 보완 기술과 경험이라는 측면에서 공통적으로 중요하게 여기는 것을 서로 채워줌으로써 구성원들은 신뢰를 쌓고, 효과적으로 의사소통하며, 팀 정체성을 정립하고, 전략적으로 업무를 수행할 수 있다.[118]

다양성 프로그램

조직은 채용, 선발, 교육훈련 시 여러 가지 다양성 프로그램을 사용한다. 다양성 프로그램은 대개 효과적이다. 수백 개의 연구 결과에 따르면 다양성 프로그램은 다양성 지식과 표현을 개선하는 데 도움이 된다.[119] 효과적이고 포용적인 조직 구성원 프로그램이 다양성을 장려하려면 다음과 같이 세 가지 요소를 갖추어야 한다. 첫째, 관리자에게 평등한 고용 기회에 대한 법적 근거를 알려주고, 인구통계적 특성에 관계없이 모든 구성원을 동등하게 대우하도록 권장해야 한다. 둘째, 다양한 고객 수요에 대처하기 위해서는 조직 구성원의 다양성 확보가 도움이 된다는 것을 가르쳐야 한다. 셋째, 관점의 차이가 성과를 향상하는 데 얼마나 중요한지를 인식하고 조직 구성원의 기술과 능력 계발을 개인적으로 장려하는 방법을 가르쳐야 한다.[120]

고용 차별에 대한 부정적 반응에는 차별 대우가 공정하지 않다는 생각이 대부분 깔려 있다. 인종이나 성에 관계없이 사람들은 일반적으로 소수 집단을 대우하고 모든 사람이 능력과 기술을 발휘할 수 있는 기회를 누리게 하는 다양성 프로그램을 선호한다. 캐나다 기업 155개를 조사한 연구에 따르면, 기업 전략의 핵심적인 측면을 공유한다고 전제할 때, 소수 집단 포용 정책을 통해 다양성을 높이는 프로그램을 사용할수록 조직의 투자수익률(ROI)이 높아지는 것으로 나타났다.[121]

따라서 조직의 리더는 특정 집단의 기여가 특별히 낮지는 않은지 면밀히 살펴보아야 한다. 최고경영진에 특정 집단의 대표가 부족하다면 승진에 숨은 장벽이 없는지 점검할 필요가 있다. 채용 및 선발 과정을 투명하게 개선하고 필요한 교육훈련을 실시함으로써 다양성 수준을 관리할 수 있다. 또한 조직 구성원이 특정 관행을 따라야 하는 이유와 그 방법을 이해할 수 있도록 명확히 전달해야 한다. 직무 요건과 성과에 초점을 맞추지 않고 특정 집단을 대우할 필요가 있다는 식의 메시지를 전달하면 오히려 반발을 초래할 수 있다. 차별을 당한 조직 구성원이 이의를 제기할 수 있는 창구도 마련해야 하며, 그러한 차별을 알게 된 인적자원 관리 담당자는 문제를 바로잡을 수 있어야 한다. 이렇게 함으로써 직무 만족과 성과를 높이는 데 도움이 될 것이다.[122]

그리고 특정 집단에 초점을 맞춘 접근 방법을 사용해야 할 때도 있으니 피드백을 자주 받을 수 있는 방법을 사용하는 것이 좋다.[123] 다국적 기업이라면 특정 국가와 문화에 초점을 맞춘 방법을 사용해야 한다. 핀란드의 다국적 기업인 트랜스코(TRANSCO)의 사례를 연구한 결과를 보면 전 세계적으로 일관성 있게 적용할 수 있는 다양성 관리 방법을 개발하는 것이 가능하다. 그러나 나라마다 법적·문화적 요인이 다르기 때문에 사업을 운영하는 나라의 법과 문화에 맞는 고유한 정책을 개발해야 한다.[124]

요약

이 장에서는 여러 관점에서 다양성이라는 주제를 살펴보았다. 특히 표면적 수준과 심층적 수준의 특성을 구분할 필요가 있다는 점을 강조했다. 사람들의 차이는 고정관념을 불러일으켜 부당한 차별로 이어질 수 있으며, 이로 인해 조직과 경영자가 법적인 책임을 지는 경우도 있다. 또한 생물학적 특성과 능력이 일터에서의 기능과 성과에 미치는 영향을 살펴보고, 조직과 경영자, 조직 구성원이 다양성을 관리할 수 있는 방법에 대해 설명했다. 조직의 모든 계층에 걸쳐서 다양성을 관리하는 프로그램은 반드시 필요하며, 그것을 통해 다양성의 강점이 조직에서 충분히 발휘되도록 해야 한다.

경영자를 위한 시사점

- 왜 고정관념이 생기고, 그로 인한 차별이 조직에서 어떻게 나타날 수 있는지 등 고정관념에 대해 제대로 이해하라.
- 경영자 자신이 지닌 고정관념을 객관적으로 드러내어 살펴보고 바로 잡아라.
- 장애를 지닌 조직 구성원에게 필요한 지원이 무엇인지 충분히 이해하고, 그 사람이 수행할 수 있는 직무를 정교하게 배정하라.
- 각 사람의 생물학적 특성을 이해하고 존중하라. 공정하고 개별화된 접근으로 최고의 성과를 기대할 수 있다.
- 조직의 차별 금지 정책을 완벽히 이해하고 그러한 정책을 모든 조직 구성원에게 알려라.
- 경영 의사결정을 내리기 전에 각 사람의 생물학적 특성 이면에 있는 요소를 살펴보고 잠재적 능력을 고려하라. 숨겨진 장애를 지닌 사람들이 그것을 드러낼 수 있도록 장려

하고 개방적인 태도를 보여라.

- 채용과 선발 과정에서 다양성을 증진하기 위해 노력하라.
- 조직의 모든 운영 과정에 다양성에 대한 고려가 반영될 수 있도록 포괄적인 다양성 프로그램을 개발하고 추진하라.

3
태도와 직무 만족

학습목표

- 태도를 구성하는 세 요소에 대해 설명할 수 있다.
- 태도와 행동의 관계를 요약하여 설명할 수 있다.
- 주요한 직무 태도를 비교하여 설명할 수 있다.
- 직무 만족도를 측정하는 두 가지 접근 방법을 설명할 수 있다.
- 직무 만족을 가져오는 요인을 요약하여 설명할 수 있다.
- 직무 만족의 세 가지 산출물에 대해 설명할 수 있다.
- 직무에 만족하지 않는 근로자의 네 가지 반응을 설명할 수 있다.

태도

태도(attitude)는 어떤 대상, 사람, 사건에 대한 긍정적 또는 부정적 평가가 담긴 진술을 말한다. 즉 우리가 어떤 대상에 대해 느끼는 것이 태도에 반영된다. 예를 들어 "나는 내 일을 좋아해"라고 말한다면 이는 자기 일에 대한 자신의 태도를 표현한 것이다.

태도 어떤 대상, 사람, 사건에 대한 긍정적 또는 부정적 평가가 담긴 진술

태도는 복잡한 현상이다. 당신이 회계사가 되는 데 관심이 있다고 가정해보자. 만약 회계사나 감사인에게 직업에 대해 질문하면 당신은 "너무 싫어요"라거나 "환상적이에요"와 같이 단순한 대답을 듣게 될 것이다. 하지만 그러한 대답이 나온 배경은 매우 복잡하다. 예를 들어 자신의 직업이 아주 흥미롭고 보상이 크며 경영을 지원한다고 인식하는 회계사는 자신의 직업에 대해 훨씬 더 행복해할 것이다.[1] 자신이 하는 일에 얼마나 만족하는지, 고용주에게 얼마나 헌신하는지 등의 태도는 직장에서 매우 중요하다. 만약 자기 일을 좋아한다면 이직하려는 의도는 낮고 일을 열심히 할 뿐만 아니라 일의 성과가 탁월할 것이다. 태도를 명확히 이해하기 위해 먼저 태도를 구성하는 요소와 기본적인 속성에 대해 살펴보자.

도표 3-1
태도의 구성 요소

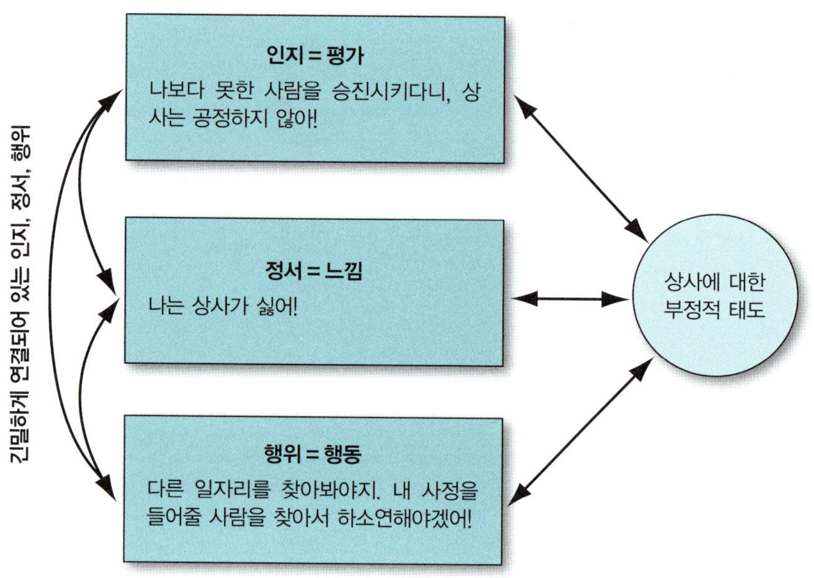

인지적 요소 태도의 대상에 대한 의견이나 신념

정서적 요소 태도에 담긴 느낌 또는 감정

행동적 요소 특정한 방향으로 행동하려는 의도

연구자들은 태도가 인지, 정서, 행동이라는 세 가지 요소로 구성된다고 본다.[2] "급여가 낮다"는 표현은 태도의 **인지적 요소**(cognitive component), 즉 태도의 대상(예: 상사)에 대한 의견이나 신념이다. 인지적 요소는 태도의 더 중요한 측면인 **정서적 요소**(affective component)의 토대가 된다. 정서는 태도에 담긴 느낌 또는 감정으로, "쥐꼬리만 한 급여에 화가 난다"와 같은 표현에서 드러난다. 정서는 행동을 불러일으킨다. 또한 태도의 **행동적 요소**(behavioral component)는 "급여가 더 많은 다른 일을 찾아봐야겠어"와 같이 특정한 방향으로 행동하려는 의도를 말한다.

이러한 방식으로 태도를 살펴보면 태도가 지닌 복잡성, 태도와 행동의 잠재적 관계를 이해할 수 있다. 도표 3-1은 태도의 세 가지 구성 요소가 서로 어떻게 관련되는지를 보여준다. 당연히 승진할 것이라고 기대했는데 승진하지 못한 상황을 생각해보자. 상사에 대한 태도가 다음과 같이 나타날 것이다. 당신은 승진하는 것이 마땅하다고 생각했다(인지). 당신은 상사를 아주 싫어하게 된다(정서). 당신은 불평을 했거나 그럴 의도가 있다(행동).

조직에서 태도가 중요한 것은 거기에 행동적 요소가 포함되어 있기 때문이다. 만약 어떤 회계사가 지금 다니는 회사에 애착이 없고 다른 회사에서 더 나은 기회를 찾을 수 있다고 생각한다면 이 생각이 현재 직장을 계속 다닐지, 그만둘지로 이어질 것이다. 이직률을 낮추려는 상사라면 회계사가 이렇게 생각하게 된 이유가 무엇인지, 어떻게 생각을 바꿀 수 있는지 이해하려고 해야 한다. 네덜란드에서 진행된 연구는 누가 조직에 헌신할 것인지, 헌신하지 않을 것인지를 예측하는 데 인지적 요소가 가장 중요하다고 밝혔다.[3]

태도와 행동

태도가 행동으로 어떻게 연결되는지는 쉽게 알 수 있을 것이다. 앞의 예에서 현재의 직무에 만족하지 않거나 조직에 헌신하지 않는 회계사는 다른 일자리를 찾아볼 것이다. 많은 연구는 이처럼 태도가 미래의 행동을 예측할 수 있게 해준다는 사실을 뒷받침한다.[4]

그런데 태도와 행동의 관계에 변화를 가져오는 몇 가지 뚜렷한 특성이 있다. 바로 태도의 **중요성**, **행동과의 일치성**, **접근 가능성**, **사회적 압력**의 존재, 특정 태도에 대한 **직접적 경험** 등이다.[5] 중요한 태도에는 우리의 근본적 가치, 이해관계, 우리가 중시하는 개인 또는 집단의 정체성이 반영된다. 이러한 태도는 행동과 강력한 관계를 보이는 경향이 있다. 그러나 사회적 압력이 커서 특정한 방향으로 행동할 것을 요구하는 경우에는 태도와 행동 사이에 불일치가 발생하는데, 이는 대부분의 조직에서 자주 나타나는 현상이다. 그리고 자주 표현하는 태도는 기억에 남을 가능성이 더 높으며, 쉽게 상기할 수 있는 태도는 행동을 더 잘 예측하게 해준다. 또한 개인적으로 직접 겪은 경험과 연관된 태도의 경우에는 행동과의 관계가 훨씬 더 강하다.

머신러닝의 발전(1장 참조)은 태도와 행동의 관계를 더 잘 이해할 수 있도록 해주었다. 예를 들어 머신러닝의 알고리즘을 이용하여 간호사들의 태도와 성과의 관계를 분석한 연구에서는 직무 책임이 명확하게 정의된 경우에 태도와 성과의 관계를 뚜렷이 확인할 수 있었다.[6]

한편 행동으로 미래의 태도를 예측할 수도 있다. 사람들이 평소 태도와 반대되는 행동을 한 뒤 말을 바꾸는 것을 본 적이 있는가? 예컨대 여성이 직장에서 성희롱을 당했다고 주장할 때 경영진과 가해자가 명백한 증거가 있음에도 하찮은 일로 여기거나 무시하거나, 심지어 적반하장으로 정당화하기도 한다.[7] 이처럼 행동에 따라 태도가 바뀌는 현상을 **인지 부조화**(cognitive dissonance)라고 한다.[8]

인지 부조화 두 가지 이상의 태도 간 불일치 또는 행동과 태도 간 불일치

사람들은 태도들 사이에, 그리고 태도와 행동 사이에 일관성이 있기를 바란다.[9] 어떤 형태로든 불일치가 발생하면 불안해져서 그것을 줄이려고 한다. 인지 부조화가 발생하면 사람들은 태도와 행동 중 어느 하나를 변화시키거나, 부조화가 발생할 수밖에 없는 이유를 찾아 합리화하려고 한다. 예를 들어 파업 중인 대학교수진은 대학 측의 제안을 수용하고 업무에 복귀하라는 요구를 받아들이기 어려웠다. 대신 그들은 그러한 제안이 부당하다는 신념을 정당화할 추가 정보를 찾았다.[10]

부조화를 피할 수 있는 사람은 아무도 없다. 운전 중에 전화 통화를 하거나 문자 메시지를 주고받는 것이 안전하지 않다는 사실은 누구나 알고 있지만, 사람들은 그러한 행동을 하면서 아무 일이 없기를 바란다(이를 뒷받침하는 증거가 풍부하니 자신의 인지 부조화를 덜기 위해 이 설명이 사실이 아니라고 주장할 생각은 접어두시라).[11] 인지 부조화를 줄이려는 욕구는 세 가지 요인의 영향을 받는데, 첫 번째는 부조화를 초래하는 요소의 **중요성**, 두 번째는 해당 요소에 대해 가지고 있는 **영향력**의 정도이다.[12] 사람들은 태도

> **BMW**
> COVID-19 대유행의 스트레스와 불확실성 속에서 독일의 자동차 대기업은 작업을 원활하게 진행하고 디지털화 전략을 가속화하기 위해 직무에 만족하는 인력을 유지하는 것의 중요성을 깨달았다. BMW 아시아의 경영진인 크리스토퍼 베너(Christopher Wehner)에 따르면 COVID-19로 BMW 직원들은 재택근무를 해야 했다. 그런데 BMW 아시아가 실시한 설문조사에서는 재택근무를 하는 직원들 대다수가 동료들과의 교류를 그리워하는 것으로 밝혀졌다. 이에 BMW는 업무 만족도를 유지하기 위해 직원들이 가능한 한 자주 전화 또는 화상회의를 하도록 적극적으로 권장했다.[13]

가 중요하거나 부조화를 일으킨 요소를 통제할 수 있을 때 부조화를 해소하려는 욕구가 강해진다. 세 번째 요인은 부조화로 인해 얻는 **보상**이다. 부조화에 동반되는 보상이 크면 부조화가 초래하는 긴장의 수준이 낮아지는 것이 일반적이다. 예를 들어 기대 이상의 급여 인상과 같은 보상이 동반되면 부조화의 인식 수준이 낮아진다.[14]

직무 태도

조직 정체성 조직 구성원이 조직과 자신이 동일한 정체성을 지녔다고 여기는 것으로, 태도가 생성되는 기반을 형성하는 정도

우리의 태도는 수천 가지 이상이지만 조직행동론에서 관심을 갖는 태도는 자신의 일에 대한 긍정적 혹은 부정적 평가와 관련된 몇 가지이다. 연구 결과에 따르면 직무와 관련된 모든 태도의 공통적인 요소는 **조직 정체성**(organizational identification)으로, 이는 조직 구성원이 조직과 자신이 동일한 정체성을 지녔다고 여기는 것으로, 다양한 태도를 지닌 조직 구성원들에게서 발견되는 공통적 요소이다.[15] 직무 관련 태도와 행동에 관한 수많은 연구를 종합한 결과를 보면 조직 정체성은 여러 종류의 직무 관련 태도 형성의 기초가 된다.[16] 어떤 연구자들은 인공지능 이론을 활용하여 인간이 끊임없이 흘러들어오는 데이터를 기반으로 의사결정을 내리기 위해 태도를 형성한다고 주장했다. 예를 들어 조직 구성원은 '급여 삭감-구조조정-보너스 취소'로 이어지는 사건을 경험하면서 조직이 보상을 중요하게 여기지 않는다는 것을 '학습'하고, 조직에 대해 부정적인 태도를 형성하기 시작하며, 조직과의 동일시를 멈추게 된다.[17]

조직행동론에서 주로 관심을 갖는 조직 구성원의 태도는 직무 만족, 직무 몰입, 조직 헌신이다.[18] 조직 지원 인식과 종업원 관여도 중요한 태도로 꼽을 수 있다.[19] 이러한 태도에 대해 자세히 살펴보자.

직무 만족과 직무 몰입

직무 만족 직무를 구성하는 요소에 대한 평가를 통해 가지게 되는 직무에 대한 긍정적 감정

사람들이 조직 구성원의 태도에 대해 이야기할 때는 **직무 만족**(job satisfaction)을 가리키는 경우가 많다. 직무 만족은 직무를 구성하는 요소에 대한 평가를 통해 갖게 되는 직무에 대한 긍정적 감정이다. 직무 만족도가 높은 사람은 일에 대해 긍정적 느낌을 갖고, 직무 만족도가 낮은 사람은 부정적인 느낌을 갖는다. 직무 만족은 가장 중요한 태도이므로 뒤에서 좀 더 자세히 살펴볼 것이다.

직무 몰입 자신의 직무와 심리적으로 동일시하고, 적극적으로 참여하며, 직무 수행이 자신의 가치를 높이는 데 중요하다고 생각하는 정도

직무 만족과 관련성이 큰 개념인 **직무 몰입**(job involvement)은 조직 구성원이 자신의 직무와 심리적으로 동일시하는 정도로, 직무 몰입도가 높은 사람은 직무에서 높은 성취를 달성하는 것이 자신의 가치를 높이는 데 매우 중요하다고 생각한다.[20] 직무 몰입도가 높은 사람은 직무와 자신을 동일시하는 경향이 강하고, 그 결과 직무 만족도가 높아진다.[21]

심리적 임파워먼트 조직 구성원이 직무 환경, 역량, 직무의 의미, 직무 수행에서 경험하는 자율성 등에 영향을 미칠 수 있다고 생각하는 정도

밀접하게 관련된 또 다른 개념인 **심리적 임파워먼트**(psychological empowerment)는 조직 구성원이 직무 환경, 역량, 직무의 의미, 직무 수행에서 경험하는 자율성 등에

영향을 미칠 수 있다고 생각하는 정도이다.[22] 심리적 임파워먼트 수준이 높은 사람은 조직시민행동을 발휘하고(1장 참조) 창의적이며 업무 성과가 좋으며, 그 결과 조직을 떠나려는 이직 의도가 낮아진다.[23]

조직 헌신

조직 헌신(organizational commitment)이 큰 사람은 조직 및 조직의 목표와 자신을 동일시하고 조직의 구성원으로 남으려 한다. 조직 헌신의 강력한 징표는 조직 및 조직의 가치 체계에 대해 지닌 강력한 애착이다.[24]

조직 헌신 조직 및 조직의 목표와 자신을 동일시하고 조직의 구성원으로 남으려는 정도

조직에 헌신하는 사람은 불만이 있을지라도 조직에 대한 애착과 충성심 때문에 이직 의도가 낮다. 물론 다른 대안을 찾기 어려워서 조직에 남으려고 할 수도 있다.[25] 조직 헌신도가 높은 사람은 현재의 일에 만족하지 않더라도 조직에 남아서 계속 헌신하려고 결정할 가능성이 높다.

조직 지원 인식

조직 지원 인식(perceived organizational support, POS)은 조직이 자신의 기여를 중요하게 여기고 자신의 안녕에 관심이 있다고 조직 구성원이 믿는 정도이다. 조직 구성원은 보상이 공정하고, 자기 목소리를 낼 수 있으며, 상사가 지원적인 태도를 보일 때 조직이 자신을 지원한다고 생각한다.[26]

조직 지원 인식 조직이 자신의 기여를 중요하게 여기고 자신의 안녕에 관심이 있다고 조직 구성원이 믿는 정도

POS는 조직 구성원 산출물의 중요한 예측 변수이지만 그 영향이 문화에 따라 다르게 나타난다.[27] 기관과 조직에서 권력이 균등하게 분배되지 않은 것을 용인하는 정도인 **권력 격차**(power distance)가 작은 문화권일수록 POS가 중요하다. 미국과 같이 권력 격차가 작은 문화권에서는 업무를 도덕적 의무가 아니라 교환관계에 있는 것으로 인식하므로 조직 구성원의 POS가 높다. 그러나 중국과 같이 권력 격차가 큰 나라에서는 POS를 고용주의 공정성, 지원, 격려가 반영된 것으로 보지 않는다.

권력 격차 기관과 조직에서 권력이 균등하게 분배되지 않은 것을 사회가 용인하는 정도를 나타내는 국가적 문화 속성

다국적 기업의 직원이 본국과 문화가 다른 지역에서 오랫동안 파견근무를 할 때는 상황이 더욱 복잡해진다. 이러한 경우에 기업은 해외에서의 사업이 실패하지 않도록 이주 관련 지원(주택 마련, 이사 지원), 문화적 지원(타국에서의 원활한 의사소통을 위한 교육), 관계적 지원(현지에서 친구를 사귀고 사회적 활동을 수행하는 데 필요한 지원) 등 다양한 지원을 해야 하므로 비용이 많이 들 수 있다.[28]

종업원 관여

종업원 관여(employee engagement)는 조직 구성원이 직무를 수행할 때 느끼는 열정의 정도를 의미한다.[29] 종업원 관여는 만족이나 몰입과 같은 태도의 결합으로 볼 수 있지만, 그것을 넘어서서 일에 영혼과 마음을 쏟거나 열과 성을 다하는 것을 말한다.[30] 관여도가 높은 조직 구성원은 열정적으로 일하고 직장에 강한 애착을 느끼는 반면, 관여도

종업원 관여 조직 구성원이 직무를 수행할 때 느끼는 열정의 정도

가 낮은 조직 구성원은 근무 시간을 채우기는 하지만 주의 집중도가 떨어진다. 관여도가 낮은 경우 생산성이 떨어지기 때문에 최근 들어 조직은 종업원 관여에 주목하고 있으며, 한 연구는 조직의 손실액이 연간 5,500억 달러에 달한다고 밝혔다.[31] 종업원 관여는 직무 관여와 연결되는데, 동기부여를 다룰 때 이에 대해 자세히 살펴볼 것이다.

종업원 관여의 수준은 조직의 산출물에 영향을 미친다. 종업원 관여에 대한 연구 결과에 따르면 종업원 관여와 조직 성과의 관련성은 상당히 크다. 36개 회사의 약 8,000개에 달하는 사업부를 조사한 결과에 의하면 관여 수준이 높은 사업부의 고객 만족도가 더 높고 생산성이 더 크며 이익 수준도 높은 반면 이직률과 사고 발생률이 더 낮았다.[32] 몰슨쿠어스(Molson Coors)는 관여도가 높은 직원의 경우 안전사고가 1/5 수준이고, 사고가 발생할 경우라도 사고의 크기가 사고당 392달러 대비 63달러로 매우 낮았다. 캐터필러(Caterpillar)는 종업원 관여를 높이기 위해 다양한 방법을 시도했으며, 그 결과 고충 제기 건수가 80% 줄어들고 만족하는 직원의 비율이 34% 증가했다.[33]

태도 간에는 약간의 차이가 있지만 조직 구성원의 성격이 반영되기 때문에 많은 부분이 서로 겹친다. 그렇기에 누군가의 직무 만족 수준을 알고 있다면 그 사람이 조직에 대해 생각하는 다른 부분도 거의 다 아는 셈이라고 말할 수 있다. 이어서 직무 만족과 직무 불만족에 대해 살펴보자.

직무 만족

앞에서 이미 직무 만족을 간단히 다루었다. 직무 만족은 가장 중요한 직무 관련 태도이며, 조직의 성과를 알려주는 중요한 변수이다. 그렇다면 이 개념을 좀 더 자세하게 분석해보자. 직원의 만족도를 알고 싶은 경영자는 어떤 방법을 써야 할까? 사람들은 일반적으로 얼마나 자신의 직무에 만족하고 있을까? 이에 대한 내용을 알고 나면 놀랄지도 모르겠다.

직무 만족을 어떻게 측정하는가

두 가지 방법이 주로 사용된다. 첫 번째는 한 문항으로 전반적인 평가를 묻는 방식으로, "모든 것을 고려했을 때 당신은 직무에 얼마나 만족하는가?"와 같은 질문을 던진다. 응답자는 '매우 만족한다'와 '매우 불만족한다' 사이를 1~5등급으로 표시한다. 두 번째 방법은 직무를 구성하는 요소 각각의 응답을 종합하는 것인데 이는 다소 복잡하다. 이 방법은 직무를 구성하는 요소를 일의 형태, 필요한 기술, 관리감독, 현재 급여, 승진 기회, 문화, 동료와의 관계 등으로 구분한다. 응답자는 각각의 요소에 대해 표준화된 등급(매우 불만~매우 만족을 나타내는 1~5등급)을 표시하고, 이 응답 결과를 종합하여 전반적인 직무 만족 점수를 산출한다.

둘 중 어느 방법이 더 나을까? 직관적으로 보기에는 각 요소를 측정하고 종합하는 방식이 더 정확하게 측정할 수 있을 것 같지만, 연구 결과가 이러한 직관을 전적으로 지지하는 것은 아니다.[34] 이는 단순한 방법이 복잡한 방법만큼이나 유용하다는 사실을 보여주는 대표적인 사례이며, 둘 다 유용한 방법이다. 하나의 단일 지표로 질문하면 시간과 노력이 덜 드는 반면, 각 요소에 대한 세부적인 응답을 분석하면 직무의 어떤 부분을 개선해야 할지 파악하는 데 도움이 된다.

사람들은 직무에 얼마나 만족하는가

대부분의 사람들은 자신의 직무에 만족할까? 2017년 세계 행복 보고서(World Happiness Report)가 전 세계 인구의 98%를 차지하는 160개국을 대상으로 조사한 결과, 약 92.5%의 사람들이 직무에 만족하는 것으로 나타났다.[35] 직무 만족 수준은 시간이 가도 거의 일정하게 유지된다. 예를 들어 미국의 평균 직무 만족 수준은 1972~2006년 동안 비슷했다.[36] 물론 경제적 조건의 변화가 직무 만족도에 영향을 주기는 한다. 2007년 후반에 경제 침체가 나타났을 때는 직무 만족 수준이 일시적으로 하락하여 2010년에는 최저 수준을 기록했다. 당시에는 미국 근로자의 42.6%만이 직무에 만족하는 것으로 보고되었다.[37] 2017년에는 미국 근로자의 약 51%가 직무에 만족했는데,[38] 이는 1987년의 61.1%에 한참 못 미치는 수준이다.[39]

직무 만족을 구성하는 요소별 만족도는 크게 다르다. 도표 3-2에서 보듯이 사람들은 전반적인 직무와 직무 자체, 상사와 동료에는 만족하지만 급여 수준과 승진 기회에 대해서는 그보다 만족도가 낮다.

또한 75만 명 이상의 참여자 대상으로 이루어진 수십 개의 연구를 검토한 결과를 보면 인종에 따른 차이도 있다. 백인은 흑인보다 만족도가 약간 높은데, 특히 복잡한 직무일

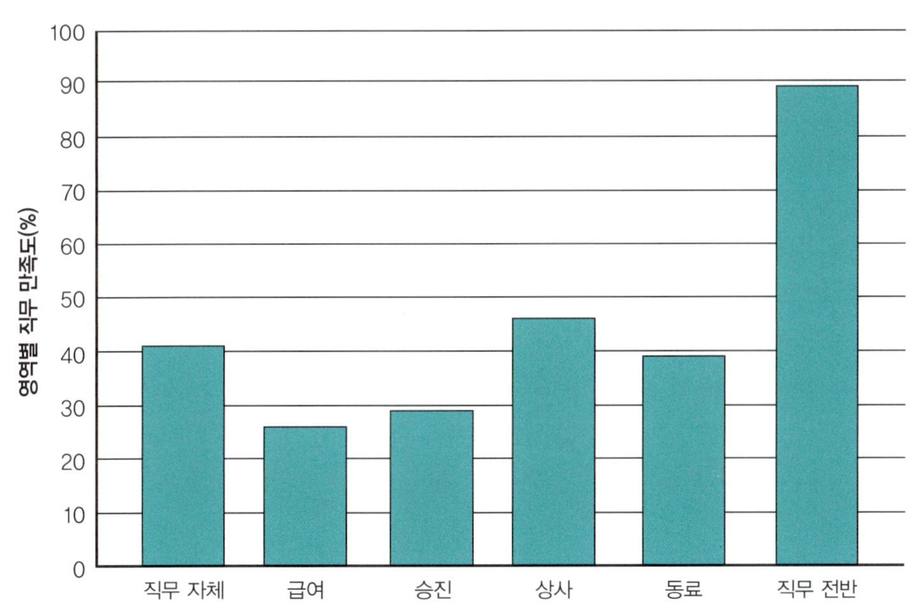

도표 3-2
영역별 평균 직무 만족도
출처: Society for Human Resource Management, "2017 Employee Job Satisfaction and Engagement: The Doors of Opportunity are Open," April 24, 2017, https://www.shrm.org/hr-today/trends-and-forecasting/research-and-surveys/pages/2017-job-satisfaction-and-engagement-doors-of-opportunity-are-open.aspx

도표 3-3

국가별 근로자의 평균 직무 만족도

출처: J-E. De Neve and G. Ward, "Happiness at Work," in J. Helliwell, R. Layard, and J. Sachs (Eds.), *World Happiness Report* (World Happiness Report APPENDIX, 2017).

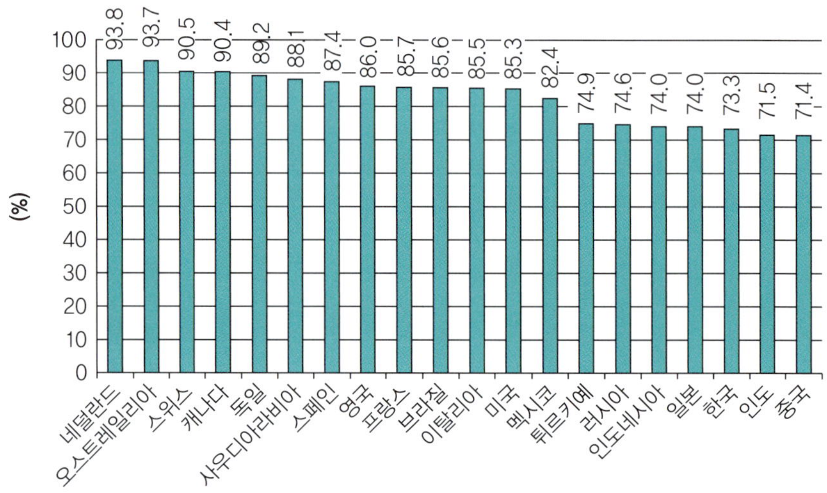

경우에 그렇다.[40] 도표 3-3은 2017년 세계 행복 보고서의 조사 결과로, 세계 주요 21개국의 평균 직무 만족도를 보여준다. 이에 따르면 70% 이상의 근로자가 직무에 만족하지만, 직무 만족에 영향을 미치는 요소가 무엇인지는 응답 결과를 통해 알 수 없다.

직무 만족에 영향을 주는 요소

당신이 경험했던 최고의 직무를 떠올려보라. 왜 그 직무를 좋아했는가? 다양한 이유가 있을 것이다. 여기서는 직무 만족에 영향을 미칠 수 있는 특성을 살펴보자.

직무 조건

흥미로운 직무는 담당자에게 훈련의 기회를 제공하고 다양성, 독립성, 자율성을 안겨준다. 직무 그 자체가 지닌 독립성, 피드백, 사회적 지지, 동료 및 고객과의 긍정적 상호작용은 직무 만족과 깊은 관련이 있다.[41] 근로자의 열악한 작업 환경을 논외로 하더라도 이것은 매우 중요한 이슈이다. 만약 직장에서 인종적 차별을 경험한다면 직무에 불만족할 것이 분명하기 때문이다. 일부 연구 결과에 의하면 이러한 경험은 신체적·심리적 건강에도 해악을 끼친다.[42]

경영자가 직원의 직무 만족에 미치는 영향력은 매우 크다. 23개국의 직원 7만 명을 대상으로 한 조사한 결과에 따르면 리더와 직원 사이의 관계가 직무 만족에 미치는 영향이 아시아와 같은 집단주의 문화보다 개인주의 문화인 서구권에서 더 크다.[43] 또한 세계적으로 직무에 대한 태도에는 '적합성'이 작용한다. 동아시아, 유럽, 북미에서 실시된 연구에서는 북미의 경우 개인이 조직 및 직무와 적합성을 갖는 것의 영향이 더 큰 반면, 동아시아의 경우 팀 또는 상사와 적합성을 갖는 것의 영향이 더 큰 것으로 나타났다.[44]

이처럼 직무 조건, 특히 직무 그 자체의 내재적 속성, 사회적 상호작용, 관리감독 등은 직무 만족을 설명하는 중요한 조건이다.[45] 경영자는 조직 구성원이 행복하다고 느낄 수 있는 직무 조건을 갖추기 위해 노력해야 한다. 2019년에 베인앤드컴퍼니(Bain & Company)는 일하기 좋은 직장의 조건을 나열했는데, 글래스도어(Glassdoor)의 한 직원은 사회적 지지의 중요성을 이렇게 강조했다. "현장에서는 동료가 멘토, 지원자이자 가장 친한 친구이다."[46]

성격

직무 만족에는 직무 조건이 중요한 영향을 미치지만 성격도 그에 못지않다.[47] **긍정적 자기평가**(core self-evaluation, CSE)를 가진 사람, 즉 자기 자신의 가치와 역량을 믿는 사람은 부정적인 CSE를 지닌 사람보다 직무에 더 만족한다. 집단주의 문화권에서는 CSE가 높은 사람의 경우 직무 만족도가 더욱 높다.[48]

긍정적 자기평가 자기 자신의 가치와 역량을 믿는 것

급여

사람들은 직무 만족에 대해 이야기할 때 급여를 빼놓지 않는다. 급여는 직무 만족과 밀접한 관련이 있고 전반적인 행복에도 영향을 미치지만, 어느 정도 안락한 생활 수준에 도달하고 나면 그 영향이 줄어든다.[49] 8장에서 살펴보겠지만, 돈이 사람의 동기를 불러일으키는 것은 분명하다. 그러나 우리의 동기를 불러일으키는 것과 우리를 행복하게 하는 것이 동일하지는 않다.

기업의 사회적 책임

사회 복리 증진을 사명으로 천명하고 그것을 달성하기 위해 노력하는 조직에서 일한다면 행복할까? 기업이 법률의 규제 때문이 아니라 사회 복리와 환경을 보호하기 위해 자율적으로 행동하는 것, 즉 **기업의 사회적 책임**(corporate social responsibility, CSR)은 조직 구성원의 직무 만족에 영향을 준다. CSR 경영에는 환경의 지속가능성을 높이기 위한 활동, 봉사 활동, 기부 등이 포함된다.

기업의 사회적 책임 기업이 법률의 규제 때문이 아니라 사회 복리와 환경을 보호하기 위해 자율적으로 행동하는 것

CSR는 지구와 인류 모두에게 도움이 된다. 조직의 CSR 사명과 일치하는 가치관을 지닌 조직 구성원의 만족도는 더욱 높아진다. 크고 작은 59개 회사를 대상으로 한 최근 설문조사에 따르면 CSR 프로그램이 마련된 86%의 기업에서 일하는 근로자의 행복도가 더 높았다.[50]

자선 단체인 기벨로시티(Givelocity)의 설립자 수전 쿠니(Susan Cooney)는 "차세대의 근로자는 사람, 지구, 수익을 동시에 추구하는 기업을 찾고 있다"고 말했다.[51] CSR의 추구는 조직 구성원이 더 높은 목표와 사명에 헌신할 수 있게 한다. 자신이 수행하는 업무가 더 높은 목표에 기여한다고 생각하는 사람들은 직무 만족도가 더욱 높다.[52] 그러나 조직의 CSR 활동은 잘 관리되어야 하며, 장기적 관점의 직무 만족과 연결되어야 한다.[53]

요컨대 CSR는 회계적 책임과 봉사 측면에서도 필요한 긍정적인 움직임이다. 그리고

잘 관리될 경우 조직 구성원의 만족도 제고에도 긍정적으로 작용할 수 있다.

직무 만족의 결과물

직무 만족을 가져오는 요소를 살펴보았으니 다음으로 직무 만족이 가져오는 결과물에 대해 알아보자.

직무 성과

여러 연구가 결론을 내렸듯이 행복한 근로자는 생산적인 근로자가 될 가능성이 더 높다. 직무 만족과 직무 성과의 관계가 미신이라고 믿는 연구자도 있지만, 300여 개의 연구 결과를 종합해보면 둘 사이의 관련성은 매우 강하다.[54] 직무 만족이 높을수록 성과가 나아지고, 만족도가 높은 직원을 보유한 조직은 그렇지 않은 조직보다 성과가 더 좋다.

조직시민행동

직무 만족이 조직시민행동(OCB)의 중요한 선행 조건이라고 보는 것은 일리가 있다.[55] 직무 만족은 조직시민행동과 유의한 상관관계가 있다. 즉 만족도가 높을수록 조직시민행동을 할 가능성이 높다.[56] 직무 만족이 조직시민행동을 가져오는 이유는 무엇일까? 우선 신뢰를 꼽을 수 있다. 18개국에서 진행된 한 연구에 따르면 경영자는 신뢰하는 행동을 통해 조직 구성원의 조직시민행동을 불러일으켰다.[57] 동료가 자신을 지지한다고 믿는 사람들은 동료에게 적대적인 사람들보다 도움이 되는 행동을 할 가능성이 높다.[58]

고객 만족

서비스 조직의 경영자는 고객 만족에 관심이 많기 때문에 직무 만족이 긍정적인 고객 만족과 관련이 있는지 궁금할 것이다. 고객과 정기적으로 접촉하는 직원의 경우에는 그에 대한 대답이 "예"이다. 즉 직원이 만족하면 고객의 만족도와 충성도가 높아진다.[59]

이러한 상관관계를 실증적으로 보여주는 사례 중 하나를 살펴보자. 온라인 신발 소매상인 자포스(Zappos)는 만족도가 높은 고객 서비스 직원을 찾기 위해 입사 훈련이 끝날 때 퇴사하면 2,000달러를 주겠다고 제안한다. 만족도가 낮은 직원은 그 돈을 받고 회사를 그만둔다.[60] 자포스는 직원들에게 고객 만족을 위해 '흥미로운 행사'를 기획하고 실행할 수 있는 재량권을 부여하여 그 효과를 톡톡히 보았다. 2,400만 명 이상의 고객 중 75%가 재구매 고객이다. 이 사례는 직원의 만족도가 고객 만족에 직접적인 영향을 미친다는 것을 여실히 보여준다.

삶의 만족

지금까지는 직무 만족이 삶의 만족과 분리될 수 있는 것처럼 다루었지만, 둘 사이의 관계는 매우 밀접하여 서로 영향을 미친다.[61] 독일에서 이루어진 연구에 따르면 실직은 삶

의 만족도를 떨어뜨린다. 이는 소득을 잃기 때문만이 아니다.[62] 사람들에게 일은 삶의 중요한 일부분이기 때문에 삶의 전반적인 만족도가 일을 통한 만족, 즉 직무 만족과 관련이 있는 것은 당연하다.

불만족의 영향

만약 조직 구성원이 직무를 싫어한다면 무슨 일이 벌어질까? 퇴장-발언-충성-무시로 이루어진 이론적 모델은 불만족의 영향이 어떻게 나타나는지 이해하는 데 도움이 된다. 이 프레임워크는 건설적/파괴적 차원과 능동적/수동적 차원에 따라 다음과 같은 네 가지 반응으로 구분된다.[63]

- **퇴장**(exit): 새로운 일자리를 찾아서 직장을 떠난다. 불만족의 결과로 나타나는 퇴장은 조직 구성원의 지식, 기술, 능력 등 요소가 상실되는 것을 의미한다.[64]
- **발언**(voice): 상황을 개선하기 위해 능동적·건설적으로 의견을 개진한다. 상사에게 문제를 지적하고 개선을 제안하며 노동조합 활동을 하는 것 등의 형태로 나타난다.
- **충성**(loyalty): 수동적이지만 긍정적인 기대를 가지고 상황이 개선되기를 기다린다. 조직 외부에서 가하는 비판에 대해서는 조직을 대변하기도 한다. 이러한 반응은 조직과 경영자가 결국에는 '바른 일을 할 것'이라는 기대에서 비롯된다.
- **무시**(neglect): 현재의 상황을 방관하고 잦은 결근 또는 지각, 노력 감소, 실수 증가 등을 보인다.

퇴장 조직을 떠나려는 행동을 통해 표현되는 불만족

발언 상황을 개선하기 위해 능동적·건설적으로 의견을 개진하는 것으로 표현되는 불만족

충성 상황이 개선되기를 수동적으로 기다리며 표현하는 불만족

무시 현재의 상황을 방관함으로써 표현되는 불만족

퇴장과 무시는 생산성, 결근, 이직 등의 성과 변수와 관련이 있다. 그러나 이 모델에는 건설적인 행동인 발언과 충성이 포함되어 있다. 이러한 행동을 보이는 사람들은 현재의 좋지 않은 상황을 인내하면서 개선되기를 기다린다. 일부 연구자들은 보복적인 반응을 포함하는 확장 모델을 제시했는데, 다음 절에서 이에 대해 살펴보자.[65]

반생산적 직무행동

약물 남용, 절도, 부적절한 사회 활동, 뒷담화, 결근, 게으름 등은 조직에 악영향을 미치는 행동으로, 이를 통틀어 **반생산적 직무행동**(counterproductive work behavior, CWB)이라고 한다. CWB는 직장 내 반항행동 또는 간단히 회피행동이라고도 한다.[66] 다른 행동과 마찬가지로 아무 이유 없이 CWB가 나타나는 것은 아니다. 그러한 행동은 오랫동안 누적된 부정적인 태도에 기인한다. 따라서 CWB의 전조를 찾아낼 수 있다면 그로 인한 부정적인 영향을 감소시킬 수 있다.

반생산적 직무행동 절도, 동료에 대한 공격적 행동, 지각, 결근 등 조직에 악영향을 미치는 행동

CWB를 유발하는 일반적인 원인은 직무 불만족이다.[67] 직무에 만족하지 못하는 근로자는 좌절을 경험하고 성과가 낮아지며[68] CWB를 보일 가능성이 높다.[69] CWB의 중요성은 불만을 가진 근로자가 각자 고유한 이유로 특정 행동을 선택하게 된다는 데 있다.

어떤 사람은 직장을 그만둘 수도 있지만, 어떤 사람은 근무 시간에 SNS를 할 수도 있다. 회사의 소모품을 집에 가져가는 사람도 있을 수 있다. 다시 말해 자신의 일이 마음에 들지 않는 사람이 '균형을 유지하는' 방법은 가지가지라 특정 행동을 못 하게 한다고 해도 근본적인 문제를 해결하지 않는 한 다른 형태의 행동이 불거져 나온다. 따라서 경영자는 문제의 근본 원인, 즉 직무 불만족을 해소하기 위해 노력해야 한다.

CWB를 줄이기 위해 경영자는 무엇을 할 수 있을까? 직원의 태도를 조사하여 개선해야 할 영역을 찾아내야 한다. 강력한 팀을 만들 필요도 있는데, 이를 위해 관리자와 구성원들이 하나가 되어 팀 운영 방침을 세우고 팀 성과에 기반을 둔 성과급 체계를 도입하면 집단의 기준을 깎아먹는 CWB를 줄일 수 있다.[70]

결근 불만을 가진 근로자는 자주 결근하는 경향이 있지만 불만족과 결근의 관련성이 높지는 않다.[71] 대안적인 근무 기회가 많을 때는 불만족하는 근로자의 결근이 잦지만, 대안이 별로 없을 때는 불만족하는 근로자와 만족하는 근로자의 결근율이 같다.[72]

이직 직무 불만족과 이직의 관계는 직무 불만족과 결근의 관계보다 뚜렷하다.[73] 일반적으로 직무 만족의 저하는 이직 의도 증가의 가장 강력한 선행 지표이다. 이직은 근로 환경과도 큰 관련이 있다. 어떤 근로자가 일하던 현장의 분위기가 이직으로 연결되는 직무 불만족의 원인이라면 이후에 연쇄적인 영향이 나타날 가능성이 높다. 따라서 경영자는 근로자를 배치할 때 직무 만족과 이직률의 패턴을 참고해야 한다.[74]

또한 직무 불만족과 이직률의 관계는 대안적 직무 기회의 영향을 받는다. 어떤 근로자가 매력적인 직무를 제안받아 떠나는 것이라면 이직의 원인이 직무 불만족이라고 볼 수 없다. 이 경우에는 외부의 '유인' 요인이 내부의 '구축' 요인보다 더 강하게 작용한 것이다. 외부의 고용 기회가 많을 때는 직무 불만족이 이직으로 전환될 가능성이 높아진다. 교육 수준이 높고 능력이 뛰어난 근로자와 같이 '인적 자본'이 우수한 경우에는 조직 밖에서 찾을 수 있는 대안이 더 많을 테니 직무 불만족이 이직으로 연결될 가능성이 더욱 높아진다.[75]

직무 불만족이 이직으로 이어지는 것을 차단하는 요소가 있다. 어떤 근로자가 함께 일하는 동료나 집단에 강한 애착을 가지고 있다면 이직의 가능성이 낮아질 수 있는데, 집단주의 문화라면 더욱 그렇다.[76] 이처럼 애착이 형성된 근로자는 이직을 고려하지 않는 경향이 있다.

경영자는 원하는 것을 얻지 못한다

지금까지 살펴본 증거에 따르면 직무 만족이 조직 성과에 중요한 영향을 미치는 것은 분명하다. 한 경영 컨설팅 회사는 대규모 조직을 사기가 높은 조직(직무에 만족하는 구성원이 70% 이상)과 사기가 중간 또는 낮은 조직(직무에 만족하는 구성원이 70% 미만)으로 구분하여 분석했다. 사기가 낮은 조직의 주가가 10% 정도 오를 때 사기가 높은 조직의 주가는 19.4% 올랐다.[77] 1984~2011년에 '미국에서 일하기 좋은 100대 기업'에 이름을 올린 기업의 주가 수익률은 그렇지 못한 기업보다 2.3~3.8% 더 높았다.[78] 이러한 결과에도 불구하고 조직 구성원의 직무 만족에 무관심한 경영자가 여전히 많다.

경영자 중에는 조직 구성원의 직무 만족도를 과대평가하여 실제로는 문제가 있는데도 이를 모르는 경우도 있다. 262개 기업을 대상으로 한 연구에서는 고위 경영자 중 86%가 자사가 직원을 잘 대우해준다고 생각하지만 직원의 55%만이 이에 동의하는 것으로 나타났고, 다른 연구에서는 경영자 중 55%가 자사의 사기가 높다고 생각하지만 직원의 38%만이 그렇게 생각하는 것으로 나타났다.[79] 정기적으로 조사를 하면 경영자가 생각하는 것과 직원이 실제로 느끼는 것의 격차를 줄일 수 있다. 이해의 차이는 작은 프랜차이즈 업체는 물론이고 대기업에도 영향을 미친다. 휴스턴의 KFC 매장 관리자인 조너선 맥대니얼(Jonathan McDaniel)은 직원들을 대상으로 3개월에 한 번씩 설문조사를 하고, 그 결과를 토대로 직원들에게 휴무일에 대한 발언권을 주는 등 변화를 만들어나갔다. 이러한 시도는 긍정적인 결과를 가져왔다. "직원들은 자신의 의견을 말하는 것을 아주 좋아해요. 직원들이 자기 생각을 말하고 제가 듣는다는 것, 그게 가장 중요한 것 같아요." 설문조사가 만병통치약이 될 수는 없지만, 직무 태도가 정말로 중요하다고 생각한다면 만족도를 높이는 방법을 찾기 위해서 이것저것 시도해보아야 할 것이다.[80]

요약

경영자는 조직 구성원의 태도가 행동에 영향을 미치고 잠재적인 문제점을 보여준다는 데 관심을 가져야 한다. 조직 구성원을 만족시키는 것이 조직의 성공을 보장하지는 않지만, 그들의 태도를 개선하기 위한 경영자의 노력이 조직 효과성의 향상, 높은 고객 만족, 이익 증가와 같은 긍정적인 결과를 가져오는 것은 분명하다.

경영자를 위한 시사점

- 직무 만족, 직무 몰입, 조직 헌신, 조직 지원 인식, 종업원 관여 등 다양한 직무 관련 태도 중에서 행동을 예측하게 하는 가장 대표적인 변수는 직무 만족임을 기억하라.
- 직무 만족이 근로자의 성과, 이직률, 결근율, 반생산적 직무행동에 영향을 준다는 사실에 주의하라.
- 근로자의 직무 만족도를 정기적으로 객관적인 방식을 통해 측정하라. 근로자가 자신의 직무에 대해 어떻게 생각하는지 파악할 수 있을 것이다.
- 근로자의 만족도를 높이려면 근로자가 중요하게 생각하는 것과 직무의 내재적 요소를 일치시키고, 도전적이고 흥미로운 직무가 되도록 노력하라.
- 높은 급여만으로 만족스러운 근무 환경을 조성할 수 있다고 착각하지 말라.

4

감정과 기분

학습목표

- 감정과 기분을 구분할 수 있다.
- 감정과 기분의 원천을 확인할 수 있다.
- 감정노동이 근로자에게 미치는 영향을 이해할 수 있다.
- 정서 사건 이론을 설명할 수 있다.
- 감성지능을 설명할 수 있다.
- 감성 조절 전략을 이해할 수 있다.
- 감정과 기분의 개념을 조직행동론의 구체적인 문제에 적용할 수 있다.

감정과 기분은 무엇인가

감정은 다른 사람에 대한 우리의 태도, 의사결정, 행동에 큰 영향을 미친다. 때로는 갈등을 촉발하여 끔찍한 결과를 초래하는 원인이 될 수도 있다. 플로리다의 타코벨(Taco Bell)에서 일하던 한 종업원은 "우는 소리 그만 하라"는 말을 듣고 격분하여 뜨거운 브리토를 관리자에게 던지고 헤드셋으로 후려친 다음 건물 밖으로 뛰쳐나갔다.[1] 인간은 감정을 제쳐두고 살아갈 수 없으며, 이는 직장에서도 마찬가지이다. 그리고 모든 감정이 부정적인 영향을 미치는 것은 아니다. 파우스토 마르티네스(Fausto Martinez)는 아마존의 최저 임금이 크게 오르자 매우 행복했다. 가족과 함께 더 나은 수준의 삶을 누릴 수 있고, 생활비를 벌기 위해 두 가지 일을 병행하지 않아도 되기 때문이었다.[2] 아마존은 최저 임금을 높임으로써 직원의 삶의 질을 향상하여 이직률을 낮추고 경쟁력을 유지할 수 있었다.

정서 감정과 기분을 포괄하는 넓은 범위의 느낌

감정 구체적인 사건에 의해 생겨나는 짧고 강한 느낌

기분 감정보다 오래 지속되는 은근한 느낌으로, 구체적인 사건이나 자극을 동반하지 않음

우선 서로 밀접하게 연결된 **정서**(affect), **감정**(emotion), **기분**(mood)에 대해 살펴보자. 정서는 감정과 기분을 포괄하는 넓은 범위의 느낌이고,[3] 감정은 구체적인 사건

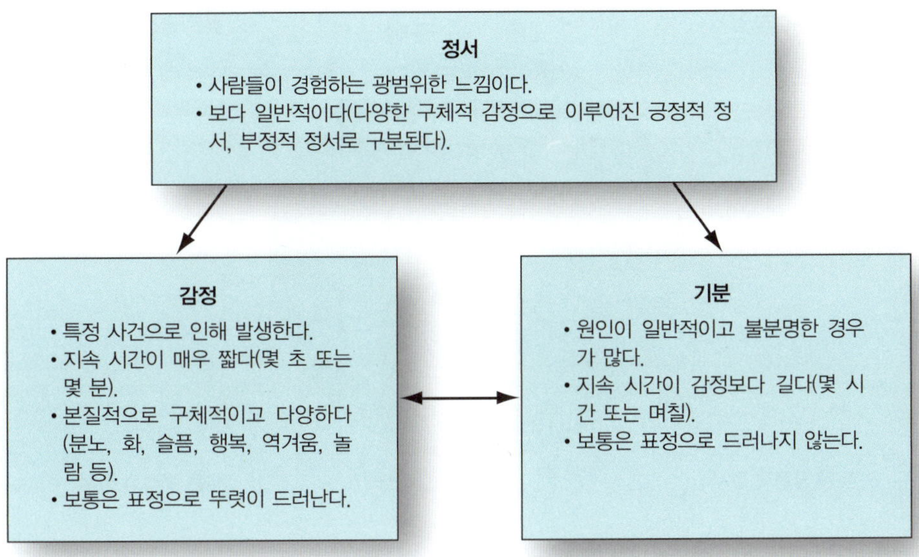

도표 4-1
정서, 감정, 기분

에 의해 생겨나는 짧고 강한 느낌이다.[4] 또한 기분은 감정보다 오래 지속되는 은근한 느낌으로, 구체적인 사건이나 자극을 동반하지 않는다.[5] 도표 4-1은 이러한 정서, 감정, 기분의 관계를 보여준다.

도표 4-1에서 보듯이 정서는 감정과 기분을 포함하는 넓은 개념의 용어이다. 정서는 긍정적일 수도 있고(예: 흥분된다, 행복하다, 기쁘다) 부정적일 수도 있다(예: 슬프다, 화가 난다, 좌절감이 든다). 또한 감정과 기분은 차이가 있는데, 감정은 기분과 달리 구체적인 사건 때문에 나타나고, 지속 시간이 기분보다 훨씬 짧다.

긍정적 정서와 부정적 정서

기분과 감정이 직장 생활에 어떤 영향을 미치는지를 고찰하는 출발점으로 정서의 범주를 긍정적인 것과 부정적인 것으로 구분하려 한다. 기쁨과 감사 같은 긍정적 감정은 긍정적인 평가나 느낌을 나타내고, 분노와 부끄러움 같은 부정적 감정은 그와 반대이다. 감정은 중립적이지 않다는 것을 염두에 두어야 한다. 중립적이라는 것은 감정적이지 않다는 뜻이다.[6]

정서의 두 가지 범주는 도표 4-2에 제시된 정서 상태를 모두 포괄한다. 따라서 **긍정적 정서**(positive affect)는 흥분, 열정, 짜릿함과 같은 긍정적 감정으로 이루어진 차원이고, **부정적 정서**(negative affect)는 안절부절못함, 스트레스, 불안과 같은 부정적 감정으로 이루어진 차원이라고 생각할 수 있다.[7]

긍정적 정서 흥분, 열정, 짜릿함과 같은 감정이 최고점이고 지루함과 같은 감정이 최저점으로 이루어진 차원

부정적 정서 안절부절못함, 스트레스, 불안과 같은 감정이 최고점이고 여유, 평온함과 같은 감정이 최저점으로 이루어진 차원

기본적 감정

분노, 경멸, 열정, 선망, 두려움, 좌절, 실망, 부끄러움, 역겨움, 행복, 미움, 희망, 질시, 기쁨, 사랑, 뿌듯함, 놀람, 슬픔 등 수없이 많은 감정이 있다. 많은 연구자는 이러한 근본

도표 4-2
정서의 원

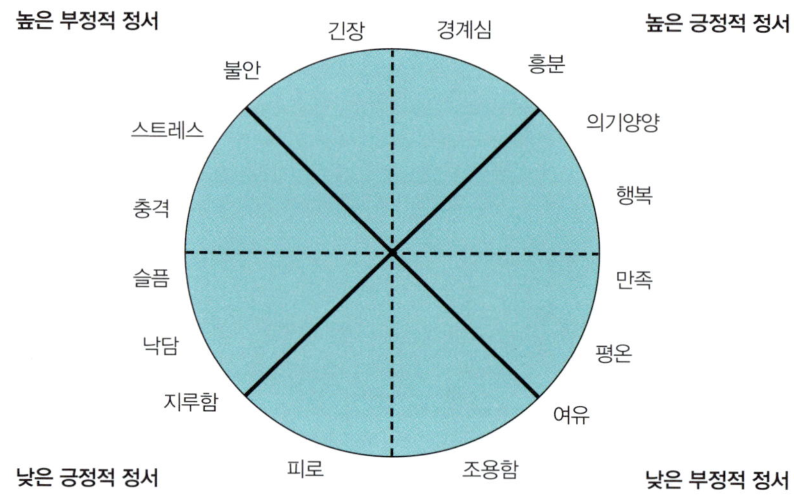

적 감정의 집합을 제한하려고 시도했다.[8] 한편 어떤 연구자들은 '기본적' 감정을 구분하려는 시도가 감정이 상황과 문화에 따라 전혀 다른 의미를 띤다는 기본적인 속성을 무시하는 처사라고 비판한다.[9] 심리학자나 철학자는 기본적 감정이 무엇인지, 그런 것이 있기는 한지에 동의하지 않을 것 같다. 그럼에도 불구하고 분노, 두려움, 슬픔, 행복, 역겨움, 놀람이라는 여섯 가지 감정이 보편적이라는 데에는 동의한다.[10] 만약 일을 해본 적이 있는 독자라면 일터에서 이러한 감정을 경험해보았을 것이다. 예를 들어 백화점에서 일하면서 나쁜 성과 평가를 받아 상사에게 화를 내거나, 해고될까 두려워하거나, 그렇게 나쁘게 평가한 것에 놀랐을 수도 있다.

심리학자들은 사람들이 감정을 표현하는 방식을 살펴보고 기본적 감정을 확인하려 했다. 그런데 얼굴 표정을 해석하기란 매우 어렵다.[11] 어떤 감정은 너무 미묘하여 얼굴에 잘 나타나지 않는다. 얼굴에 나타난다고 해도 문화권에 따라 그 형태가 크게 달라서 정확하게 해석하는 것은 불가능에 가깝다.[12] 또한 목소리에 감정이 실릴 수도 있는데, 이 영역에 인공지능을 활용하는 연구가 진행되고 있다. 예를 들어 머신러닝을 활용하여 영어권 국가 출신 전문 배우 100명의 음성을 연구한 결과에 따르면 사람들은 같은 나라 출신 배우의 감정을 잘 인식하는 것으로 나타났으며, 이는 감정을 음성으로 표현하는 데 언어적인 차이가 있음을 보여준다.[13] 오늘날과 같은 글로벌 시대에는 문화에 따른 감정 표현을 분별하는 것이 매우 중요하다. 문화적 배경이 다른 사람들과 의사소통을 해야 하는 상황에서 감정의 미묘한 차이를 명확하게 해석할 수 있다면 큰 도움이 될 것이다. 감정을 표현하는 방식과 문화에 따른 차이, 그리고 다른 문화권 사람들과의 상호작용에 대해 연구하는 것은 다문화 시대를 살아가는 데 큰 도움이 될 수 있다.[14]

도덕적 감정

어떤 감정은 그것을 불러일으킨 사건에 대한 해석과 긴밀하게 연결된다. 이에 대한 연구는 **도덕적 감정**(moral emotion) 영역에서 이루어지는데, 이러한 연구에서는 감정을 유발한 상황에 대한 즉각적인 판단에 의해 도덕적 의미가 생겨나는 것으로 본다.[15]

도덕적 감정 감정을 유발한 상황에 대한 즉각적인 판단에 의해 도덕적 의미가 생겨나는 감정

인종적 또는 성적 편견을 조장하는 동영상을 보았다고 가정해보자. 그것은 정의감을 자극하여 역겹다고 느끼게 만들 것이다. 그 상황에 대한 도덕적 판단에 따라 여러 가지 감정을 느낄 것이다.[16] 고통당하는 사람을 보고 동정심을 느낄 수도 있고, 자신의 비도덕적인 행동에 대해 부끄러움을 느낄 수도 있고, 정의롭지 못한 상황에 분노할 수도 있고, 비도덕적인 행동을 하는 사람을 경멸할 수도 있다. 따라서 감정을 자극하는 상황의 도덕적 측면에 대해 잘 이해해야 하고, 직장에서 어떤 행동을 하기 전에 눈앞의 상황을 분명히 이해할 필요가 있다.[17]

기분과 감정의 경험

특정한 상황에서 사람이 느끼는 감정이 그다지 복잡하지 않을 것 같지만, 사실은 사람마다 경험하는 감정과 기분이 각기 다르다. 긍정적 기분의 경험은 부정적 기분보다 비슷한 경우가 많다. 실제로 **긍정성 상쇄**(positivity offset)가 보편적이라는 증거가 있는데, 이는 특별한 일이 없다면 대부분의 사람들은 약간 긍정적인 기분을 경험한다는 뜻이다.[18] 감정의 '기본값'은 왜 긍정적일까? 긍정적인 기분은 일을 더 잘하게 해주고, 창의력을 더 발휘하게 해주고, 다른 사람들과 잘 지낼 수 있도록 해주며, 건강 유지에도 도움이 된다. 아마도 이러한 이유로 인간은 긍정성 상쇄가 되도록 진화해온 듯하다.[19]

긍정성 상쇄 특별한 일이 없을 때 대부분의 사람들이 약간 긍정적인 기분을 경험하는 경향

감정의 기능

감정은 신비로운 것이다. 그렇다면 감정은 어떤 기능을 수행할까? 행복한 근로자는 직무태도가 긍정적이고, 반생산적 직무행동을 덜 하며, 조직시민행동을 더 보이고, 더 성공적이라는 것을 보여주는 보고는 매우 많다.[20] 성격의 일부처럼 긍정적 감정을 지속적으로 지니는 사람은 긍정적인 직무 태도를 보이고, 상사나 동료와 사회적 관계를 잘 유지하며, 조직으로부터 좋은 대우를 받고, 업무 수행 성과도 더 좋다.[21]

감정은 우리를 비이성적으로 만드는가 "너는 너무 감정적이야!"라는 말을 들어본 적이 있는가? 그 말을 들었을 때 어땠는가? 흔히 이성과 감정은 상반되고 감정을 드러내는 것은 비이성적인 행동으로 여겨진다. 이성과 감정이 상반된 관계라는 인식이 매우 강력하게 작용하기 때문에, 어떤 사람은 감정이 북받쳐서 눈물이 나오면 차라리 그 자리를 벗어나는 것이 경력에 도움이 된다고 말할 정도이다.[22] 이는 감정을 드러내거나 표현하면 약하고 비이성적인 사람으로 비치게 될 우려가 있다고 보는 시각이다. 그러나 오히려 감정은 더 이성적으로 사고하게 만든다. 감정은 우리의 행동을 둘러싼 세계를 더 정확하게 이해하는 데 도움을 주는 정보를 제공하기 때문이다. 예를 들어 부정적 기분인 사람은 행복한 기분인 사람보다 부정확한 정보를 걸러내고 진실을 더 잘 구별한다.[23] 냉철한 이

성은 사람이 본성적으로 감정적이라는 사실을 인정하지 않는다. 우리는 자신과 타인의 감정을 잘 이해하고, 그 정보를 바탕으로 다른 사람들과 상호작용을 해야 한다.

감정과 기분의 원천을 잘 이해할 때 행동을 잘 예측하고 관리할 수 있다. 이제 이에 대해 자세히 살펴보자.

감정과 기분의 원천

월요일 아침 8시 15분, 당신은 동료인 조던에게 들뜬 목소리로 〈포케몬 고〉에서 잡은 빛나는 포케몬에 대해 이야기하려고 한다. 그런데 조던은 당신을 제지하면서 "커피를 다 마시기 전에는 아무 이야기도 하지 마"라고 말한다. 당신은 자리로 돌아와서 일할 준비를 한다. 왜 기분이 나빠졌는지 생각하다가 동료를 향해 화를 내기 시작한다. 그리고 이렇게 혼잣말을 한다. "다시는 조던에게 포케몬 잡은 이야기를 하지 않겠다. 두고 보자!" 이와 유사한 경험을 한 적이 있을 것이다. 이처럼 부정적 감정과 기분은 피할 수 없는 것이고 업무에 영향을 준다. 조던은 동료의 기분을 상하게 하고 그날 아침 팀의 분위기를 망쳤다. 그리고 조던 때문에 마음이 상한 당신은 일을 하다가 실수를 저질렀다. 우리는 이러한 기분과 감정이 어디서 비롯되었는지 궁금해한다. 커피가 부족해서일까? 무슨 다른 일이 있었나? 감정과 기분에 영향을 주는 것이 무엇인지 살펴보자.

성격

정서 강도 특정 감정을 경험하는 강도의 개인차

성격은 감정과 기분을 구성하는 요소 중 하나이다. 즉 어떤 사람은 다른 사람보다 특정한 기분과 감정을 더 자주 경험하는 성향을 타고난다. 조던은 부정적 감정을 경험하는 성향을 지니고 있었을까? 조던의 반응은 그의 성격이 반영된 것일 수도 있다. 사람마다 특정한 감정을 경험하는 강도가 다른데, 이처럼 감정을 경험하는 성향을 **정서 강도**(affect intensity)라고 한다.[24] 정서 강도가 강한 사람은 부정적 또는 긍정적 감정을 크게 느낀다. 슬플 때나 기쁠 때나 마찬가지이다. 특정한 감정을 경험하는 성향과 감정을 경험하는 강도는 직무 만족이나 업무 관여도 등 일과 관련된 태도에도 영향을 준다.[25] 수백 개의 연구 결과를 종합한 결과에 따르면 긍정적 감정이나 기분을 경험하는 경향은 어떤 직원의 관여도 수준을 예측할 수 있는 가장 강력한 요소이다.[26]

하루 중 시간대

조던 입장에서는 동료와 대화를 나누기에 너무 이른 시간이었을까? 사람들의 기분은 시간대에 따라 달라지고 그 패턴이 매우 유사하다. 긍정적 정서는 오전 10시부터 정오까지 서서히 올라가 오후 7시 무렵까지 비슷한 수준을 유지한다. 잠에서 깬 지 12시간 정도 지나면 긍정적 정서가 서서히 낮아져서 한밤중에는 가장 낮아진다. 깨어 있으면 계속해서 낮아지다가 해가 뜨면 높아지기 시작한다.[27] 부정적 정서는 긍정적 정서만큼 변동이

심하지 않지만,[28] 아침에는 낮았다가 저녁 무렵이 되면 가장 높아진다.[29] 전 세계 트위터 메시지의 패턴을 분석한 연구가 있다.[30] 연구자들은 행복, 흥분, 열정과 같은 긍정적 정서를 담은 메시지와 슬픔, 분노, 불안과 같은 부정적 정서를 담은 메시지의 분포를 분석했는데, 도표 4-3은 그 결과를 보여준다.

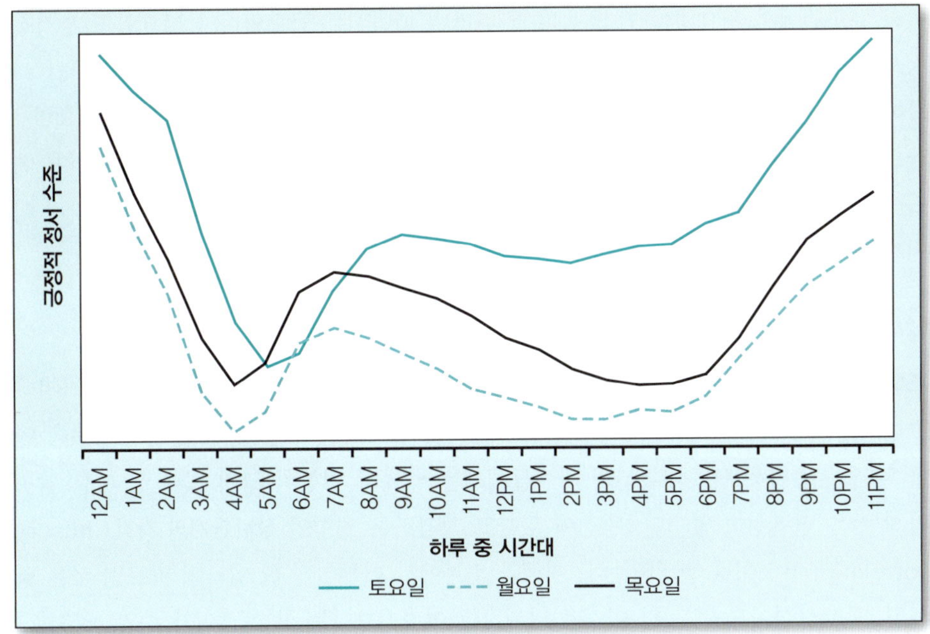

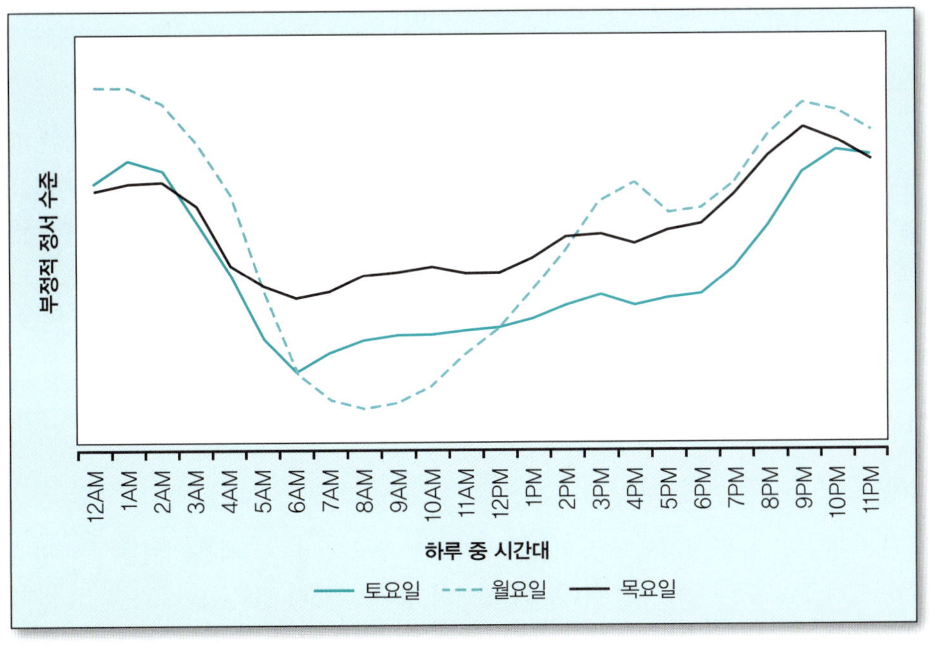

도표 4-3

트위터 메시지를 통해 평가한 미국 성인의 시간대별 기분 변화

출처: Based on S. A. Golder and M. W. Macy, "Diurnal and Seasonal Mood Vary with Work, Sleep, and Daylength Across Diverse Cultures," Science 333 (2011), 1878-81; A. Elejalde-Ruiz, "Seize the Day," Chicago Tribune (September 5, 2012), http://articles.chicagotribune.com/

주: 미국 성인의 트위터 메시지에서 긍정적 정서(행복, 흥분, 열정)와 부정적 정서(슬픔, 분노, 불안)를 나타내는 단어를 토대로 분석한 결과이다. 도표의 선은 트위터상의 모든 단어 중에서 이러한 기분을 드러내는 단어의 빈도를 나타낸다.

일주일 중 요일

그 일이 있던 날이 '월요일'이었을까? 대부분의 문화권에서는 월요일이 '문제의 날'이다. 도표 4-3에서 보듯이 미국의 성인은 금요일, 토요일, 일요일에 최고의 긍정적 정서를 경험하고, 월요일에는 긍정적 정서가 가장 낮아진다.[31] 다른 문화권도 마찬가지이다. 하지만 일본에서는 월요일의 긍정적 정서가 금요일이나 토요일보다 높다.[32] 부정적 정서는 여러 문화권에서 월요일이 가장 높다.[33] 나라에 따라서는 금요일이나 토요일의 부정적 정서가 일요일보다 낮다. 일요일은 휴일이라 긍정적 정서가 높기는 하지만, 다음 날 시작해야 하는 생활의 부담으로 부정적 정서도 높아지는 것으로 보인다. 그러나 월요일~금요일 일정으로 근무하지 않는 문화권에서는 이러한 결과가 나타나지 않을 것이다. 예를 들어 이스라엘과 말레이시아에서는 일요일~목요일에 근무한다. 업무 일정에 따라 어떤 변화가 나타나는지에 대해서는 연구가 더 필요하다.

날씨

상관관계의 착각 실제로는 연관성이 없는 두 사건을 연관 짓는 경향

조던이 날씨의 영향을 받았을 수도 있을까? 많은 사람은 날씨에 따라 기분이 달라진다고 하며, 실제로 '비를 미워하는 사람들', '여름을 좋아하는 사람들'이 있다.[34] 그런데 연구 결과를 종합해보면 대부분의 사람들에게는 날씨의 영향이 크지 않다.[35] 사실 날씨와 기분은 연관성이 없지만, 관련이 있다고 착각하는 경향인 **상관관계의 착각**(illusory correlation)이 이를 설명해준다. 미국과 일본에서 이루어진 한 연구에 따르면 궂은 날씨일 때 생산성이 높았는데, 이것은 날씨 때문이라기보다는 궂은 날씨가 주의를 분산하는 요소를 없애주기 때문으로 보인다.[36]

스트레스

조던은 관리자와의 오후 미팅을 걱정하고 있었을지도 모른다. 추잡한 이메일, 임박한 마감일, 매출 감소, 상사의 꾸지람 등 일터에서 겪는 짜증 나는 일들은 기분을 나쁘게 만들 수 있다. 스트레스의 영향은 누적된다. "낮은 수준의 스트레스라도 지속적으로 겪다 보면 나중에 큰 문제를 일으킬 수 있다."[37] 스트레스 수준이 높아지면 기분이 나빠져서 더 큰 부정적 감정으로 연결되곤 한다. 스트레스를 극복하면서 앞으로 더 나아가기도 하지만, 그렇다고 해서 스트레스가 기분을 상하게 하지 않는 것은 아니다. 그래서 상황이 안 좋아지고 스트레스 수준이 높아지면 자연스러운 반응인 회피가 나타난다.[38]

수면

조던은 전날 밤 잠을 설쳐서 매우 피곤한 상태였을 수도 있다. (그래서 커피를 마신 것일 수도 있다.) 요즘은 잠이 부족한 시대라 성인의 경우 한 세대 전의 성인보다 잠을 덜 잔다.[39] 'Sleep Cycle' 앱을 사용하는 수백만 명의 데이터를 분석한 결과를 보면 해마다 평균 수면 시간이 줄어들고 수면의 질도 낮아지고 있다.[40] 수면의 질은 기분과 의사결정에

영향을 끼치며, 피로가 심해지면 질병, 부상, 우울증의 위험이 높아진다.[41] 또한 감정 변화와 불안정성이 높아져서 감정을 통제하기 어렵고 직무 만족이 낮아진다.[42] 규칙적으로 수면을 취하면 피로와 스트레스 수준이 낮아진다.[43]

운동

조던 때문에 나빠진 기분을 회복하기 위해 업무를 마친 후 운동을 하려고 했는가(〈포케몬 고〉를 했는가)? 기분이 좋아지게 하려면 운동을 하라는 말을 들어본 적이 있는가? 땀을 흘리면 정말 기분이 좋아질까? 그런 것 같다. 여러 연구 결과는 운동이 긍정적 기분을 증진하고 피로감을 줄여준다고 보고한다.[44] 운동은 오래된 부정적 기분을 바꿔주고 부정적 경험에서 회복되는 것을 돕는 효과가 있다.[45]

유니레버
세계 최고의 소비재 브랜드를 보유한 다국적 소비재 기업 유니레버(Unilever)는 직원의 신체 운동을 적극적으로 장려한다. 건강한 작업 환경을 조성하기 위해 유니레버는 주로 개별화된 코칭 및 교육을 통해 직원의 신체 건강, 운동, 영양, 정신적 회복력을 평가하고 향상하는 것을 목표로 하는 램프라이터(Lamplighter) 프로그램을 만들었다. 연구에 따르면 이 프로그램은 직원의 에너지 수준과 정서적 웰빙에 뚜렷한 영향을 미치는 것으로 밝혀졌다. 유니레버 경영진은 건강한 신체적·정신적 환경이 직원의 생산성을 높이는 데 중요하다고 굳게 믿고 있다.[49]

성

조던의 행동을 성에 따라 다르게 나타나는 감정의 차이로 볼 수 있을까? 여성이 남성보다 감정적이라고 생각하는 사람이 많은데 과연 그럴까? 성장하는 과정에서 성에 따른 감정 표현의 차이가 있다고 밝힌 연구 사례가 있지만[46] 그 차이가 미약한 수준이며, 성에 따른 차이라기보다는 양육 방식과 고정관념 또는 측정 방법의 차이에 기인한 것일 수도 있다.[47] 그럼에도 불구하고 여성은 감정적이고 남성은 화를 내는 경향이 있다는 식의 잘못된 고정관념이 지속적으로 나타나고 있다. 예를 들어 덴버의 한 여성 경찰관은 경찰서장이 자신을 '감정적'이고 '미성숙'하다며 승진에서 누락시켰다면서 시를 상대로 소송을 제기했다.[48]

지금까지 감정과 기분에 대해 학습한 내용을 바탕으로 직장에서 무엇을 어떻게 해야 할지 알아보자.

감정노동

소매점에서 상품을 팔거나 레스토랑에서 서빙을 해보았다면 친절과 미소가 얼마나 중요한지 알 것이다. 기분이 좋지 않은 날에도 고객을 친절하게 응대해야 하기 때문에 때로는 억지로 밝은 척을 했을 것이다.

일을 할 때는 신체적·정신적 노동과 에너지를 사용해야 한다. 어떤 일에는 감정적인 측면의 노동이 필요한데, 대면 접촉을 해야 하는 직무를 수행할 때 조직이 요구하는 감정을 표현하는 일을 **감정노동**(emotional labor)이라고 한다. 감정노동은 효과적인 직무 수행의 핵심 요소이다.[50] 사람들은 비행기 승무원이 활기차고, 장례지도사가 우울하며, 의사가 감정적으로 중립을 유지하기를 기대한다.

감정노동 대면 접촉을 해야 하는 직무를 수행할 때 조직이 요구하는 감정을 표현하는 일

감정 표현의 통제

느끼는 감정 사람의 실제 감정

표현된 감정 조직이 직무 담당자에게 드러내도록 요구하는 감정

우리가 경험하는 감정과 표현하는 감정이 늘 똑같은 것은 아니다. 우리는 **느끼는 감정**(felt emotion)과 **표현된 감정**(displayed emotion)을 구분할 수 있다.[51] 느끼는 감정은 실제 감정이고, 표현된 감정은 조직이 직무 담당자에게 드러내도록 요구하는 감정이다. 미국의 경우 근로자에게 일터에서는 행복, 열정 등의 긍정적 감정을 드러내고 분노, 두려움, 역겨움, 경멸 등의 부정적 감정을 억누를 것을 기대한다.[52]

표면 연기 표현 규칙에 따라 실제 감정과 느낌을 감추는 것

심층 연기 표현 규칙에 따라 실제 감정을 조절하는 것

가짜 감정을 표현하려면 실제 감정을 억눌러야 한다. **표면 연기**(surface acting)는 표현 규칙에 따라 실제 감정과 느낌을 감추는 것이다. 자신이 느끼지 않는 감정을 고객에게 웃으면서 표현했을 때 근로자는 표면 연기를 한 것이다. **심층 연기**(deep acting)는 표현 규칙에 따라 실제 감정을 조절하는 것이다. 표면 연기는 표현된 감정과 관련이 있고, 심층 연기는 느끼는 감정과 관련이 있다.

실제로 느끼지 못하는 감정을 표현하는 것은 힘들다. 표면 연기를 하면 스트레스가 높아지고 직무 만족이 낮아진다.[53] 또한 일상적인 표면 연기는 가정에서의 감정적 소진, 일과 가정 사이의 갈등, 결근, 불면증으로 이어질 수 있다.[54] 심층 연기는 직무 만족, 직무 성과, 높은 고객 만족, 팁에 긍정적인 영향을 미친다.[55] 특히 일이 도전적일 때는 직무 만족에 더 큰 효과가 있다.

감정 부조화 사람이 느끼는 감정과 투사하는 감정의 불일치

자신이 경험하는 것과 다른 종류의 감정을 느끼도록 요구받는 근로자는 **감정 부조화**(emotional dissonance)를 겪는다. 좌절의 감정, 분노, 원통함은 감정적 소진을 불러일으킨다. 감정의 부조화가 지속되면 직무 소진, 직무 성과 하락, 낮은 직무 만족을 초래하는 원인이 된다.[56]

독일과 오스트레일리아에서 이루어진 연구에 따르면 자기통제 능력이 높고, 수면 시간이 충분하며, 고객과 긴밀한 관계를 유지하는 근로자는 감정적 부조화로 인한 악영향을 덜 겪는다.[57]

다음 절에서 다룰 정서사건 이론은 감정과 기분이 업무 수행 과정에서 어떻게 발생하는지, 어떻게 하면 직무 성과와 만족도 향상에 활용할 수 있는지를 잘 보여준다.

정서사건 이론

정서사건 이론 일터에서 일어난 일이 근로자의 감정적 반응을 유발하여 직무 태도와 행동에 영향을 미친다는 이론

앞에서는 감정과 기분이 일상적인 생활과 직장 생활의 중요한 부분임을 살펴보았다. 그렇다면 감정과 기분은 직무 만족과 성과에 어떤 영향을 미칠까? **정서사건 이론**(affective events theory, AET)에 따르면 사람들은 일터에서 자신에게 일어난 일에 대해 감정적인 반응을 보이고, 이러한 반응은 직무 성과와 만족에 영향을 준다.[58] 예를 들어 노스캐롤라이나의 한 복지 관리자는 6년 반 동안 아이를 갖기 위해 기다린 끝에 인공수정을 하기로 했으나 그 혜택이 자신에게는 적용되지 않는다는 것을 알고는 "격분하고 상실감을 느꼈으며 한 주 내내 울었다"고 말했다. 이러한 일을 겪고서 직무 만족이 떨어지지 않는

다면 이상한 일일 것이다.[59]

긍정적 또는 부정적 감정 반응을 유발하는 사건에 대해 어떤 사람이 얼마나 강하게 반응하는지는 그 사람의 성격과 기분에 따라 달라진다.[60] 게다가 사건의 종류에 따라서도 다르고, 하루하루가 똑같지도 않다. 예를 들어 비정규직 근로자가 고객에게 당하는 비인격적 대우는 거의 50%에 달하는 사람들이 부정적인 정서사건으로 기록했다.[61]

요컨대 정서사건 이론은 중요한 두 가지 메시지를 담고 있다.[62] 첫째, 감정은 직장 안에서 벌어지는 사건이 근로자의 성과와 만족에 영향을 준다는 값진 통찰력을 제공한다. 둘째, 경영자과 근로자는 감정을 유발하는 사건과 그로 인한 감정을 사소한 일로 여기고 무시해서는 안 된다. 그것이 누적되면 큰일로 번질 수 있기 때문이다. 감정과 직무 성과의 관련성을 이해하는 데 도움이 되는 또 다른 프레임워크는 감성지능이다.

감성지능

국제적 인력 회사의 CEO인 테리 업셔-루프베르거(Terrie Upshur-Lupberger)는 경력의 최고봉에 올랐다. 그런데 왜 그녀는 행복하지 않았을까? 친한 친구가 이렇게 말했다. "테리, 너는 강한 바람이 불면 부러질 것 같은 가느다란 나뭇가지 위에 있는 것 같아. 감당할 수 없을 만큼 바빠서 너의 가치, 관심사, 신념을 돌아보지 못하고 곧 부러질 나뭇가지에 신경을 쓰지 못하잖아."[63] 업셔-루프베르거는 자꾸 초조하고 소진되어가는 자신의 기분을 미처 챙기지 못했다고 술회했다. 그녀의 직무 만족, 생산성, 관계, 성과는 힘겨운 상태였다. 게다가 그녀는 너무 바빠서 완전히 고갈될 때까지 문제를 깨닫지 못했다. 그녀가 말하길, "리더로서 나는 조직과 나 자신의 기분에 주의를 기울여야 했다. 그렇지 못하면 대가를 치른다는 것을 배웠다."[64] 업셔-루프베르거는 감성지능의 중요성을 깨달은 것이다.

경영자들은 **감성지능**(emotional intelligence, EI)의 중요성을 알고 있다. 채용 담당자와 인적자원 관리 전문가 2,500명을 대상으로 캐리어빌더(CareerBuilder)가 조사한 바에 따르면, 지적 능력(예: IQ)이 높더라도 감성지능이 낮으면 채용하지 않겠다고 응답한 비율이 59%에 달하고, 75%는 IQ가 높은 사람보다 감성지능이 높은 사람을 승진시키겠다고 답했다.[65] 대학 졸업 후 취업하여 경력 10년 차가 되기까지의 학생들을 추적 조사한 연구에서는 감성지능과 멘토의 유무가 높은 급여를 방증하는 요소로 밝혀졌다.[66]

감성지능 감정적 단서와 정보를 감지하고 조절하는 능력

도표 4-4에 나타냈듯이 감성지능은 한 개인이 ① 자신과 타인의 감정을 인지하고, ② 그 감정의 의미를 이해하며, ③ 자신의 감정을 적절하게 조절하는 능력을 말한다.[67] 지적 능력보다 감성지능을 더 높게 평가하는 이유에 대해 캐리어빌더의 연구 책임자는 감성지능이 높아서 감정 조절을 잘할 수 있는 사람은 압박을 받을 때 평온을 유지하고, 갈등을 더 효과적으로 해결하며, 동료나 팀원에게 공감하고, 그들의 감정에 효과적으로 대응할 수 있기 때문이라고 말했다.[68]

도표 4-4
감성지능의 폭포 모델

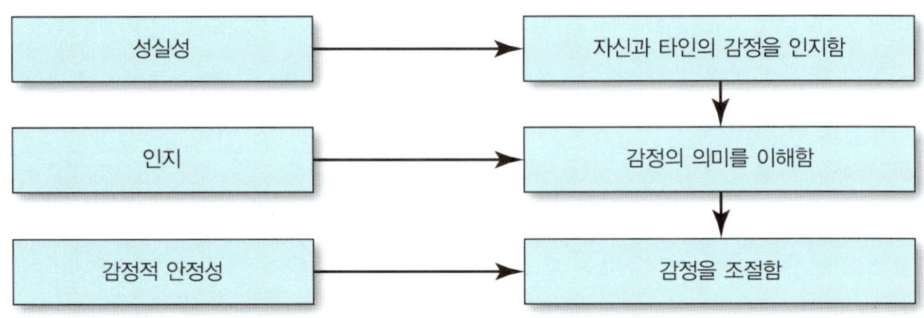

감성지능이 직무 태도, 학술적 성과, 직무 성과를 예측하는 중요한 변수 역할을 한다고 제시하는 연구가 적지 않은데, 이러한 연구에서는 성격, 지능, 자기인지 측정 등에서 사용하는 것과 매우 유사한 항목을 설문조사에 사용했다.[69] 감성지능이 팀의 효과성을 개선하고, 조직시민행동, 경력 관련 의사결정과 긍정적인 관계가 있으며, 반생산적 직무 행동을 감소시킨다는 연구도 있다.[70] 한국의 경영자들을 대상으로 한 연구에서는 감성지능이 높은 사람이 낮은 사람보다 영업 성과가 뛰어난 것으로 나타났는데, 그들은 판매장의 응집력을 높이고 영업 관련 행동을 효과적으로 개선했다.[71]

한 연구는 리더십 관점에서 프랭클린 루스벨트(Franklin Roosevelt)부터 빌 클린턴(Bill Clinton)까지 미국 대통령 11명을 조사했다. 이 연구에서는 의사소통, 조직, 정치적 기술, 비전, 인지 스타일, 감성지능을 평가했는데, 루스벨트·케네디·레이건 등 성공적인 대통령과 존슨·카터·닉슨 등 성공적이지 못한 대통령을 가르는 요소는 감성지능이었다.[72] 또한 인기도를 조사했을 때 오랜 기간 지속되는 인기와 관련된 요소도 나르시시즘이 아니라 감성지능이었다.[73] 이처럼 감성지능은 리더와 직원의 성공 및 인기와 관련되는데, 이는 감성지능이 자신과 타인의 감정을 잘 이해하고 대처할 수 있게 해주기 때문으로 보인다.

그런데 감성지능을 직장에서 활용하는 데에는 몇 가지 한계가 있다. 예를 들어 네덜란드의 행정 지원 인력을 대상으로 한 연구에서는 감성지능의 자기이해 측면이 스트레스 경험을 감소시키지만 생리적 비용을 증가시켰으며, 다른 사람의 감정을 정확히 인지하는 경우에 직무 성과와의 관련성이 낮았다.[74] 이러한 결과는 감정적 요구도가 높은 상황에서는 감성지능을 유지하는 데 비용이 들고 기대한 만큼 효과적이지는 않다는 것을 시사한다. 또한 일부 연구에서는 감성지능이 높은 사람이 테스트를 받을 때 질문에 대한 답변을 꾸며낼 가능성이 높은 것으로 밝혀졌다.[75] 이 연구에 따르면 감성지능이 높은 지원자는 바람직한 답변이 무엇인지 알기 때문에, 직무 후보자를 선별하기 위한 성격 검사에서 실제와 달리 꾸며낸 응답을 할 가능성이 높다.

감성지능에 대해 많은 연구가 이루어지고 있으나 아직 밝혀지지 않은 부분이 많다.[76] 첫째, 감성지능 자체에 대한 정확한 이해가 필요하다. 감성지능에 대해 말할 때 실제로 감성지능을 다루고 있는지 확인해야 하며, 감정을 조절하고 이해하며 인식한다는 것이 구체적으로 무엇을 가리키는지도 확인해야 한다. 둘째, 감성지능 측정 도구의 신뢰도 문제, 즉 어떻게 감성지능을 정확히 측정할 수 있는가이다. 이 분야에서 다양한 발전이 이루어고 있는데, 예를 들면 응답자가 비디오 클립의 감정을 해석하게 하거나, 감정적으로 힘든 상황을 조장하고 어떻게 대응하는지 관찰하는 방법 등이 개발되었다.[77] 셋째, 감성지능을 학습하는 것이 과연 가능한가로, 이는 경영자에게 가장 중요한 문제일 수 있다. 상당수의 연구는 감성지능과 관련된 기술을 습득할 수 있다고 주장하지만, 감성지능이 가장 필요한 사람들은 정작 자신이 그런 줄을 모르는 경우가 대부분이다.[78]

이와 같은 문제가 있음에도 불구하고 감성지능은 컨설팅 회사와 대중매체에서 인기 있는 주제이며, 연구 문헌의 지지를 받고 있다. 감성지능을 좋아하든 싫어하든 분명한 사실은 그것이 관심의 대상으로 존재한다는 것이다. 이제 다음 주제인 감정 조절로 넘어가자. 감정 조절에 대한 연구는 점차 증가하고 있는 추세이다.[79]

감정 조절

감정이 가라앉았을 때 끌어올리려고 하거나, 분노가 치밀어오를 때 억누르기 위해 애써 본 적이 있는가? 그러한 경험이 있다면 **감정 조절**(emotional regulation)을 한 것이다. 감정 조절은 자신이 느끼는 감정을 확인하고 수정하는 것을 말한다. 최근의 몇몇 연구는 감정 조절이 직무 성과와 조직시민행동의 뚜렷한 선행 변수라고 주장했다.[80]

감정 조절 자신이 느끼는 감정을 확인하고 수정하는 것

감정 조절과 성과

모든 사람이 감정을 잘 조절할 수 있는 것은 아니다.[81] 신경질성 특성이 강한 사람은 감정 조절을 잘하지 못하고, 조절 가능한 범주를 넘어선 감정 상태를 드러내곤 한다. 또한 자아존중감(self-esteem)이 낮은 사람은 자신이 좋은 감정을 유지해야 한다고 느끼지 못하기 때문인지 감정이 나아지도록 노력하지 않는 편이다.[82] 한편 대학 졸업을 앞두고 일자리를 찾는 학생의 경우에는 감정을 잘 조절할수록 더 나은 결과를 얻는 것으로 나타났다.[83]

일터의 분위기는 직원의 감정 조절 경향에 영향을 미친다. 일반적으로 다양성이 높은 작업집단에서는 감정을 조절할 가능성이 높은데, 예를 들어 젊은 사람들은 연장자가 있을 때 감정을 조절하는 경향이 있다.[84] 인종적 다양성도 영향을 미치는데, 다양성이 낮으면 소수 인종이 다수 인종의 분위기에 맞추느라 감정 조절을 하게 된다.[85] 이는 사람들이 감정을 더 의식적·효과적으로 조절하도록 할 수 있기 때문에 다양성의 긍정적인 측면을 보여주는 것이다.

감정 조절은 유익해 보일 수 있으나, 연구에 따르면 감정을 억지로 변화시키는 데에는 단점이 있다. 감정노동에 대한 부분에서 언급했듯이 감정을 바꾸려는 노력은 소진을 초래할 수 있다. 때로는 감정을 바꾸려는 노력이 오히려 원래의 감정을 더 강화하는 경우

도 있다. 그 감정에 더욱 신경 쓰게 되면서 더 깊이 빠져들 수도 있기 때문이다.[86] 또한 부정적 감정을 피하려 한다고 해서 긍정적 감정이 생긴다고 할 수도 없다. 따라서 부정적 감정을 피하기보다는 긍정적 감정을 능동적으로 찾는 것이 나을 수 있다.[87] 예컨대 적대적인 동료와의 불쾌한 대화를 피하는 것보다는 친구와 즐거운 대화를 나누는 것이 더 낫다.

고객에게 좋지 않은 대우를 받을 가능성이 높은 직무 수행자 집단이 있다. 예를 들어 콜센터의 직원은 고객에게 언어폭력을 겪음으로써 감정적으로 소진될 가능성이 높다.[88] 고객 서비스를 수행하는 직원의 삶이 나아지게 하려면 그들에게 친절히 대하라! 슈퍼마켓의 계산원에게 미소를 짓고 가벼운 말을 걸면 감정 조절의 필요가 줄어들어 감정적 소진이 감소하고 성과가 향상될 것이다.[89]

감정 조절 기법

감정 조절을 다루는 연구자는 사람들이 활용할 수 있는 조절 기법을 연구한다. 감정 조절 기법 중 하나는 특정 상황에서 생길 수 있는 초기 감정을 차단하거나 무시하여 억누르는 **감정 억압**(emotional suppression)이다. 감정 억압은 단기적으로 효과가 있는 실제적인 방법으로 여겨지지만, 감정을 드러내게 하는 방법에 비하면 대체로 비효율적이다.[90] 그러나 매우 부정적인 문제가 있는 위기 상황에서는 큰 도움이 된다.[91] 예를 들어 자산 운용 전문가는 주식이 갑자기 급락했을 때 감정적인 반응을 억누름으로써 대응 계획을 세울 수 있을 것이다.

인지적 재평가(cognitive reappraisal)는 감정적 상황에 대한 시각을 바꾸는 것으로, 이는 감정을 효과적으로 조절하는 방법 중 하나이다.[92] 스트레스의 원천을 통제할 수 없는 상황에서 인지적 재평가는 매우 효과적인 방법이 될 수 있다.[93] 예를 들어 실직한 상황을 그동안 꿈꿔온 새로운 일에 도전할 수 있는 기회로 고쳐 생각하면 감정을 조절하는 데 도움이 될 것이다.

또 다른 감정 조절 기법은 **사회적 공유**(social sharing) 또는 주의 환기이다. 연구에 따르면 감정을 타인과 공유하면 혼자 속으로 앓다가 끓어 넘치는 것을 막을 수 있다. 즉 나쁜 상황과 그로 인한 감정 또는 그러한 상황의 긍정적인 측면 등에 대해 다른 사람들과 이야기를 나누면 분노를 가라앉힐 수 있다.[94] 예를 들어 주방에서 주방장과 논쟁을 벌이고 나서 동료에게 이 일에 대해 이야기하면 주의가 환기되고 좀 더 객관적으로 상황을 이해하는 데 도움이 된다.

감정 조절 기법에 관심을 가지는 것이 유익하지만, 긍정적인 직장 분위기를 조성하는 최선의 방법은 긍정적인 마인드를 가진 사람을 채용하고 리더와 근로자 모두 자신의 기분, 직무 태도, 성과를 잘 관리할 수 있도록 훈련하는 것이다.[95] 훌륭한 관리자는 업무나 활동만큼이나 감정을 잘 관리한다. 감정 조절을 잘하는 직원은 언제 말해야 하는지, 어떻게 말로 표현해야 하는지를 잘 알고 있다.[96] 핵심은 유연하게 상황에 적응해야 한다는

것이다. 자신의 감정을 잘 파악하고 상황에 가장 적합한 조절 기법을 활용하는 것이 중요하다.[97]

감정과 기분에 대해 학습한 내용을 바탕으로, 조직행동론에서 이를 어떻게 활용할 수 있는지 알아보자.

감정과 기분에 대한 지식의 활용

감정과 조직에 대한 이해는 조직행동론의 다양한 측면에 적용될 수 있다. 대표적인 몇 가지를 살펴보자.

선발

감성지능에 대한 이해가 경영자에게 주는 첫 번째 시사점은 근로자를 채용할 때 감성지능을 중요한 고려 요소로 삼아야 한다는 것이다. 특히 사회적 상호작용이 많은 직무의 경우에는 더욱 그렇다. 점점 더 많은 기업이 근로자 채용에 감성지능 지수를 사용하고 있다. 미 공군의 선발 담당자들을 대상으로 한 연구에서는 성과가 우수한 선발 담당자들의 감성지능 점수가 높았으며, 이에 미 공군은 감성지능 점수를 선발 기준으로 활용하고 있다. 이에 대한 후속 연구에 따르면 감성지능 점수가 높은 사람의 경우 그렇지 않은 사람보다 2.6배나 더 성공적인 것으로 나타났다. 두 번째 시사점은 지원자의 감정이 선발 과정에 사용된다는 것이다. 예를 들어 홍콩의 지원자들은 선발 과정에서 열정적이기보다는 차분한 모습을 보이는 경향이 있는데, 이는 홍콩 기업이 차분한 지원자를 더 선호하기 때문이다.[98]

의사결정

기분과 감정이 의사결정에 미치는 영향을 이해하는 것은 경영자와 조직 구성원 모두에게 중요하다. 긍정적 기분과 감정은 사람들이 건강한 판단을 내리는 데 도움을 준다. 또한 긍정적 감정은 문제 해결 능력을 향상하므로 긍정적인 사람들은 더 나은 해결책을 찾는다.[99]

부정적 감정과 기분이 의사결정에 미치는 영향에 대해서는 아직 논쟁이 진행 중이다. 최근의 한 연구에서는 슬픈 사건을 경험한 사람의 경우 의사결정이 달라지지 않지만, 분노를 일으키는 사건을 경험한 사람은 그럴 필요가 없는데도 이전보다 강력한 대안을 선택하는 경향이 높다고 밝혔다.[100] 또 다른 연구에서는 부정적인 기분 상태일 때 오히려 더 독창적인 사고를 동반하는 의사결정을 하는 것으로 나타났다.[101] 어떤 연구는 긍정적인 기분일 때보다 부정적인 기분일 때 더 높은 위험도를 수용한다고 보고했다.[102] 이처럼 부정적 또는 긍정적 감정이 의사결정에 영향을 미치는 것은 분명해 보이지만, 그 영향을 조절하거나 매개하는 변수가 무엇인지에 대해서는 추가적인 연구가 필요하다.[103]

창의성

이 책 전체에 걸쳐 볼 수 있듯이 리더십 발휘의 목표 중 하나는 조직 구성원의 창의성을 통해 생산성을 극대화하는 것이다. 창의성은 감정과 기분의 영향을 받는다. 그런데 이에 대해서는 두 가지 주장이 있다. 많은 연구는 기분이 좋을 때가 그렇지 않을 때보다 더 창의적이라고 주장한다.[104] 기본이 좋을 때 새로운 아이디어와 선택지를 생각해내고 독창적인 아이디어를 떠올린다는 것이다.[105] 좋은 기분과 감정을 경험하는 사람들은 사고가 더 유연하고 개방적이며, 그럼으로써 더 창의적이 된다.[106] 그러나 어떤 연구자들은 좋은 기분이 더 창의적으로 만드는 것은 아니라고 주장한다. 즉 기분이 좋을 때는 모든 것이 제대로 돌아가고 있으니 새로운 아이디어를 떠올릴 필요가 없어 긴장이 풀리기 때문에, 창의성을 발휘하기 위한 비판적 사고가 이루어지지 않는다는 것이다.[107] 이들의 주장에 따르면 걱정이 많은 사람은 걱정을 덜 하는 사람보다 창의적인 작업을 더 잘 수행할 수 있다.

동기부여

기분과 감정이 동기부여에 미치는 영향에 대해서도 많은 연구가 이루어졌다. 실제이든 허구이든 긍정적인 피드백을 주어 기분을 좋게 하면 동기부여 수준이 높아진다.[108] 이렇게 영향을 미치는 과정은 순환적이어서 긍정적인 기분이 사람들을 더 창의적으로 만들고 결과적으로 긍정적인 피드백을 제공받게 된다. 그리고 피드백은 긍정적인 기분을 강화하여 사람들의 성과가 더욱 향상된다. 이러한 연구 결과에 의하면 경영자는 조직 구성원의 좋은 기분을 장려함으로써 동기부여와 성과를 높일 수 있다.

리더십

사람들의 기분을 좋게 만들면 이해도가 높아진다. 리더는 조직 구성원의 낙관적인 측면과 협동, 열정을 불러일으켜 동료나 고객과 더 긍정적인 상호작용을 하게 만들 수 있다.[109] 대만의 군인을 대상으로 한 연구에서는 변혁적인 리더의 경우 감정을 공유함으로써 부하의 긍정적인 기분을 조성하여 더 나은 성과를 거두었다.[110]

긍정적인 기분을 공유하는 리더는 더 효과적이라고 인식되며, 조직 구성원은 기분이 긍정적인 환경일 때 더 창의적이 된다. 그렇다면 리더가 슬플 때는 어떨까? 리더가 슬픔에 빠져 있을 때는 조직 구성원의 분석적 성과가 증대되는데, 이는 리더를 돕기 위해 과업에 더욱 관심을 기울이기 때문으로 보인다.[111] 또 다른 흥미로운 연구는 고등학교와 대학 농구팀이 하프타임에 로커룸에서 나눈 대화를 분석한 것으로, 리더가 화를 내는 등 부정적 감정을 표출했을 때 팀 성과 향상에 도움이 되었다. 그런데 이러한 감정은 적절한 수준이어야 하며, 너무 강하거나 부정적인 경우에는 역효과가 나타났다.[112]

고객 만족

근로자의 감정 상태는 고객에게 제공하는 서비스에 영향을 미치고, 이는 다시 영업 성과와 고객 만족에 영향을 미친다.[113] 이러한 결과는 사람 사이에 감정이 전달되는 현상, 즉 **감정적 전이**(emotional contagion)에서 비롯된다.[114] 직장에서 함께 일하는 누군가가 긍정적 감정을 가지고 웃음을 지어 보이면 마치 유쾌한 메시지를 전달받은 것처럼 우리도 긍정적으로 반응하게 된다. 물론 그 반대의 경우도 마찬가지이다.

감정적 전이 사람 사이에 감정이 전달되는 현상

종업원 만족과 고객 만족은 서로 영향을 미치는 것으로 알려져 있다. 종업원과 고객의 관계를 조사한 연구에 따르면 종업원에 대해 긍정적인 감정을 가질수록 고객의 쇼핑 시간이 더 길어지는 것으로 밝혀졌다. 종업원이 고객에게 부당한 대우를 받는다면 조직의 기대와 달리 종업원은 고객에게 긍정적인 반응을 보이기 어려울 것이다.[115] 종업원에게 지나치게 높은 수준의 고객 서비스를 요구하면 종업원은 감정 부조화를 겪음으로써 결과적으로 종업원과 조직에 부정적인 영향을 미칠 수 있다. 경영자는 긍정적인 기분을 장려하여 감정의 부정적 전이를 차단할 수 있다.

일과 삶의 만족

"일거리를 집에 가져가지 말라"는 말을 들어보았을 것이다. 그렇다면 퇴근 후에는 직무를 싹 잊고 있어야 할까? 말은 쉽지만 실제로 그러기는 어렵다. 좋은 소식은 일터에서 유쾌한 기분을 가지면 퇴근 후에도 그 기분이 지속된다는 것이다. 일터에서 상한 기분을 퇴근 후 회복하려면 상당한 휴식을 거쳐야 한다. 여러 연구에 따르면 일터에서 유쾌하게 보낸 사람은 퇴근 후 기분이 더 좋아지고, 그 반대의 경우도 마찬가지로 나타났다.[116] 그런데 어떤 날 직장에서 갖게 된 기분이 다음 날까지 지속되는 경우는 드물다.[117] 한편 나쁜 소식은 가족 구성원의 기분이 우리의 기분에 영향을 미칠 수 있다는 것이다. 부부 중 한 사람이 일터에서 기분 상하는 일을 겪었다면 퇴근 후 배우자에게 부정적인 기분이 전이된다.[118]

반항적 직무행동

직장 생활을 오랫동안 했다면 사람들이 직장의 규범을 위반하여 조직이나 동료 혹은 둘 다를 위험에 빠뜨릴 수 있다는 사실을 잘 알 것이다.[119] 3장에서 살펴보았듯이 반생산적 직무행동은 다양한 형태로 나타나며, 부정적 감정이 그 원인일 수 있다. 부정적 감정 상태인 사람은 그렇지 않은 사람에 비해 단기적으로 인터넷 서핑이나 잡담 등의 반항행동을 하는 경향이 있으며,[120] 때로는 훨씬 심각한 형태의 반항행동으로 이어질 수도 있다.

질시는 더 나은 업무 할당, 더 넓은 사무실, 높은 급여 등 간절히 원하는 것을 누리는 누군가를 미워할 때 일어나는 감정으로, 질시가 심해지면 반항행동을 초래할 수 있다. 질시를 하는 근로자는 다른 사람을 깎아내리고 누군가가 누리는 모든 것을 훼방 놓기도 한다. 화가 난 사람은 비난할 상대를 찾고, 다른 사람의 행동을 적대적으로 해석하며, 다른 사람의 관점에서 이해하기가 어렵다.[121] 이와 같은 생각의 전개는 언어적 또는 신체적 공격으로 이어질 수도 있을 것이다.

파키스탄에서 이루어진 연구는 분노가 다른 사람을 향한 공격이나 생산에서의 반항행동으로 나타난다는 것을 보여주었다. 그러나 슬픔은 그렇지 않았다. 흥미롭게도 분노나 슬픔으로 일터의 반항행동을 예측할 수는 없으나, 경영자는 조직 구성원의 분노 표현을 심각하게 받아들여야 한다. 그들이 오랫동안 조직에 있으면서 해를 끼칠 수 있기 때문이다.[122] 일단 공격적 행동이 시작되면 다른 사람의 분노와 복수를 불러일으켜 부정적 행동이 증폭될 위험이 있다. 따라서 경영자는 조직 구성원의 감정과 그 강도를 예민하게 파악하고 관리해야 한다.

일터의 안전과 상해

부정적 정서가 일터에서의 상해를 증가시킨다는 연구는 근로자가 기분 나쁜 상태일 때는 위험한 작업에 투입하지 않음으로써 일터의 안전과 건강을 유지할 수 있다는 것을 시사한다. 나쁜 기분은 일터에서 다양한 방식으로 상해를 일으킬 수 있다.[123] 부정적인 기분인 근로자는 더 불안해져서 위험한 일이 발생했을 때 제대로 대처하지 못한다. 두려움이 많은 사람은 안전장치의 효과에 대해 부정적인 경향이 있고, 아무리 조심하더라도 위험이 생길 수밖에 없다고 불안해하면서 실제로 문제가 발생했을 때 수습하지 못한다. 부정적 기분과 감정은 사람들의 주의를 분산시키는 경우도 있다.

긍정적 감정을 지닌 사람을 선발하는 것은 작업 환경을 긍정적으로 유지하는 데 도움이 된다. 긍정적인 사람은 다른 사람들에게도 그 감정을 전이시킨다. 리더와 조직 구성원 130명을 관찰한 연구에 따르면 카리스마가 있는 리더는 조직 구성원에게 자신의 긍정적 감정을 전이시키는 것으로 나타났다.[124] 그러므로 긍정적 기분을 지닌 사람을 선발하는 것이 바람직하다.

요약

감정과 기분은 본질적으로 정서와 관련된다는 점에서 비슷하다. 그러나 기분은 감정에 비해 특정한 상황의 영향을 덜 받고 일반적이라는 데 차이가 있다. 하루 중 시간대, 스트레스를 유발하는 사건, 수면 패턴 등은 감정과 기분에 영향을 미친다. 감정노동, 정서사건 이론, 감성지능, 감정 조절에 대한 조직행동론의 연구는 사람들이 어떻게 감정을 다루어야 하는지 이해하는 데 도움이 된다. 감정과 기분은 조직행동론의 거의 모든 주제와 관련이 있으며, 그만큼 경영자에게도 시사하는 바가 크다.

경영자를 위한 시사점

- 감정은 직장 생활의 자연스러운 일부분이며, 좋은 경영이란 감정이 작용하지 않는 환경을 조성하는 것을 의미하지는 않는다는 사실을 인식하라.
- 조직 구성원의 효과적인 의사결정, 창의성, 동기부여를 촉진하려면 긍정적 감정과 기분을 최대한 이끌어내기 위해 노력하라.
- 조직 구성원의 긍정적 측면을 끌어올리려면 긍정적인 피드백을 제공하라. 또한 긍정적인 성향인 사람을 고용하는 것이 도움이 된다.
- 서비스 업체의 경우 직원이 긍정적 감정을 표현하게 하면 고객이 긍정적으로 느끼게 됨으로써 고객 서비스를 위한 상호작용과 협상에 유리하다.
- 동료 또는 다른 사람들의 행동을 설명하고 예측하는 능력을 개선하려면 감정과 기분이 수행하는 역할을 이해하라.

5

성격과 가치관

학습목표

- 개인-직무 적합성과 개인-조직 적합성의 차이를 설명할 수 있다.
- 성격의 개념과 측정 방법, 성격 형성 요인을 설명할 수 있다.
- 성격의 유형을 구분하는 마이어스-브리그스 성격 유형(MBTI), 빅파이브 모델, 어둠의 세 가지 성격 모델의 장단점을 설명할 수 있다.
- 심층적 자기평가, 자기감시, 적극성 등의 개념이 성격을 이해하는 데 어떻게 도움이 되는지 설명할 수 있다.
- 성격이 행동에 영향을 미칠 때 상황이 어떻게 작용하는지 설명할 수 있다.
- 궁극적 가치와 수단적 가치를 비교하여 설명할 수 있다.
- 호프스테더의 다섯 가지 가치 차원과 GLOBE 모델을 비교하여 설명할 수 있다.

개인과 직장의 연결

오래전부터 조직은 개인을 적절한 직무에 배치하려는 목적으로 성격에 관심을 두었다. 이러한 관심은 개인의 성격과 가치관이 조직과 적합성이 있는지에 대한 것으로 확장되었다. 이유가 무엇일까? 오늘날의 경영자는 지원자가 특정한 직무를 잘 수행할 수 있는지, 그렇지 않은지보다 조직의 사명에 기여할 수 있는 능력을 지녔는지, 그리고 조직의 일원으로 남아 있을 수 있는지에 더 관심이 많기 때문이다. 예를 들어 벨기에의 트웨고스(Twegos)는 개인-조직 가치관의 적합성을 평가한다. 즉 트럭 기사가 운전하게 될 캐리어, 트레이너, 디스패처에 적합한지 평가함으로써 조직에 대한 관여도를 높이고 이직률을 낮추려 한다.[1] 그러나 여전히 경영자는 개인-직무 적합성을 가장 중요하게 여긴다.

개인-직무 적합성

직무 요구와 성격 특성을 조화하려는 시도는 국제적으로 널리 사용되고 있는 조직행동 이론인 존 홀랜드(John Holland)의 **개인-직무 적합성 이론**(person-job fit theory)으로 알려져 있다.[2] 직업 선호 조사 설문지에는 160개의 직업이 포함된다. 응답자는 자신이 좋아하는 직업과 좋아하지 않는 직업을 가려내고, 응답은 직업 관심 프로파일로 작성된다. 홀랜드는 여섯 가지 성격 유형을 제시하고, 어떤 직위에 대해 만족하거나 떠나려는 성향이 개인의 관심과 직무의 적합성에 달려 있다고 주장했다. 도표 5-1은 여섯 가지 성격 유형과 각각의 특징 및 적합한 직업의 예를 보여준다. 개인-직무 적합성은 직무 만족, 조직 몰입, 이직 의도를 상당히 예측하기 때문에 이 이론은 대체로 지지를 받고 있다.[3]

개인-직무 적합성 이론 여섯 가지 성격 유형을 제시하며, 성격 유형과 직업 환경의 적합성이 직무 만족과 이직률을 결정한다고 주장하는 이론

개인-직무 적합성은 문화권에 따라 다르게 작용하는데, 이는 직무를 개인의 기대에 맞게 조정할 수 있는지, 그렇지 않은지와 관련이 있다. 개인이 존중받는 개인주의 국가에서는 개인의 특성에 맞추어 직무를 조정함으로써 개인-직무 적합성을 높일 수 있으며, 이는 높은 직무 만족으로 연결된다. 그러나 집단주의 국가에서는 개인-직무 적합성이 직무 만족에 대한 선행 지표로 큰 역할을 하지 못한다.[4] 사람들이 직무를 자신에게 맞출 수 있다고 기대하지 않아 개인-직무 적합성의 가치를 높이려는 시도를 하지 않기 때문이다. 따라서 집단주의 문화권의 경영자는 문화적 규범을 어기면서 개인에게 직무를 맞추려고 할 것이 아니라, 이미 구조화되어 있는 직무의 특성에 맞추어 일을 수행할 수 있는 사람을 찾기 위해 노력해야 한다.[5]

유형	성격 특성	관련 직업
현실적: 기술, 힘, 조정이 필요한 신체적 활동을 선호함	수줍음, 진실됨, 일관성이 있음, 안정적, 수용적, 실용적	기계공, 드릴 프레스 기사, 조립 라인 작업, 농부
탐구적: 생각, 조직, 이해가 필요한 활동을 선호함	분석적, 창의적, 호기심이 많음, 독립적	생물학자, 경제학자, 수학자, 기자
심미적: 창의적 표현을 허용하는 모호하고 비체계적인 활동을 선호함	상상력이 풍부함, 불규칙적, 이상적, 감정적, 비실용적	미술가, 음악가, 작가, 실내장식가
사회적: 타인을 도와주고 개발하는 활동을 선호함	사회적, 친근함, 협력적, 이해심이 많음	사회사업가, 교사, 상담가, 임상심리학자
전통적: 질서 정연하고 모호하지 않으며 규칙을 따라야 하는 활동을 선호함	규칙 준수, 효율적, 실용적, 상상력이 없음, 융통성이 없음	회계사, 대기업 관리자, 은행 창구 직원, 사무 직원
진취적: 다른 사람에게 말로 영향력을 행사하고 권력을 획득하는 활동을 선호함	자신감이 있음, 야심적, 열정적, 지배적	법률가, 공인중개사, 홍보 전문가, 중소기업 경영자

도표 5-1 홀랜드의 성격 유형과 적절한 직업 모델

개인-조직 적합성

개인-조직 적합성 사람들이 자신의 성격이나 가치관과 일치하는 조직에 끌려 선발되고, 자신의 성격이나 가치관과 맞지 않는 조직을 떠난다는 이론

개인-조직 적합성(person-organization fit)이 본질적으로 의미하는 바는 사람들이 자신의 성격이나 가치관과 일치하는 조직에 끌려 선발되고, 자신의 성격이나 가치관과 맞지 않는 조직을 떠난다는 것이다.[6] 잠시 후 살펴볼 빅파이브 성격 유형을 예로 들자면, 외향적인 성향의 사람은 공격적이고 팀 중심 문화인 조직에 잘 맞고, 친화성이 높은 사람은 지원적인 조직 분위기에 잘 어울리며, 개방성이 강한 사람은 표준화보다는 혁신을 강조하는 조직에 잘 맞을 것이다.[7] 이러한 가이드라인에 따라 조직의 문화에 잘 맞는 사람을 뽑는다면 조직 구성원의 만족도가 높아지고 이직률이 낮아질 것이다.[8] 또한 개인-조직 적합성에 대한 연구는 개인의 가치관이 조직의 문화와 정합성이 있는지에도 관심을 갖는다.[9] 흥미롭게도 최근의 한 연구에서는 사람들이 조직의 가치관에 대해 개인이 가지고 있는 고유한 선호보다는 일반인들이 조직의 가치관을 얼마나 선호하는지에 더 관심을 갖는 것으로 나타났다.[10]

적합성에 대한 관심이 커지면서 조직의 온라인상 이미지를 관리하는 것이 중요해졌다. 구직자들이 직원 모집에 지원하기 전에 기업 웹사이트를 살펴보기 때문이다.[11] 이들은 기업의 철학과 정책에 관한 정보를 알려주는 잘 정리된 웹사이트를 기대한다. 웹사이트는 개인-조직 적합성 개발에 매우 중요하므로 웹사이트를 잘 관리하면 더 많은 지원자를 끌어모을 수 있다.[12]

다른 차원의 적합성

개인-직무 적합성과 개인-조직 적합성이 가장 중요하기는 하지만 **개인-집단 적합성**(person-group fit), **개인-상사 적합성**(person-supervisor fit) 등 다른 차원의 적합성도 살펴볼 가치가 있다.[13] 팀의 경우 개인-집단 적합성이 특히 중요한데, 이는 팀 내 상호작용이 팀 성과에 큰 영향을 미치기 때문이다. 또한 개인과 상사 간의 적합성이 낮으면 직무 만족과 성과가 저하되는 경향이 있기 때문에 개인-상사 적합성에 대한 관심도 커지고 있다. 이러한 적합성 차원을 모두 포괄하여 **개인-환경 적합성**(person-environment fit)이라고 일컫기도 한다.

적합성의 각 차원을 통해 직무 태도를 예측할 수 있는데, 여기에는 문화가 영향을 미친다. 최근에 동아시아, 유럽, 북미에서 이루어진 개인-환경 적합성에 대한 메타 분석 결과에 따르면 특히 북미에서는 개인-조직 적합성, 개인-직무 적합성이 긍정적 직무 태도와 업무 성과를 가장 잘 예측하는 요인으로 밝혀졌다. 한편 유럽의 경우 그 영향력이 북미보다 낮았고, 동아시아는 가장 낮게 나타났다.[14]

성격

기업을 운영하려면 자금 조달 및 운용, 회계 기록, 적절한 직원 채용 및 교육훈련, 제품

또는 서비스 마케팅 및 판매, 연구개발 등 광범한 요구 사항을 충족해야 한다. 만약 모든 조직 구성원의 성격 유형이 동일하다면 이처럼 다양한 요구 사항을 효과적으로 충족할 수 있을까?[15] 이에 답하기 전에 먼저 기본적인 문제를 살펴보자. 과연 성격이란 무엇인가?

지멘스

독일의 다국적 대기업인 지멘스(Siemens)는 세 가지 주요 가치관을 가지고 있는데, 이는 '책임감'(윤리적이고 책임감 있는 행동), '우수성'(높은 성과와 탁월한 결과 달성), '혁신'(지속 가능한 가치 창출)이다. 이러한 가치관은 모든 입사 지원자와 직원에게 지멘스가 선호하는 직원에 대해 알려준다. 지멘스의 채용 담당자는 자사의 가치관과 양립할 수 있는 가치관을 지닌 직원을 유치하고 선발하기 위해 노력한다. 2020년에 지멘스는 직원 14만 명이 1주일에 3일은 재택근무를 하도록 허용함으로써 책임감을 강조했다. 이는 COVID-19의 전파를 막기 위해 만남을 최소화하려는 목적이 컸으나, 직원들의 요구에 따라 직장 생활에 더 큰 유연성을 부여하려는 경영진의 대응이기도 했다.[17]

성격은 무엇인가

누군가의 성격에 대해 말할 때는 그 사람이 생각하고 행동하는 방식을 다양한 형용사로 표현한다. 한 연구에 참여한 사람들은 624개의 형용사를 사용하여 지인의 성격을 묘사했다.[16] 가령 직장 동료에 대해 '재미있다', '활달하다', '멋지다', '일중독이다', '게으르다', '쌀쌀맞다', '속이 좁다', '음흉하다' 등으로 표현할 수 있을 것이다. 조직행동론에서는 이러한 특성을 몇 가지 개념으로 묶어 개인의 성격이라고 표현한다.

성격의 정의 **성격**(personality)은 개인이 주변 세계의 자극에 반응하고 상호작용하는 방식의 총체로 정의할 수 있다. 여기서는 어떤 사람이 드러내는 측정 가능한 속성으로서 성격을 설명하려고 한다.

성격에 대한 초기 연구는 개인의 행동에서 지속적으로 관찰되는 특성을 모두 확인하고, 앞에서 언급한 것과 같은 형용사를 동원하여 이름을 붙이려고 시도했다. 개인이 여러 상황에 걸쳐서 일관성 있게 드러내는 행동의 특성을 **성격 특성**(personality trait)이라고 한다.[18]

성격 개인이 주변 세계의 자극에 반응하고 상호작용하는 방식의 총체

성격 특성 개인이 여러 상황에 걸쳐서 일관성 있게 드러내는 행동의 특성

우리가 속해 있는 문화는 우리 자신과 타인을 설명하는 방식에 영향을 미친다. 빅파이브 모델을 설명할 때 자세히 살펴보겠지만, 많은 성격 특성은 여러 문화에 걸쳐 공통적으로 나타난다.[19] 즉 문화와 특정 성격 유형이 반드시 일치하지는 않는다. 물론 특정 문화권에서 두드러지게 나타나는 성격 특성이 존재하는 경우도 있다.[20] 예를 들어 중국 맥락의 연구에서는 개방성이 상대적으로 부족한 대신 대인관계성 특성이 고유하게 존재하는 것으로 밝혀졌다.[21] 그러므로 다른 문화권의 사람들과 상호작용할 때는 개인의 성격에도 문화적인 차이가 있을 수도 있음을 염두에 두어야 한다.

성격 측정 다양한 조직에서 점점 더 많이 성격 평가를 사용하고 있다. 실제로 《포천》 100대 기업 중 89개 기업과 미국 대기업의 57%가 성격 검사를 사용하며,[22] 여기에는 제록스(Xerox), 맥도날드, 로우스(Lowe's) 등이 포함된다.[23] 드폴대학과 같은 학교에서도 입학 사정 과정에 성격 검사를 사용하기 시작했다.[24] 성격 검사는 누가 직무에 적합한지 예측할 수 있는 좋은 도구이므로 채용 결정에 유용하게 활용된다.[25]

성격 검사에 가장 일반적으로 사용되는 방법은 "나는 미래에 대해 걱정이 많다"와 같은 일련의 항목에 대해 스스로 평가하는 자기응답 조사이다.[26] 그런데 자신의 성격 점수가 채용 결정에 사용된다는 것을 알고 있을 때는 성실성과 같이 바람직한 특성에 대해 더 호의적으로 응답하는 경향이 있다.[27] 정확성 문제도 있다.[28] 예컨대 5년간 함께 일한

동료처럼 대상자를 잘 아는 사람의 평가가 낯선 사람의 평가보다 더 정확할 것이다.[29]

관찰자 평가 조사는 동료 또는 제삼자가 성격에 대해 독립적인 평가를 하는 방법이다. 자기응답과 관찰자 평가는 큰 상관관계가 있지만, 관찰자 평가 조사는 자기응답만으로 평가한 경우보다 직무 성과를 더 잘 예측해준다.[30] 그러나 이 두 방법이 개인의 행동에 대해 알려줄 수 있는 정보가 다르기 때문에 두 방법을 결합하여 사용하는 것이 바람직하다. 그렇다면 누가 좋은 관찰자인가? 4장에서 살펴보았던 감정 인지가 중요한 역할을 한다. 한 연구에서는 부정적 감정 표현과 긍정적 감정 표현을 명확하게 판단할 수 있는지가 특히 정서적 안정성과 외향성에 대한 관찰자 평가의 정확성에 결정적인 것으로 밝혀졌다.[31]

오늘날 기술과 인공지능의 발전으로 성격 검사도 개선되어 응답을 조작하기가 어렵고, 정확한 성격 평가를 위한 항목을 제시할 수 있게 되었다. 예를 들어 전통적인 성격 검사에서 특히 유용한 문항을 선택하고,[32] 응답을 조작한 사람을 찾아내며,[33] 지원자의 개인적 에세이를 채점하는 데 머신러닝을 사용하기도 한다.[34]

성격의 유형화

유사 이래 사람들은 타인의 행동을 이해하려고 시도해왔다. 행동은 그 사람의 성격에 따라 달라지므로 성격을 이해하면 행동을 예측하는 데 도움이 된다. 예를 들어 성격 특성 중에서 '친화성'이 낮은 사람은 무례하거나 직설적으로 말하여 동료를 자극하거나 화나게 할 수 있다.[35] 이어서 살펴볼 성격 유형화 방식은 성격의 차원을 범주화하는 데 유용하다.

마이어스-브리그스 성격 유형

마이어스-브리그스 성격 유형
네 가지 특성을 결합하고 16개의 성격 유형 중 하나로 사람을 분류하는 성격 검사

마이어스-브리그스 성격 유형(Myers-Briggs Type Indicator, MBTI)은 세계에서 가장 널리 사용되는 성격 분류 유형이다.[36] 이 검사는 특정 상황에서 어떻게 느끼거나 행동하는지에 대한 100개의 질문으로 구성되며, 응답 결과에 따라 외향-내향(E-I), 감각-직관(S-N), 사고-감정(T-F), 판단-포용(J-P)으로 분류한다.

- **외향**(Extraverted, E)-**내향**(Introverted, I): 외향적인 사람은 사교적이고, 적극적이며, 자기주장이 강하다. 내향적인 사람은 조용하고 소극적이다.
- **감각**(Sensing, S)-**직관**(iNtuitive, N): 감각형은 현실적이고, 규칙과 질서를 좋아하며, 세부적인 것에 신경을 쓴다. 직관형은 무의식적 과정에 의존하고, '큰 그림'을 본다.
- **사고**(Thinking, T)-**감정**(Feeling, F): 사고형은 문제를 논리적·이성적으로 다룬다. 감정형은 개인적 가치관과 감정에 의존한다.
- **판단**(Judging, J)-**포용**(Perceiving, P): 판단형은 통제하려 하며, 질서 있고 구조

적인 것을 좋아한다. 포용형은 유연하고 즉흥적이다.

MBTI는 네 기준 각각에서 하나의 특성을 부여하고 이를 결합하여 성격 유형을 구성한다. 예를 들어 내향적, 직관적, 사고형, 판단형이 결합된 INTJ는 독특한 사고와 위대한 충동을 지닌 비전형의 사람이다. 이들은 현재 상황에 대해 의심을 품고, 비판적이고, 독립적이고, 결정적이며, 때로는 고집을 부린다.

MBTI를 실제로 활용하는 데에는 몇 가지 문제점이 있다.[37] 첫째, 성격 측정 도구로서의 타당성에 의구심이 있는데, 대부분의 증거는 타당성이 낮다고 판단한다.[38] 댄 애리얼리(Dan Ariely) 교수는 MBTI 결과에 대해 냉소적으로 말한다. "차라리 별점을 보세요. 그게 더 믿을 만하고 시간도 덜 걸립니다."[39] 둘째, MBTI는 둘 중 하나를 강요한다. 즉 내향적이거나 외향적이어야만 한다. 다른 대안이 없다. 셋째, 시간을 두고 다시 측정할 때마다 결과가 달라진다. 넷째, 해석에 어려움이 있다. MBTI를 구성하는 각 차원에는 중요도의 수준이 있고, 차원의 결합은 각기 의미가 다르다. 이것을 종합하여 해석하려면 상당한 훈련이 필요한 데다 오류를 범할 가능성도 높다. 다섯째, MBTI의 결과는 직무 성과와의 관련성이 낮기 때문에 경영자는 직무 성과와 관련성이 높은 다른 분류 체계에 관심을 갖는다. 그러나 다음 절에서 살펴볼 빅파이브 성격 모델은 채용 시 성격 검사로 사용할 만하다.

빅파이브 성격 모델

MBTI에 대한 실증적 기반이 부족한 반면에 **빅파이브 모델**(Big Five Model)은 실증적 기반은 튼튼하다. 이 모델은 사람의 성격을 구분할 수 있는 다섯 가지 기본 차원이 있다고 주장한다.[40] 이러한 속성에 대한 검사 점수는 그 사람이 실제 상황에서 어떻게 행동할지를 잘 나타내며,[41] 시간과 상황의 변화에도 불구하고 상대적으로 일관되게 유지된다.[42] 이 다섯 가지 요소는 다음과 같다.

빅파이브 모델 사람의 성격을 구분할 수 있는 다섯 가지 기본 차원이 있다고 주장하는 모델

- **성실성**(conscientiousness): 이 성격 차원은 어떤 사람의 일관성과 신뢰성을 측정하는 척도이다. 성실성이 높은 사람은 책임감이 있고, 체계적이며, 신뢰할 수 있고, 끈기가 있다. 반면에 성실성이 낮은 사람은 주의가 산만하고, 체계적이지 않으며, 신뢰할 수 없다.

성실성 책임감이 있고, 체계적이며, 신뢰할 수 있고, 끈기가 있는 사람을 설명하는 성격 차원

- **감정적 안정성**(emotional stability): 이 성격 차원은 스트레스 상황에서 견딜 수 있는 능력을 나타낸다. 감정적 안정성이 높은 사람은 차분하고, 자신감이 있으며, 안정적이다. 감정적 안정성 점수가 높은 사람은 긍정적이고 낙관적인 경향이 있으며, 부정적 감정(예: 신경증, 걱정, 불안)을 덜 경험한다. 일반적으로 이들은 감정적 안정성 점수가 낮은 사람들보다 더 행복하다.

감정적 안정성 차분하고 자신감이 있으며 안정적인(긍정적인) 사람과 신경질적이고 불안해하며 불안정한(부정적인) 사람을 구분 짓는 성격 차원

- **외향성**(extraversion): 이 성격 차원은 사회적 세계를 지향하는 관계적 성향을 나타낸다. 외향적인 사람은 사교적이고, 적극적이며, 친구를 잘 사귄다. 이들은 내향

외향성 사교적이고, 적극적이며, 친구를 잘 사귀는 사람을 설명하는 성격 차원

적인 사람들보다 더 긍정적인 감정을 경험하며, 이러한 느낌을 편안하게 드러낸다. 반면에 내향적인(외향성이 낮은) 사람은 생각이 깊고, 내성적이며, 소심하고, 말수가 적다.

경험에 대한 개방성 창의적이고, 호기심이 많으며, 예술적인 감성이 있는 사람을 설명하는 성격 차원

- **경험에 대한 개방성**(openness to experience): 이 성격 차원은 새로운 것에 대한 개인의 관심과 끌리는 정도를 나타낸다. 개방적인 사람은 창의적이고, 호기심이 많으며, 예술적인 감성이 있다. 개방성 점수가 낮은 사람은 보수적이고, 익숙한 것에서 편안함을 느낀다.

친화성 협조적이고, 온화하며, 타인을 신뢰하는 사람을 설명하는 성격 차원

- **친화성**(agreeableness): 이 성격 차원은 다른 사람을 존중하는 성향을 나타낸다. 친화적인 사람은 협조적이고, 온화하며, 타인을 신뢰한다. 친화성이 높은 사람이 그렇지 않은 사람보다 더 행복하다고 생각할 수도 있으나 그 차이는 아주 근소하다. 사람들은 조직의 구성원을 구할 때 친화적인 사람을 가장 우선적으로 선택하는 경향이 있다. 반면에 친화성 점수가 낮은 사람은 냉정하고 적대적이다.

빅파이브 모델과 직장에서의 행동

빅파이브 모델의 성격 차원과 직무 성과는 많은 관련이 있으며,[43] 새로운 관련성이 계속해서 발견되고 있다. 관련성이 가장 큰 성실성을 비롯해 각 성격 차원과 직장 생활의 관계를 살펴보자.

성실성과 직장 생활 연구자들이 말하길, "직무 복잡성의 수준, 훈련, 경험 등 모든 것을 고려하더라도 성실성과 친화성은 다양한 직무에서 성공하는 데 중요하다."[44] 성실성 점수가 높은 근로자는 높은 수준의 직무 지식을 지니고 있는데, 이는 성실한 사람이 더 많이 공부하기 때문일 것이다(성실성은 학교 성적과도 관련될 수 있다).[45] 또한 성실성은 직무 성과, 조직시민행동과도 깊은 관련이 있다.[46] 성실성 점수가 높은 근로자는 반생산적 직무행동을 할 가능성이 낮다.[47]

성실성은 전반적으로 직무 성과를 가장 잘 예측하는 지표이다. 그러나 그 밖의 성격 차원도 직무 성과와 관련이 있고 일과 삶에 영향을 미친다. 도표 5-2에 빅파이브의 성격 특성과 직장 생활의 관계를 요약·정리했다.

감정적 안정성과 직장 생활 빅파이브의 성격 특성 중에서 감정적 안정성은 삶의 만족, 직무 만족, 소진, 이직 의도와 가장 관련성이 크다.[48] 감정적 안정성 수준이 높은 사람은 직장에서 예기치 않은 일이나 변화하는 상황에 잘 적응한다.[49] 반대로 감정적 안정성 수준이 낮은 사람은 그러한 경우에 대처하지 못하고 소진을 경험할 수 있다.[50] 이들은 일과 가정 사이에서 갈등을 겪는 경향이 있어 직무 성과에 악영향을 미치기도 한다.[51] 또한 이들은 반생산적 직무행동을 할 가능성이 높은 반면 조직시민행동을 할 가능성이 낮으며, 동기부여를 하기가 어렵다.[52]

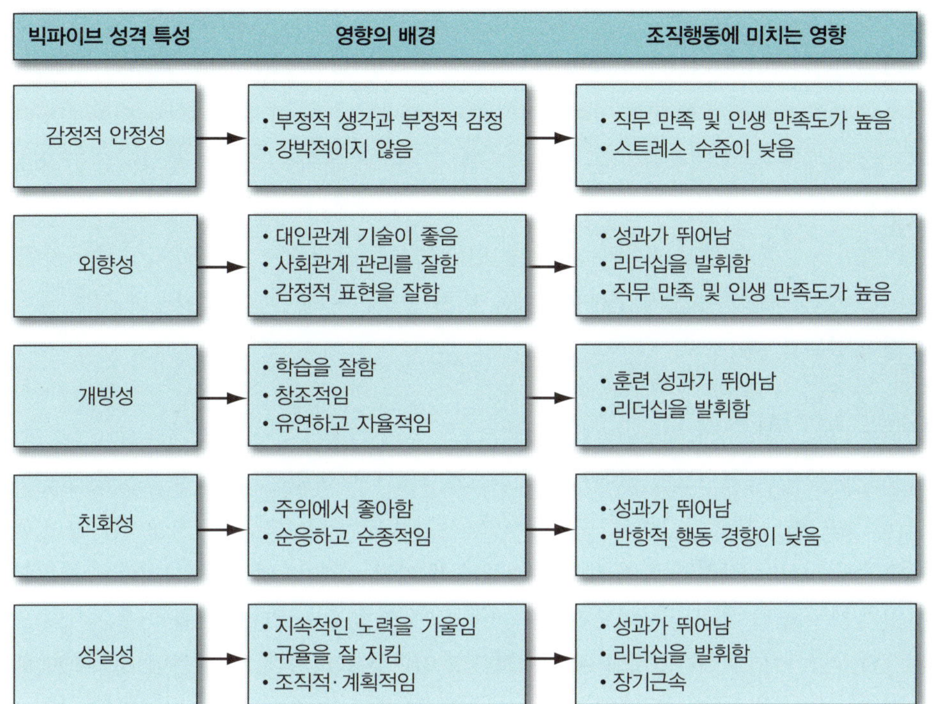

도표 5-2
빅파이브 모델과 조직행동

외향성과 직장 생활 외향적인 사람은 대인관계가 많은 직무를 잘 수행하는 경향이 있다. 이들은 소집단에서 리더로 부각되곤 한다.[53] 외향성 수준이 높은 사람은 일반적으로 직무 만족도가 높고, 소진을 겪을 가능성이 낮다.[54] 그러나 이들은 지배적인 것처럼 보일 수도 있는데, 이는 사회적 상호작용이 빈번한 직업의 경우 불리하게 작용하기도 한다.[55]

개방성과 직장 생활 개방적인 사람은 창의적이고 혁신적이며,[56] 효과적인 리더가 될 가능성이 높고, 모호한 상황을 잘 견뎌낸다. 따라서 이들은 조직이 변화하는 시기에도 잘 적응한다.[57] 한편 개방성은 초기 직무 성과와 관련이 없을 수도 있지만, 개방성이 높은 사람은 오랜 기간 동안 성과가 저하될 때도 잘 알아채지 못할 수 있다.[58] 또한 개방적인 사람은 일과 가정 사이의 갈등을 덜 겪는다.[59]

친화성과 직장 생활 친화성 수준이 높은 사람은 고객 서비스와 같이 대인 접촉이 많은 직무에서의 성과가 뛰어나다. 이들은 일과 가정 사이의 갈등을 덜 겪고 이직 의도가 낮으며,[60] 조직시민행동을 많이 하고 반생산적 직무행동을 덜 한다.[61] 한편 이들은 직장에서 성공(특히 높은 급여)을 거두기가 힘든데, 이는 자기 자신을 마케팅하는 데 능하지 않고 자기주장이 강하지 않기 때문으로 보인다.[62]

흥미롭게도 어떤 문화권에서는 친화성이 조직 몰입에 더 중요할 수도 있다(3장 참조). 전 세계에 걸쳐 약 2만 명을 대상으로 연구한 결과에 따르면 친화성은 개인주의 문화보다는 집단주의 문화에서 조직 몰입을 잘 예측하는 것으로 나타났다.[63] 다른 문화권

에서 파견근무를 하는 경우가 증가하고 있는 글로벌 시대에는 성격 특성과 타문화 적응 능력을 연관 지어 고려해야 할 것이다. 연구에 따르면 외향성은 적응을 예측할 수 있는 가장 중요한 특성이다.[64] 국제 교환학생 2,500명을 대상으로 한 연구에서는 외향성이 다른 문화권에서 살아가는 데 따른 스트레스를 줄여주고 문화적 적응을 향상하는 것으로 밝혀졌다.[65]

빅파이브 성격 특성이 조직의 성과와 관련이 있음은 분명하나, 개인의 특성 중에서 빅파이브 성격 특성만이 조직행동에 영향을 미치는 것은 아니다. 그렇다면 또 어떤 성격 특성이 있는지 알아보자.

어둠의 세 가지 성격

연구자들은 빅파이브 모델 밖에서 사회적으로 바람직하지 않은 세 가지 특성을 발견했다. 그것은 바로 마키아벨리즘, 나르시시즘, 사이코패스이다. 이 세 가지는 연관이 없음에도 불구하고 부정적인 측면 때문에 **어둠의 세 가지 성격**(Dark Triad)이라는 별칭이 붙었다.[66] 이러한 특성을 살펴보면서 과거에 함께 일했던 동료나 상사를 떠올릴지도 모르겠다. 세 가지 특성은 조직의 재무 성과에도 악영향을 미친다. 예를 들어 헤지펀드 매니저 101명을 대상으로 한 연구에서는 나르시시즘, 사이코패스 성향인 사람들의 성과가 상대적으로 나빴다.[67] 이와 같은 사람들은 생각보다 멀리 있지 않다. "사이코패스가 모두 감옥에 있는 것은 아니다. 상당수는 임원실에 있다."[68]

어둠의 세 가지 성격 부정적 성격 특성인 마키아벨리즘, 나르시시즘, 사이코패스를 묶어서 부르는 별칭

어둠의 세 가지 성격이라는 표현이 나쁘게 비칠 수도 있지만, 그렇다고 해서 이러한 특성을 지닌 사람들에게 임상적 정신 질환이 있다는 의미는 아니다. 그러한 성향은 극심한 스트레스 상황에서 반응을 적절히 조절하지 못할 때 특히 두드러지게 나타날 수 있다. 어둠의 세 가지 성격 성향이 지속되면 직장 생활뿐 아니라 사생활에서도 어려움을 겪을 수 있다.[69]

마키아벨리즘 에이든은 상하이에 있는 은행의 관리자이다. 최근 4년 동안 세 번이나 승진한 그는 공격적인 전략을 펼쳤던 것에 대해 이렇게 말했다. "남보다 앞서 가기 위해 무슨 짓이든 할 수 있습니다." 에이든은 **마키아벨리즘**(Machiavellianism) 성향이라고 말할 수 있다.

마키아벨리즘 실용적이고, 감정적 거리를 유지하며, 목적이 수단을 정당화할 수 있다고 믿는 성향

마키아벨리즘 성향은 16세기에 권력 획득과 행사에 대한 책을 쓴 니콜로 마키아벨리(Niccolo Machiavelli)의 이름을 딴 것이다. 마키아벨리즘 성향이 강한 사람은 실용적이고, 감정적 거리를 유지하며, 목적이 수단을 정당화할 수 있다고 믿는다. '효과가 있는 수단이라면 사용하라'는 것이 이들의 입장이다. 이들은 더 많이 조작하고, 더 많이 승리하며, 남에게 잘 설득당하지 않고, 오히려 마키아벨리즘 성향이 낮은 사람을 설득한다.[70] 또한 공격적으로 행동하고 반생산적 직무행동을 할 가능성이 높다. 한편 마키아벨리즘 성향과 직무 성과는 관련성이 낮다.[71] 마키아벨리즘 성향이 강한 사람은 자신의 이익을

위해 다른 사람을 이용하여 직무에서 단기적으로는 성공을 거둔다. 그러나 다른 사람들의 미움을 사기 때문에 장기적으로는 성공하기 어렵다.

나르시시즘 에이버리는 관심을 한 몸에 받는 것을 즐긴다. 그는 자신이 많은 재능을 지녔고 다른 사람들에게 대단한 영향을 미친다고 생각하며, 비판에 민감하게 반응한다. 에이버리는 나르시시스트이다. 이 특성은 그리스 신화에서 물에 비친 자신의 모습을 사랑에 빠진 나르시스에서 이름을 따왔다. **나르시시즘**(narcissism)은 자신을 과대평가하고, 극도의 찬사를 요구하며, 오만한 사람을 묘사할 때 사용한다. 나르시시스트는 엄청난 성공에 대한 환상을 품고, 상황과 사람을 이용하며, 자격 의식이 강하고, 공감이 부족하다.[72] 또한 이들은 과민하고 연약하다.[73]

나르시시즘 자신을 과대평가하고, 극도의 찬사를 요구하며, 오만한 성향

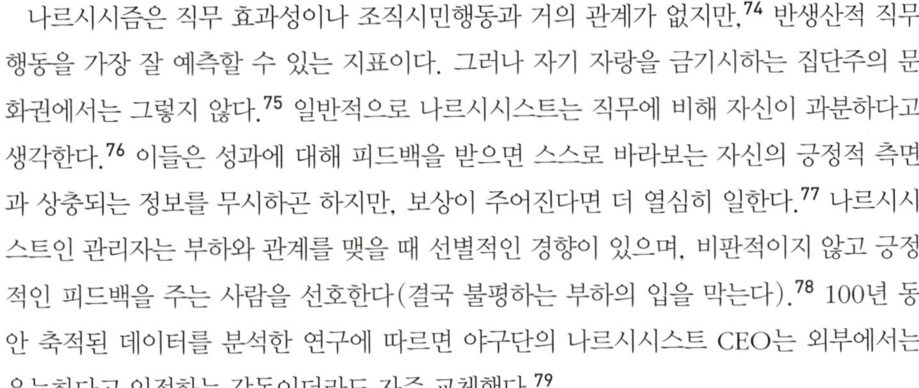

나르시시즘은 직무 효과성이나 조직시민행동과 거의 관계가 없지만,[74] 반생산적 직무행동을 가장 잘 예측할 수 있는 지표이다. 그러나 자기 자랑을 금기시하는 집단주의 문화권에서는 그렇지 않다.[75] 일반적으로 나르시시스트는 직무에 비해 자신이 과분하다고 생각한다.[76] 이들은 성과에 대해 피드백을 받으면 스스로 바라보는 자신의 긍정적 측면과 상충되는 정보를 무시하곤 하지만, 보상이 주어진다면 더 열심히 일한다.[77] 나르시시스트인 관리자는 부하와 관계를 맺을 때 선별적인 경향이 있으며, 비판적이지 않고 긍정적인 피드백을 주는 사람을 선호한다(결국 불평하는 부하의 입을 막는다).[78] 100년 동안 축적된 데이터를 분석한 연구에 따르면 야구단의 나르시시스트 CEO는 외부에서는 유능하다고 인정하는 감독이더라도 자주 교체했다.[79]

나르시시스트는 다른 사람들보다 카리스마가 강하다.[80] 특히 비즈니스계에 나르시시스트가 많다. CEO 중에는 나르시시즘 성향인 사람이 흔하며, 중간 수준의 나르시시즘과 효과적인 리더십은 상관관계가 있다(즉 극단적으로 높거나 낮은 나르시시즘은 예외이다).[81] 몇몇 증거에 따르면 복잡한 경영 의사결정을 내릴 때 나르시시즘 성향의 경영자는 그렇지 않은 경영자보다 더 효과적이고 상황에 적응력이 있다.[82] 나르시시즘과 그 영향에 대한 관심은 CEO나 유명 인사에 국한되지 않는다. 마키아벨리즘의 영향과 마찬가지로 나르시시즘의 영향도 맥락에 따라 매우 다르게 나타나지만 우리 삶의 모든 영역에서 발견된다.

사이코패스 조직행동론에서 어둠의 세 가지 성격 중 하나인 **사이코패스**(psychopathy)는 정신 질환을 의미하지 않는다. 조직행동론 맥락에서 사이코패스는 타인에 대한 관심이 부족하고, 타인에게 해악을 끼치는 행동을 할 때 죄책감이 없는 성향을 가리킨다.[83] 사이코패스 성향 측정 도구에는 사회 규범을 준수하려는 동기, 충동성, 원하는 목표를 이루기 위해 속임수를 사용하려는 의지, 타인에 대한 공감 부족 등이 포함된다.

사이코패스 타인에 대한 관심이 부족하고, 타인에게 해악을 끼치는 행동을 할 때 죄책감이 없는 성향

사이코패스 성향이 직장에서의 행동과 관련이 있는지는 여러 연구 문헌의 결과에 일관성이 부족하다. 한 연구는 사이코패스 성향과 직무 성과 또는 반생산적 직무행동 사이에 아무런 상관관계가 없다고 보고했다.[84] 한편 다른 연구는 사이코패스 성향과 밀접한

반사회적 성격이 조직 내 승진과 관계가 있고, 경력 성공 및 효과성의 다른 영역과는 관계가 없다고 보고했다.[85] 또 다른 연구에서는 사이코패스 성향이 위협, 조작과 같은 적극적인 영향 전술의 사용을 증가시키고, 신체적·언어적 위협과 같은 직장 내 괴롭힘도 증가시키며, 그러면서도 후회하거나 죄책감을 느끼지 않는 것으로 나타났다.[86] 사이코패스 성향인 사람들의 교활한 행동은 조직에서 권력을 장악하는 데 도움이 되지만, 이를 조직을 위해 건강한 방향으로 사용하지는 않는 것으로 보인다.

성격 분류의 다른 틀 어둠의 세 가지 성격은 최근 심리학에서 성격의 어두운 측면에 대해 연구하는 데 유용하지만, 연구자들은 다른 특성에도 관심을 두기 시작했다. 최근에는 빅파이브 모델에 성격 유형을 하나 더 추가하려는 시도가 있다. 이는 정직(honesty)/겸손(humility)(H), 감성(E), 외향성(X), 친화성(A), 성실성(C), 경험에 대한 개방성(O)으로 구성된 HEXACO 모델이다.[87] H 차원을 추가하려는 시도는 여러 문화에 걸쳐 연구를 수행하다가 영어권 중심의 초기 연구를 바탕으로 정리된 빅파이브 모델이 한국, 헝가리 등 비유럽계 문화권에서 발견되는 성격 유형을 놓쳤다는 것을 지적하면서 등장했다.[88] H 차원은 신실하고, 공정하고, 신중하고, 겸손한 성격 유형에 대응한다. 이러한 성향의 사람은 사회적 지위와 부에 관심이 적다. 일부 연구는 H 차원의 추가가 빅파이브 모델에 의미 있다고 제안하고, 부정행위에 대한 유혹이나 충동이 있을지라도 부정행위를 삼가는 것과 같은 윤리적 행동 등의 조직 성과를 예측한다고 밝혔다.[89] H 차원은 부정직과 부정행위를 심각하게 취급하는 오늘날의 조직에 매우 중요한 영향을 미칠 것이다.[90]

조직행동론에서 중요한 기타 성격 특성

앞에서 다루었듯이 개인의 특성에 대한 연구는 조직행동론에서 중요한 위치를 차지하고 있다. 이 절에서는 조직 내 행동에 영향을 미치는 또 다른 중요한 개념으로 심층적 자기평가, 자기감시, 적극성을 살펴보자.

심층적 자기평가

3장에서 이미 언급했던 심층적 자기평가(CSE)는 사람들이 자신의 능력, 가능성 그리고 사람으로서의 가치에 대해 가지고 있는 기본적 판단이다. 긍정적 CSE를 가진 사람은 스스로를 좋아하며, 자신이 효율적이고 상황을 통제할 수 있다고 생각한다. 반면에 CSE가 낮은 사람은 스스로를 좋아하지 않고, 자신의 능력을 의심하며, 자신이 상황을 통제할 수 없다고 생각한다.[91] CSE는 직무 만족과 관련이 깊은데, 이는 자기 자신에 대해 긍정적으로 생각하는 사람들이 더 도전적이고 복잡한 과제를 맡는 경향이 있기 때문이다.

긍정적 CSE를 가진 사람은 더 높은 목표를 설정하고, 목표에 더욱 몰입하며, 그것을 성취하기 위해 더 오랫동안 노력하는 경향이 있기 때문에 성과가 더 뛰어나다.[92] CSE가 높은 사람은 고객에게 더 나은 서비스를 제공하고, 동료들에게 인기가 더 많으며, 더 나은 조건에서 경력을 시작하고, 더 빨리 승진한다.[93] 그러나 CSE가 지나치게 높으면 동료들의 신망을 잃을 수도 있다.[94]

또한 CSE는 다양한 문화적 맥락에서 다양성, 세계화, 근로자의 효과성 등에 영향을 미친다. 연구에 따르면 긍정적 CSE를 가진 사람은 경력의 변화에 더 효과적으로 적응하기 때문에[95] 낯선 문화권에서 일하는 경우가 많은 국제적 기업에 적합하다.[96] 예를 들어 중국 자동차 제조업체를 대상으로 한 연구에서 CSE가 높은 사람은 집단주의보다는 개인주의를 중시하는 새로운 환경에서도 직무 성과가 탁월했다.[97] 심지어 언어가 유창하지 않고 국적이 달라서 동료들과 잘 어울리기 힘든 상황에서도 그들의 CSE는 그러한 차이를 극복하고 팀의 리더로서 효과적으로 일하는 데 큰 영향을 미쳤다.[98]

자기감시

라일리는 직장에서 늘 문제를 겪는다. 그는 유능하고 열심히 일하며 생산적이지만 성과 평가 시 평균 점수밖에 받지 못하며, 상사들을 짜증 나게 하면서 경력을 이어나가고 있다. 라일리의 문제는 정치적 민감성이 부족하고 상황 변화에 대응하지 못하는 것이다. "나는 솔직하게 행동하려고 해요. 남에게 잘 보이기 위해 꾸미고 싶지는 않거든요." 이렇게 말하는 라일리는 **자기감시**(self-monitoring) 성향이 낮은 사람이다.

자기감시 외부 상황에 따라 자신의 행동을 적절히 조절하는 능력

자기감시는 외부 상황에 따라 자신의 행동을 적절히 조절하는 능력을 말한다.[99] 자기감시 성향이 높은 사람은 외부 상황이 바뀔 때 자신의 행동을 적절히 잘 조절한다. 이들은 외부의 자극에 매우 민감하고 상황의 변화에 따라 다르게 행동하기도 하는데, 때로는 혼자 있을 때의 행동과 다른 사람이 있을 때의 행동에 현저한 차이가 있다. 라일리처럼 자기감시 성향이 낮은 사람은 이렇게 자신을 감추지 못한다. 이들은 모든 상황에서 자신의 성격과 태도를 드러내기 때문에 생각과 행동에 상당한 일관성이 있다.

자기감시 성향이 높은 사람은 조직에 충성하지 않으면서도 성과 평가 시 높은 점수를 받고 리더가 되기도 한다.[100] 이들은 경력이 자주 바뀌고, 조직 안에서뿐만 아니라 조직을 옮겨 다니면서도 승진을 잘하며, 요직을 차지할 가능성이 크다.[101] 그러나 자기감시 성향은 양날의 검과 같다. 위에서 언급한 많은 이점에도 불구하고 자기감시 성향은 진실성이 부족하거나, 이기적이거나, 원칙이 없다는 비판을 받기 쉽다.[102]

적극성

자신이 처한 상황을 개선하거나 새롭게 바꾸기 위해 능동적으로 움직이는 사람을 본 적이 있는가? 그런 사람은 **적극성**(proactive personality)이 있는 것이다.[103] 적극성을 지닌 사람은 상황에 순응하는 사람과 달리 기회를 포착하고, 진취적이며, 능동적이고, 의미 있는 변화가 일어날 때까지 밀어붙인다. 적극적인 사람은 조직이 원하는 바람직한 행동을 하는 경향이 있다. 이들은 업무 성과가 높고,[104] 창의적이며,[105] 감독하지 않아도

적극성 기회를 포착하고, 진취적이며, 능동적이고, 의미 있는 변화가 일어날 때까지 밀어붙이는 성향

최선을 다하므로 자율성을 부여받는다.[106] 또한 이들은 직무에 만족하고, 조직에 충성하며, 주어진 업무에 집중한다.[107] 적극적인 사람은 성공을 거두는 경우가 많지만 동료들의 질시를 받아 사회적 관계가 약해질 수도 있다.[108]

요컨대 이러한 성격 특성은 조직의 성과에 중요하다. 한편 성격과 환경이 어떤 관계가 있는지, 성격이 어떻게 상황이나 맥락의 영향을 받는지에 대한 관심도 등장했다. 다음 절에서는 성격 특성이 맥락과 상황의 변화에 따라 어떻게 달라지는지를 살펴보자.

성격과 상황

앞에서는 유전과 환경이 어떻게 상호작용하면서 성격을 형성하는지를 다루었다. 어떤 성격 특성은 환경이나 상황에 관계없이 일관된 경향이 있다. 예를 들어 성실성은 거의 모든 직무 수행에 도움이 되고, 외향성은 대부분의 상황에서 리더로서의 역할과 관련이 있다. 그러나 성격 특성이 행동에 미치는 영향이 상황에 따라 달라진다는 사실이 밝혀지기 시작했다.

다양한 성격 차원에 관한 지식이 진보된 만큼 **상황**을 설명하는 방법도 발전하고 있다. 한 연구에서는 상황을 묘사하는 1,467억 개 단어를 추려내고 인공지능을 활용하여 분석한바, 상황이 긍정-부정, 복잡, 전형적, 중요한, 우스꽝스러운 등의 범주로 묘사되었다.[109] 이러한 각 차원은 행동에 영향을 미치거나 특정한 행동 특성이 활성화되게 한다. 특히 '중요성' 차원은 상황이 미치는 영향력 중에서 특별히 다룰 필요가 있다.

상황의 힘과 특성 활성화, 이 두 가지 이론적 틀은 상황이 성격과 행동에 어떤 영향을 미치는지를 잘 설명해준다.

상황의 힘 이론

직장에서 회의를 하는 중이라고 상상해보자. 당신이 자리를 박차고 나가거나, 동료들에게 소리를 지르거나, 사람들에게 등을 돌려버릴 가능성이 얼마나 될까? 아마 그럴 일은 거의 없을 것이다. 이번에는 재택근무를 한다고 상상해보자. 잠옷 바람에 시끄러운 음악을 듣거나, 키보드 위를 왔다 갔다 하는 고양이에게 소리를 지를 수도 있을 것이다. 이러한 예를 통해 상황이 지닌 '힘'을 이해할 수 있다.

상황의 힘 이론 성격이 행동으로 연결되는 것이 상황의 힘에 달려 있다는 이론

상황의 힘 이론(situation strength theory)은 성격이 행동으로 연결되는 것이 상황의 힘에 달려 있다고 주장한다. **상황의 힘**이란 적절한 행동을 규정하는 규범이나 단서, 표준의 정도를 의미한다.[110] 강한 상황은 올바른 행동이 무엇인지 보여주고, 그 행동을 하도록 강제하며, 그에 어긋나는 행동을 억누른다. 이와 달리 약한 상황에서는 '하고 싶은 대로' 행동하고, 행동을 통해 성격을 자유롭게 드러낼 수 있다. 성격 특성은 강한 상황보다는 약한 상황에서 행동을 잘 예측한다.[111]

상황의 힘을 구성하는 요소 연구자들은 상황의 힘을 결정하는 다음 네 가지 요소를 분석했다.[112]

- **명확성**: 직무에 따르는 의무와 책임을 알려주는 신호가 분명하게 존재하는지를 의미한다. 명확성이 높은 직무는 강한 상황을 만들기 때문에 무엇을 해야 할지 확실히 알 수 있다. 예를 들어 청소부의 직무는 할리우드 배우 에이전트의 직무보다 훨씬 더 명확할 것이다.
- **일관성**: 직무에 따르는 여러 의무와 책임이 일치하는지를 의미한다. 일관성이 높은 직무는 강한 상황을 만들기 때문에 바람직한 행동이 무엇인지 확실히 알 수 있다. 예를 들어 급성 환자를 돌보는 간호사의 직무는 일반 관리자의 직무보다 일관성 수준이 높을 것이다.
- **제약**: 업무 담당자가 재량권을 발휘할 수 있는 정도 또는 외부의 통제를 받는 정도를 의미한다. 제약이 많은 직무는 강한 상황을 만들기 때문에 업무 담당자가 재량권을 발휘할 여지가 거의 없다. 예를 들어 은행 조사관의 직무는 산림 감시인의 직무보다 제약이 더 많을 것이다.
- **결과의 중요성**: 업무 담당자의 행동과 결정이 조직이나 구성원, 고객, 공급자 등에게 미치는 영향의 정도를 의미한다. 중대한 영향을 미치는 직무의 경우 실수를 방지하기 위한 강력한 규제가 있기 때문에 강한 상황을 만든다. 예를 들어 외과의사의 직무는 외국어 강사의 직무보다 중요성이 더 클 것이다.

조직의 상황 조직은 규칙, 규범, 표준을 정하여 행동을 규제하기 때문에 어떤 연구자들은 조직을 강한 상황으로 본다. 이러한 제약은 대개 시의적절하다. 가령 조직에서 자유롭게 성희롱을 하거나, 회계 처리를 미심쩍게 하거나, 기분 좋을 때만 출근하는 것을 어느 누가 좋아하겠는가.

그렇다고 해서 조직이 구성원들에게 강한 상황으로 작용하는 것이 언제나 바람직한 것은 아닌데, 여기에는 몇 가지 이유가 있다. 첫째, 조직의 규칙과 가이드라인을 통해 상황의 힘이 결정된다고 보는 것은 상황의 힘이 객관적으로 존재한다고 오해하게 만들 우려가 있다. 그러나 상황의 힘에 대한 개인의 반응에 영향을 미치는 것은 객관적 존재가 아니라 그러한 규칙에 대한 구성원의 인식이다. 예를 들어 안전을 우선시하는 관리자의 존재는 강한 상황을 조성하여 불면증으로 인한 상해를 감소시키고 안전 행동을 장려한다. 구성원의 안전 행동은 상황에 대한 인식과 반응의 결과로 나타난 것이다.[113] 둘째, 수많은 규칙과 엄격한 통제가 있는 직무는 따분하거나 동기부여를 저해할 우려가 있다. 셋째, 강한 상황이 조직에서 강조하는 혁신을 억누를 수도 있다. 즉 다양한 시스템을 관리하기 위해 강력한 규칙을 만드는 것은 어려운 일일뿐더러 바람직하지 않을 수도 있다. 넷째, 상황의 힘이 조직의 모든 영역에 걸쳐서 동일하게 나타나지는 않는다. 즉 일부 영역에서는 강하지만 다른 영역에서는 약할 수 있다. 가령 작업 수행 방식에 대한 규칙은 약하지만 반생산적 직무행동을 막는 규칙은 매우 강한 경우가 그러한 예이다.[114] 요컨대 경영자는 조직에서 상황의 힘이 미치는 영향을 인식하고 적절한 균형을 찾기 위해 노력해야 한다.

특성 활성화 이론

특성 활성화 이론 특정한 상황, 사건, 개입이 특정한 특성을 활성화한다고 주장하는 이론

성격과 상황의 관계를 이해하는 데 도움이 되는 또 다른 이론적 틀은 **특성 활성화 이론**(trait activation theory, TAT)이다. 특성 활성화 이론은 특정한 상황, 사건, 개입이 특정한 특성을 '활성화'한다고 주장한다. 특성 활성화 이론을 사용하면 특정 성격에 어떤 직무가 적절한지 예측할 수 있다. 예를 들어 외향적인 사람은 보상에 더 민감하게 반응하기 때문에 성과급 보상 프로그램은 외향성을 활성화할 수 있다. 반대로 창의성이 중요한 직무에서는 외향성보다는 개방성으로 행동을 더 잘 예측할 수 있다. 도표 5-3에 구체적인 예를 제시했다.

특성 활성화 이론은 성격의 경향에도 적용된다. 예를 들어 최근의 연구에서는 온라인 학습을 하는 사람들을 컴퓨터로 모니터링했을 때 각기 다른 반응을 보인다는 것을 발견했다. 실패를 두려워하는 사람들은 모니터링에 대한 부담을 크게 느껴서 결과적으로 학습 성과가 가장 낮았다. 이 경우에는 모니터링이라는 환경의 특성이 실패에 대한 두려움이라는 특성을 활성화했으며, 이 두 가지가 결합하여 성과 수준을 떨어뜨렸다고 해석할 수 있다.[115] 또한 특성 활성화 이론은 긍정적인 방식으로 작동할 수도 있다. 연구에 따르

세심함을 요함	사회적 기술을 요함	경쟁적 직무	혁신을 요함	화난 사람에 대한 대응 능력을 요함	데드라인이 있음
점수가 높은 직업(제시된 특성이 아래 직업의 행동을 예측함)					
항공 교통 관제사 법률 비서 회계사	호텔 안내인 성직자 치료사	코치/스카우터 재무 관리인 판매 대리인	시스템 분석가 광고 작가 연기자	교도관 텔레마케터 비행 승무원	방송 뉴스 분석가 비행기 조종사 에디터
점수가 낮은 직업(제시된 특성이 아래 직업의 행동을 예측하지 못함)					
수목 관리원 마사지사 모델	소프트웨어 엔지니어 펌프 작업자 방송 기술자	핵융합 운영자 우체국 직원 역사학자	기록 보관 담당자 법원 속기사 의료 기술자	작곡가 생물학자 통계학자	피부 관리 전문가 피트니스 트레이너 수학자
점수가 높은 사람이 활성화하는 성격 특성(제시된 특성이 행동 예측에 적절함)					
성실성(+)	외향성(+) 친화성(+)	외향성(+) 친화성(−)	개방성(+)	외향성(+) 친화성(+) 신경질성(−)	성실성(+) 신경질성(−)

도표 5-3 특성 활성화 이론: 빅파이브의 특정 특성과 관련성이 높은 직업

주: + 표시는 해당 특성의 점수가 높은 사람이 해당 직업에서 우수한 성과를 낼 것이라는 의미이고, − 표시는 해당 특성의 점수가 낮은 사람이 해당 직업에서 우수한 성과를 낼 것이라는 의미이다.

면 동료가 협조적이면 성실성 특성이 활성화되어 동료에게 최선을 다하는 경향이 있으며, 무엇을 해야 할지 갈등이 있을 때조차 정보를 더 공유하는 것으로 나타났다.[116]

상황의 힘 이론과 특성 활성화 이론은 자연(nature)과 양육(nurture)의 관계가 경쟁적이 아니라 보완적일 수 있음을 보여준다. 자연과 양육은 각각 행동에 영향을 미칠 뿐 아니라 둘이 상호작용하여 영향을 미친다. 달리 말해 성격과 상황은 둘 다 업무 행동에 영향을 미치지만, 상황이 적절할 때는 성격이 행동에 미치는 영향이 더욱 커진다.[117]

가치관

모든 조직의 중심에는 조직이 달성하고자 하는 사명의 핵심이 되는 가치가 자리 잡고 있다. 웰스파고(Wells Fargo)는 "고객에게 적합한 것"을 가치로 삼고, "모든 일의 중심에 고객을 두고, 고객이 원하는 바를 기대 이상으로 충족하며, 고객과 평생 지속되는 관계를 맺고자 한다."[118] 그러나 조직이 표방하는 것과 조직에 속한 사람들의 말과 행동이 일치하지 않는 경우도 있다. "고객에게 적합한 것"을 중시하는 웰스파고의 직원들은 가짜 계좌를 개설하여 돈을 옮기고, 영업 목표를 달성하기 위해 동의 없이 고객을 온라인 뱅킹에 등록하여 법적으로 물의를 빚은 바 있다.[119]

가치관(value)은 "다른 상태나 행동에 비해 개인적으로나 사회적으로 바람직하다고 여기는 최종 상태나 구체적인 행동"에 대한 기본적인 확신으로, 오랫동안 안정적으로 지속되는 것을 말한다.[120] 판단적인 요소가 담겨 있는 가치관은 무엇이 옳고 좋으며 바람직한 것인지에 대한 개인의 생각을 전달한다. 가치관을 구성하는 최종 상태와 행동에는 내용과 강도 속성이 있다. 가치관의 내용은 행동 양식 또는 최종 상태에서 무엇이 중요한지를 나타내고, 강도는 그것이 얼마나 중요한지를 나타낸다. 가치를 강도의 순서대로 나열하면 **가치 체계**(value system)가 된다. 모든 사람은 자유, 쾌락, 자기존중, 정직, 순종, 평등과 같은 가치에 부여하는 상대적 중요도에 따른 가치 체계를 가지고 있다.

가치관 다른 상태나 행동에 비해 개인적으로나 사회적으로 바람직하다고 여기는 최종 상태나 구체적인 행동에 대한 기본적인 확신

가치 체계 개인의 가치를 강도의 순서대로 나열한 계층 구조

우리가 중요하게 여기는 가치는 대부분 어린 시절에 부모, 교사, 친구 등의 영향을 받아 정립된 것이다. 만약 가치에 의문이 생기면 가치가 바뀌기도 하지만, 그보다는 우리의 행동을 제약하는 경우가 더 많다. 성격과 가치관을 연관 짓기도 하는데, 이는 우리의 가치관이 성격 특성에 의해 결정되는 측면이 있기 때문이다.[121] 예를 들어 개방적인 사람은 제약을 준수하기보다는 새로운 판매 전략을 시도하는 등 새로운 아이디어 추구를 가치 있게 생각하고, 친화적인 사람은 경쟁적인 환경보다는 협력적인 환경에서 다른 사람을 돌보고 상부상조하는 것에 더 가치를 부여할 것이다.[122] 이 주제를 더 깊이 탐구하기 위해 먼저 조직 수준에서 가치의 중요성을 살펴보자.

다음 상황을 생각해보자. 성과에 따른 임금 분배가 옳고 연공서열에 따른 임금 분배가 옳지 않다는 생각을 가지고 조직에 들어갔다. 입사 후 확인해보니 성과 대신 연공서열에 따라 보상하는 방식이라면 어떻게 반응하겠는가? 크게 실망하여 불만을 품게 되고 최선

을 다하여 직무를 수행하지 않을 것이다. 만약 자신의 기대와 조직의 급여 정책이 동일하다면 태도와 행동이 달라질까? 그럴 가능성이 높다.

궁극적 가치와 수단적 가치

궁극적 가치 바람직한 최종 상태에 대한 것, 사람이 일생 동안 성취하고자 하는 목표

수단적 가치 선호하는 행동 양식 또는 궁극적 가치를 달성하는 수단

가치는 어떻게 분류할 수 있을까? 밀턴 로키치(Milton Rokeach)는 두 가지 범주로 구분할 수 있다고 주장했다.[123] **궁극적 가치**(terminal value)에 속하는 가치는 바람직한 최종 상태에 대한 것이다. 이러한 가치는 사람이 일생 동안 성취하고자 하는 목표이다. 이에 반해 **수단적 가치**(instrumental value)는 선호하는 행동 양식 또는 궁극적 가치를 달성하는 수단과 관련된 것이다. 사람은 누구나 목적(궁극적 가치)과 수단(수단적 가치)에 대한 가치를 가지고 있다. 궁극적 가치의 예는 번영과 경제적 성공, 자유, 건강과 안녕, 세계 평화, 삶의 의미 등이고, 수단적 가치의 예는 자율성과 독립성, 개인적 훈련, 친절, 목표 지향성 등이다.

로키치의 가치 이론을 바탕으로 샬롬 슈워츠(Shalom Schwartz)는 성취, 쾌락주의, 자극, 자율, 보편주의, 관대함, 전통, 규칙 준수, 안전, 권력 등 열 가지 가치 차원을 조직화하고,[124] 20개국에서 이 가치 체계의 존재를 확인했다.[125] 이러한 가치가 조직 구성원에게 직접 적용된다는 것을 쉽게 확인할 수 있다. 예를 들어 보편주의, 관대함과 같은 가치는 효과를 촉진하고 다른 사람들을 잘 대우할 것을 요구한다. 한편 전통, 규칙 준수, 안전과 같은 전형적인 가치를 추구하는 사람도 있고 권력, 성취와 같은 이기적인 가치를 추구하는 사람도 있다. 웰스파고는 고객에 대한 관대함을 중시하지만, 이기적인 가치를 추구하는 사람들로 구성되어 있었던 것은 아닐까?

세대별 가치관

연구자들은 미국 내에서 비슷한 연령대의 조직 구성원 집단이 공유하는 가치를 정리하려고 시도했다.[126] 베이비붐 세대, X 세대, 밀레니얼 세대, MZ 세대라는 말을 들어보았을 텐데, 이는 국제적으로 통용되는 명칭이기도 하다. 세대별 가치관의 차이를 살펴보는 것은 흥미로운 일이지만, 엄밀한 과학적 뒷받침이 없다는 사실을 기억해야 한다. 초기 연구의 경우 사용된 방법론에 문제가 많았던 것으로 밝혀졌다. 일반화된 주장이 과장되거나 부정확한 것으로 드러나기도 했다.[127] 세대별로 차이가 있다는 부분이라도 일반화할 수 없는 것이 많다. 예를 들어 베이비붐 세대에서 밀레니얼 세대로 갈수록 여가에 대한 가치 부여가 커지고 일 중심 성향이 줄어든다고 생각하지만, 연구 결과에서는 밀레니얼 세대의 이타주의적 근로 가치가 더 높게 나타나지 않았다.[128] 또한 밀레니얼 세대는 권리 의식이 강하고 '참여하는 것을 싫어하는' 세대로 여겨지지만,[129] 뉴질랜드에서 1만 명 이상을 조사한 바에 따르면 세대 간 권리 의식의 정도에 차이가 없고, 오히려 베이비붐 세대는 연령이 높을수록 권리 의식이 강한 것으로 나타났다.[130] 일반화된 주장의 실증적 타당성에 의문이 제기되고 있으나 사람들은 세대 간의 차이가 분명히 존재한다고 생

각한다. 즉 사람들은 세대별 범주에 따른 고정관념을 만들고 그에 따라 의사결정을 내린다.[131] 세대 간의 차이에 대한 타당성이 거의 없음에도 불구하고 사람들은 직장에서 세대에 따른 고정관념을 여전히 적용하고 있다.

문화적 가치

상당 부분이 유전적으로 정해지는 성격과 달리 가치관은 학습이 가능하다. 가치관은 세대를 거쳐 전수된 것이기에 문화에 따라 차이가 있다. 여러 연구자가 문화에 따른 가치관의 차이를 탐구했는데, 그중에서 헤이르트 호프스테더(Geert Hofstede)의 모델과 GLOBE 모델을 대표적으로 꼽을 수 있다.

호프스테더의 모델

헤이르트 호프스테더는 문화에 따른 가치관의 차이를 분석한 모델을 개발했다.[132] 그는 72개국의 IBM 직원 11만 6,000여 명을 대상으로 직무 관련 가치관을 조사하여 국가의 문화에 따라 다섯 가지 가치관에 차이가 있음을 발견했다.

- **권력 격차**(power distance): 국민이 기관과 조직에서 권력이 균등하게 분배되어 있지 않은 상황을 수용하는 정도를 의미한다. 권력 격차가 큰 사회에서는 권력과 부의 분배가 불공평하지만 사람들이 그것을 받아들이고, 계급이나 신분 제도로 인해 계급 간의 이동이 가로막혀 있다. 반대로 권력 격차가 작은 사회는 평등과 기회를 중요시한다.
- **개인주의**(individualism) 대 **전체주의**(collectivism): 개인주의는 사람들이 집단의 일원으로서가 아니라 독립된 개인으로서 행동하는 것을 선호하고, 개인의 권리를 다른 무엇보다 우선시한다. 반면에 전체주의는 자신이 속한 집단의 다른 사람들이 자신을 돌보고 보호해줄 것이라고 믿는 끈끈한 사회 구조를 강조한다.
- **남성성**(masculinity) 대 **여성성**(femininity): 남성성에 대한 호프스테더의 개념은 사회가 남성과 여성을 동등하게 보는 것이 아니라, 전통적으로 남성적인 것으로 여겨지는 성취, 권력, 통제 등을 선호하는 정도를 의미한다. 남성성이 높은 사회에서는 남성과 여성에게 각기 다른 성 역할을 부여하고, 남성이 지배적인 위치를 차지한다. 반대로 여성성이 높은 사회에서는 남성과 여성의 성 역할에 큰 차이가 없고, 모든 면에서 여성을 남성과 동등하게 대우한다.

  남성성과 여성성이 처음 밝혀졌을 때 IBM의 응답자는 대부분 남성이었고 조사 시기가 1960~1970년대였다는 사실을 유념해야 한다.[133] 그 이후 수십 개국에서 다양한 표본을 대상으로 반복 연구가 수행되어 유사한 발견이 이어졌다.[134] 남성성과 여성성의 표지는 호프스테더의 모델을 활용한 평가를 수행하는 연구소인 호프스테더인사이츠(Hofstede Insights)에서 사용되고 있으며, 호프스테더는 개인보다는

권력 격차 국민이 기관과 조직에서 권력이 균등하게 분배되어 있지 않은 상황을 수용하는 정도를 나타내는 국가 문화 속성

개인주의 사람들이 집단의 일원으로서가 아니라 독립된 개인으로서 행동하는 것을 선호하는 정도를 나타내는 국가 문화 속성

전체주의 자신이 속한 집단의 다른 사람들이 자신을 돌보고 보호해줄 것이라고 믿는 끈끈한 사회 구조를 나타내는 국가 문화 속성. 아시아, 아프리카, 남미 등 집단주의 문화의 사람들은 스스로를 상호 의존적이라고 생각하고 공동체와 집단의 목표를 추구함

남성성 전통적으로 남성적인 것으로 여겨지는 성취, 권력, 통제 등을 선호하는 정도를 나타내는 국가 문화 속성

여성성 남성과 여성의 성 역할에 큰 차이가 없음을 나타내는 국가 문화 속성. 여성성이 높은 사회에서는 모든 면에서 여성을 남성과 동등하게 대우함

사회적 성 역할 기대에 더 초점을 맞출 것을 제안했다.[135] 그러나 많은 사람은 이 구분을 적절한 다른 표현으로 바꿔야 한다고 주장한다.[136] 그 대안으로는 '성취-관계' 문화 또는 호프스테더가 처음 사용했던 용어인 '자아-사회'가 있다.[137]

불확실성 회피 국민이 불확실하고 모호한 상황에 대해 불안감을 느끼고 회피하려는 정도를 나타내는 국가 문화 속성

- **불확실성 회피**(uncertainty avoidance): 국민이 체계화되지 않은 상황보다 구조적으로 체계화된 상황을 더 선호하는 정도를 의미한다. 불확실성 회피가 강한 문화의 사람들은 모호한 상황에서 불안감을 많이 느끼며, 불확실성을 줄이기 위해 법과 통제를 사용한다. 반대로 불확실성 회피가 낮은 문화의 사람들은 불확실성을 더 잘 받아들이고, 규범의 덜 중요시하며, 더 많은 위험을 감수하고, 변화를 더 쉽게 받아들인다.

장기 성향 미래에 대비하기 위해 절약, 근면, 실용을 강조하는 국가 문화 속성

단기 성향 현재를 중시하고 변화를 수용하는 국가 문화 속성

- **장기 성향**(long-term orientation) 대 **단기 성향**(short-term orientation): 이 분류는 전통적 가치에 대한 사회의 헌신 정도를 측정한다. 모든 사회는 현재와 미래의 과제를 해결하는 데 초점을 맞추는 것과 과거로부터 전해 내려온 전통을 고수하려는 것에 차이가 있다. 장기 성향 문화에서는 세상이 끊임없이 변화하기 때문에 미래에 대한 대비가 필요하다고 생각하며, 미래에 대비하기 위해 절약, 근면, 실용을 강조한다. 반면에 단기 성향 문화에서는 전통을 존중하고, 사회적 의무를 다하며, 이미지를 천명하고 보호함으로써 과거와의 연결을 유지하는 것을 선호한다.

최근에 호프스테더는 **방종**(indulgence) 대 **억제**(restraint)라는 새로운 차원을 제안했다. 이는 삶을 즐기고 노는 것을 강조하는 것과 엄격한 사회 규범을 통해 행동을 규제하는 것의 차이를 강조하는 문화 차원이다.[138] 이는 매우 새로운 차원으로, 일부 연구는 이것이 다른 차원과 구별된다는 것을 뒷받침한다. 이 차원은 한 사회의 친사회성(prosociality)과 상관관계가 있는 것으로 밝혀졌다.[139]

호프스테더의 분류 체계에서 각국의 점수는 어떨까? 도표 5-4는 현재 데이터가 있는 나라의 점수를 보여준다. 권력 격차는 말레이시아가 가장 높다. 미국은 가장 개인주의적인 나라이며, 호주와 영국이 그 뒤를 바짝 쫓고 있다. 과테말라는 가장 전체주의적인 나라이고, 남성성이 가장 높은 나라는 일본, 여성성이 가장 높은 나라는 스웨덴이다. 그리스는 불확실성 회피 성향이 높은 반면, 싱가포르는 불확실성 회피 성향이 가장 낮다. 또한 홍콩은 장기 성향이 가장 높고, 파키스탄은 단기 성향이 가장 높다.

20만 명 이상의 응답자를 대상으로 이루어진 598개의 연구는 호프스테더의 문화 가치 체계와 다양한 조직 특성의 관계를 개인 및 국가 수준에서 살펴보았다.[140] 전반적으로 다섯 가지 문화 차원이 모두 비슷한 정도로 성과 변수에 영향을 미치는 것으로 나타났다. 종합하면 호프스테더의 가치 체계는 사람들 간의 차이를 이해하는 데 유용한 도구임이 분명하지만, 한 국가의 국민이 모두 같은 가치관을 지녔다고 볼 수는 없다는 것을 유념해야 한다.

국가	권력 격차		개인주의 대 전체주의		남성성 대 여성성		불확실성 회피		장기 성향 대 단기 성향	
	지수	순위	지수	순위	지수	순위	지수	순위	지수	순위
아르헨티나	49	35~36	46	22~23	56	20~21	86	10~15		
호주	36	41	90	2	61	16	51	37	31	22~24
오스트리아	11	53	55	18	79	2	70	24~25	31	22~24
벨기에	65	20	75	8	54	22	94	5~6	38	18
브라질	69	14	38	26~27	49	27	76	21~22	65	6
캐나다	39	39	80	4~5	52	24	48	41~42	23	30
칠레	63	24~25	23	38	28	46	86	10~15		
콜롬비아	67	17	13	49	64	11~12	80	20		
코스타리카	35	42~44	15	46	21	48~49	86	10~15		
덴마크	18	51	74	9	16	50	23	51	46	10
에콰도르	78	8~9	8	52	63	13~14	67	28		
엘살바도르	66	18~19	19	42	40	40	94	5~6		
핀란드	33	46	63	17	26	47	59	31~32	41	14
프랑스	68	15~16	71	10~11	43	35~36	86	10~15	39	17
독일	35	42~44	67	15	66	9~10	65	29	31	22~24
영국	35	42~44	89	3	66	9~10	35	47~48	25	28~29
그리스	60	27~28	35	30	57	18~19	112	1		
과테말라	95	2~3	6	53	37	43	101	3		
홍콩	68	15~16	25	37	57	18~19	29	49~50	96	2
인도	77	10~11	48	21	56	20~21	40	45	61	7
인도네시아	78	8~9	14	47~48	46	30~31	48	41~42		
이란	58	29~30	41	24	43	35~36	59	31~32		
아일랜드	28	49	70	12	68	7~8	35	47~48	43	13
이스라엘	13	52	54	19	47	29	81	19		
이탈리아	50	34	76	7	70	4~5	75	23	34	19
자메이카	45	37	39	25	68	7~8	13	52		
일본	54	33	46	22~23	95	1	92	7	80	4
한국	60	27~28	18	43	39	41	85	16~17	75	5
말레이시아	104	1	26	36	50	25~26	36	46		
멕시코	81	5~6	30	32	69	6	82	18		
네덜란드	38	40	80	4~5	14	51	53	35	44	11~12
뉴질랜드	22	50	79	6	58	17	49	39~40	30	25~26
노르웨이	31	47~48	69	13	8	52	50	38	44	11~12
파키스탄	55	32	14	47~48	50	25~26	70	24~25	0	34
파나마	95	2~3	11	51	44	34	86	10~15		
페루	64	21~23	16	45	42	37~38	87	9		
필리핀	94	4	32	31	64	11~12	44	44	19	31~32
포르투갈	63	24~25	27	33~35	31	45	104	2	30	25~26
싱가포르	74	13	20	39~41	48	28	8	53	48	9
남아프리카	49	35~36	65	16	63	13~14	49	39~40		
스페인	57	31	51	20	42	37~38	86	10~15	19	31~32
스웨덴	31	47~48	71	10~11	5	53	29	49~50	33	20
스위스	34	45	68	14	70	4~5	58	33	40	15~16
대만	58	29~30	17	44	45	32~33	69	26	87	3
태국	64	21~23	20	39~41	34	44	64	30	56	8
튀르키예	66	18~19	37	28	45	32~33	85	16~17		
미국	40	38	91	1	62	15	46	43	29	27
우루과이	61	26	36	29	38	42	100	4		
베네수엘라	81	5~6	12	50	73	3	76	21~22		
유고슬라비아	76	12	27	33~35	21	48~49	88	8		
무국경 지역:										
아랍 국가	80	7	38	26~27	53	23	68	27		
동아프리카	64	21~23	27	33~35	41	39	52	36	25	28~29
서아프리카	77	10~11	20	39~41	46	30~31	54	34	16	33

도표 5-4 호프스테더의 국가 문화 비교

출처: Copyright Geert Hofstede BV, hofstede@bart.nl. 허락하에 게재함. '지수'는 차원상 주어진 국가의 점수이며, 0은 매우 낮음, 100은 매우 높음을 나타낸다. '순위'는 호프스테더의 데이터베이스에서 다른 국가와 비교한 해당 국가의 상대적 순위를 나타내며, 1이 가장 높다.

GLOBE 모델

1993년 설립된 GLOBE(Global Leadership and Organizational Behavior Effectiveness) 연구 프로그램은 여러 문화와 국가를 아울러 리더십과 국가 문화에 대한 연구를 지속하고 있다. GLOBE 연구팀은 호프스테더의 연구를 기반으로 62개국 951개 기업의 데이터를 분석하여 국가 문화에 차이를 보이는 9개 차원을 확인했다.[141] 권력 격차, 개인주의/전체주의, 불확실성 회피, 성 구별(남성성/여성성), 미래 지향성(장기 성향/단기 성향) 등은 일부 사례에서 다르게 정의되기는 하지만 전반적으로 호프스테더의 차원과 유사하다. 그러나 GLOBE 모델에는 호프스테더의 차원과 구분되는 점이 있는데, 사회가 개인에게 이타적이고 관대하며 타인에게 친절할 것을 요구하는 정도인 **인간 지향성**(humane orientation) 차원, 뛰어난 성과를 달성한 집단 구성원을 격려하고 보상하는 정도를 의미하는 **성과 지향성**(performance orientation) 차원이 대표적인 예이다. 도표 5-5는 GLOBE 모델과 호프스테더의 차원을 비교하여 보여준다. 도표에서 보듯이 GLOBE 모델은 각 차원과 현재 행해지는 관행, 사회가 지향하는 이상향

호프스테더의 차원	GLOBE
권력 격차: 사회가 불평등한 권력 분배를 받아들이는 정도	**권력 격차**: 사회가 불평등한 권력 분배를 받아들이는 정도
불확실성 회피: 사회가 모호한 상황에 대해 불안감을 느끼고 회피하는 정도	**불확실성 회피**: 사회가 모호함을 피하기 위해 질서, 구조, 법을 추구하는 정도
장기 성향: 사회가 미래와 지속성을 강조하는 정도(단기 성향: 현재와 변화 강조)	**미래 지향**: 자신의 행동이 미래에 영향을 미칠 수 있다고 믿는 정도
전체주의: 사회가 끈끈한 집단으로서 행동하는 것을 강조하는 정도(개인주의: 독립된 개인으로서 행동하는 것을 강조)	**제도적 전체주의**: 사회가 집단행동과 자원 분배를 지원하는 정도
남성성: 사회가 전통적으로 남성적인 것으로 여겨지는 권력, 통제 등을 선호하는 정도(여성성: 성 역할에 차이가 거의 없음)	**집단 내 전체주의**: 사회가 충성심, 자부심, 애국심, 응집력을 중시하는 정도
	성 평등주의: 사회가 전통적인 성 역할을 덜 강조하는 정도
	적극성: 사회가 자신감을 강조하고 원하는 것을 옹호하는 정도
	인간 지향성: 사회가 배려, 친목, 이타심, 공정성, 친절, 관대함을 중시하는 정도
	성과 지향성: 사회가 결과, 성과, 생산성을 창출하는 데 가치를 두는 정도

도표 5-5 호프스테더의 모델과 GLOBE 모델 비교

Adapted from R. Hadwick, "Should I Use GLOBE or Hofstede? Some Insights That Can Assist Cross-Cultural Scholars, and Others, Choose the Right Study to Support Their Work," Paper presented at *Australian & New Zealand Academy of Management*, Wellington, NZ (December 2011); R. J. House, P. J. Hanges, M. Javidan, P. W. Dorfman, and V. Gupta, *Culture, Leadership, and Organizations: The GLOBE Study of 62 Societies*, Thousand Oaks, CA: Sage, 2004; X. Shi and J. Wang, "Interpreting Hofstede Model and GLOBE Model: Which Way to Go for Cross-Cultural Research?" *International Journal of Business and Management* 6, no. 5 (2011): 93-99.

등을 제시한다는 점에서 호프스테더의 차원과 구별된다.

두 모델은 공통적인 요소가 많고 비슷한 결론에 도달한다. 조직 몰입에 관한 문헌을 고찰한 결과에 따르면 호프스테더와 GLOBE의 개인주의/전체주의 차원은 비슷하게 작용한다. 즉 둘 다 공통적으로 개인주의 국가에서 조직 몰입 수준이 더 낮은 것으로 나타났다.[142] 그러나 GLOBE는 호프스테더의 모델을 이론적으로나 방법론적으로 확장한다. 예컨대 도표 5-5에서 보듯이 가치관의 다양한 측면이 좀 더 세부적인 차원으로 구분되어 있다.

문화적 가치의 차원을 구분한 모델은 오늘날 점점 더 중요해지고 있다. 세계화 추세에 발맞추어 기업은 국제적인 프로젝트에 관여하고, 다국적 팀을 운영하며, 낯선 문화권으로 파견근무를 보내고 있다. 각 문화에서 중요하게 여기는 가치를 이해할 수 있는 정보를 제공하는 것은 글로벌 시대의 기업에 매우 중요하다.[143]

요약

조직행동론에서 성격은 중요한 주제이다. 성격이 행동의 모든 측면을 설명해주지는 않지만 토대인 것은 분명하다. 최근에는 성격이 특별히 중요한 상황의 특성을 규명하려는 시도가 이루어지고 있다. 빅파이브 모델의 중요성이 더욱 커졌으며, 그 밖에도 어둠의 세 가지 성격을 비롯한 다른 특성도 중요하게 여겨지고 있다. 모든 특성은 일터의 행동에 대해 긍정적 측면과 부정적 측면이 있으며, 모든 조직에서 언제나 이상적인 특성의 조합 같은 것은 존재하지 않는다. 성격은 우리 자신을 포함하여 사람들이 왜 특정한 방식으로 행동하고 사고하며 감정을 느끼는지 알려준다. 그래서 예민한 근로자나 관리자는 조직 구성원이 성격에 맞는 상황에서 일할 수 있도록 배려하려고 한다. 또한 동료의 성격과 가치관을 이해하면 더욱 효과적으로 협력할 수 있게 된다.

가치관은 태도, 행동, 지각의 기반으로서 왜 특정한 태도, 행동, 지각이 나타나는지를 설명해준다. 가치관을 구성하는 차원은 국가의 문화에 따라 차이를 보이며, 조직 성과를 예측할 수 있게 해준다. 그러나 개인은 해당 국가의 문화와 다른 가치관을 가지고 있을 수도 있다.

경영자를 위한 시사점

- 채용 시 지원자나 조직 구성원이 직무 및 조직과 적합성이 있는지를 고려하라. 그들의 성격, 가치관, 그 밖의 특성에 대한 이해는 그들이 특정 조직, 팀, 직무, 과업을 잘 수행할 수 있는지를 판단하는 데 도움이 된다.
- 직무 후보자의 성실성을 잘 파악하고, 빅파이브 특성 중 다른 측면도 조직이 요구하는 기준에 따라 살펴보라. 심층적 자기평가, 나르시시즘 등의 특성이 적절한 상황이 있을

수도 있다.

- 조직의 채용 과정에서 가장 이상적으로 삼는 성격과 가치관을 명확히 밝혀라. 기준이 뚜렷하면 조직의 요구에 부합하는 지원자들이 지원하게 될 것이다.
- 상황과 특정 성격 특성을 활성화하는 맥락이 행동에 영향을 준다는 것을 이해하라. 지원자, 고객, 조직 구성원, 심지어 리더의 행동에 영향을 미칠 수 있는 조직의 환경적 특성을 잘 파악하라.
- 문화적 가치관의 차이를 이해하면 다른 문화권의 사람들과 상호작용을 하는 데 큰 도움이 된다.

의사결정과 실행

제6장 지각과 개인 의사결정
제7장 동기부여의 개념
제8장 동기부여 이론의 응용

6
지각과 개인 의사결정

학습목표

- 지각에 영향을 미치는 요소를 설명할 수 있다.
- 귀인 이론을 설명할 수 있다.
- 지각과 의사결정의 관계를 설명할 수 있다.
- 합리적 의사결정 모델을 제한된 합리성 및 직관에 근거를 둔 의사결정 이론과 비교할 수 있다.
- 개인차와 조직 내 제약이 의사결정에 어떤 영향을 미치는지 설명할 수 있다.
- 윤리적 의사결정의 세 가지 기준을 비교할 수 있다.
- 창의성의 3단계 모델을 설명할 수 있다.

지각은 무엇인가

모든 것이 보이는 그대로인 것은 아니며, 불행히도 우리의 지각은 편견으로 이어질 수 있다. 특히 누군가가 정형화된 어떤 집단에 속해 있다고 지각하면 그 사람과 상호작용하는 방식에 영향을 미칠 수 있다. 예를 들어 체중에 대한 편견과 차별은 과체중인 사람은 의욕이 없고 마른 사람은 온순하고 건강하지 않다는 고정관념을 활성화하여 조직 구성원에게 마음의 상처를 입힐 수 있다.[1] **지각**(perception)은 우리가 환경에 의미를 부여하기 위해 감각적 인상을 조직화하고 해석하는 과정이다. 우리가 지각하는 것은 객관적인 현실과 상당히 다를 수도 있다. 지각이 조직행동론의 연구에서 중요한 이유는 무엇일까? 우리의 행동과 결정은 현실 그 자체가 아니라 우리가 현실을 어떻게 지각하는지에 달렸기 때문이다. 다시 말해 우리의 지각은 우리가 행동을 취하는 현실이 된다. 예를 들어 일본인과 화상회의를 하는 브라질인은 대화 중의 침묵을 어색해하거나 부정적인 것으로 지각할 수도 있다. 하지만 일부 아시아 문화에서는 침묵이 중요하며 경청하고 있음을 나타낸다.[2]

지각 개인이 환경에 의미를 부여하기 위해 감각적 인상을 조직화하고 해석하는 과정

지각에 영향을 미치는 요인

지각을 구성하지만 때로는 지각을 왜곡하는 요인이 있다. **지각 주체**, **지각 대상**, 지각이 이루어지는 **맥락**이 바로 그러한 요인이 될 수 있다.

지각 주체 우리가 어떤 대상을 바라볼 때 우리의 해석은 태도, 성격, 동기, 관심사, 과거 경험, 기대감 등 개인적 특성의 영향을 받는다.[3] 어떻게 보면 우리는 듣고 싶은 대로 듣고[4] 보고 싶은 대로 보는 경향이 있다. 이는 그 내용이 진실이기 때문이 아니라 그 내용이 우리의 생각과 일치하기 때문이다. 연구 결과에 따르면 관리자는 하루 중 더 이른 시간에 일을 시작하는 직원이 더 성실하므로 더 높은 성과를 낸다고 지각하는 것으로 밝혀졌다. 하지만 야행성인 관리자는 이러한 잘못된 가정을 하지 않는 경향이 있다.[5]

지각 대상 지각되는 대상의 특성도 우리의 지각에 영향을 미친다. 우리는 대상을 지각할 때 대상 자체만을 보는 것이 아니기 때문에 대상과 배경의 관계가 우리의 지각에 영향을 미칠 뿐 아니라, 가까운 것과 유사한 것을 한데 묶어서 생각하는 경향도 지각에 영향을 미친다.[6] 우리는 표면적으로 비슷한 특성이 있는 다른 어떤 집단의 구성원이 그 특성과 관련이 없는 다른 측면도 비슷할 것이라고 지각하기도 한다. 이러한 가정은 해로울 수도 있다. 예를 들어 범죄 기록이 있는 사람이 일을 구할 때, 그를 잘못 체포했었다는 사실이 범죄 기록에 포함되어 있어도 결과적으로 직장에서 편견이 섞인 판단을 받을 수 있다.[7]

때로는 지각 대상의 특성이 지각 대상에게 유리하게 작용하기도 한다. 예를 들어 1만 건이 넘는 소액대출 거래에서 고객(대출 신청자)의 외모가 호의적일수록 대출이 승인될 가능성이 크고 승인이 더 빨리 이루어졌다.[8] 연구자들은 인공지능 기술을 활용하여 호의적인 외모가 약 60%의 정확도로 대출 승인을 예측할 수 있음을 발견했다.[9]

맥락 맥락도 중요하다. 대상이나 사건을 볼 때의 시간, 위치, 조명, 온도, 상황적 요인 등은 우리의 주의력에 영향을 미칠 수 있다. 예를 들어 잠재적인 고객을 사무실에 초대했을 때 사무실이 지저분하다면 그 고객은 당신이 성실하지 않고 신경질적이라고 생각할 가능성이 크다. 그러나 반대로 사무실이 깨끗하다면 그러한 인상을 받지 않을 것이다.[10]

사람들은 보통 자신의 현실관에 영향을 미치는 요인을 인식하지 못한다. 실제로 사람들은 자신의 능력도 그다지 예리하게 지각하지 못한다.[11] 다행히 우리는 지각적 왜곡의 원인을 인식하거나, 객관적인 측정을 통해 지각적 왜곡을 줄일 수 있다. 예를 들어 자신의 인종적 편견을 더 깊이 인식하면 자신의 편견을 통제하려는 동기부여가 더욱 된다.[12] 이어서 우리가 다른 사람을 어떻게 지각하는지에 대해 알아보자.

대인 지각: 다른 사람에 대한 판단

조직행동과 가장 관련이 있는 지각 개념에는 **대인 지각** 또는 사람들이 서로에게 형성하는 지각이 포함된다. 다른 사람에 대한 지각 중 많은 부분은 근거가 거의 없는 작은 단서와 첫인상에 의해 형성된다. 정확한 대인 지각을 방해하는 몇 가지 성향이 있는데, 먼저 귀인 이론을 뒷받침하는 증거를 살펴보자.

귀인 이론

사람을 관찰할 때 우리는 그 사람이 하는 행동의 배후를 설명하려 한다. 어떤 사람의 행동에 대한 지각과 판단은 우리가 그 사람의 내면 상태를 어떻게 짐작하느냐에 따라 영향을 받는다.

귀인 이론(attribution theory)은 우리가 어떤 행동에 부여하는 의미에 따라 사람을 다르게 판단하는 방식을 설명한다.[13] 예를 들어 동료가 지각을 했다면 게으르거나 전날 밤 늦게까지 유흥을 즐겼기 때문이라고 생각할 수도 있다. 그런데 당신이 지각한 경우라면 어떨까? 교통 체증 때문이라고 하지 않을까?[14] 또한 귀인 이론은 귀인의 결과로 우리가 하는 행동을 설명하려고 한다. 최근 연구에 따르면 부하 직원이 열정적으로 일한다고 생각하는 상사는 그 부하 직원을 부려먹거나 초과 근무, 지루한 작업 등을 시키는 경향이 있는 것으로 나타났다.[15] 다시 말해 열정적으로 보이면 일을 더 많이 시켜도 괜찮다고 생각한다.

귀인 이론 개인의 행동이 내적 원인에 의한 것인지, 외적 원인에 의한 것인지 판단하는 것과 마찬가지로, 우리가 어떤 행동에 부여하는 의미에 따라 사람을 다르게 판단하는 방식을 설명하는 이론

내적 인과와 외적 인과 귀인 이론에 따르면 우리는 다른 사람의 행동을 관찰할 때 그 행동이 내적 원인에 의한 것인지, 외적 원인에 의한 것인지 구분하려 한다. 이러한 판단은 ① 특이성(distinctiveness), ② 합의성(consensus), ③ 일관성(consistency)에 따라 크게 달라진다.[16] 먼저 내적 인과와 외적 인과의 차이를 명확히 이해한 후 세 가지 결정 요인을 살펴보자.

내적으로 야기된 행동은 관찰자가 보기에 관찰 대상자의 통제하에 이루어진 행동을 의미하며, 내적 귀인에 해당한다(예: 동료가 게을러서 지각하는 것). 외적으로 야기된 행동은 개인의 행동이 상황에 의해 어쩔 수 없이 일어난 경우로, 외적 귀인에 해당한다(예: 교통 체증으로 지각하는 것). 최근 연구는 행동의 원인이 되는 외적 귀인을 추가로 제안했는데, 그것은 바로 다른 사람과의 관계이다.[17] 예를 들어 고객이 거래를 중단한 이유가 ① 충성 고객이 되지 않기로 마음먹었거나(내적), ② 경제적으로 어려워서 지출을 줄이려 하거나(외적), ③ 고객을 담당하는 신입 직원과 잘 맞지 않기(관계적) 때문일 수 있다.

특이성, 합의성, 일관성 도표 6-1은 귀인 이론의 핵심 요인을 요약한 것이다. 특이성은 개인이 다양한 상황에서 각기 다른 행동을 보이는지를 의미한다. 오늘 지각한 직원이 평

도표 6-1
귀인 이론

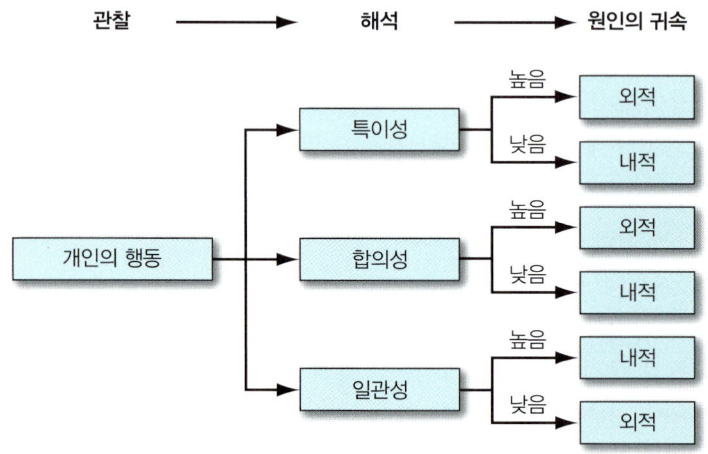

소에도 약속을 자주 어기는가? 만약 오늘만 지각했다면 외적 귀인으로 해석할 테지만, 다른 약속도 자주 늦는다면 내적 귀인으로 판단할 가능성이 크다.

만약 비슷한 상황에 처한 모든 사람이 똑같은 방식으로 대응한다면 그 행동에는 합의성이 있다고 할 수 있다. 앞서 언급한 직원과 같은 길로 출근한 다른 직원들도 모두 지각을 했다면 그 직원의 지각을 교통 체증이나 날씨 등의 외적 귀인으로 해석할 가능성이 크다. 그러나 같은 길로 출근한 다른 직원들이 모두 정시에 출근했다면 그 직원의 지각을 내적 귀인으로 해석할 것이다.

또한 관찰자는 사람들의 행동에서 일관성을 찾으려 한다. 그 사람은 시간이 지나도 같은 방식으로 행동하는가? 몇 달 동안 한 번도 늦지 않았던 직원이 10분 지각하는 것과 1주일에 세 번씩 지각하던 직원이 10분 지각하는 것은 다르게 보일 것이다. 행동이 일관적일수록 우리는 그 행동을 내적 귀인으로 해석하려는 경향이 있다.

근본적 귀인 오류 다른 사람의 행동에 대해 판단할 때 외적 요인의 영향을 과소평가하고 내적 또는 개인적 요인의 영향을 과대평가하는 경향

오류와 편견 다른 사람의 행동에 대해 판단할 때 우리는 외적 요인의 영향을 과소평가하고 내적 또는 개인적 요인의 영향을 과대평가하는 경향이 있다.[18] **근본적 귀인 오류**(fundamental attribution error)는 왜 우리가 부자의 성공을 방해하는 외적 요인(예: 부유한 가정에서 태어나는 것)을 고려하지 않고 부자를 똑똑하거나, 현명하거나, 유능하다고 인식하는 반면, 가난한 사람을 게으르거나 재능이 없거나 지능이 부족하다고 평가절하하는지를 설명해준다.[19]

자기보호 편견 개인이 자신의 성공은 내적 요인 때문이라고 생각하고, 실패의 책임은 외적 요인에 돌리는 경향

이와 비슷하게 사람들은 모호한 정보를 자기 입장에서 좋게 해석하며, 긍정적인 피드백은 받아들이고 부정적인 피드백은 거부하는 경향이 있는데, 이를 **자기보호 편견**(self-serving bias)이라고 한다.[20] 많은 연구에서는 경영자의 자기보호 편견과 그에 따른 부정적인 영향에 초점을 두지만 모든 경영진이 자기보호적이라고 할 수는 없다. 겸손한 경영진이 더 큰 성공을 거두고, 더 많이 승진하며, 투자자의 긍정적인 반응을 이끌어내어 팀 또는 기업의 높은 성과로 이어진다고 밝힌 연구도 많다.[21]

지각의 문화적 차이에 대한 증거는 혼재하지만, 대부분의 연구 결과는 문화에 따라 사람들의 내적 또는 외적 귀인에 차이가 있으며, 집단주의 문화에서는 내적 귀인보다 외적 귀인이 더 자주 나타난다고 밝혔다.[22] 이러한 귀인의 차이는 개인 또는 집단의 탓으로 돌리는 정도에도 영향을 미친다. 한 연구에 따르면 아시아 관리자는 일이 잘못되었을 때 기관이나 전체 조직을 비난하는 경향이 있는 반면, 서양 관찰자들은 개별 관리자가 비난이나 칭찬을 받아야 한다고 믿는 것으로 나타났다.[23] 기업의 실적이 나쁠 때 미국 언론은 경영자의 이름을 보도하지만 아시아 언론은 기업 전체가 실패했다고 보도하는 것이 이 때문일 것이다.

타인을 판단할 때 흔히 사용되는 지름길

타인을 판단할 때 흔히 사용되는 지름길은 빠르고 정확하게 지각하게 하고 예측을 위한 타당한 정보를 제공한다. 그러나 이러한 방법은 심각한 왜곡으로 이어질 수도 있는데, 이에 대해 자세히 알아보자.

선택적 지각 우리는 종종 자신의 배경, 동기, 특성을 바탕으로 주변 환경에서 정보를 선택하는데(때로는 무의식적으로 선택), 이를 **선택적 지각**(selective perception)이라고 한다. 예를 들어 조직의 리더는 재무 지표와 실적에 초점을 맞추면서 구성원들과 이들의 직무 만족은 무시하는 경향이 있다.[24] 일부 연구에 따르면 우리는 환경에서 더 많은 것에 집중하도록 지시를 받으면 그렇게 할 것이다. 예를 들어 최고경영진이 직원들의 직무 만족을 중요하게 생각한다고 강조하면 관리자들도 직원들의 직무 만족을 중요시하게 된다.[25]

선택적 지각 자신의 관심사, 배경, 경험, 태도를 바탕으로 사안을 선택적으로 해석하는 경향

후광 효과와 뿔 효과 지능, 사회성, 외모와 같은 한 가지 특성을 기반으로 누군가에 대한 긍정적인 인상을 결정한다면 **후광 효과**(halo effect)가 작용하는 것이다.[26] 이와 달리 한 가지 특성으로 인해 부정적인 인상을 받는 경우는 **뿔 효과**(horns effect)가 나타난 것이다. 즉 후광 효과와 뿔 효과는 다른 사람이 지닌 단일 특성에 따라 그 사람에 대한 지각이 긍정적 또는 부정적으로 지나치게 영향을 받는 편견의 한 형태로, 주위에서 쉽게 접할 수 있는 일이다. 예를 들어 채용 담당자가 면접에서 두 지원자를 만나는 상황을 상상해보자.[27] 한 지원자는 매우 친절하고 사교적인데, 채용 담당자는 이 사람이 영리하거나 일을 잘할 것으로 결론 내리기 쉽다. 그러나 이러한 특성은 서로 관련이 없을 수도 있다(즉 후광 효과는 긍정적인 첫인상을 만든다). 다른 지원자는 요란하고 비호감인데, 채용 담당자는 이 사람이 영리하지 않거나 일을 잘하지 못할 것이라고 결론 내리기 쉽다(즉 뿔 효과는 부정적인 첫인상을 만든다).

후광 효과 한 가지 특성을 기반으로 개인에 대한 긍정적인 인상을 결정하는 경향

뿔 효과 한 가지 특성을 기반으로 개인에 대한 부정적인 인상을 결정하는 경향

대비 효과 **대비 효과**(contrast effect)를 보여주는 한 예를 살펴보자. 성과 평가 시 직원들은 자신의 평가에 대해 불안을 느낀다. 상사가 평가 일정을 잡으려는 와중에 리건이

대비 효과 절대적 기준을 따르는 것이 아니라 특정 대상과의 비교를 통해 개인을 평가하는 것

승진할 것이라는 소문이 듣게 되었다. 리건은 부서에서 탁월한 성과를 내는 인재로 알려져 있기 때문이다. 이러한 상황에서 부서의 다른 직원들은 리건에 비해 나쁜 평가를 받을 가능성이 크다. 이 예는 대비 효과가 어떻게 지각을 왜곡할 수 있는지를 보여준다.[28] 우리는 누군가를 평가할 때 그 사람 자체만을 보는 것이 아니라 최근에 만난 다른 사람들의 영향을 받게 된다.

고정관념 누군가를 판단할 때 그 사람이 속한 집단에 대한 지각에 따라 판단하는 것

고정관념 누군가를 판단할 때 그 사람이 속한 집단에 대한 지각에 따라 판단을 내린다면 **고정관념**(stereotyping)을 가지고 있는 것이다.[29] 고정관념은 선발, 승진과 같은 경영 프로세스를 해치는 편파적인 의사결정으로 이어질 수 있다. 예를 들어 한 연구에서는 학생으로 가장하여 6,500명 이상의 미국 교수들에게 대학원과 연구 기회에 관심이 있다는 가짜 편지를 보냈다. 편지의 내용은 동일하고 학생의 이름만 '전형적인' 흑인, 중국인, 히스패닉, 인도인, 백인으로 구분되게 썼다.[30] 이 편지를 받은 교수들은 특히 백인 남성 학생에게 훨씬 더 많은 반응을 보였다. 또한 성과가 저조한 기업에서는 여성과 소수 민족이 CEO로 승진할 가능성이 더 크다. 즉 실패가 예견될 때 여성과 소수 민족에게 승진 기회가 주어지는 것이다. 그리고 기업의 성과가 계속해서 하락하면 CEO가 백인 남성으로 교체되는 경향이 있다(2장의 '유리 절벽' 참조).[31]

우리의 지각이 견해를 왜곡한다는 것은 이제 명백한 사실로 드러났다. 이러한 지각은 채용 면접, 성과 평가, 고객과의 상호작용 등 다양한 경영 프로세스에 영향을 미친다. 인공지능은 이러한 편견을 극복하는 데 유용하다. 예를 들어 인공지능 기반의 성과 평가는 타인을 판단할 때 사용되는 지름길로 인해 나타날 수 있는 부정적인 왜곡을 줄이는 데 도움이 된다.[32] 이러한 '기계적' 데이터 분석 방법은 매우 효과적이다. 많은 연구를 검토한 결과, 주관적 판단에 따른 방법보다 기계적 방법이 직무 성과를 판단하는 데 50% 더 효과적이라는 사실이 밝혀졌다.[33] 그러나 이로 인해 많은 관리자는 인공지능에 일자리를 빼앗기는 **기술적 실업 위협**(threat of technological unemployment)을 걱정하고 있다.[34]

기술적 실업 위협 전문성 있는 의사결정자가 의사결정의 질을 개선하기 위한 인공지능 도입에 저항하는 상황으로, 새로운 기술로 인해 전문가의 판단에 의존하는 정도가 줄어드는 현상

그럼에도 불구하고 지각과 의사결정의 연관성을 이해하면 우리가 효과적인 결정을 내리는 것을 지각이 방해할 때를 인식하는 데 도움이 될 것이다.

지각과 개인 의사결정의 연관성

의사결정 둘 이상의 대안 중에서 하나를 선택하는 것

살아가면서 우리는 둘 이상의 대안 중에서 하나를 선택하는 **의사결정**(decision)을 끊임없이 해야 한다.[35] 이상적인 의사결정은 주관적이기보다는 객관적이어야 하지만, 사람들이 의사결정을 내리는 방식은 지각의 영향을 많이 받는다.

문제 현재 상황과 바람직한 상황 사이의 괴리

의사결정은 어떤 **문제**(problem)에 대한 대응으로 생겨난다. 현재 상황과 바람직한 상황 사이에 괴리가 있을 때 문제가 발생하며, 그 괴리에 대한 해결책을 모색해야 한다.

불행히도 대부분의 문제는 깔끔한 이름표를 달고 있지 않다. 어떤 사람에게는 문제가 되는 상황이 다른 사람에게는 바람직한 상태일 수도 있다. 가령 어떤 관리자는 자기 부서의 분기별 매출이 2% 감소한 것을 신속한 대처가 필요한 심각한 문제라고 인식하지만, 다른 부서의 관리자는 동일한 매출 감소를 큰 문제가 아니라고 생각할 수 있다.

모든 의사결정에는 정보를 해석하고 평가하는 과정이 반드시 뒤따른다. 일반적으로 우리는 다양한 원천으로부터 정보를 받아 그것을 검열하고, 처리하고, 해석한다. 의사결정과 관련된 정보는 무엇이고, 그렇지 않은 정보는 무엇인가? 우리의 지각은 그 답을 구하는 데 도움이 되지만, 때로는 예상치 못한 방식으로 의사결정에 영향을 미치기도 한다. 예를 들어 경제 불황기에 직원은 조직의 문제 상황을 잘 받아들이고 이를 해결하기 위해 대응해야 한다(어려운 시기이니 일자리를 지키기 위해 열심히 일해야 한다). 그러나 다른 회사로 옮길 기회가 없을 때 직원은 조직에 문제가 있다는 정보를 부인하거나 무시할 수도 있다.[36]

조직 내 의사결정

경영대학원에서는 합리적 의사결정 모델을 따르도록 교육한다. 이러한 모델은 도움이 되기도 하지만, 사람들이 실제로 의사결정을 내리는 과정을 언제나 잘 설명하는 것은 아니다. 조직행동론은 앞에서 다루었던 지각의 오류와 더불어 사람들이 의사결정 과정에서 범하는 오류를 고려함으로써 조직 내 의사결정 방식을 개선한다. 먼저 의사결정의 몇 가지 개념을 설명한 후 가장 흔히 범하는 몇 가지 오류를 알아보자.

합리적 의사결정 모델, 제한된 합리성, 직관

조직행동론에서 일반적으로 인정하고, 사람들이 판단을 내릴 때 사용하는 의사결정 개념으로 합리적 의사결정 모델, 제한된 합리성, 직관이 있다. 이 세 가지 개념은 타당하기는 하지만, 가장 정확한 결정 또는 최선의 결정을 꼭 이끌어내는 것은 아니다. 더 중요한 사실은 상황에 따라 어떤 전략이 다른 전략보다 더 나은 결과를 가져오는 경우가 있다는 것이다.

합리적 의사결정 우리는 가장 훌륭한 결정을 내리는 사람이 **합리적**(rational)이며, 자원이 제한적인 상황에서도 지속적이면서 가치를 극대화하는 선택을 한다고 흔히 생각한다.[37] 합리적인 의사결정은 여섯 단계의 **합리적 의사결정 모델**(rational decision-making model)에 따라 이루어진다(도표 6-2 참조).[38]

합리적 자원이 제한적인 상황에서도 지속적이면서 가치를 극대화하는 선택을 하는 의사결정 유형

합리적 의사결정 모델 어떤 결과를 극대화하기 위해 개인이 어떻게 행동해야 하는지를 설명하는 의사결정 모델

합리적 의사결정 모델은 결정을 내리는 사람이 필요한 모든 정보를 가지고 있고, 관련된 정보를 아무런 편견 없이 구분해낼 수 있으며, 가장 효용이 높은 선택을 할 것이라고 가정한다.[39] 하지만 실제로 이루어지는 대부분의 결정은 이러한 모델을 따르지 않는다. 사람들은 문제에 대한 최적의 해답이 아니어도 받아들일 만하거나 만족할 만한 수준의

도표 6-2
합리적 의사결정 단계

1단계	문제를 정의한다.
2단계	의사결정 기준을 수립한다.
3단계	기준에 가중치를 부여한다.
4단계	여러 가지 대안을 도출한다.
5단계	각 대안에 기준을 적용하여 등급을 매긴다.
6단계	최적의 대안을 선택한다.

해결책을 선택하곤 한다. 사람들은 최적이 아닌 차선의 결정을 내리는 것에 놀랍도록 무감각하다.[40]

제한된 합리성 사람들이 합리적 의사결정 모델에 따라 움직이지 않는 데에는 이유가 있다. 정보를 처리하는 인간의 능력에는 한계가 있어, 필요한 모든 정보를 쉽게 얻을 수 있는 경우일지라도 최적의 해답을 찾기 위한 정보를 모두 취합하는 것이 불가능하기 때문이다.[41] 복잡한 문제를 구성하고 해결할 때 완벽하게 합리적이지 못하기 때문에 우리는 **제한된 합리성**(bounded rationality)의 둘레 안에서 작업한다. 사람들은 문제의 모든 복잡성을 포함하는 대신에 문제의 중요한 측면만을 지각하고 해석하여 단순화된 모델을 구성한다. 이렇듯 단순화된 모델의 범주 안에서 비로소 합리적으로 행동할 수 있는 것이다.

제한된 합리성 문제의 모든 복잡성을 포함하는 대신에 문제의 중요한 측면만을 지각하고 해석하여 단순화된 의사결정 모델

제한된 합리성의 결과 중 하나는 적당한 선에서 만족하는 경향 또는 '이만하면 충분하다'는 정도의 해결책을 추구하는 경향이다. 적당한 선의 해결책은 받아들일 만하지만 최선은 아닌데, 이것이 항상 나쁜 방법이라고는 할 수 없다. 이따금 단순한 과정을 사용하는 것이 전통적인 합리적 의사결정을 사용하는 것보다 더 현명할 때가 있다.[42] 그러나 제한된 합리성은 윤리적 결정을 내릴 때 문제가 될 수 있다. 우리는 윤리적 결정을 내릴 때 체계적이고 예측 가능한 오류를 범하기 쉽고,[43] 우리에게 특정한 방식으로 행동할 권리가 있는지는 우리의 행동이 영향을 미치는 사람들에 대한 우리의 의무에 의해 제한된다.[44] 예를 들어 간식이 비치된 휴게실에서 마지막 남은 도넛을 가져가고 싶지만, 아직 먹지 않은 사람이 있을지도 모르니 가져가면 안 된다는 것을 알고 있다. 연구자들은 제한된 합리성에 대응하는 방법을 찾아냈다. 상황을 더 잘 이해하기 위해 다양한 질문을 하고, 여러 정보 원천을 활용하며, 정보 원천을 평가하고, 결정할 시간을 충분히 남기는 것이다.[45]

직관 의사결정 방식 중 가장 합리적이지 않은 것은 경험을 바탕으로 내리는 무의식적인 결정, 즉 **직관적 의사결정**(intuitive decision making)일 것이다.[46] 직관적 의사결정은 의식적인 생각 밖에서 일어나며, 전반적인 연상이나 이질적인 정보 사이의 연관성에 의지하고, 빠르게 이루어지며, 정서적 영향을 받아 결정 과정에 감정이 개입된다.[47]

직관적 의사결정 경험을 바탕으로 내리는 무의식적인 결정

효과적인 의사결정을 하는 데 직관이 도움이 될까? 연구자들 간의 의견이 갈리지만 대

부분은 회의적이다. 또한 직관은 '가시적인 것을 간과하고 마음을 따르거나', 옳지 않은 경우에도 직관을 보호하기 위해 상반된 정보를 무시하도록 이끌 수 있다.[48] 많은 의사결정 연구는 직관이 '옳다는 느낌'은 있지만 합리적으로 내린 결정과 일치하지 않으며, 아마도 부정확한 결정으로 이어질 수 있다고 밝혔다.[49] 한 전문가의 훌륭한 조언은 이러한 고민을 잘 드러낸다. "직관은 가설을 설정하는 데 매우 유용한 방식이 될 수 있지만 '증거'로 받아들일 수는 없다." 추측하고 어림할 때는 경험에서 나오는 느낌을 따라도 상관없지만, 그러한 느낌은 객관적인 자료와 합리적이고 냉정한 분석의 시험을 통과해야 한다.[50]

의사결정 과정에서 자주 나타나는 편견과 오류

체계적인 편견과 오류가 의사결정자의 판단에 개입할 여지는 많다.[51] 사람들은 노력을 최소화하고 상충 상황을 피하기 위해 경험, 충동, 느낌, 편리한 어림짐작에 과도하게 의존하는 경향이 있다. 이러한 편견과 오류를 피할 수 있는 몇 가지 방법을 도표 6-3에 제시했다.

과도한 확신 편견 우리는 자신의 능력과 타인의 능력을 과도하게 확신하는 경향이 있으며, 이러한 편견을 잘 인식하지 못한다.[52] 과도한 확신은 특히 조직 내 비공식 면접 상황에서 나타날 수 있다. 예를 들어 채용 담당자는 비공식 면접 후 지원자를 얼마나 잘 평가하는지에 대해 과신할 수 있다.[53] 또한 일부 연구는 채용 담당자가 얼굴에 흉터나 모반이 있는 지원자에 대해 선입견이 있는 평가를 하면서도 과신할 수 있다고 밝혔다.[54]

과신은 리더의 출현과도 관련이 있다(12장 참조). 사람들은 모호함을 해소하려는 경향이 있기 때문에 과도하게 확신에 찬 사람을 리더로 선택할 가능성이 크다.[55] 더욱이 **과도한 확신 편견**(overconfidence bias)은 권력이 있고 야심차며 사회적 지위가 높은 리

과도한 확신 편견 자신의 능력이나 타인의 능력을 과도하게 확신하는 경향

도표 6-3

의사결정 오류를 피하는 방법

출처: S. P. Robbins, *Decide & Conquer: Making Winning Decisions and Taking Control of Your Life* (Upper Saddle River, NJ: Financial Times/Prentice Hall, 2004), 81-84.

목표에 집중하라. 목표가 없다면 합리적일 수 없다. 무슨 정보가 필요한지, 어떤 정보가 적절한지도 판단할 수 없고, 대안을 비교하여 선택하기도 어려우며, 결정을 내리고 나서 후회할 가능성이 매우 커진다. 분명한 목표가 있으면 적절하지 않은 대안을 초기에 제거할 수 있어 의사결정을 내리기가 쉬워진다.

기존 신념과 상반되는 정보를 탐색하라. 과도한 확신이나 맹목성 오류에 빠지지 않는 가장 좋은 방법은 기존의 신념 내지 가정과 상반되는 정보를 적극적으로 탐색하는 것이다. 오류에 빠질 수 있는 여러 가능성을 하나씩 제거하여 훨씬 나은 의사결정을 할 수 있을 것이다.

우연한 사건에 억지로 의미를 부여하지 말라. 교육을 받은 사람은 어떤 현상에서든 인과관계를 찾으려는 경향이 있다. 어떤 일이 일어나면 왜 그런지 의문을 갖는다. 타당한 이유를 찾을 수 없을 때는 억지로 이유를 만들어내기도 한다. 세상에서 일어나는 일 중에는 우리가 통제할 수도, 설명할 수도 없는 일이 있다는 사실을 인정해야 한다. 그러므로 어떤 일이 발생하면 타당한 설명을 할 수 있는 것인지, 아니면 그저 우연히 동시에 발생한 것인지 자문해야 한다. 우연의 일치에 의미를 부여하지 말라.

대안의 수를 늘려라. 몇 개의 대안을 탐색하든 최종 선택은 선정된 대안 중에서 가장 좋은 것일 수밖에 없다. 따라서 대안의 수를 늘리는 것, 그것도 창의성을 동원하여 새로운 대안을 도출하는 것이 중요하다. 대안이 많아질수록 더 좋은 대안이 포함될 가능성이 커질 것이다.

더에게서 더 자주 나타나며, 경우에 따라 기업의 높은 성과로 이어질 가능성이 크다.[56] 그러나 초기 이점에도 불구하고 과신은 결국 역효과를 낼 수 있다. 과신이 드러나면, 즉 그 사람의 행동이 말만큼 좋지 않거나 주장이 거짓으로 판명 나면 사람들이 그 사람을 부정적으로 인식함으로써 평판이 나빠진다.[57]

고착 편견 초기에 접한 정보에 고착되어 이후 정보에 대한 적절한 조정을 충분히 하지 못하는 경향

고착 편견 **고착 편견**(anchoring bias)은 초기에 접한 정보에 고착되어 이후 정보에 대한 적절한 조정을 충분히 하지 못하는 경향을 의미한다.[58] 앞에서 직원 면접과 관련하여 언급했듯이 우리의 정신은 처음 받아들인 정보에 과도한 중요성을 부여하는 것으로 보인다. 고착은 설득 기술이 중요한 광고, 경영, 정치, 부동산, 법률 분야의 전문가가 널리 사용한다.

협상을 할 때는 기준점 설정이 이루어진다. 면접 자리에서 사장이 이전 직장의 연봉을 물어보았을 때 당신의 대답은 사장이 제시하는 금액의 기준점이 될 것이다(따라서 임금 협상을 할 때는 솔직한 범위 내에서 기준점을 최대한 높게 설정하라). 당신의 기준점이 정확할수록 조정 범위가 좁아진다. 연구 결과에 따르면 사람들은 기준점이 설정된 이후의 조정 과정을 숫자를 반올림하는 것과 비슷하게 생각한다. 만약 당신이 5만 5,000달러를 제시한다면 사장은 적절한 임금의 범위로 5만~6만 달러를 고려하겠지만, 당신이 5만 5,650달러를 제시한다면 사장은 5만 5,000~5만 6,000달러를 가능한 범위로 생각할 것이다.[59]

확증 편견 자신의 지난 선택이 옳았음을 재차 확인할 수 있는 정보를 찾아다니고, 그에 반하는 정보를 쉽게 무시하는 경향

확증 편견 **확증 편견**(confirmation bias)은 선택적 지각의 한 사례이다. 우리는 자신의 지난 선택이 옳았음을 재차 확인할 수 있는 정보를 찾아다니고, 그에 반하는 정보를 쉽게 무시한다.[60] 또한 자신이 가지고 있는 관점을 지지하는 정보는 바로 받아들이고, 그 관점에 반하는 정보는 의심한다. 확증 편견은 우리의 지각에도 적용된다. 한 번 특성 귀인이 결정되면 우리는 이러한 지각을 재확인하는 정보를 찾아내 받아들인다.[61] 예를 들어 상사가 당신을 신뢰할 수 없는 사람으로 본다면, 당신을 신뢰할 수 있는 경우보다 신뢰할 수 없는 경우를 지각할 가능성이 더 크다. 확증 편견은 특히 기업가와 신생 스타트업에 문제가 될 수 있다. 새로운 사업에서 잘못된 결정을 내리고 빠르게 학습하지 못할 때 결과가 심각하기 때문이다.[62]

가용성 편견 쉽게 접할 수 있는 정보에 기초하여 판단을 내리는 경향

가용성 편견 **가용성 편견**(availability bias)은 쉽게 접할 수 있는 정보에 기초하여 판단을 내리는 경향을 의미한다. 감정을 자극하는 사건은 특히 또렷이 기억되며, 최근에 일어난 사건은 기억에 더 잘 남아 있어 비록 재발 가능성이 희박한 사건이라도 다시 발생할 수 있다고 과대평가하게 된다.[63] 가용성 편견은 관리자가 성과 평가 시 근로자의 6~9개월 전 행동보다 최근 행동에 더 비중을 두는 이유를 설명할 수 있다.[64] 사람들은 일이 술술 잘 풀릴 때보다 어려움에 처했던 시기가 더 두드러지게 기억되기 때문에 조직 구성원은 다른 사람들보다 자신이 더 힘들다고 믿는 경향이 있다.[65] 예를 들어 나이 든

세대는 MZ 세대보다 자신이 더 힘든 시기를 겪었다고 믿고 MZ 세대의 경험을 깎아내리기도 한다.

결정의 지속성 의사결정에 영향을 미치는 또 다른 왜곡은 의사결정을 지속시키려는 경향이며, 이는 흔히 비합리적인 이유에 의해 유지되곤 한다.[66] **결정의 지속성**(escalation of commitment)은 이전의 결정이 잘못되었다는 분명한 증거가 있음에도 불구하고 그 결정을 유지하는 현상을 의미한다. 이러한 지속성은 언제 가장 많이 일어날까? 연구 결과에 따르면 이는 결과에 대한 책임이 자신에게 있다고 생각할 때 가장 많이 일어난다.[67] 개인적인 실패에 대한 두려움은 우리가 정보를 탐색하고 평가하는 방식에도 영향을 미쳐 자신의 결정을 지지하는 정보만을 선택하게 만든다.[68] 실패로 이어지는 행동을 스스로 선택했는지, 그러한 행동을 하도록 배정되었는지가 영향을 미치지 않는다. 즉 두 경우 모두에서 책임감을 느끼고 결정을 지속하려 한다. 또한 결정의 권위를 나누는 것, 예컨대 자신이 내린 결정을 다른 사람들이 확인하는 경우에는 더 강한 지속성으로 이어질 수 있다.[69]

결정의 지속성 이전의 결정이 잘못되었다는 분명한 증거가 있음에도 불구하고 그 결정을 유지하는 현상

보통은 결정을 지속하는 것에 대해 근거가 없다고 생각한다. 하지만 실패에도 불구하고 멈추지 않고 지속하는 행동은 피라미드, 만리장성, 파나마 운하, 엠파이어스테이트 빌딩 등 인류의 역사상 위대한 업적을 낳기도 했다. 연구자들은 이미 쓰인 비용과 앞으로의 예상 비용이 가치가 있는지에 대한 지속적인 평가가 포함된 균형 잡힌 접근을 제안한다.[70] 따라서 우리가 경계하고자 하는 것은 자동적으로 결정을 지속하려는 경향이다.

우연성 오류 우연히 벌어지는 사건의 결과를 예측할 수 있다고 믿는 경향을 **우연성 오류**(randomness error)라 한다. 우연한 사건에서 의미를 도출하려는 행동은 의사결정에 악영향을 미칠 수 있으며, 이는 가상의 패턴이 미신이 될 때 특히 강하게 나타난다.[71] 이 현상은 극도로 부자연스러운 방식으로 나타날 수도 있고(예: 13일의 금요일에는 중요한 결정을 내리지 않는 것), 과거 행동 방식의 강화로 나타날 수도 있다(예: 행운을 가져온다고 믿는 옷을 입는 것).[72]

우연성 오류 우연히 벌어지는 사건의 결과를 예측할 수 있다고 믿는 경향

위험 회피 수학적으로는 100달러를 걸고 50 대 50의 동전 던지기를 하는 것이 확실하게 50달러를 받는 것과 마찬가지이다. 여러 차례 반복했을 때 이 도박의 기댓값은 두 경우 모두 50달러이다. 하지만 열성적인 도박꾼이 아니라면 대개는 위험한 가능성을 추구하기보다는 확실한 이익을 선호한다.[73] 많은 사람이 보기에는 200달러를 걸고 벌이는 50 대 50의 도박조차도 확실하게 50달러를 받는 것보다 가치가 낮은 것이다. 전자의 도박이 수학적으로는 두 배나 가치가 큰데도 말이다. 이처럼 위험한 결과보다 확실한 것을 선호하는 경향을 **위험 회피**(risk aversion)라고 한다. 전반적으로 의사결정의 틀은 사람들이 위험 회피적인 행동에 참여할지 말지에 영향을 미친다. 의사결정의 틀이 긍정적인 경우, 예를 들어 잠재적 이익이 50달러일 때는 위험 회피적인 행동을 더 많이 할 것이

위험 회피 위험한 결과에 따른 보상이 크더라도 적당한 수준의 확실한 이익을 선호하는 경향

소니
소니(Sony)의 전 CEO인 히라이 가즈오는 70년 역사의 전자제품 대기업인 소니를 구조조정하고 정비하는 정책을 추진했다. 2015년에 히라이는 경쟁이 심하여 성장이 불리해진 영역에는 더 이상 투자하지 않고, 잠재적 수익이 발생할 수 있는 세 가지 사업 영역으로 소니를 분할했다. 그는 위험 회피와 거래량 축소 방식을 선택하여 소니가 새롭게 성장하길 바랐다.

후견지명 편견 이미 일어난 일의 결과에 대해 그 결과를 정확히 예측할 수 있었다고 잘못 생각하는 경향

다. 반대로 의사결정의 틀이 부정적인 경우, 예를 들어 50달러의 손실이 예상될 때는 위험한 행동을 할 가능성이 더 크다.[74]

해고 위기에 처한 CEO는 위험을 감수하는 투자 전략이 자사에 가장 이익이 될 때도 위험 회피적인 경향이 크다.[75] 조직은 위험을 더욱 기피하는 구성원과 더 강한 유대관계를 형성한다. 이들은 자신이 잃을 것이 더 많다고 지각하므로 조직을 떠나지 않을 가능성이 크기 때문이다.[76]

후견지명 편견 **후견지명 편견**(hindsight bias)은 이미 일어난 일의 결과에 대해 그 결과를 정확히 예측할 수 있었다고 잘못 생각하는 경향을 의미한다.[77] 결과에 대한 피드백이 이미 주어진 상황에서 우리는 그 결과가 명백했다고 쉽게 단정 짓곤 한다.

예를 들어 앨버트테크놀로지스(Albert Technologies)는 자율 디지털 마케터를 최초로 제작했는데, 설립자인 오 샤니(Or Shani)는 마케터들이 지난 10년 동안 번거로운 수동 프로세스를 대체할 완벽한 디지털 기술을 개발하려 했다고 밝혔다. 돌이켜보면 번거로운 수동 프로세스를 번거로운 디지털 시스템이 대체할 뿐이라고 결론 내릴 법했다.[78] 결과적으로 디지털 변환을 완전히 실현하지는 못했으나, 샤니는 인공지능이 마케팅을 완전히 디지털화할 것이라고 믿고 있다.[79] 지금 시점에서 과거를 돌아보면 어떤 사실이 명백하게 보여서 그것을 예상할 수 있었다고 생각되지만, 업계의 흐름을 예측하는 데 실패한 전문가가 많다.

의사결정을 내리는 사람들에 대한 비판이 쓸데없는 것은 아니지만,[80] 《블링크: 첫 2초의 힘(Blink)》, 《티핑 포인트(The Tipping Point)》의 저자인 맬컴 글래드웰(Malcolm Gladwell)이 썼듯이 "사후에 명백해 보이는 것이 사전에도 명백한 경우는 거의 없다."[81]

의사결정에 영향을 미치는 요인: 개인차와 조직적 제약

사람들의 의사결정에 영향을 미치는 많은 요인과 그러한 요인이 오류나 왜곡에 얼마나 취약한지 알아보자.

개인차

앞에서 살펴보았듯이 실제로 이루어지는 의사결정의 특징으로 제한된 합리성, 빈번한 편견과 오류, 직관의 사용을 꼽을 수 있다. 그런데 성격을 비롯한 개인차도 합리적 모델에서의 탈선을 불러일으킨다.

성격 몇 가지 성격 특성은 의사결정 전략을 적용하거나 의사결정 중 오류나 편견을 경험하는 데 영향을 미친다. 첫째, 근로자들은 자신의 직감을 믿는 정도가 다르기 때문에 위험한 결정을 내리거나 비윤리적인 행동을 비난할 때 더 가혹해질 수 있다.[82] 둘째, 개

방성이 높은 근로자는 모순되는 정보를 더 잘 받아들이고 선택적 지각이나 확증 편견을 덜 보이는 경향이 있다.[83] 나르시시즘(5장 참조)이 높은 사람은 자기 자신을 자연스럽게 과신하거나 자기보호 편견에 빠지기 쉽다.[84] 성실성의 하위 요인 중 성취 지향과 책임감은 특히 결정의 지속성에 영향을 미친다.[85] 성취 지향적인 사람은 실패하는 것을 싫어하고, 실패를 막고 싶어서 한 번 내린 결정을 유지하곤 한다. 책임감 있는 사람은 조직에 가장 도움이 되는 행동을 하려는 경향이 있어 결정의 지속성 오류를 보일 가능성이 더 낮다. 성취 지향적인 사람은 후견지명 오류에 더 취약한데, 이는 아마도 자신의 행동을 정당화해야 하는 필요성을 많이 느끼기 때문일 것이다.[86]

성별 남성과 여성 중 누가 더 좋은 선택을 할까? 이는 상황에 따라 다르다. 상황에 대한 스트레스 수준이 높지 않을 때는 남성과 여성의 의사결정 능력에 차이가 거의 없다. 그러나 스트레스가 많은 상황에서 남성은 더 자기중심적이 되고 위험 부담이 더 큰 결정을 내리며, 여성은 공감 능력을 더 발휘하고 더 나은 결정을 내린다.[87] 이는 기업 이사회 구성원의 성별을 다양하게 하는 것이 최선일 수 있음을 시사한다. 예컨대 주식 사기를 저지른 중국 기업을 대상으로 한 연구에서는 이사회의 성별이 다양한 경우 사기를 저지를 가능성이 낮고, 사기에 대한 주식시장의 반응도 더 좋은 것으로 나타났다.[88] 이러한 연구는 남녀 간 차이에만 초점을 맞추어 성별 다양성에 대해 이해하는 데 제약이 있지만, 연구가 계속 진화하고 있으며 성별 다양성을 반영한 연구가 더 많이 수행될 것이다.

정신적 일반 능력 정신적 일반 능력(GMA)이 높은 사람은 정보를 더 빨리 처리하고, 문제를 더 정확하게 해결하며, 더 빨리 학습할 수 있다(2장 참조).[89] 따라서 이들이 일반적인 의사결정 오류를 덜 범할 것이라고 생각할 수도 있으나, GMA는 수많은 오류 중 몇 가지를 피하는 데에만 도움이 된다.[90] 똑똑한 사람은 먹잇감이 될 가능성이 높은데, 이는 똑똑하다는 사실이 너무 자신만만하거나 감정적으로 방어적일 가능성에 대해서는 경고하지 않기 때문일 것이다. 지능이 전혀 중요하지 않다는 말이 아니다. 똑똑한 사람은 의사결정의 오류에 대해 경고를 들으면 그러한 오류를 더 잘 피할 수 있다.

문화 차이 의사결정자의 문화적 배경은 문제의 선택, 분석의 깊이, 논리와 합리성의 중요성, 조직의 의사결정을 각 관리자가 독단적으로 해야 하는지, 집단이 해야 하는지에 상당한 영향을 미칠 수 있다.[91] 첫째, 문화에 따라 시간 지향, 합리성에 부여하는 가치, 사람들의 문제 해결 능력에 대한 믿음, 집단적인 문제 해결을 선호하는 정도 등에 차이가 있다. 둘째, 북미에서는 합리성을 중요시하지만 다른 지역에서는 그렇지 않다. 이란과 같은 나라에서는 합리성을 중요하게 여기지 않기 때문에 합리적으로 보이려는 노력이 필요하지 않다. 셋째, 어떤 문화에서는 문제 해결을 강조하고, 또 어떤 문화에서는 상황을 있는 그대로 받아들이는 데 중점을 둔다. 문제 해결에 초점을 맞추는 경영자는 자신이 상황을 바꿔 이득을 낼 수 있고, 또 그렇게 해야 한다고 생각하기 때문에, 미국의

경영자는 태국이나 인도네시아의 경영자보다 같은 상황을 더 일찍 문제로 인식하는 경향이 있다. 넷째, 집단주의 국가인 일본에서는 개인주의 국가인 미국보다 더욱더 집단 기반으로 의사결정이 이루어진다.

조직적 제약

조직은 의사결정을 하는 사람에게 제약을 가하여 합리적 모델을 따를 수 없게 만들기도 한다. 예를 들어 경영자는 조직의 성과 평가 및 보상 체계를 반영하고, 공식적인 규율을 준수하며, 조직이 부여하는 시간 제약에 맞추기 위해 자신의 의사결정을 구성한다. 또한 이전의 사례가 의사결정에 영향을 미치기도 한다.

성과 평가 체계 관리자는 자신이 평가받는 기준의 영향을 받는다. 어떤 부문의 관리자가 자신이 부정적인 피드백을 듣지 않을 때 자기 관할의 생산 공장이 가장 잘 운영된다고 생각한다면, 각 공장의 공장장은 그 관리자에게 부정적인 정보가 전달되지 않도록 하는 데 시간을 쏟을 것이다.

보상 체계 조직의 보상 체계는 어떤 선택에 더 많은 개인적 보상이 따르는지를 암시함으로써 사람들의 의사결정에 영향을 미친다. 예를 들어 제너럴모터스(General Motors)는 1930년대부터 1980년대 중반 동안 자세를 낮추고 논란거리를 만들지 않는 관리자를 승진시키고 지속적으로 보너스를 지급했다. 이렇게 승진한 임원들은 어려운 문제를 회피하고, 논란이 많은 결정을 위원회에 넘기는 데 능숙해졌으며, 이는 시간이 지남에 따라 조직에 해를 끼치게 되었다.

공식적인 규정 텍사스주 샌안토니오에 있는 타코벨의 교대 관리자는 업무상 제약을 다음과 같이 설명한다. "내가 내리는 거의 모든 결정에는 세세한 규칙과 규정이 있어요. 부리토를 만드는 방법부터 화장실을 얼마나 자주 청소해야 하는지까지요. 내 직업에는 선택의 자유가 별로 없어요." 그의 상황은 유별난 것이 아니다. 아주 작은 규모의 조직을 제외하고 대다수 조직에는 의사결정에 영향을 미치고, 조직이 의도한 대로 구성원들이 행동하게 만드는 규칙과 정책이 있다. 이러한 매뉴얼은 개인이 선택할 수 있는 폭을 제한한다.

시스템이 강제하는 시간 제약 중요한 의사결정은 대부분 구체적인 데드라인에 따라 이루어진다. 예를 들어 신제품 개발 보고서는 임원 위원회가 검토할 수 있도록 다음 달 1일 내로 준비되어야 한다. 이러한 상황은 관리자가 최종 결정을 내리기 전에 모든 정보를 수집하는 것을 매우 어렵게 만들며, 따라서 의사결정 성과에 악영향을 끼친다.[92]

과거의 전례 의사결정은 진공 상태에서 이루어지는 것이 아니라 맥락이 존재한다. 예를 들어 특정 연도의 예산을 책정할 때 가장 큰 영향을 미치는 요인은 지난 연도의 예산이다. 오늘 이루어지는 의사결정의 많은 부분은 지난 시간 동안 이루어진 의사결정들의 결과로 볼 수 있다.

위기 상황의 의사결정 COVID-19 팬데믹 동안 기업의 경영자와 근로자들은 무질서, 혼돈, 불확실성 속에서 매우 어려운 결정을 내려야 했다.[93] 마케팅 컨설팅 회사인 포레스터(Forrester)의 선임 분석가 안잘리 라이(Anjali Lai)가 말하길, “전례 없는 수준의 불확실성과 새로운 정보의 빠른 흐름으로 사람들이 따라야 할 템플릿(틀)도, 모든 결정을 숙고할 여유도 없다.”[94] 의사결정자는 위기 상황에서 편견과 왜곡에 더 취약하다. 예를 들어 신용평가 전문 기관은 평상시에도 대상자나 대상 조직에 대해 부정적 또는 비관적으로 평가할 가능성이 크며, 특히 위기 상황에도 마찬가지로 평가하는 경향이 있다.[95] 게다가 위기 상황에는 감정이 개입하고 직관적으로 의사결정을 내리곤 한다.[96] 위기의 압박은 일반적인 결정에 불안과 부정적 감정을 추가하여 의사결정 자체가 매우 큰 부담이 될 수 있다. 예를 들어 COVID-19가 대유행할 때 의사와 간호사는 누구를 치료할지 극도로 어려운 결정을 내려야 했다.[97] 이와 관련하여 정의와 윤리(다음 절 참조)는 위기 상황에서 의사결정을 해야 할 때 큰 역할을 한다. 실제로 정의에 대한 지각은 위기 상황에서 직원의 태도나 고객의 반응 둘 다에 영향을 미친다.[98] 안잘리 라이는 다음과 같이 지적했다. “선택과 행동은 항상 주시하고 있는 고객에게 회사의 우선순위와 가치를 알려준다. 이러한 위기 상황에서 의사결정을 내리는 경영자에게 주는 지침은 분명하다. 그것은 바로 ‘고객과 고용주를 나침반으로 삼으라’는 것이다.”[99]

의사결정의 윤리

앞 절에서 살펴본 바와 같이 윤리적 고려는 모든 조직의 의사결정에서 중요하며, 이는 위기 상황에만 해당하는 것이 아니다. 그렇다면 윤리적 의사결정을 규정하는 세 가지 방식을 알아보자. 또한 거짓말이 의사결정에 어떤 영향을 미치는지도 다룰 것이다.

윤리적 의사결정의 세 가지 기준

첫 번째 윤리적 기준은 **공리주의**(utilitarianism)이다. 공리주의는 오로지 결과에 따라서, 이상적으로는 최대 다수에게 최대 행복을 안겨주기 위한 의사결정을 내리는 방식을 제시한다.[100] 이 관점은 기업의 의사결정 과정을 장악하고 있으며 효율성, 생산성, 높은 이윤 등의 목표와 일맥상통한다.[101] 공리주의가 말처럼 늘 객관적이지는 않다는 것을 새겨두라. 한 연구에서는 공리주의의 윤리성이 우리가 자각하지 못하는 방식으로 영향을 받는다는 사실이 드러났다. 이 연구의 참가자들에게는 다음과 같은 도덕적 딜레마가 주어졌다. 기찻길 위의 육교에 다섯 사람이 있는데, 그 무게 때문에 육교가 휘어져서 기차가 그 밑을 지날 수 없다. 이때 기차가 육교를 향해 오고, 선택지는 다섯 사람 모두가 사망하는 것과 가장 무거운 한 사람을 육교 밑으로 떨어뜨려 네 사람을 구하는 것이다. 미

공리주의 최대 다수에게 최대 행복을 안겨주기 위한 의사결정을 내리는 윤리적 관점

국, 한국, 프랑스, 이스라엘에서는 응답자 중 20%가 뚱뚱한 사람을 밀어내는 것을 선택했고, 스페인에서는 18%가 그러한 선택을 했다. 이 결과는 문화에 따른 공리주의적 가치관을 보여준 한편으로, 연구 참가자들에게 모국어가 아닌 언어로 대답하게 한 사소한 변화 하나만으로도 더 많은 사람이 뚱뚱한 사람을 희생시키는 선택지를 고르는 결과가 나타났다. 한 집단에서는 33%가 그러한 선택을 했고, 다른 집단에서는 44%가 그러한 선택을 했다.[102] 모국어가 아닌 언어로 대답하는 상황에서는 감정적인 거리를 더욱 느껴서 공리주의적인 선택을 더 많이 한 것으로 보인다. 실용적이라고 여겨지는 선택에 대한 우리의 관점은 쉽게 변화하는 것이다.

두 번째 윤리적 기준은 권리장전과 같은 문서에 명시되어 있는 기본적인 자유와 권리를 존중하여 의사결정을 내리는 것이다. 의사결정에서 인권을 강조하는 것은 사생활을 보호받을 권리, 언론의 자유, 정당한 법 절차 등과 같은 개인의 기본적인 권리를 존중하고 보호하는 것을 의미한다.[103] 이 기준은 **내부고발자**(whistleblower)가 언론의 자유를 사용하여 자신이 속한 조직의 비윤리적 관행을 언론이나 정부에 고발하는 행위를 보호한다.[104]

내부고발자 자신이 속한 조직의 비윤리적 관행을 외부에 알리는 사람

세 번째 윤리적 기준은 규칙을 공정하고 공평하게 적용하여 정의, 즉 혜택과 비용의 공정한 분배를 보장하는 것이다.[105] 이 기준은 종종 **의무론**(deonance) 관점에서 접근한다. 근로자는 규칙, 법률, 규범, 도덕 원칙으로 제시된 대로 해야만 한다고 느낀다.[106] 예를 들어 일부 근로자는 도덕적 규범이나 원칙, 기준에 따라서 윤리적으로 '잘못된' 것으로 여기거나, 규칙이나 법률로 금지되어 있으므로 직장에서 물건을 훔쳐서는 안 된다고 느낄 수 있다. 특히 이러한 '의무 강제력'은 조직 규칙의 유무에 상관없이 존재한다. 종종 의사결정은 도덕적 규범이나 원칙을 위반하기 때문에 불공정하거나 부당한 것으로 간주된다.

의무론 도덕적 규범이나 원칙, 기준, 규칙, 법률에 따르기 위해 '해야만 하기' 때문에 윤리적 의사결정을 내리는 관점

적절한 기준 선택

의사결정자, 특히 이윤을 추구하는 조직에서 결정을 내리는 사람은 공리주의를 가장 선호한다. 조직과 주주의 '최대 이윤'은 대량 해고 등 문제의 소지가 될 행동을 정당화할 수 있다. 그러나 가격 인상, 소비자의 건강에 미심쩍은 영향을 미치는 제품 판매, 비효율적인 공장 폐쇄, 대규모 직원 해고, 비용 절감을 위한 생산 공장 해외 이전 등은 공리주의적 관점에서 정당화될 수 있지만, 의사결정의 기준이 공리주의 하나로 충분했던 시대는 지나갔다. 개인의 권리와 사회 정의를 충족하는 것은 효율성과 이윤을 중시하는 공리주의보다 훨씬 더 애매하기 때문에 경영자에게 큰 부담이 된다. 실제로 윤리적 의사결정 과정 자체가 복잡하며, 개별 기준을 완전히 분리해서 보는 전통적인 관점이 사라지고 있다. 그리고 자신의 의사결정이나 다른 사람의 행동을 판단하는 데 여러 기준이 서로 관련되고 상황에 따라 달라질 수 있다는 관점으로 대체되고 있다.[107]

이러한 때 기업의 사회적 책임(CSR)이 긍정적인 변화를 가져오는 역할을 한다. 공리

주의적 이상향에서 알 수 있듯이, 조직이 대차대조표만을 보고 있을 때는 공정하게 행동하려는 동기를 느끼지 못한다. 하지만 조직이 지속가능성과 관련하여 책임감 있게 행동해야 한다는 대중의 압력은 이제 많은 영향력을 미치고 있다. 소비자는 CSR 계획을 효과적으로 실행하는 기업의 제품과 서비스를 선택하고, 능력 있는 사람들은 CSR를 추구하는 조직에 매력을 느끼며, 정부는 지속가능성을 위해 노력하는 기업에 인센티브를 제공하는 등의 변화가 일어나고 있다.[108]

행동 윤리

최근 들어 연구자들은 사람들이 윤리적 딜레마에 직면했을 때 어떻게 행동하는지를 연구하는 학문 분야인 **행동 윤리**(behavioral ethics)에 점점 더 관심을 기울이고 있다. 이 분야의 연구 결과에 따르면 사회나 조직에서 통용되는 윤리적 기준이 존재하고, 개인적 수준의 윤리적 기준 또한 존재한다. 하지만 사람들은 자신이 속한 조직이 내세우는 윤리적 기준을 항상 따르는 것은 아니며, 심지어 자신의 기준을 위반하기도 한다. 우리의 윤리적 행동은 상황에 따라 크게 달라진다.

행동 윤리 사람들이 윤리적 딜레마에 직면했을 때 어떻게 행동하는지를 연구하는 학문 분야

행동 윤리 연구는 문화 간 비교에서 알 수 있듯이 윤리적 의사결정에 대한 문화의 중요성을 강조한다. 즉 윤리적 의사결정에 대한 글로벌 기준이 거의 없다고 본다.[109] 한 문화권에서 윤리적인 것이 다른 문화권에서는 비윤리적일 수도 있다. 예를 들어 중국에서는 뇌물 수수가 일반적이기 때문에, 중국에서 일하는 캐나다인은 '뇌물이 허용되니 사업을 위해 뇌물을 주어야 하는가?'라는 딜레마를 겪을 것이다. 문화적 차이를 민감하게 생각하지 않으면 조직은 자신도 모르게 비윤리적인 행동을 조장할 수 있다.

거짓말

거짓말은 상황적 특성과 개인차에 따라 다르겠지만, 많은 연구 결과에 따르면 거짓말과 부정직한 행동은 매우 흔하다.[110] 사실 우리가 거짓말을 하는 이유 중 하나는 다른 사람이 거짓말을 쉽게 판별하지 못하기 때문이다.[111] 200개 이상의 연구에서 사람들은 47%의 경우에만 거짓말쟁이를 올바르게 식별했는데, 이는 무작위로 고르는 것보다도 낮은 수치이다.[112] 거짓말을 탐지하는 기술이 사용되었을 때도 이와 마찬가지이다. 예를 들어 경찰관은 사람들이 거짓말을 할 때 시선을 위쪽과 오른쪽으로 돌린다는 이론에 따른 기술을 사용한다. 그러나 이 기술을 시험한 연구자들은 그것의 기반이 되는 이론을 지지하는 증거를 찾아내지 못했다.[113]

사람들은 상품을 팔 때와 같이 거짓말이 필요한 경우나 정직하기 어려운 상황에서 거짓말을 정당화하려고 시도하지만,[114] 거짓말은 의사결정에 치명적이다. 경영자와 직원은 잘못된 사실을 전달받고 자신의 행동에 대해 그릇된 동기를 가지게 되면 올바른 결정을 내릴 수 없다. 거짓말은 윤리적으로도 큰 문제이다. 조직의 입장에서는 가능한 경우 값비싼 거짓말 탐지 기술을 도입하여 거짓말쟁이를 잡아내려고 해도 신뢰할 수 없는 결

과를 얻게 된다.[115] 가장 오래 지속되는 해결책은 조직행동론을 통해 얻을 수 있다. 조직행동론은 사람들의 일반적인 경향을 기반으로 하여 거짓말을 억제하는 환경을 만들어서 거짓말을 예방하는 방식을 연구하기 때문이다.

조직 내 창의성과 혁신

창의성 새롭고 유용한 아이디어를 생각해내는 능력

문제 해결에 대한 대안은 종종 의사결정의 질을 높여주고 쉽게 사용할 수 있지만, 때로는 의사결정을 내리는 사람이 새롭고 유용한 아이디어를 생각해내는 능력, 즉 **창의성**(creativity)을 발휘해야 한다. 새로운 아이디어는 이전에 사용했던 방식과 다르지만 문제를 해결하는 데 적합한 것을 말한다.

창의성이 있는 의사결정자는 다른 사람들이 발견하지 못하는 문제를 비롯해 직면한 문제를 완전히 살피고 이해할 수 있다. 조직행동론의 모든 측면이 복잡하지만 창의성은 특히 복잡한 주제이다. 도표 6-4는 조직 내 창의성의 3단계 모델을 간략히 나타낸 것으로, 모델의 중심부에는 4단계로 이루어진 창의적 행동이 자리하고, 창의적 행동에 영향을 미치는 원인(창의적 행동을 예측하는 변수)과 효과(창의적 행동의 결과)가 포함된다.

창의적 행동

창의적 행동은 4단계로 나타나며 각 단계가 다음 단계로 이어진다.[116]

문제 형성 아직 알려지지 않은 해결책이 필요한 문제나 기회를 찾아내는 창의적 행동의 단계

정보 수집 지식을 탐색하고 문제에 대한 가능한 해결책이 형성되기 시작하는 창의적 행동의 단계

1. **문제 형성**(problem formulation): 창의성이 포함된 행동은 모두 그 행동을 통해 해결해야 할 문제에서 시작된다. 따라서 창의적 행동 중 문제 형성은 아직 알려지지 않은 해결책이 필요한 문제나 기회를 찾아내는 단계이다. 예를 들어 마셜 카비(Marshall Carbee)와 존 베넷(John Bennett)은 미국 환경보호청에서 안전하다고 선언한 페인트가 해로운 화학물질을 방출한다는 사실을 발견한 후 에코세이프티 프로덕츠(Eco Safety Products)라는 회사를 설립했다.[117]
2. **정보 수집**(information gathering): 문제가 생겼을 때 손 닿는 곳에 해결책이 있

도표 6-4
조직 내 창의성의 3단계 모델

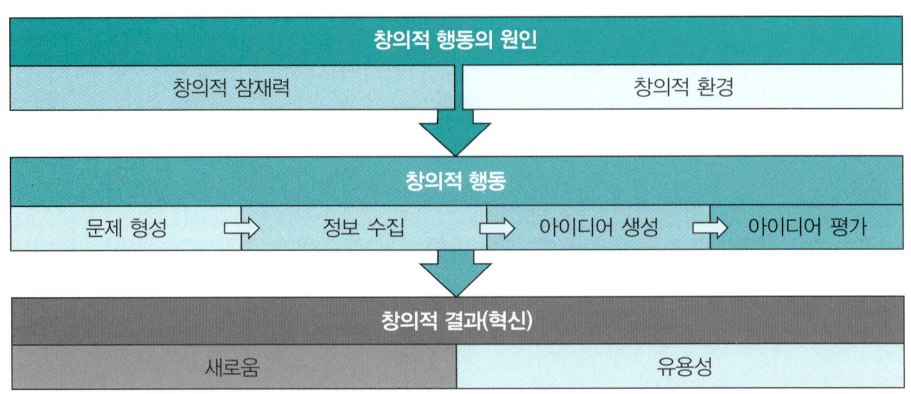

는 경우는 거의 없으며, 더 많이 배우고 배운 내용을 적용하기 위한 시간이 필요하다. 따라서 창의적 행동 중 정보 수집은 지식을 탐색하고 문제에 대한 가능한 해결책이 형성되기 시작하는 단계이다. 정보 수집을 통해 혁신 기회를 포착할 수 있다.[118] 예를 들어 어떤 문제를 논의하기 위해 동종 업계의 사람과 점심 식사를 함께 할 때 그 문제에 대해 새로운 용어로 대화할 필요성을 느낄 수도 있다.[119]

3. **아이디어 생성**(idea generation): 관련된 정보와 지식을 동원하여 문제에 대한 가능한 해결책을 개발하는 단계이다. 호기심은 아이디어 생성의 주요 원동력 중 하나로 밝혀졌다. 무언가에 대해 호기심이 생기면 현재 문제를 해결하는 데 도움이 되는 과거의 아이디어나 해결책을 연관 지을 가능성이 커진다.[120]

아이디어 생성 관련된 정보와 지식을 동원하여 문제에 대한 가능한 해결책을 개발하는 창의적 행동의 단계

4. **아이디어 평가**(idea evaluation): 생성된 아이디어 중에서 선택을 하는 단계이다. 이는 문제에 대한 가능한 해결책을 평가하여 최상의 해결책을 골라내는 창의적 행동 과정이다.

아이디어 평가 문제에 대한 가능한 해결책을 평가하여 최상의 해결책을 골라내는 창의적 행동 단계

창의적 행동의 원인

3단계 모델에서 가장 중요한 단계인 창의적 행동을 정의했으니 이제 창의성의 원인에 대해 알아보자.

창의적 잠재력 창의적인 성격이라는 것이 존재할까? 물론이다. 과학(스티븐 호킹), 공연예술(마사 그레이엄), 사업(스티브 잡스) 등 분야를 막론하고 창의적인 천재는 드물지만, 대부분의 사람들은 특별히 창의적인 사람이 지닌 특성을 어느 정도는 가지고 있다. 이러한 특성을 더 많이 지닐수록 창의적 잠재력이 커진다. 다음은 창조적 잠재력과 관련된 지표이다.

- **지능과 창의성**: 지능은 창의성과 연관이 있다. 일부 연구는 창의성을 발휘하려면 어느 정도의 지능이 필요하다는 사실을 밝혀냈다.[121] 똑똑한 사람은 복잡한 문제를 더 잘 해결하기 때문에 더 창의적이다.[122] 하지만 이들의 창의성은 이들이 더욱 큰 '작업기억'을 지녔다는 데에서 기인하기도 하는데, 이는 주어진 문제와 관련하여 더 많은 정보를 기억해낼 수 있음을 의미한다.[123] 이와 비슷한 맥락의 연구 결과가 있는데, 최근에 유럽에서 이루어진 한 연구는 높은 인지 욕구(배우고자 하는 욕망)가 높은 창의성과 연관된다고 밝혔다.[124]

- **성격과 창의성**: 빅파이브 성격 특성 중 개방성(5장 참조)은 창의성과 정적인 상관관계가 있다. 개방적인 사람은 순응하는 경향이 덜하고 독창적인 생각을 더 자주 하기 때문일 것이다.[125] 창의적인 사람이 보이는 다른 성격 특성에는 능동적 성격, 자신감, 위험 감수, 애매함에 대한 용인, 인내심 등이 있다.[126] 희망, 자기효능감(자신의 능력에 대한 믿음), 긍정적 정서 또한 개인의 창의성을 예측할 수 있는 요인이다.[127]
- **전문성과 창의성**: 전문성(expertise)은 창의적인 작업의 기반이자 창의적 잠재력

의 중요한 예측 변수이다. 예를 들어 영화 각본가, 제작자, 감독인 쿠엔틴 타란티노(Quentin Tarantino)는 젊은 시절에 비디오 대여점에서 일하면서 영화 관련 지식을 쌓았다. 이와 같은 해박한 지식을 바탕으로 창의적 전문가는 아이디어를 생생하게 상상하고, 그 결과로 어떤 일이 일어날지 예측할 수 있다.[128] 다른 사람들의 전문성도 중요하다. 주변에 인적 네트워크가 많은 사람은 다양한 아이디어에 더 많이 노출되며, 다른 사람들의 전문성과 자원에 비공식적으로 접근할 기회가 더 많다.[129]

- **윤리와 창의성**: 창의성은 개인의 바람직한 특성과 연관이 있기는 하지만 윤리성과의 상관관계는 불분명하다. 최근 연구에 따르면 반칙을 하는 사람이 어쩌면 윤리적으로 행동하는 사람보다 더 창의적일지도 모른다. 부정직과 창의성은 둘 다 규칙을 깨고 싶은 욕구에서 비롯될 수도 있다.[130] 하지만 최근 일부 연구에서는 창의적인 사람(또는 더 창의적인 팀의 구성원)이 도덕적 문제에 대해 상상력이 풍부하고(예: 자기 행동의 결과를 더 잘 상상할 수 있음), 그 결과 더 윤리적인 경향을 띤다는 것을 발견했다.[131]

창의적 환경 대부분의 사람들은 배우면 적용할 수 있는 창의적 잠재력을 지녔지만, 그 중요성에도 불구하고 창의적 잠재력 자체만으로는 충분하지 않다. 창의적 잠재력이 실현될 수 있는 환경이 필요하다.[132] 다양한 환경적 요소 중에서 가장 중요한 것은 **동기부여**일 것이다. 창의적이고자 하는 동기부여가 없는 사람은 창의성을 발휘하지 못할 것이다. 내적 동기부여, 즉 무언가가 재미있고 흥미진진하며 만족을 주고 도전적이기 때문에 하고 싶다는 욕구(7장에서 자세히 다룸)는 창의적인 결과와 큰 상관관계가 있다.[133] 따라서 환경은 조직 구성원의 창의적 동기를 육성해야 한다.[134] 창의적 잠재력이 창의적 행동으로 전환되는 데 영향을 미치는 또 다른 환경 요인은 무엇일까?

첫째, 창의적인 일을 인정하고 그에 따라 보상을 제공하는 환경에서 일하는 것이 중요하다.[135] 헬스케어 팀을 대상으로 한 연구에서는 혁신을 적극적으로 지지하는 환경에서만 각 팀의 창의성이 혁신으로 이어졌다.[136] 조직에서는 아이디어의 자유로운 흐름을 장려해야 하며, 여기에는 공정하고 건설적인 판단을 제공하는 것도 포함된다. 과도한 규칙에서 자유로워지는 것도 창의성을 촉진한다. 조직 구성원은 어떤 일을 해야 하고 어떻게 진행해야 하는지를 결정할 수 있는 자유를 가져야 한다. 중국의 한 연구에 따르면 구조적인 임파워먼트(업무 구조가 직원에게 충분한 자유를 허락함)와 심리적인 임파워먼트(개인이 결정할 수 있는 능력을 지녔다고 느끼도록 함)는 직원의 창의성과 연관이 있다.[137] 한편 슬로베니아에서 이루어진 연구는 성과를 가장 중요시하는 경쟁적인 환경이 창의성에 방해가 된다는 사실을 밝혀냈다.[138]

둘째, 특정 직무 특성은 창의성을 육성할 수 있다. 특히 복잡하고 자율적이며 혁신에 대한 명확한 역할 기대가 있는 직무는 혁신적인 행동과 관련이 있다. 이러한 직무 특성은 창의적 행동을 불러일으키는 데 특히 중요할 수 있다.[139] 관리자와 리더는 이러한 특성을 조직 하부 구조와 문화의 일부로 설정하는 데 큰 역할을 한다. 이들은 자원이 제한적일 때는 새로운 아이디어를 통해 자원을 찾도록 장려하고, 자원이 풍부할 때는 적절한 수단에 직접 관심을 기울임으로써 혁신을 촉진할 수 있다.[140] 관리자는 지식 전이를 위한 중요한 다리 역할을 하기도 한다. 관리자가 팀에 추가 정보와 자원을 제공하면 급진적인 창의성(현상 유지를 깨뜨리는 창의적 아이디어 도입)이 생겨날 가능성이 더 커진다.[141] 팀 구성원과 관리자 네트워크의 유대관계가 약할 때 창의성에 더 큰 영향을 미칠 수도 있다. 약한 유대관계는 더 다양한 사고를 유발하기 때문이다.[142]

창의적 결과(혁신)

창의성의 3단계 모델에서 마지막 단계는 결과이다. 창의적 결과는 중요한 이해관계자들이 새롭고 유용하다고 판단하는 아이디어나 해결책으로 정의할 수 있다. 유용하지 않다면 신선함만으로는 창의적 결과를 낳을 수 없다. 따라서 '벽을 넘어서는' 특이한 해결책은 문제 해결에 도움이 될 때에만 창의적이라고 불릴 수 있다. 해결책의 유용성은 아이패드처럼 자명할 수도 있고, 초기에는 이해관계자들만 성공적이라고 여길 수도 있다.[143]

어떤 조직은 구성원들의 창의적인 아이디어를 많이 모아놓고 스스로를 혁신적이라고 부를지도 모른다. 하지만 한 전문가가 말했듯이 "아이디어는 사용되지 않는다면 쓸모가 없다." 아이디어를 결과로 이어주는 작은 기술이 있다. 한 대규모 농업 회사를 대상으로 한 연구에서는 개인이 자신의 아이디어를 실제로 행하겠다는 동기가 가장 강할 때, 그리고 그 사람의 네트워킹 능력이 훌륭할 때 창의적인 아이디어가 실현될 가능성이 가장 높다는 것을 발견했다.[144] 이러한 연구 결과는 창의적인 아이디어가 스스로 구현되지 않는다는 중요한 사실을 시사한다. 창의적인 아이디어를 창의적 결과로 연결하는 데에는 이 책에서 다루는 권력과 정치, 리더십, 동기부여 등의 개념을 활용하는 사회적인 과정이 필요하다.

요약

사람들은 외부 환경의 실제 모습이 아니라, 자신이 사실이라고 인식하거나 믿는 환경의 모습에 기초하여 행동한다. 사람들이 의사결정을 내리는 방식에 대한 이해는 행동을 설명하고 예측하는 데 도움을 주지만, 중요한 의사결정 중에는 합리적 모델의 가정을 적용할 수 있을 만큼 단순하고 명료한 것이 거의 없다. 사람들은 최고의 선택보다는 어느 정도 만족할 만한 수준의 해결책을 찾으며, 의사결정 과정에서 오류와 편견을 포함하고, 직관에 의존한다. 경영자는 혁신적인 의사결정을 이루기 위해 팀과 구성원의 창의성을 장려해야 한다.

경영자를 위한 시사점

- 행동은 지각을 따르므로 일터에서의 행동에 영향을 미치려면 사람들이 자신의 직무를 어떻게 인식하는지 파악하라. 우리를 곤혹스럽게 하는 행동은 그것의 시발점이 되는 지각을 파악함으로써 이해할 수 있는 경우가 많다.
- 지각의 편견과 사람들이 흔히 범하는 의사결정의 오류를 인지하여 더 좋은 결정을 내려라. 이러한 문제를 공부하는 것은 모든 실수를 막지는 못하더라도 분명히 도움이 된다.
- 몸담고 있는 조직과 해당 국가 문화가 중요하게 여기는 기준에 맞추어 의사결정 과정을 조절하라. 합리성을 중요시하지 않는 나라에서 일하고 있다면 굳이 합리적 의사결정 모델을 따르거나 의사결정이 합리적으로 보이도록 노력할 필요가 없다. 자신이 속한 조직의 문화와 조화되게 의사결정 과정을 조정하라.
- 직관과 합리적인 분석을 함께 사용하라. 직관과 합리적인 분석은 의사결정에서 대비되는 접근이 아니다. 두 가지를 모두 사용함으로써 더 효과적으로 의사결정을 내릴 수 있다.
- 창의성을 향상하기 위해 노력하라. 문제에 대한 새로운 해결책을 적극적으로 탐색하고, 문제를 새로운 방식으로 바라보려고 시도하며, 비유를 사용하고, 창의적인 인재를 고용하라. 창의성에 방해가 될 만한 직무와 장애물을 제거하라.

7
동기부여의 개념

학습목표

- 동기의 세 가지 주요 요소를 설명할 수 있다.
- 동기부여의 초기 이론을 비교할 수 있다.
- 자기결정 이론과 목표 설정 이론의 요소를 비교할 수 있다.
- 자기효능 이론, 강화 이론, 기대 이론의 차이를 설명할 수 있다.
- 분배 공정성, 절차 공정성, 정보 공정성, 상호작용 공정성 등 조직 공정성의 유형을 설명할 수 있다.
- 근로자의 직무 몰입이 관리자에게 시사하는 바를 구분할 수 있다.
- 오늘날의 다양한 동기부여 이론이 각기 보완하는 방식을 설명할 수 있다.

동기부여

매년 수백만 명이 더욱 동기부여될 수 있기를 바라며 돈을 쓴다. 미국만 해도 자기계발과 동기부여 관련 서비스 시장이 99억 달러에 이르며, 2022년까지 평균 5.6% 성장하여 132억 달러 규모가 될 것으로 예상된다.[1] 8장에서는 동기부여가 성과뿐만 아니라 직장의 웰빙과 어떻게 관련되는지를 살펴볼 것이다.

동기부여의 개념을 분석할 때, 동기부여의 수준이 시시각각 달라질 수 있지만 거기에는 의미 있는 개인차도 있다는 것을 염두에 두어야 한다(5장 참조). **동기부여**(motivation)는 목표 달성을 위해 개인이 하는 노력의 **강도**, **방향**, **지속성**을 설명하는 과정이라고 정의할 수 있다.[2] 일반적인 동기부여는 어떤 목표를 향한 노력에 관심을 두지만, 이 책에서는 조직의 목표에 초점을 맞출 것이다.

동기부여 목표 달성을 위해 개인이 하는 노력의 강도, 방향, 지속성을 설명하는 과정

강도는 누군가가 얼마나 열심히 노력하는지를 나타낸다. 사람들이 동기부여에 대해 이야기할 때 주로 집중하는 부분이 바로 강도이다. 하지만 노력이 조직에 도움이 되는 방향을 향하고 있지 않다면 높은 강도가 좋은 결과로 이어지지 않을 것이다. 또한 동기부여

에는 **지속성** 차원이 포함되는데, 이는 노력을 얼마나 오래 유지할 수 있는지를 측정한다. 동기가 있는 사람들은 목표를 달성할 때까지 지속적으로 직무에 몰두한다.

동기부여의 초기 이론

가장 잘 알려진 세 가지 동기부여 이론은 1950년대에 등장했다. 오늘날에는 타당성을 의심받고 있지만, 이 세 이론은 동기부여 이론의 기반을 보여주고 실무자들은 아직도 이러한 이론에서 만들어진 용어를 사용하고 있다.

욕구 단계 이론

욕구 단계 에이브러햄 매슬로가 제시한 다섯 가지 욕구(생리적 욕구, 안전의 욕구, 사회적 욕구, 존경의 욕구, 자아실현의 욕구)로 이루어진 계층 구조로, 각 단계의 욕구가 충족되면 그 위 단계의 욕구가 중요해짐

동기부여 관련 이론 중 가장 잘 알려진 것은 에이브러햄 매슬로(Abraham Maslow)의 **욕구 단계**(hierarchy of needs) 이론이다.[3] 욕구 단계 이론은 인간에게 다섯 가지 욕구의 서열이 존재한다고 주장한다. 최근에는 가장 높은 여섯 번째 욕구로 내재적 욕구(intrinsic needs)가 제시되었는데, 매슬로가 이것을 처음 주장했다는 이야기가 있으나 아직 널리 받아들여지지는 않는다.[4] 원래의 다섯 가지 욕구는 다음과 같다.

1. **생리적 욕구**: 배고픔, 목마름, 안전한 주거지, 성관계 등의 육체적 욕구
2. **안전의 욕구**: 물리적·정서적 위험으로부터의 안전 및 보호
3. **사회적 욕구**: 애정, 소속감, 수용, 우정
4. **존경의 욕구**: 자기존중, 독립성, 성취감 등의 내적 요인과 지위, 인정, 관심 등의 외적 요인
5. **자아실현의 욕구**: 성장, 잠재 능력 실현, 성취 등 자신이 원하는 무언가가 되고자 하는 욕구

매슬로에 따르면, 각 단계의 욕구가 충족되면 그다음 단계의 욕구가 중요해진다. 따라서 누군가에게 동기를 부여하고 싶다면 그 사람이 욕구 단계 중 어느 단계인지를 이해하고, 그 단계나 그다음 단계의 욕구를 충족하는 데 집중해야 한다. 도표 7-1은 이러한 욕구의 위계를 보여준다.

매슬로의 이론은 오랫동안 널리 받아들여졌으며, 특히 실무 경영자들이 이 이론을 많

도표 7-1
매슬로의 욕구 이론

출처: H. Skelsey, "Maslow's Hierarchy of Needs-the Sixth Level," *Psychologist* (2014): 982-83.

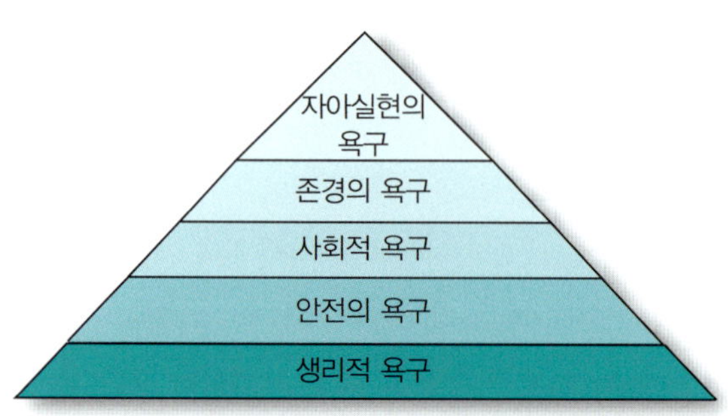

이 사용했다. 직관적으로 논리적이고 이해하기 쉬운 이 이론은 몇몇 연구 결과의 지지를 받았다.[5] 하지만 대부분의 연구 결과는 이 이론을 지지하지 않았고, 1960년대 이후로는 자주 연구되지 않고 있다.[6] 그럼에도 불구하고 동기부여에 대해 논할 때는 매슬로의 단계가 널리 받아들여지고 있다는 것을 알고 있어야 한다.

2요인 이론

사람과 직업의 관계는 매우 기본적이며, 일에 대한 태도가 성공이나 실패를 결정할 수 있다고 믿었던 심리학자 프레더릭 허즈버그(Frederick Herzberg)는 '사람들은 자신의 직업에서 무엇을 바라는가?'에 관심을 가졌다. 그는 사람들에게 자기 직업에 대해 아주 좋거나 아주 나쁘게 느꼈던 상황을 자세히 설명해달라고 했다. 두 경우의 응답은 크게 달랐으며, 허즈버그는 이를 통해 **2요인 이론**(two-factor theory)을 개발하게 되었다. 동기부여-위생 이론(motivation-hygiene theory)이라고도 불리는 이 이론은 오늘날 많이 사용되지는 않는다.[7]

2요인 이론 직무 만족은 내적 요인과 관련이 있고 직무 불만족은 외적 요인과 관련이 있다는 이론으로, 동기부여-위생 이론이라고도 함

도표 7-2에 나타냈듯이 승진, 인정, 책임, 성취 등과 같은 내(재)적 요인은 직무 만족과 관련이 있는 것으로 보인다. 자기 직업에 대해 좋게 느끼는 응답자는 이러한 요인이 자신의 상황에서 비롯되었다고 보는 반면, 불만족하는 응답자는 감독, 급여, 회사 정책, 작업 조건과 같은 외(재)적 요인을 언급하는 경향이 있었다. 이러한 응답 결과를 통해 허즈버그는 만족의 반대가 불만족이 아니라고 밝혔다(도표 7-2 참조). 그러므로 어떤 직업에서 불만족스러운 특성을 제거한다고 해서 그 직업이 만족스러워지는 것은 아니다. 이 경우 관리자는 직원에게 동기부여를 하는 것이 아니라 직원을 달랠 뿐이다.

감독의 질, 급여, 회사 정책, 물리적 근무 환경, 다른 사람들과의 관계, 직업 안정성 등은 **위생 요인**(hygiene factor)이다. 이러한 조건이 적절할 때 사람들은 불만족하지는 않지만 그렇다고 만족하지도 않는다. 사람들에게 동기부여를 하고 싶다면 승진 기회, 개인적 성장 기회, 인정, 책임감, 성취 등 직무 자체나 직무에서 직접적으로 도출되는 결과와 관련이 있는 요인을 강조해야 한다. 이러한 요인은 사람들이 내적으로 가치 있는 보상이라고 느끼는 것이다.

위생 요인 조직의 정책, 운영, 감독, 급여와 같은 요인으로, 이러한 조건이 적절할 때 근로자는 불만족하지 않음

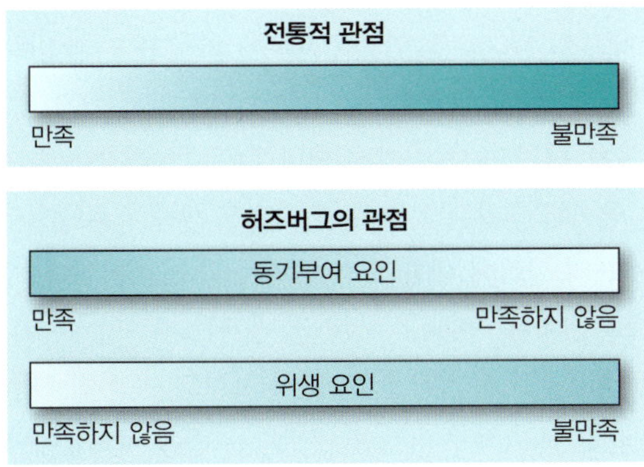

도표 7-2
만족과 불만족에 대한 관점의 대비

학계에서는 2요인 이론을 지지하지 않는 추세이다. 이 이론을 비판하는 사람들은 허즈버그가 처음 사용한 방법론이 잘못되었고, 연구 참가자들이 자기 직업에 대해 좋거나 나쁜 기억을 회상하면서 편견을 가질 수 있다고 지적했다.[8] 더욱이 어떤 사람에게 위생 요인과 동기부여 요인이 비슷한 수준으로 중요하다면 두 요인 모두 동기부여를 할 수 있어야 한다.

많은 비판에도 불구하고 허즈버그의 이론은 큰 영향력을 미쳤으며, 일본이나 인도와 같은 아시아 국가에서의 연구에 널리 사용되고 있다.[9] 대다수 경영자는 허즈버그의 권장 사항을 들어보았을 것이다.

매클렐런드의 욕구 이론

자신이 유명한 등산복 회사의 영업 책임자라고 가정해보자. 만약 가장 쉬운 레벨 1 영업 목표를 달성하면 2,000달러의 보너스를 받고, 레벨 2 영업 목표를 달성하면(시도하는 사람 중 80%만 성공) 4,000달러의 보너스를 받는다. 레벨 3의 보너스는 8,000달러이지만 시도하는 사람 중 절반 정도가 성공할 수 있다. 그리고 가장 어려운 레벨 4는 목표 달성이 거의 불가능하지만 보너스가 3만 2,000달러라면 당신은 어떤 레벨의 목표를 선택하겠는가? 만약 레벨 3을 선택했다면 당신은 성취 욕구가 높은 사람일 것이다.

매클렐런드의 욕구 이론 성취 욕구, 권력 욕구, 친교 욕구 등 동기부여를 하는 세 가지 욕구를 제시한 이론

매클렐런드의 욕구 이론(McClelland's theory of needs)은 데이비드 매클렐런드(David McClelland)와 동료들이 창시한 것으로, 이 이론에서 제시하는 욕구는 매슬로의 단계 이론과 달리 생존과 관련된 욕구라기보다는 동기부여를 하는 요인에 더 가깝다.[10] 그 세 가지 욕구는 다음과 같다.

성취 욕구 뛰어나고 싶고, 기준치를 달성하여 성공하려는 욕구

권력 욕구 다른 사람들이 하지 않을 행동을 원하는 방향으로 유도하려는 욕구

친교 욕구 친근하고 친밀한 인간관계를 맺으려는 욕구

- **성취 욕구**(need for achievement, nAch): 뛰어나고 싶고, 기준치를 달성하여 성공하려는 욕구를 말한다.
- **권력 욕구**(need for power, nPow): 다른 사람들이 하지 않을 행동을 원하는 방향으로 유도하려는 욕구를 말한다.
- **친교 욕구**(need for affiliation, nAff): 친근하고 친밀한 인간관계를 맺으려는 욕구를 말한다.

매클렐런드와 그 이후의 연구자들은 성취 욕구에 가장 많은 관심을 쏟았다.[11] 성취 욕구가 높은 사람은 자신의 성공 가능성을 50 대 50으로 볼 때 가장 좋은 성과를 낸다. 이들은 오로지 운에 의지해서만 이루어지는 성공에서는 성취감을 느끼지 못하기 때문에 확률이 낮은 도박을 좋아하지 않는다. 비슷한 이유로 성공 확률이 높은 상태도 선호하지 않는데, 왜냐하면 자신의 실력에 대한 도전이 되지 않기 때문이다. 우리는 이전의 성취 욕구 연구를 바탕으로 성취 욕구와 직무 성과의 관계를 예측할 수 있다. 첫째, 성취 욕구가 높은 근로자는 긍정적인 기분 상태를 더 많이 보이고, 주어진 직무에 관심을 더 가지는 경향이 있다.[12] 둘째, 성취 욕구가 높은 근로자는 즉흥 리허설이나 직접 판매와 같은

다소 위험한 조건에서의 직무를 아주 잘 수행하는 경향이 있다.[13]

그 밖의 욕구에 대한 연구 결과도 발표되었다. 첫째, 권력 욕구의 개념을 실증적으로 지지한 연구 결과가 있기는 하지만, 권력 욕구는 원래의 정의보다는 확장된 의미가 사람들에게 더 친숙하다.[14] 권력은 13장에서 더 자세히 다룰 것이다. 둘째, 친교 욕구의 개념도 잘 확립되어 있으며, 이를 입증하는 연구 결과가 있다. 예를 들어 145개 팀을 대상으로 한 연구에서는 다른 욕구에 비해 친교 욕구가 높은 사람들로 구성된 팀이 최고의 성과를 내고, 가장 개방적으로 의사소통하며, 갈등 경험도 가장 적은 것으로 나타났다.[15] 또 다른 연구는 개인차(5장 참조)가 이러한 욕구를 충족할 수 있는지에 영향을 미칠 수 있다고 밝혔다. 예를 들어 높은 신경증은 친교 욕구에 걸림돌이 될 수 있지만, 친화성은 친교 욕구를 충족하는 데 도움이 된다. 흥미롭게도 외향성은 친교 욕구에 큰 영향을 미치지 않았다.[16] 또한 몇몇 연구 결과에 따르면 여성이 남성보다 친교 욕구가 더 높을 가능성이 있다.[17]

세 가지 욕구의 수준이 각각 어느 정도인지 측정하기 어렵기 때문에 이 이론을 실제로 적용하는 데에는 어려움이 따른다. 한 행동이 다양한 욕구를 충족할 수 있고 다양한 행동이 하나의 특정 욕구를 충족하는 방향으로 향할 수 있기 때문에 욕구를 분리하여 살펴보기가 어렵다.[18] 따라서 이러한 개념은 행동을 이해하는 데 도움이 되기는 하지만 실제로 자주 사용되지는 않는다.

동기부여의 현대 이론

동기부여의 현대 이론에는 한 가지 공통점이 있다. 각 이론을 뒷받침하는 유효한 증거가 있다. 이러한 이론은 경영자의 동기부여를 설명하는 최근의 동향을 나타내기 때문에 '현대 이론'이라고 일컫는다. 물론 현대 이론이 의심의 여지 없이 절대적으로 옳다는 의미는 아니다.

자기결정 이론

조던이 이렇게 말했다. "나는 동물 보호 단체에서 자원봉사자로 일했어요. 동물 입양과 관련된 일을 1주일에 15시간씩 도왔죠. 나는 그 일을 아주 좋아했어요. 그러다 석 달 전부터 시급 11달러를 받고 그 단체에서 일하게 되었어요. 내가 하는 일은 달라지지 않았는데 예전처럼 즐겁지가 않아요."

조던의 반응이 직관에 어긋난다고 생각하는가? 이러한 현상은 **자기결정 이론**(self-determination theory)으로 설명이 가능하다. 사람들은 자신의 행동을 스스로 통제할 수 있기를 바라며, 따라서 예전에는 즐기면서 하던 일이라도 자신이 자유롭게 선택한 활동이 아닌 의무로 느껴지면 동기부여에 걸림돌이 될 수 있다. 이 이론은 직원의 웰빙과 성과가 특정 직무 활동에 대한 동기부여에 의해 영향을 받는다고 제안한다. 여기에는 직

자기결정 이론 자율성, 내적 동기부여, 외적 동기부여, 심리적 직무 욕구의 만족 등 직무 동기부여에 관한 메타 이론

무에 대한 선택권이 근로자에게 있는지, 직무 자체가 어떻게 동기부여를 하는지, 보상이 동기부여에 어떤 영향을 미치는지, 직무가 어떻게 심리적 욕구를 충족하는지 등의 직무 관련 활동이 포함된다.[19] 이러한 메타 이론(공통 주제를 가진 관련 이론의 집합)은 널리 사용되고 있으며, 하위 이론으로 인지평가 이론, 자기일치 이론 등이 있다.

인지평가 이론 자기결정 이론의 하위 이론으로, 행동에 대한 외적 보상이 자신을 통제한다고 인식되거나 자신의 유능감을 감소시킨다고 느껴지면 전반적인 동기부여 수준이 감소하는 경향이 있음

인지평가 이론 자기결정 이론에 대한 조직행동론 분야의 연구는 대부분 **인지평가 이론**(cognitive evaluation theory, CET)에 초점을 맞추었다. 자기결정 이론의 하위 이론인 인지평가 이론은 직무에 따르는 외적 보상이 직무에 대한 내적인 흥미를 감소시킨다고 주장한다.[20] 누군가가 어떤 일을 해서 돈을 받는다면 그것은 자신이 원해서 하는 일이라기보다는 해야 하는 일처럼 느껴지게 된다. 인지평가 이론에 따르면 외적인 인센티브를 제공하는 것이 때로는 내적 동기를 감소시킬 수 있다. 예를 들어 한 컴퓨터 프로그래머가 문제 해결을 좋아하기 때문에 코드 작성을 가치 있는 일이라고 생각한다면, 매일 몇 개의 코드를 작성할 때마다 보너스를 제공하는 것은 강제적이라는 느낌을 주어 결과적으로 그의 내적 동기에 악영향을 미칠 수 있다.

보상에 대해 인지평가 이론이 시사하는 바는, 사람들에게 동기부여를 하기 위해 외적 보상을 제공할 때는 주의를 기울이는 것이 현명하며, 어떤 목표를 추구할 때 내적 동기(예: 직무 자체에 대한 큰 관심)에 따르는 것이 외적 보상으로 인해 행동하는 것보다 더 오래 지속된다는 것이다. 연구에 따르면 내적 동기부여는 작업의 질에 영향을 미치고 인센티브는 업무 달성의 양에 영향을 미치는 것으로 밝혀졌다. 또한 인센티브가 성과와 직결될 때(예: 콜센터에서 각 상담 통화에 대해 보너스를 지급하는 것) 내적 동기부여의 효과가 더 약해질 수 있다.[21]

자기일치 이론 사람들이 목표를 추구하는 이유가 자신의 관심사나 가치관과 일치하는 정도를 고려하는 이론

자기일치 이론 자기결정 이론의 확장 이론 중 **자기일치 이론**(self-concordance theory)은 사람들이 목표를 추구하는 이유가 자신의 관심사나 가치관과 일치하는 정도에 관심을 둔다. 조직행동론의 연구 결과에 따르면 내적인 이유로 직무 목표를 추구하는 사람들은 자신의 직무에 더 만족하고, 조직에 더 잘 맞는다고 생각하며, 더 훌륭한 성과를 낸다.[22] 문화를 막론하고 내적인 관심사에 따라 목표를 추구하는 사람들은 목표를 달성할 가능성이 더 높고, 목표를 달성했을 때 행복감을 더 많이 느끼며, 목표 달성에 실패하더라도 행복감을 느낀다.[23] 이들은 목표를 달성하는 데 더 능숙하고, 자신과 조직이 잘 부합한다고 느끼기 때문이다.[24]

자율성 욕구 일터에서 통제력과 자율성을 느끼고 싶은 욕구

유능성 욕구 수행하는 일을 잘하고 있다는 능숙함과 자부심을 느끼고 싶은 욕구

기본적 심리 욕구 매슬로 및 매클렐런드의 이론과 마찬가지로 자기결정 이론은 직무의 동기에 영향을 미치는 몇 가지 기본적 심리 욕구가 있다고 제안한다. 우리는 이러한 욕구가 충족되면 더 동기부여가 되고, 반대로 이러한 욕구가 좌절되면 덜 동기부여가 되는 경향이 있다. 관계성 욕구(need for relatedness)는 앞에서 살펴본 친교 욕구와 매우 유사하다. 여기에 더하여 **자율성 욕구**(need for autonomy)와 **유능성 욕구**(need for competence)도 있다. 자율성 욕구는 일터에서 통제력과 자율성을 느끼고 싶은 욕구이고, 유능성 욕구는 우리가 수행하는 일을 잘하고 있다는 능숙함과 자부심을 느끼고 싶은 욕구이다.[25] 그런데 이 세 가지 욕구 중에서 자율성 욕구는 태도와 정서적 결과에 가장 중요하고, 유능성 욕구는 성과를 예측하는 데 가장 중요하다.[26] 또한 외적 보상을 사용할 때, 특히 보상이 직접적이고 명확할 때는 욕구 만족도가 성과에 미치는 영향력이 약해진다.[27]

이 세 가지 기본적 심리 욕구가 시사하는 바는 무엇일까? 관리자는 직원들에게 동기부여를 하고, 직원들의 성과를 인정하고, 또한 그들의 성장과 개발을 지원하도록 직무를 설계해야 한다. 자신이 하고자 하는 일에 대해 자율적이고 자유롭다고 느끼는 직원은 자신의 직무에 더욱 동기부여가 되고 고용주에게 헌신할 가능성이 높다. 또한 직원은 다른 사람들을 도움으로써 이러한 욕구의 많은 부분을 충족할 수 있다.[28] 월마트(Walmart)의 리더십 코치인 루시 덩컨(Lucy Duncan)은 월마트 관리자들에게 다음과 같이 말했다. "직장에서 자기결정 이론을 적용하는 데 시간을 할애한다면 여러분은 직원 만족도에 깜짝 놀랄 거예요."[29]

목표 설정 이론

"최선을 다하라." 이 말을 많이 들어보았을 것이다. 하지만 '최선을 다한다'는 말은 무슨 의미일까? 그 모호한 목표를 달성했는지를 언젠가 알 수 있기는 할까? **목표 설정 이론**(goal-setting theory)에 관한 연구는 목표의 구체성, 난이도, 피드백이 성과에 미치는 의미심장한 효과성을 보여준다. 이 이론에서는 목표를 추구하는 의도를 직무 동기부여의 주요 요인으로 본다.[30]

목표 설정 이론 구체적이고 어려운 목표는 피드백과 함께 더 높은 성과를 이끌어낸다는 이론

구체성, 난이도, 피드백 목표 설정 이론에는 튼튼한 실증적 기반이 있다. 연구 결과에 따르면 **구체적인** 목표가 성과를 향상하고, **어려운** 목표를 받아들였을 때 쉬운 목표보다 더 높은 성과로 이어지며, 피드백이 없을 때보다 **피드백**이 있을 때 더 우수한 성과를 낳는 것으로 밝혀졌다.[31] 왜 그럴까? 첫째, 구체적인 목표는 달성해야 할 것에 확실히 주의를 기울이게 한다. 둘째, 사람들은 일단 어려운 과업을 수락하고 나면 그것을 달성하기 위해 열심히 노력을 기울일 것이다. 셋째, 사람들은 목표를 향해 얼마나 잘 진행되고 있는지에 대한 피드백을 받을 때 더 나은 성과를 낸다. 즉 피드백은 행동을 이끈다. 하지만 모든 피드백이 똑같이 강력한 효과를 보이는 것은 아니다. 직원 스스로 진행 상황을 모니터링하거나 업무 진행 자체에서 피드백을 받을 수 있는 자기생성 피드백(self-generated feedback)은 외부로부터 받는 피드백보다 더 큰 효과가 있다.[32]

만약 직원이 목표 설정에 직접 참여한다면 더 열심히 노력하게 될까? 여러 연구는 상반된 증거를 내놓았는데, 연구 전반에 걸쳐 더 나은 성과를 내지 못한 것으로 나타났다.[33] 일부 연구에서는 참여적으로 설정된 목표가 우수한 성과를 내는 것으로 나타났지

만, 다른 연구에서는 상사가 목표를 지정할 때 직원이 가장 높은 성과를 냈다. 만약 직원이 목표를 설정하지 않았다면 관리자는 직원이 목표의 의미와 중요성을 명확하게 이해하는지 확인할 필요가 있다.[34]

목표 헌신, 과업 특성, 국가 문화 목표와 성과의 관계에 영향을 미치는 세 가지 요인은 목표 헌신, 과업 특성, 국가 문화이다.

- **목표 헌신**: 목표 설정 이론은 사람들이 목표에 헌신적이고, 목표를 낮추거나 버리지 않을 것이라고 가정한다. 사람들은 ① 자신이 목표를 달성할 수 있다고 믿으며, ② 목표를 달성하고자 한다.[35] 자신의 노력이 목표 달성에 도움이 될 것이라고 기대할 때, 더 높은 지위에 있는 사람들이 그 목표를 알고 지켜볼 때, 목표 달성이 자신에게 매력적일 때 목표 헌신이 나타날 가능성이 가장 크다.[36]
- **과업 특성**: 목표 자체가 성과에 미치는 영향은 과업이 복잡하기보다는 단순할 때, 상호 의존적이기보다는 독립적일 때 더 강하게 나타난다.[37] 상호 의존적인 과업에서는 과업의 위임과 함께 집단 목표가 선호된다. 예기치 않은 방해 요소도 중요한 역할을 한다. 주의가 산만해지거나 통제할 수 없는 사건으로 인해 진행 속도가 느려지면 좌절을 느끼고 열정이 줄어들 가능성이 크다.[38] 예를 들어 프로젝트 진행 속도를 지속적으로 늦추는 동료로 인해 주변 사람들이 매우 좌절감을 느낄 수 있다.
- **국가 문화**: 목표는 문화에 따라 각기 다른 영향을 미칠 수 있다. 집단주의 문화와 권력 격차를 크게 느끼는(즉 높은 권력 격차) 문화에서는 어려운 목표보다 달성 가능하고 적당한 목표의 동기부여 효과가 더 크다.[39] 할당된 목표는 권력 격차를 작게 느끼는(즉 낮은 권력 격차) 문화보다는 크게 느끼는 (즉 높은 권력 격차) 문화에서 더 큰 목표 헌신을 유발한다.[40] 문화에 따라서 목표 설정이 어떻게 다른지에 대해서는 더 많은 연구가 필요하다.

목표 설정은 긍정적인 영향을 미치지만, 직원과 관리자는 과도하게 사용하지 않도록 주의해야 한다.[41] 예를 들어 목표는 성취에 너무 집중하게 함으로써 학습을 방해할 수도 있고, 목표의 유형이나 형태를 잘못 선택하여 성과를 떨어뜨릴 수도 있다. 또한 주의하지 않으면 결정의 지속성에 빠질 수도 있다(6장 참조). 최근 연구에 따르면 목표 설정의 성공 범위를 최대화하기 위해 책임의 주기를 설정하는 것이 도움이 되며, 목표를 모니터링하면, 특히 목표 진행 상황이 공개적으로 발표되면 더 자주 목표를 달성할 수 있다.[42]

향상 초점 발전과 성취를 통해 목표를 달성하기 위해 노력하는 자기조절 전략

예방 초점 의무와 책임을 이행함으로써 목표를 달성하기 위해 노력하는 자기조절 전략

개인과 향상 초점 목표 추구 과정에서 사람들이 자신의 생각과 행동을 조절하는 방식에 차이를 보인다는 연구 결과가 있다.[43] 사람들은 일반적으로 두 가지 분류 중 하나에 속하지만, 때로는 둘 다에 포함될 수도 있다. **향상 초점**(promotion focus)을 가진 사람은 승진과 업적을 위해 노력하고, 원하는 목표에 더 다가갈 수 있는 상황에 접근한다. 반면에 **예방 초점**(prevention focus)을 가진 사람은 책임과 의무를 다하기 위해 노력하고,

원하는 목표를 달성하는 데 방해가 되는 상황을 피하려고 노력한다. 두 전략 모두 목표 달성에 도움이 되지만 목표에 접근하는 방식이 매우 다르다. 예를 들어 시험공부를 하는 상황을 가정해보자. 수업 내용을 읽어보는 등 향상 초점의 활동을 할 수도 있고, 비디오 게임 등 공부에 방해가 되는 것을 지양하는 예방 초점의 활동을 할 수도 있다.

그렇다면 어떤 전략 선택이 더 나을까? 그 답은 추구하는 결과에 달려 있다. 향상 초점은 더 높은 과업 성과, 시민행동, 웰빙, 혁신과 관련이 있고, 예방 초점은 안전 성과와 관련이 있다. 이상적으로는 상황에 따라 향상 초점과 예방 초점을 모두 지향하는 것이 가장 좋을 것이다.[44] 직원과 관리자는 달성 가능한 목표를 설정하고, 방해 요소를 제거하며, 이러한 개인들을 위한 구조를 제공해야 한다.[45] 또한 연구에 따르면 직원의 초점이 상사와 일치하는 경우 그 직원은 상사와 더 나은 관계를 맺고, 그러한 관계에 더욱 전념할 것이다.[46]

목표 설정의 실행 경영자는 목표 설정 이론을 어떻게 적용할까? 이 문제는 경영자 개인의 기량에 맡겨지는 경우가 많다. 어떤 경영자는 제너럴일렉트릭에서 '도전적 목표(stretch goals)'라 부르는 것과 같은 공격적인 실적 목표를 설정한다. 예를 들어 모토로라(Motorola)는 연말 결산 마감을 6주에서 4일로 줄이기 위해 노력한 적이 있다.[47] 텔테일게임스(Telltale Games)의 CEO와 같은 일부 경영자는 매우 높은 목표를 설정하는 것으로 유명하다. 어떤 경영자는 게임 개발자에게 업무 폭증으로 하루에 최대 20시간까지 일해야 할 수도 있는 성과 목표를 제안하기도 한다. 하지만 목표를 설정하지 않는 경영자도 많다. 자신의 직무에 명확히 설정된 목표가 있냐고 물었을 때 소수만이 그렇다고 대답했다.[48]

목표 설정을 이용하는 더 체계적인 방식은 **목표에 의한 관리**(management by objectives, MBO)를 사용하는 것이다. MBO는 1970년에 선풍적인 인기를 끌었던 방식으로 오늘날에도 사용되고 있다.[49] MBO는 실질적이고 검증 및 측정 가능한 목표를 참여적으로 설정하는 것을 강조한다. 도표 7-3에 나타냈듯이 조직의 전반적인 목표가 사업부, 부서, 개인 등 조직의 하위 단위로 내려갈수록 더 세부적인 목표로 변환된다. 낮은 단위의 관리자는 자신의 목표 설정에 공동으로 참여하기 때문에 MBO는 위에서 아래로뿐 아니라 아래에서 위로도 작동한다. 그 결과물은 한 단위의 목표를 하위 단위의 목표와 연결하는 순차적 계층 구조이다.

목표에 의한 관리 정해진 기간 동안 참여적으로 목표를 설정하고 목표 진행 상황에 대한 피드백을 포함하는 프로그램

다양한 산업의 많은 조직에서 MBO 프로그램을 찾아볼 수 있으며, 그중 많은 프로그램이 성과 향상으로 이어졌다.[50] 덴마크, 노르웨이, 스웨덴 정부에서는 MBO의 한 유형인 목표와 결과에 의한 관리(management by objectives and results, MBOR)를 30년째 사용하고 있다.[51] 하지만 이러한 프로그램의 인기가 항상 효과가 있다는 의미는 아니다.[52] MBO가 실패한다면 그것은 비현실적인 기대, 고위 경영진의 헌신 부족, 보상 배분 능력이나 의지 부족 탓이다.

도표 7-3
목표의 연계

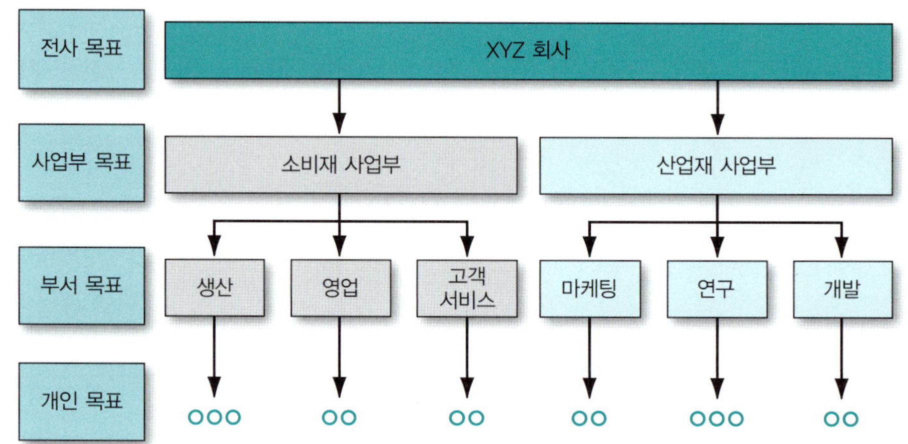

목표 설정과 윤리 목표 달성을 강조함으로써 치르게 되는 비용은 무엇일까? 그 답은 목표 달성을 위해 설정한 기준에서 찾을 수 있다. 예를 들어 목표 달성이 돈과 연관된다면 돈을 버는 데 초점을 맞추고 윤리적인 타협을 하게 될 수도 있다. 만약 목표 달성이 결과에 초점을 맞추면, 특히 목표가 어려운 경우에 비윤리적 행동을 할 가능성이 더 커질 수 있다.[53] 또한 시간의 압박은 목표에 근접할수록 강해지는데, 이는 목표 달성을 위해 비윤리적 행동을 하려는 유혹을 불러일으킨다.[54] 목표 설정은 목표를 달성하려는 사람들의 에너지 고갈에 의해서도 비윤리적 행동으로 이어질 수 있다.[55] 예를 들어 업무 과중으로 지쳐버린 주방 직원은 음식 준비와 청소를 대충 하게 됨으로써 식품 안전을 위험에 빠뜨릴 수 있다.

동기부여의 기타 현대 이론

자기결정 이론과 목표 설정 이론은 동기부여의 현대 이론 중에서도 많은 지지를 받고 있다. 그러나 이 주제에 대한 조직행동론의 중요한 이론은 이뿐만이 아니다. 자기효능 이론, 강화 이론, 기대 이론 등은 우리의 동기부여 과정과 경향의 또 다른 측면을 보여준다.

자기효능 이론

자기효능 이론 어떤 과업을 성공적으로 수행할 수 있다는 개인의 믿음에 관한 이론

사회인지 이론(social cognitive theory) 또는 사회학습 이론(social learning theory)의 한 구성 요소로 알려진 **자기효능 이론**(self-efficacy theory)은 어떤 과업을 성공적으로 수행할 수 있다는 개인의 믿음에 관한 이론이다.[56] 예를 들어 자기효능감이 높은 프로 농구 선수는 자신이 경기를 잘하고 있다고 믿는다. 어려운 상황에서 자기효능감이 낮은 사람은 노력을 줄이거나 완전히 포기할 가능성이 높은 반면에, 자기효능감이 높은 사람은 도전을 극복하기 위해 더 노력할 것이다.[57]

자기효능감은 (항상 그런 것은 아니지만) 효능감이 높은 사람들이 직무에 더 몰두할

으로써 더 뛰어난 성과를 내고 결과적으로 효능감이 더 높아지는 긍정적 선순환을 만들 수 있다.[58] 지능과 성격은 더 높은 자기효능감과 관련이 있다.[59] 똑똑하고 성실하며 정서적으로 안정된 사람은 그렇지 않은 사람보다 자기효능감이 높을 가능성이 매우 큰데, 따라서 많은 연구자는 기존의 연구 결과만큼 자기효능감이 중요하지 않다고 주장한다.[60]

타인의 자기효능감 향상 관리자는 직원의 자기효능감이 높아지도록 어떻게 도울 수 있을까? 도표 7-4에서 보듯이 관리자로부터 어려운 목표를 부여받는 직원은 자기효능감이 높고, 스스로의 수행에 더 높은 목표를 설정할 것이다. 왜 그럴까? 어려운 목표를 부여하는 것은 그 사람에 대한 신뢰를 나타내기 때문이다.

연구 결과에 따르면 다음과 같은 네 가지 방법은 자기효능감을 향상할 수 있다. ① 직원에게 과업과 관련된 경험을 제공한다(**능동적 숙련**). ② 다른 사람이 과업을 수행하는 것을 볼 수 있게 한다(**대리 모델링**). ③ 직원에게 과업을 수행할 만한 충분한 능력이 있다는 것을 알려준다(**언어적 설득**). ④ 직원에게 "정신 차리고 해보세요"라고 말한다(**각성**). 이러한 말은 직원에게 활력을 불어넣어 직무에 더 긍정적으로 접근할 수 있게 한다. 단, 네 번째 방법은 영업 보고서 작성과 같이 그다지 눈에 띄지 않는 과업의 경우 좋은 방법이 아닐 수 있다.[61]

관리자가 말로 설득하는 가장 좋은 방법은 **피그말리온 효과**(Pygmalion effect)를 이용하는 것이다. 피그말리온 효과는 그리스 신화에 나오는, 자신이 조각한 동상과 사랑에 빠진 조각가 피그말리온에서 그 이름을 따온 것으로, 무언가를 믿는 것이 그것을 사실로 만들 수 있다는 **자기실현 예언**(self-fulfilling prophecy)의 한 유형이다. 이 책에서 피그말리온 효과는 '어떤 사람이 기대하는 내용이 자기실현적 예언으로 이어지는 현상'을 설명하는 데 사용된다.[62] 예를 들어 우리가 사무실에서 가장 높은 리더십 잠재력을 갖춘 사람을 찾아내면 그 사람을 리더가 되는 방식으로 대하기 때문에 결국 리더가 될 수도

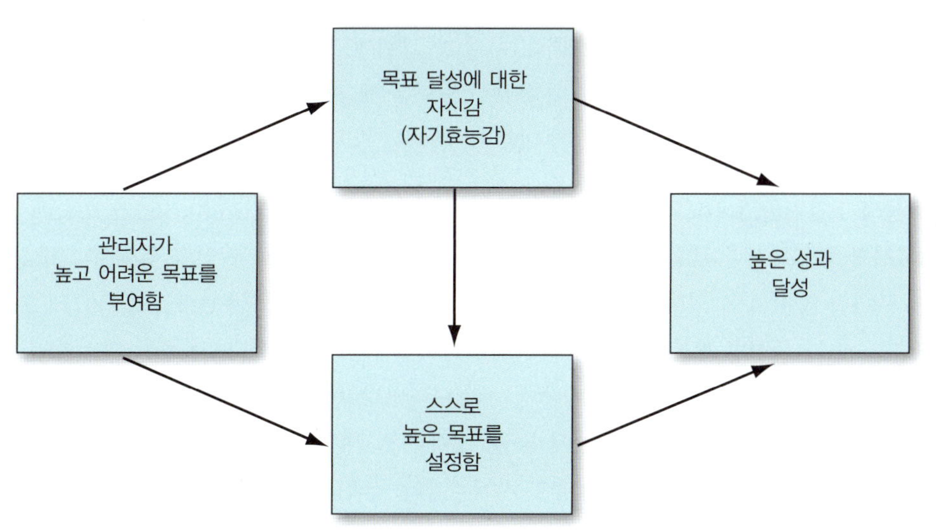

도표 7-4
목표와 자기효능감의 결합 효과
출처: Based on E. A. Locke and G. P. Latham, "Building a Practically Useful Theory of Goal Setting and Task Motivation: A 35-Year Odyssey," *American Psychologist* 57, no. 9 (2002): 705-17.

있다.[63] 하지만 다이아몬드 원석처럼 예상치 못한 곳에서 리더를 발견할 수도 있다. 인텔(Intel) 전 부사장인 도브 프로만(Dov Frohman)이 말하길, "리더는 가장 이상한 곳에서 발견된다. 최고의 후보자가 주류 밖에서 온 사람인 경우가 흔히 있다. … 언뜻 보기에는 리더십의 잠재력을 기대할 수 없을 것이다."[64] 피그말리온 접근법은 리더와 직원의 관계가 단단할 때 효과적일 수 있으며, 반복 가능한 결과와 향상된 효과를 제공한다.[65]

훈련 프로그램은 종종 사람들이 기술을 훈련하고 발전시킬 수 있게 함으로써 능동적 숙련을 사용한다. 훈련이 효과가 있는 이유 중 하나는 훈련 과정이 자기효능감을 높여주기 때문이며, 훈련 과정에 상호작용이 포함되고 피드백이 제공될 때 특히 효과가 크다.[66] 그러나 일부 연구는 근로자가 자신의 개선된 모습을 인식하지 못하면 향상된 자기효능감을 느끼지 못할 수 있다고 밝혔다.[67] 그럼에도 불구하고 자기효능감이 높은 사람은 훈련 프로그램에서 더 많은 것을 얻는 것으로 보이며, 훈련 내용을 업무에 적용할 가능성도 더 높다.[68]

강화 이론

강화 이론 행동의 결과(예: 보상)에 의해 행동이 결정된다는 이론

인지적 측면에서 행동에 접근하는 목표 설정 이론은 사람들의 의도가 그들의 행동을 이끈다고 주장한다. 반면에 행동주의적인 관점을 취하는 **강화 이론**(reinforcement theory)은 강화가 행동에 영향을 미친다고 주장한다.[69] 강화 이론을 주장하는 사람들은 행동이 환경에 의해 일어난다고 생각한다. 그들의 주장에 따르면 내적으로 일어나는 인지적 현상(즉 목표 설정)에는 관심을 기울일 필요가 없다. 행동을 통제하는 것은 강화인자(reinforcer)이다. 즉 어떤 행동에 대한 반응으로 즉시 강화인자가 주어지면 그 행동이 반복될 확률이 높아진다. 예를 들어 직장에서 어떤 일을 잘한 것에 대해 칭찬을 받으면 또다시 그렇게 할 가능성이 크다.

강화 이론은 개인의 내면 상태를 무시하고, 사람이 어떤 행동을 취했을 때 무슨 일이 일어나는지에만 집중한다. 이 이론은 행동이 무엇에 의해 개시되는지에는 관심이 없기 때문에 엄밀히 말하면 동기부여 이론이 아니다. 그럼에도 불구하고 강화 이론은 행동을 통제하는 것이 무엇인지 분석하는 데 유용한 도구를 제공하며, 동기부여를 다룰 때 강화 이론의 개념을 자주 고려하는 이유가 바로 이것이다.

조작적 조건화/행동주의와 강화 조작적 조건화 이론(operant conditioning theory)은 사람들이 특정한 행동 방식을 배우는 것은 자신이 원하는 것을 얻기 위해서나 자신이 원하지 않는 것을 피하기 위해서라고 주장한다. 조작적 조건화는 B. F. 스키너(B. F. Skinner)가 주장한 **행동주의**(behaviorism)라는 개념의 일부였다. 행동주의는 생각이 개입하지 않는 방식으로 행동이 자극에 따라 나타난다고 주장한다. 스키너가 주장한 극단적인 행동주의는 행동의 원인에서 느낌, 생각과 그 밖의 정신적 요인을 제외한다. 간략히 말하여 행동주의에서는 사람들이 자극과 반응을 연관 짓는 방식의 학습을 하지만,

행동주의 생각이 개입하지 않는 방식으로 행동이 자극에 따라 나타난다는 이론

이 연관성에 대한 사람들의 의식적 인식은 관련이 없다고 주장한다.[70] 예를 들어 많은 수입을 얻으려는 판매원은 판매 실적이 수입과 직결됨을 알고 가능한 한 많이 판매하려 할 것이다.

사회학습 이론 사람들은 어떤 내용을 들어서 학습할 수도 있고, 다른 사람에게 일어나는 일을 관찰하거나 어떤 일을 직접 경험함으로써 학습할 수도 있다. 우리는 부모, 선생님, 동료, 상사 등의 모델을 관찰하면서 많은 것을 학습한다.[71] **사회학습 이론**(social learning theory)은 이처럼 우리가 관찰과 직접 경험을 통해 학습할 수 있다는 관점을 가지고 있다.[72]

사회학습 이론 사람들이 관찰과 직접 경험을 통해 학습할 수 있다는 관점

사회학습 이론은 행동에 따른 결과에 의해 행동이 결정된다고 본다는 점에서는 조작적 조건화의 가정과 같지만, 관찰을 통한 학습과 지각의 효과성을 명확히 하고 있다. 사람들은 객관적인 결과 자체가 아니라 자신이 결과를 지각하고 정의하는 방식에 따라 반응한다.

기대 이론

현재 동기부여에서 가장 널리 받아들이는 것 중 하나는 빅터 브룸(Victor Vroom)의 **기대 이론**(expectancy theory)이다.[73] 기대 이론을 비판하는 사람들이 있기는 하지만 대부분의 연구 결과는 이 이론을 지지한다.[74] 기대 이론은 특정한 방식으로 행동하려는 경향의 강도가 주어진 결과(예: 성과에 대한 보상)에 대해 우리가 기대하는 강도와 그 결과의 매력도에 달려 있다고 주장한다. 구체적으로 말하면, 근로자는 자신의 노력이 좋은 성과로 이어지고, 이 성과가 조직에서 부여하는 급여 인상과 같은 보상이나 내적인 보상으로 이어지며, 이 보상이 자신의 개인적 목표 만족으로 이어질 것이라는 믿음을 가질 때 더 많은 노력을 쏟을 동기를 얻게 된다. 따라서 기대 이론은 세 가지 관계에 초점을 맞춘다(도표 7-5 참조).

기대 이론 특정한 방식으로 행동하려는 경향의 강도가 주어진 결과에 대해 우리가 기대하는 강도와 그 결과의 매력도에 달려 있다는 이론

- **기대**(expectancy): 어느 정도의 노력을 쏟았을 때 그 노력이 성과로 이어질 확률에 대한 인식(노력-성과 관계)
- **수단성**(instrumentality): 특정 수준의 성과를 내는 것이 원하는 보상으로 이어질 것이라고 개인이 믿는 정도(성과-보상 관계)
- **유인가**(valence): 조직의 보상이 개인의 목표나 필요를 충족하는 정도 또는 개인에게 미치는 잠재적 보상의 매력 정도(보상-개인 목표 관계)[75]

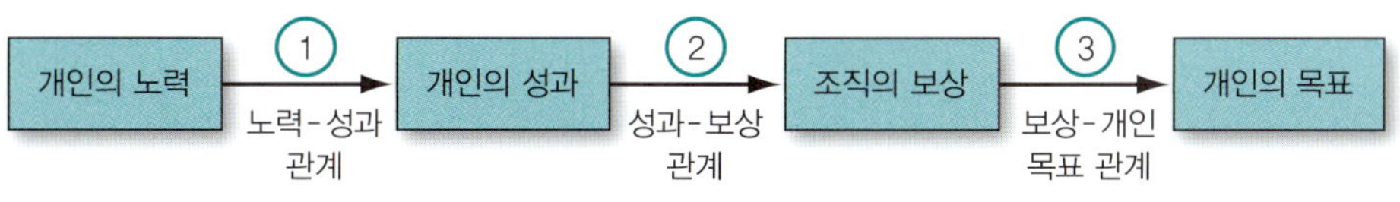

도표 7-5
기대 이론

기대 이론은 왜 많은 근로자가 자기 일로 동기부여가 되지 않고 직장 생활을 유지하는 데 필요한 최소한의 직무만 수행하는지를 설명하는 데 도움이 된다. 또한 근로자가 목표를 달성하기 위해 노력하는 것을 설명할 수 있다. 예를 들어 직장 내 경연대회의 수상자에게 '이달의 직원' 주차 공간을 이용할 수 있는 권리를 보상으로 준다고 하자. 이 보상을 정말로 원하는 사람도 있고, 별로 신경 쓰지 않는 사람도 있을 것이다(유인가). 즉 사람에 따라서 보상이 유인가로 작용할 수도 있고, 그렇지 않을 수도 있다. 만약 회사 주차장이 항상 붐빈다면 주차 공간이라는 보상이 탐날 것이다. 또 다른 예로 회사의 자선기금 행사에서 기부금을 가장 많이 모금한 직원이 상을 받는 경우를 생각해보자. 어떤 직원이 기부금을 모금하기 위해 노력한다면 실제로 기부금을 받을 수 있을까(기대)? 아마도 50달러씩 기부하는 사람보다 1달러씩 기부하는 사람이 더 많을 것이다. 그리고 기부자를 여러 명 모은 직원이 주차 공간을 얻을 가능성은 어떻게 될까(수단성)? 주차 공간이 여기저기에 있다면, 매년 자선기금 행사에서 엄청난 금액을 기부하는 사람을 알고 있는 직원이 올해에도 우승한다면 어떨까? 노력을 기울이기 위한 결정에 영향을 미치는 요인이 몇 가지 있으며, 기대 이론에 따르면 유인가, 수단성, 기대를 통해 일부 요인을 설명할 수 있다.

조직 공정성

공정성 이론

금융을 전공하는 대학생인 앤슬리는 업무 경험을 쌓고 자신의 가치를 높이기 위해 한 제약회사 금융 부서의 인턴으로 들어갔다. 임금은 시급 20달러로, 이는 주변 학생들이 하계 인턴십에서 일반적으로 받는 금액보다 컸기 때문에 그녀는 상당히 만족했다. 그러다 앤슬리는 대학을 갓 졸업하고 같은 부서에서 중간 관리직으로 일하는 카이를 알게 되었다. 카이는 시급 30달러를 받지만 만족하지 못하며, 다른 제약 회사의 관리직에 비해 임금이 턱없이 낮다고 불평했다. "이건 불공평해. 나는 그들만큼 열심히 일하는데 그만큼 돈을 벌지 못해. 경쟁업체로 이직할까 봐."

공정성 이론 개인이 자신의 직무에 대한 투입물과 결과물을 다른 사람들과 비교하고, 거기서 느끼는 불공정성을 제거하기 위해 반응한다는 이론

한 시간에 30달러를 받는 사람이 한 시간에 20달러를 받는 사람보다 만족을 덜 느끼고 동기부여도 덜한 이유는 무엇일까? 그 답은 **공정성 이론**(equity theory)과, 더 광범위하게는 조직 공정성에 대한 원칙에서 찾을 수 있다.[76] 공정성 이론에 따르면 근로자는 자신의 업무를 통해 얻는 것, 즉 임금, 승진, 인정, 더 큰 사무실 등의 결과물을 자신이 업무에 투입한 노력, 경험, 교육 등과 비교한다. 따라서 자신의 결과물(outcome, O) 대 투입물(input, I) 비율을 다른 사람들, 특히 직장 동료나 같은 직종 종사자 등 자신과 상황이 비슷한 사람들의 비율과 비교한다.[77] 도표 7-6은 이러한 비교를 보여준다. 자신의 비율이 비교 대상자의 비율과 비슷하다고 생각하는 경우에는 공정성이 존재하며 상황이 공평하다고 인식하게 된다. 그러나 일부 연구는 투입물과 결과물이 연령에 따라 다

르게 작용할 수 있다고 밝혔다. 즉 나이가 들수록 투입물을 통해 얻는 것(산출물)보다 과업에 대한 기여(투입물)에 더 초점을 두는 경향이 있다.[78]

공정성 이론에 따르면 불공정성을 인식한 사람은 다음 중 하나를 선택할 것이다.[79]

- **투입물 변경**: 급여가 적으면 노력을 덜 하고, 급여가 많으면 노력을 더 한다.
- **결과물 변경**: 성과급을 받는 사람이라면 질을 낮추고 생산량을 늘리는 방법으로 급여를 늘릴 수 있다.
- **자기인식 왜곡**: "내가 적당한 속도로 일한다고 생각했는데, 이제 보니 남들보다 열심히 일하고 있었군."
- **타인에 대한 지각 왜곡**: "마이크의 직업은 내가 생각했던 것만큼 좋지 않은 것 같아."
- **비교 대상 변경**: "나는 동서만큼 많이 벌지는 못하지만, 아버지가 내 나이였을 때보다는 훨씬 많이 벌고 있어."
- **현장 이탈**: 직장을 그만둔다.

공정성 이론은 몇몇 연구자의 지지를 받았지만 모든 연구자가 이 이론을 지지하는 것은 아니다.[80] 일부 사례에서 알 수 있듯이 어떤 사람들은 공정성에 더 민감한 것 같다. 자신이 보상을 더 받을 자격이 있다고 느끼는 사람도 있고, 보상에 대해 민감하지 않은 사람도 있다.[81] 그런데 만약 누군가가 하는 일에 비해 너무 많은 급여를 받고 있다고 느낀다면 급여의 일부를 돌려줄 것으로 기대할 수 있을까? 공정성 이론의 주장이 모두 검증되지는 않았지만, 이 이론의 가설은 직장 내 **조직 공정성**(organizational justice) 혹은 공평성에 대한 연구의 중요한 선구자 역할을 했다.[82] 조직 공정성은 직장에서의 권위와 의사결정자가 직원을 다루는 방식에 대해 직원이 어떻게 느끼는지에 광범위하게 관심을 두고 있다. 지난 수십 년간의 연구는 공정성이 직원과 조직의 관계를 유지하는 데 매우 중요하다는 것을 일관되게 보여준다.[83] 대부분의 경우에 직원은 자신이 얼마나 공정하게 대우받고 있는지를 평가한다(도표 7-6 참조).

조직 공정성 직장에서의 공정성에 대한 전반적인 지각으로 분배, 절차, 정보, 상호작용 공정성으로 구성됨

도표 7-6
공정성 이론

비율 비교*	지각
$\frac{O}{I_A} < \frac{O}{I_B}$	과소 보상으로 불공정
$\frac{O}{I_A} = \frac{O}{I_B}$	공정
$\frac{O}{I_A} > \frac{O}{I_B}$	과대 보상으로 불공정

* $\frac{O}{I_A}$는 본인, $\frac{O}{I_B}$는 타인

분배 공정성

분배 공정성 사람들에게 분배되는 보상의 크기에 대해 지각하는 공정성

분배 공정성(distributive justice)은 근로자가 받는 급여나 인정과 같은 결과물(보상)의 공정성에 초점을 맞춘다.[84] 보상은 다양한 방식으로 분배될 수 있다. 예를 들어 모든 직원의 급여가 똑같이 인상될 수도 있고, 직원에 따라 인상 폭이 다를 수도 있다. 앞에서 공정성 이론을 다룰 때 언급했듯이 근로자는 보상이 공평하게 분배될 때 가장 공정하다고 인식한다. 분배 불공정성은 더 넓은 수준에서도 발생할 수 있다. 예를 들어 미국에서 흑인과 백인의 임금 격차는 그들의 교육 수준이 비슷하고 부유한 가정 출신인 경우에도 해마다 꾸준히 커지고 있다.[85]

지금까지 설명했듯이 사람들은 자신의 결과물 대 투입물 비율을 다른 사람들의 비율과 비교하며, 합리적이고 계산적인 방식으로 분배 공정성과 공평성을 측정하는 것으로 보인다. 그러나 공정성의 경험, 특히 불공정성의 경험으로 인해 종종 사람들은 냉정하지도, 계산적이지도 못하게 된다. 사람들은 자신이 다른 사람들에 비해 대우받고 있다고 생각하는 방식에 대한 느낌이나 감정적 반응에 따라 분배적인 판단을 내리며, 이들의 반응은 종종 냉정하고 이성적이기보다는 매우 감정적이다.[86] 예를 들어 2018년 미국의 셧다운 기간에 미국 교통안전청(TSA)의 한 직원은 이렇게 말했다. "다른 공무원들은 집에서 가족과 함께 개인적인 시간을 즐기면서 급여를 받는데, 우리는 힘들게 고생하고 고통을 겪어야 하죠. … 우리는 대부분 월급에 맞춰 생활하며, 오랫동안 무급으로 지낼 여유가 없어 계속 일하러 가야만 합니다. 이건 공평하지 않습니다."[87]

절차 공정성

절차 공정성 보상 분배를 결정하는 과정에 대해 지각하는 공정성

분배 공정성은 어떤 보상이 분배되는지에 초점을 맞추는 반면에, **절차 공정성**(procedural justice)은 어떻게 분배되는지에 중점을 둔다.[88] 근로자는 의사결정 과정에서 발언권이 주어졌을 때 또는 의사결정자가 몇 가지 규칙에 따라 의사결정을 할 때 절차가 공정하다고 지각한다. 예를 들어 적시에 일관된 방식(여러 사람의 의견을 오랜 시간에 걸쳐 반영함)에 따르고, 편견(어떤 개인이나 집단을 다른 개인이나 집단보다 더 선호하지 않음)을 피하고, 정확한 정보를 활용하고, 의사결정이 영향을 미치는 집단이나 사람들의 상황을 고려하고, 의사결정에 이의를 제기할 수 있도록 개방적인 상태를 유지하면 근로자는 절차 공정성을 지각한다.[89]

절차가 공정하다고 판단한 사람은 불리한 결과를 수용적인 자세로 받아들일 가능성이 크다.[90] 예를 들어 당신이 승진을 바라고 있는데 관리자가 승진되지 않았다고 알려준다면 당신은 승진이 어떻게 결정되었는지 알고 싶을 것이다. 관리자가 직원들의 성과를 기준으로 승진을 결정했고 동료의 성과가 더 우수했다면, 친분에 따른 결정이 아닌 이상 당신은 관리자의 결정을 받아들일 것이다.

상호작용 공정성

보상의 분배와 절차뿐만 아니라 근로자는 다른 사람들과 상호작용하는 동안 자신이 대우받는 방식과 관련하여 두 가지 유형의 공정성에 관심을 둔다. 이 두 가지 유형은 **상호작용 공정성**(interactional justice)의 범주에 포함된다(도표 7-7 참조).[91]

상호작용 공정성 다른 사람들을 대하는 질에 대한 민감성

정보 공정성 첫 번째 유형은 **정보 공정성**(informational justice)으로, 이는 관리자가 중요한 결정과 조직의 중요한 일에 대한 정보를 직원에게 제공하는지 여부를 반영한다. 관리자가 더 자세하고 솔직한 정보를 제공할수록 직원은 더 공정하게 대우받는다고 느낀다.

정보 공정성 의사결정에 대한 진정성 있는 설명을 조직 구성원에게 제공하는 정도

관리자가 직원에게 솔직해야 하고 조직의 중요한 일에 대해 알려주어야 한다는 것이 당연하게 들릴 수도 있지만, 많은 관리자는 정보 공유를 주저한다. 나쁜 소식일 때 특히 그런데, 이는 소식을 전달하는 관리자와 소식을 듣는 직원 모두에게 불편한 일이다. 나쁜 소식에 대한 설명은 사실에 대한 정당화("나는 그 자리에 샘을 앉히기로 결정했어요. 그게 그렇게 큰일은 아니니까요.")보다는 사건이 벌어진 후 변명("이게 좋지 않은 일이라는 것을 알고 있어요. 당신에게 그 자리를 주고 싶었지만 내가 결정할 수 있는 일이 아니었어요.")의 유형일 때 더 나은 결과를 낳는다.[92]

대인관계 공정성 관리자와 직원의 상호작용과 관련된 두 번째 유형의 공정성은 **대인관계 공정성**(interpersonal justice)으로, 이는 직원이 상사로부터 존중과 존경을 받는지

대인관계 공정성 조직 구성원이 존중과 존경으로 대우받는 정도

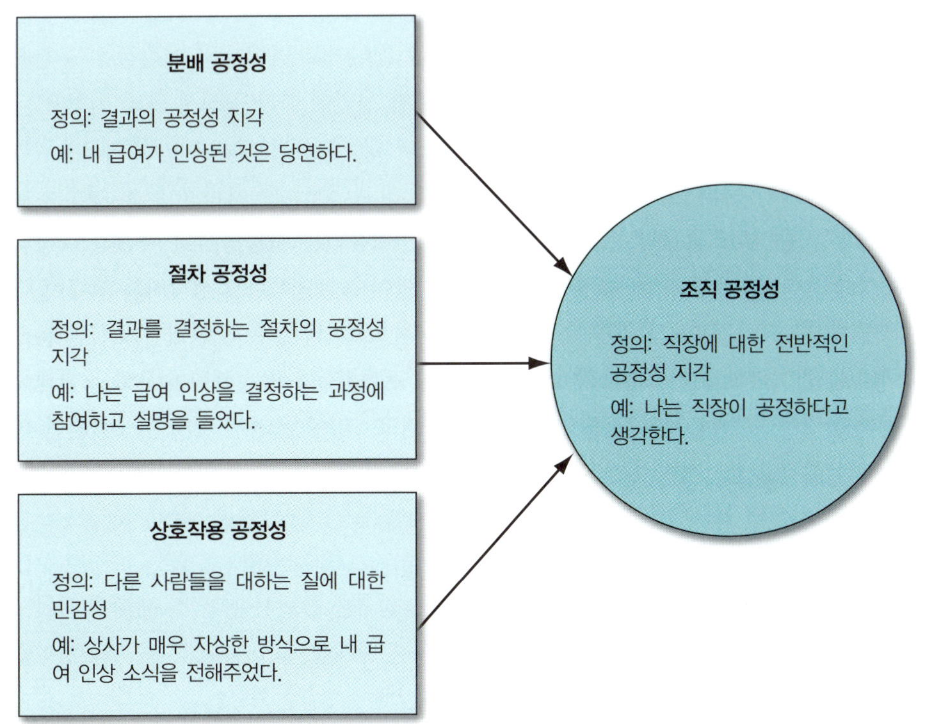

도표 7-7
조직 정의 모델

여부를 반영한다. 앞에서 다루었던 공정성의 유형과 비교했을 때 대인관계 공정성은 관리자와 직원 사이의 일상적인 상호작용에서 발생할 수 있다는 점에서 독특하다.[93] 이러한 특성 덕분에 관리자는 직원에게 공정한 대우를 받는다는 느낌을 줄 수 있다(아니면 그러한 기회를 놓칠 수도 있다). 안타깝게도 일부 연구에 따르면 여성, 고령, 유색 인종 등 소수 집단의 리더는 대인관계 공정성 규칙을 따르더라도, 고정관념이 활성화되어 오히려 편견적 대우를 받을 수 있는 것으로 나타났다.[94]

공정성 결과

지금까지 공정성에 대해 설명한 내용과 별개로, 실제로 공정성은 조직 구성원에게 얼마나 중요할까? 매우 중요하다고 밝혀졌는데, 자신이 공정하게 대우받는다고 생각하는 사람들은 몇 가지 긍정적인 반응을 보인다. 이 장에서 다룬 공정성의 모든 유형은 더 우수한 성과, 동료를 돕는 것과 같은 시민행동, 직무 회피 등의 부정적 직무행동 감소와 연관성이 있다.[95] 분배 공정성과 절차 공정성은 과업 성과와 더 강하게 연관되고, 정보 공정성과 상호작용 공정성은 시민행동과 더 강하게 연관된다. 심지어 직원의 수면의 질이나 건강과 같은 생리학적인 결과도 공정한 대우와 관련이 있다.[96]

흥미롭게도 불공정성에 대한 동료의 반응은 우리 자신의 반응만큼이나 중요할 수 있다. 최근 연구는 불공정성에 대한 **제삼자**의 반응, 즉 관찰자의 반응이 상당한 영향을 미칠 수 있다고 제안한다. 예를 들어 당신이 자주 가던 프랜차이즈 식당이 갑자기 대규모 정리해고를 했다는 기사를 읽었다고 가정해보자. 예고도 없이 직원들이 해고되고, 다른 직장을 찾는 데 아무런 도움을 받지 못했다는 사실을 알게 되었다. 당신은 이 식당에 계속 가겠는가? 연구 결과는 아마 재방문하지 않을 것이라고 밝혔다.[97] 사람들은 공정성 규범 위반을 판단할 때 귀인을 한다. 연구에 따르면 성별에 따라 공정성 규범 위반을 다르게 판단한다. 여성은 절차 규범을 위반할 때보다 상호작용 규범을 위반할 때 더 엄하게 판단한다(즉 더 많이 비난하거나 비판한다).[98]

공정성을 향상하려는 많은 노력에도 불구하고, 지각되는 불공정성이 여전히 나타날 가능성이 크다. 흔히 공평성은 주관적이다. 한 사람이 불공평하다고 생각하는 상황이 다른 사람에게는 아무 문제가 없을 수도 있다. 일반적으로 사람들은 자신에게 유리한 분배나 절차를 공정하다고 인식한다.[99] 그러나 조직이 구성원들을 공정하게 대우하는 방식이 일관되지 않아 그들이 학대와 공정한 대우의 롤러코스터에 올라탄 것처럼 느낀다면 더욱 무관심해지고 협조적이지 않으며, 부정적인 직무 태도를 보일 수 있다.[100]

문화와 공정성

많은 국가는 절차 공정성과 관련하여 비슷한 기본 원칙을 중요시한다. 전 세계에 걸쳐서 근로자는 나이에 따른 보상보다 성과와 능력에 따른 보상을 선호한다.[101] 하지만 투입물과 보상은 다양한 문화에서 각기 다르게 평가된다.[102]

공정성에 대한 차이를 이야기할 때 호프스테더의 문화적 차원(5장 참조)을 사용할 수 있다. 32개국에서 19만 명 이상의 근로자를 대상으로 실시한 방대한 연구에서는 개인주의적이고, 여성적이며, 불확실성 회피가 높고, 권력 격차가 낮은 국가에서 공정성에 대한 지각을 가장 중요하게 여기는 것으로 나타났다.[103] 연구 결과는 실제로 근로자가 부당한 감독과 같은 지각된 불공정성에 대해 문화에 따라 다르게 반응한다는 것(즉 신뢰와 노력 감소)을 보여주었다. 한편 권력 격차를 크게 느끼는 유교 사회의 근로자는 이러한 불공정성의 영향을 덜 받는 경향이 있다.[104]

조직은 공정성에 대한 기대치에 맞추어 프로그램을 조정할 수 있다. 예를 들어 호주, 미국과 같이 개인주의적인 성향이 강한 국가에서는 경쟁을 유도하는 임금 시스템이나 개인의 성과에 따른 보상이 공정하다는 느낌을 강화한다. 반면에 프랑스와 같이 불확실성 회피 성향이 강한 국가에서는 고정된 임금을 지급하고 직원의 참여를 독려했을 때 직원이 더 안정감을 느낀다. 또한 지배적인 차원이 여성성인 스웨덴에서는 사람들 간의 관계성과 관련된 문제를 중요하게 여긴다. 따라서 스웨덴의 조직은 일과 가정의 균형을 도와주고, 사회적으로 인정받을 수 있는 여건을 마련하고자 한다. 한편 권력 격차가 매우 작은 오스트리아의 조직 구성원에게는 윤리적인 기준이 공정성을 인식하는 가장 중요한 기준이 될 수 있다. 따라서 오스트리아의 조직은 리더와 직원 간의 불평등을 공개적으로 언급하고 윤리적인 리더십을 확립하려 할 것이다.

직무 몰입

간호사인 애디슨은 병원에 출근하면 다른 것을 완전히 잊고 자신의 일에 푹 빠져든다. 그는 환자를 돌보는 데 모든 감정, 생각, 행동을 집중한다. 심지어 일에 너무 몰입한 나머지 자신이 얼마나 오래 일했는지 잊어버리곤 한다. 이렇게 열심히 일하는 그는 다른 간호사들보다 효과적으로 환자에게 보살핌을 제공하고 업무 시간에 행복을 느낀다.

이 사례에서 에디슨은 **직무 몰입**(job engagement) 수준이 높다. 직무 몰입은 직원이 직무 성과에 쏟는 신체적·인지적·감정적 에너지를 의미한다.[105] 미국 기업의 경우 자신의 직무에 대해 관심과 열정이 부족한 직원들이 연간 최대 5,500억 달러의 생산성 손실을 초래하기 때문에 실무 관리자들과 학자들은 직무 몰입을 유도하는 데 관심을 두었다.[106] 직무 몰입은 조직에 큰 영향을 미치고, 더 높은 수준의 과업 성과와 시민행동을 예측하는 것으로 밝혀졌다.[107] 그러나 직무 몰입의 구성 개념은 직무 만족, 조직 몰입, 직무 관여와 같은 직무 태도와 부분적으로 중복되는 것으로 나타났다.[108]

직무 몰입 직원이 직무 성과에 쏟는 신체적·인지적·감정적 에너지

사람들이 자신의 직무에 몰입할 가능성을 높이는 것은 무엇일까? 4만 명 이상의 근로자를 조사한 문헌 검토에서는 적극적인 성격, 성실성, 외향성 외에도 직무 몰입을 예측하는 한 가지 중요한 특성을 제시했다. 근로자가 긍정적인 기분과 감정(긍정적 정서, 4장 참조)을 경험할수록 직무에 몰입하는 경향이 있다는 것이다.[109] 환경 요인도 영향을 미

친다. 예를 들어 직무 특성 및 효과적으로 일하는 데 필요한 자원에의 접근성, 개인-조직 가치관 적합성, 영감을 주는 리더십 등이 직무 몰입에 영향을 미친다.[110]

동기부여의 현대 이론 통합

여러 가지 이론을 제시한 후 단 하나의 이론만이 유효하다고 말할 수 있다면 우리의 일은 훨씬 단순할 것이다. 하지만 이 장에서 소개한 많은 이론은 상호 보완적이다. 그렇다면 이러한 이론을 한데 묶어 그 관계를 살펴보자. 이 작업을 돕기 위해 동기부여에 대해 배운 내용을 통합하여 도표 7-8에 제시했다. 도표 7-8의 뼈대는 도표 7-5의 기대 이론 모델이다. 이제 도표 7-8을 자세히 살펴보자(직무 설계는 8장에서 자세히 다룰 것이다).

먼저 기회가 개인의 노력에 도움을 줄 수도 있고 방해가 될 수도 있음을 이해해야 한다. 도표 7-8을 보면 '개인의 목표'로부터 '개인의 노력'으로 향하는 또 다른 화살표가 있는데, 목표 설정 이론에 따른 목표-노력 연결 고리는 목표가 행동을 이끈다는 사실을 상기하게 한다.

기대 이론은 조직 구성원이 노력과 성과 간, 성과와 보상 간, 개인의 목표에 대한 보상과 만족 간의 강한 관계를 인식할 때 노력을 많이 기울일 것이라고 예상한다. 또한 각

도표 7-8
최근의 동기부여 이론의 통합

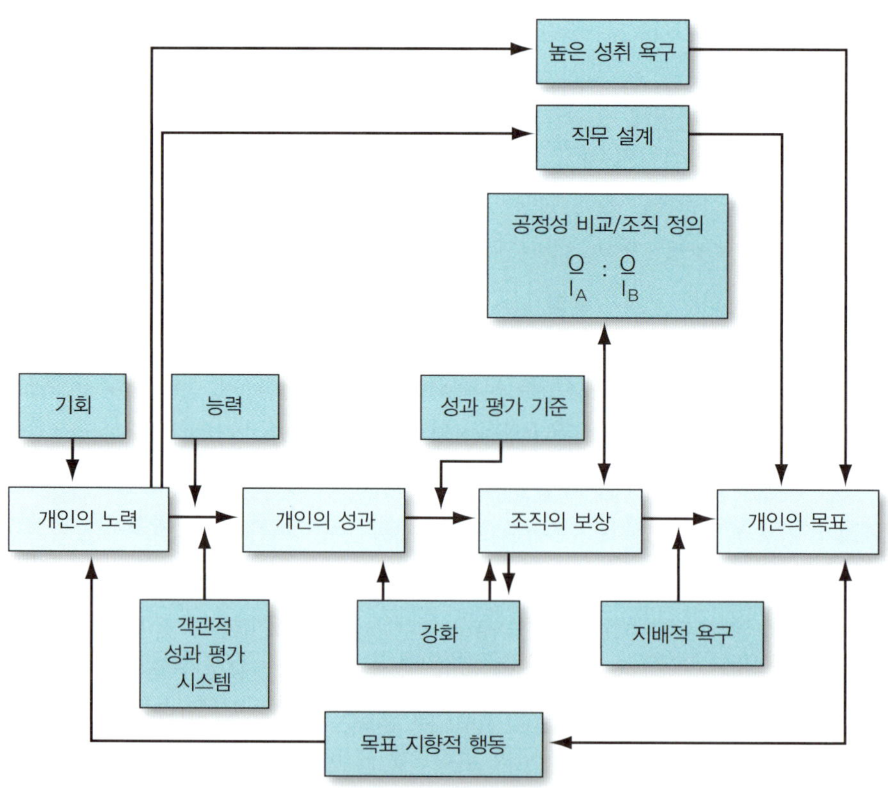

각의 관계는 다른 요인의 영향을 받는다. 노력이 훌륭한 성과로 이어지기 위해서는 노력을 기울이는 사람이 업무를 수행할 능력을 지니고, 성과 평가 시스템을 공정하며 객관적이라고 인식해야 한다. 성과와 보상의 관계는 나이나 개인적 친분이 아니라 성과에 따라 보상이 주어진다고 지각할 때 강하게 나타난다. 인지평가 이론이 실제 일터에서 유효하다면, 성과에 따라 보상을 제공하는 것이 사람들의 내적 동기를 감소시킬 것이라고 예상할 수 있다. 기대 이론의 마지막 연결 고리는 보상과 목표의 관계이다. 높은 성과에 대한 보상이 개인의 목표와 일맥상통하는 지배적 욕구를 충족할 때 동기부여가 높아진다.

도표 7-8을 자세히 살펴보면 이 모델이 성취에 의한 동기부여, 직무 설계, 강화, 공정성 이론/조직 공정성과 같은 요소도 고려했음을 알 수 있다. 성취 욕구가 높은 사람은 성과에 대한 조직의 평가나 보상으로 동기부여가 되지 않으며, 따라서 이들은 다른 과정을 거치지 않고 노력에서 개인의 목표로 바로 넘어간다. 성취 욕구가 높은 사람의 경우 직무에 개인적 책임, 피드백, 어느 정도의 위험성이 따르면 내적인 동기에 의해 움직인다. 이들은 노력-성과, 성과-보상, 보상-목표의 연결에는 큰 관심이 없다.

강화 이론은 조직의 보상이 개인의 성과를 강화한다는 사실을 인식한다는 점에서 이 모델에 포함된다. 조직의 보상 시스템이 뛰어난 성과에 대해 '좋은 보상을 제공한다'고 구성원들이 인식한다면 보상이 뛰어난 성과를 강화하고 장려하게 된다. 보상은 조직 공정성에 대한 연구에서도 중요한 역할을 한다. 사람들은 자신이 받는 급여와 같은 결과물을 다른 사람들의 결과물과 비교할뿐더러, 자신이 어떤 대우를 받는지에 따라서도 조직 공정성을 판단한다. 보상에 실망한 사람은 보상 분배에 사용된 절차의 공정성 지각과 상사의 배려에 대해 민감해지는 경향이 있다. 보상 시스템을 구축하기 위한 현대적인 접근 방식에는 공정하고 객관적인 인공지능 기반 절차를 사용하여 공정성에 대한 구성원들의 지각을 개선하는 것이 포함될 수 있다.[111]

콜스

콜스(Coles)는 호주의 최대 슈퍼마켓 체인 중 하나로, 2020년 9월에 10만 명의 직원에게 열심히 일한 대가로 임금을 1.75% 인상한다고 발표했다. 직원이 고객에게 더 나은 서비스를 제공하기 위해 계속 노력하도록 보상을 통해 동기부여를 한 것이다. SDA(Shop, Distributive and Allied Employees' Association)는 콜스의 이러한 시도를 칭찬하면서, COVID-19 팬데믹 동안 고객에게 서비스를 제공한 슈퍼마켓 직원의 공로를 인정한 것이라고 말했다. 또한 SDA는 다른 소매업체도 곧 콜스의 사례를 따르길 희망한다고 밝혔다.[112]

요약

동기부여는 일터에서 직원과 그 밖의 사람들이 어떻게 목표를 향해 노력을 기울이는지 과정을 설명한다. 동기부여에 관한 많은 초기 이론은 직원의 욕구 및 욕구 충족의 결과물에 초점을 맞추었지만, 뒷받침하는 연구 결과가 부족했다. 현대의 이론은 내적·외적 동기부여, 목표 설정, 자기효능감, 강화, 기대와 같은 주제에 중점을 두고 있다. 이러한 이론 외에도 공정성 이론에서 유래한 다양한 유형의 조직 공정성은 직원의 동기부여에 중요한 역할을 한다. 동기부여는 직무 몰입을 비롯해 직원이 자신의 직무에 이바지하는 것을 이해하는 데 핵심적인 요소이다. 전반적으로 동기부여는 직원이 성과 활동에 몰입하기 위해 쏟는 노력의 기반이 되며, 이를 통해 결과적으로 개인이나 조직의 목표를 달성하게 된다.

경영자를 위한 시사점

- 직원에게 주어지는 외적 보상이 강제적인 것으로 보이지 않도록 주의하고, 역량과 관계성에 대한 정보를 제공하라.
- 직원에게 구체적이고 어려운 목표를 설정해 주거나 그러한 목표를 설정하도록 영감을 주고, 목표 달성 과정에 양질의 발전적 피드백을 제공하라.
- 직원의 목표를 조직의 목표에 맞추거나 연계하도록 노력하라.
- 직원이 수행했으면 하는 행동을 솔선수범하라.
- 기대 이론은 직원의 생산성, 결근, 이직률과 같은 성과 변수에 대해 효과적으로 설명해준다.
- 조직 내 자원에 대한 의사결정을 할 때는 자원이 어떻게 분배되는지(누가 영향을 받는지), 의사결정의 공정성, 직원에 대한 존중이 드러나는지를 고려하라.
- 직원의 직무 몰입을 개선하고 직원의 특성을 활용하여 직무 몰입을 촉진하는 조건을 조성하기 위해 노력하라.

8

동기부여 이론의 응용

학습목표

- 직무 환경을 바꾸어서 동기를 부여하는 방법과 직무 특성 모델을 설명할 수 있다.
- 직무를 재설계하는 주요 방법을 비교하여 설명할 수 있다.
- 대안으로 제시되는 업무 조정 방식의 동기부여 효과를 설명할 수 있다.
- 종업원 참여 측정이 어떻게 근로자에게 동기부여를 하는지 설명할 수 있다.
- 다양한 유형의 변동급 프로그램이 어떻게 직원에게 동기부여를 하는지 설명할 수 있다.
- 유연한 복리후생 프로그램의 동기부여 효과를 설명할 수 있다.
- 내적 보상의 동기부여적 이점을 이해할 수 있다.

직무 설계를 통한 동기부여: 직무 특성 모델

직무를 구조화하는 방식이 직무 담당자의 동기부여에 미치는 영향은 생각보다 크다. 예를 들어 영국의 맞벌이 부모 약 3,000명을 대상으로 이루어진 설문조사에서는 업무량이 많거나 초과 근로가 문화로 자리매김하여 응답자의 78%가 계약 시간을 넘도록 일하는 것으로 나타났다.[1] 이러한 조사 결과에 대해 한 관리자는 고용주가 "초과 근로 문제를 해결하기 위해 직무 설계를 재고하여 부모에게 적절한 업무량을 주어야 한다"고 언급했다.[2] 직원이 "이 일은 날 죽일 것 같아!"라고 외친다면 어느 정도는 사실일 것이다. 3,000명 이상의 직원을 대상으로 20년 동안 진행된 연구에서는 직무 요구가 사망과 관련이 있으며, 효과적인 직무 설계는 이러한 부정적인 영향을 완화하는 한 가지 방법이라고 밝혔다.[3]

직무 설계(job design)는 직무의 구성 요소가 조직화되는 방식이 직원의 노력에 영향을 미칠 수 있음을 시사한다.[4] **직무 특성 모델**(job characteristics model, JCM)은 이러한 요소의 변화 가능성을 파악하는 기반으로 활용될 수 있다. 이 모델은 다음과 같은

직무 설계 직무의 구성 요소가 조직화되는 방식

직무 특성 모델 어떤 직무든 다섯 가지 핵심 직무 차원(기술 다양성, 과업 정체성, 과업 중요성, 자율성, 피드백)으로 기술될 수 있다고 제안한 모델

다섯 가지 핵심 직무 차원을 제시한다.[5]

기술 다양성 직무에 다양한 전문 기술과 능력이 활용되는 정도

- **기술 다양성**(skill variety): 어떤 직무를 수행할 때 얼마나 다양한 전문 기술과 능력을 활용하는지를 말한다. 고객의 요청을 받아서 전기 수리, 엔진 재조립, 차체 작업, 고객과의 상호작용 등 자동차 정비업자가 수행하는 과업의 기술 다양성 수준은 매우 높다. 반면에 자동차 도장업체에서 하루에 8시간 동안 스프레이로 페인트 도포만 하는 작업자는 과업의 기술 다양성 수준이 낮다.

과업 정체성 직무가 전체로서 완전히 구별되는 하나의 작업 단위로서 완결되는 정도

- **과업 정체성**(task identity): 어떤 직무가 완전하고 구별 가능한 작업 단위의 완료를 요구하는 정도를 말한다. 즉 해당 직무에서 개인이 수행하는 작업이 뚜렷하게 보이고 완결성을 갖추며, 그 작업이 어떤 결과물에 기여하는지 명확하게 인지할 수 있는 정도이다. 가구를 디자인하고, 목재를 선택하고 그것을 조립하여 완성하는 가구 제작자의 과업 정체성은 매우 높다. 반면에 책상 다리의 완성을 위하여 선반 작업만 수행하는 사람의 과업 정체성 수준은 낮다.

과업 중요성 직무가 다른 사람들의 삶이나 직무에 영향을 미치는 정도

- **과업 중요성**(task significance): 어떤 직무의 수행이 다른 사람들의 삶이나 작업에 영향을 미치는 정도를 말한다. 병원 응급실에서 환자를 돌보는 간호사의 직무는 과업 중요성이 매우 높은 데 비하여 병원 복도를 청소하는 청소부의 직무는 과업 중요성이 낮다.

자율성 작업 일정을 조정하고 작업 절차와 방법 등을 결정할 때 직무가 근로자에게 자유, 독립성, 재량권을 제공하는 정도

- **자율성**(autonomy): 작업 일정을 조정하고 작업 절차와 방법 등을 결정할 때 직무가 근로자에게 자유, 독립성, 재량권을 제공하는 정도를 말한다. 상사의 허락 없이 스스로 고객과 접촉하는 방식을 결정하고 자신의 업무 일정을 수립하는 영업 관리자의 경우 자율성이 높지만, 표준화된 매출 전표를 정해진 절차에 따라 기장해야 하는 회계 직원의 직무는 상대적으로 자율성이 낮다.

피드백 직무 활동을 수행하는 동안 자신의 수행 성과에 대해 직접적이고 명확한 정보를 얻을 수 있는 정도

- **피드백**(feedback): 직무 활동을 수행하는 동안 자신의 수행 성과에 대해 직접적이고 명확한 정보를 얻을 수 있는 정도를 말한다. 아이패드의 품질을 조사하고 점검하는 직무는 피드백 수준이 높지만, 조립 라인에서 아이패드의 부품을 조립하는 직무는 피드백 수준이 비교적 낮다.

직무 특성 모델의 구성 요소

도표 8-1은 직무 특성 모델을 잘 보여준다. 처음의 세 가지 구성 요소인 기술 다양성, 과업 정체성, 과업 중요성이 어떻게 결합하여 근로자가 가치 있다고 여기는 의미 있는 일을 만들어내는지 주목할 필요가 있다. 자율성이 높은 직무는 근로자에게 일의 결과에 대한 책임감을 느끼게 하며, 피드백은 근로자가 일을 얼마나 효과적으로 수행하는지를 알려준다. 이 세 가지 심리 상태(직무의 의미, 책임감, 결과에 대한 지식)가 더 많이 존재할수록 근로자의 동기부여, 성과, 만족도가 높아지고 결근과 이직을 할 가능성이 낮아진다. 도표 8-1을 통해 알 수 있듯이, 성장 욕구가 큰 사람은 자신의 직무가 풍부하게

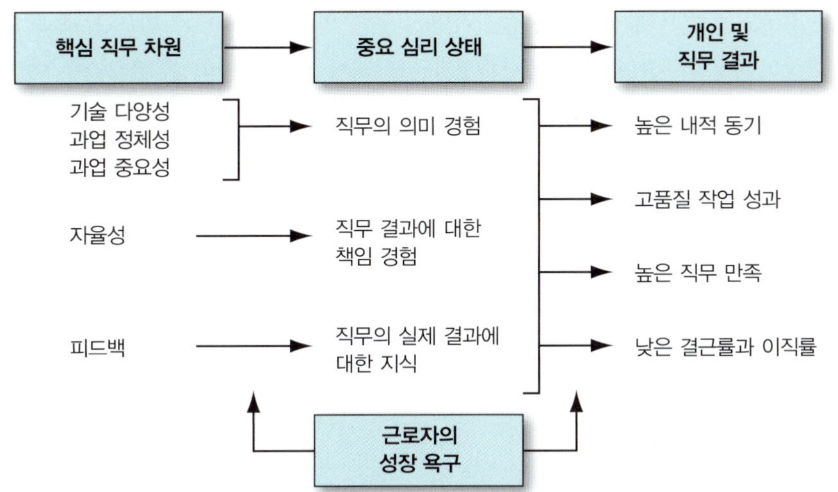

도표 8-1
직무 특성 모델

출처: J. R. Hackman and G. R. Oldham, "Development of Job Diagnostic Survey," *Journal of Applied Psychology* 60, no. 2 (1975): 159-70.

설계될 때 중요 심리 상태를 경험할 가능성이 더 크고, 이에 대해 더 긍정적으로 반응할 것이다.

직무 특성 모델의 효능

앞에서 언급한 직무 특성이 동기부여 수준의 제고를 통해 더 높은 수준의 직무 만족과 조직 몰입을 불러일으킨다는 직무 특성 모델의 주장을 뒷받침하는 증거가 많다.[6] 또한 직무가 더 자율적이고, 상호 의존적이며, 이전보다 더 많은 기술을 요구한다는 점을 근로자가 인지하고 있음에도 불구하고 직무 만족과의 연관성이 1970년대 이후로 달라지지 않았다. 이러한 연구 결과는 근로자가 여전히 충실화된 업무(enriched work)를 중요시한다는 것을 드러낸다.[7] 일반적인 연구 결과는 직무 특성 모델을 지지하지만 일부 성격과 상황에 따른 차이를 보이기도 한다. 연구에 따르면 근로자가 정기적으로 긍정적인 기분(4장 참조)을 경험하는 경향이 있을 때 직무 특성과 만족도의 연관이 가장 높은 것으로 나타났다.[8] 다른 연구는 직무 특성 모델이 가상적인 작업 환경에서도 나타나는지를 조사했는데, 사람들이 직접 만나지 않고 온라인을 통해서만 일하는 경우 의미 경험, 책임감, 결과에 대한 지식이 잘 나타나지 않았다.[9] 그러나 관리자가 이들과 개인적 관계를 의식적으로 형성하는 경우에는 이러한 부정적 결과가 줄어들고, 오히려 과업 중요성, 자율성, 피드백 수준이 높아졌다.[10]

동기부여 잠재력 점수

직무 특성 모델의 다섯 가지 차원을 **동기부여 잠재력 점수**(motivating potential score, MPS)라는 지수로 변환할 수 있다. MPS를 계산하는 방식은 다음과 같다.

동기부여 잠재력 점수 어떤 직무의 동기부여 잠재력을 반영한 예측 지수

$$\text{MPS} = \frac{\text{기술 다양성} + \text{과업 정체성} + \text{과업 중요성}}{3} \times \text{자율성} \times \text{피드백}$$

어떤 직무의 동기부여 잠재력을 높이려면 직무의 의미를 경험하게 만드는 세 요소 중 하나 이상의 수준이 높아야 하고, 자율성과 피드백이 모두 높아야 한다. 동기부여 잠재력 수준이 높은 직무라면 담당자의 동기부여 수준이 높아 그 결과 만족도와 성과가 높아지고 결근과 이직이 줄어들 것이다. 자신이 현재 수행하는 직무(또는 과거에 수행했던 직무)를 떠올려보라. 다른 과업을 수행할 기회가 있는가, 아니면 일상적인 과업이 더 많은가? 독립적으로 일할 수 있는가, 아니면 상사나 동료가 끊임없이 어깨너머로 지켜보고 있는가? 이러한 질문에 대한 답은 직무의 동기부여 잠재력을 알려준다.

직무 재설계

캐머런은 이렇게 말했다. "하루하루가 똑같았어요. 조립 라인에 서서 계기판이 오기를 기다려요. 덮개를 열고 체로키 지프차에 계기판을 집어넣은 다음 전선을 연결하죠. 하루에 8시간 동안 이 일을 반복하고 시급 24달러를 받았는데, 시급에는 별로 관심이 없었어요. 미칠 것 같았거든요. 마침내 나는 남은 인생을 이렇게 보낼 수는 없다고 얘기했죠. 그 조립 라인에서는 내 뇌가 젤리처럼 녹아내리는 느낌이었으니까요. 그래서 그만두었죠. 지금은 인쇄소에서 일해요. 시급이 15달러도 안 되지만, 그래도 이 일은 아주 재미있어요. 날마다 업무가 바뀌고 계속 새로운 것을 배우고 있거든요. 아주 좋아요. 매일 아침 일하러 갈 때마다 새로운 기대를 하게 됩니다."

캐머런이 일했던 지프 공장에서의 반복적인 과업은 그에게 다양성, 독립성이나 동기부여를 거의 제공하지 못했다. 반면에 인쇄소의 직무는 도전적이고 흥미롭다. 조직 관점에서 볼 때 첫 번째 고용주는 직무를 만족스럽게 설계하지 못하여 캐머런이 떠나게 만들었다. 직무를 재설계하는 것은 직원의 이직률을 낮추고 직무 만족을 높이기 때문에 실무적으로 중요한 의미가 있다.[11]

또한 사회와 조직은 조직 내의 포용성(inclusiveness)을 개선하기 위한 한 가지 방법으로 직무 설계를 살펴보고 있다. 예를 들어 항공기 수리 기술자인 모신 칸(Mohsin Khan)은 75세로, 그의 시력이 나빠지자 회사는 그가 금속판에 숫자를 새기는 작업을 할 때 도움이 되도록 큰 화면이 있는 고가의 레이저 마커 기계를 구입했다.[12] 한편 싱가포르는 2016년부터 직무 재설계 보조금을 통해 나이 든 근로자를 지원하고 유지하는 데 도움을 주고 있다.[13] 이 보조금을 통해 정부와 기업은 고령화 인력의 욕구에 관심을 가지고 그들에게 풍요로운 삶을 제공할 수 있게 되었다. 그렇다면 근로자에게 동기부여가 되도록 직무를 재설계할 수 있는 방법을 살펴보자.

직무 순환 직원이 한 직무에서 다른 직무로 주기적으로 이동하는 것

직무 순환과 직무 충실화

직무 순환 직원들이 과도하게 일상화된 직무로 고생하고 있다면 **직무 순환**(job rotation)을 고려해볼 수 있다. 직무 순환은 한 직무를 수행하는 직원과 동일한 수준에

서 유사한 기술이 필요한 다른 직무를 수행하는 직원을 주기적으로 교대시키는 것이다[이를 위해 **교차훈련**(cross-training)이 필요할 수도 있다].[14] 밀레니얼 세대(1980년대 초반부터 1990년대 중반 출생) 관리자와 전문가를 대상으로 한 설문조사에 따르면, 이들은 직무 순환이 현대 업무의 중요한 측면을 차지한다고 생각하며, 약 70%는 직무 순환이 중요하다고 평가했다.[15] 제조업체에서도 들어오는 주문량에 더 유연하게 대응하면서도 지루함을 줄이고 동기부여를 증가시키기 위해 직무 순환을 사용한다.[16] 또한 직무 순환이 작업의 반복으로 인한 사고 발생을 줄여주어 안전성을 높인다는 주장도 있는데, 이에 대해서는 연구 결과가 일치하지 않아 추가적인 연구가 필요하다.[17]

신임 관리자의 경우 여러 직무를 순환시킴으로써 조직 전체를 파악하게 할 수 있다.[18] 제조업의 공장부터 병원의 병동까지 교차훈련을 할 수 있는 곳이라면 직무 순환을 사용할 수 있다. 싱가포르항공(Singapore Airlines)에서는 예매 창구 직원이 일시적으로 수하물 직원의 업무를 수행하기도 하는데, 이는 교차훈련과 조직의 다양한 업무를 경험하기 위함이다.[19]

하지만 직무 순환에는 단점도 있다. 첫째, 각 순환을 시행할 때마다 새로운 기술을 배워야 한다면 훈련 비용이 증가할 수도 있다. 둘째, 직원을 새로운 위치로 옮기는 것은 그 역할의 전반적인 생산성을 떨어뜨릴 수 있다. 셋째, 공동으로 수행하는 직무의 경우 기존 구성원이 새로운 구성원에게 적응하는 데 어려움을 느낄 수도 있다. 넷째, 관리자가 순환 직원의 직무를 관리하는 일에 시간을 더 쓰게 된다.

직무 충실화 자기결정 이론(7장 참조)의 주요 초점은 **직무 충실화**(job enrichment) 과정을 통해 실행될 수 있다. 직무 충실화에서는 목적의식, 방향성, 의미성, 내적 동기를 증가시키기 위해 높은 수준의 책임을 직무에 부여한다.[20] 이러한 방식으로 직무 충실화를 하는 것은 직무 확대(더 많은 과업과 요구 사항 추가)와 다르다. 직무 충실화는 책임과 의미성이라는 또 다른 층을 추가하는 것을 의미한다. 직무 충실화는 동기부여를 증가시키기 위해 위생 요인과 동기 요인을 제공한다는 허즈버그의 이론(7장 참조)에 뿌리를 두고 있다.

직무 충실화 내적 동기를 증가시키기 위해 높은 수준의 책임을 직무에 부여하는 것

초기의 연구 문헌 검토에 따르면 직무 충실화는 조직에 들어올 직원에게 '현실적 직무 소개(수행할 직무에 대한 상세한 설명)'를 제공하는 것보다 이직을 거의 두 배 효과적으로 줄일 수 있다.[21] 또한 2만 명 이상의 영국 직원을 대상으로 한 설문조사에서는 직무 충실화가 직무 만족을 통해 조직의 재무 성과, 노동 생산성, 결근, 생산 품질 개선과 관련된 것으로 나타났다.[22] 이러한 이점에도 불구하고, 빅파이브 성격 특성 중 개방성(5장 참조)이 높고 자율적인 직무에 종사하는 관리자가 충실화된 직무를 설계할 가능성이 더 높다.[23] 성격과 상관없이 관리자는 직무 충실화의 이점을 고려하고, 세세한 부분까지 관리(미시적 관리)하려는 경향을 방지하기 위해 노력해야 한다.

관계적 직무 설계

관계적 직무 설계 직원이 자신의 직무를 통해 다른 사람들의 삶에 긍정적인 변화가 생기는 것을 볼 수 있도록 직무를 구성하는 것

직무 특성 모델을 기초로 직무를 설계하는 것은 내적 동기부여 수준을 높일 수 있지만, 최근에 연구자들은 친사회적으로 동기부여를 높이는 직무 설계 방안에도 관심을 두기 시작했다. 어떻게 직무를 설계하면 직원이 동기부여가 되어 조직과 관련을 맺고 있는 관계자(고객, 의뢰인, 환자, 직원 등)의 복리를 증진하려고 노력할까? **관계적 직무 설계**(relational job design)라 불리는 이 관점은 관심의 초점을 직원이 아니라 그 직원의 직무 수행으로 영향을 받는 사람들의 삶으로 옮긴다.[24] 이러한 방법이 자율성과 결합되면 직원은 직무 성과와 직무 만족을 높이도록 동기부여가 된다.[25]

직무를 더 친사회적으로 동기부여하는 한 가지 방법은 회사의 제품이나 서비스로 도움을 받은 고객의 이야기를 통해 직원과 직무 수혜자인 고객을 더 밀접하게 연결하는 것이다. 예를 들어 자신이 모금한 장학금을 받게 될 학부생들과 잠시 만나 교류한 대학 기금 모금자는 그러한 교류 기회가 없었던 모금자보다 42% 더 오래 모금 활동을 수행하고, 거의 두 배에 달하는 기금을 모금했다.[26] 이러한 긍정적인 영향은 모금자가 장학금 수혜자를 단 한 명만 만났을 때도 뚜렷이 나타났다.

대안적 근무 형태를 통한 동기부여

사람들에게 동기부여를 하는 방법은 매우 다양한데 앞에서는 그중 일부를 다루었다. 이제 다른 접근 방법인 유연근무제, 직무 공유, 재택근무 등의 대안적 근무 형태에 대해 알아보자.[27] 이러한 근무 형태는 맞벌이 부부, 편부모, 병을 앓거나 나이 든 가족을 돌보아야 하는 직원 등에게 특히 중요할 것이다. 예를 들어 유연근무제와 재택근무는 여성이 출산한 후 계속 경력을 쌓아나가는 데 도움이 될 수 있다.[28]

유연근무제

포커스컨설팅그룹(Focus Consulting Group) 설립자인 짐 웨어(Jim Ware)는 "인재를 유치하고 유지하는 최고의 조직 문화를 구축하려면 직원에게 제공할 올바른 보상이 있는지 확인해야 하는데, 그중 하나가 자율성"이라고 언급했다.[29] 유연성은 조직이 직원에게 제공할 수 있는 핵심적이고 매력적인 혜택으로, 이는 직원의 삶을 더 편리하게 해준다.[30] 예를 들어 폴런자산관리(Polen Capital Management)는 유연한 근무 시간 정책, **유연근무제**(flextime)를 도입한 지 3년 만에 인력을 두 배로 늘리는 데 성공했다.[31]

유연근무제 근무 시간이 유연한 근무 형태

유연근무제하에서 직원은 1주일에 정해진 시간만큼 일해야 하지만, 언제 일하는지는 유동적이다. 도표 8-2와 같이 하루 근무 시간 중에서 모두가 함께 일하는 공통 근무 시간이 6시간 정도 있고 그 전후로 근무 시간을 유연하게 배치하는 것이 일반적인 형태이다. 사무실을 아침 6시에 열고 저녁 6시에 닫는 경우에는 공통 근무 시간을 오전 9시부터 오후 3시로 정하는 식이다. 공통 근무 시간에는 모든 직원이 일해야 하지만 나머지

도표 8-2
유연근무제의 예

계획 1	
% 시간	100%=주당 40시간
핵심 근무 시간	월요일~금요일 오전 9:00~오후 5:00(점심시간 1시간)
근무 시작 시간	오전 8:00~9:00 사이
근무 종료 시간	오후 5:00~6:00 사이
계획 2	
% 시간	100%=주당 40시간
핵심 근무 시간	월요일~목요일 오전 8:00~오후 6:30(점심시간 30분) 금요일 휴무
근무 시작 시간	오전 8:00
근무 종료 시간	오후 6:30
계획 3	
% 시간	90%=주당 36시간
핵심 근무 시간	월요일~목요일 오전 8:30~오후 5:00(점심시간 30분) 금요일 오전 8:00~12:00(점심시간 없음)
근무 시작 시간	월요일~목요일 오전 8:30, 금요일 오전 8:00
근무 종료 시간	월요일~목요일 오후 5:30, 금요일 오전 12:00
계획 4	
% 시간	80%=주당 32시간
핵심 근무 시간	월요일~수요일 오전 8:00~오후 6:00(점심시간 30분) 목요일 오전 8:00~11:30(점심시간 없음) 금요일 휴무
근무 시작 시간	오전 8:00~9:00 사이
근무 종료 시간	오후 5:00~6:00 사이

2시간은 공통 근무 시간 전후로 배치하면 된다. 초과 근무 시간을 모아서 하루를 쉬는 것이 허용되는 경우도 있다. 스털링라이스그룹(Sterling-Rice Group)과 같은 일부 회사에서는 직원이 유연근무제의 방식을 스스로 결정할 수 있는데, 직원은 직무를 어떻게, 언제, 어디서 완료할지 제안하고, 직무를 수행하면서 필요에 따라 근무 시간을 조정할 수도 있다.[32]

유연근무제는 아주 널리 사용되고 있다. 최근 조사에 따르면 미국 조직 중 약 57%가 어떤 형태로든 유연근무제를 실시하고 있으며, 조직에 긍정적인 영향을 미친 것으로 나타났다.[33] 즉 조직의 33%에서 참여(조직 내 다양한 활동에의 직원 참여)가 증가하고, 23%는 생산성이 향상되었으며, 참여와 생산성이 감소한 조직은 5% 이하였다.[34] 유연근무제는 많은 직원에게 중요한 직무 설계 요소로 자리매김하고 있다. 직원의 53%가 유연근무제를 직무 만족에 매우 중요한 측면으로 언급하고, 55%는 올해 다른 일자리를 찾지 않을 것이라고 밝혔으며, 34%는 유연근무제 때문에 현재 고용주 밑에서 계속 일할 것이

벨기에

벨기에에서는 법에 따라 하루 근무 시간이 11시간으로 제한되고 주당 최대 50시간까지 근무할 수 있다. 많은 벨기에 기업은 유연근무제를 운용하고 있으며, 모든 직원이 '블록타임(block time)' 동안 근무해야 한다(일반적으로 08:30~11:30, 13:30~16:00). 직원은 블록타임보다 일찍 출근하여 근무를 시작하고 점심시간을 줄이거나, 블록타임 이후에 추가로 근무하여 할당된 근무 시간을 보충할 수 있다.

라고 했다.[35] 독일, 벨기에, 네덜란드, 프랑스 등의 국가에서는 직원이 육아와 같이 정당한 사유로 시간제 근무나 유연근무제를 요구할 때 고용주가 거부할 수 없도록 법으로 정해져 있다.[36]

유연근무제에 대한 대부분의 증거는 긍정적이다. 40개 이상의 연구를 검토한 결과에 따르면 유연근무제는 일반적으로 업무 성과와 긍정적으로 관련되지만 그 정도가 약한 것으로 나타났다. 유연근무제는 결근율 감소에 큰 영향을 미치며, 정도는 덜하지만 생산성과 일정에 대한 만족도를 향상하는 것으로 나타났다.[37] 10만 명 이상의 직원을 대상으로 한 실증 연구에서 유연근무제는 일이 가족을 방해하는 정도를 줄이는 데 약간의 효과가 있었지만, 가족이 일을 방해하는 상황에는 영향을 미치지 않았다.[38]

그러나 유연근무제가 일과 삶의 균형에 미치는 영향은 보이는 것보다 미묘한 차이가 있다. 예를 들어 독일의 두 연구에 따르면 유연근무제는 직원이 일과 삶의 경계를 설정하도록 더욱더 유도하지만(이는 직원을 더 행복하게 만듦), 직원이 직장에서 일일 목표를 달성하지 않는 한 이러한 경계가 실제로 설정되지는 않는다.[39] 유연근무제의 주요 단점은 모든 직무나 모든 근로자에게 적용할 수 없다는 것이다. 예를 들어 일부 연구는 젊고 건강한 근로자와 나이 많고 건강하지 않은 근로자 모두 유연근로제의 혜택을 볼 수 있다고 제안한다.[40] 또한 일과 가정생활을 분리하려는 욕구가 강한 사람은 유연근무제를 덜 사용하는 것으로 나타났다.[41] 그래서 유연근무제를 요구하는 사람은 사회적으로 낙인이 찍히기도 하는데, 조직의 리더 대다수가 유연한 근무 시간을 채택하여 유연근무제가 허용된다는 신호를 보낸다면 이러한 사회적 낙인을 피할 수 있다.[42]

직무 공유

직무 공유 2명 이상이 정규직 직무를 나누어 담당하는 근무 형태

직무 공유(job sharing)는 둘 이상의 직원이 전통적인 주 40시간의 직무를 나누어 담당하는 것이다. 한 사람이 오전 8시부터 정오까지 직무를 수행하면 다른 사람이 오후 1시부터 5시까지 수행하거나, 둘이 8시간 근무를 하루씩 돌아가면서 수행할 수도 있다. 예를 들어 인형극 배우인 리지 워트(Lizzie Wort)와 루스 칼킨(Ruth Calkin)은 인기 있는 영국 어린이 TV 프로그램에 인형으로 출연하면서 영국을 순회하고, 자신이 원하는 일을 할 수 있게 되었다.[43] 이는 배우가 투어를 할 수 있도록 극단이 '혁신적으로 변화시킬 수 있고, 자녀를 키우는 배우를 위한 가능성을 열어준' 직무 공유 제도를 도입한 덕분이다.[44]

2014년에는 미국에서 규모가 큰 조직 중 약 18%만이 직무 공유를 하는 것으로 나타났는데, 이는 2008년의 29%보다 낮아진 수치이다.[45] 이 제도가 널리 받아들여지지 않는 것은, 직무를 공유하기에 적당한 사람을 찾기가 어렵고, 직무나 고용주에 완전히 헌신하지 않는 사람을 바라보는 곱지 않은 시선 때문이다. 그러나 이러한 이유로 직무 공유 제도의 사용을 중단하는 것은 근시안적인 결정이다. 직무 공유는 하나의 직무에 2명 이상의 능력을 활용할 수 있게 하며, 숙련된 기술을 가지고 있지만 육아를 위해 잠시 쉬는 부

모 또는 은퇴하여 전일제 근무가 불가능한 사람을 조직이 확보할 수 있다. 한편 직원 입장에서는 일반적이지 않은 근무 시간에 일할 수 있다면 직무 공유가 동기부여와 만족도를 높여줄 것이다.

고용주가 직무 공유를 결정하는 것은 회사의 재무 상태나 정부 정책이 그 이유인 경우가 많다. 하나의 직무를 공유하는 시간제 직원 2명을 고용하면 정규직 1명을 고용하는 것보다 급여와 복리후생 비용이 덜 들겠지만 훈련, 조정 비용, 관리 비용이 더 들 수도 있다는 것을 고려해야 한다. 고용주는 각 직원과 직무에 개별적인 관심을 두고 직원의 기술, 성격, 욕구를 직무의 과업과 일치시키고 직원 개개인의 동기 요인을 고려해야 한다.

재택근무

2020년의 COVID-19 팬데믹으로 **재택근무**(telecommuting)가 새로운 일상으로 자리 잡고 있다.[46] 갤럽(Gallup)에서 패널로 활동하고 있는 약 9,000명의 직원 중 상당수(특히 중상위 계층)는 COVID-19 팬데믹 동안 재택근무를 했다.[47] 또한 가트너(Gartner)의 조사에서는 경영진의 74%가 COVID-19 팬데믹 이후에도 일부 직원의 원격근무를 유지할 것이라고 밝혔다.[48]

재택근무 회사 사무실과 연결된 컴퓨터를 이용하여 1주일에 2일 이상을 집 또는 근로자가 원하는 장소에서 일하는 근무 형태

COVID-19 팬데믹 동안에는 우리에게 근무 방식에 대한 선택권이 없었지만, 과연 재택근무는 효과적일까? 근로자는 재택근무를 좋아할까? 대부분의 사람들은 이 근무 형태를 이상적으로 여길지도 모른다. 통근이 없고, 근무 시간이 유연하고, 입고 싶은 대로 입고 일하며, 동료의 방해도 거의 없다. 재택근무란 회사 사무실과 연결된 컴퓨터를 이용하여 1주일에 2일 이상을 집 또는 근로자가 원하는 장소에서 일하는 것이다.[49] 비슷한 용어인 가상 사무실(virtual office)은 영구적으로 사무실 밖에서 일하는 것을 말한다.

재택근무에는 여러 가지 이점이 있다. 우선 성과와 직무 만족을 향상한다(특히 사회적 교류가 별로 없으면서 복잡하고 독립적인 직무의 경우). 역할 스트레스와 이직 의도를 줄이는 데에도 어느 정도 효과가 있다.[50] 1주일에 2.5일 이상 재택근무를 하는 직원은 대부분의 근무 시간을 사무실에서 보내는 직원보다 일-가정 갈등을 현저히 덜 느끼는 경향이 있다.[51] 재택근무는 우리가 속한 사회에도 잠재적인 이점을 제공한다. 한 연구는 미국 내 사람들이 근무 시간의 절반을 재택근무를 한다면 연간 약 51메트릭 톤(5만 1,000킬로그램)의 탄소 배출량이 감소할 것으로 추정했다. 이러한 환경적 이점은 사무실의 에너지 소비 감소, 온실가스를 배출하는 교통 체증 감소, 도로 보수 공사 감소 등을 통해 이루어질 수 있다.[52]

직원 입장에서 재택근무는 고립감을 증가시키고 직무 만족, 동료와의 관계의 질을 떨어뜨릴 수 있다.[53] 그러나 사무실의 근무 환경이 감정적으로 매우 힘들게 한다면 재택근무는 다른 사람들로부터 벗어나는 데 도움이 될 것이다.[54] 연구에 따르면 직원이 재택근무를 강요받는다고 하더라도 일반적으로는 일-가정 갈등을 덜 경험할 수 있지만, 만약 정해진 근무 시간을 초과하여 일하고 계속 호출을 받는다면 일-가정 갈등을 경험할 수

도 있다.[55] 재택근무자는 '눈에 보이지 않으면 마음에서 멀어지는' 현상의 피해자가 될 수 있다. 사무실에서 일하지 않는 직원은 사무실에서 발생하는 즉흥적인 회의를 놓치고, 직장에서의 일상적인 비공식 소통에 참여하지 않기 때문에 승진이나 임금 인상 시 불리한 대우를 받기도 한다. 일반적으로 사무실에서는 상사와의 일상적인 접촉이 이루어지고, 직원이 일하고 있다는 것이 분명하게 드러나지만(특히 업무량이 많고 생산적인 경우), 재택근무가 조직의 일상적인 근무 방식이 아닌 경우 재택근무를 하는 직원은 '얼굴도장을 찍는 데' 시간을 들이지 않는 것으로 지각되기 때문이다.[56]

재택근무를 계속해서 시행할 때 직원과 고용주는 이 근무 방식을 효과적으로 만들기 위해 어떻게 해야 할까? 앞에서 언급한 바와 같이 재택근무 일정이 해당 직급에 적합한지 확인하고,[57] 이 밖에도 적극적 태도, 목표 설정, 개인 성과 관리 등 자기 리더십(self-leadership)이 재택근무의 성공과 연관된다는 것을 확인할 필요가 있다.[58] 또한 스마트 협업 도구를 사용하고, 자주 의사소통을 하며, 명확하고 투명한 정책을 제시하고, 가상 팀 구성원 간의 신뢰를 구축하는 것이 전체 팀의 재택근무 효과성을 향상할 수 있다.[59]

종업원 참여 프로그램을 활용한 동기부여

종업원 참여 조직의 성공을 위한 직원의 헌신을 향상하기 위해 직원을 참여시키는 것

종업원 참여(employee involvement and participation, EIP)[60]는 조직의 성공을 위한 직원의 헌신을 향상하기 위해 직원을 참여시키는 것을 말한다. 만약 자신에게 영향을 미치는 결정에 직원을 참여시키고 근로 환경에 대한 통제력과 자율권을 더 부여한다면 직원의 동기 수준이 높아지고, 조직에 더 헌신하며, 생산성이 향상되고, 직무 만족도가 높아질 것이다.[61] 이러한 이점은 개인에게 한정된 것이 아니다. 팀 수준에서 직무에 대한 통제권을 부여받으면 팀의 사기와 성과가 함께 향상된다.[62]

문화적 EIP

EIP 프로그램이 성공하려면 지역 및 국가의 규범과 맞아야 한다.[63] 인도와 미국 등 4개국을 대상으로 한 연구는 국가 문화를 반영하는 것이 중요하다고 밝혔다.[64] 미국 직원은 EIP 프로그램을 선뜻 받아들였지만, 직원에게 권한을 부여하려고 노력한 인도 관리자는 직원들로부터 낮은 평가를 받았다. 이러한 반응은 권위의 차이를 받아들이는 인도의 높은 권력 격차 문화를 드러낸다. 한편 중국에서는 권력 격차를 덜 크게 지각하는 직원이 증가하고 있어 변화가 예상되지만 인도는 그렇지 않다. 중국 직원을 대상으로 한 연구에서는 자국의 전통문화를 중요하게 여기는 사람들의 경우 참여적 의사결정을 큰 혜택으로 받아들이지 않았다. 그러나 전통을 존중하는 정도가 낮은 사람들의 경우 경영에 참여하게 했을 때 만족도가 높아지고 성과도 향상되었다.[65] 이러한 중국 내에서의 차이는 현재 중국의 문화가 변화를 겪고 있기 때문으로 볼 수 있다. 중국 도시에서 이루어진 연구에 따르면 일부 EIP 프로그램, 즉 직원이 의사결정에 직접 참여하지 않더라도 상사와의

상담이나 의사 표현이 가능한 프로그램이 더 높은 직무 만족과 관련이 있는 것으로 나타났다.[66]

EIP 프로그램의 방식

EIP 프로그램의 두 가지 대표적 형태인 경영 참가와 대의 참가에 대해 자세히 알아보자.

경영 참가 모든 **경영 참가**(participative management)에 나타나는 공통적인 특징은 조직 내에서 부하 직원이 직속 상사와 상당한 정도의 의사결정 권한을 공유하는 공동 의사결정이다.[67] 이는 신뢰와 헌신을 통해 동기부여를 증진하려는 방법으로, 설명회나 설문조사와 같이 공식적인 형태로 이루어지기도 하고, 일상적인 상담과 같이 비공식적인 형태로 이루어지기도 한다.[68] 예를 들어 응급 의료 서비스 직원은 자신의 의료 전문 분야를 기반으로 서로 의견을 나누면서 환자의 생명을 구하는 프로세스를 개선할 수 있다.[69] 경영 참가는 낮은 의욕과 생산성을 고치는 만병통치약으로 여겨지기도 했다. 연구 결과에 따르면 경영 참가는 직무 불안정성이 만족도와 이직 의도에 미치는 부정적인 영향을 감소시키는 것으로 나타났다.[70] 경영 참가가 효과를 나타내려면 직원이 리더를 신뢰하고 경영 스타일 변화에 대비할 준비가 되어야 한다. 또한 리더는 강압적인 방법을 피하고, 직원에게 의사결정에 따른 조직적 결과를 강조하며, 주기적으로 진행 상황을 검토해야 한다.[71]

경영 참가 부하 직원이 직속 상사와 상당한 정도의 의사결정 권한을 공유하는 과정

경영 참가와 성과의 관계에 대한 연구 결과는 일관되지 않다.[72] 경영 참가를 시행하는 조직은 주식 수익률이 더 높고, 이직률이 더 낮으며, 노동 생산성이 더 높기는 하지만 그 효과가 크지는 않다.[73]

대의 참가 대부분의 서유럽 국가는 제도적으로 기업에 **대의 참가**(representative participation)를 요구한다.[74] 대의 참가는 조직의 의사결정 과정에 소수 근로자 대표를 참여시킴으로써 조직 내에서 권력을 재분배하여 노동자의 권익을 경영진 및 주주의 권익과 동등한 위치에 둔다. 영국, 아일랜드, 호주, 뉴질랜드에서 대의 참가는 EIP 프로그램의 유일한 방식이었다. 근로자 대표가 단체 협약 이외의 문제에 대해 논의할 수 있으며, 이를 위해 모든 노동조합에서 근로자 대표를 선출했다. 그러나 최근에는 노동조합원과 비조합원을 혼합하는 형태 또는 노동조합과 별개로 근로자 대표를 구성하는 경우가 점점 늘고 있다.[75]

대의 참가 소수 근로자 대표가 조직의 의사결정 과정에 참여하는 시스템

가장 널리 쓰이는 대의 참가의 형태는 노동협의회(works council)와 근로자 이사(board representative)이다. 노동협의회는 경영자가 직원에 관한 결정을 내릴 때 협의해야 하는, 선출된 직원 집단이고, 근로자 이사는 회사의 이사회에 참석하여 직원의 이익을 대변하는 직원 대표이다.

대의 참가가 직원에게 미치는 영향은 일관되지 않지만, 대의 참가가 동기부여 효과를 발휘하려면 직원이 자신의 이익이 잘 대변되고 조직에 영향을 미칠 수 있다고 느껴야 한다.

외적 보상을 활용한 동기부여

3장에서 살펴보았듯이 직무 만족에 영향을 미치는 요소는 급여뿐만이 아니다. 그러나 급여는 사람들의 동기를 불러일으키고, 조직은 그러한 중요성을 과소평가하곤 한다. 자기 일을 즐기고 삶의 다른 영역(가족, 친구, 관심사 등)과 잘 맞는 직업을 가지는 것만큼 급여가 중요하지는 않지만, 미국심리학회(American Psychological Association)의 설문조사에 참여한 응답자의 약 60%는 급여와 복리후생 때문에 현재의 회사를 계속 다니고 있다고 밝혔다.[76]

이 절에서는 ① 직원에게 어느 정도의 급여를 지급할지를 결정하는 급여 체계의 설계, ② 직원에게 어떤 방식으로 급여를 지급할지를 의미하는 다양한 급여 형태의 설계에 대해 알아보자.

무엇을 지급하는가: 급여 체계의 설계

직원에게 급여를 지급하는 방식은 여러 가지이다. 급여 수준을 초기에 설정하는 과정은 양쪽의 균형을 유지하는 것에서 시작된다. 하나는 **내적 형평성**(internal equity)으로, 이는 조직 내에서 직무 평가를 통해 특정 직무의 상대적 가치를 결정하는 것이다. 또 하나는 **외적 형평성**(external equity)으로, 이는 산업 내 동종업체의 급여 수준과 비교한 상대적 급여 경쟁력을 의미한다. 최상의 급여 체계는 직무의 가치를 반영하면서 노동시장과 비교하여 상대적으로 경쟁력 있는 급여 수준을 설정하는 것이다.

급여 수준을 높이면 더 능력 있고 동기부여 수준이 높은 직원을 유치할 수 있고, 이들이 조직에 더 오랫동안 머무르면서 성과를 높이고 혁신을 이룰 가능성도 더 커진다.[77] 126개 대기업을 대상으로 한 연구에서는 경쟁력 있는 수준의 급여를 받고 있다고 믿는 직원의 사기가 더 높고, 더 생산적이며, 고객 만족도도 높았다.[78] 하지만 인건비는 기업의 비용에서 가장 높은 비중을 차지하는 운영비이기 때문에, 너무 높은 수준의 급여는 제품이나 서비스가 너무 비싸질 수 있음을 의미하기도 한다. 예를 들어 미국의 내셔널하키리그(NHL)과 전미농구협회(NBA) 선수를 대상으로 수행된 한 연구는 최종 계약 연도 동안 선수가 경기 중에 더 이기적인 행동(팀 우승보다는 자신의 개인 기록에 초점을 맞춤)을 한다는 것을 발견했다.[79] 따라서 급여 수준의 결정은 조직이 내려야 할 전략적 결정으로, 급여와 관련된 여러 가지 상충관계가 있기 때문에 신중하게 판단해야 한다.

월마트의 사례를 보면 급여에 대한 월마트의 전략적 결정이 잘 이루어지지 않는 것 같다. 2011년에 미국 내 점포의 연간 성장률이 1% 수준으로 둔화했으나 최대 경쟁업체인 코스트코(Costco)는 8% 수준으로 성장했다. 코스트코 직원의 대략적인 평균 급여는 4만 5,000달러인 데 비하여 월마트 산하인 샘스클럽(Sam's Club) 직원의 평균 급여는 1만 7,500달러였다. 코스트코의 전략은 더 많이 지급하면 더 많이 거둘 수 있다는 것이었고, 결국 높은 급여가 직원의 생산성을 높이고 이직률을 낮추었다. 그 이후 월마트가 조직

전체의 급여를 인상하기로 결정했으니 월마트의 경영진도 이러한 점에 대해 수긍한 것으로 보인다.[80]

어떻게 지급하는가: 직원 개인에 대한 변동급 프로그램

콜로라도주 덴버에서 초등학교 4학년 교사로 일하고 있는 앤이 물었다. "내가 왜 이 일에 더 많은 노력을 기울여야 하나요? 내가 열심히 일하든 최소한의 일만 하든 급여 차이가 없어요. 굳이 최소한 이상을 하지 않아도 되는데 왜 그래야 하죠?" 교사는 급여 인상이 연공서열에 따라 결정되기 때문에 수십 년 동안 이러한 제기가 있었다. 그러나 최근에 미국의 많은 주에서는 급여를 수업 결과와 연계함으로써 교사에게 동기부여를 하기 위해 임금 체계를 변경하고 있거나 이러한 프로그램을 고려 중이다.[81]

성과급, 업적급, 상여금, 이윤 분배, 종업원 지주 제도는 모두 급여의 일부분을 개인 또는 조직의 성과 평가에 따라 결정하는 **변동급 프로그램**(variable-pay program)으로, **성과에 대한 보상**(pay-for-performance)이라고도 한다.[82] 변동 폭은 급여 전체에 해당할 정도로 클 수도 있고 작을 수도 있으며, 연간 실적에 따라 지급되기도 하고 일정 목표 수준을 달성했을 때 지급되기도 한다. 또한 근로자의 선택을 따르는 경우도 있고, 채용 조건으로 제시되는 경우도 있다.[83] 전 세계적으로 약 84%의 기업이 변동급 프로그램을 활용하고 있다.[84] 변동급 프로그램은 주로 영업사원과 경영진에게 적용되었으나 동기부여 효과가 큰 것으로 드러나면서 이를 적용하는 직무의 범위가 확대되고 있다.

변동급 프로그램 개인 또는 조직의 성과 평가에 따라 급여의 일부분을 결정하는 제도

보상의 유형에 따라 성과가 달라질 것으로 보이지만, 급여와 성과의 강력한 상관관계가 모든 근로자에게서 나타나는 것은 아니다. 앞에서 언급했듯이 학생들의 시험 점수를 토대로 교사에게 성과에 대해 보상하는 제도가 특히 더 자주 사용되고 있다. 수천 명의 미국 교사를 대상으로 한 최근의 연구는 이러한 프로그램이 ① 교사의 동기부여나 교수법에 긍정적인 영향을 미치지 않으며, ② 오히려 스트레스 수준이 높아지고 부정행위, 심지어 성적 향상을 위해 학생을 괴롭히는 것과 같은 비생산적 직무행동으로 이어진다고 밝혔다.[85] 이와 유사한 일이 다른 직장에서도 나타났다. 관리자가 성과에 따른 보상을 받을 경우 고용주와 직원의 관계가 경색되고 직원의 이직이 증가할 수 있다.[86] 이러한 상황에서 직원은 동료와 경쟁할 수도 있고, 서로에게 해를 가하려고 할 수도 있다.[87] 또한 일부 직원은 성과에 따른 보상에 대해 더 부정적으로 반응한다. 예를 들어 영국의 경우 장애가 있는 직원이 다른 직원보다 성과에 따른 보상에 대해 더 부정적으로 반응하는 경향이 있다.[88]

변동급 프로그램의 결과는 몇 가지 조건에 따라 달라진다. 예를 들어 집단을 기반으로 한 성과 보상은 조직 성과에 긍정적인 영향을 크게 미칠 수 있지만, 안정적인 경제 환경과 공정한 정책이 마련된 조직에서만 효과적이다.[89] 한편 캐나다에서 이루어진 연구에 따르면 변동급 프로그램이 직원의 성과뿐만 아니라 **노력**이 보상되는 경우에만 직무 만족을 높이는 것으로 나타났다.[90] 문화적 차이도 있는 것으로 나타났다. 예를 들어 꽌시(關

係), 즉 인맥이 적극적으로 활용되는 문화에서는 그로 인해 성과에 따른 보상 제도가 효과적으로 작동하지 않을 수 있다.[91]

변동급 프로그램이 성공적으로 동기부여를 하는지에는 비밀 유지도 한몫을 한다. 일부 정부 기관이나 비영리 조직은 급여를 일정 부분 공개하지만, 그 밖에 대부분의 조직은 급여 비밀 유지를 권장하거나 요구한다.[92] 비밀 유지는 바람직한가, 그렇지 않은가? 급여 비밀 유지는 직무 성과에 부정적인 영향을 미친다. 더 나쁜 소식은 그러한 부정적인 영향이 고성과자한테서 더욱 두드러지다는 것이다. 이러한 현상은 직원에게 급여가 주관적으로 결정된다는 인상을 줄 가능성이 매우 크며, 결국 동기부여를 떨어뜨릴 수 있음을 보여준다. 개인의 급여를 널리 알릴 필요는 없지만, 전반적인 급여의 범주가 공개되면 직원은 변동급의 수준이 자신의 성과와 객관적으로 연결된다는 것을 인식하게 되고, 변동급 프로그램의 동기부여 효과가 유지될 수 있다.[93]

단순성과급 일정 생산량에 비례하여 정해진 급여를 지급하는 방식

단순성과급 생산직 근로자를 대상으로 일정 생산량에 비례하여 정해진 급여를 지급하는 **단순성과급**(piece-rate pay plan)이 오랫동안 널리 활용되어왔으나, 이 방식은 산출물이 매우 유사하여 수량으로만 평가해도 좋은 경우에만 사용할 수 있다.[94] 순수한 형태의 단순성과급은 기본 급여 없이 근로자의 생산량 또는 판매량에 따라서만 급여를 제공한다. 야구장에서 땅콩과 탄산음료를 판매하는 직원의 경우 단순성과급 적용이 가능하다. 1달러짜리 땅콩을 40개 판매하면 40달러를 가져가는 것이다. 더 많이 팔수록 더 많이 번다. 이와 달리 영업팀 단위로 단순성과급을 적용할 수도 있는데, 이 경우에는 야구장 전체에서 팔린 땅콩의 개수를 기준으로 해당 영업팀의 급여가 결정될 것이다.

단순성과급은 노력, 생산성, 임금 수준을 높이는 데 효과가 있어 많은 조직에서 직원에게 동기부여를 하기 위한 방법으로 활용되고 있다.[95] 실제로 중국의 한 대학에서는 교수의 논문 발표에 대해 단순성과급을 적용하여 연구 생산성이 50% 이상 향상되었다.[96] 개인 또는 팀 단위로 단순성과급을 적용받는 직원의 가장 큰 우려는 재정적인 것이다. 독일에서 이루어진 한 실험에서는 위험 회피적인 성향을 가진 사람 중 68%가 개인 단순성과급을 선호했지만, 저성과자의 경우에는 팀 단위 단순성과급을 선호했다. 연구자들은 위험 회피적인 고성과자의 경우 팀 단위 단순성과급에서는 다른 사람들의 게으름에 대한 걱정이 있지만, 개인 단순성과급은 자신이 통제할 수 있는 요소, 즉 자신의 성과를 근거로 하기 때문에 개인 단순성과급을 선호한 것으로 해석했다.[97] 그렇다면 둘 다 사용하는 것은 어떨까? 최근 연구는 두 가지 방식을 모두 사용하면 각각 독립적으로 사용하는 경우의 한계를 극복할 수 있다고 밝혔다. 2만 2,000개 이상의 유럽 기업에서 이 두 가지 방식을 EIP 프로그램과 결합하여 사용한 결과 직원의 혁신성이 크게 향상되었다.[98]

조직은 단순성과급이 실제로 직원에게 동기부여 효과가 있는지 확인해야 한다. 유럽에서 수행된 연구에 따르면 작업 속도가 동료나 목표, 기계 장비와 같은 내적 요인이 아니라 고객의 요구와 같이 통제할 수 없는 외적 요인에 의해 결정될 때는 단순성과급의

동기부여 효과가 나타나지 않았다.[99] 어떤 경우든 경영자는 직원에게 동기부여가 되는 것이 혹시라도 생산량을 증가시키려다 품질 저하를 초래하지는 않는지에 주의를 기울여야 한다.

업적급 **업적급**(merit-based pay plan)은 성과 평가(인사고과) 결과를 근거로 개인의 성과에 대해 보상하는 방식이다.[100] 제대로 설계된다면 업적급은 조직 구성원이 성과와 보상의 강력한 상관관계를 인식하게 할 수 있다.[101]

업적급 성과 평가(인사고과) 결과를 근거로 개인의 성과에 대해 보상하는 방식

대부분의 대규모 조직은 연봉을 받는 직원을 대상으로 업적급을 활용한다. 업적급은 공공 부문으로도 서서히 확산되고 있다. 예를 들어 뉴욕시의 공공 병원 시스템에서는 의사가 비용 절감, 환자 만족도, 의료의 질 향상에 얼마나 보탬이 되었는지를 평가하여 급여를 지급한다.[102] 한편 업적급이 고성과자와 저성과자를 구분 짓지 못한다고 느끼는 일부 조직에서는 업적급을 중단하려는 움직임이 나타나고 있다. 연간 평가와 급여 인상이 몇 달 뒤에야 이루어지는 상황에서는 고성과자에 대한 보상의 동기부여 효과가 줄어든다. 업적급을 유지해온 조직에서도 업적급 배분 방식을 재검토하고 있다.[103] 그러나 서비스 관련 조직의 일부 자료에 따르면 업적급이 상여금과 병행될 때 업적을 토대로 한 급여 인상이 직무 성과를 향상하고 이직을 막는 데 가장 효과적이다. 또한 상여금은 미래 성과에 상당한 영향을 미칠 수 있어 두 가지 방식을 함께 사용하는 것이 가장 효과적일 수 있다.[104]

업적급은 직관적으로는 매우 매력적으로 보이지만 몇 가지 한계가 있다. 그중 하나는 업적급이 연간 성과 평가를 근거로 하기 때문에 주관적인 평가가 작용할 수 있다는 점에서 타당성에 의문이 제기되곤 한다. 이것은 2장에서 살펴본 차별 문제로 연결될 우려도 있다. 흑인이 백인보다 낮은 평가를 받고, 여성이 남성보다 높은 평가를 받으며, 모든 조건이 동일함에도 불구하고 급여 인상 시 인종 또는 성 차이가 있기 때문이다.[105] 또 다른 한계는 급여 인상의 가용 범위가 개인의 성과와는 거의 상관이 없는 경제 상황이나 다른 조건에 의해 변동된다는 것이다. 게다가 노동조합은 일반적으로 업적급을 반대한다. 미국 교사 중에서 업적급을 적용받는 비중이 상대적으로 적은 것은 이러한 이유 때문이다. 대신에 모든 직원에게 동일 수준의 인상률을 적용하는 연공급이 우세하다.

상여금 수많은 직무의 연간 **상여금**(bonus)은 전체 보상에서 큰 부분을 차지한다.[106] 한때는 최고경영진에게만 적용되던 상여금이 이제는 조직 내 모든 계층의 구성원에게 일상적으로 제공된다. 상여금의 인센티브 효과는 업적급 방식보다 크다. 업적급의 경우 기본급에 이전 성과에 대한 보상을 합산하여 지급하지만, 상여금은 최근 성과에 따라 지급되기 때문이다. 업적급의 효과는 누적되어 나타나고 증가액도 상여금보다 훨씬 작다. 경기가 좋지 않을 때 기업은 보상 비용을 줄이기 위해 상여금을 삭감할 수도 있고, 심지어 스캔들이 발생했을 때 경영진의 보너스를 삭감할 수도 있다. 이러한 조치는 기업이 스캔들 사태를 심각하게 받아들이고 상황을 해결하기 위해 노력하고 있다는 신호를 주

상여금 직원의 지난 성과보다 최근 성과에 대한 보상

주에게 보내려는 시도로 해석된다.[107]

상여금은 동기부여 효과가 매우 뚜렷하다. 최근 인도에서 진행된 연구에서는 전체 임금 중 잠재적 상여금이 더 높은 비율로 책정되었을 때 경영자와 직원의 생산성이 상승했다.[108] 이 사례는 상여금의 어두운 측면도 보여준다. 이 제도는 직원의 급여의 안정성을 크게 저해한다. 특히 직원이 상여금에 생계를 의존하거나, 상여금 지급을 당연한 것으로 받아들일 때는 더욱 문제가 될 수 있다. 하버드경영대학원의 제이 로슈(Jay Lorsch) 교수는 "사람들은 상여금을 해마다 당연히 지급되는 예상 연간 수입의 일부로 알고 살아간다"고 말했다.

이윤 분배제 기업이 수익성을 기준으로 미리 설계된 방식에 따라 이윤을 보상으로 분배하는 제도

이윤 분배제 **이윤 분배제**(profit-sharing plan)는 기업이 수익성을 기준으로 미리 설계된 방식에 따라 이윤을 보상으로 분배하는 방식이다.[109] 이때 제공되는 보상은 금전일 수도 있고, 최고경영자에게는 주식 인수권(스톡옵션)이 할당되기도 한다. 터무니없이 적은 연봉을 받는 마크 저커버그(Mark Zuckerberg)와 같은 경영자는 후한 주식 인수권을 부여받는다. 저커버그는 연봉이 고작 1달러이지만 성과에 따라 받은 주식 인수권을 행사하여 2017년에 880만 달러의 소득을 올렸다.[110] 물론 대부분의 이윤 분배제는 이 정도 규모가 아니다. 예를 들어 피아트크라이슬러오토모빌스(Fiat Chrysler Automobiles)의 직원들이 2019년에 받은 평균 이윤 분배 소득은 7,280달러였다.[111]

일반적인 연구 결과는 이윤 분배제를 적용하는 기업의 수익성이 그렇지 않은 기업보다 높다는 사실을 지지한다.[112] 이윤 분배제는 특히 소규모 조직에서 직원의 헌신에 큰 영향을 미친다.[113] 조직 수준에서 적용되는 이윤 분배제는 조직 구성원의 태도에 긍정적인 영향을 미치는 것으로 나타났으며, 조직 구성원은 더 높은 수준의 심리적 주인 의식을 느낀다고 보고했다.[114] 최근 연구에 따르면 이윤 분배제와 기타 성과 보상 제도를 함께 사용할 때 개인이 더 높은 수준의 직무 성과를 달성하도록 동기부여가 되는 것으로 나타났다.[115] 그러나 비영리 조직이나 공공 부문과 같이 이익 자체가 없는 조직에서는 이윤 분배제를 사용할 수 없다.

종업원 지주 제도 기업 차원에서 자사 주식을 시가보다 낮은 가격에 매입할 수 있는 혜택을 직원에게 제공하는 제도

종업원 지주 제도 **종업원 지주 제도**(employee stock ownership plan, ESOP)는 기업 차원에서 자사 주식을 시가보다 낮은 가격에 매입할 수 있는 혜택을 직원에게 제공하는 것이다.[116] 연구에 따르면 ESOP는 직원의 혁신과 조직에 대한 정체성뿐만 아니라 기업의 성과를 향상하는 것으로 밝혀졌다.[117] ESOP는 직무 만족을 높을 수 있지만, 이는 직원이 심리적으로 주인 의식을 경험하는 경우에만 가능하다.[118] 그럼에도 불구하고 ESOP는 결근율을 낮추거나 동기 수준을 높이지는 못하는데,[119] 실제로 직원이 금전적 혜택을 얻는 것이 나중에 주식을 현금화할 때의 일이기 때문이다. 그리고 경영자가 장기적 또는 단기적으로 자신의 이익을 극대화하는 방식으로 자금을 할당할 수 있다는 것도 또 다른 이유이다.[120] 약 3,000개의 중국 기업을 대상으로 한 연구에서는 직원에게 경영에 대한 통제 권한이 없고(즉 경영에 대한 발언권이 없음), 경영진에게도 주식을 지급하

는 경우에는 ESOP가 기업의 성과와 밀접한 관련이 없었다.[121] 또한 2,000여 개의 유럽 기업을 대상으로 한 연구에서는 직원이 관리자를 신뢰하고 문화적으로 불확실성 회피(5장 참조)가 낮은 경우에만 직원의 주식 소유가 투자 수익을 예측하는 것으로 나타났다.[122] 따라서 기업은 정기적으로 직원에게 경영 상태를 알려 주고 직원이 기여할 수 있는 기회를 제공해야 개인 수준의 성과 달성을 향한 동기부여가 이루어질 수 있다.[123]

복리후생을 활용한 동기부여

복리후생은 급여와 마찬가지로 동기부여의 한 요인이다. 조직의 보상은 개인의 목표와 연결되어야 한다는 기대 이론의 주장과 일맥상통하게 **신축적 복리후생**(flexible benefits) 제도는 각 근로자가 자신의 필요와 상황에 따라 보상 패키지를 선택할 수 있게 함으로써 보상을 개별화한다. 신축적 복리후생은 근로자의 나이와 결혼 상태, 가족의 복리후생 조건, 부양가족의 수와 나이 등에 따라 각기 다른 욕구에 부응하는 제도이다.

신축적 복리후생 각 근로자가 자신의 필요와 상황에 따라 보상 패키지를 선택할 수 있게 하는 복리후생 제도

복리후생은 어떤 사람에게는 열심히 일하게 만드는 동기부여 요인일 수 있고, 어떤 사람에게는 그 조직을 선택하게 만드는 요인일 수 있다. 그렇다면 신축적 복리후생은 전통적인 제도보다 더 동기부여 효과가 있을까? 이에 대해 확답하기는 어렵다. 신축적 복리후생을 새로 도입한 조직에서 구성원의 근속과 직무 만족, 생산성이 높아진 것으로 보고되었다. 그러나 동기부여 효과에 대해 말하자면, 이 제도는 높은 수준의 급여를 대체하지는 못한다.[124] 뿐만 아니라 세계적으로 점점 더 많은 조직이 신축적 복리후생 프로그램을 도입함으로써 하나의 표준으로 자리 잡아, 이것이 발휘하는 동기부여 효과가 줄어들 것으로 보인다. 신축적 복리후생 제도에는 단점도 있다. 관리 비용이 많이 들고, 동기부여 효과가 각기 다른 항목을 일일이 확인하여 하나의 패키지로 묶기가 쉽지 않다.

내적 보상을 활용한 동기부여

지금까지 직무 설계, 급여 및 복리후생과 같은 외적 보상을 활용하여 직원에게 동기부여를 하는 방법을 알아보았다. 하지만 조직 수준에서 직원에게 동기부여를 하는 방법은 이뿐만이 아니다. 종업원 인정 프로그램과 같은 내적 보상을 통한 동기부여 효과도 있다는 것을 잊지 말아야 한다.

종업원 인정 프로그램

먼저 한 사례를 살펴보자. 다코타는 플로리다의 펜서콜라에 있는 한 패스트푸드 레스토랑에서 시간당 9달러를 받고 일한다. 일은 힘들지 않지만 흥미롭지도 않다. 그래도 다코타는 자신의 직무와 상사, 회사에 대해 이렇게 말한다. "내가 좋아하는 것은 윗사람이 내 노력을 알아준다는 거예요. 함께 일하는 동료들 앞에서 나를 칭찬해주거든요. 나는

지난 여섯 달 동안 두 번이나 '이달의 사원'으로 선정되었어요. 저 벽에 걸려 있는 사진 보이죠?"

종업원 인정 프로그램 조직 구성원의 기여를 공식적으로 인정함으로써 특정 행동을 장려하는 제도

다코타가 언급하기도 한 **종업원 인정 프로그램**(employee recognition program)이 조직 구성원의 내적 동기부여를 높인다는 사실은 이제 조직도 깨닫고 있다. 종업원 인정 프로그램은 조직 구성원의 기여를 공식적으로 인정함으로써 특정 행동을 장려하는 프로그램을 말한다.[125] 종업원 인정 프로그램은 즉흥적이고 사적인 감사의 말부터 인정 절차가 명확하게 정해진 공식적 프로그램까지 매우 다양하다.

기업과 정부 기관의 예산이 빠듯하면 비금전적인 인센티브가 더욱 매력적으로 보인다. 워싱턴주에 있는 에버렛병원(Everett Clinic)은 본원이 관리하는 프로그램을 지역 병원에 적용하여 관리자가 직원을 인정하도록 장려하고 있다.[126] 직원과 관리자는 병원에서 특출난 성과를 거둔 동료에게 'Hero Grams'와 같은 인정 카드를 수여한다. 단순히 인정을 받는 것이 인센티브의 일부이며, 한 직원이 받은 카드 수에 따라 경품 추첨도 시행한다. 시만텍(Symantec Corporation), 인튜이트(Intuit), 팬듀이트(Panduit)와 같은 다국적 기업도 인정 프로그램을 늘리고 있다. 시만텍은 50개국 280개 지점에서 근무하는 직원을 대상으로 글로보포스(Globoforce, 종업원 인정 프로그램을 구현하는 회사)에서 관리하는 칭찬 인정 프로그램을 실행한 결과 1년 이내에 참여도가 14% 증가했다고 주장한다.[127] 다양한 국가에 있는 지사를 본사에서 관리하는 프로그램을 운영하면 근무지에 상관없이 모든 직원이 업무 환경에 대한 기여를 인정받을 수 있다.[128]

연구에 따르면 단기적인 동기부여의 경우 금전적 인센티브의 효과가 가장 컸지만, 장기적으로는 비금전적인 인센티브의 효과가 더 컸다.[129] 종업원 인정 프로그램의 동기부여 효과나 전 세계적인 사용 실태에 관한 연구는 그다지 많지 않다. 그럼에도 여러 연구에서 종업원 인정 프로그램이 자기존중감과 자기효능감, 직무 만족에 영향을 미치는 것으로 밝혀졌다.[130]

종업원 인정 프로그램의 뚜렷한 장점 하나는 큰 비용이 들지 않는다는 것이다. 칭찬에는 돈이 들지 않는다![131] 금전적 보상이 있든 없든 칭찬은 강력한 동기부여 효과를 발휘할 수 있다. 그러나 종업원 인정 프로그램의 광범위한 사용에도 불구하고 이를 비판하는 사람들은 경영진에 의한 정치적 조작을 의심한다. 영업과 같이 객관적으로 성과 측정이 가능한 직무에 종업원 인정 프로그램을 적용하는 경우에는 공정하다고 인식되겠지만, 대부분의 직무는 성과의 기준이 그다지 선명하지 않기 때문에 관리자가 자신이 편애하는 직원이 인정받도록 시스템을 조작할 수도 있다. 종업원 인정 프로그램의 오용은 그 가치를 무너뜨리고, 직원의 사기를 떨어뜨리며, 심지어 인정받은 사람의 따돌림을 유발하기도 한다. 중국 북부의 한 제조업체를 대상으로 한 연구가 보여주듯이, 최고 성과자가 인정을 받으면 기여를 인정받지 못한 팀원이 그 최고 성과자와 거리를 둘 수도 있다.[132] 이러한 팀원은 절차 공정성이 없다고 지각함으로써(7장 참조) 최고 성과자를 배척하게 된다. 따라서 공식적으로 종업원 인정 프로그램을 사용할 때는 공정성이 보장되

도록 주의를 기울여야 한다. 종업원 인정 프로그램을 시행하지 않는다면 직원의 성과 향상 노력을 지속적으로 인정함으로써 동기부여를 하는 것이 중요하다.

요약

개인에게 동기부여가 되는 요인을 이해하는 것은 조직 성과 향상에 매우 중요하다. 차이를 인정받고, 가치 있다고 느끼며, 자신의 강점과 관심사에 맞는 직무를 수행할 기회를 얻은 조직 구성원은 동기부여 수준이 높아진다. 종업원 참여 또한 생산성과 업무 목표에 대한 몰입도, 동기부여, 직무 만족을 높여준다. 그러나 조직이 제공하는 보상의 강력한 동기부여 효과를 간과해서는 안 된다. 급여, 복리후생과 내적 보상은 조직 구성원의 동기부여를 향상할 수 있도록 신중하고 사려 깊게 설계되어야 한다.

경영자를 위한 시사점

- 개인의 차이를 인정하라. 각각의 직원에게 중요한 것이 무엇인지 이해하기 위해 시간을 쏟아라. 개인의 욕구에 맞게 직무를 설계함으로써 동기부여 효과를 극대화하는 방안을 고민하라.
- 목표와 피드백을 사용하라. 직원들에게 분명하고 구체적인 목표를 제시하고, 그들이 얼마나 잘하고 있는지 알 수 있도록 피드백을 제공해야 한다.
- 직원들에게 영향을 미치는 의사결정에 그들을 참여시켜라. 직원은 직무의 목표를 설정하고, 복리후생 패키지를 선택하며, 생산성 및 품질 문제를 해결하는 데 기여할 수 있다.
- 성과와 보상을 연관 지어라. 성과에 따라 보상이 달라져야 하고, 직원은 성과와 보상이 연관된다는 사실을 인식해야 한다.
- 시스템의 공정성을 점검하라. 직원은 자신의 노력과 성과가 자신이 받는 급여와 보상에 어떤 영향을 미치는지 알아야 한다.

집단과 팀의 의사소통

제 9 장 집단행동의 이해

제10장 작업팀의 이해

제11장 의사소통

9

집단행동의 이해

학습목표

- 집단의 유형을 구별할 수 있다.
- 집단 발달의 단속평형 모델을 설명할 수 있다.
- 역할 요구가 상황에 따라 어떻게 변하는지 설명할 수 있다.
- 규범이 어떻게 개인의 행동에 영향을 미치는지 설명할 수 있다.
- 지위와 규모가 어떻게 집단 성과에 영향을 미치는지 설명할 수 있다.
- 응집력과 다양성 이슈가 집단 효과성에 어떤 영향을 미치는지 설명할 수 있다.
- 집단 의사결정의 장점과 단점을 비교할 수 있다.

집단의 정의와 유형

조직행동론에서 **집단**(group)은 특정 목표를 달성하기 위해 모여서 상호작용하고 서로 의존하는 2명 이상의 사람들을 의미한다. 대형 보험 회사의 지점에서 근무하는 영업사원을 예로 들면, 지점은 지역 사람들에게 보험을 판매할 책임이 있고, 지점의 구성원은 회사의 보험을 판매하기 위해 함께 일한다.[1] 사람들은 살아가는 동안 많은 집단에 속하지만, 어떤 집단의 역할은 다른 집단의 역할보다 더 중요하고, 일부 집단 역할은 서로 상충하기도 한다(예: 부모 대 관리자).[2]

집단 특정 목표를 달성하기 위해 모여서 상호작용하고 서로 의존하는 2명 이상의 사람들

집단에는 **공식 집단**(formal group)과 **비공식 집단**(informal group)이 있다. 공식 집단은 직무와 직무 담당자가 정해져 있고 조직 구조에 의해 정의된다. 공식 집단에서 구성원의 행동은 조직 목표에 의해 정해지고, 또 그것을 지향한다. 반대로 비공식 집단은 공식적으로 구조화되지 않고 조직적으로 만들어지지도 않으며, 사회적 요구를 충족하기 위해 자연스럽게 만나거나 공통의 관심사를 가진 직원들이 결성하기도 한다. 각기 다른 부서에서 일하는 직원들이 같이 점심을 먹거나 커피를 마시기 위해 정기적으로 만

공식 집단 직무와 직무 담당자가 정해져 있고 조직 구조에 의해 정의된 집단

비공식 집단 조직 구조에 의해 정의되지 않은 집단. 사교 모임이나 동아리와 같이 사회적 요구를 충족하기 위해 결성된 집단

난다면 이들은 비공식 집단이다. 이러한 유형의 개인 간 상호작용은 비록 비공식적이기는 하지만 그들의 행동과 성과에 많은 영향을 미친다.

사회정체성

사람들은 흔히 자신의 집단과 관련된 일에 대해 강하게 반응하다. 부분적으로는 공유된 경험이 사건에 대한 지각을 증폭하고 다른 사람에 대한 유대감과 신뢰감을 높이기 때문이라고 할 수 있다.[3] 인디애나주 크로포즈빌에 있는 탐스머린세일스(Tom's Marine Sales)를 예로 살펴보자.[4] 이 회사는 창립 50주년을 기념하기 위해 직원들과 그 지인들을 초대하여 파티를 열었다. 직원들은 회사의 역사를 높이 평가하고 회사의 성패(톰의 아내이자 공동 창업자인 조이의 죽음 포함)와 자신을 동일시할 뿐만 아니라 크로포즈빌 공동체의 일원이기도 하다. 직원들의 지역사회 봉사를 기리는 감사패를 회사에 전달하기 위해 시장과 카운티 운영위원도 참석했다. 이와 같이 사람들이 어떤 집단에 스스로를 쏟는 경향은 **사회정체성 이론**(social identity theory)으로 설명할 수 있다.

사회정체성 이론 개인이 자신을 집단의 구성원으로 여기는 시기와 이유에 관한 이론

사회정체성 이론에 따르면 사람들은 자신이 속한 집단의 실패나 성공에 대해 감정적으로 반응한다. 그들의 자존감이 그 집단에서 일어나는 모든 것과 연결되어 있기 때문이다.[5] 직원은 회사의 성공에 자부심을 느끼고, 회사가 위협을 받을 때는 화를 내고 자신이 위협을 받는 것처럼 느끼며, 심지어 경쟁자가 고통받을 때는 **샤덴프로이데**(schadenfreude, 다른 사람의 불행에서 느끼는 기쁨)를 경험할 수도 있다.[6] 예를 들어 패스트푸드 체인점인 웬디스(Wendy's)의 소셜미디어 집단은 트위터와 '로스팅 전쟁'(타사와 그 제품을 공개적으로 놀리고 망신 주어 구경꾼에게 웃음을 선사하는 것)에서 이러한 감정을 활용한다.[7] 트위터 팬과 웬디스의 직원은 웬디스가 경쟁자를 철저하게 망신 줄 때 특히 자랑스러워하고 동일시한다. 그들 중 어떤 사람은 웬디스와 너무 많이 동일시되어 방에 웬디스 포스터를 붙여놓고, 누군가가 다른 패스트푸드점이 더 낫다고 말하면 몹시 화를 내기도 한다.

조직과 작업집단 내에서 사람들은 ① 자신의 역할로 인해 다른 사람들과 연결되는 경우 **관계적** 동일시를 통해, ② 집단의 종합적 특성과 연결되는 경우는 **집단적** 동일시를 통해 많은 정체성을 개발할 수 있다. 직장에서 작업집단에 대한 동일시는 조직에 대한 동일시보다 더 강력한 경우가 많지만, 둘 다 긍정적인 태도와 행동을 형성하는 데 중요하다.[8] 작업집단과 조직에 대한 동일시가 모두 낮으면 직원의 만족도가 저하되고 조직시민행동이 줄어들 수 있다(1장 참조).[9] 예를 들어 이민 근로자는 포용적이고 지원적인 감독자가 없거나 자신이 지역사회의 일원이라고 느끼지 못할 때 종종 정체성에 위협을 느낀다. 이것은 흔히 이민자의 높은 이직률로 이어진다.[10] 최고경영자가 '나' 대신 '우리'라고 말하는 것과 같이 리더가 사용하는 단어도 직원과 이해관계자 모두에게 그들이 집단의 일원이라는 것을 알려준다. 독일 기업을 대상으로 16년에 걸쳐 진행된 연구는 집단적 언어의 사용이 매출 및 투자수익률 증가와 상관관계가 있다고 밝혔다.[11]

내집단과 외집단

내집단(ingroup)은 우리가 속해 있는 집단의 구성원을 말한다. 우리는 자신이 속한 내집단을 다른 사람들보다 더 좋게 보는 경향이 있다.[12] 편애는 직장에서의 차별과 편견에 영향을 미칠 수 있다. 적대감이 아니라 편애가 대부분의 차별 행동을 유발한다고 밝힌 연구 결과도 있다. "적대감은 차별을 정의하는 필수 요소가 아니다. 우리는 누구에게도 적대적이지 않으면서도 사람들을 다르게 대우할 수 있다."[13] 또한 내집단에 속한 어떤 사람이 비윤리적인 행동을 한 경우, 그것이 흉악한 범죄일지라도 우리는 가해자에 대한 처벌보다는 당사자 간 관계 회복(피해자 보상과 치유)의 관점에서 대응할 가능성이 더 높다.[14] 직원과 관리자는 내집단에 있는 사람들(예: 동일한 인종이나 민족, 성 정체성 등)을 편애함으로써 차별에 연루될 수 있다.

내집단 우리가 속해 있는 집단의 구성원. 우리는 자신이 속한 내집단을 다른 사람들보다 더 좋게 보는 경향이 있음

내집단이 있으니 당연히 **외집단**(outgroup)도 있다. 외집단은 '다른 모든 사람'을 의미하기도 하지만, 일반적으로는 내집단 구성원이 알고 있어 식별할 수 있다. 예를 들어 패스트푸드점 직원인 나의 내집단이 웬디스라면 나의 외집단은 맥도날드, 버거킹, 타코벨 등일 것이다. 우리는 외집단 구성원이 모두 같다고 간주하거나 서로를 구별 짓는 특성을 무시하는 경향이 있다. 예를 들어 유권자와 정치인은 다른 정당(외집단)에 속한 사람들이 모두 같다면서 '그들은 우리를 이해하지 못한다'고 믿는 위험한 함정에 빠져 전 세계 민주주의 사회를 양극화하고 있다.[15] 연구에 따르면 사람들은 외집단 구성원에게 혐오감을 느끼며, 그들을 경멸하고 가치 없는 사람처럼 대할 가능성이 크다.[16] 내집단-외집단 편향을 유발하는 강력한 원천 중 하나는 종교이다. 한 글로벌 연구는 집단이 종교 의식과 종교적인 논의에 깊이 빠져 있을 때 외집단을 더욱 차별화하고, 외집단이 더 많은 자원을 가지고 있는 경우 공격적으로 반응한다는 결과를 제시했는데,[17] 이는 아마도 외집단이 그들의 정체성과 세계관을 위협하기 때문일 것이다.[18]

외집단 내집단과 반대되는 개념. '다른 모든 사람'을 의미하기도 하지만, 일반적으로는 내집단 구성원이 알고 있어 식별 가능함. 우리는 외집단 구성원이 모두 같다고 간주하거나 서로를 구별 짓는 특성을 무시하는 경향이 있음

6장에서 기술적 실업 위협을 다룬 바 있는데, 자동화로 인한 일자리 감소에 대한 두려움에도 불구하고 최근 연구는 자동화와 로봇 노동력의 증가가 사람들의 편견을 줄여줄 수 있다고 밝혔다. 직원을 인간과 비인간으로 분류함으로써 인간 대 인간의 편견, 차별, 불평등을 줄여주는 새로운 범인본주의적 사회정체성(즉 인류를 공동의 사회정체성으로 보는 것으로, 인간 모두가 내집단의 일원이 됨)이 나타날 수 있다.[19]

집단 발달 단계

기한이 정해져 있는 임시 집단은 도표 9-1에서 보듯이 **단속평형 모델**(punctuated equilibrium model)이라는 독특한 집단행동의 중단 시기(비활동 단계)를 거친다.

단속평형 모델 임시 집단이 거치는 일련의 단계로, 비활동 단계와 활동 단계 사이에 전환기가 있음

1. 첫 번째 모임에서 집단은 방향을 설정한다.
2. 집단 활동의 첫 번째 단계에서는 구성원이 거의 활동하지 않는다.

도표 9-1
단속평형 모델

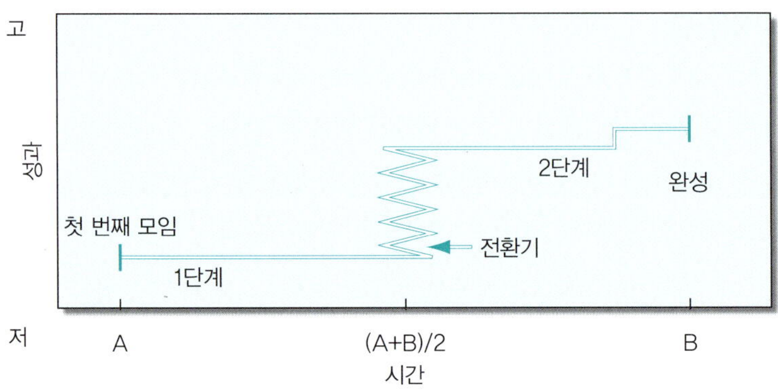

3. 주어진 시간의 절반이 지나면 전환기가 시작된다.
4. 전환기에 급격한 변화가 일어난다.
5. 전환기 다음에는 두 번째 비활동 단계가 나타난다.
6. 집단의 마지막 모임에서는 매우 가속화된 활동이 나타난다.[20]

첫 번째 모임에서는 집단의 일반적인 목적과 방향이 수립되고, 집단이 프로젝트를 수행하는 데 필요한 행동 방식과 가정이 결정된다. 집단이 형성되고 나서 몇 초 안에 결정되는 경우도 한다. 일단 집단의 방향이 결정되면 그 방향이 고정되고 집단 활동의 전반기 동안에는 다시 검토하지 않는데, 이 시기를 비활동기라고 한다. 초기의 행동 방식과 가정에 도전하는 새로운 통찰력을 얻더라도 정해진 행동 방식을 계속 유지하는 경향이 있다.

집단은 첫 번째 모임과 공식 마감일 사이의 중간 지점에서 전환기를 경험한다. 이는 1시간이 지난 시점일 수도 있고, 6개월이 지난 시점일 수도 있다. 중간 지점은 알람시계처럼 작동하여 구성원에게 프로젝트 시간이 제한적이고 이제는 움직여야 한다는 의식을 높인다. 이러한 전환은 1단계 끝에 나타나고, 급격한 변화가 일어나 기존 행동 방식을 버리고 새로운 관점을 채택한다. 전환기에 2단계, 즉 새로운 균형기 또는 비활동기의 행동 방향이 설정된다. 2단계에서 집단은 전환기에 설정한 계획을 실행한다. 집단의 마지막 모임에서는 일을 끝내기 위한 활동이 폭발적으로 일어난다.

집단의 발달 단계를 설명하는 모델이 많지만, 단속평형 모델이 지배적인 이론으로 자리 잡았다. 그러나 이 모델이 모든 집단에 적용되는 것은 아니고, 업무 마감 시간이 정해져 있는 임시 과업 집단에 적합하다.[21] 다른 집단 발달 모델에서는 집단이 형성기, 갈등 해결 또는 격동기, 구성원이 역할에 대해 합의하고 관계가 형성되는 규범 확립기, 구성원이 협력적으로 일하기 시작하는 성과 달성기를 거쳐 발전한다고 제시한다. 형성기, 격동기, 규범 확립기, 성과 달성기는 단속평형 모델의 1단계에서 발생하고, 집단 규범 및 기대를 바꾸는 짧은 기간을 거친 후 두 번째 성과 달성기가 2단계에서 나타난다.[22]

집단 멤버십에 의해 부여되는 정체성과 집단 형성 방식 외에도 **역할**, **규범**, **지위**, **규모**,

응집력, 다양성 등 조직 내 집단을 이해하는 데 중요한 몇 가지 속성이 있다. 이러한 속성에 대해 자세히 알아보자.

집단 속성 1: 역할

2019년에 영국 국회의원 11명이 자신의 정당을 탈당한 뒤 중도 정치를 하기 위해 당파를 초월한 무소속그룹(Independent Group)을 만들었다.[23] 이 집단의 구성원은 각기 다른 정치적 행보를 보였다. 또 다른 예로 〈오션스(Ocean's)〉라는 영화 시리즈에서는 여러 범죄자가 강도짓을 하기 위해 운전자, 전자기기 전문가, 사기꾼, 소매치기 등 각기 다른 역할을 수행한다. 모든 구성원은 집단에서 어떤 직위의 사람에게 주어진 기능, 즉 **역할**(role)을 수행한다.

역할 집단에서 어떤 직위의 사람에게 주어진 기능

우리는 직장 안팎에서 다양한 역할을 수행한다(예: 아내, 엄마, 편집자, 교수). 집단마다 각기 다른 역할을 개인에게 요구하는데, 이러한 역할은 대부분 양립 가능하지만 어떤 역할은 서로 충돌하기도 한다. 예를 들어 당신이 피닉스의 일자리를 제안받았는데 가족은 올랜도에 살고 싶어 한다면 부모-전문가 역할의 요구가 충족될 수 있을까? 또한 우리는 어떻게 다른 사람들이 기대하는 역할을 이해할 수 있을까? 우리는 역할 지각을 바탕으로 적절한 행동이 무엇인지 파악하고 집단의 역할 기대를 학습한다. 그리고 역할 갈등을 최소화하기 위해 역할의 주요 요소를 이해하려고 한다. 이어서 역할과 관련된 개념을 살펴보자.

역할 지각

역할 지각(role perception)은 특정 상황에서 우리가 어떻게 해야 하는가에 대한 우리의 생각을 말한다. 우리는 주변의 자극(예: 가족, 사무실, 유튜브)을 통해 역할을 지각한다. 예를 들어 직장에 다니는 부모가 가족 역할과 강하게 동일시하면 그 가족 역할을 직장 역할(예: 리더십 기대 등)에도 긍정적으로 적용한다.[24] 그러나 미군 해병대를 대상으로 한 연구에 따르면 어떤 역할 지각은 다른 상황에도 적용되지만 그렇지 않은 경우도 있다. 예를 들어 가족 역할 정체성이 강한 사람은 그 역할을 보호하기 위해 직장 역할이 가족 역할에 침투되지 않게 하는 경향이 있다.[25]

역할 지각 특정 상황에서 우리가 어떻게 해야 하는가에 대한 우리의 생각

역할 기대

역할 기대(role expectation)는 특정 상황에서 어떤 사람이 해야 하는 행동 방식에 대한 다른 사람의 생각을 말한다. 예를 들어 사람들은 판사는 위엄을 갖추고 예의 바르게 행동해야 하지만, 미식축구 코치는 공격적·역동적으로 행동하고 선수들을 격려해야 한다고 생각한다. 이러한 역할 기대는 사람들의 직무 수행 방식에 영향을 미칠 수 있다. 예를 들어 창의적인 역할에 대한 기대는 사람들에게 자신의 일을 더 창의적으로 하도록 이

역할 기대 특정 상황에서 어떤 사람이 해야 하는 행동 방식에 대한 다른 사람의 생각

끌 수 있다.[26]

심리적 계약 직원과 고용주 사이에 존재하는 암묵적 계약

조직에서의 역할 기대는 **심리적 계약**(psychological contract)의 관점에서 설명할 수 있다. 직원과 고용주 사이에 존재하는 암묵적 계약인 심리적 계약은 상호 기대를 제시한다.[27] 경영자에게는 직원을 공정하게 대우하고, 수용 가능한 작업 조건을 제공하며, 업무를 명확히 전달하고, 업무 진행 상태에 대한 피드백을 제공하는 것을 기대한다. 또한 직원에게는 좋은 태도를 보이고, 지시를 따르며, 조직에 충성하는 것을 기대한다. 유감스럽게도 고용주는 직원이 비윤리적인 행동을 하기를 기대하기도 한다. 기대에 순응하지 않는 직원은 흔히 제재(예: 모욕, 압력)를 받고, 열심히 일하지 않는 사람으로 비칠 수도 있다.[28]

관리자가 계약 내용을 이행하지 않으면 어떤 일이 일어날까? 직무 성과, 이직, 만족 측면에서 부정적인 영향이 나타날 수 있다.[29] 왜 직원은 제 역할을 다하지 않을까? 자원 감소, 업무 과중, 스트레스(예: 일을 방해하는 가족), 계약보다 더 많은 것을 원하는 기대감, 기타 장애 요인으로 인해 구성원은 계약을 완벽하게 이행하지 못할 수 있으며, 이로 인해 직무 성과가 떨어지고 승진 기회를 놓치기도 한다.[30] 만약 조직이 계약 내용을 이행한다면 어떻게 될까? 직원은 조직에 감사하고 동일시하여 기꺼이 조직시민행동을 하려고 할 것이다.[31]

역할 갈등

역할 갈등 개인의 여러 가지 역할 기대에 직면하는 상황

역할 갈등(role conflict)은 어떤 역할 요구를 따르면 다른 역할의 수행이 어려워지는 경우에 발생한다.[32] 극단적인 예로, 하나의 역할을 수행할 시간밖에 없는 교수에게 훌륭한 교육자, 연구자가 되어야 한다고 기대하는 것과 같이 2개 이상의 역할 기대가 충돌할 수 있다.[33]

역할 간 갈등 개인이 속해 있는 여러 집단의 역할 기대가 상반되는 상황

마찬가지로 우리가 속해 있는 여러 집단의 역할 기대가 상반되는 경우에도 **역할 간 갈등**(interrole conflict)을 경험할 수 있다.[34] 대표적인 예로 몇 가지 직업을 가진 사람을 생각해보자. 하나는 본업(예: 소프트웨어 엔지니어)이고 나머지는 부업(예: 메탈 밴드의 기타리스트)이라면 이 둘이 충돌할 수밖에 없다. 부업으로 하는 일이 본업을 방해할 수 있다고 밝힌 연구도 있다.[35] 더 일반적인 예로 가족/생활에서의 역할은 직장 역할과 상충되곤 한다. 한 엄마가 말하길, "아기가 태어난 후 두 가지 과업, 그러니까 제왕절개 수술 부위를 치료하고, 복직하기 전에 잠시 쉬고 아기를 돌보기 위해 단기 유급 휴가, 연차 휴가와 병가, 무급 휴가를 조합하는 일을 완수하기 위해 내가 얼마나 허둥대는지 몰라요."[36] 역할은 종종 직업 내에서도 충돌할 수 있는데, 예를 들어 간호사는 예기치 않은 재난(예: 허리케인, 총격 사건)을 당했을 때 자신의 감정(사람에 대한 애착에서 비롯되는 감정)을 조절하면서(관계적 역할) 주변 사람들을 침착하게 도와주어야 한다(전문적 역할).[37]

연구 결과에 따르면 역할 갈등은 대부분의 직원에게 중요한 스트레스 원인으로 작용

한다.[38] 또한 글로벌 인수합병 과정에서 직원은 기존 조직의 구성원으로서의 정체성과 새로운 모기업 구성원으로서의 정체성 사이에서 갈등을 겪을 수 있다.[39] 다국적 합병은 현지 직원이 현지 법인과 모기업에 대한 애착을 동시에 느끼게 하여 이중 동일시(dual identification)를 유발할 수도 있다.[40]

집단 속성 2: 규범

샌프란시스코에 소재한 스타트업인 구스토(Gusto)는 사무실을 거실처럼 꾸미고 '신발 금지' 정책(경우에 따라 샌들과 슬리퍼는 허용)을 시행하고 있다.[41] 우리는 왜 어떤 환경(구스토, 누군가의 집)에서는 신발을 벗고, 또 어떤 환경(베스트바이)에서는 신발을 신는가? 그 답은 **규범**(norms)에서 찾을 수 있다.

규범 집단 구성원이 공유하는 행동 기준

모든 집단에는 규범이 있다. 규범은 집단 구성원이 공유하는 행동 기준으로, 구성원이 특정 상황에서 무엇을 해야 하고 무엇을 하지 말아야 하는지를 알려준다. 규범은 집단, 공동체, 사회마다 다르지만 이들은 모두 규범을 가지고 있다.[42] 집단의 리더가 "이것은 우리가 해야 할 일"이라고 말하고, 실제로 그 일을 해냈을 때 보상하며, 나머지 구성원들이 모두 그 제안을 실행에 옮기는 경우처럼, 규범은 집단 구성원의 사회적 지각을 통해 형성된다.[43] 규범은 단순히 여론을 토대로 리더가 수립하는 정책이 아니다. 규범이 채택되려면(그리고 며칠 후 폐기되지 않으려면) 모든 사람이 그것을 받아들여야 한다.[44]

규범과 감정

집단 구성원, 특히 매일 함께 일하는 사람의 감정은 규범의 힘을 증폭할 수 있다. 예를 들어 아픈데도 출근하는 사람에게 동료들이 부정적으로 반응하거나, 화를 내거나, 무례하게 굴 수도 있다.[45] 심지어 규범은 개인과 집단이 어떤 감정을 경험해야 하는지를 지시하기도 한다. 그래서 사람들은 시간이 지남에 따라 공유한 경험을 같은 방식으로 해석하게 된다.[46] 그리고 우리가 어떤 이유로 사무실의 규범을 준수하지 않더라도 구성원들은 그 규범을 지키려는 시도를 간파할 수 있다.

규범과 순응

집단 구성원으로서 우리는 수용과 안정을 원한다. 그래서 다른 사람들이 집단 규범에 순응한다고 지각하거나 우리 자신이 갈등이나 좌절을 경험할 때 집단 규범을 준수할 것이다.[47] 많은 연구 결과에 따르면 집단은 구성원이 집단의 기준에 맞추도록 변화를 강요하기도 한다.[48]

순응 집단의 규범에 맞추기 위해 자신의 행동을 조정하는 것

순응(conformity)에 대한 집단 압력이 구성원의 판단에 미치는 영향은 솔로몬 애시(Solomon Asch) 등이 수행한 연구에 잘 나타나 있다.[49] 애시는 7~8명의 학생으로 집단을 구성하고 카드 2장을 비교하게 했다. 한 카드에는 선이 1개 그려져 있고, 다른 카드

도표 9-2
애시의 연구에서 사용된 카드의 예

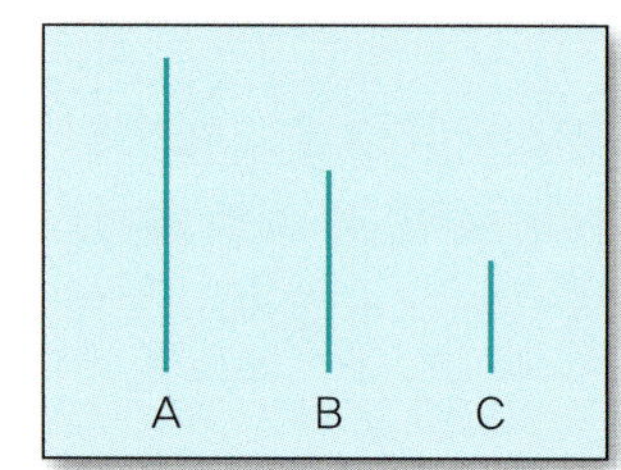

에는 길이가 각기 다른 선이 3개 그려져 있다. 도표 9-2에서 보듯이 3개의 선이 그려진 카드에는 다른 카드에 그려진 선과 동일한 길이의 선이 있다. 3개의 선은 명확하게 길이가 다르다. 사실 보통의 상황에서는 3개의 선 중에서 길이가 같은 선을 찾지 못할 확률이 1%도 안 된다.

처음 두 번의 실험에서는 각 참가자에게 제시된 카드와 동일한 선을 찾으라고 했으며, 모든 참가자가 정답을 맞혔다. 그러나 세 번째 실험에서는 연구팀의 일원인 첫 번째 참가자가 완전히 틀린 답을 말했다. 예를 들어 도표 9-2의 X와 길이가 같은 선이 C라고 답했다. 연구팀의 일원인 그다음 참가자도 똑같이 C라고 답했다. 참가자 행세를 한 연구자들은 실험 대상자 차례가 될 때까지 계속 오답을 말했다. 그들이 연구팀이라는 것을 알지 못하는 실험 대상자는 딜레마에 직면했다. 앞의 참가자들과 다른 답을 말할 것인지, 그들처럼 오답을 말할 것인지 결정해야 했다.

많은 실험에서 실험 대상자의 75%가 적어도 한 번은 집단에 순응하는 답을 말했다. 즉 그들은 틀리다는 것을 알면서도 다른 사람들의 답과 일치하는 답을 말했다. 실험 대상자가 집단에 순응한 정도는 평균 37%였다. 이러한 결과는 우리가 단지 로봇에 불과하다는 것을 의미하는가? 확실히 그렇지 않다. 우리는 자신이 속한 모든 집단의 압력에 순응하는가? 이 또한 명백히 그렇지 않다. 사람들은 **준거집단**(reference group)에 순응할 가능성이 높다. 개인이 어떤 집단의 구성원들을 알고 있고, 자신이 그 집단의 구성원이라고 생각하거나 구성원이 되고 싶어 하며, 집단 구성원들이 자신에게 중요하다고 느낄 때 그 집단은 준거집단이 된다. 순응의 영향이 항상 나쁜 것만은 아니다. 예를 들어 사람들은 기부에 대한 관대함과 같은 친사회적 규범을 따름으로써 더 많이 공감하기도 한다.[50]

준거집단 개인이 속하기를 바라고, 개인이 가장 순응할 가능성이 높은 규범을 가진 중요한 집단

규범과 행동

규범은 집단행동의 거의 모든 측면을 설명할 수 있다.[51] 앞에서 언급했듯이 일터에 형성되어 있는 규범은 구성원의 행동에 강력한 영향을 미친다. 이러한 사실은 1924~1932년에 시카고에 있는 웨스턴일렉트릭컴퍼니(Western Electric Company)의 호손 공장에서 수행된 호손 연구를 통해 알려졌다.[52]

호손 연구자들은 먼저 물리적 환경, 특히 작업장의 조명 강도와 생산성의 관계를 조사했다. 실험집단의 조명 강도를 높였더니 실험집단과 통제집단의 생산량이 증가했는데,

조명 강도를 낮추었음에도 생산량이 계속 증가했다. 사실상 조명 강도가 밤처럼 어두웠을 때만 실험집단의 생산량이 감소했다. 이러한 결과는 물리적 환경보다는 집단역학(group dynamics)이 행동에 영향을 미친다는 생각을 갖게 했다.

그런 다음 연구자들은 직원의 행동을 주의 깊게 관찰하기 위해 소규모 여성 집단을 기존의 계전기 조립실과 분리했다. 몇 년에 걸쳐 관찰한 결과 이 소집단의 생산량이 계속 증가한 것으로 나타났다. 개인적인 일이나 병으로 인한 결근 횟수가 기존 생산 부서 여직원의 3분의 1 수준이었다. '특별' 집단이라는 지위가 집단 성과에 상당한 영향을 미친 것이 분명했다. 직원들은 실험집단이 되는 것이 재미있고, 자신이 엘리트 집단에 속해 있으며, 경영자가 그러한 실험을 수행함으로써 자신들의 문제에 관심을 드러냈다고 생각했다. 결국 조명 실험과 계전기 조립 실험에 참여한 직원들은 자신들이 받은 관심에 반응한 것이다.

또한 연구자들은 뱅크 배선 관찰실에 있는 직원들을 대상으로 인센티브 임금 제도를 시행했다. 가장 중요한 발견은 직원들이 독자적으로 자신의 생산량을 최대화하지 않았다는 것이다. 오히려 그들의 성과는 집단 규범의 통제를 받았다. 직원들은 자신의 생산량을 현저하게 증가시키면 집단의 인센티브율이 줄어들고, 1일 예상 생산량이 증가하거나, 해고당하거나, 느린 직원이 질책을 받을까 봐 두려워했다. 그래서 그 집단은 너무 많지도 너무 적지도 않은 적정 생산량을 생각해낸 것이다. 그들은 각자의 생산량이 비슷한 수준이 될 수 있도록 서로서로 도왔다. 집단에 형성된 규범에는 너무 많이 일하지 말라, 너무 적게 일하지 말라, 동료를 밀고하지 말라 등 '하지 말라'는 행동 규범이 많이 포함되어 있었다. 집단은 규범을 위반한 직원의 이름을 부르고, 조롱하고, 심지어 폭력을 행사하기도 함으로써 규범을 따르게 했다. 집단은 엄격하게 설정되고 강력하게 시행되는 규범을 사용하여 능력 이하의 성과를 내도록 했다.

긍정적 규범과 집단 결과

긍정적인 집단 규범은 긍정적인 결과를 얻을 수 있지만, 다른 요인이 존재하는 경우에만 가능하다. 전반적으로 규범에 대한 진화론적인 관점은 우리가 긍정적인 결과를 관찰할 수 있도록 규범이 개발되었다고 설명한다. 예를 들어 높은 수준의 위협에 처한 집단은 강력한 상호작용과 협력 규범을 개발하고, 일탈자를 처벌하는 규범을 만든다.[53] 이는 전 세계의 문화 규범이 다른 이유일 수 있다.

긍정적 규범에 따른 긍정적인 효과의 예로, 사회적 책임을 적극적으로 이행하는 조직의 목표 중 하나는 그들의 가치가 구성원을 규범적으로 지배하는 것이다.[54] 무엇보다도 구성원이 자신의 사고를 긍정적 규범에 맞추어 조정하면 이 규범은 더 강력해지고, 긍정적인 영향을 미칠 가능성이 기하급수적으로 커진다. 독일에서의 연구에 따르면, 집단에 대한 만족도가 높은 구성원은 사회적 책임 규범을 따를 가능성이 크기 때문에 규범 준수는 구성원이 집단에 얼마나 만족하는지를 보여줄 수 있다.[55]

부정적 규범과 집단 결과

일탈행동 중요한 조직 규범을 위반함으로써 조직과 구성원의 안녕을 위협하는 자발적 행동

3장에서 설명했듯이 반생산적인 직무행동(CWB) 또는 **일탈행동**(deviant workplace behavior)은 중요한 조직 규범을 위반함으로써 조직과 구성원의 안녕을 위협하는 자발적 행동이다. 도표 9-3은 일탈행동의 유형과 사례를 보여준다.

부정적 규범은 집단 성과를 떨어뜨리고 일탈행동을 촉발한다. 몇 가지 예를 들면, 집단 구성원과 관리자의 부재는 사무실의 분위기에 영향을 미친다. 팀원이나 상사가 출근하지 않으면 아마도 대부분의 직원이 사무실에 나타나지 않을 것이다.[56] 소방관과 간호사를 대상으로 한 연구에 따르면, 가정 친화적인 복지 제도가 있고 일-가정 갈등을 줄이는 데 효과적일지라도, 소방관은 작업집단 내 다른 사람들이 그 제도를 이용하지 않는다고 지각하는 경우 그 제도를 이용할 가능성이 낮다.[57] 흥미롭게도 일부 연구는 직장에서 다양성을 장려하려고 할 때 고정관념의 만연에 대한 인식을 높이는 것이 역효과를 낼 수 있고, 실제로 고정관념에 따른 행동을 더 많이 유발할 수 있다고 밝혔다.[58]

일탈행동을 조장 또는 유지하는 상황을 만들거나 묵인하는 조직은 거의 없을 것이다. 그러나 이러한 조직이 존재한다. 첫째, 앞에서도 언급했듯이 작업집단은 긍정적 또는 부정적 속성을 가질 수 있다. 작업집단의 속성이 부정적일 때 일탈행동이 더 빈번하게 나타날 수 있다. 몇몇 연구자들이 밝히길, '나쁜 사과'는 '나쁜 통'에서 나온다.[59] 둘째, 직원이 상사, 동료, 심지어 고객에게 부당한 대우를 받는 경우, 이것이 비윤리적 행동으로 이어질 수 있다.[60] 무례함을 경험한 직원의 거의 절반이 이직을 고민하고, 실제로 12%가 그로 인해 그만두었기 때문에, 부당한 대우는 고용 유지 측면에서도 중요하게 고려해야 한다.[61] 셋째, 조직이 적은 인력으로 많은 일을 하려고 하고 직원들에게 초과근무를 강요하면 간접적으로 일탈행동을 조장할 수도 있다.[62]

도표 9-3
일탈행동의 유형

출처: S. H. Appelbaum, G. D. Iaconi, and A. Matousek, "Positive and Negative Deviant Workplace Behaviors: Causes, Impacts, and Solutions," *Corporate Governance* 7, no. 5 (2007), 586-98; R. W. Griffin and A. O'Leary-Kelly, *The Dark Side of Organizational Behavior* (New York: Wiley, 2004).

유형	예
생산 일탈	조기 퇴근 고의적 작업 태만 자원 낭비
재산 일탈	시설 파손 근로시간 날조 회사 물품 절도
정치적 일탈	편애 험담과 소문 유포 동료에게 책임 전가
개인적 공격	성희롱 언어폭력 동료 물건 절도

규범과 문화

집단주의 문화의 구성원과 개인주의 문화의 구성원은 규범이 다를까? 물론 그렇다. 일부 규범은 감지할 수 없거나 외집단 구성원이 이해할 수 없는 경우도 있지만, 서로 다른 규범을 가지고 있다.[63] 그러나 한 사회에서 오랫동안 살았더라도 우리의 문화적 지향성은 변할 수 있다. 최근에 이루어진 실험에서는 중립적인 실험 대상자 집단을 대상으로 역할 연기 훈련을 했다. 그 훈련은 집단주의 규범을 강조하기도 하고 개인주의 규범을 강조하기도 했다(5장 참조). 그런 다음 실험 대상자들은 스스로 과업을 선택하거나, 내집단 또는 외집단 구성원이 과업을 할당해주었다. 개인주의 성향의 훈련을 받은 실험 대상자는 과업을 스스로 선택할 수 있을 때 더욱 동기부여가 되고, 집단주의 성향의 훈련을 받은 실험 대상자는 내집단 구성원이 과업을 할당해줄 때 더욱 동기부여가 되었다.[64]

이러한 일시적인 변화와 상관없이 문화적 규범은 직장에서의 많은 행동(예: 협상 전략 선택)에 영향을 미칠 수 있다. 공격적인 협상 전략은 미국처럼 품위를 중시하는 문화보다 카타르와 중국처럼 명예와 체면을 중시하는 문화에서 더 자주 사용된다.[65] 아시아 문화는 대인관계에서 화합과 협력을 중요시하지만 비즈니스 상황에서는 경쟁적이고 체면 유지를 위해 자신에게 주어진 사회적 의무를 다한다는 것을 고려하면 놀라운 협상 결과가 나타났다. 품위를 중시하는 문화의 협상 결과가 더 좋았다. 문화적 규범은 규범을 위반하는 사람에게 반응하는 방식에도 영향을 미칠 수 있다. 예를 들어 집단주의 문화에서의 규범 위반자는 개인주의 문화의 경우보다 권력이 더 약해지고 더 큰 도덕적 분노를 불러일으킨다(5장 참조).[66]

집단 속성 3: 지위, 집단 속성 4: 규모와 집단역학

집단은 지위가 높은 구성원과 낮은 구성원으로 계층화되는 경향이 있다. 집단 구성원의 지위는 그 집단 밖의 지위를 반영하기도 하지만 항상 그런 것은 아니다. 또한 지위는 집단의 규모에 따라서도 종종 달라진다. 이러한 요인이 작업집단의 효능감에 어떤 영향을 주는지 살펴보자.

집단 속성 3: 지위

지위(status), 즉 다른 사람들이 집단이나 집단 구성원에게 부여한, 사회적으로 정의된 직위 또는 서열은 모든 사회에 존재한다. 규모가 아주 작은 집단이라도 시간이 지나면서 구성원의 지위에 차이가 나타난다. 지위는 중요한 동기부여 요인이며, 개인이 자신에게 있어야 한다고 스스로 생각하는 지위와 다른 사람들이 생각하는 자신의 지위 간의 불일치를 지각할 때 심각한 행동적 결과를 초래한다.

지위 다른 사람들이 집단이나 집단 구성원에게 부여한, 사회적으로 정의된 직위 또는 서열

지위 특성 이론 지위 특성의 차이로 인해 집단 내에 지위 계층이 생성된다는 이론

무엇이 지위를 결정하는가 **지위 특성 이론**(status characteristics theory)에 따르면

지위는 다음 세 가지 원천 중 하나에서 비롯된다.[67]

- **다른 사람에게 행사할 수 있는 권력**: 집단 성과를 통제하는 사람은 집단의 자원도 통제할 가능성이 높기 때문에 높은 지위를 가진 것으로 지각되는 경향이 있다.
- **집단 목표에 기여할 수 있는 개인의 능력**: 집단의 성공에 중요한 공헌을 한 사람은 높은 지위를 가지는 경향이 있다.
- **개인의 인간적 특성**: 집단이 중요시하는 개인적 특성(예: 수려한 외모, 지능, 돈, 친절함)을 가진 사람은 그러한 특성이 별로 없는 사람보다 더 높은 지위를 가진다.

지위와 규범 높은 지위의 구성원은 집단과의 동일시(사회정체성)가 낮은 경우 규범으로부터 이탈하는 경향이 높다.[68] 또한 이들은 다른 집단의 지위가 낮은 구성원에게 압력을 받지 않는다. 지위가 높은 사람은 낮은 지위의 동료보다 순응 압력에 더 잘 저항할 수 있다. 집단에서 중요한 사람이지만 집단의 사회적 보상을 필요로 하지 않거나 관심이 없는 사람은 순응의 규범을 무시할 수 있다.[69] 일반적으로 높은 지위의 구성원을 집단에 영입하면 성과가 향상되기도 하는데, 이는 어느 정도까지만 그렇다. 그러한 구성원은 반생산적 규범을 창출할 수도 있기 때문이다.[70] 그러나 이들이 모든 것을 통제하는 것은 아니다. 가십(gossip)은 지위를 부여하기도 하고, 평판을 떨어뜨리기도 한다.[71]

지위와 집단 상호작용 집단에서 더 높은 지위에 오르려고 하는 사람은 더 공격적으로 행동하는 경향이 있다.[72] 이들은 더 많이 말하고, 더 비난하고, 더 명령하고, 다른 사람들을 더 자주 방해한다. 반대로 어떤 연구는 더 높은 지위를 가진 사람이 조화를 도모하기 위해 그것을 숨기는 경향이 있다고 제시한다.[73] 낮은 지위의 구성원은 집단 토론에 적극적으로 참여하지 않는 경향이 있다. 낮은 지위의 구성원이 집단에 도움이 되는 전문지식과 통찰력을 지닌 경우, 이러한 구성원을 제대로 활용하지 못하면 집단의 전반적인 성과가 저하될 수 있다. 이들이 의견을 말할 수 있도록 관리자가 격려하면 도움이 될 것이다.[74] 한편 높은 지위의 구성원만으로 이루어진 집단이 더 좋은 것만은 아니다. 중간 정도 지위의 사람들로 구성된 집단에 높은 지위의 사람이 약간 추가되는 것이 바람직하다. 집단에 높은 지위의 구성원이 너무 많으면 집단 성과가 악화되기 때문이다.[75] 그러나 지위와 상관없이 지위 체계(예: 집단에서 누가 누구인지 구별)에 대한 정확한 지식은 더 좋은 성과로 이어지고, 효과적인 집단 내 네트워킹을 가능하게 한다.[76]

지위 불공정성 지위 계층이 공정하다는 집단 구성원의 믿음은 중요하다. 불공정성 지각은 불균형을 야기하여 다양한 유형의 수정 행동을 시도하게 한다. 계층(hierarchy)은 지위가 낮은 구성원에게 부정적인 감정과 분노를 불러일으킬 수 있다.[77] 집단 내 지위 차이가 크면 구성원의 성과와 건강이 나빠지고, 지위가 낮은 구성원은 집단을 떠나려는 의도가 커진다.[78] 일반적으로 권력에 따른 지위 불공정성이 더 부정적인 영향을 미치는 경향이 있다. 사회적으로 가치 있는 자원의 통제력(권력)을 바탕으로 한 지위 불공정성은 대인 간 갈등을 유발하지만, 타인에게 존경받는 정도를 바탕으로 한 지위 불공정성은 지위 향상을 위한 건전한 경쟁을 촉진한다.[79]

지위와 낙인찍기 미리엄 오라일리(Miriam O'Reilly)는 BBC를 연령 차별 혐의로 고소하고 나서 곧바로 따돌림을 당했다. 저녁 식사에서 따돌림을 당할 때 동료 중 한 명은 오라일리에게 이렇게 말했다. "정말 미안해요. 하지만 나는 당신과 함께 있을 수가 없어요. 당신과 함께 있으면 내 경력에 해가 될 거라고 에이전트가 그러더군요."[80] 우리의 지위는 사람들이 우리를 지각하는 방식에 분명히 영향을 미치는데, 우리와 연관된 사람의 지위도 우리에 대한 다른 사람들의 견해에 영향을 미칠 수 있다. 연구 결과에 따르면 낙인찍힌 사람은 다른 사람까지 낙인찍히게 할 수 있다.[81] '연관성에 의한 낙인' 효과는 낙인찍힌 사람과 연관된 사람에 대해 부정적인 견해와 평가를 초래하기도 한다. 그들이 아주 우연히 만났고, 짧은 만남이라 할지라도 그렇다. 그러나 낙인찍혀 차별을 받는 낮은 지위의 구성원이 그 집단의 다른 구성원에게 지지를 요청할지라도, 열심히 노력하면 사회적 지위를 향상할 수 있다고 믿는 낮은 지위의 다른 구성원은 여전히 사회적 불평등을 정당화하고 낙인찍힌 사람에 대한 지지를 계속 보류하는 경향이 있다.[82]

집단 지위 사람들은 이른 나이에 '우리와 그들'이라는 사고방식을 습득한다.[83] 때때로 내집단이 문화적으로 한 사회의 지배적인 세력이 되어 높은 지위를 부여받기도 하는데, 이는 외집단에 대한 차별을 유발할 수 있다. 이러한 차별에 대응하여 낮은 지위의 집단은 높은 지위의 집단과 경쟁하기 위해 내집단 편애를 활용할 가능성이 높다.[84] 높은 지위의 집단이 낮은 지위의 집단으로부터 차별을 느낄 때, 낮은 지위의 외집단에 대한 자신의 편견을 증가시킬 수 있다.[85] 이러한 과정에 의해 집단은 더욱 양극화된다.

집단 속성 4: 규모와 집단역학

집단의 규모는 집단행동에 영향을 미친다. 하지만 그 영향은 어떤 종속변수를 가지고 조사하느냐에 따라 달라진다.[86] 12명 이상으로 구성된 집단은 다양한 투입물을 확보하는 데 유용하다.[87] 집단 목표가 사실을 발견하거나 아이디어를 창출하는 것이라면 규모가 큰 것이 더 효과적이다.[88] 어떤 일을 생산적으로 하려면 7명 정도의 작은 집단이 좋다.[89] 심지어 집단 규모에 대한 고정관념도 있어서 행동에 영향을 미친다(예: 규모가 작을수록 더 신뢰할 수 있고, 규모가 클수록 도움을 주기 어렵다).[90]

집단역학도 집단을 특성화하는 데 중요하다. 집단 규모에 관한 가장 중요한 연구 결과 중 하나는 **사회적 태만**(social loafing)에 관한 것이다. 사회적 태만은 개인이 혼자 일할 때보다 집단으로 일할 때 노력을 덜 기울이는 경향을 말한다.[91] 사회적 태만은 집단 규모에 상관없이 집단 전체의 생산성이 최소한 그 집단 구성원 각각의 생산성을 합한 것과 같아야 한다는 가정에 직접적으로 도전하는 것이다.

사회적 태만 개인이 혼자 일할 때보다 집단으로 일할 때 노력을 덜 기울이는 경향

사회적 태만은 서구에 편향된 개념으로,[92] 미국과 캐나다같이 자신의 이익을 중시하는

개인주의 문화에서 나타난다. 개인이 집단 목표에 의해 동기부여가 되는 집단주의 사회에서는 사회적 태만이 흔하지 않다. 문화 간 비교 연구에서도 동양 문화 집단의 사회적 태만 비율이 훨씬 낮게 나타났다.

연구에 의하면 개인의 직업윤리가 강할수록 사회적 태만이 나타나는 경향이 낮아진다.[93] 또한 성실성과 친화성(5장 참조) 수준이 높은 집단에서는 사회적 태만의 존재 여부에 상관없이 성과가 높게 나타나는 경향이 있다.[94] 가상 집단에서도 사회적 태만 문제가 있을 수 있다. 특히 구성원 간에 개인차가 크고, 일을 방해하는 가족 부양 책임이 무거운 경우에 그렇다.[95] 다음은 사회적 태만을 예방하는 몇 가지 방법이다.

- 집단 목표를 설정하여 집단이 공통 목적을 추구하게 하라.
- 집단 간 경쟁을 증가시키면 공유된 집단 결과에 집중하게 된다.
- 동료 평가를 하라.
- 동기부여 수준이 높고 집단에서 일하는 것을 좋아하는 사람을 채용하라.
- 집단 보상의 일부를 각 구성원의 기여도에 따라 지급하고, 각각의 기여도를 파악할 수 있도록 작업을 구조화하라.[96]

집단 속성 5: 응집성, 집단 속성 6: 다양성

효과적인 집단이 되려면 집단은 하나의 구성단위로서 응집력 있게 행동해야 한다. 그리고 어떤 유형의 다양성은 팀이 다른 방식으로 더 우수한 성과를 달성하게 할 수 있다. 먼저 집단 응집성의 중요성에 대해 알아보자.

집단 속성 5: 응집성

응집성 집단 구성원들이 함께 일하고 그 집단에 머물게 하는 공유된 유대감

집단마다 **응집성**(cohesiveness)이 다르다. 응집성은 집단 구성원들이 함께 일하고 그 집단에 머물게 하는 공유된 유대감을 말한다.[97] 구성원들이 많은 시간을 함께하거나, 집단 규모가 작아서 상호작용이 활발하게 이루어지거나, 구성원들이 똘똘 뭉치게 만드는 외부 위협이 있을 때 집단의 응집성이 높아진다. 응집성은 집단 생산성과 관련이 있기 때문에 중요하다.

응집성은 집단 생산성에 영향을 미친다.[98] 그러나 연구자들은 응집성과 생산성의 관계가 집단의 성과 관련 규범에 따라 달라진다고 입을 모은다.[99] 품질, 생산량, 외부와의 협력에 대한 규범이 높게 형성되어 있을 때 응집력이 높은 집단은 낮은 집단보다 더 생산적일 것이다. 하지만 응집력이 높고 성과 규범이 낮다면 생산성이 떨어질 것이다. 응집력이 낮고 성과 규범이 높으면 생산성이 올라가기는 하지만, 응집력이 높고 성과 규범도 높은 집단보다는 낮은 생산성을 보인다. 응집력과 성과 관련 규범이 모두 낮은 경우에는 생산성이 중하위권에 머무르는 경향이 있다. 이러한 결론을 도표 9-4에 요약하여 나타냈다.

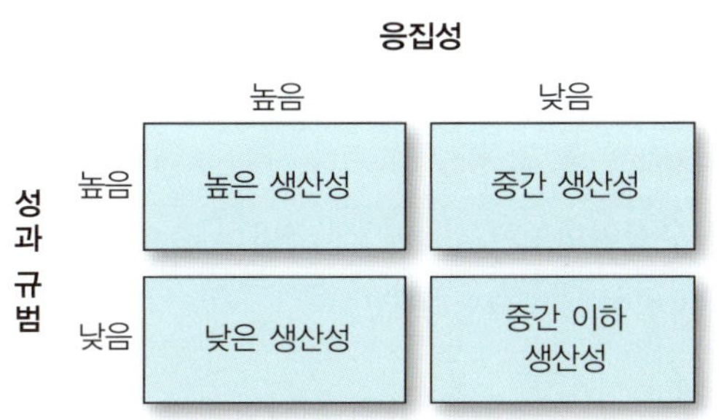

도표 9-4
응집성과 성과 규범이 생산성에 미치는 영향

집단에서 구성원과 함께 〈포트나이트(Fortnight)〉, 〈마인크래프트(Minecraft)〉 등의 비디오 게임을 하는 것 말고도[100] 집단 응집성을 높이기 위해 다음과 같은 방법을 시도해볼 수 있다.

- 집단을 작게 만든다.
- 집단 목표에 대한 동의를 이끌어낸다.
- 구성원들이 함께하는 시간을 늘린다.
- 집단의 지위를 높이고, 집단 구성원의 자격을 획득하기 어렵게 만든다.
- 다른 집단과의 경쟁을 자극한다.
- 개인보다는 집단 단위로 보상한다.
- 집단을 격리한다.[101]

집단 속성 6: 다양성

집단의 마지막 속성은 집단 구성원의 **다양성**(diversity)으로, 이는 집단 구성원이 서로 비슷하거나 다른 정도를 말한다. 전반적인 연구에 따르면 집단 다양성에는 장단점이 있고, 몇 가지 상황적 요인의 영향을 받으며, 다양성이 어떻게 개념화되고 측정되는지에 따라 결과가 달라진다.[102] 흥미롭게도 **실제** 다양성과 **지각된** 다양성 사이에는 작은 연관성만이 존재하며(심지어 다양성에 대한 인식도 다수 집단과 소수 집단 간에 차이가 있음),[103] 어떤 연구는 구성원이 집단 멤버십에서 소속의 욕구와 독특성에 대한 욕구의 균형을 찾으려 한다고 밝히기도 했다. 다양성에 대한 지각과 실제가 다른 것은, 자신의 집단이 다양성을 추구한다는 인식을 사람들이 형성하고 나서 그 상태를 유지하려는 경향이 있기 때문일 수 있다. 예를 들어 S&P 1500대 기업 이사회를 대상으로 한 연구는 기업들 사이에 여성 이사의 수를 2명으로 유지한다는 현상 유지 규범이 있다는 것을 발견하고, 이것을 '투케니즘(twokenism)'이라고 일컬었다.[104]

다양성 집단 구성원이 서로 비슷하거나 다른 정도

집단 내 다른 구성원과 자신이 다르다는 지각, 집단이 여러 하위 집단으로 분열되어 있다는 지각은 부정적인 결과를 초래하고, 집단 이질성 지각(집단이 특정 속성상 각기 다른 사람들로 구성되어 있다고 지각하는 정도)은 긍정적인 영향과 부정적인 영향을 미친다.[105] 즉 경영자가 '다양성 가치' 관점(작업집단의 다양성이 직원의 성과를 향상한다

는 관점)을 채택하는 경우와 같이, 다양성의 효과는 다양성이 어떻게 구성되거나 인식되는지에 따라 더욱 좌우될 수 있다.[106] 여러 가지 복잡한 상황에도 불구하고 인공지능 연구는 다양성 분야의 발전에 도움을 주고 있다. 최근에는 다문화 생산팀에서 사회적 범주(예: 인종, 성별)가 각 구성원의 다양성 지각에 얼마나 중요하게 작용하는지를 인공지능을 이용하여 평가하는 방법이 개발되었다.[107]

집단 다양성의 유형 성별, 인종과 같은 표면적 다양성(2장 참조)은 집단 갈등을 증가시키는 것으로 나타났는데, 특히 집단 참여 초기 단계에 집단 갈등을 심화하고 집단 사기를 떨어뜨리며 중도 퇴직률을 상승시켰다.[108] 문화적으로 다양한 집단과 동질적인 집단(같은 나라 사람들로 구성)을 비교한 연구에 따르면, 가상의 야생 생존 테스트에서 두 집단 모두 좋은 성과를 냈지만, 다양성이 있는 집단의 구성원은 집단에 대한 만족도와 응집력이 낮고 더 많은 갈등을 겪었다.[109] 외부인은 인종적으로 이질적인 집단에 편향되고 그들에게 자원을 덜 할당할 가능성이 더 높다.[110]

심층적 수준에서는 구성원들의 가치관과 의견이 제각각인 집단은 더 많은 갈등을 경험하는 경향이 있지만, 집단이 당면한 과제에 집중하고 집단 학습을 장려할 수 있는 리더는 이러한 갈등을 줄이고 집단 문제에 대한 토론을 강화할 수 있다.[111] 한국에서의 연구는 권력 욕구가 높은 사람들(7장 참조)과 낮은 사람들이 함께 일하면 비생산적인 집단 경쟁이 줄어들 수 있는 반면에, 성취 욕구가 비슷한 사람들이 함께 일하면 업무 성과가 높아질 수 있다고 밝혔다.[112] 또한 신뢰 성향의 다양성은 갈등을 부채질하고 시간이 갈수록 신뢰가 더욱 약화되는 신뢰 하락의 악순환을 유발할 수 있다.[113]

한편 **기능적** 다양성 또는 직무에 필요한 기술, 능력이나 기타 특성의 차이는 팀 성과와 혁신을 향상할 수 있는데, 몇 가지 요인에 따라 그 효과가 달라진다.[114] 예를 들어 기능적 다양성은 지식 공유를 촉진함으로써 팀 창의성에 영향을 미칠 수 있다.[115] 리더십은 기능적 다양성의 이점을 극대화하는 데 중요한 역할을 한다. 훌륭한 리더는 다양한 기술을 한데 모아 큰일을 해낸다.[116]

집단 다양성의 도전 구성원의 차이는 갈등을 유발할 수 있지만, 독특한 방법으로 문제를 해결하는 기회를 제공하기도 한다. 배심원단의 행동에 관한 연구는 다양한 배심원이 증거를 논의할 때 더 오래 생각하고, 더 많은 정보를 공유하며, 실수가 더 적다는 것을 발견했다. 단기간에 걸쳐 다양성이 있는 집단에서 일하는 것은 대체적으로 힘들다. 또한 시간이 갈수록 구성원의 다양성이 균질화되고, 구성원의 이탈로 팀이 쉽게 해체되며, 다양한 집단이 동질적인 하위 집단으로 분열되는 경향이 있다.[117] 그러나 구성원들 간의 차이를 견뎌낼 수 있다면 시간이 지날수록 다양성은 그들이 더 개방적이고 창의적이며 우수한 성과를 내는 데 도움이 될 수 있다. 예를 들어 전 세계의 다양한 유엔 평화 구축 팀을 대상으로 한 동일시 계발 연구에 따르면, 팀 구성원은 조직, 집단, 역할 등에 대한 동일시를 개인적으로 발달시키지만, 시간이 지날수록 구성원 간 상호작용과 성찰 과정을

통해 팀 수준의 동일시로 진화했다.[118]

다양성이 있는 팀(특히 표면적으로 다양한 집단)에서 나타나는 부정적인 영향 중 하나는 **집단 분열**(faultlines), 즉 성, 인종, 연령, 작업 경험, 교육 등의 개인차에 따라 한 집단이 2개 이상의 하위 집단으로 나뉘는 현상이다.[119]

집단 분열 성, 인종, 연령, 작업 경험, 교육 등의 개인차에 따라 한 집단이 2개 이상의 하위 집단으로 나뉘는 현상

예를 들어 집단 A가 흑인 3명과 히스패닉 3명으로 구성되어 있다고 가정해보자. 히스패닉 3명은 비슷한 마케팅 업무 경험과 경력을 가지고 있고, 흑인 3명은 비슷한 재무 업무 경험과 경력을 가지고 있다. 반면에 집단 B는 흑인 3명과 히스패닉 3명으로 구성되어 있지만 경험과 경력이 제각각이다. 흑인 2명은 경력이 있고 나머지 1명은 신입 직원이다. 히스패닉 1명은 회사에 입사한 지 몇 년 되었고 2명은 신입 직원이다. 또한 흑인 2명과 히스패닉 1명은 마케팅 경력이 있고 나머지 직원들은 재무 경력이 있다. 따라서 차별화 특성에 근거하여 집단 A에서는 흑인 집단과 히스패닉 집단으로 분열될 가능성이 있고, 집단 B에서는 집단 분열 현상이 발생하지 않을 것이다.

집단 분열에 관한 연구에 따르면 하위 집단으로 나뉘는 것은 일반적으로 집단의 기능과 성과에 해롭다. 하위 집단끼리 서로 경쟁하게 되면 핵심 과업에 쏟아야 할 시간이 줄어들고 집단 성과가 악화된다. 하위 집단이 있는 집단은 더 천천히 학습하고, 더 위험한 의사결정을 하며, 덜 창조적이고, 더 많은 갈등을 경험한다. 하위 집단은 서로를 신뢰하지 않는다.[120] 또한 집단 분열이 있을 때는 일반적으로 하위 집단에 대한 만족이 높지만, 전반적인 집단의 만족은 더 낮아진다.[121] 집단 분열은 바람직하지 않은 것일까? 한 연구는 기술, 지식, 전문성과 관련된 집단 분열이 결과 지향적 조직 문화에서 긍정적으로 작용할 수 있다고 제시했다. 결과를 중요시하는 문화에서는 하위 집단에서 발생하는 문제보다 회사에 중요한 것에 사람들의 관심이 쏠리기 때문이다.[122]

조직은 어떻게 집단 분열을 해결하거나 활용할 수 있을까? 연구에 따르면 다양성과 강한 집단 분열에서 비롯된 문제는 구성원에게 각기 다른 역할을 부여하고, 집단이 함께 달성해야 할 공통 목표를 부여하며, 다양성 집단 내에서 유사한 특성을 가진 사람들이 함께 모여 일하면 극복할 수 있다. 전반적으로는 하위 집단의 구성원 간 협력을 요구하고 목표 달성에 집중하면 조직의 성과를 향상할 수 있다.[123] 친다양성(pro-diversity) 신념과 열린 마음 규범도 도움이 된다(이러한 규범이 형성되어 있지 않으면 훈련을 통해 집단 분열 문제를 개선할 수 있다).[124] 예를 들어 독일 외교부의 국제 외교관을 대상으로 한 연구에서는 리더와 구성원의 친다양성 신념이 집단 분열이 성과에 미치는 부정적인 영향을 감소시키는 것으로 나타났다.[125] 즉 리더와 구성원의 친다양성 신념이 모두 강할 때 팀 성과에 대한 집단 분열의 부정적인 영향이 가장 약하게 나타났다. 마찬가지로 다문화 집단에 대한 연구는 다양성을 환영하고 수용하며 사고의 다양성을 가정하는 정책, 관행, 절차가 생각을 효과적으로 교환하게 하고 더 효과적인 팀을 만든다는 것을 보여주었다.[126] 끝으로, 집단 다양성이 성과에 미치는 영향에는 문화적 차이가 있을 수 있다. 5,000명 이상의 히말라야 등반 탐험대에 관한 연구는 집단주의적 가치관(5장 참조)

이 집단 간의 경계를 모호하게 하여 집단 구성원을 실제보다 더 비슷한 사람으로 지각하게 하는데, 이것이 과업에 따라 집단에 해가 될 수도 있고 유익할 수도 있다고 밝혔다.[127]

집단 의사결정

오래전부터 많은 나라에서는 '두 사람의 머리가 한 사람의 머리보다 낫다'는 믿음을 법률 시스템의 기본 요소로 받아들였다. 오늘날 조직의 많은 의사결정은 집단이나 팀, 위원회에서 이루어진다. 이 절에서는 집단 의사결정의 이점, 의사결정 과정에서 집단역학이 초래하는 문제점을 알아보고, 집단 의사결정 기회를 최대한 활용할 수 있는 기법을 설명할 것이다.

집단 의사결정 대 개인 의사결정

의사결정 집단은 조직에서 광범위하게 사용된다. 그런데 집단 의사결정이 혼자서 하는 의사결정보다 더 좋을까? 그 답은 많은 요인에 따라 달라진다. 먼저 집단 의사결정의 장단점과 효과성 등을 살펴보자.

집단 의사결정의 장점 집단은 더 완전한 정보와 지식을 창출한다. 여러 사람이 가지고 있는 자원을 모음으로써 집단은 더 많고 다양한 자원을 의사결정 과정에서 활용할 수 있다.[128] 집단은 다양한 관점을 제공하기 때문에 많은 접근 방법과 대안을 고려할 수 있다.[129] 그리고 집단은 의사결정 결과에 대한 수용도가 높다. 의사결정 과정에서 구성원이 반대 의견을 의견 불일치가 아닌 관점의 차이로 보는 경우에는 그 의견을 더 잘 수용하는 경향이 있다.[130] 집단 의사결정에 참여한 구성원은 나중에 그 의사결정을 열정적으로 지지하고 다른 사람들에게 그것을 받아들이도록 촉구할 가능성이 크다.

집단 의사결정의 단점 일반적으로 집단, 특히 가상 집단은 해결책을 찾는 데 시간이 오래 걸려서 집단 의사결정에 많은 시간을 소비한다.[131] 집단에는 순응의 압력이 있다. 집단 구성원으로 받아들여지고 그 집단에서 중요한 사람이 되고 싶은 바람 때문에 공개적으로 반대 의견을 제시하지 못하고 작은 것에 만족한다.[132] 집단 토론은 한 사람이나 몇 명의 구성원에 의해 좌지우지될 수 있다. 능력이 부족하거나 중간 정도인 구성원으로 이루어진 집단의 경우 집단 전체의 효과성이 떨어질 수 있다. 흥미롭게도 가상 환경에서는 소수 집단의 구성원들이 비밀 대화를 하여 문제를 해결하고 의사결정의 질을 개선할 수 있다.[133] 또한 '혼자 반대하는 사람', 즉 다른 견해를 가진 구성원을 허용하는 규범을 형성하는 것은 순응과 지배적인 구성원의 영향력을 감소시킬 수 있다.[134] 또한 집단 의사결정은 책임 소재가 불명확하다. 개인 의사결정에서는 결과에 대한 책임 소재가 분명하나 집단 의사결정에서는 개개인의 책임이 희석된다.

효과성과 효율성 집단이 개인보다 더 효과적인지는 효과성을 정의하는 기준과 평가하는 사람에 따라 달라진다. 6장에서 설명했듯이 집단의 응집성과 신뢰에 대한 지각이 평가자의 정확성에 영향을 미칠 수 있다.[135] 일반적으로 집단 의사결정은 어떤 집단에 속해 있는 보통 사람의 개인적 의사결정보다 더 정확하지만, 가장 정확한 구성원의 판단보다는 덜 정확하다.[136] 속도 측면에서는 개인이 더 낫다. 창의성이 중요한 경우에는 집단이 개인보다 더 효과적인 경향이 있다. 효과성이 최종 결정안에 대한 수용도를 의미한다면 집단이 더 우수하다.[137]

그러나 효과성은 효율성과 함께 고려해야 한다. 집단 의사결정이 같은 문제에 대한 의사결정을 혼자서 하는 경우보다 더 많은 시간이 걸리는 것은 분명하다. 그러나 다양하고 방대한 자료를 얻기 위해 개인 의사결정자가 자료를 검토하고 중요한 정보를 가진 다른 사람들과 이야기하는 데 많은 시간이 걸리는 경우는 예외이다.[138] 연구에 따르면 정보가 집단 구성원들에게 많이 분산되고 잘 '숨겨져' 있을 때는 집단 의사결정이 비효율적일 수 있다. 최선의 결정을 내리기 위해 이러한 정보를 수집하는 것은 매우 어렵기 때문에, 이러한 상황에 처한 집단은 문제 해결을 위해 공개적·협력적으로 정보를 공유해야 한다.[139] 따라서 집단 사용 여부를 결정할 때는 효과성 증가가 효율성 감소를 상쇄하기에 충분한지 평가해야 한다.

집단사고와 집단 이동적 사고

집단 의사결정에서 부수적으로 발생하는 집단사고와 집단 이동적 사고는 집단이 대안을 객관적으로 평가하고 탁월한 해결책을 찾아내는 능력에 영향을 미칠 수 있다.

집단사고 합의에 대한 규범으로 대안적 행동에 대한 현실적인 평가를 하지 못하는 현상

집단사고 **집단사고**(groupthink)는 순응에 대한 집단 압력으로 인해 집단이 독특하거나, 소수가 제기하거나, 일반적이지 않은 견해를 비판적으로 평가하지 못하게 되는 상황을 말한다. 집단사고는 많은 집단을 공격하고 그들의 성과를 상당히 방해할 수 있다.[140] 집단사고는 솔로몬 애시가 '혼자 반대하는 사람'에 대한 실험에서 도출한 결론과 밀접한 관련이 있다. 학습보다 성과를 더 중시하는 집단에서는 집단사고가 발생하여 다수의 의견에 동의하지 않는 사람의 의견을 억압하는 경향이 크다.[141] 집단사고는 명확한 집단 정체성이 존재하고, 구성원이 보호하고 싶어 하는 집단의 긍정적 이미지가 있으며, 그러한 긍정적 이미지가 위협받는다고 지각할 때 흔히 발생한다.[142]

관리자는 집단사고를 최소화하기 위해 무엇을 할 수 있을까?[143] 우선 관리자는 집단의 규모를 파악해야 한다. 사람들은 집단의 규모가 클수록 더 위축되고 주저하게 된다. 관리자는 집단의 리더가 공정하게 행동하도록 격려해야 한다. 관리자는 집단 구성원 중 한 사람을 지명하여 악마의 대변자 역할을 하게 해야 한다. 이 사람은 대다수의 입장에 공개적으로 도전하고 다른 의견을 제시하는 역할을 맡는다. 또 다른 방법은 집단을 위협하거나 정체성 보호를 강화하지 않으면서 다양한 대안을 활발히 논의할 수 있도록 자극하

는 것이다. 예를 들어 집단 구성원이 어떤 의사결정에 내재된 위험에 대해 먼저 이야기하고 나서, 그 의사결정을 통해 얻을 수 있는 이득에 대해 논의하게 한다.

집단 이동적 사고 집단의 결정과 집단 구성원이 내리는 개별 결정 간의 변경. 이는 보수적인 방향 또는 위험을 추구하는 방향을 향하며, 보통은 집단의 원래 입장보다 더 극단적인 방향을 향함

집단 이동적 사고 **집단 이동적 사고**(groupshift) 또는 집단 양극화(group polarization)는 주어진 대안을 논의하고 하나의 해결책에 도달하는 과정에서 집단 구성원이 초기 입장을 과장하는 경향을 말한다. 집단 양극화 현상은 집단사고의 특별한 경우로 볼 수 있다. 집단 의사결정은 논의 과정에서 형성된 지배적 의사결정 규범(더 신중하거나 더 많은 위험을 추구하는 규범)을 반영한다.[144] 집단에서 이루어지는 토론은 구성원이 처음에 가졌던 견해를 더 극단적인 방향으로 이끈다.[145]

양극화 현상은 여러 가지로 설명할 수 있다.[146] 예를 들어 설득력 있는 토론을 통해 구성원들이 서로 친해지면 원래 입장보다 더 대담한 결정을 내리게 된다. 또 다른 주장은 집단이 책임을 분산시킨다는 것이다. 집단 의사결정에서는 구성원 개개인이 집단의 최종 선택에 대해 책임을 지지 않으므로 더 많은 위험을 추구하기도 한다. 또한 사람들은 외부 집단과 다르다는 것을 보여주고 싶어서 극단적인 입장을 취하는 경우도 있다.[147]

다음으로 집단 의사결정 기법에 대해 알아본다. 이러한 기법은 집단 의사결정의 역기능적 측면을 어느 정도 감소시킨다.

집단 의사결정 기법

상호작용 집단 구성원들이 언어적·비언어적 의사소통을 통해 상호작용을 하는 보통의 집단

집단 의사결정의 가장 일반적인 형태는 **상호작용 집단**(interacting group)에서 일어난다.[148] 이러한 집단에서는 구성원들이 직접 만나고 언어와 비언어를 사용하여 서로 의사소통을 한다. 그러나 집단사고를 다룰 때 살펴보았듯이 상호작용 집단은 스스로를 검열하고 각 구성원에게 대다수 의견을 따를 것을 요구한다. 브레인스토밍, 명목집단 기법은 전통적인 상호작용 집단에 내재된 문제를 줄일 수 있다.

브레인스토밍 어떤 대안이든 말할 수 있고 대안에 대해 어떤 비난도 할 수 없는 아이디어 창출 과정

브레인스토밍 **브레인스토밍**(brainstorming)은 상호작용 집단에서 창의적인 대안을 개발하지 못하게 하는 순응 압력을 극복하게 해준다.[149] 브레인스토밍에서는 어떤 대안이든 말할 수 있고, 대안에 대해 어떤 비난도 할 수 없다. 전형적인 브레인스토밍에서는 6~12명 정도가 테이블에 둘러앉는다. 집단의 리더는 모든 구성원이 이해할 수 있도록 문제를 명확하게 이야기한다. 구성원은 충분한 시간을 두고 가능한 한 많은 대안을 자유롭게 이야기한다. 어떤 비난도 허용되지 않으며, 모든 대안은 다음에 이루어질 논의와 분석을 위해 기록한다.

브레인스토밍은 아이디어를 창출하지만 효율적인 방법은 아니다. 혼자 일하는 사람이 브레인스토밍을 하는 집단보다 더 많은 아이디어를 창출한다는 결과를 내놓은 연구가 많다. 이러한 현상이 나타나는 이유 중 하나는 '생산 방해(production blocking)'이다. 어떤 집단에서 아이디어를 내는 동안 많은 사람이 한꺼번에 말을 하게 되는데, 이는 개인의 사고 과정을 방해하고 심지어 아이디어를 공유하지 못하게 한다.[150]

도표 9-5
집단 효과성 평가

효과성 기준	집단 유형		
	상호작용 집단	브레인스토밍 집단	명목집단
아이디어의 양과 질	낮음	중간	높음
사회적 압력	높음	낮음	중간
비용	낮음	낮음	낮음
속도	중간	중간	중간
과업 지향	낮음	높음	높음
대인 간 갈등 가능성	높음	낮음	중간
해결책에 대한 몰입	높음	적용 불가	중간
집단 응집력 개발	높음	높음	중간

명목집단 기법 **명목집단 기법**(nominal group technique)은 의사결정 과정에서 논의나 대인 간 의사소통을 제한한다. 집단 구성원은 전통적인 회의처럼 한 장소에 있지만 독립적으로 행동한다. 어떤 문제가 제시되면 집단은 다음과 같은 단계를 거친다.

명목집단 기법 집단 구성원이 직접 만나 체계적이지만 독립적으로 판단을 내리는 집단 의사결정 방식

1. 구성원들이 하나의 집단을 이루지만, 논의가 이루어지기 전에 주어진 문제에 대해 독립적으로 자신의 아이디어를 종이에 적는다.
2. 각 구성원이 자신의 아이디어를 발표한다. 구성원은 테이블에 앉은 순서대로 돌아가면서 자신의 아이디어를 발표하고, 모든 아이디어를 플립차트나 칠판에 기록한다. 아이디어를 모두 기록할 때까지는 논의를 하지 않는다.
3. 집단은 명확한 이해를 위해 아이디어에 대해 토의하고 평가한다.
4. 구성원은 혼자 조용히 그 아이디어에 대해 점수를 매긴다. 총점이 가장 높은 아이디어가 최종적으로 결정된다.

명목집단 기법의 장점은 집단이 공식적으로 만나지만, 전통적인 상호작용 집단에서와 같이 독립적인 사고를 제약하지 않는다는 것이다. 연구 결과에 따르면 명목집단 기법은 브레인스토밍보다 더 우수하다.[151]

의사결정 기법은 각각 장단점이 있다. 어떤 기법을 선택할 것인지는 중요시하는 기준과 비용-편익의 상충관계에 따라 달라진다. 도표 9-5에서 보듯이 상호작용 집단은 하나의 해결책에 몰입할 수 있고, 브레인스토밍은 집단 응집성을 개발하며, 명목집단 기법은 적은 비용으로 많은 아이디어를 창출할 수 있다.

요약

집단에 대한 논의를 통해 다음과 같은 결론을 얻을 수 있다. 첫째, 규범은 옳고 그른 것에 대한 기준을 수립함으로써 집단 구성원의 행동을 통제한다. 둘째, 지위 불공정성은

좌절을 야기하고, 조직에 남으려는 의지와 생산성에 부정적인 영향을 미칠 수 있다. 셋째, 집단의 규모가 성과에 미치는 영향은 집단이 수행하는 직무의 형태에 따라 달라진다. 넷째, 응집성은 집단의 성과 관련 규범에 따라 집단의 생산성 수준에 영향을 미칠 수도 있고, 그렇지 않을 수도 있다. 다섯째, 다양성이 집단 성과에 미치는 영향은 일관적이지 않다. 다양성이 성과에 도움이 된다고 밝힌 연구 결과도 있고, 도움이 되지 않는다고 밝힌 연구 결과도 있다. 여섯째, 역할 갈등은 직무 긴장감과 직무 불만을 유발한다.[152] 긍정적인 조직 결과와 적절한 의사결정을 위해 신중하게 집단을 관리해야 한다. 다음 장에서 이러한 결론에 대해 좀 더 깊이 있게 살펴볼 것이다.

경영자를 위한 시사점

- 집단이 조직에서 개인의 행동에 긍정적 또는 부정적으로 많은 영향을 미칠 수 있음을 인해하라. 따라서 역할, 규범, 응집성에 대해 특별히 관심을 기울여야 한다. 역할, 규범, 응집성이 집단 내에서 어떻게 작동하는지를 이해한다면 집단이 어떻게 행동하는지를 이해하는 셈이다.
- 일탈행동이 일어날 가능성을 줄이기 위해 집단 규범이 반사회적 행동을 지지하지 않도록 하라.
- 집단에서의 지위 측면에 관심을 가져라. 지위가 낮은 구성원은 집단 토론에 적극적으로 참여하지 않기 때문에, 구성원 간에 지위 차이가 큰 집단은 낮은 지위의 구성원이 공헌할 기회를 제한하고 잠재력을 발휘하지 못하게 한다.
- 진상 조사 활동 시에는 대규모 집단을 활용하고, 행동 지향적 과업을 할 때는 소규모 집단을 활용하라. 대규모 집단을 활용하는 경우에는 개인 성과를 측정할 수 있는 지표를 마련하라.
- 구성원의 만족도를 높이기 위해 그들이 자신의 직무 역할을 명확히 알 수 있게 하라.

10
작업팀의 이해

학습목표

- 집단과 팀을 비교할 수 있다.
- 팀의 다섯 가지 유형을 비교할 수 있다.
- 효과적인 팀의 특성을 설명할 수 있다.
- 조직이 어떻게 팀 플레이어를 만들어낼 수 있는지 설명할 수 있다.
- 팀 대신 개인을 활용해야 하는 경우를 설명할 수 있다.

소아펜(SoaPen)은 토요타(Toyota)로부터 5만 달러의 보조금을 받고 유니세프(UNICEF)와 같은 단체로부터 수많은 상을 받은 제품으로, 팀워크와 기업가 정신의 산물이다.[1] 이 제품은 아마나트 아난드(Amanat Anand), 슈브함 이사르(Shubham Issar), 마리아 푸트리(Maria Putri)가 개발했다. 이 개발팀은 아이들이 손 위생에 친숙해지도록 비누를 두꺼운 색연필 모양으로 디자인하여 비누 펜으로 손에 그림을 그리면서 재미있게 손을 닦을 수 있게 했다. 슈브함은 아이디어를 실현할 전문 지식 그리고 다른 관점을 가진 사람들을 발굴하여 팀을 구성한 것이 스타트업으로서의 성공에 결정적이었다고 말했다.[2]

때때로 팀은 개인이 달성할 수 없는 업적을 달성할 수 있다.[3] 팀은 전통적인 부서보다 더 유연하고 변화에 대한 대응력이 뛰어나다. 팀은 재빨리 사람들을 모으고, 배치하고, 재결집하고, 해산할 수 있다. 팀은 조직을 민주화하고 구성원의 몰입을 증가시키는 데 효과적인 방법이다. 연구에 따르면 팀 참여는 개인으로서 우리가 생각하는 방식에도 긍정적인 영향을 미쳐 개인의 의사결정에도 협력적 사고방식을 도입하게 한다.[4]

조직이 팀을 도입했다는 사실이 팀이 항상 효과적이라는 의미는 아니다. 팀 구성원은 인간이기 때문에 의사결정 과정의 오류와 집단역학(9장 참고)의 영향을 받는다. 어떤 요인이 그들의 잠재력에 영향을 미치는가? 구성원은 어떻게 함께 일하는가? 이에 대한 답을 찾기 위해 우선 작업집단과 팀의 차이를 알아보자.

집단과 팀의 차이

(흔히 집단과 팀이 기능적으로 같은 의미로 사용될지라도) 어떤 학자들은 집단과 팀이 같지 않다고 주장한다.[5] 9장에서는 목적을 달성하기 위해 모여서 상호작용하고 서로 의존하는 2명 이상의 사람들을 **집단**으로 정의했다. **작업집단**(work group)은 각자의 책임 영역에서 일하는 데 도움이 되는 정보를 공유하고 의사결정을 하기 위해 상호작용하는 집단을 말한다.

작업집단 각자의 책임 영역에서 일하는 데 도움이 되는 정보를 공유하고 의사결정을 하기 위해 상호작용하는 집단

작업집단은 협력이 필요한 공동 작업을 수행할 필요가 없거나 그럴 기회가 없다. 그래서 작업집단의 성과는 모든 집단 구성원의 개별적인 공헌을 단순히 합한 것이다. 투입량의 합보다 더 큰 성과를 창출하는 시너지 효과가 없다. 작업집단은 상호작용이나 상호의존성이 있을지라도 일을 하는 개인들의 집합이다.

반면에 **작업팀**(work team)은 조정을 통해 긍정적인 시너지를 창출한다.[6] 작업팀에서 이루어지는 개인들의 노력은 개인 투입량의 합보다 더 큰 성과를 달성한다. 팀은 끊임없이 변화하고 적응하는 경향이 있다. 그래서 팀을 동적 시스템(dynamic systems)으로 보는 사람들은 팀 자체보다는 **팀 구성**(예: 팀 참여와 관련된 프로세스 또는 행동)에 더 집중한다.[7]

작업팀 개인들의 노력이 개인 투입량의 합보다 더 큰 성과를 달성하는 집단

작업집단과 작업팀에서는 구성원의 행동적 기대, 집단적 표준화 노력, 적극적인 집단 역학, (비공식적일지라도) 의사결정이 흔히 나타난다. 또한 작업집단과 작업팀은 아이디어를 창출하거나, 자원을 함께 이용하거나, 작업 일정과 같은 실행 계획을 조정하기도 한다. 그러나 작업집단의 경우에는 이러한 노력이 집단 외부의 의사결정자를 위한 정보 수집으로 제한될 것이다. 작업팀을 작업집단에 포함되는 하위 유형으로 볼 수도 있지만, 팀은 어떤 목적을 함께 달성하기 위해 구성원들이 상호작용하는 공생관계를 형성한다. 도표 10-1은 작업집단과 작업팀의 차이를 비교하여 보여준다.

도표 10-1
작업집단과 작업팀의 비교

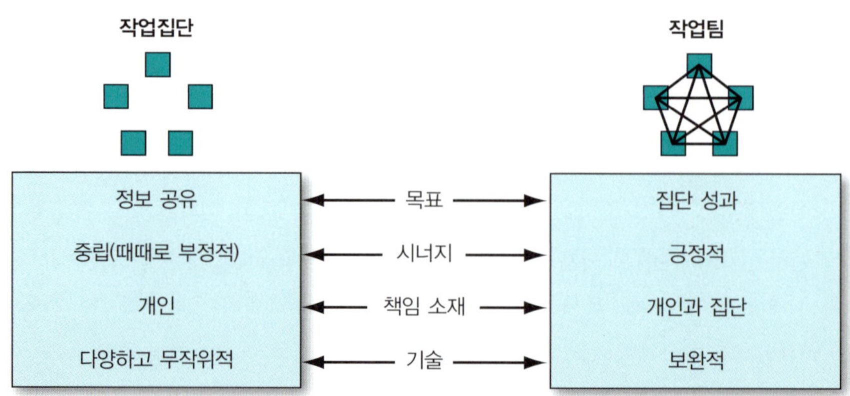

이러한 정의는 최근에 많은 조직이 작업 프로세스를 팀 단위로 재설계하는 이유를 명확히 드러낸다. 팀 도입은 조직이 직원 수를 늘리지 않고도 더 좋은 결과를 만들어낼 수 있는 잠재력을 창출한다. 긍정적인 시너지 효과를 얻을 수 있는 팀은 저절로 만들어지는 것이 아니다. 집단을 팀으로 부른다고 해서 자동으로 성과가 증가하는 것이 아니다. 이 장 후반부에서 언급하겠지만, 효과적인 팀은 공통적인 특징을 가지고 있다. 경영자가 팀을 사용하여 조직 성과를 향상하려면 해당 팀이 그러한 특징을 가지고 있어야 한다.

팀의 유형

팀은 제품 생산, 서비스 제공, 거래 협상, 프로젝트 조정, 조언 제공, 의사결정 등 다양한 일을 할 수 있다.[8] 조직에서 가장 많이 볼 수 있는 팀의 유형은 문제해결팀, 자기관리팀, 기능횡단팀, 가상팀이다(도표 10-2 참조). 먼저 이러한 팀의 유형을 살펴본 뒤 멀티팀 시스템에 대해 설명할 것이다. 멀티팀 시스템은 '팀들로 구성된 팀'을 활용하는 것으로, 작업의 복잡성이 증가함에 따라 점차 널리 사용되고 있다.

문제해결팀

품질관리팀과 같은 **문제해결팀**(problem-solving team)은 오래전부터 사용되어왔다. 이는 원래 제조 공장에서 가장 흔한 유형으로서 정기적으로, 때로는 매주 또는 매일 만나 제품의 품질 기준과 생산 문제에 대해 논의하는 영구적인 팀이다. 예를 들어 고객에게 직접 제품을 판매하는(direct-to-consumer, D2C) 시계 제조업체인 빈체로(Vincero)는 생산된 모든 시계를 직접 확인하는 전임 품질관리팀을 두고 있다.[9] 품질관리팀의 사용은 의료 분야와 같은 영역으로도 확장되어 환자 관리 서비스를 개선하는 데 사용되었다. 문제해결팀은 자신의 제안을 일방적으로 실행할 권한이 없지만, 그 제안이 채택되어 실행되면 상당한 개선을 이끌어낼 수 있다.

문제해결팀 같은 부서의 직원 5~12명으로 구성된 팀으로서 매주 만나 품질, 효율성, 작업 환경을 개선하는 방법을 논의함

자기관리팀

앞에서 언급했듯이 문제해결팀은 단지 제안만 한다. 어떤 조직에서는 해결책을 제안할 뿐만 아니라 그것을 실행하고 결과에 대해 온전히 책임질 수 있는 팀을 만든다. 예를 들어 시카고의 오브라이언동물병원그룹(O'Brien Veterinary Group)은 13개 동물병원에서 자기관리팀을 운영하고 있는데, 이러한 팀은 당면 문제를 어떻게 해결할지를 자율

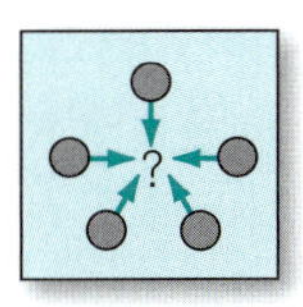

문제해결팀 자기관리팀

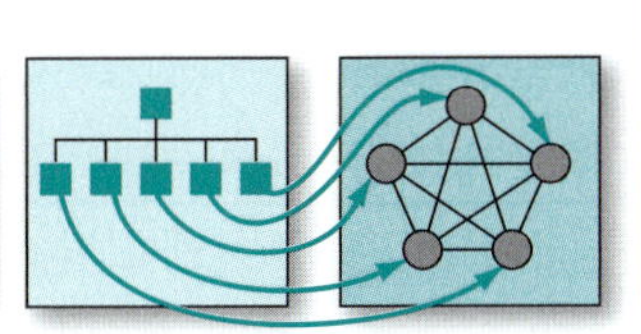

기능횡단팀

IT

가상팀

도표 10-2
팀의 유형

적으로 결정하고 경험을 통해 배운 것을 다른 작업팀과 공유한다.[10]

자기관리팀 10~15명으로 구성된 팀으로서 해결책을 제안 및 실행하고 결과에 대해 책임을 짐

자기관리팀(self-managed work team)은 관련성이 높거나 상호 의존적인 직무를 수행하는 사람들로 구성되며(보통 10~15명), 전에는 감독자가 맡았던 책임의 대부분을 구성원이 맡아 수행한다.[11] 그러한 책임에는 일반적으로 작업 계획 수립 및 일정 관리, 구성원의 과업 할당, 운영상의 결정, 문제에 대한 조치, 공급자와 고객 대응 등이 포함된다. 완전한 자기관리팀은 팀 구성원을 스스로 선발하고, 구성원들이 서로의 성과를 평가한다.

자기관리팀이 만들어지면 감독자 직위의 중요성이 줄어들고, 때로는 아예 없어지기도 한다. 그러나 권한과 책임이 있는 감독자가 없는 경우, 팀은 팀원들의 생각을 통일하기 위해 가치관과 목표를 조정하는 데 귀중한 시간과 자원을 허비할 수도 있다.[12] 오브라이언동물병원그룹을 설립한 그레그 오브라이언(Greg O'Brien)은 관리자가 통제권을 포기하는 것은 어려운 일이라고 말한다. "문제해결을 원하는 성인들로 구성된 팀을 만들고, 일이 잘 안 풀려도 그 팀을 끝까지 유지해야 합니다. 통제권을 되찾고 싶은 유혹이 크죠."[13]

자기관리팀의 효과성에 관한 연구 결과가 획일적으로 긍정적인 것은 아니다. 연구에 따르면 팀 촉진 행동(team-promoting behaviors)이 보상받는 정도에 따라 자기관리팀의 효과성이 달라지는 것으로 나타났다. 예를 들어 급여와 같은 경제적 보상이 팀 동료의 참여 정도에 의해 결정된다는 것을 구성원이 인지하고 있을 때 개인과 팀 성과 둘 다 향상된다.[14]

또한 자기관리팀의 효과성은 갈등의 영향을 받는다. 어떤 연구는 자기관리팀 내에 갈등이 있을 때 효과적이지 않다고 밝혔다. 논쟁이 일어나면 흔히 구성원들이 협력을 멈추고 권력 투쟁을 하게 되어 집단 성과가 감소한다.[15] 하지만 어떤 연구는 팀 구성원이 의견을 말할 때 거절당하거나, 응징당하거나, 당황스러워지지 않을 것이라고 느끼는 경우에는 갈등이 유익하고 팀 성과가 향상될 수 있다고 밝혔다.[16]

자기관리팀이 구성원의 행동에 미치는 영향에 관한 연구도 수행되었는데, 이는 연구 결과가 일관되지 않다. 어떤 연구에서는 팀 구성원이 다른 사람들보다 직무 만족도가 높을지라도 때로는 높은 결근율과 이직률을 보이는 것으로 나타났다. 그리고 영국 기업의 노동 생산성에 관한 대규모 연구에서는 의사결정 권한이 적은 보통의 팀보다 자기관리팀이 더 우수한 성과를 낸다는 주장을 뒷받침하는 증거를 발견하지 못했다.[17] 또한 공식적인 리더가 없는 팀에서는 비공식적인 리더가 나타나는데, 이때 리더로 출현한 사람은 리더십 효과성 측면에서 그리 성공적이지 않다고 밝힌 연구도 있다. 즉 리더로서 그다지 효과적이지 않은 사람이 더 쉽게 주도권을 장악할 수 있다.[18]

기능횡단팀

엑스트라홉(ExtraHop)과 익시아(Ixia) 같은 IT 기업은 정보 기술 및 보안 업무 부

서의 직원들이 함께 일하는 팀을 운영하여 사이버 보안 목표를 달성함으로써 툴셋(toolset) 통합, 사일로(silos) 해체, 협업의 공식화와 자동화를 이룰 수 있었다.[19] 이는 **기능횡단팀**(cross-functional team)을 이용한 사례이다. 이 팀은 동일한 계층이지만 직무 영역이 각기 다른 사람들이 모여 어떤 과업을 완수하기 위해 함께 일한다.

기능횡단팀 어떤 과업을 완수하기 위해 동일한 계층이지만 직무 영역이 각기 다른 사람들이 모인 팀

기능횡단팀은 조직의 다양한 영역에서 온 사람들이 정보 교환, 새로운 아이디어 개발, 문제 해결, 복잡한 프로젝트 조정을 하는 데 효과적인 방법이다. 하지만 조정의 필요성 때문에 기능횡단팀을 관리하기는 쉽지 않다. 왜 그럴까? 첫째, 기능횡단팀의 구성원은 대체로 같은 직급이어서 다른 전문 지식이 필요하면 권력 이동이 발생하고, 이로 인해 리더십의 모호성이 초래된다. 따라서 지나친 갈등 없이 권력 이동이 일어나려면 그 전에 신뢰 분위기가 형성되어야 한다.[20] 둘째, 구성원들이 다양성과 복잡성 속에서 일하는 방법을 배워야 하므로 보통은 팀 형성 초기 단계가 길다. 셋째, 다른 경험과 관점을 가진 사람들 사이에 신뢰와 팀워크를 구축하는 데 시간이 걸린다.

가상팀

앞에서 제시한 팀 유형은 얼굴을 맞대고 일한다. 이에 반해 **가상팀**(virtual team)은 공동 목표를 달성하기 위해 물리적으로 떨어져 있는 구성원들을 연결하기 위해 정보 기술을 이용한다.[21] 가상팀은 구성원들이 근처에 있든 다른 대륙에 있든 상관없이 광역 네트워크, 회사 소셜미디어, 화상회의, 이메일과 같은 의사소통 연결 장치를 사용하여 온라인상에서 함께 일한다. 예를 들어 시스코(Cisco)는 소프트웨어 시장의 다양한 영역에서 나타나는 새로운 동향을 파악하고 활용하기 위해 팀을 운영한다. 이 팀은 다양한 영역의 직원들로 구성된 소셜네트워킹 집단으로, 새로운 비즈니스 기회를 파악하고 구현하기 위해 실시간으로 협력한다.[22]

가상팀 공동의 목표를 달성하기 위해 물리적으로 분산된 구성원을 정보 기술을 이용하여 하나로 묶은 팀

가상팀은 사무실에서 면대면(face-to-face)으로 일하는 팀과는 다르게 관리해야 한다. 가상팀의 구성원들이 상호작용하는 방식은 전통적인 팀과 동일하지 않은 부분이 있기 때문이다. 예를 들어 가상 환경에서는 사회적 단서를 전달하고 사람들 간의 거리감을 조성하는 방식이 대면 환경과 다르다.[23] 또한 가상팀은 대면팀보다 더 많은 정보를 공유하기도 하지만, 관리자는 그들이 서로 정보를 공유하는 데 덜 개방적일 수 있다는 것을 알아야 한다.[24] 효과적인 가상팀이 되려면 신뢰가 매우 중요하다.[25]

관리자는 다음과 같이 되도록 책임을 다해야 한다. ① 구성원 사이에 신뢰가 형성되어야 한다(이메일의 선동적 발언 한마디가 팀의 신뢰를 심각하게 훼손할 수 있다). ② 팀의 진행 상황을 자세히 추적 관찰해야 한다(즉 팀이 목표를 잃지 않고 팀 구성원이 '사라지지 않게' 해야 한다). ③ 팀의 노력과 결과가 조직 전체에 공개되어야 한다(즉 팀의 존재를 알 수 있게 해야 한다).[26]

멀티팀 시스템

멀티팀 시스템 상위 목표를 공유하는 2개 이상의 상호 의존적 팀을 모아놓은 것. 즉 팀들로 구성된 팀

앞에서 제시한 팀의 유형은 그들의 활동이 더 광범위한 조직 목표와 연결되어 있을지라도 보통은 작고 독립적으로 운영된다. 하지만 과업이 점점 복잡해지면 종종 팀의 규모가 커진다. 팀의 규모가 커지면 조정 요구도 증가하여 다른 구성원의 영입이 도움이 되기보다는 해가 되는 티핑포인트가 나타난다. 이러한 문제를 해결하기 위해 조직은 **멀티팀 시스템**(multiteam systems)을 사용한다. 이것은 상위 목표를 공유하는 2개 이상의 상호 의존적 팀을 모아놓은 것이다. 다시 말해 멀티팀 시스템은 '팀들로 구성된 팀'이다.[27]

멀티팀 시스템을 이해하기 위해 화성에 우주비행팀을 보내려는 나사의 계획을 생각해 보자.[28] 이 계획을 성공시키려면 연구원팀, 과학자팀, 교수팀, 엔지니어팀, 운영 담당 직원팀, 지상 승무원팀, 심리학자팀 등 수많은 팀이 필요하다. 예를 들어 연구 운영 팀은 기술적으로는 독립적이지만 그들의 활동은 상호 의존적이고, 한 팀의 성공은 다른 팀의 성공에 달려 있다. 모든 팀은 우주비행사들을 화성으로 보낸다는 상위 목표를 공유하고 있기 때문이다.

규모가 작은 전통적인 팀의 효과성을 결정하는 요인이 멀티팀 시스템에 반드시 적용되는 것은 아니며, 오히려 성과를 방해할 수도 있다. 어떤 연구는 멀티팀 시스템에 '경계 역할자(boundary spanner)'가 있을 때 더 우수한 성과를 낸다고 밝혔다. 경계 역할자는 멀티팀을 구성하는 개별 팀 간의 노력을 조정하는 직무를 수행했다. 경계 역할자는 팀원 간 의사소통의 필요성을 덜어주고, 이로 인해 조정 요구가 줄어들어 성과에 도움이 되었다.[29] 멀티팀 시스템 내에 있는 사람(경계 스포일러)과 팀이 효과적인 의사소통과 조정에 방해가 되기도 한다.[30] 이럴 때는 모든 팀이 동일한 관점 또는 가정을 채택하는 훈련이 도움이 될 수 있다.[31] 어떤 경우에는 구성원이 자기 팀에 더 동일시하거나 멀티팀 시스템 전체에 더 동일시하기도 한다. 멀티팀 시스템이 처음 구축될 때 자기 팀에 대한 강한 동일시는 팀 간의 갈등으로 이어질 수 있다. 멀티팀 시스템 전체에 대한 동일시를 개발함으로써 갈등을 줄이고 전체 시스템의 성과를 향상할 수 있다.[32]

멀티팀 시스템의 리더십 또한 독립된 팀과 많이 다르다. 모든 팀의 리더십이 팀 성과에 영향을 미치지만, 멀티팀의 리더는 팀을 지휘하는 동시에 팀 간의 조정을 촉진해야 한다.[33] 연구에 따르면 조직 리더의 관심과 참여가 많았던 팀은 더 많은 권한 위임을 받았다고 느낌으로써 더 효과적으로 문제를 해결할 수 있었다.[34]

효과적인 팀 창출

대부분의 팀은 의도적으로 창출되지만 때로는 유기적으로 진화한다. 예를 들어 기술 스타트업 팀은 흔히 친구들이 모여 자연스럽게 시작된다. 1만 개 이상의 기술 스타트업을 대상으로 한 노엄 와서먼(Noam Wasserman)의 연구에 따르면 창업자들의 거의 40%가 사업을 시작하기 전에 친구 사이였다.[35] 흥미롭게도 이 연구는 친구끼리 창업하는 것

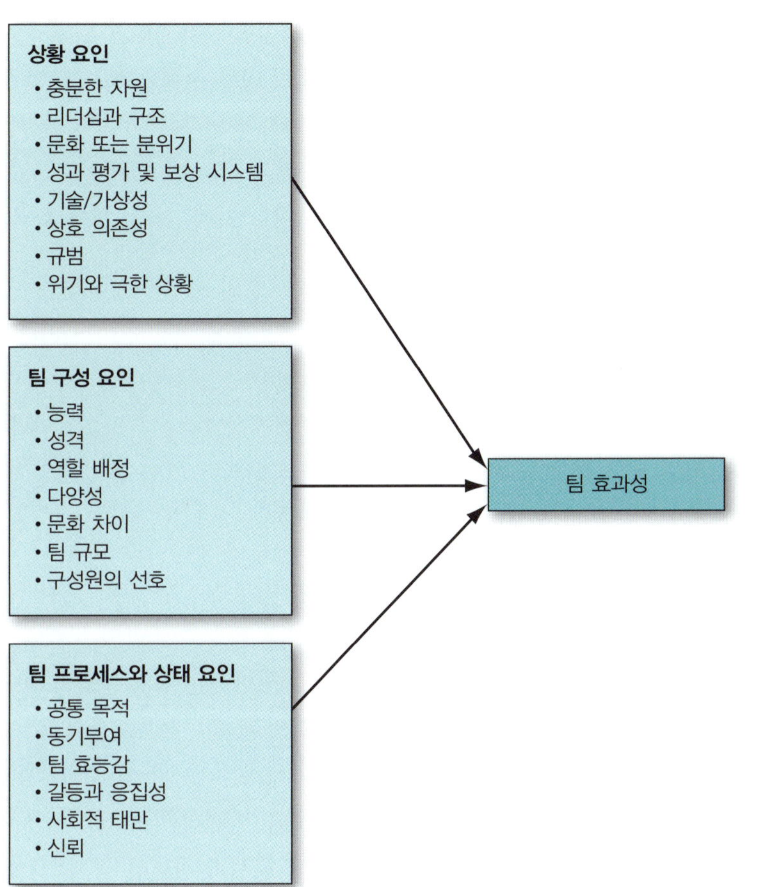

도표 10-3
팀 효과성 모델

이 실패의 가능성을 증가시키며, 창업팀에 참여하는 친구가 한 명씩 늘어날 때마다 창업자가 그 스타트업을 떠날 가능성이 30%가량 증가한다고 제시했다.[36]

팀 효과성과 관련된 요인을 밝히기 위해 많은 연구가 이루어졌으며, 일부 연구는 지금까지 제시된 많은 특성을 정리하여 통합 모델을 만들었다.[37] 도표 10-3은 팀을 효과적으로 만드는 변수를 요약하여 나타낸 것으로, 9장에서 설명한 많은 집단 개념을 바탕으로 한다. 효과적인 팀과 관련된 주요 변수는 세 가지 요인으로 분류할 수 있다. 첫째는 팀을 효과적으로 만드는 자원과 **상황** 요인, 둘째는 **팀 구성**과 관련된 요인, 셋째는 팀 내부에 존재하는 **프로세스와 상태** 요인이다. 이러한 요인을 자세히 살펴보자.

상황 요인

여기서 다룰 다섯 가지 변수, 즉 **충분한 자원**, **리더십과 구조**, **문화 또는 분위기**, 팀 공헌도를 반영하는 **성과 평가 및 보상 시스템**, **위기와 극한 상황**은 팀 성과와 가장 중요하게 관련된 상황 요인이다. (기술/가상성은 이 장의 앞부분에서, 상호 의존성은 자기관리팀 부분에서 설명했다. 집단 구성원이 공유하는 행동 기준으로 정의되는 규범은 9장에서 설명했다.)

충분한 자원 팀은 큰 조직 시스템의 일부분이다. 작업팀이 유지되기 위해서는 집단 밖에 있는 자원이 필요하다. 자원 부족은 팀의 효과적인 직무 수행과 목표 달성 능력을 감소시킨다. 집단 성과와 관련된 열세 가지 요소를 조사한 연구는 "효과적인 작업집단의 가장 중요한 특징 중 하나는 집단이 조직의 지원을 받은 것"이라고 결론을 내렸다."[38] 중요한 자원은 시기적절한 정보, 적절한 설비, 충분한 인력 지원, 격려, 경영 지원 등이다.

리더십과 구조 역할을 적절히 할당하고 업무를 팀 구성원 모두가 공유하면 팀이 잘 움직인다. 이를 위해서는 관리자에 의한 것이든 팀원 스스로에 의한 것이든 리더십과 구조가 필요하다. 리더는 팀원들을 위해 조직 구조를 설계하고 그들에게 동기부여를 하는 역할을 한다. 예를 들어 성과가 좋은 팀의 리더는 변혁적이고(12장 참조) 임파워링하는 리더일 가능성이 높다.[39] 또한 리더와 팀원의 관계는 팀원들 간의 관계보다 직무 태도, 직무 성과, 이직 의도에 더 중요한 영향을 미치는 것으로 나타났다.[40]

문화 또는 분위기 16장에서 다룰 문화(예: 조직 가치, 신념, 가정)와 분위기(예: 조직 정책, 관행, 절차)는 조직에서 매우 중요하다. 그런데 팀도 그들만의 문화와 분위기를 가질 수 있다. 홍콩의 다국적 은행 내 팀을 대상으로 한 연구는 팀의 문화적 차이(집단주의와 개인주의)를 고려하여 조직시민행동과 팀 성과의 관계를 살펴보았다. 이 연구는 개인 지향 조직시민행동은 집단주의를 중시하는 팀의 성과를 향상하고, 조직 지향 조직시민행동은 개인주의를 중시하는 팀의 성과를 향상한다고 밝혔다.[41]

팀 분위기에 관한 초기 연구는 특히 팀 효과성 및 혁신과 관련된 정책, 관행, 절차에 초점을 맞추었다. 이러한 연구는 비전 공유, 위협적이지 않은 대인관계 분위기에서 적극적인 정보 공유 및 협력, 성과의 질 중시, 창의적이고 혁신적인 솔루션 장려, 규칙적이고 빈번한 상호작용을 팀 분위기 형성에 가장 중요한 요소로 제시한다.[42] 스페인의 은행 업무팀과 호주의 연구개발팀을 대상으로 한 연구에서도 이러한 요소가 팀 효과성에 중요하고, 강한 팀 분위기가 팀의 재무 성과(예: 매출액)뿐만 아니라 혁신 성과(예: 혁신 속도, 프로젝트 완수)를 향상하는 것으로 나타났다.[43] 지난 10년 동안 다양한 팀 분위기의 효과에 대해 많은 연구가 이루어졌다. 예를 들어 공정하고 정의로운 정책, 관행, 절차가 팀에 존재한다는 인식은 팀 태도, 갈등, 성과에 매우 중요한 것으로 밝혀졌다.[44]

성과 평가 및 보상 시스템 개인적인 성과 평가와 인센티브는 고성과 팀의 개발을 방해한다. 그래서 경영자는 개인의 공헌도 평가 및 보상과 함께 하이브리드 성과 시스템을 활용해야 한다. 이 시스템은 개인의 공헌을 인정하는 개인적 요소와 긍정적인 팀 결과를 인정하는 집단 보상을 통합하는 것이다.[45] 집단 기반 평가, 이익 분배, 소집단 인센티브, 기타 시스템 변경은 팀 노력과 몰입을 강화할 수 있다. 또한 성과 관리 시스템을 구축할 때 건설적인 피드백은 팀 성과에 긍정적인 영향을 미칠 수 있다.[46] 그러나 팀 보상 제도를 시행할 때는 편견과 차별이 없도록 주의해야 한다. 연구에 따르면 성과가 낮은 경우에 주로 흑인 직원으로 구성된 팀이 백인으로 구성된 팀보다 더 심한 낙인이 찍혀서 더 적은 급여를 받는 경향이 있다.[47]

위기와 극한 상황 위기와 극한 상황에서는 팀의 장점을 시험할 수 있다. 이러한 상황은 팀원들이 스트레스를 받으면서도 잠재력을 발휘하여 훌륭한 일을 해내도록 할 수도 있고, 팀을 해체시켜 재앙을 초래할 수도 있다. 예를 들어 1949년에 몬태나주 만굴치 계곡에 낙뢰로 인해 산불이 발생하자 소방대장 와그너 도지(Wagner Dodge)가 이끄는 산악 소방대원(산불과 싸우기 위해 공수되는 정예 소방관) 10여 명이 만굴치 계곡 남쪽 지역에 급파되었다.[48] 이 사례는 위기가 얼마나 빠르게 확대되고, 또 팀을 해체할 수 있는지를 보여준다. 도지는 9미터 높이의 불길이 빠른 속도로 달려드는 것을 보았다. 도지의 팀은 돌아서 76% 경사도의 산등성이로 올라갔으나 버틸 곳이 마땅치 않았다. 도지는 대원들에게 맞불을 놓고 그곳으로 뛰어들라고 소리쳤다. 하지만 대원들은 도지의 지시를 듣지 않고 모두 산등성이로 내달렸다. 맞불로 만든 피난처에 누워 있었던 도지는 살아남았다.[49]

재난과 극한 상황은 지난 수십 년 동안 많은 조직행동론 연구자의 관심 주제였다. 장기간 우주에서 임무를 수행하는 우주비행 팀부터 세계적인 팬데믹 위기에 대응하는 의료 전문 팀에 이르기까지 팀은 심각한 위기 상황에 처하면 자신의 임무를 수행하기 위해 신속하게 함께 행동해야 한다.[50] 재난 상황에서의 멀티팀 시스템에 관한 연구에 따르면 사람들이 실행보다는 정보 수집을 게을리하는 경향이 있는 것으로 나타났다. 즉 사람들은 행동을 취할 때 맥락이나 옵션을 신중히 고려하지 않거나 계획을 수립하지 않고 행동한다.[51] 위기 상황에서 팀의 성공에 영향을 미치는 요인은 다양하다. 위기 상황에서는 리더가 매우 중요하다(만굴치 화재 시 도지의 역할을 생각해보라). 재해가 발생했을 때 리더가 팀의 문제 해결을 지원하고, 팀원을 지지하고, 조직화와 계획 수립을 주도하고, 위임 및 조정을 하고, 팀원이 상황을 이해할 수 있도록 도와주는 것이 가장 효과적이다.[52]

구조도 중요한 역할을 한다. **팀 스캐폴드**(team scaffolds, 역할 중심으로 팀을 설계하는 유동적인 구조로서 팀의 역할 유형, 공유 책임, 팀 경계를 설정하고 팀 과업에 대해 집단적 주인 의식을 부여함)는 책임감, 공유된 이해, 정체성 또는 소속감을 형성하기 때문에 위기 시 조정을 촉진하는 데 도움이 되는 것으로 나타났다.[53] 높은 성과를 내는 팀은 적응력이 있고 소수의 짧고 간단한 상호작용 패턴을 보이는 경향이 있기 때문에 팀의 유동성과 유연성은 위기에 처한 팀에 중요하다.[54] 위기 상황에 놓인 팀 구성원의 경우, 위기 상황이 유발하는 긴장의 부정적인 영향을 완화하는 데 긍정적 정서(5장 참조)가 도움이 될 수 있다.[55] 또한 정보에 입각한 의사결정이 중요하다. 팀 구성원은 의사결정을 하기 전에 의사결정의 목표(예: 문제 해결 또는 팀 구성원 간 조정), 효과적으로 팀 구성원과 정보를 공유하는 방법, 팀 목표·프로세스·전략에 대한 성찰 시기를 알고 있어야 한다.[56]

팀 구성 요인

미국 중소기업청(Small Business Administration)의 책임자인 마리아 콘트레라스스위트(Maria Contreras-Sweet)는 팀을 구성할 때 지혜, 유연성, (진실성 있는) 배려 등의 자질을 가진 사람을 찾는다고 말한다. 그러한 것들은 좋은 자질이지만, 팀을 구성할 때 고려해야 할 것은 그뿐만이 아니다.[57] 팀 구성 요인에는 팀이 어떻게 구성되어야 하는지와 관련된 변수, 즉 **구성원의 능력과 성격**, **역할 배정**, **다양성**, **문화 차이**, **팀 규모**, 팀워크에 대한 **구성원의 선호**가 포함된다.

구성원의 능력 평범한 선수들로 이루어진 팀이 훌륭한 코치, 결정력, 치밀한 팀워크 덕분에 우수한 선수들로 이루어진 팀을 이기는 경우가 있다. 하지만 이러한 일은 흔치 않기 때문에 뉴스거리가 된다. 팀 성과는 부분적으로 각 구성원의 지식, 기술, 능력에 의해 결정된다.[58] 능력은 구성원들이 무엇을 할 수 있고, 그들이 팀에서 얼마나 효과적으로 일할 수 있는지를 제한한다. 연구에 따르면 다양한 능력(갈등 해결, 협력적 문제 해결, 의사소통, 목표 설정, 기획 능력 등)은 효과적인 팀원이 되는 데 도움이 된다.[59] 일반적으로 상호 보완적 배경(예: 교육 수준, 전문 분야, 능력)은 팀 성과에 미치는 영향이 크지 않지만, 팀 혁신과 창의성에는 큰 영향을 미치는 경향이 있다.[60] 또한 팀 구성원들이 함께 일하는 법을 배우면 문제 해결 방식이 개선되기 때문에 시간이 갈수록 구성원의 경험이 성과를 향상한다는 것을 주목할 필요가 있다.[61] 다시 말해 팀 구성원은 시간이 지남에 따라 서로 협력하는 방법을 배운다.

구성원의 성격 5장에서 언급했듯이 성격은 개인의 행동에 중요한 영향을 미친다. 빅파이브 성격 모델에서 확인된 몇몇 차원은 팀 효과성과 관련이 있다.[62] 특히 성실성이 중요하다.[63] 성실한 구성원은 구성원을 잘 도와주며, 자신의 도움이 정말로 필요할 때를 잘 알아챈다.

다른 특성은 어떨까? 친화적인 팀이 더 좋은 성과를 내는 경향이 있다. 팀원의 친화성 수준도 중요하다. 친화성이 부족한 구성원이 있으면 팀 성과가 떨어지고 응집력이 약해지며, 친화성의 개인차가 큰 팀은 생산성이 더 낮아질 수 있다.[64] 개방적인 구성원은 더 많은 아이디어를 서로 공유하려고 하기 때문에 개방적인 사람들로 구성된 팀은 더 창조적이고 혁신적이다.[65] 또한 과업 갈등에 직면한 팀의 경우, 높은 수준의 정서적 안정성을 가진 구성원들로 이루어졌을 때 좋은 성과를 내는 경향이 있다.[66] 갈등 자체가 팀 성과를 개선하는 것이 아니라, 정서적 안정성이 있는 팀이 갈등을 잘 관리하고 이를 통해 성과를 향상할 수 있다. 외향성의 효과에 관한 연구 결과는 명확하지 않지만, 한 연구는 팀의 외향성 수준이 평균 이상일 때, 특히 팀 분위기가 협력적일 때 돕는 행동이 증가될 수 있다고 제시했다.[67] 최근 연구는 빅파이브 외에도 팀의 적극적 성격(5장 참조)이 팀 혁신에 중요하다고 밝혔다.[68] 따라서 개인의 성격 특성은 팀의 전반적인 성격 특성만큼이나 팀에 중요하다.

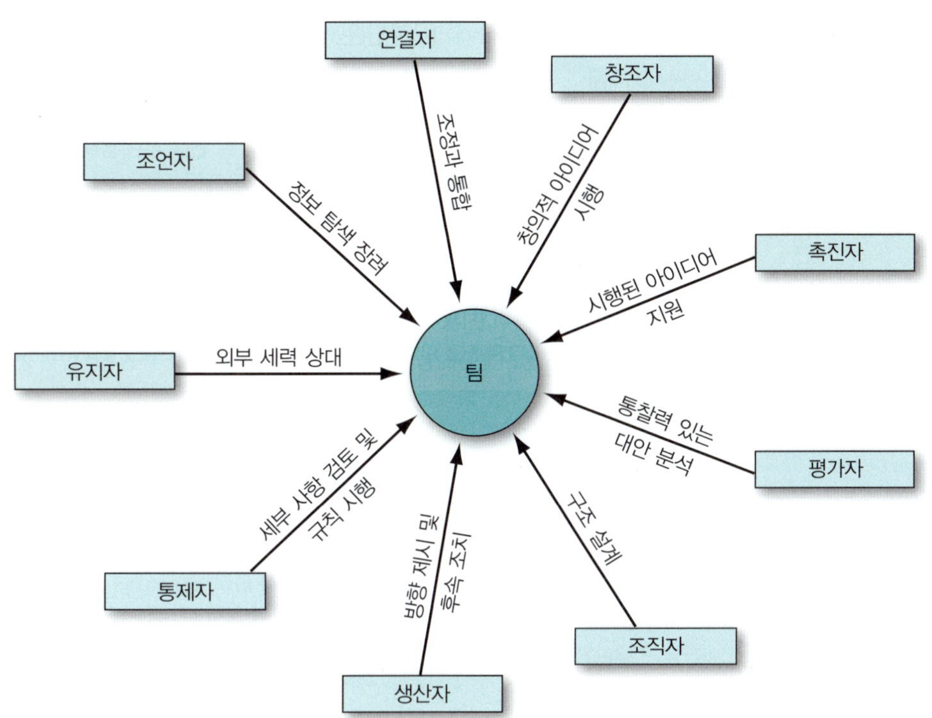

도표 10-4
팀 구성원의 역할

역할 배정 팀은 각기 다른 니즈를 가지고 있어 다양한 역할을 모두 확실하게 수행할 수 있도록 구성원을 선발해야 한다.[69] 21년 동안 778개의 야구팀을 조사한 연구는 역할을 적절히 배정하는 것이 중요하다고 강조했다.[70] 일반적으로 많은 경험과 스킬을 가진 구성원들로 이루어진 팀이 더 좋은 성과를 낸다. 그러나 팀의 작업 흐름을 관리하는 역할과 모든 작업 프로세스의 중심이 되는 역할(야구의 경우 투수와 포수)을 맡은 사람의 경험과 스킬이 특히 중요하다.[71]

팀 구성원의 역할은 도표 10-4와 같이 구분할 수 있다. 성공적인 작업팀은 구성원의 스킬과 선호도를 바탕으로 이러한 역할을 수행할 구성원을 선발한다(많은 팀에서 개인은 다양한 역할을 수행한다). 팀 구성원이 함께 일을 잘하게 하려면 관리자는 각 구성원이 팀에 가져올 수 있는 개인적 장점을 이해하고, 그러한 장점을 고려하여 구성원을 선발하며, 그들이 선호하는 스타일에 적합한 직무를 맡겨야 한다.

구성원의 다양성 다양성이 집단에 미치는 영향을 9장에서 설명했다. 그렇다면 팀 다양성은 팀 성과에 어떤 영향을 미칠까? **조직 인구통계학**(organizational demography)은 작업 단위(집단, 팀, 부서)의 구성원들이 공통의 인구통계적 특성(연령, 성, 교육 수준, 근속 기간)을 공유하는 정도를 연구 주제로 삼고 있다. 인구통계학 연구는 구성원들이 상이한 경험을 가지고 있으면 의사소통이 더 어렵고 갈등이 더 많이 발생하기 때문에 이직률이 더 높다고 밝혔다.[72] 그러나 많은 연구가 내놓은 결론은 인구통계적 다양성이 팀 성과와 창의성에 부정적인 영향을 미치지만 그 정도가 미미하다는 것이다.[73] 우리 대

조직 인구통계학 작업 단위의 구성원들이 공통의 인구통계적 특성(연령, 성, 교육 수준, 근속 기간)을 공유하는 정도를 연구 주제로 삼음

부분은 다양성이 좋은 것이라는(즉 다양성이 있는 팀은 상이한 관점 덕분에 이득을 볼 것이라는) 낙관적인 생각을 가지고 있다.[74] 하지만 9장에서 살펴보았듯이 집단행동에는 여러 가지 이슈가 복잡하게 얽혀 있으며, 다양성이 항상 좋은 것인지에 대한 명확한 결론은 없다.

문화 차이 팀 다양성 연구를 몇 가지 측면에서 살펴보았는데, 그렇다면 국가 차이에 의한 다양성은 어떨까? 연구에 따르면 문화적 다양성이 적어도 단기적으로는 팀 프로세스를 방해하는 것으로 밝혀졌다.[75] 하지만 좀 더 깊이 생각해보자. 문화적 지위의 차이는 어떠한가? 예를 들어 영국 연구자들은 문화적 지위의 차이가 팀 성과에 영향을 미친다는 것을 발견했으며, 낮은 문화적 지위의 구성원보다 높은 문화적 지위의 구성원을 더 많이 가진 팀에서 모든 구성원의 성과가 향상되는 것으로 나타났다.[76] 이는 다양성이 있는 팀이 자국의 높은 문화적 지위를 가진 구성원으로 구성되어야 함을 시사하는 것이 아니라, 다양성이 있는 집단 상황에서 구성원이 어떻게 자신의 문화적 지위와 동일시하는지를 이해해야 한다는 것을 시사한다. 일반적으로 문화적 다양성은 다양한 관점이 필요한 과업에서는 유용할 수 있다. 그러나 문화적으로 이질적인 팀은 함께 일하는 방법을 배우고 문제를 해결하기가 더 어렵다. 다행히도 이러한 어려움은 시간이 흐르면서 해소된다.

팀 규모 대부분의 전문가는 팀을 작게 만드는 것이 집단 효과성 개선에 중요하다는 데 동의한다.[77] 아마존의 CEO인 제프 베이조스(Jeff Bezos)는 '피자 두 판' 원칙을 사용한다. 그는 "팀 전체를 먹이는 데 피자 두 판 이상이 들면 그 팀은 너무 큰 것"이라고 말한다.[78] 작가이자 《포브스(Forbes)》 발행자인 리치 칼가드(Rich Karlgaard)에 따르면, "팀의 규모와 성공 가능성 사이에는 상관관계가 거의 없다." 팀 규모가 커지면 사람들 간의 잠재적 연결 고리가 기하급수적으로 증가하여 의사소통이 복잡해지고 지원을 받는다는 인식이 감소하기 때문이다.[79]

전문가들은 과업 수행에 필요한 최소한의 사람들만으로 팀을 구성할 것을 제안한다. 하지만 관리자는 사람이 많을수록 더 좋다고 생각하기 때문에(프로젝트를 완수하는 데 필요한 시간, 추가 인력 투입에 따른 손실을 과소평가함) 팀을 너무 크게 만드는 실수를 하곤 한다.[80] 팀 구성원이 많아지면 응집력과 공동 책임감이 떨어지고, 사회적 태만이 증가하며, 의사소통이 줄어든다.[81] 대규모 팀의 구성원은 특히 시간적 압박감을 받을 때 서로 조정하는 데 어려움을 겪는다. 작업 단위가 커지고 팀 노력이 필요하다면 여러 하위 팀으로 만드는 것을 고려해야 한다.[82] 가장 효과적인 팀의 구성원 수는 5~9명이다.

구성원의 선호 모든 구성원이 팀플레이를 잘하는 것은 아니다. 선택할 수 있다면 많은 구성원은 팀에서 빠지려고 할 것이다. 혼자 일하고 싶어 하는 사람이 팀에서 함께 일하면 팀의 사기와 개인 만족이 크게 낮아질 수 있다.[83] 따라서 팀 구성원을 선발할 때 개인의 능력, 성격, 기술뿐만 아니라 선호도를 고려해야 한다. 성과가 우수한 팀은 집단으로 일하는 것을 좋아하는 사람들로 구성되어 있다.

팀 프로세스와 상태 요인

팀 효과성과 관련된 마지막 요인은 **공동 목적과 계획**에 대한 구성원 몰입, **구체적인 팀 목표**, **팀 효능감**, **팀 정체성**, **팀 응집성**, **정신 모델**, **갈등**, **사회적 태만**, **신뢰** 등과 같은 팀 프로세스와 상태 변수이다. 이러한 특성은 팀 성과와 팀 구성원의 태도를 예측할 수 있는 주요 변수이며, 특히 대단위 팀과 상호 의존성이 높은 팀에서 중요하다.[84]

프로세스가 팀 효과성에 중요한 이유는 무엇일까? 팀은 구성원의 투입물을 합한 것보다 더 많은 산출물을 창출해야 한다. 도표 10-5는 집단 프로세스가 어떻게 집단의 실제 효과성에 영향을 미칠 수 있는지를 보여준다.[85]

공동 목적과 계획 효과적인 팀은 팀 미션을 분석하고, 그 미션을 달성하기 위해 목표를 개발하며, 그 목표를 달성하기 위한 전략을 수립한다. 우수한 성과를 꾸준히 내는 팀은 무엇을 어떻게 해야 하는지를 명확하게 알고 있다.[86] 이는 당연한 것이지만 많은 팀이 이 기본적인 과정을 무시한다. 또한 효과적인 팀은 **성찰**(reflexivity)을 한다. 이것은 그들의 목적을 되돌아보고 필요시 조정하는 것을 의미한다.[87] 팀은 좋은 계획을 세우고 있어야 하지만, 상황이 바뀌면 계획을 변경하려는 의지가 있어야 하고, 또 그렇게 할 수 있어야 한다.[88] 예를 들어 성찰은 생산팀의 심리적 안녕을 증진하고, 스타트업팀이 좌절로부터 배우는 데 도움이 되며, 병원 응급실과 같은 극한 환경에서 성과를 개선하는 데 도움이 될 수 있다.[89] 흥미롭게도 어떤 연구는 성찰을 잘하는 팀이 구성원 간의 상반된 계획과 목표에 더 잘 적응할 수 있다고 밝혔다.[90]

성찰 팀의 목적을 되돌아보고 필요시 조정하는 것

동기부여 성공적인 팀은 공동 목적을 구체적이고, 측정 가능하며, 달성하기 어려운 (하지만 실현 가능한) 성과 목표로 전환한다.[91] 예를 들어 수량에 대한 목표는 수량을 증가시키고, 정확도에 대한 목표는 정확도를 높이는 경향이 있다.[92] 또한 (팀 전체의 성과 대신) 팀 구성원의 성과를 향상하기 위한 목표 설정은 집단 성과를 저해하는 경향이 있다.[93] 이처럼 개인의 목표는 집단의 목표와 연계되어야 한다. 또한 목표 외의 다른 동기부여 요인도 중요하다. 예를 들어 사람들은 목표 설정뿐만 아니라 목표 달성 과정에서 승리, 좌절, 에너지 보존(에너지를 소비함으로써 얻는 이익이 비용을 초과하지 않는 한 에너지 소비를 꺼리는 경향)을 경험한다. 성취 지향적인 팀은 시간이 흐르면서 더 나은 성과를 내는 경향이 있다.[94] 자원과 에너지를 전략적으로 할당하는 팀도 좋은 성과를 내는 경향이 있다. 예를 들어 미국의 내셔널하키리그(NHL)의 다섯 시즌을 연구한 결과에 따르면 최고의 선수들을 출전시키지 않을 때를 전략적으로 결정하는 팀의 시즌 종료 기

잠재적 집단 효과성	+	과정 이익	−	과정 손실	=	실질적 집단 효과성

도표 10-5
집단 프로세스의 효과

록이 우수한 것으로 나타났다.[95]

팀 효능감 성공적으로 일을 수행할 수 있다는 팀 구성원들의 집단적 믿음

팀 효능감 효과적인 팀은 자신감이 있고 성공할 것이라고 믿는다. 이것을 **팀 효능감**(team efficacy)이라고 한다.[96] 성공을 경험한 팀은 미래에도 성공할 것이라는 신념을 가지게 되고, 그 결과 더 열심히 일하려는 동기부여가 된다. 연구에 따르면 특히 팀 구성원들이 서로 의지하고 함께 팀 목표를 달성하는 경우에 팀 효능감은 팀 성과에 큰 영향을 미친다.[97] 그리고 구성원의 개인적 역량에 대해 서로 잘 알고 있는 팀은 구성원의 자기효능감과 개인적 창의성 간의 연관성을 강화할 수 있다. 왜냐하면 구성원이 동료에게 정통한 의견을 효과적으로 구할 수 있기 때문이다.[98]

관리자는 팀 효능감을 키우기 위해 두 가지 방법을 사용할 수 있다. 첫 번째 방법은 팀이 작은 성공을 경험하도록 도와주는 것이고, 두 번째 방법은 구성원의 전문적 기술과 대인관계 기술을 개선할 수 있는 훈련을 제공하는 것이다. 구성원의 능력이 커질수록 팀은 높은 자신감을 느끼게 되고, 그 자신감을 실현할 수 있는 능력을 계발할 가능성이 더 커진다.

팀 정체성 구성원들이 팀에 대해 가지는 애착과 소속감

팀 정체성 9장에서는 사회 정체성이 사람들의 삶에 중요한 역할을 한다는 것을 설명했다. 사람들은 자신이 속해 있는 집단과 감정적으로 연결될 때 집단과의 관계에 스스로를 쏟는 경향이 있는데, 이는 팀의 경우에도 마찬가지이다.[99] 예를 들어 네덜란드 군인을 대상으로 한 연구에 따르면, 군인으로서 부대에 헌신하라는 요구를 이미 받았을지라도, 팀에 소속감을 느끼고 구성원으로부터 존중받는 사람은 팀을 위해 더 열심히 일하는 경향이 있는 것으로 밝혀졌다.[100] 그러므로 개인이 지닌 기술과 능력을 인식하는 것뿐만 아니라 존중과 포용성을 느낄 수 있는 분위기를 조성함으로써 리더와 구성원은 긍정적인 **팀 정체성**(team identity)을 형성하고 팀 성과를 개선할 수 있다.[101]

조직 정체성 또한 중요하다. 팀 동일시는 다른 유형의 동일시보다 강한 경우가 많지만, 팀이 진공 상태에서 활동하는 경우는 거의 없다. 팀은 더 큰 조직의 일부분이고 다른 단위 조직, 팀, 사람들과 상호작용을 한다.[102] 긍정적인 팀 정체성을 가지고 있지만 긍정적인 조직 정체성이 없는 사람은 자기 팀에 고착되어 조직 내 다른 팀과 협력하기를 꺼리기도 한다.[103] 그러나 일반적으로 팀 정체성은 팀 성과, 태도, 협력에 영향을 주는 도구로서의 역할을 한다. 즉 긍정적인 조직 동일시는 긍정적인 팀 동일시로 이어지는 경향이 있어 팀에 유익한 결과를 가져온다.[104]

팀 응집성 팀 구성원들이 감정적 애착을 느끼고 서로 결속되어 팀을 위해 헌신하는 것

팀 응집성 팀에 '손발이 척척 맞는' 구성원이 있다면 이는 구성원들이 서로 연결되어 있다는 느낌을 가지게 한다. **팀 응집성**(team cohesion)은 구성원들이 서로에게 감정적 애착을 느껴 팀을 위해 열심히 일하려는 동기부여가 되는 것을 의미한다. 하와이 화산 주변과 같이 고립되고 제한된 극한 환경에서 (화성 탐사를 준비하는) 우주비행팀을 대상으로 이루어진 실험에서는 임무가 시작된 지 수개월 만에 응집력이 붕괴되었다.[105] 연

구자들은 응집력의 붕괴를 초래하는 요인을 연구함으로써 우주비행팀의 기능을 향상하고자 했다.

응집력이 높은 팀은 더 좋은 성과를 내는 경향이 있으나 그 반대의 결과(더 좋은 성과를 내는 팀은 성공의 결과로 응집력이 더 높아질 수 있음)를 보여주는 연구도 있다.[106] 공유된 리더십 책임, 팀원 간의 개방적 정보 공유 및 상호 의존성과 같은 몇 가지 요인은 팀 응집력을 강화할 수 있다.[107] 또한 최근 연구는 팀 응집력의 효과가 팀이 해체된 후에도 지속될 수 있다고 밝혔다. 특히 응집력이 있는 팀은 평생 의지할 수 있는 우정과 네트워크를 다진다.[108]

정신 모델 효과적인 팀은 정확한 **정신 모델**(mental model), 즉 팀 환경 내 핵심 요소에 대한 조직화된 인지적 표상을 공유한다(팀의 사명과 목표가 효과적인 팀이 되는 데 필요한 것이라면, 정신 모델은 팀이 일을 어떻게 수행하는가와 관련된 것이다).[109] 팀 구성원이 잘못된 정신 모델을 가지고 있어 팀이 극심한 스트레스를 받으면 팀 성과가 나빠진다.[110] 한 연구 논문은 공유된 정신 모델을 가진 팀이 상호작용을 더 많이 하고, 동기부여가 더 많이 되며, 직무에 대해 긍정적인 태도를 더 많이 보이고, 객관적으로 평가된 성과가 더 높게 나타난다는 것을 발견했다.[111] 그러나 팀 구성원들이 어떻게 직무를 수행해야 하는지에 대해 각기 다른 생각을 가지고 있다면, 그 팀은 무엇을 해야 하는가에 집중하기보다는 일하는 방법을 두고 다툴 것이다.[112]

정신 모델 팀이 작업을 어떻게 수행하는가에 대한 팀 구성원의 지식과 신념

또한 팀은 팀과 관련된 정보의 공유 모델, 즉 **분산 메모리 시스템**(transactive memory systems)을 개발해야 한다. 예를 들어 이러한 유형의 팀은 구성원들이 '누가 무엇을 알고 무엇을 가장 잘하는지' 알 수 있기 때문에, 가장 잘하는 구성원에게 가장 적합한 작업을 배정하고 가장 잘 아는 구성원에게 해당 전문 영역의 조언을 구할 수 있다.[113] 분산 메모리 시스템은 특히 집단주의 및 권력 격차가 큰 문화, 위기 상황과 같은 불안정한 환경에서 성과에 큰 영향을 미친다.[114]

병원의 마취팀은 공유된 정신 모델을 가지고 행동하는 팀이라고 할 수 있다. 스위스에서 수행된 연구에 따르면 마취팀은 수술 도중에 두 가지 유형의 메시지를 전달했다. 이는 다른 사람의 성과를 말로 모니터링하기(비난하는 것이 아니라 상황을 음성으로 기록하는 것), 수술실에 말하기("환자의 혈압이 떨어지고 있습니다"와 같이 모든 사람에게 공지하는 것)였다. 성과가 높은 팀과 낮은 팀 둘 다 이러한 방식을 자주 사용하여 소통했는데, 성과에 중요한 영향을 미친 것은 공유된 정신 모델을 유지하기 위한 의사소통 순서였다. 성과가 우수한 팀은 모니터링 대화를 하고 나서 지원과 지시를 하고, 그다음에 수술실 대화를 한다.[115] 메시지는 단순했다. 팀이 수술하는 동안 공유된 정신 모델을 유지하고, 수술 중에 일어나는 일을 대화로 공유하는 것이다.

갈등 수준 갈등과 팀 성과의 관계는 복잡하지만 항상 나쁜 것만은 아니다(14장 참조).[116] **관계 갈등**(대인 간 불화, 긴장, 다른 사람에 대한 원한으로 인한 갈등)은 거의

항상 역기능적으로 작용한다. 그러나 비일상적 활동을 수행하는 팀에서 과업 내용에 대한 구성원들의 의견 차이(**과업 갈등**)는 토론을 자극하고, 문제와 선택안에 대해 비판적으로 평가하게 하며, 더 나은 팀 결정을 이끌 수 있다. 중국에서 이루어진 연구는 팀 수행의 초기 단계에는 중간 정도의 과업 갈등이 팀 창의성과 긍정적으로 연관되지만, 매우 낮거나 높은 수준의 과업 갈등은 팀 성과와 부정적으로 연관된다고 밝혔다.[117] 즉 팀이 초기에 어떻게 창의적 과업을 수행할 것인가에 대해 의견 충돌이 너무 많거나 너무 없으면 성과가 저하될 수 있다.

사회적 태만 9장에서 언급했듯이 팀 구성원은 개인의 공헌도를 확인할 수 없을 때 사회적 태만 행동을 하고 집단 노력에 편승하기도 한다. 효과적인 팀은 구성원에게 팀의 목적, 목표, 접근 방법에 대해 개인적·집단적으로 책임을 지게 함으로써 그러한 일이 나타나지 않게 한다.[118] 그러므로 구성원은 개인적으로 책임져야 할 것과 집단이 공동으로 책임져야 할 것을 명확히 이해해야 한다.

팀 신뢰 COVID-19 팬데믹 동안 팀을 성공적으로 운영하는 데 신뢰가 얼마나 중요한지가 분명해졌다. 치프(Chief)의 공동 설립자이자 CEO인 린지 캐플런(Lindsay Kaplan)은 아기 때문에 가정에 비상사태가 발생했을 때 경험한 가상 관리자로서의 삶에 대해 다음과 같이 말했다. "나는 팀 회의에 늦을 것 같다는 문자를 마케팅팀에 보내요. … 우리 팀에 대한 신뢰가 나를 도와주죠. 나는 직원 채용을 천천히 하는 것이 좋다고 생각해요. 인력이 부족해도 잘 짜인 우리 팀이 자급자족하면서 일을 해내는 것을 보면 보람이 있어요."[119] 팀에 대한 신뢰는 구성원들 간의 상호적이고 긍정적인 기대를 수반한다. 구성원을 신뢰하면 그들을 믿고 의지할 수 있다고 생각하고 그들의 안녕을 진심으로 걱정하게 된다(그 반대의 경우도 마찬가지이다). 신뢰는 깨질 수도 있지만 회복될 수도 있다.[120] 팀 신뢰는 특히 가상 팀에서 팀 성과에 상당한 영향을 미치는 것으로 나타났다.[121] 구성원이 서로 공유하고, 팀에 노력을 기울이며, 서로의 성과를 모니터링하면 시간이 갈수록 팀 신뢰가 진화한다.[122]

팀 플레이어로의 전환

많은 조직은 팀이 조직의 성공에 중요하다고 보고 팀 플레이어를 고용하여 훈련하고 보상하기 위해 노력해왔다. 예를 들어 《스포츠 일러스트레이티드》의 저자이자 부편집자인 돈 예거(Don Yaeger)는 조직이 자기중심적으로 행동하는 사람이 아니라 '팀을 먼저 생각하는' 사람을 뽑고 싶어 한다고 말한다.[123] 한편 수색구조팀은 성공적인 수색 및 구조 임무로 이어지는 팀 프로세스를 연마하기 위해 팀 훈련을 받았고,[124] 치과팀은 팀 성과를 보상하기 위해 팀 보너스 계획을 시행했다.[125]

선발: 팀 플레이어 고용

어떤 사람들은 효과적인 팀 플레이어가 될 수 있는 대인관계 기술을 이미 가지고 있다. 따라서 관리자는 팀 구성원을 고용할 때 지원자가 전문적 기술뿐만 아니라 팀에서의 역할을 제대로 수행할 수 있는지 확인해야 한다.[126] 팀을 꾸리는 것은 흔히 최고의 인재를 고용하고 싶은 충동을 뿌리치는 것을 의미한다. 예를 들어 뉴욕 닉스(New York Knicks) 프로 농구팀은 카멜로 앤서니(Carmelo Anthony)에게 높은 연봉을 지급한다. 그는 팀을 위해 많은 득점을 올리기 때문이다. 하지만 통계 자료에 따르면 그는 고액 연봉을 받는 다른 선수들보다 바스켓에 공을 더 많이 던지는데, 이는 동료에게 공을 넘겨주는 경우가 적다는 것을 의미한다.[127] 이 장에서 설명했듯이 많은 성격 특질과 능력, 기타 특성은 효과적인 팀 성과를 결정한다. 관리자는 팀에서 좋은 성과를 낼 수 있는 지원자를 고용하고, 다른 구성원들과 협력할 가능성이 가장 큰 팀에 전략적으로 배치해야 한다.[128]

훈련: 팀 플레이어 양성

교육훈련 전문가는 팀 기술과 관행을 학습하여 팀이 더 효과적으로 일할 수 있도록 훈련을 시행한다. 많은 연구에 따르면 팀 훈련은 구성원의 태도, 팀 프로세스, 공유된 정신 모델 개발과 같은 인지 측면의 개선에 효과적이며, 그 결과가 특히 중요 산업(예: 의료 서비스)에서 일반적으로 나타난다.[129] 워크숍은 구성원의 문제 해결, 의사소통, 협상, 갈등 관리, 코칭 기술 개선에 도움을 준다. 예를 들어 로레알(L'Oréal)은 성공적인 영업팀이 되려면 유능한 판매사원의 고용 그 이상이 필요하다는 것을 알게 되었다. 로레알의 임원인 데이비드 월독(David Waldock)은 "지금까지 최고 영업팀의 많은 구성원은 전문성과 실행력이 탁월하여 승진했다"고 말했다. 그리고 집중적인 팀 훈련을 도입한 결과에 대해 다음과 같이 덧붙였다. "우리는 더 이상 독립적으로 일하는 서류상의 팀이 아닙니다. 지금 우리 팀에서는 집단역학이 정말로 잘 이루어지고 있어요."[130] 효과적인 팀은 하루아침에 만들어지지 않는다. 시간이 걸린다.

보상: 우수 팀 플레이어에게 인센티브 제공

전통적인 조직의 보상 시스템은 경쟁보다 협력적 노력을 장려하도록 재설계되어야 한다.[131] 홀마크카드(Hallmark Cards)는 기본적인 개인 인센티브 시스템에 팀 목표 달성도에 따른 연간 상여금을 추가했다. 홀푸드의 성과 연계 보상은 대부분 팀 성과를 근거로 한다. 그래서 팀은 새로운 구성원을 선발할 때 팀 효과성과 팀 보너스에 기여할 수 있도록 신중을 기한다.[132] 새로운 동료를 훈련하고, 다른 동료와 정보를 공유하고, 팀 갈등의 해결을 돕고, 팀이 필요로 하는 새로운 기술을 배워 구성원으로서 효과적으로 일한 사람에게 승진, 급여 인상, 기타 인정 프로그램을 제공해야 한다. 팀 기반 보상은 특히 (균등 분배가 아니라) 팀에 대한 개인의 기여도에 따라 분배될 때 팀 성과에 긍정적인

뉴스킨엔터프라이즈
생활용품 전문 기업인 뉴스킨엔터프라이즈(Nu Skin Enterprises)는 최고의 영업사원들에게 '성공 여행'을 보내준다. 2013년에 뉴스킨 차이나는 직원 1만 6,000명에게 인센티브로 아랍에미리트 여행을 포상했다. 기록적인 수익과 회사 창립 30주년을 축하하기 위해 리무진 40대, 에미레이트항공 전세기, 갈라 디너, 호텔 객실 3만 9,514개, 관광 가이드 409명 등이 동원되었다.

영향을 미치는 것으로 나타났다.[133] 이는 성과에 대한 개별적인 기여를 무시해야 한다는 것이 아니다. 더 정확히 말하면 개별적인 기여와 팀에 대한 사심 없는 기여가 균형을 유지해야 한다는 것이다.

또한 구성원이 팀워크로부터 얻을 수 있는 내재적 보상을 잊어서는 안 된다. 팀을 통해 동지애를 느낄 수 있고, 성공적인 팀의 일원이 되는 것 자체가 흥미와 만족을 준다. 자신과 동료가 개인적으로 발전할 수 있는 기회는 구성원에게 매우 만족스럽고 보람찬 경험이 될 수 있다. 벤 애플렉(Ben Affleck)과 오스카 아이작(Oscar Isaac)은 〈트리플 프런티어(Triple Frontier)〉(전직 특수부대 요원들이 등장하는 영화)를 촬영하는 동안 자신의 역할을 연기하면서 충성심, 동료애, 팀워크를 경험했다고 언급했다.[134]

유의점: 팀이 꼭 정답은 아니다

팀워크는 개별적인 작업보다 더 많은 시간과 자원을 필요로 한다. 팀은 의사소통이 필요하며, 갈등을 관리하고 회의를 개최해야 한다. 그래서 팀을 사용함으로써 얻는 이익이 비용을 초과해야 하는데, 항상 그럴 수 있는 것은 아니다.[135]

집단의 직무를 팀으로서 수행하는 것이 더 효과적인지는 어떻게 알 수 있을까? 팀이 적합한지 알아보기 위해 다음 세 가지 테스트를 해볼 수 있다.[136] 첫째, 2명 이상이 작업할 때 더 잘할 수 있는가? 여기에 답할 수 있는 좋은 기준은 작업의 복잡성과 상이한 관점의 필요성이다. 다양한 투입이 필요 없는 단순 과업은 개별적으로 수행하는 편이 아마도 더 나을 것이다. 둘째, 공통 목적과 목표가 개별 목표의 총합보다 더 많은 결과를 창출할 수 있는가? 수많은 신차 판매 서비스 부서는 고객 서비스 담당자, 기술자, 부품 전문가, 영업사원을 연결하는 팀을 만들었는데, 이러한 팀은 고객의 요구를 적절히 충족해주는 공동 책임을 더 잘 관리할 수 있다. 마지막 방법은 집단 구성원들이 상호 의존적인지를 결정하는 것이다. 과업 간 상호 의존성이 있는 경우(전체의 성공이 각각의 성공에 의해 결정되고, 각각의 성공은 다른 사람의 성공에 의해 결정되는 경우)에는 팀을 사용하는 것이 효과적이다. 예를 들어 축구는 명백한 팀 스포츠로, 승리하기 위해서는 상호 의존적인 선수들 간의 조정이 매우 중요하다. 한편 수영팀은 계영과 혼계영을 제외하고는 실제로 팀이 아니며, 개별적으로 행동하는 개인들의 집단이다. 수영팀의 성과는 개인 성과의 총합으로 결정된다.

요약

팀 단위의 직무 수행 방식은 구성원에게 다른 사람들과 협력하고, 정보를 공유하고, 차이를 비교하고, 개인의 이익보다 팀의 이익을 우선시할 것을 요구한다. 문제해결팀, 자기관리팀, 기능횡단팀, 가상팀, 멀티팀 시스템의 차이를 이해하면 팀 기반 작업의 적절한 유형을 결정하는 데 도움이 된다. 성찰, 팀 효능감, 팀 정체성, 팀 응집성, 정신 모델과 같은 개념은 팀 상황, 구성, 프로세스와 관련된 주요 이슈를 보여준다. 팀이 적절하게 기능하려면 팀 플레이어의 고용, 훈련, 보상에 깊은 관심을 기울여야 한다. 효과적인 조직은 직무를 효율적으로 수행하는 데 팀이 항상 최선의 방법은 아니라는 것을 알고 있다. 조직행동을 신중하게 파악하고 이해해야 한다.

경영자를 위한 시사점

- 효과적인 팀에는 충분한 자원, 효과적인 리더십, 신뢰 분위기, 팀 공헌도를 반영하는 성과 평가 및 보상 시스템이 있다. 이러한 팀의 구성원은 기술적 지식뿐만 아니라 팀에 적합한 특성과 기술을 가지고 있다.
- 효과적인 팀은 소규모로 구성되는 경향이 있다. 효과적인 팀의 구성원은 다양한 역할 요구를 충족할 수 있고, 집단의 일원이 되는 것을 좋아한다.
- 효과적인 팀의 구성원은 팀의 역량을 믿고, 공동 목적과 계획에 전념하며, 무엇을 달성해야 하는지에 대해 공유된 정신 모델을 가지고 있다.
- 효과적인 팀 플레이어로 만들려면 대인관계 기술을 가진 사람을 선발하고, 팀워크 기술을 개발하도록 훈련하며, 협력적 노력에 대해 보상해야 한다.
- 항상 팀이 필요하다고 가정해서는 안 된다. 상호 의존성이 과업 수행에 도움이 되지 않는다면 개별적으로 일하는 것이 더 낫다.

11
의사소통

학습목표

- 의사소통의 기능과 과정을 설명할 수 있다.
- 소집단의 네트워크와 그레이프바인을 통해 하향적, 상향적, 수평적 의사소통을 비교할 수 있다.
- 구두, 서면, 비언어 의사소통을 비교할 수 있다.
- 경로 풍부성이 어떻게 의사소통 경로 선택의 기초가 되는지 설명할 수 있다.
- 설득 메시지의 자동처리와 통제처리 간 차이를 비교할 수 있다.
- 효과적인 의사소통을 방해하는 요인을 설명할 수 있다.
- 문화 간 의사소통에서 나타날 수 있는 잠재적 문제를 극복하는 방법을 설명할 수 있다.

의사소통 의미의 전달과 이해

의**사소통**(communication)은 사람들이 서로를 연결하기 위한 주요 수단이다. 의사소통은 메시지를 전달하거나 의미를 전달하는 데에만 사용되는 것이 아니라, 타인과 관계를 구축하고 유대감을 형성하는 데에도 사용된다. 예를 들어 더피메일쿼션트(The Female Quotient)의 CEO인 셸리 잴리스(Shelley Zalis)는 1만 7,500명 이상의 직장 여성을 연결해주는 FQ 라운지(The FQ Lounge)를 만들었다.[1] 사이더로드(Sider Road)의 CEO인 조슬린 그린키(Jocelyn Greenky)에 따르면 이 네트워크는 여성이 자신의 목소리를 찾고 "서로 신뢰관계를 형성할 수 있게 해주었다."[2]

의사소통은 의미의 전달과 이해를 모두 포함한다. 의사소통은 단순히 의미를 전달하는 것을 넘어 그 의미가 이해되어야 한다. 메시지 전달 미숙, 오해, 기타 장애물로 인해 완전한 의사소통은 실제로 이루어지기 어렵다.

의사소통의 기능

의사소통은 집단 또는 조직에서 다섯 가지 주요 기능, 즉 **행동 관리**, **피드백**, **감정 공유**, **설득**, **정보 교환**을 제공한다.[3]

행동 관리 의사소통은 구성원의 행동을 여러 가지 방식으로 **관리**한다.[4] 조직에는 구성원의 의사소통을 이끄는 공식적인 위계 구조와 지침이 있다. 구성원이 조직의 정책을 준수할 때 의사소통은 관리 기능을 수행한다. 비공식적 의사소통도 행동을 통제한다. 너무 많이 생산함으로써 상대적으로 다른 구성원들이 뒤떨어져 보이게 만드는 구성원을 작업집단이 놀리거나 괴롭힌다면 그들은 비공식적으로 의사소통을 하고 그 구성원의 행동을 관리하는 것이다.

피드백 의사소통은 구성원에게 무엇을 해야 하는지, 얼마나 잘하고 있는지, 성과를 어떻게 개선할 수 있는지를 명확히 하는 **피드백**을 제공한다(7장 참조). 목표 수립, 진행 상황에 대한 피드백, 의도한 행동에 대한 보상은 모두 의사소통을 필요로 하고, 동기부여를 자극한다. 피드백은 단순히 관리자가 부하 직원에게 하는 일방적인 소통이 아니다. 관리자가 부하 직원에게 피드백을 받을 수도 있고,[5] 직원이 비공식적으로 조직에 대해 피드백을 제공할 수도 있으며[예: 글래스도어와 같은 웹사이트],[6] 고객이 조직의 서비스에 대해 피드백을 제공할 수도 있다[예: 옐프(Yelp)와 같은 웹사이트].[7]

감정 공유 의사소통은 구성원이 만족과 좌절을 드러내는 기본 메커니즘이다. 의사소통은 감정을 **공유**하여 사회적 욕구를 충족한다. 예를 들어 캐나다의 구급대원인 리사 제닝스(Lisa Jennings)는 다른 구급대원들에게 연락하여 직장에서의 충격적인 사건으로 어떤 영향을 받았는지에 대한 감정을 공유하고, 구급대원의 정신건강 피해에 대한 입법자의 인식을 높이기 위한 캠페인을 시작했다.[8] 또한 스타벅스(Starbucks)는 인종 차별에 관한 대화를 시작할 수 있도록 바리스타들에게 커피잔에 '모든 인종이 다 함께(Race Together)'라는 문구를 써넣게 했다. 이 두 사례의 초기 의사소통은 어색했다. 그래서 스타벅스는 그 캠페인을 중단했지만, 제닝스와 동료들은 감정 공유를 통해 견고한 관계를 구축했다.[9]

설득 감정 공유와 마찬가지로 **설득**도 상황에 따라 좋을 수도 있고 나쁠 수도 있다. 즉 작업집단이 조직의 사회적 책임 활동에 참여하도록 리더가 설득하거나, 반대로 조직의 목표 달성을 위해 법을 위반하도록 설득하는 경우 그 결과가 다르다. 이것은 극단적인 예이지만, 설득이 조직에 유익할 수도 있고 해가 될 수도 있다는 것을 명심해야 한다.

정보 교환 의사소통의 마지막 기능은 의사소통을 촉진하기 위한 **정보 교환**이다. 의사소통은 대안을 확인하고 평가하는 데 필요한 자료를 전달함으로써 개인과 집단이 의사결정에 활용할 정보를 제공한다.

의사소통 과정

의사소통이 일어나려면 어떤 목적, 즉 송신자가 수신자에게 전달하려는 메시지가 있어야 한다. 송신자는 메시지를 부호화(상징적인 형태로 변환)하여 어떤 매체(채널)를 통해 수신자에게 전달하고, 수신자는 이 메시지를 해독한다. 이러한 과정을 통해 사람들 사이에 의미가 전달된다.[10]

의사소통 과정 송신자와 수신자가 의미를 전달하고 이해하는 과정

도표 11-1은 **의사소통 과정**(communication process)을 보여준다. 이 모델은 ① 송신자, ② 부호화, ③ 메시지, ④ 채널, ⑤ 해독, ⑥ 수신자, ⑦ 소음, ⑧ 피드백으로 구성되어 있다.

송신자는 생각을 부호화하여 메시지를 만들고, **수신자**는 이 메시지를 받는다. 수신자는 메시지를 받으면 우선 메시지 안에 있는 상징을 이해할 수 있는 형태로 전환한다.

메시지는 송신자가 **부호화**하여 만든 실제 생산물이다. 사람들이 말을 하면 바로 그 말이 메시지이고, 글로 쓰면 그 글이 메시지이다. 또한 제스처를 하면 팔의 움직임과 표정이 메시지이다.

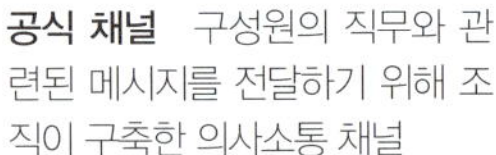

공식 채널 구성원의 직무와 관련된 메시지를 전달하기 위해 조직이 구축한 의사소통 채널

비공식 채널 자연스럽게 만들어지고 개인이 선택할 수 있는 의사소통 채널

채널은 메시지가 전달되는 매체를 말한다. 송신자는 **공식 채널**(formal channel)을 사용할 것인지, **비공식 채널**(informal channel)을 사용할 것인지 선택한다. 조직은 공식 채널을 구축하며, 이 채널을 통해 구성원의 업무와 관련된 메시지를 전달한다. 예를 들어 공식적인 사직서는 직원의 퇴사 의사를 전달한다. 인간적 메시지나 사회적 메시지와 같은 형태의 메시지를 전달할 때는 조직의 비공식 채널을 이용한다. 비공식 채널은 자연스럽게 만들어지고 개인이 선택할 수 있다.[11] 예를 들어 직원이 일하던 식당에서 앞치마를 벗어던지고 뛰쳐나오는 것은 비공식적으로 퇴직 의사를 전달하는 방법이다.

메시지가 수신되면 **해독**을 해야 한다. 어떤 요인이 메시지 해독을 혼란스럽게 하여 원래 의도대로 해독되지 못하는 경우도 있는데, 이처럼 메시지가 명확하게 전달되는 것을 방해하는 의사소통의 장애 요인을 **소음**이라고 한다. 소음에는 지각적 문제, 정보 과중, 해석하기 어려운 어의, 문화적 차이가 있다.

의사소통 과정의 마지막 연결은 피드백 고리이다. **피드백**은 메시지를 원래 의도대로 전달하는 데 성공했는지를 점검하는 것으로, 이는 수신자가 메시지를 이해했는지 여부를 결정한다. 이 마지막 연결은 수신자가 폐쇄 구조의 의사소통을 하는지(예: 수신자가

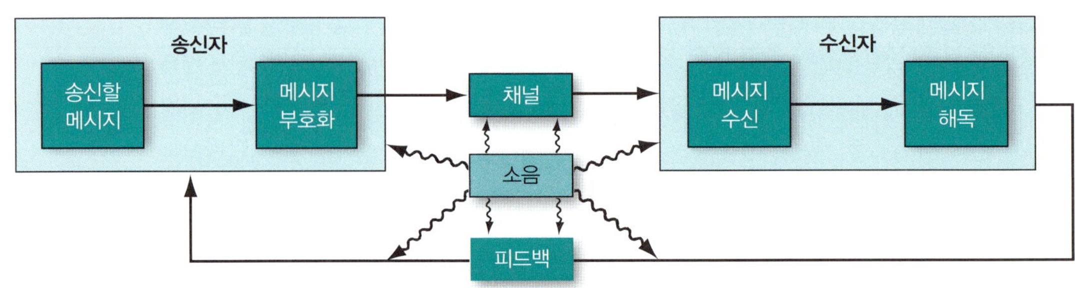

도표 11-1 의사소통 과정

언어적 또는 비언어적으로 메시지를 듣고 이해했음을 인정) 여부에 따라 있을 수도 있고, 없을 수도 있다.[12]

의사소통의 방향

의사소통은 공식적인 소집단 네트워크나 비공식적인 그레이프바인을 통해 수직적 또는 수평적으로 이루어질 수 있다. 수직적 의사소통은 하향적 의사소통과 상향적 의사소통으로 분류된다.[13] 예를 들어 최고경영자 또는 창업자가 조직 전체를 위해 어떤 비전을 수립하는 경우를 생각해보자(12장 참조). 실제로 이 비전은 조직의 위, 아래, 옆으로 전달되면서 바뀌어 별도의 하위 비전을 만들어낸다.[14]

하향적 의사소통

집단이나 조직의 상위 계층에서 하위 계층으로 전달되는 의사소통을 **하향적 의사소통**이라고 한다. 하향적 의사소통에서는 정보 전달 방식과 맥락이 매우 중요하다. 집단의 리더와 관리자는 목표를 부여하고, 작업을 지시하고, 정책과 절차를 알리고, 관심을 가져야 할 문제를 지적하고, 피드백을 제공하기 위해 하향적 의사소통을 사용한다. 집단 리더와 관리자는 더 비공식적으로 하향적 의사소통을 통해 자신의 지위(예: 권위 또는 지배력)를 전달할 수도 있다.[15]

하향적 의사소통의 사례로 성과 평가를 살펴보자. 자동화된 성과 평가의 경우에는 관리자가 부하 직원과 상의하지 않고 그들을 평가할 수 있다. 이러한 방식은 효율적이기는 하지만 성장, 동기부여, 관계 구축을 할 수 있는 중요한 기회를 놓치게 된다.[16] 일반적으로 간접적이고 비인격적인 방식으로 의사소통을 하는 직원은 메시지의 의도를 정확하게 이해하지 못하는 경향이 있다. 최고의 의사소통자는 하향적 의사소통의 이유를 설명하고 부하 직원의 의견을 들으려고 한다.[17]

상향적 의사소통

상향적 의사소통은 집단이나 조직의 하위 계층에서 상위 계층으로 전달된다.[18] 상향적 의사소통은 상위 계층에 피드백을 제공하고, 목표 달성 정도를 전하며, 당면한 문제를 보고하기 위해 사용된다. 상향적 의사소통은 부하 직원이 직무, 동료, 조직 전반에 대해 어떻게 느끼고 있는지를 관리자에게 알려준다. 또한 관리자는 상황을 개선할 수 있는 아이디어를 얻기 위해 상향적 의사소통을 이용한다. 직원이 침묵하는 것은 관리자에게 유용할 수도 있는 정보를 숨기는 셈이다. 따라서 관리자는 직원이 유용한 정보를 상위 계층에 전달하는 데 방해가 될 수 있는 요인(예: 성격, 스트레스 요인, 두려움, 경직된 조직 계층, 거리감)을 고려해야 하는데,[19] 관리자가 직원의 제안에 매우 개방적으로 보이지 않는 경우에 특히 그렇다.[20]

관리자의 직무 책임이 확대됨에 따라 일이 많아지고 주의가 잘 분산되기 때문에 상향적 의사소통이 점점 더 어려워진다. 효과적으로 상향적 의사소통을 하기 위해서는 길게 설명하지 말고 짧게 요약하여 전하고, 실행 가능한 아이템으로 보고 내용을 뒷받침하며, 상사의 관심을 확실하게 이끌어낼 수 있는 안건을 준비해야 한다.[21] 소통 내용만큼 전달 방식이 중요하다.

수평적 의사소통

동일한 작업집단의 구성원들 사이에서, 동일한 계층에 있는 여러 작업집단의 구성원들 사이에서, 그 밖에 수평적으로 대등한 사람들 사이에서 의사소통이 이루어질 때 이것을 **수평적 의사소통**이라고 한다.[22]

수평적 의사소통은 시간을 절약하고 조정을 촉진한다. 소셜네이티브(Social Native)의 프로젝트팀들이 팀 목표를 논의하고 문제를 해결하기 위해 만나는 경우(수평적 의사소통을 하기 위해 소셜네이티브에는 각자의 사무실이 없음)와 같이 어떤 수평적 관계는 공식적이다.[23] 반면에 누군가가 동료의 감정적인 표현을 목격하는 경우와 같은 수평적 의사소통은 비공식적일 수도 있다.[24] 예를 들어 울면서 관리자의 사무실을 나오는 동료를 목격하는 것은 강력한 메시지가 될 수 있다. 관리자가 알고 있고 지원해주는 수평적 의사소통은 유용할 것이다. 그러나 관리자가 자신도 모르게 어떤 조치나 결정이 내려진 사실을 알게 되는 경우처럼 수직적인 공식 채널이 무시당할 때는 역기능적 갈등이 발생할 수 있다. 그러므로 조직은 수평적 의사소통과 수직적 의사소통을 모두 사용해야 한다.

공식적인 소집단 네트워크

공식 조직의 네트워크는 아주 복잡하고, 수백 명이 연결되어 있으며, 6단계 이상의 계층으로 구성되기도 한다.[25] 이러한 네트워크는 각각 5명으로 구성된 세 가지 소집단, 즉 사슬형, 바퀴형, 완전연결형으로 요약할 수 있다(도표 11-2 참조).

공식적인 명령 계통을 따르는 **사슬형** 네트워크는 계층형 조직에서 찾아볼 수 있는 의사소통 채널과 유사하다. **바퀴형** 네트워크에서는 중심인물을 통해 집단의 의사소통이 이루어지는데, 이는 강력한 리더가 이끄는 팀에서 볼 수 있는 의사소통 네트워크와 비슷

도표 11-2
소집단 네트워크의 유형

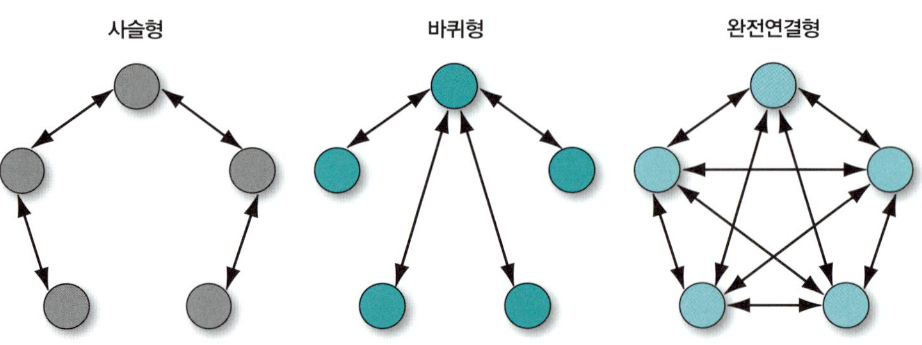

도표 11-3
소집단 네트워크와 효과성 기준

기준	사슬형	바퀴형	완전연결형
속도	중간	빠름	빠름
정확성	높음	높음	중간
리더의 출현	중간	높음	없음
구성원의 만족	중간	낮음	높음

하다. **완전연결형** 네트워크에서는 집단 구성원이 서로 적극적으로 의사소통을 하며, 이는 집단 구성원이 자유롭게 기여하고 리더 역할을 수행하는 사람이 없는 자기관리팀에서 볼 수 있다. 오늘날 많은 조직은 스스로를 완전연결형이라고 생각하는 경향이 있다. 이것은 모든 사람이 서로 소통할 수 있다는 것을 의미하지만 때로는 그렇지 못한 경우도 있다.

도표 11-3에서 보듯이 각 네트워크의 효과성은 사람들이 관심을 가지고 있는 기준에 따라 달라진다. 바퀴형은 리더의 출현을 촉진하고, 완전연결형은 구성원의 높은 만족을 추구할 때 효과적이며, 정확성이 가장 중요하다면 사슬형이 바람직하다.

그레이프바인

집단이나 조직에 있는 비공식적 의사소통 네트워크를 **그레이프바인**(grapevine)이라고 한다.[26] 대부분의 사람들은 그레이프바인과 가십을 부정적인 것으로 여긴다. 연구에 따르면 신뢰할 수 없는 가십은 우리가 다른 사람들을 부당하게 판단하고 싫어하게 만들 수 있다.[27] 전반적으로 그레이프바인은 사회적 압박감을 느끼게 하여 긍정적인 성과를 가져올 수도 있지만, 한편으로는 구성원의 안녕을 저해할 수도 있기 때문에, 좋기도 하고 나쁘기도 하다.[28] 또한 그레이프바인을 통해 전해지는 소문과 가십은 구성원과 구직자에게 중요한 정보가 될 수도 있다.[29] 글래스도어와 같은 웹사이트의 비공식적인 평가뿐만 아니라 동료로부터 얻는 비공식적인 회사 정보는 지원자가 입사를 결정하는 데 중요한 영향을 미친다.[30] 그래서 어떤 회사는 직원 자체 네트워크에서 지원자를 모집하기도 한다. 예를 들어 캐나다의 IT 기업인 TWT그룹(TWT Group)은 충원 예정인 직무에 관심이 있을 만한 사람을 알고 있는지 직원에게 물어보며, 해당 직무에 적합한 사람을 추천하리라 믿는다.[31]

그레이프바인 조직의 비공식적 의사소통 네트워크

그레이프바인은 집단이나 조직의 의사소통 네트워크를 형성하는 중요한 부분이다. 이는 구성원의 욕구를 충족한다. 사람들이 나누는 잡담은 친밀감과 우정을 쌓아주지만 외집단에 속한 사람을 희생시키기도 한다.[32] 구성원의 사회적 네트워크에 의해 퍼진 소문을 조사하면 관리자는 긍정적인 정보와 부정적인 정보가 조직에서 어떻게 흘러가는지 잘 알 수 있다.[33] 또한 누가 스몰토커(small talker, 사소하고 관련이 없는 이슈에 대해 정기적으로 소통하는 사람)인지 주목함으로써 영향력 있는 사람(많은 네트워크를 가지고 있고 동료들이 신뢰하는 사람)을 확인할 수 있다.[34] 스몰토커는 영향력을 행사하는 경향이 있으며, 정리해고 시에도 일자리를 지킬 가능성이 매우 높다.[35] 한 연구는 인공지능을 이용하여 일대일 대화 중의 잡담과 후속 질문을 알아내고, 후속 질문이 향후 그 사람에 대한 호감과 지속적인 대화 의도를 예측할 수 있다는 것을 증명했다.[36]

그런데 스몰토커의 행동 방식이 중요하다. 험담하기보다는 다른 사람들과 협력하고 도와준다면 네트워크에서 '중심적인 위치'를 얻을 수 있다.[37] 어찌되었든 그레이프바인에 참여하여 적극적으로 활동하고 도움을 주면 유용한 결과를 얻을 수 있다. 심지어 다른 나라에서 사업을 시작하는 기업가도 지역 네트워크와 지역사회의 일원이 되면 합법성을 얻을 수 있기 때문에, 적극적으로 돕는 행동은 '아웃사이더(외국인)'로서의 불이익을 줄이는 데 유용하다.[38] 따라서 그레이프바인은 조직의 제재나 통제를 받지 않지만, 관리자가 그것을 이해하면 조금은 활용할 수 있다.

의사소통 방식

의사소통 방식의 선택은 수신자가 메시지에 반응하는 방법을 크게 향상하기도 하고 악화시키기도 한다. 예를 들어 캘리포니아의 한 병원 의사가 가족에 둘러싸여 있는 노인에게 얼마 살지 못할 것이라고 알려주는 상황을 생각해보자. 의사가 죽음을 앞둔 노인의 가족을 부드럽게 위로하는 모습이 떠오를 것이다. 하지만 가족은 의사가 그 사실을 전달하기 위해 롤링 비디오 기술 로봇을 대신 보낸 것에 격분했다.[39] 특정 유형의 의사소통에서는 선호되는 방식이 분명히 있다. 가상으로 의사소통을 할 것인지, 직접 만나서 의사소통을 할 것인지에 대한 문제 외에도, 우리는 다른 사람들과 의사소통을 하기 위해 구두, 서면, 비언어 방식 중 무엇을 선택할 것인지 결정해야 한다. 이와 관련하여 최신 연구와 활용에 대해 살펴보자.

구두 의사소통

메시지를 전달하는 주요 수단은 구두에 의한 의사소통이다. 연설, 공식적인 일대일 면담과 집단 면담, 비공식적인 소문이나 그레이프바인은 구두 의사소통의 대표적인 예이다.

구두 의사소통의 장점으로는 **속도**, **피드백**, **교환**을 꼽을 수 있다. **속도** 측면에서 언어 메시지는 금방 전달되고 반응이 빠르다. 수신자가 받은 메시지가 불확실할 때는 신속한 **피드백**으로 송신자에게 곧바로 알려주어 수정이 가능하다. 불행히도 우리는 듣는 데 서투르다는 것을 인정해야 한다. 연구에 따르면 사람들은 적극적으로 경청하거나 오랫동안 듣고 있으면 탈진하는(listener burnout) 경향이 있어서 다른 사람의 말을 잘 듣지 않고 성급히 조언을 하려고 한다. 그레이엄 보디(Graham Bodie) 교수는 "남의 말을 잘 들어주는 사람은 다른 사람의 문제를 해결해주고 대화를 짧게 하려는 타고난 성향을 이겨내는 사람"이라고 말했다.[40]

적극적 경청은 집중을 방해하는 요인을 제거하고, 말하는 사람에게 몸을 기울이고, 눈을 맞추고, 다른 말로 바꾸어 표현하고, 계속 말하도록 장려하는 것이다.[41] 이렇게 함으로써 우리는 더 많은 것을 배우고, 자신이 진실되고 판단하지 않는 사람이라는 신뢰를 쌓을 수 있다.[42] 사람들은 구두 의사소통을 통해 사회적·문화적·감정적 요소를 교환한다. 우리가 문화적 경계를 초월하여 사회적 정보를 의도적으로 공유하는, 문화 간 사회적 교환(cultural social exchange)은 개인들 또는 팀들 사이에서 신뢰, 협력, 동의를 이끌어낼 수 있다.[43]

구두 의사소통의 단점은 메시지가 많은 사람을 거쳐 전달될 때 나타난다. 메시지가 여러 사람을 거칠수록 의사소통의 왜곡이 커진다. '전화 게임'을 해본 적이 있다면 이 문제를 쉽게 이해할 수 있다. 사람들은 자기 방식대로 메시지를 해석한다. 그 메시지가 목적지에 도착하면 단순하고 쉬운 내용일지라도 처음과 아주 다르다. 예를 들어 제품개발팀의 엔지니어는 고객과 멀리 떨어져 있어 고객의 기대와 맞지 않는 것을 만들어내는 경우가 있다.[44] 이러한 경우에 제품개발팀은 고객과 직접 만나는 일 없이 여러 단계를 거치면서 여과된 정보를 받게 된다. 그래서 많은 조직은 고객과 함께 효과적으로 일하면서 기술에도 정통한 엔지니어팀을 만들려고 한다.

서면 의사소통

서면 의사소통에는 문서, 이메일, 인스턴트 메시지, 정기 간행물, 문자나 기호를 통해 전달하는 기타 방법 등이 포함된다. 오늘날 비즈니스에서 일반적으로 사용하는 서면 의사소통은 편지, 파워포인트, 이메일, 인스턴트 메시지, 문자 메시지, 소셜미디어, 앱, 블로그를 통해 이루어진다. 어떤 방식은 디지털이나 종이에 기록되어 오랫동안 저장할 수 있지만, 어떤 방식은 매우 빠르게 정보를 교환할 수 있다는 것이 이점이다. 또한 문서 작성 방식에 따라 단점이 제각기 다르다.

데이터 마이닝과 인공지능을 통한 데이터 분석 및 학습 방식은 비즈니스 서면 의사소통 저장소 덕분에 큰 도움을 받았다. 연구자들은 **자연어 처리**를 통해 이메일, 인스턴트 메시지, 소셜미디어, 기타 서면 의사소통 매체(해시태그 포함)에서 사람들이 사용하는 실제 단어를 통합하여 근로자의 감정, 기분, 성격 특질, 스트레스, 기타 특성을 측정하는 알고리즘을 개발할 수 있다.[45] 기업은 이러한 방식을 다양하게 활용할 수 있다. 기업은 고객의 감정과 의도뿐만 아니라 고객이 관심을 가질 수 있는 제품 유형 파악 및 광고, 회계 부정행위 및 규정 준수 감지, 의료 상황에서 환자의 경험 개선 및 진단력 향상, 민감한 정보에 대한 지능적 탐지 및 사이버 보안 보호 노력 개선, 팀의 과업 관리를 도와주는 디지털 보조 장치 개발 등에 자연어 처리를 이용한다.[46] 시장 전망이 매우 밝아 시장 규모가 2024년까지 264억 달러를 넘어서고, 2019~2024년 동안 21%의 성장률을 보일 것으로 예상된다.[47]

아토스

아토스(Atos)는 2011년을 기준으로 72개국에 10만 명의 직원을 거느렸던 선도적 디지털 서비스 회사로, 당시 CEO였던 티에리 브르통(Thierry Breton)은 제로 이메일 정책을 도입했다. 그는 내부 이메일 금지가 직원의 생산성을 향상할 것이라고 믿었다. 아토스의 자체 소셜네트워크는 집단 의사소통이 용이하도록 설계된 플랫폼으로, 직원들 간의 협업과 정보 공유가 보다 효율적으로 이루어졌다. 직원들은 이메일 금지 이후 훨씬 더 생산적이 되었다고 밝혔다.

비언어 의사소통

우리는 메시지를 전달할 때 무언의 메시지도 전달한다.[48] 따라서 신체 동작, 말의 억양이나 강조, 표정과 같은 **비언어 의사소통**을 살펴보지 않고는 의사소통을 완전히 설명할 수 없다.[49] 모든 신체 동작은 어떤 의미를 띠고 있으며 우연히 일어난 것이 아니다(무의식적으로 일어나는 것도 있다). 우리는 신뢰성을 보여주기 위해 미소를 짓고, 접근 가능함을 보여주기 위해 팔짱을 풀며, 권위를 보여주기 위해 서 있는다.[50] 또한 우리는 무의식적으로 그리고 자동적으로 비언어 의사소통을 할 수도 있다. 어떤 사건이 발생하면 우리는 반응을 보이고 감정을 표현하며, 옆에서 우리의 감정을 지켜보는 사람들은 그러한 감정 표현을 토대로 판단한다.[51]

회의에 참석하지 않았거나, 회의를 촬영한 동영상을 보지 않고 회의록만 읽는다면 우리는 그 회의에서 나온 이야기를 제대로 파악하지 못한다. 왜 그럴까? 비언어 의사소통에 대한 기록이 없고, 단어나 문장을 말하면서 사용한 **억양**이 기록되지 않기 때문이다. 억양은 메시지의 의미를 변화시킬 수 있다. **표정**도 의미를 전달한다. 억양과 함께 표정은 분노, 공격성, 두려움, 부끄러움 등의 감정을 보여줄 수 있다. 예를 들어 면접에서 면접관과 지원자의 비언어적 행동(예: 악수, 시선 회피, 냉담한 표정 등)은 상대방에 대한 태도나 편견을 드러낸다. 그래서 비언어 의사소통은 인상을 형성하고 관리하는 데 중요하다.[52] 비언어 의사소통은 정보 수신자의 행동에도 영향을 미칠 수 있다. 예를 들어 인종 편견은 비언어 의사소통을 통해 전염되기도 한다.[53] 한 연구에 따르면 사람들은 백인이 흑인을 미묘하게 다루는 동영상을 보는 것만으로도 부정적인 인종 고정관념을 가지게 되고, 흑인에 대한 부정적인 인상을 형성할 수 있다.[54]

의사소통 경로의 선택

왜 사람들은 하나의 의사소통 경로를 선택하는가? 경로(또는 미디어) 풍부성 모델은 관리자가 어떤 경로를 선택하는지 이해하는 데 도움이 된다.[55]

경로 풍부성

경로에 따라 정보를 전달하는 역량이 다르다.[56] 어떤 경로는 ① 동시에 많은 정보를 다루고, ② 신속한 피드백이 용이하며, ③ 매우 개인적이라는 점에서 풍부한 정보를 전달한다. 또 어떤 경로는 이러한 요인이 부족하여 전달하는 정보가 빈약하다. 면대면 대화는 의사소통 에피소드당 가장 많은 정보 – 다양한 정보(말, 자세, 표정, 제스처, 억양), 즉각적 피드백(언어, 비언어), 개인적 접촉 – 를 전달하기 때문에 **경로 풍부성**(channel richness) 점수가 가장 높다. 경로 풍부성이 높은 매체의 또 다른 예로는 화상회의, 전화 통화, 생중계 연설, 음성 메일이 있다. 메모, 편지, 녹화된 연설, 이메일뿐만 아니라 공식 보고서와 게시판 같은 비개인적 문자 매체는 정보 풍부성 점수가 가장 낮다.

경로 풍부성 의사소통 에피소드당 전달할 수 있는 정보의 양

의사소통 방법의 선택

경로의 선택은 메시지가 일상적인지, 비일상적인지에 따라 달라진다. 일상적인 메시지는 이해하기 쉽고 모호성이 적다. 즉 풍부성이 낮은 경로는 메시지를 효율적으로 전달할 수 있다. 비일상적인 메시지는 복잡하고 오해의 소지가 있다. 따라서 관리자가 메시지에 적합한 경로를 선택해야만 효과적으로 메시지를 전달할 수 있다.[57] 다음 절에서는 구두, 서면, 비언어 의사소통을 언제 선택하는 것이 좋은지에 대해 알아보자.

구두 의사소통 선택 수신자가 이해했는지를 확인해야 할 때는 **구두 의사소통**이 좋은 선택이다. 예를 들어 신제품 마케팅 계획의 경우에는 고객과 함께 작업하여 신제품의 아이디어에 대한 고객의 반응을 조사할 필요가 있다. 또한 수신자가 선호하는 의사소통 방식을 고려해야 한다. 어떤 사람은 서면으로 작성된 내용에 잘 집중하고, 어떤 사람은 토론을 더 좋아한다. 예를 들어 관리자가 당신에게 회의를 하자고 했을 때 당신이 회의 대신 이메일을 주고받자고 요구하지는 않을 것이다. 작업 환경의 속도도 중요하다. 일이 빠르게 진행되는 작업장에서는 갑작스러운 현장 미팅이 많지만, 마감 시한이 넉넉한 팀 프로젝트에서는 예약된 줌 회의를 이용하여 소통한다.

면대면 의사소통은 대부분이 바로 전달되기 때문에 의사소통 방법을 선택할 때 말하기 능력도 고려해야 한다. 연구에 따르면 말하는 내용보다 발성이 두 배나 더 중요하다. 명료하고 적당한 말소리는 경력에 도움이 될 수 있다. 함께 일하는 작업팀은 우리의 발성이 어떤지 인지하고 개선할 수 있도록 도와줄 수 있으며, 아니면 발성 코치의 도움을 받을 수도 있다.[58]

서면 의사소통 선택 **서면 의사소통**은 일반적으로 복잡하고 장황한 의사소통에서 가장 신뢰할 만한 방법이다. 예를 들어 두 문장의 글이 10분 동안의 전화 통화를 대신할 수 있다면 단문 메시지가 가장 효율적인 방법일 것이다. 그러나 서면 의사소통은 감정 표현에 한계가 있다는 것을 명심해야 한다.

정보를 눈으로 보고, 입증하고, 기록하고 싶을 때 서면 의사소통을 선택하라. 비즈니스에서 **문서**는 주로 네트워킹과 기록을 목적으로 사용하며, 서명을 인증해야 하는 경우에도 사용한다. 또한 지원자가 입사 면접 후 손으로 쓴 감사 편지를 보내는 것은 결코 잘못된 선택이 아니며, 손으로 쓴 편지 봉투의 경우 흔히 행정 직원이 개봉하지 않고 수신자의 책상에 바로 올려놓는다. **이메일**은 덜 형식적인 서면 의사소통의 형태로, 비즈니스 상황에서 가장 자주 사용될 것이다. 이메일은 회의가 필요하지는 않지만, 너무 길거나 정보 밀도가 높아 문자나 인스턴트 메시지로 전달할 수 없는 정보를 비공식적으로 전달할 수 있다. 그런데 메시지를 글로 표현할 때는 비언어적인 신호를 보낼 수 없으며, 무례하고 자기중심적이거나 심지어 문화적으로 무감각한 사람으로 비칠 수도 있다는 것을 주의해야 한다.[59] 일반적으로 **인스턴트 메시지**는 전문적인 내용일 때만 회신해야 하고, 환영받을 것이라고 판단되는 메시지만 보내야 한다. 저렴하게 주고받을 수 있는 **문자 메**

시지는 고객이나 경영자와 신속한 의사소통을 위해 사용한다면 비즈니스에 도움이 된다. 소셜미디어는 판매 분야, 즉 기업 대 개인(B2P)과 기업 대 기업(B2B) 거래에 유용하다. 예를 들어 화상회의 회사인 피지아이(PGi)의 영업 담당자는 어떤 최고경영자가 트윗덱(TweetDeck)을 통해 웹 화상회의에 대한 불만을 토로한 것을 알고는 그에게 즉시 연락하여 재빨리 판매를 성사시켰다.[60] 하지만 게시물과 댓글 활동에 조심해야 한다. 이러한 것은 생각보다 훨씬 더 공개되어 있어 채용 담당 관리자에게 부정적인 인상을 줄 수도 있다.[61]

비언어 의사소통 선택 의사소통의 비언어적 측면에 주의를 기울이는 것이 중요하다. 특히 메시지 간의 모순되는 내용을 감지해야 한다. 예를 들어 손목시계를 자주 보는 사람은 대화를 끝내고 싶다는 메시지를 전하는 것이다. 말로는 신뢰한다고 표현하면서 비언어적으로는 '나는 당신을 신뢰하지 않는다'라고 읽히는 상충된 메시지를 전달한다면 잘못된 정보를 주게 된다. 연구에 따르면 최고경영자가 성별 다양성을 중요시한다고 말하면서 자사의 이사회를 남성 중심으로 구성한다면 이는 모순된 메시지를 전달하는 것이며, 결과적으로 잠재적인 입사 지원자에게 호감을 주지 못한다.[62]

정보 보안

정보 보안은 의뢰인, 고객, 구성원의 개인 정보를 보유한 거의 모든 조직에서 매우 중요한 문제이다. 조직은 병원의 환자 자료와 같이 보호해야 할 전자 정보, 파일 캐비닛에 있는 문서 정보, 구성원에게 전달한 정보의 보안에 신경을 쓰고 있다.[63] 대부분의 기업은 구성원의 인터넷 사용, 이메일 기록을 적극적으로 감시하고 있으며, 어떤 기업은 비디오 감시 시스템을 사용하고 전화 통화 내용도 녹음한다. 그러나 이는 아무리 필요한 일이라 할지라도 구성원의 인권을 침해할 수 있다.[64] 조직은 정보 보안 정책 수립에 구성원을 참여시키고, 그들에게 개인 정보 사용법에 대한 통제권을 일부 부여함으로써 그들의 우려를 줄일 수 있다.[65]

설득적 의사소통

지금까지 다양한 의사소통 방법에 대해 알아보았다. 이제 의사소통 기능의 하나인 설득으로 관심을 돌려 청중을 설득하는 메시지의 특성을 살펴보자.

자동처리와 통제처리

설득의 과정을 이해하기 위해 우선 우리가 정보를 처리하는 두 가지 방식을 알아보자.[66] 당신이 소셜네트워킹 웹사이트를 둘러보다가 티셔츠 광고를 보았다고 하자. 잠시 후 당신은 대학 마스코트가 그려진 해리 포터 티셔츠를 샀다. 다른 티셔츠 디자인을 살펴보기 위해 큰 노력을 기울이지 않고 당신은 매력적인 광고와 고도로 지능적인 머신러닝 알고

리즘에 의해 충동구매를 했다. 대부분의 사람들은 화려한 마케팅이 소비자의 선택에 영향을 미칠 수 있다는 것을 인정할 것이다. 연구에 따르면 이러한 상황에서는 흔히 **자동처리**(automatic processing) 방식이 작동하는 경향이 있다.[67] 흔히 우리는 정보를 자동처리한다. 자동처리는 증거와 정보를 깊이 생각하지 않고, 6장에서 언급했듯이 휴리스틱을 사용하여 처리하는 것이다. 그래서 자동처리는 시간과 노력이 덜 든다. 이것의 단점은 귀엽거나 매력적인 사진과 같은 다양한 속임수에 우리가 쉽게 속아 넘어갈 수 있다는 것이다.

자동처리 비교적 피상적인 증거와 정보를 휴리스틱을 사용하여 처리하는 것으로, 시간과 노력이 덜 듦

이제 집을 매매할 때를 생각해보자. 아마도 그 지역에 대해 잘 아는 전문가를 찾아 가격 정보를 수집하고, 전세와 매매에 따른 비용과 편익을 고려할 것이다. 이 경우에는 노력이 필요한 **통제처리**(controlled processing)를 한 것으로, 이는 사실, 수치, 논리를 이용하여 증거와 정보를 상세히 검토하는 것을 말한다. 통제처리는 노력과 에너지를 필요로 하기 때문에 통제처리에 시간과 노력을 투자한 사람을 속이기는 어렵다.

통제처리 사실, 수치, 논리를 이용하여 증거와 정보를 상세히 검토하는 것

관심 수준 사람들이 설득 메시지를 자동처리할 것인지, 통제처리할 것인지를 가장 잘 예측할 수 있는 요인 중 하나는 메시지에 관한 관심 수준이다.[68] 의사결정의 결과에 관심이 많으면 정보를 주의 깊게 처리하는 경향이 있다. 그래서 사람들은 상대적으로 중요하지 않은 사항(예: 티셔츠 충동구매)보다 중요한 사항(예: 집 매매)에 대해 결정할 때 더 많은 정보를 수집하는 것이다.

전달하는 정보에 대한 관심을 강화할 수 있는 한 가지 방법은 스토리텔링이다. 예를 들어, 구조화된 입사 면접이 비구조화된 면접보다 훨씬 더 유효하지만, 인사 전문가는 비구조화된 면접을 더 자주 이용하는 경향이 있다. 연구에 따르면 구조화된 면접의 성공에 관한 이야기나 추천을 통해 인사 전문가가 더 구조화된 접근법을 채택하도록 설득할 수 있는 것으로 나타났다.[69]

사전 지식 어떤 주제 영역에 대해 잘 알고 있는 사람은 통제처리 전략을 사용하는 경향이 크다. 이들은 특정한 행동 방침에 대해 찬성하거나 반대하는 주장을 이미 충분히 고려했기 때문에, 매우 훌륭하고 사려 깊은 이유가 제시되지 않는 한 자신의 입장을 쉽게 바꾸지 않을 것이다. 반면에 어떤 주제에 대해 잘 모르는 사람은 많은 증거도 없이 제시된 상당히 피상적인 논쟁에 의해서도 자신의 생각을 쉽게 바꿀 수 있다. 그래서 더 많은 정보를 가지고 있는 청중을 설득하기가 더 어려운 경향이 있다.[70]

성격 어떤 제품을 구매하기 전에 항상 쇼핑몰의 사용 후기를 읽는가? 구매를 결정하기 전에 온라인 매장을 여기저기 둘러보거나 웹사이트를 살펴본다면 **인지 욕구**(need for cognition)가 높은 사람일 것이다. 인지 욕구는 증거와 사실에 의해 설득되는 경향이 있는 사람들의 성격 특성이다.[71] 인지 욕구가 낮은 사람은 자동처리 전략을 사용하는 경향이 있어 직관과 감정에 의존하여 설득 메시지를 평가한다.

인지 욕구 개인의 성격 특성 중 하나로, 생각하고 배우려는 지속적인 욕구

메시지의 특성 우리가 자동처리 전략을 사용할지, 통제처리 전략을 사용할지에 영향을 미치는 또 다른 요인은 메시지 자체의 특성이다. 예를 들어 온라인 블로그의 독자는 이해 충돌을 공개할 때(예: 블로거가 기업의 지원을 받아 사용 후기를 작성하는 경우) 블로거에 대한 신뢰가 높아졌다고(블로거를 더 호의적으로 평가) 보고하는 경향이 크지만, 공개 내용의 의미에 대해 많은 생각을 하게 하면(통제처리를 요구) 블로거에 대한 독자의 신뢰가 떨어진다.[72]

상대적으로 정보가 빈약한 의사소통 경로(사용자가 메시지의 내용을 가지고 상호작용할 기회가 거의 없는 경로)를 통해 제공된 메시지는 자동처리 전략을 사용하게 만든다. 반대로 풍부한 의사소통 경로를 통해 제공된 메시지는 통제처리 전략을 더 많이 사용하게 만든다. 이 메시지는 음조, 음량, 억양, 음성 속도에 따라 달라지므로 자신감을 전달할 수 있다(따라서 메시지를 더 설득력 있게 인식시킬 수 있다).[73]

메시지 선택

가장 중요한 시사점은 우리의 설득 메시지를 청중이 사용할 정보처리 형태에 맞추어야 한다는 것이다.[74] 청중은 설득 메시지의 주제에 관심이 없을 때, 정보가 부족할 때, 그들의 인지 욕구가 낮을 때, 정보가 상대적으로 빈약한 경로를 통해 전달될 때 자동처리 전략을 사용할 가능성이 더 높을 것이다. 이러한 경우에는 정서를 더 많이 자극하는 메시지를 사용하고, 긍정적인 이미지를 원하는 결과와 연결해야 한다. 반대로 청중이 어떤 주제에 관심이 많을 때, 그들의 인지 욕구가 높을 때, 정보가 풍부한 경로를 통해 전달될 때는 메시지가 정당하다는 것을 입증할 합리적인 주장과 증거에 초점을 맞추는 것이 좋다.

효과적인 의사소통 장애 요인

효과적인 의사소통을 방해하거나 왜곡하는 장애 요인이 다양한데, 이 절에서는 주요 장애 요인을 중심으로 살펴보자.

여과

여과 수신자가 정보를 호의적으로 보도록 송신자가 정보를 의도적으로 조작하는 것

여과(filtering)는 수신자가 정보를 호의적으로 보도록 송신자가 정보를 의도적으로 조작하는 것을 말한다. 상사가 듣고 싶어 하는 정보만을 상사에게 말하는 것은 정보를 여과하는 것이다.

조직의 수직적 계층 수가 많을수록 정보를 여과할 수 있는 기회가 더 많다. 지위 차이가 있는 상황에서도 여과가 발생할 것이다. 흔히 나쁜 소식을 전달하는 것에 대한 두려움, 상사를 즐겁게 해주고 싶은 마음과 같은 요인 때문에 상사가 듣고 싶어 하는 것만을 말하게 되며, 결국 상향적 의사소통이 왜곡된다.[75]

선택적 지각

의사소통 과정에서 수신자는 자신의 욕구, 동기, 경험, 배경, 기타 개인 특성에 근거하여 선택적으로 보고 듣기 때문에 선택적 지각이 중요하다. 또한 수신자는 메시지를 해석하는 과정에서 자신의 관심과 기대를 투영한다. 예를 들어 여성이 경력보다는 가정을 더 중요시한다고 생각하는 채용 면접관은 여성 지원자가 실제로 그렇게 생각하든 아니든 상관없이 그러한 특성을 보려는 경향이 있다. 6장에서 설명했듯이 사람들은 현실을 보지 않는다. 사람들은 보는 것을 해석하고 그것을 현실이라고 부른다.

정보 과중

우리는 정보를 효과적으로 이해하기 위해 다양한 출처의 정보를 통합하지만, 개인이 처리할 수 있는 정보량은 제한되어 있다.[76] 처리해야 할 정보량이 처리 능력을 초과하면 **정보 과중**(information overload)이 발생한다.

정보 과중 정보량이 개인의 처리 능력을 초과하는 상태

사람들이 분류 및 활용할 수 있는 정보보다 더 많은 정보가 주어지면 무슨 일이 일어날까? 사람들은 정보를 선택하거나, 무시하거나, 빠뜨리거나, 잊어버리는 경향이 있다. 사람들은 정보가 과중된 상황이 끝날 때까지 처리를 미루기도 한다. 여하튼 정보 과중은 정보 손실과 효과적이지 않은 의사소통을 초래하므로 정보 과중 문제를 잘 처리하는 것이 중요하다.

인텔을 조사한 연구가 제시했듯이 더 일반적으로는 정보 기술에 자주 접속하지 않는 것이 현명할 것이다. 어느 신문 기사의 말처럼, "끊임없이 들어오는 이메일에 흔들려 자신이 할 일을 계속 변경하지 말라."[77] 근본적인 방법 중 하나는 이용하는 기기의 수를 제한하는 것이다. 예를 들면 쿠어스브루잉(Coors Brewing)의 임원인 프리츠 판파스헌(Frits van Paasschen)은 데스크톱 컴퓨터를 버리고 모바일 기기만을 사용했다. 또한 엘리릴리앤드컴퍼니(Eli Lilly & Co.)는 영업팀에게 노트북과 기타 기기 대신 아이패드만을 사용하게 했다. 이 두 사례에서는 모두 생산성이 증가했다.[78]

감정

감정 조절과 감정 표현은 우리가 얼마나 효과적으로 의사소통을 할 수 있는지에 영향을 미칠 수 있다. 예를 들어 수십 개의 연구를 검토한 결과에 따르면, 의도적인 비언어 의사소통은 의사소통 성과에 긍정적인 영향을 미치는 반면에 즉흥적인 의사소통은 효과가 없는 것으로 나타났다.[79] 이는 비언어 의사소통 방식을 변경하면 효과적인 의사소통자가 될 수 있다는 것을 시사한다. 또한 감정을 억제하는 것은 일반적으로 해롭지만(부정적인 첫인상과 사회적 결과를 초래), 분노와 같은 부정적 감정을 표현하는 것도 나쁜 사회적 결과를 초래할 수 있다. 하지만 우리가 부정적 감정을 표현하면 다른 사람들이 우리의 감정을 더 잘 이해할 수 있다는 이점도 있다.[80] 따라서 가장 중요한 것은 부정적 감정을 어떻게 표현하느냐이다. 부정적 감정에 매몰되어 있는 것은 부정적 감정을 처리하는

최선의 방법이 아닐 것이다. 연구에 따르면 감정을 생산적으로 처리할 때(즉 실제로 느끼는 감정이 무엇인지 다시 생각하거나 검토할 때) 해결책을 찾고 더 나은 사회적 결과를 경험할 수 있다.[81]

사람들은 동일한 메시지라도 화가 나 있거나 심란할 때 또는 행복할 때 그것을 다르게 해석한다. 예를 들어 긍정적인 기분인 사람은 설득력 있는 메시지를 읽은 후 자신의 견해에 대해 더 확신하게 되므로, 논리적인 주장은 긍정적인 기분인 사람에게 더 큰 영향을 미친다.[82] 부정적인 기분인 사람은 메시지를 더 자세히 살펴보지만, 긍정적인 기분인 사람은 있는 그대로 정보를 받아들이는 경향이 있다.[83] 또한 승리감이나 우울감과 같은 극단적인 감정은 효과적인 의사소통을 방해하기도 한다.[84] 이러한 경우 사람들은 합리적이고 객관적인 사고 과정을 무시하고 감정적으로 판단한다.

언어

같은 언어로 의사소통을 하더라도 사람에 따라 말의 의미가 달라질 수 있다. 그러한 차이를 만드는 주요 요인은 나이와 전문 용어이다. 때로는 시간이 지나면서 단어의 의미가 바뀔 수도 있다. 예컨대 나이가 많은 직원은 자신의 나이에 과도하게 관심을 보이거나 생색내는 듯한 말을 더 싫어한다.[85] 관리자로서 모든 조직 구성원과 효과적으로 의사소통을 하려면 적절한 용어와 어휘를 사용해야 한다. 또한 많은 사람이 이해할 수 있는 용어와 어휘를 선택하는 것이 중요하다.[86] 사람들의 환경과 배경이 저마다 다르기 때문에 전문 용어를 사용하면 모든 사람이 이해할 수 없다. 다양한 청중과 소통할 때는 흔히 단순한 것이 더 낫다.

침묵

침묵 또는 의사소통 부족을 정보의 부재로 규정하고 무시하곤 하지만, 이는 잘못된 것이다. 침묵 자체는 어떤 주제에 관심이 없거나 다룰 만한 능력이 없음을 전달하는 메시지일 수 있다.[87] 또한 침묵은 단순히 정보 과중의 결과일 수도 있고, 어떤 답을 생각하면서 지체하는 시간일 수도 있다. 두려움, 체념, 심지어 친사회적 동기 등 많은 이유가 있으나 어떤 이유이건[88] 침묵을 지키고 의사소통을 하지 않는 경우가 흔하고 문제를 야기한다는 것이 연구 결과를 통해 밝혀졌다.[89] 직원과 관리자가 목소리를 높여야 할 때 왜 침묵하는지 살펴본 최근 연구에서는 메시지 수신자의 개방성과 직원의 무력감에 대한 인식뿐만 아니라 부정적 감정(특히 두려움)의 경험이 침묵을 지키는 데 영향을 미친다는 것을 발견했다.[90] 사람들이 편안하게 정보를 공유하고 다른 생각과 의견, 심지어 나쁜 소식에도 개방적인 환경을 조성하기 위해 관리자와 직원 모두 노력해야 한다.

의사소통에 대한 두려움 구두 의사소통, 서면 의사소통 또는 이 둘 다에서 겪는 과도한 긴장과 불안

의사소통에 대한 불안

전체 인구의 5~20% 정도는 **의사소통에 대한 두려움**(communication apprehension)

또는 사회적 갈등으로 어려움을 겪고 있다.[91] 이러한 사람들은 구두 의사소통, 서면 의사소통 또는 이 둘 다에서 과도한 긴장과 불안을 경험한다.[92] 이들은 다른 사람의 얼굴을 보고 말하는 것을 매우 힘들어하거나, 전화 통화를 해야 할 때 심하게 불안해한다. 그래서 전화 통화가 더 빠르고 적절할지라도 메모나 팩스로 메시지를 전달한다.

구두 의사소통을 불안해하는 사람은 교직과 같이 구두 의사소통이 많이 필요한 직업을 피하려고 한다.[93] 그러나 거의 모든 직무에는 구두 의사소통이 어느 정도 포함된다. 더 큰 문제는 구두 의사소통을 염려하는 사람은 직무가 요구하는 의사소통을 왜곡하여 의사소통의 필요성을 최소화한다는 것이다.

거짓말

거짓말은 말 그대로 정보를 왜곡하는 것이므로 효과적인 의사소통을 방해하는 장애 요인이다.[94] 거짓말에 대한 정의는 사람마다 다르다. 예를 들어 어떤 사람은 실수에 관한 정보를 의도적으로 숨기는 것을 거짓말이라고 하고, 어떤 사람은 상황을 모면하기 위해 그 실수에서 자신이 차지하는 부분을 적극적으로 부인하는 것을 거짓말이라고 한다. 거짓말의 정의는 윤리학자와 사회과학자 사이에서도 합의되지 않았지만, 많은 사람이 거짓말을 한다는 것은 누구도 부인할 수 없는 사실이다. 사람들은 하루에 한두 번은 거짓말을 하고, 어떤 사람은 밥 먹듯이 거짓말을 하기도 한다.[95] 대기업에서도 매일 엄청난 양의 거짓말을 쏟아내고 있다.

위기 상황에서의 의사소통

효과적인 의사소통의 마지막 장애 요인은 기본 맥락에서 찾을 수 있다. 즉 위기 상황에서는 의사소통이 더 어려워진다.[96] 예를 들어 2005년 8월에 미국 남동부를 강타한 허리케인 카트리나는 위기가 얼마나 비효과적·비효율적인 의사소통을 야기할 수 있는지를 보여주었다.[97] 허리케인 카트리나가 다가오자 미국의 정부 기관은 모두 놀라 상황의 불확실성과 모호성에 대처하고 위기 대응을 조정하는 데 어려움을 겪었다.

위기에 처했을 때 효과적으로 의사소통을 하려면 다음과 같이 위기 대응을 여러 단계로 나누어야 한다. ① 위기를 예상하거나 대비하여 의사소통하기, ② 위기가 발생하는 동안 위기 대응 관리하기, ③ 위기 후 이해관계자와 소통하고 공유 학습 촉진하기.[98] 의사소통의 기초가 되는 집단적 동기는 이러한 단계를 거치면서 변화한다. 전쟁 중에는 통제하고 지배하려는 동기가 강하게 나타나지만, 평화 시의 위기는 사람들을 자기비판적으로 만들고 부정적인 결과에 대해 두려움을 품게 하는 경향이 있다.[99] 위기 시의 의사소통에서는 이러한 동기의 차이를 고려해야 한다. 통제, 지배, 불안, 두려움은 중압감을 이겨내는 것과는 완전히 다르다.

위기 상황에서는 의사소통을 개선하기 위해 무엇을 할 수 있을까? 사실 공유, 사실에 대한 해석 공유, 행동의 결과에 대한 예측에 집중한 메시지 전달이 모든 단계에서 유익할 수 있다.[100] 또한 사람들은 권한과 책임을 더 많이 추구하는 경향이 있을지라도, 위기 시에는 독립적으로 일하기보다는 함께 일하기 위해 노력해야 한다. 연구에 따르면, 문제(예: 바이러스 백신 개발)를 따로 해결하려고 하는 경우에는 혼란에 빠지고 서로의 실패로부터 배울 수 없지만, 함께 조정하고 협력하면 혼란을 극복하고 서로에게 배울 수 있다.[101]

끝으로, 위기 대응팀에 신속하게 정보를 제공하는 앱과 같은 기술은 재해의 영향을 받을 수 있는 모든 사람에게 신속하고 정확하게 정보를 전달할 수 있다.[102] 위기 경보를 울리는 데에도 기술이 사용된다. 예를 들어 2018년에 탄도 미사일 위협에 대해 트위터 경보가 발령되었는데 이는 오보로 판명되었고, 그 이후의 트윗 120만 건을 분석한 결과에 따르면 1주일 내내 불안감이 고조된 것으로 나타났다.[103] 따라서 위기 시에는 의사소통이 사람들에게 미치는 영향을 민감하게 살펴야 한다.

문화적 요인

효과적인 의사소통은 최상의 조건에서도 어려운 일이다. 문화의 차이는 의사소통 문제를 증가시킬 수 있다. 어떤 문화에서는 잘 이해되고 수용되는 제스처가 어떤 문화에서는 무의미하거나 불쾌감을 불러일으킬 수 있다. 한 문화에 효과적인 의사소통 방법이 다른 문화에서는 그렇지 않을 수도 있다. 예를 들어 미국의 한 제약 회사는 주로 아시아계 미국인 1세대가 사는 캘리포니아의 한 지역에서 백신을 유통하는 데 어려움을 겪고 있었다. 이 회사는 영업 및 마케팅팀이 그 지역의 지배 문화에서는 일반적으로 잠재 고객의 배우자가 의사결정자라는 사실을 고려하지 않았다는 것을 깨달았다. 그 후 회사가 판매 방식을 변경하여 그 지역의 매출이 올랐다.[104]

문화적 장벽

문화 간 의사소통에는 다음과 같은 문제점이 있다.

첫 번째는 **어의에 의한 장벽**이다. 단어는 사람에 따라 다른 의미를 띠는데, 국가 문화가 다른 사람들의 경우 특히 그렇다. 어떤 단어는 다른 문화에서 번역하기가 어렵다. 예를 들어 'sisu'라는 핀란드 단어는 배짱(guts) 또는 끈질긴 인내심(dogged persistence)과 비슷한 의미이지만 영어로 정확히 번역할 수 없다. 1945년 당시에 일본의 총리였던 스즈키 간타로는 히로시마 원폭 투하 며칠 전 연합군의 항복 권고에 대해 묵살(黙殺, 모쿠사츠)한다고 발언했다. 묵살은 실제로 '유보하다, 시간이 더 필요하다'라는 뜻인데 '무시하다'로 번역되었다.[105] 의사소통의 차이는 언어를 넘어 일부 의사소통 행동에서도 찾아볼 수 있다. 예를 들어 개인주의 문화에서는 신체 접촉을 통해 감사를 표현하기도 하는데, 이러한 감사 표시 방식은 문화에 따라 다르다.[106]

두 번째는 **단어의 함축적 의미에 의한 장벽**이다. 언어에 따라 단어의 의미가 달라질 수

있다. '하이(はい)'라는 일본 단어는 '네'로 번역되지만 거기에 함축된 의미는 '네, 동의합니다'가 아니라 '네, 듣고 있습니다'이다. 따라서 미국인 경영자와 일본인 경영자가 협상할 때 어려움을 겪을 수도 있다.

세 번째는 억양 차이에 의한 장벽이다. 어떤 문화에서는 언어가 공식적인 것이지만, 어떤 문화에서는 언어를 비공식적인 것으로 여긴다. 또한 어떤 문화에서는 억양이 상황에 따라 달라진다. 사람들은 집, 직장, 사회적 상황에서 다르게 말한다.[107] 예를 들어 멕시코인은 타이어 산업에서 다른 나라보다 상대적으로 더 격식을 갖춘 복장을 하고 공식적인 의사소통을 한다. 그들은 직장에서 비공식적인 버전(*tú*, 너)보다는 공식적인 버전(*usted*, 당신)을 사용하는 경향이 있다.[108] 공식적인 방식이 기대되는 상황에서 개인적이고 비공식적인 방식으로 말하는 것은 부적절할 것이다.

네 번째는 갈등에 대한 관용과 갈등 해결 방법에 의한 차이이다. 개인주의 문화의 사람들은 직접적인 갈등을 더 편안하게 생각하는 경향이 있고, 반대하는 이유를 공개적으로 밝힌다. 반면에 집단주의 문화의 사람들은 갈등을 암묵적으로만 인정하고, 감정이 고조되는 논쟁을 피하려는 경향이 있다. 집단주의 문화에서는 갈등의 원인을 상황 탓으로 돌리고, 관계를 개선하기 위한 솔직한 사과를 요구하지 않은 반면에, 개인주의 문화에서는 갈등에 대한 책임을 받아들이는 말을 분명히 하고, 관계를 개선하기 위해 공개적으로 사과하기를 바란다.

문화적 맥락

사람들이 의사소통을 통해 전달받는 의미에 대해 맥락(context)이 영향을 미치는 정도는 문화마다 다르다.[109] 중국, 한국, 베트남, 사우디아라비아와 같은 **고맥락 문화**(high-context culture)에서는 주로 비언어와 미묘한 상황적 단서에 의존하여 의사소통을 하고, 개인의 공식 지위, 사회 계층, 평판이 의사소통에 매우 중요한 영향을 미친다. 말하지 않은 것이 말하는 것보다 더 중요할 수도 있다. 한편 **저맥락 문화**(low-context culture)인 유럽과 북미에서는 의미를 전달하기 위해 주로 말을 사용하며, 신체 언어나 공식 직함이 말과 글에 비해 덜 중요하다(도표 11-4 참조).

고맥락 문화 비언어와 미묘한 상황적 단서에 의존하여 의사소통을 하는 문화

저맥락 문화 의미를 전달하기 위해 주로 말을 사용하여 의사소통을 하는 문화

맥락적 차이는 실제로 의사소통 관점에서 상당히 많은 것을 의미한다. 고맥락 문화에서의 의사소통은 상대방에 대한 신뢰를 나타낸다. 자연스럽고 일상적인 대화가 관계를 형성하고 신뢰를 창출하는 데 중요하다. 고맥락 문화에서 구두로 동의하는 것은 강력한 약속을 의미한다. 또한 연령, 근속 기간, 조직에서의 서열 등이 매우 중요하며, 이는 그 사람의 신용에 큰 영향을 미친다. 그래서 관리자는 지시하기보다는 '제안'을 한다. 반면에 저맥락 문화에서는 글로 명확하게 작성되고 형식에 맞는 문서가 법적 효력을 가진다. 솔직함을 중요시하는 저맥락 문화에서 관리자는 의도한 의미를 솔직하고 정확하게 전달해야 한다.

도표 11-4
고맥락 문화와 저맥락 문화의 국가

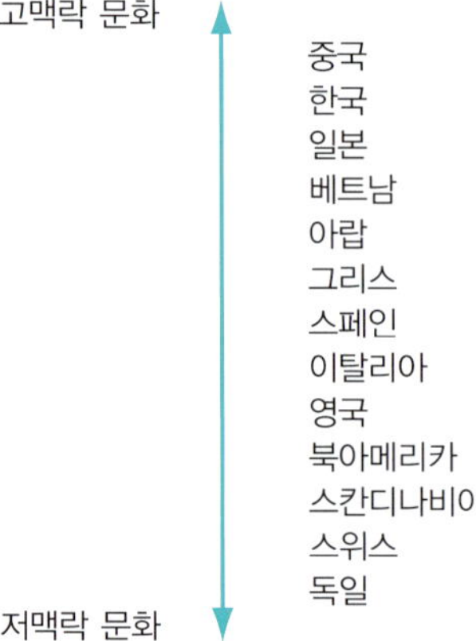

문화적 지침

비즈니스 문화 간 의사소통에서는 얻을 수 있는 것이 많다. 우리는 문화적으로 형성된 상이한 관점을 가지고 있다. 우리는 제각기 다르기 때문에 효과적으로 의사소통을 하면 서로 도와 가장 창조적인 대안을 개발할 수 있다.

문화 간 의사소통 연구 전문가인 프레드 카스미르(Fred Casmir)에 따르면, 우리는 우리 문화 밖에 있는 사람들과 의사소통을 잘하지 못하는 경우가 많다. 우리는 자신의 문화적 기원에만 근거하여 일반화하는 경향이 있기 때문이다. 이것은 의식하지 못한 채 일어날 수 있으며, 특히 관찰 가능한 특성을 바탕으로 추정할 때는 비참한 결과를 초래할 수도 있다. 또한 다른 사람들에게 문화적으로 민감한 시도는 흔히 미디어에 의해 전파된 고정관념에 따른 경우가 많다. 이러한 고정관념은 일반적으로 정확하지 않거나 오늘날에는 관련성이 없다.

카스미르가 지적했듯이 우리가 완전히 이해하기에는 문화가 너무 많고, 우리는 자신의 문화도 다르게 해석하기 때문에, 이종 문화 간 의사소통은 감수성과 공통 목표 추구를 토대로 이루어져야 한다. 그는 '제3의 문화'를 임시로 만드는 것이 이상적이라고 했다. 제3의 문화는 집단 구성원 각각이 선호하는 소통 문화의 특성을 통합하여 만들 수 있다. 이 하위문화가 개인의 차이를 인정함으로써 확립하는 규범은 효과적인 의사소통을 위한 공통 기반을 만든다. 문화가 다른 집단이 효과적으로 소통하면 매우 생산적이고 혁신적인 결과를 창출할 수 있다.

상이한 문화의 사람들과 의사소통할 때 어떻게 하면 해석의 오류를 줄일 수 있을까? 카스미르와 그 밖의 전문가들은 다음과 같이 제안한다.

- **너 자신을 알라.** 자신의 문화 정체성과 편견을 인정하는 것은 다른 사람들의 독특한 관점을 이해하는 데 중요하다.
- **상호 존중, 공정성, 민주주의 분위기를 조성하라.** 평등하고 서로를 배려하는 환경을 명확히 구축하라. 이것은 개인의 문화적 규범을 초월하는 '제3의 문화'가 되어 효과적

인 이종 문화 간 소통을 가능하게 할 것이다.

- **자신의 해석이 아니라 사실을 말하라.** 어떤 사람이 한 말과 행동에 대한 해석과 평가는 관찰된 상황보다는 관찰자의 문화와 배경에 따른 영향을 더 많이 받는다. 사실만을 말한다면 다른 사람의 해석으로부터 이득을 얻을 기회가 생길 것이다. 관련된 모든 문화를 고려하여 상황을 관찰하고 해석할 수 있을 때까지 판단을 보류해야 한다.
- **다른 사람의 관점을 고려하라.** 메시지를 보내기 전에 수신자의 입장에서 생각하라. 수신자의 가치관, 경험, 준거 기준은 무엇인가? 수신자는 어떤 교육을 받고 자라났으며 배경이 어떠한가? 우선 다른 사람을 있는 그대로의 모습으로 바라보라. 그리고 잠재적 갈등이 일어날 때마다 협력적 문제 해결 방법으로 접근하라.
- **집단의 정체성을 적극적으로 유지하라.** 모든 문화가 그렇듯 효과적인 이종 문화 간 의사소통을 위해 공통 기반으로 '제3의 문화'를 형성하는 것은 시간이 걸리고 관리가 필요하다. 집단 구성원에게 공통 목표를 추구하고, 서로 존중하고, 개인적으로 선호하는 소통 방식에 적응해야 한다는 것을 상기시켜야 한다.[110]

요약

의사소통은 조직을 운영하는 데 중요하다. 조직은 정보의 전달과 이해를 관리함으로써 프로세스를 개선하고 궁극적으로 더 나은 결과를 달성할 수 있다. 의사소통은 다양한 기능을 수행하는 특정 프로세스를 따른다. 의사소통은 하향적, 상향적, 수평적으로 이루어질 수 있다. 의사소통은 네트워크에 구축된 연결을 통해 공식적으로 발생하기도 하고, 그레이프바인을 통해 비공식적으로 발생하기도 한다. 또한 정보의 풍부성에 따라 다양한 의사소통 채널이 있으며, 상황에 따라 적합한 채널이 다르다. 그리고 메시지 수신자의 관점에서 보자면 어떤 메시지는 자동으로 수신되어 생각이 거의 필요하지 않지만, 어떤 메시지는 수신자가 해석하는 데 더 많은 인지적 노력을 기울여야 한다는 것을 이해해야 한다. 효과적인 의사소통자가 되려면 의사소통이 여러 장애 요인과 문화적 차이에 의해 제약될 수 있음을 알아야 한다.

경영자를 위한 시사점

- 자신의 의사소통 방식이 의사소통의 효과성을 일부분 결정한다는 것을 유념하라.
- 자신의 메시지가 이해되었는지를 확인하기 위해 피드백을 받아라.
- 서면 의사소통이 구두 의사소통보다 더 많은 오해를 불러일으킬 수 있음을 유념하라. 가능하면 구성원과 직접 만나 의사소통을 하라.
- 청중과 메시지 유형에 적절한 의사소통 전략을 사용하라.
- 성별과 문화 등의 의사소통 장애 요인을 염두에 두라.

협상력과 정치

제12장 리더십

제13장 권력과 정치

제14장 갈등과 협상

12
리더십

학습목표

- 리더십 특성 이론의 결론을 요약할 수 있다.
- 행동 이론의 핵심 주장과 주요 한계를 파악할 수 있다.
- 리더십 상황 이론 간의 차이를 비교할 수 있다.
- 현대 리더십 이론을 이해하고 기본적인 이론과의 관계를 제시할 수 있다.
- 윤리적인 조직을 만드는 데 리더가 어떤 역할을 하는지 설명할 수 있다.
- 리더가 신뢰 구축과 멘토링을 통해 어떻게 조직에 긍정적인 영향을 미칠 수 있는지 설명할 수 있다.
- 리더십에 대한 기존의 논의에 더 비판적으로 접근할 수 있다.

리더십 특성 이론

페덱스(FedEx)의 운영 및 서비스 지원 총괄 부사장인 글로리아 보일랜드(Gloria Boyland)는 미국 업계에서 가장 영향력 있는 여성으로 언급된다. 보일랜드는 자신에게 주어진 시간의 대부분을 직속 부하 직원을 코칭하고 업무의 방향성을 알려주는 데 쏟고, 그들이 일에 몰입할 수 있도록 다양한 사고의 틀을 제시하거나 페덱스에서 그들이 얼마나 중요한 역할을 수행하고 있는지 재차 확인해주었다. 또한 페덱스의 구성원들이 스스로 자율성을 발휘할 수 있도록 방안을 마련했다. 이를 위한 그녀만의 원칙은 '(내가) 한 걸음 물러서서 다른 사람들이 한 걸음 더 나아갈 수 있게 하자'이다.[1] 그녀는 페덱스 창업자이자 CEO인 프레드 스미스(Fred Smith)에게서 많은 것을 배웠고, 그가 변혁적인 리더이면서 구성원에게 동기부여를 하는 리더의 귀감이 된다고 밝혔다. 흑인 여성인 보일랜드가 기업에서 리더십을 발휘하는 데에는 어려움이 산적해 있다. 페덱스의 경영진은 주로 백인 남성인 데다 '리더는 응당 온정주의자이지만 그만큼 냉철해야 한다'는 리더십 고정관념으로 인해 여성이 리더로서 인정받기가 사실상 불가능했다.[2]

물론 모든 리더가 경영자는 아니다. 또한 모든 경영자가 리더인 것도 아니다. 조직의 명령 체계를 넘어 발휘할 수 있는 영향력이라 할 수 있는 **비권위적 리더십**(non-sanctional leadership)이 때로는 공식적인 영향력보다 더 중요하다. 예를 들어 워크마켓(Work Market)의 마케팅 담당 책임자인 마시 신더(Marcy Shinder)는 직장 동료들과 친밀한 관계를 맺는 데 힘썼고, 워크마켓에서 근무한 지 얼마 되지 않아 (리더의 직함은 단 것은 아니지만) 사실상 리더로 자리매김하게 되었다.[3] 그렇다면 과연 어떤 사람이 리더가 되는 것일까? 앞서 언급한 보일랜드의 사례는 현대 조직 환경에서 간과하는 리더십의 측면(예: 리더의 인종, 성별 다양성 부족)을 드러내는 것은 물론, 리더로서 갖추어야 할 특성과 행동을 많이 보여준다.[4] **리더십**(leadership)이라는 개념은 다양한 방식으로 규명되었고, 학술적으로는 리더의 특성, 행동, 그 밖에 리더를 둘러싼 다양한 요인 등이 개입된 것으로 밝혀졌다. 이 장에서는 리더십의 개념을 정확히 이해하기 위해 리더십을 비전이나 목표를 달성하도록 집단에 영향력을 발휘하는 행위로 정의한다.

리더십 조직의 비전과 목표를 달성하도록 조직 내 집단에 영향력을 발휘하는 행위

리더십의 성격 특성

리더십 특성 이론 리더와 비리더를 구분 짓는 개인적 자질과 특성이 있다고 주장하는 이론

위대한 리더는 어떤 특성을 가지고 있을까? 먼저 **리더십 특성 이론**(trait theories of leadership)은 빅파이브와 같은 성격(5장 참조)을 포함한 개인적 자질과 특성에 초점을 맞추어 두 가지 결과(리더십 출현과 리더십 효과성)를 예측한다.[5] 역사상 영향력 있는 리더는 개인 특성을 바탕으로 설명되었기 때문에 리더십 연구 또한 리더와 비리더를 구분 짓는 성격, 사회적·신체적·지적 특성을 파악하는 데 초점을 맞추었다. 하지만 한 개인이 리더에 적합한 개인 특성을 가지고 있어 조직에서 리더로 인정받았다고 할지라도, 이것이 리더십을 효과적으로 발휘하여 조직의 목표를 성공적으로 달성한다는 것을 의미하지는 않는다. 5장에서 다루었던 개인-상황 접근 방식을 적용한다면 리더의 행동 역시 개인 특성과 상황이 모두 반영된 산물이라고 볼 수 있다.[6] 머신러닝과 인공지능 기법을 활용하여 리더십의 효과성을 분석한 결과에 따르면, 리더의 개인 특성과 상황적 특성이 모두 리더십 효과성에 영향을 미치는 것으로 나타났다.[7]

빅파이브 성격 성격 특성 연구자들은 일관적으로 외향성이 효과적인 리더의 가장 중요한 특성이라고 주장한다. 외향성은 어떤 사람이 리더가 되는지를 알려주는 가장 강력한 예측 변수이지만,[8] 또한 조직을 이끄는 행위 방식 또는 리더십 스타일을 나타내기도 한다. 예를 들어 외향적인 리더는 내향적인 리더에 비해 변혁적 리더십 스타일에 더 충실하고 보다 배려하고 사려 깊은 행동을 보이는 경향이 있다(뒤에서 이에 대해 자세히 설명할 것이다).[9] 따라서 외향적인 리더는—어쩌면 외향적 사람은 주목받기를 바라고 나서기를 좋아하며 적극적인 성향이라 반드시 온화하고 사교적이며 친근한 측면만을 보이는 것이 아님에도—상대적으로 효과적인 리더로 여겨졌다.[10] 외향성이 리더십에 효과적이라고 말할 수 있는 것은, 외향적인 리더가 보여주는 이러한 독특한 성격적 측면 때문

일 것이다. 그러나 나서기를 너무 좋아하거나 지나치게 배려하는 등 외향성의 특정 측면을 너무 부각하는 것은 오히려 리더로서의 부상에 해가 될 수 있다.[11]

한편 친화성과 정서적 안정성은 리더가 갖추어야 할 중요한 성격적 측면으로, 이 두 가지는 리더에 대한 구성원의 만족도를 높여준다. 그러나 개방성은 리더십이 효과적으로 나타나는 데 도움이 될지언정 리더가 갖추어야 할 자질로 크게 부각되지는 않는다.[12] 반면에 성실성은 여러 리더십 행동이나 결과에 중요한 영향을 미친다. 예를 들어 매우 성실한 리더는 구성원을 배려하고 목표 달성을 위해 업무를 구조화하는 경향이 있다(뒤에서 이에 대해 자세히 설명할 것이다).[13] 이처럼 성실성은 리더십을 효과적으로 이끌고 조직의 성과를 향상할 수 있는 리더의 중요한 자질이다.[14]

어둠의 세 가지 성격 마키아벨리즘, 나르시시즘, 사이코패스, 즉 어둠의 세 가지 성격은 어떠한가(5장 참조)? 지금까지의 연구에서 밝혀진 바로는 이 세 가지 특성이 모두 리더십에 나쁘기만 한 것은 아니다. 실증 분석에 따르면 부정적인 성격 특성이 적정 수준의 점수(중간 범위 점수)일 때 리더십 효과성이 최상으로 나타났고, 너무 낮거나 높을 때는 리더십에 비효과적이었다.[15] 또한 다른 나라의 유사 연구에서도 리더가 어둠의 세 가지 성격을 스스로 인지하고 자기조절을 할 수만 있다면 그로 인한 부정적인 영향을 줄일 수 있는 것으로 나타났다.[16] 특히 나르시시스트는 자기고양 편향(self-enhancement, 자기 자신에 대해 더 긍정적으로 생각하는 성향)에 빠질 가능성이 높아서 리더가 스스로 인지하기 어려울 수 있다. 이러한 경우에는 리더가 피드백을 받더라도 제대로 수용하지 않고 자신의 취향에 따라 선택적으로 받아들일 것이다.[17]

감성지능과 리더십

효과적인 리더십을 설명하는 또 다른 특성은 감성지능이다. 4장에서 설명했듯이 감성지능의 핵심 요소는 공감으로, 공감을 잘하는 리더는 다른 사람들의 욕구를 파악하고, 부하 직원이 하는 말을(심지어 하지 않은 말도) 듣고, 다른 사람들의 반응을 읽을 줄 안다. 감정을 효과적으로 표현하고 관리하는 리더는 우수한 성과를 낸 사람에게 진정한 공감과 열광을 표현하고, 나쁜 성과를 낸 사람에게 화를 냄으로써 부하 직원의 감정에 영향을 미치기 쉽다.[18] 리더에게 자신의 감성지능이 어느 정도인지 질문하여 답변을 받는 방식으로 리더십의 감성지능을 측정했을 때, 감성지능이 높다고 답한 리더일수록 변혁적 리더십 스타일을 보일 가능성이 높은 것으로 나타났다. 그러나 리더가 답변하는 방식이 아니라 해당 조직의 구성원이 리더의 리더십 행동을 평가하게 하면(예: 리더가 변혁적 리더십 행동을 어느 정도 보이는가) 감성지능과 변혁적 리더십의 상관관계가 낮게 나타났다.[19] 또 다른 연구는 리더의 지적 능력과 성격의 영향을 통제했을 때도 감성지능이 높은 사람이 리더가 될 가능성이 더 높다고 보고했다.[20]

최근의 연구를 토대로 성격 특성과 리더십의 관계에 대해 두 가지 결론을 도출할 수 있다. 첫 번째는 개인 특성이 리더십을 예측할 수 있다는 것이고, 두 번째는 개인 특성이 효과적인 리더와 비효과적인 리더를 구분하는 것보다 리더와 리더십의 출현을 예측하는 데 유용하다는 것이다.[21]

행동 이론

리더십의 행동 이론 리더와 비리더를 구분하는 행동의 특성을 설명하는 이론

개인 특성 이론은 타고난 개인 특성을 근거로 조직이 리더에 적합한 사람을 선별하여 리더십 효과성을 극대화할 수 있다고 보는 반면, **리더십의 행동 이론**(behavioral theories of leadership)은 훈련을 통해 후천적으로 리더를 만들 수 있다고 강조한다.[22]

가장 포괄적인 행동 이론은 오하이오주립대학의 연구진이 제시했다.[23] 이 연구는 리더 행동을 구성하는 독립된 차원을 찾기 위해 수행되었으며, 수많은 차원에서 리더십 행동의 대부분을 설명하는 두 가지 차원, 즉 **구조 주도**와 **배려**를 도출했다.

구조 주도

구조 주도 리더가 목표 달성을 위해 자신과 부하 직원의 역할을 정의하고 구조화하는 정도

구조 주도(initiating structure)는 리더가 목표 달성을 위해 자신과 부하 직원의 역할을 정의하고 구조화하는 정도로, 여기에는 작업, 작업 관계, 목표를 조직화하려는 행동이 포함된다. 구조 주도 수준이 높은 리더는 특정 과업을 부하 직원에게 할당하고, 성과 기준을 명확하게 설정하며, 마감 시간을 강조한다(이 대목에서 앞서 살펴본 성실성이 왜 리더십에 중요한 성격 특성인지 이해할 수 있을 것이다!). 리더십 문헌을 검토한 결과에 따르면 구조 주도는 집단/조직의 높은 생산성, 긍정적인 성과 평가와 밀접한 관련이 있다.[24]

배려

배려 어떤 사람의 직무 관계에서 상호 신뢰, 부하 직원의 아이디어와 감정 존중이 이루어지는 정도

배려(consideration)는 어떤 사람의 직무 관계에서 상호 신뢰, 부하 직원의 아이디어와 감정 존중이 이루어지는 정도를 말한다. 배려 수준이 높은 리더는 개인적인 문제가 있는 부하 직원을 도와주고, 친절한 데다 쉽게 다가갈 수 있으며, 모든 구성원을 동등하게 대우하고, 감사와 지지를 표현한다(인간 지향적). 대개 우리는 배려하는 리더와 함께 일하기를 바란다. 수년간 수백만 명을 대상으로 설문조사를 실시한 전미경제연구소(National Bureau of Economic Research)의 연구 결과에 따르면 배려심이 많은 상사와 일하는 것은 두 배 이상의 소득을 얻을 때와 같은 만족감을 주는 것으로 나타났다.[25] 배려심이 많은 상사 밑에 있는 직원은 자신의 직무에 더 만족하고, 더욱 동기부여가 되며, 리더를 더 존경한다.[26]

문화적 차이

행동 이론 연구의 결과가 일관되지 않은 것의 일부 원인은 부하 직원의 선호도, 특히 문

화적 선호도에 있다. GLOBE 연구 프로그램(5장 참조)은 구조 주도와 배려에 대한 선호도에 국제적 차이가 있다고 밝혔다.[27] 이 연구에 따르면 배려 수준이 높은 리더는 일방적인 의사결정을 선호하지 않는 문화인 브라질과 같은 나라에서 성공한다. 한 브라질 경영자가 말하길, "우리는 독단적인 결정을 내리고, 집단에 참여하지 않으며, 혼자 행동하는 리더를 좋아하지 않아요. 그게 우리의 특징이죠." 그러므로 브라질에서 팀을 관리하는 미국 경영자가 효과적인 리더십을 발휘하려면 높은 수준의 배려 행동(팀 지향적이고, 참여적이며, 인간적인 행동)을 할 필요가 있다.

반대로 프랑스 사람은 리더에 대해 더 관료적인 견해를 가지고 있으며, 리더가 인간적이고 배려심이 많기를 기대하지 않는다. 그래서 구조 주도 수준이 높은(상대적으로 과업 지향적인) 리더는 프랑스에서 일을 가장 잘할 것이고, 상대적으로 독재적인 방식의 의사결정을 할 수 있다. 또한 배려심이 큰(인간 지향적) 리더십 스타일이 프랑스에서는 오히려 역효과를 불러일으킬 수도 있다.

한편 배려와 구조 주도가 모두 중요한 문화도 있다. 예를 들어 중국 문화는 예의 바르고 배려하며 이기적이지 않은 행동을 강조하면서도 성과 향상 또한 지향한다. 그러므로 중국에서 효과적인 경영자가 되기 위해서는 배려와 구조 주도 둘 다 중요할 것이다. 하지만 수십 개국의 경영자를 대상으로 실시한 국가 간 비교 연구에 따르면, 경영자가 배려 행동과 구조 주도 행동을 결정하는 데 문화적 차이(또는 국가 간 차이)보다는 조직이나 경영자 간의 차이가 더 큰 영향을 미치는 것으로 나타났다.[28]

상황 이론

강인한 정신을 가진 리더는 어려움에 처한 회사를 맡아 경영 위기를 극복했을 때 많은 추종자를 얻을 것이다. 예를 들어 앨프리드 글랜시 3세(Alfred Glancy III)는 디트로이트심포니오케스트라(Detroit Symphony Orchestra)가 경영상 어려움을 겪고 있을 때 그 위기를 성공적으로 극복하게 한 장본인이다. 하지만 특정 리더십의 성공을 예측하는 것은 단순히 조직을 위기에서 구했다는 결과만으로 설명하기에는 훨씬 더 복잡한 메커니즘이 존재한다. 글랜시는 예술을 지키면서도 낭비되는 비용을 줄이고, 근로 계약 시 적정한 합의점을 찾고, 부채 부담을 탕감하고, 자금 조달 방안을 모색하는 등 다각적으로 문제를 해결하기 위해 노력했다. 여기서 중요한 점은 어려운 시기에 빛을 발한 리더십 스타일이 반드시 장기적인 성공을 의미하는 것은 아니라는 것이다. 디트로이트심포니오케스트라가 존폐의 위기를 모면한 후 글랜시는 이 조직을 발전시킬 수 있는 더욱 혁신적인 방법을 시도했다. 예를 들면 전 세계에서 감상할 수 있는 웹캐스트 기술을 진일보시키고, 오케스트라 홀의 조명과 전자 기기를 업그레이드했다. 이와 같이 효과적인 리더의 모습은 어떤 상황에 처해 있는가에 따라 크게 달라진다.[29]

피들러 상황 모델

피들러 상황 모델 효과적인 집단은 리더가 부하 직원과 상호작용하는 방식에 의존하고, 그러한 의존의 정도에 따라 리더에게 통제력과 영향력이 주어진다는 이론

가장 좋아하지 않는 동료 설문지 어떤 사람이 과업 지향적인지, 관계 지향적인지 측정하는 도구

프레드 피들러(Fred Fiedler)는 최초의 리더십 상황 모델을 개발했다.[30] **피들러 상황 모델**(Fiedler contingency model)에 따르면 효과적인 집단 성과는 리더십 스타일과 상황 호의성(상황이 리더에게 통제권과 영향력을 주는 정도)이 부합될 때 나타난다. 이 모델은 개인의 리더십 스타일이 변하지 않는다고 가정한다.

첫 번째 단계로, **가장 좋아하지 않는 동료 설문지**[least preferred coworker(LPC) questionnaire]를 통해 어떤 사람이 **과업 지향적**인지, **관계 지향적**인지를 확인한다. 즉 응답자에게 같이 일했던 동료들을 생각해보고 그중에서 함께 일하기 가장 싫었던 한 사람을 평가하게 한다. 만약 응답자가 함께 일하기 가장 싫었던 동료를 비교적 호의적으로 표현한다면(LPC 점수가 높음) 관계 지향적인 사람이라는 의미이다. 반대로 함께 일하기 가장 싫었던 동료를 비교적 비호의적으로 표현한다면(LPC 점수가 낮음) 생산성을 더 중요시하는 과업 지향적인 사람이라고 볼 수 있다.

LPC 점수가 나오면 리더십 효과성을 예측하기 위해 조직 상황과 리더 스타일 간의 적합성을 찾아야 한다. 그 상황은 다음과 같은 세 가지 상황 요인으로 평가할 수 있다.

리더-구성원 관계 구성원이 리더에 대해 확신, 신뢰, 존경심을 느끼는 정도

과업 구조 업무 분장이 규정된 절차를 따르는 정도

직위 권력 리더가 고용, 해고, 징계, 승진, 임금 인상과 같은 권력 행사 범위를 넘어 영향력을 행사할 수 있는 정도

- **리더-구성원 관계**(leader-member relation): 구성원이 리더에 대해 확신, 신뢰, 존경심을 느끼는 정도
- **과업 구조**(task structure): 업무 분장이 규정된 절차를 따르는 정도(구조화 또는 비구조화 정도)
- **직위 권력**(position power): 리더가 고용, 해고, 징계, 승진, 임금 인상과 같은 권력 행사 범위를 넘어 영향력을 행사할 수 있는 정도

피들러 상황 모델에 따르면 과업 구조가 높을수록 절차가 더 많아지고, 직위 권력이 강할수록 리더의 통제력이 더 커진다. 도표 12-1에서 왼쪽 부분은 리더십에 호의적인 상황을 나타낸다. 가장 호의적인 상황(리더가 가장 많은 통제력을 가진 상황)의 예로는 급여 관리자를 들 수 있다. 이러한 사람은 부하 직원에게 존경과 신뢰를 받고(좋은 리더-구성원 관계), 명확하고 구체적인 활동(임금 계산, 서류 검토, 보고서 정리)을 하며(높은 과업 구조), 부하 직원에게 보상과 처벌을 줄 수 있는 재량권이 많다(강한 직위 권력). 도표 12-1의 오른쪽 부분은 리더십에 비호의적인 상황으로, 미국의 자선 단체인 유나이티드웨이(United Way)에서 모금 활동을 하는 자원봉사팀 팀장을 예로 들 수 있다. 자원봉사자로 구성된 이 팀은 팀장을 별로 좋아하지 않는다. 이 경우에는 리더의 통제력이 거의 없다(나쁜 리더-구성원 관계, 낮은 과업 구조, 약한 직위 권력). 상황의 호의성이 I, II, III, VII, VIII일 때는 과업 지향적인 리더가 더 우수한 성과를 낸다. 관계 지향적인 리더는 중간 정도로 호의적인 상황인 IV, V, VI에서 우수한 성과를 낸다.

피들러 모델의 전반적인 타당성을 검증한 연구는 초기에는 이 모델을 지지하는 상당

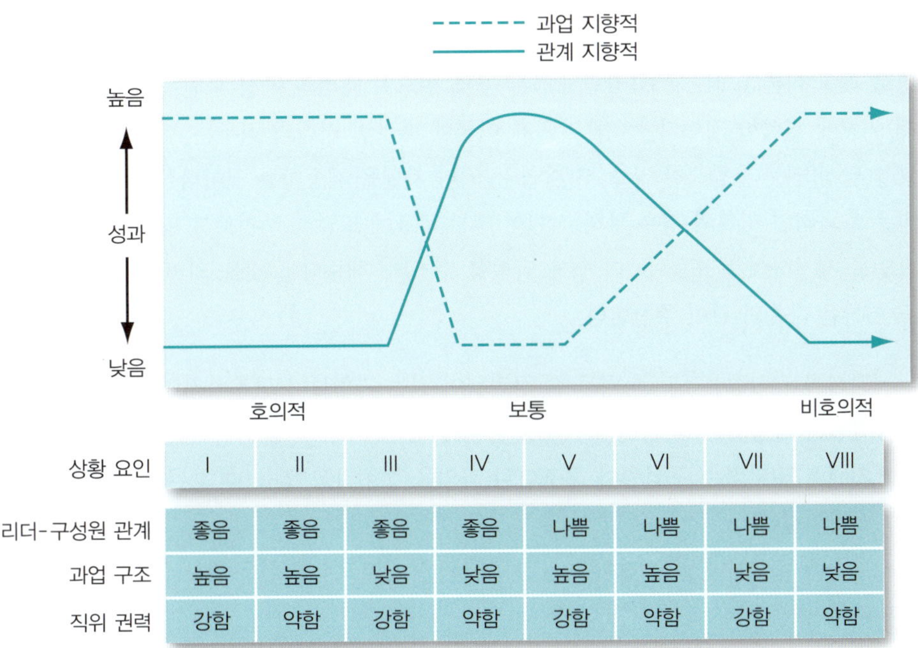

도표 12-1
피들러 상황 모델의 연구 결과

한 증거를 제시했지만 최근에는 거의 연구가 이루어지지 않고 있다.[31] 이는 피들러 모델이 리더십과 관련된 몇 가지 인사이트를 제공하기는 하지만 실무에 엄격하게 적용하는 데에는 한계가 있음을 시사한다.

상황적 리더십 이론

상황적 리더십 이론(situational leadership theory, SLT)에서는 성공적인 리더십이 부하 직원의 **성숙도**(readiness), 즉 부하 직원이 특정 과업을 달성하려는 의지가 있고, 또 달성할 수 있는 정도에 적합한 리더십 스타일을 선택하는 것에 따라 결정된다고 본다.[32] 리더는 부하 직원의 성숙도에 따라 다음 네 가지 행동 중 하나를 선택해야 한다.

상황적 리더십 이론 부하 직원의 성숙도(특정 과업을 달성하려는 의지가 있고, 또 달성할 수 있는 정도)에 초점을 두는 리더십 이론

부하 직원이 어떤 과업을 할 수 있는 **능력이 없고** 하려는 **의지도 없으면** 리더는 명확하고 구체적으로 지시해야 한다. 부하 직원이 **능력이 없지만 의지가 있으면** 리더는 부하 직원의 결여된 능력을 채워주기 위해 과업 지향적으로 행동하는 동시에, 리더가 바라는 대로 부하 직원이 행동하도록 관계 지향적인 행동을 보여야 한다. 부하 직원이 **능력이 있지만 의지가 없으면** 리더는 지원적이고 참여적인 스타일을 사용해야 한다. 부하 직원이 **능력도 있고 의지도 있으면** 리더는 할 일이 별로 없다.

상황적 리더십 이론은 직관적으로 이해할 수 있다. 이 이론에는 부하 직원의 중요성을 인정하고, 리더가 부하 직원의 제한된 능력과 동기를 보충할 수 있다는 논리가 깔려 있다. 그러나 이 이론을 검증하고 지지하려는 연구 노력은 대개 실망스럽다.[33] 모델 자체가 모호하고 일관적이지 않은 부분이 있는 데다 연구 방법론에도 문제가 있기 때문이다.

경로-목표 이론

경로-목표 이론 부하 직원에게 목표 달성에 필요한 자원을 제공하고, 목표에 도달하는 경로를 이해하도록 명확히 하며, 목표 달성을 방해하는 장애 요인을 제거하는 것이 리더의 임무라는 이론

경로-목표 이론(path-goal theory)은 구조 주도와 배려의 구성 요인을 동기부여의 기대 이론에 결합한 것이다.[34] 경로-목표 이론에 따르면 리더의 직무는 부하 직원에게 목표를 달성하는 데 필요한 정보, 지지 또는 기타 자원을 제공하는 것이다('경로-목표'라는 말은 효과적인 리더의 경우 부하 직원이 직무 목표에 도달하는 경로를 명확히 하고 장애 요인을 제거하여 목표를 좀 더 쉽게 달성할 수 있게 해준다는 것을 의미한다). 경로-목표 이론은 다음과 같이 주장한다.

- 지시적 리더십은 구조화되고 잘 정리되어 있는 과업보다 모호하거나 스트레스를 유발하는 과업일 때 구성원의 만족을 높여준다.
- 지원적 리더십은 구성원이 구조화된 과업을 수행하고 있을 때 높은 성과와 만족을 이끌어낸다.
- 우수한 능력이나 많은 경험을 가진 구성원은 지시적 리더십을 필요 없다고 생각하는 경향이 있다.

상황적 리더십 이론과 마찬가지로 경로-목표 이론도 특히 목표 달성 관점에서 직관적으로 이해할 수 있다. 예를 들어 고등학교 교장과 교사를 대상으로 한 연구에서는 거래적 리더십 스타일(뒤에서 자세히 다룸)인 교장의 경우, 목표 달성을 향한 경로를 보다 명확하게 제공하는 것으로 나타났다.[35] 또한 상황적 리더십 이론처럼 이 이론은 실제 조직 현장에 적용하기 어렵지만, 리더십의 주요 역할을 파악하는 데에는 유용한 개념적 틀이 될 수 있다.[36]

리더-참여 모델

리더-참여 모델 다양한 상황에서 참여적 의사결정의 형태와 양을 결정하기 위한 일련의 규칙을 제공하는 리더십 이론

마지막으로 다룰 상황 이론은 리더가 의사결정을 하는 방식이 리더가 무엇을 결정하는지만큼 중요하다고 주장한다. **리더-참여 모델**(leader-participation model)은 리더십 행동과 부하 직원의 의사결정 참여를 연관 짓는다.[37] 경로-목표 이론과 마찬가지로 이 이론은 리더 행동이 과업 구조(일상적, 비일상적, 중간)에 따라 달라져야 한다고 제시한다. 하지만 모든 리더십 행동을 포괄하지 않으며, 부하 직원이 참여하는 의사결정 유형 중 어떤 것이 가장 좋은지 제안하지 않는다. 리더-참여 이론은 부하 직원의 동의를 가장 잘 이끌어내는 상황을 중심으로 리더십 행동을 이해할 수 있는 토대를 제공한다. 예를 들어 미국 프로 농구팀 골든스테이트워리어스(Golden State Warriors)의 코치인 스티브 커(Steve Kerr)는 리더가 되어 선수들을 관리하는 것만으로는 충분치 않다고 말한다. 훌륭한 리더는 선수가 스스로 최선을 다할 수 있도록 매 순간 팀이 처한 상황에 맞게 리더십 행동을 바꿀 수 있어야 한다고 강조한다.[38]

여기서 제시한 이론들은 리더가 동일한 스타일로 작업집단의 모든 구성원을 대한다고 가정한다. 우리 자신의 경험에 비추어 보면 실제로 리더는 부하 직원에 따라 다른 스타

일의 리더십을 행사하는지 않았는가?

현대 리더십 이론

리더십에 대한 이해는 끊임없이 진화하고 있다. 현대 이론은 리더가 출현하고, 영향을 미치고, 구성원과 조직을 이끌어가는 독특한 방식을 발견하기 위해 이루어진 연구를 토대로 개발되었다. 그렇다면 오늘날 가장 중요한 리더십 이론을 살펴보자.

리더-구성원 교환 이론

자신이 알고 있는 리더를 잠시 떠올려보라. 그 리더는 총애하는 부하 직원들과 내집단을 형성하고 있는가? 이 질문에 "그렇다"고 대답한다면 **리더-구성원 교환 이론**[leader-member exchange(LMX) theory]을 알고 있는 셈이다.[39] LMX는 리더와 각 부하 직원이 일대일 관계를 맺는 것을 의미한다. 따라서 리더와 부하 직원마다의 관계가 다르고 긴밀도도 차이가 있다. 또 다른 관점에서 LMX는 리더가 어떻게 부하 직원과 관계를 맺는지를 의미하기도 한다. 리더가 특정한 부하 직원들과 특별한 관계를 맺으면 그 부하 직원들은 따로 내집단을 형성하게 된다. 이들은 신뢰를 얻고, 리더의 관심을 많이 받으며, 특별한 대우를 받는 경향이 있다. 한편 내집단에 속하지 않는 부하 직원들은 외집단이 된다.

리더-구성원 교환 이론 리더와 각 부하 직원이 일대일 관계를 맺으며, 이러한 관계의 정도에 따라 부하 직원들이 내집단 또는 외집단을 형성한다는 이론. 내집단에 속한 부하 직원은 더 좋은 성과 평가를 받고, 이직률이 낮으며, 직무 만족도가 더 높음

LMX가 변하지 않고 그대로 유지되려면 리더와 부하 직원은 그 관계를 위해 노력해야 한다(도표 12-2 참조). 능력 있고, 성실하고, 선제적이며, 매사에 긍정적인 구성원은 리더와 긴밀한 관계를 맺을 가능성이 높고, 자연스럽게 내집단에 속하게 된다. 그런데 내집단에는 리더가 듣기 좋아하는 말만 하고 잘난 척하는 사람이 포함되기도 한다.[40] 리더는 변혁적 리더십을 발휘하고, 부하 직원의 장점을 부각하고, 리더와의 긴밀한 관계를 원하는 구성원에게 더 호의적으로 대하고, 반대로 거리를 두는 구성원에게는 냉정하고 엄격하게 대함으로써 상사에 대한 부하 직원의 존중과 신뢰를 높일 수 있다.[41] 리더와 부하 직원이 긴밀하게 상호작용을 하면 서로에게 중요한 사회적 자본이 된다. 즉 이들은 그 관계를 지켜야 한다고 느끼면 서로에게 도움이 되는 방향으로 노력하고, 반대로 그

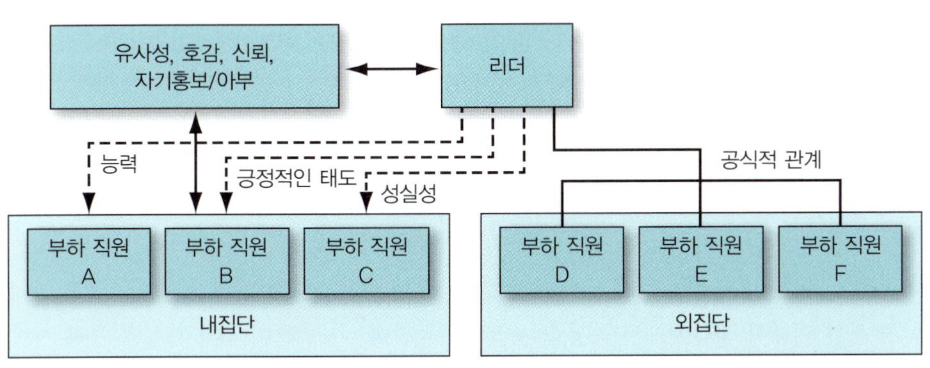

도표 12-2
리더-구성원 교환 이론

관계가 더 이상 도움이 되지 않는다고 판단될 때는 그러한 노력을 기울이지 않는다.[42] 그러나 일반적으로 리더와 부하 직원은 시간이 흐를수록 관계를 발전시키는데, 이러한 관계는 리더가 부하 직원에게 기대하는 바가 크거나, 리더가 부하 직원이 서로 성향이 비슷하다고 느끼거나, 서로에게 호감이 있거나, 서로를 신뢰할 때 더욱 긴밀해진다.[43] 또한 리더와 부하 직원은 성별이 다를 때보다 같은 성별일 때 더 친밀한 관계(높은 LMX)를 형성하는 경향이 있다.[44] LMX에 대한 이러한 인식과 별개로 LMX 자체는 리더와 부하 직원이 서로를 얼마나 중요하게 여기는지에 따라 차이가 있다(즉 리더가 느끼는 것과 달리 부하 직원은 LMX를 중요하게 여기지 않을 수도 있다).[45]

LMX 이론을 검증한 연구는 일반적으로 이 이론을 지지하면서 리더가 부하 직원을 차별한다는 실제적인 증거를 제시한다. 이러한 차별은 우발적으로 이루어진 것이 아니다. 내집단에 속한 부하 직원은 더 높은 성과 평가를 받고, 객관적으로도 성과가 좋으며, 협력적인 행동이나 조직시민행동을 더 많이 하고, 상사에 대한 만족도가 더 높다.[46]

더욱이 리더가 부하 직원을 편애하거나 공공연히 내집단과 외집단을 구분하면 팀 성과에 부정적인 영향을 미친다.[47] LMX가 팀 성과에 그렇게 지대한 영향을 미치지는 않는다 하더라도 팀 구성원의 업무 태도, 공동 업무의 효용성, 공정한 업무 환경, 역할 분배 및 조정에 부정적인 영향을 미칠 수밖에 없고, 이는 결국 팀 내 불화를 야기한다.[48] 또한 팀 구성원 간에 전반적인 LMX의 수준(부하 직원이 리더와의 관계가 얼마나 돈독하다고 여기는지)은 팀 성과에 중요한 역할을 한다.[49] 기존 리더십 이론이 다루지 않은 관점을 보완적으로 제공하는 방향에서(뒤에서 자세히 다룸) 동료 간 관계의 질을 높이는 것은 팀의 LMX 수준이 낮은 상황을 극복하는 데 도움이 될 수 있다.[50]

하지만 LMX의 효과에 대한 상황적 조건이 있음을 유념해야 한다. 예를 들어 조직시민행동과 이직 의도뿐만 아니라 신뢰, 직무 만족, 공정성은 조직 문화에 영향을 주기 때문에 LMX의 효과에도 영향을 미친다. 23개국의 근로자 약 7만여 명을 대상으로 이루어진 연구에 따르면 집단주의 문화보다 개인주의 문화에서 그러한 영향이 더 두드러진 것으로 나타났다.[51] 또한 리더와 부하 직원이 느끼는 LMX 관계의 수준이 상이한 경우(예: 리더는 긴밀한 관계라고 믿지만 부하 직원은 그렇지 않은 경우), 누가 호의적으로 느끼건 간에 관계 인지에 대한 불일치가 부하 직원의 직무 관련 태도와 자발적 참여에 좋지 않은 영향을 줄 수 있다.[52]

카리스마적, 변혁적, 거래적 리더십 스타일

어떤 리더에게는 사람들을 끌어당기는 무언가가 있다. 마틴 루서 킹(Martin Luther King) 목사, 마하트마 간디(Mahatma Gandhi), 버락 오바마(Barack Obama) 전 미국 대통령과 같이 사람들을 하나로 모으고 변화시키는 능력을 가진 리더가 있다.[53] 현대 리더십 이론의 대표적 양대 산맥이라 할 수 있는 카리스마적 리더십과 변혁적 리더십이 말하는 위대한 리더에게는 공통점이 있다. 즉 리더는 말, 아이디어, 행동을 통해 사람들에게 영감을 불어넣는 사람이다.

카리스마적 리더십은 무엇인가 사회학자 막스 베버(Max Weber)는 카리스마(charisma,'선물'을 뜻하는 그리스어)를 개인 성격의 한 특성으로 정의했다. 그는 카리스마를 지닌 사람이 보통 사람과 구별되고, 초자연적·초인간적 또는 최소한 특별히 예외적인 힘이나 자질을 가지고 태어난다고 보았다. 카리스마는 보통 사람이 가질 수 없는 것으로 신성하거나 모범적인 것으로 간주하고, 카리스마를 지닌 사람을 리더로 여겼다.[54]

카리스마적 리더십 이론(charismatic leadership theory)에 따르면, 사람들은 어떤 행동을 보았을 때 그것이 영웅적이거나 비범한 리더십 능력에서 비롯된 것이라 생각하고 리더에게 권한을 부여하는 경향이 있다.[55] 카리스마적 리더십의 특성을 밝히기 위해 많은 연구가 이루어진바, 연구 결과에 따르면 카리스마적 리더는 비전을 가지고 있고, 그 비전을 달성하기 위해 기꺼이 개인적 위험을 감수하며, 부하 직원의 욕구에 대해 민감하고, 평범하지 않은 행동을 보여준다(도표 12-3 참조).[56] 또한 다른 연구는 카리스마적 리더십이 제공하는 동기부여 방식과 구성원에 대한 영향 요인은 리더의 지적 능력, 외향성, 친화성과 밀접한 관련이 있다고 밝혔다.[57] 카리스마적 리더십 이론에 따르면, 외향성과 친화성 같은 성격 특성을 가진 리더는 자신이 처한 업무 상황에 긍정적으로 대응하고, 특히 감성지능이 높은 리더는 구성원들을 단결시키고 힘겨운 상황이 닥쳤을 때 건설적으로 헤쳐나갈 수 있도록 영향력을 발휘한다.[58]

카리스마적 리더십 이론 리더의 영웅적이고 특별한 능력을 통해 리더의 영향력이 나타난다고 주장하는 리더십 이론

카리스마적 리더는 어떻게 영향력을 발휘하는가 카리스마적 리더십은 구성원의 성과에 긍정적인 영향을 미친다. 카리스마적 리더는 부하 직원이 성과를 향상하고 조직시민행동을 하도록 이끌 뿐만 아니라 이직률과 직무 스트레스를 줄이거나 환기시킬 수 있다.[59] 그렇다면 카리스마적 리더는 부하 직원에게 어떻게 영향을 미칠까? 우선 리더는 호소력 있는 **비전**(vision)을 제시한다. 비전은 목표를 달성하기 위한 장기적인 전략으로, 이를 통해 조직의 현재가 더 나은 미래로 이어진다. 바람직한 비전은 시대와 상황에 맞고 조직의 독특성을 반영한다. 부하 직원들은 리더가 얼마나 열정적으로 소통하는지, 그리고 리더의 비언어적 암시(예: 눈 맞춤)[60]와 호소력 있는 메시지에 고무된다. 예를 들어 이스라엘 학교를 대상으로 한 연구에서는 카리스마 넘치는 교장이 학교의 비전을 교사들과 공유함으로써 업무 분위기가 개선되어(16장 참조) 그 결과 학교의 성과가 향상되

비전 목표를 달성하기 위한 장기적인 전략

1. **비전 수립 및 명확화**: 현상 유지보다는 더 나은 미래를 제시하는 비전(이상화된 목표로 표현된 비전)을 가지고 있으며, 구성원들이 이해할 수 있는 말로 비전의 중요성을 설명할 수 있다.
2. **개인적 위험**: 비전을 달성하기 위해 기꺼이 개인적 위험을 감수하고, 큰 비용을 부담하며, 자기희생을 한다.
3. **부하 직원의 욕구에 대한 세심함**: 구성원들의 능력을 파악하고 그들의 욕구와 느낌에 반응할 수 있다.
4. **관습에 얽매이지 않는 행동**: 새로운 것을 받아들이고 관습에 얽매이지 않는 행동을 한다.

도표 12-3
카리스마적 리더십의 주요 특성

출처: Based on J. A. Conger and R. N. Kanungo, *Charismatic Leadership in Organizations* (Thousand Oaks, CA: Sage, 1998), p. 94.

리처드 브랜슨

버진그룹(Virgin Group) 창립자이자 회장인 리처드 브랜슨(Richard Branson)은 직원들이 관습에 얽매이지 않는 자신의 행동을 따르고 직장에서 즐거운 시간을 보내기를 바란다. 그는 턱시도를 입고 제트스키를 타거나 뉴욕 5번가에서 탱크를 모는 등 엉뚱한 행동을 하기로 유명하다. 위험을 감수하는 것은 고정관념을 깨는 사고로 여겨진다. 버진그룹의 직원들은 업계 표준보다 낮은 급여를 받지만 버진 가족의 일원임을 자랑스럽게 여긴다.

비전 선언문 조직의 비전이나 사명을 공식적으로 선언한 문서

었다.[61]

비전은 조직의 비전이나 사명을 공식적으로 표현한 **비전 선언문**(vision statement)으로 만들어져야 한다. 카리스마적 리더는 중요한 목표와 목적을 부하 직원들에게 각인시키기 위해 비전 선언문을 사용한다. 또한 카리스마적 리더는 협력하고 서로 지원하는 분위기를 조성한다. 그리고 높은 성과 기대와 부하 직원이 그것을 달성할 수 있다는 믿음을 전달하여 부하 직원의 자부심과 자신감을 북돋운다. 카리스마적 리더는 말과 행동을 통해 새로운 가치관을 전달하고 모범을 보여 부하 직원이 따라 하게 한다. 또한 비전에 대한 확신과 용기를 보여주기 위해 감정을 불러일으키고, 흔히 관습에 얽매이지 않는 행동을 한다.

연구에 따르면 이러한 리더가 불러일으키는 감정을 부하 직원이 간파하여 수용하면 카리스마적 리더십이 그 효과를 발휘하게 된다.[62] 한 연구는 직원이 카리스마적 리더 밑에서 일할 때 개인적 소속감을 더 강하게 느끼고, 이로 인해 돕는 행동과 순응 지향적 행동을 기꺼이 한다고 밝혔다.[63]

효과적인 카리스마적 리더십은 상황에 따라 달라지는가 카리스마적 리더십은 많은 상황에서 긍정적인 영향을 미친다. 그러나 이러한 효과를 강화하거나 어느 정도 제한하는 부하 직원과 상황 특성이 있다.

카리스마적 리더십을 강화하는 요인 중 하나는 스트레스이다. 사람들은 위기를 느낄 때, 스트레스를 받을 때, 생존이 위협당할 때 카리스마적 리더십을 쉽게 받아들이는 경향이 있다. 위기 상황에서는 대담한 리더십이 필요하다고 생각하기 때문에 카리스마적 리더십을 더 잘 받아들인다. 또한 사람들은 심리적으로 각성된 상태일 때 카리스마적 리더에게 더 많이 호응한다. 특히 리더가 마땅한 해결책을 제시하지 못한 채 적대적인 분위기를 만드는 언어 표현을 할 때보다 건설적이고 미래 지향적인 언어 표현을 할 때 더 긍정적으로 호응한다.[64] 한편 리더도 스트레스의 영향을 받는다. 스트레스를 받는 리더는 상대적으로 카리스마적 행동을 보일 여지가 줄어든다.[65]

카리스마적 리더십을 강화하는 또 다른 요인은 모호함이다. 어떤 사람의 의도가 무엇인지 정확하게 알지 못할 때 우리는 그 사람의 행동(특히 카리스마적 행동)을 통해 리더로서 자격이 있는지 판단하게 된다. 예를 들어 미국의 대통령과 CEO에 대한 연구에 따르면 국가든 기업이든 처한 상황이 모호할 때 카리스마를 가진 사람이 대통령 또는 CEO로 임명될 확률이 더 높은 것으로 나타났다.[66]

카리스마적 리더십에 특히 민감한 성격도 있다.[67] 예를 들어 자신감이 부족하고 자신의 가치에 대해 의문을 가진 사람은 독자적으로 행동하고 사고하기보다는 리더의 방향을 더 잘 받아들이는 경향이 있다. 이러한 사람에게는 상황이 리더의 카리스마적 특성보다 훨씬 덜 중요하다.

카리스마적 리더십의 문제점 안타까운 사실이지만, 실제보다 과장된 카리스마적 리더

가 반드시 조직 이익만을 위해 행동하는 것은 아니다.[68] 이에 관한 연구에 따르면 자기애가 강한 사람이 카리스마적 리더십과 연관된 행동을 더 많이 하는 것으로 나타났다.[69] 더욱이 카리스마적 리더십은 구성원의 공정성 인식을 과도하게 왜곡하기도 한다. 구성원들은 카리스마적 리더를 긍정적으로 보기 때문에 (의식적이든 아니든) 카리스마적 리더가 공정할 것이라고 인식하는 경향이 있다.[70]

카리스마가 있으나 부패한 리더들은 사적인 이익을 위해 조직의 목표를 희생시켰다. 예를 들면 엔론(Enron), 타이코(Tyco), 월드컴(WorldCom), 헬스사우스(HealthSouth)의 리더는 사적인 이익을 위해 조직의 자원을 거리낌 없이 사용하고, 법과 윤리를 위반하여 주가를 올린 다음 스톡옵션을 팔아 수백만 달러를 손에 쥐었다. 카리스마적 리더십이 효과적이지 않다고 말하는 것이 아니다. 전반적으로 카리스마적 리더십은 효과적이다. 그러나 카리스마적 리더가 항상 정답은 아니다. 상황과 리더의 비전, 그리고 결과를 감시하는 조직의 견제와 균형 시스템도 성공에 영향을 미친다.

카리스마적 리더 되기 누구든 자신의 한계 내에서 카리스마적 리더십 스타일을 개발할 수 있다. 만약 리더십 역할을 적극적으로 수행하고 있다면 목표 달성을 위한 비전을 부하 직원에게 효과적으로 전달할 것이며, 그 과정에서 자연스럽게 카리스마적 리더십이 드러나게 된다.[71] 카리스마의 아우라를 키우는 데에는 리더의 열정이 구성원들의 열정적 헌신을 이끌어내는 촉매제가 된다. 활기찬 목소리로 말하고 눈 마주침과 표정으로 메시지를 강화하는 것이 도움이 된다. 구성원의 감정선을 자극하고 팀 간의 유대감을 형성함으로써 그들의 잠재력을 끌어올려야 한다. 하지만 모든 것은 과유불급이다. 카리스마를 너무 내세우고 비전을 지나치게 강조하다 보면 구조 주도와 같은 운영을 무시할 수도 있다.[72]

거래적 리더십과 변혁적 리더십

미국 소재 리더십 전문 기관인 라이트매니지먼트(Right Management)가 조직 구성원을 대상으로 실시한 설문조사에 따르면, 조사 대상자의 17%만이 그들의 역량 개발과 성장에 상사가 적극적으로 관여하고, 68%는 상사가 전혀 관여하지 않는 것으로 나타났다.[73] 여기서 68%에 해당하는 사람들의 상사는 거래적 리더십 스타일일 가능성이 높다.

거래적 리더(transactional leader)는 부하 직원에게 역할과 과업 요구 수준을 명확히 알려주고, 필요시 보상과 처벌을 적절히 활용하며, 상황에 따라 적극적으로 혹은 수동적으로 업무에 관여함으로써 부하 직원이 목표를 달성할 수 있도록 이끌어준다.[74] 앞서 다루었던 경로-목표 이론은 거래적 리더십의 특성에 부합한다. 때로는 거래적 리더십이 필요한 경우도 있다.[75] 예를 들어 다양한 상황에 대응하여 적극적으로 개입하는 리더는 안전한 작업 환경을 조성할 수 있다. 특히 해양 시추 작업과 같이 사고 가능성이 높은 경우에는 리더가 돌발 상황에 적극적으로 개입할수록 작업자들이 더 안전하게 작업

거래적 리더 역할과 과업 요구 수준을 명확히 알려주고, 필요시 보상과 처벌을 적절히 활용하며, 상황에 따라 적극적으로 혹은 수동적으로 업무에 관여함으로써 부하 직원이 목표를 달성할 수 있도록 이끌거나 동기부여를 하는 리더

도표 12-4

거래적 리더와 변혁적 리더의 특성

출처: B. M. Bass, "From Transactional to Transformational Leadership: Learning to Share the Vision," *Organizational Dynamics* 18, no. 3 (1990): 19-31.

거래적 리더

- **보상 연계**: 노력에 대한 보상을 계약하고, 우수한 성과에 대한 보상을 약속하며, 업적을 인정함
- **예외에 의한 관리(적극적)**: 규칙과 기준에서 벗어나는지 관찰하고, 조사하며, 수정 조치를 취함
- **예외에 의한 관리(수동적)**: 기준을 충족하지 못한 경우에만 개입함
- **자유방임**: 책임을 포기하고 의사결정을 회피함

변혁적 리더

- **이상화된 영향력**: 비전과 사명감을 제시하고, 자부심을 심어주며, 존경과 신뢰를 얻음
- **영감에 의한 동기부여**: 높은 기대를 전달하고, 노력을 집중시키기 위해 상징을 사용하며, 중요한 목표를 단순하게 표현함
- **지적 자극**: 지성, 합리성, 신중한 문제 해결을 장려함
- **개별화된 배려**: 개인적인 관심을 보이고, 부하 직원을 개별적으로 대하며, 코치하고 조언함

할 수 있다.[76]

변혁적 리더 부하 직원이 사적인 이익보다 조직의 이익을 우선시하도록 고무하는 리더

변혁적 리더(transformational leader)는 부하 직원이 사적인 이익보다 조직의 이익을 우선시하도록 고무한다.[77] 변혁적 리더는 구성원들에게 기대 이상의 영향력을 발휘한다.[78] 도표 12-4는 거래적 리더와 변혁적 리더의 특성을 비교하여 보여준다. 도리스 컨스 굿윈(Doris Kearns Goodwin)은 《혼돈의 시대 리더의 탄생(Leadership in Turbulent Times)》에서 미국 대통령을 지낸 에이브러햄 링컨(Abraham Lincoln), 시어도어 루스벨트(Theodore Roosevelt), 린든 존슨(Lyndon Johnson)의 변혁적 특성을 묘사했다. 이들은 인간적으로 국민에게 다가가고, 지지자들이 국가의 목표를 위해 희생하도록 영감을 주었다.[79] 리더가 변혁적 행동을 하는지 여부는 문화와 산업에 따라 달라진다. 예를 들어 18개국에서 이루어진 수십 건의 연구 결과를 검토한 바에 따르면, 변혁적 리더십은 자기주장과 평등주의를 중시하고 권력 격차가 작은 문화 그리고 보건 및 보안 산업에서 보다 빈번하게 나타났다.[80]

리더십 종합 모델 자유방임, 예외에 의한 관리, 보상 연계, 개별화된 배려, 지적 자극, 영감에 의한 동기 부여, 이상화된 영향력 등 일곱 가지 리더십 스타일을 연속체로 나타낸 모델

리더십 종합 모델 도표 12-5는 **리더십 종합 모델**(full range of leadership model)을 보여준다. 자유방임은 가장 소극적이므로 가장 비효과적 리더 행동이다.[81] 예외에 의한 관리는 리더가 작업 절차에 예외적인 문제가 발생할 때 주로 리더십을 발휘하므로 보통은 조치가 뒤늦어 비효과적이다.[82] 특히 예외에 의한 관리는 능동적으로 또는 수동적으로 활용될 수 있는데, 수동적인 형태는 더 비효율적인 경향이 있다.[83] 보상 연계 리더십은 구성원의 노력에 대해 사전에 정해진 보상을 제공하는 것으로, 효과적인 리더십 스타일이 될 수 있지만 구성원이 주어진 임무 이상을 하지 않게 된다.[84]

나머지 네 가지 리더십 스타일(변혁적 리더십의 모든 측면)의 경우, 리더가 부하 직원에게 기대 이상의 성과를 도출하고 사적인 이익보다 조직을 우선시하도록 동기부여를 할 수 있다. 개별화된 배려, 지적 자극, 영감에 의한 동기부여, 이상화된 영향력은 구성원들로부터 많은 노력, 높은 생산성, 높은 사기와 만족, 높은 조직 효과성, 낮은 이직률,

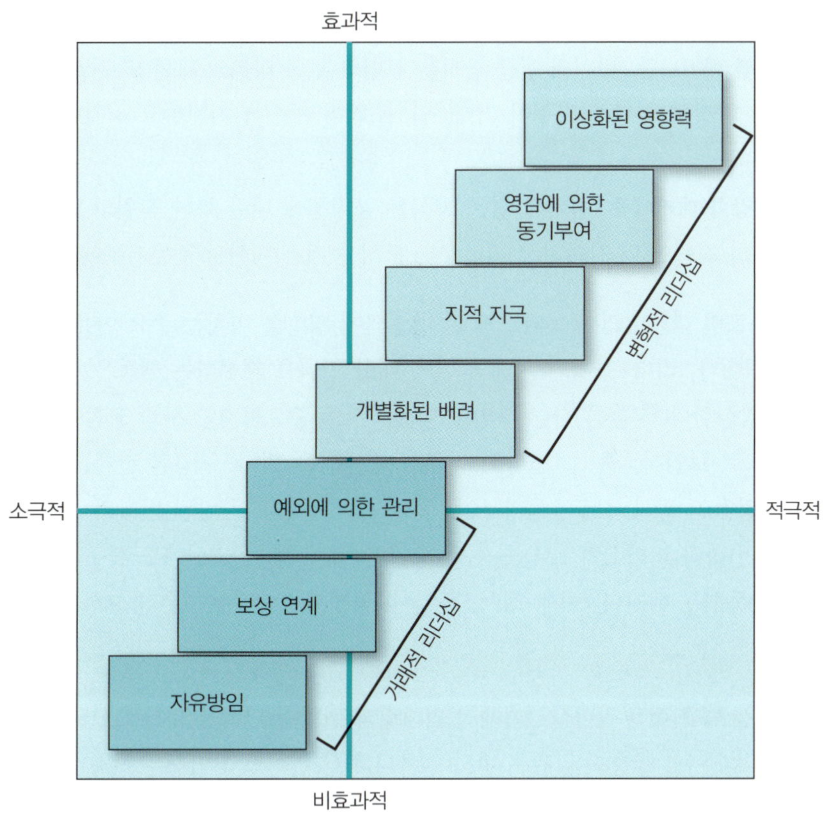

도표 12-5
리더십 종합 모델
출처: Adapted from B. M. Bass and B. J. Avolio, *Improving Organizational Effectiveness Through Transformational Leadership* (Thousand Oaks, CA: Sage, 1994).

낮은 결근율, 높은 조직 적응력을 이끌어낼 수 있다.[85]

흥미롭게도 변혁적 리더십 스타일을 만들어내는 데 개인 특성이 각기 다른 역할을 할 수 있다. 즉 어떤 특성이 다른 특성보다 변혁적 리더십 스타일을 만드는 데 더 중요하다. 예를 들어 빅파이브 성격(감정적 안정성 제외)의 대부분은 이상화된 영향력을 만드는 데 중요한 것으로 보이지만, 개방성과 친화성만이 영감에 의한 동기부여 및 개별화된 배려와 일관된 상관관계가 있다. 이상하게도 빅파이브 중 어느 특성도 지적 자극을 예측하지 못하는데, 이는 아마도 개인 특성보다는 지적 능력의 영향이 크기 때문일 것이다.[86]

변혁적 리더십의 작동 원리 전반적으로 변혁적 리더십이 왜 그렇게 효과적인지를 알아내기 위해 철저한 연구가 수행되었다.[87] 변혁적 리더십은 일반적으로 다음과 같은 이유로 효과적이다(많은 부분이 다른 장의 내용과 일치한다).[88]

- **정서 또는 태도 메커니즘**: 변혁적 접근 방식은 부하 직원의 긍정적인 기분, 감정, 직무 만족, 조직 몰입, 행복감을 촉진한다.
- **동기부여 메커니즘**: 변혁적 접근 방식은 부하 직원에게 동기부여를 하여 자신감을 가지고 적극적으로 업무에 참여하게 한다.
- **동일시 메커니즘**: 변혁적 접근 방식은 부하 직원이 개인적으로 팀이나 조직뿐만 아

니라 리더 및 리더의 가치, 정체성과 동일시하도록 유도한다.

- **사회 교환 메커니즘**: 변혁적 접근 방식은 리더와 부하 직원의 교환 및 관계(즉 LMX)의 질을 향상하여 부하 직원이 리더, 팀, 조직이 자신을 지지하고 지원한다고 인식하게 된다.
- **공정성 강화 메커니즘**: 변혁적 접근 방식은 공정성에 대한 부하 직원의 인식을 개선하여 부하 직원이 더 참여하고 리더, 팀, 조직을 더 신뢰하도록 동기부여를 한다.

연구에 따르면 리더십의 행동과 스타일이 성과에 영향을 미치는 주요 이유는 '사회 교환 메커니즘'이다. 리더-구성원 관계의 질에 대한 인식을 개선하는 행동은 결국 구성원의 성과를 향상한다.[89] 물론 다른 요인도 마찬가지로 중요하지만 사회 교환을 향상하는 것이 관건으로 보인다. 즉 ① 변혁적 리더십 접근법은 리더-구성원 관계를 개선하고, ② 이는 긍정적인 정서, 태도, 동기부여, 동일시, 공정성과 관련된 변화의 길을 열어준다. 그러나 변혁적 리더십과 LMX를 구별하기란 쉽지 않다. 그럼에도 불구하고 변혁적 리더십이 작동하는 메커니즘(예: 정서, 동일시, 공정성, 동기부여)은 중요하게 다루어져야 한다.[90]

변혁적 리더십 대 거래적 리더십 거래적 리더십과 변혁적 리더십은 서로 보완적이며, 일을 해나가는 데 서로 상충되는 접근 방식이 아니다.[91] 변혁적 리더십은 거래적 리더십 위에 있는 개념이고, 거래적 리더십이 만들어낼 수 있는 것 이상의 수준으로 부하 직원의 노력과 성과를 이끌어낸다. 둘 다 중요하지만 집단 성과, 조직시민행동, 리더에 대한 만족도에는 변혁적 리더십이 더 중요하고, 리더의 효과성, 구성원의 성과, 구성원의 직무 만족에는 거래적 리더십(주로 보상 연계)이 더 중요하다.[92] 또한 앞서 언급했듯이 변혁적 리더십과 예외에 의한 관리(능동적)는 조직의 안전 행동에 그 자체로 중요하다.[93] 그러나 이 둘은 명확하게 구분하기가 어렵다. 리더십 종합 모델은 실제로 존재하지 않을 수도 있는 거래적 리더십과 변혁적 리더십 간의 구분을 명확히 보여주며, 연구 결과에 따르면 변혁적 리더십과 보상 연계는 매우 깊은 관련이 있는 것으로 나타났다. 심지어 연구자들은 그 두 가지가 실제로는 동일한 것인지 의문을 제기하기도 했다.[94]

변혁적 리더십 대 카리스마적 리더십 변혁적 리더십과 카리스마적 리더십에는 공통점도 있고 차이점도 있다. 앞에서 설명했듯이 카리스마적 리더는 가치 중심의 호소를 하며, 상징적이고 감정이 수반된 장치를 통해 의사소통을 한다.[95] 카리스마적 리더십은 리더가 의사소통하는 방식을 더 강조하고(열정적이고 역동적인가?), 변혁적 리더십은 리더가 의사소통하는 내용에 더 초점을 맞춘다(비전은 호소력 있는가?). 두 이론 모두 부하 직원을 고무하는 능력을 중요시하고, 때로는 동일한 방식을 사용한다.

변혁적 리더십의 평가 일반적으로 조직은 변혁적 리더가 있을 때 더 좋은 성과를 낸다. 하지만 변혁적 리더십이 이상적인 리더십을 의미하는 것은 아니다. 때에 따라서는 변혁적 리더십이 교묘하게 부하 직원에게 과도한 권한을 부여하는 것처럼 보일 수도 있다.[96] 또 다른 사람들은 변혁적 리더십 이론의 어떤 차원이 가장 중요한지, 정확히 어떤 차원이 어떻게 결합되어 변혁적 리더십을 형성하는지, 변혁적 리더십의 차원이 어떻게 다른 성과를 가져오는지를 이해하는 것이 중요하다고 말한다.[97] 더 중요한 점은, 연구자들이 변혁적 리더십을 측정하는 설문 방법론에 문제를 제기하여 변혁적 리더십이 종종 리더십의 성과와 혼동된다고 주장한 것이다(예를 들어 리더로서 개인의 관심, 지적 자극, 영감, 영향은 실제로 리더가 행한 것인가, 아니면 구성원들이 인식한 것인가?).[98]

책임감 있는 리더십

효과적인 리더십에 대해 설명하는 이론이 많지만, 윤리와 신뢰의 역할을 명확하게 다루지는 않는다. 어떤 사람은 리더십을 완성하는 데 윤리와 신뢰가 필수적이라고 주장한다. 그렇다면 윤리적 조직을 형성하는 데 필요한 리더의 역할을 명확하게 제시하는 개념을 알아보자.

진성 리더십

진성 리더십 자기인식을 하고, 사명과 원칙 지향적이며, 행동하기 전에 다른 사람들의 의견과 모든 관련 정보를 충분히 검토하고, 구성원과 상호작용을 할 때 자신의 진정한 모습을 보여주는 리더십

진성 리더십(authentic leadership)은 자기인식(자신의 장단점을 비롯해 자신에게 중요한 것을 알고 있음)을 하고, 사명과 원칙 지향적이며, 행동하기 전에 다른 사람들의 의견과 모든 관련 정보를 충분히 검토하고, 구성원과 상호작용을 할 때 자신의 진정한 모습을 보여주는 리더십을 말한다.[99] 그 결과 사람들은 진성 리더에 대한 믿음을 가지고 있다. 예를 들어 닉스피자앤드펍(Nick's Pizza and Pub)의 닉 사릴로(Nick Sarillo)는 사업을 운영하는 방식에 진정성이 있다. 어떤 매장이 장사가 잘되지 않아 문을 닫아야 할 때는 그 이유와 현 상황을 공개하고 투명하게 사안을 다루었다.[100] 불행히도 진성 리더십과 관련해 여성에 대한 이중 잣대가 있는 것 같다. 일반적으로 여성은 특히 전통적으로 '여성스러운' 취미를 가지고 '따뜻한' 리더십 스타일일 때 더 진정성이 있다고 인식된다.[101] 만약 여성이 좀 더 적극적이고 거래적인 접근법(예: 구조 주도, 지시적 리더십 행동)을 취하면 고정관념에 어긋나기 때문에 어떤 사람들은 진성 리더십이 아니라고 할 수도 있다.[102] 이러한 고정관념으로 인해 힐러리 클린턴(Hillary Clinton)은 1990년에 '의미의 정치'라는 메시지를 지지했을 때 '성인 힐러리'라고 조롱을 받았지만, 수십 년 후 대통령 선거 운동 기간에 전통적인 남성적 리더십 접근 방식을 보여주었을 때는 '진정성이 없다'는 비난을 받았다.[103]

진성 리더십은 집단 성과, 조직시민행동, LMX, 리더에 대한 만족과 신뢰, 리더의 효율성 평가, 구성원의 태도 및 권한 부여, 그리고 덜한 정도로 구성원의 창의력, 참여, 이탈, 이직 의도, 번아웃과 같은 결과와 상관관계가 있다.[104] 또한 연구에 따르면 '설교를 실천하는' 리더는 구성원이 리더를 신뢰하고 조직에 더 헌신하기 때문에 성과를 더 향상

할 수 있다.[105] 진성 리더는 구성원이 더 나은 사람이 되도록 격려한다. 예를 들어 파키스탄 통신 회사의 직원들을 조사한 연구는 진성 리더십을 통해 자신의 장단점을 인식한 구성원은 스스로 자신의 역량을 개선하려는 마음가짐이 생긴다고 밝혔다.[106]

진성 리더십의 본성에 관한 흥미로운 발견이 많기는 하지만, 리더십 관련 문헌은 실제 조직에서 변혁적 리더십과 진성 리더십이 매우 유사한 모습으로 나타난다고 지적했다.[107] 그러나 일부 연구는 팀 성과와 구성원의 조직시민행동을 설명하는 데 진성 리더십이 더 중요하다면서, 진성 리더십에는 조직을 지속적으로 발전시키는 내재화된 사명(임무)이 있기 때문이라고 주장했다.[108]

(비)윤리적 리더십

(비)윤리적 리더십 구성원에게 윤리적 역할 모델로서 귀감이 되는 것. 리더가 윤리적인(비윤리적인) 방식으로 권력을 행사하고 다른 사람들을 공정하게(불공정하게) 대함으로써 규범적으로 적절한(부적절한) 행동

(비)윤리적 리더십[(un)ethical leadership]은 여러 가지로 개념화되었지만, 리더가 구성원에게 윤리적 역할 모델로서 귀감이 되는 것을 의미한다. 따라서 리더가 윤리적인(비윤리적인) 방식으로 권력을 행사하고 다른 사람들을 공정하게(불공정하게) 대함으로써 규범적으로 적절한(부적절한) 행동을 하는 것을 말한다.[109] (비)윤리적 리더십은 다양한 방식으로 구성원에게 영향을 미치는 경향이 있다. 첫째, (비)윤리적 리더십은 구성원이 도덕적 문제에 대해 어떻게 생각하는지에 직접적인 영향을 미친다.[110] 둘째, 윤리적 리더십은 구성원의 직무 태도, 직무 성과, 리더에 대한 인식을 향상하는 경향이 있다. 실제로 윤리적 리더십은 리더에 대한 구성원의 신뢰를 향상함으로써 긍정적인 결과로 이어진다.[111] 셋째, 윤리적 리더십은 구성원들이 서로를 어떻게 대해야 하는지에 대한 모범을 보여준다. 즉 구성원이 리더를 만날 때 덜 긴장하게 되고, 자신의 행동을 정당화하거나 변명할 여지가 줄어든다. 더욱이 고객 응대의 도덕적 이유를 명확히 함으로써 고객 서비스 성과를 향상할 수 있다.[112]

(비)윤리적 리더십 또한 실제적으로 변혁적 리더십과 구분하기가 어렵기 때문에 진성 리더십과 비슷한 비판을 받는 경향이 있다.[113] 게다가 항상 윤리적이기는 어려운 일이다. 오늘은 윤리적이었던 리더가 스트레스를 받거나, 정신적으로 피폐한 상황이거나, 비윤리적인 방식으로 행동할 수 있는 권한을 부여받았다고 느껴 내일은 폭력적인 리더로 변할 수도 있다.[114] 그러나 구성원이 반드시 리더의 비윤리적인 행동에 부정적인 반응을 보여야 하는 것은 아니다. 만약 구성원의 가치가 리더의 가치와 일치하고 서로 신뢰한다면 구성원이 리더를 계속 지지할 가능성이 높을 것이다.[115] 또한 윤리적 리더십의 효과성을 떨어뜨리는 특정 상황이 있다. 구성원이 너무 많을 때, 구성원이 리더와 같은 도덕적 관점을 공유하지 않을 때(무엇이 옳고 그른지에 대해 리더와 구성원의 의견이 일치하지 않는다면?), 구성원의 마음이 평강하지 않을 때(17장 참조) 윤리적 리더십은 구성원의 행동을 개선하는 데 덜 효과적이다.[116] 조직의 모든 구성원이 윤리적 행동에 책임이 있지만 조직의 윤리적 행동을 높이기 위한 많은 조치는 리더에게 집중되어 있다.

2016년에 벌어진 웰스파고(Wells Fargo)의 비윤리적 영업 관행과 같은 기업 스캔들

을 고려하면 윤리 기반 리더십은 조직의 모든 수준에서 매우 중요하다.[117] 최고 리더가 윤리적인 문화를 조성하고 아래 리더들이 윤리적 지침에 따라 행동하기를 기대하기 때문에 윤리적인 최고 리더십은 바로 밑의 구성원뿐만 아니라 전체 명령 체계의 모든 구성원에게 영향을 미친다.[118]

윤리적 리더십은 재무 성과에도 영향을 미친다. 예를 들어 미국의 111개 소매점에 대한 연구에 따르면 윤리적 리더십을 통해 직원과 고객 간의 무례함을 줄인 결과 '소매 축소' 또는 도난과 절도로 인한 상품 손실이 감소했다.[119]

섬기는 리더십

섬기는 리더십(servant leadership)은 자신의 이익을 넘어서서 생각하고, 부하 직원이 성장하고 발전하도록 도와줄 수 있는 기회에 초점을 맞춘다.[120] 섬기는 리더의 행동 특징은 경청, 공감, 설득, 청지기 정신 실천, 부하 직원의 잠재력 개발 등이다.[121] 섬기는 리더십은 다른 사람들의 욕구를 충족하는 것을 중요시하기 때문에, 이에 대한 연구는 주로 부하 직원의 안녕에 미치는 결과에 중점을 둔다. 실제로 섬기는 리더십은 구성원의 직무 태도뿐만 아니라 리더십에 대한 신뢰, LMX 인식과도 밀접한 관련이 있다.[122] 섬기는 리더십은 웰빙과 리더십의 질을 예측하는 것만큼 정교하지는 않지만, 직무 성과와 조직시민행동을 예측하는 데에도 도움이 된다.[123] 이것은 아마도 구성원의 친사회적 행동을 유발하는, 보답할 필요가 있는 감사의 감정 때문일 수 있다.[124] 진성 리더십과 마찬가지로 섬기는 리더십은 고정관념상의 성 역할과 일치하기 때문에 여성이 남성보다 섬기는 리더십 스타일을 보일 때 유리한 측면이 많다. 즉 섬기는 리더십 스타일의 여성 리더는 구성원을 격려하는 경향이 있고, 이는 섬기는 리더십 스타일의 남성 리더보다 더 높은 성과를 이끌어낸다.[125]

섬기는 리더십 리더가 자신의 이익을 넘어서서 생각하고, 부하 직원이 성장하고 발전하도록 도와줄 수 있는 기회에 초점을 맞추는 리더십 스타일

관련 연구는 섬기는 리더십이 '섬김의 불에 기름을 붓는다'고 언급했다. 미용사를 대상으로 한 연구에 따르면 섬기는 리더는 미용실에 대한 정체성과 자신감을 고취하여 고객의 평가가 더 높은 것으로 나타났다.[126] 또한 섬기는 리더십은 낙수 효과가 있다. 즉 섬기는 리더인 상위 관리자는 하위 관리자에게 섬기는 리더십 스타일을 전파하여 구성원의 성과가 향상된다.[127] 섬기는 리더십은 변혁적 리더십, 진성 리더십, 그리고 특히 윤리적 리더십과 매우 관련이 있다. 연구에 따르면 섬기는 리더십을 진성 리더십, 윤리적 리더십과 비교했을 때 '독립적인 리더십'으로서 실제로 조직에서 독특한 리더십 스타일로 구분될 수 있다.[128]

긍정적 리더십

앞에서 다룬 이론들을 통해 좋은 리더십, 나쁜 리더십, 평범한 리더십을 이해할 수 있을 것이다. 다음으로 긍정적인 리더십 환경을 의도적으로 개발하는 것에 대해 살펴보자.

신뢰

신뢰 사람들 간에 서로 긍정적으로 기대하는 심리적 상태로, 서로 의존하고 진심으로 서로의 행복을 추구함

신뢰(trust)는 사람들 간에 서로에게 긍정적으로 기대하는 심리적 상태로, 서로 의존하고 진심으로 서로의 행복을 추구한다(9, 10장 참조).[129] 신뢰 관계의 경우 내가 상황을 완전히 통제하지 못하고 때로는 다른 사람을 신뢰하도록 강요하는 시간 압박을 받을지라도[130] 상대방이 나를 위해 기꺼이 무언가를 해줄 수 있다. 신뢰는 **역량**(예: 리더의 기술적 능력, 경험에 대한 믿음) 또는 **진실성**(예: 리더의 동기, 정직, 인격에 대한 믿음)에 따라 더욱 강조될 수 있다. 따라서 진실성 기반의 신뢰는 새로운 관계 구축과 관련된 비용을 줄이는 데 훨씬 더 효과적이다(최소한 조직 간의 비즈니스 연결을 구축하는 경우).[131]

신뢰는 리더십과 관련된 주요 속성이며, 신뢰가 깨지면 조직의 성과에 심각한 악영향을 미칠 수 있다.[132] 리더를 신뢰하는 구성원은 자신의 권리와 이익이 남용되지 않을 것이라고 확신한다.[133] 구성원을 신뢰하는 리더는 구성원이 임무를 효과적으로 완수하고 있으며, 완수할 것이라고 확신한다.[134] 리더 자신이 구성원에게 신뢰받는다고 느끼고 실제로 구성원이 리더를 신뢰할 때 성과가 극대화된다.[135]

신뢰의 결과 상사와 부하 직원 간의 신뢰는 많은 긍정적 결과를 얻을 수 있다. 다음은 연구를 통해 제시된 내용이다.

- **신뢰는 위험을 감수하게 한다.** 구성원이 어떤 일을 하는 일상적인 방법에서 벗어나거나, 새로운 방향에 대한 상사의 말을 받아들이는 것은 위험을 감수하는 것이다. 신뢰가 쌓인 관계여야 이러한 일이 가능하다.[136]
- **신뢰는 정보 공유를 촉진한다.** 상사가 구성원들의 아이디어를 공평하게 들어주고 적극적으로 변화를 추구한다는 것을 보여줄 때 구성원은 기꺼이 자신의 의견을 말한다.[137]
- **신뢰하는 집단이 더 효과적이다.** 리더가 집단에 신뢰 분위기를 형성하면 구성원들은 서로 돕고 기꺼이 더 많은 노력을 기울이며, 이로 인해 신뢰가 더 쌓인다.[138]
- **신뢰는 생산성을 향상한다.** 상사를 신뢰하는 구성원은 높은 성과 평가를 받으며, 이는 높은 생산성을 반영한다.[139]

신뢰 형성 리더가 신뢰할 만하다고 믿게 만드는 것은 특성은 무엇인가? 연구는 그러한 특성으로 진실성, 자비심, 능력을 제시한다(도표 12-6 참조).[140]

진실성(integrity)은 정직과 신뢰성을 나타낸다. 사무 관리직 근로자 570명에게 리더십과 관련된 28개 속성을 제시했을 때 그들은 정직이 가장 중요하다고 평가했다.[141] 또한 진실성은 행동과 말의 일관성을 유지하는 것을 의미한다.

자비심(benevolence)은 리더가 부하 직원의 이익과 자신의 이익이 일치하지 않을 때 부하 직원의 이익을 염두에 두는 것을 의미한다. 배려와 지원적 행동은 리더와 부하

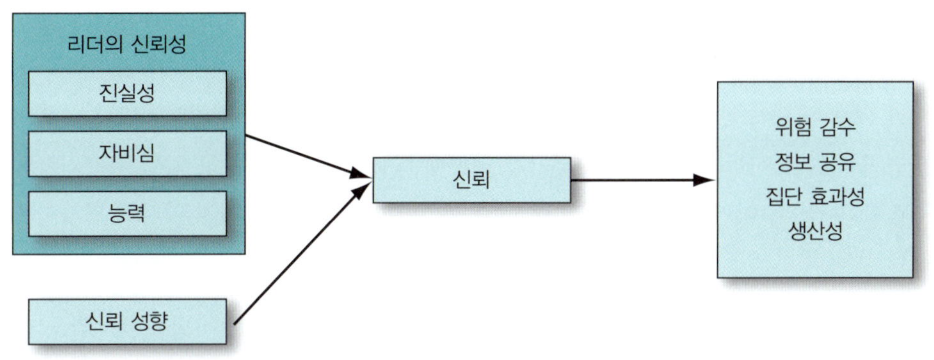

도표 12-6
조직의 신뢰 모델

직원 간의 정서적 유대감을 다져준다.

능력(ability)은 기술과 대인관계 측면에서 개인이 지닌 지식과 스킬을 말한다. 아무리 원칙에 입각하여 행동하고 선한 의도를 가지고 있다고 할지라도 그 사람의 능력을 믿지 못하면 의존하지 않는 경향이 있다.

신뢰 성향 **신뢰 성향**(trust propensity)은 특정 구성원이 어떤 리더를 신뢰할 가능성을 나타낸다. 어떤 사람은 다른 사람을 신뢰할 수 있다고 쉽게 믿는 경향이 있다.[142] 신뢰 성향은 성격 특성 중 친화성과 밀접한 관련이 있으며, 자아존중감이 낮은 사람은 다른 사람을 신뢰하는 경향이 낮다.[143] 리더나 다른 팀원을 신뢰하는 성향이 다양한 사람들로 구성된 팀의 경우, 갈등이 발생했을 때 서로가 서로를 믿지 못하면서 갈등이 더욱 심해지는 경향이 있다.[144]

신뢰 성향 특정 구성원이 어떤 리더를 신뢰할 가능성의 정도

신뢰와 문화 고용관계에 대한 신뢰는 문화마다 매우 다른 인식을 바탕으로 형성될 수 있다. 예를 들어 대만에서 이루어진 연구에 따르면 구성원은 자비롭고 윤리적인 가부장적 리더십에 대해 높은 신뢰를 보여준다.[145] 대만과 같은 집단주의 문화에서는 가부장주의를 호의적으로 받아들이는데, 이는 위계와 관계라는 유교적 가치의 영향 때문이다. 개인주의 문화(5장 참조)에서 가부장적 리더십은 자신을 계층적 가족 작업집단의 일원으로 보는 것을 거부하는 많은 구성원을 괴롭힐 것이다.

시간의 역할 새로운 일을 시작할 때 사람들과 맺은 새로운 관계를 발전시키는 것과 마찬가지로, 우리는 어느 정도의 기간 동안 사람의 행동을 관찰하고 나서 그 사람을 신뢰하게 된다.[146] 예를 들어 새로 인수되어 유입된 구성원은 인수한 기업의 최고경영진에 대해 신뢰를 형성할 수 있는데, 이는 최고경영진이 공정한 절차를 수립하여 구성원이 최고경영진의 역량을 믿게 할 때 더욱 가시화된다.[147] 첫째, 신뢰를 이끌어내기 위해 리더는 신뢰가 중요한 상황에서, 다시 말해 리더가 기회주의적으로 행동하거나 구성원의 기대를 저버릴 수 있는 상황에서 진실성, 자비심, 능력을 보여줄 필요가 있다. 둘째, 전 세계의 100개 기업에 대한 연구에 따르면 리더는 의사소통 스타일을 하향적인 지시에서 지속적인 조직 대화로 변경함으로써 신뢰를 형성할 수 있다. 셋째, 리더가 친밀하고 긴밀

하며, 포용적으로 의사소통할 수 있는 기회를 정기적으로 만들고, 이러한 소통의 장을 통해 기업이 직면한 특정 의제를 해결하는 것이 중요하다. 그럼으로써 구성원은 참여 의지가 더욱 높아져 리더에 대한 신뢰를 형성된다.[148] 넷째, 리더가 변혁적 리더십을 자유방임적 리더십으로 대체하거나 비윤리적 행동에 대해 분노할 때 구성원은 신뢰 위반을 경험할 수 있다. 이러한 신뢰 위반으로 인해 구성원은 리더가 유능하지 않다고 평가하게 된다.[149]

신뢰 회복 구성원과의 심리적 계약을 위반하여 신뢰할 만한 리더가 아님을 보여준 경영자는 구성원의 직무 만족 저하, 조직 몰입 감소, 이직 의도 증가, 조직시민행동 감소, 업무 성과 하락을 겪게 될 것이다.[150] 일단 신뢰가 깨지면 장기 및 단기 전략을 통해 신뢰를 회복할 수 있지만,[151] 이는 위반의 유형에 따라 다르고 특정 상황에서만 가능하다.[152] 능력 부족이 원인이라면 더 잘했어야 했음을 인정하고 사과하는 것이 최선이다. 진실성 결여가 문제일 때는 사과만으로는 충분치 않다. 어떤 위반인지와 관계없이 책임을 인정하거나 부인하는 어떤 말도 하지 않는 것은 신뢰 회복에 결코 도움이 되지 않는다.[153] 신뢰를 저버린 사람이 신뢰할 만한 행동을 지속적으로 보여줄 때 신뢰가 회복될 수 있다. 사과는 타이밍이 중요하지만, 빨리 사과하는 것이 늦게 사과하는 것보다 낫다.[154] 그러나 신뢰를 저버린 사람이 속임수를 쓴다면 신뢰를 완전히 회복할 수 없다. 사과, 약속, 일관성 있는 신뢰 행동을 하더라도 소용이 없다.[155]

멘토링

멘토 경험이 적은 구성원을 후원하고 지원하는 선임 구성원

리더는 미래의 리더를 육성해야 할 책임도 가지고 있다. **멘토**(mentor)는 경험이 적은 구성원(후배)을 후원하고 지원하는 선임 구성원이며,[156] 멘토링 관계는 경력 개발과 심리사회적 기능을 수행한다.[157] 성공적인 멘토는 상호 신뢰를 통해 멘티와 개인적 관계를 형성한다. 멘토는 멘티에게 책임감을 심어주며 멘티의 자신감과 적응력을 키우고 역량과 경력 발전(네트워킹을 통해)을 위해 노력한다.[158]

조직의 모든 구성원이 멘토링 관계에 참여하는 것은 아니다. 하지만 연구는 멘토링 프로그램이 멘토와 멘티에게 모두 유익하기 때문에 고용주가 멘토링 프로그램을 시행해야 한다는 결과를 계속 내놓고 있다.[159] 사실 비공식적인 멘토링이 더욱 효과적임에도 말이다.[160] 또한 성별에 따라 약간의 차이가 있다. 남성은 멘토 역할을 하는 경향이 있는 반면, 여성은 멘토링 관계에서 더 많은 심리사회적 지원을 주고받는 경향이 있다.[161]

독자는 멘토링이 보상과 직무 성과 같은 객관적인 결과를 얻는 데 가치가 있다고 생각할지도 모르지만, 연구에 의하면 멘토링을 통해 얻는 이득은 주로 심리적인 것이다.[162] 따라서 멘토링은 경력 성공에 영향을 미칠 수는 있어도 능력과 성격 같은 요인만큼은 아니다.

위기 시기의 리더십

"때가 오고 남자(여자)가 온다"라는 유명한 영어 속담이 있는데, 이는 위기 시기에 혼돈을 이해하여 질서를 수립할 리더가 등장한다는 것을 의미한다.[163] 실제로 위기 상황에 리더가 나타나 그렇게 해왔다. 물론 위기의 상황을 다루는 데 얼마나 유능한지는 리더마다 차이가 있다. 예를 들어 2020년의 COVID-19 위기 상황 동안 독일의 앙겔라 메르켈(Angela Merkel) 총리를 인상적이고, 단호하고, 확고하며, 증거를 기반으로 한 유능한 리더십으로 주목을 받았는데, 이는 메르켈의 선천적인 리더십 특성에 기인한 것만은 아니었다. 메르켈이 이끄는 독일은 COVID-19 바이러스가 발생했을 때 세계에서 가장 낮은 사망률을 기록했다.[164] 평화와 안정의 시대에는 **유리 절벽** 현상으로 인해 여성 지도자가 덜 등장하는 경향이 있다(2장 참조).[165] 이러한 안타까운 평가로 인해 여성은 위기 상황이 아닐 때는 리더로 간주되지 않는다(여성 리더가 남성 리더보다 효과적인지 그렇지 않은지에 대한 증거가 거의 없는데도 말이다). 리더에 대한 고정관념으로 여성은 리더의 자리에 쉽게 오르지 못한다. 이러한 현상은 위기 상황의 리더십이 "때가 오고 남자(여자)가 온다"는 속담처럼 단순하지 않다는 것을 보여주는 수많은 지표 중 하나일 뿐이다. 극심한 스트레스와 위협으로 리더가 받는 시간의 압박과 복잡성, 긴장은 말할 것도 없다.[166]

제2차 세계대전의 전쟁 영웅과 같이 위기 시기에 있었던 리더는 흔히 열정, 충성, 위험 감수, 변혁 등의 신화적이고 영웅적인 표현법으로 회자된다.[167] 수십 년에 걸쳐 나타난 리더십 관련 역사적 사례를 조사한 연구에 따르면, 성공적인 리더십 에피소드의 대부분은 전략화(예: 상황 분석, 위임, 계획), 조정(예: 행동 조정, 정보 흐름 관리)과 같은 **거래적 리더십**의 행동을 보여주었다.[168] 조직의 상황을 분석하는 것은 특히 중요하며, 연구에 따르면 위기에 처한 팀을 관리하는 리더는 시간이 지남에 따라 구성원과 함께 위기 공유의 정신 모델(10장 참조)로 빠르게 이동한다.[169] 이때 감정도 중요한 역할을 한다. 예를 들어 한 연구에서는 큰 비용이 드는 제품 리콜을 담당하는 리더가 제품의 하자를 자신의 책임으로 받아들이고 (부정, 분노가 아닌) 슬픔을 드러낼 때 더 호의적으로 평가되었다.[170] 또한 이 분야의 연구는 성 정체성이 위기 시기의 리더십 출현과 어떤 관련이 있는지 아직 완전히 다루지는 못했지만, 앞으로 이 분야에서 진전이 이루어질 것으로 기대된다.

위기 상황에서의 리더십 스타일 중에서는 카리스마적 리더십이 가장 많이 연구되었다. 위기 시기에 카리스마적 리더십은 **비전 중심**(예: 비전을 수립한 다음 행동을 취하는 것)이거나 **위기 대응력**(예: 행동에 대한 요구로 시작하여 시간이 지남에 따라 그 행동이 효과적인 결과를 보여줌으로써 정당성을 얻는 것)이 있을 수 있다.[171] 물론 위기 대응 접근법은 위기가 끝나면 주목받지 못하는 경향이 있지만, 두 가지 형태 모두 각기 다른 방식으로 효과적이다.[172] 또한 구성원이 위기에 아주 잘 적응하고 있으면 리더의 지도력 특성에 영향을 미친다. 예를 들어 대통령 선거를 분석한 결과에 따르면, 유권자가 위기를 크게 인식하면 카리스마가 있는 후보자에게 투표를 더 많이 하는 것으로 나타났다.[173] 위기 시기에 카리스마적이고 변혁적인 리더십의 효과는 위기가 끝난 후에도 반향을 남길 수 있다. 예를 들어 미 육군 부대장을 대상으로 한 연구에서는 변혁적 리더일수록 위기 상황이 끝난 후 병사의 부대 이탈률이 낮아지고, 변혁적 리더십에 대한 경험이 공유되어 병사의 소속감이 더욱 커지는 것으로 나타났다.[174]

리더십 이해에 대한 도전

경영 컨설턴트인 짐 콜린스(Jim Collins)가 말하길, "1500년대에는 사람들이 이해하지 못하는 모든 사건을 신의 뜻으로 돌렸다. 왜 농사를 망쳤을까? 신 때문에. 왜 그 사람이 죽었을까? 신 때문에. 지금은 모든 것을 리더십으로 설명하려고 한다."[175] 이것은 경영 컨설팅을 하면서 관찰한 결과일지 모르지만, 조직의 성공 또는 실패에서 많은 부분은 리더십의 영향력 밖에 있는 요인의 영향을 받기도 한다. 때때로 주어진 시간에 처한 상황이 좋았는지 나빴는지의 문제인 경우도 있다. 여기서는 리더십의 가치를 인정하는 기존의 믿음에 도전하는 이론을 살펴보려 한다.

귀인으로서의 리더십

리더십 귀인 이론 리더십은 어떤 사람이 다른 사람들에 대해 행한 귀인에 불과하다고 보는 이론

앞에서 설명했듯이 귀인 이론은 사람들이 인과관계를 파악하는 방법을 조사한다. **리더십 귀인 이론**(attribution theory of leadership)에 따르면 리더십은 어떤 사람이 다른 사람들에 대해 행한 귀인에 불과하다.[176] 사람들은 리더를 머리가 좋고, 외향적이고, 말을 잘하고, 적극적이고, 사려 깊고, 근면한 사람이라고 생각한다.[177] 또한 리더와 함께하는 평범한 일상에서도 리더와의 관계가 어떻게 만들어지는지 이해하기도 한다(예: 상사가 나를 싫어하기 때문에 성과 평가가 낮게 나왔다).[178] 조직 수준에서도 사람들은 옳든 그르든 간에 리더를 극히 나쁘거나 뛰어난 성과에 대해 책임을 지는 사람으로 생각하는 경향이 있다.[179]

리더에 대한 구성원의 지각은 리더 능력의 효과성에 강력한 영향을 미친다. 서유럽, 미국, 중동의 근로자 3,000명 이상을 대상으로 수행된 연구에서는 일반적으로 리더십을 '낭만적으로 묘사하는' 사람들이 자신의 리더를 변혁적 리더라고 믿는 경향이 있는 것으로 나타났다.[180] 귀인 이론에 따르면 실질적인 성과보다는 리더라는 인상을 보여주는 것이 중요하다. 똑똑하고, 인간적이고, 말을 잘하고, 적극적이고, 열심히 일하고, 일관성 있는 사람이라는 인식을 심어줄 수 있는 리더는 상사, 동료, 부하 직원이 효과적인 리더로 볼 가능성을 증가시킬 수 있다. 이는 두 가지로 설명할 수 있다. 구성원이 리더를 향해 조직시민행동에 적극적으로 참여하는 것을 리더와 동료는 환심을 사거나 아첨하는 것으로 받아들일 수 있다.[181] 마찬가지로 구성원이 리더가 냉정함을 잃지 말아야 한다는

이유로 공정한 척 연기를 한다고 인식하면(예: 통제권을 행사하거나 이미지 유지에만 집착), 리더가 아무리 자애로운 의도를 가지고 있다고 할지라도 리더에 대한 신뢰가 커지지 않는다.[182]

리더십 대체 요인과 중화 요인

많은 상황에서 리더의 행동이 그다지 영향을 미치지 못한다고 제시하는 이론이 있다.[183] **중화 요인**(neutralizer)은 리더의 행동이 부하 직원의 성과에 아무런 영향을 미치지 못하게 만든다(도표 12-7 참조). 한편 경험과 훈련은 리더의 지지나 조직 구조 설계 능력을 대체할 수 있는 **대체 요인**(substitute)이다.

중화 요인 리더의 행동이 부하 직원의 성과에 아무런 영향을 미치지 못하게 만드는 요인

대체 요인 경험과 훈련같이 리더의 지지나 조직 구조 설계 능력을 대체할 수 있는 특정 요인

비디오 게임 개발사인 밸브코퍼레이션(Valve Corporation), 고어텍스 제조업체인 고어(W. L. Gore), 협업 소프트웨어 플랫폼인 깃허브(GitHub)와 같은 조직은 리더와 경영자를 없애는 실험을 하고 있다. 상사가 없는 작업 환경의 관리는 동료에 대한 책임을 통해 이루어진다. 동료는 팀 구성을 결정하고 때로는 보수도 결정한다.[184] 명시적으로 공식화된 목표, 엄격한 규칙과 절차, 응집력 있는 작업집단도 공식적인 리더십을 대체할 수 있다. 동시에 리더십은 정책, 관행, 절차의 영향을 대체할 수 있다. 예를 들어 윤리적 리더십을 통해 실제 조직 내 정의를 구현할 수 있다. 이는 실제 정의가 구현 및 실현되는 것보다는 구성원이 리더 자체를 윤리적 요소로 바라보는 인식을 형성함으로써 이루어진다.[185]

리더의 행동에 의해서만 구성원이 목표를 달성할 수 있다고 생각하는 것은 너무 단순하다.[186] 구성원의 성과와 만족에 영향을 미치는 태도, 성격, 능력, 집단 규범과 같이 리더십도 조직행동론 모델에서 중요하게 다루는 변수 중 하나일 뿐이다.

특성	관계 지향적 리더십	과업 지향적 리더십
개인 특성		
경험/훈련	효과 없음	리더십 대체
전문 성향	리더십 대체	리더십 대체
보상에 대한 무관심	리더십 중화	리더십 중화
직무 특성		
매우 구조화된 과업	효과 없음	리더십 대체
피드백 제공	효과 없음	리더십 대체
내재적 만족 제공	리더십 대체	효과 없음
조직 특성		
명시적으로 공식화된 목표	효과 없음	리더십 대체
엄격한 규칙과 절차	효과 없음	리더십 대체
응집력 있는 작업집단	리더십 대체	리더십 대체

도표 12-7
리더십의 대체 요인과 중화 요인

출처: Based on S. Kerr and J. M. Jermier, "Substitutes for Leadership: Their Meaning and Measurement," *Organizational Behavior and Human Performance* (1978), p. 378."

요약

리더는 목표 달성을 위해 나아가야 할 방향을 제시하는 사람이기 때문에 리더십은 집단 행동을 이해하는 데 중요하다. 따라서 무엇이 좋은 리더를 만드는지를 안다면 집단 성과를 개선하는 데 유용할 것이다. 빅파이브 성격 개념에 근거한 연구는 성격과 리더십 간의 강력하고 일관된 관계를 보여준다. 행동 이론의 주요 공헌은 리더십을 과업 지향적(구조 주도) 리더십과 종업원 지향적(배려) 리더십으로 집약했다는 것이다. 리더가 활동하는 상황을 고려함으로써 상황 이론은 행동 이론을 개선하려고 했다. 현대 리더십 이론은 리더십 효과성을 이해하는 데 큰 도움을 주었으며, 윤리와 긍정적 리더십에 대한 앞으로의 연구가 기대된다.

경영자를 위한 시사점

- 리더십 효과성을 극대화하기 위해 조직의 작업 양상과 조직 문화에 부합하는 방향에서 구조 주도와 배려 사이에 균형을 만들라.
- 변혁적 리더십 특성을 가지고 있고, 다른 사람들이 장기적인 비전을 달성할 수 있도록 영향력을 발휘하는 데 성공한 적이 있는 사람을 고용하라. 외향성, 성실성, 개방성은 리더십 준비 상태를 나타내며, 이러한 특성은 성격 검사를 통해 파악할 수 있다.
- 리더십 효과성을 증가시키기 위해 윤리적이고 신뢰할 만한 관리자를 고용하고, 기존의 관리자에게는 조직의 윤리적 기준을 교육하라.
- 조직이 불안정해지고 불확실해질수록 관료적인 규칙을 대신하여 신뢰로 다져진 결속력이 구성원에 대한 기대와 관계를 규정하기 때문에 부하 직원과 신뢰관계를 쌓도록 노력하라.
- 공식적인 교육 과정, 워크숍, 멘토링과 같은 리더십 훈련 프로그램에의 투자를 고려하라.

13

권력과 정치

학습목표

- 리더십과 권력을 비교할 수 있다.
- 권력의 다섯 가지 원천을 설명할 수 있다.
- 권력관계에서 의존성의 역할을 설명할 수 있다.
- 권력이나 영향력 획득 방법과 그것이 효과적인 상황을 설명할 수 있다.
- 권력 남용의 원인과 결과를 설명할 수 있다.
- 조직에서 정치가 어떻게 작동하는지 설명할 수 있다.
- 정치적 행동의 원인과 결과 및 윤리를 설명할 수 있다.

권력과 리더십

조직행동론에서 **권력**(power)은 A가 바라는 대로 B가 행동하도록 B의 행동에 A가 영향을 미칠 수 있는 능력을 말한다.[1] 따라서 어떤 사람은 권력을 가지고 있지만 사용하지 않을 수도 있다. 즉 권력을 가진 사람은 그것을 행사할 권한이 있다. 이러한 권력은 **의존성**(dependence)에 의해 결정된다.[2] (다른 사람들이 의존하거나 원하는 것을 통제하는) 권력을 가진 누군가에게 사람들이 기대하거나 의존할수록 그 권력은 더욱 강력해진다. 사람들이 더 많은 대안과 옵션을 가지거나 자기 자신 또는 다른 사람들에게 의존하게 되면 강력한 사람은 힘을 잃는다.

권력 다른 사람들에게 자신의 의지를 강요할 수 있는 능력, 권한, 수단

의존성 사람들이 강력한 사람에게 기대하거나 의존하는 정도

우리는 비윤리적인 목적을 위해 힘을 사용하는 사람들에 대한 이야기를 흔히 들을 수 있다. 예를 들어 사람들은 승진, 임금 인상, 고객 유치를 위해 임원, 관리자, 직원 '슈퍼스타'(예: 수익성이 큰 고객을 유치하는 로펌의 파트너)에게 의존한다. 따라서 이러한 막강한 리더는 성희롱을 비롯한 다양한 방법으로 다른 사람들에게 자신의 의지를 강요할 수 있는 부당한 권한을 가지고 있다.[3] 성희롱은 직원의 정신적·신체적 건강과 승진

기회에 부정적인 영향을 미칠 뿐만 아니라 조직의 막대한 소송 비용과 직원 이직을 초래하는 큰 문제이다.[4]

권력의 개념 정의와 앞 장에서 다룬 리더십의 개념 정의를 신중하게 비교해보면 두 개념이 밀접하게 얽혀 있음을 알 수 있다. 그렇다면 두 개념은 어떤 차이가 있을까? 첫째, 권력은 합목적성이 수반될 필요는 없고 단지 의존성에 의해 성립된다. 리더십은 리더의 목표와 구성원의 목표를 합일화함으로써 성립된다. 두 번째 차이는 영향력의 방향과 관련이 있다. 권력은 부하 직원에게 미치는 하향적인 영향에 더 초점을 두며, 리더십에서 중요하게 다루어지는 수평적 관계와 상향적 관계를 거의 고려하지 않는다. 셋째, 리더십 연구는 종종 리더의 행동 스타일을 강조한다. 그래서 리더는 구성원에게 얼마나 호의적이어야 하는지, 의사결정 사안에 대해 부하 직원과 얼마나 공유해야 하는지 등의 답을 찾으려 한다. 이와 대조적으로 권력에 대한 연구는 구성원의 순응을 얻기 위한 방안에 초점을 맞춘다.

권력관계는 리더십뿐만 아니라 삶의 모든 영역에서 나타나고 다양한 방법으로 권력을 얻을 수 있다. 이어서 권력의 다양한 원천을 살펴보자.

권력의 원천

권력은 어디서 비롯되는가? 개인이나 집단은 어떻게 다른 개인이나 집단에 대한 영향력을 가지게 되는가? 이 장에서는 권력의 원천을 공식적 권력과 개인적 권력으로 분류한 뒤 이를 다시 세분하여 그 답을 찾아본다.[5]

공식적 권력

공식적 권력은 조직 내 개인의 직위에 따른 것으로, 벌이나 보상을 줄 수 있는 능력 또는 공식적 권한에서 비롯될 수 있다.

강압적 권력 순응하지 않을 때 발생하는 부정적인 결과에 대한 두려움을 토대로 한 권력

강압적 권력 **강압적 권력**(coercive power)은 권력자에 순응하지 않거나 권력자를 화나게 함으로써 발생하는 부정적인 결과에 대한 두려움을 토대로 한다.[6] 예를 들어 영업 컨설턴트는 상사가 해고나 강등, 원치 않는 지역 또는 고객 할당, 팀원들 앞에서의 난처한 대우를 두려워하여 판매 수치를 조작하는 것을 보고도 침묵을 지킬 것이다. 또한 핵심 정보를 차단하는 것에서도 강압적 권력이 발생한다. 사람들이 필요로 하는 데이터나 지식을 보유한 조직의 구성원은 다른 사람들에게 영향력을 행사할 수 있다. 예를 들어 영업팀의 리더가 고객과 관련된 중요한 정보를 가지고 있고 이러한 정보를 차단할 수 있다면 영업 컨설턴트는 부당한 상황을 목격하더라도 침묵하게 될 것이다.

보상적 권력 다른 사람이 중요하게 여기는 보상을 제공할 수 있는 능력을 토대로 한 권력

보상적 권력 **보상적 권력**(reward power)은 강압적 권력과 반대되는 개념이다. 사람들은 자신에게 이익이 되기 때문에 순응한다. 다른 사람이 중요하게 여기는 보상을 제공

할 수 있는 사람은 권력을 가지게 된다. 이러한 보상은 재무적인 것(임금, 승급, 보너스)일 수도 있고 비재무적인 것(인정, 승진, 흥미로운 작업 배정, 호의적인 동료, 선호하는 직무나 판매 영역으로의 이동)일 수도 있다.[7] 앞에서 들었던 예의 경우, 만약 영업팀 리더가 규정을 준수하는 팀원에게 중요한 정보를 준다면 보상 권한을 행사하는 것이다.

합법적 권력 공식적인 집단과 조직에서 **합법적 권력**(legitimate power)은 일반적으로 하나 이상의 권력 기반을 제공한다. 합법적 권력은 조직 내 구조적 직위에 의해 발생하는 것으로, 조직의 자원을 통제하고 사용할 수 있는 공식적인 권한을 의미한다. 예를 들어 학교장, 은행장, 육군 대장이 명령을 하면 교사, 은행 직원, 중위가 그 명령을 따른다. 합법적 권력은 구성원이 계층적 지위의 권한을 받아들인다는 것을 의미한다.[8] 권력은 계층 개념과 매우 밀접한 관련이 있기 때문에 조직도의 선이 길수록 리더의 권력이 강력하다.[9] 또한 합법적 권력은 다른 사람들이 행사하는 권력의 영향을 줄일 수도 있다. 연구에 따르면 구성원이 비윤리적인 일에 맞설 때 합법적 권력이 크면 다른 사람들이 강압적 권력(예: 제재, 배척 등)을 행사할지라도 어려움을 덜 겪는 것으로 나타났다.[10]

합법적 권력 조직 내 구조적 직위를 토대로 한 권력

개인적 권력

개인적 권력은 개인 특성에서 비롯된다.[11] 개인적 권력의 기반은 전문 지식, 그리고 다른 사람들의 존중과 존경이다. 어떤 사람은 개인적인 권력만 가지고 있고, 어떤 사람은 이에 더하여 공식적 권력도 가지고 있다. 예를 들어 대부분의 컨설턴트는 개인적 권력만 있고 관리자가 아니라면 공식적 권력이 없다. 그러나 영업팀 리더는 공식적 권력 기반을 가지고 있을 뿐만 아니라 호감과 존경을 받을 수도 있다.

전문적 권력 **전문적 권력**(expert power)은 전문 지식, 특수 기술 또는 지식을 보유함으로써 생기는 영향력이다.[12] 직무가 점점 더 전문화됨에 따라 사람들은 목표 달성을 위해 전문가에게 더 많이 의존한다. 전문 지식을 지닌 의사가 전문적 권력을 가지고 있다는 것은 잘 알려진 사실이다. 그래서 우리는 대개 의사의 충고를 따른다. 다시 영업 컨설턴트를 예로 들면, 일부 팀원은 해당 분야의 막강한 영업 기술 또는 전문성을 가지고 있어 전문적 권력을 행사할 수도 있다.

전문적 권력 전문 지식, 특수 기술 또는 지식을 보유함으로써 생기는 영향력을 토대로 한 권력

준거적 권력 **준거적 권력**(referent power)은 중요한 자원이나 개인적 특성을 가지고 있는 사람에게 나타난다.[13] 내가 누군가를 좋아하고 존중하고 존경하는 경우, 나는 그 사람을 즐겁게 해주려 하기 때문에 그 사람이 나에게 권력을 행사할 수 있다. 어떤 사람들은 공식적인 리더가 아닐지라도 카리스마 넘치는 역동성, 호감, 감정적인 매력을 지닌 덕분에 준거적 권력과 전문가의 영향력을 행사하기도 한다.[14]

준거적 권력 중요한 자원이나 개인적 특성을 가지고 있는 사람과의 동일시 과정에서 나타날 수 있는 권력

준거적 권력은 다른 사람에 대한 존경과 그 사람처럼 되고 싶은 소망에서 비롯된다. 이러한 준거적 권력으로 인해 유명인이 상업 광고에서 제품을 설명하는 대가로 큰돈을

받을 수 있는 것이다. 마케팅 연구에 따르면 르브론 제임스(LeBron James)와 같은 유명인은 우리가 운동화와 신용카드를 선택하는 데 영향을 미칠 수 있는 권력을 가지고 있다.[15]

가장 효과적인 권력의 원천은 무엇인가

권력의 원천 중에서 가장 효과적인 것은 무엇인가? 이 질문에 답하기는 쉽지 않다. 권력관계를 종속으로 본다면, 권력관계에 종속되어 있는 사람이 그 관계를 어떻게 인식하는지와 개인의 특성에 따라 권력의 원천에 의한 효과가 달라질 수 있다. 예를 들어 화를 잘 내는 리더의 경우, 부하 직원은 리더의 공식적 권력이 더 크다고 생각하여 리더에게 더욱더 충성하고 리더십 스타일이 더 효과적이라 인식하게 된다.[16] 반면에 강압적이고 준거적 권력이 낮은 리더의 경우, 부하 직원은 리더십 스타일이 비효과적이라고 생각하여 덜 충성하고, 심지어 리더의 지시를 그대로 따르지 않기도 한다.

그런데 준거적 권력은 특히 강력한 동기부여 요인이 될 수 있다. 스티브 스타우트(Steve Stoute)가 세운 트랜슬레이션(Translation)을 생각해보자. 트랜슬레이션은 브랜드를 알리려는 기업과 팝스타를 연결해준다. 예를 들면 맥도날드와 저스틴 팀버레이크(Justin Timberlake)를, 애플뮤직(Apple Music)과 메리 J. 블라이지(Mary J. Blige)를, 신발 회사와 제이지(Jay-Z), 50센트(50 Cent) 등을 연결해주었다.[17] 트랜슬레이션의 접근 방식도 시대의 흐름에 따라 변했다. 오늘날에는 더 많은 콘텐츠가 필요함에 따라 트랜슬레이션은 4,250만 명에게 제품을 홍보하고 문화에 대한 담론을 이끌어내기 위해 온라인 미니 시리즈를 제작했다. 닥터 드레(Dr. Dre)와 파트너 관계를 맺은 트랜슬레이션은 〈더 숍(The Shop)〉을 제작했다. 〈더 숍〉은 케빈 듀랜트(Kevin Durant), 르브론 제임스와 같은 NBA 올스타, 퓨처(Future)와 같은 힙합 아티스트 등 강력한 준거적 권력을 지닌 인물이 이발소를 배경으로 다양한 주제(예: 운동화, 음악, 게임)에 대해 이야기를 나누는 시리즈물이다.[18]

의존성: 권력의 핵심

권력의 가장 중요한 측면은 그것이 의존성에 의해 결정된다는 것이다. 권력을 좀 더 명확하게 이해하기 위해 의존성 개념에 대해 알아보자.

일반적 의존 원칙

'A에 대한 B의 의존성이 클수록 B에 대한 A의 권력이 커진다'라는 일반 원칙으로 시작해보자. 나만이 통제할 수 있는 어떤 것을 다른 사람들이 필요로 한다면 그들은 나에게 의존하게 되고, 그로 인해 나는 그들에 대해 권력을 가지게 된다.[19] 그러나 어떤 것이 풍부한 경우에는 그것을 소유한다고 해서 권력이 커지지 않는다. 내가 선택할 수 있는 대안을 늘리면 나에 대한 다른 사람의 권력이 줄어들 것이다. 대부분의 조직이 한 공급업체와만 거래하지 않고 다양한 공급업체를 발굴하는 것은 이 때문이다.

무엇이 의존성을 창출하는가

통제하는 자원이 중요하고, 희귀하며, 대체할 수 없을 때 의존성이 증가한다.[20]

중요성 내가 가진 것을 아무도 원치 않는다면 의존성이 생기지 않는다. 하지만 중요성 정도는 생존을 위해 자원이 꼭 필요한 경우에서부터 유행이나 편의성 때문에 자원이 필요한 경우까지 다양하다.

희귀성 노동력의 공급이 수요에 비해 상대적으로 적으면 근로자는 노동력의 수요가 풍부할 때보다 훨씬 더 나은 임금과 복리후생을 협상할 수 있다. 예를 들어 오늘날 대학은 영어 강사를 구하는 데 어려움이 없다. 공급이 많고 수요가 적기 때문이다. 반대로 네트워크 시스템 분석가 시장에서는 수요가 많고 공급이 제한적이라 사람을 구하기가 어렵다. 따라서 컴퓨터 공학 교수는 교섭력이 커져서 더 높은 보수, 적은 수업량, 기타 복리후생을 협상할 수 있다.

대체 불가능성 어떤 자원의 대체재가 적을수록 그 자원을 통제하는 사람의 권력이 커진다. 인공지능의 발전으로 인해 노동 대체 불가능성이라는 경제적·철학적 문제가 대두되었다. 예를 들어 숙련된 기술을 가진 사람은 로봇 공학에 의해 기술이 보다 효율적·자동적으로 처리됨에 따라 권력을 잃을 위험에 처해 있다. 다시 말해 인간의 기술이 대체할 수 있게 되었다(6장의 '기술적 실업 위협' 참조). 이러한 두려움에도 불구하고 일부 경제학자와 이론가는 대체 불가능한 능력을 필요로 하는 노동의 수요가 나타나면서 새로운 일자리가 창출되고, 사람들은 인공지능을 통해 생산성을 높이고 일을 더 쉽게 할 수 있다고 본다.[21]

사회적 관계망 분석: 자원 평가 도구

사회적 관계망 분석(social network analysis)은 조직 내에서 자원의 교환과 의존성을 평가할 수 있는 도구이다.[22] 이 방법은 조직 구성원들 사이에서 이루어지는 의사소통의 패턴을 조사하여 사람들 사이에서 정보가 어떻게 흘러가는지를 확인한다. 사회적 관계망 또는 전문적 관심사를 공유하는 사람들 간의 연결망에서 각 사람 또는 집단은 하나의 개체(node)로 불리고, 개체들 간의 연결은 관계(ties)라고 한다. 개체들이 자주 의사소통을 하거나 자원을 교환하는 경우, 이들은 매우 강하게 연결되어 있는 것이다. 서로 직접적인 의사소통을 하지 않는 개체는 중간 개체를 통해 자원을 교환한다. 즉 어떤 개체는 연결되지 않은 개체들 사이에서 중개인이 된다. 사회적 관계망에서 개인들 사이의 연결관계를 그림으로 나타낸 **소시오그램**(sociogram)은 비공식적인 조직도라고 할 수 있다. 공식적인 조직도는 조직에서 권한이 어떻게 흘러가는지를 보여주지만, 소시오

도표 13-1
소시오그램의 예

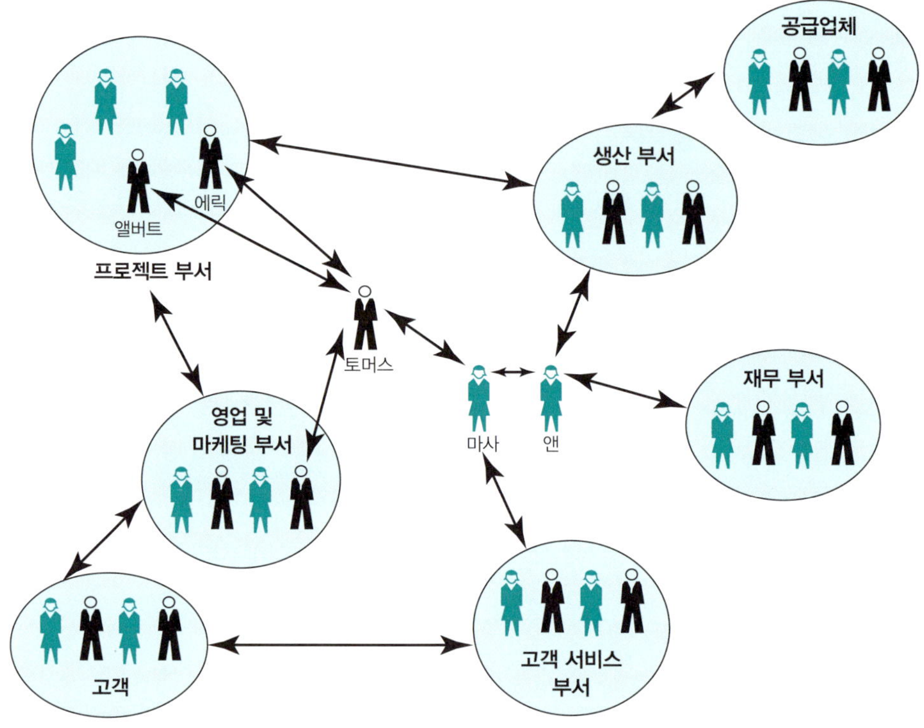

그램은 자원이 어떻게 흘러가는지를 보여준다. 도표 13-1은 소시오그램의 한 예이다.

네트워크는 권력 역학을 창출할 수 있다. 중개인의 위치에 있는 사람은 더 많은 권력을 가지는 경향이 있다. 이들은 독특한 자원을 다른 집단으로부터 확보하고 이용할 수 있기 때문이다. 다시 말해 많은 사람이 중개인에 의존함으로써 중개인은 더 많은 권력을 가지게 된다. 영국 국민보건서비스(National Health Service)의 자료는 조직의 변화를 추진하는 임무를 맡은 변화 담당자가 사회적 관계망에서 정보 중개인이라면 성공할 가능성이 더 높다는 것을 보여준다.[23] 그러나 마케팅 에이전시 네트워크 내의 막강한 브로커들이 자신의 힘을 더 많이 활용할 의향이 있음에도 불구하고 그렇게 할 기회조차 인지하지 못한다는 것은 역설적이다.[24]

사회적 관계망에서 가장 영향력이 있는 사람들 중 일부는 성격 특성에 인해 권력을 키울 수 있다. 예를 들어 보상에 대한 불감증(다른 사람들의 영향에 저항하게 만드는 것), 외향성, 그리고 심지어 어둠의 세 가지 성격(5장 참조)은 사회적 관계망에서의 위치 및 권력과 관련이 있다.[25] 그러나 고정관념 압박(2장 참조)은 브로커 위치에 있는 여성의 효과성에도 영향을 미칠 수 있다. 대리인, 권력, (브로커 위치에서 나타날 수 있는) 확고한 태도 등은 여성의 고정관념과 배치되기 때문에, 브로커 위치에 있는 여성은 성과에 대한 불안감과 함께 부정적인 평가에 대한 두려움을 경험할 가능성이 더 높다.[26]

브로커가 네트워크 내에서 형성하는 관계도 매우 중요하다. 사람들은 리더 및 동료와 우정, 파트너십과 같은 관계를 형성하여 서로 의존하고 따른다.[27] 이러한 '연결관계'는 조

직에서 직무를 수행하는 데뿐만 아니라 구성원의 행복에도 중요하다. 만약 연결관계가 아예 없거나, 있다고 하더라도 시간이 흘러 끈끈함이 사라지면 조직을 떠날 가능성이 높다(퇴사 후에도 연결관계가 휴면 상태로 유지될 수 있다).[28]

조직에서 사회적 관계망을 분석하는 방법에는 여러 가지가 있다.[29] 어떤 조직은 이메일 흐름이나 부서 간에 공유하는 서류를 추적한다. 이러한 빅데이터 방법은 개인이 정보를 어떻게 교환하는지에 대한 객관적인 정보를 쉽게 수집할 수 있다. 또 어떤 조직은 인적자원 정보 시스템에서 정보를 수집하여 상사와 부하 직원이 서로 어떻게 상호작용하는지를 분석한다. 이러한 자료 원천을 통해 자원과 권력이 어떻게 흘러가는지를 보여주는 소시오그램을 만들 수 있다. 그런 다음 리더는 많은 집단에 가장 강력한 영향력을 행사하는 중개인을 찾아 그 사람을 핵심 인물로 관리할 수 있다. 조직과 연구자는 최신 인공지능 애플리케이션을 통해 머신러닝 알고리즘을 사용하여 시간 경과에 따른 사회적 관계망의 정보 흐름을 모델링할 수 있다.[30]

권력 획득 방법

사람들은 권력 원천을 구체적인 행동으로 옮기기 위해 어떤 **권력 획득 방법**(influence tactic)을 사용하는가? 사람들은 상사나 동료, 부하 직원에게 영향을 미치기 위해 어떤 방법을 사용하는가? 연구에 따르면 다음과 같은 권력 획득 방법이 있다.[31]

권력 획득 방법 개인이 권력 원천을 특정 행동으로 전환하는 방법

- **합법성**: 권한이 있는 직위에 의존하거나 어떤 요구가 조직의 정책이나 규칙에 따른 것이라는 사실을 강조한다.
- **합리적 설득**: 요구가 합리적임을 보여주기 위해 논리적 주장과 사실적 증거를 제시한다.
- **영감을 통한 호소**: 목표 대상자의 가치, 필요성, 희망, 열망에 호소함으로써 감정적 몰입을 유발한다.
- **자문**: 계획을 어떻게 달성할 것인지를 결정할 때 목표 대상자를 참여시킴으로써 그의 지지를 증가시킨다.
- **교환**: 요구에 따르는 대가로 목표 대상자에게 혜택이나 호의를 제공한다.
- **인간적 호소**: 우정이나 충성을 바탕으로 순응을 요구한다.
- **아첨**: 요구하기 전에 아부, 칭찬이나 우호적인 행동을 한다.
- **압력**: 경고, 반복적인 요구, 위협을 사용한다.
- **연합**: 목표 대상자를 설득하여 동의를 얻어내기 위해 도움을 요청하거나 다른 사람들의 지지를 이용한다.

권력 획득 방법의 사용

일반적으로 어떤 방법은 다른 방법보다 더 효과적이다. 합리적 설득, 영감을 통한 호소,

ZTE
중국에서는 정부 및 기타 기관과의 관계 구축이 매우 중요하다. 통합 원격통신 설루션을 제공하는 중싱통신장비회사(Zhongxing Telecommunication Equipment Co. Ltd., ZTE)는 글로벌 공급업체이다. ZTE 설립자 중 하나이자 전 회장인 호 웨이귀(侯為貴)는 자사가 국가 및 집단주의 경영에서 벗어나도록 노력했다. 절제, 온화하고 실용적인 그의 경영 방식은 ZTE의 이미지가 되었다.

자문이 가장 효과적이다.[32] 합리적 설득은 직장에서 관계를 구축하는 데 여전히 효과적이지만, 영감을 통한 호소와 자문만큼 탁월하게 효과적이지 않은 경향이 있다.[33] 압력은 역효과를 내는 경향이 있고, 아홉 가지 방법 중 가장 효과가 적다.[34] 아첨은 직장에서 영향력의 관계적 결과를 개선할 수 있지만(예: 구직 면접)[35] 모든 상황에서 그러한 것은 아니며, 아첨 대상이 아첨을 별로 신경 쓰지 않거나 반복적으로 이루어지는 일상적인 업무인 경우에만 그렇다.[36]

임금 인상에 가장 효과적인 방법은 무엇일까? 자신의 급여를 동료의 급여와 비교하는 방법을 알아내거나, 경쟁적인 직무 제의를 받아들이거나, 자신의 성과를 입증할 수 있는 객관적인 결과를 보여주거나, 연봉 계산 사이트를 이용하여 같은 직종에 종사하는 사람들의 연봉과 비교하는 등의 합리적 설득 방법을 이용하고, 파악한 내용을 상사와 공유할 수 있다. 이러한 방법은 좋은 결과를 가져올 수 있다. 돈자고다협회(Don Jagoda Associates)의 부회장인 키티 더닝(Kitty Dunning)은 자신이 매출을 증가시켰다는 수치를 상사에게 이메일로 보내면서 16%의 급여 인상을 제안했다.[37] 합리적 설득을 이용한다면 상사와 임금 인상 가능성을 논의하거나 심지어 대체 근무 일정을 효과적으로 세울 수 있다(8장 참조). 특히 이는 부하 직원과 상사의 상호 존중감을 만들어냄으로써 가능하다.[38]

합리적 설득뿐만 아니라 권력 획득 방법도 영향력의 방향에 따라 효과적일 수 있다.[39] 물론 이것은 상대가 누구냐에 따라 효과성이 달라질 것이다. 도표 13-2에서 보듯이 합리적 설득은 상향적 영향과 하향적 영향 모두에 효과적인 유일한 방법이지만, 하향적 영향 시도에 사용될 때 더욱 효과적이다.[40] 영감을 통한 호소는 부하 직원에게 하향적으로 영향을 미치는 데 효과적이다.[41] 아첨은 하향적 영향에도 효과적일 수 있지만 수평적 영향에 가장 효과적이다.[42] 권력 획득 방법의 효과성에 영향을 미치는 또 다른 요인은 권력 획득 방법의 사용 순서, 그 방법을 사용하는 기술, 조직 문화이다. 일반적으로 인간적 호소, 영감을 통한 호소, 합리적 설득, 자문과 같이 개인적 권력에 의존하는 '부드러운' 방법으로 시작하는 것이 효과적일 것이다. 이것이 실패하면 교환, 연합, 압력과 같이 '더 강경한' 방법을 사용할 수 있으며, 이는 공식적 권력을 강조하고 더 많은 비용과 위험이 따

도표 13-2
영향력 방향에 적합한 권력 획득 방법

상향적 영향	하향적 영향	수평적 영향
합리적 설득	합리적 설득	합리적 설득
	영감을 통한 호소	자문
	아첨	아첨
	합법성	교환
		합법성
		인간적 호소
		연합

른다.[43]

앞서 언급했듯이 권력 획득 방법의 효과는 그 대상에 따라 달라진다.[44] 특히 소프트 파워에 따를 가능성이 높은 사람은 더 신중하고 내재적 동기가 강하다. 이들은 자존감이 높고 통제의 중요성을 인식한다. 반면에 하드 파워에 따를 가능성이 높은 사람은 행동 지향적이고, 외재적 동기가 강하며, 자신만의 방식을 고수하기보다 다른 사람들과 잘 지내는 데 더 집중한다. 연구 결과에 따르면 권력 획득 방법의 효과는 성별의 차이가 없는 것으로 나타났다. 남성과 여성 모두 하드 파워보다는 소프트 파워의 영향을 더 받는다.[45]

권력 획득 방법에 대한 문화적 선호

사람들이 선호하는 권력 획득 방법은 국가에 따라 다르게 나타난다.[46] 개인주의 국가에서는 권력을 개인화된 개념으로 보고, 개인적 목적을 달성하기 위해 사용할 수 있는 합법적인 수단으로 간주한다. 반면에 집단주의 국가에서는 권력을 사회적 개념으로 보고, 다른 사람들을 돕는 합법적 수단으로 생각한다.[47] 미국 경영자는 합리적인 호소를 선호하지만 중국 경영자는 연합 기법을 선호한다.[48] 이성을 바탕으로 한 합리적 호소는 미국인이 타인에게 영향을 미치고 차이점을 극복하기 위해 직접 대결과 합리적 설득을 선호하는 것과 일치하는 반면에, 연합 기법은 중국인이 어렵거나 논쟁의 여지가 있는 요청을 하기 위해 흔히 간접적인 접근 방법을 이용하는 것과 일치한다.

권력 획득 방법의 적용

자신의 목표를 달성하기 위해 다른 사람들에게 영향을 미칠 수 있는 능력, 즉 **정치적 기술**(political skill)은 사람마다 다르다.[49] 정치적으로 숙련된 사람은 권력 획득 방법을 더 효과적으로 사용하여 다른 사람들의 요구, 자원, 선호도에 대한 지식을 활용한다.[50] 또한 정치적 기술은 판매 컨설턴트, 부동산 중개인, 그 밖의 관계 지향적인 직업에서 일을 잘 해내기 위해 사회적 관계를 강화하는 기술이 필요할 때 더 효과적이다.[51] 정치적으로 숙련된 사람은 다른 사람들이 알아채지 못하게 하면서 영향력을 행사한다. 이러한 능력은 리더십 효과성에서의 주요 요인이다(정치적이라는 꼬리표가 붙으면 오히려 독이 된다).[52]

정치적 기술 자신의 목표를 달성하기 위해 다른 사람들에게 영향을 미칠 수 있는 능력

우리는 조직마다 문화가 뚜렷이 다르다는 것을 알고 있다. 어떤 문화는 따뜻하고 여유가 있으며 지원적인 반면에, 어떤 문화는 공식적이고 보수적이다. 어떤 문화는 참여와 자문을 장려하고, 어떤 문화는 합리적 설득을 장려하며, 어떤 문화는 압력에 의존한다. 조직 문화에 부합되는 사람은 더 많은 영향력을 얻는 경향이 있다.[53] 특히 외향적인 사람은 팀 지향적 조직에서 더 많은 영향력을 가지는 경향이 있으며, 매우 성실한 사람은 기술적 과업을 혼자 수행하는 것을 중시하는 조직에서 영향력이 더 크다. 조직 문화에 적합한 사람은 성공에 가장 중요하다고 보는 영역에서 좋은 성과를 내기 때문에 영향력이 있다. 따라서 조직은 스스로 어떤 권력 획득 방법의 하부 구성 요소를 받아들일 것인지

결정하게 된다. 그러나 문화적 정합성과 상관없이, 연구에 따르면 친화성과 성실성도 어느 정도 중요하지만 일반적으로는 외향적인 사람이 정치적 기술을 개발하는 경향이 있다.[54] 정치적 기술은 마키아벨리즘과 같은 어둠의 세 가지 성격(5장 참조)을 미화할 수 있다는 것을 주의해야 한다.[55]

전반적으로 정치적 기술은 구성원에게 몇 가지 긍정적인 결과를 가져온다.[56] 정치적 기술을 개발하면 자기효능감을 키우고, 자신의 직무에 더 만족하며, 자신이 속한 조직에 전념하는 데 도움이 되고, 직무 스트레스를 조금 덜 받게 된다. 또한 정치적 기술을 개발하면 조직시민행동을 더 많이 하고 성과와 생산성을 향상할 수 있다. 아마도 가장 중요한 것은 경력상 성과일 것이다. 정치적으로 숙련됨으로써 사내 평판이 더 좋아져 경력 성공으로 이어지며, 그 결과 더 많은 수입과 더 높은 지위를 얻고 자신의 경력에 더 만족하게 된다. 연구에 따르면 정치적 기술이 이러한 긍정적인 결과로 이어지는 것은 정치적 기술을 습득함으로써 따라오는 사내 평판과 자신감 향상 때문이다.[57]

권력이 사람들에게 미치는 영향

지금까지 권력이 무엇이고, 어떻게 획득되는지를 살펴보았다. 하지만 '권력은 부패하는가?'라는 중요한 질문의 답을 아직 얻지 못했다. 우선 확실한 것은 권력이 권력자에게 영향을 준다는 사실이다. 권력은 한편으로는 사람들에게 활력을 불어넣지만, 권력자가 자신의 직감을 더 따르고 이기적이 되게 하며 잠재적으로 더 부패하게 만들 수 있다.[58] 그래서 모든 형태의 권력은 권력감에 사로잡히는 단점으로 이어질 수 있다.

권력이 부패한다는 확실한 증거가 있다. 권력은 다른 사람들의 욕구나 목표보다 자신의 이익을 더 우선시하게 만든다.[59] 이러한 일이 왜 일어날까? 권력을 가진 사람은 사적인 이익을 챙길 수 있기 때문에 권력은 자신의 이익에 관심을 가지게 만든다. 또한 권력은 자신의 내부 감정이나 충동에 따라 행동할 수 있는 자유를 주기 때문에 자신의 목표와 관심을 더 중시하게 만든다. 권력은 다른 사람을 객관화하고(자신의 중요한 목표를 달성하는 도구로 여김) 관계를 소홀히 여기게 만드는 경향이 있다.[60]

이는 빙산의 일각이다. 권력자는 자신의 역량에 대한 위협에 특히 부정적으로 반응한다. 권력이 있는 지위의 사람은 가능한 한 그 권력을 놓지 않으려고 하며, 자신의 권력이 위협받으면 다른 사람에게 해가 되든 말든 상관없이 권력을 지키기 위한 행동을 서슴없이 한다.[61] 공식적 권력을 가지면 다른 사람들의 감정을 다르게 인지하고(예: 분노가 권력을 위협할 수 있기 때문에 권력을 가진 사람은 분노를 더 빨리 감지함) 비효과적인 방식으로 행동하게 된다.[62] 또한 권력자는 도덕적 해이 문제(예: 이득에 대해서는 보상을 받지만 손실에 대해서는 그다지 처벌을 받지 않기 때문에 헤지펀드 매니저가 다른 사람의 돈으로 더 많은 위험을 추구하는 경우)에 직면했을 때 자신의 이익을 위한 결정을 내리는 경향이 있다. 더욱이 권력자는 다른 사람을 폄하하는 경향이 높다. 그리고 권력은 과신한 의사결정을 초래한다(단, 확고한 리더의 과신은 실제로 긍정적인 확실한 결과를 가져올 수도 있다).[63]

어떻게 권력에 대응하는가

권력은 모든 사람에게 같은 방식으로 영향을 미치지 않으며, 심지어 긍정적인 영향도 있다.[64] 권력은 더 긍정적으로 보게 만들 수 있다. 권력은 목표를 달성하기 위한 동기부여를 증가시키고, 다른 사람들을 도우려는 경향성을 향상할 수 있다. 예를 들어 한 연구는 사람들이 권력을 느낄 때 다른 사람들을 도우려는 욕구가 실제 직무행동으로 이어진다는 것을 발견했다.[65] 일반적으로 권력 연구는 권력이 사람들의 생각, 감정, 행동에 어떤 영향을 미치는지를 중심으로 이루어진다.[66]

권력자는 정보를 처리하는 방법을 단순화하고, 단일 출처에 의존하며, 검색하기 쉬운 정보를 사용하는 경향이 있기 때문에 권력의 정도에 따라 인지 과정 또는 사고 과정은 달라진다.[67] 이는 권력자가 고정관념과 휴리스틱에 의존할 가능성이 더 높다는 것을 의미한다. 예를 들어 과거에 몇 차례 사업을 성공시킨 스타트업 창업자는 그러한 성공으로 인해 시장이나 프로세스의 특정 측면을 간과할 수도 있다. 권력이 감정에 어떤 영향을 미치는지에 대해서는 연구가 많이 이루어지지 않았지만, 일부 연구는 권력자가 정말 순수하게 긍정적인 감정을 표현하는 경향이 있지만, 다른 사람의 감정을 공감할 가능성은 낮다고 밝혔다(예: 다른 사람의 고통을 목격했을 때 괴로움을 느끼지 않음).[68] 또한 권력자는 (특유의 자신감과 소신의 의미로) 의사결정에서 개인적인 주도권을 발휘하고, 잠재적인 보상이나 이익에 더 민감한 경향이 있으며(예: 개인적으로 이기적임), 규범을 따르는 행동을 덜 한다.[69] 예를 들어 전문 학술회의에 참석하는 대학원생들은 성공한 사람이 누군지 알 수 있다고 언급하기도 한다. 경력상 성공을 거둔 사람은 정장이 아닌 청바지를 입고 프레젠테이션을 하기 때문이다.

그렇다면 우리는 권력에 대해 무엇을 할 수 있을까? 그 여파로 우리는 무기력하기만 할까? 첫째, 권력의 유독한 영향은 그것을 휘두르는 사람의 성격에 달려 있다. 만약 어떤 사람이 매사 걱정이 많다면 권력을 사용하는 것이 자신에게 이익이 된다고 생각할 가능성이 낮기 때문에 권력이 반드시 부패로 이어지지는 않는다.[70] 둘째, 권력의 부식 효과는 조직 시스템에 의해 억제될 수 있다. 한 연구는 권력이 사람들을 이기적인 방식으로 행동하게 만들지만, 그 행동에 대한 책임이 시작되면 이기적인 행동이 멈춘다는 것을 발견했다. 셋째, 권력의 부정적인 영향을 무디게 할 수단이 있다. 한 연구는 단순히 권력자에게 감사를 표하는 것만으로도 그들의 공격적이고 적대적인 행동이 줄어들 수 있다고 주장했다. 끝으로, 권력이 거의 없는 사람은 그 보잘것없는 권력을 남용한다는 말을 기억하라. 권력을 남용할 가능성이 가장 높은 사람은 밑바닥에서부터 올라선 사람이라는 점에서 이 말은 어느 정도 일리가 있다. 왜 그럴까? 낮은 지위일 때는 권력자의 위협을 감수해야 하고 이 과정에서 두려움이 생겨나며, 나중에 권력을 손에 쥐었을 때는 그러한

두려움으로 말미암아 자신의 권력을 부정적인 방식으로 사용하게 된다.[71]

성희롱: 직장 내 불평등한 권력

성희롱 상대의 의사에 반하는 성과 관련된 언동으로, 개인의 고용에 영향을 미치거나 적대적인 작업 환경을 창출하는 활동

성희롱(sexual harassment)은 상대의 의사에 반하는 성과 관련된 언동으로, 개인의 고용에 영향을 미치거나 적대적인 작업 환경을 창출하는 활동으로 정의된다.[72] 미국 고용평등위원회(Equal Employment Opportunity Commission, EEOC)에 따르면 성희롱은 어떤 사람이 불쾌한 성적 접촉을 하고, 성적 관계를 강요하고, 근무 중에 성과 관련된 언어적·신체적 행위를 하여 업무 성과를 떨어뜨리거나 위협적·적대적·모욕적인 작업 환경을 조성하는 것이다.[73] 전 세계적으로 여성의 35%가 신체적 폭력 또는 성폭력을 경험했으며, 성희롱을 경험한 비율은 그보다 훨씬 더 높다(일부 국가의 경우 50% 이상).[74] 예를 들어 파키스탄의 한 연구는 여성 근로자의 93%가 성희롱을 당했다고 보고했다.[75] 성희롱의 정의가 나라마다 다를지라도 대부분의 나라에는 근로자를 보호하기 위한 정책이 어느 정도 마련되어 있다. 하지만 정책이나 법의 준수는 다른 문제이다. 연구에 따르면 파키스탄, 방글라데시, 오만에는 고용 기회 평등법이 있지만 이러한 법이 제대로 실행되지 않는다.[76] 성희롱은 특정 유형의 직무에서 일하는 여성에게 불균형적으로 더 많이 일어난다. 예를 들어 요식업계에서 수행된 연구는 여성 종업원의 80%, 남성 종업원의 70%가 동료나 고객에게 성희롱을 당했다고 밝혔다.[77] 성희롱의 영향이 개탄스럽고 사악하다는 것은 말할 필요도 없으며, 대부분의 경우 팀, 조직 또는 지역에 성희롱이 만연한 분위기에서 비롯된다.[78]

대부분의 연구는 성희롱을 이해하는 데 권력이 핵심적이라는 것을 강조한다.[79] 성희롱을 저지르는 사람은 상사, 동료, 직원을 막론하는데, 특히 새로 권력을 얻은 사람에게서 두드러지게 나타난다.[80] 성희롱은 권력 차가 클 때 더 많이 발생한다. 상사와 부하 직원은 불평등한 권력관계를 가장 잘 보여주는데, 이때 공식적 권력은 상사에게 보상과 처벌의 권한을 부여한다. 부하 직원은 호의적인 성과 평가, 급여 인상 등을 원하기 때문에 상사는 부하 직원에게 중요하면서도 부족한 자원을 통제하여 권력을 형성한다. 그런데 성희롱을 감시하고 예방할 효과적인 통제 장치가 없다면 권력의 남용이 나타날 가능성이 크다. 만약 내부고발자가 목소리를 냈으나 이들을 보호하는 효과적인 통제 장치가 없다면 권력의 남용이 지속된다.[81] 미투(#MeToo)와 타임스업(Time's Up) 운동은 조직과 지역사회에 만연한 성희롱을 방지하기 위해 성희롱과 권력 남용 피해자가 목소리를 낼 수 있는 연합체를 만들 목적으로 시작되었다.[82]

성희롱은 개인과 조직에 해로운 영향을 미칠 수 있지만 충분히 막을 수 있다. 여기서 그 과정과 책임에 대한 관리자의 헌신이 매우 중요하다.[83]

- 적극적인 정책을 통해 성희롱에 해당하는 것을 정의하고, 구성원에게는 부적절한 행동을 하면 해고될 수 있음을 알리며, 불만을 제기하는 절차를 수립한다.

- 구성원이 불만을 제기해도 보복을 당하지 않을 것이라고 안심시킨다.
- 모든 불만 사항을 조사하고 법무 및 인사 부서에 알린다.
- 범죄자를 징계하거나 해고한다.
- 성희롱 문제에 대한 구성원의 인식을 높이기 위해 사내 교육을 실시한다.

정치: 권력 사용

사람들이 모여 집단을 형성하면 권력이 사용될 것이다. 사람들은 영향력을 행사하고, 보상을 얻으며, 경력을 발전시킬 수 있는 틈새를 찾으려고 한다. 그리하여 혹여 사적인 이익을 위해 권력이 사용된다면 이를 정치라고 일컬을 수 있다. 정치적 기술이 뛰어난 사람은 권력의 원천을 효과적으로 사용할 것이다.[84] 정치는 불가피한 것이 아니라 필수이다.

정치적 행동

조직 정치(organizational politics)는 조직의 의사결정에 영향을 미치는 권력 사용이나 조직의 제재를 받지 않는 이기적인 행동에 초점을 맞추고 있다.[85] 조직에서의 **정치적 행동**(political behavior)은 개인의 공식적 역할로 요구되지는 않지만 조직 내 이해관계에 영향을 미치거나 영향을 미치려는 활동으로 구성된다.[86]

정치적 행동 조직에서 개인의 공식적 역할로 요구되지는 않지만 조직 내 이해관계에 영향을 미치거나 영향을 미치려는 활동

정치적 행동은 명시화된 직무 요구를 넘어서는 것으로, 자신의 권력 원천을 사용하려는 시도가 있어야 한다. 정치적 행동에는 의사결정에 사용되는 목표, 기준 또는 과정에 영향을 미치려는 노력이 포함된다. 의사결정자에게 핵심 정보 숨기기, 연합 가입, 내부 고발, 소문 유포, 언론에 비밀 정보 유출, 상호 이익을 위해 조직 내 다른 구성원과 부탁 주고받기, 특정 개인 또는 결정안에 대해 찬성하거나 반대하기 위한 로비 활동 등이 포함될 만큼 정치적 행동의 정의는 광범하다.[87] 이러한 측면에서 볼 때 정치적 행동은 부정적인 경우가 많지만 항상 그런 것은 아니다.

사내 정치의 실재

조직 구성원이 사내 정치를 해석하는 방식은 다양하다. ① 사내 정치는 **반응적**이므로 조직에 피해를 주고 조작적인 행동을 하게 된다고 본다. ② 사내 정치를 **거부**하고 필요악으로 본다. ③ 사내 정치는 **전략적**이므로 조직의 목표를 달성하는 데 유용한 방편이라고 본다. ④ 사내 정치는 **통합**된 인식 체계이므로 의사결정을 이루어내는 핵심이라고 본다.[88]

경험이 많은 경영자들의 인터뷰를 보면, 대부분의 경영자는 정치적 행동이 조직 생활의 중요한 부분이라고 생각한다.[89] 많은 경영자는 다른 사람들에게 직접적인 해가 되지 않는다면 정치적 행동의 사용이 윤리적이고 필요하다고 말한다. 그들은 정치가 필요악이라면서, 정치적 행동을 사용하지 않는 사람은 일을 완수하기 어려울 것이라고 믿는다. 저소득층도 정치적 행동이 필요하다고 생각하지만 정치적 행동에 참여하는 것을 더 꺼

리기 때문에 경력 발전에 어려움을 겪는다.[90]

그런데 사내 정치가 존재해야 하는 이유는 무엇일까? 사내 정치가 없는 조직이란 불가능한 것일까? 그러한 조직이 있을 수 있다. 조직의 모든 구성원이 동일한 목표와 관심을 가지고 있다면, 조직의 자원이 풍부하다면, 성과 결과가 완전히 명확하고 객관적이라면 가능한 일이다. 그러나 현실의 조직 세계는 이와 다르다. 그럼에도 불구하고 사람들은 종종 사내 정치를 꺼리지만 친사회적인 수단을 통해 다른 사람들을 돕는 것을 목표로 할 때는 기꺼이 사내 정치를 한다.[91]

사내 정치를 이끌어내는 가장 중요한 요인은, 조직의 제한된 자원을 할당하는 데 사용되는 팩트의 대부분에 해석의 여지를 남겨두는 것이다. 예를 들어 성과에 따라 급여를 배분한다면 무엇이 **좋은** 성과인가? 무엇이 **적절한** 개선인가? 무엇이 **불만족스러운** 직무인가? 이와 같이 조직생활에서 광범위하고 모호한 중간 영역 – 사실이 나타내는 의미를 명확하게 해석할 수 없는 경우 – 에서 정치가 많이 발생한다.

대부분의 의사결정은 모호한 상황(사실이 거의 객관적이지 않고 해석하기 나름인 상황)에서 이루어지기 때문에 조직의 구성원은 목표와 이익을 위해 가능한 한 모든 영향력을 행사할 것이다. 그리고 이것은 **정치 공작**(politicking)을 유발한다. 어떤 사람이 '조직의 이익을 위해 쏟은 이타적인 노력'이 다른 사람에게는 '사적인 이익을 얻으려는 노골적인 시도'로 보일 수 있다.[92]

정치적 행동의 원인과 결과

지금까지 조직에서 일어나는 정치에 대해 살펴보았으니 이제 그러한 행동의 원인과 결과에 대해 알아보자.

정치적 행동을 유발하는 요인

모든 집단이나 조직이 똑같이 정치적인 것은 아니다. 어떤 조직에서는 정치적 행동이 공공연히 이루어지고 만연되어 있는 반면, 어떤 조직에서는 정치적 행동이 결과에 미미한 영향을 미친다. 이러한 차이가 나타나는 이유는 무엇일까? 최근 연구는 정치적 행동을 유발하는 많은 요인을 밝혀냈다. 어떤 요인은 조직 구성원이 가지고 있는 독특한 자질에서 비롯되는 개인적 특성과 관련이 있고, 어떤 요인은 조직의 문화나 내부 환경과 관련된 것이다. 도표 13-3은 개인적 요인과 조직적 요인이 어떻게 정치적 행동을 증가시키고, 조직의 구성원과 집단에 호의적인 결과(보상과 징계 회피)를 가져다줄 수 있는지를 보여준다.

개인적 요인 연구자들은 성격 특성, 욕구 등과 같은 개인적 요인이 정치적 행동과 관련이 있음을 밝혀냈다. 성격 특성 관점에서 볼 때 자기감시를 잘하고, 통제 위치가 내부에

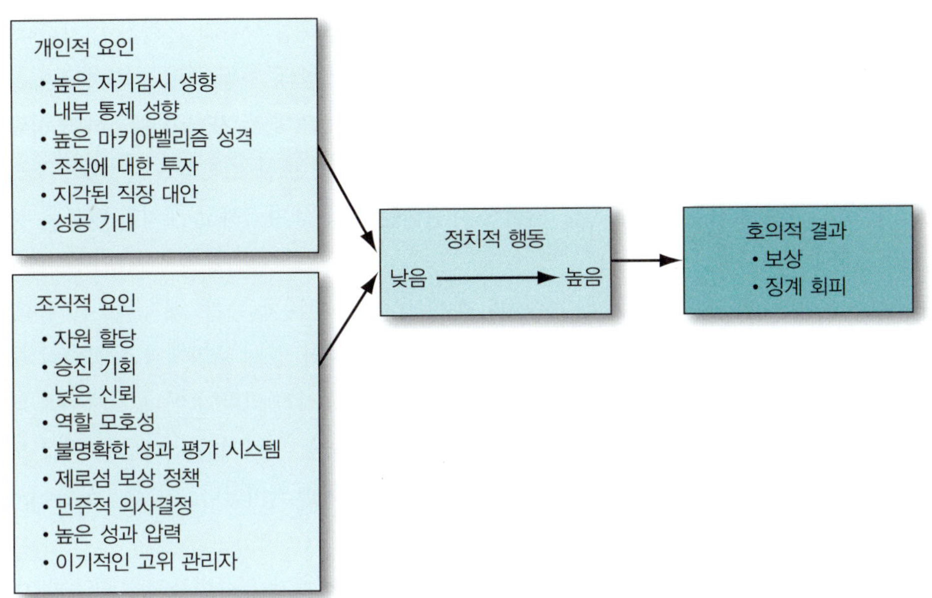

도표 13-3
정치적 행동의 원인과 결과

있으며, 권력 욕구(7장 참조)가 높은 구성원이 정치적 행동을 하는 것으로 나타났다. 자기감시를 잘하는 사람은 그렇지 못한 사람보다 사회적 단서에 민감하고, 사회적 순응을 잘하며, 정치적 행동을 잘하는 경향이 있다. 통제 위치가 내부에 있는 사람은 자신이 주변 환경을 통제할 수 있다고 믿기 때문에 자신의 이익을 위해 적극적으로 행동하고 상황을 조작하려는 경향이 있다. 마키아벨리즘(5장 참조)이 강한 사람, 즉 조작하려는 의지와 권력욕이 많은 사람이 사적인 이익을 얻기 위한 수단으로 정치를 사용한다는 것은 놀라운 일이 아니다.

개인이 조직에 투자한 정도, 지각된 대체안, 성공에 대한 기대는 비합법적인 정치적 행동을 하는 정도에 영향을 미친다.[93] 미래에 조직으로부터 받을 혜택이 많다고 생각할수록 퇴출되는 경우 잃는 것이 더 많아지기 때문에 비합법적인 수단을 사용할 가능성이 낮다. 반대로 (양호한 구직 시장, 희귀한 기술이나 지식 보유, 탁월한 평판, 영향력 있는 조직 외부인과의 접촉 등에 의해) 선택할 수 있는 취업 기회가 많은 사람은 비합법적인 정치적 행동을 할 가능성이 높다.

어떤 사람은 단순히 정치적 행동을 잘하기 때문에 그것을 한다. 이러한 사람은 대인간 상호작용을 잘 이해하고, 상황적 요구에 자신의 행동을 맞추며, 네트워킹에 뛰어나다.[94] 이들은 흔히 정치적 노력에 대해 간접적인 보상을 받는다. 예를 들어 중국 남부에 있는 한 건설 회사에서 수행된 연구는 정치적 기술이 우수한 부하 직원이 상사의 포상 추천을 받을 가능성이 더 많고, 정치적 성향이 있는 상사가 정치적 기술이 우수한 부하 직원에게 긍정적으로 반응하는 경향이 있음을 밝혀냈다.[95] 세계 여러 나라에서 수행된 다른 연구도 높은 수준의 정치적 기술이 높은 직무 성과 인식과 관련이 있다는 것을 보여주었다.[96]

조직적 요인 개인차가 정치적 행동에 영향을 미치지만, 특정 상황과 문화가 정치를 촉진한다는 증거가 있다. 특히 조직의 자원이 감소할 때, 기존의 자원 패턴이 변하고 있을 때, 승진 기회가 있을 때 정치적 행동이 나타나는 경향이 있다.[97] 자원이 감소하면 사람들은 자신이 가진 것을 보호하기 위해 정치적 행동을 한다. 또한 조직의 모든 변화, 특히 조직 내 자원의 획기적인 재분배를 의미하는 변화는 갈등을 자극하고 정치적 행동을 증가시킨다.

낮은 신뢰, 역할 모호성, 불확실한 성과 평가 시스템, 제로섬(승자-패자) 보상 정책, 민주적 의사결정, 높은 성과 압력, 이기적인 고위 관리자가 있는 문화에서는 정치적 행동이 나타날 가능성이 높다.[98] 정치적 활동은 구성원의 공식적 역할이 아니기 때문에 역할 모호성이 클수록 구성원은 아무도 모르게 정치적 활동을 더 많이 할 수 있다. 역할 모호성은 구성원에게 요구되는 행동이 명확하지 않다는 것을 의미한다. 이러한 상황에서는 정치적 행동의 범위와 기능에 대한 제약이 적다.

제로섬 접근법 보상이 고정되어 있다고 간주하기 때문에 한 개인이나 집단의 희생으로 다른 개인이나 집단이 이득을 얻는 보상 분배 방식

게다가 조직 문화가 보상과 관련하여 제로섬 또는 승자-패자 접근법을 강조할수록(이는 보통 재정적 취약성으로 인해 나타남) 구성원은 정치적 행동을 할 동기를 더욱 얻게 된다.[99] **제로섬 접근법**(zero-sum approach)에서는 보상이 고정되어 있다고 간주하기 때문에 한 개인이나 집단이 얻은 이득은 다른 개인이나 집단의 희생에 따른 것이다. 예를 들어 임금 인상액 1만 5,000달러가 5명에게 분배되는 경우 3,000달러 이상을 받은 사람은 다른 사람들에게 그만큼을 빼앗아온 셈이다. 이러한 방식은 다른 사람들을 나쁘게 보이게 하고 자신의 성과를 드러내게 만든다.

조직 정치에 대한 대응 방법

정치적 기술이 그리 뛰어나지 않거나 정치 게임을 원치 않는 사람에게는 직무 만족 감소, 갈등과 스트레스 증가, 이직률 증가, 성과 감소와 같은 부정적인 결과가 나타날 가능성이 높다. 연구에 따르면 사내 정치가 환경, 조직 또는 팀에서 더 많은 역할을 할수록 부정적인 결과(예: 스트레스 및 이직 의도 증가, 사기 및 성과 저하)가 나타난다.[100] 정치적 행동은 구성원의 성과 저하를 초래할 수 있는데, 이는 아마도 구성원이 정치적 환경이 불공정하다고 지각함으로써 의욕이 꺾이기 때문일 것이다.[101] 사내 정치가 '양날의 검'이라고 제시한 연구도 있는데, 이는 정치적 행동이 구성원에게 힘을 실어주는 동시에 감정적으로 지치게 만들 수도 있음을 의미한다.[102]

정치적 행동의 효과를 고려할 때 명심해야 할 사항이 몇 가지 있다. 첫째, 조직 정치와 성과의 관계는 개인이 조직 정치의 '방법'과 '이유'에 대해 이해하고 있는 정도에 의해 조절되는 것으로 나타났다. 연구자들에 따르면 "누가 의사결정에 대한 책임을 지고, 그 사람이 왜 의사결정자가 되었는지 명확히 이해하는 사람은 조직의 의사결정 과정을 이해하지 못하는 사람보다 의사결정자가 어떻게 그리고 왜 그렇게 행동했는지 더 잘 이해한다."[103] 정치를 잘하고 그에 대한 이해도가 높은 사람은 정치적 행동을 기회로 보기 때문

도표 13-4
방어행동

회피행동

원칙 고수하기: 어떤 일에 대해 "규칙에 의하면…" 또는 "이것이 우리가 따라야 하는 방법입니다"라고 말하면서 자신의 책임을 엄격히 해석한다.

책임 전가하기: 과업이나 의사결정의 실행 책임을 다른 사람에게 떠넘긴다.

모르는 척하기: 거짓으로 모르거나 할 수 없는 것처럼 함으로써 바람직하지 않은 과업을 피한다.

잡아 늘리기: 수행하는 과업을 지연한다.

둘러대기: 개인적으로는 거의 아무것도 하지 않았지만 공개적으로는 지원한 것처럼 행동한다.

비난 회피

드러내기: 비난을 피할 수 있는 좋은 방법이다. 완벽하고 철저하다는 이미지를 심어주기 위해 활동을 정확하게 설명한다.

조심하기: 비호의적으로 보이는 상황을 피한다. 이러한 행동에는 성공 가능성이 높은 프로젝트만을 수행하고, 위험이 있는 의사결정은 상사의 승인을 받아 실행하고, 자신의 의견을 약하게 표현하고, 갈등 시 중립적인 입장을 취하는 것 등이 포함된다.

정당화하기: 부정적인 결과에 대한 자신의 책임을 줄이기 위해 설명을 하거나 사죄하여 후회한다는 것을 보여준다.

책임 전가하기: 부정적인 결과를 책임이 없는 외부 요인의 탓으로 돌린다.

허위 진술하기: 왜곡, 윤색, 기만, 선택적 설명, 판단 흐리기 등을 통해 정보를 조작한다.

변화 회피

예방하기: 위협적인 변화가 일어나지 않도록 한다.

자기보호하기: 자신이 통제하는 정보나 기타 자원을 지킴으로써 변화 과정에서 자신의 이익을 보호하는 방식으로 행동한다.

에 성과가 향상되는 경향이 있다. 그래서 정치적 기술에 능통한 사람은 업무 성과도 좋다. 그러나 이해도가 낮은 사람은 조직 정치를 위협으로 간주할 가능성이 높기 때문에 직무 성과에 부정적인 영향을 미칠 것이다.[104]

조직 정치를 위협으로 간주하는 구성원은 흔히 행동, 비난 또는 변화를 피하기 위한 반응적이고 보호적인 행동을 하는데, 이를 **방어행동**(defensive behaviors)이라고 한다.[105] 도표 13-4는 방어행동의 예를 보여준다. 이러한 행동은 정치적 행동의 일부가 될 수 있지만, 조직에 피해를 주는 부정적인 느낌이 강하다. 방어행동은 사람들에게 '부드럽고 유대를 긍정하는 방식'으로 영향을 미치려고 시도하는 것이 아니라, 아이디어를 차단하거나 공헌 의지를 무너뜨리는 것과 같이 공격적이거나 회피적인 수단을 통해 자신의 이익을 보호한다.[106] 구성원은 단기적으로는 방어행동이 자신의 이익을 보호한다고 알겠지만, 장기적으로는 역량을 소진하게 된다.

방어행동 행동, 비난 또는 변화를 피하기 위한 반응적이고 보호적인 행동

인상 관리

우리는 다른 사람들이 우리를 어떻게 지각하고 평가하는지에 대해 지속적으로 관심을 가진다. 조직에서 사람들에게 긍정적으로 지각되는 것은 여러 가지 이점이 있다. 예를 들어 인상 관리는 취업뿐만 아니라 입사 후에는 호의적인 평가, 높은 임금 인상, 빠른 승진을 이루는 데에도 도움이 될 수 있다. 다른 사람들이 우리를 어떻게 인식하는지 관리하는 것은 특히 다른 나라에서 조직을 대표하는 해외 주재원에게 중요하며, 이들은 그 나라의 문화적 규범에 적응해야 한다.[107] 다른 사람에 의해 형성된 개인의 인상을 자신이 스스로 조절하려고 하는 과정을 **인상 관리**(impression management, IM)라고 하며,[108] 도표 13-5에 그 예를 제시했다. 그러한 과정은 의식적이거나 무의식적일 수 있고, 진실하거나 그렇지 못할 수도 있다. 인상 관리가 진정성이 없거나 정직하지 않다고 인식되면 성과 저하, 불안 증가, 부정적인 감정으로 이어질 수 있다.[109] 인상 관리가 겸손하고 진실하며 신뢰할 만하다고 인식된다면(예: 다른 사람과 관계를 맺기 위해 자신의 부정적인 면과 우스꽝스러운 면을 드러냄) 긍정적인 인상을 심어줌으로써 더 나은 관계를 형성할 수 있다.[110]

인상 관리 다른 사람에 의해 형성된 개인의 인상을 자신이 스스로 조절하려고 하는 과정

면접과 인상 관리 대부분의 구직자와 면접관은 면접 자리에서 인상 관리 기법을 사용하는데, 실제로 인상 관리는 효과가 있는 것으로 밝혀졌다. 면접관은 인상 관리를 통해 지원자의 온정적 측면과 역량적 측면을 파악할 수 있기 때문이다.[111] 상이한 인상 관리 기법이 면접에서 얼마나 효과적인지 이해하기 위해 한 연구는 수천 건의 채용 면접에서 얻은 자료를 정리하여 인상 관리 기법을 외모 지향적 노력(전문가처럼 보이려는 노력), 명시적 전술(면접관에게 아부하거나 자신의 업적을 자랑하는 것), 언어적 암시(긍정적인 용어를 사용하고 일반적인 열정을 보여주는 것)로 묶었다.[112] 모든 차원에서 인상 관리는 사람들의 성과를 예측할 수 있는 강력한 요인으로 나타났다. 그러나 반전이 있다. 잘 구조화된 면접의 경우(면접관의 질문을 미리 준비하고 지원자의 자질에 초점을 맞춤) 인상 관리의 효과가 상당히 약하게 나타난다. 인상 관리와 같은 조작적 행동은 모호하고 비구조화된 면접에서 효과를 보이는 경향이 있다.

성과 평가와 인상 관리 성과 평가에서는 결과가 조금 다르게 나타난다. 아첨은 성과 평가와 긍정적으로 관련되는데, 이는 상사에게 아첨하는 사람이 더 높은 성과 평가를 받는다는 것을 의미한다. 하지만 자기 자랑은 반대의 결과를 보인다. 자기 자랑을 하는 사람은 낮은 성과 평가를 받을 수도 있다.[113] 이를 뒷받침하는 중요한 연구 결과가 있다. 정치적 기술이 높은 사람은 인상 관리를 이용하여 높은 성과 평가를 받을 수 있는 반면에, 정치적 기술이 낮은 사람은 인상 관리의 시도로 피해를 보는 경향이 있다.[114] 어떤 연구는 760개의 이사회를 조사한 결과, 현 이사회 구성원에게 아첨하는(이사의 의견에 동의하고, 같은 태도와 견해를 가졌다는 것을 암시하며, 이사를 칭찬함) 사람은 이사회에 계

동조

인정받기 위해 어떤 사람의 견해에 동의하는 것은 환심을 사려는 것이다.

예: 어떤 관리자가 상사에게 "서부 지역 지점에 대한 조직 개편 계획은 옳습니다. 저는 전적으로 동의합니다."라고 말한다.

호의

어떤 사람에게 인정을 받기 위해 그 사람에게 선심을 쓰는 것은 환심을 사려는 것이다.

예: 영업사원이 잠재 고객에게 "저에게 오늘 밤 시간 극장표가 두 장 있는데 저는 갈 수가 없어요. 가지세요. 대신 나중에 저랑 이야기 할 시간 좀 내주세요."라고 말한다.

해명

심각한 곤경에서 빠져나오기 위해 그 상황을 야기한 사건에 대해 설명하는 것은 방어적 인상 관리 기법이다.

예: 영업 관리자가 상사에게 "우리는 그 신문에 광고를 제때 내지 못했습니다. 하지만 어떻든 그 신문의 광고에 대해 반응하는 사람이 아무도 없습니다."라고 말한다.

사과

바람직하지 않은 사건에 대한 책임을 인정하는 동시에 용서를 구하는 것은 방어적 인상 관리 기법이다.

예: 부하 직원이 상사에게 "죄송합니다. 보고서를 작성하면서 실수를 했습니다. 용서해주십시오."라고 말한다.

자기 자랑

자신의 장점을 강조하는 반면 자신의 단점을 경시하고 자신의 업적에 대한 관심을 불러일으키는 것은 자기중심적 인상 관리 기법이다.

예: 영업사원이 상사에게 "매트는 3년 동안 그 거래를 성사시키려고 했지만 성공하지 못했지만 저는 그 일을 6주 만에 해냈습니다. 저는 우리 회사에서 최고의 해결사입니다."라고 말한다.

강화

자신이 한 일을 조직의 다른 사람들이 생각하는 것보다 더 가치 있다고 주장하는 것은 자기중심적 인상 관리 기법이다.

예: 잡지가 기자가 편집자에게 "그 유명 인사의 이혼을 다룬 내 기사 덕분에 판매 부수가 많이 올랐어요."라고 말한다(연예 섹션의 3쪽 분량 기사에 불과함).

아첨

자신을 지각 있고 호감 가는 사람으로 보이게 하려고 다른 사람의 장점을 칭찬하는 것은 공격적 인상 관리 기법이다.

예: 신입 영업사원이 동료에게 "고객의 불만을 그렇게 잘 처리하다니! 저는 그 일을 당신만큼 잘 처리할 수 없을 거예요."라고 말한다.

실례

필요한 것보다 더 많이 노력함으로써 자신이 얼마나 헌신적이고 열심히 일하는지 보여주는 것은 공격적 인상 관리 기법이다.

예: 밤늦게까지 일한 부하 직원이 자신이 얼마나 오랫동안 일했는지 상사가 알 수 있도록 이메일을 보낸다.

도표 13-5 인상 관리 기법

출처: Source: Based on B. R. Schlenker, *Impression Management* (Monterey, CA: Brooks/Cole, 1980); M. C. Bolino, K. M. Kacmar, W. H. Turnley, and J. B. Gilstrap, "A Multi-Level Review of Impression Management Motives and Behaviors," *Journal of Management* 34, no. 6 (2008), 1080-109; R. B. Cialdini, "Indirect Tactics of Image Management Beyond Basking," in R. A. Giacalone and P. Rosenfeld (eds.), *Impression Management in the Organization* (Hillsdale, NJ: Lawrence Erlbaum, 1989), 45-71.

속 남아 있을 가능성이 높다는 사실을 발견했다.[115] 다른 연구에서는 높은 수준의 정치적 기술을 가지고 있지 않은 한, 상사에게 아부하는 인턴은 대개 환영받지 못하는 것으로 나타났다. 그러나 정치적 기술을 가진 인턴이 아첨을 하면 상사에게 많은 호감을 얻

고 높은 성과 평가를 받는다.[116]

정치적 행동의 윤리

윤리적인 정치적 행동과 비윤리적인 정치적 행동을 명확하게 구분할 수 있는 방법이 없을지라도 고려해야 하는 몇 가지 질문이 있다. 첫째, 정치적 행동을 해서 무엇을 얻으려고 하는가? 사람들은 충분한 이유 없이 정치적 행동을 하기도 한다. 둘째, 정치적 행동을 통해 얻는 이익과 다른 사람들에게 끼치는 손해(잠재적 손해)의 균형을 어떻게 맞출 것인가? 셋째, 정치적 행동이 공정성과 정의의 기준을 따르는가?

권력이 있는 사람은 자신의 이기적인 행동을 조직의 이익이라는 관점에서 능숙하게 설명할 수 있다. 또한 불공정한 행동을 공정하다고 설득력 있게 주장할 수 있다. 권력을 가지고 있고, 조리 있게 이야기할 수 있으며, 설득력이 있는 사람은 비윤리적인 행동을 성공적으로 해낼 수 있기 때문에 윤리적인 실수를 하기 쉽다. 조직 정치의 윤리적 딜레마에 빠졌을 때 정치적 행동을 하는 것이 위험을 무릅쓸 만한 가치가 있는지, 그 과정에서 피해를 보는 사람이 있는지 고려하라. 강력한 권력 원천을 가지고 있을 때 권력이 부패할 수 있다는 것을 인식하라. 권력이 없는 사람은 대개 이용할 수 있는 정치적 재량권이 없기 때문에 윤리적으로 행동하기가 더 쉽다는 것을 기억하라.

정치적 경력의 도식화

앞에서 살펴본 바와 같이 정치는 정치인에게만 해당되는 것이 아니다. 독자도 이 책에서 제시한 몇 가지 가시적인 방법을 사용하여 정치적 행동을 할 수 있다. 그런데 그러한 정치적 행동을 우리 자신에게도 적용할 수 있다.

권력과 정치적 행동을 이해하는 데 가장 유용한 방법 중 하나는 자신의 경력 관점에서 생각하는 것이다.[117] 나의 야망은 무엇인가? 내가 그것을 성취하는 데 도와줄 수 있는 힘을 가진 사람은 누구인가? 그 사람과 나의 관계는 어떠한가? 이러한 질문의 답을 얻기 위해 정치 지도를 사용할 수 있으며, 이는 경력을 위해 의지해야 하는 사람과의 관계를 그려보는 데 도움이 된다. 도표 13-6은 이러한 정치 지도의 예이다.[118]

당신의 미래 승진이 직속 상사인 제이미를 포함한 5명에게 달려 있다고 가정하자. 도표 13-6에서 보듯이 당신과 제이미는 친밀한 관계이다(그렇지 않다면 당신은 곤경에 처할 수도 있다). 또한 당신은 재무 부서의 잭과도 친밀한 관계이다. 하지만 다른 사람하고는 별로 가깝지 않거나(레인) 전혀 알지 못한다(지아, 마티). 이 지도는 사람들에 대한 영향력을 확보하고 그들과 친밀한 관계를 맺기 위한 계획을 수립해야 한다는 것을 명확하게 보여준다.

사람들에게 영향력을 행사하는 최선의 방법 중 하나가 간접적으로 영향을 미치는 것이다. 제이미와 친구로 지내고 있는 마크와 테니스 게임을 하면 어떨까? 마크에게 영향을 미치면 마티도 영향을 받을 수 있을 것이다. 마찬가지로 나머지 의사결정자 4명과의

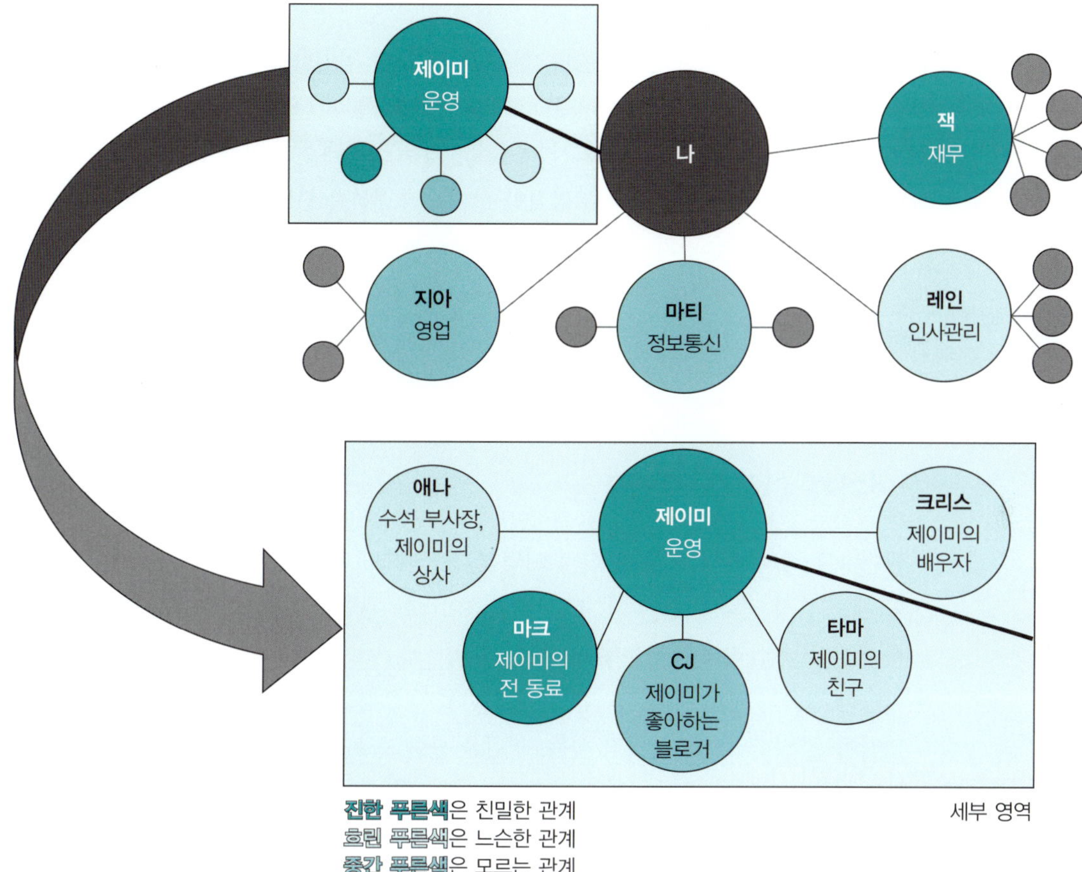

도표 13-6 정치 지도의 도식화

출처: Based on D. Clark, "A Campaign Strategy for Your Career," *Harvard Business Review*, November 2012, 131-134.

관계에 대해서도 분석해볼 수 있다.

이 모든 것이 다소 권모술수처럼 보일 수도 있다. 하지만 단 한 사람만 승진하고, 경쟁자들도 정치 지도를 가지고 있다는 것을 유념하라. 이 장의 앞부분에서 말했듯이 권력과 정치는 조직 생활의 일부이다.

요약

사람들은 직무와 조직에서 무력한 존재가 되는 것을 좋아하지 않는다. 사람들은 다양한 권력 원천에 다르게 반응한다. 전문적 권력과 준거적 권력은 개인적 자질에서 비롯되고 강압적 권력, 보상적 권력, 합법적 권력은 조직적 요인에 의해 생겨난다. 특히 역량은 폭넓은 영향을 미치므로 이것을 권력 원천으로 사용하면 집단 구성원들로부터 높은 성과를 이끌어낼 수 있다.

효과적인 경영자는 조직의 정치적 특성을 수용한다. 어떤 사람은 다른 사람들보다 정치적으로 더 기민한데, 이는 근본적인 정치를 알고 있고 인상 관리를 할 수 있다는 것을 의미한다. 정치적으로 순진하거나 미숙한 사람보다 정치를 잘하는 사람이 더 높은 성과 평가를 받으며, 그로 인해 더 많은 급여를 받고 더 빨리 승진을 할 것이다. 또한 정치적으로 영민한 사람은 직무 만족도가 더 높고, 직무 스트레스 요인을 잘 중화할 수 있다. 그러나 정치는 긍정적인 결과와 부정적인 결과를 초래하는 양날의 검이기도 하다.

정치 지도는 사람들과의 관계를 도식화함으로써 긍정적인 정치 기회를 확인할 수 있다. 그리고 권력과 정치에는 윤리적인 고려가 필요하다. 조직에서 윤리적인 문제를 고려해야 하는 현실을 받아들이는 것은 윤리적 의식과 행동에 대한 책임을 받아들이는 것이다.

경영자를 위한 시사점

- 팀이나 조직의 이익(또는 자신의 이익)을 증진하기 위해 권력을 만들고 사용하려고 할 때는 특정 권력 원천이 더 효과적이다. 이러한 권력 원천을 알고 상황에 따라 사용하라(그러나 윤리적 지침을 준수해야 한다).
- 다양한 전술과 인상 관리 전략은 다른 사람들이 요청을 따르도록 영향을 미치는 데 효과적이다. 일반적으로 합리적 설득, 영감을 통한 호소, 자문을 통해 더 많은 성공을 거둘 수 있고, 압박과 자기 자랑은 성공 가능성이 가장 낮다는 것 유의하라.
- 권력이 의존성에서 비롯된다는 것을 명심하라. 자원을 얻기 위해 다른 곳(예: 큰 비용을 청구하는 공급업체)에 너무 많이 의존하여 통제력이 부족하다고 느낀다면 대안을 극대화하고 대체 가능한 자원을 찾아라.
- 사회적 관계망에서의 위치는 권력에 영향을 미친다. 변화를 촉진하고 영향력을 행사하기 위해 경계를 벗어나 사람들 간의 연결, 자원, 정보를 중개하는 다리 역할을 하기 위해 노력하라.
- 권력이 사람들에게 다양한 방식으로 영향을 미친다는 것을 유념하라. 권력이 부여한 사각지대를 인식함으로써 권력 그 자체가 권력자에 미치는 부정적인 영향을 방지할 수 있다.
- 조직 차원에서 성희롱을 처리하는 방법, 불만 사항 조사 및 보고, 범죄자 징계에 대한 정책을 수립하라.
- 정치적 틀에서 행동을 평가함으로써 다른 사람들의 행동을 더 잘 예측하고 그 정보를 활용하여 자신과 팀에 이익을 가져다줄 정치적 전략을 수립하라.

14

갈등과 협상

학습목표

- 갈등의 세 가지 유형과 발생 장소를 설명할 수 있다.
- 갈등의 과정을 설명할 수 있다.
- 분배적 협상과 통합적 협상을 비교할 수 있다.
- 5단계 협상 프로세스를 적용할 수 있다.
- 개인차가 협상에 어떤 영향을 미치는지 설명할 수 있다.
- 사회적 요인이 협상에 어떤 영향을 미치는지 설명할 수 있다.
- 제삼자 협상의 역할과 기능을 평가할 수 있다.

갈등의 정의

미국의 자동차 및 에너지 회사인 테슬라(Tesla)는 설립자이자 CEO인 일론 머스크(Elon Musk) 때문에 이래저래 갈등을 겪었다. 머스크의 솔직한 트위터 게시물, 소송, 증권거래위원회 및 음악가 아질리아 뱅크스(Azealia Banks), 그라임스(Grimes)와의 불화 문제로 테슬라는 이사회 및 직원과 함께 조직 간 갈등을 감내해왔다.[1]

그런데 흥미로운 점은 테슬라가 갈등을 겪지 않은 곳이 이사회라는 것이다.[2] 많은 사람은 이사회가 갈등을 일으키려 하지 않고 '졸음운전', 즉 직무 유기를 한다고 비난했다. 이는 머스크에 대한 충성심, 시간과 자원 부족(이사회 구성원 대부분이 비상근), 의사결정에 영향을 미치는 모든 기업 정보가 머스크를 거쳐 필터링되기 때문일 수 있다. 이에 시간과 자원 부족의 영향을 받지 않고 보다 공정한 인공지능을 기업 이사회의 의사결정에 사용하는 것이 낫겠다는 이야기도 나왔다.[3] 테슬라의 사례는 다양한 조직 영역에서 갈등이 발생할 수 있으며, 갈등이 전혀 없는 경우도 실은 중요한 문제를 다루지 않거나 논란이 되는 사안에 이의를 제기하지 않는다는 신호일 수 있음을 보여준다.

갈등 한 당사자가 관심을 가지고 있는 것에 대해 다른 당사자가 부정적인 영향을 미쳤거나 미치려고 한다는 것을 지각할 때 시작되는 과정

갈등(conflict)의 정의가 부족한 것은 아니지만,[4] 공통적인 생각은 갈등이 차이나 반대에 대한 지각이라는 것이다. 갈등은 한 당사자가 관심을 가지고 있는 것에 대해 다른 당사자가 부정적인 영향을 미쳤거나 미치려고 한다는 것을 지각할 때 시작되는 과정이라고 폭넓게 정의할 수 있다. 또한 사람들이 조직에서 경험하는 목표의 상충, 사실에 대한 해석 차이, 기대한 행동과의 불일치 등도 갈등의 폭넓은 범위에 포함된다.

기능적 갈등 집단의 목표를 지원하고 성과를 향상하는 건설적인 갈등

역기능적 갈등 집단의 성과를 저해하는 갈등

갈등에 대한 오늘날의 관점에서는 갈등의 영향에 따라 유형을 구분한다.[5] **기능적 갈등**(functional conflict)은 집단의 목표를 지원하고 성과를 향상하는 건설적인 갈등이다. 예를 들어 생산성을 가장 효율적으로 개선하기 위해 작업팀 구성원들이 토론하면서 각자의 시각에 대해 논의하고 공개적으로 비교하면 기능적이라고 할 수 있다. 집단의 성과를 저해하는 갈등은 파괴적 혹은 **역기능적 갈등**(dysfunctional conflict)이다. 현재 팀에서 해야 할 일에서 벗어나기 위해 개인적으로 노력하는 것은 그러한 예이다. 도표 14-1은 갈등 수준에 따른 영향을 보여준다.

도표 14-1
갈등 수준

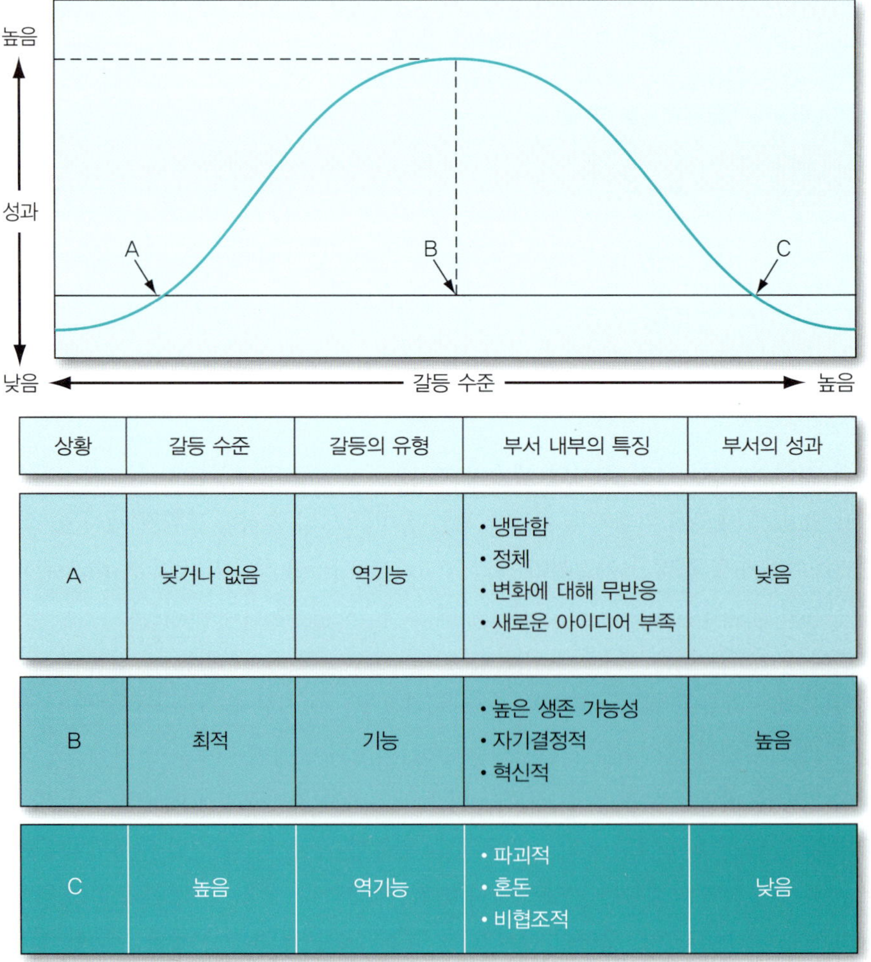

상황	갈등 수준	갈등의 유형	부서 내부의 특징	부서의 성과
A	낮거나 없음	역기능	• 냉담함 • 정체 • 변화에 대해 무반응 • 새로운 아이디어 부족	낮음
B	최적	기능	• 높은 생존 가능성 • 자기결정적 • 혁신적	높음
C	높음	역기능	• 파괴적 • 혼돈 • 비협조적	낮음

갈등의 유형

갈등을 이해하는 방법 중 하나는 불일치 유형을 파악하거나 그 갈등이 무엇에 대한 것인지 파악하는 것이다. 목표에 대한 불일치인가? 서로에게 잘못된 방식으로 비위에 거슬리는 사람에 대한 것인가? 아니면 일을 처리하는 가장 좋은 방법에 대한 것인가? 각각의 갈등은 고유한 것이지만 연구자들은 갈등을 세 가지로 분류했다.[6] **관계 갈등**(relationship conflict)은 대인관계에 초점을 두고, **과업 갈등**(task conflict)은 직무의 내용과 목표와 관련되며, **과정 갈등**(process conflict)은 직무를 처리하는 방식과 관련된 것이다.

관계 갈등 대인관계에 기초한 갈등

과업 갈등 직무의 내용과 목표에 대한 갈등

과정 갈등 직무를 처리하는 방식에 대한 갈등

관계 갈등 관계 갈등에 대한 연구에 따르면 직장에서 일어나는 관계 갈등은 거의 항상 역기능적이다.[7] 왜 그럴까? 관계 갈등에 본질적으로 내재되어 있는 대인 간 마찰과 적대성이 성격상의 차이를 증폭하고 서로에 대한 이해를 떨어뜨리며, 이는 조직에서 일을 완수하는 것을 어렵게 만든다. 갈등의 세 가지 유형 중 관계 갈등은 사람들의 심리적 탈진이 가장 큰 듯하다. 이는 사람들이 협력하여 해결책을 향해 나아갈 때 개방적인 정도를 감소시키는 동시에 서로 피하고 경쟁하는 정도를 증가시킴으로써 팀 프로세스를 방해하는 경향이 있다.[8] 결과적으로 관계 갈등은 신뢰, 응집력(10장 참조), 만족도, 직무 태도, 긍정적 영향(4장 참조)을 매우 고갈시키고 일탈행동의 증가와 조직시민행동의 감소로 이어질 수 있다.[9] 그러나 관계 갈등 자체는 팀이 얼마나 잘 수행하는지와 관련이 없기 때문에, 가장 부정적인 영향은 어떻게 사람들에게 심리적으로 영향을 미치는지, 어떻게 조직시민행동을 줄이고 일탈을 증가시키는지에 달려 있다.[10]

과업 갈등 학자들은 관계 갈등이 역기능적이라는 데 동의하지만, 과업 갈등과 과정 갈등이 기능적인지에 대해서는 의견이 하나로 모아지지 않고 있다. 초기 연구는 집단 내 과업 갈등이 더 높은 성과와 상관관계가 있다고 제시했으나, 95개의 연구를 검토한 결과 과업 갈등은 본질적으로 집단의 성과와 관련이 없는 것으로 나타났다(다만 비관리직의 낮은 집단 성과, 의사결정팀의 높은 집단 성과와는 관련이 있는 것으로 보인다).[11] 한편 과업 갈등이 사람들이 협력하는 정도를 미약하게나마 줄이고 서로 경쟁하는 정도를 적당히 증가시킨다고 주장하는 연구도 있다.[12] 이는 결국 과업 갈등이 신뢰와 직무 태도에 매우 부정적인 영향을 미치고, 관계 갈등과 마찬가지로 일탈행동의 증가와 조직시민행동의 감소를 초래한다는 것을 보여준다.[13]

과정 갈등 과정 갈등은 위임과 역할에 관한 것이다. 위임을 둘러싼 갈등은 일부 구성원이 회피하고 있다는 인식에서 흔히 비롯되고, 역할을 둘러싼 갈등은 일부 구성원이 소외감을 느끼게 한다. 따라서 과정 갈등은 고도로 개인화되어 관계 갈등으로 빠르게 전환되는 경우가 많다. 물론 무언가를 하는 방법에 대해 논쟁하는 것은 시간 소모적일 수 있다. 과정 갈등에 대한 연구는 상대적으로 덜 수행되었지만, 과정 갈등은 (관계 갈등처

럼) 팀 성과와 약한 상관관계가 있고, 팀 구성원의 신뢰와 태도에 매우 부정적인 영향을 미친다.[14]

복잡한 갈등 다른 유형의 갈등이 동시에 발생하는지 여부도 중요하다. 과업 갈등과 관계 갈등이 함께 발생하면 관계 갈등이 부정적인 영향을 미칠 가능성이 높지만, 과업 갈등이 그 자체로 발생하면 이는 긍정적인 영향을 미칠 가능성이 더 높다.[15] 복잡한 갈등은 실제로 얼마나 자주 발생할까? 벤처 기업의 사례 연구에 따르면 과업 갈등과 관계 갈등이 동시에 발생하지만 시간이 지남에 따라 안정화되는 경향이 있다.[16] 이를 통해 관계 형성 시 관계 갈등과 과업 갈등이 동시에 나타난다는 것을 알 수 있다. 이를 뒷받침하는 네덜란드의 한 연구는 사람들이 과업 갈등 중에 관계 갈등을 인지하는 것만으로도 과업 갈등에 대한 초기의 입장을 고수하는 경향이 있다고 밝혔다.[17]

갈등에 대한 인식이 중요하다고 주장하는 학자들도 있다. 만약 과업 갈등이 매우 낮다고 인식되면 사람들은 실제로 참여하거나 중요한 문제를 해결하지 않는다. 반대로 과업 갈등이 너무 높으면 내분이 급격히 관계 갈등으로 악화된다. 따라서 적당한 수준의 과업 갈등이 최적일 것이다.[18] 또한 누가 갈등을 인식하는지도 중요하다. 각자의 업무 방식을 고수하거나, 타협의 여지가 거의 없이 서로가 상대를 지배하려고 하면 '사공이 많은 배'가 되어버린다. 이러한 상황에서는 관계 갈등이 나타나고, 심한 경우 비인격적 감독으로 번지기도 한다.[19] 연구에 따르면 몇몇 구성원만 과업 불일치를 크게 인지하고 나머지 구성원은 그것을 덜 느낀다면 갈등이 성과에 긍정적인 영향을 미칠 가능성이 높다. 과업 불일치를 인지하는 소수가 자신들의 의견 차이를 신중하고 협조적이며 개방적인 방식으로 제시할 가능성이 매우 높기 때문이다.[20]

갈등의 소재

갈등을 이해하는 또 다른 방법은 갈등의 소재 또는 갈등이 발생한 틀을 살펴보는 것으로, 이 또한 갈등을 세 가지로 구분한다. **쌍방 갈등**(dyadic conflict)은 두 사람 사이에 일어나는 갈등, **집단 내 갈등**(intragroup conflict)은 한 집단 또는 팀 내에서 일어나는 갈등, **집단 간 갈등**(intergroup conflict)은 집단 또는 팀 사이에 일어나는 갈등이다.[21]

쌍방 갈등 두 사람 사이에 일어나는 갈등

집단 내 갈등 한 집단 또는 팀 내에서 일어나는 갈등

집단 간 갈등 집단 또는 팀 사이에 일어나는 갈등

관계 갈등, 과업 갈등, 과정 갈등에 대한 거의 모든 연구는 집단 내 갈등을 다루었다. 그러나 이러한 연구 결과가 갈등의 상황과 결과에 대한 모든 것을 알려주는 것은 아니다. 예를 들어 집단 내 갈등이 팀의 성과에 긍정적인 영향을 미친다는 연구 결과가 있지만, 여기서 중요한 것은 팀이 실수를 용인하고 모든 팀원이 서로 지원하는 분위기여야 한다는 것이다.[22] 이러한 개념을 집단 간 갈등의 영향에도 적용할 수 있을까? NFL 풋볼을 생각해보자. 팀이 적응하고 성장하기 위해서는, 특히 팀 구성원들이 서로서로 지원하는 경우에는 아마도 팀 내에 많지는 않지만 어느 정도 갈등이 있는 것이 팀의 성과에 도움이 될 것이다. 그러나 어떤 팀의 구성원이 다른 팀의 구성원을 지원할 수 있을까? 아

마도 그렇지 않을 것이다. 집단 간의 격렬한 갈등은 집단 구성원에게 상당한 스트레스를 주고, 그들이 상호작용하는 방식에도 영향을 미칠 수 있다.

집단 간 갈등에서 특정 개인이 가장 중요하다는 사실을 알면 놀라는 독자도 있을 것이다(13장 참조). 집단 간 갈등에 초점을 둔 한 연구에서는 집단 내 개인의 직위와 개인이 집단 간 갈등을 관리하는 방식 간에 상호작용이 있다는 것을 발견했다. 집단에서 상대적으로 주변에 있는 구성원은 자신의 집단과 다른 집단 간의 갈등을 더 잘 해결하는 것으로 나타났다. 그러나 이것은 주변인이 자신의 집단에 대해 책임감을 가지고 있을 때만 그렇다.[23] 따라서 집단의 핵심 구성원이 반드시 다른 집단과의 갈등을 관리하는 데 최적의 인물이라고 할 수는 없다.

전체적으로 기능적 갈등과 역기능적 갈등을 이해하려면 갈등의 유형뿐만 아니라 갈등이 어디서 일어나는지 알아야 한다. 관계 갈등, 과업 갈등, 과정 갈등의 개념은 집단 내 갈등이나 쌍방 갈등을 이해하는 데 도움이 되지만 집단 간 갈등의 영향을 설명하는 데에는 그다지 유용하지 않다.

갈등 과정

갈등 과정은 도표 14-2와 같이 5단계, 즉 ① 잠재적 대립 또는 상충, ② 인지와 개인화, ③ 의도, ④ 행동, ⑤ 결과로 구성된다.[24]

1단계: 잠재적 대립 또는 상충

갈등의 첫 번째 단계는 갈등이 발생할 수 있는 기회가 되는 조건(원인 또는 원천)이 나타나는 것이다.[25] 이 조건이 직접적으로 갈등을 유발하지는 않더라도 갈등이 표면화되는 데에는 최소한 한 가지가 작용한다. 직접적으로 갈등을 유발하는 행동과 별개로,[26] 갈등이 나타나는 조건은 의사소통, 구조, 개인 특성으로 구분할 수 있다.

의사소통 의사소통은 집단 상호작용과 쌍방 교환에서 갈등의 원인이 될 수 있다.[27] 의사소통 과정에서 나타나는 의미 해석의 어려움, 오해, 의사소통 채널의 '소음' 등으로 인

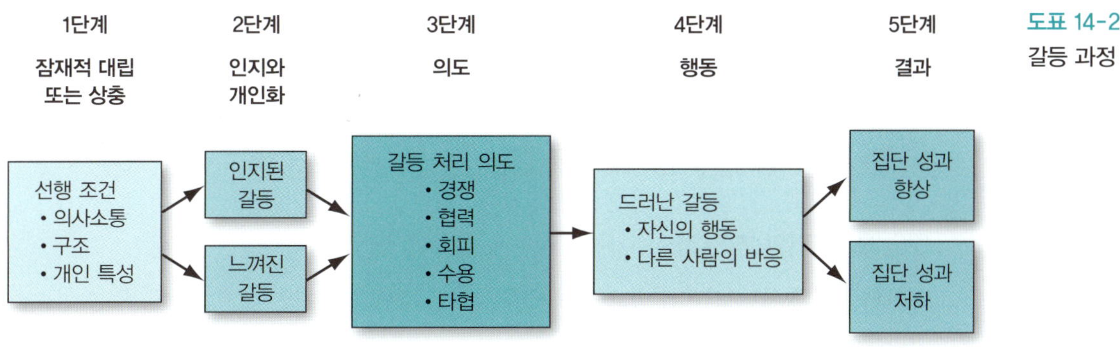

도표 14-2
갈등 과정

해 문제가 나타날 수 있다(11장 참조). 전문 용어, 불충분한 정보 등의 요인은 의사소통의 장애물이자 갈등을 일으키는 잠재적인 선행 조건이 된다. 의사소통이 특정한 틀로 구성되는 방식도 영향을 미칠 수 있다. 예를 들어 과업 갈등을 논쟁의 한 형식으로 만들면 다른 사람들의 의견을 수용할 수 있는 여지가 커진다.[28] 또한 의사소통이 너무 적거나 많으면 갈등이 발생할 수 있다. 의사소통의 증가는 어느 시점까지는 순기능으로 작용하지만 그 시점을 넘어서면 갈등으로 이어질 가능성이 높아진다.

구조 구조에는 집단의 규모, 구성원에게 할당된 과업의 전문화 정도, 관할 영역의 명확성, 구성원과 목표의 부합성, 리더십 스타일, 보상 시스템, 집단 간의 의존성과 같은 변수가 포함된다. 집단이 클수록, 집단의 활동이 전문화될수록 갈등이 발생할 가능성이 높아진다. 근속 연수와 갈등은 반비례 관계인데, 이는 조직에 오래 몸담을수록 갈등이 일어날 가능성이 더 낮다는 것을 의미한다.[29] 따라서 갈등이 발생할 가능성은 구성원이 조직에 새로 들어왔을 때, 이직률이 높을 때 가장 높다. 한편 집단 간 갈등의 경우에는 갈등이 갈등을 만드는 양상을 띠어 해당 집단들이 자신의 의미와 정체성까지 폄훼하는 결과로 이어질 수 있다.[30] 오하이오주립대학과 미시간대학 간의 100년 이상 된 라이벌 관계에 대해 들어보았다면 이해가 될 것이다.[31]

개인 특성 갈등을 유발하는 마지막 범주인 개인 특성에는 개인의 성격, 감정, 가치관 등이 포함된다. 까다롭고 신경질적이며 자기감시 성향(5장 참조)이 높은 사람은 다른 사람들과 더 자주 다투고, 갈등이 발생했을 때 잘 대응하지 못하는 경향이 있다.[32] 감정은 직접적으로 다른 사람을 향하지 않은 경우에도 갈등을 일으킬 수 있다. 예를 들어 출근길에 짜증 나는 일을 겪은 직원은 그 감정을 그대로 지닌 채 아침 회의에 참석할 수도 있다.[33] 감정의 불일치도 갈등을 야기할 수 있다. 예를 들어 상사가 업무에 대해 자신보다 낙관적인 견해를 가진 경우, (낙관-비관 상황보다) 더 많은 갈등이 나타날 수 있으며, 이로 인해 참여도가 떨어지고 성과가 저조할 가능성이 높다.[34] 또한 가치와 선호의 차이가 갈등을 증폭할 수 있다. 예를 들어 한국에서 이루어진 연구에 따르면 집단 구성원이 원하는 목표 달성도가 서로 다를 때 더 많은 과업 갈등이 나타나고, 원하는 대인관계 친밀도 수준이 서로 다를 때 더 많은 관계 갈등이 나타나며, 권력에 대한 욕구가 유사하지 않을 때 지위에 대한 갈등이 더 많이 나타나는 것으로 밝혀졌다.[35] 더욱이 사람마다 갈등에 대한 생각이 다르기 때문에 어떻게 갈등을 관리할지에 대해서도 다른 반응을 보인다. 따라서 자기 스스로 갈등에 어떻게 대응할 것인지 정립하고, 자신이 처한 갈등의 상황을 어떤 갈등 유형으로 바라볼지 나름의 잣대를 형성한다.[36]

2단계: 인지와 개인화

1단계에서 제시된 조건이 어느 한쪽에 부정적인 영향을 미치면 잠재된 대립 또는 상충이 2단계에서 현실로 나타난다.

갈등의 정의에서 살펴보았듯이 갈등이 현실화되려면 한 사람 이상의 당사자가 선행 조건을 인지해야 한다. 그러나 갈등이 **인지된 갈등**(perceived conflict)이 되었다고 해서 개인화되었다는 의미는 아니다. 갈등이 **느껴진 갈등**(felt conflict)이 되었을 때 비로소 감정이 개입되어 당사자들이 불안, 긴장, 좌절, 적대감 등을 경험한다. 구성원은 이미 발생한 사건을 자신의 방식으로 이해함으로써(예: 범죄로 분류) 갈등을 인지하고, 상대방이 규범을 위반하거나 잘못을 저질렀다는 것을 인식한다.[37] 이러한 **명명**과 **비난**의 과정을 거치면서 구성원은 자연스럽게 갈등을 둘러싼 부정적인 감정을 느끼게 된다.

인지된 갈등 갈등이 발생할 수 있는 기회가 되는 조건의 존재에 대해 한 사람 이상의 당사자가 인식하는 것

느껴진 갈등 불안, 긴장, 좌절, 적대감을 유발하는 갈등에 대한 감정적 관여

당사자들의 갈등이 무엇에 대한 것인지가 결정되는 2단계는 갈등의 이슈가 정의되기 때문에 중요하다.[38] 예를 들어 교통 체증으로 화가 난 직원은 사무실의 다른 직원들이 무언가 문제가 있다고 인식하게 만들 수도 있다. 하지만 이러한 갈등은 그 직원과 불편한 소통을 하기 전까지는 느껴지지 않는다.(예: "상사가 일을 많이 시켜서 퇴근이 늦어지는 건 불공평해!"). 감정은 인식을 형성하는 데 중요한 역할을 한다.[39] 부정적인 감정으로 인해 우리는 문제를 지나치게 단순화하고, 신뢰를 잃으며, 상대방의 행동을 부정적으로 해석하게 된다.[40] 우리는 갈등을 인지했을 때 집단 내 가까운 동료에게 속마음을 털어놓거나 자신이 느끼는 것에 대해 이야기하기도 한다. 만약 동료가 이야기를 잘 들어주고 갈등 상황을 사실 중심으로 면밀히 살핀다면 동료를 통해 내가 틀리지 않았음을 확인받을 수 있지만, 역설적이게도 이러한 확증 편견으로 인해 갈등의 혜안은 찾지 못하게 된다.[41] 한편 긍정적인 감정은 문제의 요인 사이에서 잠재적인 관계를 찾고, 상황을 더 넓게 보며, 혁신적인 해결책을 개발하게 해준다.[42] 부정적인 감정은 자연스럽고 어쩌면 피할 수 없는 것이다. 갈등이 고조되기 전에 자신이 어떻게 느끼는지 생각해보고 재평가하는 시간을 가지는 것은 보다 건설적으로 갈등에 접근하는 데 도움이 될 수 있다.[43] 궁극적으로 마음 챙김 상태(17장 참조)는 건설적인 갈등 관리를 용이하게 한다는 점에서 도움이 될 것이다.[44]

3단계: 의도

의도(intention)는 사람들의 지각, 감정과 밖으로 드러난 행동 사이에서 작용한다. 의도는 특정한 방식으로 행동하려는 의사결정을 말한다.[45] 의도와 행동은 차이가 있기 때문에 행동이 항상 개인의 의도를 정확하게 반영하는 것은 아니다. 또한 의도는 불변하는 것이 아니다. 갈등 중에 상대방의 관점을 보거나 상대방의 행동에 감정적으로 반응할 수 있다면 의도가 바뀌기도 한다.

의도 특정한 방식으로 행동하려는 의사결정

여기서는 **독단성**(자신의 만족과 관심사를 충족하려는 정도)과 **협력성**(상대방의 관심사를 충족하려는 정도)이라는 차원을 사용하여 갈등 처리 의도를 **경쟁**(독단적, 비협력적), **협력**(독단적, 협력적), **회피**(비독단적, 비협력적), **수용**(비독단적, 협력적), **타협**(독단성과 협력성 차원에서 중간 범위)으로 구분했다.[46]

경쟁 어떤 사람이 갈등상태에 있는 상대방에게 미치는 영향을 전혀 고려하지 않고 자신의 이익을 추구할 때 그 사람은 **경쟁**(competing)을 하는 것이다.[47] 내가 가진 자원이 부족하거나, 나 자신이 경쟁에 취약한 성격이거나, 나의 사적인 이익을 거의 달성한 상황(예: 종착지가 멀지 않음) 또는 조직 문화나 근무 분위기가 경쟁을 독려하는 조직에서는 사람들이 경쟁에 돌입할 가능성이 높다.[48]

경쟁 갈등상태에 있는 상대방에게 미치는 영향과 상관없이 자신의 이익을 충족하려는 것

협력 갈등 당사자들이 서로의 관심사를 모두 충족하려 할 때는 **협력**(collaborating)을 하여 서로에게 이익이 되는 결과를 찾는다. 이들은 협력할 때 상이한 관점에 순응하기보다는 차이를 명확히 함으로써 문제를 해결하려 한다.[49] 쌍방의 목표를 완전히 달성할 수 있는 윈윈 솔루션을 찾으려 하는 것이 바로 협업이다. 당사자가 유능하고 합리적이며 협력에 열려 있는 것으로 보이면 협력할 가능성이 더 높다.[50]

협력 갈등 당사자들이 서로의 관심사를 모두 충족하는 결과를 찾는 것

회피 어떤 사람은 갈등이 존재한다는 것을 인지하고 있지만 그것을 피하거나 억누르고 있을 수 있다. 예를 들어 갈등을 무시하려고 노력하거나 자신의 의견에 동의하지 않는 사람을 피하려고 하는 경우는 **회피**(avoiding)에 해당한다.

회피 갈등을 피하거나 억누르는 것

수용 어느 한쪽이 자신의 이익보다는 상대방의 이익을 우선시하여 상대방을 달래고, 관계를 유지하기 위해 기꺼이 자기희생을 감수하는 것을 **수용**(accommodating)이라고 한다. 다른 사람의 의견에 의구심이 있음에도 불구하고 그것을 지지하는 것은 수용의 한 예이다.

수용 갈등의 한 당사자가 자신의 이익보다는 상대방의 이익을 우선시하는 것

타협 **타협**(compromising)에는 승자도 없고 패자도 없다. 대신 자신의 이익을 조금씩 양보하여 당사자들이 자신의 이익을 불충분하게 충족하더라도 해결책을 수용하려 한다. 따라서 타협의 특징은 각 당사자가 무언가를 어느 정도 포기할 의도가 있다는 것이다.

타협 갈등의 각 당사자가 무언가를 어느 정도 포기하는 것

많은 연구에서 이 네 가지 행동의 영향을 분석한 결과, 협력은 우수한 집단 성과와 관련이 있고, 회피와 경쟁 전략은 낮은 집단 성과와 관련이 있는 것으로 나타났다.[51] 이것은 갈등의 존재 또는 문제를 일으키는 갈등의 유형뿐만 아니라 사람들이 갈등에 반응하는 방식과 갈등이 일어나는 과정을 관리하는 방식을 보여준다.

4단계: 행동

4단계는 역동적인 상호작용 과정이다. 예를 들어 상대방이 나에게 무언가를 요구하면 나는 거기에 논쟁으로 반응한다. 그러자 상대방이 나를 위협하고 내가 위협으로 반박한다. 도표 14-3은 갈등 행동을 시각화한 것이다. 모든 갈등의 상황은 연속선의 어느 한 지점에 위치한다. 연속선의 아랫부분에는 미묘하고 간접적이며 고도로 통제된 형태의 긴장이 특징인 갈등이 있는데, 한 예로 강사의 설명에 학생이 이의를 제기하는 것을 들 수 있다. 갈등은 고도로 파괴적이 될 때까지 강도가 높아질 수 있다. 파업, 폭동, 전쟁은 분명

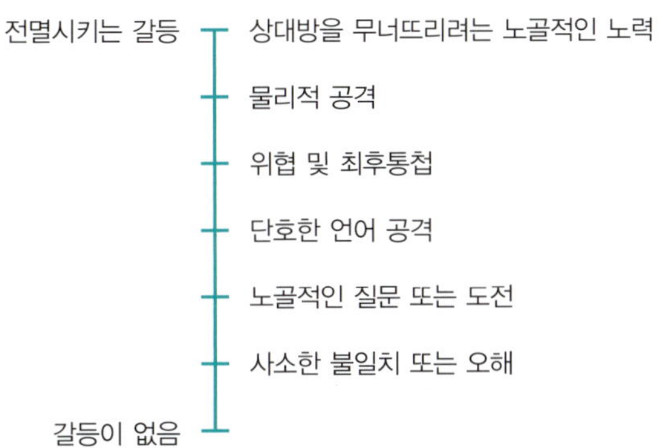

도표 14-3 갈등의 역동적 상승

출처: Based on S. P. Robbins, *Managing Organizational Conflict: A Nontraditional Approach* (Upper Saddle River, NJ: Prentice Hall, 1974): 93-97; and F. Glasi, "The Process of Conflict Escalation and the Roles of Third Parties," in G. B. J. Bomers and R. Peterson (eds.), *Conflict Management and Industrial Relations* (Boston: Kluwer-Nijhoff, 1982): 119-40.

최상위 범위에 해당된다. 연속선에서 최상위 수준에 도달한 갈등은 거의 항상 역기능적이다. 기능적 갈등은 일반적으로 연속선의 아랫부분에 자리한다.

5단계: 결과

갈등 당사자 간의 행동-반응 상호작용은 다양한 결과를 가져온다. 앞의 도표 14-1에서 보듯이 이러한 결과는 갈등이 집단 성과를 개선할 때는 순기능적일 수 있고, 집단 성과를 저해할 때는 역기능적일 수 있다. 그러나 많은 연구자는 직장 내 갈등이 유익할 수도 있지만 특별한 상황에서나 그렇고, 대부분의 경우 부정적인 결과가 긍정적인 결과를 능가한다고 밝혔다.[52] 따라서 관리자는 건설적 갈등을 유발하기보다는 파괴적 충돌을 줄이는 데 더 많은 노력을 기울일 것이다.

순기능적 결과 의사결정의 질을 개선하고, 창의성과 혁신을 촉진하고, 집단 구성원의 관심과 호기심을 불러일으키고, 문제를 드러내고 긴장을 완화할 수 있는 매체를 제공하고, 자기평가와 변화를 촉진하는 경우의 갈등은 건설적이다. 실제로 대만의 조직에 대한 연구는 시간이 지남에 따라 (관계 갈등이 아닌) 적절한 양의 과업 갈등이 팀의 관계, 사회적 상호작용의 질, 의미 있는 의사소통을 개선할 수 있다고 밝혔다.[53] 또한 경미한 갈등은 활력을 북돋는 감정을 불러일으켜 집단 구성원이 보다 적극적으로 일에 참여하게 된다.[54] 그러나 극도로 양극화된 집단은 근본적인 의견 불일치를 효과적으로 관리하지 못하고 차선책을 수용하거나 갈등을 해결하기보다는 결정을 피하는 경향이 있다.[55] 이 장의 앞부분에서 언급했듯이 갈등의 경중이 중요한 역할을 한다.

갈등은 집단사고를 방지할 수 있다(9장 참조). 갈등은 집단이 관련 대안이나 약점을 충분히 고려하지 않은 채 근거가 부실한 가정에 따라 수동적으로 결정하도록 내버려두지 않는다. 갈등은 현재 상태에 도전하고, 새로운 아이디어 창출 및 집단 목표와 활동에

대한 재평가를 촉진하며, 변화에 대응할 가능성을 높인다.

역기능적 결과 갈등이 집단이나 조직의 성과에 미치는 파괴적인 결과는 대개 잘 알려져 있다. 또한 역기능적인 갈등이 어떻게 집단의 효과성을 떨어뜨리는지에 대한 연구 결과도 많다.[56] 그러한 바람직하지 않은 결과로는 빈약한 의사소통, 집단 응집성 저하, 구성원의 내분으로 인한 집단 목표 경시 등을 들 수 있다. 아무리 순기능적인 결과를 가져온다고 할지라도 갈등은 어떤 형태이든 간에 집단 구성원의 만족과 신뢰를 떨어뜨리는 것으로 나타났다.[57] 최악의 경우 갈등은 집단이 기능을 못하게 하거나 생존을 위협할 수 있다.

갈등 관리 갈등이 역기능적일 때 당사자들은 갈등을 완화하기 위해 무엇을 할 수 있을까? 또는 반대로 갈등이 너무 경미하여 순기능적인 결과조차 만들어내지 못하고 오히려 갈등의 상황을 고조해야 하는 경우라면 어떻게 할 수 있을까? 이러한 경우 원하는 수준의 갈등을 달성하기 위해 해결 및 자극 기술을 사용할 수 있는데, 이를 **갈등 관리**(conflict management)라고 한다.[58] 조직은 갈등을 예측하고 관리할 때 세 가지 특정 영역, 즉 **전략**(예: 조직 시스템에 미치는 영향을 파악하여 갈등 관리 활동 설계, 갈등 관리 전략에 대한 관리 지원 확보 및 적용), **기능**(예: 갈등 관리 기법의 체계적 도입, 직원의 요구 이해, 갈등을 줄이기 위한 직무 설계), **근로자**(예: 갈등에 대한 직원의 인식 개선, 직원의 유대감과 결속력 강화, 갈등 발생 시 적응적으로 해결)를 목표로 삼을 수 있다.[59] 예를 들어 갈등이 지속적일 것으로 예상되는 경우 전략적 갈등 관리 전략은 갈등을 완전히 해결하는 것이 목표가 아니라, 시간이 지남에 따라 사람들이 갈등을 적응적으로 해결할 수 있는 방법을 찾는 것이 목표가 되기도 한다.[60]

갈등 관리 원하는 수준의 갈등을 달성하기 위해 해결 및 자극 기술을 사용하는 것

무릇 인간의 의도는 그에 상응하는 행동으로 나타나게 되어 있다. 그러나 상황이 항상 이상적일 수만은 없기에 갈등 관리에 대한 연구 결과는 일관성이 없다.[61] 첫째, 특정 갈등을 해결하기 위해 고안된 전략은 예상외의 결과를 낳고, 오히려 다른 영역에서 더 많은 갈등을 야기할 수도 있다.[62] 예를 들어 정체성을 공유하고 인간관계의 질을 개선하는 것은 사람들의 역할을 모호하게 하여 과업 갈등을 초래함으로써 의도치 않은 역효과가 나타날 수도 있다. 둘째, 특정 갈등을 해결하기 위해 고안된 전략이 다른 영역에도 적용될 수 있다.[63] 예를 들어 과업 갈등이 있을 때 직무를 명확히 구분함으로써 관계 갈등을 야기할 수도 있다. 이럴 때 필요한 것이 바로 전략적 갈등 관리이다.

비생산적인 갈등을 최소화하는 첫 번째 전략적 조치는 실제로 의견 차이가 있음을 인식하는 것이다. 성공적인 갈등 관리는 이처럼 다양한 접근법을 인지하고 이슈보다는 관심사에 초점을 맞추어 공개적이고 솔직한 토론을 하도록 장려함으로써 문제를 해결하는 것이다.[64] 둘째, 갈등을 겪는 집단들이 각자 가장 중요하게 여기는 해결안을 제시하고, 이렇게 제시된 해결안을 토대로 양쪽 모두 자신의 최우선 과제를 해결할 수 있는 방안을 모색하는 것이다. 양쪽 모두 자신이 원하는 것을 다 얻지는 못하지만 각자에게 가장 중

요한 부분을 얻을 수 있다.[65] 셋째, 갈등을 성공적으로 해결하는 집단은 의견 차이를 놓고 공개적으로 토론하고, 갈등이 발생했을 때 그것을 관리할 준비가 되어 있다.[66] 공개 토론은 당면 문제에 대한 공감대를 더 쉽게 만들어주고, 집단은 상호 수용 가능한 해결책을 찾기 위해 노력하게 된다. 넷째, 관리자는 갈등 해결에서 공동의 관심사를 강조해야 한다. 그래야 서로 의견이 다른 집단이 자신의 관점에 너무 얽매이지 않고, 갈등은 나에게 닥친 불행이라는 마음가짐에서 벗어날 수 있다. 협동적 갈등 스타일이고 전체 집단 목표에 강한 확신을 가지고 있는 집단은 경쟁적 스타일인 집단보다 더 효과적이다.[67]

RAMCO
2020년 5월, RAMCO의 이주 노동자 400명 이상이 레바논에서 첫 파업을 했다. 이들은 폐기물 수거 트럭이 현장을 빠져나가는 것을 막으며 회사 건물에서 시위를 벌였다. RAMCO는 최근 현지 통화 평가절하 위기 속에서 급여 조정에 실패했고, 이로 인해 급여의 화폐 가치가 급락하게 되었다. 베이루트를 포함한 레바논 일대에서 공식적으로 폐기물 수집을 담당하는 RAMCO는 급여 조정에 대한 결정을 정부 탓으로 돌렸다. 그 당시 레바논 정부가 대금을 미국 달러가 아닌 현지 통화로 RAMCO에 지불하기 시작했기 때문이었다. 갈등을 해결하기 위해 RAMCO는 레바논 소재 이주 노동자의 국가 대사관과 협력하여 임금을 약간 인상하는 조건으로 합의를 이루어 분쟁이 일단락되었다.[69]

문화의 영향 갈등 해결 전략의 국가 간 차이는 주로 집단주의 및 개인주의 성향과 동기에서 비롯된다(5장 참조). 연구에 따르면 중국 첨단 기술 기업의 최고경영진은 타협과 회피보다는 협력을 더 선호하는 것으로 나타났다. 집단주의 문화에서는 개인의 걱정을 공표하려는 성향이 있고 문제가 발생했을 때 제삼자를 통해 해결하려고 하는 반면, 개인주의 문화에서는 직접적이고 공개적으로 의견 차이를 대면하는 것을 더 선호한다.

문화권 간의 협상에서는 신뢰 문제에 주목할 필요가 있다.[68] 인도와 미국 협상자를 대상으로 한 연구에서는 협상 상대에 대한 신뢰가 낮은 것으로 나타났다. 서로 신뢰하지 않으면 당사자들이 서로 정보를 공개하거나 요청하지 않음으로써 공통 관심사를 발견할 가능성이 낮아진다. 또 다른 연구에서는 중국과 미국 협상자 모두 내집단 선호 편견이 있어 자국 문화와 동일한 문화권의 협상 파트너에게 더 호의적인 것으로 나타났다. 중국 협상자의 경우 책임 요구 사항이 많을 때 특히 이러한 내집단 선호 편견 경향성이 두드러지게 나타났다.

지금까지 갈등의 성격, 원인, 결과를 살펴보았으니 이제 주제를 바꾸어 갈등을 해결하는 협상을 알아보자.

협상

협상(negotiation)은 집단과 조직 내 거의 모든 사람의 상호작용 속에 스며들어 있다. 가장 대표적인 예는 노사 협상이다. 그리고 이보다 명확하지 않은 협상으로 경영자와 종업원·동료·상사 간의 협상, 영업사원과 고객 간의 협상, 구매 담당자와 공급업자 간의 협상 등이 있다. 또한 어떤 사람이 미래의 호의를 담보로 몇 분간 동료를 도와주는 경우와 같이 미묘한 협상도 있다. 오늘날 조직에서 협상 기술은 매우 중요하다.

협상 2명 이상의 당사자가 재화나 서비스를 교환하고 교환 비율의 합의를 시도하는 과정

협상은 2명 이상의 당사자가 희소한 자원을 어떻게 할당할지 결정하는 과정으로 정의할 수 있다.[70] 협상이라고 하면 연봉 협상과 같이 흔히 일회성 거래에서 도출된 합의 또는 그 결과물을 떠올리겠지만, 조직에서의 모든 협상은 협상 당사자 간의 관계는 물론 그들이 협상 업무에 대해 느끼는 방식에도 영향을 미친다.[71] 상대방과 얼마나 상호작용을 하느냐에 따라 때로는 사회적 관계를 유지하고 윤리적으로 행동하는 것이 협상의 직

도표 14-4
분배적 협상과 통합적 협상

협상의 특징	분배적 협상	통합적 협상
목표	가능한 한 많은 파이를 차지	파이를 확대해 양 당사자 만족
동기	승-패	승-승
초점	위치(이 문제에 대해서는 이 점 이상은 갈 수 없다)	관심(이 문제가 당신에게 왜 그렇게 중요한지 설명할 수 있는가?)
관심사	서로 반대	서로 일치
정보 공유	낮음(정보를 공유하면 상대방이 이익을 차지할 것임)	높음(정보를 공유하면 서로의 이익을 만족시킬 수 있는 방법을 찾을 수 있음)
관계의 지속성	단기	장기

접적인 결과만큼이나 중요하다. (이 책에서는 협상과 교섭을 같은 의미로 사용한다.)

협상 전략

협상에는 일반적으로 두 가지 접근 방법이 있는데, 분배적 협상과 통합적 협상이 그것이다.[72] 도표 14-4는 분배적 협상과 통합적 협상의 목표, 동기, 초점, 관심사, 정보 공유, 관계의 지속성 등을 비교하여 보여준다. 이에 대해 좀 더 자세히 살펴보자.

분배적 협상 당신의 팀이 정책 변경이 발생하기 전까지 그것을 인지하지 못했다고 하자.[73] 그런데 이 정책으로 당신의 팀은 내년 예산으로 종전 대비 20% 줄어든 예산을 배정받았다. 사실상 팀으로서 정책이 실행되는 것을 막을 수 있는 방법이 없으므로 이 경우에는 정책의 시행 방식을 놓고 협상을 하게 된다. 양측 모두 다른 사람들의 희생으로 이득을 얻는다고 보는 상황에서 팀장인 당신은 예산 삭감 폭을 줄이는 협상을 시도하고, 임원진은 20%가 아닌 15% 예산 삭감의 제안한다. 이와 같은 협상을 **분배적 협상**(distributive bargaining)이라고 한다. 이 협상의 두드러진 특징은 제로섬 조건이라는 것이다(13장 참조). 즉 내가 이익을 보면 상대방이 손해를 보고, 그 반대의 경우도 마찬가지이다. 분배적 협상의 본질은 **고정된 몫**(fixed pie)에서 누가 얼마만큼을 가져가는가를 놓고 협상한다는 것이다. 고정된 몫은 분배되어야 할 재화나 서비스의 총량을 의미한다. 몫이 고정되어 있거나 당사자들이 그렇다고 믿을 때는 분배적 협상을 하는 경향이 있다.

분배적 협상 고정된 양의 자원을 분할하려는 협상. 승자-패자의 상황

고정된 몫 당사자에게 분할되는 재화나 서비스의 양이 정해져 있다는 믿음

분배적 협상의 본질을 도표 14-5에 정리했다. A와 B는 협상의 당사자이다. 이들은 각자 달성하고자 하는 목표점(target point)을 가지고 있다. 또한 각자 수용할 수 있는 최소의 결과를 나타내는 저항점(resistance point)도 가지고 있다. 저항점 아래로 내려가면 자신에게 유리하지 않은 타협안을 수용하기보다는 협상을 깨뜨린다. 두 당사자의

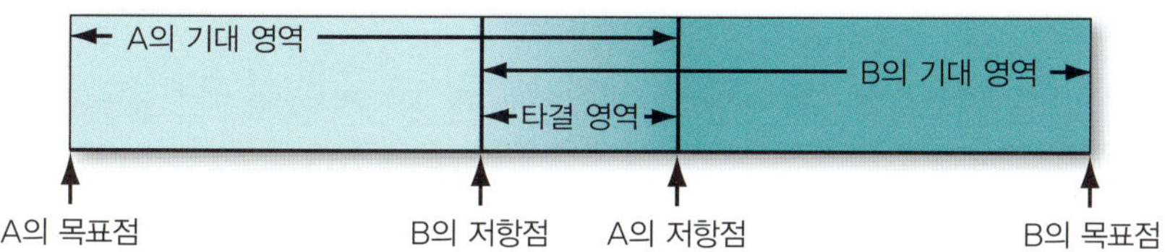

도표 14-5
협상의 영역

저항점 사이에 있는 영역은 각자의 기대 영역(aspiration range)이다. A와 B의 기대 영역이 겹치는 경우에는 둘의 기대가 충족될 수 있는 타결 영역이 존재한다.

분배적 협상에 참여할 때 취할 수 있는 최선의 방법은 먼저 제안하는 것이다. 힘을 가진 쪽은 먼저 제안하는 경향이 있으며, 6장에서 언급한 고착 편견 때문에 유리한 위치를 차지할 수 있다. 사람들은 초기 정보에 집착하는 경향이 있다. 일단 고착점이 결정되면 그 이후에 새로운 정보가 들어오더라도 적절하게 조정하지 못한다. 능숙한 협상자는 먼저 고착점을 설정하며, 협상에 대한 많은 연구에 따르면 그러한 고착점이 그것을 설정한 쪽에 유리한 결과를 가져다주는 것으로 나타났다.[74] 하지만 자신의 이익을 극대화하려는 사람과 협상하는 경우에는 먼저 제안하는 것이 불리할 수 있다. 상대방이 제안된 정보를 활용해 우위를 점할 수 있기 때문이다.[75] 또한 프레임 구성이 중요하다. 만약 첫 번째 제안을 제공(예: 당신의 B를 위해 내가 A를 제공하겠다)이 아닌 요구(예: 내가 A를 제공하는 대신 당신에게 B를 요구한다)로 프레임을 구성하면 협상 상대의 '이득'이 아닌 '손실'을 강조하게 됨으로써 협상 결과에 악영향을 미칠 수 있다.[76]

분배적 협상을 할 때 자신의 양보를 최소화하고 극단적인 제안을 하는 **강경 전략**(hardline strategy)을 취할 것인가, 아니면 자신의 양보로 상대방의 양보를 이끌어내는 **포용 전략**(softline strategy)을 취할 것인가? 연구 결과에 따르면 협상자가 어떤 협상 결과를 기대하느냐에 따라 답이 달라진다. 만약 협상 상대와의 관계를 유지하는 것이 중요하다고 판단한다면 포용 전략이 더 나을 수 있다.[77] 그러나 관계보다는 경제적 이익을 중요시한다면 강경 전략이 더 나을 것이다. 그렇다면 각 협상 전략은 언제 가장 효과적일까? 강경한 접근은 서로 실질적인 교류가 있고 상대방이 남성일 때, 양쪽 모두 자신의 이익을 추구하는 데 집중할 때, 무엇을 협상할 수 있고 무엇을 협상할 수 없는지 알고 있을 때(그러나 협상 영역 자체에 대한 인식이 일관되지 않은 경우가 많음[78]) 가장 효과적이다.[79] 포용적 접근은 상대방에게 충분히 양보할 수 있을 때만 효과적이다. 또한 일부 연구에 따르면 **팬텀 앵커**(phantom anchor, 예: 나는 1만 달러를 요구하려고 했지만 양보해서 8,000달러를 요구할 것이다)는 포용 전략의 효과를 극대화할 수 있는 방안이 될 수 있다(양보가 과장되더라도 유효하다).[80] 앞서 언급한 선제안의 효과를 기반으로 하는 또 다른 포용 전략은 **여러 개의 동등한 제안을 동시에 하는 것**(multiple equivalent simultaneous offers, MESOs)이다. MESOs는 협상 상대에게 선택할 수 있는 여러 가지 옵션을 먼저 제안하는 것을 말한다. 이를 통해 자신이 융통성이 있고 진지하게 합의에 도달하려고 노력하는 것으로 협상 상대에게 인식될 뿐만 아니라, 협상 상대가 원하

는 옵션을 즉시 찾을 가능성을 높일 수 있다.[81]

통합적 협상 정부에서 일하던 한 여성이 임신을 하게 되었는데, 일 때문에 출산 후 육아를 할 수 없는 상황이라고 가정하자.[82] 그녀는 일과 육아를 병행하는 방안을 찾기 위해 정부의 파트파임 관련 정책과 행정 절차를 알아보았다. 그런 다음 상사와 대체 업무 배치에 대한 가능성을 논의하여 매주 며칠은 아이들과 시간을 보낼 수 있도록 합의를 보았다. 이는 **통합적 협상**(integrative bargaining)의 예로, 분배적 협상과 달리 통합적 협상은 하나 이상의 가능한 합의안으로 윈윈 해결책을 도출할 수 있다고 가정하고 승자 독식 상황을 배제한다. 물론 통합적 협상이 이루어지려면 양측이 모두 참여해야 한다.

통합적 협상 윈윈 해결책을 도출할 수 있는 하나 이상의 합의안을 모색하는 협상

협상 방법 선택 조직 내 행동 측면에서 볼 때 통합적 협상은 장기적인 관계를 형성하기 때문에 분배적 협상보다 바람직하다.[83] 통합적 협상은 협상자들을 결속시키고, 협상자들은 승리했다는 느낌을 가지고 협상 테이블을 떠나게 된다. 그러나 분배적 협상은 어느 한쪽이 패자가 됨으로써 계속 함께 일하는 사람들에게 적대감을 심어주고 분열이 심화되는 경향이 있다. 연구에 따르면 협상이 반복적으로 이루어질 때 패자가 협상 결과에 대해 긍정적인 감정을 느끼는 경우에는 이후의 협상에서 협동적으로 협상할 가능성이 더 높다.

그런데 왜 조직에서는 통합적 협상을 찾아보기 어려운 것일까? 통합적 협상의 성공 조건을 살펴보면 그 답을 알 수 있다. 약 20만 명을 대상으로 한 연구 결과에 따르면, 재정적으로 취약한 사람들은 협상을 제로섬 관점으로 봄으로써 통합적 해결책을 찾는 능력이 제한될 가능성이 높다.[84] 또한 협상 당사자가 자신이 가진 정보를 가능한 한 공개하고, 자신의 관심사에 대해 솔직하며, 상대방의 요구에 귀 기울이고, 신뢰를 중시한다면 통합적 협상이 촉진되는 경향이 있다. 전통적인 조직은 이러한 조건을 충족할 수 없겠지만, 심리적으로 안정감을 주고 개방적인 환경, 긍정적인 문화와 분위기를 제공하는 조직에서 통합적 사고방식을 가진 협상자를 만난다면 통합적 협상이 가능할 것이다.

협상 과정

도표 14-6은 단순화된 협상 과정 모델을 보여준다. 이 모델에서 협상은 5단계, 즉 ① 준비와 계획, ② 기본 규칙 정의, ③ 명료화와 정당화, ④ 협상과 문제 해결, ⑤ 종결과 실행으로 구성된다.[85]

준비와 계획 이는 협상 과정에서 가장 중요한 부분일 수 있다. 협상을 시작하기 전에 미리 준비를 해야만 한다. 갈등의 성격이 무엇인가? 이러한 협상을 하게 된 역사적 배경이 무엇인가? 누가 참여하고 그들은 갈등을 어떻게 지각하는가? 이에 대해 준비한 뒤 자신의 목표를 고려하되 '가장 좋은 결과'부터 '수용할 수 있는 최소 범위'까지의 결과를 작성

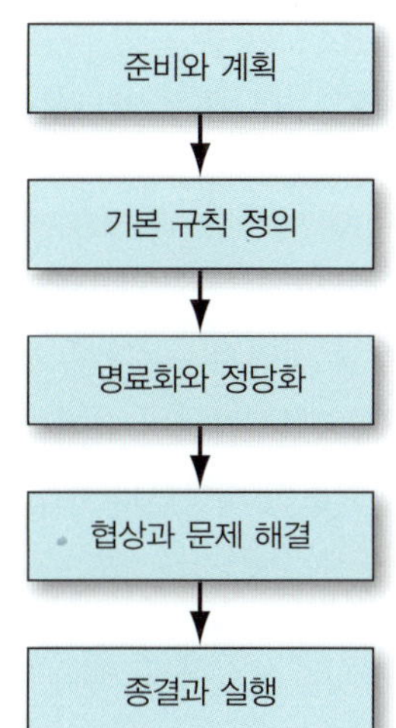

도표 14-6
협상 과정

한다. 만약 당신이 델(Dell)의 공급관리 담당자이고, 키보드 공급자로부터 상당 수준의 원가 절감을 얻어내는 것이 목표라면, 다른 이슈로 본질을 흐리지 말고 협상에서 그 목표를 달성하는 데에만 집중해야 한다. 다음으로 상대방의 목표가 무엇인지를 생각해본다. 그들에게 중요한 무형의 관심사나 숨겨진 관심사는 무엇인가? 그들이 기꺼이 타결하고자 하는 선은 어느 정도인가? 상대방이 기꺼이 포기할 수 있는 것은 무엇인가? 이러한 것에 대해 신중하게 생각해야 한다. 협상이 시작되기 전에 핵심 이슈에 대한 상대방의 의지를 과소평가한 경우에는 더 낮은 결과를 얻게 된다.[86]

정보를 수집했으면 이를 이용하여 전략을 개발한다. 전략의 한 부분으로 자신과 상대방 입장에서의 **BATNA**(best alternative to a negotiated agreement, 협상 결과에 대한 최고의 대안)를 결정해야 한다. 자신의 BATNA는 협상의 결과를 수용할 수 있는 최저 수준을 결정하는 것이다. 자신의 BATNA보다 높은 제안은 그것이 무엇이든 막다른 곤경에 처하는 것보다는 좋은 결과이다. 그러나 상대방의 BATNA보다 더 매력적인 제안을 할 수 없다면 협상 노력이 성공할 수 없을 것이다.

BATNA 협상된 합의에 대한 최선의 대안 또는 당사자가 수용해야 할 최소한의 대안

대개는 우수한 대안을 가진 당사자가 협상을 더 잘할 수 있기 때문에 전문가들은 협상에 들어가기 전에 자신의 BATNA를 확고히 하라고 조언한다.[87] 따라서 자신의 입장을 지원할 만한 사실과 증거로 반박할 준비가 되어 있어야 한다. 이러한 일반적인 규칙을 벗어난 흥미로운 예외가 있다. 협상안에 대한 대안이 전혀 없는 협상자는 협상이 깨졌을 때 어떤 일이 일어날지 생각조차 하지 않기 때문에 협상을 깨트리곤 한다.[88] 이는 열등한 합의에 대한 보호 수단이지만, 최적의 합의에 도달하는 방법은 아니다. 일부 연구자는 이러한 정보를 사전에 확보하는 것이 좋지만 상호 의존(대안이 아님)에 초점을 맞추고 협상에 대한 생각을 긍정적으로 구성해야 한다고(예: '무시무시한 전쟁터'가 아닌 잠재성이 있는 학습 경험의 장) 제안하기도 한다.[89] 또한 팬텀 앵커가 가능한 것처럼 **팬텀 BATNA**도 가능하다. 협상 전에 BATNA를 설정한다고 해서 BATNA가 가능하거나, 가

능할 것이라는 보장은 없다. 팬텀 BATNA를 가진 사람은 자신이 선택한 BATNA가 애초에 가능하지 않았던 상대방의 최종 제안을 수락하거나 거부해야 하는 불편한 상황에 처할 수도 있다.[90]

기본 규칙 정의 계획과 전략을 세웠다면 상대방과 함께 협상의 기본 규칙과 절차를 결정할 준비가 된 것이다. 누가 협상할 것인가? 어디서 협상할 것인가? 시간 제약이 있는가? 협상 주제의 범위는 어떠한가? 만약 협상이 교착 상태에 빠지면 어떤 절차를 따를 것인가? 이 단계에서 양 당사자는 최초의 제안이나 요구 사항을 교환할 것이다.

명료화와 정당화 최초의 입장을 교환하고 나면 양 당사자는 각자 자신의 원래 요구 사항을 설명하고, 확대하고, 명료화하고, 보강하고, 정당화한다. 이 단계에서는 대립할 필요가 없다. 이 단계는 요구 사항이 왜 중요한지, 어떻게 해서 이러한 요구 사항을 제시하게 되었는지 등에 대한 정보를 상대방에게 알려줄 수 있는 기회이다. 또한 자신의 입장을 지지하는 데 도움이 될 만한 문서나 자료를 제공한다. 이때 프레임 구성이 중요할 수 있으므로 13장에서 다루었던 영향력 관련 내용을 돌이켜볼 필요가 있다. 관련 연구에 따르면 자신의 입장 및 후속 제안을 '제공'이 아닌 '요구' 프레임으로 접근할 때 상대방이 양보할 가능성이 낮은 것으로 나타났다(선제안 요청에 대한 설명 참조).[91]

협상과 문제 해결 협상 과정의 핵심은 합의안을 이끌어내기 위해 서로 의견을 주고받는 과정이다. 이때 양 당사자의 양보가 필요하며, 협상 결과에 따른 관계 변화를 고려해야 한다. 만약 협상에서 승리하더라도 상대방의 적대감이나 분노를 불러일으킨다면 보다 타협적인 스타일을 추구하는 것이 더 현명할 것이다.[92] 협상의 어조도 중요한데, 예를 들어 채용 협상 과정에서 만족감을 느낀 사람은 실제 협상 결과에 관계없이 직무에 더 만족하고 1년 후 이직률도 더 낮은 것으로 나타났다.[93]

종결과 실행 협상 과정의 마지막 단계는 협의안을 공식화하고 실행과 모니터링에 필요한 절차를 만드는 것이다.[94] 노사 협상, 부동산 임대 협상 등의 협상에서는 공식적인 계약서에 구체적인 사항을 명시해야 한다. 어떤 경우에는 악수를 나누는 것으로 협상 과정이 종결되기도 한다.

협상 효과성의 개인차

어떤 사람이 특히 협상을 잘하는가? 이에 대한 답은 복합적이다. 최근의 연구를 보면 상황이나 관계가 협상 결과를 결정하는 경향이 있음을 알 수 있지만, 개인차는 사람들이 협상 결과를 어떻게 인식하는지를 구체적으로 알려준다.[95] 빅파이브 성격 특성 중 감정적 안정성이 낮은 사람의 경우에는 협상에 실패했을 때 훨씬 더 절망적으로 받아들일 것이다. 반면에 외향적이고 개방적이며 정직한 사람은 그렇지 않은 사람보다 협상을 호의

적인 경험으로 받아들이는 경향이 있다.[96]

사람들이 얼마나 효과적으로 협상하는지에 영향을 미치는 네 가지 요인은 성격, 기분/감정, 문화, 성별이다.

협상에서의 성격 특성 만약 상대방의 성격을 안다면 협상 전술을 예측할 수 있을까? 성격과 협상 결과 간에는 약한 관련성이 있기 때문에 잘해야 '약간'이 그 답일 것이다.[97] 마케팅 관리자, 변호사, 건설 감독자에 대한 최근 연구에 따르면 협상 효과성의 경우 야심차고 호감이 가는 사람이 가장 좋은 결과를 얻는 경향이 있는 것으로 밝혀졌다.[98] 대부분의 연구는 다음과 같은 명백한 이유로 빅파이브 성격의 친화성에 중점을 둔다. 즉 친화성이 높은 사람은 협동적이고, 순응적이고, 친절하고, 갈등을 회피하는 성향이 있다. 이러한 특징으로 인해 친화성이 높은 사람이 특히 분배적 협상에서 희생양이 될 수 있다고 생각할 수도 있으나, 연구 결과에 따르면 친화성은 전반적으로 협상 결과와의 관련성이 약하다. 친화성이 높은 사람이 어떤 대가를 치르더라도 상대와의 관계를 호의적으로 유지하고 긴장관계를 피하려고 한다면, 분배적 협상에 돌입했을 때 협상 결과가 나빠질 가능성이 높다.[99] 전반적으로 친화성은 협상 결과와의 관련성이 그리 크지 않다.[100]

흥미롭게도 더 중요한 점은 협상자들이 비슷한 성격을 가지고 있느냐이다(대부분의 사람들이 부정적으로 인식하더라도 이는 중요하다). 비슷한 성격 특성을 가지고 있는 경우 더 빨리 합의에 도달하고, 갈등을 덜 느끼며, 서로에게 긍정적인 감정을 보이고, 협상 상대에 대해 호의적인 인상을 가지는 경향이 있다.[101] 더욱이 양측이 (친화성의 요소로서) 어떤 대가를 치르더라도 관계를 유지하려고 한다면 통합적 협상에 돌입함으로써 훨씬 더 나은 결과를 얻을 수 있다.[102]

자기효능감(7장 참조)은 일관성 있게 협상 결과와 연관되는 개인차 변수 중 하나이다.[103] 이것은 상당히 직관적인 발견이다. 즉 협상 상황에서 스스로 성공적이라고 믿는 사람이 보다 효과적으로 협상을 수행하는 것은 놀랄 만한 일이 아니다. 더 강한 주장을 내세우는 사람은 자신의 입장에서 물러서지 않고 다른 사람을 위협하는 자신감을 보여줄 가능성이 있다. 비록 그 메커니즘이 아직 명확하게 밝혀지지는 않았지만, 협상자라면 협상 테이블에 앉기 전에 자신감을 얻기 위해 노력하는 것이 도움이 될 수 있다. 하지만 과신은 금물이다. 성과를 관리해주는 상급자가 있다면, 그리고 그해 성과가 좋을 것이라고 기대한다면 이 자체로 부정적인 결과를 방지할 수 있다(그렇지 않았다면 더 많은 피해를 보았을 것이기 때문이다).[104]

끝으로, 일부 연구는 감정지능과 감정 인지 능력이 결합되면 협상 상황에서 상대방에게 협력적이고 호감이 가는 인상을 줄 수 있을 뿐만 아니라 협상 성과 또한 좋아진다고 밝혔다.[105] 이어서 특정 감정과 기분이 협상에 어떤 영향을 미치는지 알아보자.

협상에서의 기분/감정 기분과 감정은 협상에 영향을 미친다. 그러나 영향을 미치는 방식이 감정뿐만 아니라 협상이 이루어지는 상황에 따라 달라진다.

예를 들어 분노를 표출하는 협상자는 양보를 얻어낼 수 있다. 상대방이 화난 협상자로부터 더 이상 양보를 얻어낼 수 없다고 믿기 때문이다. 그러나 이러한 결과를 좌우하는 한 가지 요인은 바로 권력이다. 다시 말해 적어도 상대방과 같은 수준의 권력이 있는 경우에만 협상에서 화를 내야 한다. 만약 권력이 더 약한 사람이 화를 낸다면 상대방이 '강경한 반응'을 보일 것이다.[106] 거짓으로 화를 내거나 연기하는 것은 효과적이지 않지만, 실제로 화를 내는 것은 효과적이다(4장 참조).[107] 거짓이든 사실이든 화는 참지 않는 것이 좋을 수도 있다. 화를 참는 것은 오히려 협상에의 집중도를 떨어뜨릴 수 있기 때문에 성과에 해가 된다. 하지만 이는 화를 내는 것이 협상 과정에서 필요한 경우에만 그렇다.[108] 과거에 분노를 표출한 적이 있는 사람은 상대방에게 '거친 사람'으로 인식되어 더 많은 양보를 얻어낼 수 있다.[109] 관련 연구에 따르면 협상에서 승리하기 위해 분노를 사용하는 것은 전술적으로 효과적일 수도 있지만, 상대방이 협상을 이행하고 다시 함께 일할 가능성이 낮아지기 때문에 장기적인 관점에서는 잃는 것이 더 많다.[110] 긍정적인 영향이든 부정적인 영향이든 상관없이, 당신이 분노를 표출하면 협상 상대는 당신의 선호와 우선순위에 대한 정보를 더 얻으려고 하기 때문에 양쪽 모두에게 더 좋은 공동 이익을 가져다줄 수 있다.[111] 분노에는 문화적 맥락이 있다. 예를 들어 한 연구에서는 동양인이 대체로 분노 표출을 자제한다는 고정관념 때문에 동아시아 사람이 분노를 표출할 경우 미국이나 유럽 사람이 분노를 표출했을 때보다 더 많은 양보를 얻어내는 것으로 나타났다.[112]

몇 가지 다른 감정도 협상 성과에 영향을 미친다. 예를 들어 불안은 협상에 영향을 미칠 수 있다. 한 연구에서는 개인이 협상에 대해 불안을 느낄수록 상대방을 더욱 속이려 하는 것으로 나타났다.[113] 또 다른 연구에 따르면 불안감이 높은 협상자는 낮은 수준의 협상 결과를 수용하고, 상대방의 제안에 더 빨리 반응하며, 협상 과정에서 빨리 결과를 보려고 하기 때문에 더 나쁜 결과를 얻는다.[114] 이와 관련하여 슬픔을 표현하는 것은 더 많은 양보를 이끌어낼 수 있지만, 협상 상대가 슬픔을 보이는 사람의 권한이 더 낮다고 인식하고, 향후 긴밀한 관계를 기대하며, 그 관계가 협력적일 때만 그렇다.[115] 이는 분배적 협상이든 통합적 협상이든 협상 당사자가 상대에게 공감을 표시하는 것이 왜 중요한지를 보여준다. 상대의 감정에 공감하는 것은 협상 과정에서 자신이 합리성과 공정성을 추구한다는 것을 보여줄 수 있다.[116]

예측 불가능한 감정도 협상 결과에 영향을 미친다. 연구에 따르면 예측할 수 없는 방식으로 긍정적·부정적 감정을 표현하는 협상자는 그러한 행동이 상대에게 통제할 수 없다는 느낌을 주기 때문에 더 많은 양보를 이끌어낼 수 있는 것으로 나타났다.[117] 한 협상자는 이렇게 말했다. "당신은 그 동안 해왔던 대로 무언가에 반응할 것입니다. 그런데 완전히 새로운 것이 나타나면 갑자기 방향을 바꾸어 다시 집중해야 하죠."[118] 그러나 감정적 양면성은 양면성이 있는 사람이 순종적으로 인식되기 때문에 통합적인 합의를 이끌어내거나 양보의 결과를 만들어낼 가능성이 높다.[119]

협상에서의 문화 차이 다른 문화권의 사람들은 다르게 협상할까? 이에 대한 간단하고 분명한 답은 "그렇다"이다. 일반적으로 사람들은 다른 문화권보다는 같은 문화권 내에서 더 효과적으로 협상한다. 예를 들어 콜롬비아 사람은 스리랑카 사람보다는 콜롬비아 사람과 더 잘 협상할 것이다.

문화 간 협상을 성공적으로 하는 데 특히 중요한 것은, 첫째, 협상자가 매우 열린 개방성을 가지고 있어야 한다는 것이다. 이는 교차 문화 간 협상을 위해서는 높은 개방성을 가진 협상자를 선택하는 것이 바람직하며, 협상 상대에 대한 연구를 방해하는 경향이 있는 시간 압박과 같은 요인을 피하는 데 도움이 된다는 것을 시사한다.[120] 둘째, 감정은 문화적으로 민감하기 때문에 교차 문화 간 협상에서 협상자는 특히 감정적 역동성을 알아야 한다. 예를 들어 동아시아 문화권의 사람들은 협상에서 이익을 얻어내기 위해 분노를 사용하는 것이 합법적인 전략이 아니라고 여겨 상대방이 화를 내면 협조를 거부할 수도 있다.[121]

미국과 이집트의 협상에 대한 연구는 서양 문화에서 통합적 합의를 만들어내는 공통의 언어가 다른 문화에서는 오히려 역효과를 낼 수 있다고 경고한다.[122] 예를 들어 미국에서는 인지적·합리적·논리적 손익을 강조하는 언어가 통합적 협상을 촉진하는 경향이 있다. 하지만 이집트와 같은 문화권에서는 이러한 언어가 역효과를 낼 수 있으며, 언어와 관련하여 더욱 고려해야 하는 것은 명예와 도덕적 진실성을 강조하고 자신의 이미지와 힘을 보호하는 것이다. 또한 문화마다 다른 독특한 의례와 의식은 통합적 협상을 성공적으로 이끌 수 있다. 예를 들어 서양 문화에서 악수는 협력하겠다는 의도를 나타내기 때문에 통합적 거래를 촉진한다.[123]

협상에서 인종의 역할을 조사한 연구는 많지 않다. 그러나 최근 연구는 미국의 흑인 구직자가 ① 백인 구직자보다 협상을 덜 할 것이라고 예상하고, ② 협상을 시도할 때 불이익을 받으며, ③ 협상자가 인종적으로 더 편향되어 있을 때 더 무거운 처벌을 받는다고 밝혔다.[124]

협상에서의 성별 차이 잘 알려진 고정관념은 남성보다 여성이 협상에 더 협력적이고 우호적이라는 것이다. 하지만 수십 년간의 연구 결과를 통해 알 수 있듯이 협상에서 성별의 영향력은 맥락에 따라 크게 달라진다.[125] 예를 들어 여성은 화합을 중요시하고 강제 규범이 적은 집단주의 문화에서 더 효과적인 협상 성과를 이끌어낼 수 있다.[126]

이러한 차이는 협상 행동과 협상 결과에 모두 영향을 미친다(성 정체성과 성적 지향성의 영향에 대한 더 많은 연구가 필요하다). 남성에 비해 여성은 덜 독단적이고, 이해관계에 덜 민감한 편이며, 더 수용적인 태도로 행동하는 경향이 있다.[127] 그러나 의사소통에 제한이 있을 때는 이러한 차이가 줄어든다. 이 연구는 또한 다른 협상자가 '눈에는 눈' 전략을 펼칠 때 실제로 여성이 남성보다 더 경쟁력이 있을 수 있음을 강조한다.[128] 그러나 협상을 시작할 때, 특히 협상의 상황이 분명하지 않고 협상 과정에서 성 역할 차이가 두

드러지게 나타나는 경우에는 여성이 협상을 주도할 가능성이 남성보다 낮다.[129] 카네기 멜런대학교의 MBA 학생들을 대상으로 이루어진 연구에서는 남성이 첫 번째 제안을 협상하는 과정에서 시간의 57%를 쏟아부은 반면 여성은 4%만을 사용한 것으로 나타났다. 그 결과 초봉 차이가 4,000달러에 달했다.[130] 종합적으로 선행 연구를 검토한 결과에 따르면 남성이 여성보다 협상에서 항상 더 좋은 결과를 달성하는 것은 아니다.[131] 실제로 어떤 상황에서는 남성과 여성이 거의 비슷한 결과를 내거나 여성이 남성보다 더 좋은 성과를 달성하기도 했으며, 누군가를 대신하여 협상을 하는 경우에는 여성과 남성이 거의 비슷한 결과를 내는 것으로 나타났다.[132]

사회적 맥락에서의 협상

지금까지는 다른 사람들과 분리되어 당사자들이 서로 한 번 만나서 진행하는 협상에 대해 주로 논의했다. 그러나 조직에서는 많은 협상이 자연스럽게 공개적으로 이루어진다. 작업집단에서 누가 지루한 일을 맡아야 하는지 파악하는 경우, 외국 여행 기회를 얻기 위해 상사와 협상하거나 프로젝트에 예산을 추가로 요청하는 경우에는 협상에 사회적 요소가 존재한다. 이러한 경우에는 아마도 이미 알고 있는 사람과 협상하고 계속해서 함께 일할 것이며, 협상과 그 결과는 여러 사람과 이야기 나누는 주제가 될 것이다. 따라서 현실에서의 협상을 이해하려면 평판과 관계 등의 사회적 요인을 고려해야 한다.

평판

당신의 평판은 다른 사람들이 당신에 대해 생각하고 말하는 방식이다. 이것을 협상과 연관 지으면 평판이 있다는 것은 무언가를 신뢰할 수 있음을 의미한다. 간단히 말해 협상 과정에서 신뢰는 양 당사자 모두에게 이익이 되는 다양한 형태의 통합적 협상 전략을 형성할 수 있도록 문을 열어준다.[133] 신뢰를 구축하는 가장 효과적인 방법은 반복되는 상호작용에서 정직하게 행동하는 것이다. 그러면 다른 사람들이 다양한 결과를 가져오는 제안을 툭 터놓고 이야기할 수 있을 것이다. 이는 양 당사자가 서로의 이익을 유지하면서 자신에게 가장 중요한 것을 달성하기 위해 함께 노력하도록 하기 때문에 윈윈 결과를 달성하는 데 도움을 준다.

우리는 어떤 사람의 특성에 대한 입소문을 근거로 그 사람을 신뢰하거나 불신하기도 한다. 신뢰할 만하다는 평판을 얻는 데 도움이 되는 특성은 무엇일까? 성실성이 높다는 평판을 가진 사람은 협상에서 보다 효과적이다.[134] 이들은 약속을 잘 지키고 정확한 정보를 제공할 것이라고 여겨지기 때문에 협상 과정에서 상대방은 이들의 약속을 더 잘 수용한다. 그 덕분에 협상에서 제시할 수 있는 협상 조건이 훨씬 많아지는데, 이때의 협상 조건은 신뢰를 담보로 한 것이다. 그리고 평판이 높은 사람은 많은 사람이 좋아할 뿐만 아니라 많은 친구와의 동맹이 있다. 다시 말해 이들은 사회적 자원을 가지고 있어 협상에서 더 이해받을 수 있을 것이다.

관계

반복적인 협상에는 평판 이상의 것이 담겨 있다. 반복적인 협상에서 사회적·대인관계적 요소는 단순히 자신의 이해득실을 추구하는 것을 초월하여 전체적인 관점에서 상대방과 관계에 무엇이 최선인지 생각할 수 있게 해준다.[135] 신뢰를 기반으로 이루어지는 반복적인 협상에서는 현재의 호의나 양보에 대한 보답으로 더 큰 양보나 제안을 받을 수 있기 때문에 선택의 범위가 넓어진다.[136] 또한 반복적인 협상은 협상 상대를 오랜 시간에 걸쳐 개인적인 방식으로 보고 감정적 유대를 공유하기 때문에 통합적 문제 해결을 촉진한다.[137] 그리고 신뢰성이 구축되었기 때문에 통합적인 접근을 더 잘 실행할 수 있게 해준다.[138]

제삼자 협상

앞에서는 직접적인 협상에 대해 살펴보았다. 하지만 때로는 개인 또는 집단의 대표가 직접적인 협상을 통해 의견 차이를 좁히지 못하고 교착 상태에 빠지는 경우가 있다. 이러한 경우에는 해결책을 찾기 위해 제삼자의 도움을 받을 수도 있는데, 기본적인 제삼자 역할에는 중개자, 중재인, 조정자가 있 있다.

중개자(mediator)는 추론과 설득, 대안 제시 등을 통해 협상안 도출을 용이하게 하는 중립적인 제삼자이다. 중개자는 노사 협상과 민사법상의 분쟁에 널리 활용되며, 이들의 전반적인 효과는 상당히 인상적이다. 예를 들어 미국 고용평등위원회(EEOC)는 중개를 통해 분쟁이 해결되는 비율이 72.1%에 이른다고 보고했다.[139] 그러나 중개의 성공 여부를 결정하는 핵심 요인은 상황이다. 즉 갈등 당사자들이 교섭하려는 의욕, 갈등을 해결하겠다는 의지가 있어야 한다. 또한 갈등의 강도가 너무 세도 안 된다. 중개는 중간 정도의 갈등이 있는 경우에 가장 효과적이다. 그리고 중개자가 효과적이기 위해서는 중개자에 대한 지각이 중요하다. 즉 중개자를 중립적이고 비강압적이라고 인식해야 한다.

중개자 추론과 설득, 대안 제시 등을 통해 협상안 도출을 용이하게 하는 중립적인 제삼자

중재인(arbitrator)은 협약을 지시할 수 있는 권한을 가진 제삼자이다. 중재는 양 당사자의 요청에 의해 자발적으로 이루어질 수도 있고, 법률이나 계약에 의해 강제적으로 이루어질 수도 있다. 중개와 비교했을 때 중재의 가장 큰 장점은 분쟁이 항상 해결된다는 것이고, 단점은 얼마나 힘들게 중재가 이루어졌는지에 달려 있다. 만약 어느 한쪽이 일방적으로 패배했다는 느낌을 받으면 그 당사자는 불만족할 것이고, 언젠가는 또다시 갈등이 나타날 것이다.

중재인 협약을 지시할 수 있는 권한을 가진 제삼자

조정자(conciliator)는 협상 당사자들 간에 비공식적인 의사소통 고리를 제공하는, 신뢰할 수 있는 제삼자이다. 다른 사람들을 배려하는 마음이 있는 사람은 조정자 역할을 하는 경향이 있으며, 그 결과 동료에게 존경과 칭찬을 받는다.[140] 이러한 역할은 영화 〈대부(Godfather)〉 시리즈의 첫 편에서 로버트 듀발(Robert Duval)이 분한 톰 헤이

조정자 협상 당사자들 간에 비공식적인 의사소통 고리를 제공하는, 신뢰할 수 있는 제삼자

건 때문에 유명해졌다. 돈 코를레오네의 양자이자 변호사인 헤이건은 코를레오네와 다른 마피아 가문 사이에서 중간 역할을 했다. 중개와 조정의 효과성을 비교하는 것은 이 두 가지가 상당히 많은 부분이 중복되기 때문에 어려운 것으로 밝혀졌다. 실제로 조정자는 전형적으로 단순히 의사소통을 담당하는 것 이상의 역할을 한다. 이들은 사실을 발견하고, 메시지를 해석하며, 분쟁 당사자들이 합의를 도출하도록 설득하기도 한다.

요약

많은 사람은 갈등이 집단과 조직의 성과를 떨어뜨린다고 가정하지만 그것은 상당히 잘못된 가정이다. 갈등은 집단이나 부서에 건설적일 수도 있고 파괴적일 수도 있다. 갈등의 수준이 너무 높거나 너무 낮으면 건설적인 관계를 만드는 데 어려움이 있을 뿐만 아니라 성과에도 해가 된다. 최적 수준의 갈등은 정체를 예방하고, 창의성을 자극하고, 긴장을 완화하고, 조정 활동을 파괴하거나 방해하지 않으면서도 변화의 불씨를 지펴준다.

경영자를 위한 시사점

- 사람들 간, 팀 내, 집단 간의 잠재적인 충돌을 파악하기 위해 항상 노력하라. 관계 갈등과 과정 갈등은 부정적인 경향이 있지만 일부 과업 갈등은 특정 상황에서 유용할 수도 있다. 기능적 갈등을 최대화하고 역기능적 갈등의 부정적 영향을 최소화하기 위해 노력해야 한다.
- 갈등을 일으킬 수 있는 조건을 미리 파악하기 위해 노력하라. 협력적 접근과 같이 건설적인 갈등 처리 행동에 참여하면서도, 갈등 관리 전략이 다른 영역에서 의도치 않은 갈등을 유발할 수 있기 때문에 종종 까다롭다는 것을 인식하라. 그러나 가장 효과적인 갈등 관리 전략 중 하나는 개방적이고 이해관계를 바탕으로 하는 토론이다.
- 우리는 흔히 분배적 협상이 유일한 선택이라고 생각한다. 하지만 시간이 지남에 따라 관계를 유지하는 데 이 접근 방식이 더 낫기 때문에 통합적 협상의 기회가 있는지 파악하기 위해 노력하라. 또한 협상의 목표가 무엇이고, 상황이 무엇을 요구하는지에 따라 강경 전략 또는 포용 전략을 취할 수 있다.
- 협상을 예상할 때는 준비와 계획, 기본 규칙 정의, 명료화와 정당화, 협상과 문제 해결, 종결과 실행 단계를 거쳐야 한다. 협상하기 전에 '협상 결과에 대한 최고의 대안', 즉 BATNA를 개발하는 것을 고려하라(현실적인 BATNA를 설정해야 한다).
- 협상의 임무를 수행할 사람을 뽑을 때는 협상자들이 서로 비슷하고, 평판이 좋고, 자신감이 있고, 야심차고, 호감이 있으면 좋은 성과를 거둔다는 것을 명심하라. 그리고 자신에게 유리한 감정을 인식하고 이해하며 표현할 수 있는, 감성지능이 높은 협상자는 협상을 잘하는 경향이 있다. 또한 협상자는 협상 상대의 문화를 알아야 한다.

조직 시스템의 방향, 이해, 변화

제15장 조직 구조의 기초
제16장 조직 문화
제17장 조직 변화와 스트레스 관리

15

조직 구조의 기초

학습목표

- 조직 구조의 일곱 가지 핵심 요소를 설명할 수 있다.
- 단순 구조, 관료제, 매트릭스 구조의 특징을 설명할 수 있다.
- 가상 조직 구조, 팀 구조, 원형 구조의 특징을 설명할 수 있다.
- 다운사이징이 조직 구조와 직원에게 미치는 영향을 설명할 수 있다.
- 기계적 구조 및 유기적 구조 모델의 근거를 비교할 수 있다.
- 다양한 조직 구조의 조직행동론적 의미를 분석할 수 있다.

조직 구조는 무엇인가

구글은 적절한 **조직 구조**(organizational structure)가 마련되어 있는 회사이다.[1] 구글의 조직 구조는 회사의 혁신적인 문화, 경쟁력, 성장을 지원한다. 언뜻 보기에는 잘 드러나지 않지만, 조직 구조는 기업의 다양한 측면에서 매우 중요하다.[2] 예를 들어 칸타타헬스앤드메타헬스케어(Cantata Health and Meta Healthcare) IT 솔루션의 인사 담당 임원인 티머시 자르디노(Timothy Giardino) 박사는 이렇게 말한다. "구조는 전략을 따른다. … 구조는 구성원의 행동을 통제한다. … 구조는 실행을 지원한다."[3] 또한 구조는 조직의 사회적 사명 수행에도 영향을 미친다. 예를 들어 체계적 편견과 구조적 장벽은 여성과 소수 민족의 경력 발전을 가로막을 수도 있다.[4] 조직은 조직 변화의 필요성을 고려하고, 발전을 공식적·비공식적으로 제한하는 장벽을 식별할 책임이 있다.

조직 구조 직무나 과업을 공식적으로 나누고, 묶고, 조정하는 방식

조직 구조는 직무나 과업을 공식적으로 나누고, 묶고, 조정하는 방식을 말한다.[5] 조직 구조를 설계할 때 고려할 일곱 가지 핵심 요소는 작업 전문화, 부서화, 명령 체계, 통제 범위, 집권화와 분권화, 공식화, 경계 확장이다.[6] 도표 15-1에 조직 구조 설계를 위한 핵심 질문에 대한 답으로 이러한 요소를 제시했다. 일곱 가지 핵심 요소를 좀 더 자세히

도표 15-1
적절한 조직 구조 설계를 위한 핵심 질문과 답

핵심 질문	답
1. 활동을 어느 정도 분리된 직무로 나눌 수 있는가?	작업 전문화
2. 어떤 기준으로 직무를 묶을 것인가?	부서화
3. 개인과 집단은 누구에게 보고하는가?	명령 체계
4. 한 관리자가 효율적·효과적으로 지시할 수 있는 사람은 몇 명인가?	통제 범위
5. 의사결정 권한을 어디에 둘 것인가?	집권화와 분권화
6. 직원과 관리자에게 적용할 규칙과 절차는 얼마나 만들어야 하는가?	공식화
7. 다른 부서 사람들과 정기적으로 상호작용할 필요가 있는가?	경계 확장

살펴보자.

작업 전문화

20세기 초에 헨리 포드(Henry Ford)는 대량 생산 라인에서 자동차를 생산해냄으로써 세계적인 갑부가 되었다. 모든 작업자는 조수석 문짝을 다는 것과 같은 구체적이고 특정한 일을 할당받았다. 표준화된 작은 과업으로 직무를 쪼개놓았기 때문에 계속해서 일을 되풀이할 수 있어, 포드는 비교적 제한된 기술을 지닌 직원들을 이용해 10초마다 자동차를 한 대씩 생산할 수 있었다.[7]

작업 전문화 어떤 조직의 활동이 개인이 완수하는 별도의 작업으로 분할되는 정도

작업 전문화(work specialization) 또는 분업화는 어떤 조직의 활동이 개인이 완수하는 별도의 작업으로 분할되는 정도를 말한다.[8] 전문화는 직원의 기술을 가장 효율적으로 활용할 수 있을 뿐만 아니라, 반복을 통해 그러한 기술을 성공적으로 개선할 수 있는 수단이다. 톱코더(TopCoder), 아마존의 머케니컬 터크(Mechanical Turk) 프로그램 등은 프로그래밍, 자료 처리, 평가 작업을 전 세계 네트워크를 통해 아주 작은 단위로 세분화하고 그 결과를 조합하는 프로그램 관리자를 활용함으로써 초전문화(microspecialization)라는 새로운 트렌드를 만들어냈다.[9]

1960년대까지는 전문화의 효과가 끝없이 지속될 수 있는 것처럼 보였다. 그러나 곧이어 지루함, 피로, 스트레스, 낮은 생산성, 조잡한 품질, 높은 결근율, 이직 등 전문화의 경제적 이점을 훨씬 상쇄하는 인간적 측면에서의 비경제성이 나타나기 시작했다(도표 15-2 참조).[10] 이제는 직무 활동의 범위를 좁히기보다는 넓게 확장함으로써 생산성을 향상할 수 있다. 또한 직원이 다양한 활동을 하고 작업 전체를 완결 지을 수 있게 하며, 비슷한 기술을 가진 사람들을 팀으로 구성함으로써 직원의 만족을 높임과 동시에 더 높은 생산성을 달성할 수 있다.[11]

부서화

작업 전문화를 통해 구성원이 해야 할 일을 나누어주었다면, 이러한 일을 공통적인 업무

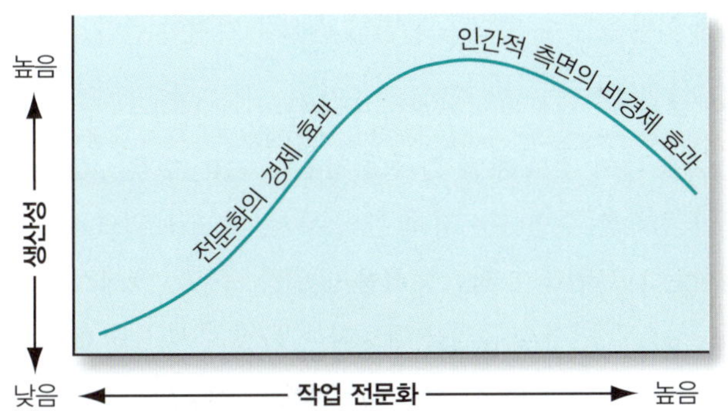

도표 15-2
작업 전문화의 경제 효과와 비경제 효과

로 묶어서 복잡성을 줄이고 조정할 수 있게 해야 한다. 이처럼 일을 하나로 묶는 것을 **부서화**(departmentalization)라고 한다.[12]

부서화 조직의 작업을 하나로 묶는 것

기능별 부서화 부서화 방법으로 가장 잘 알려진 것은 수행하는 기능에 따라 부서를 묶는 것이다. 이를 통해 생산 부서 관리자는 공장을 엔지니어링, 회계, 제조, 인사관리, 구매 등으로 나누어 조직화할 수 있고, 전문가는 다양한 부서에서 일할 때보다 더 쉽게 전문성을 확보할 수 있다. 또한 직원은 조직도상에서 자신의 전문 분야에 특화된 최상위 자리에 이르는 명확한 경력 경로에 의해 동기부여가 될 수 있다. 기능별 구조는 조직이 하나의 제품 또는 서비스에 집중할 때 잘 작동한다. 그러나 다양한 부서 간의 조정이 문제이며, 부서 내 및 부서 간 내분이 동기부여 감소를 가져올 수 있다.

제품별 또는 서비스별 부서화 조직이 생산하는 제품 또는 서비스 유형에 따라 직무를 부서화할 수도 있다.[13] 예를 들어 프록터앤드갬블(Procter & Gamble)은 타이드(Tide), 팸퍼스(Pampers), 차민(Charmin), 페브리즈(Febreze) 등의 주요 제품에 따라 조직을 구분하고, 각 제품을 임원 한 사람이 전적으로 책임지고 있다. 이 경우의 가장 큰 장점은 성과에 대한 책임이 명확하다는 것이지만, 이러한 유형의 부서화가 효과적이기 위해서는 부서나 팀이 자신의 제품 전문 분야 이외의 조직에 대해 더 폭넓게 이해하는 것이 중요하다(예: 다른 팀이나 부서에서 무슨 일을 하는지 알아야 함).[14]

지역별 부서화 어떤 기업이 지리나 지역을 기준으로 부서화한다면 각 기능(예: 영업 조직)이 서부, 남부, 북부, 동부 지역으로 나뉠 것이다.[15] 이러한 형태는 고객이 넓은 지역에 다양하게 흩어져 있고, 해당 지역의 고객이 유사한 욕구를 가지고 있을 때 적절한 방법이다. 이러한 이유로 토요타는 관리 구조를 지역별 구조로 변경했으며, CEO인 도요타 아키오(豊田 章男)는 “그렇게 함으로써 보다 나은 제품을 개발하고 제공할 수 있을 것”이라고 말했다.[16] 조직이 지역별로 부서화되는 경우 부서와 함께 배치된 팀은 각자 고유한 정체성과 제도를 갖춘다.[17] 이러한 지역별 팀은 전체 조직에서 정보를 습득하고 공유하는 방법뿐만 아니라 지역 간 조정과 성과에도 영향을 미친다.[18] 지역별 부서화 구조인 조직은 가상 커뮤니케이션이나 지식경영 시스템 등을 통해 지역 간 의사소통이나 지

식 공유가 용이하게 이루어질 수 있도록 특별히 관심을 가져야 한다.

프로세스 및 고객별 부서화 프로세스 부서화에는 직원, 제품 또는 고객 프로세스의 구조화가 포함된다.[19] 예를 들어 정보 보안 회사의 경우 ① HR, 법무, 프로젝트 관리 부서와 협력하여 정보 보안 정책을 수립하는 정책 관리 부서, ② 네트워크 보안, 침입 방지, 이벤트 관리를 감독하는 네트워크 부서, ③ 사용자 인증, 식별, 액세스를 감독하는 ID 및 접속 관리 부서, ④ 시스템 변경과 운영을 담당하는 운영 부서 등이 있다.[20] 정보 기술 서비스 사용자는 보안 위반이나 관련 시스템 유지·보수 등에 관한 알림을 받고 정책에 동의한 뒤, 시스템에 접속할 수 있는 온라인 ID를 받고 네트워크에 접속하는 경우가 대부분이다. 마지막 부서화 방법은 조직이 원하는 고객을 사용하는 것이다. 예컨대 평가 조직의 경우 정부, 산업 또는 개인 소비자에 따라 고객을 세분화할 수 있다.

조직행동에 대한 시사점 조직은 처음에 채택한 부서화를 항상 유지하는 것은 아니다. 예를 들어 마이크로소프트는 수년간 고객을 기준으로 일반 소비자, 대기업, 소프트웨어 개발자, 중소기업 등으로 나누는 고객별 부서화를 사용해왔다. 그러나 2013년 6월, CEO인 스티브 발머(Steve Ballmer)는 전 직원에게 이메일을 보내 지속적인 혁신을 촉진할 필요성을 지적하면서 기능별 부서화로 재구조화한다고 발표했다. 이에 따라 새로운 부서는 엔지니어링, 마케팅, 사업 개발, 전략 및 연구, 재무, HR, 법무 등과 같은 전통적인 기능에 따라 부서화되었다.[21] 그 이후 마이크로소프트는 기능과 지역(미국, 해외)에 따라 소규모 집단을 조직하고 제품 유형을 기준으로 부서화하기 위해 재구조화를 단행했다.[22]

사업부 구조(제품, 지역, 프로세스, 고객별 사업부)는 기능별 구조와 반대되는 장단점을 가지고 있다. 이는 각 부서 고유의 업무를 수행하는 한편, 부서 간 조정을 통해 정시 완료, 예산 목표 달성, 신제품 개발 및 출시 등을 위해 부서 간 협조를 용이하게 한다. 또한 제품과 관련된 모든 활동에 대한 책임 소재가 명확하지만 기능과 비용 중복이 발생한다. 예를 들어 조직이 스페인과 중국에 각각 사업부를 두고 있고 신제품 마케팅 전략이 필요한 경우에는 이러한 구조가 도움이 된다. 각 지역에 있는 마케팅 전문가는 자기 지역의 문화적 관점을 마케팅 캠페인에 반영할 수 있다. 그러나 두 나라에 마케팅 기능을 담당하는 직원을 두면 기본적으로 동일한 업무를 두 군데에서 수행함으로써 조직의 비용이 증가할 수 있다.

지금까지 살펴본 바와 같이 조직의 관행을 조직의 목표, 특히 강력한 리더의 목표에 맞추어 의도적으로 변화를 실천한다면 개선 가능성이 훨씬 더 높아진다.

명령 체계

명령 체계 조직의 상층부에서 최하층까지 단절되지 않고 뻗어 있고, 누가 누구에게 보고하는지를 명확히 알려주는 권한의 라인

명령 체계(chain of command)라는 개념은 한때 조직 설계의 토대로 여겨졌지만 최근에는 중요성이 점점 낮아지고 있다. 그러나 아직까지 경영자라면, 특히 사람들이 신속하

게 의사결정권자에게 의존해야 하는 생사의 상황을 다루는 산업에서는 그 의미를 심사숙고해야 한다. 명령 체계는 조직의 상층부에서 최하층까지 단절되지 않고 뻗어 있는 권한의 라인으로, 누가 누구에게 보고하는지를 명확히 알려준다. 그러나 명령 체계를 이해하려면 먼저 **권한**과 **명령의 통일성**에 대해 짚고 넘어가야 한다.

권한 **권한**(authority)은 명령을 내리고, 명령을 받은 사람은 거기에 따르도록 요구하는, 직위에 본질적으로 내재되어 있는 권리를 말한다.[23] 조직은 원활한 조정을 위해 각 명령 체계에 관리자 직위를 두고, 각 관리자에게 일정한 권한을 부여하여 책임을 수행하게 한다. 대부분의 권한이 한 사람에게 집중된 명령 체계에서는 일을 처리하는 데 리더의 참여가 막중함에 따라 리더-구성원 교환(LMX, 12장 참조)이 더 중요하다.[24]

권한 명령을 내리고, 명령을 받은 사람은 거기에 따르도록 요구하는, 직위에 본질적으로 내재되어 있는 권리

명령의 통일성 **명령의 통일성**(unity of command)은 부하 직원을 직접적으로 담당하는 상사가 단 한 명이어야 한다는 것이다. 명령의 통일성이 깨지면 부하 직원은 여러 상사로부터 상충된 요구나 우선순위로 인한 문제를 겪게 된다.[25] 상사가 여러 명인 경우보다는 명령의 통일성이 있는 경우가 더 일반적이지만, 만약 부하 직원이 여러 상사에게 보고해야 하는 상황에 처하면 업무량, 상반되는 메시지, 분쟁 시 최종 결정자, 충성도 등에 주의해야 한다.[26] 또한 업무량에 적극적으로 대처하고, 상사 간의 의사소통을 촉진하며, 효과적인 의사소통과 업무 흐름을 위한 경계와 규범을 설정해야 한다.

명령의 통일성 부하 직원을 직접적으로 담당하는 상사가 단 한 명이어야 함

조직행동에 대한 시사점 시대의 변화에 따라 조직 설계에 대한 기본적인 원칙도 변화를 겪었다. 30여 년 전에는 최고경영진만 볼 수 있었던 자료를 오늘날에는 하위 직원도 눈 깜짝할 사이에 접속하여 볼 수 있고, 과거에는 경영진에게만 부여되었던 의사결정 권한이 많은 직원에게 위양되었다.[27] 자기관리팀과 기능횡단팀(10장 참조)이 많이 활용되는 것을 고려하면 권한과 명령의 통일성이 덜 중요해 보이는 이유를 알 수 있다.

그러나 많은 조직은 여전히 이와 같은 명령 체계를 시행함으로써 생산성을 높일 수 있다고 생각한다. 1,000명 이상의 관리자를 대상으로 한 설문조사에 따르면 그들 중 59%가 "자사 조직도에는 가상의 라인이 있으며, 전략은 이러한 라인 위에 있는 사람들이 만들고 라인 아래에 있는 사람들이 실행한다"는 말에 동의했다. 그러나 이 설문조사에서 하위 직급의 직원은 의사결정 시 계층 구조에 의존하기 때문에 조직의 전체적인 큰 그림인 전략에 대한 적극적인 동의나 지원이 낮은 것으로 나타났다.[28] 명령의 통일성을 하나의 선으로 보는 것이 아니라 피라미드로 보는 것이 더 적절할까? 한 연구에 따르면 이러한 방식으로 명령 체계를 보는 사람은 하위 직원의 집단적인 기여를 인정할 뿐만 아니라 집단의 성과와 사회적 관계의 향상을 경험하는 것으로 나타났다.[29]

통제 범위

관리자 한 사람이 효율적으로 직접 관리할 수 있는 부하 직원은 몇 명이나 될까? **통제 범**

통제 범위 관리자 한 사람이 효율적으로 직접 관리할 수 있는 부하 직원의 수

도표 15-3
통제 범위의 비교

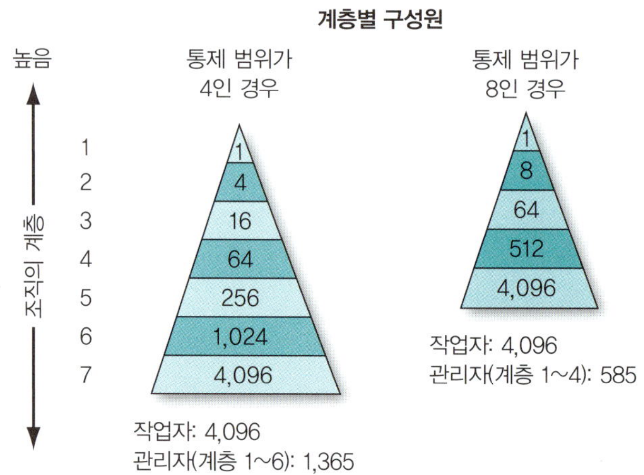

위(span of control)는 한 조직에 있는 계층과 관리자의 수를 나타낸다.[30] 조건이 동일하다면 통제 범위가 더 넓을수록 계층 수가 더 적고, 각 계층의 직원이 더 많으며, 조직이 더 효율적이다.[31]

통제 범위가 좁거나 작더라도 장점이 있다. 통제 범위를 5~6명으로 작게 유지하는 경우 관리자는 밀접하게 통제할 수 있다.[32] 반면에 통제 범위가 작은 경우의 단점은 다음과 같다.[33] 첫째, 관리 계층이 증가하므로 비용이 많이 든다. 약 4,100명의 직원으로 구성된 두 조직이 있다고 가정해보자. 한 조직은 통제 범위가 4명이고 다른 조직은 8명이다. 도표 15-3에서 보듯이 통제 범위가 8명으로 더 넓은 경우는 계층이 2개 적고, 관리자 수도 약 800명이 적다. 만약 관리자 한 사람당 연봉이 6만 달러라면 통제 범위가 넓은 조직은 연간 4,800만 달러를 절약할 수 있다. 둘째, 수직적 의사소통을 복잡하게 만든다. 계층이 추가됨으로써 최고경영진과 더 멀어지고 의사결정 속도가 느려진다. 셋째, 엄격한 감독이 이루어지고 직원의 자율성이 떨어진다. 상사는 부하 직원에게 필요한 리더십과 지원을 제공할 시간이 없고, 그 결과 직원의 성과가 저하된다.[34]

최근에는 통제 범위를 다소 넓게 하는 추세이다.[35] 그러나 통제 범위가 넓어짐으로써 나타날 수 있는 문제를 예방하려면 직원 훈련에 많은 투자를 해야 한다. 직원이 자신이 해야 할 일뿐만 아니라 동료 및 주위에서 일어나는 문제를 잘 알고 있다면 통제 범위가 넓어지더라도 관리자가 충분히 관리할 수 있을 것이다.

집권화와 분권화

집권화 의사결정 권한이 조직의 한 지점에 집중되는 정도

집권화(centralization)는 의사결정 권한이 조직의 한 지점에 집중되는 정도를 말한다.[36] 집권화된 조직에서는 최고경영진이 모든 의사결정을 내리고, 하위 관리자는 최고경영진의 지시를 수행할 뿐이다. 이와 달리 분권화된(decentralized) 조직에서는 업무와 가장 가까운 관리자나 작업집단에 의사결정 권한이 주어진다.[37] 집권화의 개념에는 공식적인 권한, 즉 직위에 내재되어 있는 권리만 포함된다. 관리를 집권화하려는 노력은

최고경영진보다 문제에 대해 더 많은 지식을 가지고 있는 하위 관리자에게 집중되기도 한다. 프록터앤드갬블은 소규모 직원 집단에 일반적인 계층 구조와 무관하게 신제품 개발에 대한 의사결정을 내릴 수 있는 권한을 부여하여 시장에 출시되는 신제품의 비율을 급격히 높일 수 있었다.[38]

조직행동에 대한 시사점 분권화된 조직에서는 문제 해결을 위한 행동이 신속하게 이루어지고, 더 많은 사람이 의사결정에 필요한 정보를 제공하며,[39] 직원은 자신의 작업 조건에 영향을 미치는 의사결정자로부터 소외되어 있다는 느낌을 덜 받는다.[40] 그리고 집권화된 조직은 수행 오류(잘못된 선택)를 피하는 데 더 적절하지만, 분권화된 조직은 누락 오류(기회를 놓침)를 피하는 데 더 적절하다.[41] 창의성과 관련하여 핀란드의 많은 조직을 대상으로 조사한 결과에 따르면 여러 지역에서 분권화된 연구개발실(R&D)을 운영하는 회사가 모든 연구개발 기능을 한곳에 집중해놓은 회사보다 혁신을 훨씬 더 잘 수행하는 것으로 나타났다.[42] 해외 지사가 있는 경우 각 지역에서 이익을 낼 수 있는 기회와 고객 기반, 특정 법률문제에 대응하기 위한 분권화된 의사결정이 필요하고, 각 지역 관리자의 책임을 총괄할 수 있는 집권화도 필요하다. 이러한 우선순위의 균형을 제대로 유지하지 못하면 조직뿐만 아니라 외국 정부와의 관계에도 해가 될 것이다.[43] 그러나 분권화는 양날의 검이기도 하다. 미 공군 장교 약 3,000명을 대상으로 이루어진 연구에 따르면 멀티팀 시스템을 갖춘 조직에서는 과도한 위험 추구, 조정 실패 등 분권화의 부정적인 영향이 나타날 수 있다.[44]

공식화

공식화(formalization)는 직무가 표준화된 정도를 말한다.[45] 직무가 고도로 공식화된 경우에는 직원이 무엇을 해야 하는지(예: 명확한 직무 기술서가 있음), 언제 어떻게 하는지 등을 결정할 수 있는 재량권을 최소한으로 가지며, 일관되고 균일한 산출물을 만들어낼 수 있다. 예를 들어 출판사의 사무직 근로자는 무슨 일을 해야 하는지, 어떻게 해야 하는지가 표준화된 절차가 마련된 매우 공식화된 직무를 수행한다. 반대로 공식화가 낮은 경우에는 직무행동이 상대적으로 프로그램화되어 있지 않고, 직원이 일을 하면서 재량권을 충분히 행사할 수 있다. 예를 들어 각 대학교수에게 신간 도서를 소개하기 위해 전화를 하는 출판사 직원은 매우 높은 직무 자율권을 가지고 있다. 이들에게는 일반적인 판매 지침만 있을 뿐 행동을 제한하는 규칙이나 절차가 거의 없고, 향후 출간될 도서의 중요 사항과 주간 판매 보고서만 제출하면 된다.

공식화 직무가 표준화된 정도

연구에 따르면 공식화는 때로 해가 될 수 있다. 예를 들어 중국의 94개 기업은 분권화된 조직 구조에서 공식화가 팀의 유연성을 저해한다고 밝혔는데, 이는 업무가 본질적으로 상호작용적이거나 유연하고 혁신적이어야 하는 경우 공식화가 잘 작동하지 않는다는 것을 시사한다.[46] 반대로 공식화가 유익한 경우도 있다. 직무에 대한 임금 결정을 공식화

하면 대부분의 상황에서 성 불평등이 감소한다.[47]

경계 확장

경계 확장 개인이 공식적으로 할당된 집단의 경계 밖에 있는 사람들과 관계를 형성하는 것

한 조직 내에 너무 많은 부서가 있을 때 부서를 가로질러 조정하는 것은 재앙이 될 수도 있다. 구획화를 극복하고 조직 구조의 긍정적인 요소를 유지하는 한 가지 방법은 경계를 넘나드는 역할을 장려하거나 만드는 것이다. **경계 확장**(boundary spanning)은 개인이 공식적으로 할당된 집단의 경계 밖에 있는 사람들과 관계를 형성할 때 일어난다.[48] 예를 들어 IT 팀과 자주 일하는 인사 담당 임원은 경계 확장 역할을 하는 것이다. 이러한 활동은 공식적인 구조가 너무 굳어지는 것을 방지하고, 당연히 팀의 창의성, 의사결정, 지식 공유, 성과를 향상하는 데 도움이 된다.[49] 또한 경계 확장은 해외 파견 근로자와 현지 근로자가 협력하는 데 좋은 도구가 될 수 있다. 예를 들어 약 60개에 달하는 인도주의 구호 단체의 구호요원을 대상으로 이루어진 글로벌 연구는 사무실 리더가 집단을 연결하고 공동학습과 창의성을 촉진하는 경계 확장 역할을 한다는 사실을 발견했다.[50]

조직은 경계 확장 활동을 촉진하기 위해 공식적인 메커니즘을 사용할 수 있다. 한 가지 방법은 공식적인 연결 역할을 할당하거나 조직 내 다양한 영역의 사람들로 구성된 위원회를 만드는 것이다.[51] 개발 활동 또한 경계 확장을 용이하게 할 수 있다. 회계, 마케팅 등 다양한 부서에서 일한 경험이 있는 직원은 경계 확장에 참여할 가능성이 더 크다.[52] 많은 조직에서는 신입 직원이 조직 내 다른 부서를 더 잘 이해할 수 있도록 직무 순환 프로그램을 만들어 이러한 긍정적인 관계의 발판을 마련하고자 노력한다.

일반적인 조직 구조 설계

다양한 명칭으로 알려져 있는 조직 설계는 작업 방식의 변화에 대응하여 끊임없이 진화해왔다. 먼저 일반적인 세 가지 조직 구조, 즉 **단순 구조**, **관료제**, **매트릭스 구조**에 대해 알아보자.

단순 구조

단순 구조 부서화 정도가 낮고, 통제 범위가 넓으며, 한 사람에게 집권화되고, 공식화가 거의 되지 않은 조직 구조

실리콘밸리에 있는 많은 스타트업에서는 **단순 구조**(simple structure)가 일반적이다. 오늘날의 기술 스타트업은 기업가적 창업자가 주도하고, 통일된 비전을 가지고 오랜 시간 일하는 충성스러운 핵심 직원들의 지원으로 이루어져 있다.[53] 단순 구조는 부서화 정도가 낮고, 통제 범위가 넓으며(즉, 납작한 조직), 한 사람에게 집권화되고, 공식화가 거의 되어 있지 않다.[54]

단순 구조는 단순하기 때문에 강력하다. 단순 구조는 빠르고 유연하며, 운영 비용이 적게 들고, 책임 소재가 명확하다. 한 가지 큰 약점은 낮은 공식화와 높은 집권화로 인해 상층부에 정보 과부하가 발생하는 경향이 있어 조직이 성장함에 따라 점점 더 부적절해

진다는 것이다. 경영자 한 사람이 모든 일을 처리하므로 일반적으로 의사결정이 느려진다. 많은 소규모 기업이 실패하는 원인이 바로 이것이다. 구조를 바꾸고 더 정교하게 만들지 않으면 기업은 결국 동력을 잃어 실패하고 만다.[55] 단순 구조의 또 다른 약점은 모든 것이 한 사람에게 달려 있는 탓에 위험하다는 것이다. 창업자 또는 경영자가 병에 걸리면 조직의 정보 및 의사결정 능력이 정지될 수 있다.[56]

관료제

표준화는 모든 **관료제**(bureaucracy)의 근간을 이루는 핵심 측면이다. 세금을 징수하고, 건강 관련 규제안을 마련하며, 화재를 예방하는 정부 기관을 한번 살펴보라. 이들은 모두 조정과 통제를 위해 표준화된 작업 절차에 의존하고 있다.

관료제 전문화, 엄격한 공식적 규칙과 규제, 부서화, 높은 집권화, 좁은 통제 범위, 명령 체계에 따른 의사결정 등을 통해 매우 일상적인 과업을 수행하는 조직 구조

관료제는 전문화, 엄격한 공식적 규칙과 규제, 부서화(기능별, 사업별 또는 기타 구조), 높은 집권화, 좁은 통제 범위, 명령 체계에 따른 의사결정 등을 통해 매우 일상적인 과업을 수행하는 것이 특징이다.[57]

많은 사람은 '관료제'라는 용어를 탐탁지 않게 생각한다. 그러나 관료제는 표준화된 활동을 매우 효율적으로 수행할 수 있다는 장점을 가지고 있다. 유사한 전문가들을 기능별로 분류하여 한곳에 모아둠으로써 규모의 경제 효과를 얻을 수 있고, 인력이나 장비의 중복을 최소화할 수 있으며, 직원들이 모두 '같은 용어'를 사용한다. 관료제는 관리자의 역량을 대체하는 규칙과 규정 덕분에 능력이 다소 떨어지는 – 따라서 더 적은 비용으로 – 중간 관리자나 하위 관리자로도 조직을 잘 꾸려나갈 수 있다. 따라서 최고경영진 아래에 혁신적이고 경험 많은 의사결정자가 있을 필요가 거의 없으며, 혁신적인 직원은 종종 관료제와 잘 맞지 않는다.[58]

관료제의 주요 단점은 우리가 익히 경험하고 있듯이, 규칙을 따라야 한다는 일종의 강박관념 같은 것을 가지고 있다는 것이다. 규칙에 딱 들어맞지 않는 어떤 문제가 발생한 경우라도 규칙을 수정할 여지가 거의 없다. 이처럼 관료제는 사전에 의사결정 규칙이 프로그램화 되어 있고 구성원에게 익숙한 문제일 때만 효율적이다.[59] 그러나 표준화와 규칙 준수에 따른 이점은 단점을 초래하는바, 관료적 구조로 인해 구성원의 자율성과 동기가 저하됨으로써 동기부여를 개발하고 유지하기 어렵게 만든다.[60]

매트릭스 구조

매트릭스 구조(matrix structure)는 기능별 구조와 제품별 구조를 결합한 것으로, 다양한 조직에서 이러한 구조를 발견할 수 있다.[61] 매트릭스 구조를 가진 조직은 이중 권한 라인을 만들어 기능과 제품에 따라 여러 사람이 책임을 지게 한다. 갤럽의 한 조사에 따르면 미국 직원의 84%가 매트릭스 조직에 속해 있는 것으로 나타났다.[62] 매트릭스 구조를 사용하는 기업은 삼성, BASF, 로레알 등이다.[63]

매트릭스 구조 기능별 구조와 제품별 구조를 결합한 조직 구조로, 이중 권한 라인을 만듦

매트릭스 구조의 가장 뚜렷한 특징은 앞서 살펴본 명령의 통일성을 위반한다는 것이

도표 15-4
경영대학의 매트릭스 구조

프로그램 / 학문 분야	학부	석사 과정	박사 과정	연구 과정	최고경영자 과정	평생교육
회계						
재무						
의사결정 및 정보 시스템						
경영관리						
마케팅						

다. 도표 15-4는 한 경영대학에서 사용하는 매트릭스 구조이다. 학문 분야별로는 회계, 의사결정 및 정보 시스템, 마케팅 등의 기능별 부서가 있고, 여기에 구체적인 프로그램(즉 서비스)이 겹쳐 있다. 매트릭스 구조에 속해 있는 구성원의 상사는 2명(기능 관리자와 제품 관리자)이다. 즉 학부에서 회계를 가르치는 교수는 학부 프로그램 책임자뿐만 아니라 회계학과장에게도 보고해야 한다.

매트릭스는 조직이 복잡하고 상호 의존적인 여러 가지 활동을 해야 할 때 조정을 원활하게 하는 데 도움이 된다.[64] 폭설이 내렸던 2018년 겨울을 생각해보자. 보스턴의 로건 국제공항은 매트릭스 구조 덕분에 이 재난에 가장 잘 대처할 수 있었던 반면, 뉴욕의 존 에프케네디국제공항은 과도한 권한 위임과 외부 하청업체에의 의존으로 며칠 동안 지연이 발생하여 전 세계 뉴스에 오르내렸다.[65] 매트릭스 구조는 소위 '관료제의 병폐'를 줄일 수 있다. 이는 이중 보고 체계에 의해 각 부서의 구성원이 조직의 전체적인 목표보다 자기 부서의 목표를 더 중요하게 여기는 경향을 줄여주기 때문이다.[66] 매트릭스 구조는 최상의 자원을 제공하고 이를 효율적으로 사용할 수 있도록 보장함으로써 규모의 경제를 달성하고 전문가를 용이하게 활용할 수 있다.[67] 그러나 혼란을 야기하고, 권력 투쟁을 조장하는 경향이 있으며, 개인에게 스트레스를 준다는 것이 단점이다.[68] 모호한 것을 싫어하고 안정성을 원하는 사람은 이러한 작업 분위기에서 스트레스를 받을 수 있다.

매트릭스 구조의 단점 중 일부는 문화(16장 참조)를 통해 상쇄될 수 있는데, 특히 민첩성, 유연성, 융통성, 협업, 명확한 방향성을 중시하는 문화에서 그렇다. 예를 들어 스포티파이(Spotify)는 이러한 핵심 가치를 내세우고, 이른바 **애자일 매트릭스**를 통해 개인을 '스쿼드', '길드', '챕터', '트라이브'로 조직하여 자사의 미션을 수행하게 한다.[69] 챕터는 제품/서비스 전반에 걸쳐 유사한 직무를 수행하는 사람들로 구성된다(예: 데이터베이스 관리자, 프런트 오피스 개발자). 트라이브와 챕터를 가로지르는 단면은 도표 15-4와 같이 전통적인 매트릭스로 구성된다. 그러나 여기서 정말 재미있는 것은 길드의 형성이다. 길드는 단순히 같은 관심사를 공유하고 이를 지속적으로 개선하려는 사람들의 집합체로, 형태가 정해져 있지 않다. 이러한 방식으로 조직을 구성함으로써 스포티파이는 누가 누구에게 보고하는지 걱정할 필요 없이 목표를 달성하기 위해 신속하게 팀을 구성할 수 있다.

조직 구조의 새로운 선택 대안

납작한 구조를 지향하는 최근 추세에 발맞추어 많은 조직이 계층 수를 줄이고 조직의 경계를 개방하는 것을 강조하는 새로운 방안을 연구해왔다.[70] 이러한 새로운 조직 구조 중 **가상 구조, 팀 구조, 원형 구조**에 대해 살펴보자.

가상 구조

빌려 쓸 수 있는 것을 소유할 이유가 있을까? 이 질문은 **가상 구조**(virtual structure)의 본질적인 속성을 잘 드러낸다. 흔히 **네트워크 구조**(network structure) 또는 **모듈형 구조**(modular structure)로도 불리는 가상 구조는 주요 기능을 아웃소싱(outsourcing)하고 핵심 영역만 남아 있는 소규모 조직을 말한다.[71] 가상 구조는 매우 집권화되어 있지만 부서가 거의 없거나 부서화되어 있지 않다.

가상 구조 주요 기능을 아웃소싱하고 핵심 영역만 남아 있는 소규모 조직

도표 15-5는 사업의 주요 기능을 모두 아웃소싱하는 가상 구조를 보여준다. 조직의 핵심 부분은 소수의 경영진으로 구성되어 있으며, 이들은 조직 내부에서 이루어지는 업무를 직접 감독하고, 조직 외부에서 이루어지는 생산, 유통 및 기타 필요한 기능을 담당하는 조직과의 관계를 조정하는 역할을 수행한다.

네트워크 조직은 흔히 다양한 형태를 띤다.[72] 가장 전통적인 형태로는 중앙 노드(경영진)에 관리자, 시스템, 기타 전문가가 있고, 고객 판매 및 서비스는 각각의 프랜차이즈 부서가 수행하는 **프랜차이즈** 형태가 있다. 이러한 대중적인 형태의 네트워크 조직은 세븐일레븐(7-Eleven), 맥도날드, 지미존스(Jimmy John's), 던킨도너츠(Dunkin' Donuts)와 같은 서비스업에서는 일반적이다. 그러나 여기서 가맹점은 서로 협력하거나

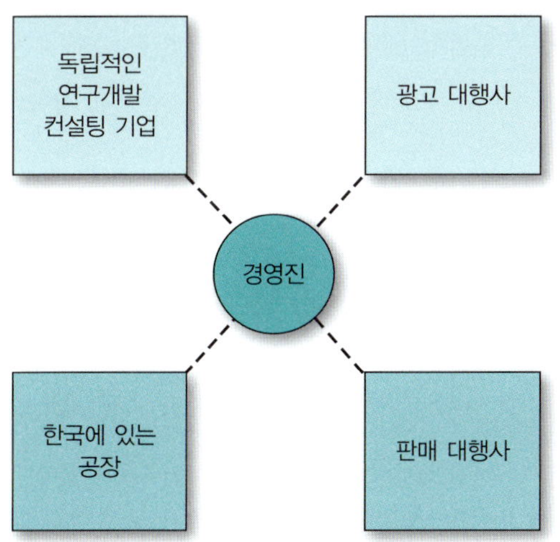

도표 15-5
가상 조직의 구조

조정하는 일이 거의 없으며, 경영진으로부터 영향을 받기 어렵고, 경영진의 자원을 놓고 직접 경쟁할 수도 있다. 예를 들어 프랜차이즈에 관한 한 연구에서는 윤리적 기준을 얼마나 잘 고려하는지에 따라 각 가맹점의 사명 선언문에 차이가 있는 것으로 나타났다. 이러한 차이는 결과적으로 각 가맹점에서 차별이 얼마나 나타나는지에 영향을 미친다.[73] 또 다른 형태는 모회사가 자신의 기능 중 하나를 분할하여 스핀오프 기업으로 만드는 **스타버스트**(starburst)이다.[74] 예를 들어 2012년에 넷플릭스(Netflix)는 DVD 기능을 별도의 법인인 DVD.com으로 분할했다.[75]

유연성을 제공하는 가상 구조는 혁신적인 아이디어를 가지고 있지만 자금이 부족한 사람들이 기존 대기업과 성공적으로 경쟁할 수 있게 해준다. 또한 가상 구조는 아웃소싱으로 상설 사무실과 계층을 제거함으로써 많은 비용을 절약할 수 있다.[76] 한편 가상 조직의 인기 상승과 함께 가상 조직의 약점이 점점 분명하게 드러나고 있다.[77] 가상 조직은 지속적인 유출입과 재조직화가 일어나므로 역할, 목표, 책임이 명확하지 않다는 것을 의미하며, 이로 인해 정치적 행동의 무대가 될 수 있다. 2018년 겨울 폭설 비상사태의 사례에서 살펴본 바와 같이 존에프케네디국제공항은 위기 상황에서 의사소통과 민첩성이 제한되는 가상 조직 구조를 더 많이 활용하고 있었다.[78]

팀 구조

팀 구조 부서를 권한이 부여된 팀으로 대체하고, 수직적·수평적 경계뿐만 아니라 회사와 고객, 공급자 간의 외부 경계를 제거하는 조직 구조

팀 구조(team structure)는 명령 체계를 제거하고 부서를 권한이 부여된 팀으로 대체하고자 한다.[79] 그리고 수직적·수평적 경계뿐만 아니라 회사와 고객, 공급자 간의 외부 경계를 제거한다.

팀 구조는 수직적 경계를 제거함으로써 조직의 계층이 납작해지고 직위와 직급도 최소화된다. 약 1만 4,000개 팀을 대상으로 한 조사에 따르면 계층 구조는 갈등을 유발하고, 이는 결국 팀의 효과성을 제한할 수 있다.[80] 기능횡단팀(최고경영진, 중간 관리자, 상사, 실무 직원 포함), 참여적 의사결정 관행, 360도 성과 평가(동료와 다른 사람들이 성과를 평가) 등이 사용될 수 있다. 예를 들어 세계 최대 보청기 제조업체인 덴마크의 오티콘(Oticon)은 계층 구조의 흔적을 모두 없애버렸다.[81] 모든 구성원이 똑같은 이동 워크스테이션(workstation)에서 작업하고, 기능이나 부서가 아니라 프로젝트팀을 통해 작업을 조정한다.

팀 구조가 온전히 작동한다면 지리적 장벽을 무너뜨릴 수 있다. 오늘날 대부분의 미국 기업은 스스로를 팀 중심의 글로벌 기업으로 생각한다. 코카콜라(Coca-Cola), 맥도날드 등의 많은 기업이 미국 내에서뿐만 아니라 해외에서 사업을 하고 있으며, 몇몇 기업은 자신의 구조에 지리적 영역을 통합하기 위해 고군분투하고 있다. 또 다른 경우 필요에 따라 팀 구조에 접근할 수 있다. 중국 내 자원으로는 충족할 수 없는 예측 수요를 맞추기 위해 5년 동안 석유 및 가스 산업에서 93개의 회사를 인수한 중국 기업은 각각의 인수를 새로운 팀 단위로 통합했다.[82] 여기서 팀 구조는 지역을 조직 구조상의 문

제가 아니라 전술적, 물류상 문제로 간주하기 때문에 이에 대한 해결책을 제공한다. 요컨대 그 목표가 문화적 장벽을 무너뜨리고 기회를 여는 것일 수도 있다. 일부 조직은 직원과 고객 또는 공급자를 포함하여 팀을 만들기도 한다. 예를 들어 허니웰인터내셔널(Honeywell International)은 부품 공급업체가 중요 부품을 정확한 사양에 맞게 만들 수 있도록 일부 엔지니어와 해당 공급업체의 관리자를 파트너로 두고 있다.

원형 구조

양궁 표적에 그려져 있는 동심원을 생각해보자. 한가운데에는 경영진이 있고, 그것을 중심으로 바깥쪽 원에는 기능별로 분류된 관리자가 있으며, 그다음 원에는 전문가, 맨 끝의 원에는 직원이 있는데, 이러한 구조를 **원형 구조**(circular structure)라고 한다.[83] 원형 구조에는 여전히 계층이 존재하고, 최고경영진이 조직의 중심에서 비전을 밖으로 전파한다.

원형 구조 경영진이 중심에 있고 기능별로 분류된 원(관리자, 전문가, 직원)으로 비전을 전파하는 조직 구조

창조적인 기업가는 직관적으로 원형 구조를 선호하며, 일부 소규모 혁신 기업 역시 이러한 구조를 옹호한다. 그러나 현재의 많은 혼합형 접근에서는 직원이 누구에게 보고해야 하는지, 누가 책임자인지가 명확하지 않은 경향이 있다. 그럼에도 우리는 여전히 원형 구조가 널리 보급될 것이라고 생각한다. 가령 기업의 사회적 책임과 같은 비전을 널리 확산하는 데에는 이러한 방법이 직관적인 호소력을 가지고 있기 때문이다.

날씬한 조직: 다운사이징

지금까지 살펴본 새로운 조직 형태의 목표는 날씬하고 집중화되며 유연한 조직을 만들어 민첩성을 높이는 것이다. **다운사이징**(downsizing)은 지점 폐쇄, 인력 감축, 계층 축소(계층 수를 줄임으로써 감독 폭을 줄이는 것), 부가가치를 올리지 못하는 사업 매각 등을 통해 조직을 날씬하게 만들려는 체계적인 노력이다.[84]

다운사이징 지점 폐쇄, 인력 감축, 계층 축소, 부가가치를 올리지 못하는 사업 매각 등을 통해 조직을 날씬하게 만들려는 체계적인 노력

일부 기업은 핵심 역량에 모든 노력을 집중하기 위해 다운사이징을 한다. 아메리칸익스프레스(American Express)는 지난 10년간 이를 위해 일련의 감원을 시행했으며, 감원 때마다 대면 서비스에서 온라인 서비스로 전환하는 고객 선호도를 반영하기 위한 구조조정을 했다고 주장한다. 전임 CEO인 켄 셔놀트(Ken Chennault)가 말하길, "우리 산업과 사업은 기술에 의해 계속 변화했어요. 이러한 변화에 따라 우리는 조직과 비용 구조를 발전시킬 필요가 있었고 그러한 기회를 잡아야만 했습니다."[85] 한편으로는 선택의 여지가 없어서 외부 요인 때문에 다운사이징을 실행하는 기업도 있다. 예를 들어 자연재해, 팬데믹(예: COVID-19 팬데믹), 경기 침체 시에는 업무 구조조정, 임금 및 고용 동결과 함께 다운사이징을 실시하게 될 것이다.[86]

날씬한 조직이 가진 장점에도 불구하고 다운사이징이 조직 성과에 미치는 영향은 여전히 논란이 되고 있다. 작업 인력의 규모를 줄이는 것이 장기적으로는 긍정적인 결과를

가져올 수 있겠지만, 거의 모든 증거는 다운사이징이 발생한 해의 주식 수익률에 부정적인 영향을 미쳤음을 보여준다. 그러나 이것은 조직의 다운사이징 목표와 기타 상황적 요인에 따라 달라질 수 있다.[87] 보 안데르손(Bo Andersson) 회장이 전체 인력의 절반에 해당하는 5만 명을 해고한 후 수년 만에 처음으로 흑자를 실현한 러시아의 GAZ(Gorky Automobile Plant)가 그러한 예이다.[88] 그러나 결국 안데르손은 러시아 최대 자동차 제조업체인 아브토바즈(AvtoVAZ)의 CEO로 있을 때 과도한 다운사이징 정책으로 발목이 잡혔다. 2014~2016년에 톨리야티에 있는 공장의 다운사이징으로 수만 명의 근로자가 일자리를 잃었다. 당시 블라디미르 푸틴(Vladmir Putin) 대통령의 측근인 세르게이 체메조프(Sergei Chemezov)는 안데르손에게 "불장난을 하고 있다"고 말했다.[89] 결국 안데르손은 2016년에 CEO에서 물러났는데, 서구에서는 표준 관행으로 여겨지던 다운사이징이 자동차 산업에 대한 민족주의적 자부심이 강하고 일자리를 줄이기보다는 보존하는 경향이 있는 러시아에서는 눈살을 찌푸리게 하는 일이었다.[90]

문제는 다운사이징이 직원의 태도에 영향을 미친다는 것이다.[91] 넓은 관점에서는 다운사이징의 부각으로 전 세계적으로 근로자가 직업에 대한 불안감과 경력에 대한 불확실성을 가지게 되었다고 주장하는 사람이 많다.[92] 남아 있는 직원은 종종 미래의 정리해고를 걱정하고, 조직에 대한 몰입도가 낮아지며, 더 많은 스트레스와 긴장을 경험할 수도 있다.[93] 또한 다운사이징은 자발적 이직을 가져와 핵심 인력을 잃기도 한다.[94] 그 결과 날씬한 조직이 아니라 병든 조직이 될 수도 있다.

버진애틀랜틱

COVID-19 팬데믹으로 사실상 항공 산업이 정지되었고, 영국의 버진애틀랜틱(Virgin Atlantic)도 예외는 아니었다. 2020년 중반에 버진애틀랜틱은 비용 절감을 위해 3,000명 이상의 일자리를 줄이고 대출 구조조정을 발표했다. 9월에는 영국 법원이 승인한 12억 파운드의 구제금융 거래를 완료한 후 1,150명을 해고할 계획이라고 발표했다. CEO인 샤이 와이스(Shai Weiss)는 직원 수를 줄이는 것이 가슴 아프지만, 적어도 수요가 다시 회복될 때까지 생존하는 데 필요한 일이라고 주장했다.[97]

조직 구조는 왜 다른가

도표 15-6은 극단적인 두 가지 조직 구조를 보여준다.[95] **기계적 모델**(mechanistic model)은 고도로 표준화된 작업 절차, 높은 공식화, 많은 관리 계층을 가지고 있어 일반적으로 관료제와 같은 의미이다. **유기적 모델**(organic model)은 납작한 조직 구조이고, 의사결정을 위한 공식 절차가 거의 없으며, 의사결정자가 많고, 유연한 업무 처리를 선호한다.[96] 조직이 더 기계적인지, 유기적인지는 어떤 행동이 가장 효과적이냐에 영향을 미친다. 한 연구에 따르면 정치적 행동은 기계적 조직에서 더 효과적이고,[98] 변혁적 리더십과 임파워먼트는 유기적 조직에서 더 효과적인 경향이 있다.[99]

기계적 모델 엄격한 부서화, 높은 공식화, 제한적인 정보 네트워크, 집권화가 특징인 조직 구조

유기적 모델 수평적 구조, 기능횡단팀과 계층횡단팀 사용, 낮은 공식화, 포괄적인 정보 네트워크, 참여적 의사결정이 특징인 조직 구조

이 두 가지 모델을 염두에 두고 어떤 조직은 더 기계적인 반면 어떤 조직은 더 유기적인 이유가 무엇인지 생각해보자. 어떤 요인이 조직 설계를 선택하는 데 영향을 미칠까? 조직 구조 설계에 영향을 미치는 주요 원인 또는 결정 요인을 알아보자.[100]

조직 전략

조직 구조는 목적 달성의 수단이고 목적은 조직의 전반적인 전략에서 도출되기 때문에 구조는 전략을 따라야 한다는 것은 매우 논리적이라고 할 수 있다. 만약 경영진이 조직

기계적 모델

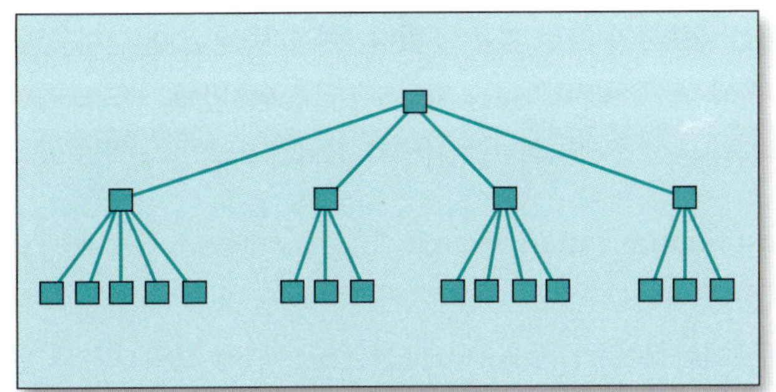

- 높은 전문화
- 엄격한 부서화
- 명확한 명령 체계
- 좁은 통제 범위
- 집권화
- 높은 공식화

유기적 모델

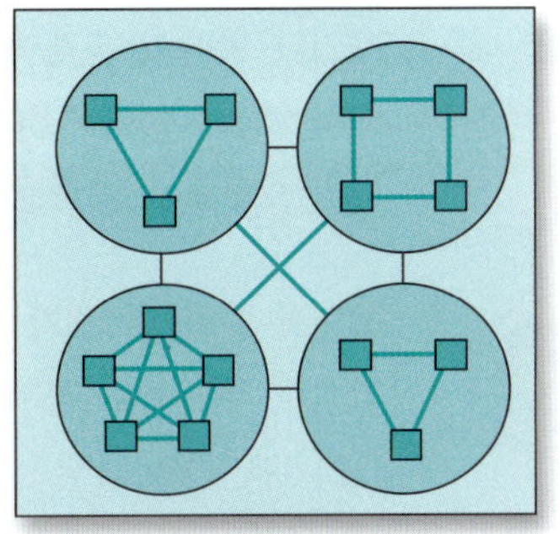

- 기능횡단팀
- 계층횡단팀
- 자유로운 정보 흐름
- 넓은 통제 범위
- 분권화
- 낮은 공식화

도표 15-6 기계적 모델과 유기적 모델

전략 또는 가치를 대폭 수정했다면 조직 구조 역시 그러한 변화에 맞게 수정되어야 한다. 최근 연구에 따르면 조직 문화는 기업의 사회적 책임(CSR) 추진 성공에 영향을 미치는 것으로 나타났다.[101] 만약 조직 구조가 문화를 뒷받침한다면 그러한 시책을 적용할 수 있는 명확한 경로가 있을 가능성이 높다. 현재의 전략 틀은 대부분 혁신, 저원가, 모방이라는 차원과 이것을 가장 잘 수행할 수 있는 조직 구조를 설계하는 데 중점을 두고 있다.[102]

혁신 전략 주요 신제품 또는 새로운 서비스의 도입을 강조하는 전략

혁신 전략 조직은 주요 신제품 또는 새로운 서비스를 어느 정도 도입하는가? **혁신 전략**(innovation strategy)은 의미 있고 독창적인 혁신을 추구하는 전략이다.[103] 혁신적인 기업은 최고의 인재를 끌어들이고, 이들이 위험을 기꺼이 감수할 수 있도록 하기 위해 경쟁적 임금과 복리 혜택을 제공한다. 어느 정도 기계적인 구조는 혁신에 도움이 될 수 있다. 잘 구축된 의사소통 채널, 장기적인 몰입을 촉진하는 정책, 명확한 권한 체계는 급격한 변화가 부드럽게 진행될 수 있게 한다. 물론 모든 기업이 혁신을 추구하는 것은 아니다. 테슬라, 아마존, 넷플릭스 등과 같은 기업은 혁신을 추구하지만[104] 그렇지 않은 기업도 있다.

기업이 경쟁에서 앞서 나가려면 어느 정도 혁신이 필요하다는 것은 명백한 사실이다. 혁신에 실패하여 시장에서 입지를 잃어버린 몇 가지 사례를 들어보았을 것이다(예: 코닥, 블록버스터).[105] 코닥(Kodak)의 엔지니어였던 스티브 새슨(Steve Sasson)은 1975년에 최초로 디지털카메라를 만들었다. 새슨이 디지털카메라를 경영진에게 보여주었을 때 경영진의 반응은 "귀엽긴 한데 아무에게도 말하지 마세요"였다. 코닥의 경영진은 디지털카메라를 개발했음에도 불구하고 필름의 성공에 너무 집중한 나머지 디지털

혁명을 알아차리지 못했고, 그 혁신이 필름 시장에 미칠 영향을 두려워했다고 밝혔다.[106] 그러나 혁신이 경쟁에서 제대로 작동하지 않는 경우도 있다. 예를 들어 2000년대 중반 페이스북의 인기에 대응하기 위해 마이스페이스(My Space)는 틈새시장을 엔터테인먼트와 음악으로 변경했지만, 결국에는 소셜네트워크 분야에서 쇠퇴하고 말았다.[107]

저원가 전략 엄격한 비용 통제, 불필요한 혁신이나 마케팅 비용 기피, 가격 인하를 강조하는 전략

저원가 전략 **저원가 전략**(cost-minimization strategy)을 추구하는 조직은 원가를 철저히 통제하고 불필요한 비용을 억제함으로써 제품의 기본 가격을 낮추기 위해 노력한다.[108] 예를 들어 인도의 제트에어웨이스(Jet Airways)는 2019년에 보잉 777의 일등석을 없애고 대당 54개의 좌석을 추가하여 수익을 늘릴 수 있었다.[109] 그러나 원가 최소화는 고객 충성도와 제품 품질에 대한 인식을 떨어뜨릴 수도 있다. 예를 들어 한 마케팅 저자가 지적했듯이 화장실에 비치된 휴지의 품질이 낮은 경우가 이에 해당한다.[110] 그런데 가끔은 과거 미국 주요 육류 공급업체의 윤리 및 품질 문제와 같이 일반 대중이 비용 절감 조치를 인식하지 못하는 경우도 있다.[111] 그럼에도 불구하고 사상가들은 머신러닝과 인공지능이 등장함에 따라 가격 인하에 초점을 맞추지 않는 새로운 철학을 제안했다.[112] 그것은 바로 전체적인 상황을 고려하여 지출이 장기적인 성장과 이익을 극대화하는 데 초점을 맞추는 **비용 최적화**(cost-optimization) 전략이다. 인공지능은 어마어마한 데이터를 신속하게 수집·처리·학습하여 미래 수익을 예측하는 데 도움을 줄 수 있다.

모방 전략 시장이나 제품이 검증된 이후에 신제품 또는 새로운 시장에 뛰어드는 전략

모방 전략 **모방 전략**(imitation strategy)을 따르는 조직은 위험은 최소화하되 이익 창출 기회는 극대화하려고 하며, 혁신적인 기업에 의해 시장이나 제품이 검증된 이후에 신제품 또는 새로운 시장에 뛰어든다.[113] 소규모 기업은 산업의 발전을 위해 모범 사례와 벤치마킹 자료를 공유한다. 더욱 노골적인 모방 전략은 우수한 제품을 보유한 작고 혁신적인 경쟁업체를 따라가되, 그 업체가 시장의 가능성을 증명한 후 진출하는 것이다. 최근의 예로 인스타그램(Instagram)이 스냅챗(Snapchat)이 도입한 기능과 거의 동일한 '스토리'를 출시한 것을 들 수 있다. '스토리'를 도입한 이후 인스타그램은 사용자가 약 2억 5,000만 명 증가했다.[114]

그러나 모방 전략에도 단점이 있다. 예컨대 모방은 성공의 원인보다는 성공의 결과를 모방하고, 모방 대상이 성공하게 된 운이나 우연을 무시하는 경우가 많다. 또한 모방하는 기업이 확장할 역량이나 자원이 없는 경우 장기적인 쇠퇴로 이어질 수도 있다.[115] 흥미롭게도 모방에는 윤리적 요소도 있다. 오늘날 일부 기업은 다른 기업과 파트너십을 맺고 모방을 통해 배우고 독자적인 제품이나 서비스를 개발한 뒤 그들을 배신하여 악명을 얻은 경우도 있다.[116]

구조적 적합성 각 전략에 가장 잘 부합하는 조직 구조의 대안을 도표 15-7에 제시했다. 혁신가에게는 유기적 구조의 유연성이 필요하고(앞에서 살펴보았듯이 기계적 구조의 일부 요소도 사용할 수 있음), 저원가 전략 추구자에게는 기계적 구조의 효율성과 안

도표 15-7
전략과 조직 구조의 관계

전략	구조적 대안
혁신 전략	유기적: 느슨한 구조, 낮은 전문화, 낮은 공식화, 분권화
저원가 전략	기계적: 엄격한 통제, 높은 작업 전문화, 높은 공식화, 높은 집권화
모방 전략	기계적, 유기적: 유연성과 엄격함을 혼합, 현행 활동에 대한 엄격한 통제, 새로운 기회를 위한 느슨한 통제

정성이 필요하다. 이 두 가지 구조를 결합하여 사용하는 모방 전략 추구자는 현재의 활동 영역에서 엄격한 통제와 저원가를 유지하기 위해 기계적 구조를 사용하지만, 새로운 기회를 추구하기 위해 유기적인 하위 조직을 구축한다.

조직 규모

조직 규모는 조직 구조에 큰 영향을 미친다.[117] 2,000명 이상의 직원을 둔 조직은 소규모 조직에 비해 전문화 정도가 높고 더 많은 부서와 수직적 계층, 규칙과 규정을 가지고 있다. 그러나 조직이 확장할수록 규모의 중요성이 점점 더 줄어든다. 왜 그럴까? 직원이 2,000명 이상이 되면 그 조직은 이미 상당히 기계적인 조직 구조가 되고, 여기에 추가로 500명이 늘어난다고 해서 기존 구조에 그다지 영향을 미치지 못한다. 반면에 현재 300명밖에 안 되는 조직에 500명이 추가된다면 훨씬 더 기계적인 구조로 변화될 것이다.

기술

기술(technology)은 조직이 투입물을 산출물로 변환하는 방식을 말한다.[118] 모든 조직은 재무자원, 인적자원, 물적자원을 제품이나 서비스로 변환하는 기술을 최소한 하나 이상은 가지고 있다. 예를 들어 중국의 가전 회사이자 GE어플라이언시스(GE Appliances)를 소유한 하이얼(HaierGE)은 제품을 대량 생산하기 위해 조립 라인을 사용하지만, 고객과 신제품 설계에 대응할 수 있도록 더욱 유연하고 혁신적인 구조를 보완했다.[119] 어쨌거나 조직 구조는 조직이 사용하는 기술에 적합해야만 하며, 반대의 경우도 마찬가지이다.[120] 조직 구조 및 문화는 조직이 사용하는 데이터 구조, 소프트웨어, 하드웨어에 새겨질 수 있다.[121]

기술 조직이 투입물을 산출물로 변환하는 방식

환경

조직의 **환경**(environment)에는 공급자, 고객, 경쟁자, 공공 압력 단체 등과 같이 조직 구조에 영향을 미칠 수 있는 외부 제도나 세력이 포함된다.[122] 동태적인 환경은 안정적인 환경에 비해 경영자에게 훨씬 더 많은 불확실성을 안겨준다. 주요 시장 영역의 불확실성을 줄이기 위해 경영자는 위협 요인을 파악하고 반응할 수 있도록 구조를 확대하고자 한다. 예를 들어 대부분의 기업은 더 많은 사람에게 제품이나 서비스를 홍보하고 온라인상

환경 잠재적으로 조직 구조에 영향을 미칠 수 있는 조직 외부의 힘

의 부정적인 정보(예: 리뷰)를 찾아 대응하기 위해 소셜네트워킹을 담당하는 부서를 두고 있다.[123]

모든 조직의 환경은 용량, 변동성, 복잡성이라는 차원을 가지고 있다.[124] 각각에 대해 자세히 살펴보자.

용량 용량은 환경이 조직의 성장을 지원할 수 있는 정도를 말한다. 자원이 많고 성장하는 환경은 잉여 자원을 만들어두었다가 상대적으로 자원이 부족한 시기에 보충할 수 있다. 용량이 전략적 결정에 어떤 역할을 하는지 보여주는 예로, 아마존이 미국 주요 도시에 두 번째 본사 건설을 추진할 때 다양한 환경적 요인(용량 포함)을 고려하여 결정한 것을 들 수 있다.[125]

변동성 변동성은 환경이 불안정한 정도를 의미한다. 예측할 수 없이 많은 변화가 일어나는 역동적 환경에서는 경영진이 정확히 예측하기 어렵다. 정보 기술이 급격히 변화하기 때문에 대부분의 조직 환경은 변동성이 높다. 기업과 팀, 리더의 특성은 기업이 변동성의 폭풍을 얼마나 잘 극복하는지에 영향을 미친다.[126] 예를 들어 중국의 최고경영진에 관한 연구에서는 중국의 **협상 가능한 운명**(negotiable fate, 개인의 행동이 결과를 만들어낼 수 있다는 믿음)이라는 개념을 제시했다. 경영진이 이러한 믿음을 가지고 있을 때 변동성에 접근하는 방식이 더 기업가적이며, 이는 결국 기업의 혁신과 재무 성과에 영향을 미치는 것으로 나타났다.[127]

복잡성 복잡성은 환경 요소 사이의 이질성과 집중도를 말한다. 이질성과 분산이 특징인 환경은 복잡하고 다양하며 수많은 경쟁자가 있다. 예를 들어 정보 보안 회사는 믿을 수 없을 만큼 복잡한 환경에서 운영된다. 다양한 경쟁업체가 광범위하게 분산되어 있고, 사람들이 기술 및 인터넷과 상호작용하는 방식이 제각각이며, 적대자(예: 공격자, 해커, 사이버 범죄자)는 여러 가지 방식으로 작업을 한다.[128]

3차원 모델 도표 15-8은 앞의 세 가지 차원에 따라 환경의 정의를 정리한 것이다. 여기서 화살표는 높은 불확실성을 의미한다. 자원이 희소하며 동태적이고 복잡한 환경에

도표 15-8
환경의 세 가지 차원

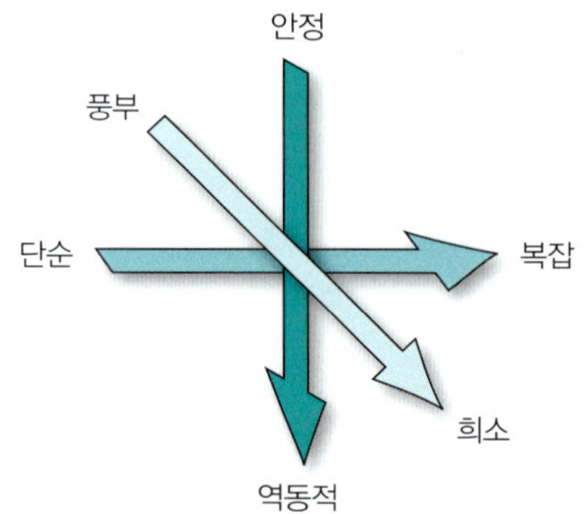

있는 조직은 예측 가능성이 매우 낮고, 오류의 여지가 적고 지속적으로 감시해야 할 환경 요소가 다양하므로 매우 높은 불확실성에 직면한다. **환경**에 대한 세 가지 차원의 정의를 통해 환경의 불확실성과 조직 구조의 정렬에 대해 몇 가지 일반적인 결론을 내릴 수 있다. 즉 자원이 희소하며 역동적이고 복잡성이 높은 환경일수록 조직 구조가 더 유기적이어야 하고, 자원이 풍부하며 안정적이고 단순한 환경에서는 기계적인 조직 구조가 더 바람직하다.

제도

조직 구조 형성에 영향을 미치는 또 다른 요인은 **제도**(institution)이다. 제도는 적절한 행동을 할 수 있도록 가이드라인을 제공하는 문화적 요인이다.[129] 제도 이론은 많은 조직이 유사한 구조를 가지게 만드는 몇 가지 힘을 설명하는데, 이는 지금까지 설명한 이론과 달리 반드시 적응해야만 하는 것이 아니라 압력에 초점을 두고 있다. 제도 이론을 연구하는 학자들은 기업의 행동 방식이 때로는 성과를 지향하는 것처럼 보이지만 실제로는 의심할 여지가 없는 사회적 규범과 관습을 따른다는 것을 강조한다.

제도 적절한 행동을 할 수 있도록 가이드라인을 제공하는 문화적 요인

가장 분명한 제도적 요인은 규제에 의한 압력에서 비롯된다. 예를 들어 정부 계약하에 있는 특정 산업은 명확한 보고 체계가 설정되어 있고 엄격하게 정보 통제가 이루어진다. 때로는 단순한 관성이 조직의 형태를 결정하는데, 가령 기업은 특별한 이유 없이 그냥 예전부터 있었던 것이라 특정 방식의 조직 구조를 사용하기도 한다. 권력 격차가 큰 문화권의 조직이 엄격한 권한 관계가 있는 조직 구조를 사용할 수 있는데, 그 문화권에서는 그것이 합당하다고 여겨지기 때문이다. 어떤 사람들은 일본 조직의 적응성 문제를 권한 관계 유지를 위한 제도적 압력 탓으로 돌리기도 한다.

조직 설계와 직원의 행동

조직 설계가 직원에게 미치는 영향에 대한 증거를 검토하면 일반화할 수 없다는 명확한 결론에 도달하게 된다.[130] 모든 사람이 유기적 구조하에서의 자유와 유연성을 좋아하는 것은 아니다. 다른 구조에서는 중요 요인이 다를 수도 있다. 고도로 공식화되고 구조화된 기계적 구조에서는 공식적인 정책과 절차의 공정성(조직 정의) 수준이 만족을 예측하는 매우 중요한 요인이다. 반면에 보다 인간적이고 적응적인 유기적 구조에서는 직원이 대인 간의 정의(interpersonal justice)를 더 중요하게 생각한다.[131] 어떤 사람은 과업이 표준화되고 모호성이 최소화된 기계적 구조에서 일할 때 생산성이 가장 높고 만족을 느낀다. 따라서 조직 구조가 직원의 행동에 미치는 영향에 대해 논의할 때는 개인차를 고려해야 한다.[132]

통제 범위

아직까지는 **통제 범위**와 직원 성과의 관계를 지지할 만한 명확한 증거가 없다고 해도 무방할 것이다. 직관적으로 보면 통제 범위가 넓을수록 감독과의 거리가 멀어지고, 개인이 주도적으로 행동할 수 있는 기회가 많아지기 때문에 더 높은 성과가 나타날 것이라고 생각하기 쉽다. 그러나 실제 연구에서는 이러한 생각을 지지할 만한 근거가 발견되지 않았다.[133] 어떤 사람은 혼자 있는 것을 더 좋아하고, 어떤 사람은 필요할 때마다 상사를 만날 수 있는 안정성을 더 좋아한다. 12장에서 살펴보았던 몇 가지 리더십 상황 이론과 마찬가지로 우리는 직원의 경험과 능력, 과업의 구조화 정도 등과 같은 요인이 통제 범위가 성과와 직무 만족에 미치는 영향을 설명하는 요인이라고 생각할 수 있다. 그러나 몇몇 연구는 휘하의 직원이 많아질수록 **관리자**의 직무 만족이 높아진다는 증거를 제시했다.[134]

집권화

집권화와 직무 만족의 관계에 대해서는 상당히 강력한 증거가 있다.[135] 일반적으로 집권화가 낮은 조직일수록 자율성이 더 높고, 자율성은 직무 만족에 긍정적인 영향을 미친다. 그러나 어떤 직원은 자유를 중시하는 반면, 어떤 직원은 자율적인 환경이 답답할 정도로 모호하다고 느낄 수 있다.

예측 가능성과 자율성

한 가지 분명한 점은, 사람들은 고용주를 무작위로 선택하지 않는다는 것이다. 사람들은 자신의 성격에 가장 잘 맞는 조직에 매력을 느끼고, 그러한 조직에 선발되어 몸담는다.[136] 따라서 선발 과정에서 개인의 특성과 조직의 특성이 적절히 일치하는 경우에는 구조가 직원의 행동에 미치는 영향이 반드시 감소한다. 더욱이 유능한 직원이라면 극적인 변화가 있을 때 이직할 가능성이 있기 때문에 기업은 조직 고유의 정체성을 확립하여 알리고 유지하기 위해 노력해야 한다.[137]

국가 문화

연구에 따르면 국가 문화는 조직 구조에 대한 선호에 영향을 미치는 것으로 나타났다.[138] 그리스, 프랑스, 대부분의 라틴아메리카 국가와 같이 권력 격차가 큰 문화의 사람들로 구성된 조직은 권력 격차가 작은 문화의 사람들로 구성된 조직에 비해 직원이 기계적 조직 구조를 수용하는 경향이 훨씬 더 높다. 그러므로 조직 구조가 직원의 성과와 만족도에 어떤 영향을 미칠지 예측할 때는 개인차와 함께 문화적 차이를 고려해야 한다.

요약

이 장의 주제는 조직의 내부 구조가 구성원의 행동을 예측하고 설명하는 데 도움이 된다는 것이다. 즉 개인과 집단 요인 외에도 사람들이 일하는 구조적 관계가 직원의 태도와 행동에 영향을 미친다. 이러한 주장의 근거는 무엇일까? 조직 구조는 직원에게 모호성을 줄여주고, '내가 해야 할 일이 무엇인가?', '어떻게 일해야 하는가?', '누구에게 보고해야 하는가?', '문제가 생기면 누구에게 가야 하는가?' 등의 문제를 명확히 알려주며, 이는 직원의 태도를 형성하고, 높은 성과를 달성하도록 촉진하며, 동기부여를 한다.

경영자를 위한 시사점

- 조직, 부서 또는 팀의 구조가 전략을 따르고, 실행을 지원하며, 원하는 행동과 결과를 이끌어낼 수 있도록 설계하라. 다시 말해 구조는 목적 중심이어야 한다.
- 전략을 실행하기 위해 전문화, 부서화, 권한, 공식화, 경계 확장 등과 같은 조직 설계의 특성을 고려하라.
- 일반적인 몇 가지 조직 구조가 있지만, 오늘날 대부분의 조직은 매트릭스 형식의 하이브리드 구조를 사용한다. 그러나 항상 전략(예: 납작한 조직이 더 많은 혁신을 이끌어내는 경향)과 조직의 환경에서 마주칠 수 있는 요소(예: 희소성, 변동성, 복잡성)를 고려하여 결정을 내려야 한다.
- 다운사이징은 직원의 태도와 동기, 고객의 인식에 매우 부정적인 영향을 미칠 수 있으므로 꼭 필요한 경우에만 시행하라.
- 일반적으로 혁신을 우선시하는 전략이라면 유기적 구조를, 저원가를 우선시하는 전략이라면 기계적 구조를, 모방을 우선시하는 전략이라면 이 두 가지를 결합한 구조를 채택하라.

16
조직 문화

학습목표

- 조직 문화의 공통적인 특징을 이해할 수 있다.
- 조직 문화가 직원에게 어떻게 전달되는지 설명할 수 있다.
- 조직 문화를 만들고 유지시키는 요인을 설명할 수 있다.
- 조직 문화가 사람과 조직에 미치는 순기능적 영향과 역기능적 영향을 비교할 수 있다.
- 윤리적 문화, 긍정적 문화, 영성적 문화를 만드는 데 유사점과 차이점을 설명할 수 있다.
- 국가 문화가 다른 나라에서 조직 문화를 해석하는 방식에 어떤 영향을 미치는지 설명할 수 있다.

조직 문화는 무엇인가

연주해보지도 않은 기타를 1만 달러나 주고 사겠는가? 시카고에 본사를 둔 온라인 악기 판매업체인 리버브닷컴(Reverb.com)의 고객이라면 기꺼이 그렇게 할 것이다. 고객이 이베이(eBay)와 같은 경쟁업체가 아니라 이곳을 찾는 이유는 무엇일까? 그 답은 조직 문화에서 구할 수 있다.[1]

조직에 몸담은 적이 있다면 설명할 수 없는 조직의 본질을 느껴보았을 것이다. 이러한 전반적인 분위기는 행동에 강력한 영향을 미칠 수 있다. 리버브닷컴은 음악에 대한 열정, 뮤지션에게 멋진 고객 경험을 안겨주겠다는 기백을 바탕으로 설립되었다. 직원과 고객 모두 음악과 공연을 중심으로 가치, 신념, 전통을 공유한다.[2] 이 장에서 살펴볼 테지만 조직 문화는 조직의 효과성에 지대한 영향을 미칠 수 있다. 여론조사 기관인 갤럽의 한 설문조사에 따르면 밀레니얼 세대의 88%는 회사의 목적 또는 사명에 만족한다면 5년 이상 계속 근무할 의향이 있다고 답했다.[3]

조직 문화의 정의

조직 문화(organizational culture)는 한 조직을 다른 조직과 구분할 수 있게 해주는 것으로, 구성원이 가지고 있는 공유된 의미 체계를 말한다.[4] 이러한 의미 체계에는 조직을 특징지을 수 있는 가치, 신념, 물질적 상징물, 가정이 포함된다.[5] 이러한 가치, 신념, 가정은 실행에 옮겨질 때 ① 직원이 관심을 두는 것이 무엇인지 필터링하고, ② **물질적 상징물**(예: 유니폼, 동상)과 **일화**의 형태로 나타나며, ③ 조직 구성원 간에 공유된 의미를 형성한다.[6]

조직 문화 한 조직을 다른 조직과 구분할 수 있게 해주는 것으로, 구성원이 가지고 있는 공유된 의미 체계. 여러 가지 목적에 기여하는 가치, 신념, 가정을 특징으로 함

조직 문화는 구성원이 그것을 좋아하는지 아닌지를 말하는 것이 아니라 구성원이 조직의 특징을 어떻게 지각하는지에 대한 것이다. 말하자면 **서술적** 용어이다. 조직 문화에 관한 연구는 직원이 조직을 어떻게 보는지(팀워크를 장려하는가? 혁신에 대해 보상을 하는가? 주도성을 억압하는가?) 측정하기 위해 노력해왔다. 이와는 대조적으로 직무 만족은 구성원이 조직의 기대, 보상 관행 등을 어떻게 느끼는지 측정하는 **평가적** 용어이다. 도표 16-1은 아주 다른 조직 문화를 가진 두 회사를 비교하여 보여준다.

도표 16-1
조직 문화의 비교

A 조직

이 조직은 제조업체이다. 관리자는 모든 의사결정을 완전히 문서화해야 하며, '유능한 관리자'는 자신의 제안을 지지하는 상세 데이터를 제공할 수 있는 사람이다. 이 회사는 중대한 변화나 위험을 초래하는 창의적인 결정을 권장하지 않는다. 프로젝트에 실패한 관리자는 공개적으로 비판을 받고 불이익이 따르기 때문에 기존 방식에서 크게 벗어난 아이디어를 실행하지 않으려고 한다. 한 하위 관리자는 회사에서 자주 사용되는 문구를 인용하여 "고장 나지 않았으면 고치지 말라"고 말했다.

이 회사에는 직원이 지켜야 할 수많은 규칙과 규정이 있다. 관리자는 직원이 잘못하는 것이 없는지 확인하기 위해 자세히 감독한다. 경영진은 직원의 사기나 이직에 미치는 영향에 개의치 않고 높은 생산성에만 관심을 보인다.

업무 활동은 개인을 중심으로 설계된다. 부서와 권한 체계가 명확히 구분되어 있고, 직원은 자기 부서나 지휘 계통 이외 다른 직원과의 공식적인 접촉을 최소화해야 한다. 성과 평가와 보상은 개인의 노력에 초점을 두지만, 연공서열이 급여 인상과 승진 결정에 가장 중요한 요인으로 작용한다.

B 조직

이 조직도 제조업체이다. 그러나 이 회사의 경영진은 위험을 감수하고 변화하는 것을 장려하고 보상한다. 합리적인 의사결정뿐만 아니라 직관에 의한 의사결정도 중요하게 여긴다. 경영진은 신기술을 실험하고 혁신적인 제품을 정기적으로 출시하여 성공을 일군 역사에 자부심을 가지고 있다. 좋은 아이디어를 가진 관리자나 직원에게 '그 아이디어를 실행하도록' 장려하고, 실패를 '학습을 위한 경험'으로 여긴다. 이 회사는 고객의 욕구 변화에 신속하게 대응하여 시장을 주도하는 데 자부심이 있다.

직원이 지켜야 할 규칙이나 규정이 거의 없고, 직원이 열심히 일하고 신뢰할 수 있다고 경영진이 믿기 때문에 감독이 느슨하다. 경영진은 높은 생산성을 중요하게 생각하지만, 직원을 올바르게 대우할 때 생산성이 달성된다고 믿는다. 이 회사는 일하기 좋은 회사라는 평판을 자랑스럽게 생각한다.

업무 활동은 작업팀을 중심으로 이루어지며, 팀 구성원에게 기능이나 권한 계층에 관계없이 다양한 사람들과 교류하도록 장려한다. 직원은 팀 간의 경쟁에 대해 긍정적으로 이야기한다. 개인과 팀 모두 목표를 가지고 있고, 성과 달성도에 따라 상여금이 지급된다. 직원은 목표 달성 수단을 선택하는 데 상당한 자율권을 가지고 있다.

조직 문화를 정의하고 특징짓는 것은 매우 어렵기 때문에 오랫동안 많은 사람이 조직에서의 문화의 의미를 이해하기 위해 노력해왔다.[7] 일부 연구자는 조직이 문화를 가지고 있는지 연구했다. 이들은 서로 다른 문화가 되게 만드는 것이 무엇인지 찾고자 했다. 어떤 연구자들은 조직 문화가 무엇인지 연구했다. 이들은 구체적인 문화를 묘사하고 특정 조직이 어떻게 작동하는지에 더 관심이 두었다. 예를 들어 '보유(have)' 관점을 따르는 연구자는 리버브닷컴과 이베이를 구분하는 데 사용하는 가치와 신념이 무엇인지 파악하려고 할 것이다. 반면에 '존재(are)' 관점을 따르는 연구자는 리버브닷컴에서 사용되는 일화, 의식, 물질적 상징물, 언어를 연구함으로써 리버브닷컴이 어떤 조직인지 파악하려 할 것이다. 특히 후자의 접근법(뒤에서 이에 대해 자세히 설명함)은 측정과 해석이 어려운 것으로 악명이 높다. 때로는 외부인이 관찰할 수도 있는데, 이러한 접근법은 '내부자' 만이 완전히 파악하고 경험할 수 있는 근본적인 가정을 활용한다.[8]

가치관이나 신념에 따라 문화를 다양한 '유형'으로 개념화하는 여러 가지 방법이 있지만, 가장 일반적인 프레임워크 중 하나는 몇 가지 경쟁 가치를 기준으로 조직 문화를 설명하는 것이다.[9]

- **클랜 문화**(The Clan): 인간관계를 기반으로 하는 문화로, 직원은 소속감, 협업, 신뢰, 지원을 중요하게 생각한다.
- **애드호크라시 문화**(The Adhocracy): 변화를 기반으로 하는 문화로, 직원은 성장, 다양성, 세부 사항에 관한 관심, 자극, 자율성을 중요하게 생각한다.
- **시장 문화**(The Market): 성취를 기반으로 하는 문화로, 직원은 의사소통, 역량, 경쟁을 중요하게 생각한다.
- **위계 문화**(The Hierarchy): 안정성을 기반으로 하는 문화로, 직원은 의사소통, 공식화, 루틴을 중요하게 생각한다.

이러한 문화 간의 차이는 내부 및 외부 초점, 유연성, 안정성을 기반으로 한다.[10] 예를 들어 클랜 문화는 내부 초점과 유연성, 애드호크라시 문화는 외부 초점과 유연성, 시장 문화는 외부 초점과 안정성, 위계 문화는 내부 초점과 안정성을 기반으로 한다. 수백 건의 연구를 검토하여 경쟁 가치 프레임워크에서 문화에 관한 결과가 요약되었다.[11] 도표 16-2에서 보듯이 다양한 문화는 조직 성과에 영향을 미치는 방식이 다르다. 이러한 결과 중 상당수는 리더십과 조직 구조의 영향을 많이 받지만(자세한 내용은 각 장 참조), 문화는 리더십이나 구조보다 더 많은 것을 설명한다. 문화에 대한 전략적 접근 방식은 문화가 조직 목표와 이상적으로 부합할 수 있음을 시사한다. 대부분의 문화는 직원의 태도, 성과, 혁신, 제품/서비스 품질, 운영 효율성에 긍정적인 영향을 미치지만, 클랜 또는 시장 문화가 고객 지향적 결과에 가장 부합하고, 위계 문화가 수익성과 성장에 가장 적합하다는 것은 명백하다.

경쟁 가치 접근은 조직 문화를 연구하는 데 가장 많이 사용되는 방법이기는 하지

문화	직원 태도, 성과	혁신	고품질 제품/서비스, 운영 효율성	고객 만족, 시장점유율	수익성, 성장
클랜	+*	+*	0	+*	−
애드호크라시	+*	+	+*	−	0
시장	0	+	+*	+*	0
위계	+*	−	+*	0	+*

도표 16-2 조직 성과에 대한 문화의 영향

주: +는 결과에 긍정적인 영향을 미치는 경우, −는 결과에 부정적인 영향을 미치는 경우, 0은 결과에 영향을 미치지 않는 경우, *는 해당 문화가 결과와 밀접한 관련이 있음을 나타냄

출처: Based on findings from C. A. Hartnell, A. Y. Ou, A. J. Kinicki, D. Choi, and E. P. Karam, "A meta-analytic test of organizational culture's association with elements of an organization's system and its relative predictive validity on organizational outcomes," *Journal of Applied Psychology* 104, no. 6 (2019): 832-850.

만 다른 프레임워크도 있다. 예를 들어 **조직 문화 인벤토리**(Organizational Culture Inventory)는 문화를 ① 소속감, 격려, 성취를 중시하는 **건설적 문화**, ② 책임을 회피하고 다른 사람들의 인정과 승인을 추구하며 관습적인 **수동적-방어적 문화**, ③ 경쟁적이고 완벽을 추구하며 권력 지향적인 **공격적-방어적 문화**로 분류한다.[12]

널리 사용되고 있는 또 다른 프레임워크는 **조직 문화 프로필**(Organizational Culture Profile, OCP)이다.[13] OCP는 직원이 조직과 얼마나 밀접하게 연관되어 있는지에 따라 일련의 가치를 분류하는 새로운 조사 방법을 사용하고 있다. OCP는 조직 문화를 다음과 같이 여덟 가지 차원, 즉 ① **혁신**, ② **세부 사항에 관한 관심**, ③ **결단력**, ④ **팀 지향**, ⑤ **결과 지향**, ⑥ **공격성**, ⑦ **지원**, ⑧ **보상 강조**로 설명한다.

조직은 단일 문화를 가지고 있는가

조직 문화에는 조직 구성원이 가지고 있는 공통적인 인식이 나타난다. 조직 문화는 배경이나 직급이 다른 구성원이 비슷한 용어로 조직 문화를 설명하는 경우에만 유효하다.[14]

지배적인 문화(dominant culture)는 조직 구성원 대다수가 공유하고 조직에 고유한 특성을 부여하는 **핵심 가치**(core value)를 나타낸다.[15] **하위문화**(subculture)는 대규모 조직의 같은 부서나 지역에서 구성원이 직면하는 공통적인 문제나 경험에 대응하여 발전하는 경향이 있다.[16] 대부분의 대기업은 지배적인 문화와 함께 다양한 하위문화를 가지고 있다.[17] 그러나 때로는 하위문화가 너무 강해서 '공식' 문화를 미묘하게 거부하거나 순응하지 않을 수도 있다.[18] 만약 조직이 하위문화로만 구성되어 있다면 지배적인 조직 문화의 영향력이 매우 작아질 것이다. 이는 문화(지배적인 문화와 하위문화 둘 다)의 '공유된 의미'라는 측면이 행동의 기준과 지침을 제공하는 잠재적인 수단이기 때문이다. 하위문화는 이민, 새로운 이민자의 동화 또는 사람들 간의 계급 차이로 인해 형성되므로 국가 수준에서도 감지될 수 있다.[19]

지배적인 문화 조직 구성원 대다수가 공유하고 조직에 고유한 특성을 부여하는 핵심 가치를 나타냄

핵심 가치 조직 전체에서 수용되는 기본적인 가치 또는 지배적인 가치

하위문화 일반적으로 부서 지정 또는 지리적 분리에 의해 정의되는 조직 내 소규모 문화

강한 문화와 약한 문화

강한 문화 핵심 가치를 굳건히 유지하고 널리 공유하는 문화

강한 문화(strong culture)와 약한 문화(weak culture)는 구별이 가능하다.[20] 만약 대부분의 직원이 조직의 사명과 가치에 대해 똑같은 의견을 가지고 있다면 강한 문화이고, 직원의 의견이 매우 다양하다면 약한 문화이다.

강한 문화는 조직의 핵심 가치를 굳건히 유지하고 널리 공유한다는 것을 의미한다.[21] 핵심 가치를 수용하고 몰입하는 구성원이 많을수록 문화는 더 강하고 구성원에게 미치는 영향도 크다. 매리어트(Marriott)의 부사장이자 인사 최고책임자인 데이비드 로드리게스(David Rodriguez)는 강력한 문화를 만드는 것은 결국 사람이라고 강조한다. "직원과 관계자에게 문화에 대한 통제권을 넘겨줄 용기와 지혜가 없다면 문화는 성공할 수 없다." 매리어트는 1만 5,000명이 넘는 직원의 자발적인 지원을 받아 조직의 문화를 유지하고 있다.[22]

강한 문화는 조직이 추구하는 바에 대해 높은 의견 일치를 보이기 때문에 직원의 이직률이 낮다. 목적에 대한 직원의 의견 일치는 응집력, 충성심, 조직 몰입을 가져오며, 이는 조직을 떠나려는 성향을 감소시킨다. 실제로 137개 조직의 구성원 약 9만 명을 대상으로 이루어진 연구에 따르면 사명감이 강하고 직원 참여도가 높을 때 문화의 강도 또는 일관성이 재무 성과에 영향을 미치는 것으로 나타났다.[23] 강력한 문화는 많은 기업이 사업을 접거나 파산을 선언할 만큼 경쟁이 치열한 시장에서 에이스하드웨어(Ace Hardware) 같은 기업이 성공할 수 있게 해준다.[24]

직원은 문화를 어떻게 배우는가

문화는 다양한 형태로 구성원에게 전달되는데, 그중 대표적인 것은 일화, 의식, 상징물, 언어이다.

일화

헨리 포드 2세가 포드모터컴퍼니(Ford Motor Company)의 회장으로 있는 동안 오만한 경영진에게 해주었다는 다음 말은 거의 모든 관리자가 알고 있을 것이다. "이 빌딩에 붙어 있는 건 내 이름일세." 이 말이 전하는 메시지는 분명하다. 즉 헨리 포드 2세가 회사의 경영자라는 것이다.

오늘날 나이키(Nike)의 임원들은 회사의 스토리텔러로서 많은 시간을 보낸다.[25] 그들은 공동 창업자(오리건대학의 육상 코치)인 빌 보워먼(Bill Bowerman)이 더 좋은 러닝화를 만들기 위해 아내의 와플 기계에 고무를 쏟아부었다는 이야기를 들려주면서 나이키의 혁신 정신을 말한다. 1988년 나이키의 첫 번째 광고에 등장한 80세 노인은 슬로건인 'Just do it'을 처음으로 사용했으며, 신체적 차이에도 불구하고 누구나 운동 목표를 위해 노력하고 달성할 수 있다는 것을 보여준다.[26]

많은 조직에서 전해 내려오는 이러한 일화는 과거와 현재를 연결하고 현재의 관행을 정당화한다.[27] 일화에는 주로 조직 창업자에 대한 이야기, 규칙을 깨뜨린 이야기, 무일푼에서 부자로 성공한 이야기, 인력 감축에 관한 이야기, 직원 재배치, 과거의 실수에 대한 대응, 조직의 대처 방안 등에 관한 내용이 담겨 있다.[28] 직원 또한 사회화 과정에서 첫 출근 날, 다른 사람들과의 초기 상호작용, 조직 생활에 대한 첫인상을 포함하여 조직과 어떤 것이 맞고 어떤 것이 맞지 않았는지 등에 대한 자신의 이야기를 만들어낸다.[29]

의식

의식(ritual)은 어떤 목표가 가장 중요한지, 누가 중요한 사람이고 누가 그렇지 않은지 등과 같은 조직의 핵심적인 가치를 반복적으로 표현하고 강화하는 일련의 활동을 말한다.[30] 일부 기업은 문화의 가치를 뒷받침하는 데 도움이 되는 비전통적인 의식을 가지고 있다. 《포천》이 선정한 일하기 좋은 100대 기업 중 하나인 킴프턴호텔앤드레스토랑(Kimpton Hotels & Restaurants)은 눈 가리고 침대 정리하기, 진공청소기 경주 등이 포함된 정리정돈 올림픽(Housekeeping Olympics)과 같은 전통을 바탕으로 고객 중심의 문화를 유지한다.[31] 일부 기업은 잠재 고객, 고객사, 투자자를 '전환'하기 위해 의식을 활용하기도 한다. 예를 들어 온타리오의 와이너리는 와인 애호가들이 와이너리와 제품을 동일시하도록 영감을 주고 감정적 경험을 불러일으키기 위해 의식을 사용해왔다.[32] 의식이 가치를 강화하고 상사와 부하 직원, 고객 모두를 만족시키는 데 효과가 있는 이유는 무엇일까? 최근 연구에 따르면 의식이 참가자에게 통제감을 불어넣음으로써 불안을 감소시키기 때문이라고 한다.[33]

의식 어떤 목표가 가장 중요한지, 누가 중요한 사람이고 누가 그렇지 않은지 등과 같은 조직의 핵심적인 가치를 반복적으로 표현하고 강화하는 일련의 활동

상징물

기업 본사의 배치, 최고경영진이 타는 자동차의 종류, 전용기 보유 여부 등은 **물질적 상징물**(material symbol)의 예이다.[34] 그 밖에 사무실의 크기, 우아한 가구, 특권, 복장 등도 여기에 포함될 수 있다.[35] 이와 같은 물질적 상징물은 직원에게 누가 중요한 사람이고, 최고경영진이 원하는 평등주의의 수준이 어느 정도인지, 적절하다고 판단되는 행위의 유형(예: 위험 감수, 보수주의, 권위주의, 참여주의, 개인주의, 사회적 행동)이 무엇인지 등을 전달하는 역할을 한다. 또한 그 상징물을 이해하는 직원이 연결감을 느끼게 하고 감정을 자극한다.[36]

물질적 상징물 조직 문화에 내재된 신념, 가치 또는 가정을 상징하는 물체나 가공물

티셔츠 메이커인 스레들리스(Thredless)와 같은 일부 회사의 '무엇이든 해보라는' 분위기는 창의적 문화를 강조하는 데 도움이 된다. 스레들리스의 회의는 페덱스의 창고를 개조한 회사 내부에 주차된 에어스트림(Airstream) 캠핑카에서 열리며, 반바지에 샌들을 신은 직원들은 각 팀이 선택한 디스코 볼과 화려한 장식이 있는 불펜에서 일한다.[37] 또 다른 예로 아이디이오(IDEO)의 사무실 한쪽 벽에는 비행기 날개가 튀어나와 있는데, 이는 아이디오의 유쾌한 실험과 자유로운 표현의 가치를 상징한다.[38]

구글의 보체 코트, 팩트셋리서치(FACTSET Research)의 현장 파이/치즈/컵케이크 트럭, 소프트웨어 디자이너 오토데스크(Autodesk)의 반려견 동반 사무실, SAS의 무료 건강관리 클리닉, 마이크로소프트의 오가닉 스파, 어드벤처 장비 전문 기업 REI의 장비 무료 대여 등은 조직 문화의 특전으로 잘 알려져 있다. 또한 어떤 기업은 리더와 함께 혹은 외부에서 창의적으로 생각할 수 있는 시간을 줌으로써 조직 문화의 가치를 전달한다. 예를 들어 바이오테크 산업의 선두 주자인 제넨테크(Genentech)와 다른 최상위 기업들은 유급 안식년을 제공한다. 제넨테크는 공정하고 혁신적인 사고 문화를 지원하기 위해 모든 직원에게 근속 6년마다 6주의 유급 휴가를 제공한다.[39]

언어

많은 조직과 하위 부서는 구성원이 문화를 파악하고, 그것을 수용했음을 증명하며, 보존하는 데 도움을 주는 언어를 사용하고 있다.[40] 고유한 용어는 비즈니스와 관련된 장비, 임원, 핵심 인물, 공급자, 고객 또는 제품을 설명하는 것이다. 신입 직원의 경우 처음에는 약어나 은어에 당황하기도 하지만, 일단 습득되면 이는 특정 문화 또는 하위문화의 구성원을 묶어주는 공통분모 역할을 한다. 한 사서는 미국 정부에서 사용하는 용어가 얼마나 광범위한지에 착안하여 비군사적 약어와 용어를 담은 사전과 가이드(GovSpeak)를 만들었다.[41]

조직 문화를 설명하는 독특하고 구체적인 창으로서의 가치와 신념은 일화, 의식, 물질적 상징물, 언어를 통해 전달될 수 있다. 예를 들어 《포천》 500대 기업의 사명 선언문에 관한 연구에 따르면 사람들이 성장하고 발전할 수 있다고 믿으며 소통하는 조직은 사람들이 변하지 않는다고 믿는 조직보다 글래스도어(해당 회사 직원의 익명 평가를 기반으로 하는 직장 및 상사 평가 사이트)에서 더 긍정적인 문화로 평가받는 것으로 나타났다. 또한 《포천》 100대 기업의 직원을 대상으로 한 후속 연구에서는 이러한 문화에 대한 인식이 직원의 신뢰와 몰입에 영향을 미치는 것으로 나타났다.[42]

문화의 형성과 유지

한 조직의 문화는 아무런 근거도 없이 툭 튀어나오는 것이 아니며, 일단 한 번 만들어지면 좀처럼 사라지지도 않는다. 그렇다면 무엇이 문화의 형성에 영향을 미칠까? 이렇게 만들어진 문화를 강화하고 유지하는 것은 무엇일까?

문화의 형성

한 조직의 현재 관습과 전통, 일반적인 일 처리 방식 등은 주로 과거에 어떻게 일을 했고, 그러한 시도가 얼마나 성공적이었는지와 관련이 있다. 이를 통해 조직 문화의 궁극적인 원천이 창업자라는 생각을 하게 된다.[43] 창업자는 조직이 어떠해야 하는지에 대한

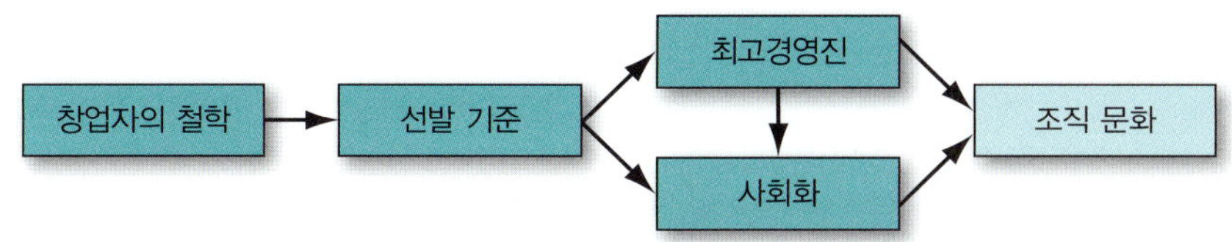

도표 16-3
조직 문화의 형성

비전을 가지고 있으며, 초기에는 조직의 규모가 작기 때문에 그러한 비전을 모든 구성원에게 쉽게 심어줄 수 있다.

조직 문화는 세 가지 방식으로 형성된다.[44] 첫째, 창업자는 자신과 똑같은 방식으로 생각하는 사람을 직원으로 채용하고 유지한다. 둘째, 창업자는 자신의 생각과 느낌을 직원에게 사회화한다. 셋째, 창업자의 행동은 직원이 창업자와 동일시하고 창업자의 신념과 가치, 가정을 내면화하도록 장려한다. 조직이 성공하면 창업자의 성격이 문화로 내재화된다.

예를 들어 한국의 재벌 그룹 중 하나인 현대(Hyundai)의 특성, 즉 용감하고, 경쟁적이며, 잘 훈련되어 있고, 권위주의적이라는 것은 창업자인 정주영 회장의 특징과 동일하다.[45] 조직 문화 형성에 지속적으로 영향을 미친 다른 창업자로는 마이크로소프트의 빌 게이츠(Bill Gates), 이케아(IKEA)의 잉바르 캄프라드(Ingvar Kamprad), 사우스웨스트항공(Southwest Airlines)의 허브 켈러허(Herb Kelleher), 페덱스의 프레드 스미스(Fred Smith), 버진그룹의 리처드 브랜슨 등을 들 수 있다.

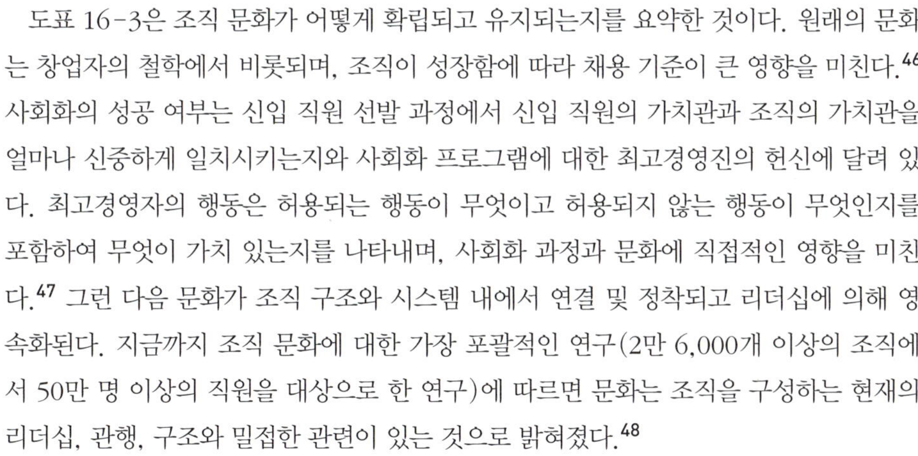

도표 16-3은 조직 문화가 어떻게 확립되고 유지되는지를 요약한 것이다. 원래의 문화는 창업자의 철학에서 비롯되며, 조직이 성장함에 따라 채용 기준이 큰 영향을 미친다.[46] 사회화의 성공 여부는 신입 직원 선발 과정에서 신입 직원의 가치관과 조직의 가치관을 얼마나 신중하게 일치시키는지와 사회화 프로그램에 대한 최고경영진의 헌신에 달려 있다. 최고경영자의 행동은 허용되는 행동이 무엇이고 허용되지 않는 행동이 무엇인지를 포함하여 무엇이 가치 있는지를 나타내며, 사회화 과정과 문화에 직접적인 영향을 미친다.[47] 그런 다음 문화가 조직 구조와 시스템 내에서 연결 및 정착되고 리더십에 의해 영속화된다. 지금까지 조직 문화에 대한 가장 포괄적인 연구(2만 6,000개 이상의 조직에서 50만 명 이상의 직원을 대상으로 한 연구)에 따르면 문화는 조직을 구성하는 현재의 리더십, 관행, 구조와 밀접한 관련이 있는 것으로 밝혀졌다.[48]

문화의 생생한 유지

일단 문화가 만들어지고 나면 조직 내 관행은 직원에게 일련의 비슷한 경험을 제공함으로써 문화를 유지한다.[49] 선발 과정, 성과 평가 기준, 교육 및 개발 활동, 승진 절차는 조직 문화에 적합한 사람에게는 지원과 보상을 해주고, 조직 문화를 거부하는 사람에게는 벌칙을 주거나 심지어는 쫓아내기도 한다.[50] 조직 문화를 유지하는 데 특히 중요한 역할을 하는 것은 선발 관행, 최고경영자의 행동, 사회화 방법(예: 온보딩, 교육, 신입 직원

입직)이다.

선발 선발 프로세스의 명확한 목표는 일을 성공적으로 수행할 수 있는 지식과 기술, 능력을 갖춘 사람을 식별하여 채용하는 것이다. 지원자가 조직에 얼마나 잘 적응할 수 있을 것인가에 대한 의사결정자의 주관적 판단이 최종 결정에 큰 영향을 미치기 때문에 조직의 가치와 많은 부분이 일치하는 사람을 채용하게 된다.[51] 또한 선발 과정은 지원자에게 조직에 대한 정보를 제공한다. 자신의 가치와 조직의 가치가 다르다는 것을 인식한 사람은 지원자 집단에서 스스로 빠져나오거나 조직의 가치를 공유하는 것처럼 위장하여 입사할 수도 있다.[52] 따라서 선발은 고용주와 지원자 모두 지원자와 조직 간의 가치 적합성을 결정하는 데 적극적으로 참여하는 쌍방향적인 과정이다. 예를 들어 W.L.고어앤드어소시에이츠(W. L. Gore & Associates)는 지원자가 고어 공장에서 일상적으로 발생하는 불확실성, 유연성, 팀워크에 대처할 수 있는지 확인하기 위해 선발 프로세스에서 광범위한 면접을 진행한다. 이 회사는 문화의 적합성에 중점을 둔 선발 프로세스로 인해 《포천》이 선정한 일하기 좋은 100대 기업에 정기적으로 이름을 올리고 있다(2020년에 83위).[53]

최고경영자 최고경영자의 행동은 조직 문화에 큰 영향을 미친다.[54] 고위 경영진은 말과 행동을 통해 위험을 감수하는 것이 바람직한지, 부하에게 자율권을 어느 정도 주어야 하는지, 직원이 어떤 복장을 해야 하는지, 어떤 행동이 바람직하고 보상이 주어지는지 등에 대한 규범을 설정한다. 수백 명의 CEO와 최고경영진을 대상으로 한 연구는 조직 문화와 리더십이 상호 보완적일 수 있으며, 동일한 가치에 초점을 맞추는 것이 항상 최선은 아니라는 흥미로운 결과를 제시했다.[55] 즉 한쪽의 부족한 부분을 다른 쪽이 채워줄 수 있다.

사회화 신입 직원이 조직 문화에 적응하는 데 필요한 사회적 지식과 기술을 습득하는 과정

사회화 모집과 선발을 아무리 잘했더라도 신입 직원에게는 조직 문화에 적응할 수 있도록 도움을 주어야 한다. 이러한 도움은 **사회화**(socialization)의 형태로 제공된다.[56] 사회화는 새로운 직무가 기대와 다를 때 직원이 겪는 문제를 완화하는 데 도움을 줄 수 있다. 예를 들어 클리어채널커뮤니케이션(Clear Channel Communications), 페이스북, 구글 등은 '동료코치' 배정, 사회화 이벤트 개최, 맞춤형 오리엔테이션 프로그램, 즉각적인 업무 할당 등이 포함된 새로운 온보딩(신입 직원 동화) 프로세스를 도입하고 있다. 하버드대학 연구원인 프란체스카 지노(Francesca Gino)는 "사람들의 개인적인 정체성을 강조하고 직장에서 자신의 개성을 더 많이 발휘할 수 있도록 할 때 직무에 더 만족하고 더 좋은 결과를 만들어낼 수 있다"고 말했다.[57]

사회화 과정은 사전 사회화 단계, 직접대면 단계, 변형 단계로 구분할 수 있다.[58] 이러한 과정은 도표 16-4에서 보듯이 신입 직원의 업무 생산성, 조직 목표에의 헌신, 조직에 남으려는 결정에 영향을 미친다.

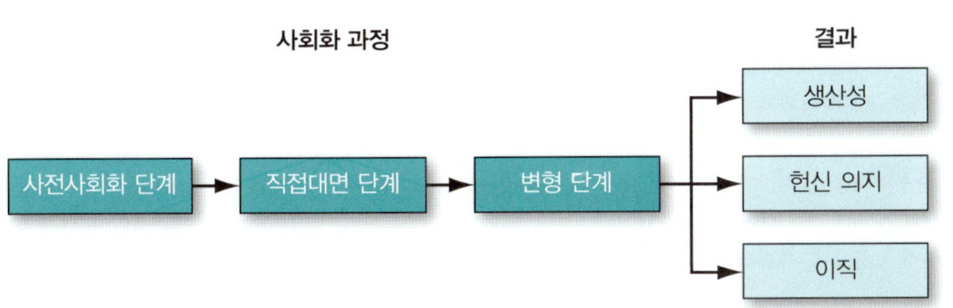

도표 16-4
사회화 모델

1. **사전 사회화 단계**: **사전 사회화 단계**(prearrival stage)에서는 모든 사람이 일과 조직에 대한 일련의 가치, 태도, 기대를 가지고 조직에 들어온다는 점을 인식한다. 예를 들어 경영대학의 가장 큰 목적 중 하나는 기업이 원하는 태도와 행동에 맞게 학생을 사회화하는 것이다. 시장에서 강력한 지위를 차지하고 있는 우량 기업에 들어간 신입 직원은 그곳에서 어떻게 일할 것인지에 대해 나름의 가정을 가지고 있다.[59] 대부분의 신입 직원은 나이키는 역동적이고 활기찬 회사이며, 증권 회사는 압박감과 보상이 높을 것이라고 예상할 것이다. 입사 전에 얼마나 정확하게 조직 문화를 판단했는지, 그리고 얼마나 긍정적이고 적극적인 성격인지는 신입 직원이 잘 적응할 수 있는지를 예측하게 하는 핵심 요인이다.[60]

사전 사회화 단계 신입 직원이 조직에 들어오기 전의 사회화 과정 학습 기간

2. **직접대면 단계**: 선발 과정은 예비 직원에게 조직에 대한 정보를 제공하는 데 도움이 된다. 입사한 신입 직원은 **직접대면 단계**(encounter stage)에 들어가게 되며, 이때 직무, 동료, 상사, 조직 전반에 대한 자신의 기대와 현실이 다를 수 있다는 가능성에 직면한다.[61] 만약 그 기대가 정확했다면 직접대면 단계는 단순히 이미 알고 있던 것들을 명확히 해준다. 그러나 이러한 경우는 흔치 않다. 극단적인 경우 신입 직원은 환상에서 깨어나 퇴사할 수도 있다. 적절한 모집과 선발은 이러한 결과를 현저히 줄여줄 뿐만 아니라, 신입 직원이 '요령을 배우도록' 동료와 친구가 도와주는 것과 같은 조직 내 우호적인 관계를 강화한다.[62] 좋든 나쁘든 이 단계에서는 학습, 폐기 학습, 관계 구축이 핵심이다.[63] 신입 직원이 조직에 적극적으로 학습할 수 있도록 충분히 도움을 주지 않거나 상사와 동료가 신입 직원의 사회화 과정에 성실히 임하지 않을 때 신입 직원은 채용 당시의 약속을 충실히 지키지 않거나, 신입 직원과 직원 간의 교류가 원활하지 않을 때 환멸을 느낄 수도 있다.[64] 그러나 반생산적 직무행동(CWB)과 같이 조직 문화의 바람직하지 않은 한 측면이 직접대면 단계에서 신입 직원에게 전달될 수도 있다. 예를 들어 중국 남부의 제조 영업 부서를 대상으로 한 연구에서는 직원이 고객과 과음하는 것과 같은 바람직하지 않은 행동을 모델링하여 시간이 지남이 따라 일과 가정의 갈등과 이직 위험을 증가시킬 수 있다는 사실을 발견했다.[65]

직접대면 단계 사회화 과정에서 신입 직원이 조직의 실제 모습을 보고 기대와 현실이 다를 수 있다는 가능성을 직면하는 단계

3. **변형 단계**: 신입 직원은 직접대면 단계에서 발견한 문제를 해결하기 위해 스스로 변화하거나 **변형 단계**(metamorphosis stage)에 들어간다.[66] 도표 16-5는 변형을

변형 단계 사회화 과정에서 신입 직원이 직무, 작업집단, 조직에 적응하고 변화하는 단계

도표 16-5
초기 사회화 방법

공식적 vs 비공식적: 신입 직원이 기존의 업무 현장에서 벗어나 역할을 확립하기 위해 차별화된 교육을 받을수록 사회화는 더 공식적이다. 구체적인 오리엔테이션이나 훈련 프로그램을 그 예로 들 수 있다. 비공식적 사회화는 신입 직원을 직무에 직접 배치하며, 이에 대해 특별한 관심이나 주의를 두지 않는 방법이다.

개인적 vs 집단적: 신입 직원을 개인적으로 사회화할 수도 있는데, 이는 많은 전문직 사무실에서 사용하는 방법이다. 군대의 신병 훈련소처럼 단체로 일련의 동일한 경험을 통해 사회화할 수도 있다.

고정적 vs 변동적: 신입 직원을 외부인에서 내부인으로 전환하는 시간 스케줄을 의미한다. 고정적 스케줄은 예컨대 순환교육 프로그램과 같은 표준화된 전환 단계를 마련해둔다. 회계법인이나 로펌에서 파트너가 될 수 있는지 결정하기 전에 어소시에이트(associate) 직급에서 보내는 8~10년간의 수습 기간이 여기에 해당한다. 변동적 스케줄은 전환에 대한 구체적인 시간 계획을 사전에 알려주지 않는 경우이다. 변동적 스케줄하의 전형적인 승진 체계는 그 사람이 준비될 때까지 다음 단계로 승진시키지 않는 것이다.

연속적 vs 임의적: 연속적 사회화는 신입 직원을 훈련하고 격려할 수 있는 역할 모델을 사용하는 것이 특징이다. 도제 제도와 멘토링 프로그램이 대표적인 예이다. 이에 비해 임의적 사회화는 의도적으로 역할 모델을 두지 않고, 신입 직원이 스스로 일을 처리하도록 내버려둔다.

인증적 vs 박탈적: 인증적 사회화는 신입 직원의 자질과 자격이 직무를 성공적으로 수행하는 데 필수적인 요소라고 생각하며, 따라서 신입 직원의 자질과 자격을 파악하고 지원한다. 박탈적 사회화는 모집된 사람들의 어떤 특성을 제거하는 것이다. 대학 내 남학생 및 여학생 단체(fraternity and sorority)의 가입자는 적절한 역할을 형성하기 위해 박탈적 사회화를 거친다.

일으키기 위해 고안된 대안이다. 대부분의 연구는 크게 두 '묶음'의 사회화 방법이 있다고 제시한다.[67] 먼저 경영진이 분리를 강조하면서 공식적·집단적·고정적·연속적 사회화 프로그램에 더 많이 의존할수록 신입 직원이 가지고 있던 차이점이 제거되고 예측 가능한 표준 행동으로 대체될 것이다. 이러한 **제도적** 접근은 경찰서, 소방서, 규칙과 명령 준수를 중요시하는 여러 조직에서 흔히 볼 수 있다. 반면에 비공식적·개인적·변동적·무작위적이고 인증을 강조하는 프로그램은 신입 직원에게 자신의 역할과 일하는 방식에 대한 감각을 주입할 것이다. 연구개발, 광고, 영화 제작과 같은 창의적인 분야에서는 이와 같은 **개인적** 접근에 의존한다.[68] 대부분의 연구는 고도의 제도적 접근 방식은 개인과 조직의 적합성, 높은 수준의 헌신, 역할 명확성을 촉진하고, 개인적 접근 방식은 역할 혁신을 창출하고 동기부여를 개선하며 사회적 통합으로 이어진다는 결과를 내놓았다.[69]

연구자들은 처음 몇 달 동안 여러 시점에 걸쳐 직원의 태도를 측정하여 사회화 과정에서 직원의 태도가 어떻게 변하는지를 조사했다. 몇몇 연구에서는 신입 직원에게는 '허니문'과 '숙취'라는 패턴이 있음을 밝혀냈다. 즉 초기 적응 기간 동안 이상적인 희망이 조직 생활이라는 현실과 부딪히면서 직무 만족이 낮아지는 현상을 보인다.[70] 모든 사람이 '평상시 업무'로 돌아감에 따라 신입 직원은 처음 몇 주가 지나면 직무에 대해 상사와 동료로부터 받는 사회적 지원 수준이 점점 줄어드는 것을 느낄 것이다.[71] 시간이 갈수록 신입 직원은 역할 갈등과 역할 과부하가 일어날 수 있고, 이러한 역할 관련 문제를 가장 많이 겪는 사람일수록 조직에 대한 헌신 의지와 만족도가 가장 많이 감소할 것이다.[72] 신입 직원에게 초기의 적응 기간은 적어도 단기적으로는 요구와 어려움의 증가를 의미할 수도 있다. 상사와 동료는 이러한 '숙취'를 해결하기 위해 무엇을 할 수 있을까? 연구에 따르면 '너무 많은' 사회화 관행은 상황을 악화시킬 수 있지만, 많은 사회적 지원을 제공하면 신입 직원이 요구의 증가와 직무 태도 저하를 처리하는 데 도움을 된다.[73]

문화의 역할

문화의 기능

문화는 '게임의 규칙'을 정해준다. 첫째, 문화는 경계를 정의한다. 즉 조직을 구분 짓는다. 둘째, 조직 구성원에게 정체성을 심어준다. 셋째, 개인적인 이익보다는 더 큰 것에 몰입할 수 있도록 촉진한다. 넷째, 사회 시스템의 안정성을 강화한다. 문화는 조직 구성원이 말하고 행동하는 것에 대한 적절한 표준을 제공함으로써 조직을 하나로 묶어주는 사회적인 접착제라고 할 수 있다. 다섯째, 문화는 구성원의 행동과 태도를 안내하고 형성하는 의미 부여와 통제 메커니즘의 기능을 수행한다. 이 마지막 기능이 조직행동 연구에서 관심을 두는 부분이다.[74]

강한 문화는 직원이 비교적 통일적이고 예측 가능한 방식으로 행동하도록 보장한다. 연구에 따르면 긍정적인 조직 문화는 직원의 직무태도를 개선하여 인재 유치와 유지에 기여한다.[75] 그리고 2005년 대만의 100개 금융 기관을 대상으로 한 연구에서는 문화의 구성 요소 중 혁신을 중요시하는 기업이 혁신을 추진하기 위해 더 빨리 더 많이 학습하는 것으로 나타났다.[76]

분권화된 조직을 지향하는 오늘날의 추세 속에서 문화는 과거 어느 때보다 중요성이 크지만, 아이러니하게도 그로 인해 강한 문화를 만들기가 더욱 어려워지고 있다. 분권화를 통해 공식적인 권한과 통제 시스템이 줄어들면서 문화의 '공유된 의미'는 모든 사람이 같은 방향을 향하게 해준다. 또한 분권화는 조직 문화가 조직 및 직원의 성과에 연결되는 데 분위기의 역할이 중요하다는 것을 강조한다.

분위기를 만드는 문화

조직 분위기 조직 구성원이 조직의 정책, 절차, 관행에 대해 공유하는 인식

조직 분위기(organizational climate)는 조직의 정책, 절차, 관행에 대해 조직 구성원이 공유하는 인식을 말한다.[77] 겉으로 보기에는 조직 문화와 조직 분위기를 구분하기가 어렵지만, 조직 문화 및 분위기는 '조직을 설명하는 핵심적인 두 가지 구성 요소'이다.[78] 지금까지 문화에 대해 논의하면서 문화를 측정하기도 이해하기도 어려운 것으로 언급했다. 예를 들어 조직에서 오랫동안 일한 직원은 조직을 막 알게 된 사람보다 조직 문화를 더 잘 이해할 수 있다. 오늘날 연구자들은 조직 분위기가 한 조직의 문화를 더 쉽게 관찰할 수 있는 '행동 증거'라는 데 동의한다.[79] 이는 조직이 중요하게 여기고 믿는 것을 명시

적인 관행, 정책, 절차와 직접적으로 연결해준다. 즉 '우리가 믿고 소중히 여기는 것'(사명 선언문에서 볼 수 있는 것)을 직원이 실제로 지원받고, 보상받고, 실천한다는 인식과 연결해준다. 만약 조직이 양파와 같다면 문화는 한가운데에 있고 분위기는 이를 둘러싼 껍질이라고 볼 수 있다.

이러한 문화와 분위기의 차이를 설명하는 데 도움이 될 만한 예를 살펴보자.[80] 항구에서 출항이 늦어진 한 화물선의 선장이 있다고 가정하자. 선장은 지연된 시간을 만회하기 위해 더 직선인 항로를 택하고 속도를 높였다. 그런데 목적지로 가는 도중 배가 좌초되어 수천 달러의 손실이 발생했다. 만약 그 선장을 인터뷰한다면 이렇게 말할 것이다. "나는 화물을 제시간에 목적지까지 운반해야 한다는 엄청난 압박감을 느꼈습니다. 우리 회사는 무엇보다도 정시 도착을 중요하게 생각하고, 최고경영진도 이 점을 끊임없이 강조합니다." 이 말에는 조직 문화의 근간이 되는 정시 도착이라는 기본 가치가 반영되어 있다. "게다가 정시에 항구에 도착하면 보상을 받고, 정시에 항구에 도착하기 위해 속도를 높이고 항로를 변경하는 것이 정책적으로도 허용되며, 이 회사에서 함께 일하는 다른 선장들도 모두 지연되는 경우 비슷한 결정을 내립니다!" 이 말은 정시 도착 분위기를 반영하는 정책, 관행, 절차를 드러낸다. 동시에 안전에 대한 질문에 선장이 어깨를 으쓱하며 "그들에겐 중요하지 않죠"라고 대답하는 것은 많은 내용을 시사한다. 강한 안전 문화(안전을 중시하고 안전이 중요하다고 믿음), 강력한 안전 분위기(속도 및 방향 변경 금지, 충돌 감지 및 예방 기술 도입, 적절한 안전 장비 사용, 선장 안전 교육 의무화)의 조직이었다면 이러한 사고를 적절히 피할 수 있었을 것이다.

혁신, 창의성, 의사소통, 따뜻함과 지원, 참여, 안전, 정의, 다양성, 고객 서비스 등 분위기의 수십 가지 차원에 관한 연구가 이루어졌다.[81] 예를 들어 앞서 설명한 것과 같이 강력한 안전 분위기는 높은 수준의 직무 만족, 조직 몰입, 건강한 직원과 연결된다.[82] 분위기는 사람들이 택하는 습관에 영향을 미친다. 안전 분위기가 강한 조직에서는 개인적으로는 안전에 대해 잘 생각하지 않더라도 모두가 안전 장비를 착용하고 안전 절차를 따르며, 실제로 많은 연구에서도 안전 분위기는 업무 중 부상 건수를 감소시키는 것으로 나타났다.[83] 한 메타 분석에 따르면 수십 개의 표본에서도 긍정적인 분위기(예: 따뜻함, 지원 등)는 개인의 직무 만족, 참여도, 헌신, 동기부여 수준과 밀접한 관련이 있는 것으로 나타났다.[84] 긍정적인 직장 분위기는 또한 높은 고객 만족도, 조직의 재무 성과와도 관련이 있다.[85]

도표 16-6은 조직 문화의 영향을 보여준다. 직원은 리더와 구성원의 행동, 조직 구조, 조직의 가치와 신념뿐만 아니라 인공물, 일화, 상징물 등을 바탕으로 조직에 대한 주관적인 인식을 형성한다. 이러한 전반적인 인식은 사실상 조직의 문화를 나타내며, 그 강도(또는 다른 사람들이 같은 방식으로 문화를 인식하는 정도)가 다양하다. 그런 다음 문화는 조직의 기본 가치와 신념을 나타내는 조직 분위기를 통해 드러나고, 뒤이어 조직 분위기는 직원의 성과, 만족도, 기타 조직의 다른 성과에 영향을 미친다.

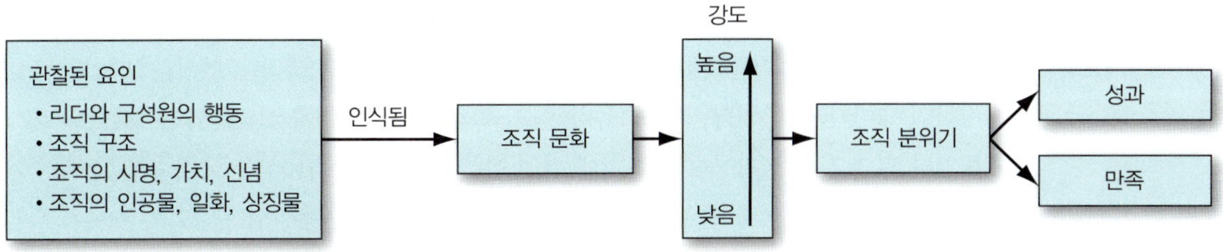

도표 16-6 직원의 성과와 만족에 영향을 미치는 조직 문화

다음으로 조직의 태도와 행동에 영향을 미치는 몇 가지 문화와 분위기를 살펴보자.

문화의 윤리적 차원

조직 문화가 공개적으로 윤리적인 목표를 추구하지 않더라도 윤리적 성향이 중립적이라고 할 수는 없다. **윤리문화**(ethical culture)는 직장에서의 옳고 그른 행동에 대한 공유된 개념으로, 시간이 지남에 따라 발전한다. 윤리문화는 조직의 실제 가치를 반영하고 구성원의 윤리적 의사결정을 형성한다.[86] 핀란드의 공공 조직에 관한 연구에 따르면 윤리문화는 직원의 탈진을 줄이고, 경영진과 직원의 참여를 강화하는 데 중요한 역할을 하는 것으로 나타났다.[87]

윤리문화 직장에서의 옳고 그른 행동에 대한 공유된 개념으로, 조직의 실제 가치를 반영하고 구성원의 윤리적 의사결정을 형성함

연구자들은 윤리적 분위기 이론(ethical climate theory, ECT)을 개발하여 윤리 정책, 관행, 절차에 대한 공유된 인식을 측정했다.[88] 윤리적 분위기는 리더가 윤리적 행동에 대해 가지고 있는 가치와 신념뿐만 아니라 사람들이 공유하는 윤리에 대한 집단적 정체성의 영향을 많이 받는다.[89] 조직은 흔히 비즈니스 수명주기를 거치면서 다른 종류의 윤리적 분위기로 이동하는 경우가 많다.

한 조직의 윤리적 분위기는 개별 구성원이 행동해야 한다고 느끼는 방식에 강력한 영향을 미치기 때문에 연구자들은 이를 통해 조직의 결과를 예측할 수 있다.[90] 자신의 이익을 강조하는 윤리적 분위기는 직원의 직무 만족과 직무 몰입에 부정적인 영향을 미치고, 이직 의도, 직장 내 괴롭힘, 일탈행동에는 긍정적인 영향을 미친다.[91] 서로에 대한 배려와 규칙 확립을 강조하는 윤리적 분위기는 직무 만족을 높일 뿐만 아니라 직원의 이직 의도, 직장 내 괴롭힘, 역기능적 행동을 감소시킬 수 있다. 또 다른 연구에서 따르면 윤리적 분위기는 이를 지원하는 고객 서비스 분위기가 있을 때 시간이 지남에 따라 매출 증가에 강력한 영향을 미치는 것으로 나타났다.[92]

문화와 지속가능성

지속가능성(sustainability)은 관행을 지탱하는 도구나 구조가 손상되지 않고 오랫동안 관행이 유지되는 것을 의미한다.[93] 제프리 홀렌더(Jeffrey Hollender)는 말 그대로 지속가능성의 개념을 실제로 구현하는 조직인 세븐스제너레이션(Seventh Generation)을 설립했다. 1988년에 탄생한 이 회사의 이름은 '우리의 모든 의사결정은 다음 7세대에

지속가능성 관행을 지탱하는 도구나 구조가 손상되지 않고 오랫동안 관행이 유지되는 것

H&M
2020년 9월, 스웨덴의 다국적 의류 회사인 H&M의 프랑스 지사는 생물 다양성 증진과 관련된 비영리 단체인 에코트리(EcoTree)와의 파트너십을 발표했다. 이 거래에는 다양한 환경 이니셔티브를 위해 프랑스에서 장소를 식별하는 데 에코트리를 지원하는 것이 포함된다. 계획된 프로젝트 중 하나는 꿀벌이 수분할 수 있도록 덤불을 심는 것이다. H&M은 종이봉투를 15유로센트에 판매하여 프로젝트 자금을 조달하고 수익금은 에코트리에 전달될 것이다.[95]

미칠 영향을 고려해야 한다'는 이로쿼이족(북아메리카 원주민의 한 부족)의 속담에서 따온 것이다.[94] 이 이름에는 세븐스제너레이션에 지속가능성이라는 가치를 반영하는 상징적인 의미가 담겨 있다. 지속가능한 환경 조성이라는 관행을 실천한다는 것은, 우리가 책임감 있게 자원을 사용하고, 낭비를 최소화하고, 재사용 가능성을 극대화하고, 지속적인 효율성을 보장할 때 지속가능한 방식으로 관행을 수행한다고 할 수 있다. **사회적 지속가능성**(social sustainability) 관행은 시간이 지남에 따라 사회 시스템이 조직의 행동에 의해 영향을 받는 방식과, 결과적으로 사회 시스템의 변화가 조직에 어떤 영향을 미치는지를 다룬다. 여기서 조직은 직무 설계(예: 근무 시간)가 스트레스와 건강에 미치는 영향, 해고 정책과 건강보험이 직원의 복지에 미치는 영향 등과 같이 시간이 지남에 따라 노동 관행이 직원에게 미치는 영향을 고려해야 한다.[96]

한 조사에 따르면 대다수 경영진은 지속가능성을 미래 성공의 중요한 요인으로 보고 있다.[97] 실제로 지속가능성 관행은 조직의 평판, 생산성, 인재 확보, 유지, 참여, 비용 효율성, 혁신, 재무 성과에 영향을 미칠 수 있다는 것이 연구를 통해 입증되었다.[98] 지속가능한 경영의 개념은 환경 운동에 기원을 두고 있기 때문에 자연환경과 조화를 이루는 프로세스를 장려한다. 예를 들어 호주의 농부는 물 사용 효율성을 높이고, 토양 침식을 최소화하며, 농장 사업의 장기적인 생존을 보장하는 경작 및 수확 방법을 실천하기 위해 공동으로 노력해왔다.[99] 다른 맥락에서 지멘스는 유엔의 지속가능한 개발 목표를 지침으로 삼아 사람들의 건강과 복지 개선에 초점을 두고 청정에너지와 기후를 위한 조치를 취하고 있을 뿐만 아니라, 전 세계의 교육, 평화, 정의를 증진하기 위한 종합적인 지속가능 경영 전략을 가지고 있다.[100] 지속가능성과 관련된 포괄적인 노력을 볼 때, 2018년 《포브스》가 선정한 세계에서 가장 지속가능한 10대 기업에 지멘스가 선정된 것은 놀라운 일이 아니다.[101]

진정으로 지속가능한 비즈니스를 만들기 위해 조직은 장기적인 문화를 개발하고, 그 가치를 분위기를 통해 실행해야 한다.[102] 즉 지속가능성을 창출하기 위해서는 지속가능한 시스템이 필요하다. 연구에 따르면 에너지 소비를 줄이고자 한 기업이 단순히 절약의 중요성에 관한 자료를 발행하는 것보다 집단 피드백을 요청함으로써 에너지 사용을 훨씬 더 줄인 것으로 나타났다.[103] 즉 에너지 절약에 관해 이야기하고 그 가치를 조직 문화로 구축한 것이 직원의 행동에 긍정적인 변화를 가져왔다. 리더의 역할 또한 중요하다. 문화/창조 산업에 속한 영국과 이탈리아 기업을 대상으로 한 연구에 따르면 리더는 지속가능한 문화를 구축하는 데 도움이 되는 다양한 행동을 할 수 있다.[104] 앞서 살펴본 다른 문화적 관행과 마찬가지로 지속가능성을 키우기 위해서도 시간과 노력이 필요하다.

문화와 혁신

가장 혁신적인 기업은 개방적, 비전통적, 협력적, 비전 중심적이며 가속화된 문화로 특징지어진다.[105] 스타트업 회사는 대개 규모가 작고 민첩하며 생존과 성장을 위한 문제 해결에 집중하기 때문에 혁신적인 문화를 가지고 있는 경우가 많다. 최근 액센처(Accenture)에 인수된 광고 대행사 드로가5(Droga5)를 살펴보자. 스타트업인 드로가5는 "'침입적이거나 괴롭힘 모델로서의 불쾌한 광고'(예: 방해가 되거나 성가신 광고)가 아니라 마케팅과 엔터테인먼트의 결합으로 바이럴을 일으키는 것"으로 광고를 재정의했다.[106] 액센처와 드로가5는 둘 다 가장 혁신적인 기업으로 알려져 있었기에 두 기업은 서로 잘 어울려 보였다.[107] 비슷한 조직 문화로 인해 두 기업은 스타트업 수준의 혁신 유지가 가능했을 것이다. 이와 같은 기업 관련 연구에 따르면 혁신 친화적 관행(새로운 아이디어 지원, 변화에의 개방성, 창의성을 위한 자원 제공)은 업무 창의성 향상, 참신한 아이디어 창출 및 실행, 성과 향상을 가져오는 것으로 밝혀졌다.[108]

스타트업 스펙트럼의 다른 쪽 끝에 있는 넷플릭스는 이미 대기업의 선두 주자였음에도 불구하고 전통적인 우편 주문 DVD 서비스를 주문형 비디오로 전환했다. 넷플릭스는 하버드대학의 게리 피사노(Gary Pisano) 교수가 언급한 '아니, 꼭 그럴 필요는 없어'라는 문화를 내재화했다. 이미 '잘 진행되고 있는 것'을 가지고 혁신을 시도했을 때 다른 기업들은 실패할 것이라고 예상했지만 넷플릭스는 보란 듯이 성공했다.[109] 혁신은 하위문화에서도 이루어질 수 있다. 예를 들어 2013~2018년에 NASA의 존슨우주센터(Johnson Space Center) 연구원들은 '해적'이라고 알려진 하위문화 집단에 대해 기록을 남겼다. 이들은 NASA의 초창기 가치인 계층 구조에 정면으로 반박하여 임무 제어 방식을 혁신하고 비용 중심의 문화를 일구어냈다.[110]

자산으로서의 문화

앞서 살펴보았듯이 조직 문화는 가치를 행동으로 옮기는 조직 분위기와 함께 긍정적인 환경을 조성할 수 있다. 또한 조직 문화는 다양한 방식으로 조직의 수익에 크게 기여할 수 있다.[111]

그 대표적인 예로 차일드넷(ChildNet)이 있다.[112] 플로리다에 있는 비영리 아동 복지 기관인 차일드넷은 위탁 아동 중 한 명이 실종된 2000년부터 CEO가 사기 및 위조 혐의로 FBI에 기소되어 해고된 2007년까지 조직 문화가 암울했다. 직원인 매기 틸렐리(Maggie Tilelli)가 말하길, "우리는 일자리를 지킬 수 있을지, 누가 회사를 인수할지 알 수 없었어요." 그러나 조직 문화를 변화시키기 위한 집중적인 노력 끝에 차일드넷은 4년 만에 플로리다에서 최우수 기관으로 선정되었으며, 2012년에는 워크포스 매니지먼트(Workforce Management)의 옵티마 어워드 종합 우수상을 받았다.

차일드넷은 조직 문화가 어떻게 결과에 긍정적인 영향을 미치는지를 보여주지만, 디시네트워크(Dish Network)는 특정 문화를 산업이나 조직에 매칭하는 것이 얼마나 어려운지를 보여준다.[113] 디시네트워크는 미국에서 두 번째로 큰 위성 TV 방송국이자, 설립자를 세계 최고의 부자로 만들어준 회사로, 모든 측면에서 성공한 사례이다. 하지만 한때 디시네트워크는 미국에서 일하기 가장 나쁜 회사로 꼽히기도 했는데, 직원들은 조직 문화를 그 이유로 들었다. 직원들은 혹독한 초과 근무 강요, 근무 시간을 분 단위로 기록하는 지문 인식 스캐너, 상사의 공개적인 질책, 경영진의 오만과 불신, 매 분기 대량 해고, 재택근무 금지 등 바람직하지 않은 분위기를 암시하는 다양한 관행에 대해 털어놓았다. 한 직원은 온라인을 통해 다른 직원들에게 다음과 같이 충고했다. "당신은 독약과 같은 환경에서 일하고 있어요. … 다른 일자리를 찾아서 악보다는 선한 일을 위해 당신의 재능을 사용하세요."

차일드넷은 조직 문화의 변화로 인해 조직의 성과가 긍정적으로 변화한 것이 명확하다. 반면에 디시네트워크는 조직 문화에도 불구하고 성공을 이루었던 것이다. 이 회사가 독소적인 문화를 개혁했다면 얼마나 더 성공할 수 있었을지 궁금하다. 나쁜 문화를 가지고 성공한 경우보다는 좋은 문화 덕분에 성공하는 경우가 더 많지만, 나쁜 문화 때문에 성공하는 경우는 거의 없다. 연구에 따르면 조직 문화가 성과에 영향을 미치는 이유 중 일부는 고객 만족이다. 6년 동안 약 100여 개의 자동차 대리점을 대상으로 이루어진 연구에서는 긍정적인 문화가 고객 만족을 높여 영업 성과를 향상하는 것으로 나타났다.[114]

부채로서의 문화

문화는 조직 몰입을 강화하고 직원 행동의 일관성을 높여 조직에 분명히 이익을 준다. 문화는 무엇이 더 중요한지 알려주기 때문에 직원에게도 중요하다. 그러나 문화가 가져올 수 있는, 특히 강한 문화가 조직의 효과성에 미칠 수 있는 잠재적인 역기능을 무시해서는 안 된다. 한때 최고의 컴퓨터 제조업체였던 휴렛팩커드(Hewlett-Packard)는 최고경영진의 역기능이 낙수 효과로 영향을 주어 직원이 몰입하기 어렵고, 창의적이지 않으며, 인정받지 못하거나 갈등이 일어나는 환경에 놓임으로써 시장점유율과 이익이 곤두박질쳤다.[115] 그렇다면 부정적인 조직 문화를 나타내는 몇 가지 주요 요인을 살펴보자.

제도화 조직이 구성원과 별개로 생명을 얻어 불멸성을 획득한 상태

제도화 조직이 **제도화**(institutionalization)되면, 즉 생산하는 제품이나 서비스가 아니라 조직 그 자체로서의 가치를 인정받으면 그 조직은 창업자나 구성원과 별개로 독자적인 생명을 가지게 된다.[116] 제도화된 조직은 원래 목표가 더 이상 적절하지 않더라도 폐업하지 않는 경우가 많다. 수용 가능한 행동 양식을 대부분의 구성원이 알게 되고, 이것이 아예 부정적인 것은 아니더라도 의문하거나 분석해야 할 행동과 습관이 당연하게 여겨져서 때로는 혁신을 방해하고, 조직 문화를 유지하는 것 자체가 목적이 될 수 있다.

변화에 대한 장벽 공유된 가치가 조직의 효과성과 더 이상 일치하지 않을 때 문화는 부담이 될 수 있다. 이것은 조직의 환경이 급변하고 있을 때, 오랫동안 정착된 문화가 더 이상 적절하지 않을 때 발생할 가능성이 높다.[117] 안정적인 환경에서는 조직의 자산이었던 직원 행동의 일관성이 조직에 부담을 주고, 변화에 대응하기 어렵게 만들 수 있다. 그러나 문화를 변화시키는 것은 가능하다.[118] 인력 문제로 고생하던 GM이 토요타와 협력하여 자동차 합작 공장을 설립한 것이 그 예이다. 불과 1년 만에 GM의 품질이 향상되고

결근율이 18%에서 거의 제로로 감소했으며, 파업이 멈추고, 비생산적 직무행동이 억제되고, 직원이 변화를 열정적으로 수용했다.[119]

다양성에 대한 장벽 대다수 조직 구성원의 인종, 나이, 성별, 장애, 기타 특징과 다른 사람을 채용하면 모순적인 상황이 생긴다.[120] 첫째, 경영진은 이들의 차이를 지원하는 증거를 보여주고 싶지만, 적응을 원하는 신입 직원은 일반적으로 조직의 핵심 문화를 수용해야 한다는 압박을 받는다. 둘째, 다양한 행동과 고유한 강점은 사람들이 동화되면서 점차 줄어들기 때문에 다양성의 장점을 효과적으로 제거하려고 하는 경우에는 오히려 강한 문화가 부담이 될 수 있다. 셋째, 편견을 용인하고 지지하거나 차이에 둔감한 강한 문화는 기업의 공식적인 다양성 정책이나 인구학적 다양성의 긍정적 효과를 약화시킬 수 있다.[121] 다양성을 가로막는 이러한 장벽은 커뮤니티 수준에서부터 시작될 수 있다. 미국 내 약 150개의 소매 은행 지점을 대상으로 한 연구에 따르면 지역사회의 인구통계적 구성이 조직 문화 및 분위기의 일부로 채택되고 만들어지는 다양성 규범을 설정하는 데 중요한 신호 역할을 하는 것으로 나타났다.[122] 다양성을 가로막는 이러한 장벽은 부분적으로는 포용적인 문화와 분위기를 통해 해결될 수 있는데, 조직이 다양성을 중시하고 포용적인 환경을 조성하면 조직 내에서 다양성이 번성하고 직원이 조직에 더 몰입할 수 있다.[123] 그러나 다양한 배경을 가진 사람들은 문화와 분위기를 다르게 인식하여 긍정적인 문화와 분위기가 조직 성과에 미치는 영향을 약화시킬 수도 있다.[124]

독성과 역기능 일반적으로 긍정적인 가치와 신념을 중심으로 결속되는 문화에 대해 살펴보았다. 이러한 공감대는 강력한 추진력을 만들어낼 수 있다. 그러나 기업에서 부정적인 태도와 역기능적인 가치를 중심으로 응집력이 형성되면 이것 역시 강력하면서도 독성이 있는 하향세를 초래할 수 있다. 예를 들어 미국 대형 은행의 약 150개 지점에서 862명의 은행원을 대상으로 이루어진 연구는 지점장의 갈등 관리 스타일을 모델로 삼아 각 지점의 갈등 관리 문화가 형성되는 것을 발견했다.[125] 협력 문화(즉 적극적이고 건설적이며 갈등 해결을 장려하는 문화)는 지점의 응집력과 만족도를 높이고 탈진 수준을 낮추는 경향이 있고, 지배 문화(즉 갈등이 있을 때 직원 간의 적극적인 대립과 공격적인 경쟁을 강조하는 문화)는 지점의 응집력과 고객 서비스 성과를 낮추는 경향이 있다. 또한 회피 문화(즉 갈등을 수동적으로 회피하는 문화)는 창의성을 떨어뜨리는 것으로 나타났다.

인수합병에 대한 장벽 과거에 경영진이 인수합병을 결정할 때의 핵심 요인은 재무적 성과와 제품의 시너지였다. 최근에는 문화의 양립 가능성이 주요한 관심사가 되고 있다.[126] 조건이 같을 때 인수합병이 실제로 효과를 발휘할 수 있을지는 두 조직의 문화가 얼마나 잘 조화를 이루느냐에 달려 있다. 서로 잘 맞지 않으면 두 회사의 조직 문화는 새로운 조직 전체에 골칫거리가 된다. 예를 들어 베인앤드컴퍼니가 수행한 연구에 따르면 인수합

병의 70%가 주주 가치를 높이는 데 실패했으며, 헤이그룹(Hay Group)의 연구에서는 유럽에서 이루어진 합병 중 90% 이상이 재무 목표를 달성하는 데 실패한 것으로 나타났다.[127] 딜로이트컨설팅(Deloitte Consulting)의 로런스 치아(Lawrence Chia)는 이처럼 저조한 성공률에 대해 다음과 같이 말했다. "가장 큰 실패 원인 중 하나는 사람입니다. A 회사 사람들과 B 회사의 사람들이 일하는 방식이 서로 다릅니다. … 목표에서 공통점을 찾을 수가 없죠." 예를 들어 뉴욕의 이스트빌리지에서 월스트리트로 옮겨온 한 직원(대기업에 인수된 크리에이티브 회사의 직원)은 이러한 이동이 "물리적인 것 이상이며, 허름한 옷에 넥타이를 매고 있는 엉성한 크리에이티브 청년과 같다"고 말했다.[128] 인수합병이 성공하기 위해서는 문화적 통합뿐만 아니라 직원이 보유한 기술의 유연성과 함께 상호 보완성(9, 10장 참조)이 필수적이다.[129]

조직 문화에 미치는 영향

앞에서 언급했듯이 조직 문화는 창업자에 의해 정립되며, 이를 변화시키기가 어렵다. 가장 이상적인 시나리오는 강력한 창업자(또는 창업자들)가 사전에 신중하게 조직 문화를 설계하는 것이다. 하지만 조직 문화는 일반적으로 시간이 지남에 따라 유기적으로 성장한다. 문화의 발전이 각 직원을 통해 지속적으로 이루어진다고 생각한다면 다음에서 살펴보는 바와 같이 윤리적·긍정적·영성적 측면을 향상하는 방법을 생각해볼 수 있을 것이다.

윤리적 문화

산업과 문화의 차이에도 불구하고 윤리적 조직 문화는 몇 가지 공통 가치와 프로세스를 공유한다.[130] 따라서 경영자는 다음과 같은 원칙을 준수함으로써 보다 윤리적인 문화와 분위기를 일굴 수 있다.[131]

- **눈에 띄는 역할 모델이 되라.** 직원은 적절한 행동 기준으로 삼기 위해 최고경영자의 행동을 자세히 관찰하지만, 누구나 윤리적 분위기에 긍정적으로 영향을 미칠 수 있는 역할 모델이 될 수 있다. 긍정적인 메시지를 보내라.
- **윤리적 기대치를 알려주라.** 리더십 역량을 발휘할 때마다 조직의 핵심 가치를 표명하는 윤리 규정과 직원이 따라야 하는 판단 규칙을 명시한 윤리 강령을 공유함으로써 윤리적 모호성을 최소화해야 한다.
- **윤리 교육을 제공하라.** 세미나, 워크숍, 교육 프로그램을 마련하여 조직의 행동 표준을 강화하고, 허용되는 관행을 명확히 하며, 잠재적인 윤리적 딜레마를 해결하라.
- **윤리적 행동은 공개적으로 보상하고 비윤리적 행동은 처벌하라.** 조직의 윤리 강령에 비추어 부하 직원의 의사결정을 평가하라. 목적뿐만 아니라 수단도 검토해야 한다. 윤리적으로 행동하는 사람은 공개적으로 보상하고, 비윤리적 행동에 대해서는 처벌해

야 한다.

- **보호 메커니즘을 제공하라.** 모든 사람이 윤리적 딜레마에 대해 토론할 수 있고, 비난 받지 않고 비윤리적 행동을 신고할 수 있는 공식적인 메커니즘을 모색하라. 여기에는 윤리 상담 제도, 옴부즈맨, 연결 역할을 수행하는 윤리 담당관 등이 포함된다.

긍정적이고 윤리적인 분위기를 널리 퍼뜨리는 것은 조직의 최고위층에서부터 시작해야 한다.[132] 최고경영진이 윤리적 가치를 강력하게 강조하면 관리자가 윤리적 리더십을 실천할 가능성이 커진다. 명확한 기대치가 현장 직원에게 전달되면 일탈행동이 줄어들고 협력과 지원이 증가한다. 몇몇 연구 결과 역시 동일한 결론을 내놓았다. 즉 최고경영진의 가치는 직원의 윤리적 행동을 예측하는 좋은 지표이다. 예를 들어 감사인을 대상으로 한 연구에서는 비윤리적으로 행동하는 조직 리더로부터의 압력이 비윤리적 행동 의도를 증가시키는 것으로 나타났다.[133] 분명히 잘못된 조직 문화는 직원의 윤리적 행동에 부정적인 영향을 미친다. 반대로 윤리적 리더십은 윤리적 문화 개선을 통해 집단의 윤리적 발언, 즉 직원이 비윤리적으로 보이는 문제에 대해 편안하게 발언하는 정도를 개선하는 것으로 나타났다.[134] 또한 소속 부서의 윤리적 가치와 비슷한 윤리적 가치를 가지고 있는 직원일수록 승진 가능성이 더 높으며, 따라서 윤리적 문화는 아래에서 위로도 흐르는 것으로 볼 수 있다.[135]

긍정적 문화

얼핏 보기에 긍정적 문화를 만드는 것은 가망 없는 초보자 혹은 딜버트 스타일의 음모 같을 것이다. 그러나 여기서 살펴볼 트렌드는 조직행동에 관한 이론과 현장의 실무가 융합되고 있는 신호로 볼 수 있다. **긍정적 조직 문화**(positive organizational culture)는 직원의 강점을 살리고, 처벌보다는 보상을 중시하며, 개인의 활력과 성장을 장려한다.[136] 이에 대해 좀 더 자세히 알아보자.

긍정적 조직 문화 직원의 강점을 살리고, 처벌보다는 보상을 중시하며, 개인의 활력과 성장을 장려하는 문화

직원의 장점 만들기 긍정적 조직 문화는 문제를 무시하는 것이 아니라 직원이 어떻게 자신의 장점을 극대화할 수 있는지를 강조한다. 경영학의 대가 피터 드러커(Peter Drucker)가 말하길, “대부분의 미국인은 자신의 장점이 무엇인지 모른다. 만약 그들에게 물어보면 멍한 눈으로 바라보거나 주관적인 지식으로 대답하지만 그마저도 틀린 답이다.” 직원의 장점을 발견하고 그것을 가장 잘 활용할 수 있도록 도와주는 조직 문화가 있다면 더 좋지 않겠는가?

처벌보다는 보상하기 많은 조직은 임금, 승진과 같은 외재적 보상에 충분히 집중하고 있지만, 칭찬과 같은 작은(더 값싼) 보상의 힘을 종종 잊어버린다. 긍정적인 조직 문화 만들기의 일부분은 ‘옳은 일을 하는 직원을 찾아내는 것’이다. 많은 관리자는 직원이 칭찬을 타성으로 여기거나 칭찬이 가치 없다고 생각하기 때문에 칭찬을 보류한다. 일반적

으로 직원은 칭찬을 요구하지 않고, 관리자는 칭찬하지 않았을 때 치러야 할 대가를 인식하지 못한다.

활력과 성장 장려하기 자기 자신을 기계의 톱니바퀴로 생각하는 직원에게 최상의 결과를 얻어낼 수 있는 조직은 없을 것이다. 긍정적 문화는 직무와 경력의 차이를 인식한다. 직원이 조직의 효과성에 공헌하도록 지원하는 것뿐만 아니라, 이들이 개인적으로나 전문적으로나 더욱 효과적인 사람이 될 수 있도록 조직이 할 수 있는 것이 무엇인지에 관심을 가진다.

긍정적 문화의 한계 긍정적 문화는 만병통치약인가? 많은 회사는 긍정적인 조직 문화의 특징을 가지고 있지만, 언제 어떻게 조직 문화가 가장 잘 작동하는지는 아직 명확하지 않다.

모든 국가 문화가 미국 문화와 같이 긍정성을 중요시하는 것은 아니며, 심지어 미국 문화에서도 조직이 어디까지 긍정적 문화를 추구해야 하는지에 대한 한계가 분명히 존재한다. 그러한 한계는 산업과 사회에 따라 달라질 수 있다. 예를 들어 영국 보험 회사인 애드머럴(Admiral)은 콜센터에 '오락부'를 만들고 시 쓰기, 테이블 축구, 밤을 던지는 컨커 게임, 화려한 옷을 입는 날 등을 추진하고 있는데, 이는 신중함을 매우 중요시하는 산업과 충돌할 것이다.[137] 이러한 긍정적 문화를 추구하는 것이 강압적으로 보이기 시작하는 것은 언제일까? 한 비평가가 지적하듯이, "긍정성이라는 사회적 정설을 촉진하는 것은 바람직한 특정 상태나 특징의 집합에 초점을 맞추지만, 그렇게 함으로써 그 틀에 맞지 않는 사람들에게 오명을 씌울 수도 있다."[138] 긍정적 문화를 확립하는 것은 이익이 될 수 있지만, 조직은 객관적이어야 하며 효과성을 저해하는 지점까지 그것을 추구해서는 안 된다.

영성적 문화

사우스웨스트항공, 휴렛팩커드, 포드, 더맨스웨어하우스(The Men's Wearhouse), 타이슨푸즈(Tyson Foods), 웨더릴어소시에이츠(Wehteril Associates), 톰스오브메인(Tom's of Maine)의 공통점은 무엇인가? 이들은 일터 영성을 수용하는 많은 조직 중 일부이다.

일터 영성 사람들이 공동체라는 맥락에서 의미 있는 일을 통해 성장하는 내적 삶을 살고 있음을 인식하는 것

영성은 무엇인가 직장에서의 영성은 조직화한 종교 활동이 아니다. 신이나 신학에 대한 것도 아니다. **일터 영성**(workplace spirituality)은 사람들이 공동체라는 맥락에서 의미 있는 일을 통해 성장하는 내적 삶을 살고 있음을 인식하는 것이다.[139] 영성적 문화를 지원하는 조직은 사람들이 자신의 일에서 의미와 목적을 찾고자 하며, 공동체의 일원으로서 다른 사람들과 연결되고 싶어 한다는 사실을 인식하고 있다. 지금까지 다루었던 많은 주제(직무 설계부터 기업의 사회적 책임에 이르기까지)는 조직의 영성 개념에 잘 부

합한다. 어떤 회사가 스타벅스가 하는 것처럼 제3세계 공급자에게 지역사회 발전을 촉진하기 위해 제품에 공정가격(시장가격 이상)을 지불하겠다는 약속을 강조하거나, 인터스테이트배터리(Interstate Batteries)처럼 직원이 이메일을 통해 기도나 영감을 주는 메시지를 공유하도록 장려할 때 영성적인 문화와 분위기를 촉진할 수 있다.[140]

왜 지금 영성인가 4장에서 살펴보았듯이 합리성의 신화는 잘 운영되는 조직이 사람들의 감정을 제거한다고 가정했다. 완전한 합리적 모델에서는 직원의 내적 삶에 관한 관심이 아무런 역할을 하지 못했다. 그러나 우리가 감정을 공부함으로써 조직행동론에 대한 이해를 증진한 것과 마찬가지로, 영성에 대한 인식은 직원의 행동을 더 잘 이해하는 데 도움이 될 수 있다.

물론 직원은 항상 내적 삶을 살아왔다. 그렇다면 왜 이제야 일의 의미와 목적에 관한 연구가 주목받는 것일까? 그 이유를 도표 16-7에 요약하여 정리했다.

영성적 조직의 특징 일터 영성의 개념은 앞에서 다루었던 가치, 윤리, 동기부여, 리더십과 관련이 있다. 비록 연구는 초기 단계에 머물러 있지만 영성적인 조직에서 두드러지게 나타나는 몇 가지 문화적 특징이 있다.[141]

- **자비**: 영성적 조직은 다른 사람에 대한 친절, 직원 및 조직의 다른 이해관계자의 행복을 중요하게 생각한다.
- **강한 목적의식**: 영성적 조직은 의미 있는 목적을 중심으로 문화를 구축한다. 이윤이 중요하기는 하지만 그것이 일차적인 가치는 아니다.
- **신뢰와 존중**: 영성적 조직은 상호 신뢰, 정직, 개방성이 특징이다. 직원은 각 개인의 존엄성에 따라 존중받고 가치를 인정받는다.
- **개방성**: 영성적 조직은 직원의 유연한 사고와 창의성을 중요하게 생각한다.

영성적 조직 형성 많은 조직이 영성에 관심을 가지고 있지만 그 원칙을 실천하는 데 어려움을 겪고 있다. 일과 삶의 균형을 지원하는 것을 포함하여 몇 가지 유형의 실천

도표 16-7
영성에 관한 관심이 증가하는 이유

- 영성은 격동적인 삶의 속도에서 오는 압박감과 스트레스를 줄여줄 수 있다. 한부모 가정, 지리적 이동성, 임시적 직무, 사람들 간에 거리를 두게 만드는 신기술 등 현대적 라이프스타일은 많은 사람이 느끼는 공동체의 결핍을 강조하고 몰입과 연결의 필요성을 증가시킨다.
- 공식적인 종교는 많은 사람에게 효과가 없었고, 사람들은 부족한 믿음을 대체하고 커지는 공허감을 채워줄 무언가를 계속해서 찾아야 한다.
- 직무 요구는 많은 사람의 삶에서 직장이 가장 지배적인 위치를 차지하게 했지만, 사람들은 여전히 일의 의미에 의문을 제기한다.
- 사람들은 개인적인 삶의 가치와 전문가로서의 삶의 가치를 통합하고 싶어 한다.
- 더 많은 물질을 추구할수록 그것을 충족하지 못한다는 점점 더 많은 사람이 사실을 알게 되었다.

은 영성적 분위기를 촉진할 수 있다.[142] 첫째, 리더는 내적 동기부여를 촉진할 수 있는 가치, 태도, 행동을 제시하고, 일을 통한 소명 의식을 심어줄 수 있다.[143] 둘째, 직원으로 하여금 자신의 일이 목적의식을 어떻게 제공하는지 생각하도록 장려함으로써 영성적 직장을 만드는 데 도움을 줄 수 있다. 이것은 17장에서 살펴볼 주제인 집단상담과 조직 개발을 통해 진행될 수 있다. 셋째, 타코벨을 비롯한 많은 기업은 직원에게 회사에 소속되어 있는 목사의 상담 서비스를 제공한다. 많은 목사는 마켓플레이스채플린스USA(Marketplace Chaplains USA) 등과 같은 기관에 고용되어 있지만, 타이슨푸즈 등 일부 기업은 사목을 직접 채용한다. 성직자인 사목을 직장에 둔다는 데에는 논쟁의 여지가 있지만, 그들의 역할은 영성을 높이는 것이 아니라 이미 기독교 신앙을 가지고 있는 직원을 위해 봉사하는 인적자원 관리 부서를 돕는 것이다.[144] 다른 신앙을 가진 리더에게도 유사한 역할을 분명히 장려해야 한다.

영성에 대한 비판 조직의 영성 운동을 비판하는 사람들은[145] 세 가지 이슈에 초점을 두고 있다. 첫째, 과학적 근거에 대한 의문이다. 일터 영성이란 정확히 무엇인가? 그저 새로운 유행어인가? 둘째, 영성에 대한 강조는 분명 일부 직원을 불편하게 만든다. 비판자들은 세속적인 기관, 특히 기업에서 직원에게 영적인 가치를 불어넣으면 안 된다고 주장한다.[146] 이러한 비판은 영성이 종교와 신을 일터로 가져올 경우 의심의 여지 없이 맞는 말이다. 그러나 직원이 직장 생활에서 의미와 목적을 찾도록 도와주는 것으로 목표가 한정된다면 그러한 비판이 덜할 것이다. 셋째, 영성과 이윤이 양립 가능한 목표인지는 경영자와 투자자에게 중요한 관심사이다. 최근까지 이 주제에 관한 연구가 거의 이루어지지 않았지만, 중국 서비스 근로자를 대상으로 한 일부 연구 결과에 따르면 감정노동의 부정적인 영향을 해결하는 데 도움이 될 수 있는 것으로 나타났다.[147] 다른 연구에서는 직원에게 영성 개발 기회를 제공하는 조직이 그렇지 않은 조직보다 성과가 높은 것으로 나타났다.[148] 또한 조직에서의 영성이 창의성, 직원의 만족도, 직무 몰입, 조직 몰입과 긍정적인 관계가 있다고 밝힌 연구도 있다.[149]

글로벌 맥락

5장에서 집단주의와 개인주의, 권력 격차 등과 같은 글로벌 문화 가치에 대해 살펴보았다. 여기서는 초점을 약간 좁혀서 조직 문화가 어떻게 글로벌 맥락의 영향을 받는지에 초점을 둔다. 조직 문화는 매우 강력하기 때문에 종종 국가의 경계를 초월한다.[150] 하지만 그것이 국가 문화와 지역의 문화를 무시해도 된다는 것을 의미하지는 않는다.

미국 직원이 할 수 있는 주요한 일 중 하나는 문화적으로 민감해지는 것이다. 미국은 비즈니스와 문화에서 지배적인 영향력을 행사하고 있으며, 그러한 영향력에는 평판이 따른다. 미국의 한 임원은 "우리는 전 세계를 통틀어 오만하고 완전히 자기중심적이며 목소리가 큰 사람들처럼 보인다"고 말하기도 했다. 미국 직원이 문화적 민감성을 가지는 방법으로는 자신의 행동이 다른 사람들에게 어떻게 인식되는지 파악하고, 말하거나 행동하기 전에 다른 사람들의 배경, 관점, 감정을 고려하는 것 등이 있다.

윤리적 행동의 관리는 국가 문화와 기업 문화가 마찰을 일으킬 수 있는 영역 중 하나이다.[151] 미국 관리자와 직원은 흔히 익명성을 가진 시장의 힘을 높이 평가하며, 이것을 기업 조직의 도덕적 의무로 보고 있다. 이러한 세계관은 뇌물, 정실주의, 개인적인 인맥을 우선시하는 것을 매우 비윤리적으로 본다. 이들은 이윤 극대화를 중요하게 생각하기 때문에 이윤 극대화를 벗어나는 모든 행동을 부적절하거나 부패하다고 여긴다. 반면 개발도상국의 관리자는 윤리적 결정이 사회적인 환경에서 만들어진다고 믿는다. 즉 가족과 친구에게 특별한 호의를 베푸는 것은 적절할 뿐만 아니라 심지어 윤리적인 책임으로 볼 수도 있다는 것이다. 많은 국가의 관리자는 자본주의를 회의적으로 보고 이윤 극대화를 제한할 수도 있겠지만, 노동자의 이익과 주주의 이익을 같은 선상에서 이해해야 한다고 생각한다. 다국적 조직 문화를 만드는 것은 전통적으로 경쟁관계인 국가의 직원들 간에 분쟁을 일으킬 수 있다. 한 국가의 조직이 해외 활동을 위해 근로자를 채용하려 할 때 경영진은 조직 문화의 여러 측면을 표준화할 것인지 결정해야 한다. 아직까지는 무엇이 최선의 조치인지 명확히 결론이 나지 않았지만, 그 첫 번째 단계는 기업이 다양한 표준에 민감하게 반응하는 것이다.

요약

조직 문화는 조직 내 행동에 막대한 영향을 미친다. 조직의 '본질'을 설명하기는 어렵지만, 조직의 공유된 가치와 신념, 물질적 상징물, 의식, 일화, 언어 등을 살펴보면 조직 생활의 세계를 들여다볼 수 있다. 몇 가지 문화 프레임워크는 가치와 신념이 조직의 성과에 중요한 영향을 미칠 수 있으며, 다른 문화적 가치는 전략적 결과에 다른 영향을 미친다고 제시한다. 문화는 직원이 조직 문화에 대해 얼마나 동의하는지에 따라 조직을 가로질러 존재할 수 있다. 이러한 차이는 하위문화를 만들어내며, 이는 여러 지점, 부서 또는 팀에서 사람들이 왜 다르게 행동하는지에 대한 시사점을 제공한다.

조직 문화에 대한 창업자의 영향은 부인할 수 없을 만큼 강력하다. 창업자는 조직의 분위기를 조성하고 무엇이 중요한지에 대한 토대를 마련하며, 이러한 가치를 공유하는 사람을 채용하고 그렇지 않은 사람을 배제한다. 조직 문화는 시간이 지남에 따라 최고경영진의 지원과 사회화 과정을 통해 지속적으로 유지되므로 이를 변화시키기는 매우 어렵다.

문화는 조직에 대해 몇 가지 기능을 제공한다. 경계를 정의하고, 정체성을 전달하며, 자기 자신보다는 더 큰 것에 헌신하도록 촉진하고, 조직 시스템의 안정성(조직을 하나로 묶어주는 접착제로 작용)을 향상한다. 문화가 조직에서 구체적인 현실적 근간을 구축하는 방법은 문화가 가치와 신념을 강화하는 분위기 또는 정책, 관행, 절차를 정립하는 것이다. 그리고 이러한 분위기는 성과, 태도 등과 같은 조직의 결과에 영향을 미친다. 지금까지 조직행동론에서는 다양한 유형의 문화와 분위기에 관한 연구가 이루어졌다. 그중에서 안전, 윤리, 지속가능성, 혁신적인 문화와 분위기는 조직에 특히 중요하고 관련성이 높다. 또한 문화와 분위기는 가치와 관행에 따라 자산과 부채로 해석될 수 있다. 자산으로서의 가치를 높이기 위해 관리자와 직원은 긍정적·윤리적·영성적인 문화와 분위기를 조성하도록 노력해야 한다. 그리고 윤리적 문제와 관련하여 국가 문화와 조직 문화가 때로 충돌할 수 있다는 것을 항상 염두에 두어야 한다.

경영자를 위한 시사점

- 조직 문화는 단기적으로는 비교적 고정되어 있지만, 중요한 결과에 큰 영향을 미치는 복잡하고, 기술적이며, 풍부한 정보가 있는 조직의 한 측면이라는 것을 인식하라. 조직 문화와 분위기를 변화시키려면 최고경영진이 참여하고 장기적인 변화 계획을 수립해야 한다.
- (다양한 관점을 도입하려는 목적이 아니라면) 조직의 가치와 일치하는 사람을 고용하라. 이러한 직원은 헌신하고 만족할 가능성이 크다. 조직의 가치와 일치하지 않는다면 이직률이 더 높을 것이다.
- 직원의 성과와 사회화는 조직에서 중요시되는 가치와 관행을 직원이 얼마나 알고 있는지에 달려 있다는 것을 이해하라. 직원을 잘 교육하고 직무 역할 변화에 대해 지속적으로 정보를 제공해야 한다.
- 문화가 우리를 형성하는 것만큼이나 우리도 작업 환경의 문화를 형성할 수 있다. 모든 관리자는 바람직하거나 강조되는 가치를 강화하는 정책, 관행, 절차를 수립하는 데 집중함으로써 바람직한 문화를 조성하는 데 역할을 수행할 수 있다.
- 문화 변화는 종종 경영진에서 시작되지만, 조직을 구성하는 사람들의 역할이 가장 중요하다는 것을 인식하라. 문화를 만들고, 유지하고, 변화시키려면 직원이 조직 문화에 적극적으로 참여하도록 유도하고 몰입해야 한다.
- 자신의 조직 문화가 다른 나라로 이전되지 못할 수도 있음을 인식하라. 새로운 계획이나 제안을 해외에 도입하기 전에 조직의 규범이 문화적으로 관련성이 있는지 이해해야 한다.

17
조직 변화와 스트레스 관리

학습목표

- 변화의 힘과 계획된 변화를 비교할 수 있다.
- 변화에 대한 저항 극복 방법을 설명할 수 있다.
- 조직 변화 관리에 대한 네 가지 주요 접근법을 비교할 수 있다.
- 변화를 촉진하는 세 가지 방법을 설명할 수 있다.
- 직장에서의 스트레스에 대한 환경적·조직적·개인적 요인뿐만 아니라 개인 차이와 문화적 차이의 역할을 이해할 수 있다.
- 직장에서 발생하는 스트레스의 생리적·심리적·행동적 증상을 설명할 수 있다.
- 직장에서 스트레스를 관리하기 위한 개인적·조직적 접근을 설명할 수 있다.

변화

2016년 4분기 동안 아이폰은 7,700만 대가 판매된 반면, 삼성 휴대폰은 7,680만 대가 판매되었다.[1] 2015년 4분기에는 아이폰 판매량이 7,150만 대로 훨씬 적었고, 삼성 휴대폰 판매량은 8,340만 대에 달했다.[2] 같은 시기에 중국 휴대폰 회사인 오포(Oppo)와 그 모기업인 BBK일렉트로닉스(BBK Electronics)가 빠르게 시장에 진입하고 있었다. 이들의 시장점유율은 모두 6%로 삼성이나 애플에 비해 매우 낮았다.[3] 불과 몇 년 전만 해도 시장을 지배하던 노키아(Nokia)나 리서치인모션(Research in Motion, 블랙베리 제조사)과 같은 기업의 규모가 급격히 축소되고 있었다. 이 시장을 비롯한 많은 시장에서 경쟁자들은 끊임없이 시장에 진입하고 퇴장하면서 빠르게 입지를 확보하거나 잃고 있다. 이러한 환경과 그 밖의 많은 환경에서도 변화가 계속 일어나고 있다.

변화의 힘

오늘날의 일터에는 변화를 주도하는 몇 가지 힘이 있다. 변화를 촉진하는 여섯 가지 힘은 다음과 같다.

- **노동 인력의 특성 변화**: 산업 전반에 걸쳐 노동 인력의 변화가 뚜렷이 나타나고 있다. 본문 전체에서 논의했듯이 거의 모든 조직은 다문화 환경, 인력 구성의 변화, 이민, 아웃소싱에 적응해야 한다.
- **기술**: 기술은 직무와 조직을 지속적으로 변화시키고 있다.[4] 예를 들어 머신러닝과 인공지능은 비즈니스 수행 방식, 의사결정 방식, 정보 수집 및 실행 방식, 심지어 조직 구조에 이르기까지 조직의 많은 측면에 혁명을 일으키고 있다.[5] 그리고 가상 커뮤니케이션의 발전으로 사무실이 곧 구시대의 개념이 될 것이라고 상상할 수 있다.[6]
- **경제적 충격**: 경제적 충격은 일자리 상실, 기업 파산, 장기간의 회복 과정 등 조직에 엄청난 영향을 미친다. 예를 들어 2007~2009년의 경기 침체는 조직과 사회 전반에 큰 변화를 가져왔다.[7] 경제적 충격은 조직과 사회 전반에 변화를 일으키는 중대한 동인이다. 경제적 충격으로 인해 수단, 부룬디, 짐바브웨 등에서는 1,000만 명 이상이 식량 부족과 불안을 겪고 있다.[8] 흔히 이러한 상황은 예측하기 어렵고 갑자기 발생한다. 미국 연방준비제도 전 의장인 벤 버냉키(Ben Bernanke)는 "경제 팽창은 단순히 노화로 죽는 것이 아니라 … 살해당하는 것이라고 생각한다"고 말했다.[9] 이러한 원인 중 일부는 COVID-19 팬데믹과 같은 국제적·국가적 위기, 과도한 건설, 인플레이션, 투기적 가격, 누적된 부채와 그로 인한 소비 감소 등이다.[10]
- **경쟁**: 경쟁이 달라지고 있다. 오늘날의 경쟁자는 옆 동네에서 오는 것처럼 대양을 건너온다. 성공적인 조직은 발 빠르게 움직여 신제품을 신속히 개발하고 시장에 내놓을 수 있다. 바꾸어 말하면 이러한 조직은 매우 유연하여 융통성이 있으며, 반응이 빠른 인력을 필요로 한다. 딜로이트의 파트너인 줄리엣 버크(Juliet Bourke)는 최근 올바른 다양성 접근 방식을 통해 조직이 더 유연하고 민첩해질 수 있다고 지적했다(혁신적이고 민첩할 가능성이 여섯 배 높다).[11]
- **사회적 트렌드**: 사회적 트렌드는 고정되어 있지 않다. 따라서 조직은 변화하는 사회적 트렌드에 민감하게 대응하기 위해 제품 및 마케팅 전략을 지속적으로 조정해야 한다. 예를 들어 오늘날 대부분의 소비자는 개인적인 경험을 원한다.[12] 한 조사에 따르면 소비자의 80%는 맞춤형 경험을 제공받을 때 구매 가능성이 더 큰 것으로 나타났다.[14] 던킨도너츠는 지오펜싱을 사용하여 경쟁사의 커피숍 근처에 있는 사람들에게 맞춤형 광고와 쿠폰을 제공했는데, 수신자의 3분의 1 이상이 쿠폰을 클릭하고 일부는 쿠폰을 저장하거나 바로 사용했다.[15] 소비자, 직원, 조직의 리더는 환경 문제에 점점 더 민감해지고 있다. 이제 '친환경(green)'이라는 관행은 선택이 아닌 필수로 여겨지고 있다.[16]

미쓰비시

미쓰비시(Mitsubishi)는 다른 자동차 회사와 마찬가지로 COVID-19 팬데믹의 영향을 크게 받아 2021년 3월에 마감하는 회계연도에 3,600억 엔(약 26억 7,000만 파운드)의 순손실이 예상되었다. 경기 침체에 대한 대응의 일환으로 미쓰비시는 500~600명을 감축하고 수익성이 없는 대리점을 폐쇄함으로써 향후 2년 동안 고정비용의 20%를 절감할 계획을 세웠다. 또한 내년의 파제로 SUV 생산을 중단하고 일본의 차량 생산 공장을 폐쇄하기로 결정했다.[13]

- **세계 정치**: 세계 정치도 조직 변화에 영향을 미친다. 세계화를 가장 강력하게 옹호하는 사람들조차 세계정세가 어떻게 변화할지는 상상조차 하지 못했다. 우리는 글로벌 시장을 뒤흔든 금융 위기, 전 세계적인 팬데믹,[17] 중국의 권력과 영향력 급부상, 아랍 세계 정부의 강력한 개혁을 목격했다. 예를 들어 영국의 유럽연합(EU) 탈퇴와 이를 둘러싼 정치적 혼란은 전 세계 조직에 영향을 미치는 변화로 이어졌다.[18]

반응적 변화와 계획된 변화

변화(change)는 단순히 무언가가 지금과는 달라지는 것을 말한다. 흔히 변화는 계획되지 않고 자연스럽게 일어나지만, 어떤 상황에서는 변화를 실현하기 위해 적극적·의도적으로 목표 지향적인 노력을 기울이는데, 이는 **계획된 변화**(planned change)라고 할 수 있다.[19]

변화 무언가가 지금과는 달라지는 것

계획된 변화 변화를 실현하기 위해 적극적·의도적으로 목표 지향적인 노력을 기울이는 것

계획된 변화의 목표는 무엇일까? 첫째, 환경 변화에 적응할 수 있도록 조직의 능력을 증진하는 것이다. 둘째, 직원의 행동을 변화시키는 것이다.

조직에서 변화 활동을 관리하는 책임자는 바로 **변화 담당자**(change agent)이다.[20] 변화 담당자는 다른 사람들이 아직 파악하지 못한 조직의 미래를 보고, 이러한 비전을 개발 및 실행하도록 동기부여를 할 수 있다.[21] 변화 담당자는 관리자일 수도 있고 관리자가 아닐 수도 있으며, 현직 또는 신입 직원이거나 외부의 컨설턴트일 수도 있다. 일부 변화 담당자는 새로운 역량과 수요를 충족하기 위해 기존 산업을 혁신하고자 한다. 예를 들어 샌디 젠(Sandy Jen), 캐머런 링(Cameron Ring), 모니카 로(Monica Lo), 세스 스턴버그(Seth Sternberg)는 크라우드펀딩 회사인 킥스타터(Kickstarter)에서 내놓은 소셜 마켓플레이스 개념을 온라인 비즈니스에 적용하기 위해 함께 일하고 있다. 이들은 요양 시설을 통해 노인과 가족을 연결하는 기존의 방식과 달리 아너(Honor)라는 온라인 마켓플레이스를 이용한다.[22]

변화 담당자 촉매제 역할을 하고 변화 활동을 관리하는 책임자

변화에 대한 저항

우리의 자아는 약하기 때문에 때로는 변화를 위협적인 것으로 여긴다. 심지어 직원은 변화의 필요성을 보여주는 데이터를 보고 난 뒤에도, 지금 상태가 괜찮고 변화가 필요하지 않다는 것을 보여줄 수 있는 자료를 찾아 거기에 집착하는 경향이 있다.[23] 변화에 대해 부정적으로 생각하는 직원은 그것을 생각하지 않거나 심지어 이직하는 방법으로 대처한다. 이러한 반응은 조직에 활력소가 가장 필요할 때 조직을 약화시킬 수 있다.[24] 사실 변화에 저항하는 것은 정서적으로 지치게 만들 수 있다.[25]

변화에 대한 저항은 하위 직급에서만 나타나는 것이 아니다. 상위 계층의 관리자가 부하 직원이 제안한 변화에 저항하는 경우가 많으며, 리더가 당장의 성과에 초점을 두는 경우에는 특히 그렇다. 반대로 숙련과 탐색에 초점을 두는 리더는 부하 직원이 제안하는

변화를 기꺼이 경청하고 채택할 것이다.[26] 또한 인수합병 시에는 빠른 전환보다는 느린 전환을 통해 직원과 중간 관리자의 저항을 줄일 수 있다.[27]

공개적인 토론과 논쟁을 거친다면 변화에 대한 저항이 긍정적으로 바뀔 수 있다.[28] 이러한 반응은 일반적으로 무관심이나 침묵보다 훨씬 더 좋고, 조직 구성원이 변화 과정에 참여한다는 것을 나타내므로 변화 담당자에게 변화의 노력을 설명할 기회를 제공한다. 또한 변화 담당자는 조직 구성원의 선호에 맞게 접근 방식을 수정하기 위해 변화에 대한 저항을 관찰할 수 있다.

변화에 대한 저항이 항상 표준화된 방식으로 나타나는 것은 아니다. 저항은 명시적일 수도 있고 암묵적일 수도 있으며, 즉각적으로 나타날 수 있고 나중에 나타날 수도 있다.[29] 불평이나 태업, 파업과 같이 명백하고 즉각적인 저항은 경영진이 쉽게 관리할 수 있다. 가장 큰 문제는 충성심이나 동기부여 상실, 결근 증가 등과 같이 암묵적이거나 나중에 나타나는 저항을 관리하는 것이다. 이러한 반응은 매우 미묘하고 어떤 것인지 인식하기가 어렵기 때문이다. 또한 나중에 나타나는 행동은 변화와 반응 간의 연결 고리를 흐리게 하여 때로는 몇 주, 몇 달 혹은 몇 년 뒤에 나타날 수도 있다. 초기에는 영향력이 별로 없는 작은 저항이 표출되지 않고 점점 쌓이다가 결국에는 낙타의 등을 휘게 하는 마지막 지푸라기가 될 수도 있다.

도표 17-1
변화에 대한 저항의 원천

개인적 원천

- **습관**: 삶에서 복잡한 일에 대응하기 위해 우리는 습관이나 프로그램화되어 있는 반응에 의존한다. 그런데 변화에 직면하면 이처럼 늘 익숙한 방식으로 반응하려는 성향이 저항의 원천이 된다.
- **안정성**: 안정성에 대한 욕구가 강한 사람은 변화가 자신의 안전을 위협한다고 생각하기 때문에 변화에 저항할 가능성이 크다.
- **경제적 요인**: 직무나 기존 업무 루틴의 변화는, 특히 임금이 생산성과 밀접하게 연관될 때 사람들이 새로운 업무나 루틴을 과거 수준으로 수행할 수 없을 것이라고 우려하는 경우 소득 감소에 대한 두려움을 초래할 수 있다.
- **모르는 것에 대한 두려움**: 변화는 불확실성과 모호함을 모르는 것으로 대체한다.
- **선택적 정보처리**: 사람들은 자신이 지각한 것을 유지하기 위해 선택적으로 정보를 처리한다. 즉 자신이 듣고 싶은 것만 듣고, 자기가 만들어놓은 세계에 도전하는 정보는 무시한다.

조직적 원천

- **구조적 관성**: 조직은 안정성을 유지하기 위해 선발 과정, 공식화된 규정 등과 같은 메커니즘을 가지고 있다. 조직이 변화에 직면했을 때 이러한 구조적 관성은 안정성을 유지하려는 균형추로 작용한다.
- **제한된 변화 범위**: 조직은 상호 의존적인 여러 개의 하위 시스템으로 이루어져 있다. 다른 것에 영향을 미치지 않으면서 어느 하나만 변화시킬 수는 없다. 따라서 하위 시스템의 제한적인 변화가 더 큰 시스템에 의해 무효화되는 경향이 있다.
- **집단의 타성**: 개인이 자신의 행동을 변화시키고 싶어도 집단 규범이 이를 제약할 수도 있다.
- **전문성에 대한 위협**: 조직 패턴의 변화는 전문가 집단의 전문성을 위협할 수 있다.
- **기존의 권력관계에 대한 위협**: 의사결정 권한의 재분배는 조직 내에서 오랫동안 형성된 권력관계를 위협할 수 있다.

도표 17-1은 변화에 대한 저항의 주요 요인을 원천에 따라 분류한 것이다. 개인적 원천은 지각, 성격, 욕구 등과 같은 인간의 기본적인 특성에 기인하는 것이고, 조직적 원천은 조직 자체의 구조적 특성에 기인하는 것이다.

변화에 대한 저항 극복

변화 담당자가 변화에 대한 저항을 다루는 데 도움이 될 수 있는 여덟 가지 전술을 살펴보자.[30]

의사소통 변화의 시대에는 의사소통이 그 어느 때보다 더 중요하다. 독일 기업을 대상으로 한 연구에서는 주주에게만 정보를 제공하기보다는 주주, 직원, 지역사회, 고객 등 다양한 이해관계자의 관점에서 균형을 취한다는 근거를 전달할 때 변화가 가장 효과적인 것으로 나타났다.[31] 필리핀의 변화하는 한 조직에 관한 연구에서는 공식적인 정보 설명회가 변화에 대한 직원의 불안감을 감소시키고, 변화에 관한 양질의 정보를 제공함으로써 변화에 대한 몰입이 높아지는 것으로 나타났다.[32] 프랑스와 스페인의 연구에 따르면 사람들은 변화를 위협적인 것으로 인식하면 변화에 따르지 않을 가능성이 있지만, 도전으로 인식하면 변화를 지지하고 준수하며 업무에 참여할 가능성이 더 큰 것으로 나타났다.[33]

참여 자신이 참여한 변화 결정에 저항하기는 어렵다. 만약 참여자가 의미 있는 공헌을 할 만큼 전문성이 있다면 이들의 참여는 저항을 줄이고 몰입과 의사결정의 질을 높일 수 있다. 시칠리아의 반마피아 단체인 아디오피초(Addiopizzo)에 대한 연구에 따르면, 조직의 가치(예: 비판적 소비, 성실성, 자부심)에 호소하여 조직이 직접적으로 피초(pizzo, 마피아에 보호비를 지불하는 것)에 의문을 제기함으로써 마피아에 성공적으로 대응할 수 있었다고 한다.[34] 그러나 한편으로는 좋지 않은 해결책이 나오거나 많은 시간이 소요되는 것과 같은 단점도 있다.

지원과 몰입 변화에 대한 정서적 몰입이 낮은 관리자나 직원은 저항하고 현상 유지를 선호한다.[35] 직원은 조직 전체에 대해 몰입할 때 변화를 더 수용한다.[36] 따라서 조직적 지원(예: 변화에 대응할 수 있는 코칭 및 교육 프로그램)을 제공하고 긍정적인 분위기를 조성하면 직원은 현상을 유지하기보다는 변화에 정서적으로 몰입할 수 있게 된다.[37] 직원이 변화에 대한 두려움과 불안이 높을 때는 상담 및 치료, 새로운 기술 교육훈련, 단기 유급 휴가 등을 통해 변화에 적응하는 데 도움을 줄 수 있다.

긍정적인 관계 개발 사람들은 변화를 실행하는 관리자를 신뢰하고 변화가 정당하다고 생각하면 기꺼이 변화를 수용하는 경향이 있다.[38] 합병을 경험한 네덜란드의 대규모 주택 회사 직원 235명을 조사한 결과에 따르면 상사와 더 긍정적인 관계를 유지하고 작업 환경이 발전을 지원한다고 느낀 사람은 변화 과정에 대해 훨씬 더 긍정적이었다.[39] 또한

중국의 대형 호텔 조직을 대상으로 이루어진 연구에서는 전임 리더가 비효과적이거나 독설적이거나 지나치게 무관심할 때는 신임 리더의 변화를 더 기꺼이 수용하는 대조 효과가 나타났다.[40] 사회적 맥락의 중요성을 강조하는 다른 연구에서는 일반적으로 변화에 저항하는 사람일지라도 동료로부터 지원을 받고, 위험을 감수할 만큼 안전한 환경이라고 느끼는 경우에는 새로운 아이디어를 기꺼이 수용하는 것으로 나타났다.[41]

공정한 변화 실행 조직이 부정적인 영향을 최소화할 수 있는 한 가지 방법은 동료, 조직 및 기타 당사자에게 변화가 공정하게 실행되도록 하는 것이다.[42] 7장에서 살펴보았듯이 절차 공정성은 직원이 결과를 부정적으로 지각하는 경우 특히 중요하므로 직원이 변화의 이유를 이해하고, 실행이 공정하며 일관성 있게 이루어졌다고 지각하게 하는 것이 중요하다.[43]

조종과 임명 조종(manipulation)은 은밀하게 영향력을 미치려는 시도를 말한다.[44] 어떤 것이 더 매력적으로 보이도록 사실을 왜곡하는 것, 불리한 정보를 감추는 것, 직원이 변화를 수용하도록 거짓 소문을 퍼뜨리는 것 등은 모두 조종의 예이다. 예를 들어 파이어페스티벌(Fyre Festival)의 공동 창업자인 빌리 맥팔런드(Billy McFarland)는 사기 행위가 드러났을 때 "직장은 당신 가족"이라고 말했다. 이에 한 직원이 이렇게 답했다. "우리는 가족이 아니야. 당신은 우리한테 아무것도 말해주지 않았어!"[45] 임명(cooptation)은 조종과 참여를 결합한 방법이다. 즉 저항하는 집단의 구성원에게 핵심적인 역할을 맡겨 매수하고 자문을 구하지만, 이는 더 좋은 해결책을 찾기 위한 것이 아니라 그 사람에게 동의를 얻으려는 방법이다. 예를 들어 '수리할 권리' 캠페인은 제조업체의 제품 수리 독점을 반대한다. 삼성과 같은 기업은 고객이 '공인 수리업체'를 찾도록 함으로써 고객을 흡수하지만 여전히 수리를 막거나 수리 조건을 결정할 수 있다. 수리할 권리 캠페인의 책임자인 네이선 프록터(Nathan Proctor)는 "처음에는 무시하고, 다음에는 비웃고, 그다음에는 당신과 싸우지만 … 마지막 수단으로 당신을 임명한다"고 강조했다. 조종과 임명 모두 반대파로부터 지원을 얻어낼 수 있는, 비교적 비용이 적게 드는 방법이지만, 만약 당사자가 속았다거나 이용당했다고 느낄 때는 큰 역효과를 초래할 수 있다. 이러한 사실이 한 번 발각되고 나면 변화 담당자의 신뢰가 땅에 떨어질 것이다.

변화 수용자 선발 연구에 따르면 변화를 쉽게 수용하고 적응하는 능력은 성격과 관련이 있다. 즉 어떤 사람은 단순히 변화에 더 긍정적인 태도를 가지고 있다.[46] 경험에 대해 개방적이고, 기꺼이 위험을 감수하며, 행동에 유연성이 있는 사람이 가장 적합한 후보이다.[47] 미국, 유럽, 아시아의 관리자를 대상으로 이루어진 연구에 따르면 긍정적인 자아개념과 위험에 대한 내성이 높은 사람이 조직 변화에 더 잘 적응하는 것으로 나타났다. 또한 일반적인 정신 능력이 높은 사람은 직장에서의 변화를 더 잘 학습하고 적응할 수 있다.[48] 요약하면, 이러한 증거는 조직이 변화를 수용할 준비가 되어 있는 사람을 선발함

으로써 변화를 촉진할 수 있다는 것을 시사한다.

강요 강요는 저항하는 사람에게 직접적인 위협이나 힘을 사용하는 것으로(13장 참조),[49] 강제 전근, 승진 차단, 부정적인 성과 평가, 부실한 추천서 등을 예로 들 수 있다. 강요는 적어도 일부 저항자에게 어떤 힘이나 압력을 가할 수 있을 때 가장 효과적이다. 예를 들어 한 직원의 전근 요청이 공개적으로 거부당하면 다른 직원들의 마음속에서는 승진 차단에 대한 위협이 일어날 것이다.

변화의 정치

변화에 대한 정치를 언급하지 않고 저항에 대한 논의를 끝낼 수는 없을 것이다. 변화는 항상 현상 유지를 위협하기 때문에 본질적으로 정치적 활동을 수반한다.

정치는 변화의 원동력이 외부의 변화 관리자나 조직의 신입 직원(현재 상황에 투자한 것이 적은 사람), 권력의 핵심에서 약간 떨어져 있는 관리자에게서 발생하는 경향이 있음을 시사한다. 조직에 오래 몸담고 높은 자리를 차지한 관리자는 흔히 변화에의 주요 걸림돌이 된다. 이처럼 오랫동안 권력을 유지하는 사람은 변화가 필요할 때 점진적으로 변화를 추진하는 경향이 있다. 이것이 바로 이사회가 급진적이고 신속한 변화에 필요한 새로운 리더십을 위해 외부 후보자를 물색하는 이유이다.[50]

조직 변화 관리에 대한 접근

변화 관리에 대한 접근법으로 레빈의 고전적인 3단계 변화 과정 모델, 코터의 8단계 계획, 행동 연구, 조직 개발을 자세히 살펴보자.

레빈의 3단계 모델

쿠르트 레빈(Kurt Lewin)은 조직의 성공적인 변화를 위해서는 현재 상태의 **해빙**(unfreezing), 원하는 상태로의 **변화**(movement), 새로운 변화를 영구적으로 만들어 주는 **재동결**(refreezing) 과정이 필요하다고 주장했다(도표 17-2 참조).[51]

현재 상태는 말 그대로 균형 상태이다. 이러한 균형 상태를 변화시키려면, 즉 개인의 저항과 집단 동조의 압력을 모두 극복하려면 다음과 같은 세 가지 방법 중 하나로 해빙이 이루어져야 한다(도표 17-3 참조). 첫째, 현재 상태에서 벗어나도록 행동을 유도하는 힘인 **추진력**(driving forces)을 증가시킨다. 둘째, 기존의 균형 상태에서 변화하는 것을 방해하는 힘인 **억제력**(restraining forces)을 감소시킨다. 셋째, 앞의 두 가지 방법을 조합하여 사용한다. 과거에 성공적이었던 조직의 경우 구성원이 변화의 필요성에

추진력 현재 상태에서 벗어나도록 행동을 유도하는 힘

억제력 기존의 균형 상태에서 변화하는 것을 방해하는 힘

도표 17-2
레빈의 3단계 변화 모델

도표 17-3
현재 상태의 해빙

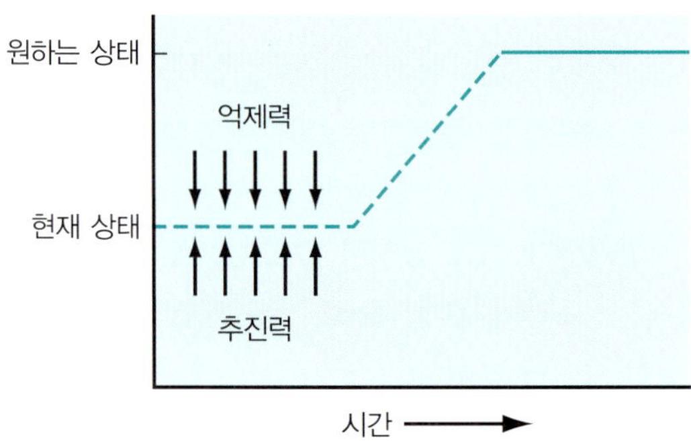

의문을 제기하기 때문에 억제력에 직면할 가능성이 높다.[52]

일단 변화 단계가 시작되면 추진력을 계속 유지하는 것이 중요하다. 점진적으로 변화를 만들어가는 조직보다는 신속하게 변화 단계에 진입하여 변화를 추진하는 조직이 훨씬 더 성공적이다. 변화가 일단 실행되었다면 새로운 상태가 시간이 지나도 지속적으로 유지될 수 있도록 재동결을 해야 한다. 이 마지막 단계가 없다면 변화는 아주 짧은 기간 동안만 영향을 미치고 직원은 이전의 균형 상태로 다시 돌아가게 될 것이다.

최근 몇 년 동안 학자들은 몇 가지 이유로 레빈의 모델을 비판했다.[53] 첫째, 매슬로의 욕구 단계 이론(7장 참조)과 마찬가지로 레빈은 변화가 순차적이며 항상 진행된다고 가정한다. 둘째, 이 모델은 관리자를 완벽한 대리인으로 본다. 즉 변화 담당자는 자신이 어디에 있는지, 조직 구성원이 어디에 있는지, 그리고 어디로 가고 있는지를 정확히 알고 있다는 것이다. 그러나 조직은 매우 유동적이기 때문에 현실에서 이를 정확히 파악하는 것이 불가능할 수 있다. 셋째, '동결'이라는 용어에 다소 문제가 있다고 주장하는 학자들도 있다. 즉 시간은 계속 흐르기 때문에 실제로 동결이 일어나지 않을 수 있으며, 새로운 변화가 현재의 변화를 역동적으로 방해할 수 있다는 것이다. 실제로 조직의 변화를 이해하는 더 현대적인 접근법에서는 타이밍, 페이싱, 리듬 및 관련된 변화 담당자의 성격과 같은 문제를 고려한다.[54]

코터의 8단계 계획

존 코터(John Kotter)는 레빈의 3단계 모델을 바탕으로 보다 구체적인 변화 실행 방법을 제시했다.[55] 코터는 관리자가 변화를 시작할 때 저지르는 공통적인 실수를 살펴보았다. 첫째, 관리자는 변화의 필요성에 대한 긴박감을 조성하지 못하거나, 변화 과정을 관리할 연합체 또는 변화에 대한 비전을 만들지 못할 수도 있다. 둘째, 변화를 효과적으로 전달하지 못하거나, 조직 문화에 변화를 정착시키지 못할 수도 있다. 셋째, 비전 달성을 가로막는 장애물을 제거하지 못하거나, 단기적이고 달성 가능한 목표를 제공하지 못할 수도 있다. 넷째, 관리자는 너무 성급하게 승리를 선언할 수도 있다.

코터는 이러한 문제를 극복하기 위해 순차적인 8단계를 수립했으며, 도표 17-4에 이를 제시했다. 1~4단계는 기본적으로 레빈의 '해빙' 단계를 풀어놓은 것이고 5~7단계는

1. 변화가 필요한 강력한 이유를 만들어 긴박감을 조성한다.
2. 변화를 이끌 수 있는 충분한 권력을 가진 사람과 연합을 형성한다.
3. 변화의 방향을 제시할 새로운 비전과 비전 달성 전략을 만든다.
4. 조직 전체에 비전을 전달한다.
5. 변화를 가로막는 장애물을 제거함으로써 다른 사람들이 비전을 달성할 수 있도록 권한을 위양하며, 위험을 감수하고 창조적으로 문제를 해결하도록 장려한다.
6. 새로운 비전을 향해 조직이 움직일 수 있도록 단기적인 '성공'을 계획하고, 만들고, 보상한다.
7. 개선점을 통합하고, 변화를 재평가하며, 새로운 프로그램에 필요한 조정을 시행한다.
8. 새로운 행동과 조직 성공의 관계를 입증함으로써 변화를 강화한다.

도표 17-4
변화 실행을 위한 코터의 8단계 계획

출처: Based on M. du Plessis, "Re-implementing an Individual Performance Management System as a Change Intervention at Higher Education Institutions Overcoming Staff Resistance," *Proceedings of the 7th European Conference on Management Leadership and Governance*, 2011, 105-15.

'변화' 단계, 8단계는 '재동결' 단계이다. 따라서 코터의 공헌은 관리자와 변화 담당자에게 변화를 성공적으로 실행할 수 있는 상세한 가이드라인을 제공한 것이라 할 수 있다.

행동 연구

행동 연구 체계적인 자료 수집 및 분석 결과를 기초로 변화 행동을 선택하는 변화 프로세스

행동 연구(action research)는 체계적인 자료 수집 및 분석 결과를 기초로 변화 행동을 선택하는 변화 프로세스이다.[56] 행동 연구의 가치는 계획된 변화를 관리하기 위한 과학적 방법론을 제공하는 데 있다. 행동 연구는 5단계, 즉 진단, 분석, 피드백, 행동, 평가로 구성된다(각 단계가 과학적 방법과 얼마나 밀접한 관련이 있는지에 주목하라). 영국에서의 행동 연구 응용 사례로는 간호 직원의 참여도 향상,[57] 공급망 시스템의 지속가능성 개선을 들 수 있다.[58] 미국에서는 의료 서비스 회사인 옵툼(Optum)이 고객 서비스 전문가를 참여시켜 고객과 더 효과적으로 소통하는 방법을 결정하는 데 행동 연구를 활용했다.[59]

행동 연구는 적어도 두 가지 이점을 제공한다. 첫째, 문제에 집중한다. 변화 담당자는 객관적으로 문제를 찾고, 문제의 유형에 따라 변화 행동 유형을 결정한다. 둘째, 저항을 낮춘다. 행동 연구는 과정에 직원을 철저히 참여시키기 때문에 변화에 대한 저항이 줄어든다. 일단 직원이 피드백 단계에 적극적으로 참여하면 일반적으로 변화 프로세스가 자체적으로 추진력을 얻게 된다. 그러나 조직의 정당성이 잠재적으로 또는 이미 위험에 처해 있을 때는 조직이 행동 연구에 참여하는 것을 거부할 수도 있다.[60]

조직 개발

조직 개발 인본주의적·민주주의적 가치를 바탕으로 조직의 효과성과 직원의 복지를 개선하려는 일련의 변화 방법

조직 개발(organizational development, OD)은 조직의 효과성과 직원의 복지를 개선하려는 일련의 변화 방법이다.[61]

조직 개발 방법은 인간과 조직의 성장, 협동적·참여적 과정, 탐구 정신을 중요시한다.[62] 오늘날의 조직 개발은 사람들이 환경을 바라보는 주관적인 관점을 강조한다는 점에서 포스트모더니즘 철학에 많은 부분을 의지하고 있다. 변화 담당자는 조직 개발을 주도하지만 특히 협동을 더욱 강조한다.

변화를 위해 적용할 수 있는 조직 개발 기법 또는 개입 방법에 대해 알아보자.

감수성 훈련 비구조화된 집단 상호작용을 통해 행동을 변화시키는 훈련

감수성 훈련 **감수성 훈련**(sensitivity training), 실험실 훈련, 대면집단, T 그룹(training group) 등으로 불리는 이 기법은 모두 비구조화된 집단 상호작용을 통해 행동을 변화시키려 했던 초기 방법을 말한다.[63] 다양성 훈련, 임원 코칭, 팀 빌딩 훈련 등과 같은 현재의 조직 개입 기법은 이러한 초기의 조직 개발 기법에서 비롯된 것이다. 모든 형태의 조직 개발에서는 구조화되지 않은 집단이 위협적이고 혼란을 일으키며 업무 관계에 손해를 입히지 않도록 주의해야 한다.

서베이 피드백 조직 구성원의 의견을 듣고 지각 차이를 파악하기 위해 설문조사를 한 뒤 토론을 하여 해결책을 구하는 기법

서베이 피드백 **서베이 피드백**(survey feedback)은 조직 구성원의 태도를 평가하는 수단 중 하나로, 구성원의 지각 차이를 밝혀내고 이러한 차이를 해결하는 기법이다.[64] 기본적으로 업무 부서에서 전략적 조사를 통해 수집한 자료는 문제를 파악하고 논의를 촉진하는 발판으로 사용된다. 집단이 다양한 문제에 대한 해결책에 동의하도록 답변을 유도해야 한다.

서베이 피드백은 의사결정자가 조직에 대한 직원의 태도를 파악하는 데 도움이 될 수 있다. 그러나 사람들은 설문조사에 응답할 때 많은 요인의 영향을 받기 때문에 일부 결과는 신뢰할 만하지 않을 수도 있다. 따라서 서베이 피드백을 사용하고자 하는 관리자는 조직의 현재 사건과 직원의 응답률을 모니터링해야 한다.

과정 자문법 고객이 사건을 이해하고 개선이 필요한 부분을 파악하도록 외부 컨설턴트가 도움을 주는 기법

과정 자문법 관리자는 종종 자기 부서의 성과가 개선될 수 있다고 느끼지만 무엇을 어떻게 개선해야 할지 파악하지 못하는 경우가 많다. **과정 자문법**(process consultation, PC)의 목적은 외부 컨설턴트가 고객, 일반적으로 관리자를 도와 "무슨 일이 일어나고 있는지 공동으로 해독하는 지속적인 노력을 통해 관계를 형성하고 … 어떻게 진행할지 함께 선택을 내릴 수 있도록 돕는" 것이다.[65] 이러한 사건에는 작업 흐름, 부서 구성원 간의 비공식적 관계, 공식적 의사소통 등이 포함된다.

과정 자문법은 대인관계 문제를 해결함으로써 조직 효과성이 개선될 수 있다고 가정하고 몰입을 강조한다는 측면에서 감수성 훈련과 유사하다. 그러나 과정 자문법은 보다 과업 지향적이며, 컨설턴트는 조직의 문제를 해결하지는 않지만 무엇을 개선할 것인지 함께 진단하고 난 이후에 고객이 자신의 문제를 직접 해결할 수 있도록 안내하거나 코치를 한다. 고객은 자기 부서에서 프로세스 분석에 필요한 기술을 개발하고, 컨설턴트가 떠난 이후에도 오랫동안 그 기술을 사용할 수 있다. 고객은 진단 및 대안 개발 과정에 적극적으로 참여하기 때문에 프로세스와 해결책에 대해 깊이 이해하게 되고, 선택한 행동 계획에 대한 저항이 줄어든다.

팀 빌딩 팀원 간 고도의 상호작용으로 신뢰와 개방성을 높이는 것

팀 빌딩 이 책 전체에 걸쳐 언급하듯이 과업을 달성하기 위해 팀제에 의존하는 조직이 점점 더 많아지고 있다. **팀 빌딩**(team building)은 고도로 상호작용하는 집단 활동을 통해 팀원 간의 신뢰와 개방성을 증진하고, 조정 노력을 향상하며, 팀의 성과를 높이는

것이 목적이다.[66] 예를 들어 많은 기업은 팀 빌딩 방법으로 '방 탈출'(팀원이 협력하여 테마가 있는 방을 탈출하기 위해 퍼즐을 푸는 게임)을 활용한다.[67] 방 탈출 팀 빌딩 프로그램에 참여한 한 직원은 "방 탈출과 같은 경험을 통해 얻을 수 있는 것은 연대감과 공동체 의식이며, 일단 방에 들어가면 재미와 팀 빌딩이 고도로 교차된다"고 말했다.[68]

팀 빌딩 활동에는 일반적으로 목표 설정, 팀원 간 대인관계 개선, 각 팀원의 역할과 책임을 명확하게 하기 위한 역할 분석 및 팀 프로세스 분석 등이 포함된다. 그리고 팀이 직면한 구체적인 문제와 개발하고자 하는 목적에 따라 일부 활동을 특별히 더 강조하거나 제외할 수 있다. 그러나 기본적으로 팀 빌딩은 신뢰와 개방성을 높이기 위해 팀원 사이에 이루어지는 고도의 상호작용을 활용한다. 조직이 점점 더 팀에 의존하는 요즘 같은 시대에 팀 빌딩은 중요한 주제이다.

집단 간 개발 조직 개발의 주요 관심 영역은 집단 간의 역기능적인 갈등이다. **집단 간 개발**(intergroup development)은 집단이 서로에 대해 가지고 있는 태도, 상동적 태도, 지각 등을 변화시키고자 한다.[69] 이때 훈련 세션이 인구통계적 차이 대신 한 조직의 직종이나 부서, 부문 간 차이에 초점을 둔다는 것을 제외하고는 다양성 훈련과 매우 유사하다. 일단 불일치의 원인을 파악하고 나면 집단 간 관계 개선을 위한 해결책을 공동으로 개발하는 통합 단계로 들어간다. 서로 갈등이 있는 집단의 구성원들로 구성된 하위 집단을 만들어 보다 깊이 있는 진단을 수행하고 가능한 대안을 수립할 수 있다.

집단 간 개발 조직 개발에서 집단이 서로에 대해 가지고 있는 태도, 상동적 태도, 지각 등을 변화시키기 위한 노력

집단 간 관계를 개선하기 위한 몇 가지 접근법 중 가장 인기 있는 것은 문제 해결을 강조하는 기법이다.[70] 각 집단은 독립적으로 만나서 자기 집단과 다른 집단을 어떻게 인식하고 있는지, 그리고 다른 집단은 그것을 어떻게 인식하고 있다고 생각하는지 등에 대해 목록을 작성한다. 그런 다음 이 목록을 집단끼리 공유하고 유사점과 차이점에 대해 토론하여 차이의 원인을 찾는다.

호의적 질문 대부분의 조직 개발 접근법은 문제 중심적이다. 즉 문제 또는 문제 집합을 파악하고 이에 대한 해결책을 찾는다. 그러나 **호의적 질문**(appreciative inquiry) 기법은 긍정적 측면을 강조한다.[71] 해결할 문제를 찾기보다는 조직의 고유한 자질과 특별한 강점을 발견하여 구성원이 성과를 개선하도록 한다. 이 기법은 GTE, 로드웨이익스프레스(Roadway Express), 아메리칸익스프레스, 미 해군 등에서 효과적인 변화 전략으로 입증되었다.[72] 미국 유제품 산업은 지속가능성 노력을 혁신하기 위해 이 방법을 사용하여 약 3억 달러에 달하는 프로젝트를 수행했으며, 이는 다른 산업의 모델로 선정되기도 했다.[73]

호의적 질문 조직의 고유한 자질과 특별한 강점을 발견하여 구성원이 성과를 개선하도록 하는 접근법

호의적 질문 기법은 4단계(발견, 꿈꾸기, 설계, 운명)로 구성되고 흔히 2~3일간의 대규모 집단 회의로 진행되며, 이러한 전 과정을 훈련된 변화 담당자가 감독한다. 발견은 조직의 강점이 무엇이라고 생각하는지 파악하는 단계이다. 구성원은 조직이 가장 잘 운영되었다고 생각했을 때나 직무에서 가장 만족했을 때가 언제인지에 대해 이야기한다.

꿈꾸기 단계에서는 구성원이 발견 단계에서 얻은 정보를 바탕으로 5년 후 조직이 어떻게 될 것인지 등 미래를 그려본다. **설계** 단계에서는 조직의 미래 모습에 대한 공통 비전을 찾고 조직의 고유한 특질에 대해 합의한다. 네 번째 단계에서는 참가자들이 조직의 꿈을 실현하는 방법 또는 조직의 **운명**(destiny)을 정의하며, 실행 계획을 작성하고 실천 전략을 개발한다.

변화 촉진

우리는 조직이 변화에 어떻게 **적응**할 수 있는지 살펴보았다. 그런데 최근에 일부 조직행동론 학자들은 보다 적극적인 접근법(조직이 어떻게 문화를 변형시켜 변화를 **포용**할 수 있는지)에 초점을 두고 있다. 이러한 접근법인 역설 관리, 혁신 자극, 학습조직 만들기에 대해 살펴본 뒤 조직 변화와 스트레스에 관한 이슈를 다루자.

역설 관리

역설 이론 경영의 핵심 역설은 조직에 대한 최종적인 최적 상태가 존재하지 않는다는 것

관리자는 **역설 이론**(paradox theory)에서 몇 가지 교훈을 얻을 수 있다.[74] 역설 이론에 따르면 경영의 핵심 역설은 조직에 대한 최종적인 최적 상태가 존재하지 않는다는 것이다.[75] **역설적인** 상황에서 우리는 자원의 희소성으로 인해 발생하는 다양한 행동 방침 간의 긴장의 균형을 유지해야 한다.[76] 시간이 흐르면서 우선순위가 변화하는 가운데 균형점, 동태적 균형을 찾는 과정은 끊임없이 진행된다.[77] 첫 번째 교훈은 환경과 조직 구성원이 변화함에 따라 각기 다른 요소가 중요해진다는 것이다. 예를 들어 조직은 때때로 과거의 성공 및 그것이 어떻게 이루어졌는지를 인식해야 하지만, 과거를 뒤돌아보는 것이 발전을 저해할 수도 있다. 전체적으로 사고하고 역설적인 요인 간의 균형을 잡는 것의 중요성을 아는 관리자는 특히 자신이 관리하는 사람들이 적응적이고 창의적인 행동을 취하게 하는 데 효과적이다.[78] 그러나 역설적 접근 방식을 채택하는 리더는 현재 상황이 더 바람직한 방향으로 나아갈 것이라는 낙관적인 생각을 함으로써 몰입 상승의 함정(6장 참조)에 빠질 수도 있다.[79]

혁신 자극

어떻게 하면 조직이 더 혁신적이 될 수 있을까? 보증된 공식은 없지만, 혁신적인 조직을 연구할 때 반복적으로 나타나는 특징(구조, 문화, 분위기 등)이 있다(16장 참조). 먼저 혁신의 의미를 명확히 짚고 넘어가자.

혁신 제품, 프로세스 또는 서비스를 새로 시작하거나 개선하는 데 적용되는 새로운 아이디어

혁신의 정의 변화는 무언가를 다르게 만드는 것이고, **혁신**(innovation)은 제품, 프로세스 또는 서비스를 새로 시작하거나 개선하는 데 적용되는 특별한 변화 중 하나이다.[80] 따라서 모든 혁신은 변화를 의미하지만 모든 변화가 반드시 새로운 아이디어를 도입하거나 중요한 개선을 가져오는 것은 아니다. 혁신은 태블릿과 같은 점진적 개선에서 전기

자동차와 같은 급진적 혁신에 이르기까지 범위가 다양하다.

혁신의 원천 구조적 변수는 혁신의 잠재적 원천 중 하나이다.[81] 구조와 혁신의 관계를 종합적으로 고찰하여 도출된 결론은 다음과 같다.

- **유기적 구조는 혁신에 긍정적인 영향을 미친다.** 유기적 구조는 수직적 차별화, 공식화, 집권화가 낮으므로 혁신을 쉽게 채택하게 해주는 유연성, 적응성, 상호 지원 등을 촉진한다.[82]
- **조건부 보상은 혁신에 긍정적인 영향을 미친다.** 창의성에 대해 보상이 주어지면 조직은 더욱 혁신적으로 변하는 경향이 있으며, 특히 구성원이 자신의 직무를 수행하는 데 자율권과 함께 성과에 대한 피드백이 주어질 때 더욱 그렇다.[83]
- **혁신은 여유 자원이 있을 때 촉진된다.** 풍부한 여유 자원이 있으면 조직은 혁신을 구입 또는 개발하고 적용하는 데 드는 비용을 감당하고 실수를 수용할 수 있다.[84]
- **혁신적인 조직은 부서 간 의사소통이 원활하다.** 이러한 조직은 부서 간 경계를 넘어 쉽게 상호작용하게 하는 위원회, 태스크포스, 기능횡단팀 및 기타 메커니즘을 많이 사용한다.[85]

맥락과 혁신 국가 문화는 조직의 혁신에 영향을 미친다.[86] 크라우드소싱 기업의 글로벌 데이터를 사용한 연구에 따르면 사회적 규범이 강하고 규범에서 벗어나는 것에 대한 관용이 낮은 국가일수록 혁신에 더 자주 억압되는 경향이 있다.[87] 지역 차원의 문화적 다양성도 혁신에 영향을 미친다. 다른 문화적 배경을 가진 사람들(예: 해외 파견 근무자)과 친밀한 대인관계(낭만과 우정)를 맺으면 혁신과 기업가 정신이 촉진된다.[88]

16장에서 언급했듯이 혁신적인 조직은 실험을 장려하고 성공과 실패에 대해 모두 보상한다.[89] 그러나 너무 많은 조직에서 성공한 것에 대한 보상보다는 실패하지 않은 것에 대한 보상이 이루어진다. 그러한 문화는 위험 감수와 혁신을 말살시킨다.[90] 혁신적인 조직은 목적의식을 공유하며,[91] 응집력이 있고 서로를 지지하며 혁신을 장려하는 경향이 있다.[92] 혁신적인 조직은 구성원의 훈련과 개발을 적극적으로 장려하여 최신 기술을 유지하고 높은 고용 안정성을 제공함으로써 구성원이 실수로 인한 해고를 걱정하지 않고 변화의 챔피언이 되도록 격려한다.[93] 이러한 관행은 작업집단에도 적용되어야 한다. 중국 하이테크 기업의 200개 팀에 속한 1,059명을 조사한 결과에 따르면 직원의 몰입을 강조하는 작업 시스템의 경우 팀의 창의성이 높은 것으로 나타났다.[94] 그리고 동료 간의 응집력이 강한 팀일수록 이러한 효과가 더 컸다. 또한 스페인의 연구에 따르면 호텔팀은 조직에서 혁신을 지원할 때 각 고객에게 최상의 서비스를 제공할 수 있는 권한을 부여받기 때문에 더 나은 고객 서비스를 제공할 수 있다.[95]

아이디어 챔피언과 혁신 일단 새로운 아이디어가 개발되고 나면 **아이디어 챔피언**(idea champion)은 적극적·열정적으로 알리고, 지원을 받아내며, 저항을 극복하고, 혁신이

아이디어 챔피언 혁신을 받아들이고, 적극적·열정적으로 알리고, 지원을 받아내고, 저항을 극복하고, 혁신이 실현되게 하는 사람

실행되게 한다.[96] 종종 챔피언은 비슷한 성격적 특성(매우 높은 자신감, 끈기, 에너지, 위험 감수 성향)을 가지고 있다.[97] 또한 변혁 추구 리더십과 관련된 특징을 가지고 있으며, 혁신의 가능성과 미션에 대한 강한 개인적 신념을 바탕으로 다른 사람들에게 영감을 주고 에너지를 불어넣는다. 관리자와 변화 담당자는 시간이 지남에 따라 직원이 아이디어에 대해 보일 수 있는 다양한 유형의 반응도 알고 있어야 한다. 예를 들어 의심하는 사람은 새로운 아이디어에 절대 동참하지 않고, 전환자는 점점 더 아이디어를 좋아하게 되며, 반대하는 사람은 시간이 지남에 따라 아이디어를 싫어할 가능성이 높다.[98] 변화 담당자는 이를 염두에 두고 최상의 결과를 얻기 위해 메시지를 다양하게 구성할 수 있다.

상황 또한 아이디어 챔피언의 변화 추진력에 영향을 미친다. 예를 들어 직무 역할과 사회적 환경이 기업가의 창의적 정체성이 발전할 수 있도록 격려할 때 변화에 대한 기업가의 열정이 가장 크다. 반대로 일상적인 관리와 행정을 하는 직무 역할은 창의적인 사람의 변화에 대한 열정과 성공적인 실행을 감소시킬 것이다.[99] 아이디어 챔피언은 다른 사람들의 참여를 얻어내는 데 능숙하며, 이들의 직무에는 상당한 의사결정 재량권이 부여되어야 한다. 이러한 자율성은 환경이 지원적일 때 혁신을 도입하고 실행하는 데 도움이 된다.[100]

성공적인 아이디어 챔피언은 문화에 따라 다르게 행동할까? 일반적으로 집단주의 문화권 사람들은 혁신을 위해 기능횡단팀의 지원에 호소하는 것을 선호하고, 권력 격차가 큰 문화권 사람들은 일을 시작하기 전에 혁신 활동을 승인하는 권한이 있는 사람들과 긴밀하게 협력하는 것을 더 선호한다. 또한 불확실성 회피 성향이 더 높은 사회일수록 챔피언들은 혁신을 개발하기 위해서 조직의 규칙과 절차 내에서 행동해야만 한다.[101]

학습조직 만들기

조직이 적극적으로 변화를 관리하는 또 다른 방법은 지속적으로 성장하는 문화를 만드는 것이다. 즉 **학습조직**(learning organization)이 되는 것이다.[102]

학습조직 지속적으로 변화하고 적응하는 능력을 가진 조직

학습조직은 무엇인가 개인이 학습하는 것처럼 조직도 학습한다. 학습조직은 지속적으로 변화하고 적응하는 능력을 가지고 있다. 학습조직 설문지(Dimensions of the Learning Organization Questionnaire)의 차원은 학습조직 원칙에 대한 몰입도를 평가하기 위해 국제적으로 채택된 것이다.[103]

도표 17-5는 학습조직의 다섯 가지 기본 차원을 요약한 것이다. 즉 사람들은 낡은 사고방식을 버리고, 서로에게 개방적인 태도를 배우고, 조직이 실제로 어떻게 운영되는지 이해하고, 모두가 동의할 수 있는 계획 또는 비전을 수립하고, 그러한 비전을 달성하기 위해 함께 협력해야 한다.[104]

학습 관리하기 관리자는 다음과 같이 함으로써 조직을 학습조직으로 만들 수 있다.

1. 모든 사람이 동의하는 공유 비전이 있다.
2. 구성원은 문제 해결과 직무 수행에 사용하는 낡은 사고방식과 표준화된 절차를 버린다.
3. 구성원은 조직의 모든 프로세스, 활동, 기능, 상호작용을 상호관계 시스템의 일부로 생각한다.
4. 구성원은 비판이나 처벌에 대한 두려움 없이 (수직적·수평적 경계를 넘어) 공개적으로 소통한다.
5. 구성원은 조직의 공유 비전 달성을 위해 사적인 이익과 부서별 이해관계를 승화시켜 함께 일한다.

도표 17-5
학습조직의 특징

출처: Based on P. M. Senge, *The Fifth Discipline: The Art and Practice of the learning Organization* (New York: Doubleday, 2006).

- **전략을 수립한다.** 관리자는 변화, 혁신, 지속적인 개선에 대한 몰입을 명확히 해야 한다.
- **조직 구조를 재설계한다.** 공식적인 구조는 학습에 심각한 걸림돌이 될 수 있다. 조직 구조를 납작하게 만들고, 부서를 줄이거나 통합하고, 기능횡단팀을 활용하여 상호 의존성을 강화하고, 경계를 줄여야 한다.
- **조직 문화를 재형성한다.** 학습조직이 되려면 관리자는 위험을 감수하고 실수를 인정하는 것이 바람직하다는 것을 행동으로 보여주어야 한다. 즉 기회를 잡고 실수하는 직원에게 보상을 해야 한다. 경영진은 기능적 갈등을 조장할 필요가 있다.

조직 변화와 스트레스

직장 생활에서 스트레스를 받았던 때를 생각해보라. 교통 체증으로 지각하는 것과 같이 직장 생활에 영향을 미치는 일상적인 스트레스 요인을 살펴보자. 직장에서 가장 기억에 남고 오래도록 스트레스를 받았던 것은 언제인가? 많은 사람은 조직 변화로 인해 스트레스를 겪는다. 조직 변화가 직원에게 미치는 영향에 대한 연구가 점점 더 증가하고 있다. 스트레스의 구체적인 원인과 스트레스를 줄이는 요인을 파악하여 조직 변화를 효과적으로 관리하는 방법을 살펴보자.[105] 전반적인 연구 결과는 사람들이 스트레스 요인에 어떻게 반응하는지에 관한 조직행동론 지식을 통합하는 조직 변화가 목표 설정 계획을 통해 객관적으로만 관리하는 조직 변화에 비해 훨씬 더 효과적인 결과를 가져올 수 있음을 보여준다.[106]

직장에서의 스트레스

스트레스는 직장에서 여러 가지 형태로 나타난다. 인종 편견은 미국 보훈부에서 근무하는 흑인 여성 임상심리학자인 제시카 잭슨(Jessica Jackson)과 같은 전문가에게도 지장을 준 악질적인 형태 중 하나이다. 그녀는 고등학교 시절 교사가 교실을 잘못 찾았다고 다른 학생들보다 낮은 성적을 주었을 때(심지어 조별 프로젝트에서도)부터 계속 자신의 자리를 증명해야 하는 스트레스와 좌절감을 느꼈다.[107]

말 그대로 스트레스는 살인자이며, 직장에서의 스트레스에 관한 통계는 충격적이다.[108] 한 통계에 따르면 ① 미국 내 근로자의 83%가 스트레스를 받고, ② 스트레스는

도표 17-6
스트레스의 가장 큰 원인

출처: "Stress in America: The State of Our Nation," *American Psychological Association*, November 1, 2017, https://www.apa.org/news/press/releases/stress/2017/state-nation.pdf

삶에서 가장 많은 스트레스를 야기하는 영역은 무엇인가?

영역	스트레스의 가장 큰 원인
국가의 미래	63%
돈	62%
일	61%
정치적 분위기	57%
범죄(예: 폭력)	51%

연간 3,000억 달러의 손실을 초래하고, ③ 직장 내 사고의 60~80%를 차지하고, ④ 매일 100만 명이 결근하고, ⑤ 근로자 중 29%(거의 3분의 1)가 스트레스 때문에 동료를 때리고 싶다고 인정했다.[109] 종업원 지원 프로그램을 제공하는 해리스로텐버그인터내셔널(Harris, Rothenberg International)은 근로자가 그 어느 때보다 높은 비율로 정신적 장애를 겪고 있으며, 전문가의 도움이 필요하다고 밝혔다.[110] 도표 17-6에서 나타냈듯이 실제로 일은 대부분의 사람들에게 스트레스의 가장 심각한 원천이다. (최근 설문조사에서는 의료 서비스에의 접근성과 성희롱 위협도 스트레스의 주요 원인으로 나타났다.)[111] 그렇다면 스트레스의 원인과 결과는 무엇이고, 개인과 조직은 스트레스를 줄이기 위해 무엇을 할 수 있을까?

스트레스는 무엇인가

스트레스 자신이 원하는 것과 관련된 기회, 요구 또는 자원(즉 스트레스 요인)에 직면한 개인이 그 결과가 불확실하면서도 중요하다고 인식하는 심리적 과정

긴장 스트레스 요인에 대한 평가로 인해 나타나는 심리적·신체적으로 불쾌한 반응

스트레스(stress)는 자신이 원하는 것과 관련된 기회, 요구 또는 자원(즉 스트레스 요인)에 직면한 개인이 그 결과가 불확실하면서도 중요하다고 인식하는 심리적 과정을 말한다.[112] 그리하여 개인은 스트레스 요인에 대한 평가로 인해 **긴장**(strain) 또는 심리적·신체적으로 불쾌한 반응을 경험한다.[113] 간단히 말해 스트레스는 긴장을 경험하게 하는 스트레스 요인에 노출되는 과정이다. 일반적으로 스트레스는 부정적인 것으로 여겨지지만(대부분의 경우 해롭기 때문에), 스트레스가 많은 상황(예: 프로 운동선수가 궁지에 몰린 경우)에 대처하는 힘을 주거나, 도전적인 상황에서 작업의 질을 향상하는 등 긍정적인 목적으로 작용할 수도 있다.

도전적 스트레스 요인 업무량, 과업 완수의 압박감, 촉박한 시간 등과 관련된 스트레스 요인

방해적 스트레스 요인 관료주의, 조직 정치, 직무 책임의 혼동 등과 같이 목표 달성을 저해하는 스트레스 요인

스트레스 요인 연구자들은 업무량, 과업 완수의 압박감, 촉박한 시간 등과 같은 **도전적 스트레스 요인**(challenge stressor)이 관료주의, 조직 정치, 직무 책임의 혼동 등과 같이 목표 달성을 저해하는 **방해적 스트레스 요인**(hindrance stressor)과 상당히 다르다고 주장했다.[114] 연구 결과에 따르면 도전적 스트레스 요인과 방해적 스트레스 요인 둘 다 긴장을 유발하지만 방해적 스트레스가 훨씬 더 높은 수준의 긴장감을 유발한다는 증거가 있다.[115] 도전적 스트레스 요인(시간이 지나도 안정적일 때)은 방해적 스트레스 요인에 비해 동기부여, 참여, 성과를 높이는 것으로 나타났다.[116] 반면에 방해적 스트레스

요인은 안전 준수와 참여, 직원 참여도, 직무 만족, 조직 몰입, 성과, 이직에 부정적인 영향을 미치는 것으로 나타났다.[117]

연구자들은 각 유형의 스트레스가 존재하는 조건을 명확히 밝히기 위해 노력해왔다. 시간적 압박과 학습 요구는 모두 직원이 조직에서 학습하고 성공하는 데 도움을 주는 도전적 스트레스 요인으로 작용하는 것으로 나타났다.[118] 그러나 불필요한 업무는 일반적으로 시간적 압박과 같은 도전적 스트레스 요인에 잠재되어 있는 긍정적·도전적 특성을 차단한다.[119] 방해적 스트레스 요인(예: 업무를 완수하는 데 필요한 자원의 부족)은 목표 달성을 방해하는 것으로, 개인적 위협(예: 교도관이 죄수의 위협을 불안해하는 것)과 구별되어야 한다.[120] 최근의 연구 결과에 따르면 각 유형의 스트레스 요인이 특정 위험 요인에 의해 증폭되어 건강에 부정적인 영향을 미치는 것으로 나타났다. 즉 도전적 스트레스 요인은 음주와 결합될 때 증폭되고, 방해적 스트레스 요인은 음식 섭취 및 흡연과 결합될 때 증폭된다.[121]

요구와 자원 일반적으로 스트레스는 **요구**(demand), **자원**(resource)과 연관이 있다. 요구는 개인이 직장에서 경험하는 책임감, 압박감, 의무감, 불확실성 등이다. 자원은 요구 해결에 개인이 이용할 수 있으며 통제 가능한 것을 말한다. 여기서는 요구–자원 모델에 대해 알아보자.[122]

요구 개인이 직장에서 경험하는 책임감, 압박감, 의무감, 불확실성 등

자원 요구 해결에 개인이 이용할 수 있으며 통제 가능한 것

직장에서 연말에 성과를 평가할 때 사람들은 기회와 성과에 대한 압박감으로 인해 스트레스를 느낀다. 좋은 성과 평가를 받으면 승진하여 더 많은 책임, 더 높은 봉급을 받게 될 것이다. 그러나 평가 점수가 낮으면 승진하지 못하고, 극단적으로 성과가 낮은 경우에는 해고될 수도 있을 것이다. 만약 요구에 대응할 수 있는 자원이 있다면, 예컨대 미리 평가에 대비하거나, 그것이 세상의 종말이 아니라고 생각하거나, 사회적 지원을 받을 수 있다면 스트레스를 덜 느낄 것이다.[123] 실제로 사회적 지원은 다른 무엇보다 지속적으로 더 중요할 수도 있다. 전반적으로 요구–자원 관점에서 볼 때 스트레스에 대응할 수 있는 자원을 가지고 있다는 것은 요구가 스트레스를 증가시키는 것만큼이나 스트레스를 상쇄하는 데 중요하다.[124]

알로스태시스 지금까지 논의한 바에 따르면 사람들은 요구와 자원이 완벽하게 맞아떨어지는 안정적인 상태를 추구한다는 생각이 들 수도 있다. 초기의 연구는 그러한 항상성 혹은 안정적인 균형 상태를 강조하는 경향이 있었지만, 이제는 하나의 이상적인 상태가 존재하지 않는다는 것이 분명해졌다. 그 대신 요구가 변화하고, 자원이 변화하며, 불균형을 해결하는 시스템이 변화한다는 알로스태틱 모델에 대해 논의하는 것이 더 정확하다.[125] **알로스태시스**(allostasis)를 통해 우리는 행동과 태도를 바꿈으로써 안정을 찾으려고 노력한다. 이 모든 것은 알로스태틱 부하 또는 우리가 사용하는 자원에 따라 스트레스 요인이 우리에게 미치는 누적 효과에 달려 있다.[126] 만약 자신의 능력에 대해 자신감을 가지고 있고 다른 사람들로부터 많은 지지를 받고 있다면 긴장감을 경험하려는 의

알로스태시스 행동과 태도를 바꿈으로써 안정을 찾으려고 노력하는 것

지가 강해지고 대응 자원을 더 잘 동원할 수 있을 것이다. 이것은 알로스태틱 부하가 너무 크지 않은 상황이다. 그러나 알로스태틱 부하가 너무 크거나 오래 지속되면 심리적 또는 생리적 스트레스 증상을 경험할 것이다.

직장 스트레스의 잠재적 원천

도표 17-7에 제시된 모델을 통해 스트레스의 원인을 살펴보자.

환경적 요인 환경적 불확실성은 조직 구조 설계에 영향을 미칠 뿐만 아니라 조직 구성원의 스트레스 수준에도 영향을 미친다. 실제로 불확실성은 구성원이 조직 변화에 대응하는 데 어려움을 겪는 가장 큰 이유이며, 스트레스를 겪을 때 내린 결정이 의사결정의 질을 떨어뜨리는 이유이기도 하다.[127] 환경적 불확실성에는 경제적 유형, 정치적 유형, 기술적 유형이 있다.

비즈니스 사이클의 변화는 **경제적 불확실성**을 야기한다. 예를 들어 경기가 위축되면 고용 안정에 대한 불안감이 높아진다. **정치적 불확실성**은 아이티나 베네수엘라 같은 국가의 사람들에 비해 북미 사람들에게 스트레스를 덜 주는 경향이 있다. 미국과 캐나다는 일반적으로 질서 정연하게 변화가 실행되는 매우 안정적인 정치 시스템을 가지고 있기 때문이다. 그러나 모든 국가에서 정치적 위협과 변화는 스트레스를 유발할 수 있다. 혁신은 사람들의 기술과 경험을 단기간에 진부한 것으로 만들 수 있기 때문에 새로운 컴퓨터 프로그램, 로보틱스, 자동화 및 이와 유사한 형태의 **기술 변화**를 따라잡는 것은 사람들에게 스트레스를 유발하는 또 다른 도전이다. 최근 연구에 따르면 사람들은 인공지능

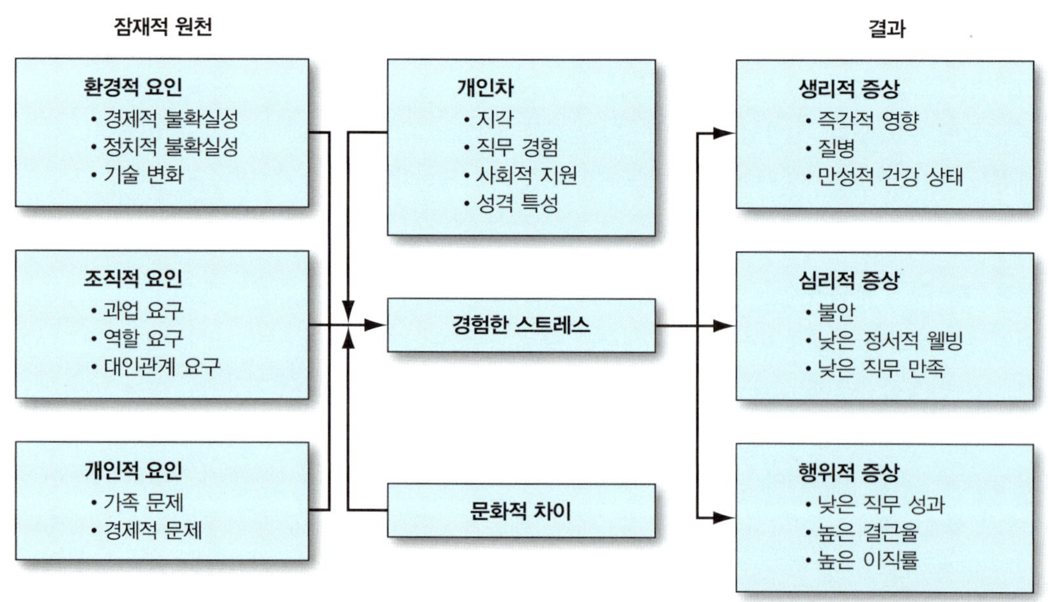

도표 17-7 스트레스 모델

이 어떤 형태의 감정이나 느낌을 필요로 하는 직무를 대체하는 것과 같은 기술적 변화와 불확실에 대해 가장 큰 불안감을 느끼는 것으로 나타났다.[128] 흥미롭게도 사람들은 '인지적 요구가 많은' 일자리가 해외로 아웃소싱되는 것을 선호한다.[129]

조직적 요인 조직에서 스트레스를 야기하는 요인은 업무 과부하, 실수를 피하거나 제한된 시간에 과업을 완수하려는 압박감, 요구 사항이 많고 무신경한 상사, 불쾌한 동료 등 무수히 많다. 이러한 요인은 과업, 역할, 대인관계 요구로 분류할 수 있다.

- **과업 요구**: 이는 개인의 직무와 연관되며, 여기에는 직무 설계(자율성, 과업 다양성, 자동화 정도 등 포함), 근무 조건, 물리적 작업 배치 등이 포함된다. 직장 내 스트레스와 가장 일관되게 관련되는 한 가지 요인은 수행해야 할 업무량이며, 그다음이 마감 시한이다.[130] 사람이 많은 혼잡한 사무실이나 소음과 방해물이 많은 눈에 잘 띄는 장소에서 일하는 것도 불안과 스트레스를 증가시킨다.[131]
- **역할 요구**: 이는 조직에서 수행하는 각 역할의 기능에 따라 해당 직원에게 부여되는 압박감과 관련이 있다.[132] 역할 갈등은 조화를 이루거나 충족하기 어려운 기대를 만들어내고, 역할 과부하는 직원이 너무 많은 일을 맡을 때 나타난다. 역할 모호성은 직원이 역할 기대를 분명하게 이해하지 못하고 무엇을 해야 할지 모른다는 것을 의미한다. 안타깝게도 환경적 제약이 강한 상황(예: 고정된 근무 시간, 까다로운 직무 책임)에 놓인 사람은 스트레스를 줄여주는 휴식과 같은 적극적 대응 행동을 취하기 어렵다.[133]
- **대인관계 요구**: 이는 다른 직원 때문에 생기는 압박감을 말한다. 어느 정도의 압박감은 예상할 수 있지만 싸움, 괴롭힘, 무례함, 인종 차별, 성희롱 등 동료와 상사의 부정적 행동이 특히나 직장에서의 스트레스에 큰 영향을 미친다는 연구 결과가 최근 급속히 증가하고 있다.[134] 대인관계 악화는 생리적인 영향을 미칠 수 있다. 한 연구는 통제된 환경에서의 부당한 대우가 코르티솔(스트레스 반응에 관여하는 호르몬) 분비를 유발한다는 사실을 발견했다.[135] 또한 오랫동안 다양한 원천으로부터의 차별 또는 사회적 따돌림이라는 사회 풍토를 경험한 사람은 기본적인 웰빙 수준 차이를 고려하더라도 심리적 긴장 수준이 더 높은 것으로 나타났다.[136] 업무 외적인 대인관계 요구도 영향을 미칠 수 있다. 즉 가정이 업무에 영향을 미치기도 하고 업무가 가정에 영향을 미치기도 하며, 그 결과 전체적으로 긴장을 초래할 수 있다.[137]

개인적 요인 보통 사람은 1주일에 40~50시간 일할 것이다. 그런데 나머지 시간인 주당 120시간 이상 동안 겪는 경험과 문제가 업무에 영향을 미치기도 한다. 예를 들어 수면의 질과 양은 개인이 경험하는 긴장의 양에 부정적인 영향을 미칠 수 있다.[138] 직장에서 스트레스를 유발하는 요인의 마지막 범주는 개인의 가족 문제와 경제적 문제를 포함한 개인적 생활 요소이다.

미국의 설문조사에 따르면 사람들이 가족을 소중히 여기는 것은 미국 전역에 걸쳐 일관적이다.[139] **가족 문제**는 심지어 좋은 것이라 할지라도 개인에게 큰 영향을 주는 스트레스를 유발할 수 있다.[140] 가족 문제는 흔히 일-가정 갈등과 밀접한 관련이 있으며, 일-가정 갈등은 긴장의 주요 원인이다.[141]

소득 수준과 관계없이 **경제적 문제**는 스트레스의 큰 요인이 될 수 있다. 연봉이 10만 달러인 사람도 연봉이 2만 달러인 사람만큼 돈 문제를 해결하는 데 어려움을 겪지만, 최근 연구에 따르면 연간 5만 달러 미만을 버는 사람은 더 많은 스트레스를 경험하는 것으로 나타났다.[142] 감당하기 힘든 빚으로 인한 개인의 경제적 문제는 스트레스를 유발하고 일에 집중하지 못하게 한다.

스트레스 요인의 누적 스트레스 요인을 따로따로 검토할 때 스트레스가 누적되어 쌓이는 현상이라는 것을 간과하기 쉽다.[143] 예를 들어 고객이나 동료에게 무례한 대우를 받으면 이로 인해 밤에 잠을 못 자고, 방금 겪은 무례함 이상으로 추가적인 긴장을 경험할 수 있다.[144] 새로운 스트레스 요인이 지속적으로 증가하면 스트레스 수준이 높아진다. 단일 스트레스 요인은 그 자체만으로는 상대적으로 중요하지 않을 수도 있지만, 스트레스 수준이 이미 높은 상태에서 새로운 스트레스가 추가되면 문제가 심각하다. 개인이 겪는 스트레스의 총량을 평가하려면 스트레스의 원천과 심각도를 모두 합산해야 한다. 하지만 이는 정량화하거나 관찰하기가 어렵기 때문에 관리자는 특히 조직적 요인으로 인한 잠재적 스트레스 부하를 계속 인지하고 있어야 한다. 많은 직원은 배려하는 관리자에게 직장에서 느끼는 스트레스를 기꺼이 표현할 것이다.

스트레스의 개인차

어떤 사람은 스트레스가 많은 상황에서도 잘 견디는 반면, 어떤 사람은 스트레스에 압도당한다. 이처럼 스트레스에 대처하는 능력에 차이를 가져오는 것은 무엇일까? 잠재적 스트레스 요인과 실제 경험하는 스트레스의 관계를 조절하는 개인적 변인은 무엇일까? 지각, 직무 경험, 사회적 지원, 성격 특성 등 적어도 이 네 가지가 그와 관련이 있다.

지각 우리는 현실 그 자체가 아니라 현실에 대한 자신의 지각에 반응한다는 것을 6장에서 다루었다. 따라서 **지각**은 잠재적 스트레스 조건과 그에 대한 반응 간의 관계를 조절할 것이다. 정리해고에 대해 어떤 사람은 두려운 실직으로 여기고, 어떤 사람은 거액의 퇴직금을 받고 새로운 사업을 시작할 수 있는 기회로 본다. 스트레스를 주는 사건을 긴 인생에서의 일시적 문제로 인식하는 사람('이 또한 지나가리라', '시간이 모든 상처를 치유한다'와 같은 문구를 마음에 새기는 사람)은 당면한 상황에 집중하는 사람보다 더 잘 대처하는 경향이 있다.[145] 따라서 스트레스 잠재력은 객관적인 조건이 아니라 그러한 조건에 대한 당사자의 해석에 달려 있다.

직무 경험 직무 경험은 직장 스트레스와 부정적으로 관련되는 경향이 있는데, 그 이유는 두 가지로 설명할 수 있다.[146] 첫째, 선택적 철회이다. 자발적 이직은 스트레스를 더 많이 경험하는 사람에게서 나타날 가능성이 크다. 따라서 조직에 오래 남아 있는 사람은 스트레스에 대한 저항성이 있거나 조직의 스트레스 특성에 대해 내성이 강한 사람이다. 둘째, 사람들은 결국 스트레스를 다루는 대응 메커니즘을 개발해낸다. 이렇게 되는 데에는 시간이 걸리기 때문에 조직의 고위 구성원은 스트레스에 완전히 적응하여 스트레스를 덜 받을 가능성이 크다.

사회적 지원 동료나 상사와의 친분 관계, 즉 **사회적 지원**은 스트레스의 영향을 완충할 수 있다.[147] 이것은 스트레스 관련 문헌에서 가장 잘 정리된 관계 중 하나이다. 사회적 지원은 긴장을 완화하고, 심지어 긴장감이 높은 직무에서도 부정적인 영향을 덜어준다.[148]

성격 특성 직무에서 나타나는 스트레스 증상은 개인의 성격에서 비롯될 수도 있다.[149] 스트레스에 관한 연구에서 가장 널리 연구된 **성격 특성**은 아마도 정서적 안정성이며, 이에 대해서는 5장에서 살펴보았다. 쉽게 예상할 수 있듯이 정서적 안정성이 낮은 사람은 심리적 긴장을 경험하기 쉽다.[150] 증거에 따르면 이들은 근무 환경에서 스트레스 요인을 발견할 가능성이 더 크므로 자신의 환경이 더 위협적이라고 믿는다. 또한 문제를 해결하려고 시도하기보다는 문제를 회피하는 방법에 더 의존하는 등 덜 적응적인 대응 메커니즘을 선택하는 경향이 있다.[151] 일중독은 스트레스의 수준과 관련된 또 다른 개인적 특성이다.[152] 일에 집착하는 일중독자는 엄청난 시간을 일에 쏟아붓고, 일하지 않을 때도 일에 대해 생각하며, 더 많은 일을 해야 한다는 내적 충동을 충족하기 위해 추가로 책임을 만들어낸다.

문화적 차이

연구에 따르면 스트레스를 유발하는 직무 조건은 문화에 따라 약간의 차이가 있다. 한 연구에서는 미국 직원이 통제력 부족으로 스트레스를 받는 반면, 중국 직원은 직무 평가와 훈련 부족으로 스트레스를 받는 것으로 나타났다.[153] 그러나 스트레스에 대한 성격의 영향이 문화에 따라 다르게 나타나는 것은 아니다. 20개국의 관리자 5,270명을 대상으로 이루어진 연구에 따르면 미국, 캐나다, 영국과 같은 개인주의 국가 사람들은 아시아, 라틴아메리카와 같은 집단주의 국가 사람들보다 가정을 방해하는 업무로 인해 더 높은 수준의 스트레스를 경험하는 것으로 나타났다.[154] 이에 대해 연구자들은 집단주의 문화에서 시간 외 근무를 하는 것은 가족을 돕는 희생으로 여겨지지만, 개인주의 문화에서 일은 가족과 관계가 없는 개인적 성취의 수단으로 여겨지기 때문이라고 밝혔다.

스트레스의 결과

긴장은 고혈압, 위궤양, 불안감, 일상적인 의사결정 장애, 식욕 부진, 사고 취약성 등 다양한 형태로 나타난다(도표 17-7 참조). 이러한 증상은 일반적으로 생리적 증상, 심리적 증상, 행동적 증상으로 분류할 수 있다.

생리적 증상 초기에는 스트레스에 대한 관심이 생리적 증상에 집중되었는데, 그 이유는 이 분야의 연구자가 대부분 보건의료 분야의 전문가였기 때문이다. 이들은 스트레스가 신진대사에 변화를 일으키고, 심박수와 호흡수, 혈압을 증가시키며, 두통과 심장 발작 등을 일으킬 수 있다고 결론을 내렸다.[155] 최근에는 스트레스가 요통, 두통, 눈의 피로, 수면 장애, 현기증, 피로, 식욕 부진, 위장 문제를 비롯해 더 해로운 생리적 영향이 있다는 명확한 증거가 제시되었다.[156] 다른 연구에서는 일반적으로 스트레스가 일화 기억(episodic memory)을 손상하지만 스트레스가 많은 사건 후에는 기억력을 향상하는 것으로 나타났다.[157]

심리적 증상 직무 불만족은 스트레스의 명백한 증상이다. 그러나 긴장감은 다른 심리 상태(예: 긴장, 불안, 짜증, 지루함, 미루기)에서도 나타난다. 오랫동안 직원의 생리적 반응을 추적한 한 연구는 업무 과부하로 인해 발생한 스트레스가 정서적 웰빙 저하와 관련이 있음을 발견했다.[158]

상충되는 요구가 있는 직무나 의무, 권한, 책임이 무엇인지 명확하지 않은 직무는 긴장감과 불만족을 증가시킨다.[159] 또한 자기가 맡은 일의 속도를 통제하지 못할수록 더 큰 긴장감과 불만족을 느낀다. 다양성, 중요성, 자율성, 피드백, 정체성이 낮은 직무는 긴장감을 초래하고 직무 만족 및 몰입을 떨어뜨린다.[160] 그러나 모든 사람이 자율성에 대해 똑같은 방식으로 반응하는 것은 아니다. 예를 들어 통제의 소재가 외부에 있는 사람에게 직무에 대한 통제감을 높여주면 긴장감과 탈진을 경험할 가능성이 높아진다.[161]

행동적 증상 여러 나라에서 행동과 스트레스에 관한 연구가 오랫동안 이루어졌으며, 비교적 일관성 있는 결과가 나타났다. 행동과 관련된 스트레스 증상에는 생산성 감소, 결근과 이직 증가, 식습관 변화, 흡연과 음주량 증가, 조급해하거나 말이 빨라지는 증상, 수면 장애 등이 포함된다.[162] 앞서 언급했듯이 연구자들은 도전적 스트레스 요인과 방해적 스트레스 요인을 구분하고, 이 두 가지 스트레스 유형이 직무행동, 특히 직무 성과에 각각 상반된 영향을 미친다는 것을 보여주었다. 3만 5,000명 이상을 대상으로 한 메타 분석 결과에 따르면 역할 모호성, 역할 갈등, 역할 과부하, 직무 불안정성, 환경적 불확실성, 상황 제약이 모두 일관성 있게 직무 성과에 부정적인 영향을 미치는 것으로 나타났다.[163] 또한 도전적 스트레스는 근무 환경이 지원적인 경우 직무 성과를 향상하는 반면, 방해적 스트레스는 모든 근무 환경에서 직무 성과를 감소시킨다는 증거가 있다.[164]

스트레스 관리

직장에서 직원과 경영진이 수용 가능한 스트레스 수준이 어느 정도인지에 대해서는 서로 다른 생각을 가지고 있을 것이다. 경영진이 보기에 '아드레날린을 분비시키는 긍정적인 자극'이 직원에게는 '과도한 압박'으로 보일 수 있다. 이러한 점을 염두에 두고 스트레스 관리에 대한 개인적·조직적 접근법을 자세히 알아보자.[165]

개인적 접근

직원은 대처 방법과 회복 경험을 통해 스트레스 수준을 효과적으로 줄일 수 있으며, 이는 직무 성과, 조직시민행동(OCB), 반생산적 직무행동(CWB), 태도, 건강에 영향을 미치게 된다.[166] 스트레스와 긴장의 부정적인 영향에 대한 저항력 또는 **회복력**을 개발하는 것은 연습, 코칭, 훈련을 통해 시간이 지나면서 가능하다는 것이 입증되었다.[167] 회복 프로그램 중 스트레스를 줄이는 데 효과적이라고 증명된 개인적 전략으로는 시간 관리 기법, 신체적 운동, 이완 기법 훈련, 사회적 지원 네트워크 등이 있다.[168] 그러나 이러한 기법을 진행하기 전에 스트레스 관리에 대한 접근 방식이 중요하다는 것을 유의해야 한다. 즉 스트레스를 적극적으로 예방하거나 피하려 하기보다는 적극적으로 회복하고 긴장을 풀며 재충전하기 위해 노력해야 한다는 것이다.[169]

시간 관리 기법 시간을 제대로 관리하지 못하는 사람이 많다. 시간 관리를 잘하는 직원은 그렇지 않은 직원보다 두 배나 많은 일을 할 수 있다. 시간 관리 기법은 당면한 목표에 노력을 집중하고 재미없는 과업이라도 동기부여를 강화함으로써, 미루는 습관을 최소화하는 데 도움을 줄 수 있다.[170] 또한 미래의 스트레스 요인으로부터 스스로 거리를 두는 것과 같은 심리적 기법은 시간적 압박에 대처하는 데 도움이 될 것이다.[171]

신체 운동 의사는 과도한 수준의 스트레스에 대응하는 방법으로 에어로빅, 산책, 조깅, 수영, 자전거 타기 등과 같은 비경쟁적인 신체 운동을 추천한다. 이러한 활동은 스트레스에 의한 해로운 생리적 반응을 줄여주고 스트레스에서 더 빨리 회복되게 해준다.[172]

이완 기법 사람들은 명상, 최면, 심호흡 등과 같은 이완 기법을 통해 스스로 긴장을 완화할 수 있다.[173] 이 기법의 목적은 근육의 긴장을 푸는 데 모든 에너지를 집중함으로써 깊이 있는 신체적 이완 상태에 도달하는 것이다.[174] 흥미롭게도 울음이라는 자연스러운 신체 반응은 심호흡과 심박수를 조절하여 스스로 진정하는 데 도움이 될 수 있다.[175] 하루에 15~20분 정도 깊이 이완하면 긴장이 풀리고 뚜렷한 평온을 느낄 수 있을 뿐만 아니라 심박수, 혈압 및 기타 생리적 요인에 상당한 변화를 가져온다.[176] 일터에서 단순히 일상적인 휴식(예: 점심시간, 공원 산책)을 취하는 것만으로도 심리적 회복을 촉진하고 스트레스를 현저히 줄여 업무 성과를 향상할 수 있으며, 이완 기법을 함께 적용하면 이러한 효과가 더 커진다.[177] 수천 명을 대상으로 수행된 연구에 따르면 이완 기법이 스트레스를 관리하고 탈진을 줄이는 데 도움이 되는 것으로 나타났다.[178] 또한 낮 동안 이완 기법을 사용하면(그리고 실망스러운 일이 없으면) 집에 돌아와서 긴장을 푸는 데 도움이 되고, 그렇지 않은 경우에는 긴장을 푸는 데 어려움을 겪을 수 있다.[179]

사회적 지원 네트워크 친구나 가족, 직장 동료와 이야기를 나누는 것 역시 과도한 스트레스의 탈출구가 될 수 있다.[180] 사회적 지원 네트워크를 확장하는 것은 자신의 문제를 들어주고 그 상황에 대해 보다 객관적인 관점을 제공할 수 있는 누군가를 얻는다는 것을 의미한다. 그러나 때로는 이러한 네트워크가 정반대의 효과를 낳기도 한다. 네트워크를 확장하려고 노력하지 않고 비슷한 스트레스를 받는 친구들을 만나면 악순환에 빠질 수 있다.[181] 그래서 적극적으로 대처하고 스트레스를 정면으로 해결하기 위해 노력하는 것이 매우 중요하다. 하지만 가족, 친구, 배우자의 지원은 스트레스가 많은 업무에서 회복하는 데 많은 도움을 줄 수 있다.[182]

조직적 접근

경영진은 스트레스를 유발하는 몇 가지 조직적 요인(특히 과업 및 역할 요구)을 통제할 수 있다. 직원 선발과 배치를 포함하여 고려할 수 있는 전략으로는 훈련, 목표 설정, 직무 재설계, 조직 의사소통 및 참여 확대, 안식년, 기업의 웰니스 프로그램 등이 있다.

선발, 배치, 훈련 어떤 직무는 다른 직무보다 스트레스가 많지만, 앞에서 살펴보았듯이 스트레스 상황에 대한 개인의 반응에는 차이가 있다. 경험이 적거나 통제의 위치가 외부에 있는 사람은 스트레스를 더 많이 받는 경향이 있다. 분명한 점은, 경영자가 통제의 위치가 내부인 경험 많은 사람만을 채용해서는 안 되겠지만, 그러한 사람은 스트레스가 많은 직무에 더 잘 적응하고 해당 직무를 더 효과적으로 수행한다는 것이다. 이와 마찬가지로 훈련은 개인의 회복 탄력성을 증가시킴으로써 직무의 긴장감을 줄일 수 있다.[183]

목표 설정 7장에서 언급했듯이 사람들은 구체적이고 도전적인 목표를 가지고 진행 경과에 대한 피드백을 받을 때 더 높은 성과를 낸다. 목표는 스트레스를 줄일 뿐만 아니라 동기부여를 할 수 있다.[184] 목표에 대한 몰입도가 높고 직무의 목적을 알고 있는 사람은 스트레스를 방해 요인이 아닌 도전으로 인식하기 때문에 스트레스를 덜 경험한다. 목표의 유형도 중요하다. 부정적인 피드백을 받은 후 개발 및 학습 목표가 주어지면 성과 목표가 주어졌을 때보다 긴장이 덜하고 성과가 더 높아지는 경향이 있다.[185] 직원의 성격도 중요하다. 목표 설정과 목표 중심의 리더십은 성실한 직원의 스트레스를 줄이는 데 더 효과적이지만, 정서적 안정감이 낮은 직원의 스트레스를 줄이는 데에는 효과적이지 않은 경향이 있다.[186]

직무 재설계 직무 재설계는 더 많은 책임감, 의미 있는 일, 더 많은 자율성과 피드백을 제공함으로써 직무 활동에 대한 직원의 통제감을 증가시키고 다른 것에 대한 의존성을 줄여주어 스트레스를 줄일 수 있다.[187] 그러나 모든 직원이 충실화된 직무를 원하는 것은 아니다. 성장 욕구가 적은 직원에게는 책임이 낮고 전문화가 잘되어 있는 직무가 적합할 것이다. 만약 직원이 구조화되어 있고 반복적인 일을 좋아한다면 기술 다양성을 줄임으로써 불확실성과 스트레스 수준을 낮출 수 있다.

직원 참여 역할 스트레스의 경우 직원이 목표, 기대, 평가 방법 등에 대해 불확실하다고 느끼기 때문에 상당히 해롭다. 경영진은 직무 성과에 직접적으로 영향을 미치는 의사결정에 대한 발언권을 직원에게 부여함으로써 직원의 통제력을 높이고 역할 관련 스트레스를 줄일 수 있다. 직원의 임파워먼트가 커지면 심리적 긴장이 줄어든다는 명백한 증거가 있기 때문에 경영진은 의사결정에 직원의 참여를 높이는 것을 고려해야 한다.[188]

조직적 의사소통 직원과의 조직적 의사소통을 증가시키면 역할 모호성과 역할 갈등을 줄어들어 불확실성이 감소한다.[189] 지각이 스트레스와 반응의 관계를 조절하는 중요한 역할을 한다는 점에서 경영진은 직원의 지각을 형성하기 위해 효과적인 의사소통을 사용할 수 있다. 직원이 직장에서 요구, 위협, 기회로 생각하는 것은 사실 직원의 해석이며, 그러한 해석은 경영진과의 의사소통에서 제시된 상징이나 행동의 영향을 받는다는 것을 상기하라.

안식년 제도 일부 직원은 광적인 속도의 직무에서 가끔 벗어날 필요가 있다. 제넨테크, 더컨테이너스토어(The Container Store), REI, 프라이스워터하우스쿠퍼스(PricewaterhouseCoopers), 골드만삭스(Goldman Sachs), 더치즈케이크팩토리(The Cheesecake Factory Inc.), VM웨어(VMware), 어도비시스템스(Adobe Systems) 등은 장기간의 자발적 휴가를 제공한다.[190] 몇 주에서 몇 달에 이르는 안식년을 통해 직원은 여행, 휴식, 개인적 프로젝트 추진 등 일반적인 휴가 이상의 시간을 보낼 수 있다. 대학교수를 대상으로 한 연구에 따르면 안식년을 보내는 방식에 더 큰 자율성을 가질수록 직무 자원과 웰빙이 증가되는 것으로 나타났다.[191]

웰니스 프로그램 마지막 제안은 조직적으로 지원되는 **웰니스 프로그램**(wellness program)을 만드는 것이다. 이 프로그램은 일반적으로 직원에게 금연, 절주, 체중 감량, 올바른 식습관, 규칙적인 운동 프로그램 개발 등을 돕기 위한 워크숍 형태로 제공되며, 직원의 전반적인 신체적·정신적 상태에 초점을 맞춘다.[192] 일부 프로그램은 직원의 심리적 건강 개선에 도움을 준다. 웰니스 프로그램을 포함하여 스트레스 해소에 도움을 주기 위한 36개 프로그램에 대한 메타 분석 결과에 따르면, 이러한 방법은 직원이 스트레스 상황을 재구성하고 적극적인 대응 전략을 사용하는 데 도움이 되는 개입을 통해 스트레스 수준을 현저히 감소시키는 것으로 나타났다.[193] 대부분의 웰니스 프로그램은 직원이 자신의 신체와 정신건강에 대해 개인적인 책임을 져야 하며, 조직은 단지 이를 위한 하나의 수단에 불과하다고 가정한다.

웰니스 프로그램 직원의 전반적인 신체적·정신적 상태에 초점을 맞추어 지원하는 프로그램

웰니스 프로그램을 도입한 대부분의 기업은 상당한 이득을 얻었다. 존슨앤드존슨(Johnson & Johnson)은 웰빙 프로그램을 통해 10년 동안 2억 5,000만 달러의 의료비를 절감했으며, 연구 결과는 효과적인 웰니스 프로그램을 통해 대부분의 조직에서 이직률이 크게 감소했다고 밝혔다.[194] 실제로 축적된 연구 결과에 따르면 웰니스 프로그램을 실행한 조직은 ① 1달러 투자 시 5.93달러의 절감률, ② 의료비 26%, 산재 보상 청구 30% 감소, ③ 병가 사용 일수 28% 감소를 보였다.[195] 그러나 직원이 경험하는 혜택은 프로그램에 투자하는 금액, 참여 정도, 프로그램 참여 시 직원의 태도에 따라 달라지는 것으로 보인다.[196]

요약

이 책 전반에 걸쳐 변화의 필요성을 설명했다. 예를 들어 태도, 동기부여, 작업팀, 의사소통, 리더십, 조직 구조, 조직 문화에 대해 살펴보았다. 변화는 각 장의 설명에서 없어서는 안 되는 부분이었다. 만약 환경이 완전히 정태적이라면, 직원의 기술과 능력이 항상 최신 상태로 유지되고 진부화되지 않는다면, 오늘과 내일이 항상 같다면 조직 변화는 관리자와 관련이 거의 없을 것이다. 그러나 현실 세계는 격변하고 있으며, 경쟁력을 유지하려면 조직과 구성원 모두 역동적으로 변화해야 한다. 이러한 모든 변화에 대처하는 것은 스트레스의 원인이 될 수 있지만, 효과적인 관리를 통해 도전이 참여와 성취감을 높여 조직행동 연구의 주요 목표 중 하나인 높은 성과를 가져올 수 있다.

경영자를 위한 시사점

- 조직의 변화 담당자가 내리는 결정과 역할 모델로서의 행동은 조직 변화 문화를 형성하는 데 도움이 된다.
- 경영 방침 및 관행에 따라 조직이 변화하는 환경 요인을 학습하고 적응하는 정도가 결정된다.
- 약간의 스트레스는 바람직하다. 직장에서 자율성과 책임감으로 인한 도전이 증가하면 어느 정도 스트레스를 받게 되지만 성취감과 충족감을 높일 수 있다. 반면에 관료주의, 대인관계 갈등과 같은 방해적 스트레스 요인은 부정적이므로 제거해야 한다.
- 직원에게 업무량을 정확히 할당하고, 스트레스 대응 자원을 제공하며, 직원의 고민에 응답함으로써 해로운 직장 내 스트레스를 완화할 수 있다.
- 성과 하락, 이직률 증가, 건강 문제로 인한 결근 증가, 참여 저하가 발생하면 직원의 극심한 스트레스를 파악해야 한다. 그러나 이러한 증상이 눈에 보일 때쯤이면 직원에게 도움을 주기에는 너무 늦기 때문에 초기 증상에 주의를 기울이고 사전에 예방 조치를 취해야 한다.

에필로그

책의 끝머리는 저자에게든 독자에게든 성취감과 안도감을 준다. 우리 모두 조직행동의 핵심 개념에 대한 여행을 마쳤다는 것에 기뻐하며, 지금 이 순간 우리가 어디에 있는지, 이 모든 것이 무엇을 의미하는지 밝히는 좋은 시간이었다.

이 책의 핵심 주제는 직장에서 일하는 사람들의 행동이 우발적이지 않다는 것이다. 직원은 복잡한 주체이지만, 그럼에도 불구하고 그들의 태도와 행동을 어느 정도 정확하게 설명하고 예측할 수 있다. 조직행동에 대한 우리의 접근법은 분석 수준을 개인 수준, 집단 수준, 조직수준으로 구분하여 살펴보는 것이었다.

우리는 개인 수준에서 시작했고, 개인이 왜 그렇게 행동하는지 이해하는 데 도움이 되는 주요한 심리적 연구 결과를 살펴보았다. 우리는 직원 간의 많은 개인차를 체계적으로 분류하여 이름을 붙임으로써 일반화가 가능하다는 것을 발견했다. 보수적인 성격을 가진 사람은 탐구적인 성격을 가진 사람보다 특정 직무에 더 잘 맞는다는 것을 알게 된 것을 한 예로 들 수 있다. 따라서 직원을 성격 유형과 적합한 직무에 배치하면 더 높은 성과를 내고 더 많이 만족할 것이다.

개인 수준에 이어 집단 수준에서 분석했다. 사람들은 혼자일 때, 집단에 있을 때 다르게 행동하기 때문에 집단행동에 대한 이해는 단순히 우리가 개인에 대해 알고 있는 것에 집단 구성원 수를 곱한 것 이상으로 훨씬 더 복잡하다. 우리는 역할, 규범, 리더십 스타일, 권력관계, 기타 유사한 집단 요인이 직원의 행동에 어떤 영향을 미치는지 살펴보았다.

마지막으로, 조직행동에 대한 이해를 더욱 증진하기 위해 우리가 가지고 있는 개인 및 집단 관련 지식을 시스템 전체 수준의 변수와 결합했다. 주요 초점은 조직의 구조, 설계, 문화가 어떻게 종업원의 행동과 태도에 영향을 미치는지 보여주는 것이었다.

이 책이 이론적 개념을 강조한다고 비판하는 사람도 있을 것이다. 그러나 저명한 심리학자인 쿠르트 레빈이 말했듯이 "좋은 이론만큼 실용적인 것은 없다." 물론 "어느 곳에도 적용되지 않는 이론만큼 비실용적인 것도 없다"는 말도 맞다. 이 책은 어디에도 적용되지 않는 이론을 제시하지 않도록 풍부한 사례와 도표를 담았다. 또한 경영 실무에 대한 이론의 시사점을 찾기 위해 끊임없이 질문을 던지고, 행동에 대해 통찰력을 주는 수많은 개념을 개별적으로 제시했다. 하지만 그것들을 모두 함께 고려할 때 비로소 조직행동을 정확하게 설명하고 예측하며 통제하는 데 도움이 되는 복잡한 시스템을 이해할 수 있을 것이다.

미주

제1장

1. B. Schneider, "The People Make the Place," *Personnel Psychology* 40, no. 3, (1987): 437–53.
2. J. Bersin, L. Collins, D. Mallon, J. Moir, and R. Straub, "People Analytics: Gaining Speed," in B. Pelster and J. Schwartz (eds.), *The New Organization: Different by Design* (London, UK: Deloitte University Press, 2016): 87–96.
3. R. Umoh, "The CEO of LinkedIn Shares the No. 1 Job Skill American Employees are Lacking," *CNBC*, April 26, 2018, https://www.cnbc.com/2018/04/26/linkedin-ceo-the-no-1-job-skill-american-employees-lack.html
4. M. Ward, "The 5 Soft Skills That Will Get You Hired—And How to Learn Them," *CNBC*, April 26, 2017, https://www.cnbc.com/2017/04/26/the-5-soft-skills-that-will-get-you-hired-and-how-to-learn-them.html
5. "Survey: Few CFOs Plan to Invest in Interpersonal Skills Development for Their Teams," Accountemps press release, June 19, 2013, http://accountemps.rhi.mediaroom.com/2013-06-19-Survey-Few-CFOs-Plan-to-Invest-in-Interpersonal-Skills-Development-for-Their-Teams
6. Y.-M. Lim, T. H. Lee, C. S. Yap, and C. C. Ling, "Employability Skills, Personal Qualities, and Early Employment Problems of Entry-Level Auditors: Perspectives from Employers, Lecturers, Auditors, and Students," *Journal of Education for Business* 91, no. 4 (2016): 185–92.
7. J. Gassam, "The Best Places to Work in 2019," *Forbes*, December 7, 2018, https://www.forbes.com/sites/janicegassam/2018/12/07/the-best-places-to-work-for-2019/#770f0bf6528f
8. I. S. Fulmer, B. Gerhart, and K. S. Scott, "Are the 100 Best Better? An Empirical Investigation of the Relationship between Being a 'Great Place to Work' and Firm Performance," *Personnel Psychology* 56, no. 4, (2003): 965–93.
9. S. E. Humphrey, J. D. Nahrgang, and F. P. Morgeson, "Integrating Motivational, Social, and Contextual Work Design Features: A Meta-Analytic Summary and Theoretical Extension of the Work Design Literature," *Journal of Applied Psychology* 92, no. 5 (2007): 1332–56.
10. E. R. Burris, "The Risks and Rewards of Speaking Up: Managerial Responses to Employee Voice," *Academy of Management Journal* 55, no. 4 (2012): 851–75.
11. T. L. Miller, C. L. Wesley II, and D. E. Williams, "Educating the Minds of Caring Hearts: Comparing the Views of Practitioners and Educators on the Importance of Social Entrepreneurship Competencies," *Academy of Management Learning & Education* 2, no. 3 (2012): 349–70.
12. H. Aguinis and A. Glavas, "What We Don't Know about Corporate Social Responsibility: A Review and Research Agenda," *Journal of Management* 38, no. 4 (2012): 932–68.
13. "The Bottom Line- Necessity of Training Your Managers," *HR Professionals Magazine*, July 16, 2012, http://hrprofessionalsmagazine.com/train-your-managers/
14. D. Meinert, "Background on Bosses," *HR Magazine*, August 2014, 29.
15. Ibid.
16. Ibid.
17. For the original study, see F. Luthans, "Successful vs. Effective Real Managers," *Academy of Management Executive*, 2, no. 2 (1988): 127–32. A great deal of research has been built by Fred Luthans and others from this study. See, for example, M. M. Hopkins, D. A. O'Neil, and J. K. Stoller, "Distinguishing Competencies of Effective Physician Leaders," *Journal of Management Development* 34, no. 5 (2015): 566–84.
18. P. Wu, M. Foo, and D. B. Turban, "The Role of Personality in Relationship Closeness, Developer Assistance, and Career Success," *Journal of Vocational Behavior* 73, no. 3 (2008): 440–48.
19. L. Dragoni, H. Park, J. Soltis, and S. Forte-Trammell, "Show and Tell: How Supervisors Facilitate Leader Development Among Transitioning Leaders," *Journal of Applied Psychology* 99, no. 1 (2014): 66–86.
20. For a review of what one researcher believes *should* be included in organizational behavior, based on survey data, see J. B. Miner, "The Rated Importance, Scientific Validity, and Practical Usefulness of Organizational Behavior Theories: A Quantitative Review," *Academy of Management Learning & Education* 2, no. 3 (2003): 250–68.
21. D. M. Rousseau, *The Oxford Handbook of Evidence-Based Management* (New York: Oxford University Press, 2014).
22. W. M. Grove, D. H. Zald, B. S. Lebow, B. E. Snitz, and C. Nelson, "Clinical Versus Mechanical Prediction: A Meta-Analysis," *Psychological Assessment* 12, no. 1 (2000): 19-30; A. McAfee, "The Future of Decision Making: Less Intuition, More Evidence," *Harvard Business Review*, January 7, 2010, https://hbr.org/2010/01/the-future-of-decision-making
23. J. M. Logg, J. A. Minson, and D. A. Moore, "Algorithm Appreciation: People Prefer Algorithmic to Human Judgment," *Organizational Behavior and Human Decision Processes* 151 (2019): 90–103.
24. J. Welch and S. Welch, "When to Go with Your Gut," *LinkedIn Pulse* (blog post), November 12, 2013, https://www .linkedin.com/pulse/20131112125301-86541065-when-to-go-with-your-gut
25. Z. Karabell, "Everyone Has a Data Point," *The Wall Street Journal*, February 19, 2014, A11.
26. I. Adjerid and K. Kelley, "Big Data in Psychology: A Framework for Research Advancement," *American Psychologist* 73, no. 7 (2018): 899-917; E. E. Chen and S. P. Wojcik, "A Practical Guide to Big Data Research in Psychology," *Psychological Methods* 21, no. 4 (2016): 458-474; L. L. Harlow and F. L. Oswald, "Big Data in Psychology: Introduction to the Special Issue," *Psychological Methods* 21, no. 4 (2016): 447–57.
27. E. Morozov, "Every Little Byte Counts," *The New York Times Book Review*, May 18, 2014, 23.
28. M. Taves, "If I Could Have More Data...," *The Wall Street Journal*, March 24, 2014, R5.
29. J. Hugg, "Fast Data: The Next Step after Big Data," InfoWorld, June 11, 2014, http://www.infoworld.com/article/2608040/big-data/fast-data-the-next-step-after-big-data.html; A. Lorentz, "Big Data, Fast Data, Smart Data," Wired, April 17, 2013, https://www.wired.com/insights/2013/04/big-data-fast-data-smart-data/; and J. Spencer, "Which Do We Need More: Big Data or Fast Data?," Entrepreneur, March 12, 2015, https://www.entrepreneur.com/article/243123
30. N. Bloom, R. Sadun, and J. Van Reenan, "Does Management Really Work? How Three Essential Practices Can Address Even the Most Complex Global Problems," *Harvard Business Review*, November 2012, 77–82.
31. K. Kersting and U. Meyer, "From Big Data to Artificial Intelligence?" *Künstliche Intelligenz* 32, no. 1 (2018): 3–8.

32. Dell Technologies, "The Difference Between AI, Machine Learning, & Robots," *Dell Technologies: Perspectives* [Blog], January 7, 2019, https://www.delltechnologies.com/en-us/perspectives/the-difference-between-ai-machine-learning-and-robotics/
33. M. Beane and W. J. Orlikowski, "What Difference Does a Robot Make? The Material Enactment of Distributed Coordination," *Organization Science* 26, no. 6 (2015): 1553–804.
34. Dell Technologies, "The Difference Between AI, Machine Learning, & Robots."
35. J. Bughin, E. Hazan, S. Ramaswamy, M. Chui, T. Allas, P. Dahlström, N. Henke, and M. Trench, "Artificial Intelligence: The Next Digital Frontier?" *McKinsey Global Institute* [Discussion Paper], June 2017, https://www.mckinsey.com/mgi/overview/2017-in-review/whats-next-in-digital-and-ai/artificial-intelligence-the-next-digital-frontier
36. Ibid.
37. E. E. Chen and S. P. Wojcik, "A Practical Guide to Big Data Research in Psychology."
38. E. Dwoskin, "Big Data Knows When You Turn off the Lights," *The Wall Street Journal,* October 21, 2014, B1–B2.
39. S. Lohr, "Unblinking Eyes Track Employees," *The New York Times,* June 22, 2014, 1, 15.
40. D. B. Bhave, "The Invisible Eye? Electronic Performance Monitoring and Employee Job Performance," *Personnel Psychology* 67, no. 3 (2003): 605–35.
41. R. Karlgaard, "Danger Lurking: Taylor's Ghost," *Forbes,* May 26, 2014, 34.
42. I. Adjerid and K. Kelley, "Big Data in Psychology: A Framework for Research Advancement"; E. E. Chen and S. P. Wojcik, "A Practical Guide to Big Data Research in Psychology."
43. E. Broadbent, "Interactions with Robots: The Truths We Reveal About Ourselves," *Annual Review of Psychology* 68 (2017): 627–52.
44. I. Adjerid and K. Kelley, "Big Data in Psychology: A Framework for Research Advancement."
45. O. Rudgard, "Admiral to Use Facebook Profile to Determine Insurance Premium," *The Telegraph,* November 2, 2016, https://www.telegraph.co.uk/insurance/car/insurer-trawls-your-facebook-profile-to-see-how-well-you-drive/
46. J. J. Arnett, "The Psychology of Globalization," *American Psychologist* 57 (2002): 774–83.
47. K. Schwab, "Globalization 4.0 – What It Means and How It Could Benefit Us All," *World Economic Forum,* November 5, 2018, https://www.weforum.org/agenda/2018/11/globalization-4-what-does-it-mean-how-it-will-benefit-everyone/
48. M. N. Thompson and J. J. Dahling, "Employment and Poverty: Why Work Matters in Understanding Poverty," *American Psychologist* 74, no. 6 (2019): 673–684.
49. K. Schwab, "The Fourth Industrial Revolution: What It Means, How to Respond," *World Economic Forum*, January 14, 2016, https://www.weforum.org/agenda/2016/01/the-fourth-industrial-revolution-what-it-means-and-how-to-respond/
50. C. Karmin and S. Chaturvedi, "Grosvenor House Is Seized," *The Wall Street Journal,* March 4, 2015, C8.
51. V. McGrane, "The Downside of Lower Unemployment," *The Wall Street Journal,* February 3, 2014, A2.
52. A. Lowrey, "Long Out of Work, and Running Out of Options," *The New York Times,* April 4, 2014, B1, B4.
53. L. Weber and R. E. Silverman, "On-Demand Workers: 'We Are Not Robots,'" *The Wall Street Journal,* January 28, 2015, B1, B7.
54. C. Porter and M. Korn, "Can This Online Course Get Me a Job?" *The Wall Street Journal,* March 4, 2014, B7.
55. D. Belkin and M. Peters, "For New Grads, Path to a Career Is Bumpy," *The Wall Street Journal,* May 24–25, 2014, A5.
56. N. Kitsantonis, "A Hands-On Approach to the Greek Economy," *The New York Times,* March 25, 2014, B3.
57. World Health Organization, *Global Health Observatory (GHO) Data: Life Expectancy,* Accessed January 18, 2019, https://www.who.int/gho/en/
58. United Nations, Gender Equality, Accessed April 16, 2020, https://www.un.org/en/sections/issues-depth/gender-equality/index.html
59. A. Joshi, B. Neely, C. Emrich, D. Griffiths, and G. George, "Gender Research in AMJ: An Overview of Five Decades of Empirical Research and Calls to Action," Academy of Management Journal 58, no. 5 (2015): 1459–75.
60. J. Greenwald, "Tips for Dealing with Employees Whose Social Media Posts Reflect Badly on Your Company," *Forbes,* March 6, 2015, http://www.forbes.com/sites/entrepreneursorganization/2015/03/06/tips-for-dealing-with-employees-whose-social-media-posts-reflect-badly-on-your-company/
61. See, for example, M. Carpentier, G. Van Hoye, and B. Weitjers, "Attracting Applicants Through the Organization's Social Media Page," Journal of Vocational Behavior 115 (in press).
62. E. Jaffe, "Using Technology to Scale the Scientific Mountain," *Observer* 27, no. 6 (2014): 17–19.
63. N. Fallon, "No Face Time? No Problem: How to Keep Virtual Workers Engaged," *Business News Daily*, October 2, 2014, http://www.businessnewsdaily.com/7228-engaging-remote-employees.html
64. E. J. Hirst, "Burnout on the Rise," *Chicago Tribune*, October 19, 2012, http://articles.chicagotribune.com/2012-10-29/business/ct-biz-1029-employee-burnout-20121029_1_employee-burnout-herbert-freudenberger-employee-stress
65. F. Luthans and C. M. Youssef, "Emerging Positive Organizational Behavior," *Journal of Management* 33, no. 3 (2007): 321–49; C. M. Youssef and F. Luthans, "Positive Organizational Behavior in the Workplace: The Impact of Hope, Optimism, and Resilience," *Journal of Management* 33, no. 5 (2007): 774–800; J. E. Dutton and S. Sonenshein, "Positive Organizational Scholarship," in C. Cooper and J. Barling (eds.), *Encyclopedia of Positive Psychology* (Thousand Oaks, CA: Sage, 2007): 3–13.
66. "Five Jobs That Won't Exist in 10 Years... And One New Title You'll Start to See," *HR Magazine,* February 2014, 16.
67. Editorial Board, "NCAA Should Punish the University of North Carolina for Cheating Scandal," *Chicago Tribune,* November 7, 2014, http://www.chicagotribune.com/news/opinion/editorials/ct-north-carolina-sports-scandal-edit-1108-20141107-story.html, accessed March 11, 2015.
68. D. M. Mayer, M. Kuenzi, R. Greenbaum, M. Bardes, and R. Salvador, "How Low Does Ethical Leadership Flow? Test of a Trickle-Down Model," *Organizational Behavior and Human Decision Processes* 108, no. 1 (2009): 1–13; A. Ardichvili, J. A. Mitchell, and D. Jondle, "Characteristics of Ethical Business Cultures," *Journal of Business Ethics* 85, no. 4 (2009): 445–51.
69. D. Meinert, "Managers' Influence," *HR Magazine,* April 2014, 25.
70. K. Xie, L. Kwok, and W. Wang, "Monetizing Managerial Responses on TripAdvisor: Performance Implications Across Hotel Classes," *Cornell Hospitality Quarterly* 58, no. 3 (2017): 240–52.
71. W. F. Cascio and H. Aguinis, "Research in Industrial and Organizational Psychology from 1963 to 2007: Changes, Choices, and Trends," *Journal of Applied Psychology* 93, no. 5 (2008): 1062–81; G. George, J. Howard-Grenville, A. Joshi, and L. Tihanyi, "Understanding and Tackling Societal Grand Challenges through Management Research," *Academy of Management Journal* 59, no. 6 (2016): 1880–95; L. W. Porter and B. Schneider, "What Was, What Is, and What May Be in OP/OB," *Annual Review of Organizational Psychology and Organizational Behavior* 1, no. 1 (2014): 1–21.
72. B. Schneider, "The People Make the Place."

제2장

1. G. T. Chao and H. Moon, "The Cultural Mosaic: A Metatheory for Understanding the Complexity of Culture," *Journal of Applied Psychology* 90, no. 6 (2005): 1128–40.
2. "Taj Mahal," *History Channel,* June 13, 2011, https://www.history.com/topics/india/taj-mahal; S. Das, "Impact of Ethnic Diversity and Multiculturalism in Corporate Culture," *Entrepreneur India,* July 10, 2018, https://www .entrepreneur.com/article/316482
3. M. Toossi, "A Century of Change: The U.S. Labor Force, 1950–2050," Bureau of Labor Statistics, May 2002, http:// www.bls.gov/opub/2002/05/art2full.pdf
4. U.S. Census Bureau, DataFerrett, *Current Population Survey,* December 2016; S. Ricker, "The Changing Face of U.S. Jobs," *CareerBuilder*, March 26, 2015, http://www.thehir ingsite.careerbuilder.com/2015/03/26/9-findings-diversity-americas-workforce.
5. L. Colley, "Not Codgers in Cardigans! Female Workforce Participation and Ageing Public Services," *Gender Work and Organization* 20, no. 3 (2013): 327–48; M. Toossi and T. L. Morisi, "Women in the Workforce Before, During, and After the Great Recession," *U.S. Bureau of Labor Statistics: Spotlight on Statistics*, July 2017, https://www .bls.gov/spotlight/2017/women-in-the-workforce-before-during-and-after-the-great-recession/pdf/women-in-the-workforce-before-during-and-after-the-great-recession .pdf
6. W. H. Frey, *Diversity Explosion: How New Racial Demographics are Remaking America* (Washington, DC: Brookings Institution Press, 2014).
7. M. Toossi, "Labor Force Projections to 2024: The Labor Force is Growing, but Slowly," *Monthly Labor Review,* U.S. Bureau of Labor Statistics, December 2015, https://doi .org/10.21916/mlr.2015.48
8. A. H. Eagly and J. L. Chin, "Are Memberships in Race, Ethnicity, and Gender Categories Merely Surface Characteristics?" *American Psychologist* 65, no. 9 (2010): 934–35.
9. W. J. Casper, J. H. Wayne, and J. G. Manegold, "Who Will We Recruit? Targeting Deep- and Surface-Level Diversity with Human Resource Policy Advertising," *Human Resource Management* 52, no. 3 (2013): 311–32.
10. D. Schuler, "Research Examines Conflicts Within Professional Kitchens," Pennsylvania State University Press Release, April 6, 2016, https://phys.org/news/2016-04-conflicts-professional-kitchens.html
11. Ibid.
12. A. Murrell, "On the Tennis Court and in the Workplace: When Unconscious Bias Isn't Unconscious," *Forbes,* September 20, 2018, https://www.forbes.com/sites/audreymurrell/2018/09/20/on-the-tennis-court-and-in-the-workplace-when-unconscious-bias-isnt-unconscious/#1a3d190f5aa4; S. Gleeson, "Serena Williams Accuses US Open Chair Umpire Carlos Ramos of Sexism," *USA Today,* September 8, 2018, https://www.usatoday.com/story/sports/tennis/2018/09/08/serena-williams-accuses-us-open-chair-umpire-carlos-ramos-sexism/1243767002/
13. Ibid.
14. A. M. Grant (AdamMGrant), "When a man argues with an umpire, it's passion. When a woman does it, it's a meltdown. When a black woman does it, it's a penalty" [Tweet], September 8, 2018, 6:29 p.m., https://twitter.com/AdamMGrant/status/1038600245389799425
15. S. J. Spencer, C. Logel, and P. G. Davies, "Stereotype Threat," *Annual Review of Psychology* 67 (2016): 415–37.
16. G. M. Walton, M. C. Murphy, and A. M. Ryan, "Stereotype Threat in Organizations: Implications for Equity and Performance," *Annual Review of Organizational Psychology and Organizational Behavior* 2 (2015): 523–50.
17. O. R. Shewach, P. R. Sackett, and S. Quint, "Stereotype Threat Effects in Settings with Features Likely Versus Unlikely in Operational Test Settings: A Meta-Analysis," Journal of Applied Psychology (in press).
18. G. Czukor and M. Bayazit, "Casting a Wide Net? Performance Deficit, Priming, and Subjective Performance Evaluation in Organizational Stereotype Threat Research," *Industrial and Organizational Psychology* 7, no. 3 (2014): 409–12; K. S. Jones and N. C. Carpenter, "Toward a Sociocultural Psychological Approach to Examining Stereotype Threat in the Workplace," *Industrial and Organizational Psychology* 7, no. 3 (2014): 429–32; C. T. Kulik, "Spotlight on the Context: How a Stereotype Threat Framework Might Help Organizations to Attract and Retain Older Workers," *Industrial and Organizational Psychology* 7, no. 3 (2014): 456–61; C. T. Kulik, S. Perera, and C. Cregan, "Engage Me: The Mature-Age Worker and Stereotype Threat," *Academy of Management Journal* 59, no. 6 (2016): 2132–56.
19. L. M. Cortina, "Unseen Injustice: Incivility as Modern Discrimination in Organizations," *Academy of Management Review* 33, no. 1 (2008): 55–75; K. P. Jones, C. I. Peddie, V. L. Gilrane, E. B. King, and A. L. Gray, "Not so Subtle: A Meta-Analytic Investigation of the Correlates of Subtle and Overt Discrimination," *Journal of Management* 42, no. 6 (2016): 1588–613; P. P. Lui and L. Quezada, "Associations Between Microaggression and Adjustment Outcomes: A Meta-Analytic and Narrative Review," *Psychological Bulletin* 145, no. 1 (2019): 45–78.
20. J. P. Jamieson, K. Koslov, M. K. Nock, and W. B. Mendes, "Experiencing Discrimination Increases Risk Taking," *Psychological Science* 24, no. 2 (2012): 131–39; L. Y. Dhanani, J. M. Beus, and D. L. Joseph, "Workplace Discrimination: A Meta-Analytic Extension, Critique, and Future Research Agenda," Personnel Psychology 71 (2018): 147–79; Jones et al., "Not So Subtle."
21. ALDI UK, "Corporate Responsibility: Our People: Equal Opportunities," accessed September 20, 2020, https://www.aldi.co.uk/about-aldi/corporate-responsibility/people/equal-opportunities; GOV.UK, "Policy Paper: Think, Act, Report," July 16, 2015, accessed September 20, 2020, https://www.gov.uk/government/publications/think-act-report/think-act-report; Ashleigh Webber, "Aldi Reveals 4.8% Gender Pay Gap," *Personnel Today*, February 23, 2018, accessed October 29, 2020, https://www.personneltoday.com/hr/aldi-gender-pay-gap-2017/.
22. C. T. Kulik, S. Ryan, S. Harper, and G. George, "Aging Populations and Management," *Academy of Management Journal* 57, no. 4 (2014): 929–35.
23. T. Morisi, "Why More People Ages 55+ Are Working," *U.S. Department of Labor* [Blog], November 18, 2016, https://blog.dol.gov/2016/11/18/why-more-people-ages-55-are-working
24. Lewis Silkin, LLP, "International Age Discrimination," *AgeDiscrimination.Info* [Website], Accessed January 22, 2019, http://www.agediscrimination.info/international/
25. G. Bronshtein, J. Scott, J. B. Shoven, and S. N. Slavov, *The Power of Working Longer* [NBER Working Paper No. 24226], National Bureau of Economic Research, January 2018; S. O'Brien, "More Than Half of 60-somethings say They're Delaying Retirement," *CNBC: Personal Finance,* April 27, 2018, https://www.cnbc.com/2018/04/27/delayed-retirement-is-in-the-cards-for-more-than-half-of-60-somethings.html
26. P. M. Bal, A. H. de Lange, B. I. J. M. Van der Heijden, H. Zacher, F. A. Oderkerk, and S. Otten, "Young at Heart, Old at Work? Relations Between Age, (Meta-)Stereotypes, Self-Categorization, and Retirement Attitudes," *Journal of Vocational Behavior* 91(2015): 35–45.
27. M. Chand and R. L. Tung, "The Aging of the World's Population and Its Effects on Global Business," *Academy of Management Perspectives* 28, no. 4 (2014): 409–29.
28. S. Shellenbarger, "Work & Family Mailbox," *The Wall Street Journal,* January 29, 2014, D2.
29. N. E. Wolfson, T. M. Cavanaugh, and K. Kraiger, "Older Adults and Technology-Based Instruction: Optimizing Learning Outcomes and Transfer," *Academy of Management Learning & Education* 13, no. 1 (2014): 26–44.

30. A. Tergesen, "Why Everything You Know About Aging Is Probably Wrong." *The Wall Street Journal* (November 30, 2014).
31. Ibid.
32. Ibid;
33. A. Burmeister, M. Wang, and A. Hirschi, "Understanding the Motivational Benefits of Knowledge Transfer for Older and Younger Workers in Age-Diverse Coworker Dyads: An Actor-Partner Interdependence Model," Journal of Applied Psychology (in press); Y. Li, Y. Gong, A. Burmeister, M. Wang, V. Alterman, A. Alonso, and S. Robinson, "Leveraging Age Diversity for Organizational Performance: An Intellectual Capital Perspective," Journal of Applied Psychology (in press).
34. T. W. H. Ng and D. C. Feldman, "The Relationship of Age with Job Attitudes: A Meta-Analysis," *Personnel Psychology* 63, no. 3 (2010): 677–718.
35. S. D. Riza, Y. Ganzach, and Y. Liu, "Time and Job Satisfaction: A Longitudinal Study of the Differential Roles of Age and Tenure," *Journal of Management* 44, no. 7 (2018): 2558–79.
36. E. Zell, Z. Krizan, and S. R. Teeter, "Evaluating Gender Similarities and Differences Using Metasynthesis," *American Psychologist* 70, no. 1 (2015): 10–20.
37. A. Joshi, J. Son, and H. Roh, "When Can Women Close the Gap? A Meta-analytic Test of Sex Differences in Performance and Rewards," *Academy of Management Journal* 58, no. 5 (2015): 1516–45; T. W. H. Ng, S. S. K. Lam, and D. C. Feldman, "Organizational Citizenship Behavior and Counterproductive Work Behavior: Do Males and Females Differ?" *Journal of Vocational Behavior* 93 (2016): 11–32; P. L. Roth, K. L. Purvis, and P. Bobko, "A Meta-Analysis of Gender Group Differences for Measures of Job Performance in Field Studies," *Journal of Management* 38, no. 2 (2012): 719–39.
38. R. E. Silverman, "Study Suggests Fix for Gender Bias on the Job," *The Wall Street Journal,* January 9, 2013, D4.
39. A. J. Koch, S. D. D'Mello, and P. R. Sackett, "A Meta-Analysis of Gender Stereotypes and Bias in Experimental Simulations of Employment Decision Making," *Journal of Applied Psychology* 100, no. 1 (2015): 128–61.
40. E. B. King et al., "Benevolent Sexism at Work: Gender Differences in the Distribution of Challenging Developmental Experiences," *Journal of Management* 38, no. 6 (2012): 1835–66.
41. C. Hymowitz and T. D. Schellhardt, "The Glass Ceiling," The Wall Street Journal (March 24, 1986): D1, 4–5; K. S. Lyness and D. E. Thompson, "Above the Glass Ceiling? A Comparison of Matched Samples of Female and Male Executives," Journal of Applied Psychology 82 (1997): 359–375; B. Zimmer, "The Phrase 'Glass Ceiling' Stretches Back Decades," The Wall Street Journal (April 3, 2015), https://www.wsj.com/articles/the-phrase-glass-ceiling-stretches-back-decades-1428089010
42. Catalyst, List: Women CEOs of the S&P 500, accessed April 16, 2020, https://www.catalyst.org/research/women-ceos-of-the-sp-500/
43. L. Gartzia, M. K. Ryan, N. Balluerka, and A. Aritzeta, "Think Crisis-Think Female: Further Evidence," *European Journal of Work and Organizational Psychology* 21, no. 4 (2014): 603–28; M. K. Ryan and S. A. Haslam, "The Glass Cliff: Evidence That Women Are Over-represented in Precarious Leadership Positions," British Journal of Management 16, no. 2 (2005): 81–90; M. K. Ryan and S. A. Haslam, "The Glass Cliff: Exploring the Dynamics Surrounding the Appointment of Women to Precarious Leadership Positions," Academy of Management Review 32, no. 2 (2007): 549–72.
44. P. Wechsler, "58 Women CFOs in the Fortune 500: Is This Progress?" *Fortune,* February 24, 2015, http://fortune .com/2015/02/24/58-women-cfos-in-the-fortune-500-is-this-progress/
45. F. M. Cheung and D. F. Halpern, "Women at the Top: Powerful Leaders Define Success at Work + Family in a Culture of Gender," American Psychologist 65, no. 3 (2010): 182–193.
46. K. L. Badura, E. Grijalva, D. A. Newman, T. Taiyi Yan, and G. Jeon, "Gender and Leadership Emergence: A Meta-Analysis and Explanatory Model," Personnel Psychology 71 (2018): 335–367; J. M. Hoobler, J. Hu, and M. Wilson, "Do Workers Who Experience Conflict Between the Work and Family Domains Hit a 'Glass Ceiling?': A Meta-Analytic Examination," Journal of Vocational Behavior 77, no. 3 (2010): 481–494.
47. S. C. Paustian-Underdahl, A. A. Eaton, A. Mandeville, and L. M. Little, "Pushed Out or Opting Out? Integrating Perspectives on Gender Differences in Withdrawal Attitudes During Pregnancy," Journal of Applied Psychology 104, no. 8 (2019): 985–1002.
48. J. M. Hoobler, C. R. Masterson, S. M. Nkomo, and E. J. Michel, "The Business Case for Women Leaders: Metaanalysis, Research Critique, and Path Forward," Journal of Management 44, no. 6 (2018): 2473–2499; S. C. Paustian-Underdahl, L. Slattery Walker, and D. J. Woehr, "Gender and Perceptions of Leadership Effectiveness: A Meta-Analysis of Contextual Moderators," Journal of Applied Psychology 99, no. 6 (2014): 1129–45.
49. L. Turner and A. Suflas, "Global Diversity—One Program Won't Fit All," *HR Magazine,* May 2014, 59–61.
50. K. A. Appiah, "Race in the Modern World: The Problem of the Color Line," *Foreign Affairs*, March 1, 2015, https://www.foreignaffairs.com/articles/united-states/2015-03-01/race-modern-world?cid=int-lea&pgtype=hpg
51. L. Turner and A. Suflas, "Global Diversity—One Program Won't Fit All."
52. T. Vega, "With Diversity Still Lacking, Industry Focuses on Retention," *The New York Times,* September 4, 2012, B3.
53. P. Bobko and P. L. Roth, "Reviewing, Categorizing, and Analyzing the Literature on Black-White Mean Differences for Predictors of Job Performance: Verifying Some Perceptions and Updating/Correcting Others," *Personnel Psychology* 66 (2013): 91–126; S. Y. Lee, M. Pitesa, S. Thau, and M. M. Pillutla, "Discrimination in Selection Decisions: Integrating Stereotype fit and Interdependence Theories," *Academy of Management Journal* 58, no. 3 (2015): 789–812; A. Luksyte, E. Waite, D. R. Avery, and R. Roy, "Held to a Different Standard: Racial Differences in the Impact of Lateness on Advancement Opportunity," *Journal of Occupational and Organizational Psychology* 86 (2013): 142–65.
54. M. A. McCord, D. L. Joseph, L. Y. Dhanani, and J. M. Beus, "A Meta-analysis of sex and Race Differences in Perceived Workplace Mistreatment," *Journal of Applied Psychology* 103, no. 2 (2018): 137–63; M. D-C. Triana, M. Jayasinghe, and J. R. Pieper, "Perceived Workplace Discrimination and Its Correlates: A Meta-analysis," *Journal of Organizational Behavior* 36 (2015): 491–513.
55. J. M. Sacco, C. R. Scheu, A. M. Ryan, and N. Schmitt, "An Investigation of Race and Sex Similarity Effects in Interviews: A Multilevel Approach to Relational Demography," *Journal of Applied Psychology* 88, no. 5 (2003): 852–65; P. F. McKay and M. A. McDaniel, "A Reexamination of Black-White Mean Differences in Work Performance: More Data, More Moderators," *Journal of Applied Psychology* 91, no. 3 (2006): 538–54.
56. S. Mullainathan, "The Measuring Sticks of Racial Bias," *The New York Times,* January 4, 2015, 6.
57. M. Bertrand and S. Mullainathan, "Are Emily and Brendan More Employable Than Latoya and Tyrone? Evidence on Racial Discrimination in the Labor Market from a Large Randomized Experiment," American Economic Review 94 (2004): 991–1013.
58. L. Turner and A. Suflas, "Global Diversity—One Program Won't Fit All."
59. Information on the Americans with Disabilities Act can be found on its website at www.ada.gov
60. S. G. Goldberg, M. B. Killeen, and B. O'Day, "The Disclosure Conundrum: How People with Psychiatric Disabilities Navigate Employment," *Psychology, Public Policy, and Law* 11, no. 3 (2005): 463–500;

M. L. Ellison, Z. Russinova, K. L. MacDonald-Wilson, and A. Lyass, "Patterns and Correlates of Workplace Disclosure Among Professionals and Managers with Psychiatric Conditions," *Journal of Vocational Rehabilitation* 18, no. 1 (2003): 3–13; C. Hunter, M-L. Verreynne, N. Pachana, and P. Harpur, "The Impact of Disability-Assistance Animals on the Psychological Health of Workplaces: A Systematic Review," Human Resource Management Review 29 (2019): 400–417.

61. B. S. Bell and K. J. Klein, "Effect of Disability, Gender, and Job Level on Ratings of Job Applicants," *Rehabilitation Psychology* 46, no. 3 (2001): 229–46; and E. Louvet, "Social Judgment Toward Job Applicants with Disabilities: Perception of Personal Qualities and Competences," *Rehabilitation Psychology* 52, no. 3 (2007): 297–303.
62. L. R. Ren, R. L. Paetzold, and A. Colella, "A Meta-Analysis of Experimental Studies on the Effects of Disability on Human Resource Judgments," *Human Resource Management Review* 18, no. 3 (2008): 191–203; J. E. Beatty, D. C. Baldridge, S. A. Boehm, M. Kukarni, and A. J. Colella, "On the Treatment of Persons with Disabilities in Organizations: A Review and Research Agenda," Human Resource Management 58 (2019): 119–137; S. Bonaccio, C. E. Connelly, I. R. Gellatly, A. Jetha, and K. A. Martin Ginis, "The Participation of People with Disabilities in the Workplace Across the Employment Cycle: Employer Concerns and Research Evidence," Journal of Business and Psychology 35 (2020): 135–158.
63. D. J. G. Dwertmann and S. A. Boehm, "Status Matters: The Asymmetric Effects of Supervisor-Subordinate Disability Incongruence and Climate for Inclusion," *Academy of Management Journal* 59, no. 1 (2016): 44–64.
64. S. Almond and A. Healey, "Mental Health and Absence from Work: New Evidence from the UK Quarterly Labour Force Survey," *Work, Employment, and Society* 17, no. 4 (2003): 731–42.
65. P. Button, "Expanding Employment Discrimination Protections for Individuals with Disabilities: Evidence From California," *Industrial and Labor Relations Review* 71, no. 2 (2018): 365–393; P. T. J. H. Nelissen, K. Vornholt, G. M. C. Van Ruitenbeek, U. R. Hülsheger, and S. Uitdewilligen, "Disclosure or Nondisclosure—Is This the Question?" *Industrial and Organizational Psychology* 7, no. 2 (2014): 231–35.
66. A. M. Santuzzi, P. R. Waltz, and L. M. Finkelstein, "Invisible Disabilities: Unique Challenges for Employees and Organizations," *Industrial and Organizational Psychology* 7, no. 2 (2014): 204–19.
67. Ibid.
68. T. D. Johnson and A. Joshi, "Dark Clouds or Silver Linings? A Stigma Threat Perspective on the Implications of an Autism Diagnosis for Workplace Well-Being," *Journal of Applied Psychology* 101, no. 3 (2015): 430–49.
69. R. A. Schriber, R. W. Robins, and M. Solomon, "Personality and Self-Insight in Individuals with Autism Spectrum Disorder," *Journal of Personality and Social Psychology* 106, no. 1 (2014): 112–30.
70. C. L. Nittrouer, R. C. E. Trump, K. R. O'Brien, and M. Hebl, "Stand Up and Be Counted: In the Long Run, Disclosing Helps All," *Industrial and Organizational Psychology* 7, no. 2 (2014): 235–41.
71. L. Turner and A. Suflas, "Global Diversity—One Program Won't Fit All."
72. S. Lucas, "Hilton's $21 Million Reason to Honor a Dishwasher's Religious Schedule Request," *Inc.*, January 17, 2019, https://www.inc.com/suzanne-lucas/hilton-21-million-reason-to-honor-a-dishwashers-religious-schedule-request.html
73. A. Liptak, "In a Case of Religious Dress, Justices Explore the Obligations of Employers," *The New York Times,* February 25, 2015, http://www.nytimes.com/2015/02/26/us/in-a-case-of-religious-dress-justices-explore-the-obligations-of-employers.html?
74. E. B. King and A. S. Ahmad, "An Experimental Field Study of Interpersonal Discrimination Toward Muslim Job Applicants," *Personnel Psychology* 63, no. 4 (2010): 881–906.
75. M. Gold, "The ABCs of L.G.B.T.Q.I.A.+," *The New York Times,* June 24, 2018, F6; V. Priola, D. Lasio, S. De Simone, and F. Serri, "The Sound of Silence: Lesbian, Gay, Bisexual, and Transgender Discrimination in 'Inclusive Organizations,'" *British Journal of Management* 25, no. 3 (2012): 488–502.
76. A. Tilcsik, "Pride and Prejudice: Employment Discrimination against Openly Gay Men in the United States," *American Journal of Sociology* 117, no. 2 (2011): 586–626.
77. Z. Henry, "Tesla and Instacart Among the Most LGBT-friendly Companies in America," *Inc.,* Dec 5, 2016, https://www.inc.com/zoe-henry/the-most-lgbt-friendly-companies-in-america.html
78. N. Legate, R. M. Ryan, and R. D. Rogge, "Daily Autonomy Support and Sexual Identity Disclosure Predicts Daily Mental and Physical Health Outcomes," *Personality and Social Psy- chology Bulletin* 43, no. 6 (2017): 860–73; L. R. Martinez, K. B. Sawyer, C. N. Thoroughgood, E. N. Ruggs, and N. A. Smith, "The Importance of Being 'Me': The Relation Between Authentic Identity Expression and Transgender Employees' Work-Related Attitudes and Experiences," *Journal of Applied Psychology* 102, no. 2 (2017): 215–26; R. L. Williamson, A. Beiler-May, L. R. Locklear, and M. A. Clark, "Bringing Home What I'm Hiding at Work: The Impact of Sexual Orientation Disclosure at Work for Same-Sex Couples," *Journal of Vocational Behavior* 103, Part A (2017): 7–22;
79. The International Lesbian, Gay, Bisexual, Trans and Intersex Association (ILGA), Sexual Orientation Laws in the World—Overview, December 2019, https://ilga.org/sites/default/files/ENG_ILGA_World_map_sexual_orientation_laws_dec2019_update.png
80. L. Hurley, "In Landmark Ruling, Supreme Court Bars Discrimination Against LGBT Workers," Reuters, June 15, 2020, https://www.reuters.com/article/us-usa-court-lgbt-idUSKBN23M20N
81. L. Turner and A. Suflas, "Global Diversity—One Program Won't Fit All."
82. B. Polakowski, "America's LGBT 2015 Buying Power Estimated at $917 Billion," Witeck Communications [Press Release], July 20, 2016, https://www.nlgja.org/outnewswire/2016/07/20/americas-lgbt-2015-buying-power-estimated-at-917-billion/
83. A. E. Jackson, "20 Companies That Champion LGBTQ Equality Hiring Now," *Glassdoor* [Blog], June 6, 2018, https://www.glassdoor.com/blog/companies-lgbtq-equality/
84. Z. Henry, "Tesla and Instacart Among the Most LGBT-friendly Companies in America."
85. V. Priola, D. Lasio, S. De Simone, and F. Serri, "The Sound of Silence: Lesbian, Gay, Bisexual, and Transgender Discrimination in 'Inclusive Organizations,'" *British Journal of Management* 25, no. 3 (2014): 488–502.
86. C-R. Lee, *Native Speaker* (New York: Riverhead Books, 1996); I. Sung, "Korean American's Journey for Cultural Identity," *The Korea Times,* January 23, 2019, https://www .koreatimes.co.kr/www/art/2018/07/142_252586.html
87. M. W. Morris, K. Savani, S. Mor, and J. Cho, "When in Rome: Intercultural Learning and Its Implications for Training," *Research in Organizational Behavior* 34 (2014): 189–215.
88. K. Leung, S. Ang, and M. Ling Tan, "Intercultural Competence," Annual Review of Organizational Psychology and Organizational Behavior 1 (2014): 489–519.
89. E. Gonzalez-Mulé, M. K. Mount, and I-S. Oh, "A Meta-Analysis of the Relationship Between General Mental Ability and Nontask Performance," *Journal of Applied Psychology* 99, no. 6 (2014): 1222–43; T. W. H. Ng and D. C. Feldman, "Human Capital and Objective

Indicators of Career Success: The Mediating Effects of Cognitive Ability and Conscientiousness," *Journal of Occupational and Organizational Psychology* 83 (2010): 207–35; F. L. Schmidt and J. Hunter, "General Mental Ability in the World of Work: Occupational Attainment and Job Performance," *Journal of Personality and Social Psychology* 86, no. 1 (2004): 162–73.

90. P. A. Freund and N. Kasten, "How Smart Do You Think You Are? A Meta-Analysis of the Validity of Self-Estimates of Cognitive Ability," *Psychological Bulletin* 138, no. 2 (2012): 296–321.
91. R. E. Nisbett et al., "Intelligence: New Findings and Theoretical Developments," *American Psychologist* 67, no. 2 (2012): 130–59.
92. L. S. Gottfredson, "The Challenge and Promise of Cognitive Career Assessment," *Journal of Career Assessment* 11, no. 2 (2003): 32–34.
93. Wonderlic, "The NFL Wonderlic Test and the NFL Scouting Combine: The Top 7 Questions," *Wonderlic* [Blog], April 25, 2017, https://www.wonderlic.com/blog/nfl-wonderlic-test-nfl-scouting-combine/
94. M. D. Dunnette and E. A. Fleishman, eds., *Human Performance and Productivity: Human Capability Assessment* (New York and London: Psychology Press/Taylor & Francis Group, 2014).
95. R. T. Warne and C. Burningham, "Spearman's *g* Found in 31 Non-Western Nations: Strong Evidence That *g* is a Universal Phenomenon," *Psychological Bulletin* 145, no. 3 (2019): 237–272.
96. N. Barber, "Educational and Ecological Correlates of IQ: A Cross-National Investigation," *Intelligence* 33, no. 3 (2005): 273–84; G. Meisenberg and M. A. Woodley, "Are Cognitive Differences Between Countries Diminishing? Evidence From TIMSS and PISA," *Intelligence* 41, no. 6 (2013): 808–16; R. T. Warne and C. Burningham, Spearman's *g* Found in 31 Non-Western Nations: Strong Evidence That *g* is a Universal Phenomenon."
97. "What Companies Will Make You Take a Wonderlic Test?" *Beat the Wonderlic* [Blog] December 31, 2014, http://www.beatthewonderlic.com/blog/2014/12/31/what-companies-will-make-you-take-a-wonderlic-test
98. Y. Ganzach, "Intelligence and Job Satisfaction," *Academy of Management Journal* 41, no. 5 (1998): 526–39; and Y. Ganzach, "Intelligence, Education, and Facets of Job Satisfaction," *Work and Occupations* 30, no. 1 (2003): 97–122.
99. Y. Ganzach, "Intelligence, Education, and Facets of Job Satisfaction," *Work and Occupations* 30, no. 1 (2003): 97–122.
100. J. J. Caughron, M. D. Mumford, and E. A. Fleishman, "The Fleishman Job Analysis Survey: Development, Validation, and Applications," in M. A. Wilson, W. Bennett Jr., S. G. Gibson, and G. M. Alliger (eds.), *The Handbook of Work Analysis: Methods, Systems, Applications and Science of Work Measurement in Organizations* (New York: Routledge/Taylor & Francis Group, 2012): 231–46; P. D. Converse, F. L. Oswald, M. A. Gillespie, K. A. Field, and E. B. Bizot, "Matching Individuals to Occupations Using Abilities and the O*Net: Issues and an Application in Career Guidance," *Personnel Psychology* 57, no. 2 (2004): 451–87.
101. P. R. Sackett, F. Lievens, C. H. Van Iddekinge, and N. R. Kuncel, "Individual Differences and Their Measurement: A Review of 100 Years of Research," *Journal of Applied Psychology* 102, no. 3 (2017): 254–73.
102. N. D. Henderson, "Predicting Long-Term Firefighter Performance From Cognitive and Physical Ability Measures," *Personnel Psychology* 63 (2010): 999–1039.
103. S. H. Courtright, B. W. McCormick, B. E. Postlethwaite, C. J. Reeves, and M. K. Mount, "A Meta-Analysis of Sex Differences in Physical Ability: Revised Estimates and Strategies for Reducing Differences in Selection Contexts," *Journal of Applied Psychology* 98, no. 4 (2013): 623–41.
104. S. S. Wang, "Companies Find Autism Can Be a Job Skill," *The Wall Street Journal,* March 28, 2014, B1–B2.
105. Q. M. Roberson, "Diversity in the Workplace: A Review, Synthesis, and Future Research Agenda," Annual Review of Organizational Psychology and Organizational Behavior 6 (2019): 69–88.
106. N. Wingfield, "Microsoft Chief Backpedals on Women's Pay," *The Wall Street Journal,* October 10, 2014, B1, B7.
107. D. R. Avery, "Reactions to Diversity in Recruitment Advertising: Are the Differences Black and White?" *Journal of Applied Psychology* 88, no. 4 (2003): 672–79; P. F. McKay and D. R. Avery, "What Has Race Got to Do with It? Unraveling the Role of Racioethnicity in Job Seekers' Reactions to Site Visits," *Personnel Psychology* 59, no. 2 (2006): 395–429; D. R. Avery and P. F. McKay, "Target Practice: An Organizational Impression Management Approach to Attracting Minority and Female Job Applicants," *Personnel Psychology* 59, no. 1 (2006): 157–87.
108. M. R. Buckley, K. A. Jackson, M. C. Bolino, J. G. Veres, and H. S. Field, "The Influence of Relational Demography on Panel Interview Ratings: A Field Experiment," *Personnel Psychology* 60, no. 3 (2007): 627–46; J. M. Sacco, C. R. Scheu, A. M. Ryan, and N. Schmitt, "An Investigation of Race and Sex Similarity Effects in Interviews: A Multilevel Approach to Relational Demography," *Journal of Applied Psychology* 88, no. 5 (2003): 852–65; and J. C. Ziegert and P. J. Hanges, "Employment Discrimination: The Role of Implicit Attitudes, Motivation, and a Climate for Racial Bias," *Journal of Applied Psychology* 90, no. 3 (2005): 553–62.
109. S. T. Bell, "Deep-Level Composition Variables as Predictors of Team Performance: A Meta-Analysis," *Journal of Applied Psychology* 92, no. 3 (2007): 595–615; S. T. Bell, A. J. Villado, M. A. Lukasik, L. Belau, and A. L. Briggs, "Getting Specific About Demographic Diversity Variable and Team Performance Relationships: A Meta-Analysis," *Journal of Management* 37, no. 3 (2011): 709–43; S. K. Horwitz and I. B. Horwitz, "The Effects of Team Diversity on Team Outcomes: A Meta-Analytic Review of Team Demography," *Journal of Management* 33, no. 6 (2007): 987–1015; H. van Dijk, M. L. van Engen, and D. van Knippenberg, "Defying Conventional Wisdom: A Meta-Analytical Examination of the Differences Between Demographic and Job-Related Diversity Relationships With Performance," *Organizational Behavior and Human Decision Processes* 119 (2012): 38–53.
110. G. Andrevski, O. C. Richard, J. D. Shaw, and W. J. Ferrier, "Racial Diversity and Firm Performance: The Mediating Role of Competitive Intensity," *Journal of Management* 40, no. 3 (2014): 820–44.
111. S. T. Bell, "Deep-Level Composition Variables as Predictors of Team Performance: A Meta-Analysis"; D. J. Devine and J. L. Philips, "Do Smarter Teams Do Better: A Meta-Analysis of Cognitive Ability and Team Performance," *Small Group Research* 32, no. 5 (2001): 507–32; M. S. Prewett, A. A. G. Walvoord, F. R. B. Stilson, M. E. Rossi, and M. T. Brannick, "The Team Personality-Team Performance Relationship Revisited: The Impact of Criterion Choice, Pattern of Workflow, and Method of Aggregation," *Human Performance* 22 (2009): 273–96.
112. S. T. Bell, A. J. Villado, M. A. Lukasik, L. Belau, and A. L. Briggs, "Getting Specific About Demographic Diversity Variable and Team Performance Relationships: A Meta-Analysis."
113. D. C. Lau and J. K. Murnighan, "Interactions Within Groups and Subgroups: The Effects of Demographic Faultlines," *Academy of Management Journal* 48, no. 4 (2005): 645–59; T. M. Spoelma and A. P. J. Ellis, "Fuse or Fracture? Threat as a Moderator of the Effects of Diversity Faultlines in Teams," *Journal of Applied Psychology* 102, no. 9 (2017): 1344–59.
114. A. C. Homan, J. R. Hollenbeck, S. E. Humphrey, D. van Knippenberg, D. R. Ilgen, and G. A. Van Kleef, "Facing Differences with an Open Mind: Openness to Experience, Salience of Intragroup Differences, and Performance of Diverse Work Groups," *Academy of Management Journal* 51, no. 6 (2008): 1204–22; R. Rico, M. Sánchez-Manzanares,

M. Antino, and D. Lau, "Bridging Team Faultlines by Combining Task Role Assignment and Goal Structure Strategies," *Journal of Applied Psychology* 97, no. 2 (2012): 407-420.

115. H. Huettermann, S. Doering, and S. Boerner, "Understanding the Development of Team Identification: A Qualitative Study in UN Peacebuilding Teams," *Journal of Business and Psychology* 32 (2017): 217–34.
116. D. van Knippenberg and J. N. Mell, "Past, Present, and Potential Future of Team Diversity Research: From Compositional Diversity to Emergent Diversity," *Organizational Behavior and Human Decision Processes* 136 (2016): 135–45.
117. K. Srikanth, S. Harvey, and R. Peterson, "A Dynamic Perspective on Diverse Teams: Moving From the Dual-Process Model to a Dynamic Coordination-based Model of Diverse Team Performance," *Academy of Management Annals* 10, no. 1 (2016): 453–93.
118. A. Hajro, C. B. Gibson, and M. Pudelko, "Knowledge Exchange Processes in Multicultural Teams: Linking Organizational Diversity Climates to Teams' Effectiveness," *Academy of Management Journal* 60, no. 1 (2017): 345–72; K. Srikanth, S. Harvey, and R. Peterson, "A Dynamic Perspective on Diverse Teams: Moving From the Dual-Process Model to a Dynamic Coordination-based Model of Diverse Team Performance."; M. Williams, "Being Trusted: How Team Generational age Diversity Promotes and Undermines Trust in Cross-Boundary Relationships," *Journal of Organizational Behavior* 37 (2016): 346–73; Y. Zhang and M-Y. Huai, "Diverse Work Groups and Employee Performance: The Role of Communication Ties," *Small Group Research* 47, no. 1 (2016): 28–57.
119. K. Bezrukova, C. S. Spell, J. L. Perry, K. A. Jehn, "A Meta-Analytical Integration of Over 40 Years of Research on Diversity Training Evaluation," *Psychological Bulletin* 142, no. 11 (2016): 1227–74; Z. T. Kalinoski, D. Steele-Johnson, E. J. Peyton, K. A. Leas, J. Steinke, and N. A. Bowling, "A Meta-Analytic Evaluation of Diversity Training Outcomes," *Journal of Organizational Behavior* 34 (2013): 1076–104.
120. C. L. Holladay and M. A. Quiñones, "The Influence of Training Focus and Trainer Characteristics on Diversity Training Effectiveness," *Academy of Management Learning and Education* 7, no. 3 (2008): 343–54; R. Anand and M. Winters, "A Retrospective View of Corporate Diversity Training from 1964 to the Present," *Academy of Management Learning and Education* 7, no. 3 (2008): 356–72.
121. A. M. Konrad, Y. Yang, and C. C. Maurer, "Antecedents and Outcomes of Diversity and Equality Management Systems: An Integrated Institutional Agency and Strategic Human Resource Management Approach," *Human Resource Management* 55, no. 1 (2016): 83–107.
122. A. Rattan and C. S. Dweck, "What Happens After Prejudice is Confronted in the Workplace? How Mindsets Affect Minorities' and Women's Outlook on Future Social Relations," *Journal of Applied Psychology* 103, no. 6 (2018): 676–87.
123. E. B. King, L. M. V. Gulick, and D. R. Avery, "The Divide Between Diversity Training and Diversity Education: Integrating Best Practices," *Journal of Management Education* 34, no. 6 (2010); 891–906.
124. A. Sippola and A. Smale, "The Global Integration of Diversity Management: A Longitudinal Case Study," *International Journal of Human Resource Management* 18, no. 11 (2007): 1895–916.

제3장

1. Robert Half International, "CPA Job Satisfaction: It's Not Just About Money," *Robert Half* [Blog], March 12, 2015, https://www.roberthalf.com/blog/management-tips/cpa-job-satisfaction-its-not-just-about-money
2. A. Barsky, S. A. Kaplan, and D. J. Beal, "Just Feelings? The Role of Affect in the Formation of Organizational Fairness Judgments," *Journal of Management* 37, no. 1 (2011): 248–79; J. A. Mikels, S. J. Maglio, A. E. Reed, and L. J. Kaplowitz, "Should I Go with My Gut? Investigating the Benefits of Emotion-Focused Decision Making," *Emotion* 11, no. 4 (2011): 743–53; A. J. Rojas Tejada, O. M. Lozano Rojas, M. Navas Luque, and P. J. Pérez Moreno, "Prejudiced Attitude Measurement Using the Rasch Scale Model," *Psychological Reports* 109, no. 2 (2011): 553–72.
3. O. N. Solinger, J. Hofmans, and W. van Olffen, "The Dynamic Microstructure of Organizational Commitment," *Journal of Occupational and Organizational Psychology* 88 (2015): 773–96.
4. See L. S. Glasman and D. Albarracín, "Forming Attitudes That Predict Future Behavior: A Meta-Analysis of the Attitude-Behavior Relation," *Psychological Bulletin* 132, no. 5 (2006): 778–822; M. Riketta, "The Causal Relation Between Job Attitudes and Performance: A Meta-Analysis of Panel Studies," *Journal of Applied Psychology* 93, no. 2 (2008): 472–81.
5. L. S. Glasman and D. Albarracin, "Forming Attitudes That Predict Future Behavior: A Meta-Analysis of the Attitude-Behavior Relation."
6. M. J. Somers, "Thinking Differently: Assessing Nonlinearities in the Relationship Between Work Attitudes and Job Performance Using a Bayesian Neural Network," *Journal of Occupational and Organizational Psychology* 74 (2001): 47–61.
7. S. K. Johnson, J. Kirk, and K. Keplinger, "Why We Fail to Report Sexual Harassment," *Harvard Business Review*, October 4, 2016, https://hbr.org/2016/10/why-we-fail-to-report-sexual-harassment; C. Tavris and E. Aronson, *Mistakes Were Made (but not by me): Why We Justify Foolish Beliefs, Bad Decisions, and Hurtful Acts* (New York, NY: Houghton Mifflin Harcourt, 2015).
8. See L. Festinger, *A Theory of Cognitive Dissonance* (Stanford, CA: Stanford UP: 1957); L. Festinger and J. M. Carlsmith, "Cognitive Consequences of Forced Compliance," *Journal of Abnormal and Social Psychology* 58 (1959): 203–10.
9. See, for instance, L. R. Fabrigar, R. E. Petty, S. M. Smith, and S. L. Crites, "Understanding Knowledge Effects on Attitude-Behavior Consistency: The Role of Relevance, Complexity, and Amount of Knowledge," *Journal of Personality and Social Psychology* 90, no. 4 (2006): 556–77; D. J. Schleicher, J. D. Watt, and G. J. Greguras, "Reexamining the Job Satisfaction-Performance Relationship: The Complexity of Attitudes," *Journal of Applied Psychology* 89, no. 1 (2004): 165–77.
10. J. Cloutier, P. L. Denis, and H. Bilodeau, "The Dynamics of Strike Votes: Perceived Justice During Collective Bargaining," *Journal of Organizational Behavior* 34 (2013): 1016–38.
11. J. K. Caird, S. M. Simmons, K. Wiley, K. A. Johnston, and W. J. Horrey, "Does Talking on a Cell Phone, With a Passenger, or Dialing Affect Driving Performance? An Updated Systematic Review and Meta-Analysis of Experimental Studies," *Human Factors* 60, no. 1 (2018): 101–33.
12. L. Festinger, *A Theory of Cognitive Dissonance*.
13. Mint Kang, "'Leadership and a Strong Team Are Essential': BMW Asia's Christopher Wehner," *People Matter*, July 27, 2020, accessed August 20, 2020, https://www.peoplematters.in/article/leadership/leadership-and-a-strong-team-are-essential-bmw-asias-christopher-wehner-25796.
14. Ibid.
15. J. E. Dutton, J. M. Dukerich, and C. V. Harquail, "Organizational Images and Member Identification," *Administrative Science Quarterly* 39 (1994): 239–63.
16. E-S. Lee, T-Y. Park, and B. Koo, "Identifying Organizational Identification as a Basis for Attitudes and Behaviors: A Meta-Analytic Review," *Psychological Bulletin* 141, no. 5 (2015): 1049–80.
17. V. R. Lane and S. G. Scott, "The Neural Network Model of Organizational Identification," *Organizational Behavior and Human Decision Processes* 104 (2007): 175–92.
18. D. A. Harrison, D. A. Newman, and P. L. Roth, "How Important Are Job Attitudes? Meta-analytic Comparisons of Integrative Behavioral

Outcomes and Time Sequences," *Academy of Management Journal* 49 (2006): 305–25; D. A. Newman, D. L. Joseph, and C. L. Hulin, "Job Attitudes and Employee Engagement: Considering the Attitude 'A-Factor,'" in S. L. Albrecht (ed.), *Handbook of Employee Engagement: Perspectives, Issues, Research and Practice* (Northampton, MA: Edward Elgar, 2010): 43–61.

19. D. J. Schleicher, S. D. Hansen, and K. E. Fox, "Job Attitudes and Work Values," in *APA Handbook of Industrial and Organizational Psychology,* ed. S. Zedeck (Washington, D.C.: APA, 2011), 137–89.
20. S. P. Brown, "A Meta-Analysis and Review of Organizational Research on Job Involvement," *Psychological Bulletin* 120, no. 2 (1996): 235–55; T. M. Lodahl and M. Kejner, "The Definition and Measurement of Job Involvement," *Journal of Applied Psychology* 49, no. 1 (1965): 24–33.
21. S. P. Brown, "A Meta-Analysis and Review of Organizational Research on Job Involvement," *Psychological Bulletin* 120, no. 2 (1996): 235–55.
22. G. M. Spreitzer, "Psychological Empowerment in the Workplace: Construct Definition, Measurement, and Validation," *Academy of Management Journal* 38 (1995): 1442–65; G. M. Spreitzer, "Taking Stock: A Review of More Than Twenty Years of Research on Empowerment at Work," in J. Barling and C. L. Cooper (eds.), *Handbook of Organizational Behavior* (Thousand Oaks, CA: Sage, 2008): 54–72.
23. S. E. Seibert, G. Wang, and S. H. Courtright, "Antecedents and Consequences of Psychological and Team Empowerment in Organizations: A Meta-Analytic Review," *Journal of Applied Psychology* 96, no. 5 (2011): 981–1003.
24. Z. A. Mercurio, "Affective Commitment as a Core Essence of Organizational Commitment: An Integrative Literature Review," *Human Resource Development Review* 14, no. 4 (2015): 389–414; O. N. Solinger, W. van Olffen, and R. A. Roe, "Beyond the Three-Component Model of Organizational Commitment," *Journal of Applied Psychology* 93, no. 1 (2008): 70–83.
25. A. Cooper-Hakim and C. Viswesvaran, "The Construct of Work Commitment: Testing an Integrative Framework," *Psychological Bulletin* 131, no. 2 (2005): 241–59; Solinger, van Olffen, and Roe, "Beyond the Three-Component Model of Organizational Commitment."
26. L. Rhoades, R. Eisenberger, and S. Armeli, "Affective Commitment to the Organization: The Contribution of Perceived Organizational Support," *Journal of Applied Psychology* 86, no. 5 (2001): 825–36.
27. J.-L. Farh, R. D. Hackett, and J. Liang, "Individual-Level Cultural Values as Moderators of Perceived Organizational Support–Employee Outcome Relationships in China: Comparing the Effects of Power Distance and Traditionality," *Academy of Management Journal* 50, no. 3 (2007): 715–29; L. Zhong, S. J. Wayne, and R. C. Liden, "Job Engagement, Perceived Organizational Support, High-Performance Human Resource Practices, and Cultural Value Orientations: A Cross-Level Investigation," *Journal of Organizational Behavior* 37, no. 6 (2016): 823–44.
28. A. O'Byrne, "Nurture Connections to Enhance Expatriate Success," *Training + Development,* May 2018, https://www.td.org/magazines/td-magazine/nurture-connections-to-enhance-expatriate-success
29. D. A. Newman, D. L. Joseph, and C. L. Hulin, "Job Attitudes and Employee Engagement: Considering the Attitude 'A-Factor,'"; D. J. Schleicher, S. D. Hansen, and K. E. Fox, "Job Attitudes and Work Values."
30. Ibid.
31. R. L. Ray, R. Aparicio, P. Hyland, D. A. Dye, J. Simco, and A. Caputo, "DNA of Engagement: How Organizations Can Foster Employee Ownership of Engagement," *The Conference Board,* February 2017, https://www.conference-board .org/dna-engagement2017/
32. M. S. Christian, A. S. Garza, and J. E. Slaughter, "Work Engagement: A Quantitative Review and Test of Its Relations with Task and Contextual Performance," *Personnel Psychology* 64 (2011): 89–136; J. K. Harter, F. L. Schmidt, and T. L. Hayes, "Business-Unit-Level Relationship between Employee Satisfaction, Employee Engagement, and Business Outcomes: A Meta-Analysis," *Journal of Applied Psychology* 87, no. 2 (2002): 268–79.
33. N. R. Lockwood, *Leveraging Employee Engagement for Competitive Advantage* (Alexandria, VA: Society for Human Resource Management, 2007); R. J. Vance, *Employee Engagement and Commitment* (Alexandria, VA: Society for Human Resource Management, 2006).
34. S. Highhouse and A. S. Becker, "Facet Measures and Global Job Satisfaction," *Journal of Business and Psychology* 8, no. 1 (1993): 117–27; M. S. Nagy, "Using a Single-Item Approach to Measure Facet Job Satisfaction," *Journal of Occupational and Organizational Psychology* 75 (2002): 77–86; M. Roznowski, "Examination of the Measurement Properties of the Job Descriptive Index with Experimental Items," *Journal of Applied Psychology* 74 (1989): 805–14; J. P. Wanous and M. J. Hudy, "Single-Item Reliability: A Replication and Extension," *Organizational Research Methods* 4, no. 4 (2001): 361–75; J. P. Wanous, A. E. Reichers, and M. J. Hudy, "Overall Job Satisfaction: How Good Are Single-Item Measures?" *Journal of Applied Psychology* 82, no. 2 (1997): 247–52.
35. J-E. De Neve and G. Ward, "Happiness at Work," in J. Helliwell, R. Layard, and J. Sachs (Eds.), *World Happiness Report* (World Happiness Report APPENDIX, 2017).
36. N. A. Bowling, M. R. Hoepf, D. M. LaHuis, and L. R. Lepisto, "Mean Job Satisfaction Levels over Time: Are Things Bad and Getting Worse?" *The Industrial-Organizational Psychologist* 50, no. 4 (2013): 57–64.
37. L. Weber, "U.S. Workers Can't Get No (Job) Satisfaction," *The Wall Street Journal: At Work* (blog), June 18, 2014, 12:01 AM, http://blogs.wsj.com/atwork/2014/06/18/u-s-workers-cant-get-no-job-satisfaction/
38. L. Weber, "U.S. Workers Report Highest Job Satisfaction Since 2005," *The Wall Street Journal*, August 29, 2018, 8:00AM, https://www.wsj.com/articles/u-s-workers-report-highest-job-satisfaction-since-2005-1535544000
39. L. Weber, "U.S. Workers Can't Get No (Job) Satisfaction."
40. C. W. Koh, W. Shen, and T. Lee, "Black-White Mean Differences in Job Satisfaction: A Meta-Analysis," *Journal of Vocational Behavior* 94 (2016): 131–43.
41. S. E. Humphrey, J. D. Nahrgang, and F. P. Morgeson, "Integrating Motivational, Social, and Contextual Work Design Features: A Meta-Analytic Summary and Theoretical Extension of the Work Design Literature," *Journal of Applied Psychology* 92, no. 5 (2007): 1332–56; D. S. Chiaburu and D. A. Harrison, "Do Peers Make the Place? Conceptual Synthesis and Meta-Analysis of Coworker Effect on Perceptions, Attitudes, OCBs, and Performance," *Journal of Applied Psychology* 93, no. 5 (2008): 1082–103; W. J. Shepherd, R. E. Ployhart, and J. Kautz, "The Neglected Role of Collective Customer Perceptions in Shaping Collective Employee Satisfaction, Service Climate, Voluntary Turnover, and Involuntary Turnover: A Cautionary Note," Journal of Applied Psychology (in press).
42. M. D. Triana, M. Jayasinghe, and J. R. Pieper, "Perceived Workplace Racial Discrimination and its Correlates: A Meta-Analysis," *Journal of Organizational Behavior* 36 (2015): 491–513.
43. R. Martin, Y. Guillaume, G. Thomas, A. Lee, and O. Epitropaki, "Leader-Member Exchange (LMX) and Performance: A Meta-Analytic Review," *Personnel Psychology* 69 (2016): 67–121; T. Rockstuhl, J. H. Dulebohn, S. Ang, and L. M. Shore, "Leader-Member Exchange (LMX) and Culture: A Meta-Analysis of Correlates of LMX across 23 Countries," *Journal of Applied Psychology* 97, no. 6 (2012): 1097–130.

44. I-S. Oh, R. P. Guay, K. Kim, C. M. Harold, J-H. Lee, C-G. Heo, and K-H. Shin, "Fit Happens Globally: A Meta-Analytic Comparison of the Relationships of Person-Environment Fit Dimensions with Work Attitudes and Performance Across East Asia, Europe, and North America," *Personnel Psychology* 67 (2014): 99–152.
45. A. L. Rubenstein, Y. Zhang, K. Ma, H. M. Morrison, and D. F. Jorgensen, "Trait Expression Through Perceived Job Characteristics: A Meta-Analytic Path Model Linking Personality and Job Attitudes," *Journal of Vocational Behavior* 112 (2019): 141–57.
46. A. Hess, "The 10 Best Places to Work in 2019, According to Glassdoor," *CNBC: Make It,* December 10, 2018, https://www.cnbc.com/2018/12/04/glassdoor-the-best-places-to-work-in-2019.html
47. See T. A. Judge, D. Heller, and M. K. Mount, "Five-Factor Model of Personality and Job Satisfaction: A Meta-Analysis," *Journal of Applied Psychology* 87, no. 3 (2002): 530–41; P. Steel, J. Schmidt, F. Bosco, and K. Uggerslev, "The Effects of Personality on Job Satisfaction and Life Satisfaction: A Meta-Analytic Investigation Accounting for Bandwidth-Fidelity and Commensurability," Human Relations 72, no. 2 (2019): 217–47.
48. C.-H. Chang, D. L. Ferris, R. E. Johnson, C. C. Rosen, and J. A. Tan, "Core Self-Evaluations: A Review and Evaluation of the Literature," *Journal of Management* 38, no. 1 (2012): 81–128; T. A. Judge and J. E. Bono, "Relationship of Core Self-Evaluations Traits—Self-Esteem, Generalized Self-Efficacy, Locus of Control, and Emotional Stability—with Job Satisfaction and Job Performance: A Meta-Analysis," *Journal of Applied Psychology* 86, no. 1 (2001): 80–92.
49. T. A. Judge, R. F. Piccolo, N. P. Podsakoff, J. C. Shaw, and B. L. Rich, "The Relationship Between Pay and Job Satisfaction: A Meta-Analysis of the Literature," *Journal of Vocational Behavior* 77, no. 2 (2010): 157–67.
50. D. Thorpe, "Why CSR? The Benefits of Corporate Social Responsibility Will Move You to Act," *Forbes,* May 18, 2013, http://www.forbes.com/sites/devinthorpe/2013/05/18/why-csr-the-benefits-of-corporate-social-responsibility-will-move-you-to-act/
51. N. Fallon, "What Is Corporate Responsibility?" *Business News Daily,* December 22, 2014, http://www.businessnews daily.com/4679-corporate-social-responsibility.html
52. R. Feintzeig, "I Don't Have a Job. I Have a Higher Calling," *The Wall Street Journal,* February 25, 2015, B1, B4.
53. See I. Filatotchev and C. Nakajima, "Corporate Governance, Responsible Managerial Behavior, and Corporate Social Responsibility: Organizational Efficiency Versus Organizational Legitimacy?" *Academy of Management Perspectives* 28, no. 3 (2014): 289–306.
54. T. A. Judge, C. J. Thoresen, J. E. Bono, and G. K. Patton, "The Job Satisfaction–Job Performance Relationship: A Qualitative and Quantitative Review," *Psychological Bulletin* 127, no. 3 (2001): 376–407.
55. N. P. Podsakoff, P. M. Podsakoff, and S. B. MacKenzie, "Consequences of Unit-Level Organizational Citizenship Behaviors: A Review and Recommendations for Future Research," *Journal of Organizational Behavior* 35, no. S1 (2014): S87–119.
56. B. J. Hoffman, C. A. Blair, J. P. Meriac, and D. J. Woehr, "Expanding the Criterion Domain? A Quantitative Review of the OCB Literature," *Journal of Applied Psychology* 92, no. 2 (2007): 555–66.
57. B. B. Reiche et al., "Why Do Managers Engage in Trustworthy Behavior? A Multilevel Cross-Cultural Study in 18 Countries," *Personnel Psychology* 67, no. 1 (2014): 61–98.
58. D. S. Chiaburu and D. A. Harrison, "Do Peers Make the Place? Conceptual Synthesis and Meta-Analysis of Coworker Effect on Perceptions, Attitudes, OCBs, and Performance," *Journal of Applied Psychology* 93, no. 5 (2008): 1082–103.
59. R. G. Netemeyer, J. G. Maxham III, and D. R. Lichtenstein, "Store Manager Performance and Satisfaction: Effects on Store Employee Performance and Satisfaction, Store Customer Satisfaction, and Store Customer Spending Growth," *Journal of Applied Psychology* 95, no. 3 (2010): 530–45; E. P. Piening, A. M. Baluch, and T. O. Salge, "The Relationship between Employees' Perceptions of Human Resource Systems and Organizational Performance: Examining Mediating Mechanisms and Temporal Dynamics," *Journal of Applied Psychology* 98, no. 6 (2013): 926–47; M. Schulte, C. Ostroff, S. Shmulyian, and A. Kinicki, "Organizational Climate Configurations: Relationships to Collective Attitudes, Customer Satisfaction, and Financial Performance," *Journal of Applied Psychology* 94 (2009): 618–34.
60. B. Taylor, "Why Amazon Is Copying Zappos and Paying Employees to Quit," *Harvard Business Review,* April 14, 2014, https://hbr.org/2014/04/why-amazon-is-copying-zappos-and-paying-employees-to-quit/.
61. N. A. Bowling, K. J. Eschleman, and Q. Wang, "A Meta-Analytic Examination of the Relationship between Job Satisfaction and Subjective Well-Being," *Journal of Occupational and Organizational Psychology* 83, no. 4 (2010): 915–34; B. Erdogan, T. N. Bauer, D. M. Truxillo, and L. R. Mansfield, "Whistle While You Work: A Review of the Life Satisfaction Literature," *Journal of Management* 38, no. 4 (2012): 1038–83; Steel et al., "The Effects of Personality on Job Satisfaction and Life Satisfaction."
62. O. Stavrova, T. Schlosser, and A. Baumert, "Life Satisfaction and Job-Seeking Behavior of the Unemployed: The Effect of Individual Differences in Justice Sensitivity," *Applied Psychology: An International Review* 64, no. 4 (2014): 643–70.
63. R. Gibney, T. J. Zagenczyk, and M. F. Masters, "The Negative Aspects of Social Exchange: An Introduction to Perceived Organizational Obstruction," *Group & Organization Management* 34, no. 6 (2009): 665–97.
64. A. J. Nyberg and R. E. Ployhart, "Context-Emergent Turnover (CET) Theory: A Theory of Collective Turnover," *Academy of Management Review* 38, no. 1 (2013): 109–31.
65. R. T. Michalak, S. A. Kiffin-Petersen, and N. M. Ashkanasy, "'I Feel Mad So I Be Bad': The Role of Affect, Dissatisfaction and Stress in Determining Responses to Interpersonal Deviance," *British Journal of Management* 30 (2019): 645–67.
66. P. E. Spector, S. Fox, L. M. Penney, K. Bruursema, A. Goh, and S. Kessler, "The Dimensionality of Counterproductivity: Are All Counterproductive Behaviors Created Equal?" *Journal of Vocational Behavior* 68, no. 3 (2006): 446–60; K. Treviño, N. A. den Nieuwenboer, and J. J. Kish-Gephart, "(Un)Ethical Behavior in Organizations," *Annual Review of Psychology* 65 (2014): 635–60.
67. R. S. Dalal, "A Meta-Analysis of the Relationship Between Organizational Citizenship Behavior and Counterproductive Work Behavior," *Journal of Applied Psychology* 90, no. 6 (2005): 1241–55.
68. P. A. O'Keefe, "Liking Work Really Does Matter," *The New York Times,* September 7, 2014, 12.
69. D. Iliescu, D. Ispas, C. Sulea, and A. Ilie, "Vocational Fit and Counterproductive Work Behaviors: A Self-Regulation Perspective," *Journal of Applied Psychology* 100, no. 1 (2015): 21–39.
70. S. Diestel, J. Wegge, and K.-H. Schmidt, "The Impact of Social Context on the Relationship between Individual Job Satisfaction and Absenteeism: The Roles of Different Foci of Job Satisfaction and Work-Unit Absenteeism."
71. R. D. Hackett, "Work Attitudes and Employee Absenteeism: A Synthesis of the Literature," *Journal of Occupational Psychology* 62 (1989): 235–48; J. F. Ybema, P. G. W. Smulders, and P. M. Bongers, "Antecedents and Consequences of Employee Absenteeism: A Longitudinal Perspective on the Role of Job Satisfaction and Burnout," *European Journal of Work and Organizational Psychology* 19, no. 1 (2010): 102–24.

72. J. P. Hausknecht, N. J. Hiller, and R. J. Vance, "Work-Unit Absenteeism: Effects of Satisfaction, Commitment, Labor Market Conditions, and Time," *Academy of Management Journal* 51, no. 6 (2008): 1123–245.
73. G. Chen, R. E. Ployhart, H. C. Thomas, N. Anderson, and P. D. Bliese, "The Power of Momentum: A New Model of Dynamic Relationships Between Job Satisfaction Change and Turnover Intentions," *Academy of Management Journal* 54, no. 1 (2011): 159–81.
74. D. Liu, T. R. Mitchell, T. W. Lee, B. C. Holtom, and T. R. Hinkin, "When Employees Are Out of Step with Coworkers: How Job Satisfaction Trajectory and Dispersion Influence Individual- and Unit-Level Voluntary Turnover," *Academy of Management Journal* 55, no. 6 (2012): 1360–80.
75. T. H. Lee, B. Gerhart, I. Weller, and C. O. Trevor, "Understanding Voluntary Turnover: Path-Specific Job Satisfaction Effects and the Importance of Unsolicited Job Offers," *Academy of Management Journal* 51, no. 4 (2008): 651–71.
76. K. Jiang, D. Liu, P. F. McKay, T. W. Lee, and T. R. Mitchell, "When and How Is Job Embeddedness Predictive of Turnover? A Meta-Analytic Investigation," *Journal of Applied Psychology* 97 (2012): 1077–96; C. M. Porter, R. A. Posthuma, C. P. Maertz Jr., J. R. W. Joplin, J. Rigby, M. Gordon, and K. Graves, "On-the-job and off-the-job embeddedness differentially influence relationships between informal job search and turnover," Journal of Applied Psychology 104, no. 5 (2019): 678–89.
77. M. Schoeff Jr., "Study Seeks Link Between Morale and Stock Price," *Workforce* 85, no. 4, March 6, 2006, https://www .workforce.com/2006/03/06/study-sees-link-between-morale-and-stock-price/
78. A. Edmans, "The Link Between Job Satisfaction and Firm Value, With Implications for Social Responsibility," *Academy of Management Perspectives* 26, no. 4 (2012): 1–19.
79. K. Holland, "Inside the Minds of Your Employees," *The New York Times,* January 28, 2007, B1; P. B. Brown "The Workplace as Solar System," *The New York Times,* October 28, 2006, B5.
80. E. White, "How Surveying Workers Can Pay Off," *The Wall Street Journal,* June 18, 2007, B3.

제4장

1. "Police: Angry Fast-Food Worker Beans Supervisor with Burrito," *U.S. News & World Report,* January 23, 2018, https://www.usnews.com/news/offbeat/articles/2018-01-23/police-angry-fast-food-worker-beans-supervisor-with-burrito
2. A. Selyukh, "Amazon Employees Consider Consequences of Company's Minimum Wage Hike," *NPR: All Things Considered,* October 6, 2018, https://www.npr .org/2018/10/06/655246464/amazon-employees-consider-consequences-of-companys-minimum-wage-hike
3. S. G. Barsade and D. E. Gibson, "Why Does Affect Matter in Organizations?" *Academy of Management Perspectives,* 21, no. 1 (2007): 36–59.
4. Ibid.
5. Ibid.
6. A. Ben-Ze'ev, *The Subtlety of Emotions* (Cambridge, MA: MIT Press, 2000), 94.
7. R. Cropanzano, H. M. Weiss, J. M. S. Hale, and J. Reb, "The Structure of Affect: Reconsidering the Relationship Between Negative and Positive Affectivity," *Journal of Management* 29, no. 6 (2003): 831–57.
8. See, for example, G. J. Boyle, E. Helmes, G. Matthews, and C. E. Izard, "Multidimensional Measures of Affects: Emotions and Mood States," in G. J. Boyle, D. H. Saklofske, and G. Matthews (eds.), *Measures of Personality and Social Psychological Constructs* (New York, NY: Elsevier, 2015): 3–15; and M. T. Jarymowicz and K. K. Imbir, "Toward a Human Emotions Taxonomy (Based on Their Automatic vs. Reflective Origin)," *Emotion Review* 7, no. 2 (2015): 183–88.
9. R. C. Solomon, "Back to Basics: On the Very Idea of 'Basic Emotions,'" *Journal for the Theory of Social Behaviour* 32, no. 2 (2002): 115–44.
10. P. Ekman, *Emotions Revealed: Recognizing Faces and Feelings to Improve Communication and Emotional Life* (New York: Times Books/Henry Holt and Co., 2003); J. L. Tracy and D. Randles, "Four Models of Basic Emotions: A Review of Ekman and Cordaro, Izard, Levenson, and Panksepp and Watt," *Emotion Review* 3, no. 4 (2011): 397–405.
11. P. Ekman, *Emotions Revealed: Recognizing Faces and Feelings to Improve Communication and Emotional Life.*
12. H. A. Elfenbein and N. Ambady, "On the Universality and Cultural Specificity of Emotion Recognition: A Meta-Analysis," *Psychological Bulletin* 128, no. 2 (2002): 203–35.
13. P. Laukka, D. Neiberg, and H. A. Elfenbein, "Evidence for Cultural Dialects in Vocal Emotion Expression: Acoustic Classification Within and Across Five Nations," *Emotion* 14, no. 3 (2014): 445–49.
14. K. Wezowski, "How to get Better at Reading People From Different Cultures," *Harvard Business Review,* September 18, 2018, https://hbr.org/2018/09/how-to-get-better-at-reading-people-from-different-cultures
15. R. Greenbaum, J. Bonner, T. Gray, and M. Mawritz, "Moral Emotions: A Review and Research Agenda for Management Scholarship," Journal of Organizational Behavior 41 (2020): 95–114.
16. P. S. Russell and R. Giner-Sorolla, "Bodily Moral Disgust: What It Is, How It Is Different from Anger, and Why It Is an Unreasoned Emotion," *Psychological Bulletin* 139, no. 2 (2013): 328–51.
17. M. T. Ford, J. P. Agosta, J. Huang, and C. Shannon, "Moral Emotions Toward Others at Work and Implications for Employee Behavior: A Qualitative Analysis Using Critical Incidents," *Journal of Business and Psychology* 33(2018): 155–80; D. Lindebaum, D. Geddes, and Y. Gabriel, "Moral Emotions and Ethics in Organisations," *Journal of Business Ethics* 141 (2017): 645–56.
18. E. Diener, S. Kanazawa, E. M .Suh, and S. Oishi, "Why People Are in a Generally Good Mood," Personality and Social Psychology Review 19, no. 3 (2015): 235–56; T. A. Ito and J. T. Cacioppo, "Variations on a Human Universal: Individual Differences in Positivity Offset and Negativity Bias," Cognition and Emotion 19, no. 1 (2005): 1–26; D. L. Joseph, M. Y. Chan, S. J. Heintzelman, L. Tay, E. Diener, and V. S. Scotney, "The Manipulation of Affect: A Meta-Analysis of Affect Induction Procedures," Psychological Bulletin 146, no. 4 (2020): 355–75.
19. Ibid.
20. S. Lyubomirsky, L. King, and E. Diener, "The Benefits of Frequent Positive Affect: Does Happiness Lead to Success?" *Psychological Bulletin* 131, no. 6 (2005): 803–55; K. M. Shockley, D. Ispas, M. E. Rossi, and E. L. Levine, "A Meta-Analytic Investigation of the Relationship between State Affect, Discrete Emotions, and Job Performance," *Human Performance* 25 (2012): 377–411; C. J. Thoresen, S. A. Kaplan, A. P. Barsky, C. R. Warren, and K. de Chermont, "The Affective Underpinnings of Job Perceptions and Attitudes: A Meta-Analytic Review and Integration," *Psychological Bulletin* 129, no. 6 (2003): 914–45.
21. T. W. H. Ng and K. L. Sorensen, "Dispositional Affectivity and Work-Related Outcomes: A Meta-Analysis," *Journal of Applied Social Psychology* 39, no. 6 (2009): 1255–87.
22. L. M. Poverny and S. Picascia, "There Is No Crying in Business," *Womensmedia.com*, October 20, 2009, http://www .womensmedia.com/new/Crying-at-Work.shtml
23. M.-A. Reinhard and N. Schwartz, "The Influence of Affective States on the Process of Lie Detection," *Journal of Experimental Psychology* 18 (2012): 377–89.

24. D. C. Rubin, R. M. Hoyle, and M. R. Leary, "Differential Predictability of Four Dimensions of Affect Intensity," *Cognition and Emotion* 26, no. 1 (2012): 25–41.
25. H. M. Weiss, J. P. Nicholas, and C. S. Daus, "AN Examination of the Joint Effects of Affective Experiences and Job Beliefs on Job Satisfaction and Variations in Affective Experiences Over Time," Organizational Behavior and Human Decision Processes 78, no. 1 (1999): 1–24; H. R. Young, D. R. Glerum, W. Wang, and D. L. Joseph, "Who Are the Most Engaged at Work? A Meta-Analysis of Personality and Employee Engagement," Journal of Organizational Behavior 39 (2018): 1330–46. J. Anglim, S. Horwood, L. D. Smillie, R. J. Marrero, and J. K. Wood, "Predicting Psychological and Subjective Well-Being from Personality: A Meta-Analysis," Psychological Bulletin 146, no. 4 (2020): 279–323.
26. Ibid.
27. B. P. Hasler, M. S. Mehl, R. R. Bootzin, and S. Vazire, "Preliminary Evidence of Diurnal Rhythms in Everyday Behaviors Associated with Positive Affect," *Journal of Research in Personality* 42 (2008): 1537–46; D. Watson, *Mood and Temperament* (New York: Guilford Press, 2000).
28. Watson, *Mood and Temperament.*
29. A. A. Stone, J. E. Schwartz, D. Schkade, N. Schwarz, A. Krueger, and D. Kahneman, "A Population Approach to the Study of Emotion: Diurnal Rhythms of a Working Day Examined with the Day Reconstruction Method," *Emotion* 6 (2006): 139–49.
30. S. A. Golder and W. M. Macy, "Diurnal and Seasonal Mood Vary with Work, Sleep, and Daylength across Diverse Cultures," *Science* 333, no. 6051, September 30, 2011, 1878–81.
31. Ibid.
32. Ibid.
33. Ibid.
34. T. A. Klimstra et al., "Come Rain or Come Shine: Individual Differences in How Weather Affects Mood," *Emotion* 11, no. 6 (2011): 1495–99.
35. J. J. A. Denissen, L. Butalid, L. Penke, and M. A. G. van Aken, "The Effects of Weather on Daily Mood: A Multilevel Approach," *Emotion* 8, no. 5 (2008): 662–67; M. C. Keller et al., "A Warm Heart and a Clear Head: The Contingent Effects of Weather on Mood and Cognition," *Psychological Science* 16, no. 9 (2005): 724–31.
36. J. J. Lee, F. Gino, and B. R. Staats, "Rainmakers: Why Bad Weather Means Good Productivity," *Journal of Applied Psychology* 99, no. 3 (2014): 504–13.
37. M. T. Ford, R. A. Matthews, J. D. Wooldridge, V. Mishra, U. M. Kakar, and S. R. Strahan, "How Do Occupational Stressor-Strain Effects Vary with Time? A Review and Meta-Analysis of the Relevance of Time Lags in Longitudinal Studies," *Work & Stress* 28, no. 1 (2014): 9–30; J. A. Fuller, J. M. Stanton, G. G. Fisher, C. Spitzmüller, S. S. Russell, and P. C. Smith, "A Lengthy Look at the Daily Grind: Time Series Analysis of Events, Mood, Stress, and Satisfaction," *Journal of Applied Psychology* 88, no. 6 (2003): 1019–33.
38. G. Schaffer, Association for Psychological Science, "What's Good, When, and Why?," *The Observer* 25, no. 9 (2012): 27–29; see also J. D. Nahrgang, F. P. Morgeson, and D. A. Hofmann, "Safety at Work: A Meta-Analytic Investigation of the Link Between Job Demands, Job Resources, Burnout, Engagement, and Safety Outcomes," *Journal of Applied Psychology* 96, no. 1 (2011): 71–94.
39. Sleep Cycle, *Statistics This Week* [Digital Dashboard of Sleep Cycle application users], accessed February 1, 2019, http://www.sleepcycle.com; and *Sleep in America Poll* (Washington, DC: National Sleep Foundation, 2005), https://sleepfoundation.org/sites/default/files/2005_summary_of_findings.pdf
40. Ibid.
41. H. M. Mullins, J. M. Cortina, C. L. Drake, and R. S. Dalal, "Sleepiness at Work: A Review and Framework of How the Physiology of Sleepiness Impacts the Workplace," *Journal of Applied Psychology* 99, no. 6 (2014): 1096–112.
42. J. D. Minkel et al., "Sleep Deprivation and Stressors: Evidence for Elevated Negative Affect in Response to Mild Stressors When Sleep Deprived," Emotion 12, no. 5 (2012): 1015–20; B. A. Scott and T. A. Judge, "Insomnia, Emotions, and Job Satisfaction: A Multilevel Study," Journal of Management 32, no. 5 (2006): 622–45; L. S. Talbot, E. L. McGlinchey, K. A. Kaplan, R. E. Dahl, and A. G. Harvey, "Sleep Deprivation in Adolescents and Adults: Changes in Affect," Emotion 10, no. 6 (2010): 831–41; M. P. Walker and E. van der Helm, "Overnight Therapy? The Role of Sleep in Emotional Brain Processing," Psychological Bulletin 135, no. 5 (2009): 731–48; D. S. Chester and J. M. Dzierzewski, "Sour Sleep, Sweet Revenge? Aggressive Pleasure as a Potential Mechanism Underlying Poor Sleep Quality's Link to Aggression," Emotion (in press).
43. L. Flueckiger, R. Lieb, A. H. Meyer, C. Witthauer, and J. Mata, "The Importance of Physical Activity and Sleep for Affect on Stressful Days: Two Intensive Longitudinal Studies," *Emotion* 16, no. 4 (2016): 488–97; U. R. Hülsheger, "From Dawn Till Dusk: Shedding Light on the Recovery Process by Investigating Daily Change Patterns in Fatigue," *Journal of Applied Psychology* 101, no. 6 (2016): 905–14.
44. T. W. Puetz, P. J. O'Connor, and R. K. Dishman, "Effects of Chronic Exercise on Feelings of Energy and Fatigue: A Quantitative Synthesis," *Psychological Bulletin* 132, no. 6 (2006): 866–76; A. L. Rebar, R. Stanton, D. Geard, C. Short, M. J. Duncan, and C. Vandelanotte, "A Meta-Meta-Analysis of the Effect of Physical Activity on Depression and Anxiety in Non-Clinical Adult Populations," *Health Psychology Review* 9, no. 3 (2015): 366–78.
45. E. E. Bernstein, J. E. Curtiss, G. W. Y. Wu, P. J. Barreira, and R. J. McNally, "Exercise and Emotion Dynamics: An Experience Sampling Study," Emotion 19, no. 4 (2019): 637-644.
46. See, for example, T. M. Chaplin and A. Aldao, "Gender Differences in Emotion Expression in Children: A Meta-Analytic Review," *Psychological Bulletin* 139, no. 4 (2013): 735–65; and N. M. Else-Quest, A. Higgins, C. Allison, and L. C. Morton, "Gender Differences in Self-Conscious Emotional Experience: A Meta-Analysis," *Psychological Bulletin* 138, no. 5 (2012): 947–81.
47. D. V. Becker, D. T. Kenrick, S. L. Neuberg, K. C. Blackwell, and D. M. Smith, "The Confounded Nature of Angry Men and Happy Women," Journal of Personality and Social Psychology 92 (2007): 179–90; J. S. Hyde, "Gender Differences and Similarities," Annual Review of Psychology 65 (2014): 373–98. A. H. Eagly, C. Nater, D. I. Miller, M. Kaufmann, and S. Sczesny, "Gender Stereotypes Have Changed: A Cross-Temporal Meta-Analysis of U.S. Public Opinion Polls from 1946 to 2018," American Psychologist 75, no. 3 (2020): 301–15.
48. R. Low, "Female Commander Files Gender Discrimination Complaint Against Denver Police: Problem Solvers Investigation," *Fox 31 Denver,* January 28, 2019, https://kdvr.com/2019/01/28/female-commander-files-gender-discrimination-complaint-against-denver-police-problem-solvers-investigation/
49. Unilever (website), "Improving Employee Health & Well-Being: Sustainable Living," accessed September 23, 2020, https://www.unilever.com/sustainable-living/enhancing-livelihoods/fairness-in-the-workplace/improving-employee-health-and-well-being/; Unilever (website), "Our Health & Well-Being Programmes In Action: Sustainable Living," accessed September 23, 2020, https://www.unilever.com/sustainable-living/enhancing-livelihoods/fairness-in-the-workplace/improving-employee-health-and-well-being/our-health-and-well-being-programmes-in-action/; John Cooper and D. Patterson, "Should Business Invest in the Health of Its Workers?," *International Journal of Workplace Health Management* 1, no. 1 (2008): 65–71; N. O'Reilly, "The Good, the Bad and the Plain Daft in Work and Wellbeing," *Occupational Health & Wellbeing*, 69, no. 1 (2017), pp. 8–9.
50. U. R. Hülsheger and A. F. Schewe, "On the Costs and Benefits of Emotional Labor: A Meta-Analysis of Three Decades of Research," *Journal of Occupational Health Psychology* 16, no. 3 (2011): 361–89;

J. D. Kammeyer-Mueller et al. "A Meta-Analytic Structural Model of Dispositional Affectivity and Emotional Labor," *Personnel Psychology* 66, no. 1 (2013): 47–90.

51. A. A. Grandey, "Emotion Regulation in the Workplace: A New Way to Conceptualize Emotional Labor," *Journal of Occupational Health Psychology* 5, no. 1 (2000): 95–110; A. R. Hochschild, *The Managed Heart: Commercialization of Human Feeling* (Berkeley: University of California Press, 1983)
52. J. M. Diefendorff and G. J. Greguras, "Contextualizing Emotional Display Rules: Examining the Roles of Targets and Discrete Emotions in Shaping Display Rule Perceptions," *Journal of Management* 35, no. 4 (2009): 880–98.
53. Kammeyer-Mueller et al. "A Meta-Analytic Structural Model of Dispositional Affectivity and Emotional Labor."
54. H. Nguyen, M. Groth, and A. Johnson, "When the Going Gets Tough, the Tough Keep Working: Impact of Emotional Labor on Absenteeism," *Journal of Management* 42, no. 3 (2016): 615–43; D. T. Wagner, C. M. Barnes, and B. A. Scott, "Driving It Home: How Workplace Emotional Labor Harms Employee Home Life," *Personnel Psychology* 67 (2014): 487–516.
55. U. R. Hülsheger, J. W. B. Lang, A. F. Schewe, and F. R. H. Zijlstra, "When Regulating Emotions at Work Pays Off: A Diary and an Intervention Study on Emotion Regulation and Customer Tips in Service Jobs," *Journal of Applied Psychology* 100, no. 2 (2015): 263–77; J. L. Huang, D. S. Chiaburu, X., Li, N., and Grandey, A. A., "Rising to the Challenge: Deep Acting Is More Beneficial When Tasks Are Appraised as Challenging," *Journal of Applied Psychology* 100, no. 5 (2015): 1398–408; J. D. Kammeyer-Mueller et al., "A Meta-Analytic Structural Model of Dispositional Affectivity and Emotional Labor"; Y. Zhan, M. Wang, and J. Shi, "Interpersonal Process of Emotional Labor: The Role of Negative and Positive Customer Treatment," *Personnel Psychology* 69, no. 3 (2016): 525–57.
56. A. A. Grandey, "When 'The Show Must Go On': Surface Acting and Deep Acting as Determinants of Emotional Exhaustion and Peer-Rated Service Delivery," *Academy of Management Journal* 46, no. 1 (2003): 86–96.
57. S. Diestel, W. Rivkin, and K.-H. Schmidt, "Sleep Quality and Self-Control Capacity as Protective Resources in the Daily Emotional Labor Process: Results from Two Diary Studies," *Journal of Applied Psychology* 100, no. 3 (2015): 809–27; K. L. Wang and M. Groth, "Buffering the Negative Effects of Employee Surface Acting: The Moderating Role of Employee-Customer Relationship Strength and Personalized Services," *Journal of Applied Psychology* 99, no. 2 (2014): 341–50.
58. S. Ohly and A. Schmitt, "What Makes Us Enthusiastic, Angry, Feeling at Rest or Worried? Development and Validation of an Affective Work Events Taxonomy Using Concept Mapping Methodology," *Journal of Business Psychology* 30 (2015): 15–35; H. M. Weiss and R. Cropanzano, "Affective Events Theory: A Theoretical Discussion of the Structure, Causes and Consequences of Affective Experiences at Work," *Research in Organizational Behavior* 18 (1996): 1–74.
59. K. Goldstein, "My Boss Said, 'I Understand What You're Going Through, but you Have a job to Do," *Slate,* January 30, 2019, https://slate.com/human-interest/2019/01/infertility-workplace-pregnancy-challenges-2019.html
60. C. D. Fisher, "Antecedents and Consequences of Real-Time Affective Reactions at Work," *Motivation and Emotion* 26, no. 1 (2002): 3–30; A. A. Grandey, A. P. Tam, and A. L. Brauburger, "Affective States and Traits in the Workplace: Diary and Survey Data from Young Workers," *Motivation and Emotion* 26, no. 1 (2002): 31–55.
61. Grandey, Tam, and Brauburger, "Affective States and Traits in the Workplace."
62. K. L. Wang and M. Groth, "Buffering the Negative Effects of Employee Surface Acting: The Moderating Role of Employee-Customer Relationship Strength and Personalized Services," *Journal of Applied Psychology* 99, no. 2 (2014): 341–50.
63. T. Upshur-Lupberger, "Watch Your Mood: A Leadership Lesson," *The Huffington Post*, April 22, 2015, http://www .huffingtonpost.com/terrie-upshurlupberger/watch-your-mood-a-leaders_b_7108648.html
64. Ibid.
65. CareerBuilder, "*Seventy-One Percent of Employers Say They Value Emotional Intelligence over IQ, According to Career-Builder Survey*" [Press Release], August 18, 2011, https://www.careerbuilder.ca/share/aboutus/pressreleasesdetail .aspx?id=pr652&sd=8%2f18%2f2011&ed=8%2f18%2f2099
66. J. C. Rode, M. Arthaud-Day, A. Ramaswami, and S. Howes, "A Time-Lagged Study of Emotional Intelligence and Salary," *Journal of Vocational Behavior* 101 (2017): 77–89.
67. D. L. Joseph and D. A. Newman, "Emotional Intelligence: An Integrative Meta-Analysis and Cascading Model," *Journal of Applied Psychology* 95, no. 1 (2010): 54–78; P. Salovey and D. Grewal, "The Science of Emotional Intelligence," *Current Directions in Psychological Science* 14, no. 6 (2005): 281–85.
68. CareerBuilder, *Seventy-one Percent of Employers Say They Value Emotional Intelligence Over IQ, According to Career-Builder Survey*; P. Salovey and D. Grewal, "The Science of Emotional Intelligence."
69. D. L. Joseph, J. Jin, D. A. Newman, and E. H. O'Boyle, "Why Does Self-Reported Emotional Intelligence Predict Job Performance? A Meta-Analytic Investigation of Mixed EI," Journal of Applied Psychology 100, no. 2 (2015): 298–342; D. L. Joseph and D. A. Newman, "Emotional Intelligence"; C. Miao, R. H. Humphrey, and S. Qian, "A Meta-Analysis of Emotional Intelligence and Work Attitudes," Journal of Occupational and Organizational Psychology 90, no. 2 (2017): 177–202. C. MacCann, Y. Jiang, L. E. R. Brown, K. S. Double, M. Bucich, and A. Minbashian, "Emotional Intelligence Predicts Academic Performance: A Meta-Analysis," Psychological Bulletin 146, no. 2 (2020): 150–86.
70. C. I. C. Chien Farh, M.-G. Seo, and P. E. Tesluk, "Emotional Intelligence, Teamwork Effectiveness, and Job Performance: The Moderating Role of Job Context," *Journal of Applied Psychology* 97, no. 4 (2012): 890–900; D. Greenidge, D. Devonish, and P. Alleyne, "The Relationship Between Ability-Based Emotional Intelligence and Contextual Performance and Counterproductive Work Behaviors: A Test of the Mediating Effects of Job Satisfaction," *Human Performance* 27 (2014): 225–42; A. Santos, W. Wang, and J. Lewis, "Emotional Intelligence and Career Decision-Making Difficulties: The Mediating Role of Career Decision Self-Efficacy," *Journal of Vocational Behavior* 107 (2018): 295–309.
71. C. P. M. Wilderom, Y. Hur, U. J. Wiersma, P. T. Van Den Berg, and J. Lee, "From Manager's Emotional Intelligence to Objective Store Performance: Through Store Cohesiveness and Sales-Directed Employee Behavior," *Journal of Organizational Behavior* 36 (2015): 825–44.
72. F. I. Greenstein, *The Presidential Difference: Leadership Style from FDR to Clinton* (Princeton, NJ: Princeton University Press, 2001).
73. A. Z. Czarna, P. Leifeld, M. Śmieja, M. Dufner, and P. Salovey, "Do Narcissism and Emotional Intelligence Win Us Friends? Modelling Dynamics of Peer Popularity Using Inferential Network Analysis," *Personality and Social Psychology Bulletin* 42, no. 11 (2016): 1588–99.
74. K. A. Pekaar, A. B. Bakker, M. P. Born, and D. van der Linden, "The Consequences of Self- and Other-Focused Emotional Intelligence: Not all Sunshine and Roses," *Journal of Occupational Health Psychology* 24, no. 4 (2019): 450–66.
75. D. H. M. Pelt, D. van der Linden, and M. P. Born, "How Emotional Intelligence Might Get You a Job: The Relationship Between Trait Emotional Intelligence and Faking on Personality Tests," *Human Performance* 31, no. 1 (2018): 33–54.
76. S. Côté, "Emotional Intelligence in Organizations," *Annual Review of Organizational Psychology and Organizational Behavior* 1 (2014): 59–88.
77. C. MacCann and R. D. Roberts, "New Paradigms for Assessing Emotional Intelligence: Theory and Data," *Emotion* 8, no. 4 (2008):

540–51; and K. Schlegel and M. Mortillaro, "The Geneva Emotional Competence Test (GECo): An Ability Measure of Workplace Emotional Intelligence," *Journal of Applied Psychology* 104, no. 4 (2019): 559–80.

78. S. Hodzic, J. Scharfen, P. Ripoll, H. Holling, and F. Zenasni, "How Efficient Are Emotional Intelligence Trainings: A Meta-Analysis," Emotion Review 10, no. 2 (2018): 138–48; I. Kotsou, D. Nelis, J. Grégoire, and M. Mikolajczak, "Emotional Plasticity: Conditions and Effects of Improving Emotional Competence in Adulthood," Journal of Applied Psychology 96, no. 4 (2011): 827–39; V. Mattingly and K. Kraiger, "Can Emotional Intelligence Be Trained? A Meta-Analytical Investigation," Human Resource Management Review 29 (2019): 140–55; O. J. Sheldon, D. Dunning, and D. R. Ames, "Emotionally Unskilled, Unaware, and Uninterested in Learning More: Reactions to Feedback About Deficits in Emotional Intelligence," Journal of Applied Psychology 99, no. 1 (2014): 125–37.
79. S. L. Koole, "The Psychology of Emotion Regulation: An Integrative Review," *Cognition and Emotion* 23 (2009): 4–41; H. A. Wadlinger and D. M. Isaacowitz, "Fixing Our Focus: Training Attention to Regulate Emotion," *Personality and Social Psychology Review* 15 (2011): 75–102.
80. D. H. Kluemper, T. DeGroot, and S. Choi, "Emotion Management Ability: Predicting Task Performance, Citizenship, and Deviance," *Journal of Management* 39, no. 4 (2013): 878–905.
81. D. J. Hughes, I. K. Kratsiotis, K. Niven, and D. Holman, "Personality Traits and Emotion Regulation: A Targeted Review and Recommendations," Emotion 20, no. 1 (2020): 63–67.
82. J. V. Wood, S. A. Heimpel, L. A. Manwell, and E. J. Whittington, "This Mood Is Familiar and I Don't Deserve to Feel Better Anyway: Mechanisms Underlying Self-Esteem Differences in Motivation to Repair Sad Moods," *Journal of Personality and Social Psychology* 96, no. 2 (2009): 363–80.
83. L. Wang and F. Yan, "Emotion Regulation Strategy Mediates the Relationship Between Goal Orientation and Job Search Behavior Among University Seniors," *Journal of Vocational Behavior* 108 (2018): 1–12.
84. E. Kim, D. P. Bhave, and T. M. Glomb, "Emotion Regulation in Workgroups: The Roles of Demographic Diversity and Relational Work Context," *Personnel Psychology* 66, no. 3 (2013): 613–44.
85. Ibid.
86. S. L. Koole, "The Psychology of Emotion Regulation: An Integrative Review," *Cognition and Emotion* 23, no. 1 (2009): 4–41.
87. L. K. Barber, P. G. Bagsby, and D. C. Munz, "Affect Regulation Strategies for Promoting (or Preventing) Flourishing Emotional Health," *Personality and Individual Differences* 49, no. 6 (2010): 663–66.
88. J. Diefendorff, A. S. Gabriel, M. T. Nolan, and J. Yang, "Emotion Regulation in the Context of Customer Mistreatment and Felt Affect: An Event-based Profile Approach," *Journal of Applied Psychology* 104, no. 7 (2019): 965–83.
89. D. Holman, "How Does Customer Affiliative Behaviour Shape the Outcomes of Employee Emotion Regulation? A Daily Diary Study of Supermarket Checkout Operators," *Human Relations* 69, no. 5 (2016): 1139–62.
90. L. D. Cameron, and N. C. Overall, "Suppression and Expression as Distinct Emotion-Regulation Processes in Daily Interactions: Longitudinal and Meta-Analyses," *Emotion* 18, no. 4 (2018): 465–80; E. Chervonsky and C. Hunt, "Suppression and Expression of Emotion in Social and Interpersonal Outcomes: A Meta-Analysis," *Emotion* 17, no. 4 (2017): 669–83.
91. J. J. Lee and F. Gino, "Poker-Faced Morality: Concealing Emotions Leads to Utilitarian Decision Making," *Organizational Behavior and Human Decision Processes* 126 (2015): 49–64.
92. J. J. Gross, E. Halperin, and R. Porat, "Emotion Regulation in Intractable Conflicts," *Current Directions in Psychological Science* 22, no. 6 (2013): 423–29.
93. A. S. Troy, A. J. Shallcross, and I. B. Mauss, "A Person-by-Person Situation Approach to Emotion Regulation: Cognitive Reappraisal Can Either Help or Hurt, Depending on the Context," *Psychological Science* 24, no. 12 (2013): 2505–14.
94. A. S. McCance, C. D. Nye, L. Wang, K. S. Jones, and C. Chiu, "Alleviating the Burden of Emotional Labor: The Role of Social Sharing," *Journal of Management* 39, no. 2 (2013): 392–415.
95. G. Buruck, D. Dörfel, J. Kugler, and S. S. Brom, "Enhancing Well-Being at Work: The Role of Emotion Regulation Skills as Personal Resources," *Journal of Occupational Health Psychology* 21, no. 4 (2016): 480–93; P. J. Edelman, and D. van Knippenberg, "Training Leader Emotion Regulation and Leadership Effectiveness," *Journal of Business and Psychology* 32, no. 6 (2017): 747–57; K. Hoorelbeke, E. H. W. Koster, I. Demeyer, T. Loeys, and M-A. Vanderhasselt, "Effects of Cognitive Control Training on the Dynamics of (Mal)adaptive Emotion Regulation in Daily Life," *Emotion* 16, no. 7 (2016): 945–56.
96. A. M. Grant, "Rocking the Boat but Keeping It Steady: The Role of Emotion Regulation in Employee Voice," *Academy of Management Journal* 56, no. 6 (2013): 1703–23.
97. E. S. Blanke, A. Brose, E. K. Kalokerinos, Y. Erbas, M. Riediger, and P. Kuppens, "Mix It to Fix It: Emotion Regulation Variability in Daily Life," Emotion 20, no. 3 (2020): 473-485; L. Pruessner, S. Barnow, D. V. Holt, J. Joormann, and K. Schulze, "A cognitive control framework for understanding emotion regulation flexibility," Emotion 20, no. 1 (2020): 21–29.
98. L. Z. Bencharit, Y. Wan Ho, H. H. Fung, D. Y. Yeung, N. M. Stephens, R. Romero-Canyas, and J. L. Tsai, "Should Job Applicants Be Excited or Calm? The Role of Culture and Ideal Affect in Employment Settings," Emotion 19, no. 3 (2019): 377–401.
99. See A. M. Isen, "Positive Affect and Decision Making," in M. Lewis and J. M. Haviland-Jones (eds.), *Handbook of Emotions*, 2nd ed. (New York: Guilford, 2000), 261–77.
100. N. Nunez, K. Schweitzer, C. A. Chai, and B. Myers, "Negative Emotions Felt During Trial: The Effect of Fear, Anger, and Sadness on Juror Decision Making," *Applied Cognitive Psychology* 29, no. 2 (2015): 200–09.
101. S. N. Mohanty and D. Suar, "Decision Making under Uncertainty and Information Processing in Positive and Negative Mood States," *Psychological Reports* 115, no. 1 (2014): 91–105.
102. S.-C. Chuang and H.-M. Lin, "The Effect of Induced Positive and Negative Emotion and Openness-to-Feeling in Student's Consumer Decision Making," *Journal of Business and Psychology* 22, no. 1 (2007): 65–78.
103. D. van Knippenberg, H. J. M. Kooij-De Bode, and W. P. van Ginkel, "The Interactive Effects of Mood and Trait Negative Affect in Group Decision Making," *Organization Science* 21, no. 3 (2010): 731–44.
104. S. Lyubomirsky, L. King, and E. Diener, "The Benefits of Frequent Positive Affect: Does Happiness Lead to Success?" *Psychological Bulletin* 131, no. 6 (2005): 803–55; M. Baas, C. K. W. De Dreu, and B. A. Nijstad, "A Meta-Analysis of 25 Years of Mood-Creativity Research: Hedonic Tone, Activation, or Regulatory Focus," *Psychological Bulletin* 134, no. 6 (2008): 779–806.
105. M. J. Grawitch, D. C. Munz, and E. K. Elliott, "Promoting Creativity in Temporary Problem-Solving Groups: The Effects of Positive Mood and Autonomy in Problem Definition on Idea-Generating Performance," *Group Dynamics* 7, no. 3 (2003): 200–13.
106. S. Lyubomirsky, L. King, and E. Diener, "The Benefits of Frequent Positive Affect: Does Happiness Lead to Success?"

107. J. M. George and J. Zhou, "Understanding When Bad Moods Foster Creativity and Good Ones Don't: The Role of Context and Clarity of Feelings," *Journal of Applied Psychology* 87, no. 4 (August 2002): 687–97; J. P. Forgas and J. M. George, "Affective Influences on Judgments and Behavior in Organizations: An Information Processing Perspective," *Organizational Behavior and Human Decision Processes* 86, no. 1 (2001): 3–34.
108. R. Ilies and T. A. Judge, "Goal Regulation across Time: The Effect of Feedback and Affect," *Journal of Applied Psychology* 90, no. 3 (May 2005): 453–67.
109. J. E. Bono, H. J. Foldes, G. Vinson, and J. P. Muros, "Workplace Emotions: The Role of Supervision and Leadership," *Journal of Applied Psychology* 92, no. 5 (2007): 1357–67.
110. S. G. Liang and S.-C. S. Chi, "Transformational Leadership and Follower Task Performance: The Role of Susceptibility to Positive Emotions and Follower Positive Emotions," *Journal of Business and Psychology* 28, no. 1 (2013): 17–29.
111. V. A. Visser, D. van Knippenberg, G. Van Kleef, and B. Wisse, "How Leader Displays of Happiness and Sadness Influence Follower Performance: Emotional Contagion and Creative versus Analytical Performance," *Leadership Quarterly* 24, no. 1 (2013): 172–88.
112. B. M. Staw, K. A. DeCelles, and P. de Goey, "Leadership in the Locker Room: How the Intensity of Leaders' Unpleasant Affective Displays Shapes Team Performance," Journal of Applied Psychology (in press).
113. P. S. Christoforou and B. E. Ashforth, "Revisiting the Debate on the Relationship Between Display Rules and Performance: Considering the Explicitness of Display Rules," *Journal of Applied Psychology* 100, no. 1 (2015): 249–61; A. Grandey, D. Rupp, and W. N. Brice, "Emotional Labor Threatens Decent Work: A Proposal to Eradicate Emotional Display Rules," *Journal of Organizational Behavior* 36, no. 6 (2015): 770–85; W.-M. Hur, T.-W. Moon, and Y. S. Jung, "Customer Response to Employee Emotional Labor: The Structural Relationship Between Emotional Labor, Job Satisfaction, and Customer Satisfaction," *Journal of Services Marketing* 29, no. 1 (2015): 71–80.
114. P. B. Barker and A. A. Grandey, "Service with a Smile and Encounter Satisfaction: Emotional Contagion and Appraisal Mechanisms," *Academy of Management Journal* 49, no. 6 (2006): 1229–38; E. Y. J. Tee, "The Emotional Link: Leadership and the Role of Implicit and Explicit Emotional Contagion Processes across Multiple Organizational Levels," *Leadership Quarterly* 26, no. 4 (2015): 654–70.
115. D. E. Rupp and S. Spencer, "When Customers Lash Out: The Effects of Customer Interactional Injustice on Emotional Labor and the Mediating Role of Emotions," *Journal of Applied Psychology* 91, no. 4 (2006): 971–78; and W. C. Tsai and Y. M. Huang, "Mechanisms Linking Employee Affective Delivery and Customer Behavioral Intentions, *Journal of Applied Psychology* 87, no. 5 (2002): 1001–08.
116. R. Ilies and T. A. Judge, "Understanding the Dynamic Relationships among Personality, Mood, and Job Satisfaction: A Field Experience Sampling Study," *Organizational Behavior and Human Decision Processes* 89 (2002): 1119–39.
117. T. A. Judge and R. Ilies, "Affect and Job Satisfaction: A Study of Their Relationship at Work and at Home," *Journal of Applied Psychology* 89, no. 4 (2004): 661–73.
118. Z. Song, M. Foo, and M. A. Uy, "Mood Spillover and Crossover among Dual-Earner Couples: A Cell Phone Event Sampling Study," *Journal of Applied Psychology* 93, no. 2 (2008): 443–52.
119. T. J. Zagenczyk, S. L. D. Restubog, C. Kiewitz, K. Kiazad, and R. L. Tang, "Psychological Contracts as a Mediator between Machiavellianism and Employee Citizenship and Deviant Behaviors," *Journal of Management* 40, no. 4 (2014): 1109–22.
120. T. A. Judge, B. A. Scott, and R. Ilies, "Hostility, Job Attitudes, and Workplace Deviance: Test of a Multilevel Mode," *Journal of Applied Psychology* 91, no. 1 (2006): 126–38; S. Kaplan, J. C. Bradley, J. N. Luchman, and D. Haynes, "On the Role of Positive and Negative Affectivity in Job Performance: A Meta-Analytic Investigation," *Journal of Applied Psychology* 94, no. 1 (2009): 152–76.
121. S. C. Douglas, C. Kiewitz, M. Martinko, P. Harvey, Y. Kim, and J. U. Chun, "Cognitions, Emotions, and Evaluations: An Elaboration Likelihood Model for Workplace Aggression," *Academy of Management Review* 33, no. 2 (2008): 425–51.
122. A. K Khan, S. Ouratulain, and J. R. Crawshaw, "The Mediating Role of Discrete Emotions in the Relationship between Injustice and Counterproductive Work Behaviors: A Study in Pakistan," *Journal of Business and Psychology* 28, no. 1 (2013): 49–61.
123. S. Kaplan, J. C. Bradley, J. N. Luchman, and D. Haynes, "On the Role of Positive and Negative Affectivity in Job Performance: A Meta-Analytic Investigation;" and J. Maiti, "Design for Worksystem Safety Using Employees' Perception about Safety," *Work—A Journal of Prevention Assessment & Rehabilitation* 41 (2012): 3117–22.
124. J. E. Bono and R. Ilies, "Charisma, Positive Emotions and Mood Contagion," *Leadership Quarterly* 17, no. 4 (2006): 317–34.

제5장

1. B. Conerly, "Personality Traits in Your Business: Lessons From Jordan Peterson, Jonathan Haidt and Helen Fisher," *Forbes,* April 8, 2018, https://www.forbes.com/sites/billconerly/2018/04/08/personality-traits-in-your-business-lessons-from-jordan-peterson-jonathan-haidt-and-helen-fisher/#2277eb0266ec
2. D. Leising, J. Scharloth, O. Lohse, and D. Wood, "What Types of Terms Do People Use When Describing an Individual's Personality?" *Psychological Science* 25, no. 9 (2014): 1787–94.
3. L. M. Hough, F. L. Oswald, and J. Ock, "Beyond the Big Five: New Directions for Personality Research and Practice in Organizations," *Annual Review of Organizational Psychology and Organizational Behavior* 2 (2015): 183–209.
4. R. R. McCrae and J. Allik, eds., *The Five-Factor Model of Personality Across Cultures* (New York, NY: Kluwer Academic/Plenum, 2002).
5. A. T. Church, "Personality Traits Across Cultures," *Current Opinion in Psychology* 8 (2016): 22–30.
6. F. M. Cheung, S. F. Chueng, and W. Fan, "From Chinese to Cross-Cultural Personality Inventory: A Combined Emic-Etic Approach to the Study of Personality in Culture," in M. J. Gelfand, C. Y. Chiu, and Y. Y. Hong (eds.), *Advances in Culture and Psychology* (Oxford UP, 2013: vol. 3, 117–80); and Church, "Personality Traits Across Cultures"; M. R. Barrick and L. Parks-Leduc, "Selection for Fit," *Annual Review of Organizational Psychology and Organizational Behavior* 6 (2019): 171–93.
7. H. Baker, "Personality Tests and Why Employers Use Them," *Glassdoor,* July 20, 2016, https://www.glassdoor.co.uk/blog/personality-tests-employers-use/; L. Weber, "To Get a Job, New Hires Are Put to the Test," *The Wall Street Journal,* April 15, 2015, A1, A10.
8. L. Weber and E. Dwoskin, "As Personality Tests Multiply, Employers Are Split," *The Wall Street Journal,* September 30, 2014, A1, A10.
9. D. Belkin, "Colleges Put the Emphasis on Personality," *The Wall Street Journal,* January 9, 2015, A3.
10. M. R. Barrick, M. K. Mount, and T. A. Judge, "Personality and Performance at the Beginning of the New Millennium: What Do We Know and Where Do We Go Next?" *International Journal of Selection and Assessment* 9, nos. 1–2 (2001): 9–30; P. R. Sackett and P. T. Walmsley, "Which Personality Attributes Are Most Important in the Workplace?" *Perspectives on Psychological Science* 9, no. 5 (2014): 538–51.

11. P. R. Sackett, F. Lievens, C. H. Van Iddekinge, and N. R. Kuncel, "Individual Differences and Their Measurement: A Review of 100 Years of Research," *Journal of Applied Psychology* 102, no. 3 (2017): 254–73; N. Schmitt, "Personality and Cognitive Ability as Predictors of Effective Performance at Work," *Annual Review of Organizational Psychology and Organizational Behavior* 1 (2014): 45–65.
12. J. F. Salgado, "A Theoretical Model of Psychometric Effects of Faking on Assessment Procedures: Empirical Findings and Implications for Personality at Work," *International Journal of Selection and Assessment* 24, no. 3 (2016): 209–28.
13. T. D. Letzring, "Observer Judgmental Accuracy of Personality: Benefits Related to Being a Good (Normative) Judge," *Journal of Research in Personality* 54 (2015): 51–60.
14. K. Lee and M. C. Ashton, "Acquaintanceship and Self/Observer Agreement in Personality Judgment," *Journal of Research in Personality* 70 (2017): 1–5.
15. D. H. Kluemper, B. D. McLarty, and M. N. Bing, "Acquaintance Ratings of the Big Five Personality Traits: Incremental Validity beyond and Interactive Effects with Self-Reports in the Prediction of Workplace Deviance," *Journal of Applied Psychology* 100, no. 1 (2015): 237–48; I. Oh, G. Wang, and M. K. Mount, "Validity of Observer Ratings of the Five-Factor Model of Personality Traits: A Meta-Analysis," *Journal of Applied Psychology* 96, no. 4 (2011): 762–73.
16. J. A. Hall, S. D. Gunnery, T. D. Letzring, D. R. Carney, and C. R. Colvin, "Accuracy of Judging Affect and Accuracy of Judging Personality: How and When Are They Related?" *Journal of Personality* 85, no. 5 (2017): 583–92.
17. Jack Kelly, "Siemens Says That 140,000 of Its Employees Can Work from Anywhere," *Forbes*, July 27, 2020, accessed September 24, 2020, https://www.forbes.com/sites/jackkelly/2020/07/27/siemens-says-that-140000-of-its-employees-can-work-from-anywhere/#1625a0926a44; Siemens (website), "About Siemens: Values and Vision," accessed September 24, 2020, https://new.siemens.com/gr/en/company/about/values-and-visions.html.
18. B. P. Chapman, A. Weiss, and P. R. Duberstein, "Statistical Learning Theory for High Dimensional Prediction: Application to Criterion-Keyed Scale Development," *Psychological Methods* 21, no. 4 (2016): 603–20.
19. P. Harik, P. Baldwin, and B. Clauser, "Comparison of Automated Scoring Methods for a Computerized Performance Assessment of Clinical Judgment," *Applied Psychological Measurement* 37, no. 8 (2013): 587–97.
20. M. C. Campion, M. A. Campion, E. D. Campion, and M. H. Reider, "Initial Investigation into Computer Scoring of Candidate Essays for Personnel Selection," *Journal of Applied Psychology* 101, no. 7 (2016): 958–75.
21 J. Nelson, "Is It Personal or Is It Personality?" *Forbes,* November 13, 2017, https://www.forbes.com/sites/ forbescoachescouncil/2017/11/13/is-it-personal-or-is-it-personality/#aec05126618c
22. M. B. Arthur, "The 'Strange History' Behind the Myers-Briggs Type Indicator—and What That Can Mean for You," *Forbes,* September 16, 2018, https://www.forbes .com/sites/michaelbarthur/2018/09/16/the-strange-history-behind-the-mbti-and-what-that-can-mean-for-career-owners/#2a2fc3ba2fb3
23. A. Grant, "Goodbye to MBTI, the Fad That Won't Die," *Huffington Post,* (September 17, 2013), http://www .huffingtonpost.com/adam-grant/goodbye-to-mbti-the-fad-t_b_3947014.html
24. See, for instance, D. J. Pittenger, "Cautionary Comments Regarding the Myers-Briggs Type Indicator," *Consulting Psychology Journal: Practice and Research* 57, no. 3 (2005): 210–21; L. Bess and R. J. Harvey, "Bimodal Score Distributions and the Myers-Briggs Type Indicator: Fact or Artifact?" *Journal of Personality Assessment* 78, no. 1 (2002): 176–86; R. M. Capraro and M. M. Capraro, "Myers-Briggs Type Indicator Score Reliability across Studies: A Meta-Analytic Reliability Generalization Study," *Educational & Psychological Measurement* 62, no. 4 (2002): 590–602; R. C. Arnau, B. A. Green, D. H. Rosen, D. H. Gleaves, and J. G. Melancon, "Are Jungian Preferences Really Categorical? An Empirical Investigation Using Taxometric Analysis," *Personality & Individual Differences* 34, no. 2 (2003): 233–51.
25. D. Ariely, "When Lame Pick-Up Lines Actually Work," *The Wall Street Journal,* July 19–20, 2014, C12.
26. See, for example, O. P. John, L. P. Naumann, and C. J. Soto, "Paradigm Shift to the Integrative Big Five Trait Taxonomy: History, Measurement, and Conceptual Issues," in O. P. John, R. W. Robins, and L. A. Pervin (eds.), *Handbook of Personality: Theory and Research*, 3rd ed. (New York, NY: Guilford, 2008): 114–58; M. R. Barrick and M. K. Mount, "Yes, Personality Matters: Moving On to More Important Matters," *Human Performance* 18, no. 4 (2005): 359–72.
27. W. Fleeson and P. Gallagher, "The Implications of Big Five Standing for the Distribution of Trait Manifestation in Behavior: Fifteen Experience-Sampling Studies and a Meta-Analysis," *Journal of Personality and Social Psychology* 97, no. 6 (2009): 1097–114.
28. T. A. Judge, L. S. Simon, C. Hurst, and K. Kelley, "What I Experienced Yesterday Is Who I Am Today: Relationship of Work Motivations and Behaviors to Within-Individual Variation in the Five-Factor Model of Personality," *Journal of Applied Psychology* 99, no. 2 (2014): 199–221.
29 See, for instance, Barrick, Mount, and Judge, "Personality and Performance at the Beginning of the New Millennium."
30. P. R. Sackett and P. T. Walmsley, "Which Personality Attributes Are Most Important in the Workplace?" *Perspectives on Psychological Science* 9, no. 5 (2014): 538–51.
31. A. E. Poropat, "A Meta-Analysis of the Five-Factor Model of Personality and Academic Performance," *Psychological Bulletin* 135, no. 2 (2009): 322–38.
32. M. R. Barrick and M. K. Mount, "The Big Five Personality Dimensions and job Performance: A Meta-Analysis," *Personnel Psychology* 44 (1991): 1–26; D. S. Chiaburu, I-S. Oh, C. M. Berry, N. Li, and R. G. Gardner, "The Five-Factor Model of Personality Traits and Organizational Citizenship Behaviors: A Meta-Analysis," *Journal of Applied Psychology* 96, no. 6 (2011): 1140–66; A. Furnham and C. Fudge, "The Five Factor Model of Personality and Sales Performance," *Journal of Individual Differences* 29, no. 1 (2008): 11–16.
33. P. Calanna, M. Lauriola, A. Saggino, M. Tommasi, and S. Furlan, "Using a Supervised Machine Learning Algorithm for Detecting Faking Good in a Personality Self-Report," *Interational Journal of Selection and Assessment* (in press).
34. T. A. Judge, D. Heller, and M. K. Mount, "Five-Factor Model of Personality and Job Satisfaction: A Meta-Analysis," *Journal of Applied Psychology* 87, no. 3 (2002): 530–41; B. W. Swider and R. D. Zimmerman, "Born to Burnout: A Meta-Analytic Path Model of Personality, Job Burnout, and Work Outcomes," *Journal of Vocational Behavior* 76 (2010): 487–506; R. Zimmerman, "Understanding the Impact of Personality Traits on Individuals' Turnover Intentions," *Personnel Psychology* 61 (2008): 309–48.
35. J. L. Huang, A. M. Ryan, K. L. Zabel, and A. Palmer, "Personality and Adaptive Performance at Work: A Meta-Analytic Investigation," *Journal of Applied Psychology* 99, no. 1 (2014): 162–79.
36. Swider and Zimmerman, "Born to Burnout."
37. B. Wille, F. De Fruyt, and M. Feys, "Big Five Traits and Intrinsic Success in the New Career Era: A 15-Year Longitudinal Study on Employability and Work-Family Conflict."
38. Berry, Ones, and Sackett, "Interpersonal Deviance, Organizational Deviance, and Their Common Correlates"; Chiaburu, Oh, Berry, Li, and Gardner, "The Five-Factor Model of Personality Traits and Organizational Citizenship Behaviors"; T. A. Judge and R. Ilies, "Relationship of Personality to Performance Motivation: A Meta-Analytic Review," *Journal of Applied Psychology* 87, no. 4 (2002): 797–807.
39. D. S. DeRue, J. D. Nahrgang, N. Wellman, and S. E. Humphrey, "Trait and Behavioral Theories of Leadership: An Integration and

Meta-Analytic Test of Their Relative Validity," *Personnel Psychology* 64 (2011): 7–52; T. A. Judge, J. E. Bono, R. Ilies, and M. W. Gerhardt, "Personality and Leadership: A Qualitative and Quantitative Review," *Journal of Applied Psychology* 87, no. 4 (2002): 765–80.

40. Judge, Heller, and Mount, "Five-Factor Model of Personality and Job Satisfaction"; Swider and R. Zimmerman, "Born to Burnout."
41. M. A. McCord, D. L. Joseph, and E. Grijalva, "Blinded by the Light: The Dark Side of Traditionally Desirable Personality Traits," *Industrial and Organizational Psychology: Perspectives on Science and Practice* 7, no. 1 (2014): 130–37.
42. M. M. Hammond, N. L. Neff, J. L. Farr, A. R. Schwall, and X. Zhao, "Predictors of Individual-Level Innovation at Work: A Meta-Analysis," *Psychology of Aesthetics, Creativity, and the Arts* 5, no. 1 (2011): 90–105.
43. Huang, Ryan, Zabel, and Palmer, "Personality and Adaptive Performance at Work"; Judge, Bono, Ilies, and Gerhardt, "Personality and Leadership."
44. A. Minbashian, J. Earl, and J. E. H. Bright, "Openness to Experience as a Predictor of Job Performance Trajectories," *Applied Psychology: An International Review* 62, no. 1 (2013): 1–12.
45. Allen, Johnson, Saboe, Cho, Dumani, and Evans, "Dispositional Variables and Work-Family Conflict."
46. Allen, Johnson, Saboe, Cho, Dumani, and Evans, "Dispositional Variables and Work-Family Conflict"; Zimmerman, "Understanding the Impact of Personality Traits on Individuals' Turnover Intentions."
47. Berry, Ones, and Sackett, "Interpersonal Deviance, Organizational Deviance, and Their Common Correlates"; Chiaburu, Oh, Berry, Li, and Gardner, "The Five-Factor Model of Personality Traits and Organizational Citizenship Behaviors"; J. Luca Pletzer, M. Bentvelzen, Janneke K. Oostrom, and R. E. de Vries, "A Meta-Analysis of the Relations between Personality and Workplace Deviance: Big Five versus HEXACO," *Journal of Vocational Behavior* 112 (2019): 369–83.
48. R. Fang, B. Landis, Z. Zhang, M. H. Anderson, J. D. Shaw, and M. Kilduff, "Integrating Personality and Social Networks: A Meta-Analysis of Personality, Network Position, and Work Outcomes in Organizations," *Organization Science* 26, no. 4 (2015): 1243–60.
49. D. Choi, I-S. Oh, and A. E. Colbert, "Understanding Organizational Commitment: A Meta-Analytic Examination of the Roles of the Five-Factor Model of Personality and Culture," *Journal of Applied Psychology* 100, no. 5 (2015): 1542–67.
50. M. B. Harari, A. C. Reaves, D. A. Beane, A. J. Laginess, and C. Viswesvaran, "Personality and Expatriate Adjustment: A Meta-Analysis," *Journal of Occupational and Organizational Psychology* 91, no. 3 (2018): 486–517.
51. K. A. Demes and N. Geeraert, "The Highs and Lows of a Cultural Transition: A Longitudinal Analysis of Sojourner Stress and Adaptation Across 50 Countries," *Journal of Personality and Social Psychology* 109, no. 2 (2015): 316–37.
52. J. F. Rauthmann, "The Dark Triad and Interpersonal Perception: Similarities and Differences in the Social Consequences of Narcissism, Machiavellianism, and Psychopathy," *Social Psychological and Personality Science* 3, no. 4 (2012): 487–96.
53. L. ten Brinke, A. Kish, and D. Keltner, "Hedge Fund Managers With Psychopathic Tendencies Make for Worse Investors," *Personality and Social Psychology Bulletin* 44, no. 2 (2018): 214–23.
54. R. D. Hare, *The Predators Among Us* [Keynote Address] (St. John's, Canada: Canadian Police Association Annual General Meeting, August 27, 2002).
55. P. D. Harms and S. M. Spain, "Beyond the Bright Side: Dark Personality at Work," *Applied Psychology: An International Review* 64, no. 1 (2015): 15–24.
56. P. K. Jonason, S. Slomski, and J. Partyka, "The Dark Triad at Work: How Toxic Employees Get Their Way," *Personality and Individual Differences* 52, no. 3 (2012): 449–53.
57. E. H. O'Boyle, D. R. Forsyth, G. C. Banks, and M. A. McDaniel, "A Meta-Analysis of the Dark Triad and Work Behavior: A Social Exchange Perspective," *Journal of Applied Psychology* 97, no. 3 (2012): 557–79.
58. E. Grijalva and P. D. Harms, "Narcissism: An Integrative Synthesis and Dominance Complementarity Model," *Academy of Management Perspectives* 28, no. 2 (2014): 108–27.
59. D. C. Maynard, E. M. Brondolo, C. E. Connelly, and C. E. Sauer, "I'm Too Good for This Job: Narcissism's Role in the Experience of Overqualification," *Applied Psychology: An International Review* 64, no. 1 (2015): 208–32.
60. B. J. Brummel and K. N. Parker, "Obligation and Entitlement in Society and the Workplace," *Applied Psychology: An International Review* 64, no. 1 (2015): 127–60.
61. E. Grijalva and D. A. Newman, "Narcissism and Counterproductive Work Behavior (CWB): Meta-Analysis and Consideration of Collectivist Culture, Big Five Personality, and Narcissism's Facet Structure," *Applied Psychology: An International Review* 64, no. 1 (2015): 93–126; Luca Pletzer et al., "A Meta-Analysis of the Relations between Personality and Workplace Deviance."
62. D. C. Maynard, E. M. Brondolo, C. E. Connelly, and C. E. Sauer, "I'm Too Good for This Job: Narcissism's Role in the Experience of Overqualification."
63 E. Grijalva and P. D. Harms, "Narcissism: An Integrative Synthesis and Dominance Complementarity Model."
64. C. J. Resick, D. S. Whitman, S. M. Weingarden, and N. J. Hiller, "The Bright-Side and Dark-Side of CEO Personality: Examining Core Self-Evaluations, Narcissism, Transformational Leadership, and Strategic Influence," *Journal of Applied Psychology* 94, no. 6 (2009): 1365–81.
65. J. J. Sosik, J. U. Chun, and W. Zhu, "Hang on to Your Ego: The Moderating Role of Leader Narcissism on Relationships between Leader Charisma and Follower Psychological Empowerment and Moral Identity," *Journal of Business Ethics* 120, no. 1 (12, 2013); B. M. Galvin, D. A. Waldman, and P. Balthazard, "Visionary Communication Qualities as Mediators of the Relationship between Narcissism and Attributions of Leader Charisma," *Personnel Psychology* 63, no. 3 (2010): 509–37.
66. D. Meinert, "Narcissistic Bosses Aren't All Bad, Study Finds," *HR Magazine,* March 2014, 18.
67. K. A. Byrne and D. A. Worthy, "Do Narcissists Make Better Decisions? An Investigation of Narcissism and Dynamic Decision-Making Performance," *Personality and Individual Differences* 55, no. 2 (2013): 112–17.
68. O'Boyle, Forsyth, Banks, and McDaniel, "A Meta-Analysis of the Dark Triad and Work Behavior: A Social Exchange Perspective."
69. Ibid.
70. B. Wille, F. De Fruyt, and B. De Clercq, "Expanding and Reconceptualizing Aberrant Personality at Work: Validity of Five-Factor Model Aberrant Personality Tendencies to Predict Career Outcomes," *Personnel Psychology* 66, no. 1 (2013): 173–223.
71. P. K. Jonason, S. Slomski, and J. Partyka, "The Dark Triad at Work: How Toxic Employees Get Their Way," *Personality and Individual Differences*; H. M. Baughman, S. Dearing, E. Giammarco, and P. A. Vernon, "Relationships between Bullying Behaviours and the Dark Triad: A Study with Adults," *Personality and Individual Differences* 52, no. 5 (2012): 571–75.
72. M. C. Ashton, K. Lee, and R. E. de Vries, "The HEXACO Honesty-Humility, Agreeableness, and Emotionality Factors: A Review of Research and Theory," *Personality and Social Psychology Review* 18, no. 2 (2014): 139–52.
73. Ibid.

74. Ashton, Lee, and de Vries, "The HEXACO Honesty-Humility, Agreeableness, and Emotionality Factors"; S. Brocklebank, S. Pauls, D. Rockmore, and T. C. Bates, "A Spectral Clustering Approach to the Structure of Personality: Contrasting the FFM and HEXACO Models," *Journal of Research in Personality* 57 (2015): 100–9; E. P. Kleinlogel, J. Dietz, and J. Antonakis, "Lucky, Competent, or Just a Cheat? Interactive Effects of Honesty-Humility and Moral Cues on Cheating Behavior," *Personality and Social Psychology Bulletin* 44, no. 2 (2018): 158–72.
75. T. A. Judge and J. E. Bono, "A Rose by Any Other Name . . . Are Self-Esteem, Generalized Self-Efficacy, Neuroticism, and Locus of Control Indicators of a Common Construct?," in B. W. Roberts and R. Hogan (eds.), *Personality Psychology in the Workplace* (Washington, DC: American Psychological Association, 2001), 93–118.
76. T. A. Judge, J. E. Bono, A. Erez, and E. A. Locke, "Core Self-Evaluations and Job and Life Satisfaction: The Role of Self-Concordance and Goal Attainment," *Journal of Applied Psychology* 90, no. 2 (2005): 257–68.
77. A. N. Salvaggio, B. Schneider, L. H. Nishi, D. M. Mayer, A. Ramesh, and J. S. Lyon, "Manager Personality, Manager Service Quality Orientation, and Service Climate: Test of a Model," *Journal of Applied Psychology* 92, no. 6 (2007): 1741–50; B. A. Scott and T. A. Judge, "The Popularity Contest at Work: Who Wins, Why, and What Do They Receive?" *Journal of Applied Psychology* 94, no. 1 (2009): 20–33; T. A. Judge and C. Hurst, "How the Rich (and Happy) Get Richer (and Happier): Relationship of Core Self-Evaluations to Trajectories in Attaining Work Success," *Journal of Applied Psychology* 93, no. 4 (2008): 849–63.
78. L. Huang, D. V. Krasikova, and P. D. Harms, "Avoiding or Embracing Social Relationships? A Conservation of Resources Perspective of Leader Narcissism, Leader-Member Exchange Differentiation, and Follower Voice," *Journal of Organizational Behavior* 41 (2020): 77–92.
79. C. W. Rudolph, K. N. Lavigne, and H. Zacher, "Career Adaptability: A Meta-Analysis of Relationships With Measures of Adaptivity, Adapting Responses, and Adaptation Results," *Journal of Vocational Behavior* 98 (2017): 17–34.
80. J. Zhu, C. R. Wanberg, D. A. Harrison, and E. W. Diehn, "Ups and Downs of the Expatriate Experience? Understanding Work Adjustment Trajectories and Career Outcomes," *Journal of Applied Psychology* 101, no. 4 (2016): 549–68.
81. T. A. O'Neill, M. J. McLarnon, L. Xiu, and S. J. Law, "Core Self-Evaluations, Perceptions of Group Potency, and Job Performance: The Moderating Role of Individualism and Collectivism Culture Profiles," *Journal of Occupational and Organizational Psychology* 89, no. 3 (2016): 447–73; B. Wille, J. Hofmans, F. Lievens, M. D. Back, and F. De Fruyt, "Climbing the Corporate Ladder and Within-Person Changes in Narcissism: Reciprocal Relationships over Two Decades," *Journal of Vocational Behavior* (in press).
82. M. Paunova, "Who Gets to Lead the Multinational Team? An Updated Status Characteristics Perspective," *Human Relations* 70, no. 7 (2017): 883–907.
83. D. V. Day and D. J. Schleicher, "Self-Monitoring at Work: A Motive-Based Perspective," *Journal of Personality* 74, no. 3 (2006): 685–714.
84. D. V. Day, D. J. Shleicher, A. L. Unckless, and N. J. Hiller, "Self-Monitoring Personality at Work: A Meta-Analytic Investigation of Construct Validity," *Journal of Applied Psychology* 87, no. 2 (2002): 390–401.
85. H. Oh and M. Kilduff, "The Ripple Effect of Personality on Social Structure: Self-Monitoring Origins of Network Brokerage," *Journal of Applied Psychology* 93, no. 5 (2008): 1155–64; A. Mehra, M. Kilduff, and D. J. Brass, "The Social Networks of High and Low Self-Monitors: Implications for Workplace Performance," *Administrative Science Quarterly* 46, no. 1 (2001): 121–46.
86. T. S. Bateman and J. M. Crant, "The Proactive Component of Organizational Behavior: A Measure and Correlates," *Journal of Organizational Behavior* 14 (1993): 103–18; M. Priesemuth and B. Bigelow, "It Hurts Me too! (or Not?): Exploring the Negative Implications for Abusive Bosses," *Journal of Applied Psychology* 105, no. 4 (2020): 410–421.
87. M. Spitzmuller, H-P. Sin, M. Howe, and S. Fatimah, "Investigating the Uniqueness and Usefulness of Proactive Personality in Organizational Research: A Meta-Analytic Review," *Human Performance* 28 (2015): 351–79; K. Tornau and M. Frese, "Construct Clean-up in Proactivity Research: A Meta-Analysis on the Nomological Net of Work-Related Proactivity Concepts and Their Incremental Values," *Applied Psychology: An International Review* 62, no. 1 (2013): 44–96.
88. W. D. Li, D. Fay, M. Frese, P. D. Harms, and X. Y. Gao, "Reciprocal Relationship between Proactive Personality and Work Characteristics: A Latent Change Score Approach," *Journal of Applied Psychology* 99, no. 5 (2014): 948–65.
89. J. P. Thomas, D. S. Whitman, and C. Viswesvaran, "Employee Proactivity in Organizations: A Comparative Meta-Analysis of Emergent Proactive Constructs," *Journal of Occupational and Organizational Psychology* 83 (2010): 275–300; H. R. Young, D. R. Glerum, W. Wang, and D. L. Joseph, "Who are the Most Engaged at Work? A Meta-Analysis of Personality and Employee Engagement," *Journal of Organizational Behavior* 39 (2018): 1330–46; Y. Lee, C. M. Berry, and E. Gonzalez-Mulé, "The Importance of Being Humble: A Meta-Analysis and Incremental Validity Analysis of the Relationship between Honesty-Humility and Job Performance," Journal of Applied Psychology (in press).
90. Luca Pletzer et al., "A Meta-Analysis of the Relations between Personality and Workplace Deviance."
91. P. D. Converse, P. J. Pathak, A. M. DePaul-Haddock, T. Gotlib, and M. Merbedone, "Controlling Your Environment and Yourself: Implications for Career Success," *Journal of Vocational Behavior* 80, no. 1 (2012): 148–59.
92. S. Parrigon, S. E. Woo, L. Tay, and T. Wang, "CAPTION-ing the Situation: A Lexically-Derived Taxonomy of Psychological Situation Characteristics," *Journal of Personality and Social Psychology* 112, no. 4 (2017): 642–81.
93. R. D. Meyer, R. S. Dalal, and R. Hermida, "A Review and Synthesis of Situational Strength in the Organizational Sciences," *Journal of Management* 36 (2010): 121–40.
94. X. Zheng, B. Wu, C. S. Li, P. Zhang, and N. Tang, "Reversing the Pollyanna Effect: The Curvilinear Relationship between Core Self-Evaluation and Perceived Social Acceptance," *Journal of Business and Psychology* (in press).
95. T. A. Judge and C. P. Zapata, "The Person-Situation Debate Revisited: Effect of Situation Strength and Trait Activation on the Validity of the Big Five Personality Traits in Predicting Job Performance," *Academy of Management Journal* 58, no. 4 (2015): 1149–79.
96. Meyer, Dalal, and Hermida, "A Review and Synthesis of Situational Strength in the Organizational Sciences."
97. R. D. Meyer et al., "Measuring Job-Related Situational Strength and Assessing Its Interactive Effects with Personality on Voluntary Work Behavior," *Journal of Management* 40, no. 4 (2014): 1010–41.
98. A. M. Watson et al., "When Big Brother Is Watching: Goal Orientation Shapes Reactions to Electronic Monitoring during Online Training," *Journal of Applied Psychology* 98, no. 4 (2013): 642–57.
99. H. Chae, J. Park, and J. N. Choi, "Two Facets of Conscientiousness and the Knowledge Sharing Dilemmas in the Workplace: Contrasting the Moderating Functions of Supervisor Support and Coworker Support," *Journal of Organizational Behavior* 40, no. 4 (2019): 387–399; S. Kudret, B. Erdogan, and T. N. Bauer, "Self-Monitoring

Personality Trait at Work: An Integrative Narrative Review and Future Directions," *Journal of Organizational Behavior* 40 (2019): 193–208.

100. Judge and Zapata, "The Person-Situation Debate Revisited."
101. E. Dilan, "Organizational Values: The Most Underutilized Corporate Asset," *Forbes,* April 12, 2018, https://www.forbes.com/sites/forbescoachescouncil/2018/04/12/organizational-values-the-most-underutilized-corporate-asset/#28d6d2c852a3
102. Kudret et al., "Self-Monitoring Personality Trait at Work."
103. "Wells Fargo CEO to Apologize for Betraying Customers' Trust," *CBS NEWS,* September 20, 2016, https://www .cbsnews.com/news/wells-fargo-ceo-to-apologize-for-betraying-customers-trust/
104. A. Bardi, J. A. Lee, N. Hofmann-Towfigh, and G. Soutar, "The Structure of Intraindividual Value Change," *Journal of Personality and Social Psychology* 97, no. 5 (2009): 913–29; G. R. Maio, J. M. Olson, M. M. Bernard, and M. A. Luke, "Ideologies, Values, Attitudes, and Behavior," in *Handbook of Social Psychology*, ed. J. Delamater (New York: Springer, 2003), 283–308.
105. F. Li, T. Chen, N. Y-F. Chen, Y. Bai, and J. M. Crant, "Proactive yet Reflective? Materializing Proactive Personality into Creativity through Job Reflective Learning and Activated Positive Affective States," *Personnel Psychology* (in press); N. Rodrigues and T. Rebelo, "Predicting Innovative Performance through Proactive Personality: Examining Its Criterion Validity and Incremental Validity over the Five-Factor Model," *International Journal of Selection and Assessment* 27 (2019): 1–8.
106. R. Fischer and D. Boer, "Motivational Basis of Personality Traits: A Meta-Analysis of Value-Personality Correlations," *Journal of Personality* 83, no. 5 (2015): 491–510; S. Han, C. M. Harold, and M. Cheong, "Examining Why Employee proactive personality influences empowering leadership: The roles of cognition- and affect-based trust," *Journal of Occupational and Organizational Psychology* 92 (2019): 352–83.
107. Ibid.
108. M. Rokeach, *The Nature of Human Values* (New York: The Free Press, 1973); J. Sun, W-D. Li, Y. Li, R. C. Liden, S. Li, and X. Zhang, "Unintended Consequences of Being Proactive? Linking Proactive Personality to Coworker Envy, Helping, and Undermining, and the Moderating Role of Prosocial Motivation," *Journal of Applied Psychology* (in press).
109. S. H. Schwartz, "Universals in the Content and Structure of Values: Theoretical Advances and Empirical Tests in 20 Countries," *Advances in Experimental Social Psychology* 25 (1992): 1–65.
110. Ibid.
111. See, for example, N. R. Lockwood, F. R. Cepero, and S. Williams, *The Multigenerational Workforce* (Alexandria, VA: Society for Human Resource Management, 2009).
112. E. Parry and P. Urwin, "Generational Differences in Work Values: A Review of Theory and Evidence," *International Journal of Management Reviews* 13, no. 1 (2011): 79–96.
113. J. M. Twenge, S. M. Campbell, B. J. Hoffman, and C. E. Lance, "Generational Differences in Work Values: Leisure and Extrinsic Values Increasing, Social and Intrinsic Values Decreasing," *Journal of Management* 36, no. 5 (2010): 1117–42; K. R. Keeler, W. Kong, R. S. Dalal, and J. M. Cortina, "Situational Strength Interactions: Are Variance Patterns Consistent with Theory?" *Journal of Applied Psychology* (in press).
114. R. S. Dalal, B. Alaybek, Z. Sheng, S. J. Holland, and A. J. Tomassetti, "Extending Situational Strength Theory to Account for Situation-Outcome Mismatch," *Journal of Business and Psychology* (in press).
115. L. Alton, "Millennials and Entitlement in the Workplace: The Good, the Bad, and the Ugly," *Forbes,* November 22, 2017, https://www.forbes.com/sites/larryalton/2017/11/22/millennials-and-entitlement-in-the-workplace-the-good-the-bad-and-the-ugly/#4dffaec13943
116. S. Stronge, P. Milojev, and C. G. Sibley, "Are People Becoming More Entitled Over Time? Not in New Zealand," *Personality and Social Psychology Bulletin,* 44, no. 2 (2018): 200–13.
117. "Stay Metrics Partners With Twegos to Launch Driver Matching Application" [Press Release], June 29, 2017, https://staymetrics.com/press/stay-metrics-launches-driver-matching/
118. J. L. Holland, *Making Vocational Choices: A Theory of Careers*, 2nd ed. (Englewood Cliffs, NJ: Prentice-Hall, 1985); A. L. Kristof-Brown, R. D. Zimmerman, and E. C. Johnson, "Consequences of Individuals' Fit at Work: A Meta-Analysis of Person-Job, Person-Organization, Person-Group, and Person-Supervisor Fit," *Personnel Psychology* 58 (2005): 281–342; C. Ostroff, "Person-Environment Fit in Organizational Settings," in S. W. J. Kozlowski (ed.), *The Oxford Handbook of Organizational Psychology*, Vol. 1 (Oxford, UK: Oxford University Press, 2012): 373–408.
119. Kristof-Brown, Zimmerman, and Johnson, "Consequences of Individuals' Fit at Work."
120. I-S Oh et al., "Fit Happens Globally: A Meta-Analytic Comparison of the Relationships of Person-Environment fit Dimensions with Work Attitudes and Performance Across East Asia, Europe, and North America," *Personnel Psychology* 67 (2014): 99–152.
121. Y. Lee and J. Antonakis, "When Preference Is Not Satisfied But the Individual Is: How Power Distance Moderates Person-Job Fit," *Journal of Management* 40, no. 3 (2014): 641–57.
122. W. Arthur Jr., S. T. Bell, A. J. Villado, and D. Doverspike, "The Use of Person–Organization Fit in Employment Decision-Making: An Assessment of Its Criterion-Related Validity," *Journal of Applied Psychology* 91, no. 4 (2006): 786–801; J. R. Edwards, D. M. Cable, I. O. Williamson, L. S. Lambert, and A. J. Shipp, "The Phenomenology of Fit: Linking the Person and Environment to the Subjective Experience of Person–Environment Fit," *Journal of Applied Psychology* 91, no. 4 (2006): 802–27.
123. E. E. Kausel and J. E. Slaughter, "Narrow Personality Traits and Organizational Attraction: Evidence for the Complementary Hypothesis," *Organizational Behavior and Human Decision Processes* 114, no. 1 (2011): 3–14; A. Leung and S. Chaturvedi, "Linking the Fits, Fitting the Links: Connecting Different Types of PO Fit to Attitudinal Outcomes," *Journal of Vocational Behavior* 79, no. 2 (2011): 391–402.
124. Kristof-Brown, Zimmerman, and Johnson, "Consequences of Individuals' Fit at Work."
125. M. L. Verquer, T. A. Beehr, and S. E. Wagner, "A Meta-Analysis of Relations between Person–Organization Fit and Work Attitudes," *Journal of Vocational Behavior* 63, no. 3 (2003): 473–89; J. C. Carr, A. W. Pearson, M. J. Vest, and S. L. Boyar, "Prior Occupational Experience, Anticipatory Socialization, and Employee Retention," *Journal of Management* 32, no. 3 (2006): 343–59.
126. D. Wood, G. H. Lowman, P. D. Harms, and B. W. Roberts, "Exploring the Relative Importance of Normative and Distinctive Organizational Preferences as Predictors of Work Attitudes," *Journal of Applied Psychology* 104, no. 2 (2019): 270–92.
127. B. W. Swider, R. D. Zimmerman, and M. R. Barrick, "Searching for the Right fit: Development of Applicant Person-Organization fit Perceptions During the Recruitment Process," *Journal of Applied Psychology* 100, no. 3 (2015): 880–93.
128. K. H. Ehrhart, D. M. Mayer, and J. C. Ziegert, "Web-Based Recruitment in the Millennial Generation: Work-Life Balance, Website Usability, and Organizational Attraction," *European Journal of Work and Organizational Psychology* 21, no. 6 (2012): 850–74.
129. Kristof-Brown, Zimmerman, and Johnson, "Consequences of Individuals' Fit at Work."

130. I. S. Oh et al. "Fit Happens Globally: A Meta-Analytic Comparison of the Relationships of Person-Environment Fit Dimensions with Work Attitudes and Performance across East Asia, Europe, and North America," *Personnel Psychology* 67, no. 1 (2014): 99–152.
131. A. H. D. Van Rossem, "Generations as Social Categories: An Exploratory Cognitive Study of Generational Identity and Generational Stereotypes in a Multigenerational Workforce," *Journal of Organizational Behavior* 40 (2019): 434–55.
132. See The Hofstede Centre, G. Hofstede. *The Hofstede Centre* (website), http://www.geert-hofstede.com
133. L. M. Orr and W. J. Hauser, "A re-inquiry of Hofstede's cultural dimensions: A call for 21st century cross-cultural research," *The Marketing Management Journal* 18, no. 2 (2008): 1-19.
134. Hofstede,G., Hofstede, G. J., and Minkov, M., Cultures and Organizations: Software ofthe Mind (3rd Ed., New York, NY: 2010): McGraw-Hill
135. G. Hofstede, The Hofstede Centre (website); Hofstede Insights, National Culture, Accessed August 27, 2020, https://hi.hofstede-insights.com/national-culture.
136. C. Erdener, "Hofstede's MAS/FEM dimension," Journal of International Business and Economics 13, no. 2 (2013): 141-146; G. Hofstede, Culture's Consequences: International Differences in Work-related Values (London, UK: 1980): Sage; A. Moulettes, "The absence of women's voices in Hofstede's cultural consequences: A postcolonial reading," *Women in Management Review* 22, no. 6 (2007): 443-455.
137. Ibid.
138. G. Hofstede, G. J. Hofstede, and M. Minkov, *Cultures and Organizations: Software of the Mind* (3rd ed., New York: McGraw-Hill, 2010); Hofstede Insights, *National Culture*. Accessed April 23, 2020, https://hi.hofstede-insights .com/national-culture
139. Q. Guo, Z. Liu, X. Li, and X. Qiao, "Indulgence and Long-Term Orientation Influence Prosocial Behavior at National Level," *Frontiers in Psychology* 9, no. 1798 (2018): 1–10; A. Maleki and M. de Jong, "A Proposal for Clustering the Dimensions of Culture," *Cross-Cultural Research* 48, no. 2 (2014): 107–143.
140. V. Taras, B. L. Kirkman, and P. Steel, "Examining the Impact of Culture's Consequences: A Three-Decade, Multilevel, Meta-Analytic Review of Hofstede's Cultural Value Dimensions," *Journal of Applied Psychology* 95, no. 5 (2010): 405–39.
141. R. J. House, P. J. Hanges, M. Javidan, and P. W. Dorfman, eds., *Leadership, Culture, and Organizations: The GLOBE Study of 62 Societies* (Thousand Oaks, CA: Sage, 2004); O. Schloesser et al., "Human Orientation as a New Cultural Dimension of the GLOBE Project: A Validation Study of the GLOBE Scale and Out-Group Human Orientation in 25 Countries," *Journal of Cross-Cultural Psychology* 44, no. 4 (2012): 535–51.
142. J. P. Meyer et al., "Affective, Normative, and Continuance Commitment Levels Across Cultures: A Meta-Analysis," *Journal of Vocational Behavior* 80, no. 2 (2012): 225–45.
143. K. Harrison, "What's Different About Business Overseas? One Map Says It all," *Forbes,* February 25, 2015, https://www.forbes.com/sites/kateharrison/2015/02/25/whats-different-about-business-overseas-this-map-says-it-all/#4e84496e3937

제6장

1. J. Carpenter, "One Type of Diversity We Don't Talk About at Work: Body Size," *CNN,* January 3, 2019, https://www .cnn.com/2019/01/03/success/weight-bias-work/index .html
2. D. Clark, "How to Succeed in a Cross-Cultural Workplace," *Forbes,* June 19, 2014, https://www.forbes.com/sites/dorieclark/2014/06/19/how-to-succeed-in-a-cross-cultural-workplace/#4fd3392ac972
3. R. Rau, E. N. Carlson, M. D. Back, M. Barranti, J. E. Gebauer, L. J. Human, D. Leising, and S. Nestler, "What Is the Structure of Perceiver Effects? On the Importance of Global Positivity and Trait-Specificity Across Personality Domains and Judgment Contexts," *Journal of Personality and Social Psychology* (in press); D. Wood, P. Harms, and S. Vazire, "Perceiver Effects as Projective Tests: What Your Perceptions of Others Say About You," *Journal of Personality and Social Psychology* 99 (2010): 174–90.
4. E. Bernstein, "'Honey, You Never Said. . . ,'" *The Wall Street Journal,* March 24, 2015, D1, D4.
5. K. C. Yam, R. Fehr, and C. M. Barnes, "Morning Employees Are Perceived as Better Employees: Employees' Start Times Influence Supervisor Performance Ratings," *Journal of Applied Psychology* 99, no. 6 (2014): 1288–99.
6. See, for instance, T. Masuda, P. C. Ellsworth, B. Mesquita, J. Leu, S. Tanida, and E. Van de Veerdonk, "Placing the Face in Context: Cultural Differences in the Perception of Facial Emotion," *Journal of Personality and Social Psychology* 94, no. 3 (2008): 365–81.
7. G. Fields and J. R. Emshwiller, "Long After Arrests, Records Live On," *The Wall Street Journal,* December 26, 2014, A1, A10.
8. A. Genevsky and B. Knutson, "Neural Affective Mechanisms Predict Market-Level Microlending," *Psychological Science* 26, no. 9 (2015): 1411–22.
9. Ibid.
10. T. G. Horgan, N. K. Herzog, S. M. Syszlewski, "Does Your Messy Office Make Your Mind Look Cluttered? Office Appearance and Perceivers' Judgments about the Owners' Personality," *Personality and Individual Differences* 138 (2019): 370–79.
11. E. Zell and Z. Krizan, "Do People Have Insight into Their Abilities? A Metasynthesis," *Perspectives on Psychological Science* 9, no. 2 (2014): 111–25.
12. S. P. Perry, M. C. Murphy, and J. F. Dovidio, "Modern Prejudice: Subtle, but Unconscious? The Role of Bias Awareness in Whites' Perceptions of Personal and Others' Biases," *Journal of Experimental Social Psychology* 61 (2015): 64–78.
13. P. Harvey, K. Madison, M. Martinko, T. R. Crook, and T. A. Crook, "Attribution Theory in the Organizational Sciences: The Road Traveled and the Path Ahead," *Academy of Management Perspectives* 28, no. 2 (2014): 128–46; M. J. Martinko, P. Harvey, and M. T. Dasborough, "Attribution Theory in the Organizational Sciences: A Case of Unrealized Potential," *Journal of Organizational Behavior* 32, no. 1 (2011): 144–49.
14. N. Lipkin, "How to Work With Someone You Don't Like," *Forbes,* January 30, 2019, https://www.forbes.com/sites/nicolelipkin/2019/01/30/how-to-work-with-someone-you-dont-like/#425a11105fe4 S. H. Lee and C. M. Barnes, "An Attributional Model of Workplace Gossip," *Journal of Applied Psychology* (in press).
15. J. Y. Kim, T. H. Campbell, S. Shepherd, and A. C. Kay, "Understanding Contemporary Forms of Exploitation: Attributions of Passion Serve to Legitimize the Poor Treatment of Workers," *Journal of Personality and Social Psychology* 118, no. 1 (2020): 121–48.
16. H. H. Kelley, "Attribution Theory in Social Psychology," in D. Levine (ed.), *Nebraska Symposium on Motivation*, Vol. 15 (Lincoln: University of Nebraska, 1967): 129–238; K. Sanders and H. Yang, "The HRM Process Approach: The Influence of Employees' Attribution to Explain the HRM-Performance Relationship," *Human Resource Management* 55, no. 2 (2016): 201–17.
17. M. B. Eberly, E. C. Holley, M. D. Johnson, and T. R. Mitchell, "Beyond Internal and External: A Dyadic Theory of Relational Attributions," *Academy of Management Review* 36, no. 4 (2011): 731–53; M. B. Eberly, E. C. Holley, M. D. Johnson, and T. R. Mitchell, "It's Not Me, It's Not You, It's *Us*! An Empirical Examination of Relational

Attributions," *Journal of Applied Psychology* 102, no. 5 (2017): 711–31; J. Carson, "External Relational Attributions: Attributing Cause to Others' Relationships," *Journal of Organizational Behavior* 40 (2019): 541–53.

18. Kelley, "Attribution Theory in Social Psychology."
19. V. Strauss, "Five Stereotypes About Poor Families and Education," *The Washington Post,* October 28, 2013, https://www.washingtonpost.com/news/answer-sheet/wp/2013/10/28/five-stereotypes-about-poor-families-and-education/?noredirect=on&utm_term=.aed93334f2f8; S. Watts, "Our Brains Trick Us Into Trusting Rich People," *Forbes,* February 14, 2019, https://www.forbes.com/sites/sarahwatts/2019/02/14/our-brains-trick-us-into-trusting-rich-people-heres-how/#6ff334631e7c
20. See, for instance, M. Goerke, J. Moller, S. Schulz-Hardt, U. Napiersky, and D. Frey, "'It's Not My Fault—But Only I Can Change It': Counterfactual and Prefactual Thoughts of Managers," *Journal of Applied Psychology* 89, no. 2 (2004): 279–92; E. G. Hepper, R. H. Gramzow, and C. Sedikides, "Individual Differences in Self-Enhancement and Self-Protection Strategies: An Integrative Analysis," *Journal of Personality* 78, no. 2 (2010): 781–814.
21. J. W. Ridge and A. Ingram, "Modesty in Top Management Team: Investor Reaction and Performance Implications," *Journal of Management* 43, no. 4 (2017): 1283–306; J-Y. Mao, J. T-J. Chiang, L. Chen, Y. Wu., and J. Wang, "Feeling Safe? A Conservation of Resources Perspective Examining the Interactive Effect of Leader Competence and Leader Self-Serving Behaviour on Team Performance," *Journal of Occupational and Organizational Psychology* 92 (2019): 52–73.
22. See, for instance, A. H. Mezulis, L. Y. Abramson, J. S. Hyde, and B. L. Hankin, "Is There a Universal Positivity Bias in Attributions? A Meta-Analytic Review of Individual, Developmental, and Cultural Differences in the Self-Serving Attributional Bias," *Psychological Bulletin* 130, no. 5 (2004): 711–47; C. F. Falk, S. J. Heine, M. Yuki, and K. Takemura, "Why Do Westerners Self-Enhance More Than East Asians?," *European Journal of Personality* 23, no. 3 (2009): 183–203; F. F. T. Chiang and T. A. Birtch, "Examining the Perceived Causes of Successful Employee Performance: An East–West Comparison," *International Journal of Human Resource Management* 18, no. 2 (2007): 232–48; M. Feinberg, R. Fang, S. Liu, and K. Peng, "A World of Blame to Go Around: Cross-Cultural Determinants of Responsibility and Punishment Judgments," *Personality and Social Psychology Bulletin* 45, no. 4 (2019): 634–51.
23. R. Friedman, W. Liu, C. C. Chen, and S.-C. S. Chi, "Causal Attribution for Interfirm Contract Violation: A Comparative Study of Chinese and American Commercial Arbitrators," *Journal of Applied Psychology* 92, no. 3 (2007): 856–64.
24. J. Nguyen, "Meet the Startup That's Pulling Trackable Data From Your Company's Culture," *Forbes,* February 15, 2017, https://www.forbes.com/sites/nguyenjames/2017/02/15/meet-the-startup-thats-pulling-trackable-data-from-your-companys-culture/#5f9daa1a50d8
25. J. M. Beyer, P. Chattopadhyay, E. George, W. H. Glick, D. Ogilvie, and D. Pugliese, "The Selective Perception of Managers Revisited," *Academy of Management Journal* 40, no. 3 (1997): 716–37.
26. See J. P. Forgas and S. M. Laham, "Halo Effects," in R. F. Pohl (ed.), *Cognitive Illusions: Intriguing Phenomena in Thinking, Judgment and Memory*, 2nd ed. (New York: Routledge, 2017): 276–90; P. Rosenzweig, *The Halo Effect* (New York: The Free Press, 2007).
27. P. Agarwal, "Here Is How Bias Can Affect Recruitment in Your Organization," *Forbes,* October 19, 2018, https://www.forbes.com/sites/pragyaagarwaleurope/2018/10/19/how-can-bias-during-interviews-affect-recruitment-in-your-organisation/#506e25921951
28. See, for example, D. Lubbe and A. Nitsche, "Reducing Assimilation and Contrast Effects on Selection Interview Ratings Using Behaviorally Anchored Rating Scales," *International Journal of Selection and Assessment* 27 (2019): 43–53.
29. J. K. Clark, K. C. Thiem, J. Barden, J. O'Rourke Stuart, and A. T. Evans, "Stereotype Validation: The Effects of Activating Negative Stereotypes after Intellectual Performance," *Journal of Personality and Social Psychology* 108, no. 4 (2015): 531–52.
30. K. L. Milkman, M. Akinola, and D. Chugh, "What Happens Before? A Field Experiment Exploring how pay and Representation Differentially Shape Bias on the Pathway Into Organizations," *Journal of Applied Psychology* 100, no. 6 (2015): 1678–712.
31. A. Cook and C. Glass, "Above the Glass Ceiling: When Are Women and Racial/Ethnic Minorities Promoted to CEO?" *Strategic Management Journal* 35, no. 7 (2014): 1080–89.
32. P. Chakraborty, "How Artificial Intelligence May Eliminate Biases from HR Processes," *Association for Talent Development* [blog], June 28, 2017, https://www.td.org/insights/how-artificial-intelligence-may-eliminate-biases-from-hr-processes
33. N. R. Kuncel, D. M. Klieger, B. S. Connelly, and D. S. Ones, "Mechanical Versus Clinical Data Combination in Selection and Admissions Decisions: A Meta-Analysis," *Journal of Applied Psychology* 98, no. 6 (2013): 1060–72.
34. P. E. Meehl, "Causes and Effects of My Disturbing Little Book," *Journal of Personality Assessment* 50 (1986): 370–75; K. P. Nolan, N. T. Carter, and D. K. Dalal, "Threat of Technological Unemployment: Are Hiring Managers Discounted for Using Standardized Employee Selection Practices," *Personnel Assessment and Decisions* 2, no. 1 (2016): 30–47.
35. B. Fischhoff and S. B. Broomell, "Judgment and Decision Making," *Annual Review of Psychology* 71 (2020): 331–55.
36. D. Proudfoot, A. C. Kay, and H. Mann, "Motivated Employee Blindness: The Impact of Labor Market Instability on Judgment of Organizational Inefficiencies," *Organizational Behavior and Human Decision Processes* 130 (2015): 108–22.
37. See, for example, P. L. Curseu and S. G. L. Schruijer, "Decision Styles and Rationality: An Analysis of the Predictive Validity of the General Decision-Making Style Inventory," *Educational and Psychological Measurement* 72, no. 6 (2012): 1053–62.
38. For a review of the rational decision-making model, see M. Verweij, T. J. Senior, J. F. D. Dominguez, and R. Turner, "Emotion, Rationality, and Decision-Making: How to Link Affective and Social Neuroscience with Social Theory," *Frontiers in Neuroscience* 9, no. 332 (2015).
39. J. G. March, *A Primer on Decision Making* (New York: The Free Press, 2009); D. Hardman and C. Harries, "How Rational Are We?" *The Psychologist* 15, no. 2 (2002): 76–79.
40. J. E. Russo, K. A. Carlson, and M. G. Meloy, "Choosing an Inferior Alternative," *Psychological Science* 17, no. 10 (2006): 899–904.
41. D. Chugh and M. H. Bazerman; "Bounded Awareness: What You Fail to See Can Hurt You," *Mind & Society* 6 (2007): 1–18; N. Halevy and E. Y. Chou, "How Decisions Happen: Focal Points and Blind Spots in Interdependent Decision Making," *Journal of Personality and Social Psychology* 106, no. 3 (2014): 398–417; D. Kahneman, "Maps of Bounded Rationality: Psychology for Behavioral Economics," *The American Economic Review* 93, no. 5 (2003): 1449–75.
42. G. Gigerenzer, "Why Heuristics Work," *Perspectives on Psychological Science* 3, no. 1 (2008): 20–29; A. K. Shah and D. M. Oppenheimer, "Heuristics Made Easy: An Effort-Reduction Framework," *Psychological Bulletin* 134, no. 2 (2008): 207–22.
43. M. C. Kern and D. Chugh, "Bounded Ethicality: The Perils of Loss Framing," *Psychological Science* 20, no. 3 (2009): 378–84.
44. R. Folger, D. B. Ganegoda, D. B. Rice, R. Taylor, and D. X. H. Wo, "Bounded Autonomy and Behavioral Ethics: Deonance and Reactance as Competing Motives," *Human Relations* 66, no. 7 (2013): 905–24; R. Folger and D. R. Glerum, "Justice and Deonance: 'You Ought to be

Fair,'" in M. Ambrose and R. Cropanzano (eds.), *The Oxford Handbook of Justice in the Workplace* (New York: Oxford, 2015): 331–50.

45. T. Zhang, P. O. Fletcher, F. Gino, and M. H. Bazerman, "Reducing Bounded Ethicality: How to Help Individuals Notice and Avoid Unethical Behavior," *Organizational Dynamics* 44 (2015): 310–17.
46. See A. W. Kruglanski and G. Gigerenzer, "Intuitive and Deliberate Judgments Are Based on Common Principles," *Psychological Review* 118, no. 1 (2011): 97–109.
47. E. Dane and M. G. Pratt, "Exploring Intuition and Its Role in Managerial Decision Making," *Academy of Management Review* 32, no. 1 (2007): 33–54; J. A. Hicks, D. C. Cicero, J. Trent, C. M. Burton, and L. A. King, "Positive Affect, Intuition, and Feelings of Meaning," *Journal of Personality and Social Psychology* 98, no. 6 (2010): 967–79.
48. K. Woolley and J. L. Risen, "Closing Your Eyes to Follow Your Heart: Avoiding Information to Protect a Strong Intuitive Preference," *Journal of Personality and Social Psychology* 114, no. 2 (2018): 230–45.
49. W. J. Phillips, J. M. Fletcher, A. D. G. Marks, and D. W. Hine, "Thinking Styles and Decision Making: A Meta-Analysis," *Psychological Bulletin* 142, no. 3 (2016): 260–90; Y. Wang, S. Highhouse, C. J. Lake, N. L. Petersen, and T. B. Rada, "Meta-Analytic Investigations of the Relation between Intuition and Analysis," *Journal of Behavioral Decision Making* 30 (2017): 15–25.
50. C. Akinci and E. Sadler-Smith, "Intuition in Management Research: A Historical Review," *International Journal of Management Reviews* 14, no. 1 (2012): 104–22.
51. S. P. Robbins, *Decide & Conquer: Making Winning Decisions and Taking Control of Your Life* (Upper Saddle River, NJ: Financial Times/ Prentice Hall, 2004), 13.
52. S. Ludwig and J. Nafziger, "Beliefs about Overconfidence," *Theory and Decision* 70, no. 4 (2011): 475–500.
53. E. E. Kausel, S. S. Culbertson, and H. P. Madrid, "Overconfidence in Personnel Selection: When and Why Unstructured Interview Information Can Hurt Hiring Decisions," *Organizational Behavior and Human Decision Processes* 137 (2016): 27–44.
54. A. Buijsrogge, E. Erous, and W. Duyck, "Often Biased but Rarely in Doubt: How Initial Reactions to Stigmatized Applicants Affect Interviewer Confidence," *Human Performance* 29, no. 4 (2016): 275–90.
55. R. Ronay, J. K. Oostrom, N. Lehmann-Willenbrock, S. Mayoral, and H. Rusch, "Playing the Trump Card: Why We Select Overconfident Leaders and Why It Matters," *The Leadership Quarterly* (in press).
56. P. Belmi, M. A. Neale, D. Reiff, and R. Ulfe, "The Social Advantage of Miscalibrated Individuals: The Relationship Between Social Class and Overconfidence and Its Implications for Class-Based Inequality," *Journal of Personality and Social Psychology* 118, no. 2 (2020): 254–282; I. Vitanova, "Nurturing Overconfidence: The Relationship Between Leader Power, Overconfidence, and Firm Performance," *The Leadership Quarterly* (in press).
57. E. R. Tenney, N. L. Meikle, D. Hunsaker, D. A. Moore, and C. Anderson, "Is Overconfidence a Social Liability? The Effect of Verbal Versus Nonverbal Expressions of Confidence," *Journal of Personality and Social Psychology* 116, no. 3 (2019): 396–415.
58. See, for instance, J. P. Simmons, R. A. LeBoeuf, and L. D. Nelson, "The Effect of Accuracy Motivation on Anchoring and Adjustment: Do People Adjust from Their Provided Anchors?" *Journal of Personality and Social Psychology* 99, no. 6 (2010): 917–32.
59. C. Janiszewski and D. Uy, "Precision of the Anchor Influences the Amount of Adjustment," *Psychological Science* 19, no. 2 (2008): 121–27.
60. See, for example, P. Frost, B. Casey, K. Griffin, L. Raymundo, C. Farrell, and R. Carrigan, "The Influence of Confirmation Bias on Memory and Source Monitoring," *Journal of General Psychology* 142, no. 4 (2015): 238–52; W. Hart, D. Albarracín, A. H. Eagly, I. Brechan, M. Lindberg, and L. Merrill, "Feeling Validated versus Being Correct: A Meta-Analysis of Selective Exposure to Information," *Psychological Bulletin* 135, no. 4 (2009): 555–88.
61. K. A. Costabile and S. Madon, "Downstream Effects of Dispositional Influences on Confirmation Biases," *Personality and Social Psychology Bulletin* 45, no. 4 (2019): 557–70.
62. M. Marquit, "Don't Let Confirmation Bias Derail Your Startup Plans," *Due* [Blog], October 1, 2018, https://due.com/blog/confirmation-bias-startup-plans/
63. T. Pachur, R. Hertwig, and F. Steinmann, "How Do People Judge Risks: Availability Heuristic, Affect Heuristic, or Both?" *Journal of Experimental Psychology: Applied* 18, no. 3 (2012): 314–30.
64. G. Morgenson, "Debt Watchdogs: Tamed or Caught Napping?" *The New York Times,* December 7, 2009, 1, 32.
65. S. Davidai and T. Gilovich, "The Headwinds/Tailwinds Asymmetry: An Availability Bias in Assessments of Barriers and Blessings," *Journal of Personality and Social Psychology* 111, no. 6 (2016): 835–51.
66. B. M. Staw, "The Escalation of Commitment to a Course of Action," *Academy of Management Review* (October 1981): 577–87.
67. D. J. Sleesman, "Pushing Through the Tension While Stuck in the Mud: Paradox Mindset and Escalation of Commitment," *Organizational Behavior and Human Decision Processes* 155 (2019): 83–96.
68. K. F. E. Wong and J. Y. Y. Kwong, "The Role of Anticipated Regret in Escalation of Commitment," *Journal of Applied Psychology* 92, no. 2 (2007): 545–54.
69. D. J. Sleesman, D. E. Conlon, G. McNamara, and J. E. Miles, "Cleaning Up the Big Muddy: A Meta-Analytic Review of the Determinants of Escalation of Commitment," *Academy of Management Journal* 55, no. 3 (2012): 541–62.
70. H. Drummond, "Escalation of Commitment: When to Stay the Course?" *Academy of Management Perspectives* 28, no. 4 (2014): 430–46.
71. See, for instance, U. Hahn and P. A. Warren, "Perceptions of Randomness: Why Three Heads Are Better Than One," *Psychological Review* 116, no. 2 (2009): 454–61.
72. J. Adams, "Tiger Woods Credits Mother for Wearing Red on Sunday," *Heavy* [blog], September 23, 2018, https://heavy .com/sports/2018/09/ why-tiger-woods-red-shirt-mother/
73. See, for example, D. J. Keys and B. Schwartz, "Leaky Rationality: How Research on Behavioral Decision Making Challenges Normative Standards of Rationality," *Psychological Science* 2, no. 2 (2007): 162–80; U. Simonsohn, "Direct Risk Aversion: Evidence from Risky Prospects Valued below Their Worst Outcome," *Psychological Science* 20, no. 6 (2009): 686–92.
74. A. Kühberger, "The Influence of Framing on Risky Decisions: A Meta-Analysis," *Organizational Behavior and Human Decision Processes* 75, no. 1 (1998): 23–55; A. Kühberger, M. Schulte-Mecklenbeck, and J. Perner, "The Effects of Framing, Reflection, Probability, and Payoff on Risk Preference in Choice Tasks," *Organizational Behavior and Human Decision Processes* 78, no. 3 (1999): 204–31.
75. A. Chakraborty, S. Sheikh, and N. Subramanian, "Termination Risk and Managerial Risk Taking," *Journal of Corporate Finance* 13, no. 1 (2007): 170–88.
76. D. G. Allen, K. P. Weeks, and K. R. Moffitt, "Turnover Intentions and Voluntary Turnover: The Moderating Roles of Self-Monitoring, Locus of Control, Proactive Personality, and Risk Aversion," *Journal of Applied Psychology* 90, no. 5 (2005): 980–90; C. Vandenberghe, A. Panaccio, and A. K. B. Ayed, "Continuance Commitment and Turnover: Examining the Moderating Role of Negative Affectivity and Risk Aversion," *Journal of Occupational and Organizational Psychology* 84 (2011): 403–24.
77. R. L. Guilbault, F. B. Bryant, J. H. Brockway, and E. J. Posavac, "A Meta-Analysis of Research on Hindsight Bias," *Basic and Applied Social Psychology* 26, nos. 2–3 (2004): 103–17.

78. O. Shani, "Why AI Transformation is Digital Transformation, Fully Realized," *Forbes,* February 11, 2019, https://www.forbes.com/sites/forbestechcouncil/2019/02/11/why-ai-transformation-is-digital-transformation-fully-realized/#1be6caf678fd
79. Ibid.
80. E. Dash and J. Creswell, "Citigroup Pays for a Rush to Risk," *The New York Times,* November 20, 2008, 1, 28; S. Pulliam, S. Ng, and R. Smith, "Merrill Upped Ante as Boom in Mortgage Bonds Fizzled," *The Wall Street Journal,* April 16, 2008, A1, A14.
81. M. Gladwell, "Connecting the Dots," *The New Yorker,* March 10, 2003.
82. S. J. Ward and L. A. King, "Individual Differences in Reliance on Intuition Predict Harsher Moral Judgments," *Journal of Personality and Social Psychology* 114, no. 5 (2018): 825–49; J. A. Yip, D. H. Stein, S. Côté, and D. R. Carney, "Follow Your Gut? Emotional Intelligence Moderates the Association Between Physiologically Measured Somatic Markers and Risk-Taking," *Emotion* 20, no. 3 (2020): 426–472.
83. W. Hart, D. Albarracín, A. H. Eagly, I. Brechan, M. J. Lindberg, and L. Merrill, "Feeling Validated Versus Being Correct: A Meta-Analysis of Selective Exposure to Information," *Psychological Bulletin* 135, no. 4 (2009): 555–88.
84. M. P. Grosz, T. Lösch, and M. D. Back, "The Narcissism-Overclaiming Link Revisited," *Journal of Research in Personality* 70 (2017): 134–38; M. Tamborski, R. P. Brown, and K. Chowning, "Self-Serving Bias or Simply Serving the Self? Evidence for a Dimensional Approach to Narcissism," *Personality and Individual Differences* 52, no. 8 (2012): 942–46.
85. H. Moon, J. R. Hollenbeck, S. E. Humphrey, and B. Maue, "The Tripartite Model of Neuroticism and the Suppression of Depression and Anxiety within an Escalation of Commitment Dilemma," *Journal of Personality* 71, no. 3 (2003): 347–68.
86. J. Musch, "Personality Differences in Hindsight Bias," *Memory* 11, nos. 4–5 (2003): 473–89.
87. T. Huston, "Are Women Better Decision Makers?" *The New York Times,* October 19, 2014, 9.
88. D. Cumming, T. Y. Leung, and O. Rui, "Gender Diversity and Securities Fraud," *Academy of Management Journal* 58, no. 5 (2015): 1572–93.
89. S. Wally and J. R. Baum, "Personal and Structural Determinants of Pace of Strategic Decision Making," *Academy of Management Journal,* 37, no. 4 (1994): 932–56.
90. K. E. Stanovich and R. F. West, "On the Relative Independence of Thinking Biases and Cognitive Ability," *Journal of Personality and Social Psychology* 94, no. 4 (2008): 672–95.
91. N. J. Adler, *International Dimensions of Organizational Behavior,* 4th ed. (Cincinnati, OH: South-Western Publishing, 2002), 182–89; and J. F. Yates and S. de Oliveira, "Culture and Decision Making," *Organizational Behavior and Human Decision Processes* 136 (2016): 106–18.
92. Phillips et al., "Thinking Styles and Decision Making."
93. A. Lai, "For Businesses, Decision-Making During the COVID-19 Crisis Requires a Bias Toward People, Not Profit," *Forbes* (March 19, 2020), https://www.forbes .com/sites/forrester/2020/03/19/decision-making-during-the-covid-19-crisis-requires-a-bias-toward-people-not-profit/#3b3d5e454ddc; B. Lincoln and R. Santorum, "Doctors, Nurses Must Make Hard Decisions in Pandemic. Let's Protect Them from Lawsuits," *USA Today* (April 22, 2020), https://www.usatoday.com/story/opinion/2020/04/22/pandemic-congress-should-protect-doctors-others-lawsuits-column/2995082001/
94. Lai, "For Businesses, Decision-Making During the COVID-19 Crisis Requires a Bias Toward People, Not Profit."
95. P. M. Vaaler and G. McNamara, "Crisis and Competition in Expert Organizational Decision Making: Credit-Rating Agencies and Their Response to Turbulence in Emerging Economies," *Organization Science* 15, no. 6 (2004): 687–703.
96. L. Sayegh, W. P. Anthony, and P. L. Perrewé, "Managerial Decision-Making Under Crisis: The Role of Emotion in an Intuitive Decision Process," *Human Resource Management Review* 14 (2004): 179–99.
97. Santorum, "Doctors, Nurses Must Make Hard Decisions in Pandemic."
98. S. Harvey and V. Y. Haines III, "Employer Treatment of Employees During a Community Crisis: The Role of Procedural and Distributive Justice," *Journal of Business and Psychology* 20, no. 1 (2005): 53–68.
99. Lai, "For Businesses, Decision-Making During the COVID-19 Crisis Requires a Bias Toward People, Not Profit."
100. K. V. Kortenkamp and C. F. Moore, "Ethics under Uncertainty: The Morality and Appropriateness of Utilitarianism When Outcomes Are Uncertain," *American Journal of Psychology* 127, no. 3 (2014): 367–82.
101. See, for example, I. Patil, M. M. Zucchelli, W. Kool, S. Campbell, F. Fornasier, M. Calò, G. Silani, M. Cikara, and F. Cushman, "Reasoning Supports Utilitarian Resolutions to Moral Dilemmas Across Diverse Measures," *Journal of Personality and Social Psychology* (in press).
102. A. Lukits, "Hello and Bonjour to Moral Dilemmas," *The Wall Street Journal,* May 13, 2014, D4.
103. See, for example, Folger and Glerum, "Justice and Deonance."
104. J. Hollings, "Let the Story Go: The Role of Emotion in the Decision-Making Process of the Reluctant, Vulnerable Witness or Whistle-Blower," *Journal of Business Ethics* 114, no. 3 (2013): 501–12.
105. D. E. Rupp, P. M. Wright, S. Aryee, and Y. Luo, "Organizational Justice, Behavioral Ethics, and Corporate Social Responsibility: Finally the Three Shall Merge," *Management and Organization Review* 11, no. 1 (2015): 15–24.
106. R. Folger, "Fairness as Deonance," in S. W. Gilliland, D. D. Steiner, and D. P. Skarlicki (eds.), Research in Social Issues in Management: Theoretical and Cultural Per-spectives on Organizational Justice, Vol. 1 (Charlotte, NC: Information Age, 2001): 3–31; R. Folger, "Deonanace: Behavioral Ethics and Moral Obligation," in D. DeCremer and A. E. Tenbrunsel (eds.), Series in Organization and Management: Behavioral Business Ethics; Shaping an Emerging Field (New York: Routledge, 2011): 123–42; and Folger and Glerum, "Justice and Deonance."
107. M. Hennig and M. Hütter, "Revisiting the Divide Between Deontology and Utilitarianism in Moral Dilemma Judgment: A Multinomial Modeling Approach," *Journal of Personality and Social Psychology* 118, no. 1 (2020): 22–56; M-H. Li and L-L. Rao, "Do People Believe That They Are More Deontological Than Others?" *Personality and Social Psychology Bulletin* 45, no. 8 (2019): 1308–1320; A. Mata, "Social Metacognition in Moral Judgment: Decisional Conflict Promotes Perspective Taking," *Journal of Personality and Social Psychology* (in press).
108. H. Aguinis and A. Glavas, "What We Know and Don't Know About Corporate Social Responsibility: A Review and Research Agenda," *Journal of Management* 38, no. 4 (2012): 932–68.
109. J. B. Cullen, K. P. Parboteeah, and M. Hoegl, "Cross-National Differences in Managers' Willingness to Justify Ethically Suspect Behaviors: A Test of Institutional Anomie Theory," *Academy of Management Journal* 47, no. 3 (2004): 411–21.
110. P. Gerlach, K. Teodorescu, and R. Hertwig, "The Truth About Lies: A Meta-Analysis on Dishonest Behavior," *Psychological Bulletin* 145, no. 1 (2019): 1–44.
111. A.Vrij, M. Hartwig, and P. A. Granhag, "Reading Lies: Nonverbal Communication and Deception," *Annual Review of Psychology* 70 (2019): 295–317.
112. N. Klein and H. Zhou, "Their Pants Aren't on Fire," *The New York Times,* March 25, 2014, D3.
113. Ibid.
114. A. C. Gunia and E. E. Levine, "Deception as Competence: The Effect of Occupational Stereotypes on the Perception and Proliferation of

Deception," *Organizational and Human Decision Processes* 152 (2019): 122–37; J. J. Lee, N. Llewellyn, and A. Whittle, "Lies, Defeasibility and Morality-in-Action: The Interactional Architecture of False Claims in Sales, Telemarketing and Debt Collection Work," *Human Relations* 72, no. 4 (2019): 834–58; M. Ong, B. Parmar, and E. Amit, "Lay Theories of Effortful Honesty: Does the Honesty-Effort Association Justify Making a Dishonest Decision?" *Journal of Applied Psychology* 104, no. 5 (2019): 659–77.

115. S. D. Levitt and S. J. Dubner, "Traponomics," *The Wall Street Journal,* May 10–11, 2014, C1, C2.
116. N. Anderson, K. Potocnik, and J. Zhou, "Innovation and Creativity in Organizations: A State-of-the-Science Review, Prospective Commentary, and Guiding Framework," *Journal of Management* 40, no. 5 (2014): 1297–333.
117. "Is Your Art Killing You?" Investorideas.com, May 13, 2013, www.investorideas.com/news/2013/renewable-energy/05134.asp
118. M. M. Gielnik, A.-C. Kramer, B. Kappel, and M. Frese, "Antecedents of Business Opportunity Identification and Innovation: Investigating the Interplay of Information Processing and Information Acquisition," *Applied Psychology: An International Review* 63, no. 2 (2014): 344–81.
119. G. Anderson, "Three Tips to Foster Creativity at Your Startup," *ArcticStartup*, May 8, 2013, from http://www .arcticstartup.com/
120. L. Paine Hagtvedt, K. Dossinger, S. H. Harrison, and L. Huang, "Curiosity Made the Cat More Creative: Specific Curiosity as a Driver of Creativity," *Organizational Behavior and Human Decision Processes* 150 (2019): 1–13.
121. M. Karwowski et al., "Is Creativity Without Intelligence Possible? A Necessary Condition Analysis," *Intelligence* 57 (2016): 105–17; K. H. Kim, "Meta-Analyses of the Relationship of Creative Achievement to Both IQ and Divergent Thinking Test Scores," *The Journal of Creative Behavior* 42, no. 2 (2008): 106–30.
122. C. Kandler, R. Riemann, A. Angleitner, F. M. Spinath, P. Borkenau, L. Penke, "The Nature of Creativity: The Roles of Genetic Factors, Personality Traits, Cognitive Abilities, and Environmental Sources," *Journal of Personality and Social Psychology* 111, no. 2 (2016): 230–49.
123. C. K. W. De Dreu, B. A. Nijstad, M. Baas, I. Wolsink, and M. Roskes, "Working Memory Benefits Creative Insight, Musical Improvisation, and Original Ideation through Maintained Task-Focused Attention," *Personality and Social Psychology Bulletin* 38, no. 5 (2012): 656–69.
124. M. Benedek, E. Jauk, M. Sommer, M. Arendasy, and A. C. Neubauer, "Intelligence, Creativity, and Cognitive Control: The Common and Differential Involvement of Executive Functions in Intelligence and Creativity," *Intelligence* 46 (2014): 73–83; C.-H. Wu, S. K. Parker, and J. P. J. de Jong, "Need for Cognition as an Antecedent of Individual Innovation Behavior," *Journal of Management* 40, no. 6 (2014): 1511–34; B. Forthmann, D. Jendryczko, J. Scharfen, R. Kleinkorres, M. Benedek, and H. Holling, "Creative Ideation, Broad Retrieval Ability, and Processing Speed: A Confirmatory Study of Nested Cognitive Abilities," *Intelligence* 75 (2019): 59–72.
125. M. M. Hammond, N. L. Neff, J. L. Farr, A. R. Schwall, and X. Zhao, "Predictors of Individual-Level Innovation at Work: A Meta-analysis," *Psychology of Aesthetics, Creativity, and the Arts* 5, no. 1 (2011): 90–105; M. Zare and C. Flinchbaugh, "Voice, Creativity, and Big Five Personality Traits: A Meta-Analysis," *Human Performance* 32, no. 1 (2019): 30–51.
126. Y. Gong, S. Cheung, M. Wang, and J. Huang, "Unfolding the Proactive Processes for Creativity: Integration of the Employee Proactivity, Information Exchange, and Psychological Safety Perspectives," *Journal of Management* 38, no. 5 (2012): 1611–33.
127. A. Rego, F. Sousa, C. Marques, and M. P. E. Cunha, "Retail Employees' Self-Efficacy and Hope Predicting Their Positive Affect and Creativity," *European Journal of Work and Organizational Psychology* 21, no. 6 (2012): 923–45.
128. M. L. Meyer, H. E. Hershfield, A. G. Waytz, J. N. Mildner, and D. I. Tamir, "Creative Expertise Is Associated with Transcending the Here and Now," *Journal of Personality and Social Psychology* 116, no. 4 (2019): 483–94.
129. C. Wang, S. Rodan, M. Fruin, and X. Xu, "Knowledge Networks, Collaboration Networks, and Exploratory Innovation," *Academy of Management Journal* 57, no. 2 (2014): 484–514.
130. F. Gino and S. S. Wiltermuth, "Evil Genius? Dishonesty Can Lead to Greater Creativity," *Psychological Science* 25, no. 4 (2014): 973–81.
131. S. Keem, C. E. Shalley, E. Kim, and I. Jeong, "Are Creative Individuals Bad Apples? A Dual Pathway Model of Unethical Behavior," *Journal of Applied Psychology* 103, no. 4 (2018): 416–31; L. C. Vincent and M. Kouchaki, "Creative, Rare, Entitled, and Dishonest: How Commonality of Creativity in One's Group Decreases an Individual's Entitlement and Dishonesty," *Academy of Management Journal* 49, no. 4 (2016): 1451–73.
132. D. van Knippenberg and G. Hirst, "A Motivational Lens Model of Person x Situation Interactions in Employee Creativity," *Journal of Applied Psychology* (in press)
133. D. Liu, K. Jiang, C. E. Shalley, S. Keem, and J. Zhou, "Motivational Mechanisms of Employee Creativity: A Meta-Analytic Examination and Theoretical Extension of the Creativity Literature," *Organizational Behavior and Human Decision Processes,* 137 (2016): 236–63.
134. M. Abdur Rahman Malik, J. Nam Choi, and A. Nazir Butt, "Distinct Effects of Intrinsic Motivation and Extrinsic Rewards on Radical and Incremental Creativity: The Moderating Role of Goal Orientations," *Journal of Organizational Behavior* 40 (2019): 1013–26.
135. A.Newman, H. Round, S. Wang, and M. Mount, "Innovation Climate: A Systematic Review of the Literature and Agenda for Future Research," *Journal of Occupational and Organizational Psychology* 92 (2020): 73–109.
136. A. Somech and A. Drach-Zahavy, "Translating Team Creativity to Innovation Implementation: The Role of Team Composition and Climate for Innovation," *Journal of Management* 39, no. 3 (2013): 684–708.
137. L. Sun, Z. Zhang, J. Qi, and Z. X. Chen, "Empowerment and Creativity: A Cross-Level Investigation," *Leadership Quarterly* 23, no. 1 (2012): 55–65.
138. M. Cerne, C. G. L. Nerstad, A. Dysvik, and M. Skerlavaj, "What Goes Around Comes Around: Knowledge Hiding, Perceived Motivational Climate, and Creativity," *Academy of Management Journal* 57, no. 1 (2014): 172–92.
139. Hammond et al., "Predictors of Individual-Level Innovation at Work."
140. S. Sonnenshein, "How Organizations Foster the Creative Use of Resources," *Academy of Management Journal* 57, no. 3 (2014): 814–48.
141. V. Venkataramani, A. W. Richter, and R. Clarke, "Creative Benefits from Well-Connected Leaders: Leader Social Network Ties as Facilitators of Employee Radical Creativity," *Journal of Applied Psychology* 99, no. 5 (2014): 966–75.
142. J. E. Perry-Smith, "Social Network Ties beyond Nonredundancy: An Experimental Investigation of the Effect of Knowledge Content and Tie Strength on Creativity," *Journal of Applied Psychology* 99, no. 5 (2014): 831–46.
143. T. Montag, C. P. Maertz, and M. Baer, "A Critical Analysis of the Workplace Creativity Criterion Space," *Journal of Management* 38, no. 4 (2012): 1362–86.
144. M. Baer, "Putting Creativity to Work: The Implementation of Creative Ideas in Organizations," *Academy of Management Journal* 55, no. 5 (2012): 1102–19.

제7장

1. J. LaRosa, *$9.9 Billion Self-Improvement Market Challenged by Younger and More Demanding Millennials, Changing Technology* [press release], August 2, 2017, https://www.webwire.com/ViewPressRel.asp?aId=211649
2. C. C. Pinder, *Work Motivation in Organizational Behavior,* 2nd ed. (New York, NY: Psychology Press, 2008).
3. A. H. Maslow, "A Theory of Human Motivation," *Psychological Review* 50 (1943), 370–96; R. J. Taormina and J. H. Gao, "Maslow and the Motivation Hierarchy: Measuring Satisfaction of the Needs," *American Journal of Psychology* 126, no. 2 (2013): 155–57.
4. H. S. Guest "Maslow's Hierarchy of Needs—The Sixth Level," *Psychologist* 27, no. 12 (2014): 982–83.
5. Guest, "Maslow's Hierarchy of Needs"; J. A. Krems, D. T. Kenrick, and R. Neel, "Individual Perceptions of Self- Actualization: What Functional Motives Are Linked to Fulfilling One's Full Potential?" *Personality and Social Psychology Bulletin* 43, no. 9 (2017): 1337–52.
6. T. R. Mitchell and D. Daniels, "Motivation," in W. Borman, D. Ilgen, and R. Klimoski (eds.), *Handbook of Psychology: Industrial/Organizational Psychology*, Vol. 12 (New York: Wiley, 2002): 225–54.
7. V. M. Bockman, "The Herzberg Controversy," *Personnel Psychology* 24, no. 2 (1971): 155–89; F. Herzberg, "The Motivation-Hygiene Concept and Problems of Manpower," *Personnel Administrator* 27 (1964): 3–7.
8. N. Bassett-Jones and G. C. Lloyd, "Does Herzberg's Motivation Theory Have Staying Power?," *Journal of Management Development* 24, no. 10 (2005): 929–43.
9. See, for instance, V. S. R. Vijayakumar and U. Saxena, "Herzberg Revisited: Dimensionality and Structural Invariance of Herzberg's Two Factor Model," *Journal of the Indian Academy of Applied Psychology* 41, no. 2 (2015): 291–98; R. Worthley, B. MacNab, R. Brislin, K. Ito, and E. L. Rose, "Workforce Motivation in Japan: An Examination of Gender Differences and Management Perceptions," *The International Journal of Human Resource Management* 20, no. 7 (2009): 1503–20.
10. D. C. McClelland, *Human Motivation* (Cambridge, UK: Cambridge University Press, 1987); D. C. McClelland, J. W. Atkinson, R. A. Clark, and E. L. Lowell, *The Achievement Motive* (New York: Appleton-Century-Crofts, 1953).
11. See, for instance, M. G. Koellner and O. C. Schultheiss, "Meta-Analytic Evidence of Low Convergence between Implicit and Explicit Measures of the Needs for Achievement, Affiliation, and Power," *Frontiers in Psychology* 5, no. 826 (2014): 1–20; T. Bipp and K. van Dam, "Extending Hierarchical Achievement Motivation Models: The Role of Motivational Needs for Achievement Goals and Academic Performance," *Personality and Individual Differences* 64 (2014): 157–62.
12. R. Eisenberger, J. R. Jones, F. Stinglhamber, L. Shanock, and A. T. Randall, "Flow Experiences at Work: For High Need Achievers Alone?" *Journal of Organizational Behavior* 26, no. 7 (2005): 755–75.
13. A. K. Kirk and D. F. Brown, "Latent Constructs of Proximal and Distal Motivation Predicting Performance Under Maximum Test Conditions," *Journal of Applied Psychology* 88, no. 1 (2003): 40–49; R. B. Soyer, J. L. Rovenpor, and R. E. Kopelman, "Narcissism and Achievement Motivation As Related to Three Facets of the Sales Role: Attraction, Satisfaction, and Performance," *Journal of Business and Psychology* 14, no. 2 (1999): 285–304.
14. M. G. Koellner and O. C. Schultheiss, "Meta-Analytic Evidence of Low Convergence between Implicit and Explicit Measures of the Needs for Achievement, Affiliation, and Power."
15. J. S. Chun and J. N. Choi, "Members' Needs, Intragroup Conflict, and Group Performance," *Journal of Applied Psychology* 99, no. 3 (2014): 437–50.
16. J. Hofer, H. Busch, and C. Schneider, "The Effect of Motive-Trait Interaction on Satisfaction of the Implicit Need for Affiliation among German and Cameroonian Adults," *Journal of Personality* 83, no. 2 (2015): 167–78.
17. A. Drescher and O. C. Schultheiss, "Meta-Analytic Evidence for Higher Implicit Affiliation and Intimacy Motivation Scores in Women, Compared to Men," *Journal of Research in Personality* 64 (2016): 1–10.
18. J. T. Austin and J. B. Vancouver, "Goal Constructs in Psychology: Structure, Process, and Content," *Psychological Bulletin* 120 (1996): 338–75.
19. E. L. Deci, A. H. Olafsen, and R. M. Ryan, "Self-Determination Theory in Work Organizations: The State of the Science," *Annual Review of Organizational Psychology and Organizational Behavior* 4 (2017): 19–43; R. Ryan and E. Deci, "Self-Determination Theory and the Facilitation of Intrinsic Motivation, Social Development, and Well-Being," *American Psychologist* 55, no. 1 (2000): 68–78.
20. Ibid.
21. C. P. Cerasoli, J. M. Nicklin, and M. T. Ford, "Intrinsic Motivation and Extrinsic Incentives Jointly Predict Performance: A 40-Year Meta-Analysis," *Psychological Bulletin* 140, no. 4 (2014): 980–1008.
22. J. E. Bono and T. A. Judge, "Self-Concordance at Work: Toward Understanding the Motivational Effects of Transformational Leaders," *Academy of Management Journal* 46, no. 5 (2003): 554–71.
23. K. M. Sheldon, A. J. Elliot, and R. M. Ryan, "Self-Concordance and Subjective Well-Being in Four Cultures," *Journal of Cross-Cultural Psychology* 35, no. 2 (2004): 209–23.
24. P. E. Downes, A. L. Kristof-Brown, T. A. Judge, and T. C. Darnold, "Motivational Mechanisms of Self-Concordance Theory: Goal-Specific Efficacy and Person-Organization Fit," *Journal of Business and Psychology* 32, no. 2 (2017): 197–215.
25. Deci et al., "Self-Determination Theory in Work Organizations."
26. A. Van den Broeck, D. L. Ferris, C.-H. Chang, and C. C. Rosen, "A Review of Self-Determination Theory's Basic Psychological Needs at Work," *Journal of Management* 42, no. 5 (2016): 1195–229.
27. C. P. Cerasoli, J. M. Nicklin, and A. S. Nassrelgrgawi, "Performance, Incentives, and Needs for Autonomy, Competence, and Relatedness: A Meta-Analysis," *Motivation & Emotion* 40 (2016): 781–813.
28. M. E. L. Zeijen, P. Petrou, A. B. Bakker, and B. R. van Gelderen, "Dyadic Support Exchange and Work Engagement: An Episodic Test and Expansion of Self-Determination Theory," *Journal of Occupational and Organizational Psychology* (in press).
29. J. Rupp, "Leadership and Mindfulness Secrets for Fortune 100 Companies with Walmart Leadership Coach, Lucy Duncan," *Thrive Global* [interview], February 20, 2019, https://thriveglobal.com/stories/leadership-and-mindfulness-secrets-for-fortune-100-companies-with-walmart-leadership-coach-lucy-duncan/
30. E. A. Locke and G. P. Latham, "New Directions in Goal-Setting Theory," *Current Directions in Psychological Science* 15, no. 5 (2006): 265–68. B. M. Wilkowski, A. Fetterman, S. Lappi, L. Z. Williamson, E. F. Leki, E. Rivera, and B. P. Meier, "Lexical Derivation of the PINT Taxonomy of Goals: Prominence, Inclusiveness, Negativity Prevention, and Tradition," *Journal of Personality and Social Psychology* (in press).
31. Ibid.
32. C. Gabelica, P. Van den Bossche, M. Segers, and W. Gijselaers, "Feedback, a Powerful Lever in Teams: A Review," *Educational Research Review* 7, no. 2 (2012): 123–44.

33. A. Kleingeld, H. van Mierlo, and L. Arends, "The Effect of Goal Setting on Group Performance: A Meta-Analysis," *Journal of Applied Psychology* 96, no. 6 (2011): 1289–304.
34. T. S. Bateman and B. Bruce, "Masters of the Long Haul: Pursuing Long-Term Work Goals," *Journal of Organizational Behavior* 33, no. 7 (2012): 984–1006.
35. Ibid.
36. H. J. Klein, M. J. Wesson, J. R. Hollenbeck, and B. J. Alge, "Goal Commitment and the Goal-Setting Process: Conceptual Clarification and Empirical Synthesis," *Journal of Applied Psychology* 84, no. 6 (1999): 885–96; H. J. Klein, R. B. Lount, H. M. Park, and B. J. Linford, "When Goals Are Known: The Effects of Audience Relative Status on Goal Commitment and Performance," *Journal of Applied Psychology* 105, no. 4 (2020): 372–389.
37. Kleingeld, van Mierlo, and Arends, "The Effect of Goal Setting on Group Performance"; Locke and Latham, "Building a Practically Useful Theory of Goal Setting and Task Motivation."
38. J. W. Beck, A. A. Scholer, and J. Hughes, "Divergent Effects of Distance Versus Velocity Disturbances on Emotional Experiences During Goal Pursuit," *Journal of Applied Psychology* 102, no. 7 (2017): 1109–23.
39. D. F. Crown, "The Use of Group and Groupcentric Individual Goals for Culturally Heterogeneous and Homogeneous Task Groups: An Assessment of European Work Teams," *Small Group Research* 38, no. 4 (2007): 489–508.
40. C. Sue-Chan and M. Ong, "Goal Assignment and Performance: Assessing the Mediating Roles of Goal Commitment and Self-Efficacy and the Moderating Role of Power Distance," *Organizational Behavior and Human Decision Processes* 89, no. 2 (2002): 1140–61.
41. L. D. Ordóñez, M. E. Schweitzer, A. D. Galinsky, and M. H. Bazerman, "Goals Gone Wild: The Systematic Side Effects of Overprescribing Goal Setting," *Academy of Management Perspectives* 23, no. 1 (2009): 6–16; E. A. Locke and G. P. Latham, "Has Goal Setting Gone Wild, or Have Its Attackers Abandoned Good Scholarship?" *Academy of Management Perspectives* 23, no. 1 (2009): 17–23.
42. B. Harkin et al., "Does Monitoring Goal Progress Promote Goal Attainment? A Meta-Analysis of the Experimental Evidence," *Psychological Bulletin* 142, no. 2 (2016): 198–229; C. McChesney, S. Covey, and J. Huling, *The 4 Disciplines of Execution* (New York: Free Press, 2012).
43. E. T. Higgins, "Promotion and Prevention: Regulatory Focus as a Motivational Principle," *Advances in Experimental Social Psychology* 30 (1998): 1–46; E. T. Higgins and J. F. M. Cornwell, "Securing Foundations and Advancing Frontiers: Prevention and Promotion Effects on Judgment & Decision Making," *Organizational Behavior and Human Decision Processes* 136 (2016): 56–67.
44. K. Lanaj, C. D. Chang, and R. E. Johnson, "Regulatory Focus and Work-Related Outcomes: A Review and Meta-Analysis," *Psychological Bulletin* 138, no. 5 (2012): 998–1034; Y. Zhang, Y. Zhang, T. W. H. Ng, and S. S. K. Lam, "Promotion- and Prevention-Focused Coping: A Meta-Analytic Examination of Regulatory Strategies in the Work Stress Process," *Journal of Applied Psychology* 104, no. 10 (2019): 1296–323.
45. M. Roskes, A. J. Elliot, and C. K. W. De Dreu, "Why Is Avoidance Motivation Problematic, and What Can Be Done about It?" *Current Directions in Psychological Science* 23, no. 2 (2014): 133–38; Zhang et al., "Promotion- and Prevention-Focused Coping."
46. R. E. Johnson, S-H. Lin, R. Kark, D. Van Dijk, D. D. King, E. Esformes, "Consequence of Regulatory fit for Leader-Follower Relationship Quality and Commitment," *Journal of Occupational and Organizational Psychology* 90, no. 3 (2017): 379–406.
47. K. R. Thompson, W. A. Hochwater, and N. J. Mathys, "Stretch Targets: What Makes Them Effective?" *Academy of Management Executive* 11, no. 3 (1997): 48–60.
48. M. Juetten, "Failed Startups: Telltale Games," *Forbes*, December 18, 2018, https://www.forbes.com/sites/maryjuetten/2018/12/18/failed-startups-telltale-games/#6bbd67ba6a84; "KEYGroup Survey Finds Nearly Half of All Employees Have No Set Performance Goals," *IPMA-HR Bulletin*, March 10, 2006, 1; J. Schreier, "Video Games Are Destroying the People Who Make Them," *The New York Times*, October 25, 2017 https://www.nytimes.com/2017/10/25/opinion/work-culture-video-games-crunch.html
49. P. Drucker, *The Practice of Management* (New York: Harper, 1954); H. Levinson, "Management by Whose Objectives?," *Harvard Business Review* 81, no. 1 (2003): 107–16.
50. See, for example, E. Lindberg and T. L. Wilson, "Management by Objectives: The Swedish Experience in Upper Secondary Schools," *Journal of Educational Administration* 49, no. 1 (2011): 62–75; R. Rodgers and J. E. Hunter, "Impact of Management by Objectives on Organizational Productivity," *Journal of Applied Psychology* 76, no. 2 (1991): 322–36; A. C. Spaulding, L. D. Gamm, and J. M. Griffith, "Studer Unplugged: Identifying Underlying Managerial Concepts," *Hospital Topics* 88, no. 1 (2010): 1–9.
51. M. B. Kristiansen, "Management by Objectives and Results in the Nordic Countries: Continuity and Change, Differences and Similarities," *Public Performance and Management Review* 38, no. 3 (2015): 542–69.
52. See, for instance, M. Tanikawa, "Fujitsu Decides to Backtrack on Performance-Based Pay," *The New York Times*, March 22, 2001, W1; W. F. Roth, "Is Management by Objectives Obsolete?" *Global Business and Organizational Excellence* 28, no. 4 (2009): 36–43.
53. D. Welsh, J. Bush, C. Thiel, and J. Bonner, "Reconceptualizing Goal setting's Dark Side: The Ethical Consequences of Learning Versus Outcome Goals," *Organizational Behavior and Human Decision Processes*, 150 (2019): 14–27.
54. V. Lopez-Kidwell, T. J. Grosser, B. R. Dineen, and S. P. Borgatti, "What Matters When: A Multistage Model and Empirical Examination of Job Search Effort," *Academy of Management Journal* 56, no. 6 (2012): 1655–78.
55. M. E. Schweitzer, L. Ordóñez, B. Douma, "Goal setting as a motivator of unethical behavior," *Academy of Management Journal* 47, no. 3 (2004): 422–32; D. T. Welsh and L. D. Ordóñez, "The dark side of consecutive high performance goals: Linking goal setting, depletion, and unethical behavior," *Organizational Behavior and Human Decision Processes* 123, no. 2 (2014): 79–89.
56. A. Bandura, *Social Foundations of Thought and Action: A Social Cognitive Theory* (Englewood Cliffs, NJ: Prentice Hall, 1986); A. Bandura, *Self-Efficacy: The Exercise of Control* (New York: W. H. Freeman, 1997); A. Bandura, "Social Cognitive Theory: An Agentic Perspective," *Annual Review of Psychology* 52 (2001): 1–26.
57. A. Bandura, "Cultivate Self-Efficacy for Personal and Organizational Effectiveness," in *Handbook of Principles of Organizational Behavior* (ed.) E. Locke (Malden, MA: Blackwell, 2004), 120–36; S. D. Brown, R. W. Lent, K. Telander, and S. Tramayne, "Social Cognitive Career Theory, Conscientiousness, and Work Performance: A Meta-Analytic Path Analysis," *Journal of Vocational Behavior* 79, no. 1 (2011): 81–90.
58. M. Salanova, S. Llorens, and W. B. Schaufeli, "Yes I Can, I Feel Good, and I Just Do It! On Gain Cycles and Spirals of Efficacy Beliefs, Affect, and Engagement," *Applied Psychology* 60, no. 2 (2011): 255–85. Compare with J. B. Vancouver, C. M. Thompson, and A. A. Williams, "The Changing Signs in the Relationships Among Self-Efficacy, Personal Goals, and Performance," *Journal of Applied Psychology* 86, no. 4 (2001): 605–20; J. B. Vancouver and J. D. Purl, "A Computational Model of Self-Efficacy's Various Effects on Performance: Moving the Debate Forward," *Journal of Applied Psychology* 102, no. 4 (2017): 599–616.

59. T. A. Judge, C. L. Jackson, J. C. Shaw, B. Scott, and B. L. Rich, "Self-Efficacy and Work-Related Performance: The Integral Role of Individual Differences," *Journal of Applied Psychology* 92, no. 1 (2007): 107–27.
60. Ibid.
61. M. Ben-Ami, J. Hornik, D. Eden, and O. Kaplan, "Boosting Consumers' Self-Efficacy by Repositioning the Self," *European Journal of Marketing* 48, no. 11/12 (2014): 1914–38; L. De Grez and D. Van Lindt, "Students' Gains in Entrepreneurial Self-Efficacy: A Comparison of 'Learning-by-Doing' Versus Lecture-Based Courses," *Proceedings of the 8th European Conference on Innovation and Entrepreneurship* (2013): 198–203; K. S. Hendricks, "Changes in Self-Efficacy Beliefs over Time: Contextual Influences of Gender, Rank-Based Placement, and Social Support in a Competitive Orchestra Environment," *Psychology of Music* 42, no. 3 (2014): 347–65.
62. A. M. Paul, "How to Use the 'Pygmalion' Effect," *Time,* April 1, 2013, http://ideas.time.com/2013/04/01/how-to-use-the-pygmalion-effect/
63. R. Kelly, "What 5 Classic Psychological Experiments Can Teach Workplace Leaders," *Entrepreneur,* October 26, 2016, https://www.entrepreneur.com/article/283082
64. D. Frohman and R. Howard, *Leadership the Hard Way: Why Leadership Can't Be Taught—And How You Can Learn It Anyway* (San Francisco: Wiley, 2008).
65. L. Karakowsky, N. DeGama, and K. McBey, "Facilitating the Pygmalion Effect: The Overlooked Role of Subordinate Perceptions of the Leader," *Journal of Occupational and Organizational Psychology* 85, no. 4 (2012): 579–99; P. Whiteley, T. Sy, and S. K. Johnson, "Leaders' Conceptions of Followers: Implications for Naturally Occurring Pygmalion Effects," *Leadership Quarterly* 23, no. 5 (2012): 822–34.
66. G. Chen, B. Thomas, and J. C. Wallace, "A Multilevel Examination of the Relationships among Training Outcomes, Mediating Regulatory Processes, and Adaptive Performance," *Journal of Applied Psychology* 90, no. 5 (2005): 827–41; A. Gegenfurtner, C. Quesada-Pallares, and M. Knogler, "Digital Simulation-Based Training: A Meta-Analysis," *British Journal of Educational Technology* 45, no. 6 (2014): 1097–114; C. L. Holladay and M. A. Quiñones, "Practice Variability and Transfer of Training: The Role of Self-Efficacy Generality," *Journal of Applied Psychology* 88, no. 6 (2003): 1094–103.
67. L. R. Halper, J. B. Vancouver, and K. A. Bayes, "Self-Efficacy Does Not Appear to Mediate Training's Effect on Performance Based on the Moderation-of-Process Design," *Human Performance* 31, no. 4 (2018): 216–37.
68. E. C. Dierdorff, E. A. Surface, and K. G. Brown, "Frame-of-Reference Training Effectiveness: Effects of Goal Orientation and Self-Efficacy on Affective, Cognitive, Skill-Based, and Transfer Outcomes," *Journal of Applied Psychology* 95, no. 6 (2010): 1181–91; R. Grossman and E. Salas, "The Transfer of Training: What Really Matters," *International Journal of Training and Development* 15, no. 2 (2011): 103–20; D. S. Stanhope, S. B. Pond III, and E. A. Surface, "Core Self-Evaluations and Training Effectiveness: Prediction through Motivational Intervening Mechanisms," *Journal of Applied Psychology* 98, no. 5 (2013): 820–31.
69. M. L. Ambrose and C. T. Kulik, "Old Friends, New Faces: Motivation Research in the 1990s," *Journal of Management* 25, no. 3 (1999): 231–92; B. F. Skinner, *Contingencies of Reinforcement* (New York: Appleton-Century-Crofts, 1969).
70. M. J. Goddard, "Critical Psychiatry, Critical Psychology, and the Behaviorism of B. F. Skinner," *Review of General Psychology* 18, no. 3 (2014): 208–15.
71. Y. Rofcanin, M. Las Heras, M. J. Bosch, G. Wood, and F. Mughal, "A Closer Look at the Positive Crossover Between Supervisors and Subordinates: The Role of Home and Work Engagement," *Human Relations* 72, no. 11 (2019): 1776–804; J. Wu, R. C. Liden, C. Liao, and S. J. Wayne, "Does Manager Servant Leadership Lead to Follower Serving Behaviors? It Depends on Follower Self-Interest.," *Journal of Applied Psychology* (in press).
72. A. Bandura, *Social Learning Theory* (New York: General Learning, 1971); J. R. Brauer and C. R. Tittle, "Social Learning Theory and Human Reinforcement," *Sociological Spectrum* 32, no. 2 (2012): 157–77.
73. W. Van Eerde and H. Thierry, "Vroom's Expectancy Models and Work-Related Criteria," *Journal of Applied Psychology* 81, no. 5 (1996): 575–86; V. H. Vroom, *Work and Motivation* (New York: Wiley, 1964).
74. R. Kanfer, M. Frese, and R. E. Johnson, "Motivation Related to Work: A Century of Progress," *Journal of Applied Psychology* 102, no. 3 (2017): 338–55; J. C. Naylor, R. D. Pritchard, and D. R. Ilgen, *A Theory of Behavior in Organizations* (New York: Academic, 1980); Van Eerde and Thierry, "Vroom's Expectancy Models and Work-Related Criteria."
75. Vroom refers to these three variables as expectancy, instrumentality, and valence, respectively.
76. J. S. Adams, "Inequity in Social Exchange," in L. Berkowitz (ed.), *Advances in Experimental Social Psychology*, Vol. 2 (New York: Academic, 1965), 267–99.
77. See, for example, T-Y. Kim, J. Wang, T. Chen, Y. Zhu, and R. Sun, "Equal or Equitable Pay? Individual Differences in Pay Fairness Perceptions," *Human Resource Management* 58 (2019): 169–86.
78. T. Kollmann, C. Stöckmann, J. M. Kensbock, and A. Peschl, "What Satisfies Younger Versus Older Employees, and Why? An aging Perspective on Equity Theory to Explain Interactive Effects of Employee Age, Monetary Rewards, and Task Contributions on Job Satisfaction," *Human Resource Management* 59 (2020): 101–15.
79. Ibid.
80. M. C. Bolino and W. H. Turnley, "Old Faces, New Places: Equity Theory in Cross-Cultural Contexts," *Journal of Organizational Behavior* 29, no. 1 (2008): 29–50; R. T. Mowday and K. A. Colwell, "Employee Reactions to Unfair Outcomes in the Workplace: The Contributions of Equity Theory to Understanding Work Motivation," in L. W. Porter, G. A. Bigley, and R. M. Steers (eds.), *Motivation and Work Behavior* (Burr Ridge, IL: McGraw-Hill, 2003), 65–113.
81. J. M. Jensen, P. C. Patel, and J. L. Raver, "Is It Better to Be Average? High and Low Performance as Predictors of Employee Victimization," *Journal of Applied Psychology* 99, no. 2 (2014): 296–309; B. K. Miller, "Entitlement and Conscientiousness in the Prediction of Organizational Deviance," *Personality and Individual Differences* 82 (2015): 114–19; H. J. R. Woodley and N. J. Allen, "The Dark Side of Equity Sensitivity," *Personality and Individual Differences* 67 (2014): 103–08.
82. J. A. Colquitt, J. Greenberg, and C. P. Zepata-Phelan, "What Is Organizational Justice? A Historical Overview," in J. Greenberg and J. A. Colquitt (eds.), *Handbook of Organizational Justice* (Mahwah, NJ: Lawrence Erlbaum, 2005): 3–56; J. Greenberg, "Organizational Justice: The Dynamics of Fairness in the Workplace," in S. Zedeck (ed.), *APA Handbook of Industrial and Organizational Psychology: Maintaining, Expanding, and Contracting the Organization*, Vol. 3 (Washington, D.C.: APA, 2011): 271–327.
83. R. Eisenberger, T. Rockstuhl, M. K. Shoss, X. Wen, and J. Dulebohn, "Is the Employee-Organization Relationship Dying or Thriving? A Temporal Meta-Analysis," *Journal of Applied Psychology* 104, no. 8 (2019): 1036–57.
84. Greenberg, "Organizational Justice."
85. K. Gurchiek, "Wages Are Unequal Between White and Black Men Even When Other Factors Are Comparable," *Society for Human*

Resource Management [blog], March 20, 2018, https://www.shrm.org/resourcesandtools/hr-topics/behavioral-competencies/global-and-cultural-effectiveness/pages/wages-are-unequal-between-white-and-black-men-even-when-other-factors-are-comparable.aspx; E. Karageorge, "The Unexplainable, Growing Black-White Wage Gap," *Monthly Labor Review,* November 2017, https://www .bls.gov/opub/mlr/2017/beyond-bls/the-unexplainable-growing-black-white-wage-gap.htm

86. See, for example, R. Cropanzano, J. H. Stein, and T. Nadisic, *Social Justice and the Experience of Emotion* (New York: Routledge/Taylor and Francis Group, 2011); I. SimanTov-Nachlieli and P. Bamberger, "Pay Communication, Justice, and Affect: The Asymmetric Effects of process and Outcome Pay Transparency on Counterproductive Work Behavior," *Journal of Applied Psychology* (in press).
87. N. Robins-Early, "TSA Workers Vent Anger at Shutdown as They Work Without Pay Over Holidays," *Huffington Post,* December 31, 2018, https://www .huffingtonpost.com/entry/tsa-officers-government-shutdown_us_5c2a47aee4b05c88b7029f3c
88. G. S. Leventhal, "What Should Be Done with Equity Theory? New Approaches to the Study of Fairness in Social Relationships," in K. Gergen, M. Greenberg, and R. Willis (eds.), *Social Exchange: Advances in Theory and Research* (New York: Plenum, 1980): 27–55; E. A. Lind and T. R. Tyler, *The Social Psychology of Procedural Justice* (New York: Plenum, 1988); and J. Thibaut and L. Walker, *Procedural Justice: A Psychological Analysis* (Hillsdale, NJ: Erlbaum, 1975); R. Outlaw, J. A. Colquitt, M. D. Baer, and H. Sessions, "How Fair Versus How Long: An Integrative Theory-Based Examination of Procedural Justice and Procedural Timeliness," *Personnel Psychology* 72 (2019): 361–91.
89. Ibid.
90. J. Brockner, B. M. Wiesenfeld, and K. A. Diekmann, "Towards a 'Fairer' Conception of Process Fairness: Why, When, and How May Not Always Be Better Than Less," *Academy of Management Annals* 3 (2009): 183–216; R. Folger, "Distributive and Procedural Justice: Combined Impact of 'Voice' and Improvement on Experienced Inequity," *Journal of Personality and Social Psychology* 35 (1977): 108–19; R. Folger, D. Rosenfield, J. Grove, and L. Corkran, "Effects of 'Voice' and Peer Opinions on Responses to Inequity," *Journal of Personality and Social Psychology*
91. R. J. Bies and J. F. Moag, "Interactional Justice: Communication Criteria on Fairness," in R. J. Lewicki, B. H. Sheppard, and M. H. Bazerman (eds.), *Research on Negotiations in Organizations*, Vol. 1, (Greenwich, CT: JAI, 1986): 43–55.
92. J. C. Shaw, E. Wild, and J. A. Colquitt, "To Justify or Excuse? A Meta-Analytic Review of the Effects of Explanations," *Journal of Applied Psychology* 88, no. 3 (2003): 444–58.
93. R. J. Bies, "Are Procedural and Interactional Justice Conceptually Distinct?" in *Handbook of Organizational Justice*, eds. J. Greenberg and J. A. Colquitt (Mahwah, NJ: Erlbaum, 2005), 85–112; B. A. Scott, J. A. Colquitt, and E. L. Paddock, "An Actor-Focused Model of Justice Rule Adherence and Violation: The Role of Managerial Motives and Discretion," *Journal of Applied Psychology* 94, no. 3 (2009): 756–69.
94. C. P. Zapata, A. M. Carton, and J. T. Liu, "When Justice Promotes Injustice: Why Minority Leaders Experience Bias When They Adhere to Interpersonal Justice Rules," *Academy of Management Journal* 59, no. 4 (2016): 1150–73.
95. J. A. Colquitt, D. E. Conlon, M. J. Wesson, C. O. L. H. Porter, and K. Y. Ng, "Justice at the Millenium: A Meta-Analytic Review of 25 Years of Organizational Justice Research," *Journal of Applied Psychology* 86, no. 3 (2001): 425–45; J. A. Colquitt, B. A. Scott, J. B. Rodell, D. M. Long, C. P. Zapata, D. E. Conlon, and M. J. Wesson, "Justice at the Millennium, A Decade Later: A Meta-Analytic Test of Social Exchange and Affect-Based Perspectives," *Journal of Applied Psychology* 98, no. 2 (2013): 199–236; N. E. Fassina, D. A. Jones, and K. L. Uggerslev, "Meta-Analytic Tests of Relationships between Organizational Justice and Citizenship Behavior: Testing Agent-System and Shared-Variance Models," *Journal of Organizational Behavior* 29 (2008): 805–28.
96. J. M. Robbins, M. T. Ford, and L. E. Tetrick, "Perceived Unfairness and Employee Health: A Meta-Analytic Integration," *Journal of Applied Psychology* 97, no. 2 (2012): 235–72.
97. D. P. Skarlicki, J. H. Ellard, and B. R. C. Kelln, "Third-Party Perceptions of a Layoff: Procedural, Derogation, and Retributive Aspects of Justice," *Journal of Applied Psychology* 83, no. 1 (1998): 119–27; D. P. Skarlicki and C. T. Kulik, "Third-Party Reactions to Employee (Mis) treatment: A Justice Perspective," *Research in Organizational Behavior* 26 (2005): 183–229; E. E. Umphress, A. L. Simmons, R. Folger, R. Ren, and R. Bobocel, "Observer Reactions to Interpersonal Injustice: The Roles of Perpetrator Intent and Victim Perception," *Journal of Organizational Behavior* 34 (2013): 327–49.
98. S. Caleo, "Are Organizational Justice Rules Gendered? Reactions to Men's and Women's Justice Violations," *Journal of Applied Psychology* 101, no. 10 (2016): 1422–35.
99. K. Leung, K. Tong, and S. S. Ho, "Effects of Interactional Justice on Egocentric Bias in Resource Allocation Decisions," *Journal of Applied Psychology* 89, no. 3 (2004): 405–15; L. Francis-Gladney, N. R. Manger, and R. B. Welker, "Does Outcome Favorability Affect Procedural Fairness as a Result of Self-Serving Attributions," *Journal of Applied Social Psychology* 40, no. 1 (2010): 182–94.
100. F. K. Matta, B. A. Scott, Z. A. Guo, and J. G. Matusik, "Exchanging One Uncertainty for Another: Justice Variability Negates the Benefits of Justice," *Journal of Applied Psychology* 105, no. 1 (2020): 97–110; Y-R. Wang, M. T. Ford, Y. Wang, and J. Jin, "Shifts and Variability in Daily Interpersonal Justice Are Associated with Psychological Detachment and Affect at Home," *Journal of Vocational Behavior* (in press).
101. F. F. T. Chiang and T. Birtch, "The Transferability of Management Practices: Examining Cross-National Differences in Reward Preferences," *Human Relations* 60, no. 9 (2007): 1293–330; M. J. Gelfand, M. Erez, and Z. Aycan, "Cross-Cultural Organizational Behavior," *Annual Review of Psychology* 58 (2007): 479–514.
102. M. C. Bolino and W. H. Turnley, "Old Faces, New Places: Equity Theory in Cross-Cultural Contexts," *Journal of Organizational Behavior* 29, no. 1 (2008): 29–50.
103. R. Shao, D. E. Rupp, D. P. Skarlicki, and K. S. Jones, "Employee Justice across Cultures: A Meta-Analytic Review," *Journal of Management* 39, no. 1 (2013): 263–301.
104. R. M. Vogel et al., "A Cross-Cultural Examination of Subordinates' Perceptions of and Reactions to Abusive Supervision," *Journal of Organizational Behavior* 36, no. 5 (2015): 720–45.
105. B. L. Rich, J. A. LePine, and E. R. Crawford, "Job Engagement: Antecedents and Effects on Job Performance," *Academy of Management Journal* 53, no. 3 (2010): 617–35.
106. R. L. Ray, R. Aparicio, P. Hyland, D. A. Dye, J. Simco, and A. Caputo, "DNA of Engagement: How Organizations Can Foster Employee Ownership of Engagement," https://www .conference–board.org/press/pressdetail.cfm? pressid=6948
107. Christian et al., "Work Engagement."
108. D. A. Newman and D. A. Harrison, "Been There, Bottled That: Are State and Behavioral Work Engagement New and Useful Construct "Wines'?," *Industrial and Organizational Psychology* 1, no. 1 (2008): 31–35; A. J. Wefald and R. G. Downey, "Job Engagement in Organizations: Fad, Fashion, or Folderol," *Journal of Organizational Behavior* 30, no. 1 (2009): 141–45.
109. H. R. Young, D. R. Glerum, W. Wang, and D. L. Joseph, "Who Are the Most Engaged at Work? A Meta-Analysis of Personality and

Employee Engagement," *Journal of Organizational Behavior* 39 (2018): 1330–46.

110. E. R. Crawford, J. A. LePine, and B. L. Rich, "Linking Job Demands and Resources to Employee Engagement and Burnout: A Theoretical Extension and Meta-Analytic Test," *Journal of Applied Psychology* 95, no. 5 (2010): 834–48; Rich et al., "Job Engagement"; W. B. Schaufeli, A. B. Bakker, and W. van Rhenen, "How Changes in Job Demands and Resources Predict Burnout, Work Engagement, and Sickness Absenteeism," *Journal of Organizational Behavior* 30, no. 7 (2009): 893–917; M. Tims, A. B. Bakker, and D. Xanthopoulou, "Do Transformational Leaders Enhance Their Followers' Daily Work Engagement?" *Leadership Quarterly* 22, no. 1 (2011): 121–31; D. Xanthopoulou, A. B. Bakker, E. Demerouti, and W. B. Schaufeli, "Reciprocal Relationships between Job Resources, Personal Resources, and Work Engagement," *Journal of Vocational Behavior* 74, no. 3 (2009): 235–44.

111. J. J. Lawler and R. Elliot, "Artificial Intelligence in HRM: An Experimental Study of an Expert System," *Journal of Management* 22, no. 1 (1996): 85–111; M. C. Sturman, J. M. Hannon, and G. T. Milkovich, "Computerized Decision Aids for Flexible Benefits Decisions: The Effects of Expert System and Decision Support System on Employee Intentions and Satisfaction with Benefits," *Personnel Psychology* 49 (1996): 883–908.

112. Dean Blake, "Coles Rewards 100,000 Essential Workers with Pay Rise," *Inside FMCG*, accessed September 24, 2020, https://insidefmcg.com.au/2020/09/21/coles-rewards-100000-essential-workers-with-pay-rise/.

제8장

1. L. R. Brown, "Majority of Working Parents Taking On Unpaid Overtime to Keep Up With Workload," *People Management,* February 5, 2019, https://www.peoplemanagement .co.uk/news/articles/majority-working-parents-taking-on-unpaid-overtime-keep-up-workload
2. Ibid.
3. E. Gonzalez-Mulé and B. S. Cockburn, "Job Is (Literally) Killing Me: A Moderated-Mediated Model Linking Work Characteristics to Mortality," *Journal of Applied Psychology* (in press).
4. A. M. Grant, Y. Fried, and T. Juillerat, "Work Matters: Job Design in Classic and Contemporary Perspectives," in S. Zedeck (ed.), *APA Handbook of Industrial and Organizational Psychology: Building and Developing the Organization*, Vol. 1 (Washington DC: APA, 2011): 417–53; S. K. Parker, F. P. Morgeson, and G. Johns, "One Hundred Years of Work Design Research: Looking Back and Looking Forward," *Journal of Applied Psychology* 102, no. 3 (2017): 403–20.
5. J. R. Hackman and G. R. Oldham, "Motivation through the Design of Work: Test of a Theory," *Organizational Behavior and Human Performance* 16 (1976): 250–79; G. R. Oldham and Y. Fried, "Job Design Research and Theory: Past, Present and Future," *Organizational Behavior and Human Decision Processes* 136 (2016): 20–35.
6. S. E. Humphrey, J. D. Nahrgang, and F. P. Morgeson, "Integrating Motivational, Social, and Contextual Work Design Features: A Meta-Analytic Summary and Theoretical Extension of the Work Design Literature," *Journal of Applied Psychology* 92, no. 5 (2007): 1332–56; Oldham and Fried, "Job Design Research and Theory."
7. L. A. Wegman, B. J. Hoffman, N. T. Carter, J. M. Twenge, and N. Guenole, "Placing Job Characteristics in Context: Cross-Temporal Meta-Analysis of Changes in Job Characteristics Since 1975," *Journal of Management* 44, no. 1 (2018): 352–86.
8. W. G. M. Oerlemans and A. B. Bakker, "Motivating Job Characteristics and Happiness at Work: A Multilevel Perspective," *Journal of Applied Psychology* 103, no. 11 (2018): 1230–41.
9. C. B. Gibson, J. L. Gibbs, T. L. Stanko, P. Tesluk, and S. G. Cohen, "Including the 'I' in Virtuality and Modern Job Design: Extending the Job Characteristics Model to Include the Moderating Effect of Individual Experiences of Electronic Dependence and Copresence," *Organization Science* 22, no. 6 (2011): 1481–99.
10. Ibid.
11. See, for instance, D. Holman and C. Axtell, "Can Job Redesign Interventions Influence a Broad Range of Employee Outcomes by Changing Multiple Job Characteristics? A Quasi-Experimental Study," *Journal of Occupational Health Psychology* 21, no. 3 (2016): 284–95.
12. A. Aravindan and F. Ungku, "RPT-Ageing Singapore: City-State Helps Firms Retain Workers Past Retirement Age," *Reuters Asia,* February 4, 2019, https://www.reuters.com/article/asia-ageing-singapore-companies/rpt-ageing-singapore-city-state-helps-firms-retain-workers-past-retirement-age-idUSL3N1ZZ2IN
13. Ibid.
14. M. A. Campion, L. Cheraskin, and M. J. Stevens, "Career-Related Antecedents and Outcomes of Job Rotation," *Academy of Management Journal* 37, no. 6 (1994): 1518–42.
15. Robert Walters, PLC., *Attracting and Retaining Millennial Professionals* [white paper], accessed February 24, 2019, https://www.robertwalters.co.uk/content/dam/robert-walters/country/united-kingdom/files/whitepapers/robert-walters-whitepaper-millennials.pdf
16. A. Christini and D. Pozzoli, "Workplace Practices and Firm Performance in Manufacturing: A Comparative Study of Italy and Britain," *International Journal of Manpower* 31, no. 7 (2010): 818–42; K. Kaymaz, "The Effects of Job Rotation Practices on Motivation: A Research on Managers in the Automotive Organizations," *Business and Economics Research Journal* 1, no. 3 (2010): 69–86.
17. S.-H. Huang and Y.-C. Pan, "Ergonomic Job Rotation Strategy Based on an Automated RGB-D Anthropometric Measuring System," *Journal of Manufacturing Systems* 33, no. 4 (2014): 699–710; P. C. Leider, J. S. Boschman, M. H. W. Frings-Dresen, and H. F. van der Molen, "Effects of Job Rotation on Musculoskeletal Complaints and Related Work Exposures: A Systematic Literature Review," *Ergonomics* 58, no. 1 (2015): 18–32.
18. T. Silver, "Rotate Your Way to Higher Value," *Baseline,* March/April 2010, 12; J. J. Salopek, "Coca-Cola Division Refreshes Its Talent With Diversity Push on Campus," *Workforce Management Online,* March 21, 2011, http://www .workforce.com/2011/03/21/coca-cola-division-refreshes-its-talent-with-diversity-push-on-campus/
19. Singapore Airlines [website], https://www.singaporeair.com/en_UK/us/careers/why-join-us/#, accessed April 12, 2019; Skytrax website review of Singapore Airlines, http://www.airlinequality.com/ratings/singapore-airlines-star-rating/, accessed February 24, 2019.
20. Grant, Fried, and Juillerat, "Work Matters."
21. M. T. Ford and J. D. Wooldridge, "Industry Growth, Work Role Characteristics, and Job Satisfaction: A Cross-Level Mediation Model," *Journal of Occupational Health Psychology* 17, no. 4 (2012): 493–504.
22. G. M. McEvoy and W. F. Cascio, "Strategies for Reducing Employee Turnover: A Meta-Analysis," *Journal of Applied Psychology* 70, no. 2 (1985): 342–53.
23. S. K. Parker, D. M. Andrei, and A. Van den Broeck, "Poor Design Begets Poor Work Design: Capacity and Willingness Antecedents of Individual Work Design Behavior," *Journal of Applied Psychology* 104, no. 7 (2019): 907–928.
24. A. M. Grant, "Leading With Meaning: Beneficiary Contact, Prosocial Impact, and the Performance Effects of Transformational Leadership," *Academy of Management Journal* 55, no. 2 (2012): 458–76; A. M. Grant and S. K. Parker, "Redesigning Work Design Theories: The Rise of Relational and Proactive Perspectives," *Annals of the Academy of Management* 3, no. 1 (2009): 317–75.

25. J. Devaro, "A Theoretical Analysis of Relational Job Design and Compensation," *Journal of Organizational Behavior* 31, no. 2–3 (2010): 279–301. D. P. Bhave, F. Halldórsson, E. Kim, and A. M. Lefter, "The Differential Impact of Interactions Outside the Organization on Employee Well-Being," *Journal of Occupational and Organizational Psychology* 92 (2019): 1–29.
26. A. M. Grant, E. M. Campbell, G. Chen, K. Cottone, D. Lapedis, and K. Lee, "Impact and the Art of Motivation Maintenance: The Effects of Contact With Beneficiaries on Persistence Behavior," *Organizational Behavior and Human Decision Processes* 103, no. 1 (2007): 53–67.
27. M. C. Bolino, T. K. Kelemen, and S. H. Matthews, "Working 9-to-5? A Review of Research on Nonstandard Work Schedules," *Journal of Organizational Behavior* (in press).
28. H. Chung and M. van der Horst, "Women's Employment Patterns After Childbirth and the Perceived Access to and Use of Flextime and Teleworking," *Human Relations* 71, no. 1 (2018): 47–72.
29. B. Croce, "More Firms Seeing Flex Time as Vital to a Productive Office," *Pensions & Investments,* December 10, 2018, https://www.pionline.com/article/20181210/PRINT/181219974/more-firms-seeing-flex-time-as-vital-to-a-productive-office
30. See, for instance, R. J. Thompson, S. C. Payne, and A. B. Taylor, "Applicant Attraction to Flexible Work Arrangements: Separating the Influence of Flextime and Flexplace," *Journal of Occupational and Organizational Psychology* 88, no. 4 (2015): 726–49.
31. Croce, "More Firms Seeing Flex Time as Vital to a Productive Office"; G. M. Spreitzer, L. Cameron, and L. Garrett, "Alternative Work Arrangements: Two Images of the New World of Work," *Annual Review of Organizational Psychology and Organizational Behavior* 4 (2017): 473–99.
32. U. Mead, "Why Employees Say These Companies Have Figured Out Flexible Work," *Fast Company,* July 18, 2018, https://www.fastcompany.com/90202716/why-employees-say-these-companies-have-figured-out-flexible-work
33. Society for Human Resource Management (SHRM), *2018 Employee Benefits: The Evolution of Benefits.* (Alexandria, VA: SHRM, 2018)
34. Society for Human Resource Management (SHRM), *2016 Employee Benefits: Looking Back at 20 Years of Employee Benefits Offerings in the U.S.* (Alexandria, VA: SHRM, 2016); Society for Human Resource Management (SHRM), *2016 Strategic Benefits—Flexible Work Arrangements* (Alexandria, VA: SHRM, 2016).
35. Society for Human Resource Management (SHRM), *Employee Job Satisfaction and Engagement: Revitalizing a Changing Workforce* (Alexandria, VA: SHRM, 2016).
36. R. Waring, "Sunday Dialogue: Flexible Work Hours," *The New York Times,* January 19, 2013, www.nytimes.com
37. B. B. Baltes, T. E. Briggs, J. W. Huff, J. A. Wright, and G. A. Neuman, "Flexible and Compressed Workweek Schedules: A Meta-Analysis of Their Effects on Work-Related Criteria," *Journal of Applied Psychology* 84, no. 4 (1999): 496–513.
38. T. D. Allen, R. C. Johnson, K. M. Kiburz, and K. M. Shockley, "Work-Family Conflict and Flexible Work Arrangements: Deconstructing Flexibility," *Personnel Psychology* 66 (2013): 345–76.
39. I. Spieler, S. Scheibe, C. Stamov-Robnagel, and A. Kappas, "Help or Hindrance? Day-Level Relationships between Flextime Use, Work-Nonwork Boundaries, and Affective Well-Being," *Journal of Applied Psychology* 102, no. 1 (2017): 67–87.
40. C. W. Rudolph and B. B. Baltes, "Age and Health Jointly Moderate the Influence of Flexible Work Arrangements on Work Engagement: Evidence From Two Empirical Studies," *Journal of Occupational Healthy Psychology* 22, no. 1 (2017): 40–58.
41. K. M. Shockley and T. D. Allen, "Investigating the Missing Link in Flexible Work Arrangement Utilization: An Individual Difference Perspective," *Journal of Vocational Behavior* 76, no. 1 (2010): 131–42.
42. C. L. Munsch, C. L. Ridgeway, and J. C. Williams, "Pluralistic Ignorance and the Flexibility Bias: Understanding and Mitigating Flextime and Flexplace Bias at Work," *Work and Occupations* 41, no. 1 (2014): 40–62.
43. "Actors to job-share on touring production," *BBC: Entertainment & Arts,* February 7, 2019, https://www.bbc.com/news/entertainment-arts-47157263
44. Ibid.
45. S. Adams, "Workers Have More Flextime, Less Real Flexibility, Study Shows," *Forbes*, May 2, 2014, http://www .forbes.com/sites/susanadams/2014/05/02/workers-have-more-flextime-less-real-flexibility-study-shows/
46. K. Guyot and I. V. Sawhill, "Telecommuting Will Likely Continue Long After the Pandemic," *Brookings: Up Front* [blog post], April 6, 2020, https://www.brookings.edu/blog/up-front/2020/04/06/telecommuting-will-likely-continue-long-after-the-pandemic/; T. Knutson, "Telecommuting Surge Likely to Last Past COVID-19 Crisis, Predicts Brookings Report," *Forbes,* April 8, 2020, https://www.forbes.com/sites/tedknutson/2020/04/08/telecommuting-surge-likely-to-last-past-covid-19-crisis-says-brookings-report/#44861f7f74ca
47. R. V. Reeves and J. Rothwell, "Class and COVID: How the Less Affluent Face Double Risks," *Brookings: Up Front* [blog post], March 27, 2020, https://www.brookings.edu/blog/up-front/2020/03/27/class-and-covid-how-the-less-affluent-face-double-risks/
48. Gartner, *Gartner CFO Survey Reveals 74% Intend to Shift Some Employees to Remote Work Permanently* (Press Release, Arlington, VA: April 3, 2020).
49. F. Bélanger and R. W. Collins, "Distributed Work Arrangements: A Research Framework," *Information Society* 14 (1998): 137–52; R. S. Gajendran and D. A. Harrison, "The Good, the Bad, and the Unknown about Telecommuting: Meta-Analysis of Psychological Mediators and Individual Consequences," *Journal of Applied Psychology* 92, no. 6 (2007): 1524–41; B. A. Lautsch and E. E. Kossek, "Managing a Blended Workforce: Telecommuters and Non-Telecommuters," *Organizational Dynamics* 40, no. 1 (2010): 10–17. T. D. Golden and R. S. Gajendran, "Unpacking the Role of a Telecommuter's Job in Their Rerformance: Examining Job Complexity, Problem Solving, Interdependence, and Social Support," *Journal of Business and Psychology* 34 (2019): 55–69.
50. Ibid.
51. Ibid.
52. J. Kotkin, "Marissa Mayer's Misstep and the Unstoppable Rise of Telecommuting," *Forbes,* March 26, 2013.
53. See, for example, Bartel, Wrzesniewski, and Wiesenfeld, "Knowing Where You Stand"; Gajendran and Harrison, "The Good, the Bad, and the Unknown about Telecommuting"; M. Virick, N. DaSilva, and K. Arrington, "Moderators of the Curvilinear Relation between Extent of Telecommuting and Job and Life Satisfaction: The Role of Performance Outcome Orientation and Worker Type," *Human Relations* 63, no. 1 (2010): 137–54.
54. J. B. Windeler, K. M. Chudoba, R. Z. Sundrup, "Getting Away From Them All: Managing Exhaustion From Social Interaction With Telework," *Journal of Organizational Behavior* 38, no. 7 (2017): 977–95.
55. L. M. Lapierre, E. F. Van Steenbergen, M. C. W. Peeters, and E. S. Kluwer, "Juggling Work and Family Responsibilities When Involuntarily Working More From Home: A Multiwave Study of Financial Sales Professionals," *Journal of Organizational Behavior* 37, no. 6 (2016): 804–22; M. C. Noonan and J. L. Glass, "The Hard Truth about Telecommuting," *Monthly Labor Review* (2012): 1459–78. J. Delanoeije, M. Verbruggen, and L. Germeys, "Boundary Role Transitions: A Day-to-Day Approach to Explain the Effects of Home-Based Telework on

Work-to-Home Conflict and Home-to-Work Conflict," *Human Relations* 72, no. 12 (2019): 1843–68.

56. J. Welch and S. Welch, "The Importance of Being There," *Business-Week,* April 16, 2007, 92; Z. I. Barsness, K. A. Diekmann, and M. L. Seidel, "Motivation and Opportunity: The Role of Remote Work, Demographic Dissimilarity, and Social Network Centrality in Impression Management," *Academy of Management Journal* 48, no. 3 (2005): 401–19. T. D. Golden and K. A. Eddleston, "Is There a Price Telecommuters Pay? Examining the Relationship Between Telecommuting and Objective Career Success," *Journal of Vocational Behavior* (in press).
57. Bolino et al., "Working 9-to-5?"
58. T. Müller and C. Niessen, "Self-Leadership in the Context of Part-Time Teleworking," *Journal of Organizational Behavior* 40 (2019): 883–898.
59. E. Frauenheim, "COVID-19: Learning to Love Telecommuting," *Great Place to Work* [blog], March 17, 2020, https://www.greatplacetowork.com/resources/blog/covid-19-silver-lining-learning-to-love-telecommuting; M. Tarallo, "How to Create an Effective Teleworking Program," *Society for Human Resource Management* [blog], April 19, 2018, https://www.shrm.org/resourcesandtools/hr-topics/employee-relations/pages/how-to-create-an-effective-teleworking-program.aspx
60. J. Cotton, *Employee Involvement: Methods for Improving Performance and Work Attitudes* (Newbury Park, CA: Sage, 1993); A. Cox, S. Zagelmeyer, and M. Marchington, "Embedding Employee Involvement and Participation at Work," *Human Resource Management Journal* 16, no. 3 (2006): 250–67.
61. See, for example, A. Kim and K. Han, "All for One and One for All: A Mechanism Through Which Broad-Based Employee Stock Ownership and Employee-Perceived Involvement Practice Create a Productive Workforce," *Human Resource Management* 58 (2019): 571–584.
62. See, for example, the literature on empowerment, such as S. E. Seibert, S. R. Silver, and W. A. Randolph, "Taking Empowerment to the Next Level: A Multiple-Level Model of Empowerment, Performance, and Satisfaction," *Academy of Management Journal* 47, no. 3 (2004): 332–49; M. M. Butts, R. J. Vandenberg, D. M. DeJoy, B. S. Schaffer, and M. G. Wilson, "Individual Reactions to High Involvement Work Processes: Investigating the Role of Empowerment and Perceived Organizational Support," *Journal of Occupational Health Psychology* 14, no. 2 (2009): 122–36; M. T. Maynard, L. L. Gilson, and J. E. Mathieu, "Empowerment—Fad or Fab? A Multilevel Review of the Past Two Decades of Research," *Journal of Management* 38, no. 4 (2012): 1231–81.
63. See, for instance, A. Sagie and Z. Aycan, "A Cross-Cultural Analysis of Participative Decision-Making in Organizations," *Human Relations* 56, no. 4 (2003): 453–73; J. Brockner, "Unpacking Country Effects: On the Need to Operationalize the Psychological Determinants of Cross-National Differences," in *Research in Organizational Behavior, vol. 25*, eds. R. M. Kramer and B. M. Staw (Oxford, UK: Elsevier, 2003), 336–40.
64. C. Robert, T. M. Probst, J. J. Martocchio, R. Drasgow, and J. J. Lawler, "Empowerment and Continuous Improvement in the United States, Mexico, Poland, and India: Predicting Fit on the Basis of the Dimensions of Power Distance and Individualism," *Journal of Applied Psychology* 85, no. 5 (2000): 643–58.
65. Z. X. Chen and S. Aryee, "Delegation and Employee Work Outcomes: An Examination of the Cultural Context of Mediating Processes in China," *Academy of Management Journal* 50, no. 1 (2007): 226–38.
66. Z. Cheng, "The Effects of Employee Involvement and Participation on Subjective Wellbeing: Evidence From Urban China," *Social Indicators Research* 118, no. 2 (2014): 457–83.
67. A. Bar-Haim, *Participation Programs in Work Organizations: Past, Present, and Scenarios for the Future* (Westport, CT: Quorum, 2002); J. S. Black and H. B. Gregersen, "Participative Decision-Making: An Integration of Multiple Dimensions," *Human Relations* 50, no. 7 (1997): 859–78.
68. Ibid.
69. M. Gunderson, "EMS Quality Improvement Through Clinical Specialty Teams," *EMS1* [blog], January 28, 2019, https://www.ems1.com/paramedic-chief/articles/393311048-EMS-quality-improvement-through-clinical-specialty-teams/
70. D. Collins, "The Ethical Superiority and Inevitability of Participatory Management as an Organizational System," *Organization Science* 8, no. 5 (1997): 489–507; T. M. Probst, "Countering the Negative Effects of Job Insecurity through Participative Decision Making: Lessons From the Demand-Control Model," *Journal of Occupational Health Psychology* 10, no. 4 (2005): 320–29.
71. C. M. Linski, "Transitioning to Participative Management," *Organization Development Journal* 32, no. 3 (2014): 17–26.
72. See, for instance, A. Pendleton and A. Robinson, "Employee Stock Ownership, Involvement, and Productivity: An Interaction-Based Approach," *Industrial and Labor Relations Review* 64, no. 1 (2010): 3–29.
73. D. K. Datta, J. P. Guthrie, and P. M. Wright, "Human Resource Management and Labor Productivity: Does Industry Matter?" *Academy of Management Journal* 48, no. 1 (2005): 135–45; D. Gallie, "Direct participation and the quality of work," *Human Relations* 66, no. 5 (2013): 453–73; J. Kim, J. P. MacDuffie, and F. K. Pil, "Employee Voice and Organizational Performance: Team versus Representative Influence," *Human Relations* 63, no. 3 (2010): 371–94.
74. C. J. Travers, *Managing the Team: A Guide to Successful Employee Involvement* (Oxford, UK: Wiley-Blackwell, 1994).
75. A. M. Herman, *Futurework: Trends and Challenges for Work in the 21st Century* (Washington, D.C.: United States Department of Labor, 1999).
76. American Psychological Association and Harris Interactive, *Workforce Retention Survey*, August 2012, http://www .apaexcellence.org/assets/general/2012-retention-survey-final.pdf
77. G. D. Jenkins, A. Mitra, N. Gupta, and J. D. Shaw, "Are Financial Incentives Related to Performance? A Meta-Analytic Review of Empirical Research," *Journal of Applied Psychology* 83, no. 5 (1998): 777–87; C. R. Leana and J. Meuris, "Living to Work and Working to Live: Income as a Driver of Organizational Behavior," *The Academy of Management Annals* 9, no. 1 (2015): 55–95; M. A. R. Malik and A. N. Butt, "Rewards and Creativity: Past, Present, and Future," *Applied Psychology: An International Review* 66, no. 2 (2017): 290–325.
78. M. Sabramony, N. Krause, J. Norton, and G. N. Burns "The Relationship between Human Resource Investments and Organizational Performance: A Firm-Level Examination of Equilibrium Theory," *Journal of Applied Psychology* 93, no. 4 (2008): 778–88.
79. J. M. Beus and D. S. Whitman, "Almighty Dollar or Root of All Evil? Testing the Effects of Money on Workplace Behavior," *Journal of Management* 43, no. 7 (2017): 2147–67.
80. C. Isidore, "Walmart Ups Pay Well above Minimum Wage," CNN Money, February 19, 2015, http://money.cnn .com/2015/02/19/news/companies/walmart-wages/
81. See, for example, B. Martinez, "Teacher Bonuses Emerge in Newark," *The Wall Street Journal,* April 21, 2011, A15; K. Taylor, "Differing Results When Teacher Evaluations Are Tied to Test Scores," *The New York Times,* March 23, 2015, A16; D. Weber, "Seminole Teachers to Get Bonuses Instead of Raises," *Orlando Sentinel,* January 19, 2011, www .orlandosentinel.com
82. G. T. Milkovich, J. M. Newman, and B. Gerhart, *Compensation* (11th ed., New York: McGraw-Hill, 2013).
83. See, for example, M. Damiani and A. Ricci, "Managers' Education and the Choice of Different Variable Pay Schemes: Evidence From Italian Firms," *European Management Journal* 32, no. 6 (2014): 891–902.

84. S. Miller, "Bonus Binge: Variable Pay Outpaces Salary," *Society for Human Resource Management*, August 11, 2016, https://www.shrm.org/resourcesandtools/hr-topics/compensation/pages/variable-pay-outpaces-raises.aspx
85. A. M. Paul, "Atlanta Teachers Were Offered Bonuses for High Test Scores. Of Course They Cheated," *The Washington Post*, April 16, 2015, https://www.washingtonpost.com/posteverything/wp/2015/04/16/atlanta-teachers-were-offered-bonuses-for-high-test-scores-of-course-they-cheated/?utm_term=.e4df48aeb80b; N P. von der Embse, A. M. Schoemann, S. P. Kilgus, M. Wicoff, and M. Bowler, "The Influence of Test-Based Accountability Policies on Teacher Stress and Instructional Practices: A Moderated Mediation Model," *Educational Psychology* 37, no. 3 (2017): 312–31; K. Yuan, V.-N. Le, D. F. McCaffrey, J. A. Marsh, L. S. Hamilton, B. M. Stecher, and M. G. Springer, "Incentive Pay Programs Do Not Affect Teacher Motivation or Reported Practices: Results From Three Randomized Studies," *Educational Evaluation and Policy Analysis* 35, no. 1 (2013): 3–22.
86. D. Pohler and J. A. Schmidt, "Does Pay-for-Performance Strain the Employment Relationship? The Effect of Manager Bonus Eligibility on Nonmanagement Employee Turnover," *Personnel Psychology* 69 (2016): 395–429.
87. D. Gläser, S. van Gils, and N. Van Quaquebeke, "Pay-for-Performance and Interpersonal Deviance," *Journal of Personnel Psychology* 16, no. 2 (2017): 77–90.
88. A. Shantz, J. Wang, and A. Malik, "Disability Status, Individual Variable Pay, and Pay Satisfaction: Does Relational and Institutional Trust Make a Difference," *Human Resource Management* 57 (2018): 365–80.
89. H. Kim, K. L. Sutton, and Y. Gong, "Group-Based Pay-for-Performance Plans and Firm Performance: The Moderating Role of Empowerment Practices," *Asia Pacific Journal of Management* 30, no. 1 2013: 31–52; S. Y. Sung, J. N. Choi, and S-C. Kang, "Incentive Pay and Firm Performance: Moderating Roles of Procedural Justice Climate and Environmental Turbulence," *Human Resource Management* 56, no. 2 (2017): 287–305. A.J. Nyberg, M. A. Maltarich, D. D. Abdulsalam, S. M. Essman, and O. Cragun, "Collective Pay for Performance: A Cross-Disciplinary Review and Meta-Analysis," *Journal of Management* 44, no. 6 (2018): 2433–2472.
90. J. Cloutier, D. Morin, and S. Renaud, "How Does Variable Pay Relate to Pay Satisfaction among Canadian Workers?" *International Journal of Manpower* 34, no. 5 (2013): 465–85.
91. Y. Zhang, L. Long, T.-Y. Wu, and X. Huang, "When Is Pay for Performance Related to Employee Creativity in the Chinese Context? The Role of Guanxi HRM Practice, Trust in Management, and Intrinsic Motivation," *Journal of Organizational Behavior* 36, no. 5 (2015): 698–719.
92. E. Belogolovsky and P. A. Bamberger, "Signaling in Secret: Pay for Performance and the Incentive and Sorting Effects of Pay Secrecy," *Academy of Management Journal* 57, no. 6 (2014): 1706–33.
93. Ibid.
94. See, for instance, M. K. Judiesch and F. L. Schmidt, "Between-Worker Variability in Output under Piece-Rate versus Hourly Pay Systems," *Journal of Business and Psychology* 14, no. 4 (2000): 529–52.
95. P. M. Wright, "An Examination of the Relationships among Monetary Incentives, Goal Level, Goal Commitment, and Performance," *Journal of Management* 18, no. 4 (1992): 677–93. K. L. Harper, P. J. Silvia, K. M. Eddington, S. H. Sperry, and T. R. Kwapil, "Conscientiousness and effort-related cardiac activity in response to piece-rate cash incentives," *Motivation and Emotion* 42 (2018): 377–385.
96. J. S. Heywood, X. Wei, and G. Ye, "Piece Rates for Professors," *Economics Letters* 113, no. 3 (2011): 285–87.
97. A. Baker and V. Mertins, "Risk-Sorting and Preference for Team Piece Rates," *Journal of Economic Psychology* 34 (2013): 285–300.
98. E. Della Torre, M. Salimi, and A. Giangreco, "Crowding-out or Crowding-in? Direct Voice, Performance-Related Pay, and Organizational Innovation in European Firms," *Human Resource Management* 59 (2020): 185–99.
99. A. Clemens, "Pace of Work and Piece Rates," *Economics Letters* 115, no. 3 (2012): 477–79.
100. S. L. Rynes, B. Gerhart, and L. Parks, "Personnel Psychology: Performance Evaluation and Pay for Performance," *Annual Review of Psychology* 56, no. 1 (2005): 571–600.
101. Ibid.
102. "Paying Doctors for Performance," *The New York Times,* January 27, 2013, A16.
103. S. Halzack, "Companies Look to Bonuses Instead of Salary Increases in an Uncertain Economy," *The Washington Post,* November 6, 2012, https://www.washingtonpost.com/business/economy/companies-look-to-bonuses-instead-of-salary-increases-in-an-uncertain-economy/2012/11/06/52a7ec12-2751-11e2-9972-71bf64ea091c_story.html
104. A. J. Nyberg, J. R. Pieper, and C. O. Trevor, "Pay-for-Performance's Effect on Future Performance: Integration Psychological and Economic Perspectives Toward a Contingency Perspective," *Journal of Management* 42, no. 7 (2016): 1753–83; S. Park and M. C. Sturman, "The Relative Incentive and Sorting Effects of Merit Pay, Bonuses, and Long-Term Incentives," *Human Resource Management* 55, no. 4 (2015): 697–719.
105. E. J. Castillo, "Gender, Race, and the New (Merit-Based) Employment Relationship," *Industrial Relations* 51, no. S1 (2012): 528–62.
106. Rynes, Gerhart, and Parks, "Personnel Psychology."
107. A-F. Presse, "Goldman Sachs plans to cut bonuses as 1MDB scandal deepens," *The Guardian,* February 8, 2019, https://www.theguardian.com/world/2019/feb/09/goldman-sachs-plans-to-cut-bonuses-as-1mdb-scandal-deepens
108. N. Chun and S. Lee, "Bonus Compensation and Productivity: Evidence From Indian Manufacturing Plant-Level Data," *Journal of Productivity Analysis* 43, no. 1 (2015): 47–58.
109. M. J. Roomkin, *Profit Sharing and Gain Sharing* (Metuchen, NJ: Rutgers University Press, 1990).
110. "Mark Zuckerberg: Executive Compensation," *Salary.com,* accessed February 24, 2019, https://www1.salary.com/Mark-Zuckerberg-Salary-Bonus-Stock-Options-for-FACEBOOK-INC.html
111. E. D. Lawrence, "Fiat Chrysler Workers to get profit sharing of $7,280," *Detroit Free Press,* February 6, 2020, https://www.freep.com/story/money/cars/chrysler/2020/02/06/fiat-chrysler-2019-profit-sharing-checks-earnings/4675843002/
112. D. D'Art and T. Turner, "Profit Sharing, Firm Performance, and Union Influence in Selected European Countries," *Personnel Review* 33, no. 3 (2004): 335–50; D. Kruse, R. Freeman, and J. Blasi, *Shared Capitalism at Work: Employee Ownership, Profit and Gain Sharing, and Broad-Based Stock Options* (Chicago: University of Chicago Press, 2010).
113. A. Bayo-Moriones and M. Larraza-Kintana, "Profit-Sharing Plans and Affective Commitment: Does the Context Matter?" *Human Resource Management* 48, no. 2 (2009): 207–26.
114. N. Chi and T. Han, "Exploring the Linkages between Formal Ownership and Psychological Ownership for the Organization: The Mediating Role of Organizational Justice," *Journal of Occupational and Organizational Psychology* 81, no. 4 (2008): 691–711.
115. J. H. Han, K. M. Barol, and S. Kim, "Tightening Up the Performance-Pay Linkage: Roles of Contingent Reward Leadership and Profit-Sharing in the Cross-Level Influence of Individual Pay-for-Performance," *Journal of Applied Psychology* 100, no. 2 (2015): 417–30.
116. ESOP Association, *ESOP Association's Position on President's Panel on Federal Tax Reform Recommendation on Retirement Savings.*

Washington, DC: Author. F. Mullins, D. Weltmann, D. Kruse, and J. Blasi, "Broad-Based Employee Stock Ownership: What Makes It Effective in the Management of Human Resources," *Human Resource Management* 58 (2019): 567–70.

117. R. P. Garrett, "Does Employee Ownership Increase Innovation?" *New England Journal of Entrepreneurship* 13, no. 2, (2010): 37–46. Mullins et al., "Broad-Based Employee Stock Ownership"; E. H. O'Boyle, P. C. Patel, and E. Gonzalez-Mulé, "Employee Ownership and Firm Performance: A Meta-Analysis," *Human Resource Management Journal* 26, no. 4 (2016): 425–48; T. A. Paterson and T. W. Welbourne, "I Am Therefore I Own: Implications of Organization-Based Identity for Employee Stock Ownership," *Human Resource Management* 59 (2020): 175–83.
118. D. McCarthy, E. Reeves, and T. Turner, "Can Employee Share-Ownership Improve Employee Attitudes and Behaviour?" *Employee Relations* 32, no. 4 (2010): 382–95.
119. A. Pendleton, "Shared Capitalism at Work: Employee Ownership, Profit and Gain Sharing, and Broad-Based Stock Options," *Industrial and Labor Relations Review* 64, no. 3 (2011): 621–22.
120. D. Souder and P. Bromiley, "Timing for Dollars: How Option Exercisability Influences Resource Allocation," *Journal of Management* 43, no. 8 (2017): 2555–79.
121. T. Ren, Y. Xiao, H. Yang, and S. Liiu, "Employee Ownership Heterogeneity and Firm Performance in China," *Human Resource Management* 58 (2019): 621–39.
122. S. Kang and A. Kim, "Employee Stock Ownership and Financial Performance in European Countries: The Moderating Effects of Uncertainty Avoidance and Social Trust," *Human Resource Management* 58 (2019): 641–55.
123. A. Pendleton and A. Robinson, "Employee Stock Ownership, Involvement, and Productivity: An Interaction-Based Approach," *Industrial and Labor Relations Review* 64, no. 1 (2010): 3–29.
124. Z. Lin, J. Kelly, and L. Trenberth, "Antecedents and Consequences of the Introduction of Flexible Benefit Plans in China," *International Journal of Human Resource Management* vol. 22, no. 5 (2011): 1128–45.
125. L. E. Tetrick and C. R. Haimann, "Employee Recognition," in A. Day, E. K. Kelloway, and J. J. Hurrell Jr. (eds.), *Workplace Well-Being: How to Build Psychologically Healthy Workplaces* (Hoboken, NJ: Wiley, 2014), 161–74.
126. L. Shepherd, "Special Report on Rewards and Recognition: Getting Personal," *Workforce Management*, September 2010: 24–29.
127. Globoforce, *Symantec* [Case Study], 2012, http://go.globoforce .com/rs/globoforce/images/Symantec_casestudy.pdf
128. L. Shepherd, "On Recognition, Multinationals Think Globally," *Workforce Management*, September 2010, 26.
129. S. E. Markham, K. D. Scott, and G. H. McKee, "Recognizing Good Attendance: A Longitudinal, Quasi-Experimental Field Study," *Personnel Psychology* 55, no. 3 (2002): 641; S. J. Peterson and F. Luthans, "The Impact of Financial and Nonfinancial Incentives on Business Unit Outcomes over Time," *Journal of Applied Psychology* 91, no. 1 (2006): 156–65.
130. C. Xu and C. Liang, "The Mechanisms Underlying an Employee Recognition Program," in L. Hale and J. Zhang (eds)., *Proceedings of the International Conference on Public Human Resource Management and Innovation* (Marietta, GA: American Scholars Press, 2013), 28–35.
131. See F. Luthans and A. D. Stajkovic, "Provide Recognition for Performance Improvement," in *Handbook of Principles of Organizational Behavior*, ed. E. A. Locke (Malden, MA: Blackwell, 2004): 166–80.
132. X. Zheng, H. H. Zhao, X. Liu, and N. Li, "Network Reconfiguration: The Implications of Recognizing Top Performers in Teams," *Journal of Occupational and Organizational Psychology* 92 (2019): 825–47.

제9장

1. G. Curphy, "Important Differences Between Groups and Teams," *Hogan: The Science of Personality* [blog], June 18, 2012, https://www.hoganassessments.com/important-differences-between-groups-and-teams/
2. N. Karelaia and L. Guillen, "Me, a Woman and a Leader: Positive Social Identity and Identity Conflict," *Organizational Behavior and Human Decision Processes* 125, no. 2 (2014): 204–19.
3. B. Bastien, J. Jetten, and L. J. Ferris, "Pain as Social Glue: Shared Pain Increases Cooperation," *Psychological Science* 25, no. 11 (2014): 2079–85; E. J. Boothby, M. S. Clark, and J. A. Bargh, "Shared Experiences Are Amplified," *Psychological Science* 25, no. 12 (2014): 2209–16.
4. B. Cox, "Shavers Celebrate 50 Years," *Journal Review*, February 25, 2019, http://www.journalreview.com/news/article_c9b27c9a-3871-11e9-aec9-bf2e2fdd8562.html
5. See H. Tajfel and J. C. Turner, "The Social Identity Theory of Inter Group Behavior," in S. Worchel & W. G. Austin (eds.), *Psychology of Intergroup Relations* (Chicago, IL: Nelson, 1986); S. V. Bentley, K. H. Greenaway, S. Alexander Haslam, T. Cruwys, N. K. Steffens, C. Haslam, and B. Cull, "Social Identity Mapping Online," *Journal of Personality and Social Psychology* 118, no. 2 (2020): 213–41; H. Tajfel and J. C. Turner, "An Integrative Theory of Intergroup Conflict," in W. G. Austin and S. Worchel (eds.), *The Social Psychology of Intergroup Relations* (Monterey, CA: Brooks/Cole, 1979): 33–47.
6. P. Belmi, R. C. Barragan, M. A. Neale, and G. L. Cohen, "Threats to Social Identity Can Trigger Social Deviance," *Personality and Social Psychological Bulletin* 41, no. 4 (2015): 467–84; C. W. Leach, R. Spears, N. R. Branscombe, and B. Doosje, "Malicious Pleasure: Schadenfreude at the Suffering of Another Group," *Journal of Personality and Social Psychology* 84, no. 5 (2003): 932–43.
7. A. Cheng, "How Wendy's Learned to Stop Worrying and Love its Twitter Roasts of McDonald's," *Forbes*, October 8, 2018, https://www.forbes.com/sites/andriacheng/2018/10/08/wendys-twitter-roasts-have-become-the-envy-of-marketers-heres-how-it-does-it/#3763f504fea4
8. See, for example, T. Cruwys, E. I. South, K. H. Greenaway, and S. A. Haslam, "Social Identity Reduces Depression by Fostering Positive Attributions," *Social Psychological and Personality Science* 6, no. 1 (2015): 65–74.
9. S. Zhang, G. Chen, X.-P. Chen, D. Liu, and M. D. Johnson, "Relational Versus Collective Identification Within Workgroups: Conceptualization, Measurement Development, and Nomological Network Building," *Journal of Management* 40, no. 6 (2014): 1700–31.
10. X. Qin, P. W. Hom, and M. Xu, "Am I a Peasant or a Worker? An Identity Strain Perspective on Turnover Among Developing-World Migrants," *Human Relations* 72, no. 4 (2019): 801–33.
11. M. P. Fladerer, S. Alexander Haslam, N. K. Steffens, and D. Frey, "The Value of Speaking for 'Us': The Relationship Between CEO's Use of I- and We-Referencing Language and Subsequent Organizational Performance," *Journal of Business and Psychology* (in press).
12. M. B. Brewer, "Intergroup Discrimination: Ingroup Love or Outgroup Hate?" in C. Sibley and F. Barlow (eds.), *The Cambridge Handbook of the Psychology of Prejudice* (Cambridge, UK: Cambridge University Press, 2017): 90–110; L. Hamley, C. A. Houkamau, D. Osborne, F. Kate Barlow, and C. G. Sibley, "Ingroup Love or Outgroup Hate (or Both)? Mapping Distinct Bias Profiles in the Population," *Personality and Social Psychology Bulletin* 46, no. 2 (2020): 171–88.
13. D. Armstrong, "Favoritism, not Hostility, Causes Most Discrimination, Says UW Psychology Professor," *University of Washington News* [press release], May 19, 2014, https://www.washington.edu/news/2014/05/19/favoritism-not-hostility-causes-most-discrimination-says-uw-psychology-professor/; A. G. Greenwald and T. F.

Pettigrew, "With Malice Toward None and Charity for Some: Ingroup Favoritism Enables Discrimination," *American Psychologist* 69, no. 7 (2014): 669–84.

14. M. Li, B. Leidner, and S. Fernandez-Campos, "Stepping Into Perpetrators' Shoes: How In-Group Transgressions and Victimization Shape Support for Retributive Justice Through Perspective-Taking With Perpetrators," *Personality and Social Psychology Bulletin* 46, no. 3 (2020): 424–438; Q. McLamore, L. Adelman, and B. Leidner, "Challenges to Traditional Narratives of Intractable Conflict Decrease Ingroup Glorification," *Personality and Social Psychology Bulletin* 45, no. 12 (2019): 1702–16.
15. R. Henderson, "How Modern Life Made Us Angry: Research Reveals Key Factors Underlying Political Tension," *Psychology Today* [blog], January 24, 2019, https://www .psychologytoday.com/us/blog/after-service/201901/how-modern-life-made-us-angry; G. Geher, "Beware the 'All Trump Supporters Are Like That' Trap," *Psychology Today* [blog], November 12, 2016, https://www.psychologytoday .com/us/blog/darwins-subterranean-world/201611/beware-the-all-trump-supporters-are-trap; A.G. Livingstone, L. Fernández Rodríguez, and A. Rothers, "'They Just Don't Understand Us': The Role of Felt Understanding in Intergroup Relations," *Journal of Personality and Social Psychology* (in press).
16. E. Halperin, "Group-Based Hatred in Intractable Conflict in Israel," *Journal of Conflict Resolution* 52 (2008): 713–36; M. Katzir, M. Hoffmann, and N. Liberman, "Disgust as an Essentialist Emotion That Signals Nonviolent Outgrouping With Potentially Low Social Costs," *Emotion* 19, no. 5 (2019): 841–62.
17. S. L. Neuberg et al., "Religion and Intergroup Conflict: Findings From the Global Group Relations Project," *Psychological Science* 25, no. 1 (2014): 198–206.
18. J. Goplen and E. A. Plant, "A Religious Worldview: Protecting One's Meaning System Through Religious Prejudice," *Personality and Social Psychology Bulletin* 41, no. 11 (2015): 1474–87.
19. J. Conrad Jackson, N. Castelo, and K. Gray, "Could a rising robot workforce make humans less prejudiced?" *American Psychologist* (in press).
20. A. Chang, P. Bordia, and J. Duck, "Punctuated Equilibrium and Linear Progression: Toward a New Understanding of Group Development," *Academy of Management Journal* 46, no. 1 (2003): 106–17; M. J. Garfield and A. R. Denis, "Toward an Integrated Model of Group Development: Disruption of Routines by Technology-Induced Change," *Journal of Management Information Systems* 29, no. 3 (2012): 43–86; C. J. Gersick. "Time and Transition in Work Teams: Toward a New Model of Group Development," *Academy of Management Journal* 31, no. 1 (1988): 1–41; M. J. Waller, J. M. Conte, C. B. Gibson, and M. A. Carpenter, "The Effect of Individual Perceptions of Deadlines on Team Performance," *Academy of Management Review* 26, no. 4 (2001): 586–600.
21. M. M. Kazmer, "Disengaging From a Distributed Research Project: Refining a Model of Group Departures," *Journal of the American Society for Information Science and Technology* 61, no. 4 (2010): 758–71.
22. B. B. Morgan, E. Salas, and A. S. Glickman, "An Analysis of Team Evolution and Maturation," *The Journal of General Psychology* 120, no. 3 (1993): 277–91; B. Tuckman, "Some Stages of Development in Groups," *Psychological Bulletin* 63, no. 1 (1965): 384–99.
23. K. Brooks, "What Is the Independent Group and Who Are Its Members?" *BirminghamLive,* February 25, 2019, https://www. birminghammail.co.uk/news/midlands-news/what-independent-group-who-members-15867357; *The Independent Group* [website], accessed February 25, 2019, https://www.theindependent.group/; J. Sharman, "Independent Group For Change Disbands After Losing Every MP at General Election," *The Independent*, December 19, 2019, https://www.independent.co.uk/news/uk/politics/independent-group-for-change-uk-election-results-mps-anna-soubry-chuka-umunna-a9254166.html
24. T. L. Dumas and T. L. Stanko, "Married With Children: How Family Role Identification Shapes Leadership Behaviors at Work," *Personnel Psychology* 70, no. 3 (2017): 597–633.
25. J. Capitano, M. S. DiRenzo, K. J. Aten, and J. H. Greenhaus, "Role Identity Salience and Boundary Permeability Preferences: An Examination of Enactment and Protection Effects," *Journal of Vocational Behavior* 102 (2017): 99–111.
26. Y. Liu, T. Vriend, and O. Janssen, "To Be (Creative), or Not to Be (Creative)? A Sensemaking Perspective of Creative Role Expectations," *Journal of Business and Psychology* (in press).
27. C-M. Alcover, R. Rico, W. H. Turnley, and M. C. Bolino, "Understanding the Changing Nature of Psychological Contracts in 21st Century Organizations: A Multiple-Foci Exchange Relationships Approach and Proposed Framework," *Organizational Psychology Review* 7, no. 1 (2017): 4–35; D. M. Rousseau, "Psychological and Implied Contracts in Organizations," *Employee Responsibilities and Rights Journal* 2, no. 2 (1989): 121–39; J. A-M. Coyle-Shapiro, S. Pereira Costa, W. Doden, and C. Chang, "Psychological Contracts: Past, Present, and Future," *Annual Review of Organizational Psychology and Organizational Behavior,* 6 (2019): 145–69.
28. N. Wellman, D. M. Mayer, M. Ong, and D. S. DeRue, "When Are Do-Gooders Treated Badly? Legitimate Power, Role Expectations, and Reactions to Moral Objection in Organizations," *Journal of Applied Psychology* 101, no. 6 (2016): 793–814.
29. P. M. Bal, A. H. De Lange, P. G. W. Jansen, and M. E. G. Van Der Velde, "Psychological Contract Breach and Job Attitudes: A Meta-Analysis of Age as a Moderator," *Journal of Vocational Behavior* 72 (2008): 143–58; H. Zhao, S. J. Wayne, B. C. Glibkowski, and J. Bravo, "The Impact of Psychological Contract Breach on Work-Related Outcomes: A Meta-Analysis," *Personnel Psychology* 60 (2007): 647–80; H. Dixon-Fowler, A O'Leary-Kelly, J. Johnson, and M. Waite, "Sustainability and Ideology-Infused Psychological Contracts: An Organizational- and Employee-Level Perspective," *Human Resource Management Review* (in press).
30. P. M. Bal, J. Hofmans, and T. Polat, "Breaking Psychological Contracts With the Burden of Workload: A Weekly Study of Job Resources as Moderators," *Applied Psychology: An International Review* 66, no. 1 (2017): 143–67; P. Bordia, S. L. D. Restubog, S. Bordia, and R. L. Tang, "Effects of Resource Availability on Social Exchange Relationships: The Case of Employee Psychological Contract Explanations," *Journal of Management* 43, no. 5 (2017): 1447–71; M. Priesemuth and R. M. Taylor, "The More I Want, the Less I Have to Give: The Moderating Role of Psychological Entitlement on the Relationship Between Psychological Contract Violation, Depressive Mood States, and Citizenship Behavior," *Journal of Organizational Behavior* 37 (2016): 967–82.
31. K. Kiazad, M. L. Kraimer, and S. E. Seibert, "More Than Grateful: How Employee Embeddedness Explains the Link Between Psychological Contract Fulfillment and Employee Extra-Role Behavior," *Human Relations* 72, no. 8 (2019): 1315–1340.
32. R. L. Kahn, D. M. Wolfe, R. P. Quinn, J. D. Snoek, and R.A. Rosenthal, *Organizational Stress* (Oxford, England: Wiley, 1964).
33. S. Kerr, "On the Folly of Rewarding A, While Hoping for B," *Academy of Management Executive* 9, no. 1 (1995): 7–14; K. S. Wilson and H. M. Baumann, "Capturing a More Complete View of Employees' Lives outside of Work: The Introduction and Development of New Interrole Conflict Constructs," *Personnel Psychology* 68, no. 2 (2015): 235–82.
34. Kahn et al., *Organizational Stress*.
35. B D. Webster and B. D. Edwards, "Does Holding a Second Job Viewed as a Calling Impact One's Work at the Primary Job?" *Journal of Vocational Behavior* 114 (2019): 112–25.

36. C. Collins, "The Real Mommy War Is Against the State," *The New York Times,* February 9, 2019, https://www .nytimes.com/2019/02/09/opinion/sunday/the-real-mommy-war-is-against-the-state.html
37. L. Miller, "Nurses Not Immune to Stress From Disaster," *DailyNurse* [blog], February 16, 2019, https://dailynurse .com/nurses-not-immune-to-stress-from-disaster/
38. See, for example, F. T. Amstad, L. L. Meier, U. Fasel, A. Elfering, and N. K. Semmer, "A Meta-Analysis of Work-Family Conflict and Various Outcomes With a Special Emphasis on Cross-Domain Versus Matching-Domain Relations," *Journal of Occupational Health Psychology* 16, no. 2 (2011): 151–69; E. M. Eatough, C-H. Chang, S. A. Miloslavic, and R. E. Johnson, "Relationships of Role Stressors With Organizational Citizenship Behavior: A Meta-Analysis," *Journal of Applied Psychology* 96, no. 3 (2011): 619–32; S. Gilboa, A. Shirom, Y. Fried, and C. Cooper, "A Meta-Analysis of Work Demand Stressors and Job Performance: Examining Main and Moderating Effects," *Personnel Psychology* 61 (2008): 227–71.
39. D. Vora and T. Kostova. "A Model of Dual Organizational Identification in the Context of the Multinational Enterprise," *Journal of Organizational Behavior* 28 (2007): 327–50.
40. C. Reade, "Dual Identification in Multinational Corporations: Local Managers and Their Psychological Attachment to the Subsidiary versus the Global Organization," *International Journal of Human Resource Management* 12, no. 3 (2001): 405–24.
41. J. Gonzalez, "Shoes Optional: San Francisco Startup Breaks Norms With Shoe-less Office Space," *NBC: Bay Area,* May 28, 2018, https://www.nbcbayarea.com/news/local/Shoes-Optional-San-Francisco-Startup-Breaks-Office-Norms-483883711.html
42. M. S. Hagger, P. Rentzelas, and N. K. D. Chatzisrantis, "Effects of Individualist and Collectivist Group Norms and Choice on Intrinsic Motivation," *Motivation and Emotion* 38, no. 2 (2014): 215–23; M. G. Ehrhart and S. E. Naumann, "Organizational Citizenship Behavior in Work Groups: A Group Norms Approach," *Journal of Applied Psychology* 89, no. 6 (2004): 960–74.
43. A. Lieberman, K. E. Duke, and O. Amir, "How Incentive Framing Can Harness the Power of Social Norms," *Organizational Behavior and Human Decision Processes* 151 (2019): 118–131; D. B. Shank, Y. Kashima, K. Peters, Y. Li, G. Robins, and M. Kirley, "Norm Talk and Human Cooperation: Can We Talk Ourselves Into Cooperation?" *Journal of Personality and Social Psychology* 117, no. 1 (2019): 99–123.
44. Y. Huang, K. M. Kendrick, and R. Yu, "Conformity to the Opinions of Other People Lasts for No More Than 3 Days," *Psychological Science* 25, no. 7 (2014): 1388–93.
45. A. Luksyte, D. R. Avery, and G. Yeo, "It Is Worse When You Do It: Examining the Interactive Effects of Coworker Presenteeism and Demographic Similarity," *Journal of Applied Psychology* 100, no. 4 (2015): 1107–23.
46. E. Delvaux, N. Vanbeselaere, and B. Mesquita, "Dynamic Interplay Between Norms and Experiences of Anger and Gratitude in Groups," *Small Group Research* 46, no. 3 (2015): 300–23.
47. N. Pontus Leander, M. Agostini, W. Stroebe, J. Kreienkamp, R. Spears, T. Kuppens, M. Van Zomeren, S. Otten, and A. W. Kruglanski, "Frustration-Affirmation? Thwarted Goals Motivate Compliance With Social Norms for Violence and Nonviolence," *Journal of Personality and Social Psychology* (in press).
48. R. B. Cialdini and N. J. Goldstein, "Social Influence: Compliance and Conformity," *Annual Review of Psychology* 55 (2004): 591–621.
49. S. E. Asch, "Effects of Group Pressure on the Modification and Distortion of Judgments," in H. Guetzkow (ed.), *Groups, Leadership and Men* (Pittsburgh: Carnegie Press, 1951): 177–90.
50. E. C. Nook, D. C. Ong, S. A. Morelli, J. P. Mitchell, and J. Zaki, "Prosocial Conformity: Prosocial Norms Generalize Across Behavior and Empathy," *Personality and Social Psychology Bulletin* 42, no. 8 (2016): 1045–62.
51. S. Sansfacon and C. E. Amiot, "The Impact of Group Norms and Behavioral Congruence on the Internalization of an Illegal Downloading Behavior," *Group Dynamics: Theory Research and Practice* 18, no. 2 (2014): 174–88; L. Rosh, L. R. Offermann, and R. Van Diest, "Too Close for Comfort? Distinguishing between Team Intimacy and Team Cohesion," *Human Resource Management Review* 22, no. 2 (2012): 116–27.
52. J. S. Hassard, "Rethinking the Hawthorne Studies: The Western Electric Research in Its Social, Political, and Historical Context," *Human Relations* 65, no. 11 (2012): 1431–61.
53. P. Roos, M. Gelfand, D. Nau, and J. Lun, "Societal Threat and Cultural Variation in the Strength of Social Norms: An Evolutionary Basis," *Organizational Behavior and Human Decision Processes* 129 (2015): 14–23.
54. A. B. Carroll, "Corporate Social Responsibility," *Business & Society* 38, no. 1 (1999): 268–95.
55. T. Masson and I. Fritsche, "Adherence to Climate Change-Related Ingroup Norms: Do Dimensions of Group Identification Matter?" *European Journal of Social Psychology* 44, no. 5 (2014): 455–65.
56. A. J. Duff, M. Podolsky, M. Biron, and C. C. A. Chan, "The Interactive Effect of Team and Manager Absence on Employee Absence: A Multilevel Field Study," *Journal of Occupational and Organizational Psychology* 88, no. 1 (2015): 61–79.
57. A. Mandeville, J. Halbesleben, and M. Whitman, "Misalignment and Misperception of Preferences to Utilize Family-friendly Benefits: Implications for Benefit Utilization and Work-Family Conflict," *Personnel Psychology* 69, no. 4 (2016): 895–929.
58. M. M. Duguid and M. C. Thomas-Hunt, "Condoning Stereotyping? How Awareness of Stereotyping Prevalence Impacts Expression of Stereotypes," *Journal of Applied Psychology* 100, no. 2 (2015): 343–59.
59. J. J. Kish-Gephart, D. A. Harrison, and L. K. Treviño, "Bad Apples, Bad Cases, and Bad Barrels: Meta-Analytic Evidence About Sources of Unethical Decisions at Work," *Journal of Applied Psychology* 95, no. 1 (2010): 1–31.
60. N. A. Bowling and T. A. Beehr, "Workplace Harassment From the Victim's Perspective: A Theoretical Model and Meta-Analysis," *Journal of Applied Psychology* 91, no. 5 (2006): 998–1012; J. D. Mackey, R. E. Frieder, J. R. Brees, and M. J. Martinko, "Abusive Supervision: A Meta-Analysis and Empirical Review," *Journal of Management* 43, no. 6 (2017): 1940–65; D. D. van Jaarsveld, S. L. D. Restubog, D. D. Walker, and R. K. Amarnani, "Misbehaving Customers: Understanding and Managing Customer Injustice in Service Organizations," *Organizational Dynamics* 44 (2015): 273–80.
61. See C. Pearson, L. M. Andersson, and C. L. Porath, "Workplace Incivility," in S. Fox and P. E. Spector (eds.), *Counterproductive Work Behavior: Investigations of Actors and Targets* (Washington, DC: American Psychological Association, 2005), 177–200.
62. M. S. Christian and A. P. J. Ellis, "Examining the Effects of Sleep Deprivation on Workplace Deviance: A Self-Regulatory Perspective," *Academy of Management Journal* 54, no. 5 (2011): 913–34.
63. M. Yoshie and D. A. Sauter, "Cultural Norms Influence Nonverbal Emotion Communication: Japanese Vocalizations of Socially Disengaging Emotions," *Emotion* 20, no. 3 (2020): 513–17.
64. M. S. Hagger, P. Rentzelas, and N. K. D. Chatzisrantis, "Effects of Individualist and Collectivist Group Norms and Choice on Intrinsic Motivation."
65. S. Aslani et al., "Dignity, Face, and Honor Cultures: A Study of Negotiation Strategy and Outcomes in Three Cultures," *Journal of Organizational Behavior* 37, no. 8 (2016): 1178–201.
66. E. Stamkou, G. A. van Kleef, A. C. Homan, M. J. Gelfand, F. J. R. van de Vijver, M. C. van Egmond, D. Boer, N. Phiri, N. Ayub, Z. Kinias, K. Cantarero, D. Efrat Treister, A. Figueiredo, H. Hashi-

moto, E. B. Hofmann, R. P. Lima, and I-C. Lee, "Cultural Collectivism and Tightness Moderate Responses to Norm Violators: Effects on Social Perception, Moral Emotions, and Leader Support," *Personality and Social Psychology Bulletin* 45, no. 6 (2019): 947–964.

67. J. Dippong and W. Kalkhoff, "Predicting Performance Expectations From Affective Impressions: Linking Affect Control Theory and Status Characteristics Theory," *Social Science Research* 50 (2015): 1–14; A. E. Randel, L. Chay-Hoon, and P. C. Earley, "It's Not Just About Differences: An Integration of Role Identity Theory and Status Characteristics Theory," in M. C. Thomas-Hunt (ed.), *Research on Managing Groups and Teams* (Bingley, West Yorkshire, UK: Emerald Group Publishing, Ltd., 2005), 23–42.
68. A. E. Randel, L. Chay-Hoon, and P. C. Earley, "It's Not Just About Differences: An Integration of Role Identity Theory and Status Characteristics Theory."
69. P. F. Hewlin, "Wearing the Cloak: Antecedents and Consequences of Creating Facades of Conformity," *Journal of Applied Psychology* 94, no. 3 (2009): 727–41.
70. B. Groysberg, J. T. Polzer, and H. A. Elfenbein, "Too Many Cooks Spoil the Broth: How High-Status Individuals Decrease Group Effectiveness."
71. D. B. Shank, Y. Kashima, K. Peters, Y. Li, G. Robins, and M. Kirley, "Norm Talk and Human Cooperation: Can We Talk Ourselves Into Cooperation," *Journal of Personality and Social Psychology* 117, no. 1 (2019): 99–123.
72. C. Bendersky and N. P. Shah, "The Cost of Status Enhancement: Performance Effects of Individuals' Status Mobility in Task Groups," *Organization Science* 23, no. 2 (2012): 308–22.
73. R. D. Arnett and J. Sidanius, "Sacrificing Status for Social Harmony: Concealing Relatively High Status Identities From One's Peers," *Organizational Behavior and Human Decision Processes* 147 (2018): 108–26.
74. O. Janssen and L. Gao, "Supervisory Responsiveness and Employee Self-Perceived Status and Voice Behavior," *Journal of Management* 41, no. 7 (2015): 1854–72.
75. B. Groysberg, J. T. Polzer, and H. A. Elfenbein, "Too Many Cooks Spoil the Broth: How High-Status Individuals Decrease Group Effectiveness."
76. S. Yu and G. J. Kilduff, "Knowing Where Others Stand: Accuracy and Performance Effects of Individuals' Perceived Status Hierarchies," *Journal of Personality and Social Psychology* (in press).
77. R. Pekrun, K. Murayama, H. W. Marsh, T. Goetz, and A. C. Frenzel, "Happy Fish in Little Ponds: Testing a Reference Group Model of Achievement and Emotion," *Journal of Personality and Social Psychology* 117, no. 1 (2019): 166–85.
78. A. M. Christie and J. Barling, "Beyond Status: Relating Status Inequality to Performance and Health in Teams," *Journal of Applied Psychology* 95, no. 5 (2010): 920–34; G. J. Kilduff, R. Willer, and C. Anderson, "Hierarchy and Its Discontents: Status Disagreement Leads to Withdrawal of Contribution and Lower Group Performance," *Organization Science* 27, no. 2 (2016): 373–90.
79. E. M. Anicich, N. J. Fast, N. Halevy, and A. D. Galinsky, "When the Bases of Social Hierarchy Collide: Power Without Status Drives Interpersonal Conflict," *Organization Science* 27, no. 1 (2016): 123–40; N. A. Hays and C. Bendersky, "Not All Inequality Is Created Equal: Effects of Status Versus Power Hierarchies on Competition for Upward Mobility," *Journal of Personality and Social Psychology* 108, no. 6: 867–82.
80. L. Collins, "How the BBC Women Are Working Toward Equal Pay," *The New Yorker,* July 23, 2018, https://www .newyorker.com/magazine/2018/07/23/how-the-bbc-women-are-working-toward-equal-pay
81. J. B. Pryor, G. D. Reeder, and A. E. Monroe, "The Infection of Bad Company: Stigma by Association," *Journal of Personality and Social Psychology* 102, no. 2 (2012): 224–41; E. Goffman, *Stigma: Notes on the Management of Spoiled Identity* (New York, NY: Touchstone Digital, 2009).
82. J. D. Wellman, C. L. Wilkins, E. E. Newell, and D. Kamiya Stewart, "Conflicting Motivations: Understanding How Low-Status Group Members Respond to Ingroup Discrimination Claimants," *Personality and Social Psychology Bulletin* 45, no. 8 (2019): 1170–83.
83. M. Cikara and J. J. Van Bavel, "The Neuroscience of Intergroup Relations: An Integrative Review," *Perspectives on Psychological Science* 9, no. 3 (2014): 245–74; H. Tajfel, "Social Psychology of Intergroup Relations," *Annual Review of Psychology* 33, no. 1 (1982): 1–39.
84. M. Rubin, C. Badea, and J. Jetten, "Low Status Groups Show In-Group Favoritism to Compensate for Their Low Status and Compete for Higher Status," *Group Processes & Intergroup Relations* 17, no. 5 (2014): 563–76.
85. C. L. Wilkins, J. D. Wellman, L. G. Babbitt, N. R. Toosi, and K. D. Schad, "You Can Win But I Can't Lose: Bias against High-Status Groups Increases Their Zero-Sum Beliefs about Discrimination," *Journal of Experimental Social Psychology* 57 (2014): 1–14.
86. T. J. Bouchard, J. Barsaloux, and G. Drauden, "Brainstorming Procedure, Group Size, and Sex as Determinants of the Problem-Solving Effectiveness of Groups and Individuals," *Journal of Applied Psychology* 59, no. 2 (1974): 135–38.
87. See, for example, R. B. Gallupe, A. R. Dennis, W. H. Cooper, J. S. Valacich, L. M. Bastianutti, and J. Nunamaker, "Electronic Brainstorming and Group Size," *Academy of Management Journal* 35, no. 2 (2012): 350–69.
88. J. S. Valacich, B. C. Wheeler, B. E. Mennecke, and R. Wachter, "The Effects of Numerical and Logical Group Size on Computer-Mediated Idea Generation," *Organizational Behavior and Human Decision Processes* 62, no. 3 (1995): 318–29.
89. R. M. Bray, N. L. Kerr, and R. S. Atkin, "Effects of Group Size, Problem Difficulty, and Sex on Group Performance and Member Reactions," *Journal of Personality and Social Psychology* 36 no. 11 (1978): 1224–40.
90. S. T. La Macchia, W. R. Louis, M. J. Hornsey, and G. J. Leonardelli, "In Small We Trust: Lay Theories About Small and Large Groups," *Personality and Social Psychology Bulletin* 42, no. 10 (2016): 1321–34; M. M. Butts, D. C. Lunt, T. L. Freling, and A. S. Gabriel, "Helping one or helping many? A theoretical integration and meta-analytic review of the compassion fade literature," *Organizational Behavior and Human Decision Processes* 151 (2019): 16–33.
91. R. B. Lount Jr. and S. L. Wilk, "Working Harder or Hardly Working? Posting Performance Eliminates Social Loafing and Promotes Social Laboring in Workgroups," *Management Science* 60, no. 5 (2014): 1098–106; S. M. Murphy, S. J. Wayne, R. C. Liden, and B. Erdogan, "Understanding Social Loafing: The Role of Justice Perceptions and Exchange Relationships," *Human Relations* 56, no. 1 (2003): 61–84; R. C. Liden, S. J. Wayne, R. A. Jaworski, and N. Bennett, "Social Loafing: A Field Investigation," *Journal of Management* 30, no. 2 (2004): 285–304.
92. Karau and Williams, "Social Loafing."
93. D. L. Smrt and S. J. Karau, "Protestant Work Ethic Moderates Social Loafing," *Group Dynamics: Theory Research and Practice* 15, no. 3 (2011): 267–74.
94. M. C. Schippers, "Social Loafing Tendencies and Team Performance: The Compensating Effect of Agreeableness and Conscientiousness," *Academy of Management Learning & Education* 13, no. 1 (2014): 62–81.

95. S. J. Perry, N. M. Lorinkova, E. M. Hunter, A. Hubbard, and J. T. McMahon, "When Does Virtuality Really 'Work'? Examining the Role of Work-Family and Virtuality in Social Loafing," *Journal of Management* 42, no. 2 (2016): 449–79.
96. A. Gunnthorsdottir and A. Rapoport, "Embedding Social Dilemmas in Intergroup Competition Reduces Free-Riding," *Organizational Behavior and Human Decision Processes* 101, no. 2 (2006): 184–99; E. M. Stark, J. D. Shaw, and M. K. Duffy, "Preference for Group Work, Winning Orientation, and Social Loafing Behavior in Groups," *Group & Organization Management* 32, no. 6 (2007): 699–723.
97. M. Casey-Campbell and M. L. Martens, "Sticking It All Together: A Critical Assessment of the Group Cohesion-Performance Literature," *International Journal of Management Reviews* 11 (2009): 223–246; E. Salas, R. Grossman, A. M. Hughes, and C. W. Coultas, "Measuring team cohesion: Observations from the science," *Human Factors* 57, no. 3 (2015): 365–74.
98. D. J. Beal, R. R. Cohen, M. J. Burke, and C. L. McLendon, "Cohesion and Performance in Groups: A Meta-Analytic Clarification of Construct Relations," *Journal of Applied Psychology* 88, no. 6 (2003): 989–1004; J. E. Mathieu, M. R. Kukenberger, L. D'Innocenzo, and G. Reilly, "Modeling Reciprocal Team Cohesion-Performance Relationships, as Impacted by Shared Leadership and Members' Competence," *Journal of Applied Psychology* 100, no. 3 (2015): 713–34.
99. A. Gunnthorsdottir and A. Rapoport, "Embedding Social Dilemmas in Intergroup Competition Reduces Free-Riding;" and E. M. Stark, J. D. Shaw, and M. K. Duffy, "Preference for Group Work, Winning Orientation, and Social Loafing Behavior in Groups."
100. M. J. Keith, G. Anderson, J. E. Gaskin, and D. L. Dean, "Team Video Gaming for Team-Building: Effects on Team Performance," *AIS Transactions on Human-Computer Interaction* 10, no. 4 (2018): 205–31.
101. L. L. Greer, "Group Cohesion: Then and Now," *Small Group Research* 43, no. 6 (2012): 655–61.
102. A. Joshi and H. Roh, "The Role of Context in Work Team Diversity Research: A Meta-Analytic Review," *Academy of Management Journal* 52, no. 3 (2009): 599–627; M. Mayo, M. Kakarika, C. Mainemelis, and N. T. Deuschel, "A Metatheoretical Framework of Diversity in Teams," *Human Relations* 70, no. 8 (2017): 911–39; H. van Dijk, M. L. van Engen, and D. van Knippenberg, "Defying Conventional Wisdom: A Meta-Analytical Examination of the Differences Between Demographic and Job-related Diversity Relationships With Performance," *Organizational Behavior and Human Decision Processes* 119, no. 1 (2012): 38–53; D. van Knippenberg and J. N. Mell, "Past, Present, and Potential Future of Team Diversity Research: From Compositional Diversity to Emergent Diversity," *Organizational Behavior and Human Decision Processes* 136 (2016): 135–45.
103. F. Danbold and M. M. Unzueta, "Drawing the Diversity Line: Numerical Thresholds of Diversity Vary by Group Status," *Journal of Personality and Social Psychology* 118, no. 2 (2020): 283–306.
104. E. H. Chang, K. L. Milkman, D. Chugh, and M. Akinola, "Diversity Thresholds: How Social Norms, Visibility, and Scrutiny Relate to Group Composition," *Academy of Management Journal* 62, no. 1 (2019): 144–71.
105. M. E. Ormiston, "Explaining the Link Between Objective and Perceived Differences in Groups: The Role of the Belonging and Distinctiveness Motives," *Journal of Applied Psychology* 101, no. 2 (2016): 222–36; J. Y. Seong, A. L. Kristof-Brown, W-W. Park, D-S. Hong, and Y. Shin, "Person-Group Fit: Diversity Antecedents, Proximal Outcomes, and Performance at the Group Level," *Journal of Management* 41, no. 4 (2015): 1184–213; M. Shemla, B. Meyer, L. Greer, K. A. Jehn, "A Review of Perceived Diversity in Teams: Does How Members Perceive Their Team's Composition Affect Team Processes and Outcomes?" *Journal of Organizational Behavior* 37 (2016): S89–S106.
106. See, for example, A. K. Bader, L. E. Kemper, and F. J. Froese, "Who Promotes a Value-in-Diversity Perspective? A Fuzzy Set Analysis of Executives' Individual and Organizational Characteristics," *Human Resource Management* 58 (2019): 203–17.
107. M. Mayo, D. van Knippenberg, L. Guillén, and S. Firfiray, "Team Diversity and Categorization Salience: Capturing Diversity-Blind, Intergroup-Biased, and Multicultural Perceptions," *Organizational Research Methods* 19, no. 3 (2016): 433–74.
108. See, for example, J. S. Chun and J. N. Choi, "Members' Needs, Intragroup Conflict, and Group Performance," *Journal of Applied Psychology* 99, no. 3 (2014): 437–50.
109. D. S. Staples and L. Zhao, "The Effects of Cultural Diversity in Virtual Teams Versus Face-to-Face Teams," *Group Decision and Negotiation* 15, no. 4 (2006): 389–406.
110. R. B. Lount, O. J. Sheldon, F. Rink, and K. W. Phillips, "Biased Perceptions of Racially Diverse Teams and Their Consequences for Resource Support," *Organization Science* 26, no. 5 (2015): 1351–64.
111. K. J. Klein, A. P. Knight, J. C. Ziegert, B. C. Lim, and J. L. Saltz, "When Team Members' Values Differ: The Moderating Role of Team Leadership," *Organizational Behavior and Human Decision Processes* 114, no. 1 (2011): 25–36; G. Park and R. P. DeShon, "A Multilevel Model of Minority Opinion Expression and Team Decision-Making Effectiveness," *Journal of Applied Psychology* 95, no. 5 (2010): 824–33.
112. J. S. Chun and J. N. Choi, "Members' Needs, Intragroup Conflict, and Group Performance."
113. A. J. Ferguson and R. S. Peterson, "Sinking Slowly: Diversity in Propensity to Trust Predicts Downward Trust Spirals in Small Groups," *Journal of Applied Psychology* 100, no. 4 (2015): 1012–24.
114. S. T. Bell, A. J. Villado, M. A. Lukasik, L. Belau, and A. L. Briggs, "Getting Specific About Demographic Diversity Variables and Team Performance Relationships: A Meta-Analysis," *Journal of Management* 37, no. 3 (2011): 709–43; S. K. Horwitz and I. B. Horwitz, "The Effects of Team Diversity on Team Outcomes: A Meta-Analytic Review of Team Demography," *Journal of Management* 33, no. 6 (2007): 987–1015; van Dijk et al., "Defying conventional wisdom"; S. S. Webber and L. M. Donahue, "Impact of Highly and Less Job-related Diversity on Work Group Cohesion and Performance: A meta-analysis," *Journal of Management* 27, no. 2 (2001): 141–62.
115. S. Y. Cheung, Y. gong, M. Wang, L. Zhou, and J. Shi, "When and How Does Functional Diversity Influence Team Innovation? The Mediating Role of Knowledge Sharing and the Moderation Role of Affect-based Trust in a Team," *Human Relations* 69, no. 7 (2016): 1507–31.
116. A. C. Homan, S. Gündemir, C. Buengeler, and G. A. van Kleef, "Leading Diversity: Towards a Theory of Functional Leadership in Diverse Teams," *Journal of Applied Psychology* (in press); M. R. Kukenberger and L. D'Innocenzo, "The Building Blocks of Shared Leadership: The Interactive Effects of Diversity Types, Team Climate, and Time," *Personnel Psychology* 73 (2020): 125–150; M. Shemla, E. Kearney, J. Wegge, and S. Stegmann, "Unlocking the Performance Potential of Functionally Diverse Teams: The Paradoxical Role of Leader Mood," *Journal of Occupational and Organizational Psychology* (in press).
117. E. B. Smith and Y. Hou, "Redundant Heterogeneity and Group Performance," *Organization Science* 26, no. 1 (2015): 37–51.
118. H. Huettermann, S. Doering, and S. Boerner, "Understanding the Development of Team Identification: A Qualitative Study in UN Peacebuilding Teams," *Journal of Business and Psychology* 32, no. 2 (2017): 217–34.
119. D. C. Lau and J. K. Murnighan, "Demographic Diversity and Faultlines: The Compositional Dynamics of Organizational Groups," *Academy of Management Review* 23, no. 2 (1998): 325–40; M. Kulkarni, "Language-Based Diversity and Faultlines in Organizations," *Journal of Organizational Behavior* 36, no. 1 (2015): 128–46.

120. L. M. Leslie, "A Status-based Multilevel Model of Ethnic Diversity and Work Unit Performance," *Journal of Management* 43, no. 2 (2017): 426–54.
121. See M. B. Thatcher and P. C. Patel, "Group Faultlines: A Review, Integration, and Guide to Future Research," *Journal of Management* 38, no. 4 (2012): 969–1009.
122. K. Bezrukova, S. M. B. Thatcher, K. A. Jehn, and C. S. Spell, "The Effects of Alignments: Examining Group Faultlines, Organizational Cultures, and Performance," *Journal of Applied Psychology* 97, no. 1 (2012): 77–92.
123. D. Cooper, P. C. Patel, and S. B. Thatcher, "It Depends: Environmental Context and the Effects of Faultlines on Top Management Team Performance," *Organization Science* 25, no. 2 (2014): 633–52; R. Rico, M. Sanchez-Manzanares, M. Antino, and D. Lau, "Bridging Team Faultlines by Combining Task Role Assignment and Goal Structure Strategies," *Journal of Applied Psychology* 97, no. 2 (2012): 407–20; Smith and Hou, "Redundant Heterogeneity and Group Performance."
124. A. C. Homan, C. Buengeler, R. A. Eckhoff, W. P. van Ginkel, and S. C. Voelpel, "The Interplay of Diversity Training and Diversity Beliefs on Team Creativity in Nationally Diverse Teams," *Journal of Applied Psychology* 100, no. 5 (2015): 1456–67.
125. R. Mitchell and B. Boyle, "Professional Diversity, Identity Salience and Team Innovation: The Moderating Role of Open-Mindedness Norms," *Journal of Organizational Behavior* 36, no. 6 (2015): 873–94; and F. Schölmerich, C. C. Schermuly, and J. Deller, "To Believe or Not to Believe? The Joint Impact of Faultlines and Pro-Diversity Beliefs on Diplomats' Performance," *Human Performance* 30, nos. 2–3 (2017): 99–115.
126. A. Hajro, C. B. Gibson, and M. Pudelko, "Knowledge Exchange Processes in Multicultural Teams: Linking Organizational Diversity Climates to Teams' Effectiveness," *Academy of Management Journal* 60, no. 1 (2017): 345–72.
127. J. A. Chatman, L. L. Greer, E. Sherman, and B. Doerr, "Blurred Lines: How the Collectivism Norm Operates Through Perceived Group Diversity to Boost or Harm Group Performance in Himalayan Mountain Climbing," *Organization Science* 30, no. 2 (2019): 235–45.
128. N. Breugst, R. Preller, H. Patzelt, and D. A. Shepherd, "Information Reliability and Team Reflection as Contingencies of the Relationship Between Information Elaboration and Team Decision Quality," *Journal of Organizational Behavior* 39, no. 10 (2018): 1314–1329.
129. G. Park and R. P. DeShon, "Effects of Group-Discussion Integrative Complexity on Intergroup Relations in a Social Dilemma," *Organizational Behavior and Human Decision Processes* 146 (2018): 62–75.
130. M-H. Tsai and C. Bendersky, "The Pursuit of Information Sharing: Expressing Task Conflicts as Debates vs. Disagreements Increases Perceived Receptivity to Dissenting Opinions in Groups," *Organization Science* 27, no. 1 (2016): 141–56.
131. B. B. Baltes, M. W. Dickson, M. P. Sherman, C. C. Bauer, and J. LaGanke, "Computer-mediated Communication and Group Decision Making: A Meta-Analysis," *Organizational Behavior and Human Decision Processes* 87, no. 1 (2002): 156–79.
132. L. Thompson and D. Hrebec, "Lose-lose Agreements in Interdependent Decision Making," *Psychological Bulletin* 120, no. 3 (1996): 396–409.
133. R. I. Swaab, K. W. Phillips, and M. Schaerer, "Secret Conversation Opportunities Facilitate Minority Influence in Virtual Groups: The Influence on Majority Power, Information Processing, and Decision Quality," *Organizational Behavior and Human Decision Processes,"* 133 (2016): 17–32.
134. B. Oc, M. R. Bashshur, and C. Moore, "Head Above the Parapet: How Minority Subordinates Influence Group Outcomes and the Consequences They Face for Doing So," *Journal of Applied Psychology* 104, no. 7 (2019): 929–45.
135. P. Satterstrom, J. T. Polzer, L. B. Kwan, O. P. Hauser, W. Wiruchnipawan, and M. Burke, "Thin Slices of Workgroups," *Organizational Behavior and Human Decision Processes* 151 (2019): 104–17.
136. B. L. Bonner, S. D. Sillito, and M. R. Baumann, "Collective Estimation: Accuracy, Expertise, and Extroversion as Sources of Intra-Group Influence," *Organizational Behavior and Human Decision Processes* 103, no. 1 (2007): 121–33.
137. J. E. Kammer, W. Gaissmaier, T. Reimer, and C. C. Schermuly, "The Adaptive Use of Recognition in Group Decision Making," *Cognitive Science* 38, no. 5 (2014): 911–42.
138. G. Stasser and S. Abele, "Collective Choice, Collaboration, and Communication," *Annual Review of Psychology* 71 (2020): 589–612.
139. J. R. Mesmer-Magnus and L. A. DeChurch, "Information Sharing and Team Performance: A Meta-Analysis," *Journal of Applied Psychology* 94, no. 2 (2009): 535–46.
140. I. L. Janis, "Groupthink," *Psychology Today* 5, no. 6 (1971): 43–46.
141. G. Park and R. P. DeShon, "A Multilevel Model of Minority Opinion Expression and Team Decision-Making Effectiveness," *Journal of Applied Psychology* 95, no. 5 (2010): 824–33.
142. R. Benabou, "Groupthink: Collective Delusions in Organizations and Markets," *Review of Economic Studies* 80 (2013): 429–62; J. A. Goncalo, E. Polman, and C. Maslach, "Can Confidence Come Too Soon? Collective Efficacy, Conflict, and Group Performance over Time," *Organizational Behavior and Human Decision Processes* 113, no. 1 (2010): 13–24.
143. See N. Richardson Ahlfinger and J. K. Esser, "Testing the Groupthink Model: Effects of Promotional Leadership and Conformity Predisposition," *Social Behavior & Personality* 29, no. 1 (2001): 31–41; S. Schultz-Hardt, F. C. Brodbeck, A. Mojzisch, R. Kerschreiter, and D. Frey, "Group Decision Making in Hidden Profile Situations: Dissent as a Facilitator for Decision Quality," *Journal of Personality and Social Psychology* 91, no. 6 (2006): 1080–93.
144. E. Burnstein, E. L. Miller, A. Vinokur, S. Katz, and I. Crowley, "Risky Shift Is Eminently Rational," *Journal of Personality and Social Psychology* 20, no. 1 (1971): 462–71.
145. See I. Yaniv, "Group Diversity and Decision Quality: Amplification and Attenuation of the Framing Effect," *International Journal of Forecasting* 27, no. 1 (2011): 41–49.
146. M. P. Brady and S. Y. Wu, "The Aggregation of Preferences in Groups: Identity, Responsibility, and Polarization," *Journal of Economic Psychology* 31, no. 6 (2010): 950–63.
147. Z. Krizan and R. S. Baron, "Group Polarization and Choice-Dilemmas: How Important Is Self-Categorization?" *European Journal of Social Psychology* 37, no. 1 (2007): 191–201; J. Sieber and R. Ziegler, "Group Polarization Revisited: A Processing Effort Account," *Personality and Social Psychology Bulletin* 45, no. 10 (2019): 1482–98.
148. Stasser and Abele, "Collective Choice, Collaboration, and Communication."
149. See R. P. McGlynn, D. McGurk, V. S. Effland, N. L. Johll, and D. J. Harding, "Brainstorming and Task Performance in Groups Constrained by Evidence," *Organizational Behavior and Human Decision Processes* 93, no. 1 (2004): 75–87; R. C. Litchfield, "Brainstorming Reconsidered: A Goal-Based View," *Academy of Management Review* 33, no. 3 (2008): 649–68.
150. N. L. Kerr and R. S. Tindale, "Group Performance and Decision-Making," *Annual Review of Psychology* 55 (2004): 623–55.
151. C. Faure, "Beyond Brainstorming: Effects of Different Group Procedures on Selection of Ideas and Satisfaction With the Process," *Journal of Creative Behavior* 38, no. 1 (2004): 13–34.
152. P. L. Perrewé, K. L. Zellars, G. R. Ferris, A. M. Rossi, C. J. Kacmar, and D. A. Ralston, "Neutralizing Job Stressors: Political Skill as an Antidote to the Dysfunctional Consequences of Role Conflict," *Academy of Management Journal* 47, no. 1 (2004): 141–52.

제10장

1. SoaPen [website], accessed March 8, 2019, https://soapen.com/
2. P. R. Nania, "Women-Owned Design Team Builds a Business by Solving a Problem," *WTOP: Health & Fitness News*, March 8, 2019, https://wtop.com/health-fitness/2019/03/women- owned-design-team-builds-a-business-by-solving-a-problem/
3. J. C. Gorman, "Team Coordination and Dynamics: Two Central Issues," *Current Directions in Psychological Science* 23, no. 5 (2014): 355–60.
4. Ibid.
5. J. A. Cannon-Bowers and C. Bowers, "Team Development and Functioning," in S. Zedeck (ed.), *APA Handbook of Industrial and Organizational Psychology: Building and Developing the Organization,* Vol. 1 (Washington, DC: APA, 2011), 597–650; S. W. J. Kozlowski and B. S. Bell, "Work Groups and Teams in Organizations," in N. Schmitt and S. Highhouse (eds.), *Handbook of Psychology: Industrial and Organizational Psychology*, Vol. 12, 2nd ed. (Hoboken, NJ: Wiley, 2013), 412–69.
6. D. Chan, "Team-Level Constructs," *Annual Review of Organiz- ational Psychology and Organizational Behavior* 6 (2019): 325–48; J. E. Mathieu, P. T. Gallagher, M. A. Domingo, and E. A. Klock, "Embracing Complexity: Reviewing the Past Decade of Team Effectiveness Research," *Annual Review of Organizational Psychology and Organizational Behavior* 6 (2019): 17–46.
7. A. C. Edmondson, *Teaming: How Organizations Learn, Innovate, and Compete in the Knowledge Economy* (San Francisco, CA: Wiley, 2012); A. C. Edmondson, "The Three Pillars of a Teaming Culture," *Harvard Business Review,* December 17, 2013, https://hbr.org/2013/12/the-three-pillars-of-a-teaming-culture; K. Einola and M. Alvesson, "The Making and Unmaking of Teams," *Human Relations* 72, no. 12 (2019): 1891–1919; Mathieu et al., "Embracing Complexity."
8. J. Mathieu, M. T. Maynard, T. Rapp, and L. Gilson, "Team Effectiveness 1997–2007: A Review of Recent Advancements and a Glimpse Into the Future," *Journal of Management* 34, no. 3 (2008): 410–76.
9. StackCommerce, "The Direct-to-Consumer Watch Brand Offering Exceptionally Crafted Watches at an Accessible Price," *Entrepreneur,* February 28, 0219, https://www .entrepreneur.com/article/329233
10. M. Larkin, "Kill the Veterinary Practice to Save It," *Journal of the American Veterinary Medical Association News,* March 1, 2019, https://www.avma.org/News/JAVMANews/Pages/190301h.aspx
11. C. C. Manz and H. P. Sims, "Leading Workers to Lead Themselves: The External Leadership of Self-Managing Work Teams," *Administrative Science Quarterly* 32 (1987): 106–28.
12. A. Nederveen Pieterse, J. R. Hollenbeck, D. van Knippenberg, M. Spitzmüller, N. Dimotakis, E. P. Karam, and D. J. Sleesman, "Hierarchical Leadership Versus Self-Management in Teams: Goal Orientation Diversity as Moderator of Their Relative Effectiveness," *The Leadership Quarterly* (in press).
13. Larkin, "Kill the Veterinary Practice to Save It."
14. G. L. Stewart, S. H. Courtright, and M. R. Barrick, "Peer-Based Control in Self-Managing Teams: Linking Rational and Normative Influence With Individual and Group Performance," *Journal of Applied Psychology* 97, no. 2 (2012): 435–47.
15. C. W. Langfred, "The Downside of Self-Management: A Longitudinal Study of the Effects of Conflict on Trust, Autonomy, and Task Interdependence in Self-Managing Teams," *Academy of Management Journal* 50, no. 4 (2007): 885–900.
16. B. H. Bradley, B. E. Postlethwaite, A. C. Klotz, M. R. Hamdani, and K. G. Brown, "Reaping the Benefits of Task Conflict in Teams: The Critical Role of Team Psychological Safety Climate," *Journal of Applied Psychology,* 97, no. 1 (2012): 151–58.
17. J. Devaro, "The Effects of Self-Managed and Closely Managed Teams on Labor Productivity and Product Quality: An Empirical Analysis of a Cross-Section of Establishments," *Industrial Relations* 47, no. 4 (2008): 659–98.
18. K. Lanaj and J. R. Hollenbeck, "Leadership Over-Emergence in Self-Managing Teams: The Role of Gender and Countervailing Biases," *Academy of Management Journal* 58, no. 5 (2015): 1476–94.
19. R. Davis, "IT and Security Need to Start Playing Nice—Here's How," *Forbes,* March 6, 2019, https://www.forbes .com/sites/extra-hop/2019/03/06/it-and-security-need-to-start-playing-niceheres-how/#29f679c92af4
20. F. Aime, S. Humphrey, D. S. DeRue, and J. B. Paul, "The Riddle of Heterarchy: Power Transitions in Cross-Functional Teams," *Academy of Management Journal* 57, no. 2 (2014): 327–52.
21. See, for example, L. L. Gilson, M. T. Maynard, N. C. Young, M. Vartiainen, and M. Hakonen, "Virtual Teams Research: 10 Years, 10 Themes, and 10 Opportunities," Journal of Management 41, no. 5 (2015): 1313–37; and L. L. Martins, L. L. Gilson, and M. T. Maynard, "Virtual Teams: What Do We Know and Where Do We Go From Here?" Journal of Management 30, no. 6 (2004): 805–35; L. Larson and L. A. DeChurch, "Leading Teams in the Digital Age: Four Perspectives on Technology and What They Mean for Leading Teams," *The Leadership Quarterly* (in press).
22. B. Freyer and T. A. Stewart, "Cisco Sees the Future," *Harvard Business Review* (November 2008): 73–79.
23. J. Eisenberg and N. DiTomaso, "Structural Decisions About Configuration, Assignments, and Geographical Distribution in Teams: Influences on Team Communications and Trust," *Human Resource Management Review* (in press); M. G. Moore, "Theory of Transactional Distance" in D. Keegan (Ed.), *Theoretical Principles of Distance Education* (New York: Routledge, 1993).
24. J. R. Mesmer-Magnus, L. A. DeChurch, M. Jimenez-Rodriguez, J. Wildman, and M. Shuffler, "A Meta-Analytic Investigation of Virtuality and Information Sharing in Teams," Organizational Behavior and Human Decision Processes 115 (2011): 214–25; Eisenberg and DiTomaso, "Structural decisions about configuration, assignments, and geographical distribution in teams."
25. C. Breuer, J. Hüffmeier, and G. Hertel, "Does Trust Matter More in Virtual Teams? A Meta-Analysis of Trust and Team Effectiveness Considering Virtuality and Documentation as Moderators," *Journal of Applied Psychology* 101, no. 8 (2016): 1151–77.
26. A. Malhotra, A. Majchrzak, and B. Rosen, "Leading Virtual Teams," *Academy of Management Perspectives* 21, no. 1 (2007): 60–70; J. M. Wilson, S. S. Straus, and B. McEvily, "All in Due Time: The Development of Trust in Computer-Mediated and Face-to-Face Teams," *Organizational Behavior and Human Decision Processes* 19, no. 1 (2006): 16–33.
27. M. M. Luciano, L. A. DeChurch, and J. E. Mathieu, "Multiteam Systems: A Structural Framework and Meso-Theory of System Functioning," *Journal of Management* 44, no. 3 (2018): 1065–96; J. E. Mathieu, M. A. Marks, and S. J. Zaccaro, "Multi-Team Systems," in N. Anderson, D. Ones, H. K. Sinangil, and C. Viswesvaran (eds.), *International Handbook of Work and Organizational Psychology* (London, UK: Sage, 2001): 289–313; M. L. Shuffler and D. R. Carter, "Teamwork Situated in Multiteam Systems: Key Lessons Learned and Future Opportunities," *American Psychologist* 73, no. 4 (2018): 390–406.
28. E. Karter, "Mars Mission Gets Help From Predictive Model, Helps NASA Anticipate Conflicts," *ECN Magazine,* February 21, 2019, https://www.ecnmag.com/news/2019/02/mars-mission-gets-help-predictive-model-helps-nasa-anticipate-conflicts
29. R. B. Davison, J. R. Hollenbeck, C. M. Barnes, D. J. Sleesman, and D. R. Ilgen, "Coordinated Action in Multiteam Systems," *Journal of*

Applied Psychology 97, no. 4 (2012): 808–24.; and L. A. DeChurch and M. A. Marks, "Leadership in Multiteam Systems," *Journal of Applied Psychology* 91, no. 2 (2006): 311–29;.

30. See, for example, J. Wijnmaalen, H. Voordijk, S. Rietjens, and G. Dewulf, "Intergroup Behavior in Military Multiteam Systems," *Human Relations* 72, no. 6 (2019): 1081–1104.
31. B. M. Firth, J. R. Hollenbeck, J. E. Miles, D. R. Ilgen, and C. M. Barnes, "Same Page, Different Books: Extending Representational Gaps Theory to Enhance Performance in Multiteam Systems," *Academy of Management Journal* 58, no. 3 (2015): 813–35.
32. M. Cuijpers, S. Uitdewilligen, and H. Guenter, "Effects of Dual Identification and Interteam Conflict on Multiteam System Performance," *Journal of Occupational and Organizational Psychology* 89 (2016): 141–71.
33. D. R. Carter, K. L. Cullen-Lester, J. M. Jones, A. Gerbasi, D. Chrobot-Mason, and E. Young Nae, "Functional Leadership in Interteam Contexts: Understanding 'What' in the Context of Why? Where? When? and Who?" *The Leadership Quarterly* (in press).
34. M. M. Luciano, J. E. Mathieu, and T. M. Ruddy, "Leading Multiple Teams: Average and Relative External Leadership Influences on Team Empowerment and Effectiveness," *Journal of Applied Psychology* 99, no. 2 (2014): 322–31.
35. S. D. Choudhury, "Noam Wasserman: Not all founders are created equal," *livemint,* May 11, 2014, https://www .livemint.com/Leisure/L8OtTmD3eQIkl9ueMWZ35K/Noam-Wasserman-Not-all-founders-are-equal.html; E. N. Shapiro, "How to Start a Company With Your Best Friend (and Survive to Tell About It)," *Quartz at Work,* March 8, 2019, https://qz.com/work/1567915/how-to-start-a-business-with-a-friend-tips-for-co-founders/; N. Wasserman, *The Founders Dilemmas: Anticipating and Avoiding the Pitfalls That Can Sink a Startup* (Princeton, NJ: Princeton UP, 2012).
36. Ibid.
37. Cannon-Bowers and Bowers, "Team Development and Functioning"; Kozlowski and Bell, "Work Groups and Teams in Organizations"; J. E. Mathieu, J. R. Hollenbeck, D. van Knippenberg, and D. R. Ilgen, "A Century of Work Teams in the *Journal of Applied Psychology*," *Journal of Applied Psychology* 102, no. 3 (2017): 452–67; Mathieu et al., "Embracing complexity."
38. D. E. Hyatt and T. M. Ruddy, "An Examination of the Relationship between Work Group Characteristics and Performance: Once More Into the Breech," *Personnel Psychology* 50, no. 3 (1997): 553–85.
39. G. L. Stewart, "A Meta-Analytic Review of Relationships Between Team Design Features and Team Performance," *Journal of Management* 32, no. 1 (2006): 29–55.
40. G. C. Banks, J. H. Batchelor, A. Seers, E. H. O'Boyle, J. M. Pollack, and K. Gower, "What Does Team-Member Exchange Bring to the Party? A Meta-Analytic Review of Team and Leader Social Exchange," *Journal of Organizational Behavior* 35 (2014): 273–95; Y. Song, Y. Fang, M. Wang, and J. Shi, "A Multiplex View of Leadership Structure in Management Teams," *Personnel Psychology* (in press).
41. J. Y. M. Lai, L. W. Lam, and S. S. K. Lam, "Organizational Citizenship Behavior in Work Groups: A Team Cultural Perspective," *Journal of Organizational Behavior* 34 (2013): 1039–56.
42. N. R. Anderson and M. A. West, "Measuring Climate for Work Group Innovation: Development and Validation of the Team Climate Inventory," *Journal of Organizational Behavior* 19 (1998): 235–58; M. Kivimäki, G. Kuk, M. Elovainio, L. Thomson, T. Kalliomäki-Levanto, and A. Heikkilä, "The Team Climate Inventory (TCI)—Four or Five Factors? Testing the Structure of TCI in Samples of Low and High Complexity Jobs," *Journal of Occupational and Organizational Psychology* 70 (1997): 375–89.
43. V. González-Romá, L. Fortes-Ferreira, and J. M. Peiró, "Team Climate, Climate Strength and Team Performance. A Longitudinal Study," *Journal of Occupational and Organizational Psychology* 82 (2009): 511–36; A. Pirola-Merlo, "Agile Innovation: The Role of Team Climate in Rapid Research and Development," *Journal of Occupational and Organizational Psychology* 83 (2010): 1075–84.
44. A. Li and R. Cropanzano, "Fairness at the Group Level: Justice Climate and Intraunit Justice Climate," *Journal of Management* 35, no. 3 (2009): 564–99.
45. See F. Aime, C. J. Meyer, and S. E. Humphrey, "Legitimacy of Team Rewards: Analyzing Legitimacy as a Condition for the Effectiveness of Team Incentive Designs," *Journal of Business Research* 63, no. 1 (2010): 60–66; P. A. Bamberger and R. Levi, "Team-Based Reward Allocation Structures and the Helping Behaviors of Outcome-Interdependent Team Members," *Journal of Managerial Psychology* 24, no. 4 (2009): 300–27; M. J. Pearsall, M. S. Christian, and A. P. J. Ellis, "Motivating Interdependent Teams: Individual Rewards, Shared Rewards, or Something in Between?" *Journal of Applied Psychology* 95, no. 1 (2010): 183–91.
46. T. Van Thielen, A. Decramer, A. Vanderstraeten, and M. Audenaert, "When Does Performance Management Foster Team Effectiveness? A Mixed-Method Field Study on the Influence of Environmental Extremity," *Journal of Organizational Behavior* 39, no. 6 (2018): 766–82.
47. E. V. Hall, D. R. Avery, P. F. McKay, J. F. Blot, and M. Edwards, "Composition and Compensation: The Moderating Effect of Individual and Team Performance on the Relationship Between Black Team Member Representation and Salary," *Journal of Applied Psychology* 104, no. 3 (2019): 448–63.
48. N. MacLean, *Young Men and Fire* (Chicago, IL: Chicago University Press, 1992); K. E. Weick, "The Collapse of Sensemaking in Organizations: The Mann Gulch Disaster," *Administrative Science Quarterly* 38 (1993): 628–52.
49. Ibid.
50. T. Driskell, E. Salas, and J. E. Driskell, "Teams in Extreme Environments: Alterations in Team Development and Teamwork," *Human Resource Management Review* 28 (2018): 434–49; S. J. Golden, C.H. D. Chang, and S. W. J. Kozlowski, "Teams in Isolated, Confined, and Extreme (ICE) Environments: Review and Integration," *Journal of Organizational Behavior* 39 (2018): 701–15; L. B. Landon, K. J. Slack, and J. D. Barrett, "Teamwork and Collaboration in Long-Duration Space Missions: Going to Extremes," *American Psychologist* 73, no. 4 (2018): 563–75; N. Power, "Extreme Teams: Toward a Greater Understanding of Multiagency Teamwork During Major Emergencies and Disasters," *American Psychologist* 73, no. 4 (2018): 478–90; Red Cross, *Red Cross Disaster Teams Still Serving Communities During COVID-19*, March 26, 2020, https://www .redcross.org/about-us/news-and-events/news/2020/red-cross-disaster-teams-still-serving-communities-during-covid-19.html
51. L. Alison, N. Power, C. van den Heuvel, M. Humann, M. Palasinksi, and J. Crego, "Decision Inertia: Deciding Between Least Worst Outcomes in Emergency Response to Disasters," *Journal of Occupational and Organizational Psychology* 88 (2015): 295–321; S. Waring, J. L. Moran, and R. Page, "Decision-Making in Multiagency Multiteam Systems Operating in Extreme Environments," *Journal of Occupational and Organizational Psychology* (in press).
52. C. Shawn Burke, M. L. Shuffler, and C. W. Wiese, "Examining the Behavioral and Structural Characteristics of Team Leadership in Extreme Environments," *Journal of Organizational Behavior* 39 (2018): 716–30; K. J. Klein, J. C. Ziegert, A. P. Knight, and Y. Xiao, "Dynamic Delegation: Shared, Hierarchical, and Deindividualized Leadership in Extreme Action Teams," *Administrative Science*

Quarterly 51 (2006): 590–621; F. Tschan, N. K. Semmer, D. Gautschi, P. Hunziker, M. Spychiger, and S. U. Marsch, "Leading to Recovery: Group Performance and Coordinative Activities in Medical Emergency Driven Groups," *Human Performance* 19, no. 3 (2006): 277–304.

53. M. A. Valentine and A. C. Edmondson, "Team Scaffolds: How Meso-level Structures Enable Role-Based Coordination in Temporary Groups," *Organization Science* 26, no. 2 (2015): 405–22.
54. A. A. Stachowski, S. A. Kaplan, and M. J. Waller, "The Benefits of Flexible Team Interaction During Crises," *Journal of Applied Pscyhology* 94, no. 6 (2009): 1536–43.
55. S. Kaplan, K. Laport, and M. J. Waller, "The Role of Positive Affectivity in Team Effectiveness During Crisis," *Journal of Organizational Behavior* 34 (2013): 473–91; G. R. Leon, R. Kanfer, R. G. Hoffman, and L. Dupre, "Interrelationships of Personality and Coping in a Challenging Extreme Situation," *Journal of Research in Personality* 25 (1991): 357–71; S. Razinskas and M. Hoegl, "A Multilevel Review of Stressor Research in Teams," *Journal of Organizational Behavior* 41 (2020): 185–209.
56. L. Alison, N. Power, C. van den Heuvel, and S. Waring, "A Taxonomy of Endogenous and Exogenous Uncertainty in High-Risk, High-Impact Contexts," *Journal of Applied Psychology* 100, no. 4 (2015): 1309–18; J. B. Schmutz, Z. Lei, W. J. Eppich, and T. Manser, "Reflection in the Heat of the Moment: The Role of In-Action Team Reflexivity in Health Care Emergency Teams," *Journal of Organizational Behavior* 39 (2018): 749–65; S. Uitdewilligen and M. J. Waller, "Information Sharing and Decision-Making in Multidisciplinary Crisis Management Teams," *Journal of Organizational Behavior* 39 (2018): 731–48.
57. A. Bryant, "Taking Your Skills With You," *The New York Times,* May 31, 2015.
58. Cannon-Bowers and Bowers, "Team Development and Functioning."
59. Ibid.
60. S. T. Bell, "Deep-Level Composition Variables as Predictors of Team Performance: A Meta-Analysis," *Journal of Applied Psychology* 92, no. 3 (2007): 595–615; S. T. Bell, A. J. Villado, M. A. Lukasik, L. Belau, and A. L. Briggs, "Getting Specific about Demographic Diversity Variable and Team Performance Relationships: A Meta-Analysis," *Journal of Management* 37, no. 3 (2011): 709–43; H. van Dijk, M. L. van Engen, and D. van Knippenberg, "Defying Conventional Wisdom: A Meta-Analytical Examination of the Differences Between Demographic and Job-Related Diversity Relationships With Performance," *Organizational Behavior and Human Decision Processes* 119 (2012): 38–53.
61. E. Gonzalez-Mulé, B. S. Cockburn, B. W. McCormick, and P. Zhao, "Team Tenure and Team Performance: A Meta-Analysis and Process Model," *Personnel Psychology* 73 (2020): 151–98.
62. Ibid.
63. Bell, "Deep-Level Composition Variables as Predictors of Team Performance"; M. A. G. Peeters, H. F. J. M. van Tuijl, G. G. Rutte, and I. M. M. J. Reymen, "Personality and Team Performance: A Meta-Analysis," *European Journal of Personality* 20 (2006): 377–96; M. S. Prewett, M. I. Brown, A. Goswami, and N. D. Christiansen, "Effects of Team Personality Composition on Member Performance: A Multilevel Perspective," *Group & Organization Management* 43, no. 2 (2018): 316–48; M. S. Prewett, A. A. G. Walvoord, F. R. B. Stilson, M. E. Rossi, and M. T. Brannick, "The Team Personality-Team Performance Relationship Revisited: The Impact of Criterion Choice, Pattern of Workflow, and Method of Aggregation," *Human Performance* 22 (2009): 273–96.
64. J. R. Mesmer-Magnus, L. A. DeChurch, M. Jimenez-Rodriguez, J. Wildman, and M. Shuffler, "A Meta-Analytic Investigation of Virtuality and Information Sharing in Teams," Organizational Behavior and Human Decision Processes 115 (2011): 214–25; B. P. Acton, M. T. Braun, and R. J. Foti, "Built for Unity: Assessing the Impact of Team Composition on Team Cohesion Trajectories," *Journal of Business and Psychology* (in press).
65. A. P. J. Ellis, J. R. Hollenbeck, and D. R. Ilgen, "Team Learning: Collectively Connecting the Dots." C. O. L. H. Porter, J. R. Hollenbeck, and D. R. Ilgen, "Backing Up Behaviors in Teams: The Role of Personality and Legitimacy of Need," *Journal of Applied Psychology* 88, no. 3 (2003): 391–403; M. C. Schilpzand, D. M. Herold, and C. E. Shalley, "Members' Openness to Experience and Teams' Creative Performance," *Small Group Research* 42, no. 1 (2011): 55–76; Acton et al., "Built for Unity."
66. B. H. Bradley, B. E. Postlewaite, and K. G. Brown, "Ready to Rumble: How Team Personality Composition and Task Conflict Interact to Improve Performance," *Journal of Applied Psychology* 98, no. 2 (2013): 385–92.
67. E. Gonzalez-Mule, D. S. DeGeest, B. W. McCormick, J. Y. Seong, and K. G. Brown, "Can We Get Some Cooperation around Here? The Mediating Role of Group Norms on the Relationship between Team Personality and Individual Helping Behaviors," *Journal of Applied Psychology* 99, no. 5 (2014): 988–99.
68. X. Xu, L. Jiang, and H-J. Wang, "How to Build Your Team for Innovation? A Cross-Level Mediation model of Team Personality, Team Climate for Innovation, Creativity, and Job Crafting," *Journal of Occupational and Organizational Psychology* 92 (2019): 848–72.
69. See, for instance, D. Georgakakis, M. L. M. Heyden, J. D. R. Oehmichen, and U. I. K. Ekanayake, "Four Decades of CEO-TMT Interface Research: A Review Inspired by Role Theory," *The Leadership Quarterly* (in press).
70. Ibid.
71. S. E. Humphrey, F. P. Morgeson, and M. J. Mannor, "Developing a Theory of the Strategic Core of Teams: A Role Composition Model of Team Performance," *Journal of Applied Psychology* 94, no. 1 (2009): 48–61.
72. A. Joshi, "The Influence of Organizational Demography on the External Networking Behavior of Teams," *Academy of Management Review* 31, no. 3 (2006): 583–95.
73. H. van Dijk, M. L. van Engen, and D. van Knippenberg, "Defying Conventional Wisdom: A Meta-Analytical Examination of the Differences Between Demographic and Job-Related Diversity Relationships With Performance," *Organizational Behavior and Human Decision Processes* 119 (2012): 38–53; D. van Knippenberg and J. N. Mell, "Past, Present, and Potential Future of Team Diversity Research: From Compositional Diversity to Emergent Diversity," *Organizational Behavior and Human Decision Processes* 136 (2016): 135–145; J. Wang, G. H-L. Cheng, T. Chen, and K. Leung, "Team Creativity/Innovation in Culturally Diverse Teams: A Meta-Analysis," *Journal of Organizational Behavior* 40 (2019): 693–708.
74. van Dijk et al., "Defying Conventional Wisdom."
75. S. Mohammed and L. C. Angell, "Surface- and Deep-Level Diversity in Workgroups: Examining the Moderating Effects of Team Orientation and Team Process on Relationship Conflict," *Journal of Organizational Behavior* 25, no. 8 (2004): 1015–39.
76. Y. F. Guillaume, D. van Knippenberg, and F. C. Brodebeck, "Nothing Succeeds Like Moderation: A Social Self-Regulation Perspective on Cultural Dissimilarity and Performance," *Academy of Management Journal* 57, no. 5 (2014): 1284–308.
77. D. Coutu, "Why Teams Do not Work," *Harvard Business Review,* May 2009, 99–105. The evidence in this section is described in L. L. Thompson, *Making the Team*, 5th ed. (New York, NY: Pearson, 2013), 65–67. also L. A. Curral, R. H. Forrester, and J. F. Dawson, "It's What You Do and the Way That You Do It: Team Task, Team Size, and Innovation-Related Group Processes," *European Journal of Work*

& Organizational Psychology 10, no. 2 (June 2001): 187–204; R. C. Liden, S. J. Wayne, and R. A. Jaworski, "Social Loafing: A Field Investigation," *Journal of Management* 30, no. 2 (2004): 285–304.
78. R. Karlgaard, "Think (Really!) Small," Forbes, April 13, 2015, 32.
79. Karlgaard, "Think (Really!) Small"; and J. S. Mueller, "Why Individuals in Larger Teams Perform Worse," *Organizational Behavior and Human Decision Processes* 117, no. 1 (2012): 111–24.
80. B. R. Staats, K. L. Milkman, and C. R. Fox, "The Team Scaling Fallacy: Underestimating the Declining Efficiency of Larger Teams," *Organizational Behavior and Human Decision Processes* 118, no. 2 (2012): 132–42.
81. See, for example, S. S. Kim and C. Vandenberghe, "The Moderating Roles of Perceived Task Interdependence and Team Size in Transformational Leadership's Relation to Team Identification: A Dimensional Analysis," *Journal of Business and Psychology* 33 (2018): 509–27.
82. "Is Your Team Too Big? Too Small? What's the Right Number? *Knowledge@Wharton,* June 14, 2006, http:// knowledge.wharton.upenn.edu/article/is-your-team-too-big-too-small-whats-the-right-number-2/; see also A. M. Carton and J. N. Cummings, "A Theory of Subgroups in Work Teams," *Academy of Management Review* 37, no. 3 (2012): 441–70.
83. S. A. Kiffin-Peterson and J. L. Cordery, "Trust, Individualism, and Job Characteristics of Employee Preference for Teamwork," *International Journal of Human Resource Management* 14, no. 1 (2003): 93–116.
84. J. A. LePine, R. F. Piccolo, C. L. Jackson, J. E. Mathieu, and J. R. Saul, "A Meta-Analysis of Teamwork Processes: Tests of a Multidimensional Model and Relationships With Team Effectiveness Criteria," *Personnel Psychology* 61, no. 2 (2008): 273–307.
85. J. F. Dovidio, "Bridging Intragroup Processes and Intergroup Relations: Needing the Twain to Meet," *British Journal of Social Psychology* 52, no. 1 (2013): 1–24; J. Zhou, J. Dovidio, and E. Wang, "How Affectively-Based and Cognitively-Based Attitudes Drive Intergroup Behaviours: The Moderating Role of Affective-Cognitive Consistency," *Plos One* 8, no. 11 (2013): article e82150.
86. J. A. LePine, R. F. Piccolo, C. L. Jackson, J. E. Mathieu, and J. R. Saul, "A Meta-Analysis of Teamwork Processes: Tests of a Multidimensional Model and Relationships With Team Effectiveness Criteria;" J. E. Mathieu and T. L. Rapp, "Laying the Foundation for Successful Team Performance Trajectories: The Roles of Team Charters and Performance Strategies," *Journal of Applied Psychology* 94, no. 1 (2009): 90–103.
87. M. A. West, "Reflexivity and Work Group Effectiveness: A Conceptual Integration," in M. A. West (ed.), *The Handbook of Work Group Psychology* (Chichester, NY: Wiley, 1996): 555–79.
88. J. S. Christian, M. S. Christian, M. J. Pearsall, and E. C. Long, "Team Adaptation in Context: An Integrated Conceptual Model and Meta-Analytic Review," *Organizational Behavior and Human Decision Processes* 140 (2017): 62–89.
89. J. Chen, P. A. Bamberger, Y. Song, and D. R. Vashdi, "The Effects of Team Reflexivity on Psychological Well-Being in Manufacturing Teams," *Journal of Applied Psychology* 103, no. 4 (2018): 443–62; S. Rauter, M. Weiss, and M. Hoegl, "Team Learning From Setbacks: A Study in the Context of Start-up Teams," *Journal of Organizational Behavior* 39, no. 6 (2018): 783–95; Schmutz et al., "Reflection in the Heat of the Moment."
90. A. N. Pieterse, D. van Knippenberg, and W. P. van Ginkel, "Diversity in Goal Orientation, Team Reflexivity, and Team Performance," *Organizational Behavior and Human Decision Processes* 114, no. 2 (2011): 153–64.
91. A. Kleingeld, H. van Mierlo, and L. Arends, "The Effect of Goal Setting on Group Performance: A meta-analysis," *Journal of Applied Psychology* 96, no. 6 (2011): 1289–304.
92. See R. P. DeShon, S. W. J. Kozlowski, A. M. Schmidt, K. R. Milner, and D. Wiechmann, "A Multiple-Goal, Multilevel Model of Feedback Effects on the Regulation of Individual and Team Performance," *Journal of Applied Psychology* 89, no. 6 (2004): 1035–56.
93. Kleingeld et al., "The Effect of Goal Setting on Group Performance."
94. Acton et al., "Built for Unity"; N. L. Larson, M. J. W. McLarnnon, and T. A. O'Neill, "Challenging the 'Static' Quo: Trajectories of Engagement in Team Processes Toward a Deadline," *Journal of Applied Psychology* (in press).
95. J. W. Beck, A. M. Schmidt, and M. W. Natali, "Efficient Proximal Resource Allocation Strategies Predict Distal Team Performance: Evidence From the National Hockey League," *Journal of Applied Psychology* 104, no. 11 (2019): 1387–1403.
96. K. Tasa, S. Taggar, and G. H. Seijts, "The Development of Collective Efficacy in Teams: A Multilevel and Longitudinal Perspective," *Journal of Applied Psychology* 92, no. 1 (2007): 17–27; D. I. Jung and J. J. Sosik, "Group Potency and Collective Efficacy: Examining Their Predictive Validity, Level of Analysis, and Effects of Performance Feedback on Future Group Performance," *Group & Organization Management* 28, no. 3 (2003): 366–91; R. R. Hirschfeld and J. B. Bernerth, "Mental Efficacy and Physical Efficacy at the Team Level: Inputs and Outcomes among Newly Formed Action Teams," *Journal of Applied Psychology* 93, no. 6 (2008): 1429–37.
97. S. H. Courtright, G. R. Thurgood, G. L. Stewart, and A. J. Pierotti, "Structural Interdependence in Teams: An Integrative Framework and Meta-Analysis," *Journal of Applied Psychology* 100, no. 6 (2015): 1825–46; S. M. Gully, K. A. Incalcaterra, A. Joshi, and J. M. Beaubien, "A Meta-Analysis of Team Efficacy, Potency, and Performance: Interdependence and Level of Analysis as Moderators of Observed Relationships," *Journal of Applied Psychology* 87, no. 5 (2002): 819–32.
98. A. W. Richter, G. Hirst, D. van Knippenberg, and M. Baer, "Creative Self-Efficacy and Individual Creativity in Team Contexts: Cross-Level Interactions With Team Informational Resources," *Journal of Applied Psychology* 97, no. 6 (2012): 1282–90.
99. T. L. Rapp and J. E. Mathieu, "Team and Individual Influences on Members' Identification and Performance per Membership in Multiple Team Membership Arrangements," *Journal of Applied Psychology* 104, no. 3 (2019): 303–320.
100. N. Ellemers, E. Sleebos, D. Stam, and D. de Gilder, "Feeling Included and Valued: How Perceived Respect Affects Positive Team Identity and Willingness to Invest in the Team," *British Journal of Management* 24, no. 1 (2013): 21–37.
101. M. Riketta and R. van Dick, "Foci of Attachment in Organizations: A Meta-analytic Comparison of Workgroup Versus Organizational Identification and Commitment," *Journal of Vocational Behavior*, 67 (2005): 490–510.
102. Ibid.
103. T. A. De Vries, F. Walter, G. S. Van derr Vegt, and P. J. M. D. Essens, "Antecedents of Individuals' Interteam Coordination: Broad Functional Experiences as a Mixed Blessing," *Academy of Management Journal* 57, no. 5 (2014): 1334–59.
104. J. R. Mesmer-Magnus, R. Asencio, P. W. Seely, and L. A. DeChurch, "How Organizational Identity Affects Team Functioning: The Identity Instrumentality Hypothesis," *Journal of Management* 44, no. 4 (2018): 1530–50.
105. C. Brooks, R. Jensen, and S. Kozlowski, "Research Aids Future NASA Missions to Mars," *MSU Today,* March 4, 2019, https://msutoday.msu.edu/news/2019/research-aids-future-nasa-missions-to-mars/Chang; Kozlowski, "Teams in Isolated, Confined, and Extreme (ICE) Environments."
106. D. J. Beal, R. R. Cohen, M. J. Burke, and C. L. McLendon, "Cohesion and Performance in Groups: A Meta-Analytic Clarification of

Construct Relations," *Journal of Applied Psychology* 88, no. 6 (2003): 989–1004; J. E. Mathieu, M. R. Kukenberger, L. D'Innocenzo, and G. Reilly, "Modeling Reciprocal Team Cohesion–Performance Relationships, as Impacted by Shared Leadership and Members' Competence," *Journal of Applied Psychology* 100, no. 3 (2015): 71–34.

107. Courtright et al., "Structural Interdependence in Teams"; Mathieu et al., "Modeling Reciprocal Team Cohesion–Performance Relationships, as Impacted by Shared Leadership and Members' Competence"; J. R. Mesmer-Magnus and L. A. DeChurch, "Information Sharing and Team Performance," *Journal of Applied Psychology* 94, no. 2 (2009): 535–46.

108. M. M. Maloney, P. Pradhan Shah, M. Zellmer-Bruhn, and S. L. Jones, "The Lasting Benefits of Teams: Tie Vitality After Teams Disband," *Organization Science* 30, no. 2 (2019): 235–245.

109. J. A. Cannon-Bowers and E. Salas, "Reflections on Team Cognition," *Journal of Organizational Behavior* 22 (2001): 195–202; S. Mohammed, L. Ferzandi, and K. Hamilton, "Metaphor No More: A 15-Year Review of the Team Mental Model Construct," *Journal of Management* 36, no. 4 (2010): 876–910.

110. A. P. J. Ellis, "System Breakdown: The Role of Mental Models and Transactive Memory on the Relationships Between Acute Stress and Team Performance," *Academy of Management Journal* 49, no. 3 (2006): 576–89.

111. L. A. DeChurch and J. R. Mesmer-Magnus, "The Cognitive Underpinnings of Effective Teamwork: A Meta-Analysis," *Journal of Applied Psychology* 95, no. 1 (2010): 32–53.

112. S. W. J. Kozlowski and D. R. Ilgen, "Enhancing the Effectiveness of Work Groups and Teams," *Psychological Science in the Public Interest* 7, no. 3 (2006): 77–124; B. D. Edwards, E. A. Day, W. Arthur Jr., and S. T. Bell, "Relationships among Team Ability Composition, Team Mental Models, and Team Performance," *Journal of Applied Psychology* 91, no. 3 (2006): 727–36.

113. D. G. Bachrach, K. Lewis, Y. Kim, P. C. Patel, M. C. Campion, and S. M. B. Thatcher, "Transactive Memory Systems in Context: A Meta-Analytic Examination of Contextual Factors in Transactive Memory Systems Development and Team Performance," *Journal of Applied Psychology* 104, no. 3 (2019): 464–93; K. Lewis and B. Herndon, "Transactive Memory Systems: Current Issues and Future Research Directions," *Organization Science* 22 (2011): 1254–65.

114. Ibid.

115. M. Kolbe, G. Grote, M. J. Waller, J. Wacker, B. Grande, and D. R. Spahn, "Monitoring and Talking to the Room: Autochthonous Coordination Patterns in Team Interaction and Performance," *Journal of Applied Psychology* 99, no. 6 (2014): 1254–67.

116. C. K. W. De Dreu and L. R. Weingart, "Task Versus Relationship Conflict, Team Performance, and Team Member Satisfaction: A Meta-Analysis," *Journal of Applied Psychology* 88, no. 4 (2003): 741–49; F. R. C. de Wit, L. L. Greer, and K. A. Jehn, "The Paradox of Intragroup Conflict: A Meta-Analysis," *Journal of Applied Psychology* 97, no. 2 (2012): 360–90; T. A. O'Neill, N. J. Allen, and S. E. Hastings, "Examining the 'Pros' and 'Cons' of Team *Con*flict: A Team-Level Meta-Analysis of Task, Relationship, and Process Conflict," *Human Performance* 26 (2013): 236–60.

117. J. Farh, C. Lee, and C. I. C. Farh, "Task Conflict and Team Creativity: A Question of How Much and When," *Journal of Applied Psychology* 95, no. 6 (2010): 1173–80.

118. K. H. Price, D. A. Harrison, and J. H. Gavin, "Withholding Inputs in Team Contexts: Member Composition, Interaction Processes, Evaluation Structure, and Social Loafing," *Journal of Applied Psychology* 91, no. 6 (2006): 1375–84.

119. E. Sherberg, "In Her Own Words: Lindsay Kaplan, Co-Founder of Chief, a Private Network for Powerful Women, Sees Herself as a Stay-at-Home Mom. It's Hard Work." *Bizwomen* (April 21, 2020), https://www.bizjournals.com/bizwomen/news/latest-news/2020/04/in-her-own-words-lindsay-kaplan-co-founder-of.html?page=all

120. A. Cristina Costa, C. Ashley Fulmer, and N. R. Anderson, "Trust in Work Teams: An Integrative Review, Multilevel Model, and Future Research Directions," *Journal of Organizational Behavior* 39 (2018): 169–84.

121. C. Breuer, J. Hüffmeier, and G. Hertel, "Does Trust Matter More in Virtual Teams? A Meta-Analysis of Trust and Team Effectiveness Considering Virtuality and Documentation as Moderators," *Journal of Applied Psychology* 101, no. 8 (2016): 1151–77; B. A. De Jong, K. T. Dirks, and N. Gillespie, "Trust and Team Performance: A Meta-Analysis of Main Effects, Moderators, and Covariates," *Journal of Applied Psychology* 101, no. 8 (2016): 1134–50; J. Feitosa, R. Grossman, W. S. Kramer, and E. Salas, "Measuring Team Trust: A Critical and Meta-Analytical Review," *Journal of Organizational Behavior* (in press).

122. R. Grossman and J. Feitosa, "Team Trust Over Time: Modeling Reciprocal and Contextual Influences in Action Teams," *Human Resource Management Review* 28 (2018): 395–410.

123. P. Daisyme, "Are You Hiring a 'Team' Player—Or Someone Just Looking Out for No. 1," *Entrepreneur,* September 12, 2018, https://www.entrepreneur.com/article/319847

124. "13 Separate Search & Rescue Missions Executed in Lane County During Snow Storm," *NBC 16,* March 5, 2019, https://nbc16.com/news/local/13-separate-search-rescue-missions-executed-in-lane-county-during-snow-storm

125. M. Kesner, "Key Components of a Bonus Plan for Your Dental Team," *Dental Economics*, June 1, 2017, https://www.dentaleconomics.com/articles/print/volume-107/issue-6/practice/key-components-of-a-bonus-plan-for-your-dental-team.html

126. G. Hertel, U. Konradt, and K. Voss, "Competencies for Virtual Teamwork: Development and Validation of a Web-Based Selection Tool for Members of Distributed Teams," *European Journal of Work and Organizational Psychology* 15, no. 4 (2006): 477–504.

127. T. V. Riper, "The NBA's Most Overpaid Players," *Forbes,* April 5, 2013, http://www.forbes.com/sites/tomvanriper/2013/04/05/the-nbas-most-overpaid-players/

128. F. P. Morgeson, S. E. Humphrey, and M. C. Reeder, "Team Selection," in N. Schmitt (ed.), *The Oxford Handbook of Personnel Assessment and Selection* (Oxford, UK: Oxford UP, 2012): 1–30.

129. A. M. Hughes et al., "Saving Lives: A Meta-Analysis of Team Training in Health Care," *Journal of Applied Psychology* 101, no. 9 (2016): 1266–304; and E. Salas et al., "Does Team Training Improve Team Performance? A Meta-Analysis," *Human Factors* 50 (2008): 903–33.

130. H. M. Guttman, "The New High-Performance Player," *The Hollywood Reporter,* October 27, 2008, http://www .hollywoodreporter.com

131. C.-H. Chuang, S. Chen, and C.-W. Chuang, "Human Resource Management Practices and Organizational Social Capital: The Role of Industrial Characteristics," *Journal of Business Research* 66, no. 5 (2013): 678–87.

132. T. Erickson and L. Gratton, "What It Means to Work Here," *BusinessWeek,* January 10, 2008, http://www .businessweek.com

133. Y. Garbers and U. Konradt, "The Effect of Financial Incentives on Performance: A Quantitative Review of Individual and Team-based Financial Incentives," *Journal of Occupational and Organizational Psychology* 87 (2014): 102–37.

134. K. Holcomb, "Ben Affleck and Oscar Isaac Talk Teamwork and New Movie 'Triple Frontier'," *K5 News,* March 4, 2019, https://www.king5.com/article/news/ben-affleck-and-oscar-isaac-talk-teamwork-and-new-movie-triple-frontier/281-5fcb72a0-f6ad-420c-b410-49db6c-c68fea

135. C. E. Naquin and R. O. Tynan, "The Team Halo Effect: Why Teams Are Not Blamed for Their Failures," *Journal of Applied Psychology* 88, no. 2 (2003): 332–40.

136. E. R. Crawford and J. A. Lepine, "A Configural Theory of Team Processes: Accounting for the Structure of Taskwork and Teamwork," *Academy of Management Review* 38, no. 1 (2013): 32–48.

제11장

1. S. Zalis, "Power of the Pack: Women Who Support Women Are More Successful," *Forbes,* March 6, 2019, https://www.forbes.com/sites/shelleyzalis/2019/03/06/power-of-the-pack-women-who-support-women-are-more-successful/#109151781771
2. Ibid.
3. J. Keyton, "Communication in Organizations," *Annual Review of Organizational Psychology and Organizational Behavior* 4 (2017): 501–26; M. Scott Poole, "Communication," in S. Zedeck (ed.), *APA Handbook of Industrial and Organizational Psychology* (Washington, DC: APA, 2011): 249–70.
4. Poole, "Communication."
5. S. J. Ashford, N. Wellman, M. S. de Luque, K. E. M. De Stobbeleir, and M. Wollan, "Two Roads to Effectiveness: CEO Feedback Seeking, Vision Articulation, and Firm Performance," *Journal of Organizational Behavior* 39 (2018): 82–95.
6. *Glassdoor* [website], accessed March 2, 2019, http://www .glassdoor.com; H. J. Walker, H. S. Felid, W. F. Giles, A. A. Armenakis, and J. B. Bernerth, "Displaying Employee Testimonials on Recruitment Web Sites: Effects of Communication Media, Employee Race, and Job Seeker Race on Organizational Attraction and Information Credibility," *Journal of Applied Psychology* 94, no. 5 (2009): 1354–64.
7. R. Waldersee and F. Luthans, "The Impact of Positive and Corrective Feedback on Customer Service Performance," *Journal of Organizational Behavior* 15 (1994): 83–95; *Yelp* [website], accessed March 2, 2019, http://www.yelp.com
8. K. DeRosa, "Paramedic's Campaign Collects First Responders' Tales of Trauma," *Times Colonist,* March 7, 2015, https://www.timescolonist.com/news/local/paramedic-s-campaign-collects-first-responders-tales-of-trauma-1.1785572
9. R. Swarns, "After Uneasy First Tries, Coworkers Find a Way to Talk About Race," *The New York Times,* March 23, 2015, A15.
10. D. C. Barnlund, "A Transactional Model of Communication," in C. D. Mortenson (ed.), *Communication Theory* (New Brunswick, NJ: Transaction, 2008), 47–57; see K. Byron, "Carrying Too Heavy a Load? The Communication and Miscommunication of Emotion by E-mail," *Academy of Management Review* 33, no. 2 (2008): 309–27.
11. R. E. Kraut, R. S. Fish, R. W. Root, and B. L. Chalfonte, "Informal Communication in Organizations: Form, Function, and Technology," in S. Oskamp and S. Spacapan (eds.), *People's Reactions to Technology* (Beverly Hills, CA: Sage, 1990): 145–99.
12. E. Salas, D. E. Sims, and C. S. Burke, "Is There a 'Big Five' in Teamwork?" *Small Group Research* 36, no. 5 (2005): 555–99.
13. S. Jhun, Z.-T. Bae, and S.-Y. Rhee, "Performance Change of Managers in Two Different Uses of Upward Feedback: A Longitudinal Study in Korea," *International Journal of Human Resource Management* 23, no. 20 (2012): 4246–64; J. W. Smither and A. G. Walker, "Are the Characteristics of Narrative Comments Related to Improvement in Multirater Feedback Ratings Over Time?" *Journal of Applied Psychology* 89, no. 3 (2004): 575–81.
14. A. Lewis and J. Clark, "Dreams Within a Dream: Multiple Visions and Organizational Structure," *Journal of Organizational Behavior* 41 (2020): 50–76.
15. Z. Witkower, J. L. Tracy, J. T. Cheng, and J. Henrich, "Two Signals of Social Rank: Prestige and Dominance Are Associated with Distinct Nonverbal Displays," *Journal of Personality and Social Psychology* 118, no. 1 (2020): 89–120.
16. S. Hunt, "Shifting Performance Management From Structured Forms to Structured Conversations," *HR Technologist,* March 4, 2019, https://www.hrtechnologist.com/articles/performance-management-hcm/shifting-performance-management-from-structured-forms-to-structured-conversations/; J. S. Lublin, "Managers Need to Make Time for Face Time," *The Wall Street Journal,* March 18, 2015, B6.
17. A. Fisher, "How to Give an Annual Performance Review (If You Must)," *Fortune,* December 19, 2016, http://fortune .com/2016/12/19/annual-performance-review/
18. E. W. Morrison, "Employee Voice and Silence," *Annual Review of Organizational Psychology and Organizational Behavior* 1 (2014): 173–97.
19. Morrison, "Employee Voice and Silence"; A. Starzyk and S. Sonnentag, "When Do Low-Initiative Employees Feel Responsible for Change and Speak Up to Managers," *Journal of Vocational Behavior* (in press).
20. R. D. Lebel, "Overcoming the Fear Factor: How Perceptions of Supervisor Openness Lead Employees to Speak Up When Fearing External Threat," *Organizational Behavior and Human Decision Processes* 135 (2016): 10–21.
21. E. Nichols, "Hyper-Speed Managers," *HR Magazine,* April 2007, 107–10.
22. D. Cray, G. R. Mallory, R. J. Butler, D. Hickson, and D. Wilson, "Sporadic, Fluid, and Constricted Processes: Three Types of Strategic Decision-Making in Organizations," *Journal of Management Studies* 25, no. 1 (1988): 13–39.
23. D. Shadpour, "The Key Elements for Building a Successful Startup Culture," *Forbes,* February 23, 2018, https://www.forbes.com/sites/forbesagencycouncil/2018/02/23/the-key-elements-for-building-a-successful-startup-culture/#d3f28d2368e8
24. S. B. Algoe, P. C. Dwyer, A. Younge, and C. Oveis, "A New Perspective on the Social Functions of Emotions: Gratitude and the Witnessing Effect," *Journal of Personality and Social Psychology* (in press).
25. P. P. Ramos, *Network Models for Organizations* (New York, NY: Palgrave Macmillan, 2012).
26. See, for example, G. Michelson, A. van Iterson, and K. Waddington, "Gossip in Organizations: Contexts, Consequences, and Controversies," *Group & Organization Management* 35, no. 4 (2010): 371–90.
27. J. Baum, M. Rabovsky, S. Benjamin Rose, and R. Abdel Rahman, "Clear Judgments Based on Unclear Evidence: Person Evaluation Is Strongly Influenced by Untrustworthy Gossip," *Emotion* 20, no. 2 (2020): 248–60.
28. N. Tan, K. Chi Yam, P. Zhang, and D. J. Brown, "Are You Gossiping About Me? The Costs and Benefits of High Workplace Gossip Prevalence," *Journal of Business and Psychology* (in press).
29. See, for instance, E. Martinescu, O. Janssen, and B. A. Nijstad, "Gossip as a Resource: How and Why Power Relationships Shape Gossip Behavior," *Organizational Behavior and Human Decision Processes* 153 (2019): 89–102.
30. G. Van Hoye and F. Lievens, "Tapping the Grapevine: A Closer Look at Word-of-Mouth as a Recruitment Source," *Journal of Applied Psychology* 94, no. 2 (2009): 341–52.
31. S. Freeman, "Keys to Hiring (and Keeping) Great People," *Forbes,* March 11, 2019, https://www.forbes.com/sites/theyec/2019/03/11/keys-to-hiring-and-keeping-great-people/#1e30dad45016
32. J. K. Bosson, A. B. Johnson, K. Niederhoffer, and W. B. Swann Jr., "Interpersonal Chemistry Through Negativity: Bonding by Sharing Negative Attitudes About Others," *Personal Relationships* 13, no. 2 (2006): 135–50.

33. T. J. Grosser, V. Lopez-Kidwell, and G. Labianca, "A Social Network Analysis of Positive and Negative Gossip in Organizational Life," *Group & Organization Management* 35, no. 2 (2010): 177–212.
34. R. Feintzeig, "The Boss's Next Demand: Make Lots of Friends," *The Wall Street Journal,* February 12, 2014, B1, B6.
35. R. E. Silverman, "A Victory for Small Office Talkers," *The Wall Street Journal,* October 28, 2014, D2.
36. K. Huang, M. Yeomans, A. W. Brooks, J. Minson, and F. Gino, "It Doesn't Hurt to Ask: Question-Asking Increases Liking," *Journal of Personality and Social Psychology* 113, no. 3 (2017): 430 *Communication Theory* 52.
37. B. Erdogan, T. N. Bauer, and J. Walter, "Deeds That Help and Words That Hurt: Helping and Gossip as Moderators of the Relationship Between Leader-Member Exchange and Advice Network Centrality," *Personnel Psychology* 68 (2015): 185–214.
38. S. Stoyanov, R. Woodward, V. Stoyanova, "Simple Word of Mouth or Complex Resource Orchestration for Overcoming Liabilities of Outsidership," *Journal of Management* 44, no. 8 (2018): 3151–75.
39. R. Raphael, "Doctors Are Using Hospital 'Robots' to Tell Patients They're Dying, Sparking an Outcry," *Fast Company,* March 12, 2019, https://www.fastcompany.com/90318752/doctors-are-using-hospital-robots-to-tell-patients-theyre-dying-sparking-an-outcry
40. E. Bernstein, "How Well Are You Listening?" *The Wall Street Journal,* January 13, 2015, D1.
41. E. Bernstein, "How 'Active Listening' Makes Both Participants in a Conversation Feel Better," *The Wall Street Journal,* January 12, 2015, http://www.wsj.com/articles/how-active-listening-makes-both-sides-of-a-conversation-feel-better-1421082684
42. S. Shellenbarger, "Work & Family Mailbox," *The Wall Street Journal,* July 30, 2014, D2.
43. E. C. Ravlin, A.-K. Ward, and D. C. Thomas, "Exchanging Social Information across Cultural Boundaries," *Journal of Management* 40, no. 5 (2014): 1437–65.
44. D. Pickles, "Why Tom Smykowski Got Fired," *Forbes,* December 28, 2018, https://www.forbes.com/sites/forbestechcouncil/2018/12/26/why-tom-smykowski-got-fired/#6f90bcffebc9
45. M. L. Kern et al., "Gaining Insights From Social Media Language: Methodologies and Challenges," *Psychological Methods* 21, no. 4 (2016): 507–25; O. N. E. Kjell, K. Kjell, D. Garcia, and S. Sikström, "Semantic Measures: Using Natural Language Processing to Measure, Differentiate, and Describe Psychological Constructs," *Psychological Methods* 24, no. 1 (2019): 92–115; J. W. Pennebaker, M. R. Mehl, and K. G. Niederhoffer, "Psychological Aspects of Natural Language Use: Our Words, Our Selves," *Annual Review of Psychology* 54 (2003): 547–77; C. Stanley and M. D. Byrne, "Comparing Vector-based and Bayesian Memory Models Using Large-scale Datasets: User-Generated Hashtag and Tag Prediction on Twitter and Stack Overflow," *Psychological Methods* 21, no. 4 (2016): 542–65.
46. T. Bradley, "New Cybersecurity Company Focuses on Addressing the Weakest Link in the Security Chain," *Forbes,* February 20, 2019, https://www.forbes.com/sites/tonybradley/2019/02/20/new-cybersecurity-company-focuses-on-addressing-the-weakest-link-in-the-security-chain/#6fb58a243745; J. Bresnick, "Medical Artificial Intelligence Market to See 50% CAGR Growth," *Health IT Analytics,* March 11, 2019, https://healthitanalytics.com/news/medical-artificial-intelligence-market-to-see-50-cagr-growth; P. Korzeniowski, "6 AI Applications in Finance Spark Partner Opportunity," *TechTarget,* March 2019, https://searchitchannel.techtarget.com/feature/6-AI-applications-in-finance-spark-partner-opportunity; F. Ohlhorst, "Using AI in Natural Language Processing for B2C, Call Centers," *eWeek,* March 11, 2019, https://www.eweek.com/enterprise-apps/using-ai-in-natural-language-processing-for-b2c-call-centers; E. Smith, "Machine Learning: Optimize Your Team for Artificial Intelligence," *Associations Now,* March 1, 2019, https://associationsnow.com/2019/03/artificial-intelligence-association-team-planning/; K. Walch, "AI in Accounting Boosts Compliance and Fraud Detection," *TechTarget,* March 2019, https://searchenterpriseai.techtarget.com/feature/AI-in-accounting-boosts-compliance-and-fraud-detection
47. BusinessWire, "The Global Natural Language Processing (NLP) Market Size Is Forecasted to Grow to USD 26.4 Billion by 2024," December 30, 2019, https://www .businesswire.com/news/home/20191230005197/en/Global-Natural-Language-Processing-NLP-Market-Size
48. S. Bonaccio, J. O'Reilly, S. L. O'Sullivan, and F. Chiocchio, "Nonverbal Behavior and Communication in the Workplace: A Review and an Agenda for Research," *Journal of Management* 42, no. 5 (2016): 1044–74; J. A. Hall, T. G. Horgan, and N. A. Murphy, "Nonverbal Communication," *Annual Review of Psychology* 70 (2019): 271–94.
49. N. Dargue, N. Sweller, and M. P. Jones, "When Our Hands Help Us Understand: A Meta-Analysis into the Effects of Gesture on Comprehension," *Psychological Bulletin* 145, no. 8: 765–84.
50. C. K. Goman, "5 Body Language Tips to Increase Your Curb Appeal," *Forbes,* March 4, 2013, www.forbes.com/sites/carolkinseygoman/2013/03/14/5-body-language-tips-to-increase-your-curb-appeal/
51. C. F. Lima, A. Anikin, A. Catarina Monteiro, S. K. Scott, and S. Luís Castro, "Automaticity in the Recognition of Nonverbal Emotional Vocalizations," *Emotion* 19, no. 2 (2019): 219–233; K. R. Scherer, A. Dieckmann, M. Unfried, H. Ellgring, and M. Mortillaro, "Investigating Appraisal-Drive Facial Expression and Inference in Emotion Communication," *Emotion* (in press).
52. G. Willard, K-J. Isaac, and D. R. Carney, "Some Evidence for the Nonverbal Contagion of Racial Bias," *Organizational Behavior and Human Decision Processes,"* 128 (2015): 96–107.
53. A. L. Skinner, K. R. Olson, and A. N. Meltzoff, "Acquiring Group bias: Observing Other People's Nonverbal Signals Can Create Social Group Biases," *Journal of Personality and Social Psychology* (in press).
54. A. R. Feiler and D. M. Powell, "Behavioral Expression of Job Interview Anxiety," *Journal of Business and Psychology* 31 (2016): 155–71; J. Schroeder, J. L. Risen, F. Gino, and M. I. Norton, "Handshaking Promotes Deal-making by Signalling Cooperative Intent," *Journal of Personality and Social Psychology* 116, no. 5 (2019): 743–768; A. Wilhelmy, M. Kleinmann, C. J. König, K. G. Melchers, and D. M. Truxillo, "How and Why Do Interviewers Try to Make Impressions on Applicants? A Qualitative Study," *Journal of Applied Psychology* 101, no. 3 (2016): 313–32.
55. See R. L. Daft and R. H. Lengel, "Organizational Information Requirements, Media Richness and Structural Design," *Management Science* 32, no. 5 (1986): 554–71; N. Kock, "The Psychobiological Model: Towards a New Theory of Computer-Mediated Communication Based on Darwinian Evolution," *Organization Science* 15, no. 3 (2004): 327–48.
56. R. L. Daft and R. H. Lengel, "Information Richness: A New Approach to Managerial Behavior and Organizational Design," *Research in Organizational Behavior* 6 (1984): 191–233; R. L. Daft and R. H. Lengel, "Organizational Information Requirements, Media Richness and Structural Design," *Management Science* 32, no. 5 (1986): 554–71; K. Ishii, M. Madison Lyons, and S. A. Carr, "Revisiting Media Richness Theory for Today and Future," *Human Behavior and Emerging Technologies* 1, no. 2 (2019): 124–31.
57. R. H. Lengel and R. L. Daft, "The Selection of Communication Media as an Executive Skill," *The Academy of Management Executive* 2, no. 3 (1988): 225–232; K. Patterson, J. Grenny, R. McMillan, and A. Switzler, *Crucial Conversations Tools for Talking When Stakes Are High*

(2nd ed., New York, NY: McGraw-Hill, 2012); S. G. Rogelberg, *The Surprising Science of Meetings: How You Can Lead Your Team to Peak Performance* (New York, NY: Oxford University Press, 2019).

58. S. Shellenbarger, "Is This How You Really Talk?" *The Wall Street Journal,* April 24, 2013, D1, D3.
59. G. W. Giumetti, AL. L. Hatfield, J. L. Scisco, A. N. Schroeder, E. R. Muth, and R. M. Kowalski, "What a Rude E-mail! Examining the Differential Effects of Incivility Versus Support on Mood, Energy, Engagement, and Performance in an Online Context," *Journal of Occupational Health Psychology* 18, no. 3 (2013): 297–309; J. Kruger, N. Epley, J. Parker, and Z-W. Ng, "Egocentrism Over E-mail: Can We Communicate as Well as We Think?" *Journal of Personality and Social Psychology* 89, no. 6 (2005): 925–36; Y. Park and V. C. Haun, "The Long Arm of Email Incivility: Transmitted Stress to the Partner and Partner Work Withdrawal," *Journal of Organizational Behavior* 39 (2018): 1268–82; E. M. Richard and M. McFadden, "Saving Face: Reactions to Cultural Norm Violations in Business Request Emails," *Journal of Business and Psychology* 31 (2016): 307–21.
60. B. Giamanco and K. Gregoire, "Tweet Me, Friend Me, Make Me Buy," *Harvard Business Review,* July–August 2012, 88–93.
61. M. J. Tews, K. Stafford, and E. P. Kudler, "The Effects of Negative Content in Social Networking Profiles on Perceptions of Employment Suitability," *International Journal of Selection and Assessment* 28 (2020): 17–30.
62. L. Windscheid, L. Bowes-Sperry, D. L. Kidder, H. K. Cheung, M. Morner, and F. Lievens, "Actions Speak Louder Than Words: Outsiders' Perceptions of Diversity Mixed Messages," *Journal of Applied Psychology* 101, no. 9 (2016): 1329–41.
63. V. Cheung-Blunden, K. Cropper, A. Panis, and K. Davis, "Functional Divergence of Two Threat-Induced Emotions: Fear-Based Versus Anxiety-Based Cybersecurity Preferences," *Emotion* 19, no. 8 (2019): 1353–65.
64. L. A. McNall and S. G. Roch, "A Social Exchange Model of Employee Reactions to Electronic Performance Monitoring," *Human Performance* 22 (2009): 204–24; J. M. Stanton, "Reactions to Employee Performance Monitoring: Framework, Review, and Research Directions," *Human Performance* 13, no. 1 (2000): 85–113; A. Brown Yost, T. S. Behrend, G. Howardson, J. Badger Darrow, and J. M. Jensen, "Reactance to Electronic Surveillance: A Test of Antecedents and Outcomes," *Journal of Business and Psychology* 34 (2019): 71–86.
65. "At Many Companies, Hunt for Leakers Expands Arsenal of Monitoring Tactics," *The Wall Street Journal,* September 11, 2006, B1, B3; B. J. Alge, G. A. Ballinger, S. Tangirala, and J. L. Oakley, "Information Privacy in Organizations: Empowering Creative and Extrarole Performance," *Journal of Applied Psychology* 91, no. 1 (2006): 221–32.
66. R. E. Petty and P. Briñol, "Persuasion: From Single to Multiple to Metacognitive Processes," *Perspectives on Psychological Science* 3, no. 2 (2008): 137–47; F. A. White, M. A. Charles, and J. K. Nelson, "The Role of Persuasive Arguments in Changing Affirmative Action Attitudes and Expressed Behavior in Higher Education," *Journal of Applied Psychology* 93, no. 6 (2008): 1271–86.
67. S. Alhabash, "Facebook Is a Persuasion Platform That is Changing the Advertising Rulebook," *The Media Online,* February 27, 2019, https://themediaonline.co.za/2019/02/facebook-is-a-persuasion-platform-thats-changing-the-advertising-rulebook/; S. Alhabash, N. Almutairi, C. Lou, and W. Kim, "Pathways to Virality: Psychophysiological Responses Preceding Likes, Shares, Comments, and Status Updates on Facebook," *Media Psychology* 22, no. 2 (2019): 196–216.
68. K. L. Blankenship and D. T. Wegener, "Opening the Mind to Close It: Considering a Message in Light of Important Values Increases Message Processing and Later Resistance to Change," *Journal of Personality and Social Psychology* 94, no. 2 (2008): 196–213; Y. H. M. See, R. E. Petty, and L. R. Fabrigar, "Affective and Cognitive Meta-Bases of Attitudes: Unique Effects of Information Interest and Persuasion," *Journal of Personality and Social Psychology* 94, no. 6 (2008): 938–55.
69. D. C. Zhang, X. S. Zhu, K. J. Ritter, and A. Thiele, "Telling Stories to Communicate the Value of the pre-Employment Structured Job Interview," *International Journal of Selection and Assessment* 27 (2019): 299–314.
70. M. S. Key, J. E. Edlund, B. J. Sagarin, and G. Y. Bizer, "Individual Differences in Susceptibility to Mindlessness," *Personality and Individual Differences* 46, no. 3 (2009): 261–64.
71. M. Reinhard and M. Messner, "The Effects of Source Likeability and Need for Cognition on Advertising Effectiveness under Explicit Persuasion," *Journal of Consumer Behavior* 8, no. 4 (2009): 179–91.
72. S. Sah, P. Malaviya, and D. Thompson, "Conflict of Interest Disclosure as an Expertise Cue: Differential Effects Due to Automatic Versus Deliberative Processing," *Organizational Behavior and Human Decision Processes,* 147 (2018): 127–46.
73. J. J. Guyer, L. R. Fabrigar, and T. I. Vaughan-Johnston, "Speech Rate, Intonation, and Pitch: Investigating the Bias and Cue Effects of Vocal Confidence on Persuasion," *Personality and Social Psychology Bulletin* 45, no. 3 (2019): 389–405; A. B. Van Zant and J. Berger, "How the Voice Persuades," *Journal of Personality and Social Psychology* 118, no. 4 (2020): 661–82.
74. V. S. Ferreira, "A Mechanistic Framework for Explaining Audience Design in Language Production," *Annual Review of Psychology* 70 (2019): 29–51.
75. C. Heath, "Do People Prefer to Pass Along Good or Bad News? Valence and Relevance of News as Predictors of Transmission Propensity," *Organizational Behavior and Human Decision Processes* 68, no. 2 (1996): 79–94.
76. M. T. Wallace, T. G. Woynaroski, and R. A. Stevenson, "Multisensory Integration as a Window into Orderly and Disrupted Cognition and Communication," *Annual Review of Psychology* 71 (2020): 193–219.
77. M. Richtel, "Lost in E-Mail, Tech Firms Face Self-Made Beast," *The New York Times,* June 14, 2008, http://www .nytimes.com/2008/06/14/technology/14email.html
78. S. Norton, "A Post-PC CEO: No Desk, No Desktop," *The Wall Street Journal,* November 20, 2014, B5.
79. H. A. Elfenbein and N. Eisenkraft, "The Relationship Between Displaying and Perceiving Nonverbal Cues of Affect: A Meta-Analysis to Solve an Old Mystery," *Journal of Personality and Social Psychology* 98, no. 2 (2010): 301–18; N. C. Overall, M. S. Clark, G. J. O. Fletcher, B. J. Peters, and V. T. Chang, "Does Expressing Emotions Enhance Perceptual Accuracy of Negative Emotions During Relationship Interactions," *Emotion* 20, no. 3 (2020): 353–67.
80. E. Chervonsky and C. Hunt, "Suppression and Expression of Emotion in Social and Interpersonal Outcomes: A Meta-Analysis," *Emotion* 17, no. 4 (2017): 669–83; Overall et al., "Does Expressing Emotions Enhance Perceptual Accuracy of Negative Emotions During Relationship Interactions."
81. D. S. Lee, A. Orvell, J. Briskin, T. Shrapnell, S. A. Gelman, O. Ayduk, O. Ybarra, and E. Kross, "When Chatting About Negative Experiences Helps—and When It Hurts: Distinguishing Adaptive Versus Maladaptive Social Support in Computer-Mediated Communication," *Emotion* 20, no. 3 (2020): 368–75.
82. P. Briñol, R. E. Petty, and J. Barden, "Happiness Versus Sadness as a Determinant of Thought Confidence in Persuasion: A Self-Validation Analysis," *Journal of Personality and Social Psychology* 93, no. 5 (2007): 711–27.
83. R. C. Sinclair, S. E. Moore, M. M. Mark, A. S. Soldat, and C. A. Lavis, "Incidental Moods, Source Likeability, and Persuasion: Liking Motivates Message Elaboration in Happy People," *Cognition and Emotion*

24, no. 6 (2010): 940–61; V. Griskevicius, M. N. Shiota, and S. L. Neufeld, "Influence of Different Positive Emotions on Persuasion Processing: A Functional Evolutionary Approach," *Emotion* 10, no. 2 (2010): 190–206.

84. See, for instance, J. A. Frimer, M. J. Brandt, Z. Melton, and M. Motyl, "Extremists on the Left and Right Use Angry, Negative Language," *Personality and Social Psychology Bulletin* 45, no. 8 (2019): 1216–31.
85. R. Weisman, "Who Are You Calling Senior? For Older Folks, Some Terms Are Fast Becoming Radioactive," *Boston Globe,* March 7, 2019, https://www.bostonglobe.com/metro/2019/03/07/who-are-you-calling-senior-for-older-folks-some-terms-are-fast-becoming-radioactive/EaCvwK6WJIHbtcoXO63JqO/story.html
86. D. Booher, "5 Communication Skills That Will Identify You as a Leader," *Forbes*, December 18, 2018, https://www.forbes.com/sites/womensmedia/2018/12/18/5-communication-skills-that-will-identify-you-as-a-leader/#61dbce7dc8a5
87. E. Nechanska, E. Hughes, and T. Dundon, "Towards an Integration of Employee Voice and Silence," *Human Resource Management Review* (in press).
88. M. Knoll, R. J. Hall, and O. Weigelt, "A Longitudinal Study of the Relationships Between Four Differentially Motivated Forms of Employee Silence and Burnout," *Journal of Occupational Health Psychology* 24, no. 5 (2019): 572–89; D. Fernando and A. Prasad, "Sex-Based Harassment and Organizational Silencing: How Women Are Led to Reluctant Acquiescence in Academia," *Human Relations* 72, no. 10 (2019): 1565–94.
89. E. Liu and M. E. Roloff, "Exhausting Silence: Emotional Costs of Withholding Complaints," *Negotiation and Conflict Management Research* 8, no. 1 (2015): 25–40; Morrison, "Employee Voice and Silence."
90. M. Kirrane, D. O'Shea, F. Buckley, A. Grazi, and J. Prout, "Investigating the Role of Discrete Emotions in Silence Versus Speaking Up," *Journal of Occupational and Organizational Psychology* 90 (2017): 354–78; H. P. Madrid, M. G. Patterson, and P. I. Leiva, "Negative Core Affect and Employee Silence: How Differences in Activation, Cognitive Rumination, and Problem-Solving Demands Matter," *Journal of Applied Psychology* 100, no. 6 (2015): 1887–98; E. W. Morrison, K. E. See, and C. Pan, "An Approach-Inhibition Model of Employee Silence: The Joint Effects of Personal Sense of Power and Target Openness," *Personnel Psychology* 68, no. 3 (2015): 547–80.
91. L. A. Withers and L. L. Vernon, "To Err Is Human: Embarrassment, Attachment, and Communication Apprehension," *Personality and Individual Differences* 40, no. 1 (2006): 99–110.
92. See, for instance, B. D. Blume, T. T. Baldwin, and K. C. Ryan, "Communication Apprehension: A Barrier to Students' Leadership, Adaptability, and Multicultural Appreciation," *Academy of Management Learning & Education* 12, no. 2 (2013): 158–72; B. D. Blume, G. F. Dreher, and T. T. Baldwin, "Examining the Effects of Communication Apprehension Within Assessment Centres," *Journal of Occupational and Organizational Psychology* 83, no. 3 (2010): 663–71; X. Shi, T. M. Brinthaupt, and M. McCree, "The Relationship of Self-Talk Frequency to Communication Apprehension and Public Speaking Anxiety," *Personality and Individual Differences* 75 (2015): 125–29.
93. See, for example, T. L. Rodebaugh, "I Might Look OK, But I'm Still Doubtful, Anxious, and Avoidant: The Mixed Effects of Enhanced Video Feedback on Social Anxiety Symptoms," *Behaviour Research and Therapy* 42, no. 12 (2004): 1435–51.
94. A. Vrij, M. Hartwig, and P. Anders Granhag, "Reading Lies: Nonverbal Communication and Deception," *Annual Review of Psychology* 70 (2019): 295–317.
95. K. B. Serota, T. R. Levine, and F. J. Boster, "The Prevalence of Lying in America: Three Studies of Self-Reported Lies," *Human Communication Research* 36, no. 1 (2010): 2–25.
96. J. Bundy, M. D. Pfarrer, C. E. Short, and W. Timothy Coombs, "Crises and Crisis Management: Integration, Interpretation, and Research Development," *Journal of Management* 43, no. 6 (2017): 1661–92.
97. T. W. Cole and K. L. Fellows, "Risk Communication Failure: A Case Study of New Orleans and Hurricane Katrina," *Southern Communication Journal* 73, no. 3 (2008): 211–28; A Gheytanchi, L. Joseph, E. Gierlach, S. Kimpara, J. Housley, Z. E. Franco, and L. E. Beutler, "The Dirty Dozen: Twelve Failures of the Hurricane Katrina Response and How Psychology Can Help," *American Psychologist* 62, no. 2 (2007): 118–30.
98. Bundy et al., "Crises and Crisis Management"; D. Y. Liou and C. H. Lin, "Human Resource Planning on Terrorism and Crises in the Asia Pacific Region: Cross-National Challenge, Reconsideration, and Proposition From Western Experiences," *Human Resource Management* 47, no. 1 (2008): 49–72.
99. D. G. Winter, "Power, Affiliation, and War: Three Tests of a Motivational Model," *Journal of Personality and Social Psychology* 65, no. 3 (1993): 532–45; D. G. Winter, "The Role of Motivation, Responsibility, and Integrative Complexity in Crisis Escalation: Comparative Studies of War and Peace Crises," *Journal of Personality and Social Psychology* 92, no. 5 (2007): 920–37.
100. S. Uitdewilligen and M. J. Waller, "Information Sharing and Decision-Making in Multidisciplinary Crisis Management Teams," *Journal of Organizational Behavior* 39 (2018): 731–48.
101. T. Knudsen and K. Srikanth, "Coordinated Exploration: Organizing Joint Search by Multiple Specialists to Overcome Mutual Confusion and Joint Myopia," *Administrative Science Quarterly* 59, no. 3 (2014): 409–41.
102. See, for example, N. Kman, "How Disaster Apps Work—and Don't," *Fast Company,* August 11, 2016, https://www .fastcompany.com/3062786/how-disaster-apps-work-and-dont; L. G. Militello, C. E. Sushereba, M. Branlat, R. Bean, and V. Finomore, "Designing for Military Pararescue: Naturalistic Decision-Making Perspective, Methods, and Frameworks," *Journal of Occupational and Organizational Psychology* 88 (2015): 251–72.
103. N. M. Jones and R. Cohen Silver, "This Is Not a Drill: Anxiety on Twitter Following the 2018 Hawaii False Missile Alert," *American Psychologist* (in press).
104. K. Gurchiek, "Cultural Awareness Is Needed in the U.S. as Well as Overseas," *Society for Human Resource Management: Global and Cultural Effectiveness* [blog], February 8, 2017, https://www.shrm.org/resourcesandtools/hr-topics/behavioral-competencies/global-and-cultural-effectiveness/pages/cultural-awareness-is-needed-in-the-u.s.-as-well-as-overseas.aspx
105. Ibid.
106. Y. P. Chang and S. B. Algoe, "On Thanksgiving: Cultural Variation in Gratitude Demonstrations and Perceptions Between the United States and Taiwan," *Emotion* (in press).
107. See, for instance, M. Yoshie and D. A. Sauter, "Cultural Norms Influence Nonverbal Emotion Communication: Japanese Vocalizations of Socially Disengaging Emotions," *Emotion* 20, no. 3 (2020): 513–17.
108. M. Cioffi, "Navigating Latin American Cultures in Workplace," *Tire Business,* May 29, 2018, https://www .tirebusiness.com/article/20180529/NEWS/180529964/navigating-latin-american-cultures-in-workplace
109. See W. L. Adair, "Integrative Sequences and Negotiation Outcome in Same- and Mixed-Culture Negotiations," *International Journal of Conflict Management* 14, nos. 3–4 (2003): 1359–92; W. L. Adair and J. M. Brett, "The Negotiation Dance: Time, Culture, and Behavioral

Sequences in Negotiation," *Organization Science* 16, no. 1 (2005): 33–51; E. Giebels and P. J. Taylor, "Interaction Patterns in Crisis Negotiations: Persuasive Arguments and Cultural Differences," *Journal of Applied Psychology* 94, no. 1 (2009): 5–19; M. G. Kittler, D. Rygl, and A. Mackinnon, "Beyond Culture or Beyond Control? Reviewing the Use of Hall's High-/Low-Context Concept," *International Journal of Cross-Cultural Management* 11, no. 1 (2011): 63–82.

110. M. C. Hopson, T. Hart, and G. C. Bell, "Meeting in the Middle: Fred L. Casmir's Contributions to the Field of Intercultural Communication," *International Journal of Intercultural Relations* 36, no. 6 (2012): 789–97.

제12장

1. D. T. Dingle, "Gloria Boyland, One of the Most Powerful Women in Corporate America, Drives Innovation at FedEx," *Black Enterprise,* March 13, 2019, https://www .blackenterprise.com/most-powerful-women-in-corporate-america-gloria-boyland-fedex/
2. W. Zheng, R. Kark, and A. Meister, "How Women Manage the Gendered Norms of Leadership," *Harvard Business Review,* November 28, 2018, https://hbr.org/2018/11/how-women-manage-the-gendered-norms-of-leadership
3. R. Knight, "How to Increase Your Influence at Work," *Harvard Business Review,* February 16, 2018, https://hbr .org/2018/02/how-to-increase-your-influence-at-work
4. Dingle, "Gloria Boyland, One of the Most Powerful Women in Corporate America, Drives Innovation at FedEx."
5. S. J. Zaccaro, J. P. Green, S. Dubrow, and M. Kolze, "Leader Individual Differences, Situational Parameters, and Leadership Outcomes: A Comprehensive Review and Integration," *The Leadership Quarterly* 29 (2018): 2–43.
6. See, for instance, R. K. Gottfredson and C. S. Reina, "Exploring Why Leaders Do What They Do: An Integrative Review of the Situation-Trait Approach and Situation-Encoding Schemas," *The Leadership Quarterly* (in press); G. Luria, A. Kahana, J. Goldenberg, and Y. Noam, "Contextual Moderators for Leadership Potential Based on Trait Activation Theory," *Journal of Organizational Behavior* 40 (2019): 899–911.
7. B. R. Spisak, P. A. van der Laken, and B. M. Doornenbal, "Finding the Right Fuel for the Analytical Engine: Expanding the Leader Trait Paradigm Through Machine Learning?" *The Leadership Quarterly* 30 (2019): 417–26.
8. N. Ensari, R. E. Riggio, J. Christian, and G. Carslaw, "Who Emerges as a Leader? Meta-Analyses of Individual Differences as Predictors of Leadership Emergence," *Personality and Individual Differences* 51, no. 4 (2011): 532–36.
9. D. S. DeRue, J. D. Nahrgang, N. Wellman, and S. E. Humphrey, "Trait and Behavioural Theories of Leadership: An Integration and Meta-Analytic Test of Their Relative Validity," *Personnel Psychology* 64 (2011): 7–52.
10. DeRue et al., "Trait and Behavioural Theories of Leadership"; M. H. Do and A. Minbashian, "A Meta-Analytic Examination of the Effects of the Agentic and Affiliative Aspects of Extraversion on Leadership Outcomes," *The Leadership Quarterly* 25 (2014): 1040–53.
11. J. Hu, Z. Zhang, K. Jiang, and W. Chen, "Getting Ahead, Getting Along, and Getting Prosocial: Examining Extraversion Facets, Peer Reactions, and Leadership Emergence," *Journal of Applied Psychology* 104, no. 11 (2019): 1369–86.
12. DeRue et al., "Trait and Behavioral Theories of Leadership."
13. Ibid.
14. Ibid.
15. R. B. Kaiser, J. M. LeBreton, and J. Hogan, "The Dark Side of Personality and Extreme Leader Behavior," *Applied Psychology: An International Review* 64, no. 1 (2015): 55–92; K. Landay, P. D. Harms, and M. Credé, "Shall We Serve the Dark Lords? A Meta-Analytic Review of Psychopathy and Leadership," *Journal of Applied Psychology* 104, no. 1 (2019): 1833–96.
16. B. H. Gaddis and J. L. Foster, "Meta-Analysis of Dark Side Personality Characteristics and Critical Work Behaviors among Leaders Across the Globe: Findings and Implications for Leadership Development and Executive Coaching," *Applied Psychology: An International Review* 64, no. 1 (2015): 25–54.
17. E. Grijalva and L. Zhang, "Narcissism and Self-Insight: A Review and Meta-Analysis of Narcissists' Self-Enhancement Tendencies," *Personality and Social Psychology Bulletin* 42, no. 1 (2016): 3–24; L. Huang, D. V. Krasikova, and P. D. Harms, "Avoiding or Embracing Social Relationships? A Conservation of Resources Perspective of Leader Narcissism, Leader-Member Exchange Differentiation, and Follower Voice," *Journal of Organizational Behavior* 41 (2020): 77–92.
18. R. H. Humphrey, J. M. Pollack, and T. H. Hawver, "Leading with Emotional Labor," *Journal of Managerial Psychology* 23, no. 2 (2008): 151–68; M. A. Clark, M. M. Robertson, and S. Young, "'I Feel Your Pain': A Critical Review of Organizational Research on Empathy," *Journal of Organizational Behavior* 40 (2019): 166–92.
19. P. D. Harms and M. Credé, "Emotional Intelligence and Transformational and Transactional Leadership: A Meta-Analysis," *Journal of Leadership & Organizational Studies* 17, no. 1 (2010): 5–17.
20. S. Côté, P. N. Lopes, P. Salovey, and C. T. H. Miners, "Emotional Intelligence and Leadership Emergence in Small Groups," *Leadership Quarterly* 21, no. 3 (2010): 496–508.
21. Ensari et al., "Who Emerges as a Leader?"; A. Tuncdogan, O. A. Acar, and D. Stam, "Individual Differences as Antecedents of Leader Behavior: Towards an Understanding of Multi-Level Outcomes," *The Leadership Quarterly* 28 (2017): 40–64.
22. C. N. Lacerenza, D. L. Reyes, S. L. Marlow, D. L. Joseph, and E. Salas, "Leadership Training Design, Delivery, and Implementation: A Meta-Analysis," *Journal of Applied Psychology* 102, no. 12 (2017): 1686–1718.
23. E. A. Fleishman, "Twenty Years of Consideration and Structure," in E. A. Fleishman and J. G. Hunt (eds.), *Current Developments in the Study of Leadership* (Carbondale, IL: Southern Illinois University Press, 1973): 1–40; T. A. Judge, R. F. Piccolo, and R. Ilies, "The Forgotten Ones? The Validity of Consideration and Initiating Structure in Leadership Research," *Journal of Applied Psychology,* 89 no. 1 (2004): 36–51.
24. Ibid.
25. J. F. Helliwell, M. B. Norton, H. Huang, and S. Wang, "Happiness at Different Ages: The Social Context Matters," *The National Bureau of Economic Research* [Working Paper No. 25121] (Cambridge, MA: NBER, 2018); S. Landrum, "The Importance of Working for a Boss That Supports You," *Forbes,* December 8, 2017, https://www.forbes.com/sites/sarahlandrum/2017/12/08/the-importance-of-working-for-a-boss-that-supports-you/#47e66c40486a; M. Schwantes, "Want Happier Employees? Research Surprisingly Found That You Should Treat Them Like This," *Inc.,* October 22, 2018, https://www.inc.com/marcel-schwantes/want-happier-employees-research-surprisingly-found-that-you-should-treat-them-like-this.html
26. Judge et al., "The Forgotten Ones?"
27. M. Javidan, P. W. Dorfman, M. S. de Luque, and R. J. House, "In the Eye of the Beholder: Cross Cultural Lessons in Leadership from Project GLOBE," *Academy of Management Perspectives* 20, no. 1 (2006): 67–90.

28. H. van Emmerik, H. Wendt, and M. C. Euwema, "Gender Ratio, Societal Culture, and Male and Female Leadership," *Journal of Occupational and Organizational Psychology* 83 (2010): 895–914.
29. J. Gallagher, "Alfred Glancy III, the Detroit Leader Who Helped Save the DSO, Has Died," *Detroit Free Press,* January 11, 2019, https://www.freep.com/story/money/business/john-gallagher/2019/01/11/alfred-glancy-iii-dso/2546584002/
30. F. E. Fiedler, "A Contingency Model of Leadership Effectiveness," *Advances in Experimental Social Psychology* 1 (1964): 149–90; for a more current discussion on the model, see S. Altmaee, K. Tuerk, and O.-S. Toomet, "Thomas-Kilmann's Conflict Management Modes and Their Relationship to Fiedler's Leadership Styles (Basing on Estonian Organizations)," *Baltic Journal of Management* 8, no. 1 (2013): 45–65.
31. L. H. Peters, D. D. Hartke, and J. T. Pohlmann, "Fiedler's Contingency Theory of Leadership: An Application of the Meta-Analysis Procedures of Schmidt and Hunter," Psychological Bulletin 97, no. 2 (1985): 274–85; C. A. Schriesheim, B. J. Tepper, and L. A. Tetrault, "Least Preferred Co-Worker Score, Situational Control, and Leadership Effectiveness: A Meta-Analysis of Contingency Model Performance Predictions," *Journal of Applied Psychology* 79, no. 4 (1994): 561–73.
32. R. P. Vecchio, "Situational Leadership Theory: An Examination of a Prescriptive Theory," *Journal of Applied Psychology* 72, no. 3 (1987): 444–51; V. H. Vroom and A. G. Jago, "The Role of the Situation in Leadership," *American Psychologist* 62, no. 1 (2007): 17–24.
33. See, for instance, G. Thompson and R. P. Vecchio, "Situational Leadership Theory: A Test of Three Versions," *Leadership Quarterly* 20, no. 5 (2009): 837–48; R. P. Vecchio, C. R. Bullis, and D. M. Brazil, "The Utility of Situational Leadership Theory—A Replication in a Military Setting," *Small Group Research* 37, no. 5 (2006): 407–24.
34. R. J. House, "A Path-Goal Theory of Leader Effectiveness," *Administrative Science Quarterly* 16 (1971): 321–38; R. J. House and G. Dessler, "The Path-Goal Theory of Leadership: Some Post Hoc and A Priori Tests," in J. G. Hunt and L. L. Larson (eds.), *Contingency Approaches to Leadership* (Carbondale, IL: Southern Illinois University Press, 1974): 29–55.
35. R. R. Vecchio, J. E. Justin, and C. L. Pearce, "The Utility of Transactional and Transformational Leadership for Predicting Performance and Satisfaction within a Path-Goal Theory Framework," *Journal of Occupational and Organizational Psychology* 81 (2008): 71–82.
36. J. C. Wofford and L. Z. Liska, "Path-Goal Theories of Leadership: A Meta-Analysis," *Journal of Management* 19, no. 4 (1993): 857–76.
37. Vroom and Jago, "The Role of the Situation in Leadership."
38. C. Matyszczyk, "In Just a Few Words, Warriors Coach Steve Kerr Gave a Wonderful Lesson in Leadership. The Limits of Leadership, That Is," *Inc.,* September 6, 2018, https://www .inc.com/chris-matyszczyk/in-just-a-few-words-warriors-coach-steve-kerr-gave-a-wonderful-lesson-in-leadership-limits-of-leadership-that-is.html
39. F. Dansereau, G. B. Graen, and W. Haga, "A Vertical Dyad Linkage Approach to Leadership in Formal Organizations," *Organizational Behavior and Human Performance* 13 (1975): 46–78; R. Martin, Y. Guillaume, G. Thomas, A. Lee, and O. Epitropaki, "Leader-Member Exchange (LMX) and Performance: A Meta-Analytic Review," Personnel Psychology 69 (2016): 67–121.
40. J. H. Dulebohn, W. H. Bommer, R. C. Liden, R. L. Brouer, and G. R. Ferris, "A Meta-Analysis of Antecedents and Consequences of Leader-Member Exchange: Integrating the Past With an Eye Toward the Future," *Journal of Management* 38, no. 6 (2012): 1715–59; A. J. Xu, R. Loi, Z. Cai, and R. C. Liden, "Reversing the Lens: How Followers Influence Leader-Member Exchange Quality," *Journal of Occupational and Organizational Psychology* 92 (2019): 475–97.
41. Ibid.
42. Z. Liao, W. Liu, X. Li, and Z. Song, "Give and Take: An Episodic Perspective on Leader-Member Exchange," *Journal of Applied Psychology* 104, no. 1 (2019): 34–51.
43. Ibid.
44. R. Vecchio and D. M. Brazil, "Leadership and Sex-Similarity: A Comparison in a Military Setting," *Personnel Psychology* 60, no. 2 (2007): 303–35.
45. A. Lee, G. Thomas, R. Martin, Y. Guillaume, and A. F. Marstand, "Beyond Relationship Quality: The Role of Leader-Member Exchange Importance in Leader-Follower Dyads," *Journal of Occupational and Organizational Psychology* 92 (2019): 736–63.
46. See, for instance, Martin et al.; for a critique of the LMX literature, see R. K. Gottfredson, S. L. Wright, and E. D. Heaphy, "A Critique of the Leader-Member Exchange Construct: Back to Square One," *The Leadership Quarterly* (in press).
47. A. Lee, A. Gerbasi, G. Schwarz, and A. Newman, "Leader-Member Exchange Social Comparisons and Follower Outcomes: The Roles of Felt Obligation and Psychological Entitlement," *Journal of Occupational and Organizational Psychology* 92 (2019): 593–617.
48. A. Yu, F. K. Matta, and B. Cornfield, "Is Leader-Member Exchange Differentiation Beneficial or Detrimental for Group Effectiveness? A Meta-Analytic Investigation and Theoretical Integration," *Academy of Management Journal* 61, no. 3 (2018): 1158–88.
49. Ibid.
50. L. C. Wang and J. R. Hollenbeck, "LMX in Team-Based Contexts: TMX, Authority Differentiation, and Skill Differentiation as Boundary Conditions for Leader Reciprocation," *Personnel Psychology* 72 (2019): 271–90.
51. T. Rockstuhl, J. H. Dulebohn, S. Ang, and L. M. Shore, "Leader-Member Exchange (LMX) and Culture: A Meta-Analysis of Correlates of LMX Across 23 Countries," *Journal of Applied Psychology* 97, no. 6 (2012): 1097–130.
52. F. K. Matta, B. A. Scott, J. Koopman, and D. E. Conlon, "Does Seeing 'Eye to Eye' Affect Work Engagement and Organizational Citizenship Behavior? A Role Theory Perspective on LMX Agreement," *Academy of Management Journal* 58, no. 6 (2015): 1686–708; A. Chaudhry, P. R. Vidyarthi, R. C. Liden, and S. J. Wayne, "Two to Tango? Implications of Alignment and Misalignment in Leader and Follower Perceptions of LMX," *Journal of Business and Psychology* (in press).
53. S. Patel, "The 5 Characteristics That Make a Charismatic Leader," *Entrepreneur,* August 7, 2017, https://www .entrepreneur.com/article/297710
54. M. Weber, *The Theory of Social and Economic Organization,* trans A. M. Henderson and T. Parsons (Eastford, CT: Martino Fine Books, 2012).
55. R. J. House, "A 1976 Theory of Charismatic Leadership," in J. G. Hunt and L. L. Larson (eds.), *The Cutting Edge* (Carbondale, IL: Southern Illinois University Press, 1977): 189–207; see also J. Antonakis, N. Bastardoz, P. Jacquart, and B. Shamir, "Charisma: An Ill-Defined and Ill-Measured Gift," *Annual Review of Organizational Psychology and Organizational Behavior* 3 (2016): 293–319; L. L. Watts, L. M. Steele, and M. D. Mumford, "Making Sense of Pragmatic and Charismatic Leadership Stories," *The Leadership Quarterly* 30 (2019): 243–59.
56. Ibid.
57. G. C. Banks, K. N. Engemann, C. E. Williams, J. Gooty, K. D. McCauley, and M. R. Medaugh, "A Meta-Analytic Review and Future Research Agenda of Charismatic Leadership," *The Leadership Quarterly* 28 (2017): 508–29.
58. F. Walter and H. Bruch, "An Affective Events Model of Charismatic Leadership Behavior: A Review, Theoretical Integration, and Research Agenda," *Journal of Management* 35, no. 6 (2009): 1428–52.

59. Banks et al., "A Meta-Analytic Review and Future Research Agenda of Charismatic Leadership"; M. A. LePine, Y. Zhang, E. R. Crawford, and B. L. Rich, "Turning Their Pain to Gain: Charismatic Leader Influence on Follower Stress Appraisal and Job Performance," *Academy of Management Journal* 59, no. 3 (2016): 1036–59; E. McClean and C. J. Collins, "Expanding the Concept of Fit in Strategic Human Resource Management: An Examination of the Relationship Between Human Resource Practices and Charismatic Leadership on Organizational Outcomes," *Human Resource Management* 58 (2019): 187–202.
60. T. Maran, M. Furtner, S. Liegl, S. Kraus, and P. Sachse, "In the Eye of a Leader: Eye-Directed Gazing Shapes Perceptions of Leaders' Charisma," *The Leadership Quarterly* (in press).
61. Y. Berson, R. A. Da'as, and D. A. Waldman, "How Do Leaders and Their Teams Bring About Organizational Learning and Outcomes," *Personnel Psychology* 68 (2015): 79–108.
62. A. Erez, V. F. Misangyi, D. E. Johnson, M. A. LePine, and K. C. Halverson, "Stirring the Hearts of Followers: Charismatic Leadership as the Transferal of Affect," *Journal of Applied Psychology* 93, no. 3 (2008): 602–15. On the role of vision in leadership, see M. Hauser and R. J. House, "Lead through Vision and Values," in *Handbook of Principles of Organizational Behavior*, ed. E. A. Locke (Malden, MA: Blackwell, 2004), 257–73.
63. D. N. Den Hartog, A. H. B. De Hoogh, and A. E. Keegan, "The Interactive Effects of Belongingness and Charisma on Helping and Compliance," *Journal of Applied Psychology* 92, no. 4 (2007): 1131–39.
64. J. C. Pastor, M. Mayo, and B. Shamir, "Adding Fuel to Fire: The Impact of Followers' Arousal on Ratings of Charisma," *Journal of Applied Psychology* 92, no. 6 (2007): 1584–96; D. Stam, D. van Knippenberg, B. Wisse, and P. A. Nederveen, "Motivation in Words: Promotion- and Prevention-Oriented Leader Communication in Times of Crisis," *Journal of Management* 44, no. 7 (2018): 2859–87.
65. C. M. Barnes, C. L. Guarana, S. Nauman, and D. T. Kong, "Too Tired to Inspire or Be Inspired: Sleep Deprivation and Charismatic Leadership," *Journal of Applied Psychology* 101, no. 8 (2016): 1191–99.
66. P. Jacquart and J. Antonakis, "When Does Charisma Matter for Top-Level Leaders? Effect of Attributional Ambiguity," *Academy of Management Journal* 58, no. 4 (2015): 1051–74.
67. F. Cohen, S. Solomon, M. Maxfield, T. Pyszczynski, and J. Greenberg, "Fatal Attraction: The Effects of Mortality Salience on Evaluations of Charismatic, Task-Oriented, and Relationship-Oriented Leaders," *Psychological Science* 15, no. 12 (2004), 846–51; J. Griffith, S. Connelly, C. Thiel, and G. Johnson, "How Outstanding Leaders Lead with Affect: An Examination of Charismatic, Ideological, and Pragmatic Leaders," *Leadership Quarterly* 26, no. 4 (2015): 502–17; K. Breevaart and R. E. de Vries, "Followers' HEXACO Personality Traits and Preferences for Charismatic, Relationship-Oriented, and Task-Oriented Leadership," Journal of Business and Psychology (in press).
68. See, for instance, J. A. Raelin, "The Myth of Charismatic Leaders," *Training and Development Journal,* March 2003, 47–54; P. A. Vlachos, N. G. Panagopoulos, and A. A. Rapp, "Feeling Good by Doing Good: Employee CSR-Induced Attributions, Job Satisfaction, and the Role of Charismatic Leadership," *Journal of Business Ethics* 118, no. 3 (2013): 577–88.
69. B. M. Galvin, D. A. Waldman, and P. Balthazard, "Visionary Communication Qualities as Mediators of the Relationship between Narcissism and Attributions of Leader Charisma," *Personnel Psychology* 63, no. 3 (2010): 509–37.
70. J. B. Rodell, J. A. Colquitt, and M. D. Baer, "Is Adhering to Justice Rules Enough? The Role of Charismatic Qualities in Perceptions of Supervisors' Overall Fairness," *Organizational Behavior and Human Decision Processes* 140 (2017): 14–28.
71. P. Balkundi, M. Kilduff, and D. A. Harrison, "Centrality and Charisma: Comparing How Leader Networks and Attributions Affect Team Performance," *Journal of Applied Psychology* 96, no. 6 (2012): 1209–22.
72. J. Vergauwe, B. Wille, J. Hofmans, R. B. Kaiser, and F. De Fruyt, "The Double-edged Sword of Leader Charisma: Understanding the Curvilinear Relationship Between Charismatic Personality and Leader Effectiveness," *Journal of Personality and Social Psychology* 114, no. 1 (2018): 110–30.
73. Right Management, "Two-thirds of Managers Need Guidance on How to Coach and Develop Careers," *Thoughtwire* [blog], March 11, 2015, https://www.right.com/wps/wcm/connect/right-us-en/home/thoughtwire/categories/media-center/Two-Thirds-of-Managers-Need-Guidance-on-How-to-Coach-and-Develop-Careers
74. See, for instance, B. M. Bass, *Leadership and Performance Beyond Expectations* (New York, NY: Free Press, 1990); B. M. Bass, "Two Decades of Research and Development in Transformational Leadership," *European Journal of Work and Organizational Psychology* 8 (1999): 9–32; B. M. Bass and R. E. Riggio, *Transformational Leadership*, 2nd ed. (Mahwah, NJ: Lawrence Erlbaum, 2006).
75. T. A. Judge and R. F. Piccolo, "Transformational and Transactional Leadership: A Meta-Analytic Test of Their Relative Validity," *Journal of Applied Psychology* 89, no. 5 (2004): 755–68; H. R. Young, D. R. Glerum, D. L. Joseph, and M. A. McCord, "A Meta-Analysis of Transactional Leadership and Follower Performance: Double-Edged Effects of LMX and Empowerment," *Journal of Management* (in press).
76. S. Willis, S. Clarke, and E. O'Connor, "Contextualizing Leadership: Transformational Leadership and Management-by-Exception-Active in Safety-Critical Contexts," *Journal of Occupational and Organizational Psychology* 90 (2017): 281–305.
77. Bass, *Leadership and Performance Beyond Expectations*; Bass, "Two Decades of Research and Development in Transformational Leadership"; Bass and R. E. Riggio, *Transformational Leadership.*
78. See for a critique, N. Siangchokyoo, R. L. Klinger, and E. D. Campion, "Follower Transformation as the Linchpin of Transformational Leadership Theory: A Systematic Review and Future Research Agenda," *The Leadership Quarterly* (in press).
79. G. C. Altschuler, "Review: 'Leadership in Turbulent Times,' by Doris Kearns Goodwin," *StarTribune*, September 14, 2018, http://www.startribune.com/review-leadership-in-turbulent-times-by-doris-kearns-goodwin/493196541/; D. K. Goodwin, *Leadership in Turbulent Times* (New York, NY: Simon & Schuster, 2018).
80. L. Y. C. Leong and R. Fischer, "Is Transformational Leadership Universal? A Meta-Analytic Investigation of the Multifactor Leadership Questionnaire Across Cultures," *Journal of Leadership & Organizational Studies* 18, no. 2 (2011): 164–74.
81. T. R. Hinkin and C. A. Schriescheim, "An Examination of 'Nonleadership': From Laissez-Faire Leadership to Leader Reward Omission and Punishment Omission," *Journal of Applied Psychology* 93, no. 6 (2008): 1234–48; Judge and Piccolo, "Transformational and transactional leadership."
82. Judge and Piccolo, "Transformational and Transactional Leadership"; Wang et al., "Transformational Leadership and Performance Across Criteria and Levels."
83. Ibid.
84. Ibid.
85. K. A. Arnold, "Transformational Leadership and Employee Psychological Well-being: A Review and Directions for Future Research," *Journal of Occupational Health Psychology* 22, no. 3 (2017): 381–93; Judge and Piccolo, "Transformational and Transactional Leadership"; D. Koh, K. Lee, and K. Joshi, "Transformational Leadership and Creativity: A Meta-Analytic Review and Identification of an Integrated

Model," *Journal of Organizational Behavior* 40, no. 6 (2019): 625–650; Wang et al., "Transformational Leadership and Performance Across Criteria and Levels."

86. A. Deinert, A. Homan, D. Boer, S. C. Voelpel, and D. Gutermann, "Transformational Leadership Sub-Dimensions and Their Link to Leaders' Personality and Performance," *The Leadership Quarterly* 26 (2015): 1095–120.
87. See, for instance, R. K. Gottfredson and H. Aguinis, "Leadership Behaviors and Follower Performance: Deductive and Inductive Examination of Theoretical Rationales and Underlying Mechanisms," *Journal of Organizational Behavior* 38 (2017): 558–91; T. W. H. Ng, "Transformational Leadership and Performance Outcomes: Analyses of Multiple Mediation Pathways," *The Leadership Quarterly* 28 (2017): 385–417.
88. Ng, "Transformational Leadership and Performance Outcomes."
89. Gottfredson and Aguinis, "Leadership Behaviors and Follower Performance"; Ng, "Transformational Leadership and Performance Outcomes."
90. J. A. Shaffer, D. DeGeest, and A. Li, "Tackling the Problem of Construct Proliferation: A Guide to Assessing the Discriminant Validity of Conceptually Related Constructs," *Organizational Research Methods* 19, no. 1 (2016): 80–110.
91. M. A. Robinson and K. Boies, "Different Ways to Get the Job Done: Comparing the Effects of Intellectual Stimulation and Contingent Reward Leadership on Task-Related Outcomes," *Journal of Applied Social Psychology* 46 (2016): 336–53.
92. DeRue et al., "Trait and Behavioural Theories of Leadership"; G. Wang, I-S. Oh, S. H. Courtright, and A. E. Colbert, "Transformational Leadership and Performance Across Criteria and Levels: A Meta-Analytic Review of 25 Years of Research," *Group & Organization Management* 36, no. 2 (2011): 223–70.
93. S. Clarke, "Safety Leadership: A Meta-Analytic Review of Transformational and Transactional Leadership Styles as Antecedents of Safety Behaviors," *Journal of Occupational and Organizational Psychology* 86 (2013): 22–49.
94. Judge and Piccolo, "Transformational and Transactional Leadership."
95. Antonakis et al., "Charisma."
96. See, for example, D. Tourish, *The Dark Side of Transformational Leadership: A Critical Perspective* (New York, NY: Routledge, 2013); Siangchokyoo et al., "Follower Transformation as the Linchpin of Transformational Leadership Theory."
97. D. Van Knippenberg and S. B. Sitkin, "A Critical Assessment of Charismatic–Transformational Leadership Research: Back to the Drawing Board?" *The Academy of Management Annals* 7, no. 1 (2013): 1–60.
98. Ibid; G. Wang, C. H. Van Iddekinge, L. Zhang, and J. Bishoff, "Meta-Analytic and Primary Investigations of the Role of Followers in Ratings of Leadership Behavior in Organizations," *Journal of Applied Psychology* 104, no. 1 (2019): 70–106.
99. F. Luthans and B. J. Avolio, "Authentic Leadership Development," in K. S. Cameron, J. E. Dutton, and R. Quinn (eds.), *Positive Organizational Scholarship: Foundations of a New Discipline* (San Francisco, CA: Barrett-Koehler, 2003): 241–61; F. O. Walumbwa, B. J. Avolio, W. L. Gardner, T. S. Wernsing, and S. J. Peterson, "Authentic Leadership: Development and Validation of a Theory-Based Measure?," *Journal of Management* 34 (2008): 89–126; see for a critique, M. Alvesson and K. Einola, "Warning for Excessive Positivity: Authentic Leadership and Other Traps in Leadership Studies," *The Leadership Quarterly* 30 (2019): 383–95.
100. Bradt, "Practice What You Preach or Pay the Price."
101. S. Braun, C. Peus, and D. Frey, "Connectionism in Action: Exploring the Links Between Leader Prototypes, Leader Gender, and Perceptions of Authentic Leadership," *Organizational Behavior and Human Decision Processes* 149 (2018): 129–44.
102. Ibid.
103. C. Jideonwo, "Practice What You Preach: How to Make the Workplace (and World) a Happier Place," *Forbes,* May 10, 2018, https://www.forbes.com/sites/forbesagencycouncil/2018/05/10/practice-what-you-preach-how-to-make-the-workplace-and-world-a-happier-place/#1a794ccb3af1; D. Remnick, "Hillary Clinton Looks Back in Anger," *The New Yorker,* September 25, 2017, https://www.newyorker.com/magazine/2017/09/25/hillary-clinton-looks-back-in-anger
104. G. C. Banks, K. D. McCauley, W. L. Gardner, and C. E. Guler, "A Meta-Analytic Review of Authentic and Transformational Leadership: A Test for Redundancy," *The Leadership Quarterly* 27 (2016): 634–62.
105. T. Simons, H. Leroy, V. Collewaert, and S. Masschelein, "How Leader Alignment of Words and Deeds Affects Followers: A Meta-Analysis of Behavioral Integrity Research," *Journal of Business Ethics* 132 (2015): 831–44.
106. Q. Mehmood, M. R. W. Hamstra, S. Nawab, and T. Vriend, "Authentic Leadership and Followers' In-Role and Extra-Role Performance: The Mediating Role of Followers' Learning Goal Orientation," *Journal of Occupational and Organizational Psychology* 89 (2016): 877–83.
107. Banks et al., "A Meta-Analytic Review of Authentic and Transformational Leadership,"; G. C. Banks, J. Gooty, R. L. Ross, C. E. Williams, and N. T. Harrington, "Construct Redundancy in Leader Behaviors: A Review and Agenda for the Future," *The Leadership Quarterly* 29 (2018): 236–51; J. E. Hoch, W. H. Bommer, J. H. Dulebohn, and D. Wu, "Do Ethical, Authentic, and Servant Leadership Explain Variance Above and Beyond Transformational Leadership? A Meta-Analysis," *Journal of Management* 44, no. 2 (2018): 501–29.
108. Banks et al., "A Meta-Analytic Review of Authentic and Transformational Leadership."
109. D. N. Den Hartog, "Ethical Leadership," *Annual Review of Organizational Psychology and Organizational Behavior* 2 (2015): 409–34.
110. C. Moore, D. M. Mayer, F. F. T. Chiang, C. Crossley, M. J. Karlesky, and T. A. Birtch, "Leaders Matter Morally: The Role of Ethical Leadership in Shaping Employee Moral Cognition and Misconduct," *Journal of Applied Psychology* 104, no. 1 (2019): 123–45; D. A. Waldman, D. Wang, S. T. Hannah, and P. A. Balthazard, "A Neurological and Ideological Perspective of Ethical Leadership," *Academy of Management Journal* 60, no. 4 (2017): 1285–306; J. T. Bush, D. T. Welsh, M. D. Baer, and D. Waldman, "Discouraging Unethicality Versus Encouraging Ethicality: Unraveling the Differential Effects of Prevention- and Promotion-Focused Ethical Leadership," *Personnel Psychology* (in press); C. Moore, D. M. Mayer, F. F. T. Chiang, C. Crossley, M. J. Karlesky, and T. A. Birtch, "Leaders Matter Morally: The Role of Ethical Leadership in Shaping Employee Moral Cognition and Misconduct," *Journal of Applied Psychology* 104, no. 1 (2019): 123–45.
111. T. W. H. Ng and D. C. Feldman, "Ethical Leadership: Meta-Analytic Evidence of Criterion-Related and Incremental Validity," *Journal of Applied Psychology* 100, no. 3 (2015): 948–65; T. W. H. Ng, Mo Wang, D. Y. Hsu, and C. Su, "Changes in Perceptions of Ethical Leadership: Effects on Associative and Dissociative Outcomes," *Journal of Applied Psychology* (in press).
112. E-R. Lukacik and J. S. Bourdage, "Exploring the Influence of Abusive and Ethical Leadership on Supervisor and Co-Worker-targeted Impression Management," *Journal of Business and Psychology* 34 (2019): 771–789; J. M. Schauboreck, S. S. K. Lam, and A. C. Peng, "Can Peers' Ethical and Transformational Leadership Improve Coworkers' Service Quality? A Latent Growth Analysis," *Organizational Behavior and Human Decision Processes* 133 (2016): 45–58.
113. Banks et al., "Construct Redundancy in Leader Behaviors"; Hoch et al., "Do Ethical, Authentic, and Servant Leadership Explain Variance Above and Beyond Transformational Leadership?"

114. S.H. Lin, J. Ma, and R. E. Johnson, "When Ethical Leader Behavior Breaks Bad: How Ethical Leader Behavior Can Turn Abusive via Ego Depletion and Moral Licensing," *Journal of Applied Psychology* 101, no. 6 (2016): 815–30.
115. R. Fehr, A. Fulmer, and F. T. Keng-Highberger, "How Do Employees React to Leaders' Unethical Behavior? The Role of Moral Disengagement," *Personnel Psychology* 73 (2020): 73–93.
116. S. A. Eisenbeiss and D. Van Knippenberg, "On Ethical Leadership Impact: The Role of Follower Mindfulness and Moral Emotions," *Journal of Organizational Behavior* 36 (2015): 182–95; X. Qin, M. Huang, Q. Hu, M. Schminke, and D. Ju, "Ethical Leadership, but Toward Whom? How Moral Identity Congruence Shapes the Ethical Treatment of Employees," *Human Relations* 71, no. 8 (2018): 1120–49; C. E. Thiel, J. H. Hardy, D. R. Peterson, D. T. Welsh, and J. M. Bonner, "Too Many Sheep in the Flock? Span of Control Attenuates the Influence of Ethical Leadership," *Journal of Applied Psychology* 103, no. 12 (2018): 1324–34.
117. J. Schindler, "Leading With Ethics," *Forbes*, January 7, 2019, https://www.forbes.com/sites/forbescoachescouncil/2019/01/07/leading-with-ethics/#24f0d254568a
118. J. M. Schaubroeck et al. "Embedding Ethical Leadership within and across Organization Levels," *Academy of Management Journal* 55, no. 5 (2012): 1053–78; M. Kuenzi, D. M. Mayer, and R. L. Greenbaum, "Creating an Ethical Organizational Environment: The Relationship Between Ethical Leadership, Ethical Organizational Climate, and Unethical Behavior," *Personnel Psychology* 73 (2020): 43–71; A. C. Peng and D. Kim, "A Meta-Analytic Test of the Differential Pathways Linking Ethical Leadership to Normative Conduct," *Journal of Organizational Behavior* (in press).
119. J. M. Jensen, M. S. Cole, and R. S. Rubin, "Predicting Retail Shrink From Performance Pressure, Ethical Leader Behaivor, and Store-Level Incivility," *Journal of Organizational Behavior* 40 (2019): 723–39.
120. D. van Dierendonck, "Servant Leadership: A Review and Synthesis," *Journal of Management* 37, no. 4 (2011): 1228–61; J. W. Graham, "Servant-Leadership in Organizations: Inspirational and Moral," *The Leadership Quarterly* 2 (1991): 105–19; N. Eva, M. Robin, S. Sendjaya, D. van Dierendonck, and R. C. Liden, "Servant Leadership: A Systematic Review and Call for Future Research," *The Leadership Quarterly* 30 (2019): 111–32.
121. L.C. Spears, "Character and Servant Leadership: Ten Characteristics of Effective, Caring Leaders," *The Journal of Virtues & Leadership* 1 (2010): 25–30.
122. Banks et al., "Construct Redundancy in Leader Behaviors"; Hoch et al., "Do Ethical, Authentic, and Servant Leadership Explain Variance Above and Beyond Transformational Leadership?"
123. Ibid.
124. A. Panaccio, D. J. Henderson, R. C. Liden, S. J. Wayne, and X. Cao, "Toward an Understanding of When and Why Servant Leadership Accounts for Employee Extra-Role Behaviors," *Journal of Business and Psychology* 30 (2015): 657–76; J. Sun, R. C. Liden, and L. Ouyang, "Are Servant Leaders Appreciated? An Investiation of How Relational Attributions Influence Employee Feelings of Gratitude and Prosocial Behaviors," *Journal of Organizational Behavior* 40, no. 5 (2019): 528–40.
125. G. James Lemoine and T. C. Blum, "Servant Leadership, Leader Gender, and Team Gender Role: Testing a Female Advantage in a Cascading Model of Performance," *Personnel Psychology* (in press).
126. Z. Chen, J. Zhu, and M. Zhou, "How Does a Servant Leader Fuel the Service Fire? A Multilevel Model of Servant Leadership, Individual Self-Identity, Group Competition Climate, and Customer Service Performance," *Journal of Applied Psychology* 100, no. 2 (2015): 511–21.
127. Z. Wang, H. Xu, and Y. Liu, "Servant Leadership as a Driver of Employee Service Performance: Test of a Trickle-Down Model and Its Boundary Conditions," *Human Relations* 71, no. 9 (2018): 1179–203; J. Stollberger, M. Las Heras, Y. Rofcanin, and M. José Bosch, "Serving Followers and Family? A Trickle-Down Model of How Servant Leadership Shapes Employee Work Performance," *Journal of Vocational Behavior* 112 (2019): 158–71; J. Wu, R. C. Liden, C. Liao, and S. J. Wayne, "Does Manager Servant Leadership Lead to Followers Serving Behaviors? It Fepends on Follower Self-Interest," *Journal of Applied Psychology* (in press).
128. Banks et al., "Construct Redundancy in Leader Behaviors"; Hoch et al., "Do Ethical, Authentic, and Servant Leadership Explain Variance Above and Beyond Transformational Leadership?"; A. Lee, J. Lyubovnikova, A. Wei Tian, and C. Knight, "Servant Leadership: A Meta-Analytic Examination of Incremental Contribution, Moderation, and Mediation," *Journal of Occupational and Organizational Psychology* 92 (2020): 1–44.
129. F. D. Schoorman, R. C. Mayer, and J. H. Davis, "An Integrative Model of Organizational Trust: Past, Present, and Future," *Academy of Management Review* 32, no. 2 (2007): 344–54; A. Cristina Costa, C. Ashley Fulmer, and N. R. Anderson, "Trust in Work Teams: An Integrative Review, Multilevel Model, and Future Research Directions," *Journal of Organizational Behavior* 39 (2018): 169–84.
130. B. A. Gazdag, M. Haude, M. Hoegl, and M. Muethel, "I Do Not Want to Trust You, but I Do: On the Relationship Between Trust Intent, Trusting Behavior, and Time Pressure," *Journal of Business and Psychology* 34 (2019): 731–743.
131. Schoorman et al., "An Integrative Model of Organizational Trust."
132. B. L. Connelly, T. R. Crook, J. G. Combs, D. J. Ketchen, and H. Aguinis, "Competence- and Integrity-Based Trust in Interorganizational Relationships: Which Matters More?" *Journal of Management* 44, no. 3 (2018): 919–45.
133. See, for instance, K. T. Dirks and D. L. Ferrin, "Trust in Leadership: Meta-Analytic Findings and Implications for Research and Practice," *Journal of Applied Psychology* 87, no. 4 (2002): 611–28.
134. S. Han, C. M. Harold, and M. Cheong, "Examining Why Employee Proactive Personality Influences Empowering Leadership: The Roles of Cognition-and Affect-Based Trust," *Journal of Occupational and Organizational Psychology* 92 (2019): 352–83.
135. R. L. Campagna, K. T. Dirks, A. P. Knight, C. Crossley, and S. L. Robinson, "On the Relation Between Felt Trust and Actual Trust: Examining Pathways to and Implications of Leader Trust Meta-Accuracy," *Journal of Applied Psychology* (in press).
136. J. A. Colquitt, B. A. Scott, and J. A. LePine, "Trust, Trustworthiness, and Trust Propensity: A Meta-Analytic Test of Their Unique Relationships with Risk Taking and Job Performance," *Journal of Applied Psychology* 92, no. 4 (2007): 909–27; S. R. Giessner and D. van Knippenberg, "'License to Fail': Goal Definition, Leader Group Prototypicality, and Perceptions of Leadership Effectiveness After Leader Failure," *Organizational Behavior and Human Decision Processes* 105, no. 1 (2008): 14–35.
137. S. M. Conchie, P. J. Taylor, and I. J. Donald, "Promoting Safety Voice with Safety-Specific Transformational Leadership: The Mediating Role of Two Dimensions of Trust," *Journal of Occupational Health Psychology* 17, no. 1 (2012): 105–15; J. R. Detert and E. R. Burris, "Leadership Behavior and Employee Voice: Is the Door Really Open?," *Academy of Management Journal* 50, no. 4 (2007): 869–84; S. Loretta Kim, "Enticing High Performers to Stay and Share Their Knowledge: The Importance of Trust in Leader," *Human Resource Management* 58 (2019): 341–51.
138. B. A. De Jong, K. T. Dirks, and N. Gillespie, "Trust and Team Performance: A Meta-Analysis of Main Effects, Moderators, and Covariates," *Journal of Applied Psychology* 101, no. 8 (2016): 1134–50.
139. Colquitt, Scott, and LePine, "Trust, Trustworthiness, and Trust Propensity."

140. J. A. Colquitt, B. A. Scott, and J. A. LePine, "Trust, Trustworthiness, and Trust Propensity: A Meta-Analytic Test of Their Unique Relationships with Risk Taking and Job Performance;" M. L. Frazier, C. Tupper, and S. Fainshmidt, "The Path(s) to Employee Trust in Direct Supervisor in Nascent and Established Relationships: A Fuzzy Set Analysis," *Journal of Organizational Behavior* 37 (2016): 1023–43; F. D. Schoorman, R. C. Mayer, and J. H. Davis, "An Integrative Model of Organizational Trust: Past, Present, and Future."
141. Cited in D. Jones, "Do You Trust Your CEO?" *USA Today*, February 12, 2003, 7B.
142. Mayer, Davis, and Schoorman, "An Integrative Model of Organizational Trust."
143. J. A. Simpson, "Foundations of Interpersonal Trust," in *Social Psychology: Handbook of Basic Principles*, 2nd ed., eds. A. W. Kruglanski and E. T. Higgins (New York: Guilford, 2007), 587–607.
144. A. J. Ferguson and R. S. Peterson, "Sinking Slowly: Diversity in Propensity to Trust Predicts Downward Trust Spirals in Small Groups," *Journal of Applied Psychology* 100, no. 4 (2015): 1012–24.
145. X.-P. Chen, M. B. Eberly, T.-J. Chiang, J.-L. Farh, and B.-Shiuan Cheng, "Affective Trust in Chinese Leaders: Linking Paternalistic Leadership to Employee Performance," *Journal of Management* 40, no. 3 (2014): 796–819.
146. J. A. Simpson, "Foundations of Interpersonal Trust"; L. van der Werff and F. Buckley, "Getting to Know You: A Longitudinal Examination of Trust Cues and Trust Development During Socialization," *Journal of Management* 43, no. 3 (2017): 742–70.
147. J. Kaltiainen, J. Kipponen, and B. C. Holtz, "Dynamic Interplay Between Merger Process Justice and Cognitive Trust in Top Management: A Longitudinal Study," *Journal of Applied Psychology* 102, no. 4 (2017): 636–47; J. Lipponen, J. Kaltiainen, L. van der Werff, and N. K. Steffens, "Merger-Specific Trust Cues in the Development of Trust in New Supervisors During an Organizational Merger: A Naturally Occurring Quasi-Experiment," *The Leadership Quarterly* (in press).
148. B. Groysberg and M. Slind, "Leadership Is a Conversation," *Harvard Business Review*, June 2012, 76–84.
149. K. Breevaart and H. Zacher, "Main and Interactive Effects of Weekly Transformational and Laissez-Faiire Leadership on Followers' Trust in the Leader and Leader Effectiveness," *Journal of Occupational and Organizational Psychology* 92 (2019): 384–409; B. Shao, "Moral Anger as a Dilemma? An Investigation on How Leader Moral Anger Influences Follower Trust," *The Leadership Quarterly* 30 (2019): 365–82.
150. R. J. Lewicki and C. Brinsfield, "Trust Repair," *Annual Review of Organizational Psychology and Organizational Behavior* 4 (2017): 287–313; H. Zhao, S. J. Wayne, B. C. Glibkowski, and J. Bravo, "The Impact of Psychological Contract Breach on Work-Related Outcomes: A Meta-Analysis," *Personnel Psychology* 60, no. 3 (2007): 647–80.
151. Ibid.
152. D. L. Ferrin, P. H. Kim, C. D. Cooper, and K. T. Dirks, "Silence Speaks Volumes: The Effectiveness of Reticence in Comparison to Apology and Denial for Responding to Integrity- and Competence-Based Trust Violations," *Journal of Applied Psychology* 92, no. 4 (2007): 893–908.
153. K. E. Henderson, E. T. Welsh, and A. M. O'Leary-Kelly, "'Oops, I Did It' or 'It Wasn't Me:' An Examination of Psychological Contract breach Repair Tactics," *Journal of Business and Psychology* (in press).
154. T. Haesevoets, A. Joosten, C. R. Folmer, L. Lerner, D. De Cremer, and A. Van Hiel, "The Impact of Decision Timing on the Effectiveness of Leaders' Apologies to Repair Followers' Trust in the Aftermath of Leader Failure," *Journal of Business and Psychology* 31 (2016): 533–51.
155. M. E. Schweitzer, J. C. Hershey, and E. T. Bradlow, "Promises and Lies: Restoring Violated Trust," *Organizational Behavior and Human Decision Processes* 101, no. 1 (2006): 1–19.
156. K. E. Kram, "Phases of the Mentor Relationship," *Academy of Management Journal* 26 (1983): 608–25; K. E. Kram, *Mentoring at Work: Developmental Relationships in Organizational Life* (Glenview, IL: Foresman, 1985).
157. T. A. Scandura, "Mentorship and Career Mobility: An Empirical Investigation," *Journal of Organizational Behavior* 13 (1992): 169–74.
158. K. Kraiger, L. M. Finkelstein, and L. S. Varghese, "Enacting Effective Mentoring Behaviors: Development and Initial Investigation of the Cuboid of Mentoring," *Journal of Business and Psychology* 34 (2019): 403–424.
159. T. D. Allen, L. T. Eby, M. L. Poteet, E. Lentz, and L. Lima, "Career Benefits Associated With Mentoring for Protégés: A Meta-Analysis," *Journal of Applied Psychology* 89, no. 1 (2004): 127–36; L. T. Eby, T. D. Allen, S. C. Evans, T. Ng, and D. L. DuBois, "Does Mentoring Matter? A Multidisciplinary Meta-Analysis Comparing Mentored and Non-Mentored Individuals," *Journal of Vocational Behavior* 72 (2008): 254–67; R. Ghosh and T. G. Reio, "Career Benefits Associated With Mentoring for Mentors: A Meta-Analysis," *Journal of Vocational Behavior* 83 (2013): 106–16.
160. C. M. Underhill, "The Effectiveness of Mentoring Programs in Corporate Settings: A Meta-Analytical Review of the Literature," *Journal of Vocational Behavior* 68 (2006): 292–307.
161. K. E. O'Brien, A. Biga, S. R. Kessler, and T. D. Allen, "A Meta-Analytic Investigation of Gender Differences in Mentoring," *Journal of Management* 36, no. 2 (2010): 537–54.
162. J. D. Kammeyer-Mueller and T. A. Judge, "A Quantitative Review of Mentoring Research: Test of a Model," *Journal of Vocational Behavior* 72 (2008): 269–83.
163. D. Robson, "COVID-19: What Makes a Good Leader During a Crisis?" *BBC: Worklife* [blog], March 27, 2020, https://www.bbc.com/worklife/article/20200326-covid-19-what-makes-a-good-leader-during-a-crisis
164. Z. Marks, "In a Global Emergency, Women Are Showing How to Lead," *The Washington Post*, April 21, 2020, https://www.washingtonpost.com/opinions/2020/04/21/global-emergency-women-are-showing-how-lead/; S. Miller, "The Secret to Germany's COVID-19 Success: Angela Merkel Is a Scientist," *The Atlantic*, April 20, 2020, https://www .theatlantic.com/international/archive/2020/04/angela-merkel-germany-coronavirus-pandemic/610225/; N. Yancey-Bragg, "Female World Leaders Are Handling Coronavirus Crisis 'in a Really Impressive Manner,' Experts Say," *USA Today*, April 17, 2020, https://www.usatoday.com/story/news/world/2020/04/17/coronavirus-women-world-leaders-praised-handling-crisis/5144421002/
165. S. Alexander Haslam and M. K. Ryan, "The Road to the Glass Cliff: Differences in the Perceived Suitability of Men and Women for Leadership Positions in Succeeding and Failing Organizations," *The Leadership Quarterly* 19 (2008): 530–46; C. Kulich, V. Iacoviello, F. Lorenzi-Cioldi, "Solving the Crisis: When Agency is the Preferred Leadership for Implementing Change," *The Leadership Quarterly* 29 (2018): 295–308; M. K. Ryan, S. Alexander Haslam, T. Morgenroth, F. Rink, J. Stoker, and K. Peters, "Getting on Top of the Glass Cliff: Reviewing a Decade of Evidence, Explanations, and Impact," *The Leadership Quarterly* 27 (2016): 446–55.
166. S. T. Hannah, M. Uhl-Bien, B. J. Avolio, and F. L. Cavaretta, "A Framework for Examining Leadership in Extreme Contexts," *The Leadership Quarterly* 20 (2009): 897–919; E. Hayes James and L. Perry Wooten, *Leading Under Pressure: From Surviving to Thriving Before, During, and After a Crisis* (New York, NY: Routledge, 2010).
167. B. Wansink, C. R. Payne, K. van Ittersum, "Profiling the Heroic Leader: Empirical Lessons From Combat-Decorated Veterans of World War II," *The Leadership Quarterly* 19 (2008): 547–55.

168. L. A. DeChurch, C. Shawn Burke, M. L. Shuffler, R. Lyons, D. Doty, and E. Salas, "A Historiometric Analysis of Leadership in Mission Critical Multiteam Environments," *The Leadership Quarterly* 22 (2011): 152–69; see, also, M. D. Mumford, T. L. Friedrich, J. J. Caughron, and C. L. Byrne, "Leader Cognition in Real-World Settings: How Do Leaders Think About Crises?" *The Leadership Quarterly* 18 (2007): 515–43; J. I. Stoker, H. Garretsen, and D. Soudis, "Tightening the Leash After a Threat: A Multilevel Event Study on Leadership Behavior Following the Financial Crisis," *The Leadership Quarterly* 30 (2019): 199–214.

169. D. J. Carrington, I. A. Combe, and M. D. Mumford, "Cognitive Shifts Within Leader and Follower Teams: Where Consensus Develops in Mental Models During an Organizational Crisis," *The Leadership Quarterly* 30 (2019): 335–50; I. A. Combe and D. J. Carrington, "Leaders' Sensemaking Under Crises: Emerging Cognitive Consensus Over Time Within Management Teams," *The Leadership Quarterly* 26 (2015): 307–22.

170. J. M. Madera and D. B. Smith, "The Effects of Leader Negative Emotions on Evaluations of Leadership in a Crisis Situation: The Role of Anger and Sadness," *The Leadership Quarterly* 20 (2009): 103–14.

171. M. C. Bligh, J. C. Kohles, and J. R. Meindl, "Charisma Under Crisis: Presidential Leadership, Rhetoric, and Media Responses Before and After the September 11th Terrorist Attacks," *The Leadership Quarterly* 15, no. 2 (2004): 211–39; K. M. Davis and W. L. Gardner, "Charisma Under Crisis Revisited: Presidential Leadership, Perceived Leader Effectiveness, and Contextual Influences," *The Leadership Quarterly* 23 (2012): 918–933; J. G. Hunt, K. B. Boal, and G. E. Dodge, "The Effects of Visionary and Crisis-Responsive Charisma on Followers: An Experimental Examination of Two Kinds of Charismatic Leadership," *The Leadership Quarterly* 10, no. 3 (1999): 423–48.

172. Ibid.

173. E. A. Williams, R. Pillai, B. Deptula, and K. B. Lowe, "The Effects of Crisis, Cynicism About Change, and Value Congruence on Perceptions of Authentic Leadership and Attributed Charisma in the 2008 Presidential Election," *The Leadership Quarterly* 23 (2012): 324–41; E. A. Williams, R. Pillai, K. B. Lowe, D. Jung, and D. Herst, "Crisis, Charisma, Values, and Voting Behavior in the 2004 Presidential Election," *The Leadership Quarterly* 20 (2009): 70–86.

174. M. B. Eberly, D. J. Bluhm, C. Guarana, B. J. Avolio, and S. T. Hannah, "Staying After the Storm: How Transformational Leadership Relates to Follower Turnover Intentions in Extreme Contexts," *Journal of Vocational Behavior* 102 (2017): 72–85.

175. Comment by Jim Collins, cited in J. Useem, "Conquering Vertical Limits," *Fortune*, February 19, 2001, 94.

176. See, for instance, S. G. Green and T. R. Mitchell, "Attributional Processes of Leaders in Leader-Member Interactions," *Organizational Behavior & Human Performance* 23, no. 3 (1979): 429–58; B. Schyns, J. Felfe, and H. Blank, "Is Charisma Hyper-Romanticism? Empirical Evidence from New Data and a Meta-Analysis," *Applied Psychology: An International Review* 56, no. 4 (2007): 505–27.

177. J. H. Gray and I. L. Densten, "How Leaders Woo Followers in the Romance of Leadership," *Applied Psychology: An International Review* 56, no. 4 (2007): 558–81; M. J. Martinko, P. Harvey, D. Sikora, and S. C. Douglas, "Perceptions of Abusive Supervision: The Role of Subordinates' Attribution Styles," *Leadership Quarterly* 22, no. 4 (2011): 751–64; J. R. Meindl and S. B. Ehrlich, "The Romance of Leadership and the Evaluation of Organizational Performance," *Academy of Management Journal* 30, no. 1 (1987): 91–109; J. R. Meindl, S. B. Ehrlich, and J. M. Dukerich, "The Romance of Leadership," *Administrative Science Quarterly* 30 (1985): 78–102.

178. W. L. Gardner, E. P. Karam, L. L. Tribble, and C. C. Cogliser, "The Missing Link? Implications of Internal, External, and Relational Attribution Combinations for Leader-Member Exchange, Relationship Work, Self-Work, and Conflict," *Journal of Organizational Behavior* 40, no. 5 (2019): 554–569.

179. M. C. Bligh, J. C. Kohles, C. L. Pearce, J. E. Justin, and J. F. Stovall, "When the Romance Is Over: Follower Perspectives of Aversive Leadership," *Applied Psychology: An International Review* 56, no. 4 (2007): 528–57.

180. B. Schyns, J. Felfe, and H. Blank, "Is Charisma Hyper-Romanticism?"

181. W. Matthew Bowler, J. B. Paul, and J. R. Halbesleben, "LMX and Attributions of Organizational Citizenship Behavior Motives: When Is Citizenship Perceived as Brownnosing?" *Journal of Business and Psychology* 34 (2019): 139–52.

182. F. K. Matta, T. B. Sabey, B. A. Scott, S-H. J. Lin, and J. Koopman, "Not All Fairness Is Created Equal: A Study of Employee Attributions of Supervisor Justice Motives," *Journal of Applied Psychology* 105, no. 3 (2020): 274–93.

183. S. Kerr and J. M. Jermier, "Substitutes for Leadership: Their Meaning and Measurement," *Organizational Behavior & Human Performance* 22, no. 3 (1978): 375–403.

184. R. E. Silverman, "Who's the Boss? There Isn't One," *The Wall Street Journal,* June 20, 2012, B1, B8.

185. J. Koopman, B. A. Scott, F. K. Matta, D. E. Conlon, and T. Dennerlein, "Ethical Leadership as a Substitute for Justice Enactment: An Information Processing Perspective," *Journal of Applied Psychology* 104, no. 9 (2019): 1103–16.

186. S. D. Dionne, F. J. Yammarino, L. E. Atwater, and L. R. James, "Neutralizing Substitutes for Leadership Theory: Leadership Effects and Common-Source Bias," *Journal of Applied Psychology* 87 (2002): 454–64; J. R. Villa, J. P. Howell, P. W. Dorfman, and D. L. Daniel, "Problems with Detecting Moderators in Leadership Research Using Moderated Multiple Regression," *Leadership Quarterly* 14 (2002): 3–23.

제13장

1. R. E. Sturm and J. Antonakis, "Interpersonal Power: A Review, Critique, and Research Agenda," *Journal of Management* 41, no. 1 (2015): 136–63; P. Fleming and A. Spicer, "Power in Management and Organization Science," *The Academy of Management Annals* 8, no. 1 (2014): 237–98.

2. C. Anderson and S. Brion, "Perspectives on Power in Organizations," *Annual Review of Organizational Psychology and Organizational Behavior* 1 (2014): 67–97.

3. K. Higginbottom, "The Link Between Power and Sexual Harassment in the Workplace," *Forbes,* June 11, 2018, https://www.forbes.com/sites/karenhigginbottom/2018/06/11/the-link-between-power-and-sexual-harassment-in-the-workplace/#52604e6d190f

4. E. Shaw, A. Hegewisch, and C. Hess, *Sexual Harassment and Assault at Work: Understanding the Costs* [Report No. IWPR#B376] (Washington, DC: Institute for Women's Policy Research, October 15, 2018).

5. J. French and B. Raven, "The Bases of Social Power," in D. Cartwright (ed.), *Studies in Social Power* (Ann Arbor, MI: Institute for Social Research, 1959): 150–67; G. Yukl, "Use Power Effectively," in E. A. Locke (ed.), *Handbook of Principles of Organizational Behavior* (Malden, MA: Blackwell, 2004), 242–47.

6. See, for example, H. Lian, D. J. Brown, D. L. Ferris, L. H. Liang, L. M. Keeping, and R. Morrison, "Abusive Supervision and Retaliation: A Self-Control Framework," *Academy of Management Journal* 57, no. 1 (2014): 116–39.

7. French and Raven, "The Bases of Social Power"; E. A. Ward, "Social Power Bases of Managers: Emergence of a New Factor," *Journal of Social Psychology* (February 2001): 144–47.
8. See, for instance, G. D. Granic and A. K. Wagner, "Where Power Resides in Committees," *The Leadership Quarterly* (in press).
9. S. R. Giessner and T. W. Schubert, "High in the Hierarchy: How Vertical Location and Judgments of Leaders' Power Are Interrelated," *Organizational Behavior and Human Decision Processes* 104, no. 1 (2007): 30–44.
10. N. Wellman, D. M. Mayer, M. Ong, and D. S. DeRue, "When Are Do-Gooders Treated Badly? Legitimate Power, Role Expectations, and Reactions to Moral Objection in Organizations," *Journal of Applied Psychology* 101, no. 6 (2016): 793–814.
11. French and Raven, "The Bases of Social Power"; M. Van Djike and M. Poppe, "Striving for Personal Power as a Basis for Social Power Dynamics," European Journal of Social Psychology 27, no. 1 (2006): 537–56.
12. French and Raven, "The Bases of Social Power."
13. Ibid.
14. J. D. Kudisch, M. L. Poteet, G. H. Dobbins, M. C. Rush, and J. A. Russell, "Expert Power, Referent Power, and Charisma: Toward the Resolution of a Theoretical Debate," *Journal of Business and Psychology* 10, no. 1 (1995): 177–95.
15. J. F. Peltz, "Lakers Look to King James' Golden Marketing Touch," *LA Times,* July 3, 2018, https://www.latimes.com/business/la-fi-lebron-lakers-marketing-20180703-story .html
16. T. Schwarzmüller, P. Brosi, M. Spörrle, and I. M. Welpe, "It is the Base: Why Displaying Anger Instead of Sadness Might Increase Leaders' Perceived Power but Worsen Their Leadership Outcomes," *Journal of Business and Psychology* 32 (2017): 691–709.
17. S. Perman, "Translation Advertising: Where Shop Meets Hip Hop," *Time,* August 30, 2010, http://content.time.com/time/magazine/article/0,9171,2011574,00.html
18. Translation, *Beats by Dre—The Shop*, accessed March 19, 2019, https://www.translationllc.com/work/the-shop
19. Sturm and Antonakis, "Interpersonal Power."
20. M. C. J. Caniels and A. Roeleveld, "Power and Dependence Perspectives on Outsourcing Decisions," *European Management Journal* 27, no. 6 (2009): 402–17; R.-J. B. Jean, D. Kim, and R. S. Sinkovics, "Drivers and Performance Outcomes of Supplier Innovation Generation in Customer-Supplier Relationships: The Role of Power-Dependence," *Decision Sciences* 43, no. 6 (2012): 1003–38.
21. D. Acemoglu and P. Restrepo, "Artificial Intelligence, Automation, and Work," in A. Agarwal, A. Goldfarb, and J. Gans (eds.), *Economics of Artificial Intelligence* (forthcoming); L. G. Kletzer, "The Question With AI Isn't Whether We'll Lose Our Jobs—It is How Much We'll Get Paid," *Harvard Business Review,* January 31, 2018, https://hbr.org/2018/01/the-question-with-ai-isnt-whether-well-lose-our-jobs-its-how-much-well-get-paid
22. R.S. Burt, M. Kilduff, and S. Tasselli, "Social Network Analysis: Foundations and Frontiers on Advantage," *Annual Review of Psychology* 64 (2013): 527–47; M. A. Carpenter, M. Li, and H. Jiang, "Social Network Research in Organizational Contexts: A Systematic Review of Methodological Issues and Choices," *Journal of Management* 38, no. 4 (2012): 1328–61; M. Kilduff and D. J. Brass, "Organizational Social Network Research: Core Ideas and Key Debates," *Academy of Management Annals* 4 (2010): 317–57.
23. J. Battilana and T. Casciaro, "Change Agents, Networks, and Institutions: A Contingency Theory of Organizational Change," *Academy of Management Journal* 55, no. 2 (2012): 381–98.
24. B. Landis, M. Kilduff, J. I. Menges, and G. J. Kilduff, "The Paradox of Agency: Feeling Powerful Reduces Brokerage Opportunity Recognition yet Increases Willingness to Broker," *Journal of Applied Psychology* 103, no. 8 (2018): 929–38.
25. C. Cheng, H-Y. Wang, L. Sigerson, and C-L. Chau, "Do the Socially Rich Get Richer? A Nuanced Perspective on Social Network Site Use and Online Social Capital Accrual," *Psychological Bulletin* 145, no. 7 (2019): 734–64; N. David, J. Brennecke, and O. Rank, "Extrinsic Motivation as a Determinant of Knowledge Exchange in Sales Teams: A Social Network Approach," *Human Resource Management* (in press); A. George Nassif, "Heterogeneity and Centrality of 'Dark Personality' Within Teams, Shared Leadership, and Team Performance: A Conceptual Moderated-Mediation Model," *Human Resource Management Review* (in press).
26. R. A. Brands and A. Mehra, "Gender, Brokerage, and Performance: A Construal Approach," *Academy of Management Journal* 62, no. 1 (2019): 196–219.
27. G. Regts, E. Molleman, H. Johan van de Brake, "The Impact of Leader-Member Exchange on Follower Performance in Light of the Larger Social Network," *Human Relations* 72, no. 8 (2019): 1265–1291; V. Yakubovich and R. Burg, "Friendship by Assignment? From Formal Interdependence to Informal Relations in Organizations," *Human Relations* 72, no. 6 (2019): 1013–38.
28. J. E. McCarthy and D. Z. Levin, "Network Residues: The Enduring Impact of Intra-Organizational Dormant Ties," *Journal of Applied Psychology* 104, no. 11 (2019): 1434–45; C. M. Porter, S. Eun Woo, D. G. Allen, and M. G. Keith, "How Do Instrumental and Expressive Network Positions Relate to Turnover? A Meta-Analytic Investigation," *Journal of Applied Psychology* 104, no. 4 (2019): 511–36; C. Tröster, A. Parker, D. van Knippenberg, and B. Sahlmüller, "The Coevolution of Social Networks and Thoughts of Quitting," *Academy of Management Journal* 62, no. 1 (2019): 22–43.
29. R. Kaše, Z. King, and D. Minbaeva, "Using Social Network Research in HRM: Scratching the Surface of a Fundamental Basis of HRM," *Human Resource Management* 52, no. 4 (2013): 473–83; R. Cross and L. Prusak, "The People Who Make Organizations Go—or Stop," *Harvard Business Review,* June 2002, https://hbr.org/2002/06/the-people-who-make-organizations-go-or-stop
30. See, for instance, S. S. De and S. Dehuri, "Machine Learning for Auspicious Social Network Mining," in M. Panda, S. Dehuri, and G-N. Wang (eds.), *Social Networking: Mining, Visualization, and Security* (New York, NY: Springer, 2014); T. Özyer and R. Alhajj (eds.), *Machine Learning Techniques for Online Social Networks* (New York, NY: Springer, 2018).
31. See, for reviews, C. A. Higgins, T. A. Judge, and G. R. Ferris, "Influence Tactics and Work Outcomes: A Meta-Analysis," *Journal of Organizational Behavior* 24 (2003): 89–106; S. Lee, S. Han, M. Cheong, S. L. Kim, and S. Yun, "How Do I Get My Way? A Meta-Analytic Review of Research on Influence Tactics," *The Leadership Quarterly* 28 (2017): 210–28.
32. Ibid.
33. Ibid.
34. Ibid.
35. A. A. Amaral, D. M. Powell, and J. L. Ho, "Why Does Impression Management Positively Influence Interview Ratings? The Mediating Role of Competence and Warmth," *International Journal of Selection and Assessment* 27 (2019): 315–27.
36. Lee et al., "How Do I Get My Way?"; R. E. Petty and P. Briñol, "Persuasion: From Single to Multiple to Metacognitive Processes," *Perspectives on Psychological Science* 3, no. 2 (2008): 137–47.
37. J. Badal, "Getting a Raise from the Boss," *The Wall Street Journal,* July 8, 2006, B1, B5.
38. N. Clarke, N. Alshenalfi, and T. Garavan, "Upward Influence Tactics and Their Effects on Job Performance Ratings and Flexible Work

Arrangements: The Mediating Roles of Mutual Recognition Respect and Mutual Appraisal Respect," *Human Resource Management* 58 (2019): 397–416.

39. Lee et al., "How Do I Get My Way?"
40. Ibid.
41. Ibid.
42. Ibid.
43. Ibid.
44. A. W. Kruglanski, A. Pierro, and E. T. Higgins, "Regulatory Mode and Preferred Leadership Styles: How Fit Increases Job Satisfaction," *Basic and Applied Social Psychology* 29, no. 2 (2007): 137–49; A. Pierro, L. Cicero, and B. H. Raven, "Motivated Compliance with Bases of Social Power," *Journal of Applied Social Psychology* 38, no. 7 (2008): 1921–44.
45. A. N. Smith et al., "Gendered Influence: A Gender Role Perspective on the Use and Effectiveness of Influence Tactics," *Journal of Management* 39, no. 5 (2013): 1156–83.
46 G. Yukl, P. P. Fu, and R. McDonald, "Cross-Cultural Differences in Perceived Effectiveness of Influence Tactics for Initiating or Resisting Change," *Applied Psychology: An International Review* 52, no. 1 (2003): 66–82; P. P. Fu, T. K. Peng, J. C. Kennedy, and G. Yukl, "Examining the Preferences of Influence Tactics in Chinese Societies: A Comparison of Chinese Managers in Hong Kong, Taiwan, and Mainland China," *Organizational Dynamics* 33, no. 1 (2004): 32–46.
47. C. J. Torelli and S. Shavitt, "Culture and Concepts of Power," *Journal of Personality and Social Psychology* 99, no. 4 (2010): 703–23.
48. P. P. Fu, T. K. Peng, J. C. Kennedy, and G. Yukl, "Examining the Preferences of Influence Tactics in Chinese Societies: A Comparison of Chinese Managers in Hong Kong, Taiwan, and Mainland China"; C. Man Zhang and H. R. Greve, "Dominant Coalitions Directing Acquisitions: Different Decision Makers, Different Decisions," *Academy of Management Journal* 62, no. 1 (2019): 44–65.
49. G. R. Ferris, D. C. Treadway, P. L. Perrewé, R. L. Brouer, C. Douglas, and S. Lux, "Political Skill in Organizations," *Journal of Management* 33, no. 3 (2007): 290–320; G. R. Ferris, B. Parker Ellen III, C. P. McAllister, and L. P. Maher, "Reorganizing Organizational Politics Research: A Review of the Literature and Identification of Future Research Directions," *Annual Review of Organizational Psychology and Organizational Behavior* 6 (2019): 299–323; G. R. Ferris, D. C. Treadaway, R. W. Kolodinsky, W. A. Hochwater, C. J. Kacmar, C. Douglas, and D. D. Fink, "Development and Validation of the Political Skill Inventory," *Journal of Management* 31, no. 1 (2005): 126–52.
50. S. Granger, L. Neville, and N. Turner, "Political Knowledge at Work: Conceptualization, Measurement, and Applications to Follower Proactivity," *Journal of Occupational and Organizational Psychology* (in press).
51. M. N. Bing, H. K. Davison, I. Minor, M. M. Novicevic, and D. D. Frink, "The Prediction of Task and Contextual Performance by Political Skill: A Meta-Analysis and Moderator Test," *Journal of Vocational Behavior* 79 (2011): 563–77; R. E. Frieder, G. R. Ferris, P. L. Perrewé, A. Wihler, and C. Darren Brooks, "Extending the Metatheoretical Framework of Social/political Influence to Leadership: Political Skill Effects on Situational Appraisals, Responses, and Evaluations by Others," *Personnel Psychology* 72 (2019): 543–69.
52. G. R. Ferris, D. C. Treadway, P. L. Perrewé, R. L. Brouer, C. Douglas, and S. Lux, "Political Skill in Organizations," *Journal of Management* 33, no. 3 (2007): 290–320; K. J. Harris, K. M. Kacmar, S. Zivnuska, and J. D. Shaw, "The Impact of Political Skill on Impression Management Effectiveness," *Journal of Applied Psychology* 92, no. 1 (2007): 278–85; W. A. Hochwarter, G. R. Ferris, M. B. Gavin, P. L. Perrewé, A. T. Hall, and D. D. Frink, "Political Skill as Neutralizer of Felt Accountability–Job Tension Effects on Job Performance Ratings: A Longitudinal Investigation," *Organizational Behavior and Human Decision Processes* 102, no. 2 (2007): 226–39; D. C. Treadway, G. R. Ferris, A. B. Duke, G. L. Adams, and J. B. Tatcher, "The Moderating Role of Subordinate Political Skill on Supervisors' Impressions of Subordinate Ingratiation and Ratings of Subordinate Interpersonal Facilitation," *Journal of Applied Psychology* 92, no. 3 (2007): 848–55.
53. C. Anderson, S. E. Spataro, and F. J. Flynn, "Personality and Organizational Culture as Determinants of Influence," *Journal of Applied Psychology* 93, no. 3 (2008): 702–10.
54. T. P. Munyon, J. K. Summers, K. M. Thompson, and G. R. Ferris, "Political Skill and Work Outcomes: A Theoretical Extension, Meta-Analytic Investigation, and Agenda for the Future," *Personnel Psychology* 68 (2015):143–84.
55. G. Blickle, B. P. Kückelhaus, I. Kranefeld, N. Schütte, H. A. Genau, D-N. Gansen-Ammann, and A. Wihler, "Political Skill Camouflages Machiavellianism: Career Role Performance and Organizational Misbehavior at Short and Long Tenure," *Journal of Vocational Behavior* (in press).
56. Munyon et al., "Political Skill and Work Outcomes"; J. K. Summers, T. P. Munyon, R. L. Brouer, P. Pahng, and G. R. Ferris, "Political Skill in the Stressor–Strain Relationship: A Meta-Analytic Update and Extension," *Journal of Vocational Behavior* (in press).
57. Ibid.
58. A. Guinote, "How Power Affects People: Activating, Wanting, and Goal Seeking," *Annual Review of Psychology* 68 (2017): 353–81; L. M. Giurge, M. van Dijke, M. Xue Zheng, and D. De Cremer, "Does Power Corrupt the Mind? The Influence of Power on Moral Reasoning and Self-Interested Behavior," *The Leadership Quarterly* (in press).
59. Ibid.
60 Y. Cho and N. J. Fast, "Power, Defensive Denigration, and the Assuaging Effect of Gratitude Expression," *Journal of Experimental Social Psychology* 48, no. 3 (2012): 778–82.
61. B. Wisse, D. Rus, A. C. Keller, and E. Sleebos, "'Fear of Losing Power Corrupts Those Who Wield It': The Combined Effects of Leader Fear of Losing Power and Competitive Climate on Leader Self-Serving Behavior," *European Journal of Work and Organizational Psychology* 28, no. 6 (2019): 742–55.
62. E. Stamkou, G. A. van Kleef, A. H. Fischer, and M. E. Kret, "Are the Powerful Really Blind to the Feelings of Others? How Hierarchical Concerns Shape Attentions to Emotions," *Personality and Social Psychology Bulletin* 42, no. 6 (2016): 755–68.
63. M. Pitesa and S. Thau, "Masters of the Universe: How Power and Accountability Influence Self-Serving Decisions under Moral Hazard," *Journal of Applied Psychology* 98, no. 3 (2013): 550–58; N. J. Fast, N. Sivanathan, D. D. Mayer, and A. D. Galinsky, "Power and Overconfident Decision-Making," *Organizational Behavior and Human Decision Processes* 117, no. 2 (2012): 249–60; M. J. Williams, "Serving the Self from the Seat of Power: Goals and Threats Predict Leaders' Self-Interested Behavior," *Journal of Management* 40, no. 5 (2014): 1365–95; I. Vitanova, "Nurturing Overconfidence: The Relationship Between Leader Power, Overconfidence and Firm Performance," *The Leadership Quarterly* (in press).
64. D. Orghian, F. de Almeida, S. Jacinto, L. Garcia-Marques, and A. Sofia Santos, "How Your Power Affects My Impression of You," *Personality and Social Psychology Bulletin* 45, no. 4 (2019): 495–509.
65. T. Seppälä, J. Lipponen, A. Bardi, and A. Pirttilä-Backman, "Change-Oriented Organizational Citizenship Behaviour: An Interactive Product of Openness to Change Values, Work Unit Identification, and Sense of Power," *Journal of Occupational and Organizational Psychology* 85, no. 1 (2012): 136–55.
66. Sturm and Antonakis, "Interpersonal Power."
67. Ibid.

68. Ibid.
69. Ibid.
70. J. K. Maner, M. T. Gaillot, A. J. Menzel, and J. W. Kunstman, "Dispositional Anxiety Blocks the Psychological Effects of Power," *Personality and Social Psychology Bulletin* 38, no. 11 (2012): 1383–95.
71. N. J. Fast, N. Halevy, and A. D. Galinsky, "The Destructive Nature of Power Without Status," *Journal of Experimental Social Psychology* 48, no. 1 (2012): 391–94.
72. J. C. Quick and M. Ann McFadyen, "Sexual Harassment: Have We Made Any Progress?" *Journal of Occupational Health Psychology* 22, no. 3 (2017): 286–98; A. E. Tenbrunsel, M. R. Rees, and K. A. Diekmann, "Sexual Harassment in Academia: Ethical Climates and Bounded Ethicality," *Annual Review of Psychology* 70 (2019): 245–70.
73. "Facts About Sexual Harassment," The U.S. Equal Employment Opportunity Commission, accessed June 19, 2015 http:// www.eeoc.gov/facts/fs-sex.html
74. M. Senthilingam, "Sexual Harassment: How It Stands Around the Globe," *CNN,* November 29, 2017, https://www .cnn.com/2017/11/25/health/sexual-harassment-violence-abuse-global-levels/index.html
75. Ibid.
76. F. Ali and R. Kramar, "An Exploratory Study of Sexual Harassment in Pakistani Organizations," *Asia Pacific Journal of Management* 32, no. 1 (2014): 229–49.
77. H. J. Gettman and M. J. Gelfand, "When the Customer Shouldn't Be King: Antecedents and Consequences of Sexual Harassment by Clients and Customers," *Journal of Applied Psychology* 92, no. 3 (2007): 757–70; B. Popken, "Report: 80% of Waitresses Report Being Sexually Harassed," *USA Today,* October 7, 2014, http://www.today.com/money/report-80-waitresses-report-being-sexually-harassed-2D80199724
78. M. S. Hershcovis and J. Barling, "Comparing Victim Attributions and Outcomes for Workplace Aggression and Sexual Harassment," *Journal of Applied Psychology* 95, no. 5 (2010): 874–88; C. R. Willness, P. Steel, and K. Lee, "A Meta-Analysis of the Antecedents and Consequences of Workplace Sexual Harassment," *Personnel Psychology* 60 (2007): 127–62.
79. L. M. Cortina and S. A. Wasti, "Profiles in Coping: Responses to Sexual Harassment Across Persons, Organizations, and Cultures," *Journal of Applied Psychology* (February 2005): 182–92; K. Jiang, Y. Hong, P. F. McKay, D. R. Avery, D. C. Wilson, and S. D. Volpone, "Retaining Employees Through Anti-Sexual Harassment Practices: Exploring the Mediating Role of Psychological Distress and Employee Engagement," *Human Resource Management* 54, no. 1 (2015): 1–21; and J. W. Kunstman, "Sexual Overperception: Power, Mating Motives, and Biases in Social Judgment," *Journal of Personality and Social Psychology* 100, no. 2 (2011): 282–94.
80. M. J. Williams, D. H. Gruenfeld, and L. E. Guillory, "Sexual Aggression When Power Is New: Effects of Acute High Power on Chronically Low-Power Individuals," *Journal of Personality and Social Psychology* 112, no. 2 (2017): 201–23.
81. See, for example, M. E. Bergman, R. Day Langhout, P. A. Palmieri, L. M. Cortina, and L. F. Fitzgerald, "The (Un)reasonableness of Reporting: Antecedents and Consequences of Reporting Sexual Harassment," *Journal of Applied Psychology* 87, no. 2 (2002): 230–42; D. Fernando and A. Prasad, "Sex-Based Harassment and Organizational Silencing: How Women Are Led to Reluctant Acquiescence in Academia," *Human Relations* 72, no. 10 (2019): 1565–94.
82. A. E. Dastagir, "It's Been Two Years Since the #MeToo Movement Exploded. Now What?," *USA Today,* September 30, 2019, https://www.usatoday.com/story/news/nation/2019/09/30/me-too-movement-women-sexual-assault-harvey-weinstein-brett-kavanaugh/1966463001/; A. Langone, "#MeToo and Time's Up Founders Explain the Difference Between the 2 Movements—and How They're Alike," *Time,* March 22, 2018, https://time.com/5189945/whats-the-difference-between-the-metoo-and-times-up-movements/; #MeToo [website], accessed April 30, 2020, https://metoomvmt.org/; Time's Up [website], accessed April 30, 2020, https://timesupnow.org/
83. H. Kwan Cheung, C. B. Goldberg, E. B. King, and V. J. Magley, "Are They True to the Cause? Beliefs About Organizational and Unit commitment to Sexual Harassment Awareness Training," *Group & Organization Management* 43, no. 4 (2018): 531–60; Quick and McFadyen, "Sexual Harassment"; M. V. Roehling and J. Huang, "Sexual Harassment Training Effectiveness: An Interdisciplinary Review and Call for Research," *Journal of Organizational Behavior* 39 (2018): 134–50.
84. Ferris et al., "Development and Validation of the Political Skill Inventory."
85. A. Pullen and C. Rhodes, "Corporeal Ethics and the Politics of Resistance in Organizations," *Organization* 21, no. 6 (2014): 782–96.
86. G. R. Ferris and W. A. Hochwarter, "Organizational Politics," in *APA Handbook of Industrial and Organizational Psychology*, vol. 3, ed. S. Zedeck (Washington, DC: American Psychological Association, 2011), 435–59; Ferris et al., "Reorganizing Organizational Politics Research."
87. Ibid.
88. E. M. Landells and S. L. Albrecht, "The Positives and Negatives of Organizational Politics: A Qualitative Study," *Journal of Business and Psychology* 32 (2017): 41–58.
89. D. A. Buchanan, "You Stab My Back, I'll Stab Yours: Management Experience and Perceptions of Organization Political Behavior," *British Journal of Management* 19, no. 1 (2008): 49–64.
90. P. Belmi and K. Laurin, "Who Wants to Get to the Top? Class and Lay Theories About Power," *Journal of Personality and Social Psychology* 111, no. 4 (2016): 505–29.
91. Ibid.
92. S. M. Rioux and L. A. Penner, "The Causes of Organizational Citizenship Behavior: A Motivational Analysis," *Journal of Applied Psychology* (December 2001): 1306–14; M. A. Finkelstein and L. A. Penner, "Predicting Organizational Citizenship Behavior: Integrating the Functional and Role Identity Approaches," *Social Behavior & Personality* 32, no. 4 (2004): 383–98; J. Schwarzwald, M. Koslowsky, and M. Allouf, "Group Membership, Status, and Social Power Preference," *Journal of Applied Social Psychology* 35, no. 3 (2005): 644–65.
93. See, for example, J. Walter, F. W. Kellermans, and C. Lechner, "Decision Making Within and Between Organizations: Rationality, Politics, and Alliance Performance," *Journal of Management* 38, no. 5 (2012): 1582–610.
94. G. R. Ferris, D. C. Treadway, P. L. Perrewé, R. L. Grouer, C. Douglas, and S. Lux, "Political Skill in Organizations."
95. J. Shi, R. E. Johnson, Y. Liu, and M. Wang, "Linking Subordinate Political Skill to Supervisor Dependence and Reward Recommendations: A Moderated Mediation Model," *Journal of Applied Psychology* 98, no. 2 (2013): 374–84.
96. W. A. Gentry, D. C. Gimore, M. L. Shuffler, and J. B. Leslie, "Political Skill as an Indicator of Promotability among Multiple Rater Sources," *Journal of Organizational Behavior* 33, no. 1 (2012): 89–104; I. Kapoutsis, A. Paplexandris, A. Nikolopoulous, W. A. Hochwarter, and G. R. Ferris, "Politics Perceptions as a Moderator of the Political Skill-Job Performance Relationship: A Two-Study, Cross-National, Constructive Replication," *Journal of Vocational Behavior* 78, no. 1 (2011): 123–35.
97. M. Abbas, U. Raja, W. Darr, and D. Bouckenooghe, "Combined Effects of Perceived Politics and Psychological Capital on Job Satisfaction, Turnover Intentions, and Performance," *Journal of Management* 40,

no. 7 (2014): 1813–30; C. C. Rosen, D. L. Ferris, D. J. Brown, and W.-W. Yen, "Relationships Among Perceptions of Organizational Politics (POPs), Work Motivation, and Salesperson Performance," *Journal of Management and Organization* 21, no. 2 (2015): 203–16.

98. See, for example, M. D. Laird, P. Harvey, and J. Lancaster, "Accountability, Entitlement, Tenure, and Satisfaction in Generation Y," *Journal of Managerial Psychology* 30, no. 1 (2015): 87–100; J. M. L. Poon, "Situational Antecedents and Outcomes of Organizational Politics Perceptions," *Journal of Managerial Psychology* 18, no. 2 (2003): 138–55; K. L. Zellars, W. A. Hochwarter, S. E. Lanivich, P. L. Perrewé, and G. R. Ferris, "Accountability for Others, Perceived Resources, and Well Being: Convergent Restricted Non-Linear Results in Two Samples," *Journal of Occupational and Organizational Psychology* 84, no. 1 (2011): 95–115.
99. T. He, R. Derfler-Rozin, and M. Pitesa, "Financial Vulnerability and the Reproduction of Disadvantage in Economic Exchanges," *Journal of Applied Psychology* 105, no. 1 (2020): 80–96.
100. C-H. Chang, C. C. Rosen, and P. E. Levy, "The Relationship Between Perceptions of Organizational Politics and Employee Attitudes, Strain, and Behavior: A Meta-Analytic Examination," *Academy of Management Journal* 52, no. 4 (2009): 779–801; B. K. Miller, M. A. Rutherford, and R. W. Kolodinsky, "Perceptions of Organizational Politics: A Meta-Analysis of Outcomes," *Journal of Business and Psychology* 22 (2008): 209–22.
101. S. Aryee, Z. Chen, and P. S. Budhwar, "Exchange Fairness and Employee Performance: An Examination of the Relationship between Organizational Politics and Procedural Justice," *Organizational Behavior and Human Decision Processes* 94, no. 1 (2004): 1–14.
102. S. Sun and H. Chen, "Is Political Behavior a Viable Coping Strategy to Perceived Organizational Politics? Unveiling the Underlying Resource Dynamics," *Journal of Applied Psychology* 102, no. 10 (2017): 1471–82.
103. K. M. Kacmar, M. C. Andrews, K. J. Harris, and B. Tepper, "Ethical Leadership and Subordinate Outcomes: The Mediating Role of Organizational Politics and the Moderating Role of Political Skill," *Journal of Business Ethics* 115, no. 1 (2013): 33–44.
104. Ibid.
105. C. Homburg and A. Fuerst, "See No Evil, Hear No Evil, Speak No Evil: A Study of Defensive Organizational Behavior Towards Customer Complaints," *Journal of the Academy of Marketing Science* 35, no. 4 (2007): 523–36.
106. See, for example, S. Yoon, S. Loretta Kim, C. Go, and S. Yun, "Knowledge Sharing, Hypercompetitiveness, and Contextual Factors: Investigating a Three-Way Effect," *Journal of Business and Psychology* (in press).
107. M. C. Bolino, D. Long, and W. Turnley, "Impression Management in Organizations: Critical Questions, Answers, and Areas for Future Research," *Annual Review of Organizational Psychology and Organizational Behavior* 3 (2016): 377–406
108. See, for instance, Bolino et al., "Impression Management in Organizations"; M. C. Bolino, K. M. Kacmar, W. H. Turnley, and J. B. Gilstrap, "A Multi-Level Review of Impression Management Motives and Behaviors," *Journal of Management* 34, no. 6 (2008): 1080–109.
109. H. Deng, F. Walter, and Y. Guan, "Supervisor-Directed Emotional Labor as Upward Influence: An Emotions-as-Social-Information Perspective," *Journal of Organizational Behavior* (in press); F. Gino, O. Sezer, and L. Huang, "To Be or Not Be Your Authentic Self? Catering to Others' Preferences Hinders Performance," *Organizational Behavior and Human Decision Processes* (in press).
110. G. Blickle, C. Diekmann, P. B. Schneider, Y. Kalthöfer, and J. K. Summers, "When Modesty Wins: Impression Management Through Modesty, Political Skill, and Career Success—A Two-Study Investigation," *European Journal of Work and Organizational Psychology* 21, no. 6 (2012): 899–922; T. Bradford Bitterly and M. E. Schweitzer, "The Impression Management Benefits of Humorous Self-Disclosures: How Humor Influences Perceptions of Veracity," *Organizational Behavior and Human Decision Processes* 151 (2019): 73–89.
111. L. A. McFarland, A. M. Ryan, and S. D. Kriska, "Impression Management Use and Effectiveness Across Assessment Methods," *Journal of Management* 29, no. 5 (2003): 641–61; C. A. Higgins and T. A. Judge, "The Effect of Applicant Influence Tactics on Recruiter Perceptions of Fit and Hiring Recommendations: A Field Study," *Journal of Applied Psychology* 89, no. 4 (2004): 622–32; W. C. Tsai, C.-C. Chen, and S. F. Chiu, "Exploring Boundaries of the Effects of Applicant Impression Management Tactics in Job Interviews," *Journal of Management* 31, no. 1 (2005): 108–25; Amaral et al., "Why Does Impression Management Positively Influence Interview Ratings?"; K. Yang Trevor Yu, "Influencing How One Is Seen by Potential Talent: Organizational Impression Management Among Recruiting firms," *Journal of Applied Psychology* 104, no. 7 (2019): 888–906.
112. M. R. Barrick, J. A. Shaffer, and S. W. DeGrassi, "What You See May Not Be What You Get: Relationships Among Self-Presentation Tactics and Ratings of Interview and Job Performance," *Journal of Applied Psychology,* 94, no. 6 (2009): 1394–411.
113. E. Molleman, B. Emans, and N. Turusbekova, "How to Control Self-Promotion Among Performance-Oriented Employees: The Roles of Task Clarity and Personalized Responsibility," *Personnel Review* 41, no. 1 (2012): 88–105.
114. K. J. Harris, K. M. Kacmar, S. Zivnuska, and J. D. Shaw, "The Impact of Political Skill on Impression Management Effectiveness," *Journal of Applied Psychology* 92, no. 1 (2007): 278–85; D. C. Treadway, G. R. Ferris, A. B. Duke, G. L. Adams, and J. B. Thatcher, "The Moderating Role of Subordinate Political Skill on Supervisors' Impressions of Subordinate Ingratiation and Ratings of Subordinate Interpersonal Facilitation," *Journal of Applied Psychology* 92, no. 3 (2007): 848–55.
115. J. D. Westphal and I. Stern, "Flattery Will Get You Everywhere (Especially If You Are a Male Caucasian): How Ingratiation, Boardroom Behavior, and Demographic Minority Status Affect Additional Board Appointments of U.S. Companies," *Academy of Management Journal* 50, no. 2 (2007): 267–88.
116. Y. Liu, G. R. Ferris, J. Xu, B. A. Weitz, and P. L. Perrewé, "When Ingratiation Backfires: The Role of Political Skill in the Ingratiation-Internship Performance Relationship," *Academy of Management Learning & Education* 13, no. 4 (2014): 569–86.
117. See, for instance, G. Blickle, K. Oerder, and J. K. Summers, "The Impact of Political Skill on Career Success of Employees' Representatives," *Journal of Vocational Behavior* 77 (2010): 383–90; G. Blickle, N. Schütte, and A. Wihler, "Political Will, Work Values, and Objective Career Success: A Novel Approach—the Trait-Reputation-Identity Model," *Journal of Vocational Behavior* 107 (2018): 42–56; Y. Liu, J. Liu, and L. Wu, "Are You Willing and Able? Roles of Motivation, Power, and Politics in Career Growth," *Journal of Management* 36, no. 6 (2010): 1432–60.
118. D. Clark, "A Campaign Strategy for Your Career," *Harvard Business Review,* November 2012, 131–34.

제14장

1. "The SEC Calls for New Contempt Sanctions for Elon Musk," *BBC News,* March 19, 2019, https://www.bbc.com/news/technology-47626273; L. Gurdus, "Tesla CEO Elon Musk Is Feuding With the SEC Again—Jim Cramer and Other Experts Weigh in on What Could Be Next for the Automaker," *CNBC: Trading Nation,* February

26, 2019, https://www.cnbc.com/2019/02/26/the-sec-targets-tesla-ceo-cramer-and-experts-weigh-in-on-whats-next.html; L. Snapes, "Grimes and Azealia Banks Subpoenaed in Elon Musk Lawsuit," *The Guardian,* January 18, 2019, https://www.theguardian.com/music/2019/jan/18/grimes-and-azealia-banks-subpoenaed-in-elon-musk-lawsuit

2. J. Sonnenfeld, "Asleep at the Wheel: What Tesla's Board Musk Do Now," *Chief Executive,* February 28, 2019, https://chiefexecutive.net/teslas-board-musk/; "Tesla's Board Problem: Too Many Ties to CEO Elon Musk," *CBS News,* August 21, 2018, https://www.cbsnews.com/news/experts-say-tesla-board-may-have-too-many-ties-to-ceo-musk/; R. Ferris, "Elon Musk's Tweets Show That Tesla's Board Either Can't or Won't Try to Keep Him in Check," *CNBC,* February 27, 2019, https://www.cnbc.com/2019/02/27/teslas-directors-seem-to-be-incapable-of-restraining-musk.html
3. "Algorithm Appointed Board Director," *BBC: Technology,* May 16, 2014, https://www.bbc.com/news/technology-27426942; W. Pugh, "Why Not Appoint an Algorithm to Your Corporate Board?" *Slate,* March 24, 2019, https://slate .com/technology/2019/03/artificial-intelligence-corporate-board-algorithm.html
4. See, for instance, A. Avgar, "Integrating Conflict: A Proposed Framework for the Interdisciplinary Study of Workplace Conflict and Its Management," *Industrial and Labor Relations Review* 73, no. 2 (2020): 281–311; M. A. Korsgaard, S. S. Jeong, D. M. Mahony, and A. H. Pitariu, "A Multilevel View of Intragroup Conflict," *Journal of Management* 34, no. 6 (2008): 1222–52; D. Tjosvold, A. S. H. Wong, and N. Y. F. Chen, "Constructively Managing Conflicts in Organizations," *Annual Review of Organizational Psychology and Organizational Behavior* 1 (2014): 545–68.
5. A. Amason, and D. M. Schweiger, "Resolving the Paradox of Conflict, Strategic Decision Making, and Organizational Performance," *International Journal of Conflict Management* 5 (1994): 239–53; K. A. Jehn, "A Multimethod Examination of the Benefits and Detriments of Intragroup Conflict," *Administrative Science Quarterly* 40 (1995): 256–82; K. A. Jehn, "A Qualitative Analysis of Conflict Types and Dimensions in Organizational Groups," *Administrative Science Quarterly* 42 (1997): 530–57.
6. Ibid.
7. F. R. C. de Wit, L. L. Greer, and K. A. Jehn, "The Paradox of Intragroup Conflict: A Meta-Analysis," *Journal of Applied Psychology* 97, no. 2 (2012): 360–90; L. A. DeChurch, J. R. Mesmer-Magnus, and D. Doty, "Moving Beyond Relationship and Task Conflict: Toward a Process-State Perspective," *Journal of Applied Psychology* 98, no. 4 (2013): 559–78; T. A. O'Neill, N. J. Allen, and S. E. Hastings, "Examining the 'Pros' and 'Cons' of Team *Con*flict: A Team-Level Meta-Analysis of Task, Relationship, and Process Conflict," *Human Performance* 26 (2013): 236–60.
8. Ibid.
9. Ibid.
10. Ibid.
11. De Wit et al., "The Paradox of Intragroup Conflict"; O'Neill et al., "Examining the 'Pros' and 'Cons' of Team *Con*flict."
12. DeChurch et al., "Moving Beyond Relationship and Task Conflict."
13. De Wit et al., "The Paradox of Intragroup Conflict."
14. Ibid.
15. J. Farh, C. Lee, and C. I. C. Farh, "Task Conflict and Team Creativity: A Question of How Much and When," *Journal of Applied Psychology* 95, no. 6 (2010): 1173–80; H. Mauersberger, U. Hess, and A. Hoppe, "Measuring Task Conflicts as They Occur: A Real-Time Assessment of Task Conflicts and Their Immediate Affective, Cognitive, and Social Consequences," *Journal of Business and Psychology* (in press); T. A. O'Neill, M. J. W. McLarnon, G. C. Hoffart, H. J. R. Woodley, and N. J. Allen, "The Structure and Function of Team Conflict State Profiles," *Journal of Management* 44, no. 2 (2018): 811–36.
16. S. E. Humphrey, F. Aime, L. Cushenbery, A. D. Hill, and J. Fairchild, "Team Conflict Dynamics: Implications of a Dyadic View of Conflict for Team Performance," *Organizational Behavior and Human Decision Processes* 142 (2017): 58–70.
17. F. R. C. de Wit, K. A. Jehn, and D. Scheepers, "Task Conflict, Information Processing, and Decision-Making: The Damaging Effect of Relationship Conflict," *Organizational Behavior and Human Decision Processes* 122 (2013): 177–89.
18. Farh et al., "Task Conflict and Team Creativity"; P. Petrou, A. B. Bakker, and K. Bezemer, "Creativity Under Task Conflict: The Role of Proactively Increasing Job Resources," *Journal of Occupational and Organizational Psychology* 92 (2019): 305–29.
19. X. Chen, J. Liu, H. Zhang, and H. Kwong Kwan, "Cognitive Diversity and Innovative Work Behavior: The Mediating Roles of Task Reflexivity and Relationship Conflict and the Moderating Role of Perceived Support," *Journal of Occupational and Organizational Psychology* 92 (2019): 671–94; K. A. Graham, M. B. Mawritz, S. B. Dust, R. L. Greenbaum, and J. C. Ziegert, "Too Many Cooks in the Kitchen: The Effects of Dominance Incompatibility on Relationship Conflict and Subsequent Abusive Supervision," *The Leadership Quarterly* 30 (2019): 351–64.
20. R. Sinha, N. S. Janardhanan, L. L. Greer, D. E. Conlon, and J. R. Edwards, "Skewed Task Conflict in Teams: What Happens When a Few Members See More Conflict Than the Rest," *Journal of Applied Psychology* 101, no. 7 (2016): 1045–55.
21. K. A. Jehn and C. Bendersky, "Intragroup Conflict in Organizations: A Contingency Perspective on the Conflict-Outcome Relationship," Research in Organizational Behavior 25, no. 1 (2003): 187–242.
22. B. H. Bradley, B. F. Postlethwaite, A. C. Klotz, M. R. Hamdani, and K. G. Brown, "Reaping the Benefits of Task Conflict in Teams: The Critical Role of Team Psychological Safety Climate," *Journal of Applied Psychology* 97, no. 1 (2012), 151–58.
23. G. A. Van Kleef, W. Steinel, and A. C. Homan, "On Being Peripheral and Paying Attention: Prototypicality and Information Processing in Intergroup Conflict," *Journal of Applied Psychology* 98, no. 1 (2013): 63–79.
24. K. W. Thomas, "Conflict and Negotiation Processes in Organizations," in M. D. Dunnette and L. M. Hough (eds.), *Handbook of Industrial and Organizational Psychology* (Palo Alto, CA: Consulting Psychologist's Press, 1992): 651–717.
25. M. A. Korsgaard, S. S. Jeong, D. M. Mahony, and A. H. Pitariu, "A Multilevel View of Intragroup Conflict," *Journal of Management* 34, no. 6 (2008): 1222–52.
26. Ibid.
27. Korsgaard et al., "A Multilevel View of Intragroup Conflict"; R. S. Peterson and K. J. Behfar, "The Dynamic Relationship Between Performance Feedback, Trust, and Conflict in Groups: A Longitudinal Study," *Organizational Behavior and Human Decision Processes* 92, nos. 1–2 (2003): 102–12.
28. M-H. Tsai and C. Bendersky, "The Pursuit of Information Sharing: Expressing Task Conflicts as Debates vs. Disagreements Increases Perceived Receptivity to Dissenting Opinions in Groups," *Organization Science* 27, no. 1 (2016): 141–56.
29. Humphrey et al., "Team Conflict Dynamics."
30. See, for instance, D. R. Rovenpor, T. C. O'Brien, A. Roblain, L. De Guissmé, P. Chekroun, and B. Leidner, "Intergroup Conflict Self-Perpetuates via Meaning: Exposure to Intergroup Conflict Increasing Meaning and Fuels a Desire for Further Conflict," *Journal of Personality and Social Psychology* 116, no. 1 (2019): 119–40.
31. C. Culpepper, "At Ohio State, 'Michigan' Is Pronounced 'That State Up North,'" *The Washington Post*, November 22, 2016, https://www.washingtonpost.com/news/sports/wp/2016/11/22/at-ohio-state-

michigan-is-pronounced-that-state-up-north/; D. Lesmerises, "The Modern Ohio State- Michigan Rivalry: Transfusing Passion From Buckeyes Fans to Coaches and Players New to It," *Cleveland* [blog], November 27, 2019, https://www.cleveland.com/osu/2019/11/the-modern-ohio-state-michigan-rivalry-transfusing-passion-from-buckeyes-fans-to-coaches-and-players-new-to-it.html

32. J. Deventer, J. Wagner, O. Lüdtke, and U. Trautwein, "Are Personality Traits and Relationship Characteristics Reciprocally Related? Longitudinal Analyses of Codevelopment in the Transition out of High School and Beyond," *Journal of Personality and Social Psychology* 116, no. 2 (2019): 331–47; T. M. Glomb and H. Liao, "Interpersonal Aggression in Work Groups: Social Influence, Reciprocal, and Individual Effects," *Academy of Management Journal* 46, no. 4 (2003): 486–96; V. Venkataramani and R. S. Dalal, "Who Helps and Harms Whom? Relational Aspects of Interpersonal Helping and Harming in Organizations," *Journal of Applied Psychology* 92, no. 4 (2007): 952–66.
33. R. Friedman, C. Anderson, J. Brett, M. Olekalns, N. Goates, and C. C. Lisco, "The Positive and Negative Effects of Anger on Dispute Resolution: Evidence From Electronically Mediated Disputes," *Journal of Applied Psychology* 89, no. 2 (2004): 369–76; J. A. Yip and M. E. Schweitzer, "Losing Your Temper and Your Perspective: Anger Reduces Perspective-Taking," *Organizational Behavior and Human Decision Processes* 150 (2019): 28–45.
34. X. Parent-Rocheleau, K. Bentein, G. Simard, and M. Tremblay, "Leader-Follower (Dis)similarity in Optimism: Its Effect on Followers' Role Conflict, Vigor and Performance," *Journal of Business and Psychology* (in press).
35. J. S. Chun and J. N. Choi, "Members' Needs, Intragroup Conflict, and Group Performance," *Journal of Applied Psychology* 99, no. 3 (2014): 437–50.
36. N. Halevy, T. R. Cohen, E. Y. Chou, J. J. Katz, and A. T. Panter, "Mental Models at Work: Cognitive Causes and Consequences of Conflict in Organizations," *Personality and Social Psychology Bulletin,* 40, no. 1 (2014): 92–110.
37. Korsgaard et al., "A Multilevel View of Intragroup Conflict"; A. M. Ness and S. Connelly, "Situational Influences on Ethical Sensemaking: Performance Pressure, Interpersonal Conflict, and the Recipient of Consequences," *Human Performance* 30, nos. 2–3 (2017): 57–78.
38. See, for instance, J. R. Curhan, "What Do People Value When They Negotiate? Mapping the Domain of Subjective Value in Negotiation," *Journal of Personality and Social Psychology* 91, no. 3 (2006): 117–26; N. Halevy, E. Chou, and J. K. Murnighan, "Mind Games: The Mental Representation of Conflict," *Journal of Personality and Social Psychology* 102, no. 1 (2012): 132–48.
39. A. M. Isen, A. A. Labroo, and P. Durlach, "An Influence of Product and Brand Name on Positive Affect: Implicit and Explicit Measures," *Motivation and Emotion* 28, no. 1 (2004): 43–63.
40. Ibid.
41. E. P. Lemay Jr., J. E. Ryan, R. Fehr, and M. J. Gelfand, "Validation of Negativity: Drawbacks of Interpersonal Responsiveness During Conflicts With Outsiders," *Journal of Personality and Social Psychology* (in press).
42. M. Lu, X. Yang, H. H. Fung, and T. Hamamura, "Is Positive Emotion an Amplifier or a Buffer? It Depends: Dialectical Thinking Moderates the Impact of Positive Emotion on Intergroup Conflicts," *Emotion* 20, no. 4 (2020): 700–12; C. Montes, D. Rodriguez, and G. Serrano, "Affective Choice of Conflict Management Styles," *International Journal of Conflict Management* 23, no. 1 (2012): 6–18.
43. K. Brans, P. Koval, P. Verduyn, Y. Lin Lim, and P. Kuppens, "The Regulation of Negative and Positive Affect in Daily Life," *Emotion* 13, no. 5 (2013): 926–39; S. Nolen-Hoeksema, B. E. Wisco, and S. Lyubomirsky, "Rethinking Rumination," *Perspectives of Psychological Science* 3, no. 5 (2008): 400–24.
44. A. A. Kay and D. P. Skarlicki, "Cultivating a Conflict-Positive Workplace: How Mindfulness Facilitates Constructive Conflict Management," *Organizational Behavior and Human Decision Processes* (in press).
45. M. A. Rahim, *Managing Conflict in Organizations*, 4th ed. (New Brunswick, NJ: Transaction Publishers, 2011).
46. Rahim, *Managing Conflict in Organizations*; K. W. Thomas and R. H. Kilmann, *The Thomas-Kilmann Conflict Mode Instrument* (Mountain View, CA: CPP, 1974).
47. R. Gabrielle Swab and P. D. Johnson, "Steel Sharpens Steel: A Review of Multilevel Competition and Competitiveness in Organizations," *Journal of Organizational Behavior* 40 (2019): 147–65.
48. Gabrielle Swab and Johnson, "Steel Sharpens Steel"; S-C. Huang, S. C. Lin, and Y. Zhang, "When Individual Goal Pursuit Turns Competitive: How We Sabotage and Coast," *Journal of Personality and Social Psychology* 117, no. 3 (2019): 605–20.
49. G. Stasser and S. Abele, "Collective Choice, Collaboration, and Communication," *Annual Review of Psychology* 71 (2020): 589–612.
50. M-H. Tsai, N. Velda Melia, and V. B. Hinsz, "The Effects of Perceived Decision-Making Styles on Evaluations of Openness and Competence That Elicit Collaboration," *Personality and Social Psychology Bulletin* 46, no. 1 (2020): 124–139.
51. Rahim, *Managing Conflict in Organizations*.
52. C. K. W. De Dreu, "The Virtue and Vice of Workplace Conflict: Food for (Pessimistic) Thought," *Journal of Organizational Behavior* 29 (2008): 5–18.
53. M-L. Chang, "On the Relationship Between Intragroup Conflict and Social Capital in Teams: A Longitudinal Investigation in Taiwan," *Journal of Organizational Behavior* 38 (2017): 3–27.
54. G. Todorova, J. B. Bear, and L. R. Weingart, "Can Conflict Be Energizing? A Study of Task Conflict, Positive Emotions, and Job Satisfaction," *Journal of Applied Psychology* 99, no. 3 (2014): 451–67.
55. B. A. Nijstad and S. C. Kaps, "Taking the Easy Way Out: Preference Diversity, Decision Strategies, and Decision Refusal in Groups," *Journal of Personality and Social Psychology* 94, no. 5 (2008), pp. 860–70.
56. de Wit et al., "The Paradox of Intragroup Conflict"; DeChurch et al., "Moving Beyond Relationship and Task Conflict"; O'Neill et al., "Examining the 'Pros' and 'Cons' of Team *Con*flict."
57. Ibid.
58. A. M. Carton and B. A. Tewfik, "A New Look at Conflict Management in Work Groups," *Organization Science* 27, no. 5 (2016): 1125–41.
59. Avgar, "Integrating Conflict."
60. B. Mayer, *Staying With Conflict: A Strategic Approach to Ongoing Disputes* (San Francisco, CA: Wiley, 2009).
61. Carton and Tewfik, "A New Look at Conflict Management in Work Groups."
62. Ibid.
63. Ibid.
64. D. Tjosvold, A. S. H. Wong, and N. Y. F. Chen, "Constructively Managing Conflicts in Organizations," *Annual Review of Organizational Psychology and Organizational Behavior* 1 (2014): 545–68.
65. J. Fried, "I Know You Are, but What Am I?" *Inc.*, July/August 2010, 39–40.
66. K. J. Behfar, R. S. Peterson, E. A. Mannix, and W. M. K. Trochim, "The Critical Role of Conflict Resolution in Teams: A Close Look at the Links Between Conflict Type, Conflict Management Strategies, and Team Outcomes," *Journal of Applied Psychology* 93, no. 1 (2008): 170–88; A. G. Tekleab, N. R. Quigley, and P. E. Tesluk, "A Longitudinal Study of Team Conflict, Conflict Management, Cohesion, and Team Effectiveness," *Group & Organization Management* 34, no. 2 (2009): 170–205.
67. A. Somech, H. S. Desivilya, and H. Lidogoster, "Team Conflict Management and Team Effectiveness: The Effects of Task Interdependence and Team Identification," *Journal of Organizational Behavior* 30, no. 3 (2009): 359–78.

68. W. Liu, R. Friedman, and Y. Hong, "Culture and Accountability in Negotiation: Recognizing the Importance of In-Group Relations," *Organizational Behavior and Human Decision Processes* 117, no. 1 (2012): 221–34; B. C. Gunia, J. M. Brett, A. K. Nandkeolyar, and D. Kamdar, "Paying a Price: Culture, Trust, and Negotiation Consequences," *Journal of Applied Psychology* 96, no. 4 (2010): 774–89.
69. Adam Chamseddine, "Lebanon's RAMCO Reaches Agreement with Migrant Workers After Strike," *Middle East Eye* (May 20, 2020), accessed October 29, 2020, https://www.middleeasteye.net/news/lebanon-ramco-migrant-workers-strike-agreement-economic-crisis.
70. M. H. Bazerman, J. R. Curhan, D. A. Moore, and K. L. Valley, "Negotiation," *Annual Review of Psychology* 51 (2000): 279–314; J. Brett and L. Thompson, "Negotiation," *Organizational Behavior and Human Decision Processes* 136 (2016): 68–79.
71. See, for example, D. R. Ames, "Assertiveness Expectancies: How Hard People Push Depends on the Consequences They Predict," *Journal of Personality and Social Psychology* 95, no. 6 (2008): 1541–57; J. R. Curhan, H. A. Elfenbein, and H. Xu, "What Do People Value When They Negotiate? Mapping the Domain of Subjective Value in Negotiation," *Journal of Personality and Social Psychology* 91, no. 3 (2006): 493–512.
72. R. Lewicki, D. Saunders, and B. Barry, *Negotiation*, 6th ed. (New York: McGraw-Hill/Irwin, 2009).
73. See, for example, P. Tipirneni, "How Managers Should Deal With Conflict Between Two Employees," *Ladders*, July 7, 2018, https://www.theladders.com/career-advice/how-managers-should-deal-with-conflict-between-two-employees
74. J. C. Magee, A. D. Galinsky, and D. H. Gruenfeld, "Power, Propensity to Negotiate, and Moving First in Competitive Interactions," *Personality and Social Psychology Bulletin* 33, no. 2 (2007): 200–12.
75. D. D. Loschelder, R. Tröschel, R. I. Swaab, M. Friese, A. D. Galinsky, "The Information-Anchoring Model of First Offers: When Moving First Helps Versus Hurts Negotiators," *Journal of Applied Psychology* 101, no. 7 (2016): 995–1012.
76. J. M. Majer, R. Trötschel, A. D. Galinsky, and D. D. Loschelder, "Open to Offers, but Resisting Requests: How the Framing of Anchors Affects Motivation and Negotiated Outcomes," *Journal of Personality and Social Psychology* (in press).
77. J. Hüffmeier, P. A. Freund, A. Zerres, K. Backhaus, and G. Hertel, "Being Tough or Being Nice? A Meta-Analysis on the Impact of Hard- and Softline Strategies in Distributive Negotiations," *Journal of Management* 40, no. 3 (2014): 866–92.
78. M. Schaerer, D. D. Loschelder, and R. I. Swaab, "Bargaining Zone Distortion in Negotiations: The Elusive Power of Multiple Alternatives," *Organizational Behavior and Human Decision Processes* 137 (2016): 156–71.
79. Hüffmeier et al., "Being Tough or Being Nice?"
80. N. Bhatia and B. C. Gunia, "'I Was Going to Offer $10,000 But...': The Effects of Phantom Anchors in Negotiation," *Organizational Behavior and Human Decision Processes* 148 (2018): 70–86.
81. G. J. Leonardelli, J. Gu, G. McRuer, V. Husted Medvec, and A. D. Galinsky, "Multiple Equivalent Simultaneous Offers (MESOs) Reduce the Negotiatior Dilemma: How a Choice of First Offers Increases Economic and Relational Outcomes," *Organizational Behavior and Human Decision Processes* 152 (2019): 64–83.
82. N. Coomber, "Career Coach: The Gender Pay Gap is Real. Here's How to Get Your Fair Share," *The Washington Post*, March 31, 2017, https://www.washingtonpost.com/news/capital-business/wp/2017/03/31/career-coach-the-gender-pay-gap-is-real-heres-how-to-get-your-fair-share/?utm_term=.25147012645c
83. D. Druckman and L. M. Wagner, "Justice and Negotiation," *Annual Review of Psychology* 67 (2016): 387–413.
84. T. He, R. Derfler-Rozin, and M. Pitesa, "Financial Vulnerability and the Reproduction of Disadvantage in Economic Exchanges," *Journal of Applied Psychology* 105, no. 1 (2020): 80–96.
85. This model is based on R. J. Lewicki, D. Saunders, and B. Barry, *Negotiation*, 7th ed. (New York: McGraw-Hill, 2014).
86. R. P. Larrick and G. Wu, "Claiming a Large Slice of a Small Pie: Asymmetric Disconfirmation in Negotiation," *Journal of Personality and Social Psychology* 93, no. 2 (2007): 212–33.
87. L. L. Thompson, J. Wang, and B. C. Gunia, "Negotiation," *Annual Review of Psychology* 61, (2010): 491–515.
88. M. Schaerer, M. Schweinsberg, and R. I. Swaab, "Imaginary Alternatives: The Effects of Mental Simulation on Powerless Negotiators," *Journal of Personality and Social Psychology* 115, no. 1 (2018): 96–117; M. Schaerer, R. I. Swaab, and A. D. Galinsky "Anchors Weigh More Than Power: Why Absolute Powerlessness Liberates Negotiators to Achieve Better Outcomes," *Psychological Science* 26, no. 2 (2014): 170–81:10.1177/0956797614558718.
89. J. A. Hewlin, "The Most Overused Negotiating Tactic Is Threatening to Walk Away," *Harvard Business Review*, September 1, 2017, https://hbr.org/2017/09/the-most-overused-negotiating-tactic-is-threatening-to-walk-away
90. R. L. Pinkley, D. E. Conlon, J. E. Sawyer, D. J. Sleesman, D. Vandewalle, and M. Kuenzi, "The Power of Phantom Alternatives in Negotiation: How *What Could Be* Haunts *What Is*," *Organizational Behavior and Human Decision Processes* 151 (2019): 34–48.
91. R. Trötschel, D. D. Loschelder, B. P. Höhne, and J. M. Majer, "Procedural Frames in Negotiations: How Offering My Resources Versus Requesting Yours Impacts Perception, Behavior, and Outcomes," *Journal of Personality and Social Psychology* 108, no. 3 (2015): 417–35.
92. E. Hart and M. E. Schweitzer, "Getting to Less: When Negotiating Harms Post-Agreement Performance," *Organizational Behavior and Human Decision Processes* 156 (2020): 155–75.
93. J. R. Curhan, H. A. Elfenbein, and G. J. Kilduff, "Getting Off on the Right Foot: Subjective Value Versus Economic Value in Predicting Longitudinal Job Outcomes From Job Offer Negotiations," *Journal of Applied Psychology* 94, no. 2 (2009): 524–34.
94 A. A. Mislin, R. L. Campagna, and W. P. Bottom, "After the Deal: Talk, Trust Building and the Implementation of Negotiated Agreements," *Organizational Behavior and Human Decision Processes* 115 (2011): 55–68.
95. H. A. Elfenbein, N. Eisenkraft, J. R. Curhan, and L. F. DiLalla, "On the Relative Importance of Individual-level Characteristics and Dyadic Interaction Effects in Negotiations: Variance Partitioning Evidence From a Twins Study," *Journal of Applied Psychology* 103, no. 1 (2018): 88–96.
96. C. Amistad, P. D. Dunlop, R. Ng, J. Anglim, and R. Fells, "Personality and Integrative Negotiations: A HEXACO Investigation of Actor, Partner, and Actor-Partner Interaction Effects on Objective and Subjective Outcomes," *European Journal of Personality* 32, no. 4 (2018): 427–42.
97. H. A. Elfenbein, "Individual Difference in Negotiation: A Nearly Abandoned Pursuit Revived," *Current Directions in Psychological Science* 24, no. 2 (2015): 131–36.
98. S. Sharma, H. A. Elfenbein, J. Foster, and W. P. Bottom, "Predicting Negotiation Performance From Personality Traits: A Field Study Across Multiple Occupations," *Human Performance* 31, no. 3 (2018): 145–64.
99. Amistad et al., "Personality and Integrative Negotiations."
100. E. T. Amanatullah, M. W. Morris, and J. R. Curhan, "Negotiators Who Give Too Much: Unmitigated Communion, Relational Anxieties, and Economic Costs in Distributive and Integrative Bargaining," *Journal of Personality and Social Psychology* 95, no. 3 (2008): 723–38.
101. K. S. Wilson, D. S. DeRue, F. K. Matta, M. Howe, and D. E. Conlon, "Personality Similarity in Negotiations: Testing the Dyadic Effects of Similarity in Interpersonal Traits and the Use of Emotional Displays on Negotiation outcomes," *Journal of Applied Psychology* 101, no. 10 (2016): 1405–21.
102. Amanatullah et al., "Negotiators Who Give Too Much."

103. S. Sharma, W. Bottom, and H. A. Elfenbein, "On the Role of Personality, Cognitive Ability, and Emotional Intelligence in Predicting Negotiation Outcomes: A Meta-Analysis," *Organizational Psychology Review* 3, no. 4 (2013): 293–336.
104. A. C. Peng, J. Dunn, and D. E. Conlon, "When Vigilance Prevails: The Effect of Regulatory Focus and Accountability on Integrative Negotiation Outcomes," *Organizational Behavior and Human Decision Processes* 126 (2015): 77–87.
105. K. Schlegel, M. Mehu, J. M. van Peer, and K. R. Scherer, "Sense and Sensibility: The Role of Cognitive and Emotional Intelligence in Negotiation," *Journal of Research in Personality* 74 (2018): 6–15.
106. G. Lelieveld, E. Van Dijk, I. Van Beest, and G. A. Van Kleef, "Why Anger and Disappointment Affect Other's Bargaining Behavior Differently: The Moderating Role of Power and the Mediating Role of Reciprocal Complementary Emotions," *Personality and Social Psychology Bulletin* 38, no. 9 (2012): 1209–21.
107. S. Côté, I. Hideg, and G. A. Van Kleef, "The Consequences of Faking Anger in Negotiations," *Journal of Experimental Social Psychology* 49, no. 3 (2013): 453–63.
108. B. Shao, L. Wang, D. Cheng, and L. Doucet, "Anger Suppression in Negotiations: The Roles of Attentional Focus and Anger Source," *Journal of Business and Psychology* 30 (2015): 747–58.
109. G. A. Van Kleef and C. K. W. De Dreu, "Longer-Term Consequences of Anger Expression in Negotiation: Retaliation or Spillover?" *Journal of Experimental Social Psychology* 46, no. 5 (2010): 753–60.
110. R. L. Campagna, A. A. Mislin, D. T. Kong, and W. P. Bottom, "Strategic Consequences of Emotional Misrepresentation in Negotiation: The Blowback Effect," *Journal of Applied Psychology* 101, no. 5 (2016): 605–24.
111. L. Rees, S.-C. Steve Chi, R. Friedman, and H-L. Shih, "Anger as a Trigger for Information Search in Integrative Negotiations," *Journal of Applied Psychology* (in press).
112. H. Adam and A. Shirako, "Not All Anger Is Created Equal: The Impact of the Expresser's Culture on the Social Effects of Anger in Negotiations," *Journal of Applied Psychology* 98, no. 5 (2013): 785–98.
113. M. Olekalns and P. L Smith, "Mutually Dependent: Power, Trust, Affect, and the Use of Deception in Negotiation," *Journal of Business Ethics* 85, no. 3 (2009): 347–65.
114. A. W. Brooks and M. E. Schweitzer, "Can Nervous Nellie Negotiate? How Anxiety Causes Negotiators to Make Low First Offers, Exit Early, and Earn Less Profit," *Organizational Behavior and Human Decision Processes* 115, no. 1 (2011): 43–54.
115. M. Sinaceur, S. Kopelman, D. Vaslijevic, and C. Haag, "Weep and Get More: When and Why Sadness Expression is Effective in Negotiations," *Journal of Applied Psychology* 100, no. 6 (2015): 1847–71.
116. Druckman and Wagner, "Justice and Negotiation"; A. Shirako, G. J. Kilduff, and L. J. Kray, "Is There a Place for Sympathy in Negotiation? Finding Strength in Weakness," *Organizational Behavior and Human Decision Processes* 131 (2015): 95–109.
117. M. Sinaceur, H. Adam, G. A. Van Kleef, and A. D. Galinsky, "The Advantages of Being Unpredictable: How Emotional Inconsistency Extracts Concessions in Negotiation," *Journal of Experimental Social Psychology* 49, no. 3 (2013): 498–508.
118. K. Leary, J. Pillemer, and M. Wheeler, "Negotiating with Emotion," *Harvard Business Review,* January–February 2013, 96–103.
119. N. B. Rothman and G. B. Northcraft, "Unlocking Integrative Potential: Expressed Emotional Ambivalence and Negotiation Outcomes," *Organizational Behavior and Human Decision Processes* 126 (2015): 65–76.
120. L. A. Liu, R. Friedman, B. Barry, M. J. Gelfand, and Z. Zhang, "The Dynamics of Consensus Building in Intracultural and Intercultural Negotiations," *Administrative Science Quarterly* 57, no. 2 (2012): 269–304.
121. M. Liu, "The Intrapersonal and Interpersonal Effects of Anger on Negotiation Strategies: A Cross-Cultural Investigation," *Human Communication Research* 35, no. 1 (2009): 148–69; H. Adam, A. Shirako, and W. W. Maddux, "Cultural Variance in the Interpersonal Effects of Anger in Negotiations," *Psychological Science* 21, no. 6 (2010): 882–89.
122. M. J. Gelfand et al., "Culture and Getting to Yes: The Linguistic Signature of Creative Agreements in the United States and Egypt," *Journal of Organizational Behavior* 36 (2015): 967–89.
123 J. Schroeder, J. L. Risen, F. Gino, and M. I. Norton, "Handshaking Promotes Deal-making by Signaling Cooperative Intent," *Journal of Personality and Social Psychology* 116, no. 5 (2019): 743–768.
124. M. Hernandez, D. R. Avery, S. D. Volpone, and C. R. Kaiser, "Bargaining While Black: The Role of Race in Salary Negotiations," *Journal of Applied Psychology* 104, no. 4 (2019): 581–592.
125. K. G. Kugler, J. A. M. Reif, T. Kaschner, and F. C. Brodbeck, "Gender Differences in the Initiation of Negotiations: A Meta-Analysis," *Psychological Bulletin* 144, no. 2 (2018): 198–222; J. Mazei, J. Hüffmeier, P. A. Freund, A. F. Stuhlmacher, L. Bilke, and G. Hertel, "A Meta-Analysis on Gender Differences in Negotiation Outcomes and Their Moderators," *Psychological Bulletin* 141, no. 1 (2015): 85–104; A. F. Stuhlmacher and A. E. Walters, "Gender Differences in Negotiation Outcome: A Meta-Analysis," *Personnel Psychology* 52 (1999): 653–77; A. E. Walters, A. F. Stuhlmacher, and L. L. Meyer, "Gender and Negotiator Competitiveness: A Meta-Analysis," *Organizational Behavior and Human Decision Processes* 76, no. 1 (1998): 1–29.
126. W. Shan, J. Keller, and D. Joseph, "Are Men Better Negotiators Everywhere? A Meta-Analysis of How Gender Differences in Negotiation Performance Vary Across Cultures," *Journal of Organizational Behavior* 40 (2019): 651–75.
127. Walters et al., "Gender and Negotiator Competitiveness."
128. Ibid.
129. Kugler et al., "Gender Differences in the Initiation of Negotiations."
130. C. Suddath, "The Art of Haggling," *Bloomberg Businessweek,* November 26, 2012, 98.
131. Stuhlmacher and Walters, "Gender Differences in Negotiation Outcome."
132. Mazei et al, "A Meta-Analysis on Gender Differences in Negotiation Outcomes and Their Moderators."
133. D. T. Kong, K. T. Dirks, and D. L. Ferrin, "Interpersonal Trust Within Negotiations: Meta-Analytic Evidence, Critical Contingencies, and Directions for Future Research," *Academy of Management Journal* 57, no. 5 (2014): 1235–55.
134. A. Hinshaw, P. Reilly, and A. Kupfer Schneider, "Attorneys and Negotiation Ethics: A Material Misunderstanding?" *Negotiation Journal* 29, no. 3 (2013): 265–87; N. A. Welsh, "The Reputational Advantages of Demonstrating Trustworthiness: Using the Reputation Index with Law Students," *Negotiation Journal* 28, no. 1 (2012): 117–45.
135. J. R. Curhan, H. A. Elfenbein, and X. Heng, "What Do People Value When They Negotiate? Mapping the Domain of Subjective Value in Negotiation," *Journal of Personality and Social Psychology* 91, no. 3 (2006): 493–512.
136. W. E. Baker and N. Bulkley, "Paying It Forward vs. Rewarding Reputation: Mechanisms of Generalized Reciprocity," *Organization Science* 25, no. 5 (2014): 1493–510.
137. G. A. Van Kleef, C. K. W. De Dreu, and A. S. R. Manstead, "An Interpersonal Approach to Emotion in Social Decision Making: The Emotions as Social Information Model" in *Advances in Experimental Social Psychology* vol. 42, ed. M. P. Zanna, (2010), 45–96.
138. F. Lumineau and J. E. Henderson, "The Influence of Relational Experience and Contractual Governance on the Negotiation Strategy in Buyer–Supplier Disputes," *Journal of Operations Management* 30, no. 5 (2012): 382–95.
139. U.S. Equal Employment Opportunity Commission, "Questions and Answers About Mediation," accessed June 9, 2015, http://www.eeoc.gov/eeoc/mediation/qanda.cfm

140. N. Halevy, E. Halali, and T. R. Cohen, "Brokering Orientations and Social Capital: Influencing Others' Relationships Shapes Status and Trust," *Journal of Personality and Social Psychology* (in press).

제15장

1. N. Smithson, "Google's Organizational Structure & Organizational Culture (An Analysis)," *Panmore Institute,* February 13, 2019, http://panmore.com/google-organizational-structure-organizational-culture
2. S. Kaplan, "Is Organizational Structure the Secret of Innovation," *Inc.,* March 21, 2019, https://www.inc.com/soren-kaplan/is-organizational-structure-secret-to-innovation.html
3. T. J. Giardino, "Is Your Company Struggling? It Might Be a Flaw in the Strategy-Structure Fit," *Forbes,* November 20, 2018, https://www.forbes.com/sites/forbeshumanresources council/2018/11/20/is-your-company-struggling-it-might-be-a-flaw-in-the-strategy-structure-fit/#183e5d0591a0
4. J. Lofgren, "How to Be a Champion for Women in Leadership," *Forbes,* March 11, 2019, https://www.forbes .com/sites/forbescoachescouncil/2019/03/11/how-to-be-a-champion-for-women-in-leadership/#5381093c100d
5. G. P. Huber, "Organizations: Theory, Design, Future," in S. Zedeck (ed.), *APA Handbook of Industrial and Organizational Psychology: Vol. 1, Pt. II: Perspectives on Designing Organizations and Human Resource Systems* (Washington, DC: APA, 2011): 117–60.
6. See, for instance, R. L. Daft, *Organization Theory and Design,* 12th ed. (Boston, MA: Cengage, 2015).
7. T. Hindle, *Guide to Management Ideas and Gurus* (London, UK: Profile Books/The Economist Newspaper, 2008).
8. See, for instance, E. Penrose, *The Theory of the Growth of the Firm,* 4th ed. (Oxford, UK: Oxford, 2009); D. G. Ross, "An Agency Theory of the Division of Managerial Labor," *Organization Science* 25, no. 2 (2013): 494–508.
9. T. W. Malone, R. J. Laubacher, and T. Johns, "The Age of Hyperspecialization," *Harvard Business Review,* July–August 2011, 56–65.
10. For a review, see J. A. Häusser, S. Schulz-Hardt, T. Schultze, A. Tomaschek, and A. Mojzisch, "Experimental Evidence for the Effects of Task Repetitiveness on Mental Strain and Objective Work Performance," *Journal of Organizational Behavior* 35, no. 5 (2014): 705–21.
11. J. R. Hackman and G. R. Oldham, "Motivation Through the Design of Work: Test of a Theory," *Organizational Behavior and Human Performance* 16 (1976): 250–79.
12. J. L. Price, "The Impact of Departmentalization on Interoccupational Cooperation," *Human Organization* 27, no. 4 (1968): 362–8; Y. Maggie Zhou, "Designing for Complexity: Using Divisions and Hierarchy to Manage Complex Tasks," *Organization Science* 24, no. 2 (2013): 339–55.
13. See, for instance, S. Postrel, "Islands of Shared Knowledge: Specialization and Mutual Understanding in Problem- Solving Teams," *Organization Science* 13, no. 3 (2002): 303–20.
14. Ibid.
15. See, for instance, G. M. Kistruck, I. Qureshi, and P. W. Beamish, "Geographic and Product Diversification in Charitable Organizations," *Journal of Management* 39, no. 2 (2013): 496–530.
16. C. Woodyard, "Toyota Brass Shakeup Aims to Give Regions More Control," *USA Today,* March 6, 2013, www.usatoday.com/story/money/cars/2013/03/06/toyota-shakeup/1966489/
17. J. T. Polzer, C. Brad Crisp, S. L. Jarvenpaa, and J. W. Kim, "Extending the Faultline Model to Geographically Dispersed Teams: How Collocated Subgroups Can Impair Group Functioning," *Academy of Management Journal* 49, no. 4 (2006): 679–92; E. Romanelli and O. M. Khessina, "Regional Industry Identity: Cluster Configurations and Economic Development," *Organization Science* 16, no. 4 (2005): 344–58.
18. W. Fong Boh, Y. Ren, S. Kiesler, and R. Bussjaeger, "Expertise and Collaboration in the Geographically Dispersed Organization," *Organization Science* 18, no. 4 (2007): 595–612; K. Laursen, F. Masciarelli, and A Prencipe, "Regions Matter: How Localized Social Capital Affects Innovation and External Knowledge Acquisition," *Organization Science* 23, no. 1 (2012): 177–93; S. Tallman and A. Phene, "Leveraging Knowledge Across Geographic Boundaries," *Organization Science* 18, no. 2 (2007): 252–60.
19. See, for instance, J. Hoffer Gittell, D. Beth Weinberg, A. L. Bennett, and J. A. Miller, "Is the Doctor In? A Relational Approach to Job Design and the Coordination of Work," *Human Resource Management* 47, no. 4 (2008): 729–55.
20. B. Valentine, "The 4x4 Security Program and Organization Structure," *IBM: Security Intelligence*, November 3, 2015, https://securityintelligence.com/the-4x4-security-program-and-organization-structure/
21. S. Ballmer, "One Microsoft: Company Realigns to Enable Innovation at Greater Speed, Efficiency," Microsoft, July 11, 2013, http://blogs.microsoft.com/firehose/2013/07/11/one-microsoft-company-realigns-to-enable-innovation-at-greater-speed-efficiency/
22. J. Lombardo, "Microsoft Corporation's Organizational Structure & Its Characteristics (An Analysis)," *Panmore Institute,* September 8, 2018, http://panmore.com/microsoft-corporation-organizational-structure-characteristics-analysis
23. J. R. Hollenbeck, B. Beersma, and M. E. Schouten, "Beyond Team Types and Taxonomies: A Dimensional Scaling Conceptualization for Team Description," *Academy of Management Review* 37 (2012): 82–106.
24. L. C. Wang and J. R. Hollenbeck, "LMX in Team-Based Contexts: TMX, Authority Differentiation, and Skill Differentiation as Boundary Conditions for Leader Reciprocation," *Personnel Psychology* 72 (2019): 271–90.
25. See, for instance, S. Finkelstein and R. A. D'Aveni, "CEO Duality as a Double-Edged Sword: How Boards of Directors Balance Entrenchment Avoidance and Unity of Command," *Academy of Management Journal* 37, no. 5 (1994): 1079–108; J. Pfeffer, "Management as Symbolic Action: The Creation and Maintenance of Organizational Paradigms," in L. L. Cummings and B. M. Staw (eds.), *Research in Organizational Behavior*, vol. 3 (Greenwich, CT: JAI, 1981): 1–52.
26. "The Multiple Boss Dilemma: Is It Possible to Please More Than One?" *Knowledge@Wharton* [blog], September 2, 2016, https://knowledge.wharton.upenn.edu/article/multiple-boss-dilemma-possible-please-one/; A. Gallo, "Managing Multiple Bosses," *Harvard Business Review,* August 18, 2011, https://hbr.org/2011/08/managing-multiple-bosses.html
27. P. Hinds and S. Kiesler, "Communication Across Boundaries: Work, Structure, and Use of Communication Technologies in a Large Organization," *Organization Science* 6, no. 4 (1995): 373–93.
28. See, for instance, "How Hierarchy Can Hurt Strategy Execution," *Harvard Business Review,* July–August 2010, 74–75.
29. S. Yu, L. L. Greer, N. Halevy, and L. van Bunderen, "Ladders and Pyramids: Hierarchy's Shape Determines Relationships and Performance in Groups," *Personality and Social Psychology Bulletin,* 45, no. 12 (2019): 1717–33.
30. For a review, see D. D. Van Fleet and A. G. Bedeian, "A History of the Span of Management," *Academy of Management Review* 2, no. 3 (1977): 356–72.
31. E. Appelbaum and R. Batt, *The New American Workplace* (Ithaca, NY: ILR, 1994); C. Heckscher and A. Dornellor (eds.), *The Post-Bureaucratic Organization* (Thousand Oaks, CA: Sage, 1994).

32. See, for instance, J. H. Gittell, "Supervisory Span, Relational Coordination, and Flight Departure Performance: A Reassessment of Postbureaucracy Theory," *Organization Science* 12, no. 4: (2001): 468–83.
33. Society for Human Resource Management (SHRM), "Span of Control: What Factors Should Determine How Many Direct Reports a Manager Has?," *SHRM: HR Q&S*, April 25, 2013, https://www.shrm.org/resourcesandtools/tools-and-samples/hr-qa/pages/whatfactorsshoulddeterminehow manydirectreportsamanagerhas.aspx
34. K. C. Bormann, U. Poethke, C. Cohrs, and J. Rowold, "Doing Bad Through Being Selective in Doing Good: The Role of Within-Unit Variability in Ethical Leadership," *European Journal of Work and Organizational Psychology* 27, no. 6 (2018): 683–99; B. Brady, "It Is Time to Stop Trying to Do It All," *Fortune*, May 26, 2016, http://for tune.com/2016/05/26/fortune-500-principal-financial-time-management/; C. E. Thiel, J. H. Hardy III, D. R. Peterson, D. T. Welsh, and J. M. Bonner, "Too Many Sheep in the Flock? Span of Control Attenuates the Influence of Ethical Leadership," *Journal of Applied Psychology* 103, no. 12 (2018): 1324–34.
35. J. Morgan, *The Future of Work: Attract New Talent, Build Better Leaders, and Create a Competitive Organization* (Hoboken, NJ: Wiley, 2014); J. Morgan, "The 5 Types of Organizational Structures: Part 3, Flat Organizations," *Forbes*, July 13, 2015, https://www.forbes.com/sites/jacobmorgan/2015/07/13/the-5-types-of-organizational-structures-part-3-flat-organizations/#5b9001926caa
36. Huber, "Organizations."
37. Ibid.
38. B. Brown and S. D. Anthony, "How P&G Tripled Its Innovation Success Rate," *Harvard Business Review*, June 2011, 64–72.
39. See, for example, E. N. Sherf, R. Sinha, S. Tangirala, and N. Awasty, "Centralization of Member Voice in Teams: Its Effects on Expertise Utilization and Team Performance," *Journal of Applied Psychology* 103, no. 8 (2018): 813–27.
40. Huber, "Organizations"; Society for Human Resource Management (SHRM), "Understanding Organizational Structures," *SHRM: Toolkits*, November 30, 2015, https://www .shrm.org/resourcesandtools/tools-and-samples/toolkits/pages/understandingorganizationalstructures.aspx
41. F. A. Csaszar, "Organizational Structure as a Determinant of Performance: Evidence from Mutual Funds," *Strategic Management Journal* 33, no. 6 (2012): 611–32.
42. A. Leiponen and C. E. Helfat, "Location, Decentralization, and Knowledge Sources for Innovation," *Organization Science* 22, no. 3 (2011): 641–58.
43. K. Parks, "HSBC Unit Charged in Argentine Tax Case," *The Wall Street Journal*, March 19, 2013, C2.
44. K. Lanaj, J. R. Hollenbeck, D. R. Ilgen, C. M. Barnes, and S. J. Harmon, "The Double-Edged Sword of Decentralized Planning in Multiteam Systems," *Academy of Management Journal* 56, no. 3 (2013): 735–57.
45. Huber, "Organizations."
46. P. Hempel, Z.-X. Zhang, and Y. Han, "Team Empowerment and the Organizational Context: Decentralization and the Contrasting Effects of Formalization," *Journal of Management* 38, no. 2 (2012): 475–501.
47. M. Abraham, "Pay Formalization Revisited: Considering the Effects of Manager Gender and Discretion on Closing the Gender Wage Gap," *Academy of Management Journal* 60, no. 1 (2017): 29–54.
48. M. L. Tushman and T. J. Scanlan, "Characteristics and External Orientations of Boundary Spanning Individuals," *Academy of Management Journal* 24 (1981): 83–98.
49. J. E. Perry-Smith and C. E. Shalley, "A Social Composition View of Team Creativity: The Role of Member Nationality-Heterogeneous Ties Outside of the Team," *Organization Science* 25 (2014): 1434–52; J. Han, J. Han, and D. J. Brass, "Human Capital Diversity in the Creation of Social Capital for Team Creativity," *Journal of Organizational Behavior* 35 (2014): 54–71; M. Tortoriello, R. Reagans, and B. McEvily, "Bridging the Knowledge Gap: The Influence of Strong Ties, Network Cohesion, and Network Range on the Transfer of Knowledge Between Organizational Units," *Organization Science* 23, no. 4 (2012): 1024–39; X. Zou and P. Ingram, "Bonds and Boundaries: Network Structure, Organizational Boundaries, and Job Performance," *Organizational Behavior and Human Decision Processes* 120, no. 1 (2013): 98–109.
50. M. Salem, N. Van Quaquebeke, and M. Besiou, "How Field Office Leaders Drive Learning and Creativity in Humanitarian Aid: Exploring the Role of Boundary-Spanning Leadership for Expatriate and Local Aid Worker Collaboration," *Journal of Organizational Behavior* 39 (2018): 594–611.
51. H. Aldrich and D. Herker, "Boundary Spanning Roles and Organization Structure," *Academy of Management Review* 2, no. 2 (1977): 217–30.
52. T. A de Vries, F. Walter, G. S. Van der Vegt, and P. J. M. D. Essens, "Antecedents of Individuals' Interteam Coordination: Broad Functional Experiences as a Mixed Blessing," *Academy of Management Journal* 57, no. 5 (2014): 1334–59.
53. H. Yu, "Uber Hiring a COO: What a Red-Hot Startup Needs to Learn From Boring Old Firms," *Forbes,* March 9, 2017, https://www.forbes.com/sites/howardhyu/2017/03/09/uber-hiring-a-coo-what-a-red-hot-startup-needs-to-learn-from-boring-old-firms/#48e5352e45f2
54. Huber, "Organizations"; H. Mintzberg, *Structure in Fives: Designing Effective Organizations* (Englewood Cliffs, NJ: Prentice Hall, 1983).
55. B. Sugarman, "Stages in the Lives of Organizations," *Administration and Policy in Mental Health* 1, no. 2 (1989): 59–66.
56. See, for instance, M. Myatt, "Businesses Don't Fail—Leaders Do," *Forbes*, January 12, 2012, https://www.forbes .com/sites/mikemyatt/2012/01/12/businesses-dont-fail-leaders-do/#7ad1d7596c97
57. Huber, "Organizations"; and Mintzberg, *Structure in Fives*.
58. J.-F. Harvey, P. Cohendet, L. Simon, and L.-E. Dubois, "Another Cog in the Machine: Designing Communities of Practice in Professional Bureaucracies," *European Management Journal* 31, no. 1 (2013): 27–40.
59. D. Graeber, *The Utopia of Rules: On Technology, Stupidity, and the Secret Joys of Bureaucracy* (New York, NY: Melville House, 2015).
60. V. Gauri, J. C. Jamison, N. Mazar, and O. Ozier, "Motivating Bureaucrats Through Social Recognition: External Validity—a Tale of Two States," *Organizational Behavior and Human Decision Processes* (in press); C. Wolf, "Not Lost in Translation: Managerial Career Narratives and the Construction of Protean Identities," *Human Relations* 72, no. 3 (2019): 505–33.
61. J. R. Galbraith, *Designing Matrix Organizations That Actually Work: How IBM, Procter & Gamble, and Others Design for Success* (San Francisco: Jossey-Bass, 2009); E. Krell, "Managing the Matrix," *HR Magazine*, April 2011, 69–71.
62. V. Ratanjee and N. Dvorak, "Mastering Matrix Management in the Age of Agility," *Gallup: Workplace,* September 18, 2018, https://www.gallup.com/workplace/242192/mastering-matrix-management-age-agility.aspx
63. K. O'Marah, "JFK Snow Disaster and the Question of Centralizing Supply Chain Management," *Forbes,* March 7, 2018, https://www.forbes.com/sites/kevinomarah/2018/03/07/jfk-snow-disaster-and-the-question-of-centralizing-supply-chain-management/#4398e2267f5c
64. R. C. Ford, "Cross-Functional Structures: A Review and Integration of Matrix Organization and Project Management," *Journal of Management* 18, no. 2 (1992): 267–94.
65. O'Marah, "JFK Snow Disaster and the Question of Centralizing Supply Chain Management."

66. See, for instance, M. Bidwell, "Politics and Firm Boundaries: How Organizational Structure, Group Interests, and Resources Affect Outsourcing," *Organization Science* 23, no. 6 (2012): 1622–42.
67. Ford, "Cross-Functional Structures."
68. See, for instance, T. Sy and L. S. D'Annunzio, "Challenges and Strategies of Matrix Organizations: Top-Level and Mid-Level Managers' Perspectives," *Human Resource Planning* 28, no. 1 (2005): 39–48; T. Sy and S. Coté, "Emotional Intelligence: A Key Ability to Succeed in the Matrix Organization," *Journal of Management Development* 23, no. 5 (2004): 437–55.
69. A-C. Hardy, "Agile Team Organisation: Squads, Chapters, Tribes and Guilds," *Medium,* February 29, 2016, https://medium.com/@achardypm/agile-team-organisation-squads-chapters-tribes-and-guilds-80932ace0fdc; Ratanjee and Dvorak, "Mastering Matrix Management in the Age of Agility."
70. N. Anand and R. L. Daft, "What Is the Right Organization Design?" *Organizational Dynamics* 36, no. 4 (2007): 329–44.
71. Huber, "Organizations."
72. Ibid.
73. D. Kanze, M. A. Conley, and E. Tory Higgins, "The Motivation of Mission Statements: How Regulatory Mode Influneces Workplace Discrimination," *Organizational Behavior and Human Decision Processes* (in press).
74. Huber, "Organizations"; J. B. Quinn and P. Anderson, "Leveraging Intellect," *Academy of Management Executive* 10 (1996): 7–27.
75. E. Steel, "Netflix Refines Its DVD Business, Even as Streaming Unit Booms," *The New York Times*, July 26, 2015, https://www.nytimes.com/2015/07/27/business/while-its-streaming-service-booms-netflix-streamlines-old-business .html?_r=0
76. J. Schramm, "At Work in a Virtual World," *HR Magazine,* June 2010, 152.
77. See, for instance, C. B. Gibson and J. L. Gibbs, "Unpacking the Concept of Virtuality: The Effects of Geographic Dispersion, Electronic Dependence, Dynamic Structure, and National Diversity on Team Innovation," *Administrative Science Quarterly* 51, no. 3 (2006): 451–95; H. M. Latapie and V. N. Tran, "Subculture Formation, Evolution, and Conflict Between Regional Teams in Virtual Organizations," *The Business Review,* Summer 2007, 189–93; S. Davenport and U. Daellenbach, "'Belonging' to a Virtual Research Center: Exploring the Influence of Social Capital Formation Processes on Member Identification in a Virtual Organization," *British Journal of Management* 22, no. 1 (2011): 54–76.
78. O'Marah, "JFK Snow Disaster and the Question of Centralizing Supply Chain Management."
79. See, for instance, M. A. West and L. Markiewicz, *Building Team-Based Working: A Practical Guide to Organizational Transformation* (Malden, MA: Blackwell, 2004).
80. L. L. Greer, B. A. de Jong, M. E. Schouten, and J. E. Dannals, "Why and When Hierarchy Impacts Team Effectiveness: A Meta-Analytic Integration," *Journal of Applied Psychology* 103, no. 6 (2018): 591–613.
81. D. Herath, "Mess Is Good for Business: Some Companies Would Do Better If They Embraced Disorganization," *Newsweek*, February 28, 2017, http://www.newsweek.com/organization-skills-business-efficiency-561985; S. Stevenson, "Who's the Boss? No One." *Slate*, June 2, 2014, http://www.slate.com/articles/business/psychology_of_management/2014/06/the_bossless_office_how_well_do_workplaces_without_managers_function.html; Schumpeter, "The Holes in Holacracy," *The Economist*, July 5, 2014, http://www.economist.com/news/business/21606267-latest-big-idea-management-deserves-some-scepticism-holes-holacracy
82. J. Scheck, L. Moloney, and A. Flynn, "Eni, CNPC Link Up in Mozambique," *The Wall Street Journal,* March 15, 2013, B3.
83. A. G. L. Romme, "Domination, Self-Determination and Circular Organizing," *Organization Studies* 20, no. 5 (1999): 801–31.
84. D. K. Datta, J. P. Guthrie, D. Basuil, and A. Pandey, "Causes and Effects of Employee Downsizing: A Review and Synthesis," *Journal of Management* 36, no. 1 (2010): 281–348.
85. L. Gensler, "American Express to Slash 4,000 Jobs on Heels of Strong Quarter," *Forbes,* January 21, 2015, http://www.forbes.com/sites/laurengensler/2015/01/21/american-express-earnings-rise-11-on-increased-cardholder-spending/
86. T. Borden, "The Coronavirus Outbreak Has Triggered Unprecedented Mass Layoffs and Furloughs. Here Are the Major Companies That Have Announced They Are Downsizing Their Workforces," *Business Insider,* April 29, 2020, https://www.businessinsider.com/coronavirus-layoffs-furloughs-hospitality-service-travel-unemployment-2020; S. Wood, G. Michaelides, and C. Ogbonnaya, "Recessionary Actions and Absence: A Workplace-Level Study," *Human Resource Management* (in press).
87. Datta, Guthrie, Basuil, and Pandey, "Causes and Effects of Employee Downsizing."
88. L. I. Alpert, "Can Imported CEO Fix Russian Cars?," *The Wall Street Journal*, March 20, 2013, http://www.wsj.com/articles/SB10001424127887323639604578370121394214736
89. R. Handfield, "Bo Andersson's Supply Strategy Collides With Vladmir Putin's Russia: The Performance Triangle Collapses," *Supply Chain Resource Cooperative* [NC State Poole College of Management website], April 11, 2016, https://scm.ncsu.edu/blog/2016/04/11/bo-anderssons- supply-strategy-collides-with-vladimir-putins-russia-the-performance-triangle-collapses/
90. G. Stolyarov and C. Lowe, "In Russia's Detroit, Layoffs Are Blamed on Foreign Interlopers," *Reuters: Business News,* April 27, 2016, http://www.reuters.com/article/us-russia-avtovaz-idUSKCN0XO0EE
91. D. Van Dierendonck and G. Jacobs, "Survivors and Victims: A Meta-Analytical Review of Fairness and Organizational Commitment After Downsizing," *British Journal of Management* 23 (2012): 96–109.
92. W. M. Foster, J. S. Hassard, J. Morris, and J. Wolfram Cox, "The Changing Nature of Managerial Work: The Effects of Corporate Restructuring on Management Jobs and Careers," *Human Relations* 72, no. 3 (2019): 473–504.
93. J. R. B. Halbesleben, A. R. Wheeler, and S. C. Paustian-Underdahl, "The Impact of Furloughs on Emotional Exhaustion, Self-Rated Performance, and Recovery Experiences," *Journal of Applied Psychology* 98, no. 3 (2013): 492–503; R. Kalimo, T. W. Taris, and W. B. Schaufeli, "The Effects of Past and Anticipated Future Downsizing on Survivor Well-Being: An Equity Perspective," *Journal of Occupational Health Psychology* 8, no. 2 (2003): 91–109; Van Dierendonck and Jacobs, "Survivors and Victims."
94. G. M. Spreitzer and A. K. Mishra, "To Stay or Go: Voluntary Survivor Turnover Following an Organizational Downsizing," *Journal of Organizational Behavior* 23, no. 6 (2002): 707–29; C. O. Trevor and A. J. Nyberg, "Keeping Your Headcount When All About You Are Losing Theirs: Downsizing, Voluntary Turnover Rates, and the Moderating Role of HR Practices," *Academy of Management Journal* 51, no. 2 (2008): 259–76.
95. T. Burns and G. M. Stalker, *The Management of Innovation* (London, UK: Tavistock, 1961).
96. K. Walker, N. Ni, and B. Dyck, "Recipes for Successful Sustainability: Empirical Organizational Configurations for Strong Corporate Environmental Performance," *Business Strategy and the Environment* 24, no. 1 (2015): 40–57.
97. Stephanie Cockroft, "Virgin Atlantic to Cut 1,150 More Jobs After Completing £1.2 Billion Rescue Deal, Airline Says," *Evening Standard* (September 4, 2020), accessed September 26, 2020, https://www.standard.co.uk/business/business-news/virgin-atlantic-cut-1150-more-jobs-a4540476.html; Tom Burridge, "Coronavirus: Virgin Atlantic to Cut 3,000 Jobs and Quit Gatwick," *BBC.com*, May 5, 2020, accessed September 26, 2020, https://www.bbc.com/news/business-52542038.

98. F. Yang, "Better Understanding the Perceptions of Organizational Politics: Its Impact Under Different Types of Work Unit Structure," *European Journal of Work and Organizational Psychology* 26, no. 2 (2017): 250–62.
99. S. B. Dust, C. J. Resick, and M. B. Mawritz, "Transformational Leadership, Psychological Empowerment, and the Moderating Role of Mechanistic-Organic Contexts," *Journal of Organizational Behavior* 35 (2014): 413–33.
100. See, for instance, A. Drach-Zahavy and A. Freund, "Team Effectiveness Under Stress: A Structural Contingency Approach," *Journal of Organizational Behavior* 28, no. 4 (2007): 423–50.
101. K. Walker, N. Ni, and B. Dyck, "Recipes for Successful Sustainability: Empirical Organizational Configurations for Strong Corporate Environmental Performance," *Business Strategy and the Environment* 24, no. 1 (2015): 40–57.
102. See, for instance, S. M. Toh, F. P. Morgeson, and M. A. Campion, "Human Resource Configurations: Investigating Fit with the Organizational Context," *Journal of Applied Psychology* 93, no. 4 (2008): 864–82.
103. G. P. Pisano, "You Need an Innovation Strategy," *Harvard Business Review*, June 2015, https://hbr.org/2015/06/you-need-an-innovation-strategy
104. "The World's Most Innovative Companies," *Forbes*, accessed March 27, 2019, https://www.forbes.com/innovative-companies/list/
105. K. Aaslaid, "50 Examples of Corporations That Failed to Innovate: Change Is Inevitable and Innovation Is No Different," *Valuer*, November 22, 2018, https://valuer.ai/blog/50-examples-of-corporations-that-failed-to-innovate-and-missed-their-chance/
106. Ibid.
107. Ibid.
108. See, for instance, R. Robinson, "Costs and Cost-Minimisation Analysis," *British Medical Journal* 307 (1993): 726–28.
109. "Jet Airways Plans to Scrap First Class in Its Boeing 777 Planes" [press release], *On Manorama*, November 23, 2017, https://english.manoramaonline.com/business/news/2017/11/23/jet-airways-plans-to-scrap-first-class-in-its-boeing-777-planes.html
110. R. Dooley, "The Paper Towel Test for Customer Experience," *Forbes*, September 27, 2018, https://www.forbes .com/sites/rogerdooley/2018/09/27/paper-towel-test-cx/#5004f0001df7
111. D. Vinjamuri, "Tyson Foods and Piglet Abuse: Is Ethical Behavior Profitable?," *Forbes*, May 11, 2012, https://www.forbes.com/sites/davidvinjamuri/2012/05/11/tyson-foods-and-piglet-abuse-is-ethical-behavior-profitable/#a54a4166f93c
112. "The CFO Imperative: Next-Gen Technology Drives Cost Optimization," *Knowledge@Wharton* [blog], February 13, 2017, http://knowledge.wharton.upenn.edu/article/the-cfo-imperative-next-gen-technology-drives-cost-optimization/
113. See, for instance, J. C. Naranjo-Valencia,D. Jiménez-Jiménez, and R. Sanz-Valle, "Innovation or Imitation? The Role of Organizational Culture," *Management Decision* 49, no. 1 (2011): 55–72.
114. A. Zaleski, "7 Business That Cloned Others and Made Millions," *CNBC*, October 4, 2017, https://www.cnbc .com/2017/10/03/7-businesses-that-cloned-others-and-made-millions.html
115. F. Vermeulen, "Why Copying Successful Firms Can Make You Worse Off," *Forbes*, December 17, 2017, https://www .forbes.com/sites/freekvermeulen/2017/12/12/why-copying-successful-firms-can-make-you-worse-off/#b57d087536e3
116. T. Taylor, "First Oracle, Now MongoDB: Why AWS Keeps Divorcing Its Partners," *TechGenix*, March 11, 2019, http://techgenix.com/mongodb-aws/
117. M. Josefy, S. Kuban, R. D. Ireland, and M. A. Hitt, "All Things Great and Small: Organizational Size, Boundaries of the Firm, and a Changing Environment," *The Academy of Management Annals* 9, no. 1 (2015): 715–802.
118. W. F. Cascio and R. Montealegre, "How Technology Is Changing Work and Organizations," *Annual Review of Organizational Psychology and Organizational Behavior* 3 (2016): 349–75; P. Duran, N. Kammerlander, M. Van Essen, and T. Zellweger, "Doing More With Less: Innovation Input and Output in Family Firms," *Academy of Management Journal* 59, no. 4 (2016): 1224–64.
119. J. Backaler, "Haier: A Chinese Company That Innovates," *Forbes*, June 17, 2010, http://www.forbes.com/sites/china/2010/06/17/haier-a-chinese-company-that-innovates/
120. T. A. Kochan, C. A. Riordan, A. M. Kowalski, M. Khan, and D. Yang, "The Changing Nature of Employee and Labor-Management Relationships," *Annual Review of Organizational Psychology and Organizational Behavior* 6 (2019): 195–219.
121. A. Mutch, "Technology, Organization, and Structure—a Morphogenetic Approach," *Organization Science* 21, no. 2 (2010): 507–20.
122. Huber, "Organizations."
123. D. Prosperio and G. Zervas, "Study: Replying to Customer Reviews Results in Better Ratings," *Harvard Business Review*, February 14, 2018, https://hbr.org/2018/02/study-replying-to-customer-reviews-results-in-better-ratings
124. See, for instance, J. A. Cogin and I. O. Williamson, "Standardize or Customize: The Interactive Effects of HRM and Environment Uncertainty on MNC Subsidiary Performance," *Human Resource Management* 53, no. 5 (2014): 701–21; G. Kim and M.-G. Huh, "Exploration and Organizational Longevity: The Moderating Role of Strategy and Environment," *Asia Pacific Journal of Management* 32, no. 2 (2015): 389–414.
125. B. Tobin, "Amazon HQ2: Cities Are Trying to Woo Tech Giant After Cancellation of New York Plans," *USA Today*, February 20, 2019, https://www.usatoday.com/story/money/2019/02/20/amazon-hq-2-cities-woo-tech-giant-after-cancellation-queens-plans/2916471002/
126. See, for instance, D. G. Bachrach, K. Lewis, Y. Kim, P. C. Patel, M. C. Campion, and S. M. B. Thatcher, "Transactive Memory Systems in Context: A Meta-Analytic Examination of Contextual Factors in Transactive Memory Systems Development and Team Performance," *Journal of Applied Psychology* 104, no. 3 (2019): 464–93.
127. E. W. M. Au, X. S. Y-S. Qin, and Z-X. Zhang, "Beyond Personal Control: When and How Executives' Beliefs in Negotiable Fate Foster Entrepreneurial Orientation and Firm Performance," *Organizational Behavior and Human Decision Processes* 143 (2017): 69–84.
128. See, for instance, "VMware Outlines Strategy to Make Security Intrinsic to the Infrastructure" [press release], March 5, 2019, https://www.nasdaq.com/press-release/vmware-outlines-strategy-to-make-security-intrinsic-to-the-infrastructure-20190305-00460
129. D. Chandler and H. Hwang, "Learning From Learning Theory: A Model of Organizational Adoption Strategies at the Microfoundations of Institutional Theory," *Journal of Management* 41, no. 5 (2015): 1446–76; R. Greenwood, C. R. Hinings, and D. Whetten, "Rethinking Institutions and Organizations," *Journal of Management Studies*, 51, no. 7 (2014): 1206–20; A. C. Lewis, R. L. Cardy, and L S. R. Huang, "Institutional Theory and HRM: A New Look," *Human Resource Management Review* 29 (2019): 316–35.
130. S. R. Kessler, A. E. Nixon, and W. R. Nord, "Examining Organic and Mechanistic Structures: Do We Know as Much as We Thought?," *International Journal of Management Reviews* 19 (2017): 531–55.
131. C. S. Spell and T. J. Arnold, "A Multi-Level Analysis of Organizational Justice and Climate, Structure, and Employee Mental Health," *Journal of Management* 33, no. 5 (2007): 724–51; M. L. Ambrose and M. Schminke, "Organization Structure as a Moderator of the Relationship Between Procedural Justice, Interactional Justice, Perceived Organizational Support, and Supervisory Trust," *Journal of Applied Psychology* 88, no. 2 (2003): 295–305.
132. See, for instance, C. S. Spell and T. J. Arnold, "A Multi-Level Analysis of Organizational Justice and Climate, Structure, and Employee Mental Health;" J. D. Shaw and N. Gupta, "Job Complexity, Performance, and Well-Being: When Does Supplies-Value Fit Matter?" *Personnel*

Psychology 57, no. 4 (2004): 847–79; C. Anderson and C. E. Brown, "The Functions and Dysfunctions of Hierarchy," *Research in Organizational Behavior* 30 (2010): 55–89.

133. J. H. Gittell, "Supervisory Span, Relational Coordination, and Flight Departure Performance: A Reassessment of Postbureaucracy Theory," *Organization Science* 12, no. 4 (2001): 468–83; C. A. Wong et al., "Examining the Relationships Between Span of Control and Manager Job and Unit Performance Outcomes," *Journal of Nursing Management* 23, no. 2 (2015): 156–68.
134. R. Hechanova-Alampay and T. A. Beehr, "Empowerment, Span of Control, and Safety Performance in Work Teams after Workforce Reduction," *Journal of Occupational Health Psychology* 6, no. 4 (2001): 275–82.
135. S. Bhargava and A. Kelkar, "Prediction of Job Involvement, Job Satisfaction, and Empowerment from Organizational Structure and Corporate Culture," *Psychological Studies* 45, nos. 1–2 (2000): 43–50; A. P. Kakabadse and R. Worrall, "Job Satisfaction and Organizational Structure: A Comparative Study of Nine Social Service Departments," *The British Journal of Social Work* 8, no. 1 (1978): 51–70; E. G. Lambert, E. A. Paoline III, and N. L. Hogan, "The Impact of Centralization and Formalization on Correctional Staff Job Satisfaction and Organizational Commitment: An Exploratory Study," *Criminal Justice Studies* 19, no. 1 (23–44); G. S. Rai, "Job Satisfaction Among Long-Term Care Staff: Bureaucracy Isn't Always Bad," *Administration in Social Work* 37, no. 1 (2013): 90–9.
136. See, for instance, R. E. Ployhart, J. A. Weekley, and K. Baughman, "The Structure and Function of Human Capital Emergence: A Multilevel Examination of the Attraction-Selection-Attrition Model," *Academy of Management Journal* 49, no. 4 (2006): 661–77.
137. J. B. Stewart, "A Place to Play for Google Staff," *The New York Times,* March 16, 2013, B1.
138. See, for instance, B. K. Park, J. A. Choi, M. Koo, S. Sul, and I. Choi, "Culture, Self, and Preference Structure: Transitivity and Context Independence Are Violated More by Interdependent People," *Social Cognition* 31, no. 1 (2013): 106–18.

제16장

1. C. Cancialosi, "How Blending Brand and Culture Can Impact the Customer Experience," *Forbes,* March 21, 2019, https://www.forbes.com/sites/chriscancialosi/2019/03/21/how-blending-brand-and-culture-can-impact-the-customer-experience/#6e4314c41f8c
2. Ibid.
3. B. Rigoni and B. Nelson, "Few Millennials Are Engaged at Work," *Gallup,* August 30, 2016, https://news.gallup.com/businessjournal/195209/few-millennials-engaged-work .aspx
4. See, for example, B. Schneider, M. G. Ehrhart, and W. H. Macey, "Organizational Climate and Culture," *Annual Review of Psychology* 64 (2013): 361–88.
5. E. H. Schein, *Organizational Culture and Leadership* (vol. 2) (New York, NY: John Wiley & Sons, 2010).
6. S. Giorgi, C. Lockwood, and M. A. Glynn, "The Many Faces of Culture: Making Sense of 30 Years of Research on Culture in Organization Studies," *The Academy of Management Annals* 9, no. 1 (2015): 1–54; Schneider et al., "Organizational Climate and Culture."
7. Schneider et al., "Organizational Climate and Culture."
8. Schneider et al., "Organizational Climate and Culture"; B. Schneider, V. González-Romá, C. Ostroff, and M. A. West, "Organizational Climate and Culture: Reflections on the History of the Constructs in the *Journal of Applied Psychology*," *Journal of Applied Psychology* 102, no. 3 (2017): 468–82.
9. C. A. Hartnell, A. Y. Ou, and A. Kinicki, "Organizational Culture and Organizational Effectiveness: A Meta-Analytic Investigation of the Competing Values Framework," *Journal of Applied Psychology* 96 (2011): 677–94; R. E. Quinn and J. Rohrbaugh, "A Special Model of Effectiveness Criteria: Toward a Competing Values Approach to Organizational Analysis," Management Science 29 (1983): 363–77.
10. Schneider et al., "Organizational Climate and Culture."
11. Hartnell et al., "Organizational Culture and Organizational Effectiveness"; C. A. Hartnell, A. Y. Ou, A. J. Kinicki, D. Choi, and E. P. Karam, "A Meta-Analytic Test of Organizational Culture's Association with Elements of an Organization's System and Its Relative Predictive Validity on Organizational Outcomes," Journal of Applied Psychology 104, no. 6 (2019): 832–50.
12. R. A. Cooke and J. C. Lafferty, *Organizational Culture Inventory* (Plymouth, MA: Human Synergistics, 1987); R. A. Cooke and J. L. Szumal, "Measuring Normative Beliefs and Shared Behavioral Expectations in Organizations: The Reliability and Validity of the Organizational Culture Inventory," *Psychology Reports* 72 (1993): 1299–1330; R. A. Cooke and J. L. Szumal, "Using the Organizational Culture Inventory to Understand the Operating Cultures of Organizations," in N. M. Ashkanasy, C. P. M. Wilderom, and M. F. Peterson (Eds.), *Handbook of Organizational Culture & Climate* (Thousand Oaks, CA: Sage, 2000): 147–62.
13. N. M. Ashkanasy, L. E. Broadfoot, and S. Falkus, "Questionnaire Measures of Organizational Culture," in N. M. Ashkanasy, C. P. M. Wilderom, and M. F. Peterson (Eds.), *Handbook of Organizational Culture & Climate* (Thousand Oaks, CA: Sage, 2000): 131–46; C. A. O'Reilly III, J. A. Chatman, and D. F. Caldwell, "People and Organizational Culture: A Profile Comparison Approach to Assessing Person-Organization Fit," *Academy of Management Journal* 34 (1991): 487–516.
14. See, for example, C. Ostroff, A. J. Kinicki, and R. S. Muhammad, "Organizational Culture and Climate," in I. B. Weiner (ed.), *Handbook of Psychology*, 2nd ed. (Hoboken, NJ: Wiley, 2012): 643–76.
15. D. A. Hoffman and L. M. Jones, "Leadership, Collective Personality, and Performance," *Journal of Applied Psychology* 90, no. 3 (2005), 509–22.
16. J. Martin, *Organizational Culture: Mapping the Terrain* (Thousand Oaks, CA: Sage, 2002).
17. P. Lok, R. Westwood, and J. Crawford, "Perceptions of Organisational Subculture and Their Significance for Organisational Commitment," *Applied Psychology: An International Review* 54, no. 4 (2005): 490–514; B. E. Ashforth, K. M. Rogers, and K. G. Corley, "Identity in Organizations: Exploring Cross-Level Dynamics," *Organization Science* 22, no. 5 (2011): 1144–56.
18. J. M. Jermier, J. W. Slocum Jr., L. W. Fry, and J. Gaines, "Organizational Subcultures in a Soft Bureaucracy: Resistance Behind the Myth and Façade of an Official Culture," *Organization Science* 2, no. 2 (1991): 170–94.
19. D. Oyserman, "Culture Three Ways: Culture and Subcultures Within Countries," *Annual Review of Psychology* 68 (2017): 435–63.
20. For discussion of how culture can be evaluated as a shared perception, see D. Chan, "Multilevel and Aggregation Issues in Climate and Culture Research," in B. Schneider and K. M. Barbera (eds.), *The Oxford Handbook of Organizational Climate and Culture* (New York, NY: Oxford University Press, 2014), 484–95; J. B. Sorensen, "The Strength of Corporate Culture and the Reliability of Firm Performance," *Administrative Science Quarterly* (March 2002): 70–91.
21. M. W. Dickson, C. J. Resick, and P. J. Hanges, "When Organizational Climate Is Unambiguous, It Is Also Strong," *Journal of Applied Psychology* 91 (2006): 351–64; L. M. Kotrba, M. A. Gillespie, A. M. Schmidt, R. E. Smerek, S. A. Ritchie, and D. R. Denison, "Do Consistent Corporate Cultures Have Better Business Performance: Exploring the Interaction Effects," *Human Relations* 65, no. 2 (2012): 241–62; B. Schneider, A. N. Salvaggio, and M. Subirats, "Climate Strength: A

New Direction for Climate Research," *Journal of Applied Psychology* 87 (2002): 220–29

22. K. Moody, "Marriott Shares Its 'Secret Sauce' for a People-centric Culture," *HR Dive,* March 27, 2019, https://www.hrdive.com/news/marriott-shares-its-secret-sauce-for-a-people-centric-culture/551369/
23. M. Schulte, C. Ostroff, S. Shmulyian, and A. Kinicki, "Organizational Climate Configurations: Relationships to Collective Attitudes, Customer Satisfaction, and Financial Performance," *Journal of Applied Psychology* 94, no. 3 (2009): 618–34.
24. K. Moody, "Culture Directly Influences Job Performance, Employees Say," *HR Dive*, March 27, 2019, https://www .hrdive.com/news/culture-directly-influences-job-performance-employees-say/551159/; R. O'Donnell, "How Culture Helps Ace Hardware Thrive in a Tough Retail Environment," *HR Dive,* February 11, 2019, https://www.hrdive .com/news/how-culture-helps-ace-hardware-thrive-in-a-tough-retail-environment/547619/
25. E. Ransdell, "The Nike Story? Just Tell It!," *Fast Company* (January–February 2000): 44–46; A. Muccino, "Exclusive Interview with Chuck Eichten," Liquid Brand Summit Blog, February 4, 2011, http://blog.liquidbrandsummit.com/
26. R. Carey, "Passionate About Stories: Nike," *All Good Tales,* October 18, 2018, https://allgoodtales.com/nike-passionate-about-stories/
27. R. Garud, H. A. Schildt, and T. K. Lant, "Entrepreneurial Storytelling, Future Expectations, and the Paradox of Legitimacy," *Organization Science* 25, no. 5 (2014): 1479–92; G. A. Rosile, D. M. Carlon, S. Downs, and R. Saylors, "Storytelling Diamond: An Antenarrative Integration of the Six Facets of Storytelling in Organization Research Design," *Organizational Research Methods* 16, no. 4 (2013): 557–80.
28. S. L. Dailey and L. Browning, "Retelling Stories in Organizations: Understanding the Functions of Narrative Repetition," *Academy of Management Review* 39, no. 1 (2014): 22–43.
29. A. J. Shipp and K. J. Jansen, "Reinterpreting Time in Fit Theory: Crafting and Recrafting Narratives of Fit in Medias Res," *Academy of Management Review* 36, no. 1 (2011): 76–101.
30. See G. Islam and M. J. Zyphur, "Rituals in Organizations: A Review and Expansion of Current Theory," *Group & Organization Management* 34, no. 1 (2009): 114–39; M. J. Rossano, "The Essential Role of Ritual in the Transmission and Reinforcement of Social Norms," *Psychological Bulletin* 138, no. 3 (2012): 529–49.
31. Great Place to Work, "Kimpton Hotels & Restaurants," http://fortune.com/best-companies/kimpton-hotels-restaurants/, accessed April 6, 2019; S. Halzack, "At Kimpton Hotels, Employees Bond Through Housekeeping Olympics," *The Washington Post*, January 6, 2013, https://www .washingtonpost.com/business/capitalbusiness/at-kimpton-hotels-employees-bond-through-housekeeping-olympics/2013/01/04/3a212b2c-535c-11e2-bf3e-76c0a789346f_story .html?utm_term=.c3e004bef157
32. F. G. Massa, W. S. Helms, M. Voronov, and L. Wang, "Emotions Uncorked: Inspiring Evangelism for the Emerging Practice Of Cool-Climate Winemaking in Ontario," *Academy of Management Journal* 60, no. 2 (2017): 461–99.
33. A. W. Brooks et al., "Don't Stop Believing: Rituals Improve Performance by Decreasing Anxiety," *Organizational Behavior and Human Decision Processes* 137 (2016): 71-85; A. D. Tiang, J. Schroeder, G. Häubl, J. L. Risen, M. I. Norton, and F. Gino, "Enacting Rituals to Improve Self-Control," *Journal of Personality and Social Psychology* 114, no. 6 (2018): 851–76.
34. C. Jones, *How Matter Matters: Objects, Artifacts, and Materiality in Organization Studies* (Oxford, UK: Oxford University Press, 2013); and E. H. Schein, *Organizational Culture and Leadership* (4th ed.) (San Francisco, CA: Jossey-Bass, 2010).
35. M. G. Pratt and A. Rafaeli "Artifacts and Organizations: Understanding Our Objective Reality," in A. Rafaeli and M. G. Pratt (eds.) *Artifacts and Organizations: Beyond Mere Symbolism* (Mahwah, NJ: Lawrence Erlbaum, 2006), 279–88.
36. A. Rafaeli and I. Vilnai-Yavetz, "Emotion as a Connection of Physical Artifacts and Organizations," *Organization Science* 15, no. 6 (2004): 671–86.
37. B. Gruley, "Relaxed Fit," *Bloomberg Businessweek,* September 17–23, 2012, 98–99.
38. D. Burkus, "How to Tell If Your Company Has a Creative Culture," *Harvard Business Review,* December 2, 2014, https://hbr.org/2014/12/how-to-tell-if-your-company-has-a-creative-culture
39. Great Place to Work, "Genentech," http://reviews .greatplacetowork.com/genentech, accessed April 18, 2017.
40. Z. Kalou and E. Sadler-Smith, "Using Ethnography of Communication in Organizational Research," *Organizational Research Methods* 18, no. 4 (2015): 629–55; H. M. Trice and J. M. Beyer, *The Cultures of Work Organizations* (Englewood Cliffs, NJ: Prentice Hall, 1993).
41. K. L. Smith, *GovSpeak: A Guide to U.S. Government Acronyms & Abbreviations*, accessed April 6, 2019, https://ucsd .libguides.com/govspeak
42. E. A. Canning, M. C. Murphy, K. T. U. Emerson, J. A. Chatman, C. S. Dweck, and L. J. Kray, "Cultures of Genius at Work: Organizational Mindsets Predict Cultural Norms, Trust, and Commitment," *Personality and Social Psychology Bulletin* 46, no. 4 (2020): 626–42.
43. Schneider et al., "Organizational Climate and Culture."
44. Schein, *Organizational Culture and Leadership.*
45. R. M. Steers, *Made in Korea: Chung Ju Yung and the Rise of Hyundai* (New York, NY: Routledge, 1999).
46. J. Basque and A. Langley, "Invoking Alphonse: The Founder Figure as a Historical Resource for Organizational Identity Work," *Organizational Studies* 39, no. 12 (2018): 1685-1708; S. Oreg and Y. Berson, "The Impact of Top Leaders' Personalities: The Process Through Which Organizations Become Reflections of Their Leaders," *Current Directions in Psychological Science* 27, no. 4 (2018): 241–48; Ostroff et al., "Organizational Culture and Climate."
47. D. Katz and R. L. Kahn, *The Social Psychology of Organizations* (2nd ed., New York, NY: Wiley, 1978).
48. Hartnell et al., "A Meta-Analytic Test of Organizational Culture's Association With Elements of an Organization's System and Its Relative Predictive Validity on Organizational Outcomes."
49. See, for example, D. E. Bowen and C. Ostroff, "The 'Strength' of the HRM System, Organizational Climate Formation, and Firm Performance," *Academy of Management Review* 29, no. 2 (2004): 203–21; Hartnell et al., "A Meta-Analytic Test of Organizational Culture's Association With Elements of an Organization's System and Its Relative Predictive Validity on Organizational Outcomes."
50. D. D. Warrick, J. F. Milliman, and J. M. Ferguson, "Building High Performance Cultures," *Organizational Dynamics* 45 (2016): 64–70.
51. W. Arthur Jr., S. T. Bell, A. J. Villado, and D. Doverspike, "The Use of Person-Organization Fit in Employment Decision Making: An Assessment of Its Criterion-Related Validity," *Journal of Applied Psychology* 91, no. 4 (2006): 786–801; W. Li, Y. Wang, P. Taylor, K. Shi, and D. He, "The Influence of Organizational Culture on Work-Related Personality Requirement Ratings: A Multilevel Analysis," *International Journal of Selection and Assessment* 16, no. 4 (2008): 366–84; A. M. Saks and B. E. Ashforth, "Is Job Search Related to Employment Quality? It All Depends on the Fit," *Journal of Applied Psychology* 87, no. 4 (2002): 646–54.
52. See, for instance, B. R. Dineen, S. R. Ash, and R. A. Noe, "A Web of Applicant Attraction: Person-Organization Fit in the Context of Web-Based Recruitment," *Journal of Applied Psychology* 87, no. 4 (2002): 723–34; N. Roulin and F. Krings, "Faking to Fit in: Applicants' Response Strategies to Match Organizational Culture," *Journal of Applied Psychology* 105, no. 2 (2020): 130–45.

53. G. Hamel, "W. L. Gore: Lessons from a Management Revolutionary," *The Wall Street Journal* [Blog], March 18, 2010, https://blogs.wsj.com/management/2010/03/18/wl-gore-lessons-from-a-management-revolutionary/; J. Kell, "Meet the Culture Warriors: 3 Companies Changing the Game," *Fortune*, March 14, 2017, http://fortune.com/2017/03/14/best-companies-to-work-for-culture/
54. D. C. Hambrick, "Upper Echelons Theory: An Update," *Academy of Management Review* 32, no. 2 (2007): 334–43; M. A. Carpenter, M. A. Geletkanycz, and W. G. Sanders, "Upper Echelons Research Revisited: Antecedents, Elements, and Consequences of Top Management Team Composition," *Journal of Management* 30, no. 6 (2004): 749–78; H. Wang, A. S. Tsui, and K. R. Xin, "CEO Leadership Behaviors, Organizational Performance, and Employees' Attitudes," *Leadership Quarterly* 22, no. 1 (2011): 92–105.
55. C. A. Hartnell, A. J. Kinicki, L. S. Lambert, M. Fugate, and C. P. Doyle, "Do Similarities or differences Between CEO leadership and Organizational Culture Have a More Positive Effect on Firm Performance? A Test of Competing Predictions," *Journal of Applied Psychology* 101, no. 6 (2016): 846-61.
56. T. D. Allen, L. T. Eby, G. T. Chao, and T. N. Bauer, "Taking Stock of Two Relational Aspects of Organizational Life: Tracing the History and Shaping the Future of Socialization and Mentoring Research," *Journal of Applied Psychology* 102, no. 3 (2017): 324–37; T. N. Bauer, T. Bodner, B. Erdogan, D. M. Truxillo, and J. S. Tucker, "Newcomer Adjustment during Organizational Socialization: A Meta-Analytic Review of Antecedents, Outcomes, and Methods," *Journal of Applied Psychology* 92, no. 3 (2007): 707–21.
57. R. E. Silverman, "Companies Try to Make the First Day for New Hires More Fun," *The Wall Street Journal,* May 28, 2013, http://online.wsj.com/article/SB10001424127887323336104578501631475934850.html
58. D. M. Cable, F. Gino, and B. R. Staats, "Breaking Them in or Eliciting Their Best? Reframing Socialization Around Newcomers' Authentic Self-Expression," *Administrative Science Quarterly* 58, no. 1 (2013): 1–36; M. Wang, J. Kammeyer-Mueller, and Y. Liu, "Context, Socialization, and Newcomer Learning," *Organizational Psychology Review* 5, no. 1 (2015): 3–25.
59. C. J. Collins, "The Interactive Effects of Recruitment Practices and Product Awareness on Job Seekers' Employer Knowledge and Application Behaviors," *Journal of Applied Psychology* 92, no. 1 (2007): 180–90.
60. T. N. Bauer, S. Perrot, R. C. Liden, and B. Erdogan, "Understanding the Consequences of Newcomer Proactive Behaviors: The Moderating Contextual Role of Servant Leadership," *Journal of Vocational Behavior* 112 (2019): 356–68; J. D. Kammeyer-Mueller and C. R. Wanberg, "Unwrapping the Organizational Entry Process: Disentangling Multiple Antecedents and Their Pathways to Adjustment," *Journal of Applied Psychology* 88 (2003): 779–94; E. W. Morrison, "Longitudinal Study of the Effects of Information Seeking on Newcomer Socialization," *Journal of Applied Psychology* 78 (2003): 173–83; C. Vandenberghe, A. Panaccio, K. Bentein, K. Mignonac, P. Roussel, and A. Khalil Ben Ayed, "Time-Based Differences in the Effects of Positive and Negative Affectivity on Perceived Supervisor Support and Organizational Commitment Among Newcomers," *Journal of Organizational Behavior* 40 (2019): 264-281; M. Wang, Y. Zhan, E. McCune, and D. Truxillo, "Understanding Newcomers' Adaptability and Work-Related Outcomes: Testing the Mediating Roles of Perceived P-E Fit Variables," *Personnel Psychology* 64, no. 1 (2011): 163–89.
61. See, for instance, C. Woodrow and D. E. Guest, "Pathways Through Organizational Socialization: A Longitudinal Qualitative Study Based on the Psychological Contract," *Journal of Occupational and Organizational Psychology* 93 (2020): 110–33.
62. Bauer, Bodner, Erdogan, Truxillo, and Tucker, "Newcomer Adjustment during Organizational Socialization"; E. W. Morrison, "Newcomers' Relationships: The Role of Social Network Ties During Socialization," *Academy of Management Journal* 45 (2002): 1149–60; A. M. Saks, K. L. Uggerslev, and N. E. Fassina, "Socialization Tactics and Newcomer Adjustment: A Meta-Analytic Review and Test of a Model," *Journal of Vocational Behavior* 70 (2007): 413–46.
63. K. Becker and A. Bish, "A Framework for Understanding the Role of Unlearning in Onboarding," *Human Resource Management Review* (in press); F. Montani, M. Maoret, and L. Dufour, "The Dark Side of Socialization: How and When Divestiture Socialization Undermines Newcomer Outcomes," *Journal of Organizational Behavior* 40 (2019): 506–21.
64. N. Delobbe, H. D. Cooper-Thomas, and R. De Hoe, "A New Look at the Psychological Contract During Organizational Socialization: The Role of Newcomers' Obligations at Entry," *Journal of Organizational Behavior* 37 (2016): 845–67; H. Jia, R. Zhong, and X. Xie, "Helping Others Makes Me Fit better: Effects of Helping Behavior by Newcomers and Coworker-Attributed Motives on Newcomers' Adjustment," *Journal of Business and Psychology* (in press); K. Kim and H. K. Moon, "How Do Socialization Tactics and Supervisor Behaviors Influence Newcomers' Psychological Contract Formation? The Mediating Role of Information Acquisition," *The International Journal of Human Resource Management* (in press); C. Woodrow and D. E. Guest, "Knowledge Acquisition and Effective Socialization: The Role of the Psychological Contract," *Journal of Occupational and Organizational Psychology* 90 (2017): 587–95.
65. S. Liu, P. Bamberger, M. Wang, J. Shi, and S. B. Bacharach, "When Onboarding Becomes Risky: Extending Social Learning Theory to Explain Newcomers' Adoption of Heavy Drinking With Clients," *Human Relations* 73, no. 5 (2020): 682–710.
66. B. Schneider, H. W. Goldstein, and D. B. Smith, "The ASA Framework: An Update," *Personnel Psychology* 48 (1995): 747–73.
67. Saks, Uggerslev, and Fassina, "Socialization Tactics and Newcomer Adjustment"; J. Van Maanen and E. Schein, "Toward a Theory of Organizational Socialization," in B. M. Staw (ed.), *Research in Organizational Behavior* (vol. 1) (Greenwich, CT: JAI, 1979).
68. O. C. Richard, D. R. Avery, A. Luksyte, O. Dorian Boncoeur, and C. Spitzmueller, "Improving Organizational Newcomers' Creative Job Performance Through Creative Process Engagement: The Moderating Role of a Synergy Diversity Climate *Personnel Psychology* 72 (2019): 421–44.
69. Bauer, Bodner, Erdogan, Truxillo, and Tucker, "Newcomer Adjustment During Organizational Socialization"; J. X. Y. Chong, G. Beenen, M. Gagné, and P. D. Dunlop, "Satisfying newcomers' needs: The Role of Socialization Tactics and Supervisor Autonomy Support," *Journal of Business and Psychology* (in press); M. Ikram Nasr, A. El Akremi, and J. A-M. Coyle-Shapiro, "Synergy or Substitution? The Interactive Effects of Insiders' Fairness and Support and Organizational Socialization Tactics on Newcomer Role Clarity and Social Integration," *Journal of Organizational Behavior* 40 (2019): 758–78; Saks, Uggerslev, and Fassina, "Socialization Tactics and Newcomer Adjustment."
70. W. R. Boswell, A. J. Shipp, S. C. Payne, and S. S. Culbertson, "Changes in Newcomer Job Satisfaction Over Time: Examining the Pattern of Honeymoons and Hangovers," *Journal of Applied Psychology* 94, no. 4 (2009): 844–58; W. R. Boswell, J. W. Boudreau, and J. Tichy, "The Relationship Between Employee Job Change and Job Satisfaction: The Honeymoon-Hangover Effect," *Journal of Applied Psychology* 90, no. 5 (2005): 882–92; Y. Zhou, M. Zou, M. Williams, and V. Tabvuma, "Is the Grass Greener on the Other Side? A Longitudinal Study of the Impact of Employer Change and Occupational Change on Job Satisfaction," *Journal of Vocational Behavior* 99 (2017): 66–78.

71. J. D. Kammeyer-Mueller, C. R. Wanberg, A. L. Rubenstein, and Z. Song, "Support, Undermining, and Newcomer Socialization: Fitting in During the First 90 Days," *Academy of Management Journal* 56, no. 4 (2013): 1104–24; M. Jokisaari and J. Nurmi, "Change in Newcomers' Supervisor Support and Socialization Outcomes After Organizational Entry," *Academy of Management Journal* 52, no. 3 (2009): 527–44.
72. C. Vandenberghe, A. Panaccio, K. Bentein, K. Mignonac, and P. Roussel, "Assessing Longitudinal Change of and Dynamic Relationships Among Role Stressors, Job Attitudes, Turnover Intention, and Well-Being in Neophyte Newcomers," *Journal of Organizational Behavior* 32, no. 4 (2011): 652–71.
73. D. Wang, P. W. Hom, and D. G. Allen, "Coping With Newcomer 'Hangover': How Socialization Tactics Affect Declining Job Satisfaction During Early Employment," *Journal of Vocational Behavior* 100 (2017): 196–210.
74. S. Maitlis and M. Christianson, "Sensemaking in Organizations: Taking Stock and Moving Forward," *The Academy of Management Annals* 8, (2014): 57–125; K. Weber and M. T. Dacin, "The Cultural Construction of Organizational Life," *Organization Science* 22, no. 2 (2011): 287–98.
75. C. Kontoghiorghes, "Linking High Performance Organizational Culture and Talent Management: Satisfaction/Motivation and Organizational Commitment as Mediators," *The International Journal of Human Resource Management* 27, no. 16 (2016): 1833–53.
76. S-H. Liao, W.-J. Chang, D-C. Hu, and Y-L. Yueh, "Relationships Among Organizational Culture, Knowledge Acquisition, Organizational Learning, and Organizational Innovation in Taiwan's Banking and Insurance Industries," *The International Journal of Human Resource Management* 23, no. 1 (2012): 52–70.
77. Schneider et al., "Organizational Climate and Culture."
78. E. H. Schein, "Sense and Nonsense About Culture and Climate," in N. M. Ashkanasy, C. P. M. Wilderom, and M. F. Peterson (Eds.), *Handbook of Organizational Culture & Climate* (Thousand Oaks, CA: Sage, 2000): xxxiii–xxx; Schneider et al., "Organizational Climate and Culture."
79. Ostroff et al., "Organizational Culture and Climate"; Schneider, Ehrhart, and Macey, "Organizational Climate and Culture"; D. Zohar and D. A. Hofmann, "Organizational Culture and Climate," in S. W. J. Kozlowski (Ed.), *The Oxford Handbook of Organizational Psychology* (Vol. 1, Oxford, UK: Oxford University Press, 2012): 1-41.
80. See, for instance, K. Fitzgerald, "Safety Culture, Climate and Performance Improvement," *HazardEx*, October 22, 2018, http://www.hazardexonthenet.net/article/162743/Safety-Culture-Climate-and-Performance-Improvement.aspx#; Maritime Knowledge, "Safety Management: Safety Culture vs Safety Climate—What's the Difference?," *Safety4SEA* [blog], March 1, 2019, https://safety4sea.com/cm-safety-management-safety-culture-vs-safety-climate-whats-the-difference/
81. M. Kuenzi and M. Schminke, "Assembling Fragments Into a Lens: A Review, Critique, and Proposed Research Agenda for the Organizational Work Climate Literature," *Journal of Management* 35, no. 3 (2009): 634–717; Schneider, Ehrhart, and Macey, "Organizational Climate and Culture."
82. S. Clarke, "The Relationship Between Safety Climate and Safety Performance: A Meta-Analytic Review," *Journal of Occupational Health Psychology* 11, no. 4 (2006): 315–27; S. Clarke, "An Integrative Model of Safety Climate: Linking Psychological Climate and Work Attitudes to Individual Safety Outcomes Using Meta-Analysis," *Journal of Occupational and Organizational Psychology* 83 (2010): 553–78.
83. J. M. Beus, S. C. Payne, M. E. Bergman, and W. Arthur, "Safety Climate and Injuries: An Examination of Theoretical and Empirical Relationships," *Journal of Applied Psychology* 95, no. 4 (2010): 713–27; See also A. M. Brawley Newlin and C. L. S. Pury, "All of the Above?: An Examination of Overlapping Organizational Climates," *Journal of Business and Psychology* (in press).
84. J. Z. Carr, A. M. Schmidt, J. K. Ford, and R. P. DeShon, "Climate Perceptions Matter: A Meta-Analytic Path Analysis Relating Molar Climate, Cognitive and Affective States, and Individual Level Work Outcomes," *Journal of Applied Psychology* 88, no. 4 (2003): 605–19.
85. M. Schulte, C. Ostroff, S. Shmulyian, and A. Kinicki, "Organizational Climate Configurations: Relationships to Collective Attitudes, Customer Satisfaction, and Financial Performance."
86. M. Kaptein, "Developing and Testing a Measure for the Ethical Culture of Organizations: The Corporate Ethical Virtues Model," *Journal of Business Ethics* 29 (2008): 923–47; L. K. Trevino and G. R. Weaver, *Managing Ethics in Business Organizations: Social Scientific Perspectives* (Stanford, CA: Stanford University Press, 2003).
87. M. Huhtala, M. Kaptein, and T. Feldt, "How Perceived Changes in the Ethical Culture of Organizations Influence the Well-Being of Managers: A Two-year Longitudinal Study," *European Journal of Work and Organizational Psychology* 25, no. 3 (2016): 335–52; M. Huhtala, A. Tolvanen, S. Mauno, and T. Feldt, "The Associations Between Ethical Organizational Culture, Burnout, and Engagement: A Multilevel Study," *Journal of Business and Psychology* 30, no. 2 (2015): 399–414.
88. A. Arnaud and M. Schminke, "The Ethical Climate and Context of Organizations," *Organization Science* 23, no. 6 (2012): 1767–80; A. Simha and J. B. Cullen, "Ethical Climates and Their Effects on Organizational Outcomes: Implications From the Past and Prophecies for the Future," *Academy of Management Perspectives* 26, no. 4 (2012): 20–34; B. Victor and J. B. Cullen, "The Organizational Bases of Ethical Work Climates," *Administrative Science Quarterly* 33, no. 1 (1988): 101–25.
89. M. Kuenzi, D. M. Mayer, and R. L. Greenbaum, "Creating an Ethical Organizational Environment: The Relationship Between Ethical Leadership, Ethical Organizational Climate, and Unethical Behavior," *Personnel Psychology* 73 (2020): 43-71.
90. Kuenzi et al., "Creating an ethical organizational environment"; Simha and Cullen, "Ethical Climates and Their Effects on Organizational Outcomes."
91. Kuenzi et al., "Creating an Ethical Organizational Environment."
92. K. Jiang, J. Hu, Y. Hong, H. Liao, and S. Liu, "Do It Well and Do It Right: The Impact of Service Climate and Ethical Climate on Business Performance and the Boundary Conditions," *Journal of Applied Psychology* 101, no. 11 (2016): 1553–68; A. T. Myer, C. N. Thoroughgood, and S. Mohammed, "Complementary or Competing Climates? Examining the Interactive Effect of Service and Ethical Climates on Company-Level Financial Performance," *Journal of Applied Psychology* 101, no. 8 (2016): 1178–90.
93. J. Howard-Greenville, S. Bertels, and B. Lahneman, "Sustainability: How It Shapes Organizational Culture and Climate," in B. Schneider and K. M. Barbera (eds.), *The Oxford Handbook of Organizational Climate and Culture* (New York, NY: Oxford University Press, 2014), 257–75.
94. E. Cohen, S. Taylor, and M. Muller-Camen, *HRM's Role in Corporate Social and Environmental Sustainability* (Alexandria, VA: Society of Human Resource Management, 2012).
95. Mimosa Spencer, "H&M to Work with EcoTree to Support Biodiversity in France," *Yahoo! News* (September 24, 2020) accessed September 27, 2020, https://news.yahoo.com/h-m-ecotree-support-biodiversity-103537102.html; H&M Group (website), "Sustainability," https://hmgroup.com/sustainability.html, accessed September 24, 2020.
96. J. Pfeffer, "Building Sustainable Organizations: The Human Factor," *Academy of Management Perspectives* 24, no. 1 (2010): 34–45.
97. P. Lacy, T. Cooper, R. Hayward, and L. Neuberger, "A New Era of Sustainability: UN Global Compact-Accenture CEO Study 2010," Joint Report from Accenture and the United Nations: The Global Compact, June 2010, https://www.unglobalcompact .org/docs/news_events/8.1/UNGC_Accenture_CEO_Study_2010.pdf
98. H. R. Dixon-Fowler, D. J. Slater, J. L. Johnson, A. E. Ellstrand, and A. M. Romi, "Beyond 'Does It Pay to Be Green?' A Meta-Analysis of Moderators of the CEP-CFP Relationship," *Journal of Business Ethics*

112 (2013): 353–66; D. S. Siegel, "Green Management Matters Only If It Yields More Green: An Economic/Strategic Perspective," *Academy of Management Perspectives* 23, no. 3 (2009): 5-16.

99. B. Fitzgerald, "Sustainable Farming Will Be Next, 'Revolution in Agriculture,'" *Australian Broadcasting Company: Rural,* May 28, 2015, 10:12PM, http://www.abc.net.au/news/2015-05-29/state-of-tomorrow-sustainable-farming/6504842
100. Siemens, *Sustainability Information 2018* (München, Germany: Siemens, 2018).
101. K. Strauss, "The World's Most Sustainable Companies, 2018," *Forbes,* January 23, 2018, https://www.forbes .com/sites/karstenstrauss/2018/01/23/the-worlds-most-sustainable-companies-2018/#43d5ff7a32b0
102. P. Bansal, "From Issues to Actions: The Importance of Individual Concerns and Organizational Values in Responding to Natural Environmental Issues," *Organization Science* 14, no. 5 (2003): 510–27; P. Bansal, "Evolving Sustainably: A Longitudinal Study of Corporate Sustainable Development," *Strategic Management Journal* 26, no. 3 (2005): 197–218; J. Howard-Grenville and A. J. Hoffman, "The Importance of Cultural Framing to the Success of Social Initiatives in Business," *Academy of Management Executive* 17, no. 2 (2003):70–84.
103. A. R. Carrico and M. Riemer, "Motivating Energy Conservation in the Workplace: An Evaluation of the Use of Group-Level Feedback and Peer Education," *Journal of Environmental Psychology* 31, no. 1 (2011): 1–13.
104. M. Del Giudice, Z. Khan, M. De Silva, V. Scuotto, F. Caputo, and E. Carayannis, "The Microlevel Actions Undertaken by Owner-Managers in Improving the Sustainability Practices of Cultural and Creative Small and Medium Enterprises: A United Kingdom-Italy Comparison," *Journal of Organization Behavior* 38 (2017): 1396–414.
105. J. P. Kotter, "Change Management: Accelerate!" *Harvard Business Review,* November 2012: 44–58.
106. A. Dan, "Droga5's David Droga About Redefining Advertising," *Forbes,* December 13, 2011, https://www.forbes.com/sites/avidan/2011/12/13/the-ad-agency-guru-who-helped-get-obama-elected/#6d1fb4903477
107. J. Beer, "Why Accenture Interactive Buying Ad Agency Droga5 Is Such a Big Deal," *Fast Company,* April 3, 2019, https://www.fastcompany.com/90328733/why-accenture-interactive-buying-ad-agency-droga5-is-such-a-big-deal
108. A. Newman, H. Round, S. Wang, and M. Mount, "Innovation Climate: A Systematic Review of the Literature and Agenda for Future Research," *Journal of Occupational and Organizational Psychology* 93 (2020): 73–109.
109. "How Big Companies Can Innovate Like Small Startups," *Knowledge@Wharton,* January 30, 2019, https://knowledge.wharton.upenn.edu/article/how-big-companies-can-innovate-like-small-startups/
110. J. M. Beus, L. Lucianetti, and W. Arthur Jr., "Clash of the Climates: Examining the Paradoxical Effects of Climates for Promotion and Prevention," *Personnel Psychology* 73 (2020): 241-269; L. Heracleous, C. Wawarta, S. Gonzalez, and S. Paroutis, "How a Group of NASA Renegades Transformed Mission Control," *MIT Sloan Management Review*, April 5, 2019, https://sloanreview.mit.edu/article/how-a-group-of-nasa-renegades-transformed-mission-control/
111. Hartnell et al., "A Meta-Analytic Test of Organizational Culture's Association With Elements of an Organization's System and Its Relative Predictive Validity on Organizational Outcomes."
112. R. Pyrillis, "ChildNet: Optimas Award Winner for General Excellence," *Workforce Management*, November 1, 2012, http://www.workforce.com/2012/11/01/childnet-optimas-award-winner-for-general-excellence/.
113. E. Comen, S. Stebbins, and T. C. Frohlich, "The Worst Companies to Work For," *24/7 Wall ST*, June 10, 2016, http://247wallst.com/special-report/2016/06/10/the-worst-companies-to-work-for-2/3/; C. Hannan, "Dish Network, the Meanest Company in America," *Bloomberg*, January 3, 2013, https://www.bloomberg.com/news/articles/2013-01-02/dish-network-the-meanest-company-in-america
114. A. S. Boyce, L. R. G. Nieminen, M. A. Gillespie, A. M. Ryan, and D. R. Denison, "Which Comes First, Organizational Culture or Performance? A Longitudinal Study of Causal Priority with Automobile Dealerships," *Journal of Organizational Behavior* 36 (2015): 339–59.
115. J. Bandler and D. Burke, "How HP Lost Its Way," *Fortune,* May 21, 2012, 147–64.
116. G. F. Lanzara and G. Patriotta, "The Institutionalization of Knowledge in an Automotive Factory: Templates, Inscriptions, and the Problems of Durability," *Organization Studies* 28, no. 5 (2007): 635–660; T. B. Lawrence, M. K. Mauws, B. Dyck, and R. F. Kleysen, "The Politics of Organizational Learning: Integrating Power Into the 4I Framework," *Academy of Management Review* 30, no. 1 (2005): 180–91.
117. See, for instance, P. Bate, R. Khan, and A. Pye, "Towards a Culturally Sensitive Approach to Organizational Structuring: Where Organizational Design Meets Organizational Development," *Organization Science* 11, no. 2 (2000): 197–211; G. F. Latta, "Modeling the Cultural Dynamics of Resistance and Facilitation: Interaction Effects in the OC3 Model of Organizational Change," *Journal of Organizational Change Management* 28, no. 6 (2015): 1013–37.
118. Y. Kashima, P. G. Bain, and A. Perfors, "The Psychology of Cultural Dynamics: What Is It, What Do We Know, and What Is Yet to Be Known?" *Annual Review of Psychology* 70 (2019): 499-529.
119. D. Markovitz, "The Art of Change," *IndustryWeek,* January 29, 2019, https://www.industryweek.com/leadership/art-change; J. Shook, "How to Change a Culture: Lessons From NUMMI," *MIT Sloan Management Review,* 51, no. 2 (2010): 63-8.
120. See D. L. Stone, E. F. Stone-Romero, and K. M. Lukaszewski, "The Impact of Cultural Values on the Acceptance and Effectiveness of Human Resource Management Policies and Practices," *Human Resource Management Review* 17, no. 2 (2007): 152–165; D. R. Avery, "Support for Diversity in Organizations: A Theoretical Exploration of Its Origins and Offshoots," *Organizational Psychology Review* 1, no. 3 (2011): 239–256; A. Groggins and A. M. Ryan, "Embracing Uniqueness: The Underpinnings of a Positive Climate for Diversity," *Journal of Occupational and Organizational Psychology* 86, no. 2 (2013): 264–282.
121. J. A. Chatman, J. T. Polzer, S. G. Barsade, and M. A. Neale, "Being Different Yet Feeling Similar: The Influence of Demographic Composition and Organizational Culture on Work Processes and Outcomes," *Administrative Science Quarterly* 43 (1998): 749–80.
122. S. D. Pugh, J. Dietz, A. P. Brief, and J. W. Wiley, "Looking Inside and Out: The Impact of Employee and Community Demographic Composition on Organizational Diversity Climate," *Journal of Applied Psychology* 93, no. 6 (2008): 1422–28.
123. Y. Li, S. Perera, C. T. Kulik, and I. Metz, "Inclusion Climate: A Multilevel Investigation of Its Antecedents and Consequences," *Human Resource Management* 58 (2019): 353–69.
124. M. Reinwald, H. Huettermann, and H. Bruch, "Beyond the Mean: Understanding Firm-Level Consequences of Variability in Diversity Climate Perceptions," *Journal of Organizational Behavior* 40 (2019): 472-491.
125. M. J. Gelfand, L. M. Leslie, K. Keller, and C. de Dreu, "Conflict Cultures in Organizations: How Leaders Shape Conflict Cultures and Their Organizational-Level Consequences," *Journal of Applied Psychology* 97, no. 6 (2012): 1131–47.
126. Y. Liu, D. Vrontis, M. Visser, P. Stokes, S. Smith, N. Moore, A. Thrassou, and A. Ashta, "Talent Management and the HR Function in Cross-Cultural Mergers and Acquisitions: The Role and Impact of Bi-Cultural Identity," *Human Resource Management Review* (in press); C. Pike, *Mergers and Acquisitions: Managing Culture and Human Resources* (Stanford, CA: Stanford University Press, 2005).
127. K. Voigt, "Mergers Fail More Often Than Marriages," *CNN,* May 22, 2009, http://edition.cnn.com/2009/BUSINESS/05/21/merger.marriage/.

128. J. Beer, "Why Accenture Interactive Buying Ad Agency Droga5 Is Such a Big Deal."
129. R. M. Sarala, P. Junni, C. L. Cooper, S. Y. Tarba, "A Sociocultural Perspective on Knowledge Transfer in Mergers and Acquisitions," *Journal of Management* 42, no. 5 (2016): 1230–49.
130. A. Ardichvilli, J. A. Mitchell, and D. Jondle, "Characteristics of Ethical Business Cultures," *Journal of Business Ethics* 85, no. 4 (2009): 445–51; D. M. Mayer, "A Review of the Literature on Ethical Climate and Culture," in B. Schneider and K. M. Barbera (eds.), *The Oxford Handbook of Organizational Climate and Culture* (New York, NY: Oxford University Press, 2014), 415–40.
131. J. P. Mulki, J. F. Jaramillo, and W. B. Locander, "Critical Role of Leadership on Ethical Climate and Salesperson Behaviors," *Journal of Business Ethics* 86, no. 2 (2009): 125–41; M. Schminke, M. L. Ambrose, and D. O. Neubaum, "The Effect of Leader Moral Development on Ethical Climate and Employee Attitudes," *Organizational Behavior and Human Decision Processes* 97, no. 2 (2005): 135–51; M. E. Brown, L. K. Treviño, and D. A. Harrison, "Ethical Leadership: A Social Learning Perspective for Construct Development and Testing," *Organizational Behavior and Human Decision Processes* 97, no. 2 (2005): 117–34.
132. D. M. Mayer, M. Kuenzi, R. Greenbaum, M. Bardes, and S. Salvador, "How Low Does Ethical Leadership Flow? Test of a Trickle-Down Model," *Organizational Behavior and Human Decision Processes* 108, no. 1 (2009): 1–13; L. J. Christensen, A. Mackey, and D. Whetten, "Taking Responsibility for Corporate Social Responsibility: The Role of Leaders in Creating, Implementing, Sustaining, or Avoiding Socially Responsible Firm Behaviors," *Academy of Management Perspectives* 28, no. 2 (2014): 164–78.
133. B. Sweeney, D. Arnold, and B. Pierce, "The Impact of Perceived Ethical Culture of the Firm and Demographic Variables on Auditors' Ethical Evaluation and Intention to Act Decisions," *Journal of Business Ethics* 93, no. 4 (2010): 531–51.
134. L. Huang and T. A. Paterson, "Group Ethical Voice: Influence of Ethical Leadership and Impact on Ethical Performance," *Journal of Management* 43, no. 4 (2017): 1157–84.
135. M. L. Gruys, S. M. Stewart, J. Goodstein, M. N. Bing, and A. C. Wicks, "Values Enactment in Organizations: A Multi-Level Examination," *Journal of Management* 34, no. 4 (2008): 806–43.
136. D. L. Nelson and C. L. Cooper (eds.) *Positive Organizational Behavior* (London, UK: Sage, 2007); K. S. Cameron, J. E. Dutton, and R. E. Quinn (eds.) *Positive Organizational Scholarship: Foundations of a New Discipline* (San Francisco, CA: Berrett-Koehler, 2003); F. Luthans and C. M. Youssef, "Emerging Positive Organizational Behavior," *Journal of Management* 33, no. 3 (2007): 321–49.
137. Admiral Group, *Our Culture: Ministry of Fun*, Accessed April 6, 2019, https://admiralgroup.co.uk/our-culture/ministry-fun
138. S. Fineman, "On Being Positive: Concerns and Counterpoints," *Academy of Management Review* 31, no. 2 (2006): 270–91.
139. E. Poole, "Organisational Spirituality: A Literature Review," *Journal of Business Ethics* 84, no. 4 (2009): 577–88.
140. L. W. Fry and J. W. Slocum, "Managing the Triple Bottom Line through Spiritual Leadership," *Organizational Dynamics* 37, no. 1 (2008): 86–96.
141. See, for example, C. L. Jurkiewicz and R. A. Giacalone, "A Values Framework for Measuring the Impact of Workplace Spirituality on Organizational Performance," *Journal of Business Ethics* 49, no. 2 (2004): 129–42.
142. See, for example, B. S. Pawar, "Workplace Spirituality Facilitation: A Comprehensive Model," *Journal of Business Ethics* 90, no. 3 (2009): 375–86; L. Lambert, *Spirituality Inc.: Religion in the American Workplace* (New York: University Press, 2009).
143. F. Yang, X. Huang, and L. Wu, "Experiencing Meaningfulness Climate in Teams: How Spiritual Leadership Enhances Team Effectiveness When Facing Uncertain Tasks," *Human Resource Management* 58 (2019): 155-168.
144. M. Oppenheimer, "The Rise of the Corporate Chaplain," *Bloomberg Businessweek,* August 23, 2012, 58–61.
145. See, for instance, S. Chan-Serafin, A. P. Brief, and J. M. George, "How Does Religion Matter and Why? Religion and the Organizational Sciences," *Organization Science* 24, no. 5 (2013): 1585–600.
146. M. Lips-Miersma, K. L. Dean, and C. J. Fornaciari, "Theorizing the Dark Side of the Workplace Spirituality Movement," *Journal of Management Inquiry* 18, no. 4 (2009): 288–300.
147. W-C. Zou and J. Dahling, "Workplace Spirituality Buffers the Effects of Emotional Labour on Employee Well-being," *European Journal of Work and Organizational Psychology* 26, no. 5 (2017): 768–77.
148. J.-C. Garcia-Zamor, "Workplace Spirituality and Organizational Performance," *Public Administration Review* 63, no. 3 (2003): 355–63; L. W. Fry, S. T. Hannah, M. Noel, and F. O. Walumbwa, "Impact of Spiritual Leadership on Unit Performance," *Leadership Quarterly* 22, no. 2 (2011): 259–70.
149. A. Rego and M. Pina e Cunha, "Workplace Spirituality and Organizational Commitment: An Empirical Study," *Journal of Organizational Change Management* 21, no. 1 (2008): 53–75; R. W. Kolodinsky, R. A. Giacalone, and C. L. Jurkiewicz, "Workplace Values and Outcomes: Exploring Personal, Organizational, and Interactive Workplace Spirituality," *Journal of Business Ethics* 81, no. 2 (2008): 465–80; M. Gupta, V. Kumar, and M. Singh, "Creating Satisfied Employees Through Workplace Spirituality: A Study of the Private Insurance Sector in Punjab, India," *Journal of Business Ethics* 122, no. 1 (2014): 79–88.
150. See, for instance, V. Peltokorpi, A. K. Bader, and F. J. Froese, "Foreign and Domestic Company Attractiveness to Host National Employees in Japan: A Person-Organization Fit and Image Theory Perspective," *International Journal of Selection and Assessment* 27 (2019): 392-405.
151. D. J. McCarthy and S. M. Puffer, "Interpreting the Ethicality of Corporate Governance Decision in Russia: Utilizing Integrative Social Contracts Theory to Evaluate the Relevance of Agency Theory Norms," *Academy of Management Review* 33, no. 1 (2008): 11–31.

제17장

1. A. Chowdhry, "Apple Surpassed Samsung as Global Phone Market Leader, Says Report," *Forbes*, March 3, 2015, http://www.forbes.com/sites/amitchowdhry/2015/03/04/apple-passes-samsung/; L. Goadsduff and A. A. Forni, "Gartner Says Worldwide Sales of Smartphones Grew 7 Percent in the Fourth Quarter of 2016," *Gartner: Newsroom* [Press Release], February 15, 2017, http://www.gartner.com/newsroom/id/3609817
2. Ibid.
3. Ibid.
4. W. F. Cascio and R. Montealegre, "How Technology Is Changing Work and Organizations," *Annual Review of Organizational Psychology and Organizational Behavior* 3 (2016): 349–75; D. L. Stone, D. L. Deadrick, K. M. Lukaszewski, and R. Johnson, "The Influence of Technology on the Future of Human Resource Management," *Human Resource Management Review* 25 (2015): 216–31.
5. BBC, "How Artificial Intelligence Is Changing the Workplace," January 25, 2018, http://www.bbc.com/story works/specials/how-artificial-intelligence-is-changing-the-workplace/; J. Lindzon, "How AI Is Changing the Way Companies Are Organized," *Fast Company,* February 28, 2017, https://www.fastcompany.com/3068492/how-ai-is-changing-the-way-companies-are-organized

6. *Anywhere Workers* (November 15, 2018, And Co and Remote Year): https://www.and.co/anywhere-workers?utm_source =participantsemail; E. Chickowski, "Ready or Not, the Future of Work Isn't in an Office," *Digirup.IO*, March 25, 2019, https://digirupt.io/ready-or-not-the-future-of-work-isnt-in-an-office/; L. Larson and L. A. DeChurch, "Leading Teams in the Digital Age: Four Perspectives on Technology and What They Mean for Leading Teams," *The Leadership Quarterly* (in press).
7. N. Fligstein and A. Goldstein, "The Roots of the Great Recession," in D. B. Grusky, B. Western, and C. Wimer (eds.), *The Great Recession* (New York, NY: Russell Sage Foundation, 2011): 21–56; B. Okay-Somerville and D. Scholarios, "A Multilevel Examination of Skills-Oriented Human Resource Management and Perceived Skill Utilization During Recession: Implications for the Well-Being of All Workers," *Human Resource Management* 58 (2019): 139–154; R. Rich, "The Great Recession," Federal Reserve History, November 22, 2013, https://www .federalreservehistory.org/essays/great_recession_of_200709; H. Smith, "A Year After the Crisis Was Declared Over, Greece Is Still Spiralling Down," *The Guardian*, August 13, 2016, https://www.theguardian.com/business/; S. Wood, G. Michaelides, and C. Ogbonnaya, "Recessionary Actions and Absence: A Workplace-Level Study," *Human Resource Management* (in press).
8. European Commission Joint Research Centre, "The Number of People Affected by Food Crises Remains at Alarming Levels," *ScienceDaily,* April 2, 2019, https://www .sciencedaily.com/releases/2019/04/190402113217.htm
9. C. Schnure, "A Recession May Be Coming, but Not for Commercial Real Estate Investors," *Barron's*, March 25, 2019.
10. S. Ping Chan, "Coronavirus: 'World Faces Worst Recession Since Great Depression,'" *BBC,* April 14, 2020, https://www .bbc.com/news/business-52273988; Schnure, "A Recession May Be Coming, but Not for Commercial Real Estate Investors"; N. Smith, "How Bad Might It Get? Think the Great Depression: The Coronavirus Collapse Has the Ingredients to Surpass the Disaster of the 1930s," *Bloomberg*, April 22, 2020, https://www.bloomberg.com/opinion/articles/2020-04-22/the-coronavirus-recession-will-rival-the-great-depression
11. J. Bourke, *Which Two Heads Are Better Than One? How Diverse Teams Create Breakthrough Ideas and Make Smarter Decisions* (Sydney, Australia: Australian Institute of Company Directors, December 17, 2017); K. Casey, "Why Diverse IT Teams Have a Competitive Edge," *The Enterprisers Project,* January 15, 2019, https://enterprisersproject.com/article/2019/1/why-diverse-it-teams-have-competitive-edge
12. R. Dixon, "5 Business Trends That Will Continue to Rise in 2019," *Entrepreneur,* December 26, 2018, https://www .entrepreneur.com/article/323660
13. Maki Shiraki, "Mitsubishi Motors to Cut 500–600 Jobs to Reduce Costs: Sources," *Reuters*, (September 26, 2020), accessed September 27, 2020, https://www.reuters.com/article/health-coronavirus-mitsubishimotors/mitsubishi-motors-to-cut-500-600-jobs-to-reduce-costs-sources-idUSL3N2GN00U.
14. Epsilon, *New Epsilon Research Indicates 80% of Consumers Are More Likely to Make a purchase When Brands Offer Personalized Experiences* [press release], January 9, 2018, https://us.epsilon.com/pressroom/new-epsilon-research-indicates-80-of-consumers-are-more-likely-to-make-a-purchase-when-brands-offer-personalized-experiences
15. C. Tode, "Dunkin' Donuts' Winning Mobile Triple Play: Geofencing, Behavioral Targeting and Coupons," *Retail Dive,* August 4, 2014, https://www.retaildive.com/ex/mobile-commercedaily/dunkin-donuts-winning-mobile-triple-play-geofencing-behavioral-targeting-and-coupons
16. P. Bansal and H.-C. Song, "Similar but Not the Same: Differentiating Corporate Sustainability From Corporate Responsibility," *Academy of Management Annals* 11, no. 1 (2017): 106–49.
17. B. Casselman, P. Cohen, S. Cowley, C. Dougherty, N. Kulish, D. McCabe, and K. Weise, "Coronavirus Cost to Businesses and Workers: 'It Has All Gone to Hell,'" *The New York Times,* March 15, 2020, https://www.nytimes.com/2020/03/15/business/economy/coronavirus-economy-impact.html
18. "Brexit: All you need to know about the UK leaving the EU," *BBC*, February 17, 2020, https://www.bbc.com/news/uk-politics-32810887; J. Campbell, "Brexit Uncertainty 'Major Feature' of Private Sector Dip," *BBC News,* April 8, 2019, https://www.bbc.com/news/uk-northern-ireland-47851368; W. Schomberg, "Factbox: No-deal Brexit — What It Might Mean for UK Economy," *Reuters,* April 2, 2019, https://www.reuters.com/article/us-britain-eu-deal-factbox/factbox-no-deal-brexit-what-it-might-mean-for-uk-economy-idUSKCN1RE1FV
19. D. L. Bradford and W. W. Burke (eds.), Reinventing Organization Development: New Approaches to Change in Organizations (San Francisco, CA: Pfeiffer, 2005).
20. See, for instance, J. Birkinshaw, G. Hamel, and M. J. Mol, "Management Innovation," *Academy of Management Review* 33, no. 4 (2008): 825–45; J. Welch and S. Welch, "What Change Agents Are Made Of," *BusinessWeek*, October 20, 2008, 96.
21. See, for instance, S. Konlechner, M. Latzke, W. H. Güttel, E. Höfferer, "Prospective Sensemaking, Frames and Planned Change Interventions: A Comparison of Change Trajectories in Two Hospital Units," *Human Relations* 72, no. 4 (2019): 706–32.
22. M. Helft, "How the Tech Elite Plans to Reinvent Senior Care," *Forbes*, April 2, 2015, http://www.forbes.com/sites/miguelhelft/2015/04/02/how-the-tech-elite-plans-to-reinvent-senior-care
23. P. G. Audia and S. Brion, "Reluctant to Change: Self-Enhancing Responses to Diverging Performance Measures," *Organizational Behavior and Human Decision Processes* 102, no. 2 (2007): 255–69.
24. M. Fugate, A. J. Kinicki, and G. E. Prussia, "Employee Coping With Organizational Change: An Examination of Alternative Theoretical Perspectives and Models," *Personnel Psychology* 61, no. 1 (2008): 1–36.
25. S. Turgut, A. Michel, L. M. Rothenhöfer, and K. Sonntag, "Dispositional Resistance to Change and Emotional Exhaustion: Moderating Effects at the Work-Unit Level," *European Journal of Work and Organizational Psychology* 25, no. 5 (2016): 735–50.
26. R. B. L. Sijbom, O. Janssen, and N. W. Van Yperen, "How to Get Radical Creative Ideas Into a Leader's Mind? Leader's Achievement Goals and Subordinates' Voice of Creative Ideas," European Journal of Work and Organizational Psychology 24, no. 2 (2015): 279–96.
27. D. R. King, F. Bauer, Q. D. Weng, S. Schriber, and S. Tarba, "What, When, and Who: Manager Involvement in Predicting Employee Resistance to Acquisition Integration," *Human Resource Management* 59 (2020): 63–81.
28. J. D. Ford, L. W. Ford, and A. D'Amelio, "Resistance to Change: The Rest of the Story," *Academy of Management Review* 33, no. 2 (2008): 362–77.
29. Q. N. Huy, K. G. Corley, and M. S. Kraatz, "From Support to Mutiny: Shifting Legitimacy Judgments and Emotional Reactions Impacting the Implementation of Radical Change," *Academy of Management Journal* 57, no. 6 (2014): 165–80.
30. R. K. Smollan, "The Multi-Dimensional Nature of Resistance to Change," *Journal of Management & Organization* 17, no. 6 (2011): 828–49.
31. P. C. Fiss and E. J. Zajac, "The Symbolic Management of Strategic Change: Sensegiving via Framing and Decoupling," *Academy of Management Journal* 49, no. 6 (2006): 1173–93.
32. A. E. Rafferty and S. L. D. Restubog, "The Impact of Change Process and Context on Change Reactions and Turnover During a Merger," *Journal of Management* 36, no. 5 (2010): 1309–38.
33. M. Fugate and G. Soenen, "Predictors and Processes Related to Employees' Change-Related Compliance and Championing," *Personnel Psychology* 71 (2018): 109–32; J. Kaltiainen, J. Lipponen, M. Fugate, and M. Vakola, "Spiraling Work Engagement and Change Appraisals: A Three-Wave Longitudinal Study During Organizational Change," *Journal of Occupational Health Psychology* (in press).

34. A. Vaccaro and G. Palazzo, "Values Against Violence: Institutional Change in Societies Dominated by Organized Crime," *Academy of Management Journal* 58, no. 4 (2015): 1075–101.
35. Q. N. Huy, "Emotional Balancing of Organizational Continuity and Radical Change: The Contribution of Middle Managers," *Administrative Science Quarterly* (March 2002): 31–69; D. M. Herold, D. B. Fedor, and S. D. Caldwell, "Beyond Change Management: A Multilevel Investigation of Contextual and Personal Influences on Employees' Commitment to Change," *Journal of Applied Psychology* 92, no. 4 (2007): 942–51; G. B. Cunningham, "The Relationships Among Commitment to Change, Coping With Change, and Turnover Intentions," *European Journal of Work and Organizational Psychology* 15, no. 1 (2006): 29–45.
36. R. Peccei, A. Giangreco, and A. Sebastiano, "The Role of Organizational Commitment in the Analysis of Resistance to Change: Co-Predictor and Moderator Effects," *Personnel Review* 40, no. 2 (2011): 185–204.
37. K. Alfes, A. D. Shantz, C. Bailey, E. Conway, K. Monks, and N. Fu, "Perceived Human Resource System Strength and Employee Reactions Toward Change: Revisiting Human Resource's Remit as Change Agent," *Human Resource Management* 58 (2019): 239–52; Turgut et al., "Dispositional Resistance to Change and Emotional Exhaustion."
38. Huy, Corley, and Kraatz, "From Support to Mutiny"; J. P. Kotter, "Leading Change: Why Transformational Efforts Fail," *Harvard Business Review* 85 (January 2007): 96–103.
39. K. van Dam, S. Oreg, and B. Schyns, "Daily Work Contexts and Resistance to Organisational Change: The Role of Leader–Member Exchange, Development Climate, and Change Process Characteristics," *Applied Psychology: An International Review* 57, no. 2 (2008): 313–34.
40. H. H. Zhao, S. E. Seibert, M. S. Taylor, C. Lee, and W. Lam, "Not Even the Past: The Joint Influence of Former Leader and New Leader During Leader Succession in the Midst Of Organizational Change," *Journal of Applied Psychology* 101, no. 12 (2016): 1730–38.
41. A. H. Y. Hon, M. Bloom, and J. M. Crant, "Overcoming Resistance to Change and Enhancing Creative Performance," *Journal of Management* 40, no. 3 (2014): 919–41.
42. G. Jacobs and A. Keegan, "Ethical Considerations and Change Recipients' Reactions: 'It's Not All About Me,'" *Journal of Business Ethics* 152, no. 1 (2018): 73–90.
43. D. B. Fedor, S. Caldwell, and D. M. Herold, "The Effects of Organizational Changes on Employee Commitment: A Multilevel Investigation," *Personnel Psychology* 59, no. 1 (2006): 1–29; R. D. Foster, "Resistance, Justice, and Commitment to Change," *Human Resource Development Quarterly* 21, no. 1 (2010): 3–39.
44. See, for instance, D. E. Krause, "Consequences of Manipulation in Organizations: Two Studies on Its Effects on Emotions and Relationships," Psychological Reports 111, no. 1 (2012): 199–218.
45. J. Kelly, "Netflix's Fyre Festival Documentary Is a Cautionary Tale of Bad Leadership," *Forbes*, January 29, 2019, https://www.forbes.com/sites/jackkelly/2019/01/29/netflixs-fyre-festival-documentary-is-a-cautionary-tale-of-bad-leadership/#2bad92ea2826; M. Torres, "Work Is Not Your Family, as the Fyre Festival Doc Reminds Us," *The Huffington Post*, January 28, 2019, https://www.huffpost .com/entry/work-is-not-your-family-fyre-festival_l_5c4f20cfe4b06ba6d3bf6654
46. S. Oreg, "Personality, Context, and Resistance to Organizational Change," *European Journal of Work and Organizational Psychology* 15, no. 1 (2006): 73–101.
47. S.-H. Chung, Y.-F. Su, and S.-W. Su, "The Impact of Cognitive Flexibility on Resistance to Organizational Change," *Social Behavior and Personality* 40, no. 5 (2012): 735–46; I. B. Saksvik and H. Hetland, "Exploring Dispositional Resistance to Change," *Journal of Leadership & Organizational Studies* 16, no. 2 (2009): 175–83; H. Toch and J. D. Grant, *Reforming Human Services Change Through Participation* (Beverly Hills, CA: Sage, 1982); C. R. Wanberg and J. T. Banas, "Predictors and Outcomes of Openness to Changes in a Reorganizing Workplace," *Journal of Applied Psychology* 85, no. 1 (2000): 132–42.
48. J. W. B. Lang and P. D. Bliese, "General Mental Ability and Two Types of Adaptation to Unforeseen Change: Applying Discontinuous Growth Models to the Task-Change Paradigm," *Journal of Applied Psychology* 94, no. 2 (2009): 411–28.
49. K. J. McClanahan, "Viva la Evolution: Using Dual-Strategies Theory to Explain Leadership in Modern Organizations," *The Leadership Quarterly* (in press).
50. See, for instance, A. Karaevli, "Performance Consequences for New CEO 'Outsiderness': Moderating Effects of Pre- and Post-Succession Contexts," *Strategic Management Journal* 28, no. 7 (2007): 681–706.
51. K. Lewin, "Frontiers in Group Dynamics: Concept, Method and Reality in Social Science: Equilibrium and Social Change," *Human Relations* 1, no. 1 (1947): 5–41. Compare with S. Cummings, T. Bridgman, and K. G. Brown, "Unfreezing Change as Three Steps: Rethinking Kurt Lewin's Legacy for Change Management," *Human Relations* 69, no. 1 (2016): 33–60.
52. P. G. Audia, E. A. Locke, and K. G. Smith, "The Paradox of Success: An Archival and a Laboratory Study of Strategic Persistence Following Radical Environmental Change," *Academy of Management Journal* 43, no. 5 (2000): 837–53; P. G. Audia and S. Brion, "Reluctant to Change: Self-Enhancing Responses to Diverging Performance Measures," *Organizational Behavior and Human Decision Processes* 102, no. 2 (2007): 255–69.
53. J. M. Bartunek and R. W. Woodman, "Beyond Lewin: Toward a Temporal Approximation of Organization Development and Change," *Annual Review of Organizational Psychology and Organizational Behavior* 2 (2015): 157–82.
54. Ibid.
55. J. Kotter, *Leading Change* (Boston, MA: Harvard Business School, 1996); J. Kotter, *Our Iceberg Is Melting* (New York, NY: St. Martin's, 2005); J. Kotter, *A Sense of Urgency* (Boston, MA: Harvard Business School, 2008); J. Pollack and R. Pollack, "Using Kotter's Eight Stage Process to Manage an Organisational Change Pro-gram: Presentation and Practice," *Systemic Practice and Action Research* 28, no. 1 (2015): 41–66.
56. For reviews, see I. Bleijenbergh, J. van Mierlo, and T. Bondarouk, "Closing the Gap Between Scholarly Knowledge and Practice: Guidelines for HRM Action Research," *Human Resource Management Review* (in press); C. Cassell and P. Johnson, "Action Research: Explaining the Diversity," *Human Relations* 59, no. 6 (2006): 783–814.
57. C. Knight, M. Patterson, J. Dawson, and J. Brown, "Building and Sustaining Work Engagement—A Participatory Action Intervention to Increase Work Engagement in Nursing Staff," *European Journal of Work and Organizational Psychology* 26, no. 5 (2017): 634–49.
58. A. Touboulic and H. Walker, "A Relational, Transformative and Engaged Approach to Sustainable Supply Chain Management: The Potential of Action Research," *Human Relations* 69, no. 2 (2016): 301–43.
59. A. Malhotra, A. Majchrzak, W. Bonfield, and S. Myers, "Engaging Customer Care Employees in Internal Collaborative Crowdsourcing: Managing the Inherent Tensions and Associated Challenges," *Human Resource Management* 59 (2020): 121–34.
60. V. M. Desai, "Collaborative Stakeholder Engagement: An Integration Between Theories of Organizational Legitimacy and Learning," *Academy of Management Journal* 61, no. 1 (2018): 220–44.
61. Bradford and Burke (eds.), *Reinventing Organization Development*; M.-Y. Cheung-Judge and L. Holbeche, *Organization Development: A*

Practitioner's Guide for OD and HR (London, UK: Kogan, 2011); B. Burnes and B. Cooke, "The Past, Present and Future of Organization Development: Taking the Long View," *Human Relations* 65, no. 11 (2012): 1395–429.

62. See, for instance, Burnes and Cooke, "The Past, Present and Future of Organization Development."
63. S. Highhouse, "A History of the T-Group and Its Early Application in Management Development," *Group Dynamics: Theory, Research, & Practice* 6, no. 4 (2002): 277–90.
64. See, for instance, R. J. Solomon, "An Examination of the Relationship Between a Survey Feedback O.D. Technique and the Work Environment," *Personnel Psychology* 29 (1976): 583–94.
65. F. Lambrechts, S. Grieten, R. Bouwen, and F. Corthouts, "Process Consultation Revisited: Taking a Relational Practice Perspective," *Journal of Applied Behavioral Science* 45, no. 1 (2009): 39–58; E. H. Schein, *Process Consultation—Volume 1: Its Role in Organization Development* (2nd ed.) (Reading, MA: Addison Wesley, 1988); E. H. Schein, *Process Consultation Revisited: Building the Helping Relationship* (Reading, MA: Addison Wesley, 1999).
66. W. W. G. Dyer, W. G. Dyer, and J. H. Dyer, *Team Building: Proven Strategies for Improving Team Performance* (Hoboken, NJ: Jossey-Bass, 2007); M. L. Shuffler, D. DiazGranados, and E. Salas, "There's a Science for That: Team Development Interventions in Organizations," *Current Directions in Psychological Science* 20, no. 6 (2011): 365–72.
67. A. Bonire, "4 Ways Escape Room Games Enhances Employees Team Spirit," *Thrive Global,* March 11, 2019, https://thriveglobal.com/stories/4-ways-escape-room-games-enhances-employees-team-spirit/
68. N. Coffin, "Mystery Industry: Breakout Games' Escape Rooms Foster Team-Building, Problem-Solving in Lutherville Timonium," *Baltimore Sun,* April 2, 2019, https://www .baltimoresun.com/news/maryland/baltimore-county/towson/ph-tt-escape-rooms-20190320-story.html
69. See, for instance, W. A. Randolph and B. Z. Posner, "The Effects of an Intergroup Development OD Intervention as Conditioned by the Life Cycle State of Organizations: A Laboratory Experiment," Group & Organization Studies 7, no. 3 (1982): 335–52.
70. U. Wagner, L. Tropp, G. Finchilescu, and C. Tredoux, eds., *Improving Intergroup Relations* (New York, NY: Wiley-Blackwell, 2008).
71. R. Fry, F. Barrett, J. Seiling, and D. Whitney (eds.), *Appreciative Inquiry and Organizational Transformation: Reports from the Field* (Westport, CT: Quorum, 2002); R. J. Ridley-Duff and G. Duncan, "What Is Critical Appreciation? Insights from Studying the Critical Turn in an Appreciative Inquiry," *Human Relations* 68, no. 10 (2015): 1579–99; D. van der Haar and D. M. Hosking, "Evaluating Appreciative Inquiry: A Relational Constructivist Perspective," *Human Relations* 57, no. 8 (2004): 1017–36.
72. Case Western Reserve University, *Appreciative Inquiry Commons*, https://appreciativeinquiry.case.edu/, accessed April 20, 2017.
73. L. Godwin, "Appreciative Inquiry Accelerates What's Working," *HR Dive,* August 28, 2018, https://www.hrdive.com/news/appreciative-inquiry-accelerates-whats-working/530916/
74. J. Schad, M. W. Lewis, S. Raisch, and W. K. Smith, "Paradox Research in Management Science: Looking Back to Move Forward," *The Academy of Management Annals* 10, no. 1 (2016): 5–64; D. A. Waldman, L. L. Putnam, E. Miron-Spektor, and D. Siegel, "The Role of Paradox Theory in Decision Making and Management Research," *Organizational Behavior and Human Decision Processes* 155 (2019): 1–9.
75. J. Jay, "Navigating Paradox as a Mechanism of Change and Innovation in Hybrid Organizations," *Academy of Management Journal* 56, no. 1 (2013): 137–59.
76. E. Miron-Spektor, A. Ingram, J. Keller, W. K. Smith, and M. W. Lewis, "Microfoundations of Organizational Paradox: The Problem Is How We Think About the Problem," *Academy of Management Journal* 61, no. 1 (2018): 26–45.
77. See, for instance, G. T. Fairhurst, W. K. Smith, S. G. Banghart, M. W. Lewis, L. L. Putnam, S. Raisch, and J. Schad, "Diverging and Converging: Integrative Insights on a Paradox Meta-Perspective," *The Academy of Management Annals* 10, no. 1 (2016): 173–82.
78. M. Pina e Cunha, E. Gomes, K. Mellahi, A. S. Miner, and A. Rego, "Strategic Agility Through Improvisational Capabilities: Implications for a Paradox-Sensitive HRM," *Human Resource Management Review* (in press); D. A. Waldman and D. E. Bowen, "Learning to Be a Paradox-Savvy Leader," *Academy of Management Perspectives* 30, no. 3 (2016): 316–27; Y. Zhang and Y.-L. Han, "Paradoxical Leader Behavior in Long-Term Corporate Development: Antecedents and Consequences," *Organizational Behavior and Human Decision Processes* 155 (2019): 42–54; Y. Zhang, D. A. Waldman, Y. Han, and X. Li, "Paradoxical Leader Behaviors in People Management: Antecedents and Consequences," *Academy of Management Journal* 58, no. 2 (2015): 538–66.
79. D. J. Sleesman, "Pushing Through the Tension While Stuck in the Mud: Paradox Mindset and Escalation of Commitment," *Organizational Behavior and Human Decision Processes* 155 (2019): 83–96.
80. N. Anderson, K. Potočnik, and J. Zhou, "Innovation and Creativity in Organizations: A State-of-the-Science Review, Prospective Commentary, and Guiding Framework," *Journal of Management* 40, no. 5 (2014): 1297–333; G. P. Pisano, "You Need an Innovation Strategy," *Harvard Business Review* (June 2015): 44–54; and J. Zhou and I. J. Hoever, "Research on Workplace Creativity: A Review and Redirection," *Annual Review of Organizational Psychology and Organizational Behavior* 1 (2014): 333–59.
81. Anderson, Potočnik, and Zhou, "Innovation and Creativity in Organizations"; H. W. Volberda, F. A. J. Van den Bosch, and C. V. Heij, "Management Innovation: Management as Fertile Ground for Innovation," *European Management Review* (2013): 1–15.
82. Anderson, Potočnik, and Zhou, "Innovation and Creativity in Organizations."
83. K. Byron and S. Khazanchi, "Rewards and Creative Performance: A Meta-Analytic Test of Theoretically Derived Hypotheses," *Psychological Bulletin* 138, no. 4 (2012): 809–30; A. Lee, A. Legood, D. Hughes, A. Wei Tian, A. Newman, and C. Knight, "Leadership, Creativity, and Innovation: A Meta-Analytic Review," *European Journal of Work and Organizational Psychology* 29, no. 1 (2020): 1–35.
84. See, for instance, V. Mueller, N. Rosenbusch, and A. Bausch, "Success Patterns of Exploratory and Exploitative Innovation: A Meta-Analysis of the Influence of Institutional Factors," *Journal of Management* 39, no. 6 (2013): 1606–36.
85. U. R. Hülsheger, N. Anderson, and J. F. Salgado, "Team-Level Predictors of Innovation at Work: A Comprehensive Meta-Analysis Spanning Three Decades of Research," *Journal of Applied Psychology* 94, no. 5 (2009): 1128–45; P. Schepers and P. T. van den Berg, "Social Factors of Work-Environment Creativity," *Journal of Business and Psychology* 21, no. 3 (2007): 407–28.
86. M. Erez, A. H. van de Ven, and C. Lee, "Contextualizing Creativity and Innovation Across Cultures," *Journal of Organizational Behavior* 36 (2015): 895–98.
87. R. Y. J. Chua, Y. Roth, and J-F. Lemoine, "The Impact of Culture on Creativity: How Cultural Tightness and Cultural Distance Affect Global Innovation Crowdsourcing Work," *Administrative Science Quarterly* 60, no. 2 (2015): 189–227.
88. J. G. Lu, A. C. Hafenbrack, P. W. Eastwick, D. J. Wang, W. W. Maddux, and A. D. Galinsky, "Going Out of the Box: Close Intercultural Friendships and Romantic Relationships Spark Creativity, Workplace Innovation, and Entrepreneurship," *Journal of Applied Psychology* 102, no. 7 (2017): 1091–108.

89. See, for instance, M. Frese and N. Keith, "Action Errors, Error Management, and Learning in Organizations," *Annual Review of Psychology* 66 (2015): 661–87.
90. R. S. Friedman and J. Förster, "The Effects of Promotion and Prevention Cues on Creativity," *Journal of Personality and Social Psychology* 81, no. 6 (2001): 1001–13.
91. Hülsheger, Anderson, and Salgado, "Team-Level Predictors of Innovation at Work."
92. Ibid.
93. Anderson, Potočnik, and Zhou, "Innovation and Creativity in Organizations."
94. S. Chang, L. Jia, R. Takeuchi, and Y. Cai, "Do High-Commitment Work Systems Affect Creativity? A Multilevel Combinational Approach to Employee Creativity," *Journal of Applied Psychology* 99, no. 4 (2014): 665–80.
95. E. García-Buades, V. Martínez-Tur, S. Ortiz-Bonnín, and J. M. Peiró, "Engaged teams Deliver Better Service Performance in Innovation Climates," *European Journal of Work and Organizational Psychology* 25, no. 4 (2016): 597–612.
96. M. E. Mullins, S. W. J. Kozlowski, N. Schmitt, and A. W. Howell, "The Role of the Idea Champion in Innovation: The Case of the Internet in the Mid-1990s," *Computers in Human Behavior* 24, no. 2 (2008): 451–67.
97. J. M. Howell and C. A. Higgins, "Champions of Technological Innovation," *Administrative Science Quarterly* 35 (1990): 317–41.
98. K. J. Jansen, A. J. Shipp, and J. H. Michael, "Champions, Converters, Doubters, and Defectors: The Impact of Shifting Perceptions on Momentum for Change," *Personnel Psychology* 69 (2016): 673–707.
99. C. Y. Murnieks, E. Mosakowski, and M. S. Cardon, "Pathways of Passion: Identity Centrality, Passion, and Behavior among Entrepreneurs," *Journal of Management* 40, no. 6 (2014): 1583–1606.
100. S. C. Parker, "Intrapreneurship or Entrepreneurship?" *Journal of Business Venturing* 26, no. 1 (2011): 19–34.
101. M. Č, M. Jaklič, and M. Škerlavaj, "Decoupling Management and Technological Innovations: Resolving the Individualism-Collectivism Controversy," *Journal of International Management* 19, no. 2 (2013): 103–117.
102. P. M. Senge, *The Fifth Discipline: The Art & Practice of the Learning Organization* (2nd ed.) (New York, NY: Random House, 2006); V. I. Sessa and M. London, *Continuous Learning in Organizations: Individual, Group, and Organizational Perspectives* (Mahwah, NJ: Lawrence Erlbaum, 2006); and J. H. Song and T. J. Chermack, "A Theoretical Approach to the Organizational Knowledge Formation Process: Integrating Concepts of Individual Learning and Learning Organization Culture," *Human Resource Development Review* 7, no. 4 (2008): 424–42.
103. J. Kim, T. Egan, and H. Tolson, "Examining the Dimensions of the Learning Organization Questionnaire: A Review and Critique of Research Utilizing the DLOQ," *Human Resource Development Review* 14, no. 1 (2015): 91–112.
104. Senge, *The Fifth Discipline.*
105. A. Michel and M. G. González-Morales, "Reactions to Organizational Change: An Integrated Model of Health Predictors, Intervening Variables, and Outcomes," in S. Oreg, A. Michel, and R. T. By (eds.), *The Psychology of Organizational Change: Viewing Change From the Employee's Perspective* (New York, NY: Cambridge University Press, 2013).
106. D. Meinert, "Wings of Change," HR Magazine (November 2012): 30–36; Michel and González-Morales, "Reactions to Organizational Change."
107. M. Healy, "America's Psychologists Want You to Understand How Racism Holds Our Country Back," *Los Angeles Times,* December 21, 2018, https://www.latimes.com/science/sciencenow/la-sci-sn-race-america-psychologists-20181221-story.html
108. E. Gonzalez-Mulé and B. S. Cockburn, "This Job Is (Literally) Killing Me: A Moderated-Mediated Model Linking Work Characteristics to Mortality," *Journal of Applied Psychology* (in press).
109. J. Reynolds, "11 Shocking Stats About Stress at Work and How to Remedy Them," *TINYpulse,* June 28, 2016, https://www.tinypulse.com/blog/stats-stress-in-the-workplace-how-to-remedy-them
110. B. Mirza, "Workplace Stress Hits Three-Year High," *HR Magazine,* April 2012, 15.
111. "Stress in America 2019," *American Psychological Association,* November 2019, https://www.apa.org/news/press/releases/stress/2019/stress-america-2019.pdf
112. P. D. Bliese, J. R. Edwards, and S. Sonnentag, "Stress and Well-being at Work: A Century of Empirical Trends Reflecting Theoretical and Societal Influences," *Journal of Applied Psychology* 102, no. 3 (2017): 389–402; C. L. Cooper, P. J. Dewe, and M. P. O'Driscoll, *Organizational Stress: A Review and Critique of Theory, Research, and Applications* (Thousand Oaks, CA: Sage, 2002); S. Razinskas and M. Hoegl, "A Multilevel Review of Stressor Research in Teams," *Journal of Organizational Behavior* 41 (2020): 185–209; K. M. Richardson, "Managing Employee Stress and Wellness in the New Millennium," *Journal of Occupational Health Psychology* 22, no. 3 (2017): 423–28.
113. Ibid.
114. J. A. LePine, M. A. LePine, and C. L. Jackson, "Challenge and Hindrance Stress: Relationships with Exhaustion, Motivation to Learn, and Learning Performance," *Journal of Applied Psychology* 89, no. 5 (2004): 883–91; K. E. O'Brien and T. A. Beehr, "So Far, So Good: Up to Now, the Challenge-Hindrance Framework Describes a Practical and Accurate Distinction," *Journal of Organizational Behavior* 40 (2019): 962–972; P. E. Spector, "Introduction: The Challenge-Hindrance Stressor Model," *Journal of Organizational Behavior* 40 (2019): 947–948.
115. J. J. Mazzola and R. Disselhorst, "Should We Be 'Challenging' Employees?: A Critical Review and Meta-Analysis of the Challenge- Hindrance Model of Stress," *Journal of Organizational Behavior* 40 (2019): 949–961; N. P. Podsakoff, J. A. LePine, and M. A. LePine, "Differential Challenge-Hindrance Stressor Relationships with Job Attitudes, Turnover Intentions, Turnover, and Withdrawal Behavior: A Meta-Analysis," *Journal of Applied Psychology* 92, no. 2 (2007): 438–54.
116. E. R. Crawford, J. A. LePine, and B. L. Rich, "Linking Job Demands and Resources to Employee Engagement and Burnout: A Theoretical Extension and Meta-Analytic Test," *Journal of Applied Psychology* 95, no. 5 (2010): 834–48; J. A. LePine, N. P. Podsakoff, and M. A. LePine, "A Meta-Analytic Test of the Challenge Stressor-Hindrance Stressor Framework: An Explanation for Inconsistent Relationships Among Stressors and Performance," *Academy of Management Journal* 48, no. 5 (2005): 764–75; C. C. Rosen, N. Dimotakis, M. S. Cole, S. G. Taylor, L. S. Simon, T. A. Smith, and C. S. Reina, "When Challenges Hinder: An Investigation of When and How Challenge Stressors Impact Employee Outcomes," *Journal of Applied Psychology* (in press).
117. S. Clarke, "The Effect of Challenge and Hindrance Stressors on Safety Behavior and Safety Outcomes: A Meta-Analysis," *Journal of Occupational Health Psychology* 17, no. 4 (2012): 387–97; LePine, Podsakoff, and LePine, "A Meta-Analytic Test of the Challenge Stressor-Hindrance Stressor Framework"; Podsakoff, LePine, and LePine, "Differential Challenge-Hindrance Stressor Relationships with Job Attitudes, Turnover Intentions, Turnover, and Withdrawal Behavior."
118. R. Prem, S. Ohly, B. Kubicek, and C. Korunka, "Thriving on Challenge Stressors? Exploring Time Pressure and Learning Demands as Antecedents of Thriving at Work," *Journal of Organizational Behavior* 38, no. 1 (2017): 108–23.

119. M. Kronenwett and T. Rigotti, "When Do You Face a Challenge? How Unnecessary Tasks Block the Challenging Potential of Time Pressure and Emotional Demands," *Journal of Occupational Health Psychology* 24, no. 5 (2019): 512–26.
120. M. R. Tuckey, B. J. Searle, C. M. Boyd, A. H. Winefield, and H. R. Winefield, "Hindrances Are Not Threats: Advancing the Multidimensionality of Work Stress," *Journal of Occupational Health Psychology* 20, no. 2 (2015): 131–47.
121. K. A. French, T. D. Allen, and T. G. Henderson, "Challenge and Hindrance Stressors and Metabolic Risk Factors," *Journal of Occupational Health Psychology* 24, no. 3 (2019): 307–21.
122. See, for instance, A. B. Bakker and E. Demerouti, "Job Demands–Resources Theory: Taking Stock and Looking Forward," *Journal of Occupational Health Psychology* 22, no. 3 (2017): 273–85; A. B. Bakker, E. Demerouti, and A. I. Sanz-Vergel, "Burnout and Work Engagement: The JD–R Approach," *Annual Review of Organizational Psychology and Organizational Behavior* 1 (2014): 389–411.
123. See, for instance, M. Mathieu, K. J. Eschleman, and D. Cheng, "Meta-Analytic and Multiwave Comparison of Emotional Support and Instrumental Support in the Workplace," *Journal of Occupational Health Psychology* 24, no. 3 (2019): 387–409.
124. G. M. Alarcon, "A Meta-Analysis of Burnout With Job Demands, Resources, and Attitudes," *Journal of Vocational Behavior* 79, no. 2 (2011): 549–62; Bakker and Demerouti, "Job Demands-Resources Theory"; Crawford, LePine, and Rich, "Linking Job Demands and Resources to Employee Engagement and Burnout."
125. D. C. Ganster and C. C. Rosen, "Work Stress and Employee Health: A Multidisciplinary Review," *Journal of Management* 39, no. 5 (2013): 1085–122.
126. P. Sterling, "Allostasis: A Model of Predictive Regulation," *Physiology & Behavior* 106, no. 1 (2012): 5–15.
127. A. E. Rafferty and M. A. Griffin, "Perceptions of Organizational Change: A Stress and Coping Perspective," *Journal of Applied Psychology* 71, no. 5 (2007): 1154–62; K. Starcke and M. Brand, "Effects of Stress on Decisions Under Uncertainty: A Meta-Analysis," *Psychological Bulletin* 142, no. 9 (2016): 909–33.
128. A. Waytz and M. I. Norton, "Botsourcing and Outsourcing: Robot, British, Chinese, and German Workers Are for Thinking—Not Feeling—Jobs," *Emotion* 14, no. 2 (2014): 434–44.
129. Ibid.
130. R. Ilies, N. Dimotakis, and I. E. De Pater, "Psychological and Physiological Reactions to High Workloads: Implications for Well-Being," *Personnel Psychology* 63, no. 2 (2010): 407–36; A. B. Bakker, E. Demerouti, and A. I. Sanz-Vergel, "Burnout and Work Engagement: The JD–R Approach," *Annual Review of Organizational Psychology and Organizational Behavior* 1 (2014): 389–411.
131. T. L. Smith-Jackson and K. W. Klein, "Open-Plan Offices: Task Performance and Mental Workload," *Journal of Environmental Psychology* 29, no. 2 (2009): 279–89.
132. M. A. Griffin and S. Clarke, "Stress and Well-Being at Work," in S. Zedeck (ed.), *APA Handbook of Industrial and Organizational Psychology: Maintaining, Expanding, and Contracting the Organization* (vol. 3) (Washington, DC: American Psychological Association, 2011): 359–97.
133. C. Fritz and S. Sonnentag, "Antecedents of Day-Level Proactive Behavior: A Look at Job Stressors and Positive Affect during the Workday," *Journal of Management* 35, no. 1 (2009): 94–111.
134. N. A. Bowling and T. A. Beehr, "Workplace Harassment From the Victim's Perspective: A Theoretical Model and Meta-Analysis," *Journal of Applied Psychology* 91, no. 5 (2006): 998–1012; P. Priscilla Lui and L. Quezada, "Associations Between Microaggression and Adjustment Outcomes: A Meta-Analytic and Narrative Review," *Psychological Bulletin* 145, no. 1 (2019): 45–78; M. B. Nielsen and S. Einarsen, "Outcomes of Exposure to Workplace Bullying: A Meta-Analytic Review," *Work & Stress* 26, no. 4 (2012): 309–32; and C. R. Willness, P. Steel, and K. Lee, "A Meta-Analysis of the Antecedents and Consequences of Workplace Sexual Harassment," *Personnel Psychology* 60, no. 1 (2007): 127–62.
135. L. Yang, J. Bauer, R. E. Johnson, M. W. Groer, and K. Salomon, "Physiological Mechanisms That Underlie the Effects of Interactional Unfairness on Deviant Behavior: The Role of Cortisol Activity," *Journal of Applied Psychology* 99, no. 2 (2014): 310–21.
136. M. T. Schmitt, N. R. Branscombe, T. Postmes, and A. Garcia, "The Consequences of Perceived Discrimination for Psychological Well-Being: A Meta-Analytic Review," *Psychological Bulletin* 140, no. 4 (2014): 921–948.
137. C. Nohe, L. L. Meier, K. Sonntag, and A. Michel, "The Chicken or the Egg? A Meta-Analysis of Panel Studies of the Relationship Between Work-Family Conflict and Strain." *Journal of Applied Psychology* 100, no. 2 (2015): 522–36.
138. B. Litwiller, L. A. Snyder, W. D. Taylor, and L. M. Steele, "The Relationship Between Sleep and Work: A Meta-Analysis," *Journal of Applied Psychology* 102, no. 4 (2017): 682–99.
139. "Stress in America: Paying With Our Health," *American Psychological Association*, February 4, 2015, http://www.apa .org/news/press/releases/stress/2014/stress-report.pdf.
140. F. T. Amstad, L. L. Meier, U. Fasel, A. Elfering, and N. K. Semmer, "A Meta-Analysis of Work-Family Conflict and Various Outcomes With a Special Emphasis on Cross-Domain Versus Matching-Domain Relations," *Journal of Occupational Health Psychology* 16, no. 2 (2011): 151–69.
141. Nohe et al., "The Chicken or the Egg?"
142. "Stress in America."
143. M. T. Ford, R. A. Matthews, J. D. Wooldridge, V. Mishra, U. M. Kakar, and S. R. Strahan, "How Do Occupational Stressor-Strain Effects Vary With Time? A Review and Meta-Analysis of the Relevance of Time Lags in Longitudinal Studies," *Work & Stress* 28, no. 1 (2014): 9–30; and Q. Hu, W. B. Schaufeli, and T. W. Taris, "The Job Demands–Resources Model: An Analysis of Additive and Joint Effects of Demands and Resources," *Journal of Vocational Behavior* 79, no. 1 (2011): 181–90.
144. C. A. Demsky, C. Fritz, L. B. Hammer, and A. E. Black, "Workplace Incivility and Employee Sleep: The Role of Rumination and Recovery Experiences," *Journal of Occupational Health Psychology* 24, no.2 (2019): 228–40; Y. Park and S. Kim, "Customer Mistreatment Harms Nightly Sleep and Next-Morning Recovery: Job Control and Recovery Self-Efficacy as Cross-Level Moderators," *Journal of Occupational Health Psychology* 24, no.2 (2019): 256–69.
145. E. Bruehlman-Senecal and O. Ayduk, "This Too Shall Pass: Temporal Distance and the Regulation of Emotional Distress," *Journal of Personality and Social Psychology* 108, no. 2 (2015): 354–75.
146. Crawford, LePine, and Rich, "Linking Job Demands and Resources to Employee Engagement and Burnout."
147. See J. B. Halbesleben, "Sources of Social Support and Burnout: A Meta-Analytic Test of the Conservation of Resources Model," *Journal of Applied Psychology* 91, no. 5 (2006): 1134–45; N. Bolger and D. Amarel, "Effects of Social Support Visibility on Adjustment to Stress: Experimental Evidence," *Journal of Applied Psychology* 92, no. 3 (2007): 458–75; C. Fernet, M. Gagné, and S. Austin, "When Does Quality of Relationships with Coworkers Predict Burnout Over Time? The Moderating Role of Work Motivation," *Journal of Organizational Behavior* 31, no. 8 (2010): 1163–80.
148. Mathieu et al., "Meta-Analytic and Multiwave Comparison of Emotional Support and Instrumental Support in the Workplace."

149. See, for instance, B. W. Swider and R. D. Zimmerman, "Born to Burnout: A Meta-Analytic Path Model of Personality, Job Burnout, and Work Outcomes," *Journal of Vocational Behavior* 76, no. 3 (2010): 487–506; Q. Wang, N. A. Bowling, and K. J. Eschleman, "A Meta-Analytic Examination of Work and General Locus of Control," *Journal of Applied Psychology* 95, no. 4 (2010): 761–68.
150. See, for example, C. M. Middeldorp, D. C. Cath, A. L. Beem, G. Willemsen, and D. I. Boomsma, "Life Events, Anxious Depression, and Personality: A Prospective and Genetic Study," *Psychological Medicine* 38, no. 11 (2008): 1557–65; A. A. Uliaszek et al. "The Role of Neuroticism and Extraversion in the Stress-Anxiety and Stress-Depression Relationships," *Anxiety, Stress, and Coping* 23, no. 4 (2010): 363–81.
151. J. D. Kammeyer-Mueller, T. A. Judge, and B. A. Scott, "The Role of Core Self-Evaluations in the Coping Process," *Journal of Applied Psychology* 94, no. 1 (2009): 177–95.
152. For a review, see M. A. Clark, J. S. Michel, L. Zhdanova, S. Y Pui, and B. B. Baltes, "All Work and No Play? A Meta-Analytic Examination of the Correlates and Outcomes of Workaholism," *Journal of Management* 42, no. 7 (2016): 1836–73.
153. C. Liu, P. E. Spector, and L. Shi, "Cross-National Job Stress: A Quantitative and Qualitative Study," *Journal of Organizational Behavior* 28, no. 2 (2007): 209–39.
154. P. E. Spector et al., "Cross National Differences in Relationships of Work Demands, Job Satisfaction, and Turnover Intention With Work-Family Conflict," *Personnel Psychology* 60, no. 4 (2007): 805–35.
155. P. J. Gianaros and T. D. Wager, "Brain-Body Pathways Linking Psychological Stress and Physical Health," *Current Directions in Psychological Science* 24, no. 4 (2015): 313–21.
156. A. E. Nixon, J. J. Mazzola, J. Bauer, J. R. Krueger, and P. E. Spector, "Can Work Make You Sick? A Meta-Analysis of the Relationships Between Job Stressors and Physical Symptoms," *Work & Stress* 25, no. 1 (2011): 1–22.
157. G. S. Shields, M. A. Sazma, A. M. McCullough, and A. P. Yonelinas, "The Effects of Acute Stress on Episodic Memory: A Meta-Analysis and Integrative Review," *Psychological Bulletin* 143, no. 6 (2017): 636–75.
158. R. Ilies, N. Dimotakis, and I. E. DePater, "Psychological and Physiological Reactions to High Workloads: Implications for Well-Being," *Personnel Psychology* 63, no. 2 (2010): 407–63.
159. D. Örtqvist and J. Wincent, "Prominent Consequences of Role Stress: A Meta-Analytic Review," *International Journal of Stress Management* 13, no. 4 (2006): 399–422.
160. J. J. Hakanen, A. B. Bakker, and M. Jokisaari, "A 35-Year Follow-Up Study on Burnout Among Finnish Employees," *Journal of Occupational Health Psychology* 16 no. 3 (2011): 345–60; E. R. Crawford, J. A. LePine, and B. L. Rich, "Linking Job Demands and Resources to Employee Engagement and Burnout: A Theoretical Extension and Meta-Analytic Test," *Journal of Applied Psychology* 95, no. 5 (2010): 834–48; G. A. Chung-Yan, "The Nonlinear Effects of Job Complexity and Autonomy on Job Satisfaction, Turnover, and Psychological Well-Being," *Journal of Occupational Health Psychology* 15, no. 3 (2010): 237–51.
161. L. L. Meier, N. K. Semmer, A. Elfering, and N. Jacobshagen, "The Double Meaning of Control: Three-Way Interactions between Internal Resources, Job Control, and Stressors at Work," *Journal of Occupational Health Psychology* 13, no. 3 (2008): 244–58.
162. E. M. de Croon, J. K. Sluiter, R. W. B. Blonk, J. P. J. Broersen, and M. H. W. Frings-Dresen, "Stressful Work, Psychological Job Strain, and Turnover: A 2-Year Prospective Cohort Study of Truck Drivers," *Journal of Applied Psychology* 89, no. 3 (2004): 442–54; R. Cropanzano, D. E. Rupp, and Z. S. Byrne, "The Relationship of Emotional Exhaustion to Work Attitudes, Job Performance, and Organizational Citizenship Behaviors," *Journal of Applied Psychology* 88, no. 1 (2003): 160–69; S. Diestel and K. Schmidt, "Costs of Simultaneous Coping With Emotional Dissonance and Self-Control Demands at Work: Results From Two German Samples," *Journal of Applied Psychology* 96, no. 3 (2011): 643–53.
163. S. Gilboa, A. Shirom, Y. Fried, and C. L. Cooper, "A Meta-Analysis of Work Demand Stressors and Job Performance: Examining Main and Moderating Effects," *Personnel Psychology* 61, no. 2 (2008): 227–71.
164. J. C. Wallace, B. D. Edwards, T. Arnold, M. L. Frazier, and D. M. Finch, "Work Stressors, Role-Based Performance, and the Moderating Influence of Organizational Support," *Journal of Applied Psychology* 94, no. 1 (2009): 254–62.
165. K. M. Richardson and H. R. Rothstein, "Effects of Occupational Stress Management Intervention Programs: A Meta-Analysis," *Journal of Occupational Health Psychology* 13, no. 1 (2008): 69–93.
166. Y. Zhang, Y. Zhang, T. W. H. Ng, and S. S. K. Lam, "Promotion- and Prevention-Focused Coping: A Meta-Analytic Examination of Regulatory Strategies in the Work Stress Process," *Journal of Applied Psychology* 104, no. 10 (2019): 1296–1323.
167. A. J. Vanhove, M. N. Herian, A. L. U. Perez, P. D. Harms, and P. B. Lester, "Can Resilience Be Developed at Work? A Meta-Analytic Review of Resilience-Building Programme Effectiveness," *Journal of Occupational and Organizational Psychology* 89 (2016): 278–307.
168. L. T. Eby, T. D. Allen, K. M. Conley, R. L. Williamson, T. G. Henderson, and V. S. Mancini, "Mindfulness-Based Training Interventions for Employees: A Qualitative Review of the Literature," *Human Resource Management Review* 29 (2019): 156-178; C. Kröll, P. Doebler, and S. Nüesch, "Meta-Analytic Evidence of the Effectiveness of Stress Management at Work," *European Journal of Work and Organizational Psychology* 26, no. 5 (2017): 677–93; S. Sonnentag, L. Venz, and A. Casper, "Advances in Recovery Research: What Have We Learned? What Should be Done Next?," *Journal of Occupational Health Psychology* 22, no. 3 (2017): 365–80; M. Virgili, "Mindfulness-Based Interventions Reduce Psychological Distress in Working Adults: A Meta-Analysis of Intervention Studies," *Mindfulness* 6, no. 2 (2015): 326–37.
169. Y. Zhang, Y. Zhang, T. W. H. Ng, and S. S. K. Lam, "Promotion- and Prevention-focused Coping: A Meta-Analytic Examination of Regulatory Strategies in the Work Stress Process," *Journal of Applied Psychology* 104, no. 10 (2019): 1296–1323.
170. R. W. Renn, D. G. Allen, and T. M. Huning, "Empirical Examination of Individual-Level Personality-Based Theory of Self-Management Failure," *Journal of Organizational Behavior* 32, no. 1 (2011): 25–43; P. Gröpel and P. Steel, "A Mega-Trial Investigation of Goal Setting, Interest Enhancement, and Energy on Procrastination," *Personality and Individual Differences* 45, no. 5 (2008): 406–11.
171. J. H. Riskind and E. Calvete, "Anxiety and the Dynamic Self as Defined by the Prospection and Mental Simulation of Looming Future Threats," *Journal of Personality* 88 (2020): 31–44; R. E. White, M. M. Kuehn, A. L. Duckworth, E. Kross, and Ö. Ayduk, "Focusing on the Future Self From Afar: Self-Distancing From Future Stressors Facilitates Adaptive Coping," *Emotion* 19, no. 5 (2019): 903–16.
172. E. E. Bernstein, J. E. Curtiss, G. W. Y. Wu, P. J. Barreira, and R. J. McNally, "Exercise and Emotion Dynamics: An Experience Sampling Study," *Emotion* 19, no. 4 (2019): 637–44; Sonnentag, Venz, and Casper, "Advances in Recovery Research"; M. L. M. van Hooff, R. M. Benthem de Grave, and S. A. E. Geurts, "No Pain, No Gain? Recovery and Strenuousness of Physical Activity," *Journal of Occupational Health Psychology* 24, no. 5 (2019): 499–511.
173. Eby et al., "Mindfulness-Based Training Interventions for Employees"; U. R. Hülsheger, J. W. B. Lang, F. Depenbrock, C. Fehrmann, F.

R. H. Zijlstra, and H. J. E. M. Alberts, "The Power of Presence: The Role of Mindfulness at Work for Daily Levels and Change Trajectories of Psychological Detachment and Sleep Quality," *Journal of Applied Psychology* 99, no. 6 (2014): 1113–28; V. Perciavalle, M. Blandini, P. Fecarotta, A. Buscemi, D. Di Corrado, L. Bertolo . . . and M. Coco, "The Role of Deep Breathing on Stress," *Neurological Sciences* 38, no. 3 (2017): 451–58; R. Q. Wolever, K. J. Bobinet, K. McCabe, E. R. Mackenzie, E. Fekete, C. A. Kusnick, and M. Baime, "Effective and Viable Mind-Body Stress Reduction in the Workplace: A Randomized Controlled Trial," *Journal of Occupational Health Psychology* 17, no. 2 (2012): 246–58.

174. K. M. Richardson and H. R. Rothstein, "Effects of Occupational Stress Management Intervention Programs: A Meta-Analysis," *Journal of Occupational Health Psychology* 13, no. 1 (2008): 69–93.
175. L. S. Sharman, G. A. Dingle, A. J. J. M. Vingerhoets, and E. J. Vanman, "Using Crying to Cope: Physiological Responses to Stress Following Tears of Sadness," *Emotion* (in press).
176. S. Reddy, "Doctor's Orders: 20 Minutes of Meditation Twice a Day," *The Wall Street Journal*, April 15, 2013, https://www .wsj.com/articles/SB10001424127887324345804578424863782143682
177. V. C. Hahn, C. Binnewies, S. Sonnentag, and E. J. Mojza, "Learning How to Recover from Job Stress: Effects of a Recovery Training Program on Recovery, Recovery-Related Self-Efficacy, and Well-Being," *Journal of Occupational Health Psychology* 16, no. 2 (2011): 202–16; J. Krajewski, R. Wieland, and M. Sauerland, "Regulating Strain States by Using the Recovery Potential of Lunch Breaks," *Journal of Occupational Health Psychology* 15, no. 2 (2010): 131–39; and M. Sianoja, C. J. Syrek, J. de Bloom, K. Korpela, and U. Kinnunen, "Enhancing Daily Well-Being at Work Through Lunchtime Park Walks and Relaxation Exercises: Recovery Experiences as Mediators," *Journal of Occupational Health Psychology* 23, no. 3 (2018): 428–42.
178. L. Bartlett, A. Martin, A. L. Neil, K. Memish, P. Otahal, M. Kilpatrick, K. Sanderson, "A Systematic Review and Meta-Analysis of Workplace Mindfulness Training Randomized Control Trials," *Journal of Occupational Health Psychology* 24, no.1 (2019): 108-126; Kröll et al., "Meta-Analytic Evidence of the Effectiveness of Stress Management at Work;" L. P. Maricuțoiu, F. A. Sava, and O. Butta, "The Effectiveness of Controlled Interventions on Employees' Burnout: A Meta-Analysis," *Journal of Occupational and Organizational Psychology* 89 (2016): 1–27.
179. S. L. Parker, S. Sonnentag, N. L. Jimmieson, and C. J. Newton, "Relaxation During the Evening and Next-Morning Energy: The Role of hassles, Uplifts, and Heart Rate Variability During Work," *Journal of Occupational Health Psychology* 25, no. 2 (2020): 83–98.
180. I. Brissette, M. F. Scheier, and C. S. Carver, "The Role of Optimism in Social Network Development, Coping, and Psychological Adjustment During a Life Transition," *Journal of Personality and Social Psychology* 82, no. 1 (2002): 102–11.
181. Y. Kalish, G. Luria, S. Toker, and M. Westman, "Till Stress Do Us Part: On the Interplay Between Perceived Stress and Communication Network Dynamics," *Journal of Applied Psychology* 100, no. 6 (2015): 1737–51.
182. L. K. Kammrath, B. F. Armstrong III, S. P. Lane, M. K. Francis, M. Clifton, K. M. McNab, and O. M. Baumgarten, "What Predicts Who We Approach for Social Support? Tests of the Attachment Figure and Strong Ties Hypotheses," *Journal of Personality and Social Psychology* 118, no. 3 (2020): 481–500; Y. Park and C. Fritz, "Spousal Recovery Support, Recovery Experiences, and Life Satisfaction Crossover Among Dual-Earner Couples," *Journal of Applied Psychology* 100, no. 2 (2015): 557–66.
183. Vanhove et al., "Can Resilience Be Developed at Work?
184. P. Miquelon and R. J. Vallerand, "Goal Motives, Well-Being, and Physical Health: Happiness and Self-Realization as Psychological Resources Under Challenge," *Motivation and Emotion* 30, no. 4 (2006): 259–72.
185. A. M. Cianci, H. J. Klein, and G. H. Seijts, "The Effect of Negative Feedback on Tension and Subsequent Performance: The Main and Interactive Effects of Goal Content and Conscientiousness," *Journal of Applied Psychology* 95, no. 4 (2010): 618–30.
186. Cianci, Klein, and Seijts, "The Effect of Negative Feedback on Tension and Subsequent Performance"; S. J. Perry, L. A. Witt, L. M. Penney, and L. Atwater, "The Downside of Goal-Focused Leadership: The Role of Personality in Subordinate Exhaustion," *Journal of Applied Psychology* 95, no. 6 (2010): 1145–53.
187. P. W. Lichtenthaler and A. Fischbach, "A Meta-Analysis of Promotion- and Prevention-Focused Job Crafting," *European Journal of Work and Organizational Psychology* 28, no. 1 (2019): 30–50.
188. M. M. Butts, R. J. Vandenberg, D. M. DeJoy, B. S. Schaffer, and M. G. Wilson, "Individual Reactions to High Involvement Work Processes: Investigating the Role of Empowerment and Perceived Organizational Support," *Journal of Occupational Health Psychology* 14, no. 2 (2009): 122–36.
189. Griffin and Clarke, "Stress and Well-Being at Work."
190. L. Shen, "These 19 Great Employers Offer Paid Sabbaticals," *Fortune*, March 7, 2016, http://fortune.com/2016/03/07/best-companies-to-work-for-sabbaticals/
191. O. B. Davidson, D. Eden, M. Westman, Y. Cohen-Charash, L. B. Hammer, A. N. Kluger, . . . and P. E. Spector, "Sabbatical Leave: Who Gains and How Much?," *Journal of Applied Psychology* 95, no. 5 (2010): 953–64.
192. H. De La Torre and R. Goetzel, "How to Design a Corporate Wellness Plan That Actually Works," *Harvard Business Review*, March 31, 2016, https://hbr.org/2016/03/how-to-design-a-corporate-wellness-plan-that-actually-works; M. R. Frone, *Alcohol and Illicit Drug Use in the Workforce and Workplace* (Washington, DC: American Psychological Association, 2013); A. Kohll, "8 Things You Need to Know About Employee Wellness Programs," *Forbes*, April 21, 2016, https://www.forbes.com/sites/alankohll/2016/04/21/8-things-you-need-to-know-about-employee-wellness-programs/#38054a8840a3; C. J. Ott-Holland, W. J. Shepherd, and A. Marie Ryan, "Examining Wellness Programs Over Time: Predicting Participation and Workplace Outcomes," *Journal of Occupational Health Psychology* 24, no. 1 (2019): 163-179.
193. K. M. Richardson and H. R. Rothstein, "Effects of Occupational Stress Management Intervention Programs: A Meta-Analysis."
194. L. L. Berry, A. M. Mirabito, and W. B. Baun, "What's the Hard Return on Employee Wellness Programs?" *Harvard Business Review*, December 2010, https://hbr.org/2010/12/whats-the-hard-return-on-employee-wellness-programs
195. ITA Group, "Workplace Wellness Program Statistics You Need to Know," November 16, 2018, https://www.itagroup .com/insights/workplace-wellness-programs
196. Ott-Holland et al., "Examining Wellness Programs Over Time."

용어 해설

가상 구조 주요 기능을 아웃소싱하고 핵심 영역만 남아 있는 소규모 조직

가상팀 공동의 목표를 달성하기 위해 물리적으로 분산된 구성원을 정보 기술을 이용하여 하나로 묶은 팀

가용성 편견 쉽게 접할 수 있는 정보에 기초하여 판단을 내리는 경향

가장 좋아하지 않는 동료 설문지 어떤 사람이 과업 지향적인지, 관계 지향적인지 측정하는 도구

가치관 다른 상태나 행동에 비해 개인적으로나 사회적으로 바람직하다고 여기는 최종 상태나 구체적인 행동에 대한 기본적인 확신

가치 체계 개인의 가치를 강도의 순서대로 나열한 계층 구조

갈등 한 당사자가 관심을 가지고 있는 것에 대해 다른 당사자가 부정적인 영향을 미쳤거나 미치려고 한다는 것을 지각할 때 시작되는 과정

갈등 관리 원하는 수준의 갈등을 달성하기 위해 해결 및 자극 기술을 사용하는 것

감성지능 감정적 단서와 정보를 감지하고 조절하는 능력

감수성 훈련 비구조화된 집단 상호작용을 통해 행동을 변화시키는 훈련

감정 구체적인 사건에 의해 생겨나는 짧고 강한 느낌

감정노동 대면 접촉을 해야 하는 직무를 수행할 때 조직이 요구하는 감정을 표현하는 일

감정 부조화 사람이 느끼는 감정과 투사하는 감정의 불일치

감정 조절 자신이 느끼는 감정을 확인하고 수정하는 것

감정적 안정성 차분하고 자신감이 있으며 안정적인(긍정적인) 사람과 신경질적이고 불안해하며 불안정한(부정적인) 사람을 구분 짓는 성격 차원

감정적 전이 사람 사이에 감정이 전달되는 현상

강압적 권력 순응하지 않을 때 발생하는 부정적인 결과에 대한 두려움을 토대로 한 권력

강한 문화 핵심 가치를 굳건히 유지하고 널리 공유하는 문화

강화 이론 행동의 결과(예: 보상)에 의해 행동이 결정된다는 이론

개인-조직 적합성 사람들이 자신의 성격이나 가치관과 일치하는 조직에 끌려 선발되고, 자신의 성격이나 가치관과 맞지 않는 조직을 떠난다는 이론

개인-직무 적합성 이론 여섯 가지 성격 유형을 제시하며, 성격 유형과 직업 환경의 적합성이 직무 만족과 이직률을 결정한다고 주장하는 이론

개인주의 사람들이 집단의 일원으로서가 아니라 독립된 개인으로서 행동하는 것을 선호하는 정도를 나타내는 국가 문화 속성

거래적 리더 역할과 과업 요구 수준을 명확히 알려주고, 필요시 보상과 처벌을 적절히 활용하며, 상황에 따라 적극적으로 혹은 수동적으로 업무에 관여함으로써 부하 직원이 목표를 달성할 수 있도록 이끌거나 동기부여를 하는 리더

결정의 지속성 이전의 결정이 잘못되었다는 분명한 증거가 있음에도 불구하고 그 결정을 유지하는 현상

경계 확장 개인이 공식적으로 할당된 집단의 경계 밖에 있는 사람들과 관계를 형성하는 것

경로-목표 이론 부하 직원에게 목표 달성에 필요한 자원을 제공하고, 목표에 도달하는 경로를 이해하도록 명확히 하며, 목표 달성을 방해하는 장애 요인을 제거하는 것이 리더의 임무라는 이론

경로 풍부성 의사소통 에피소드당 전달할 수 있는 정보

의 양

경영 참가 부하 직원이 직속 상사와 상당한 정도의 의사결정 권한을 공유하는 과정

경쟁 갈등상태에 있는 상대방에게 미치는 영향과 상관없이 자신의 이익을 충족하려는 것

경험에 대한 개방성 창의적이고, 호기심이 많으며, 예술적인 감성이 있는 사람을 설명하는 성격 차원

계획된 변화 변화를 실현하기 위해 적극적·의도적으로 목표 지향적인 노력을 기울이는 것

고맥락 문화 비언어와 미묘한 상황적 단서에 의존하여 의사소통을 하는 문화

고정관념 누군가를 판단할 때 그 사람이 속한 집단에 대한 지각에 따라 판단하는 것

고정관념 압박 특정한 고정관념에 의해 부정적으로 판단받거나 대우받을 수 있는 위험의 정도

고정된 몫 당사자에게 분할되는 재화나 서비스의 양이 정해져 있다는 믿음

고착 편견 초기에 접한 정보에 고착되어 이후 정보에 대한 적절한 조정을 충분히 하지 못하는 경향

공리주의 최대 다수에게 최대 행복을 안겨주기 위한 의사결정을 내리는 윤리적 관점

공식 집단 직무와 직무 담당자가 정해져 있고 조직 구조에 의해 정의된 집단

공식 채널 구성원의 직무와 관련된 메시지를 전달하기 위해 조직이 구축한 의사소통 채널

공식화 직무가 표준화된 정도

공정성 이론 개인이 자신의 직무에 대한 투입물과 결과물을 다른 사람들과 비교하고, 거기서 느끼는 불공정성을 제거하기 위해 반응한다는 이론

과도한 확신 편견 자신의 능력이나 타인의 능력을 과도하게 확신하는 경향

과업 갈등 직무의 내용과 목표에 대한 갈등

과업 구조 업무 분장이 규정된 절차를 따르는 정도

과업 성과 핵심 직무를 구성하는 과업을 수행할 때 효과성과 효율성의 결합

과업 정체성 직무가 전체로서 완전히 구별되는 하나의 작업 단위로서 완결되는 정도

과업 중요성 직무가 다른 사람들의 삶이나 직무에 영향을 미치는 정도

과정 갈등 직무를 처리하는 방식에 대한 갈등

과정 자문법 고객이 사건을 이해하고 개선이 필요한 부분을 파악하도록 외부 컨설턴트가 도움을 주는 기법

관계 갈등 대인관계에 기초한 갈등

관계적 직무 설계 직원이 자신의 직무를 통해 다른 사람들의 삶에 긍정적인 변화가 생기는 것을 볼 수 있도록 직무를 구성하는 것

관료제 전문화, 엄격한 공식적 규칙과 규제, 부서화, 높은 집권화, 좁은 통제 범위, 명령 체계에 따른 의사결정 등을 통해 매우 일상적인 과업을 수행하는 조직 구조

구조 주도 리더가 목표 달성을 위해 자신과 부하 직원의 역할을 정의하고 구조화하는 정도

궁극적 가치 바람직한 최종 상태에 대한 것, 사람이 일생 동안 성취하고자 하는 목표

권력 다른 사람들에게 자신의 의지를 강요할 수 있는 능력, 권한, 수단

권력 격차 국민이 기관과 조직에서 권력이 균등하게 분배되어 있지 않은 상황을 수용하는 정도를 나타내는 국가 문화 속성

권력 욕구 다른 사람들이 하지 않을 행동을 원하는 방향으로 유도하려는 욕구

권력 획득 방법 개인이 권력 원천을 특정 행동으로 전환하는 방법

권한 명령을 내리고, 명령을 받은 사람은 거기에 따르도록 요구하는, 직위에 본질적으로 내재되어 있는 권리

귀인 이론 개인의 행동이 내적 원인에 의한 것인지, 외적 원인에 의한 것인지 판단하는 것과 마찬가지로, 우리가 어떤 행동에 부여하는 의미에 따라 사람을 다르게 판단하는 방식을 설명하는 이론

규범 집단 구성원이 공유하는 행동 기준

그레이프바인 조직의 비공식적 의사소통 네트워크

근거 기반 경영 과학적 연구 결과를 바탕으로 경영 의사결정을 하는 관행

근본적 귀인 오류 다른 사람의 행동에 대해 판단할 때 외적 요인의 영향을 과소평가하고 내적 또는 개인적 요인의 영향을 과대평가하는 경향

긍정성 상쇄 특별한 일이 없을 때 대부분의 사람들이 약간 긍정적인 기분을 경험하는 경향

긍정적 자기평가 자기 자신의 가치와 역량을 믿는 것

긍정적 정서 흥분, 열정, 짜릿함과 같은 감정이 최고점이고 지루함과 같은 감정이 최저점으로 이루어진 차원

긍정적 조직 문화 직원의 강점을 살리고, 처벌보다는 보상을 중시하며, 개인의 활력과 성장을 장려하는 문화

긍정적 조직 탐구 어떻게 하면 조직이 인간의 강점을 개발하고, 활력과 복원력을 증진하며, 잠재력을 드러내도록 도울 수 있는지를 연구하는 조직행동론 분야

기계적 모델 엄격한 부서화, 높은 공식화, 제한적인 정보 네트워크, 집권화가 특징인 조직 구조

기능적 갈등 집단의 목표를 지원하고 성과를 향상하는 건설적인 갈등

기능횡단팀 어떤 과업을 완수하기 위해 동일한 계층이지만 직무 영역이 각기 다른 사람들이 모인 팀

기대 이론 특정한 방식으로 행동하려는 경향의 강도가 주어진 결과에 대해 우리가 기대하는 강도와 그 결과의 매력도에 달려 있다는 이론

기분 감정보다 오래 지속되는 은근한 느낌으로, 구체적인 사건이나 자극을 동반하지 않음

기술 조직이 투입물을 산출물로 변환하는 방식

기술 다양성 직무에 다양한 전문 기술과 능력이 활용되는 정도

기술적 실업 위협 전문성 있는 의사결정자가 의사결정의 질을 개선하기 위한 인공지능 도입에 저항하는 상황으로, 새로운 기술로 인해 전문가의 판단에 의존하는 정도가 줄어드는 현상

기업의 사회적 책임 기업이 법률의 규제 때문이 아니라 사회 복리와 환경을 보호하기 위해 자율적으로 행동하는 것

긴장 스트레스 요인에 대한 평가로 인해 나타나는 심리적·신체적으로 불쾌한 반응

나르시시즘 자신을 과대평가하고, 극도의 찬사를 요구하며, 오만한 성향

남성성 전통적으로 남성적인 것으로 여겨지는 성취, 권력, 통제 등을 선호하는 정도를 나타내는 국가 문화 속성

내부고발자 자신이 속한 조직의 비윤리적 관행을 외부에 알리는 사람

내집단 우리가 속해 있는 집단의 구성원. 우리는 자신이 속한 내집단을 다른 사람들보다 더 좋게 보는 경향이 있음

노동 인구의 다양성 조직에서 성별, 연령, 인종, 민족, 성적 지향 등의 요소가 점점 더 다양해지고 있다는 개념

느껴진 갈등 불안, 긴장, 좌절, 적대감을 유발하는 갈등에 대한 감정적 관여

느끼는 감정 사람의 실제 감정

능력 직무가 요구하는 다양한 과업을 수행할 수 있는 현재의 잠재력

다양성 집단 구성원이 서로 비슷하거나 다른 정도

다양성 관리 조직의 모든 사람이 다른 사람의 필요와 차이를 더 잘 인식하고 민감하게 만드는 것

다운사이징 지점 폐쇄, 인력 감축, 계층 축소, 부가가치를 올리지 못하는 사업 매각 등을 통해 조직을 날씬하게 만들려는 체계적인 노력

단기 성향 현재를 중시하고 변화를 수용하는 국가 문화 속성

단속평형 모델 임시 집단이 거치는 일련의 단계로, 비활동 단계와 활동 단계 사이에 전환기가 있음

단순 구조 부서화 정도가 낮고, 통제 범위가 넓으며, 한 사람에게 집권화되고, 공식화가 거의 되지 않은 조직 구조

단순성과급 일정 생산량에 비례하여 정해진 급여를 지급하는 방식

단층선 성, 인종, 연령, 업무 경험, 언어, 교육과 같은 개인차에 따라 집단 2개 이상의 하위 집단으로 나누는 것

대비 효과 절대적 기준을 따르는 것이 아니라 특정 대상과의 비교를 통해 개인을 평가하는 것

대의 참가 소수 근로자 대표가 조직의 의사결정 과정에 참여하는 시스템

대인관계 공정성 조직 구성원이 존중과 존경으로 대우받는 정도

대체 요인 경험과 훈련같이 리더의 지지나 조직 구조 설계 능력을 대체할 수 있는 특정 요인

도덕적 감정 감정을 유발한 상황에 대한 즉각적인 판단에 의해 도덕적 의미가 생겨나는 감정

도전적 스트레스 요인 업무량, 과업 완수의 압박감, 촉박한 시간 등과 관련된 스트레스 요인

동기부여 목표 달성을 위해 개인이 하는 노력의 강도, 방향, 지속성을 설명하는 과정

동기부여 잠재력 점수 어떤 직무의 동기부여 잠재력을 반영한 예측 지수

리더-구성원 관계 구성원이 리더에 대해 확신, 신뢰, 존경심을 느끼는 정도

리더-구성원 교환 이론 리더와 각 부하 직원이 일대일 관계를 맺으며, 이러한 관계의 정도에 따라 부하 직원들이 내집단 또는 외집단을 형성한다는 이론. 내집단에 속한 부하 직원은 더 좋은 성과 평가를 받고, 이직률이 낮으며, 직무 만족도가 더 높음

리더-참여 모델 다양한 상황에서 참여적 의사결정의 형태와 양을 결정하기 위한 일련의 규칙을 제공하는 리더십 이론

리더십 조직의 비전과 목표를 달성하도록 조직 내 집단에 영향력을 발휘하는 행위

리더십 귀인 이론 리더십은 어떤 사람이 다른 사람들에 대해 행한 귀인에 불과하다고 보는 이론

리더십 종합 모델 자유방임, 예외에 의한 관리, 보상 연계, 개별화된 배려, 지적 자극, 영감에 의한 동기 부여, 이상화된 영향력 등 일곱 가지 리더십 스타일을 연속체로 나타낸 모델

리더십 특성 이론 리더와 비리더를 구분 짓는 개인적 자질과 특성이 있다고 주장하는 이론

리더십의 행동 이론 리더와 비리더를 구분하는 행동의 특성을 설명하는 이론

마이어스-브리그스 성격 유형 네 가지 특성을 결합하고 16개의 성격 유형 중 하나로 사람을 분류하는 성격 검사

마키아벨리즘 실용적이고, 감정적 거리를 유지하며, 목적이 수단을 정당화할 수 있다고 믿는 성향

매클렐런드의 욕구 이론 성취 욕구, 권력 욕구, 친교 욕구 등 동기부여를 하는 세 가지 욕구를 제시한 이론

매트릭스 구조 기능별 구조와 제품별 구조를 결합한 조직 구조로, 이중 권한 라인을 만듦

멀티팀 시스템 상위 목표를 공유하는 2개 이상의 상호 의존적 팀을 모아놓은 것. 즉 팀들로 구성된 팀

멘토 경험이 적은 구성원을 후원하고 지원하는 선임 구성원

명령의 통일성 부하 직원을 직접적으로 담당하는 상사가 단 한 명이어야 함

명령 체계 조직의 상층부에서 최하층까지 단절되지 않고 뻗어 있고, 누가 누구에게 보고하는지를 명확히 알려주는 권한의 라인

명목집단 기법 집단 구성원이 직접 만나 체계적이지만 독

립적으로 판단을 내리는 집단 의사결정 방식

모델 현실을 추상화한 것으로, 실제 세계의 현상을 단순화하여 나타냄

모방 전략 시장이나 제품이 검증된 이후에 신제품 또는 새로운 시장에 뛰어드는 전략

목표 설정 이론 구체적이고 어려운 목표는 피드백과 함께 더 높은 성과를 이끌어낸다는 이론

목표에 의한 관리 정해진 기간 동안 참여적으로 목표를 설정하고 목표 진행 상황에 대한 피드백을 포함하는 프로그램

무시 현재의 상황을 방관함으로써 표현되는 불만족

문제 현재 상황과 바람직한 상황 사이의 괴리

문제해결팀 같은 부서의 직원 5~12명으로 구성된 팀으로서 매주 만나 품질, 효율성, 작업 환경을 개선하는 방법을 논의함

문제 형성 아직 알려지지 않은 해결책이 필요한 문제나 기회를 찾아내는 창의적 행동의 단계

물질적 상징물 조직 문화에 내재된 신념, 가치 또는 가정을 상징하는 물체나 가공물

반생산적 직무행동 절도, 동료에 대한 공격적 행동, 지각, 결근 등 조직에 악영향을 미치는 행동

발언 상황을 개선하기 위해 능동적·건설적으로 의견을 개진하는 것으로 표현되는 불만족

방어행동 행동, 비난 또는 변화를 피하기 위한 반응적이고 보호적인 행동

방해적 스트레스 요인 관료주의, 조직 정치, 직무 책임의 혼동 등과 같이 목표 달성을 저해하는 스트레스 요인

배려 어떤 사람의 직무 관계에서 상호 신뢰, 부하 직원의 아이디어와 감정 존중이 이루어지는 정도

변동급 프로그램 개인 또는 조직의 성과 평가에 따라 급여의 일부분을 결정하는 제도

변혁적 리더 부하 직원이 사적인 이익보다 조직의 이익을 우선시하도록 고무하는 리더

변형 단계 사회화 과정에서 신입 직원이 직무, 작업집단, 조직에 적응하고 변화하는 단계

변화 무언가가 지금과는 달라지는 것

변화 담당자 촉매제 역할을 하고 변화 활동을 관리하는 책임자

변환 과정 개인, 집단, 조직 수준의 투입물이 관여하여 특정 산출물을 만들어내는 활동

보상적 권력 다른 사람이 중요하게 여기는 보상을 제공할 수 있는 능력을 토대로 한 권력

부서화 조직의 작업을 하나로 묶는 것

부정적 정서 안절부절못함, 스트레스, 불안과 같은 감정이 최고점이고 여유, 평온함과 같은 감정이 최저점으로 이루어진 차원

분배 공정성 사람들에게 분배되는 보상의 크기에 대해 지각하는 공정성

분배적 협상 고정된 양의 자원을 분할하려는 협상. 승자-패자의 상황

불확실성 회피 국민이 불확실하고 모호한 상황에 대해 불안감을 느끼고 회피하려는 정도를 나타내는 국가 문화 속성

브레인스토밍 어떤 대안이든 말할 수 있고 대안에 대해 어떤 비난도 할 수 없는 아이디어 창출 과정

비공식 집단 조직 구조에 의해 정의되지 않은 집단. 사교 모임이나 동아리와 같이 사회적 요구를 충족하기 위해 결성된 집단

비공식 채널 자연스럽게 만들어지고 개인이 선택할 수 있는 의사소통 채널

비윤리적 리더십 리더가 비윤리적인 방식으로 권력을 행사하고 다른 사람들을 불공정하게 대함으로써 규범적으로 부적절한 행동

비전 목표를 달성하기 위한 장기적인 전략

비전 선언문 조직의 비전이나 사명을 공식적으로 선언한 문서

빅파이브 모델 사람의 성격을 구분할 수 있는 다섯 가지 기본 차원이 있다고 주장하는 모델

뿔 효과 한 가지 특성을 기반으로 개인에 대한 부정적인 인상을 결정하는 경향

사이코패스 타인에 대한 관심이 부족하고, 타인에게 해악을 끼치는 행동을 할 때 죄책감이 없는 성향

사전 사회화 단계 신입 직원이 조직에 들어오기 전의 사회화 과정 학습 기간

사회심리학 심리학과 사회학의 개념을 혼합하여 사람들이 서로에게 미치는 영향에 초점을 맞추는 분야

사회적 태만 개인이 혼자 일할 때보다 집단으로 일할 때 노력을 덜 기울이는 경향

사회정체성 이론 개인이 자신을 집단의 구성원으로 여기는 시기와 이유에 관한 이론

사회학 사람들의 사회적 환경이나 문화와 관련하여 사람들을 연구하는 학문

사회학습 이론 사람들이 관찰과 직접 경험을 통해 학습할 수 있다는 관점

사회화 신입 직원이 조직 문화에 적응하는 데 필요한 사회적 지식과 기술을 습득하는 과정

산출물 다른 변수의 영향을 받는 핵심 변수

상관관계의 착각 실제로는 연관성이 없는 두 사건을 연관 짓는 경향

상여금 직원의 지난 성과보다 최근 성과에 대한 보상

상호작용 공정성 다른 사람들을 대하는 질에 대한 민감성

상호작용 집단 구성원들이 언어적·비언어적 의사소통을 통해 상호작용을 하는 보통의 집단

상황 변수 둘 이상의 변수 간 관계를 조정하는 상황 요인 또는 변수

상황의 힘 이론 성격이 행동으로 연결되는 것이 상황의 힘에 달려 있다는 이론

상황적 리더십 이론 부하 직원의 성숙도(특정 과업을 달성하려는 의지가 있고, 또 달성할 수 있는 정도)에 초점을 두는 리더십 이론

생물학적 특징 연령, 성, 민족, 인종, 장애와 같은 개인적 특성으로, 객관적이고 인사 기록에서 쉽게 얻을 수 있으며 표면적 수준의 다양성을 나타냄

생산성 조직의 효과성과 효율성의 결합

생존력 조직이 장기적으로 존속 및 성장할 수 있는지를 보여주는 지표

서베이 피드백 조직 구성원의 의견을 듣고 지각 차이를 파악하기 위해 설문조사를 한 뒤 토론을 하여 해결책을 구하는 기법

선택적 지각 자신의 관심사, 배경, 경험, 태도를 바탕으로 사안을 선택적으로 해석하는 경향

섬기는 리더십 리더가 자신의 이익을 넘어서서 생각하고, 부하 직원이 성장하고 발전하도록 도와줄 수 있는 기회에 초점을 맞추는 리더십 스타일

성격 개인이 주변 세계의 자극에 반응하고 상호작용하는 방식의 총체

성격 특성 개인이 여러 상황에 걸쳐서 일관성 있게 드러내는 행동의 특성

성실성 책임감이 있고, 체계적이며, 신뢰할 수 있고, 끈기가 있는 사람을 설명하는 성격 차원

성찰 팀의 목적을 되돌아보고 필요시 조정하는 것

성취 욕구 뛰어나고 싶고, 기준치를 달성하여 성공하려는 욕구

성희롱 상대의 의사에 반하는 성과 관련된 언동으로, 개인의 고용에 영향을 미치거나 적대적인 작업 환경을 창출하는 활동

세계화 전 세계적인 통합과 상호 의존이 국경을 넘어 촉진되는 과정

수단적 가치 선호하는 행동 양식 또는 궁극적 가치를 달성하는 수단

수용 갈등의 한 당사자가 자신의 이익보다는 상대방의 이익을 우선시하는 것

순응 집단의 규범에 맞추기 위해 자신의 행동을 조정하는 것

스트레스 자신이 원하는 것과 관련된 기회, 요구 또는 자원(즉 스트레스 요인)에 직면한 개인이 그 결과가 불확실하면서도 중요하다고 인식하는 심리적 과정

신뢰 사람들 간에 서로 긍정적으로 기대하는 심리적 상태로, 서로 의존하고 진심으로 서로의 행복을 추구함

신뢰 성향 특정 구성원이 어떤 리더를 신뢰할 가능성의 정도

신체적 능력 체력, 손재주, 힘 등을 요구하는 작업을 수행할 수 있는 능력

신축적 복리후생 각 근로자가 자신의 필요와 상황에 따라 보상 패키지를 선택할 수 있게 하는 복리후생 제도

심리적 계약 직원과 고용주 사이에 존재하는 암묵적 계약

심리적 임파워먼트 조직 구성원이 직무 환경, 역량, 직무의 의미, 직무 수행에서 경험하는 자율성 등에 영향을 미칠 수 있다고 생각하는 정도

심리학 인간과 동물의 행동을 측정하고 설명하며, 때로는 변화시키려는 과학

심층 연기 표현 규칙에 따라 실제 감정을 조절하는 것

심층적 다양성 사람들이 서로를 더 잘 알아감으로써 공통점을 밝히는 데 점점 더 중요해지는 가치관, 성격, 업무 선호도의 차이

쌍방 갈등 두 사람 사이에 일어나는 갈등

아이디어 생성 관련된 정보와 지식을 동원하여 문제에 대한 가능한 해결책을 개발하는 창의적 행동의 단계

아이디어 챔피언 혁신을 받아들이고, 적극적·열정적으로 알리고, 지원을 받아내고, 저항을 극복하고, 혁신이 실현되게 하는 사람

아이디어 평가 문제에 대한 가능한 해결책을 평가하여 최상의 해결책을 골라내는 창의적 행동 단계

알로스태시스 행동과 태도를 바꿈으로써 안정을 찾으려고 노력하는 것

어둠의 세 가지 성격 부정적 성격 특성인 마키아벨리즘, 나르시시즘, 사이코패스를 묶어서 부르는 별칭

억제력 기존의 균형 상태에서 변화하는 것을 방해하는 힘

업적급 성과 평가(인사고과) 결과를 근거로 개인의 성과에 대해 보상하는 방식

여과 수신자가 정보를 호의적으로 보도록 송신자가 정보를 의도적으로 조작하는 것

여성성 남성과 여성의 성 역할에 큰 차이가 없음을 나타내는 국가 문화 속성. 여성성이 높은 사회에서는 모든 면에서 여성을 남성과 동등하게 대우함

역기능적 갈등 집단의 성과를 저해하는 갈등

역설 이론 경영의 핵심 역설은 조직에 대한 최종적인 최적 상태가 존재하지 않는다는 것

역할 집단에서 어떤 직위의 사람에게 주어진 기능

역할 간 갈등 개인이 속해 있는 여러 집단의 역할 기대가 상반되는 상황

역할 갈등 개인의 여러 가지 역할 기대에 직면하는 상황

역할 기대 특정 상황에서 어떤 사람이 해야 하는 행동 방식에 대한 다른 사람의 생각

역할 지각 특정 상황에서 우리가 어떻게 해야 하는가에 대한 우리의 생각

예방 초점 의무와 책임을 이행함으로써 목표를 달성하기 위해 노력하는 자기조절 전략

외집단 내집단과 반대되는 개념. '다른 모든 사람'을 의미하기도 하지만, 일반적으로는 내집단 구성원이 알고 있어 식별 가능함. 우리는 외집단 구성원이 모두 같다고 간주하거나 서로를 구별 짓는 특성을 무시하는 경향이 있음

외향성 사교적이고, 적극적이며, 친구를 잘 사귀는 사람을 설명하는 성격 차원

요구 개인이 직장에서 경험하는 책임감, 압박감, 의무감, 불확실성 등

욕구 단계 에이브러햄 매슬로가 제시한 다섯 가지 욕구(생리적 욕구, 안전의 욕구, 사회적 욕구, 존경의 욕구, 자아실현의 욕구)로 이루어진 계층 구조로, 각 단계의 욕구가 충족되면 그 위 단계의 욕구가 중요해짐

우연성 오류 우연히 벌어지는 사건의 결과를 예측할 수 있다고 믿는 경향

원형 구조 경영진이 중심에 있고 기능별로 분류된 원(관리자, 전문가, 직원)으로 비전을 전파하는 조직 구조

웰니스 프로그램 직원의 전반적인 신체적·정신적 상태에 초점을 맞추어 지원하는 프로그램

위생 요인 조직의 정책, 운영, 감독, 급여와 같은 요인으로, 이러한 조건이 적절할 때 근로자는 불만족하지 않음

위험 회피 위험한 결과에 따른 보상이 크더라도 적당한 수준의 확실한 이익을 선호하는 경향

유기적 모델 수평적 구조, 기능횡단팀과 계층횡단팀 사용, 낮은 공식화, 포괄적인 정보 네트워크, 참여적 의사결정이 특징인 조직 구조

유능성 욕구 수행하는 일을 잘하고 있다는 능숙함과 자부심을 느끼고 싶은 욕구

유연근무제 근무 시간이 유연한 근무 형태

윤리문화 직장에서의 옳고 그른 행동에 대한 공유된 개념으로, 조직의 실제 가치를 반영하고 구성원의 윤리적 의사결정을 형성함

윤리적 딜레마, 윤리적 선택 개인이 옳고 그른 행동을 정의해야 하는 상황

윤리적 리더십 구성원에게 윤리적 역할 모델로서 귀감이 되는 것. 리더가 윤리적인 방식으로 권력을 행사하고 다른 사람들을 공정하게 대함으로써 규범적으로 적절한 행동

응집성 집단 구성원들이 함께 일하고 그 집단에 머물게 하는 공유된 유대감

의도 특정한 방식으로 행동하려는 의사결정

의무론 도덕적 규범이나 원칙, 기준, 규칙, 법률에 따르기 위해 '해야만 하기' 때문에 윤리적 의사결정을 내리는 관점

의사결정 둘 이상의 대안 중에서 하나를 선택하는 것

의사소통 의미의 전달과 이해

의사소통 과정 송신자와 수신자가 의미를 전달하고 이해하는 과정

의사소통에 대한 두려움 구두 의사소통, 서면 의사소통 또는 이 둘 다에서 겪는 과도한 긴장과 불안

의식 어떤 목표가 가장 중요한지, 누가 중요한 사람이고 누가 그렇지 않은지 등과 같은 조직의 핵심적인 가치를 반복적으로 표현하고 강화하는 일련의 활동

의존성 사람들이 강력한 사람에게 기대하거나 의존하는 정도

이윤 분배제 기업이 수익성을 기준으로 미리 설계된 방식에 따라 이윤을 보상으로 분배하는 제도

인류학 인간 및 인간의 활동에 대해 배우기 위해 사회를 연구하는 학문

인상 관리 다른 사람에 의해 형성된 개인의 인상을 자신이 스스로 조절하려고 하는 과정

인지된 갈등 갈등이 발생할 수 있는 기회가 되는 조건의 존재에 대해 한 사람 이상의 당사자가 인식하는 것

인지 부조화 두 가지 이상의 태도 간 불일치 또는 행동과 태도 간 불일치

인지 욕구 개인의 성격 특성 중 하나로, 생각하고 배우려는 지속적인 욕구

인지적 요소 태도의 대상에 대한 의견이나 신념

인지평가 이론 자기결정 이론의 하위 이론으로, 행동에 대한 외적 보상이 자신을 통제한다고 인식되거나 자신의 유능감을 감소시킨다고 느껴지면 전반적인 동기부여 수준이 감소하는 경향이 있음

일탈행동 중요한 조직 규범을 위반함으로써 조직과 구성원의 안녕을 위협하는 자발적 행동

일터 영성 사람들이 공동체라는 맥락에서 의미 있는 일을 통해 성장하는 내적 삶을 살고 있음을 인식하는 것

자기감시 외부 상황에 따라 자신의 행동을 적절히 조절하는 능력

자기결정 이론 자율성, 내적 동기부여, 외적 동기부여, 심리적 직무 욕구의 만족 등 직무 동기부여에 관한 메타 이론

자기관리팀 10~15명으로 구성된 팀으로서 해결책을 제안 및 실행하고 결과에 대해 책임을 짐

자기보호 편견 개인이 자신의 성공은 내적 요인 때문이라고 생각하고, 실패의 책임은 외적 요인에 돌리는 경향

자기일치 이론 사람들이 목표를 추구하는 이유가 자신의 관심사나 가치관과 일치하는 정도를 고려하는 이론

자기효능 이론 어떤 과업을 성공적으로 수행할 수 있다는 개인의 믿음에 관한 이론

자동처리 비교적 피상적인 증거와 정보를 휴리스틱을 사용하여 처리하는 것으로, 시간과 노력이 덜 듦

자원 요구 해결에 개인이 이용할 수 있으며 통제 가능한 것

자율성 작업 일정을 조정하고 작업 절차와 방법 등을 결정할 때 직무가 근로자에게 자유, 독립성, 재량권을 제공하는 정도

자율성 욕구 일터에서 통제력과 자율성을 느끼고 싶은 욕구

작업 전문화 어떤 조직의 활동이 개인이 완수하는 별도의 작업으로 분할되는 정도

작업집단 각자의 책임 영역에서 일하는 데 도움이 되는 정보를 공유하고 의사결정을 하기 위해 상호작용하는 집단

작업팀 개인들의 노력이 개인 투입량의 합보다 더 큰 성과를 달성하는 집단

장기 성향 미래에 대비하기 위해 절약, 근면, 실용을 강조하는 국가 문화 속성

재택근무 회사 사무실과 연결된 컴퓨터를 이용하여 1주일에 2일 이상을 집 또는 근로자가 원하는 장소에서 일하는 근무 형태

저맥락 문화 의미를 전달하기 위해 주로 말을 사용하여 의사소통을 하는 문화

저원가 전략 엄격한 비용 통제, 불필요한 혁신이나 마케팅 비용 기피, 가격 인하를 강조하는 전략

적극성 기회를 포착하고, 진취적이며, 능동적이고, 의미 있는 변화가 일어날 때까지 밀어붙이는 성향

전문적 권력 전문 지식, 특수 기술 또는 지식을 보유함으로써 생기는 영향력을 토대로 한 권력

전체주의 자신이 속한 집단의 다른 사람들이 자신을 돌보고 보호해줄 것이라고 믿는 끈끈한 사회 구조를 나타내는 국가 문화 속성. 아시아, 아프리카, 남미 등 집단주의 문화의 사람들은 스스로를 상호 의존적이라고 생각하고 공동체와 집단의 목표를 추구함

절차 공정성 보상 분배를 결정하는 과정에 대해 지각하는 공정성

정보 공정성 의사결정에 대한 진정성 있는 설명을 조직 구성원에게 제공하는 정도

정보 과중 정보량이 개인의 처리 능력을 초과하는 상태

정보 수집 지식을 탐색하고 문제에 대한 가능한 해결책이 형성되기 시작하는 창의적 행동의 단계

정서 감정과 기분을 포괄하는 넓은 범위의 느낌

정서 강도 특정 감정을 경험하는 강도의 개인차

정서사건 이론 일터에서 일어난 일이 근로자의 감정적 반응을 유발하여 직무 태도와 행동에 영향을 미친다는 이론

정서적 요소 태도에 담긴 느낌 또는 감정

정신 모델 팀이 작업을 어떻게 수행하는가에 대한 팀 구성원의 지식과 신념

정신적 일반 능력 특정 지적 능력 차원 간의 긍정적인 상관관계에 따른 전반적인 지적 요소

정치적 기술 자신의 목표를 달성하기 위해 다른 사람들에게 영향을 미칠 수 있는 능력

정치적 행동 조직에서 개인의 공식적 역할로 요구되지는 않지만 조직 내 이해관계에 영향을 미치거나 영향을 미치려는 활동

제도 적절한 행동을 할 수 있도록 가이드라인을 제공하는 문화적 요인

제도화 조직이 구성원과 별개로 생명을 얻어 불멸성을 획득한 상태

제로섬 접근법 보상이 고정되어 있다고 간주하기 때문에 한 개인이나 집단의 희생으로 다른 개인이나 집단이 이득을 얻는 보상 분배 방식

제한된 합리성 문제의 모든 복잡성을 포함하는 대신에 문제의 중요한 측면만을 지각하고 해석하여 단순화된 의사결정 모델

조정자 협상 당사자들 간에 비공식적인 의사소통 고리를 제공하는, 신뢰할 수 있는 제삼자

조직 개발 인본주의적·민주주의적 가치를 바탕으로 조직의 효과성과 직원의 복지를 개선하려는 일련의 변화 방법

조직 공정성 직장에서의 공정성에 대한 전반적인 지각으로 분배, 절차, 정보, 상호작용 공정성으로 구성됨

조직 구조 직무나 과업을 공식적으로 나누고, 묶고, 조정하는 방식

조직 문화 한 조직을 다른 조직과 구분할 수 있게 해주는 것으로, 구성원이 가지고 있는 공유된 의미 체계. 여러 가지 목적에 기여하는 가치, 신념, 가정을 특징으로 함

조직 분위기 조직 구성원이 조직의 정책, 절차, 관행에 대해 공유하는 인식

조직시민행동 자유로운 재량에 따라 일터의 사회적·심리적 환경 조성에 크게 기여하는 행동

조직 인구통계학 작업 단위의 구성원들이 공통의 인구통계적 특성(연령, 성, 교육 수준, 근속 기간)을 공유하는 정도를 연구 주제로 삼음

조직 정체성 조직 구성원이 조직과 자신이 동일한 정체성을 지녔다고 여기는 것으로, 태도가 생성되는 기반을 형성하는 정도

조직 지원 인식 조직이 자신의 기여를 중요하게 여기고 자신의 안녕에 관심이 있다고 조직 구성원이 믿는 정도

조직행동론 조직 안에 있는 개인, (소)집단, 조직 구조가 조직의 성과를 높이기 위해 조직 구성원의 행동에 미치는 영향을 연구하는 학문 분야

조직 헌신 조직 및 조직의 목표와 자신을 동일시하고 조직의 구성원으로 남으려는 정도

종업원 관여 조직 구성원이 직무를 수행할 때 느끼는 열정의 정도

종업원 인정 프로그램 조직 구성원의 기여를 공식적으로 인정함으로써 특정 행동을 장려하는 제도

종업원 지주 제도 기업 차원에서 자사 주식을 시가보다 낮은 가격에 매입할 수 있는 혜택을 직원에게 제공하는 제도

종업원 참여 조직의 성공을 위한 직원의 헌신을 향상하기 위해 직원을 참여시키는 것

준거적 권력 중요한 자원이나 개인적 특성을 가지고 있는 사람과의 동일시 과정에서 나타날 수 있는 권력

준거집단 개인이 속하기를 바라고, 개인이 가장 순응할 가능성이 높은 규범을 가진 중요한 집단

중개자 추론과 설득, 대안 제시 등을 통해 협상안 도출을 용이하게 하는 중립적인 제삼자

중재인 협약을 지시할 수 있는 권한을 가진 제삼자

중화 요인 리더의 행동이 부하 직원의 성과에 아무런 영향을 미치지 못하게 만드는 요인

지각 개인이 환경에 의미를 부여하기 위해 감각적 인상을 조직화하고 해석하는 과정

지배적인 문화 조직 구성원 대다수가 공유하고 조직에 고유한 특성을 부여하는 핵심 가치를 나타냄

지속가능성 관행을 지탱하는 도구나 구조가 손상되지 않

고 오랫동안 관행이 유지되는 것

지위 다른 사람들이 집단이나 집단 구성원에게 부여한, 사회적으로 정의된 직위 또는 서열

지위 특성 이론 지위 특성의 차이로 인해 집단 내에 지위 계층이 생성된다는 이론

지적 능력 정신적 활동인 사고, 논리 전개, 문제 해결 등을 수행하는 데 필요한 능력

직관 과학적 연구에 기반을 둔 것이 아닌 본능적인 느낌

직관적 의사결정 경험을 바탕으로 내리는 무의식적인 결정

직무 공유 2명 이상이 정규직 직무를 나누어 담당하는 근무 형태

직무 만족 직무를 구성하는 요소에 대한 평가를 통해 가지게 되는 직무에 대한 긍정적 감정

직무 몰입 자신의 직무와 심리적으로 동일시하고, 적극적으로 참여하며, 직무 수행이 자신의 가치를 높이는 데 중요하다고 생각하는 정도

직무 설계 직무의 구성 요소가 조직화되는 방식

직무 순환 직원이 한 직무에서 다른 직무로 주기적으로 이동하는 것

직무 충실화 내적 동기를 증가시키기 위해 높은 수준의 책임을 직무에 부여하는 것

직무 특성 모델 어떤 직무든 다섯 가지 핵심 직무 차원(기술 다양성, 과업 정체성, 과업 중요성, 자율성, 피드백)으로 기술될 수 있다고 제안한 모델

직위 권력 리더가 고용, 해고, 징계, 승진, 임금 인상과 같은 권력 행사 범위를 넘어 영향력을 행사할 수 있는 정도

직접대면 단계 사회화 과정에서 신입 직원이 조직의 실제 모습을 보고 기대와 현실이 다를 수 있다는 가능성을 직면하는 단계

진성 리더십 자기인식을 하고, 사명과 원칙 지향적이며, 행동하기 전에 다른 사람들의 의견과 모든 관련 정보를 충분히 검토하고, 구성원과 상호작용을 할 때 자신의 진정한 모습을 보여주는 리더십

집권화 의사결정 권한이 조직의 한 지점에 집중되는 정도

집단 특정 목표를 달성하기 위해 모여서 상호작용하고 서로 의존하는 2명 이상의 사람들

집단 간 갈등 집단 또는 팀 사이에 일어나는 갈등

집단 간 개발 조직 개발에서 집단이 서로에 대해 가지고 있는 태도, 상동적 태도, 지각 등을 변화시키기 위한 노력

집단 기능 수행 집단이 산출하는 업무의 양과 질

집단 내 갈등 한 집단 또는 팀 내에서 일어나는 갈등

집단 분열 성, 인종, 연령, 작업 경험, 교육 등의 개인차에 따라 한 집단이 2개 이상의 하위 집단으로 나뉘는 현상

집단사고 합의에 대한 규범으로 대안적 행동에 대한 현실적인 평가를 하지 못하는 현상

집단 응집성 집단 구성원들이 서로 지지하고 인정하는 것

집단 이동적 사고 집단의 결정과 집단 구성원이 내리는 개별 결정 간의 변경. 이는 보수적인 방향 또는 위험을 추구하는 방향을 향하며, 보통은 집단의 원래 입장보다 더 극단적인 방향을 향함

차별 사물의 차이에 주목하는 것. 불공평한 차별을 흔히 언급하는데, 이는 인구통계적 집단에 대한 고정관념에 따라 사람을 판단하는 것을 의미함

창의성 새롭고 유용한 아이디어를 생각해내는 능력

체계적 연구 관계를 관찰하고, 원인과 결과를 구분하며, 과학적 증거를 기반으로 결론을 내린다는 것

추진력 현재 상태에서 벗어나도록 행동을 유도하는 힘

충성 상황이 개선되기를 수동적으로 기다리며 표현하는 불만족

친교 욕구 친근하고 친밀한 인간관계를 맺으려는 욕구

친화성 협조적이고, 온화하며, 타인을 신뢰하는 사람을 설명하는 성격 차원

카리스마적 리더십 이론 리더의 영웅적이고 특별한 능력을

통해 리더의 영향력이 나타난다고 주장하는 리더십 이론

타협 갈등의 각 당사자가 무언가를 어느 정도 포기하는 것

태도 어떤 대상, 사람, 사건에 대한 긍정적 또는 부정적 평가가 담긴 진술

통제 범위 관리자 한 사람이 효율적으로 직접 관리할 수 있는 부하 직원의 수

통제처리 사실, 수치, 논리를 이용하여 증거와 정보를 상세히 검토하는 것

통합적 협상 윈윈 해결책을 도출할 수 있는 하나 이상의 합의안을 모색하는 협상

퇴장 조직을 떠나려는 행동을 통해 표현되는 불만족

투입물 성격, 집단 구조, 조직 문화 등 변환 과정에 투입되는 변수

특성 활성화 이론 특정한 상황, 사건, 개입이 특정한 특성을 활성화한다고 주장하는 이론

팀 구조 부서를 권한이 부여된 팀으로 대체하고, 수직적·수평적 경계뿐만 아니라 회사와 고객, 공급자 간의 외부 경계를 제거하는 조직 구조

팀 빌딩 팀원 간 고도의 상호작용으로 신뢰와 개방성을 높이는 것

팀 응집성 팀 구성원들이 감정적 애착을 느끼고 서로 결속되어 팀을 위해 헌신하는 것

팀 정체성 구성원들이 팀에 대해 가지는 애착과 소속감

팀 효능감 성공적으로 일을 수행할 수 있다는 팀 구성원들의 집단적 믿음

표면 연기 표현 규칙에 따라 실제 감정과 느낌을 감추는 것

표면적 다양성 사람들이 생각하거나 느끼는 방식을 반드시 반영하지는 않지만 특정 고정관념을 갖게 만들 수 있는 성별, 인종, 민족, 연령, 장애 등 쉽게 알아채는 특성의 차이

표현된 감정 조직이 직무 담당자에게 드러내도록 요구하는 감정

피드백 직무 활동을 수행하는 동안 자신의 수행 성과에 대해 직접적이고 명확한 정보를 얻을 수 있는 정도

피들러 상황 모델 효과적인 집단은 리더가 부하 직원과 상호작용하는 방식에 의존하고, 그러한 의존의 정도에 따라 리더에게 통제력과 영향력이 주어진다는 이론

하위문화 일반적으로 부서 지정 또는 지리적 분리에 의해 정의되는 조직 내 소규모 문화

학습조직 지속적으로 변화하고 적응하는 능력을 가진 조직

합리적 자원이 제한적인 상황에서도 지속적이면서 가치를 극대화하는 선택을 하는 의사결정 유형

합리적 의사결정 모델 어떤 결과를 극대화하기 위해 개인이 어떻게 행동해야 하는지를 설명하는 의사결정 모델

합법적 권력 조직 내 구조적 직위를 토대로 한 권력

핵심 가치 조직 전체에서 수용되는 기본적인 가치 또는 지배적인 가치

행동 연구 체계적인 자료 수집 및 분석 결과를 기초로 변화 행동을 선택하는 변화 프로세스

행동 윤리 사람들이 윤리적 딜레마에 직면했을 때 어떻게 행동하는지를 연구하는 학문 분야

행동적 요소 특정한 방향으로 행동하려는 의도

행동주의 생각이 개입하지 않는 방식으로 행동이 자극에 따라 나타난다는 이론

향상 초점 발전과 성취를 통해 목표를 달성하기 위해 노력하는 자기조절 전략

혁신 제품, 프로세스 또는 서비스를 새로 시작하거나 개선하는 데 적용되는 새로운 아이디어

혁신 전략 주요 신제품 또는 새로운 서비스의 도입을 강조하는 전략

협력 갈등 당사자들이 서로의 관심사를 모두 충족하는 결과를 찾는 것

협상 2명 이상의 당사자가 재화나 서비스를 교환하고 교환 비율의 합의를 시도하는 과정

호의적 질문 조직의 고유한 자질과 특별한 강점을 발견하

여 구성원이 성과를 개선하도록 하는 접근법

확증 편견 자신의 지난 선택이 옳았음을 재차 확인할 수 있는 정보를 찾아다니고, 그에 반하는 정보를 쉽게 무시하는 경향

환경 잠재적으로 조직 구조에 영향을 미칠 수 있는 조직 외부의 힘

회피 갈등을 피하거나 억누르는 것

회피행동 조직 구성원이 조직과 자신을 분리하는 일련의 행동

효과성 조직이 고객의 요구를 충족하는 정도

효율성 조직이 적은 비용으로 목적을 달성할 수 있는 정도

후견지명 편견 이미 일어난 일의 결과에 대해 그 결과를 정확히 예측할 수 있었다고 잘못 생각하는 경향

후광 효과 한 가지 특성을 기반으로 개인에 대한 긍정적인 인상을 결정하는 경향

BATNA 협상된 합의에 대한 최선의 대안 또는 당사자가 수용해야 할 최소한의 대안

2요인 이론 직무 만족은 내적 요인과 관련이 있고 직무 불만족은 외적 요인과 관련이 있다는 이론으로, 동기부여-위생 이론이라고도 함

찾아보기

ㄱ

가상 구조 311
가상팀 191
가용성 편견 108
가장 좋아하지 않는 동료 설문지 234
가치관 89
가치 체계 89
갈등 278
갈등 과정 281
갈등 관리 286
갈등 수준 278
감성지능 65, 231
감수성 훈련 356
감정 56
감정노동 63
감정 부조화 64
감정 억압 68
감정적 안정성 79
감정적 전이 71
감정 조절 67
감정 조절 기법 68
강압적 권력 256
강한 문화 326
강화 이론 132
개인-상사 적합성 76
개인적 권력 257
개인-조직 적합성 76
개인주의 91
개인-직무 적합성 이론 75
개인-집단 적합성 76
개인-환경 적합성 76
거래적 리더 241
거래적 리더십 241
거짓말 115, 221
결근 54
결정의 지속성 109
경계 확장 308
경로-목표 이론 236
경로 풍부성 214
경영 참가 153
경쟁 284
경험에 대한 개방성 80
계획된 변화 349
고맥락 문화 223
고정관념 104
고정관념 압박 26
고정된 몫 288
고착 편견 108
공리주의 113
공식적 권력 256
공식 집단 165
공식 채널 208
공식화 307
공정성 이론 134
과도한 확신 편견 107
과업 갈등 279
과업 구조 234
과업 성과 19
과업 요구 365
과업 정체성 144
과업 중요성 144
과정 갈등 279
과정 자문법 356
관계 297
관계 갈등 279
관계적 직무 설계 148
관료제 309
관리 5
구두 의사소통 212, 215
구조 주도 232
궁극적 가치 90
권력 255
권력 격차 47, 91
권력 욕구 124
권력 획득 방법 261
권한 305
귀인 이론 101
규모 177
규범 171
그레이프바인 211
근거 기반 경영 7
근본적 귀인 오류 102
긍정성 상쇄 59
긍정적 리더십 247
긍정적 자기평가 51
긍정적 정서 57
긍정적 조직 문화 341
긍정적 조직 탐구 16
기계적 모델 314
기능적 갈등 278
기능횡단팀 191
기대 이론 133
기본적 심리 욕구 126
기분 56
기술 317
기술 다양성 144
기술적 실업 위협 104
기업의 사회적 책임 51
긴장 362

ㄴ

나르시시즘 83
남성성 91
내부고발자 114

내적 인과 101
내집단 167
노동 인구 14
노동 인구의 다양성 15
느껴진 갈등 283
능력 36, 249

ㄷ

다양성 179
다양성 관리 38
다양성 프로그램 40
다운사이징 313
단기 성향 92
단속평형 모델 167
단순 구조 308
단순성과급 156
단층선 39
대비 효과 103
대의 참가 153
대인관계 공정성 137
대인관계 요구 365
대체 불가능성 259
대체 요인 253
도덕적 감정 59
도전적 스트레스 요인 362
동기부여 121
동기부여 잠재력 점수 145

ㄹ

레빈의 3단계 모델 353
리더-구성원 관계 234
리더-구성원 교환 이론 237
리더십 230
리더십 귀인 이론 252
리더십의 행동 이론 232
리더십 종합 모델 242
리더십 특성 이론 230
리더-참여 모델 236

ㅁ

마이어스-브리그스 성격 유형 78
마키아벨리즘 82
매클렐런드의 욕구 이론 124
매트릭스 구조 309
맥락 100
멀티팀 시스템 192
멘토 250
멘토링 250
면접 272
명령의 통일성 305
명령 체계 304
명목집단 기법 185
모델 17
모방 전략 316
목표 설정 이론 127
목표에 의한 관리 129
목표의 연계 130
무시 53
문제 104
문제해결팀 189
문화의 기능 333
문화적 맥락 223
문화적 장벽 222
문화적 정체성 35
문화적 지침 224
물질적 상징물 327
민족 31

ㅂ

반생산적 직무행동 53
발언 53
방어행동 271
방해적 스트레스 요인 362
배려 232
변동급 프로그램 155
변동성 318
변혁적 리더 242
변혁적 리더십 241
변형 단계 331
변화 349
변화 담당자 349
변화에 대한 저항 349
변화의 힘 348
변환 과정 18
보상적 권력 256
복잡성 318
복잡한 갈등 280
부서화 303
부정적 정서 57
분권화 306
분배 공정성 136
분배적 협상 288
분산 메모리 시스템 201
분업화 302
불확실성 회피 92
브레인스토밍 184
비공식 집단 165
비공식 채널 208
비권위적 리더십 230
비언어 의사소통 214, 216
비윤리적 리더십 246
비전 239
비전 선언문 240
빅데이터 8
빅파이브 모델 79
뿔 효과 103

ㅅ

사내 정치 267
사이코패스 83
사전 사회화 단계 331
사회심리학 11
사회적 공유 68
사회적 관계망 분석 259
사회적 지속가능성 336
사회적 지원 367
사회적 지원 네트워크 370

사회적 태만 177
사회정체성 이론 166
사회학 11
사회학습 이론 133
사회화 330
사회화 모델 331
산출물 19
상관관계의 착각 62
상여금 157
상향적 의사소통 209
상호작용 공정성 137
상호작용 집단 184
상황 변수 12
상황의 힘 이론 86
상황적 리더십 이론 235
생리적 증상 368
생물학적 특징 28
생산성 20
생존력 20
서면 의사소통 213, 215
서베이 피드백 356
선발 330
선택적 지각 103
설득적 의사소통 216
섬기는 리더십 247
성격 77
성격 특성 77, 367
성과 평가 272
성실성 79
성적 지향성 34
성 정체성 34
성찰 199
성취 욕구 124
성희롱 266
세계화 12
소셜미디어 15
소시오그램 259
소집단 네트워크 210
수단적 가치 90
수용 284
수평적 의사소통 210
순응 171
숨겨진 장애 32
스테레오타이핑 26
스트레스 19, 362
시간 관리 기법 369
시장 문화 324
신뢰 248
신뢰 성향 249
신체 운동 369
신체적 능력 37
신축적 복리후생 159
심리적 계약 170
심리적 임파워먼트 46
심리적 증상 368
심리학 10
심층 연기 64
심층적 다양성 25
심층적 자기평가 84
쌍방 갈등 280

ㅇ

아이디어 챔피언 359
안식년 제도 371
알로스태시스 363
애드호크라시 문화 324
약한 문화 326
어둠의 세 가지 성격 231
억제력 353
언어 328
업적급 157
여과 218
여성성 91
역기능적 갈등 278
역설 이론 358
역할 169
역할 간 갈등 170
역할 갈등 170
역할 기대 169
역할 요구 365
역할 지각 169
연령 28
영성적 문화 342
예방 초점 128
외적 인과 101
외집단 167
외향성 79
요구 363
욕구 단계 이론 122
용량 318
우연성 오류 109
원덜릭 능력 검사 36
원형 구조 313
웰니스 프로그램 371
위계 문화 324
위생 요인 123
위험 회피 109
유기적 모델 314
유능성 욕구 126
유리 천장 30
유연근무제 148
윤리문화 335
윤리적 딜레마 17
윤리적 리더십 246
윤리적 문화 340
윤리적 분위기 이론 335
윤리적 선택 17
응집성 178
의도 283
의무론 114
의사결정 104
의사소통 206
의사소통 과정 208
의사소통에 대한 두려움 220
의사소통의 기능 207
의식 327
의존성 255, 258

이완 기법 369
이윤 분배제 158
이직 54
인공지능 8
인류학 11
인상 관리 272
인종 31
인지된 갈등 283
인지 부조화 45
인지 욕구 217
인지적 요소 44
인지적 재평가 68
인지평가 이론 126
일관성 102
일탈행동 174
일터 영성 342
일화 326
임명 352

ㅈ

자기감시 85
자기결정 이론 125
자기관리팀 190
자기보호 편견 102
자기일치 이론 126
자기효능 이론 130
자동처리 217
자비심 248
자원 363
자율성 144
자율성 욕구 126
작업 전문화 302
작업집단 188
작업팀 188
장기 성향 92
장애 31
재택근무 151
저맥락 문화 223
저원가 전략 316
적극성 85
적절한 기준 선택 114
전문적 권력 257
전체주의 91
절차 공정성 136
정보 공정성 137
정보 과중 219
정보 보안 216
정서 56
정서 강도 60
정서사건 이론 64
정서적 요소 44
정신 모델 201
정신적 일반 능력 36
정치 공작 268
정치적 기술 263
정치적 행동 267
정치 지도의 도식화 275
제도 319
제도화 338
제로섬 접근법 270
제한된 합리성 106
조작적 조건화 이론 132
조정자 297
조종 352
조직 개발 355
조직 공정성 135
조직 구조 301
조직 내 창의성의 3단계 모델 116
조직 문화 323, 329
조직 문화 인벤토리(Organizational Culture Inventory) 325
조직 문화 프로필(Organizational Culture Profile, OCP) 325
조직 분위기 333
조직 설계 319
조직시민행동 19
조직의 신뢰 모델 249
조직 인구통계학 197
조직 전략 314
조직 정체성 46
조직 정치 267
조직 지원 인식 47
조직행동론 6
조직행동론 모델 17
조직 헌신 47
종교 33
종업원 관여 47
종업원 인정 프로그램 160
종업원 지주 제도 158
종업원 참여 152
준거적 권력 257
준거집단 172
중개자 297
중요성 259
중재인 297
중화 요인 253
지각 99, 366
지각 대상 100
지각 주체 100
지배적인 문화 325
지속가능성 335
지위 175
지적 능력 36
직관 7
직관적 의사결정 106
직무 경험 367
직무 공유 150
직무 만족 46, 48
직무 몰입 46, 139
직무 설계 143
직무 순환 146
직무 충실화 147
직무 태도 46
직무 특성 모델 143, 145
직위 권력 234
직접대면 단계 331
진성 리더십 245

진실성 248
집권화 306, 320
집단 165
집단 간 갈등 280
집단 간 개발 357
집단 기능 수행 20
집단 내 갈등 280
집단 분열 181
집단사고 183
집단 응집성 20
집단 의사결정 182
집단 이동적 사고 184
집단 프로세스의 효과 199

ㅊ

차별 26
창의성 116
체계적 연구 7
추진력 353
충성 53
친교 욕구 124
친화성 80
침묵 220

ㅋ

카리스마 239
카리스마적 리더 239
카리스마적 리더십 이론 239
코터의 8단계 계획 354
클랜 문화 324

ㅌ

타협 284
태도 19, 43
통제 범위 305, 320
통제처리 217
통합적 협상 290
퇴장 53
투입물 18
특성 활성화 이론 88
특이성 101
팀 구성원의 역할 197
팀 구조 312
팀 빌딩 356
팀 스캐폴드 195
팀 응집성 200
팀 정체성 200
팀 효과성 모델 193
팀 효능감 200

ㅍ

평판 296
표면 연기 64
표면적 다양성 25
피그말리온 효과 131
피드백 144
피들러 상황 모델 234

ㅎ

하위문화 325
하향적 의사소통 209
학습조직 360
합리적 의사결정 단계 106
합리적 의사결정 모델 105
합법적 권력 257
합의성 102
핵심 가치 325
행동 연구 355
행동 윤리 115
행동적 요소 44
행동적 증상 368
행동주의 132
향상 초점 128
혁신 358
혁신 전략 315
협력 284
협상 287
협상 과정 290
협상의 영역 289
협상 전략 288
협상 효과성의 개인차 292
호의적 질문 357
호프스테더의 모델 91
확증 편견 108
환경 317
환경의 세 가지 차원 319
회복력 369
회피 284
회피행동 20
효과성 20
효과적인 의사소통 장애 요인 218
효율성 20
후견지명 편견 110
후광 효과 103
희귀성 259

기타

BATNA 291
GLOBE 모델 94
2요인 이론 123
3차원 모델 318